Falk Leichsenring (Hrsg.)

Lehrbuch der Psychotherapie
für die Ausbildung zur/zum Psychologischen PsychotherapeutIn und für die ärztliche Weiterbildung

Band 2:
Vertiefungsband psychoanalytische und tiefenpsychologisch fundierte Therapie

CIP-Medien

HERAUSGEBER:

PROF. DR. FALK LEICHSENRING

Dipl.-Psych., Psychoanalytiker, Lehranalytiker (DGPT), Leiter der Arbeitsgruppe Psychotherapieforschung der Abteilung Psychosomatik und Psychotherapie der Universität Göttingen und Leiter der Abteilung Dokumentation und Qualitätssicherung des Krankenhauses für Psychotherapie, Psychiatrie und Psychosomatische Medizin Tiefenbrunn. Mitglied der Sachverständigen-Kommission des Instituts für medizinische und pharmazeutische Prüfungsfragen sowie Mitglied des wissenschaftlichen Beirats Psychotherapie bei der Bundesärztekammer/Bundespsychotherapeutenkammer.

© CIP-Medien München, 2004
Printed in Germany
ISBN 3-932096-32-0

Bezugsquelle:
CIP-Medien
Nymphenburger Str. 185
80634 München
Fax 089-132133
e-mail: cipmedien@aol.com
www.cip-medien.com

Umschlaggestaltung: Silvia Pohl
Foto: © Joachim Blauel - Artothek
Franz Marc/Kämpfende Formen
Layout: Lucy S. Wiedner

1 Theorie und Praxis der Diagnostik

2 Rahmenbedingungen der Psychotherapie, Setting, Patient-Therapeut Interaktion

2.1 Rahmenbedingungen der (psychoanalytischen und tiefenpsychologisch fundierten) Psychotherapie, Behandlungssetting, Einleitung und Beendigung der Behandlung 49

JOACHIM GREFE

3 Behandlungskonzepte und Techniken

3.1 Behandlungskonzepte der tiefenpsychologisch fundierten und analytischen Psychotherapie und ihre Anwendung 63

NORBERT HARTKAMP

4 Anwendungen – Störungsspezifische Interventionen

4.3 Analytisch orientierte Therapie der Depression 127

HENNING SCHAUENBURG

4.4 Ätiopathogenese und Psychotherapie von Angststörungen aus psychodynamischer Sicht 137

MARKUS BASSLER

4.5 Zwangsstörung 155

HERMANN LANG, KORNELIA KOEPSELL

4.6 Störungsspezifische Interventionen auf der Basis analytischer Therapie bei posttraumatischen und akuten Belastungsstörungen 165

GOTTFRIED FISCHER

4.7 Somatoforme Störungen 173

HARTMUT KANWISCHER

4.8 Essstörungen und Adipositas 183

GÜNTER REICH

4.9 Sexuelle Funktionsstörungen, Paraphilien und Störungen der Geschlechtsidentität 201

HERTHA RICHTER-APPELT

4.10 Störungsspezifische Interventionen auf der Basis analytischer Therapie bei Patienten mit körperlichen Erkrankungen 213

HANNES FRIEDRICH

4.11 Persönlichkeitsstörungen 233

HERMANN LANG

5 Therapie in besonderen Settings und mit besonderen Patientengruppen

5.6 Gruppenpsychotherapeutische Verfahren 315

VOLKER TSCHUSCHKE

6 Anhang

Vorwort

Der Band „psychoanalytische und tiefenpsychologisch fundierte Therapie" ist Teil einer dreibändigen Reihe. Sie besteht aus einem Band „Grundlagen der Psychotherapie" sowie aus zwei Bänden für die vertiefte Ausbildung: einem Band „Verhaltenstherapie" sowie dem hier vorliegenden Band „psychoanalytische und tiefenpsychologisch fundierte Therapie".

Im Unterschied zu anderen Lehrbüchern der Psychotherapie orientieren sich alle drei Bände ausdrücklich an der Ausbildungs- und Prüfungsverordnung des Psychotherapeutengesetzes. Der Band „Grundlagen der Psychotherapie" nimmt außerdem explizit Bezug auf den Gegenstandskatalog des Instituts für Medizinische und Pharmazeutische Prüfungsfragen (IMPP) für die schriftliche Prüfung nach dem Psychotherapeutengesetz.

Der Band „analytische und tiefenpsychologisch fundierte Therapie" ist – wie auch der Band „Verhaltenstherapie" – für die Vorbereitung auf die mündliche Prüfung nach der Ausbildungs- und Prüfungsverordnung entwickelt worden und deckt die entsprechenden Inhalte ab. Der Stoff wurde für die klinische Praxis aufbereitet, und jeder Beitrag schließt mit möglichen „Prüfungsfragen" und häufig gestellten Fragen ab.

Die Autorinnen und Autoren des Bandes „psychoanalytische und tiefenpsychologisch fundierte Therapie" sind – wie natürlich auch die Autoren des Bandes „Verhaltenstherapie" – ausgewiesene Fachleute auf dem jeweiligen Gebiet. Sie sind seit vielen Jahren wissenschaftlich und in der Ausbildung von Psychotherapeuten und Psychotherapeutinnen an Ausbildungsinstituten tätig.

Psychoanalytische und tiefenpsychologisch fundierte Therapie in Lehrbuchform darzustellen, ist besonders schwierig. Hinzu kommt, dass es unterschiedliche Auffassungen von psychonalytischer und tiefenpsychologisch fundierter Therapie gibt. Dies spiegelt sich auch in den verschiedenen Beiträgen wider. Hier dürfte es eine größere Heterogenität geben als im Bereich der Verhaltenstherapie. Dies entspricht aber dem aktuellen Diskussionstand in der psychoanalytischen und tiefenpsychologisch fundierten Therapie und gibt diesen insofern gut wieder.

Der vorliegende Vertiefungsband vermittelt Grundwissen über Konzepte der analytischen und tiefenpsychologisch fundierten Therapie. Wesentliche weitere Elemente der Ausbildung stellen die Durchführung von Therapien unter Supervision sowie die Selbsterfahrung in der Lehranalyse/Lehrtherapie dar.

Der Band wendet sich an Psychologen, ist aber auch gut für Ärzte in Weiterbildung zur psychoanalytische und/oder tiefenpsychologisch fundierten Therapie geeignet.

Wir möchten uns an dieser Stelle herzlich bei allen Autorinnen und Autoren bedanken, ohne deren engagierte Mitarbeit das Buch nicht möglich gewesen wäre. Dies gilt selbstverständlich auch für die Mitarbeiterinnen und Mitarbeiter des Verlags.

An Verbessserungsvorschlägen sind wir ausdrücklich interessiert und nehmen sie gerne entgegen.

Göttingen, August 2003   Falk Leichsenring

1 Theorie und Praxis der Diagnostik

1.1 Theorie und Praxis der psychodynamischen Diagnostik, Indikationsstellung und Therapieplanung

STEPHAN DOERING UND GERHARD SCHÜSSLER

1 Einleitung

Die psychoanalytische Krankheitslehre basiert auf der Überzeugung, dass die Symptome einer psychischen Erkrankung Folgeerscheinungen zugrunde liegender seelischer Prozesse sind. Die Ursachen der Symptomentstehung sind zum einen in der psychobiologischen Konstitution eines Menschen und zum anderen in seiner individuellen Psychodynamik, d.h. dem Wechselspiel intrapsychischer bewusster und unbewusster Kräfte unter dem Einfluss spezifischer innerer und äußerer Faktoren, zu suchen. Biologisches und Psychosoziales ergänzen und beeinflussen sich dabei wechselseitig in einem systemischen Geflecht („biopsychosoziales Modell", Engel, 1977). Die wesentlichen Determinanten psychodynamischer Prozesse sind die lebensgeschichtlichen Erfahrungen in zwischenmenschlichen Beziehungen. Auf dem Boden der genetisch determinierten Konstitution entwickeln sich unter dem Einfluss von oder besser gesagt in Beziehungen die psychischen Funktionen und die innerpsychische Struktur eines Menschen und damit die Fähigkeit, sich selbst und andere differenziert wahrzunehmen und mit dem eigenen inneren Erleben sowie den Begegnungen mit anderen Menschen befriedigend umzugehen. Bei jedem Menschen entstehen auf Grund der prägenden Beziehungen innerpsychische Konflikte, die je nach Differenzierungsgrad der psychischen Struktur entweder gelöst werden oder – bei suboptimaler Lösungskompetenz – bestehen bleiben und zu Krankheitssymptomen führen können. Wesentliche Anteile sind und verbleiben unbewusst. Folgerichtig kann sich psychodynamische Diagnostik nicht darauf beschränken, nur die sichtbaren Phänomene zu beschreiben, sondern muss vielmehr bemüht sein, die Dynamik der darunter liegenden Strukturen und Prozesse zu erkunden.

Es versteht sich von selbst, dass dieser Anspruch eine Modifikation des klassisch-medizinisch geprägten Vorgehens in der Diagnostik erfordert. Zur detaillierten Erfassung psychopathologischer Symptome, Syndrome und psychiatrischer Krankheitsbilder muss eine umfassende Erkundung der individuellen Organisation der Persönlichkeit, ihrer Art der Beziehungsgestaltung sowie der Natur und der Bewältigung ihrer intrapsychischen Konflikte stattfinden. Darüber hinaus ist es von großer Bedeutung, diesen „Bausteinen" der Diagnostik eine Gestalt zu verleihen, indem sie in einen übergreifenden psychodynamischen Gesamtzusammenhang gestellt werden, der in schlüssiger Weise die spezifische Eigenart und die individuelle Entstehungsgeschichte der Erkrankung erklärt. Erst die Kenntnis dieser „psychodynamischen Gestalt" einer Erkrankung erlaubt eine zuverlässige Diagnose, Indikationsstellung und Therapieplanung.

Um eine psychodynamisch orientierte biopsychosoziale Gesamtsicht zu ermöglichen, ist ein integratives diagnostisches Procedere notwendig, das sich aus verschiedenen etablierten Verfahren zusammensetzt. Am Beginn steht dabei das klassische *psychoanalytische Erstinterview*, das, aufbauend auf Freuds eigenem Vorgehen, von Balint (1961/1980), Argelander (1970) und zuletzt von Laimböck (2000) ausgearbeitet wurde. Ergänzt wird dieses ganz auf das szenische Verstehen von *Beziehungserfahrungen* (Übertragung – Gegenübertragung) ausgerichtete Verfahren durch das deskriptiv-phänomenologisch orientierte *psychiatrische Interview*, das auf die detaillierte Erfassung der psychopathologischen Symptomatik abzielt. Den dritten Teil stellt die Technik der *biografischen Anamnese* dar, die, basierend auf Schultz-Hencke (1951), von Dührssen (1981) beschrieben wurde. Gemeinsam dienen diese drei Verfahren dazu, einen differenzierten und umfassenden psychischen Befund zu erstellen. Durch die Zusammenschau aller gewonnenen Informationen wird dann auf hermeneutischem Wege die Psychodynamik formuliert und abschließend die Diagnose gestellt, die in der Folge die Grundlage für die Indikationsstellung und Planung der Psychotherapie bildet.

Dieser umfassende Erstgesprächs- und Diagnostikansatz folgt den Vor- und Weiterentwicklungen von Sullivan, Gill, Kernberg, Kind u.a. (zur Übersicht Schüßler, 2000, und Schauenburg et al., 1998). All diese Modelle sehen den Untersucher als Beobachter wie Teilnehmer und zielen hin auf eine Erfassung der Psychopathologie, Persönlichkeitsstruktur und Beziehung. Aufbauend darauf sind die wesentlichen, für die psychodynamische Therapie ebenso wie für die Diagnostik, unerlässlichen Grundannahmen:

1. die Psychologie des Unbewussten,
2. die Konflikt und Objektbeziehungspsychologie mit dem biografischen Gesichtspunkt (alles Verhalten ist Teil einer biografischen Reihe und stammt aus sozialen Interaktionen),
3. die Bedeutung von Übertragung und Gegenübertragung,
4. die hilfreiche Beziehung als Grundlage des therapeutischen Prozesses (nach Schüßler, 2001b)

Dieses Kapitel des Lehrbuchs behandelt also die Phase vom ersten Kontakt mit dem Patienten bis zum Beginn der Psychotherapie im eigentlichen Sinne. Der Schwerpunkt liegt dabei auf der Theorie und Praxis des diagnostischen Vorgehens, das einmündet in die Indikationsstellung und Therapieplanung. Ohne Zweifel gehören diese ersten Schritte zu den bedeutendsten und komplexesten im Rahmen des psychotherapeutischen Prozesses – eine gelungene Diagnostik und Therapieplanungsphase

1

stellt in gewisser Weise schon „den halben Weg zum Ziel" einer erfolgreichen Therapie dar, während Irrtümer oder Fehler in dieser frühen Phase den Verlauf und das Gelingen einer Psychotherapie stark gefährden können.

2 Psychodynamische Diagnostik

Ohne Übertreibung lässt sich sagen, dass die Diagnostik in der Entwicklung der Psychoanalyse ein Mauerblümchendasein gefristet hat. Die Vernachlässigung der Diagnostik hat zwei Gründe, die sich auf Freud zurückverfolgen lassen. Zum einen ist es sehr viel schwieriger, eine valide psychoanalytische Diagnose zu stellen, als eine bloße Beschreibung der Krankheitssymptome vorzunehmen, soll jene doch neben der Phänomenologie auch den interpersonell-szenischen und den psychodynamischen Anteil enthalten. Freud erkannte die zu seiner Zeit noch viel enger gesteckten Grenzen der diagnostischen Möglichkeiten und formulierte das vielzitierte Wort von der „Hexenprobe":
„Unsere Diagnosen erfolgen sehr häufig erst nachträglich, sie sind von der Art wie die Hexenprobe des Schottenkönigs, von der ich bei Victor Hugo gelesen habe. Dieser König behauptete, im Besitz einer unfehlbaren Methode zu sein, um eine Hexe zu erkennen. Er ließ sie in einem Kessel kochenden Wassers abbrühen und kostete dann die Suppe. Danach konnte er sagen: das war eine Hexe, oder: nein, das war keine. Ähnlich ist es bei uns, nur daß wir die Geschädigten sind. Wir können den Patienten, der zur Behandlung, oder ebenso den Kandidaten, der zur Ausbildung kommt, nicht beurteilen, ehe wir ihn durch einige Wochen oder Monate analytisch studiert haben. Wir kaufen tatsächlich die Katze im Sack" (Freud, 1933, S. 167).
Auch heute noch wird niemand bestreiten, dass die Diagnose eines Patienten sich im Laufe der Therapie immer weiter differenziert und am Ende eine wesentlich überzeugendere Gestalt aufweist als zu Beginn der Behandlung.
Der zweite Grund für Freuds diagnostische Zurückhaltung war die Absicht, die Entstehung einer zu intensiven Übertragung beim Patienten schon vor Therapiebeginn verhindern zu wollen:
„Lange Vorbesprechungen vor Beginn der analytischen Behandlung [...] haben bestimmte ungünstige Folgen, auf die man vorbereitet sein muß. Sie machen nämlich, daß der Patient dem Arzte in einer fertigen Übertragungseinstellung gegenübertritt, die der Arzt erst langsam aufdecken muß, anstatt daß er die Gelegenheit hat, das Wachsen und Werden der Übertragung von Anfang an zu beobachten. Der Patient hat so eine Zeitlang einen Vorsprung, den man ihm in der Kur nur ungern gönnt" (Freud, 1913, S. 456 f.).

In der Folge ist bis heute von Psychoanalytikern immer wieder die Position vertreten worden, dass psychodynamische Prozesse – nicht zuletzt in der Beziehung zwischen Patient und Therapeut – ein einzigartiges Geschehen darstellen, das keiner diagnostischen Beschreibung zugänglich ist. Eine derartige Extremposition wurde beispielsweise von Menninger (1948) vertreten, der den Wert jeglicher Diagnostik für den therapeutischen Entscheidungsprozess bestritt. Wenn wir der psychoanalytischen Diagnostik heute einen so viel höheren Stellenwert einräumen, so hat dies vor allem zwei Gründe:

1. Unsere diagnostischen Möglichkeiten sind durch die inzwischen sehr viel differenziertere Krankheitslehre enorm gestiegen. Infolgedessen können wir aus dem Vorliegen bestimmter Symptom-, Konflikt- und Strukturkonstellationen auch auf andere Störungen schließen, was von großer Bedeutung für Indikation und Therapieplanung sein kann.

Beispiel 1:
Eine Patientin beschreibt eine Reihe von Beziehungen, die extrem instabil sind und in denen ihre Gefühle für den Partner zwischen Liebe und Hass oszillieren. Darüber hinaus schildert sie wiederholte heftige Wutausbrüche, bei denen sie Gegenstände zerschlägt und auch schon andere Menschen verletzt hat. In der Gesprächssituation fühlt sich der Therapeut zunächst von der Patientin idealisiert und plötzlich an einem gewissen Punkt massiv entwertet. Auf Grund seines nosologischen Konzeptes der Borderline-Persönlichkeitsstörung fragt er die Patientin nach selbstverletzendem Verhalten, Suizidalität und Suchtmittelgebrauch. Er erfährt auf diese Weise, dass die Patientin schon mehrmals stationär behandelt wurde, da sie sich tief in die Oberschenkel geschnitten hatte. Ferner hat sie eine Reihe von zum Teil schweren Suizidversuchen hinter sich. Auch gibt sie an, dass sie regelmäßig Cannabis und gelegentlich Kokain konsumiert.

2. Zu Freuds Zeiten gab es im Grunde keine psychotherapeutische Alternative zur Psychoanalyse. Heute steht uns nicht nur eine Vielzahl anderer Psychotherapieverfahren zur Verfügung, sondern auch innerhalb der Psychoanalyse findet man eine Reihe von Modifikationen des Standardverfahrens und Standardsettings. Es muss geklärt werden, ob die Therapie 15, 25, 80, 160 oder mehr Stunden umfassen soll, ob sie mit einer Frequenz von ein, zwei oder mehr Wochenstunden im Liegen oder im Sitzen erfolgen soll und ob klassisch analytisch, psychodynamisch orientiert, supportiv oder übertragungsfokussiert (siehe Clarkin et al., 2001) gearbeitet werden soll. Des Weiteren stehen Gruppen, Familien und Paartherapie zur Wahl sowie die Möglichkeit einer stationären Behandlung. Die Diagnostik ist eine unabdingbare Voraussetzung zur Beantwortung dieser Fragen zur Indikationsstellung.

Auch die Aufklärungspflicht dem Patienten gegenüber, die Verantwortung gegenüber dem Geldgeber und die Kommunikation mit weiteren Behandlern macht eine gründliche Diagnostik unverzichtbar. Wir sollten auch nicht dem Irrtum verfallen, es wäre uns tatsächlich möglich, ohne diagnostisches Vor-Urteil in eine Behandlung gehen zu können – es ist lediglich die Frage, inwieweit es gelingt, die un- oder vorbewusst vorhandenen Vorurteile zu erkennen und für die Therapie zu nutzen.

Es gibt bislang keine etablierte Theorie der psychodynamischen Diagnostik, die wirklich Eingang in die therapeutische Praxis gefunden hätte. Dies zeigt sich auch darin, dass in den Curricula der meisten psychoanalytischen Ausbildungsinstitute dieses Thema entweder gar nicht oder nur sehr marginal auftaucht. Im Folgenden wollen wir drei verschiedene Bausteine psychoanalytisch-psychiatrischer Diagnostik darstellen, die wir als essenzielle Bestandteile einer psychodynamischen Erstuntersuchung ansehen.

2.1 Die psychodynamische Erstuntersuchung

Ermann (1991) prägte den Begriff der *psychoanalytischen Erstuntersuchung* als Bezeichnung für die Verknüpfung von psychoanalytischem Erstinterview und tiefenpsychologischer Anamnese. Kernbergs *strukturelles Interview* (1985) besteht demgegenüber aus einer Verbindung von psychoanalytischer und psychiatrischer Anamnese. Die hier vorgeschlagene „psychodynamische Erstuntersuchung" umfasst alle drei erwähnten Bausteine: das *psychoanalytische Erstinterview*, das deskriptiv-phänomenologische *psychiatrische Interview*, und die *biografische Anamnese*. Dieses Vorgehen stellt eine theoriegeleitete und integrative Konstruktion im Sinne des biopsychosozialen Modells dar, die wir allerdings nicht ohne guten Grund vornehmen. Wie erwähnt hat die Diagnostik traditionell einen geringen Stellenwert in der Psychoanalyse, wobei sie in Form der szenischen und biografisch-psychodynamischen Herangehensweise mittlerweile weithin akzeptiert ist. Geht es aber um eine deskriptive Diagnostik der psychopathologischen Symptome, so kursieren unter Psychoanalytikern die Begriffe „phänomenologisch" und „psychiatrisch" oft genug noch als Negativurteile für eine vermeintlich oberflächliche Betrachtungsweise. Dies kann natürlich auch zutreffend sein, nämlich immer dann, wenn es bei der reinen Phänomenologie bleibt. Der gleiche Vorwurf lässt sich aber gegen eine Diagnostik richten, die ausschließlich an der Beziehungsgestaltung im Erstgespräch interessiert ist. Eine Ursache dieses psychoanalytischen Vorurteils dürfte in der unseligen Spaltung von Psychoanalyse auf der einen und Psychiatrie auf der anderen Seite zu suchen sein, die sich insbesondere in den letzten Jahrzehnten aufbaute und die letztlich beiden Disziplinen zum Schaden gereicht. Auch wenn sich die Psychiatrie zuletzt wieder mehr der Psychotherapie angenommen hat – nun aber meist der Verhaltenstherapie –, so sind die Folgen dieser Trennung noch weithin spürbar. In der Psychiatrie findet sich oft eine Ablehnung von psychoanalytischem Denken, meist aus Unkenntnis über die Weiterentwicklung der psychodynamischen Theorie und Therapie, die immer noch mit der Theorie und Praxis Freuds gleichgesetzt wird. Auch wenn wir nicht der Auffassung sind, dass eine vollständige Verschmelzung beider Disziplinen in naher Zukunft denkbar oder erstrebenswert ist, so sind wir doch der Meinung, dass man sich die Erkenntnisse wechselseitig nutzbar machen kann (siehe Schüßler, 2001a). Für die psychodynamische Diagnostik bedeutet dies, dass sie sich in Ergänzung ihrer traditionellen Verfahren um eine differenzierte Erfassung der Psychopathologie auf der deskriptiven Symptom und Syndromebene bemühen muss.

> **! Merke:** Szenische, biografische und deskriptiv-phänomenologische Diagnostik schließen einander nicht aus, sondern liefern erst in ihrer Gemeinsamkeit die Grundlage für eine fundierte psychodynamische Diagnose.

2.1.1 Das psychoanalytische Erstinterview

Beim traditionellen psychoanalytischen Erstinterview handelt es sich im Grunde um ein Stück modifizierte Psychoanalyse zu diagnostischen Zwecken. Im Unterschied zu allen anderen diagnostischen Verfahren geht es hierbei primär nicht um das Sammeln von Informationen, sondern darum, die zentrale Problematik des Patienten im Hier und Jetzt der Gesprächssituation entstehen zu lassen. Dabei macht man sich die *szenische Funktion des Ichs* (Argelander, 1970, S. 61) zunutze. Diese basiert zunächst auf der ubiquitären *Übertragungsbereitschaft* jedes Menschen: Es liegt in unserer Natur, jeden Menschen, dem wir begegnen, zu einem gewissen Teil so zu erleben und so zu behandeln, wie wir es in früheren bedeutsamen Beziehungen selbst erfahren haben. Hierfür gibt es zwei Erklärungen: Zum einen erwarten wir, dass das, was wir schon einmal in einer Beziehung erlebt haben, wieder geschieht, da wir es so „gelernt" haben. Zum anderen sehen wir aber unbewusst in jeder „Neuauflage" des Bekannten eine Chance, das Erlebte mitzuteilen, Wünsche zu befriedigen, Enttäuschungen zu verarbeiten und Ängste zu bewältigen. Im Falle der positiven Übertragung wünschen wir unbewusst, das Angenehme wieder zu erfahren, im Falle der negativen hoffen wir – gleich einem Spieler, der verliert und verliert und doch wieder auf die gleiche Zahl setzt –, es möge doch einmal anders kommen. Je weniger eine zwischenmenschliche Begegnung durch Konventionen und Regeln strukturiert wird, umso stärker kommt bei der Übertragung die szenische Funktion des Ichs zum Tragen: Wir erleben das Gegenüber nicht nur so, als wäre es zum Teil so wie frühere Beziehungspartner, wir verhalten uns auch so, als wäre dies der Fall. Obwohl sich also Erlebens- und Verhaltensmuster der Vergangenheit, sowohl bewusst als auch unbewusst, immer wieder in der Therapeut-Patient-Beziehung zeigen, stellt die Übertragung jedoch keine 1:1-Umsetzung vergangener Erlebnisse in das Hier und Heute dar. Immer gehen die realen Bedingungen, die reale Person des Therapeuten und sein reales Verhalten ebenso in die Beziehung ein. In der klinischen Begegnung liegt damit immer eine Mischung aus realer Beziehung und Übertragungsphänomenen vor.

Beispiel 2:

Eine 19-jährige Patientin schaut den Therapeuten zu Beginn des Erstgesprächs schweigend an, dabei wirkt ihr Blick misstrauisch, feindselig und triumphierend zugleich. Nach einer Weile fragt sie herausfordernd: „Ich soll wohl jetzt was erzählen?" Im Therapeuten entsteht unmittelbar ein heftiges Gefühl der Verärgerung und der Impuls, der Patientin aggressiv in etwa zu entgegnen: „Sie wollen doch Hilfe von mir, also missbrauchen Sie jetzt nicht meine Zeit; im Übrigen ist es mir egal, wie es Ihnen geht." Im weiteren Verlauf des Gesprächs stellt sich heraus, dass die Pat. unter extrem belastenden Verhältnissen aufgewachsen ist, der leibliche Vater hatte sich nicht für sie interessiert, der Stiefvater hatte sie über Jahre hinweg körperlich misshandelt, und die Mutter hatte sie entwertet, anstatt sie zu schützen.

An diesem Beispiel wird deutlich, dass die Patientin „gelernt" hatte, dass andere Menschen sie entwerten und misshandeln, und so erwartete sie vom Therapeuten auch nichts anderes. Infolgedessen signalisierte sie ihm von vornherein: „Ich weiß, du willst mich entwerten und misshandeln, aber ich bin darauf gefasst und weiß mich zu verteidigen." Hätte sie aber ausschließlich diese Erwartung an den Therapeuten, so wäre sie erst gar nicht zum Erstgespräch erschienen. Erst ihre unbewusste Hoffnung, dass sie einmal gerade nicht Entwertung und Missbrauch,

1

sondern Wertschätzung und Unterstützung erfahren würde, hat ihr diesen Schritt ermöglicht.

An diesem Beispiel zeigt sich aber gleich noch ein weiteres Phänomen: das der *Gegenübertragung*. Nicht nur behandelt die Patientin den Therapeuten wie einen aggressiven Verfolger, er spürt auch selbst in sich aggressive Gefühle und Impulse, die er auf diese Weise üblicherweise seinen Patienten nicht entgegenbringt. Nun hat schon Freud das Phänomen der Gegenübertragung beschrieben, allerdings hielt er es noch für eine Störung des analytischen Prozesses, das es zu erkennen und zu überwinden gelte – der ideale Psychoanalytiker sei frei von Gegenübertragungen. Erst sehr viel später erkannte man den Wert der Gegenübertragung für das Verstehen des Patienten. Paula Heimann formulierte dies 1950 erstmals explizit: „Das Unbewußte des Analytikers versteht das seines Patienten. Dieser Rapport in der Tiefenschicht kommt in Form von Gefühlen an die Oberfläche, die der Analytiker als Reaktion auf seinen Patienten, als seine Gegenübertragung bemerkt" (S. 82, *Übersetzung der Autoren*). Fortan war es nicht mehr das Ziel, die Gegenübertragung zu beseitigen, sondern sie bewusst als diagnostisches Instrument einzusetzen. Erstmals taucht der Gedanke, die Gegenübertragung für die Diagnostik nutzbar zu machen, bei Balint und Balint (1961) auf und wurde in der Folge von Argelander aufgegriffen, der ihn in seiner wegweisenden Monografie „Das Erstinterview in der Psychotherapie" (1970) systematisierte. Argelander differenzierte drei Ebenen der Informationsgewinnung: die objektive, die subjektive und die szenische. Während die ersten beiden verbale Inhalte haben – nachprüfbare Fakten auf der objektiven Ebene und verbale Mitteilungen über das innere Erleben des Patienten auf der subjektiven –, geht es auf der szenischen Informationsebene um nonverbale Mitteilungen in Form von „Inszenierungen" (was tut der Patient, *wie* sagt er das, was er sagt?). Argelander sah in dieser dritten Ebene die wichtigste für das diagnostische Erstinterview: „Das Kerngerüst des Erstinterviews, die schöpferisch gestaltete Szene, ist eine Schlüsselinformation zur Erfassung fremdseelischen Geschehens. Sie hat naturgemäß eine eigene Dynamik oder Dramatik, die sich aus unbewußten Quellen speist" (S. 63).

Das Konzept der Gegenübertragung hat sich seit seinen Anfängen zu einem umfassenden Modell weiterentwickelt (Gabbard, 1995). Während Freud nur die Übertragung der unbewussten Konflikte des Therapeuten ansprach und Heimann sie primär als diagnostisches Instrument für das Verständnis der unbewussten Prozesse des Patienten ansah, wird die Gegenübertragung heute in Verbindung mit der Übertragung als gemeinsamer wechselseitiger Prozess zwischen Patient und Therapeut verstanden. Es handelt sich um eine komplexe Interaktion des realen Erlebens sowie der „neurotischen Übertragungen" von Patient und Therapeut.

Um zu ermöglichen, dass die relevanten innerpsychischen Prozesse des Patienten auf der Bühne des Erstinterviews wirklich inszeniert werden können, muss sich der Therapeut als Mitspieler zur Verfügung stellen – es entsteht ein „Zwei-Personen-Stück". Da der Therapeut zu Beginn das „Stück" noch nicht kennt, muss er eine *gleichschwebende Rollenübernahmebereitschaft* (Sandler, 1976) entwickeln, die es ihm ermöglicht, anhand seiner aktuellen Gegenübertragung die ihm zugedachte Rolle zu erkennen und zuzulassen. In der Praxis heißt dies natürlich

nicht, dass er die in ihm entstehenden Gefühle wahllos ausagieren soll, was sicher nicht zum Nutzen des Patienten wäre. Vielmehr geht es darum, diese Gegenübertragungsgefühle im Inneren zuzulassen, ohne sie zu bekämpfen und ohne sie zu äußern. Angewandt auf Beispiel 2 bedeutet dies, dass der Therapeut weder sagen soll: „Sie wollen doch Hilfe von mir", was ein Ausagieren der Gegenübertragungs-Aggression bedeuten würde, noch: „Haben Sie keine Sorge, ich höre Ihnen gerne zu", was einer Abwehr der aggressiven Impulse gleichkäme. Stattdessen sollte der Therapeut innerlich wahrnehmen: Ich empfinde einen aggressiven Impuls der Patientin gegenüber – offenbar wird ein Stück inszeniert, in dem mir die Rolle eines aggressiven Verfolgers zugedacht ist. Gelingt die Rollenübernahme ohne Ausagieren oder Abwehren, so kann sich die Szene entfalten, und der Therapeut lernt besser zu verstehen, in welchen Beziehungsmustern und inneren Konflikten die Patientin lebt. Darüber hinaus liefert die Szene Erkenntnisse, die in Form von Deutungen im passenden Augenblick der Patientin zurückgegeben werden können und ihr so helfen, sich selbst besser zu verstehen. Gesetzt den Fall, die Patientin spricht nicht von selbst weiter, könnte eine mögliche Intervention an dieser Stelle lauten: „Ja, es wäre wichtig, dass Sie mir etwas von sich erzählen, damit wir dann versuchen können, zu verstehen, was Ihr Problem ist und wie Ihnen geholfen werden kann." Um die Szene zur weiteren Entfaltung zu bringen, könnte der Therapeut noch anfügen: „Fällt es Ihnen schwer, mir etwas von sich zu erzählen?"

> **!** **Merke:** Das psychoanalytische Erstinterview nutzt die szenische Funktion des Ichs und die gleichschwebende Rollenübernahmebereitschaft des Therapeuten, um die Problematik des Patienten auf der Bühne der Interviewsituation im Hier und Jetzt entstehen zu lassen.

2.1.1.1 Vorfeldphänomene und Anfangsszene

Ein entscheidender Teil des diagnostisch bedeutsamen Geschehens findet bereits statt, bevor der Vorhang zum eigentlichen Erstinterview sich öffnet. In Anlehnung an Argelander (1970) wird alles, was im Hinblick auf das Erstinterview geschieht, bevor sich Therapeut und Patient zum ersten Mal begegnen, als *Vorfeldphänomene* bezeichnet. Hierzu gehört in erster Linie alles, was der Patient unternommen hat bzw. was mit ihm unternommen wurde, damit es zum Erstinterview kommen konnte. Ist der Patient von jemand anderem „geschickt" worden, oder ist er aus eigenem Antrieb gekommen? Wie ist die Wahl gerade auf den einen Therapeuten gefallen? – Hat der Patient auf Grund bestimmter Informationen den Therapeuten selbst ausgewählt, wurde er ihm von seinem Arzt als „der Richtige" empfohlen, erfolgte die Zuordnung „zufällig" bei der Terminvergabe durch ein Sekretariat? Wie hat die Anmeldung stattgefunden? – Hat der Patient selbst angerufen, wurde er von jemand anders angemeldet? Wie hat sich das Gespräch zur Terminvereinbarung gestaltet?

Beispiel 3:

Die Arzthelferin spricht den Therapeuten nach einem Besuch bei seinem Hausarzt an: „Dürfte ich Sie noch etwas Privates fragen? Sie sind doch Psychotherapeut – meine Mutter hat schon so lange Probleme, sie ist depressiv und hat viele Ängste. Wir sagen ihr seit Jahren, sie solle etwas unternehmen, aber von allein geht sie nicht. Wenn ich ihr jetzt sagen würde, dass Sie zu Ihnen persönlich kommen kann, würde sie vielleicht doch gehen. Würden Sie das für mich tun?" Der Therapeut fühlt sich durch das Vertrauen zunächst geschmeichelt und vergibt bereitwillig einen Termin für die Mutter der Arzthelferin. Erst Stunden später entsteht bei ihm das Gefühl, manipuliert bzw. ausgenutzt worden zu sein, und es taucht ein Ärger auf, da eigentlich ein Kollege in der psychotherapeutischen Ambulanz mit dem nächsten Erstgespräch „dran" gewesen wäre.

Beispiel 4:

Der Patient meldet sich selbst telefonisch zum Erstgespräch an. Er habe sich entschieden, eine Psychotherapie zu beginnen, da er sein Leben verändern müsse. Er wolle sofort damit beginnen und würde gern noch für diese Woche einen Gesprächstermin bekommen, allerdings gehe es nur noch an zwei Abenden der Woche, jeweils ab 19 Uhr – er sei Manager und an den anderen Tagen im Ausland unterwegs. Der Therapeut fühlt sich bedrängt, fast erpresst und verspürt sofort den Impuls, sinngemäß zu antworten: „So einfach ist das nicht, mein Terminkalender ist auch voll. Ich kann Ihnen frühestens in 14 Tagen einen Termin für ein Erstgespräch anbieten." Er gibt diesem Impuls aber nicht nach, sondern entschließt sich, dem Patienten entgegenzukommen, da tatsächlich an einem der Tage eine Stunde durch eine Absage frei geworden ist.

Diese beiden Beispiele veranschaulichen, dass die Szene hier schon in vollem Gange ist. Auch wenn die Patientin aus Beispiel 3 noch gar nicht persönlich aufgetreten ist, entstehen intensive Gegenübertragungsgefühle beim Therapeuten und er wird unwillkürlich zum Mitspieler: Es entsteht das Gefühl, manipulativ in ein Spiel hineingezogen zu werden; der Therapeut phantasiert die Patientin einerseits als dicke Frau, die zu Hause im Sessel sitzt, ihre Symptomatik dazu benutzt, ihr Umfeld für sich arbeiten zu lassen, und auf diese Weise sowohl Entlastung als auch Zuwendung bekommt. Andererseits tauchen Bilder einer völlig hilflosen, unselbständigen älteren Frau auf, einer Frau die Hilfe nicht annehmen kann. Auch seine eigene Rolle erlebt er so, als solle er der Patientin Entlastung und Zuwendung verschaffen und darüber hinaus auch die Familie der Patientin entlasten. Der Patient aus Beispiel 4 erzeugt im Therapeuten unmittelbar einen aggressiven Gegenübertragungsimpuls, da der Therapeut sich wie in einer Kampfszene fühlt, die ihm nur die Möglichkeit lässt, sich zu unterwerfen oder den Patienten zu unterwerfen. Es kostet ihn einige Mühe, sich auf seine realen Möglichkeiten zurückzubesinnen und den zufällig tatsächlich freien Termin zu vergeben. Beide Beispiele lassen vermuten, dass schon in den Vorfeldphänomenen wichtige Kernpunkte der Psychodynamik des Patienten enthalten sind.

> **! Merke:** Schon im Vorfeld der ersten Begegnung zwischen Therapeut und Patient finden diagnostisch bedeutsame Inszenierungen statt (Übertragung – Gegenübertragung).

Wegener (1992) prägte den Begriff *Anfangsszene* als „das Gesamt der vom Analytiker und Patienten hergestellten Interaktion (inhaltlich), von der persönlichen Begrüßung bis zur Eröffnung des Interviews, einschließlich des ersten gesprochenen Satzes (zeitlich), unter den Rahmenbedingungen psychoanalytischer Beratungs- und Behandlungsangebote (räumlich und das Setting betreffend)" (S. 291). Dieser Moment der ersten persönlichen Begegnung zwischen Patient und Therapeut stellt gleichsam die Ouvertüre zum folgenden Geschehen dar, und ähnlich der Ouvertüre einer Oper tauchen hier meist schon die wichtigen Motive des Dramas in komprimierter Form auf. Wegener wies auf die wesentlichen Ursachen für die Intensität der Anfangsszene hin: Es handelt sich um die einzige Begegnung zwischen Patient und Therapeut ohne Vorkenntnisse vom anderen und seinen Reaktionen. Das Offene, Neue und Unstrukturierte dieser Situation führt zu einer Aktualisierung auch vorsprachlicher Persönlichkeitsbereiche, Konflikte und Zustände und lässt dadurch die im Vorfeld angehäuften Projektionen, Erwartungen, Wünsche und Ängste seitens des Patienten unmittelbar zum Ausdruck kommen.

Beispiel 5:

Eine ca. 50-jährige Patientin, anspruchsvoll gekleidet mit etwas aufgelöster blondierter Frisur, Perlenkette und intensivem Make-up und Parfum wird vom Therapeuten ins Behandlungszimmer gebeten; er weist sie auf die Garderobe hin, wo sie Mantel und Tasche ablegen kann, und bietet ihr einen Stuhl an. Die Patientin legt ihren Mantel aber nicht an der Garderobe ab, sondern häuft Tasche, Mantel und Sakko auf dem kleinen Tischchen zwischen sich und dem Therapeuten auf. Ihre Strickjacke lässt sie über beide Schultern herabsinken, während sie im Stuhl etwas hinabgleitet. Sie beginnt das Gespräch unaufgefordert mit einem tiefen Seufzer. Der Therapeut erlebt die „Offenherzigkeit" der Patientin als intensives und forderndes Beziehungsangebot; er hat das Gefühl, die Patientin wolle sich in seinem Behandlungszimmer ausbreiten, es gleichsam bewohnen. Er erlebt ihr Parfum und ihr Ablegen der Kleidung auf dem Tisch als distanzierend und grenzüberschreitend zugleich.

Auch wenn diese Anfangsszene zunächst noch viele Deutungen offen lässt, zeigt sich im weiteren Verlauf des Gesprächs, dass die Patientin zentrale Konflikte hier schon symbolisch ausdrückt. Sie lebt in einem jahrzehntelangen „Rosenkrieg", in dem der Ehemann in einer anderen Stadt wohnt und arbeitet, während sie selbst das gemeinsame Haus bewohnt und von ihm finanziell unterstützt wird. Sobald er sich anschickt, zurückzukehren, reagiert sie depressiv und unternimmt alles, um seine Rückkehr zu verhindern. Sie leidet sehr unter ihrer Einsamkeit und wünscht sich Nähe und Beziehungen, dies scheitert jedoch immer wieder daran, dass sie andere Menschen nicht wirklich an sich heranlässt, sondern sie durch heftige Auseinandersetzungen vertreibt. In der Anfangsszene mit dem Therapeuten ist gleichzeitig ein intensives Beziehungsangebot mit Zudringlichkeit und Abgrenzung enthalten. Der Therapeut erlebt in seiner Gegenübertragung das, was vermutlich auch die meisten anderen Menschen in der Begegnung mit der Patientin erleben: Der Impuls, auf das Beziehungsangebot einzugehen, wandelt sich in das Bedürfnis, die Patientin zurückzuweisen und loszuwerden. Es wird deutlich, wie die Patientin auf diese Weise ihre Einsamkeit, unter der sie sehr leidet, zum großen Teil selbst „herstellt".

! Merke: In der Anfangsszene erscheint oft die zentrale interaktionelle Problematik des Patienten in kondensierter Form.

2.1.1.2 Techniken

Freud empfahl vor Beginn der eigentlichen Analyse eine provisorische Behandlung von ein bis zwei Wochen zur Klärung von Diagnose und Indikation (1913, S. 455). Das psychoanalytische Erstinterview stellt im Grunde eine verdichtete Form einer derartigen „Probeanalyse" dar. Das technische Vorgehen gleicht daher auch weitgehend dem der psychoanalytischen Therapie: Die Haltung des Therapeuten besteht neben dem essenziellen Bemühen, eine hilfreiche Beziehung herzustellen, in Abstinenz, Neutralität, freischwebender Aufmerksamkeit und freischwebender Rollenübernahmebereitschaft; die Techniken umfassen Klärung, Konfrontation, Deutung und supportive Techniken. Der Unterschied zwischen Erstinterview und Therapie besteht dabei in der Gesprächseröffnung, der Tiefe und Zielrichtung der Deutungen und dem Abschluss des Gesprächs. Neben Diagnose und Indikationsstellung spielt somit auch ein therapeutischer Aspekt eine wichtige Rolle im psychoanalytischen Erstgespräch: Wird die Inszenierung des Patienten behutsam unter diagnostischem Aspekt gedeutet, so erhält der Patient die Chance zu einer Selbsterkenntnis, die ihn möglicherweise verändert. Darüber hinaus ermöglicht ihm dieses Vorgehen eine „beispielhafte Erfahrung" (Ermann, 1991) davon, was psychodynamische Psychotherapie ist und worauf er sich unter Umständen einlässt.

! Merke: Die beispielhafte Erfahrung der psychodynamischen Arbeitsweise mit Klärung, Konfrontation, Deutung und dem Aufbau eines hilfreichen Arbeitsbündnisses gibt dem Patienten eine erste Vorstellung davon, was ihn in einer psychodynamischen Therapie erwartet.

2.1.1.2.1 Die Gesprächseröffnung

Wie bereits erwähnt ist es für die Entfaltung der Übertragungs-Szene von großer Bedeutung, das Gespräch nicht zu sehr durch vorbereitende Erklärungen oder gezielte Fragen zu strukturieren. Dennoch ist es nicht üblich – und auch nicht sinnvoll –, das Erstinterview wie in späteren Therapiesitzungen einer Standard-Psychoanalyse schweigend zu beginnen, da die meisten Patienten mit den Regeln der psychodynamischen Therapie noch nicht vertraut sind. Der Therapeut muss also aktiv den Erstgesprächsprozess mitgestalten und Eröffnungsfragen stellen. Es hat sich gezeigt, dass eine möglichst offen formulierte Frage nach dem Grund des Kommens, wie „Was führt Sie zu mir?" oder „Was führt Sie her?", dem Patienten am besten die Möglichkeit gibt, seine persönliche Geschichte und seine Übertragung zu entfalten. Je strukturierter bzw. „geschlossener" die Eröffnungsfrage, umso mehr wird der Patient gelenkt und umso größer ist die Gefahr, dass wichtige Dinge verloren gehen. Beginnt man beispielsweise mit der Frage „Was sind Ihre Beschwerden?", so fühlt sich der Patient aufgefordert, von seinen Symptomen zu berichten, nicht aber von möglicherweise konflikthaften Beziehungen. Ebenso hinderlich für die Entfaltung der Szene ist ein Smalltalk am Beginn der Sitzung zum „Warmwerden", da auch hier die Übertragungsmöglichkeiten in Richtung „oberflächlicher Verbrüderung" eingeschränkt werden.

Von großer Bedeutung ist die Art, wie die Eingangsfrage gestellt wird; Künzler und Zimmermann (1966) wiesen darauf hin, dass ein und dieselbe Frage mit unterschiedlicher affektiver Tönung bzw. unterschiedlicher Sprachmelodie gestellt zu ganz verschiedenen Antworten führen wird. „*Was* führt Sie zu mir?" impliziert anderes als „Was führt *Sie* zu mir?" oder „Was führt Sie zu *mir*?".

! Merke: Um die Übertragungsmöglichkeiten möglichst unbeeinflusst zu lassen, sollte die Eröffnungsfrage so neutral wie möglich mit einer „mild positiven" affektiven Tönung gestellt werden.

2.1.1.2.2 Die therapeutische Haltung

Im Anschluss an die Eröffnungsfrage gibt der Therapeut dem Patienten Raum, um so frei wie möglich zu berichten. Dabei ist es weiterhin notwendig, den Patienten durch verbale oder gestische Äußerungen zur weiteren Entfaltung zu ermutigen und ihm Interesse und Verständnis zu bedeuten. Es sollte nicht vergessen werden, dass der Patient eine therapeutische Beziehung nicht eingeht, um ein Übertragungsmuster zu realisieren, sondern um Hilfe zu erfahren. Die Psychotherapieforschung hat bis heute ohne jeden Zweifel belegt, dass eine hilfreiche Beziehung, d.h. eine Beziehung, die vom Patienten als warm, aufmerksam, interessiert, verständnisvoll und respektvoll erlebt wird, das wichtigste Element für das Gelingen einer Therapie darstellt. Dieser allgemeine oder generische Beziehungsfaktor trägt in allen Psychotherapieformen das größte Gewicht. Dies gilt selbstverständlich auch und in besonderem Maße für den diagnostischen Prozess, daher sollte es auch hier zuerst einmal darum gehen, eine hilfreiche Beziehung aufzubauen, um dann die entstehenden Übertragungsphänomene und Widerstände erkennen und erfolgreich bearbeiten zu können.

Der Therapeut nimmt dem Patienten gegenüber eine therapeutische Haltung ein. Er verhält sich *abstinent* in dem Sinne, dass er sich nicht selbst als Privatperson mit seinen Problemen und Bedürfnissen einbringt. Beispielsweise wird er einem Patienten, der von seinem Hobby des Golfspielens berichtet, nicht mitteilen, dass er selbst Golf spielt, um die Übertragungsmöglichkeiten nicht einzuengen. Abstinenz bedeutet jedoch nicht Passivität, dauerhaftes Schweigen oder kühle Distanziertheit. Er bleibt *neutral*, d.h., er nimmt nicht Partei für eine oder die andere Seite in den inneren Konflikten des Patienten; so wird er einem Patienten in einem Konflikt zwischen dem Abhängigkeitswunsch, bei seinen Eltern wohnen zu bleiben, und dem Autonomiebestreben, sich eine eigene Wohnung zu mieten, nicht zum einen oder anderen raten. Er bemüht sich um eine *freischwebende Aufmerksamkeit*, was bedeutet, dass er versucht, gleichermaßen offen für jede Äußerung des Patienten zu sein, ohne seine Aufmerksamkeit oder Erwartungen in eine bestimmte Richtung zu lenken. Und er entwickelt eine *freischwebende Rollenübernahmebereitschaft*, wie wir sie bereits oben erörtert haben.

Mit dem Fortgang des Gesprächs wird der Therapeut allerdings zunehmend von der therapeutischen Haltung in dem Sinne abweichen, dass er diagnostisch wichtige Bereiche fokussiert und den Patienten durch Bemerkungen, Fragen oder behutsame Deutungen „lenkt".

> **Merke:** Eine hilfreiche Beziehung wird aktiv vom Therapeuten gestaltet. Neutralität, Abstinenz, freischwebende Aufmerksamkeit und freischwebende Rollenübernahmebereitschaft prägen darüber hinaus die Haltung des Therapeuten.

2.1.1.2.3 Klärung, Konfrontation, Deutung und supportive Techniken

Die verbalen Interventionen des Therapeuten lassen sich grob den Bereichen Klärung, Konfrontation, Deutung und supportive Techniken zuordnen. _Klärung_ beinhaltet die Erforschung von Aspekten der Darstellung des Patienten, die diffus, unklar oder widersprüchlich geblieben sind. Dabei werden diese Inhalte diskutiert, aber noch nicht in Frage gestellt. Es handelt sich hierbei um die bewusstseinsnächste, „sachlichste" Ebene der Interaktion.

Beispiel 6a:

„Sie haben mir berichtet, dass Sie gern auch mal mit anderen Frauen ausgehen. In der letzten Woche hatten Sie den schlimmen Streit mit Ihrer Partnerin, wobei es um dieses Thema ging. Ist Ihre Freundin so extrem eifersüchtig, oder gab es da doch noch mehr Grund für ihre Empörung?"

Die _Konfrontation_ geht einen Schritt weiter, indem sie den Patienten auf unbewusste oder vorbewusste Inhalte hinweist, die zueinander im Widerspruch stehen, von ihm aber für selbstverständlich und unproblematisch gehalten werden. Ursächlich sind dabei meist Abwehrvorgänge oder widersprüchliche Selbst- und Objektvorstellungen beteiligt. Eine Konfrontation stellt für den Patienten mitunter eine Provokation dar, da sie eine deutliche Infragestellung seiner Wahrnehmung und seines Verhaltens impliziert.

Beispiel 6b:

„Sie sagen, dass Sie Ihre Partnerin auf gar keinen Fall verlieren wollen, gleichzeitig haben Sie aber immer wieder intime Kontakte zu anderen Frauen, wovon Sie Ihrer Partnerin auch erzählen. Wie passt das zusammen?"

Die _Deutung_ ist diejenige Intervention, die am weitesten auf die unbewusste Ebene abzielt. Hier werden dem Patienten nicht nur konflikthafte Aspekte vor Augen geführt, sondern auch Hypothesen darüber aufgestellt, welche Motive und psychodynamischen Hintergründe bei der Entstehung der Problematik eine Rolle spielen könnten. Deutungen können unter Umständen zu einer beträchtlichen Destabilisierung beim Patienten führen, daher ist es im psychoanalytischen Erstgespräch wichtig, nicht „zu tief" zu deuten und zu bedenken, dass der schützende Rahmen einer gewachsenen therapeutischen Beziehung noch nicht besteht. Die Deutungen sollten behutsam erfolgen und primär dem Ziel dienen, den Patienten an ein Verständnis seiner Problematik heranzuführen und dadurch gegebenenfalls seine Motivation zu einer Psychotherapie zu fördern. Derartige Deutungen in der diagnostischen Phase werden auch als _Probedeutungen_ bezeichnet, da hier der Patient eine Probe davon erhält, was psychodynamische Therapie bedeutet, und der Therapeut erfährt, wie der Patient mit einer Deutung umgeht, was wiederum für die Indikationsstellung zu einer psychodynamischen Therapie von Bedeutung ist.

Beispiel 6c:

„Wir haben gesehen, dass Sie immer wieder ‚Nebenbeziehungen' beginnen, wenn Sie sich ihrer Partnerin besonders nahe fühlen; und auch mir gegenüber haben Sie in einem besonders intensiven Moment unseres Gesprächs betont, dass Sie noch mindestens zwei weitere Erstgespräche bei anderen Therapeuten vereinbaren wollen. Könnte es sein, dass Sie immer dann eine ‚Nebenbeziehung' eröffnen, wenn Ihnen die Nähe in einer wichtigen Beziehung zu groß und damit zu bedrohlich wird?"

Supportive Techniken zählen nicht zu den traditionellen psychoanalytischen Interventionsformen, dennoch hat sich gezeigt, dass sie in den meisten psychodynamischen Therapien in mehr oder weniger großem Ausmaß eingesetzt werden. Dies ist insbesondere dann der Fall, wenn nicht „streng analytisch", sondern im weiteren Sinne psychodynamisch gearbeitet wird. Für viele Patienten kann es hier hilfreich sein, eine allgemeine Ermutigung und Unterstützung, empathische Validierung und Bestätigung der persönlichen Ressourcen zu erfahren (Schüßler, 2001a).

Beispiel 7:

„Ich finde es bemerkenswert, wie Sie es trotz ihrer schwer belastenden Symptome immer wieder schaffen, an die Arbeit und unter Menschen zu gehen."

2.1.1.2.4 Exploration von Beziehungserleben und Struktur

Die jüngere psychodynamische Forschung hat für die Erfassung der beiden zentralen Bereiche des Beziehungserlebens und der psychischen Struktur in Ergänzung zur üblichen Interviewtechnik spezifische Vorgehensweisen entwickelt, die hier kurz dargestellt werden.

Um eine vollständige _Beziehungsdiagnostik_ zu ermöglichen, ist es wichtig, über die aktuell inszenierte Patient-Therapeut-Beziehung hinaus Informationen über das habituelle Beziehungsverhalten des Patienten in anderen bedeutsamen zwischenmenschlichen Beziehungen zu erhalten. Aufbauend auf Luborskys Technik zur Erfassung des zentralen Beziehungskonfliktes (Luborsky und Crits-Christoph, 1990), wird beispielsweise im standardisierten Interview der Operationalisierten Psychodynamischen Diagnostik (Arbeitskreis OPD, 2001) der Patient zur Schilderung einzelner Beziehungsepisoden aufgefordert. Fragen wie „Ich kann mir Ihre Beziehung zu X noch nicht recht vorstellen, vielleicht können Sie mir diese an einem Beispiel deutlich machen?" geben dem Patienten die Möglichkeit, konkrete interaktionelle Begegnungen zu schildern. Im klinisch-diagnostischen Gespräch soll sich herauskristallisieren, welche Beziehungsgestaltung der Patient in seinen verschiedenen sozialen Bereichen immer wieder herstellt, was der Patient in Beziehungen immer wieder erlebt und in welche Situation er sich und andere immer wieder bringt. Weitere hilfreiche Fragen sind z.B.: „Können Sie mir sagen, was Sie in dem Moment von X erwarten oder befürchten? Können Sie mir sagen, was Sie ihm oder ihr gegenüber in dem Moment taten oder sagten? Wie fühlte sich Ihrer Meinung nach ihr Gegenüber in diesem Moment?" (Schauenburg et al., 1998).

Aus der Zusammenschau von aktuellem Übertragungs-Gegenübertragungs-Geschehen und berichteten Beziehungsepisoden lässt sich dann ein differenziertes Bild von repetitiven Mustern im Verhalten und Erleben des Patienten im Kontext sozialer Be-

1

ziehungen erstellen, wobei insbesondere auf neurotische Wiederholungen, Übergeneralisierung, Aufbrüche, Widersprüche in Beziehungen sowie auf die Differenziertheit der Objekte im Erleben des Patienten zu achten ist.

Ein weiterer zentraler Bestandteil psychodynamischer Diagnostik ist die *Strukturdiagnose*, auf die wir im Weiteren noch mehrfach zu sprechen kommen werden. Die psychische Struktur bildet die Vulnerabilität der Persönlichkeit, die Disposition zur Krankheit und die Kapazität zur Verarbeitung ab. Es geht um das für den Einzelnen typische Erleben und Verhalten, die Struktur des Ich, des Selbst und der Beziehungen (Arbeitskreis OPD, 2001). In der Tradition von Kernbergs (1985) Konzepten und seinem „strukturellen Interview" sind auch in der OPD die Ermittlung der Selbstwahrnehmung und der Objektwahrnehmung die diagnostischen Angelpunkte. Dazu wird der Patient aufgefordert, sich selbst und ihm nahe stehende Bezugspersonen zu beschreiben: „Könnten Sie noch etwas genauer schildern, was für Sie typisch ist und wie Sie sich von anderen Menschen unterscheiden, so dass ich ein möglichst lebhaftes Bild von Ihnen bekommen kann?" bzw.: „Könnten Sie mir X schildern, so dass ich ein möglichst lebhaftes Bild von ihm/ihr bekomme?" Ist ein Patient nicht in der Lage, ein Bild von sich oder anderen zu zeichnen, oder gibt er nur oberflächliche, klischeehafte Darstellungen, so kann dies als Hinweis für eine Identitätsdiffusion und damit ein eher niedriges Sturkturniveau angesehen werden.

2.1.1.3 Grenzen

Aus dem bisher Gesagten wird deutlich, dass das psychoanalytische Erstinterview einen nicht unbeträchtlichen Eingriff darstellt, der durchaus mit invasiven medizinisch-diagnostischen Maßnahmen zu vergleichen ist, und ebenso zu unerwünschten Nebenwirkungen führen kann – die Deutung einer traumatisierenden Erfahrung stellt in jedem Fall eine Retraumatisierung dar. Daraus folgt, dass man in einem psychoanalytischen Erstinterview gewisse Grenzen beachten muss; Hohage et al. (1981) wiesen darauf hin, wie bedeutsam diese Wahrung der „Verhältnismäßigkeit der Mittel" (S. 550) ist. Zunächst ist dabei der Gesprächsauftrag zu berücksichtigen, den der Patient dem Therapeuten erteilt; trägt er explizit einen Therapiewunsch an den Therapeuten heran, wünscht er eine Beratung, ist er noch unentschlossen und will sich vorerst nur informieren? Ebenso wichtig ist die Frage, ob der Therapeut dem Patienten einen Therapieplatz anbieten kann oder ob er ihn gegebenenfalls an einen Kollegen überweisen muss. Steht von vornherein fest, dass das Erstinterview die Einleitung einer Psychotherapie bedeutet, und zeigt der Patient, dass er ein echtes Interesse daran hat, seine unbewussten Prozesse zu ergründen, so ist ein tief gehendes Vorgehen möglich, das schon auf die folgende Therapie abzielt. Wenn aber ein Patient mit wenig Zugang zur Selbstreflexion „geschickt" wird und der Therapeut selbst keinen Therapieplatz anbieten kann, so ist ein sehr viel zurückhaltenderes Diagnostizieren angezeigt. Zum einen ist der Patient doppelt ungeschützt, da er von Deutungen überrascht wird und noch keinen eigenen Therapeuten zur Unterstützung hat, zum anderen besteht die Gefahr, dass er sich während der Diagnostik Abhängigkeitswünsche entwickelt, die dann mit der Überweisung enttäuscht werden. Eine zu intensive Arbeit kann bei einem solchen Patienten viel Schaden anrichten, da er so unter Umständen nie in eine Psychotherapie gehen wird. Darüber hinaus benötigen Patien-

ten mit einem „nicht-psychologischen" Krankheitsverständnis (z.B. bei Somatisierungsstörungen) bereits im Erstgespräch Aufklärungs- und Motivationsarbeit, da ansonsten der Therapeut zwar eine hinreichende Diagnose stellen kann, der Patient jedoch nie wieder erscheinen wird.

Ermann (1991) wies darauf hin, dass zu Beginn eines psychoanalytischen Erstinterviews noch kein ausdrückliches Arbeitsbündnis besteht, nicht zuletzt deshalb, weil der Patient üblicherweise noch gar nicht beurteilen kann, worauf er sich einlässt. „Der Analytiker muss also versuchen wahrzunehmen, ob der Patient bereit ist, sich mit unbewussten Erlebnisbereichen zu befassen und ob insofern ein indirektes Arbeitsbündnis besteht" (S. 100). Ist dies nicht der Fall, so muss der Therapeut zunächst bemüht sein, eine hilfreiche Beziehung und ein ausreichendes Arbeitsbündnis zu schaffen, das eine psychodynamische Diagnostik ermöglicht.

> **! Merke:** Das psychoanalytische Erstinterview stellt ein potenziell traumatisierendes Verfahren für den Patienten dar. Daher ist bei den Interventionen die Verhältnismäßigkeit der Mittel zu wahren, die sich am indirekten Arbeitsbündnis und Auftrag des Patienten orientiert.

2.1.2 Deskriptiv-phänomenologische Diagnostik (das „psychiatrische Erstinterview")

Einleitend sei angemerkt, dass der Begriff *psychiatrisches Erstinterview* an dieser Stelle nicht ganz statthaft ist, da es mittlerweile auch in der Psychiatrie üblich ist, soziale und biografische Informationen zu erheben, und zum Teil sogar szenisches Material berücksichtigt wird. Wir wollen uns in diesem Abschnitt jedoch nur auf das Kernstück der psychiatrischen Interviewführung, die deskriptive Erfassung von Symptomen und Syndromen, beschränken, da die wesentlichen Informationen im psychoanalytischen Erstinterview und der biografischen Anamnese gewonnen werden.

Deskriptiv-phänomenologisch bedeutet primär am Erscheinungsbild der Erkrankung, d.h. an den Symptomen orientiert. Ziel ist es, einen möglichst „objektiven" Befund von der Psychopathologie eines Patienten zu erhalten, der dann die nosologische Zuordnung zu einem Syndrom bzw. einer Erkrankung ermöglicht. Die „passenden" nosologischen Systeme finden sich in den etablierten Klassifikationsschemata ICD-10 und DSM-IV (siehe Band I, Kapitel 4.1 in diesem Lehrbuch).

Es versteht sich von selbst, dass bei diesem Vorgehen die Kenntnis der Symptomkonstellationen einzelner Erkrankungen unerlässlich ist, da kaum ein Patient spontan alle seine Symptome berichten wird (siehe hierzu Band I, Kapitel 2.4 in diesem Lehrbuch). Obwohl dieser Abschnitt der Erstuntersuchung primär der Erfassung des psychopathologischen Befundes (siehe unten) und der phänomenologischen Diagnostik dient, wird der Psychotherapeut natürlich auch hier die szenischen Informationen des Patienten registrieren und neben der Fokussierung auf die psychiatrische Nosologie auch psychodynamische Hypothesen entwickeln.

Auch das psychiatrische Erstinterview beginnt mit einer offenen Eingangsfrage, z.B.: „Was führt Sie zu mir?" Im Weiteren lässt der Therapeut dem Patienten zunächst Raum, seine Klagen und

Beschwerden vorzubringen. Allerdings fokussiert er nicht so sehr auf die Inszenierung in der Übertragungsbeziehung, sondern vielmehr auf die Erscheinungsform der Krankheitssymptome und gegebenenfalls der vom Patienten geschilderten Beziehungsproblematik. Ausgestattet mit den Modellen der psychiatrischen und psychoanalytischen Nosologie, versucht der Therapeut beim Zuhören schon erste Hypothesen über die Natur der Erkrankung zu entwickeln. Hat der Patient seine Beschwerdeschilderung abgeschlossen, so greift der Therapeut das Hauptsymptom auf und exploriert es im Detail, wobei er syndromgeleitet vorgeht, d.h., er fragt auch nach Symptomen, die der Patient nicht spontan genannt hat, von denen der Therapeut aber weiß, dass sie zu dem von ihm vermuteten Syndrom gehören.

Beispiel 8a:

T.: Sie sagten, dass Sie sich in der letzten Zeit „depressiv" fühlten. Was verstehen Sie genau darunter?

P.: Hm ..., ich fühle mich niedergeschlagen und erschöpft, ganz anders als früher – ich bin an sich ein lebenslustiger Mensch.

T.: Das klingt so, als hätten Sie alle Lebensfreude verloren. Gibt es etwas, das Ihnen im Moment Freude bereitet?

P.: Tja, also ehrlich gesagt fällt mir da jetzt nichts ein.

T.: Und Ihre Stimmung ist niedergeschlagen?

P.: Ja, ganz sehr, ich sehe alles ganz schwarz ...

T.: Also kein Silberstreif am Horizont?

P.: ... nein, alles schwarz. Ich kann nicht mal richtig traurig sein, kann nicht weinen.

T.: Ganz schwarz – war es denn schon einmal so schlimm, dass Sie nicht mehr leben wollten?

P.: Na ja, der Gedanke kommt schon auf ...

T.: Und haben Sie einmal ernstlich daran gedacht, sich das Leben zu nehmen?

P.: Oh nein, das könnte ich meiner Familie niemals antun, außerdem bin ich religiös, wissen Sie, da kann man das nicht machen.

T.: Sie haben also nie versucht, sich das Leben zu nehmen, oder es geplant?

P.: Nein, niemals.

T.: Wie ist es mit Ihrem Antrieb? Fällt es Ihnen schwer, morgens aufzustehen und Ihre alltäglichen Aufgaben zu erledigen?

P.: Ja, das ist ganz schwer. Oft bleibe ich sogar bis am späten Vormittag im Bett liegen; alles fällt viel schwerer als sonst ...

T.: Und die Körperpflege, haben Sie die auch schon vernachlässigt?

P.: Nein, da bin ich Gott sei Dank sehr gewissenhaft. Wenn ich aus dem Haus gehe, dann bin ich schon ordentlich hergerichtet.

T.: Haben Sie bemerkt, dass Ihre Aufmerksamkeit und Ihre Konzentration nachgelassen haben? Fällt es Ihnen zum Beispiel schwer, die Zeitung zu lesen oder Nachrichten zu hören, und sich dann nachher daran zu erinnern, was Sie gelesen oder gehört haben?

P.: Ja, ich glaube schon. Allerdings lese ich kaum noch und höre auch keine Nachrichten, denn es interessiert mich alles nicht mehr. Ich grüble nur ständig darüber, wie alles werden soll, mit meinen Kindern, dem Haus und so ...

T.: Wie können Sie schlafen? Gibt es da Probleme?

P.: Ja, einschlafen kann ich meistens ganz gut, allerdings wache ich dann nach ein paar Stunden wieder auf und liege lange wach.

T.: Können Sie dann irgendwann wieder einschlafen?

P.: Manchmal schon, aber meistens wälze ich mich bis zum Morgen und bin dann ganz gerädert.

T.: Wie viel Stunden schlafen Sie pro Nacht in etwa?

P.: Na ja, im Durchschnitt vielleicht vier, fünf Stunden, manchmal auch nur drei.

T.: Und wie ist es mit Ihrem Appetit? Hat sich Ihr Gewicht verändert?

P.: Das geht eigentlich. Ich habe kaum Appetit, ich esse auch weniger. Aber bei meinem Gewicht tut mir das ganz gut, wissen Sie. Ich habe ein paar Kilo abgenommen.

T.: Wie viel und in welcher Zeit?

P.: So etwa sechs, sieben Kilo seit letztem Sommer.

Der Therapeut hat bei der Beschwerdeschilderung des Patienten die Hypothese entwickelt, dass der Patient unter einer Depression leidet. Er fragt nun systematisch nach den Symptomen einer Depression und exploriert genau, welche davon beim Patienten derzeit bestehen. Er kann jetzt feststellen, dass der Patient aktuell unter einem depressiven Syndrom leidet. Um die Art der Symptomatik noch genauer zu erfassen, müssen aber noch weitere Aspekte erfragt werden. Dabei geht es zunächst um das zeitliche Auftreten der Beschwerden: Wann haben die Beschwerden begonnen; sind sie seither dauerhaft oder mit Unterbrechungen vorhanden? Wenn sie episodisch auftreten, wie häufig sind die Episoden, wie lange dauern sie und treten sie bevorzugt zu einer bestimmten Tageszeit auf? Gab es früher schon einmal ähnliche Krankheitsepisoden?

Im nächsten Schritt geht es darum, die auslösende Situation sowie verlaufsbestimmende Faktoren zu explorieren:

Beispiel 8b:

T.: Können Sie sich an Ihre Lebenssituation zu dem Zeitpunkt erinnern, als die Depression begonnen hat?

P.: Ja, das war im Mai letzten Jahr. Da hat mir meine Frau gesagt, dass Sie sich von mir trennen will. Nach 22 Jahren Ehe ... das hat mich völlig umgehauen. Bis heute bin ich nicht darüber weg. Ich kann mir nicht vorstellen, wie mein Leben weitergehen soll.

T.: Und damals, als sie 18 waren, gab es da auch so einen Auslöser für die Depression?

P.: Ja, genauso. Damals hat mich meine erste Freundin verlassen. Wir waren schon vier Jahre zusammen und wollten uns verloben. Das habe ich überhaupt nicht verstanden, warum sie gegangen ist. Ich bin damals über ein Jahr richtig depressiv gewesen.

T.: Gibt es Dinge, die Ihre Beschwerden jetzt verschlechtern oder verbessern können?

P.: Im Moment gibt es da nichts, ich bin ganz unten. Aber manchmal hilft es mir schon, wenn meine Kinder bei mir sind, und auch, wenn meine Mutter kommt. Sie ist zwar schon 72, aber noch sehr rüstig, und sie kommt jetzt zum Glück oft zu mir. Am schlimmsten ist es alleine, da bin ich dann schon ganz verzweifelt ...

1

Im Rahmen dieser Exploration erhält der Therapeut eine ganze Reihe biografischer Anhaltspunkte, die in ihm erste psychodynamische Hypothesen entstehen lassen.

! **Merke:** Das „psychiatrische Interview" dient der phänomenologischen Erfassung von Beschwerden und Psychopathologie und stellt einen essenziellen Bestandteil psychodynamischer Diagnostik dar.

2.1.3 Die biografische Anamnese

Das griechische Wort „anamnesis" lässt sich als „Erinnerung" übersetzen und wird im medizinischen Sprachgebrauch für die *Vorgeschichte des Patienten* verwendet. Die biografische Anamnese ist ein aus der Medizin abgeleitetes Verfahren, das primär auf die Sammlung von subjektiven Daten und Fakten abzielt. Während in der Medizin allerdings meist nur die aktuellen Symptome und die Geschichte früherer Erkrankungen erfasst werden, werden in der biografischen Anamnese darüber hinaus schwerpunktmäßig die aktuelle Lebenssituation und die Lebensgeschichte des Patienten erforscht. Dabei folgt dieses Verfahren dem psychodynamischen Verständnis von der Ätiologie psychischer Erkrankungen, das lebensgeschichtlichen Einflussfaktoren einen hohen Stellenwert einräumt. Wenn man z.B. davon ausgeht, dass Traumatisierungen und Defizite in den ersten Lebensjahren zu psychischen Erkrankungen führen können, dann ist es zum Verständnis der Krankheitsentstehung unerlässlich, zu erfahren, was bei einem Patienten in diesen Jahren geschehen ist. Dabei fokussiert die tiefenpsychologische Anamnese Entwicklungsphasen und Lebensbereiche, die besonders häufig Ausgangspunkt für pathogene Prozesse darstellen, wie die frühe und späte Kindheit, die Pubertät, Adoleszenz und die Partnerbeziehungen.

Die Entwicklung einer systematischen psychoanalytischen Anamneseerhebung hat ihren Anfang in der Berliner psychoanalytischen Vereinigung, wo 1920 die weltweit erste psychoanalytische Poliklinik gegründet wurde. Schultz-Hencke entwarf dort sein Konzept der *tiefenpsychologisch orientierten Anamnese* (1927, 1951), das von Dührssen zur *biografischen Anamnese* (1981) fortentwickelt wurde. Bis heute prägen diese Modelle die psychoanalytische Diagnostik im gesamten deutschen Sprachraum – in Deutschland nicht zuletzt dadurch, dass die Anträge an die Krankenkassen zur Kostenübernahme für eine Psychotherapie weitgehend als biografische Anamnese konzipiert sind. Aus dem englischen Sprachraum stammt ein verwandtes Anamneseschema, das Morgan und Engel (1969) primär für den Einsatz in der ärztlichen Praxis entwickelt haben, wobei sie auf eine integrative Erfassung von biologischen, psychologischen und sozialen Aspekten abzielten, wie sie Engel dann in seinem berühmt gewordenen Artikel aus dem Jahre 1977 als „biopsychosoziales Modell" vorstellte. Heute ist dieses Konzept als *biopsychosoziale Anamnese* in der psychosomatischen Medizin zum Standard geworden.

Der Begriff Anamnese steht in der Praxis für zwei verschiedene Dinge: zum einen das Gespräch mit dem Patienten, bei dem die entsprechenden Daten erhoben werden, und zum anderen die schriftlich fixierte Form der Gesprächsinhalte, ergänzt durch die Befunde des Therapeuten und seine psychodynamischen Überlegungen.

Die biografische Anamnese steht in ihrer strukturierten Form dem medizinisch-psychiatrischen Erstgespräch näher als dem psychoanalytischen Erstinterview. Mithilfe einer Interviewtechnik, die ganz überwiegend aus Fragen besteht und auf Konfrontation (weitgehend) und Deutung (ganz) verzichtet, wird der Patient durch die drei Bereiche *aktuelle Beschwerden, aktuelle Lebenssituation* und *lebensgeschichtliche Entwicklung* geführt, wobei bestimmte – ätiologisch potenziell relevante – Bereiche regelhaft abgefragt werden. In diesem Abschnitt wird auf die Darstellung aktueller Beschwerden verzichtet, da diese bereits Inhalt der oben beschriebenen deskriptiv-phänomenologischen Diagnostik waren.

2.1.3.2 Aktuelle Lebenssituation

Der Therapeut beginnt wiederum mit offenen Eingangsfragen, bevor er einzelne Lebensbereiche fokussiert. Eine solche könnte in etwa lauten: „Könnten Sie mir nun etwas über Ihre derzeitigen Lebensumstände sagen?" Im Anschluss an die freie Schilderung des Patienten werden die noch fehlenden Informationen zu den Bereichen Partnerschaft/Familie, Ausbildung/Beruf und soziales Umfeld durch Fragen ergänzt. Folgende Daten sollten vorliegen:
Partnerschaft/Familie: Mit wem lebt der Patient (noch bei den Eltern, mit Partner/in, mit Kindern etc.); wie ist die Wohnsituation; soweit dies noch nicht in der Beschwerdeschilderung aufgetaucht ist: Wie ist die Qualität der Beziehungen innerhalb der Familie/Partnerschaft, gibt es aktuelle Konflikte?
Ausbildung/Beruf: Ist der Patient noch in Ausbildung oder berufstätig, ist er arbeitslos, läuft eventuell ein Rentenverfahren? Wie geht es dem Patienten am Arbeitsplatz, was tut er dort genau, wie sind seine Beziehungen zu Kollegen und Vorgesetzten? Ist er mit seinem Beruf zufrieden? In diesem Zusammenhang auch: Gibt es aktuell finanzielle Probleme, hat der Patient Schulden, wenn ja: wie viel; stellt dies eine ernsthafte Gefährdung seiner Situation dar?
Soziales Umfeld: Ist der Patient außerhalb seiner Familie sozial gut integriert? Gibt es Freundschaften und Bekanntschaften, ist er Mitglied in Vereinen? Welchen Freizeitbeschäftigungen geht er nach, treibt er Sport oder Risikosport? Mögliche Frage: „Was tun Sie, wenn Sie ein Wochenende freihaben?"
Wenn sich der Therapeut so ein lebendiges Bild von der aktuellen Lebenssituation des Patienten gemacht hat, geht er zum nächsten Punkt über.

2.1.3.2 Lebensgeschichtliche Entwicklung

Dieser Abschnitt der Anamnese stellt für gewöhnlich den umfangreichsten dar, da mehrere Lebensbereiche über einen langen Zeitraum hinweg exploriert werden müssen. Eine bewährte Gliederung diese Teils der Anamnese ist die in *Familienanamnese, körperliche Entwicklung* und *psychische Entwicklung.*
Die *Familienanamnese* hat die Erkrankungen von Familienangehörigen zum Inhalt. Damit sind zum einen schwere bzw. bedeutsame körperliche Erkrankungen und auch Todesursachen von Eltern, Großeltern, Geschwistern gemeint; zum anderen ist besonderes Augenmerk auf eventuelle psychische Erkrankungen in der Familie zu legen, da hier sowohl genetische als auch psychodynamische Faktoren für die Entstehung der aktuellen Erkrankung des Patienten verborgen sein können. Eine zweckmäßige Frage ist in diesem Zusammenhang die, ob jemals ein Familienmitglied in ambulanter oder stationärer psychiatrischer oder psychotherapeutischer Behandlung war.

Die *körperliche Entwicklung* betrifft die physiologischen Wachstumsprozesse und primär körperliche Erkrankungen in der Vorgeschichte. Besonders zu achten ist auf die perinatale Zeit: Weiß der Patient von Belastungen vor seiner Geburt (z.B. Alkoholkonsum der Mutter), gibt es Berichte über den Verlauf der Geburt (Komplikationen, Art der Geburt, z.B. Hausgeburt)? Wie ist die frühkindliche Entwicklung verlaufen, konnte der Patient zur üblichen Zeit laufen, sprechen etc.? Sind „neurotische" Symptome aus den ersten Lebensjahren bekannt, z.B. Bettnässen, Stottern? Wann und aus welchen Gründen hat sich der Patient in medizinischer, insbesondere stationärer Behandlung befunden, an welchen ernsthaften Erkrankungen hat er gelitten? Weiterhin ist zu erfragen, welche Medikamente der Patient derzeit einnimmt und welche Suchtstoffe er konsumiert (Nikotin, Alkohol, Drogen).

Die *psychische Entwicklung* stellt das Kernstück der tiefenpsychologischen Anamnese dar, da hier die meisten Bereiche erforscht werden, denen ein pathogenes Potenzial zu eigen ist. Sie umfasst die Bereiche *kindliche Entwicklung und Herkunftsfamilie, Schul- und Berufsentwicklung* und *persönliche Bindungen, Liebesbeziehungen und Sexualentwicklung.*

Im Bereich *kindliche Entwicklung und Herkunftsfamilie* werden zuerst die Bezugspersonen fokussiert. Zunächst geht es darum, die Eltern des Patienten „kennen zu lernen" und Informationen über Alter, Beruf und die Herkunftsfamilien zu bekommen. Es ist von großer Bedeutung, eine Vorstellung davon zu erhalten, in welchem emotionalen Klima und unter welchen Umständen die Eltern aufgewachsen sind, da hier meist schon Beziehungsmuster zu entdecken sind, die sich eine Generation später wiederholen („Drei-Generationen-Perspektive"). Weiterhin ist es wichtig, die Eltern als Personen und in ihrer Beziehung zueinander vom Patienten charakterisieren zu lassen, bevor man die wichtige Frage nach den Beziehungen zwischen dem Patienten und seinen Eltern stellt. Weitere Protagonisten im familiären Umfeld des Patienten können Geschwister und Großeltern oder andere wichtige Bezugspersonen sein. Am Ende der Exploration sollte es dem Therapeuten möglich sein, sich ein lebendiges Bild von der Familienatmosphäre und den speziellen Interaktionen innerhalb des Familiensystems machen zu können. Spezielle Fragen, die hierüber zusätzlich Aufschluss geben können, sind die nach der Stellung in der Geschwisterreihe, danach, ob der Patient ein erwünschtes Kind war, ob er gestillt wurde, wie die Sauberkeitserziehung verlief und ob es Verhaltensauffälligkeiten gab (z.B. Essstörung, Ängste, Nägelbeißen, Daumenlutschen, Einnässen, Einkoten etc.). Auch die früheste Erinnerung des Patienten gibt oft einen Anhalt dafür, wie er die ersten Jahre erlebt hat.

Im Hinblick auf die *Schul- und Berufsentwicklung* ist neben dem formalen Ablauf (Kindergarten, Schultyp, Art der Ausbildung, Arbeitsstellen) von Bedeutung, wie der Patient mit Leistungsanforderungen umgegangen ist und wie erfolgreich er sie bewältigt hat. Darüber hinaus ist in diesem Zusammenhang die Frage wesentlich, inwieweit er sozial in die Peergroups integriert war. Oft geben die Motive und der Ablauf der Berufswahl relevante psychodynamische Hinweise.

Der Bereich *persönliche Bindungen, Liebesbeziehungen und Sexualentwicklung* umfasst zunächst die frühkindliche Sexualität, die Art der sexuellen Aufklärung und die Bewältigung der Pubertätskrise. Im Weiteren geht es um die ersten Erfahrungen in Paarbeziehungen und mit Sexualität. Bei wichtigen Partnerschaften sollte eine Charakterisierung des Partners und des Beziehungsverlaufs mit den jeweiligen Konflikten erfolgen, wobei auf repetitive Muster in der Partnerwahl und in den Beziehungskonflikten zu achten ist. Im Hinblick auf die Sexualität sollte geklärt werden, inwieweit sie vom Patienten als positiv, lustvoll und befriedigend erlebt wird, dabei sollte auch erfasst werden, ob deviante Sexualpraktiken eine Rolle spielen. Direkte Fragen nach der Sexualität sollen nicht vermieden werden. Die meisten Patienten erleben einen offenen Umgang mit sexuellen Fragen als hilfreich. Natürlich muss eine solche Exploration taktvoll und angemessen durchgeführt werden.

> **! Merke:** Die biografische Anamnese dient primär der psychodynamischen Diagnostik, d.h. der Einbettung der aktuellen Problematik in einen umfassenden Entstehungszusammenhang.

2.1.4 Die psychodynamische Erstuntersuchung in der klinischen Praxis

2.1.4.1 Ablauf der psychodynamischen Erstuntersuchung

Wie aus dem bisher Gesagten ersichtlich wird, verlangen die verschiedenen Bausteine der psychodynamischen Erstuntersuchung ganz unterschiedliche Haltungen und Techniken vom Untersucher:

- die offene Gesprächsführung gemäß dem psychoanalytischen Erstinterview,
- die symptomorientierte Exploration zur Ermittlung der deskriptiven Diagnose und
- die mehr strukturierende und fragende Untersuchungstechnik der biografischen Anamnese.

Die Frage, wie diese in einem Gespräch sinnvoll integriert werden können, ist nicht neu, wobei verschiedene Standpunkte vertreten wurden. Auf der einen Seite wurde ein „flexibler Interviewstil" verlangt, der zwischen einer strukturierten „psychiatrischen" und einer unstrukturierten „analytischen" Vorgehensweise gleichsam „oszilliert" (z.B. Gabbard, 2000, S. 72). Auf der anderen Seite wurde vor einer derartigen Vermischung beider Stile gewarnt: „Erlaubt sich ein Interviewer gleichzeitig sowohl theoriegeleitet als auch szenisch vorzugehen, wird er nicht mehr wissen, wann und warum er von einer Sicht in die andere wechselt, und seine Erkenntnisfähigkeit wird minimiert" (Laimböck, 2000, S. 17 f.).

Ein schrittweises Vorgehen (wie z.B. auch im OPD-Interview, Arbeitskreis OPD, 2001) erscheint sinnvoller, insbesondere da ein zu strukturiertes Vorgehen die Gefahr in sich birgt, die „Inszenierung" im Erstinterview zu zerstören. Wird dem Therapeuten in der Übertragungsbeziehung beispielsweise gerade die Rolle eines strengen und versagenden Vaters „zugewiesen" und fragt er in diesem Moment nach der Qualität von Symptomen oder nach dem „realen" Vater des Patienten, so wird die Übertragung durch die Einführung der Realität korrigiert, und der Patient wird den Therapeuten stärker als professionellen Helfer wahrnehmen. Auf diese Weise verliert der Interviewer aber die Chance, aus der Inszenierung etwas über die unbewusste Problematik des Patienten zu erfahren.

1

Aus diesem Grund sollte das psychoanalytische Erstinterview am Anfang der Untersuchung stehen; erst wenn der Interviewer ausreichend szenisches Material gesammelt hat, um sich ein Bild von der aktuellen Beziehungsgestaltung des Patienten zu machen, und diese – im Idealfall – auch dem Patienten durch eine Probedeutung zumindest ansatzweise verständlich geworden ist, wird dann zum strukturierten Teil der Untersuchung übergeleitet. Es empfiehlt sich, diesen „Szenenwechsel" bewusst zu vollziehen und auch dem Patienten verständlich zu machen. Dafür könnte sich beispielsweise folgende Intervention eignen:

Beispiel 9:

„Wir haben jetzt gemeinsam schon einiges über ihre Problematik erfahren, ich würde Ihnen nun gern noch eine Reihe von Fragen stellen, um Ihre Lebensgeschichte und Beschwerden noch besser verstehen zu können."

Wie in Beispiel 8 dargestellt, wird der Therapeut jetzt die Psychopathologie und Symptomatik des Patienten detailliert erforschen, über die er üblicherweise schon im vorangegangenen Teil der Untersuchung Informationen erhalten hat, die er nur noch vervollständigen muss. Wenn die Exploration der Beschwerden abgeschlossen ist, geht der Therapeut zur biografischen Anamnese und Erfassung der strukturellen Bereiche über, wobei hier die Veränderung von Haltung und Technik sehr viel weniger radikal ist als nach dem psychoanalytischen Interview. Das Vorgehen bleibt explorativ und theoriegeleitet, wobei jetzt psychiatrisch-nosologische zu Gunsten psychodynamischer Modelle in den Hintergrund treten. Die Fragetechnik des Interviewers wird wieder etwas offener, der Patient erhält phasenweise wieder mehr Raum, einzelne Lebensbereiche zu schildern. Auch der umgekehrte Weg, also erst die Erhellung der Biografie/Struktur und zuletzt die Erfragung der vollständigen Psychopathologie, ist möglich und sinnvoll.

Beispiel 10:

T.: Jetzt haben wir Ihre Beschwerden ganz genau erforscht, gibt es etwas, was wir in dieser Hinsicht noch nicht besprochen haben und was Ihnen wichtig erscheint?

P.: Nein, da fällt mir im Moment wirklich nichts mehr ein.

T.: Gut. Dann würde ich jetzt gern mit Ihnen über Ihre aktuelle Lebenssituation und dann über Ihre Lebensgeschichte sprechen. Könnten Sie mir erzählen, wie Sie im Moment leben?

2.1.4.2 Dauer der psychodynamischen Erstuntersuchung

Die Dauer einer psychodynamischen Erstuntersuchung hängt von den Zielen der Diagnostik und begleitender Faktoren ab. Insbesondere spielen dabei natürlich die Patientenvariablen eine Rolle. Die aktuelle Erkrankung kann den Fortgang der Untersuchung hemmen, so zum Beispiel bei stark depressiven Patienten. Auch die Persönlichkeitsstruktur ist wichtig. So wird beispielsweise eine zwanghafte Struktur des Patienten die Untersuchung durch starke Umständlichkeit und Haften am Detail in die Länge ziehen, oder eine Borderline-Persönlichkeit durch ihre chaotische Seite. Das Alter des Patienten ist insbesondere in der biografischen Anamnese von Bedeutung, da ältere Menschen eben eine längere Lebensgeschichte mitbringen. Stil, Inhalt und Dauer der Untersuchung werden natürlich von den Zielen der Diagnostik (Abklärung, Therapieindikation u.a.) mitbestimmt.

Aber auch situative Faktoren wirken sich auf die Dauer der Erstuntersuchung aus. Bei einem Patienten, der an einen Kollegen überwiesen wird, wird die Untersuchung wesentlich kürzer sein können, als bei einem Patienten, den der Untersucher selbst in Psychoanalyse übernehmen will. Weitere limitierende Faktoren können Rahmenbedingungen einer Institution sein oder Vorgaben des Patienten oder des Geldgebers. Besonders umfangreich wird die Erstuntersuchung bei Ausbildungskandidaten sein, da hier sehr ausführliche schriftliche Anamnesen angefertigt werden müssen.

Erfahrungsgemäß liegt die Dauer einer Untersuchung zwischen zwei und fünf Stunden (à 50 Minuten). In einer Psychotherapeutischen Ambulanz mit primär diagnostischem Auftrag reichen in der Regel zwei Stunden aus, um den Patienten auf einer sicheren diagnostischen Grundlage an einen Fachkollegen überweisen zu können.

Die gesetzlichen Krankenkassen in Deutschland zahlen derzeit für acht „probatorische Sitzungen", wobei in dieser Zeit neben der Erstuntersuchung auch ggf. eine Therapievereinbarung zu treffen ist. In vielen Fällen stellt es eine Erleichterung dar, für das erste Gespräch eine Doppelstunde (90 oder 100 Minuten) zu veranschlagen, da sich die Inszenierung so unter einem geringeren Zeitdruck entfalten kann. Darüber hinaus sollten die Termine für die Erstuntersuchung nicht zu weit auseinander liegen, da sonst Therapeut und Patient Schwierigkeiten haben, den „Faden wieder aufzunehmen". Als sehr praktikabel haben sich hierzu zwei Sitzungen pro Woche erwiesen.

Abbildung 1: Ablauf der psychodynamischen Erstuntersuchung

Abschnitt der Untersuchung	Haltung des Untersuchers	Leitendes theoretisches Modell	Eingesetzte Techniken
Psychoanalytisches Erstinterview	hilfreiche Beziehung Neutralität Abstinenz freischwebende Aufmerksamkeit freischwebende Rollenübernahmebereitschaft	möglichst wenig theoriegeleitet	Klärung Konfrontation Deutung supportive Techniken
Deskriptiv-phänomenologische Diagnostik	explorativ stark strukturierend	psychiatrisch-phänomenologische Nosologie	Fragen
Biografische Anamnese	explorativ mäßig strukturierend	psychoanalytische Nosologie psychodynamisch-ätiologisches Verstehen	Fragen Raum geben Klärung

2.1.4.3 Aufzeichnung der psychodynamischen Erstuntersuchung

Ebenso wie in der eigentlichen Therapie stellt sich in der Erstuntersuchung die Frage, ob und in welcher Weise die Informationen während des Gesprächs festgehalten werden. Prinzipiell gibt es dazu vier Möglichkeiten:

• Mitschreiben während der Stunde
• Aufzeichnung per Tonband
• Aufzeichnung per Video
• Schriftliche Fixierung des Gesprächs nach der Stunde

Einerseits können nach der Stunde niemals alle Gesprächsinhalte so detailgetreu festgehalten wie bei einer Aufzeichnung während der Stunde, es gehen also Informationen verloren. Andererseits beeinflusst gerade im psychoanalytischen Erstinterview jede Form der Aufzeichnung die Entfaltung der Szene und auch die freischwebende Aufmerksamkeit des Therapeuten. Das Mitschreiben in der Stunde kann von Patienten unterschiedlich erlebt werden: Einige Patienten fühlen sich besonders ernst genommen und wertgeschätzt, da sie dem Therapeuten wichtig genug sind, dass er sich für sie die Mühe macht, etwas niederzuschreiben; andere Patienten fühlen sich abgelenkt und irritiert durch die Unterbrechung des Blickkontaktes oder werden misstrauisch und beschäftigen sich mit der Frage, was der Therapeut wohl über sie denkt und notiert und was mit diesen Informationen geschieht.

Ähnliches gilt für Aufzeichnungen mit Tonband oder Video, wobei Ängste auf Seiten des Patienten – oft aber auch auf Seiten des Therapeuten – hier auf noch wesentlich fruchtbareren Boden als bei der handschriftlichen Aufzeichnung fallen. Für Ausbildungs und Qualitätssicherungszwecke sind derartige Aufzeichnungen von hohem Wert, allerdings sollte nicht unterschätzt werden, wie viel Zeit die Auswertung dieser Aufzeichnungen beansprucht.

Die Wahl des Vorgehens wird von jedem Therapeuten selbst getroffen werden müssen und hängt unter anderem von seinem Sicherheits- und Genauigkeitsbedürfnis sowie von seiner Arbeitsweise (Gedächtnis, Nachbereitung u.a.) ab. Insbesondere bei der biografischen Anamnese sind schriftliche Aufzeichnungen oft nötig, da es bei einem durchschnittlichen Gedächtnis kaum möglich ist, am Stundenende die Fülle der Informationen zu erinnern. In jedem Fall ist es ratsam, eine schriftliche Ausarbeitung so bald wie möglich nach dem Stundenende vorzunehmen, um so die noch frischen und intensiven Eindrücke verarbeiten zu können.

2.2 Der psychische Befund

Bis hierhin handelte es sich um das eigentliche Anamnese-Gespräch, also die Informationsgewinnung mithilfe der Angaben des Patienten und seiner „Inszenierung". Im Befund geht es darum, die psychodynamische Erstuntersuchung auszuwerten und schriftlich zu fixieren. Dies geschieht in drei Schritten, die von einer steigenden Abstraktion und Kondensation geprägt sind: Im *psychischen Befund* beschreibt der Therapeut lediglich seine Eindrücke vom Patienten, bevor er diese in der *Psychodynamik* reflektiert und, unterstützt von ätiologischen Hypothesen, zu einer psychodynamischen Gestalt zusammenfügt. Am Ende steht die *Diagnose*, das Produkt höchster Abstraktion und Verdichtung des vorangegangenen Prozesses. Der psychische Befund beginnt mit einer allgemeinen Beschreibung des Patienten, gefolgt von einer spezifischen Darstellung der psychoanalytisch konzeptualisierten Bereiche *Konflikt, Abwehr* und *Struktur*. Am Schluss des Befundes steht die psychiatrische Phänomenologie in Form des *psychopathologischen Befundes*. Dabei ist zu beachten, dass der Befund lediglich die bloße Darstellung aber noch keine Interpretation und Bewertung der Phänomene beinhaltet.

> ! **Merke:** Die Befunderstellung umfasst die beschreibende Analyse der gesammelten Daten ohne diagnostische Bewertungen und Interpretationen.

2.2.1 Eindruck

Im ersten Teil des psychischen Befundes wird der Patient beschrieben, wobei es zuerst um den Gesamteindruck, sein Äußeres, seine Kleidung, sein Verhalten und seine Art des emotionalen Kontaktes geht. Im Weiteren werden hier seine Intelligenzleistung, seine Fähigkeit zu differenzierter Wahrnehmung und Ausdruck, seine Fähigkeit zur Selbstreflexion, seine Krankheitseinsicht, sein Leidensdruck und seine Motivation zur Psychotherapie erfasst. Dabei sollen bewusst auch die im Therapeuten entstandenen Gegenübertragungen erwähnt werden.

Beispiel 11:

Die Patientin kommt pünktlich zu den vereinbarten Terminen. Sie wirkt körperlich gepflegt und ist sorgfältig, unauffällig und wenig figurbetont, meist ganz in Schwarz gekleidet. Sie behält während der Sitzungen ihren Anorak an oder hält ihn auf dem Schoß, möchte ihn aber nicht aufhängen. Sie trägt ihr rötlichbraunes Haar in einer modischen Lockenfrisur, ist dezent geschminkt und hat so trotz ihrer „verhüllenden" Kleidung durchaus auch eine erotische Ausstrahlung. Sie weint wiederholt während der Stunden, lacht aber auch, manchmal sogar mit einiger Selbstironie, dabei wird dennoch ein beträchtlicher Leidensdruck spürbar. Sie geht direkt in Blickkontakt und wird in der Beziehung gut spürbar; sie beantwortet alle Fragen eloquent und mit großer Offenheit, lediglich beim Thema Missbrauch durch den Großvater verschweigt sie Details, wobei starke Scham- und Schuldgefühle spürbar werden. Insgesamt wirkt sie intelligent und zeigt eine gute Introspektionsfähigkeit. In mir weckt die Patientin nur zum geringeren Teil Mitleid und Beschützerimpulse, es überwiegen eher Optimismus bezüglich ihrer Ressourcen und Therapiemotivation sowie auch eine Sympathie mit einer gewissen erotischen Färbung.

2.2.2 Konflikt, Abwehr und Struktur

Diese drei Bereiche stellen originär psychoanalytische Konzepte dar, die in der Befundabfassung oft auch unter dem Begriff „psychodynamische Fragestellungen" subsumiert werden. Da auf alle drei Konzepte bereits im ersten Band dieses Lehrbuchs eingegangen wurde, erfolgt hier nur eine kurze zusammenfassende Darstellung.

1

Abbildung 2: Konflikttypen nach OPD

1.1. Abhängigkeit versus Autonomie	Suche nach Beziehung (jedoch nicht Versorgung) mit ausgeprägter Abhängigkeit (passiver Modus) oder Aufbau einer emotionalen Unabhängigkeit (aktiver Modus) mit Unterdrückung von Bindungswünschen (Familie/Partnerschaft/Beruf). Erkrankungen schaffen „willkommene" Abhängigkeit oder sind existenzielle Bedrohung.
1.2. Unterwerfung versus Kontrolle	Gehorsam/ Unterwerfung (passiver Modus) versus Kontrolle/ Sich auflehnen (aktiver Modus) bestimmen die interpersonellen Beziehungen und das innere Erleben. Erkrankungen werden „bekämpft" oder sind ein zu erleidendes Schicksal, dem man sich (wie auch dem Arzt) „fügen" muss.
1.3. Versorgung versus Autarkie	Die Wünsche nach Versorgung und Geborgenheit führen zu starker Abhängigkeit („dependent and demanding", passiver Modus) oder werden als Selbstgenügsamkeit und Anspruchslosigkeit abgewehrt (altruistische Grundhaltung, aktiver Modus). Bei Krankheit erscheinen diese Menschen passiv-anklammernd oder wehren Hilfe ab. Abhängigkeit und Unabhängigkeit stehen jedoch *nicht* als primäre Bedürfnisse im Vordergrund.
1.4. Selbstwertkonflikte (Selbst- versus Objektwert)	Das Selbstwertgefühl erscheint brüchig bzw. resigniert, aufgegeben (passiver Modus) oder die kompensatorischen Anstrengungen zur Aufrechterhaltung des ständig bedrohten Selbstwertgefühls dominieren (pseudo-selbstsicher, aktiver Modus). Erkrankungen führen zu Selbstwertkrisen, können aber auch einen restitutiven Charakter für das Selbstbild haben.
1.5. Schuldkonflikte (egoistische versus prosoziale Tendenzen)	Schuld wird bereitwillig bis hin zu masochistischer Unterwerfung auf sich genommen, und Selbstvorwürfe herrschen vor (passiver Modus), oder es fehlt jegliche Form von Schuldgefühlen, diese werden anderen zugewiesen, und auch für Krankheit sind andere verantwortlich (aktiver Modus).
1.6. Ödipal-sexuelle Konflikte	Erotik und Sexualität fehlen in Wahrnehmung, Kognition und Affekt (passiver Modus) oder bestimmen alle Lebensbereiche, ohne dass Befriedigung gelingt (aktiver Modus). Nicht gemeint sind hier allgemeine sexuelle Funktionsstörungen anderer Herkunft.
1.7. Identitätskonflikte (Identität versus Dissonanz)	Es bestehen hinreichende Ich-Funktionen (siehe Abb. 3, Selbstwahrnehmung) bei gleichzeitig konflikthaften Selbstbereichen (Identitätsdissonanz): Geschlechtsidentität, Rollenidentität, Eltern-/Kindidentität, religiöse und kulturelle Identität u.a. Der Annahme des Identitätsmangels (passiver Modus) steht das kompensatorische Bemühen, Unsicherheiten und Brüche zu überspielen, entgegen (aktiver Modus).
2. Eingeschränkte Konflikt und Gefühlswahrnehmung	Gefühle und Bedürfnisse bei sich und anderen werden nicht wahrgenommen und Konflikte übersehen (passiver Modus) oder durch sachlich-technische Beschreibung ersetzt (aktiver Modus).

In der klassischen psychoanalytischen Neurosenlehre spielt der *Konflikt* eine zentrale Rolle, wobei hier nicht zwischenmenschliche Auseinandersetzungen und auch keine einfachen Interessenkonflikte gemeint sind, sondern zeitlich überdauernde, meist unbewusste innerpsychische Konflikte, die eine krankheitsauslösende oder -aufrechterhaltende Potenz besitzen. Die im deutschen Sprachraum maßgebliche aktuelle Konzeptualisierung relevanter Konfliktbereiche wurde vom „Arbeitskreis Operationalisierte Psychodynamische Diagnostik" (Arbeitskreis OPD, 2001) vorgelegt. Dort werden sieben Konfliktbereiche sowie als achter Bereich die „eingeschränkte Konflikt- und Gefühlswahrnehmung" definiert (siehe Abb. 2). Für jede Konfliktebene wird ein passiver und ein aktiver (kontraphobischer) Modus beschrieben, wobei natürlich auch mehrere Konflikte in unterschiedlicher Ausprägung bei ein- und demselben Patienten vorliegen können. Diese Konfliktkonzeptualisierung baut auf den traditionellen „oralen-analen-ödipalen" Konflikten auf, verzichtet aber auf eine wissenschaftlich nicht haltbare zeitlich-biografische Triebzuordnung (z.B. anale Phase) und sieht Konflikte in einer langen Beziehungsreihe entstanden (Arbeitskreis OPD, 2001).

Eng verbunden mit dem Konzept des Konfliktes ist das der *Abwehr*. Abwehrmechanismen funktionieren unbewusst und dienen dazu, aktuell unlösbare innerpsychische Konflikte einer suboptimalen (Schein-)Lösung zuzuführen. Auf diese Weise besteht der Konflikt zwar weiterhin, das Individuum nimmt ihn aber nicht mehr in seiner ursprünglichen Form und Intensität wahr und ist so vom Konfliktdruck zumindest zeitweise und vordergründig befreit. Abwehr stellt per se kein pathologisches, sondern ein ubiquitäres Phänomen dar, das als Schutzfunktion ähnlich wie Schmerz oder Angst den Menschen lebensfähig macht. Erst wenn Abwehrmechanismen (unbewusst) dazu eingesetzt werden, pathogene Konflikte dauerhaft einer Bearbeitung zu entziehen, erhalten sie selbst eine pathogene Bedeutung.

Für das psychodynamische Verständnis einer psychischen Erkrankung ist es von großer Bedeutung, neben ursächlich wirksamen Konflikten auch die eingesetzten Abwehrmechanismen zu identifizieren, da beide zu zentralen Themen einer folgenden Psychotherapie werden können. Es wurde eine große Anzahl verschiedener Abwehrmechanismen beschrieben, die wichtigsten sind in Abb. 3 wiedergegeben.

Als *psychische Struktur* wird die zeitlich überdauernde Disposition des Erlebens und Verhaltens eines Individuums verstanden, wie sie insbesondere in seinem Beziehungsverhalten sichtbar wird. Die OPD (Arbeitskreis OPD, 2001) hat sechs verschiedene Bereiche beschrieben, in denen sich das Strukturniveau einer Persönlichkeit besonders deutlich manifestiert (siehe Abb. 4). In Abhängigkeit vom Funktionieren in den einzelnen Strukturbereichen spricht man von unterschiedlichen Struktur- oder Integrationsniveaus. Ein niedriges Strukturniveau findet sich vor allem bei schweren Persönlichkeitsstörungen, wie z.B. der Borderline-Störung.

Abbildung 3: Die wichtigsten Abwehrmechanismen

Projektion	Subjekt verschiebt abzuwehrende Triebimpulse auf Objekt, z.B. überträgt jemand seine Aggressivität auf die Mitmenschen und empfindet ihr Verhalten als Feindseligkeit
Spaltung	Objekte und Selbst werden in Gut und Böse aufgeteilt, wobei ein Objekt auch wechselweise gut und böse erscheinen kann. Das gute Objekt wird idealisiert, das böse abgewertet
Idealisierung/ Entwertung	Das Introjekt vom Gegenüber wird in gute und böse Anteile gespalten, wobei in der Folge entweder nur die guten Anteile (Idealisierung) oder nur die bösen Anteile (Entwertung) wahrgenommen werden.
Introjektion/ Identifikation	Subjekt verbindet sich mit dem Objekt bzw. Teilfunktionen des Objektes, die Triebimpulse repräsentieren, z.B. Einstellungs- und Verhaltensweisen von anderen Menschen werden kritiklos übernommen
Projektive Identifikation	Projektion von Selbst- oder Objektrepräsentanzen auf einen anderen, wobei die projizierten Anteile zusätzlich im anderen induziert werden. In der Folge steht das Bemühen, den anderen, der unter dem Einfluss des projizierten Selbstanteils steht, unter Kontrolle zu halten.
Verleugnung	Nichtanerkennung der Realität, z.B. werden Auswirkungen einer Erkrankung oder körperliche Veränderungen („Knoten in der Brust") nicht wahrgenommen
Verdrängung	Verlagerung von Triebimpulsen, Affekten oder Erinnerungen vom Bewussten in das Unbewusste
Verschiebung	Verlagerung eines Triebimpulses von einem Objekt auf ein anderes, z.B. wird die Wut gegen den kränkenden Chef auf die Ehefrau verschoben
Reaktionsbildung	Subjekt zeigt gegenüber Objekt den gegenteiligen Triebimpuls von dem zu erwartenden, z.B. an Stelle aggressiver Regung erscheint bei dem Kind gegenüber seinem Bruder eine freundlich hilfsbereite Haltung
Rationalisierung	Rechtfertigung von Triebimpulsen oder Verhalten durch Scheinbegründungen
Intellektualisierung	Emotional bedeutsame Impulse oder Konflikte werden durch theoretisches Analysieren ihres gefühlsmäßigen Anteils beraubt
Affektisolierung	Abtrennung der Gefühle von dazugehörigen Gedanken, Erinnerungen und Verhalten, beides wird wahrgenommen, aber nicht als zusammengehörig erlebt
Wendung der Aggression gegen das Selbst	Aggressive Triebimpulse, die gegen ein Objekt gerichtet sind, werden in Form von autoaggressivem Verhalten (z.B. Selbstverletzungen) gegen die eigene Person gewendet
Somatisierung	Konflikte werden nicht in ihrer eigentlichen Gestalt wahrgenommen und führen zu körperlichen Reaktionen und Symptomen, dies geschieht durch vermehrte psychophysische Aktivierung ohne Symbolgehalt (z.B. Kreuzschmerzen als Folge einer erhöhten, stressbedingten Anspannung der Rückenmuskulatur)
Konversion	Wie bei der Somatisierung werden Konflikte als Körpersymptome spürbar, sie haben allerdings einen spezifischen Ausdrucks- oder Symbolgehalt (z.B. psychogene Lähmung der Beine bei einem Nähe-Distanz-Konflikt)
Sublimation	Gestalteter Ausdruck von Wünschen und Trieben, meist Umwandlung in sozial hoch bewertete Aktivität, so wird z.B. Aggression in sportliche Tätigkeit umgewandelt
Regression	Zurückgehen auf eine frühere Entwicklungsphase der Ich-Funktion (z.B. Trotzverhalten), der Befriedigungsform (z.B. Fresslust) oder der Beziehungsmuster (z.B. mütterliche Versorgung)

Neben dem Integrationsniveau der Persönlichkeitsstruktur wird in der psychoanalytischen Tradition eine Beschreibung der *Charakterstruktur* (siehe z.B. Riemann, 1991) vorgenommen, die sich an Freuds Modell der psychosexuellen Entwicklung orientiert. Bei der Erfassung der einzelnen Charaktertypen wird zum einen auf die wesentlichen Abwehrmechanismen und zum anderen auf die Art des Erlebens und Verhaltens insbesondere in der Beziehungsgestaltung und dem Umgang mit Sexualität Bezug genommen (siehe Abb. 5).

Abbildung 4: Strukturbestandteile nach OPD

Selbstwahrnehmung	Fähigkeit zur Selbstreflexion, zur Gewinnung von Selbstbild und Identität, zur Introspektion und Differenzierung eigener Affekte
Selbststeuerung	Fähigkeit, mit eigenen Bedürfnissen, Affekten und Selbstwertgefühlen steuernd umzugehen; Toleranz für Ambivalenzen und negative Affekte
Abwehr	Fähigkeit, seelisches Gleichgewicht in inneren und äußeren Konflikten durch bestimmte Abwehrmechanismen zu erhalten oder wiederherzustellen
Objektwahrnehmung	Fähigkeit, zwischen innerer und äußerer Realität sicher zu unterscheiden, äußere Objekte ganzheitlich, kohärent, mit eigenen Rechten und Absichten wahrzunehmen; Empathiefähigkeit
Kommunikation	Fähigkeit, sich auf andere auszurichten und sich ihnen mitzuteilen, affektive Signale des anderen zu verstehen
Bindung	Fähigkeit, innere Repräsentanzen des anderen zu errichten und längerfristig affektiv zu besetzen (Objektinternalisierung, Objektkonstanz); variable Bindungen; Wechsel von Bindung und Lösung; Interaktionsregeln zum Schutz der Bindung entwickeln

1

Abbildung 5: Die wichtigsten Charakterstrukturen

Charakterstruktur	Vorherrschende Abwehrmechanismen	Erleben und Verhalten
depressiv (orale Phase)	Wendung der Aggression gegen das Selbst, Reaktionsbildung, Introjektion	Abhängigkeit von anderen Menschen, Passivität, Minderwertigkeitsgefühle
schizoid (frühe orale Phase)	Sublimation, Rationalisierung, Intellektualisierung, Affektisolierung	Distanzbedürfnis, Angst vor Nähe
zwanghaft (anale Phase)	Reaktionsbildung, Rationalisierung, Affektisolierung	Kontrollbedürfnis, Genauigkeit, Sparsamkeit, Eigensinn
hysterisch (ödipale Phase)	Verdrängung, Verleugnung, Konversion	Geltungsbedürfnis, sexualisiertes Verhalten, Angst vor Sexualität
narzisstisch (frühe orale Phase)	Spaltung, Idealisierung und Entwertung, Verleugnung, projektive Identifikation	Übersteigertes Machtbedürfnis und Selbstwertgefühl, Entwertung anderer Menschen

Beispiel 12:

Die Persönlichkeitsstruktur der Patientin lässt sich als mäßig integriert bezeichnen, wobei depressive Anteile vorherrschend sind, was in ihrer Selbstwahrnehmung, Partnerwahl und Beziehungsgestaltung deutlich wird; es bestehen darüber hinaus aber auch hysterische Anteile. Auf der Konfliktebene stehen Dominanz vs. Unterwerfung mit dem passiven Modus der Unterwerfung sowie der Selbstwertkonflikt im Vordergrund. Die Abwehr organisiert sich um überwiegend unreife Mechanismen wie Wendung der Aggression gegen das Selbst und Verleugnung, es zeigen sich aber auch reifere Formen, wie z.B. Verdrängung.

2.2.3 Psychopathologischer Befund

Der psychopathologische Befund ist das wesentliche diagnostische Instrument der Psychiatrie. Anders als in der psychodynamischen Diagnostik, wo es letztlich immer darum geht, psychische Prozesse hermeneutisch zu erschließen, zielt der psychopathologische Befund auf die differenzierte Erfassung des aktuellen „Funktionszustands des psychischen Apparates". Diesem rein beschreibenden Vorgehen liegt die Vorstellung zu Grunde, dass sich, ausgehend von den Beobachtungen des psychopathologischen Befundes, über die Symptom- und Syndromebene eine psychische Erkrankung reliabel diagnostizieren lässt. Auch wenn diese rein deskriptiv ausgerichtete medizinisch-psychiatrische Diagnostik für die Psychotherapie nur einen Teil der Indikationsfragen beantwortet, so ist es doch unerlässlich, die „Phänomene der Psyche" so differenziert wie möglich erfassen zu lernen. Die wichtigsten Bestandteile des psychopathologischen Befundes sind im Folgenden aufgeführt und kurz vereinfachend beschrieben (für detailliertere Darstellungen sei auf die Lehrbücher der Psychiatrie verwiesen).

a) Bewusstsein

Gemeint ist hier der Grad der Wachheit, des bewussten Seins, des Wissens um sich und die Welt. Das Bewusstsein kann in zweierlei Hinsicht gestört sein: quantitativ und in qualitativ. Eine *quantitative Bewusstseinsstörung* wird in vier Stufen von Benommenheit über Somnolenz, Sopor bis hin zum Koma, der vollständigen Bewusstlosigkeit, beschrieben. *Qualitative Bewusstseinsstörungen* stellen sich als Störung des reflektierenden Bewusstseins dar; unter bestimmten Umständen, so zum Beispiel in emotionalen Ausnahmezuständen oder unter dem Einfluss halluzinogener Drogen, kann ein im Grunde wacher Patient

eine Einengung, Erweiterung oder Verschiebung seines Bewusstseins erfahren.

b) Aufmerksamkeit und Konzentration

„Aufmerksamkeit meint die Ausrichtung des Bewusstseins (aktiv, passiv) auf ein Erfahrenes, Konzentration das gesammelte Dabeibleiben" (Scharfetter, 1991, S.118). Aufmerksamkeit und Konzentration können *eingeschränkt* sein, sie können aber auch *eingeengt* sein, so dass ein Bereich sehr intensiv fokussiert wird, andere dagegen ausgeblendet; darüber hinaus können sie in ihrer Ausprägung *schwanken*.

c) Gedächtnis

Das Gedächtnis umfasst die Fähigkeit, Erlebtes zu behalten (merken) und wieder zu vergegenwärtigen (erinnern). Für das Behalten über kurze Zeiträume (ca. 30-60 Minuten) wird der Begriff *Merkfähigkeit* verwendet; *Amnesie* bedeutet die Unfähigkeit, sich zu erinnern. Das Gedächtnis kann in verschiedener Weise gestört sein. Bei der *allgemeinen (diffusen) Amnesie* besteht eine Unfähigkeit, sich an mehr oder weniger große Anteile der Vergangenheit zu erinnern. Zu Beginn treten hier gelegentlich sog. *Konfabulationen* auf, d.h., der Patient „rettet" sich durch Erfundenes von Gedächtnisinsel zu Gedächtnisinsel (häufig bei Alkoholkranken). *Umschriebene Amnesien* findet man z.B. nach Unfällen, dabei kann für die Zeit des Ereignisses eine *einfache Amnesie* bestehen, es kann eine *retrograde Amnesie* für einen begrenzten Zeitraum vor dem Ereignis bzw. eine *anterograde Amnesie* für einen begrenzten Zeitraum danach auftreten. Die Erinnerungsfähigkeit kann z.B. bei Drogengenuss oder in einer Manie auch gesteigert sein, dann spricht man von einer *Hypermnesie*. *Paramnesien* bezeichnen Erinnerungsverfälschungen, Sonderfälle stellen Gefühle vermeintlicher Vertrautheit (*déjà vu*) und vermeintlicher Fremdheit (*jamais vu*) dar.

d) Orientierung

Orientierung steht für „das Bescheidwissen, Sichzurechtfinden und Sicheinordnen in die jeweilige zeitliche, örtliche, persönliche und situative Gegebenheit" (Scharfetter, 1991). Man unterscheidet demzufolge eine *zeitliche, örtliche und situative Orientierungsfähigkeit* sowie die *zur Person*.

e) Wahrnehmung

Die „Kenntnisnahme von sinnlichen Gegebenheiten unserer Welt, der Umwelt und des eigenleiblichen Bereichs" wird als Wahrnehmung bezeichnet (Scharfetter, 1991). Die Wahrnehmung kann zunächst durch Ausfall eines Sinnesorgans gestört sein, man spricht dann von einer *Agnosie*, z.B. einer optischen

Agnosie im Falle einer Blindheit. Im Rahmen von Aufmerksamkeits- oder Konzentrationsstörungen kann es zu einer verminderten Wahrnehmungsfähigkeit im Sinne einer *quantitativen Wahrnehmungsstörung* kommen. Von einer *qualitativen Wahrnehmungsstörung* spricht man dann, wenn das Wahrgenommene nicht mit dem real Vorhandenen übereinstimmt. *Derealisation* beschreibt das diffuse Gefühl, die Umgebung sei verändert, unwirklich, „wie im Film". *Illusionen* bezeichnen eine Verkennung tatsächlich vorhandener Gegenstände, z.B. wird ein Baumstumpf für ein Tier gehalten. *Halluzinationen* schließlich umfassen die Wahrnehmung von etwas real nicht Vorhandenem; je nach dem betroffenen Sinnesgebiet unterscheidet man *akustische, optische, olfaktorische* (den Geruchssinn betreffende), *gustatorische* (den Geschmackssinn betreffende), *haptische* (den Tastsinn betreffende) und *zönästhetische* (die „Leibwahrnehmung" betreffende) Halluzinationen.

f) Denken

Das Denken kann sowohl formal als auch inhaltlich gestört sein. Beispiele für *formale Denkstörungen* sind: *verlangsamtes und beschleunigtes Denken* (kontinuierliche Veränderung der Geschwindigkeit des Denkablaufes), *Hemmung* (unregelmäßige Verzögerung bis zum Stillstand des Denkablaufs), *Perseveration* („Haftenbleiben" mit Wiederholung eines bestimmten Denkinhaltes), *Gedankenabreißen* (plötzliches Abbrechen eines Denkvorgangs), *eingeengtes Denken* (Beschränkung auf bestimmte Denkinhalte), *Ideenflucht* (Unfähigkeit, die in großer Zahl und Geschwindigkeit andrängenden Gedanken festzuhalten und zu Ende zu führen), *Inkohärenz* (das Denken zerfällt in einzelne Teile und hat keinen nachvollziehbaren Zusammenhang mehr). Das *inhaltlich gestörte Denken* umfasst insbesondere den Wahn, aber auch überwertige Ideen sowie den gedanklichen Anteil von Zwängen und Phobien. Ein Wahn stellt eine „Privatwirklichkeit" (Scharfetter, 1991) dar, die nicht mit der Wirklichkeit des umgebenden kulturellen Raumes und der anderer Menschen übereinstimmt. Das Charakteristische des Wahnes ist nach Jaspers (1913/1973) die *subjektive Gewissheit* des Betroffenen von seiner abweichenden Wirklichkeit, seine *Unbeeinflussbarkeit* durch Erfahrung und zwingende Schlüsse und die *Unmöglichkeit* des Inhalts. Von einer *überwertigen Idee* spricht man, wenn einer Überzeugung ein unangemessener Wirklichkeits oder Bedeutungsgehalt beigemessen wird, ohne dass die drei Wahncharakteristika vollständig erfüllt wären. Auch der gedankliche Anteil einer *Zwangserkrankung* und einer *Phobie* sind geprägt von inhaltlichen Denkstörungen; allerdings sind diese im Gegensatz zum Wahn ich-dyston, d.h., dem Betroffenen ist die Unsinnigkeit seiner Überzeugung bewusst.

g) Affektivität

Affektivität beschreibt die gefühlsmäßige Gestimmtheit eines Menschen. Veränderungen der Affektivität spielen insbesondere bei „Affektsyndromen" (Scharfetter, 1991) eine Rolle, so ein gedrückter Affekt bei der *Depression* und ein gesteigerter bei der *Manie*. Eine stark schwankende und leicht beeinflussbare Affektlage wird als *Affektlabilität* bezeichnet, das gleichzeitige Nebeneinander von positiven und negativen Gefühlen als *Ambivalenz*. *Affektinkontinenz* steht für die Unfähigkeit, Affekte und ihren Ausdruck zu kontrollieren, *Affektarmut* meint eine allgemeine Abschwächung der Affektivität. Von *Parathymie* wird gesprochen, wenn der Affekt nicht zum Inhalt des Erlebten oder Gesprochenen passt. Auch *Angst* und *Dysphorie* (Gereiztheit)

spielen eine Rolle im Rahmen der psychopathologisch relevanten Affektivität.

h) Antrieb

Als Antrieb wird zusammenfassend die Grundmotivation und -aktivität eines Menschen bezeichnet. Der *Antrieb* kann *gesteigert* oder *vermindert* sein, dies ist regelmäßig bei Manien bzw. Depressionen der Fall. Extremfall der Antriebsminderung ist der *Mutismus*, wobei der Betroffene trotz weitgehend erhaltener körperlicher und psychischer Funktionen zu keinerlei Aktivität mehr fähig ist.

Beispiel 13:

Die Patientin ist wach, bewusstseinsklar und zu allen Qualitäten orientiert. Aufmerksamkeit und Konzentrationsfähigkeit sind leicht eingeschränkt, so kann die Pat. nur schwer einem langen Spielfilm folgen; das Gedächtnis ist ungestört. Es findet sich kein Anhalt für halluzinatorisches oder paranoides Erleben, das Denken ist etwas verlangsamt und auf pessimistische Zukunftsvorstellungen eingeengt. Der Affekt ist deutlich depressiv, der Antrieb mäßig vermindert. Es besteht ein weitgehender Verlust von Lebensfreude und Zukunftsperspektive. Suizidalität ist nicht vorhanden.

2.3 Psychodynamik

Mit der schriftlichen Fixierung von Anamnese und Befund ist die Sammlung der relevanten Informationen abgeschlossen. Es folgt jetzt die Reflexion der gesammelten Daten, die hermeneutischen Regeln gehorcht und in eine psychodynamische Gestalt mündet. Wie bereits erwähnt bezeichnet die „Psychodynamik" das gesamte Wechselspiel intrapsychischer Kräfte unter dem Einfluss innerer und äußerer Faktoren. Eine gelungene Erfassung der Psychodynamik liefert ein schlüssiges Erklärungsmodell für die Entstehung der aktuellen Problematik des Patienten und eröffnet darüber hinaus therapeutische Handlungsoptionen: „Die Psychodynamik als Gestalt verbindet die Vergangenheit mit der Gegenwart und der Zukunft im Sinne möglicher Veränderungen" (Hohage, 2000, S. 87). Es versteht sich von selbst, dass es auch bei umfangreicher Diagnostik nicht möglich sein wird, eine „letztgültige" Psychodynamik zu formulieren, vieles wird Hypothesencharakter behalten und möglicherweise erst nach längerer Behandlung im Sinne der Freud'schen Hexenprobe eindeutig zu klären sein. Die Psychodynamik ist das Kernstück der psychodynamischen Diagnostik, da sie die Grundlage für die Behandlungskonzeption darstellt. Sie dient als „Arbeitsmodell vom Patienten" (Hohage), aus dem die Wahl des therapeutischen Settings und die Hypothesen über den zu erwartenden Therapieverlauf mit seinen „Brennpunkten" und Zielen abgeleitet werden.

Die Psychodynamik als Teil der psychodynamischen Diagnostik wird üblicherweise als Abfolge charakteristischer Schritte konstruiert: Am Beginn steht die Beschreibung der *belastenden und schützenden Entwicklungsbedingungen,* die neben genetischen Faktoren (z.B. Temperament) die Grundlage für die Entstehung psychischer Erkrankungen bilden. Im Zusammenhang mit diesen entscheidenden frühen Einflüssen werden die daraus für das Kind resultierende *Struktur* und *Konflikte* herausgearbeitet. Bei einer *defizitären Struktur* kann es zu einer *strukturellen Störung*

1

mit daraus resultierender *unreifer (meist interpersoneller) Abwehr* und *pathologischen Beziehungsmustern* kommen; am Ende dieser Entwicklung kann dann eine *Persönlichkeitsstörung* stehen. Bei einer ausreichend integrierten Struktur in Verbindung mit einer *suboptimalen Konfliktlösungskompetenz* bleiben entwicklungsgeschichtlich relevante Konflikte oftmals ungelöst. In der Folge kann es zur Entstehung einer Neurose kommen, wobei meist eine *auslösende Situation* zu einer *Reaktualisierung* früher Versagungs- und Konfliktsituationen führt. Diese stellt einen Kernpunkt der Psychodynamik einer neurotischen Störung

dar – hier kreuzen sich die Fäden der Vergangenheit mit denen der Gegenwart. Oft bietet sich gerade hier eine Fundgrube an relevantem Material, das ein wechselseitiges Verständnis sowohl der aktuellen Problematik als auch der bedeutsamen frühen Einflüsse ermöglicht. Die Reaktualisierung führt üblicherweise zu *Ängsten*, die wiederum *Abwehrmechanismen* mobilisieren, um eine Krise des Selbst zu vermeiden. Das *aktuelle neurotische Symptom* stellt sich dann als eine Kompromissbildung zwischen konflikthaftem (reaktualisiertem) Wunsch und der Abwehr dar (siehe Abb. 6).

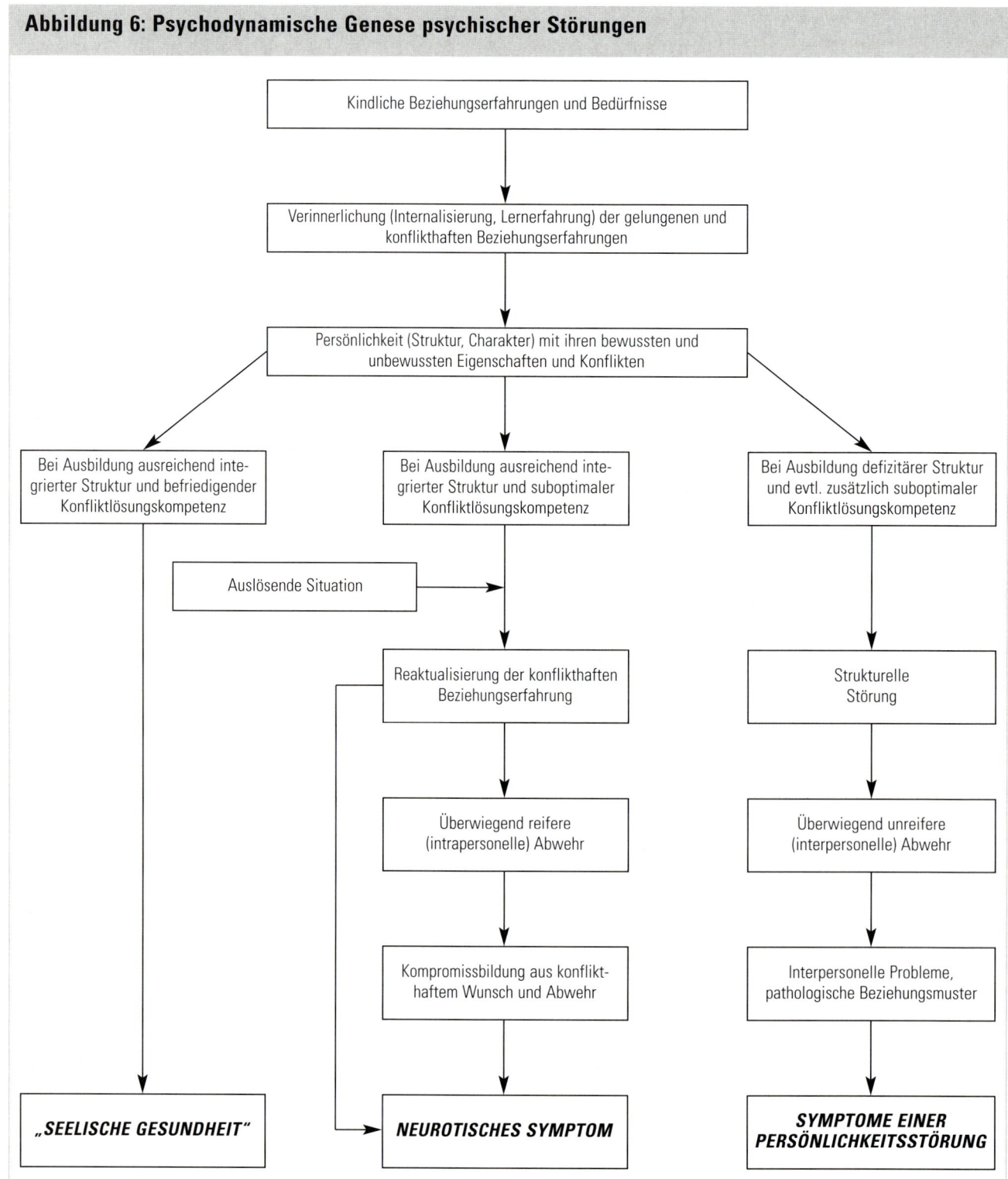

Abbildung 6: Psychodynamische Genese psychischer Störungen

Beispiel 14a:

Die Kindheit des Patienten steht unter dem Zeichen einer chronischen emotionalen Vernachlässigung, wobei er ein wirklich verlässliches Geliebt- und Angenommensein, wenn überhaupt, nur zwischen dem vierten und achten Lebensjahr in der Familie seiner Tante in Bayern erlebt haben dürfte. Sowohl der Vater als auch die Mutter waren emotional offenbar sehr instabil und unberechenbar. Vom Vater konnte der Sohn kaum Nähe und Liebe erfahren, und wenn, dann folgte kurz darauf ein für den Sohn unerklärlicher Beziehungsabbruch; Anerkennung vom Vater gab es nur für sportliche Höchstleistungen. Wesentlich traumatisierender dürfte allerdings die ambivalente – sowohl vernachlässigende als auch inzestuöse – Verbindung mit der Mutter gewesen sein. Diese litt vermutlich an einer schweren Persönlichkeitsstörung und konnte dem Sohn ebenfalls keine verlässliche positive Beziehung bieten. Sie stillte ihn nicht, gab ihn in seinem vierten Lebensjahr für vier Jahre zu ihrer Schwester und holte ihn nur auf Wunsch des Vaters zurück; später kam es wiederholt zu körperlicher Gewalt gegen den Sohn. Der Patient musste vom achten bis 18. Lebensjahr der Mutter den Ehemann ersetzen und allnächtlich mit ihr im Ehebett schlafen, was von ihm zutreffend als „emotionaler Missbrauch" bezeichnet wird.

Auch wenn der Patient fast keine Angaben über seine ersten vier Lebensjahre machen kann, so ist doch davon auszugehen, dass seit seiner Geburt die Bedürfnisse nach Bindung und Fürsorge nicht adäquat erfüllt wurden; einen deutlichen Hinweis darauf liefert die Tatsache, dass die Mutter ihn nie gestillt hat. Diese Versagungen sind die Wurzel für die spätere Sehnsucht danach, geliebt und versorgt zu werden, und den Mangel an Urvertrauen.

Die Unfähigkeit beider Eltern, die Bedürfnisse des Kindes wahrzunehmen und zu befriedigen, dürfte zu Störungen der Individuation geführt haben, die sich bis heute als Pseudounabhängigkeit mit einer Überbetonung seiner Autonomie zeigt, wie sie auch in der Anamnesesituation deutlich wurde.

Die ödipale Entwicklung des Patienten war ebenfalls schwer beeinträchtigt. Auch wenn wir über die ersten vier Lebensjahre nichts wissen, so lässt sich doch aus der späteren Beziehung zur Mutter des Patienten schließen, dass er auch schon in seinem vierten Lebensjahr (vor der „Verschickung" nach Bayern) den abwesenden Vater zu ersetzen hatte. Die für ihn damals nicht verstehbare vierjährige Trennung von der Mutter erlebt der Patient zwar rückblickend als eine glückliche Zeit, dennoch ist anzunehmen, dass es für den Vierjährigen ein Verlust war, den er möglicherweise unbewusst sogar als Strafe für die ödipale Verstrickung mit der Mutter erlebt haben könnte. In der Folge dürfte dann das von der Mutter ab seinem achten Lebensjahr erzwungene Schlafen im Ehebett anstelle des Vaters eine ständige inzestuöse Verführungssituation und Gefühle des Ausgeliefertseins hergestellt haben, die – auch wenn es nicht zu genital-sexuellen Handlungen kam – als eine Haltung der Pseudounabhängigkeit und unbewusster Ängste, sich Frauen auszuliefern, mit den entsprechenden daraus resultierenden Schuldkonflikten herstellte.

Die Paarbeziehungen des Patienten blieben bis heute stark vom ungelösten ödipalen Konflikt überschattet: Der Patient fand in seiner Jugend „mütterliche Verführerinnen", mit denen er seine inzestuöse Mutterbeziehung reinszenierte, später „tauschte er die Rollen" und suchte „töchterliche Geliebte".

Hiermit reinszenierte er ebenfalls die Mutterbeziehung, wehrte jedoch die Ängste davor, wieder der hilflose und missbrauchte Junge zu sein, ab, allerdings um den Preis, dass er bislang keine reife Liebesbeziehung mit einer gleichberechtigten Partnerin führen konnte.

Erst im Alter von 52 Jahren konnte sich der Patient entschließen zu heiraten. Zunächst war es mit der um 18 Jahre jüngeren Partnerin offenbar noch gut möglich, eine Vater-Tochter-Beziehung nach seinem neurotischen Muster zu führen. Es ist jedoch anzunehmen, dass die Partnerin zunehmend der Tochterrolle entwuchs und als gleichberechtigte Partnerin behandelt werden wollte. Darüber hinaus hatte sich der Pat. zu diesem Zeitpunkt mehr als je zuvor auf eine Partnerbeziehung eingelassen. Diese veränderte Situation hat den Patienten zunehmend belastet, so dass er mehr und mehr versuchte, die Partnerin zu kontrollieren und zu manipulieren, um seine Autonomie zu wahren und nicht wieder der abhängige kleine und missbrauchte Sohn zu werden. In dieser Situation brach die Verdrängung der unbewussten und bewussten Erinnerungen an die Mutterbeziehung zusammen, als Kompromissbildung entwickelte sich eine Depression (konflikthafter Wunsch und Abwehr). Bezeichnenderweise verschwand die Symptomatik nach zehn Monaten schlagartig, als die Ehefrau die Trennung vollzog. Nach der Scheidung kam es dann zu einem leichten Rezidiv, das allerdings mehr die Züge einer Trauer als einer Depression trug. Nicht die Verlustangst stellt hier den eigentlichen Motor dar, sondern vielmehr die Angst davor, in einer Beziehung die Autonomie zu verlieren und wieder in die Rolle des hilflosen missbrauchten Kindes zu geraten.

Angesichts der belastenden Erfahrungen in der Kindheit und Jugend ist es erstaunlich, wie stabil der Patient lange Zeit geblieben ist und dass er trotz seiner körperlichen Behinderung eine erfolgreiche berufliche Karriere machen sowie eine Reihe von Beziehungen aufbauen konnte, die, wenn auch unreif, doch über viele Jahre Bestand hatten. Dies zeigt die protektiven Faktoren in seiner Lebensgeschichte auf, vermutlich der Zeitraum, den er bei seiner Tante verbrachte. Weiterhin ist die basale Entwicklung trotz der emotionalen Belastungen gelungen, es bestehen keine wesentlichen strukturellen Störungen.

Neben dieser „klassischen" Entstehungsweise einer neurotischen Störung, die definitionsgemäß als Folge der Wiederbelebung eines früheren Konfliktes angesehen wird, können seelische Störungen jedoch auch bei bislang „unbelasteten" Menschen durch extreme von außen kommende Traumatisierungen auftreten, die das ansonsten ausreichende Bewältigungspotenzial überfordern. In diesen Fällen kommt es nicht zu einer Reaktualisierung eines früheren Konfliktes. Bei Patienten mit ausgeprägter Störung der Persönlichkeitsstruktur entsteht die Symptomatik ebenfalls weniger durch aktualisierte Konflikte als vielmehr durch eine Überforderung der Bewältigungsressourcen, die allerdings auf Grund der entwicklungsgeschichtlich erworbenen strukturellen Defizite sehr viel geringer sind als bei anderen Menschen. Entsprechend muss sich die Psychodynamik bei Patienten mit Belastungsstörungen mehr auf das aktuelle Trauma und bei solchen mit Persönlichkeitsstörungen mehr auf das strukturelle Defizit konzentrieren. Konflikte spielen zwar auch bei diesen Patienten eine Rolle, stellen jedoch meist nicht das Zentrum der Psychodynamik dar.

1

> **! Merke:** Die Psychodynamik stellt das Kernstück psychoanalytischer Diagnostik dar. Sie formt die vorliegenden Befunde zu einer diagnostischen Gestalt, die Art und Entstehung schlüssig erklärt und ein Arbeitsmodell vom Patienten liefert. Aus ihr leiten sich Therapieindikation und -planung ab.

2.4 Diagnose

Nach unseren Ausführungen zur Psychodynamik stellt sich die Frage, welchen Gewinn das Formulieren einer Diagnose, die aus einigen wenigen Worten besteht, denn überhaupt haben soll. Stellt nicht jede weitere Abstraktion lediglich einen Verlust an individueller Information dar, ohne die Behandlung des Patienten in irgendeiner Weise zu fördern? Manche Psychoanalytiker vertreten die Position, dass die Psychodynamik eigentlich die psychoanalytische Diagnose darstellt und dass eine abschließende „Etikettierung" des Patienten nur Unklarheit und Stigmatisierung schafft.

Wenn wir dennoch an der Formulierung einer Diagnose festhalten, so geschieht dies in dem Bewusstsein, dass dabei wesentliche Informationen der Psychodynamik verloren gehen und dass es keinen Patienten mit einer bestimmten Diagnose gibt, dessen Erkrankung der eines zweiten mit der gleichen Diagnose gleicht. Jedoch zwingt uns die Arbeit an der Diagnosestellung dazu, den „Brennpunkt" der Problematik des Patienten noch eindeutiger zu identifizieren, als dies in der Psychodynamik der Fall war, die uns erlaubte, mehrere Entwicklungs- und Konfliktbereiche parallel aufzufächern. Die Diagnose stellt so die letzte Stufe der Konzentration, Verdichtung und Abstraktion dar. Als solche wird sie kommunizierbar, sowohl in der Interaktion mit Fachkollegen als auch in der mit dem Patienten. Für viele Patienten wird dadurch aus dem „einsamen persönlichen Schicksal" eine überindividuelle Problematik, d.h. eine Krankheit, die auch andere Menschen haben, die dem Therapeuten bekannt ist und für die es erprobte Behandlungsformen gibt. Es sollte nicht unterschätzt werden, welche positive Bedeutung dies für den Patienten haben kann.

Eine weitere Legitimation der Diagnosestellung haben wir bereits am Beginn dieses Kapitels erwähnt: Jede Diagnose ist für den ausgebildeten Therapeuten mit einem (oder mehreren) theoretischen Konzepten verbunden. Diese Konzepte basieren auf der Erfahrung vieler Therapeuten mit vielen Patienten und beinhalten so eine Art „Quintessenz" der Gemeinsamkeiten bestimmter Patientengruppen. Aus diesem Wissen können wir auch im Einzelfall schöpfen, indem wir überprüfen, welche der häufig beobachteten Gemeinsamkeiten der entsprechenden Patientengruppe auch bei unserem individuellen Patienten vorliegt. Kurz gesagt: Wir können die Gefahr vermindern, wichtige Bereiche in der Problematik des Patienten zu übersehen.

Üblicherweise umfasst die psychoanalytische Diagnose zwei Teile: die kondensierte Form der Psychodynamik und die Einordnung in ein Klassifikationsschema. Der erste Teil wird auch als *„Neurosen (und struktur-) psychologische Diagnose"* bezeichnet und setzt sich aus den drei Teilen Symptomatik, zugrunde liegende Konfliktkonstellation und Persönlichkeitsstruktur zusammen.

Beispiel 14b:

Depressive Symptomatik bei Autonomieproblematik und ödipaler Konfliktsituation mit gut integrierter hysterischer Persönlichkeitsstruktur

Der zweite Teil, die *kategoriale Diagnose*, folgt einem der ganz überwiegend deskriptiv formulierten und psychiatrisch inspirierten international gebräuchlichen Klassifikationsschemata: dem DSM-IV in den USA und dem ICD-10 in den meisten anderen Ländern der Welt, so auch im deutschsprachigen Raum.

Beispiel 14c:

Mittelgradige depressive Episode ohne somatische Symptome (ICD-10 F32.10)

Psychodynamische Diagnostik stellt also eine Kombination aus einer idiografischen und einer nomothetischen Diagnose dar. Während die Psychodynamik die individuelle und einzigartige Geschichte der Genese einer psychischen Erkrankung nachzeichnet *(Idiografie)*, wird diese persönliche „Geschichte" in der abschließenden Diagnose einem psychodynamischen bzw. deskriptiv-phänomenologischen Klassifikationssystem zugeordnet *(Nomothese)*.

3 Indikationsstellung

Zu Zeiten Sigmund Freuds war die Frage der Indikation relativ leicht zu beantworten, denn es gab keine psychotherapeutische Behandlungsalternative zur Psychoanalyse. Die Frage lautete also: „Ist ein Patient für eine Psychoanalyse geeignet oder nicht?" Kriterien für eine Eignung waren ein „gewisser Bildungsgrad", ein „einigermaßen verlässlicher Charakter" und eine Eigenmotivation des Patienten. Ungeeignet waren Patienten mit „narzisstischen oder psychotischen Zuständen" und in Situationen, die eine rasche Beseitigung bedrohlicher Zustände erforderten, wie z.B. bei einer „hysterischen Anorexie". Darüber hinaus riet Freud von der Behandlung von Patienten „nahe an oder über fünfzig Jahre" ab (Freud, 1905, 1933). Diese Form der Indikationsstellung wird als *selektive Indikation* bezeichnet: Es wird überprüft, ob ein bestimmter Patient für eine Therapieform geeignet ist oder nicht.

Heute existiert eine Vielzahl von Behandlungsalternativen zur „klassischen" Psychoanalyse. Dabei handelt es sich nicht nur um die Methoden anderer „Schulen", sondern auch um eine ganze Reihe von modifizierten Ansätzen zur Standard-Psychoanalyse, die Gesamtheit des psychodynamischen Verfahren selbst. Diese veränderte Lage zwingt uns zu einer differenzierteren, sog. *adaptiven Indikationsstellung*: es gilt, für einen bestimmten Patienten die geeignete Behandlungsmethode zu finden. In der Realität ist eine echte adaptive Indikationsstellung allerdings meist nicht möglich – würde sie doch bedeuten, für jeden einzelnen Patienten aus dem gesamten Spektrum aller Therapiemöglichkeiten die beste auszuwählen und ihm diese auch tatsächlich zukommen zu lassen. Dies hat eine Reihe von Gründen:

• Im Bereich der Psychotherapie fehlen empirisch ausreichend abgesicherte Indikationskriterien, die eine eindeutige Zuordnung eines Patienten zu einer bestimmten Therapieform erlauben würden. Auch aus einer deskriptiven Syndromdiagnose lässt sich meist keine Indikationsstellung ableiten.

- Es gibt zahlreiche Hinweise dafür, dass nicht die therapeutische Methode, sondern die therapeutische Beziehung den entscheidenden Einfluss auf den Erfolg einer Therapie hat. Es scheint also entscheidender zu sein, den richtigen Psychotherapeuten für einen Patienten zu finden, als die richtige Methode auszuwählen.

- Selbst wenn man in der Lage wäre, die richtige Methode festzulegen, wäre es in der Realität oft schwierig, einen Therapeuten zu finden, der diese Methode auch beherrscht.

- Findet man einen Therapeuten, zu dem der Patient eine tragfähige Beziehung aufbauen kann, so wird oft eine Reihe von Faktoren die Wahl der Methode und des Behandlungssettings beeinflussen:
  - der Therapeut kann nur die Methoden anbieten, die er auch beherrscht
  - die Stundenzahl, die der Therapeut für den Patienten bereitstellen kann und will
  - die Zeit, die der Patient in seine Therapie investieren will
  - die Motivation des Patienten, sich auf eine bestimmte Behandlungsform einzulassen
  - die Finanzierung der Therapie
  - die Eigeninteressen des Therapeuten (z.B. Ausbildungskandidaten, die einen „dreistündigen Fall" benötigen).

Hieraus wird deutlich, warum in der Realität meist nur anhand recht oberflächlicher Kriterien eine Indikation zu einer bestimmten Behandlungsform gestellt wird. Üblicherweise wird in der klinischen Praxis in Abhängigkeit vom aktuellen Symptomdruck und der Einsichtsfähigkeit des Patienten in psychodynamische Zusammenhänge eine Differentialindikation zwischen Verhaltenstherapie und einer „psychodynamischen Therapieform" gestellt. Die Settingvariablen der letzteren orientieren sich an den gegebenen Umständen und Möglichkeiten.

Aktuell geht das Bestreben in Richtung einer diagnosespezifischen Therapieindikation. Dieser sind jedoch Grenzen gesetzt – zumindest dann, wenn sich das Vorgehen (wie meist üblich) auf deskriptive Diagnosen nach ICD-10 oder DSM-IV bezieht. Im psychodynamischen Verständnis hat die Natur des Symptoms nur insoweit eine Bedeutung für die Indikationsstellung, wo es spezielles Arbeiten erfordert, z.B. bei Somatisierungsstörungen. In allen anderen Fällen erscheinen andere Indikationskriterien von viel größerer Bedeutung, wobei die Eingrenzbarkeit von aktueller Störung und zugrunde liegendem Konflikt sowie das Strukturniveau des Patienten im Vordergrund stehen.

Im Folgenden wollen wir versuchen, einige Anhaltspunkte für eine gezieltere Indikationsstellung innerhalb der psychodynamischen Therapieformen zu geben. Das Thema der Differenzialindikation zwischen verhaltenstherapeutischen und psychoanalytischen Verfahren wurde bereits im ersten Band dieses Lehrbuchs behandelt. Eine Übersicht der wichtigsten psychodynamischen Therapieverfahren gibt Abbildung 7.

3.1 Eingrenzbarkeit von Störung und Konflikt

Jede Form psychodynamischer Therapie hat zum Ziel, den Patienten einem tieferen Verständnis seiner Beschwerden und deren Entstehung zuzuführen und dadurch eine Symptombesserung oder -heilung zu erreichen. Voraussetzung für diesen Vorgang ist die Bereitschaft und Fähigkeit des Patienten zu einem Mindestmaß an Mitarbeit und reflexiver Tätigkeit. Dies kann eingeschränkt sein, wenn ein Patient an Symptomen leidet, die ihn trotz gegebener Therapiemotivation so stark beeinträchtigen, dass er zu einem therapeutischen Prozess nicht in der Lage ist. Beispiele hierfür sind schwere strukturelle Störungen oder schwerste Zwänge, Ängste oder Essstörungen. Diese Patienten sollten zunächst einer primär auf Symptomreduktion orientierten psychodynamischen Behandlungsform oder einem verhaltenstherapeutischen Verfahren zugeführt werden.

Eine bedrohliche Symptomatik kann darüber hinaus eine Indikation für eine stationäre psychotherapeutische Behandlung darstellen, z.B. wenn eine Patientin mit einer Essstörung vital gefährdet ist oder wenn ein Patient mit einer Zwangsstörung nicht mehr in der Lage ist, zu den vereinbarten Therapiestunden zu erscheinen. Nach erfolgreicher Symptomreduktion kann dann eine weiterführende psychodynamische Therapie erwogen werden.

Die Verfahren psychodynamischer Einzeltherapie unterscheiden sich in ihrer Dauer, Stundenfrequenz, sitzendem vs. liegendem Setting, der Intensität der Regression und der Intensität der Übertragung (siehe Abb. 7). Vereinfachend lässt sich sagen: Je klarer die Symptomatik und der zugrunde liegende Konflikt eingegrenzt werden können, umso kürzer kann die Therapie sein. Eine wichtige Rolle spielt dabei die Frage, in wie viele Lebensbereiche des Patienten die Symptomatik hineinreicht und zu Beeinträchtigungen führt. Treten die Beschwerden nur in einem abgrenzbaren Bereich, zum Beispiel am Arbeitsplatz, auf und sind alle anderen Lebensbereiche davon unbeeinträchtigt, so ist eine kürzere Therapie möglich.

Von ebenso großer Bedeutung ist die Frage, wie bewusstseinsnah der Konflikt dem Patienten ist – ist es denkbar, dass er innerhalb von 25 Stunden ein ausreichendes psychodynamisches Verständnis seiner Problematik entwickelt, um zu einer Änderung seines Verhaltens und Erlebens zu gelangen? Eine *Kurztherapie* ist meist dann indiziert, wenn die Bearbeitung des Konfliktes zu anhaltender Symptomreduktion zu führen verspricht.

Beispiel 15:

Ein 26jähriger Medizinstudent leidet unter einer Lernstörung, die ihn davon abhält, sich auf sein Staatsexamen vorzubereiten. Er ist sozial gut integriert und lebt in einer befriedigenden Partnerschaft. Er ahnt bereits, dass sein angespanntes Verhältnis zu seinem Vater, der erwartet, dass der Patient seine allgemeinmedizinische Praxis übernimmt, etwas mit seinen Lernschwierigkeiten zu tun haben könnte. In einer analytischen Kurztherapie von 25 Stunden gelingt es dem Patienten, seinen Wunsch, Chirurg zu werden, für sich klarer zu formulieren und auch mit dem Vater darüber zu sprechen. Dieser reagiert zunächst enttäuscht und verärgert, akzeptiert aber dann den Wunsch seines Sohnes. Die Lernschwierigkeiten verschwanden vollständig, der Patient konnte sein Staatsexamen ablegen.

1

Abbildung 7: Die wichtigsten psychodynamischen Therapieverfahren

Bezeichnung	Setting	Charakteristika	Indikation
Psychoanalyse	3-4 (-5) h/Woche > 300 Stunden, > 2-3 Jahre liegend	- stark regressionsfördernd - eher an infantilen Strukturen und Konflikten orientiert - Förderung und Durcharbeiten der Übertragungsneurose - Ziel: Umstrukturierung der Persönlichkeit	Pat. mit komplexer Symptomatik, die mehrere Lebensbereiche tangiert; Pat. mit geringerem Symptomdruck, dafür eher umfassende Gefühle von Leer- und Unglücklichsein; Pat., die „irgendwie an sich selbst vorbei leben" (Hohage, 2000); Pat. mit der Bereitschaft zu tiefer Regression und zur Bearbeitung infantiler Strukturen und Konflikte
Analytische Psychotherapie	2-3 h/Woche ca. 200-300 Stunden, 2-3 Jahre liegend, selten auch im Sitzen	- Regression teilweise begrenzt - eher an aktuellen Strukturen und Konflikten orientiert - keine Förderung der Übertragungsneurose, gegenwartsbezogenes Durcharbeiten der Übertragungen - Ziel: strukturelle Veränderungen	Ähnlich wie für Psychoanalyse, jedoch mit etwas klarer abgrenzbarer Konfliktlage und Symptomatik
Tiefenpsychologisch fundierte Psychotherapie	1-2 h/Woche 50-80 (-100) Stunden 1-2 Jahre im Sitzen	- wenig regressionsfördernd - an aktuellen umschriebenen Konflikten und Symptomen orientiert - Übertragungsneurose wird nicht angestrebt - Ziel: umschriebene Umstrukturierung im Hinblick auf Symptomminderung	Abgrenzbarer aktueller neurotischer Konflikt mit entsprechender Symptomatik
Psychodynamische Kurztherapie	1 h/Woche (in einigen Fällen auch 14-tägig) bis 25 Stunden, 1/2-1 Jahr im Sitzen	- nicht regressionsfördernd - an umschriebenen aktuellen Symptomen und entsprechenden Aktualkonflikten orientiert - Übertragungsneurose wird nicht angestrebt - Ziel: Symptomreduktion durch Bearbeitung des Aktualkonfliktes	Umschriebene Symptomatik mit erkennbarem Aktualkonflikt bei gut integrierter Persönlichkeitsstruktur
Psychodynamische supportive Therapie	1 h/Woche, oft auch niederfrequenter kurz dauernd bis hin zu mehreren Jahren, u.U. „lebensbegleitend" im Sitzen	- nicht regressionsfördernd - weniger an Strukturveränderung oder Konfliktbewältigung orientiert - Ziel: Unterstützung bei der Bewältigung belastender Lebenssituationen bzw. der Alltagsbewältigung	Patienten in aktuellen belastenden Lebenssituationen, Patienten mit schweren chronischen psychischen Erkrankungen, die für eine andere Therapieform nicht stabil genug sind (z.B. schwere Borderline-Störungen)
Transference Focused Psychotherapy	(1-) 2 h/Woche > 200 Stunden, 2-3 Jahre, in schweren Fällen bis zu 8 Jahre im Sitzen	- teilweise regressionsfördernd - Bearbeitung der Übertragungen im Hier und Jetzt, erst in späteren Therapiephasen auch genetische Deutungen - strukturierend durch vertraglich vereinbarten Rahmen der Behandlung - Ziel: Umstrukturierung der Persönlichkeit	Persönlichkeitsstörungen auf Borderline-Niveau
Psychodynamische Gruppenpsychotherapie (psychoanalytisch, tiefenpsychologisch, interaktionell)	unterschiedlich, meist 1 Doppelstunde/Woche ca. 40-80 Doppelstunden, unter Umständen auch länger im Kreis sitzend	Je nach Methode: - regressionsfördernd - Bearbeitung der vielfältigen Interaktionen/Übertragungen der Gruppenmitglieder untereinander und zum Analytiker - Möglichkeit, soziale Situationen „live" zu erleben und zu bearbeiten - Ziel: partielle Umstrukturierung und Entwicklung sozialer Fähigkeiten, Symptomreduktion	Patienten mit charakterlich verankerten eher ich-syntonen Symptomen; Patienten mit Defiziten in sozialen Situationen
Psychodynamische Paar/Familientherapie	unterschiedlich, meist 1 h/Woche oder weniger ca. 10-15 Stunden, selten auch länger im Sitzen	- wenig regressionsfördernd - Bearbeitung von Paarkonflikten und Kollusionen im Hier und Jetzt - orientiert sich an der individuellen Psychodynamik nur so weit sie für den Paarkonflikt relevant ist - Ziel: Lösung von Paar-/Familienkonflikten, ggf. anschließende Einzeltherapie(n)	Paare/Familien in Konfliktsituationen

Abbildung 7: Die wichtigsten psychodynamischen Therapieverfahren, Fortsetzung

Bezeichnung	Setting	Charakteristika	Indikation
Psychodynamische stationäre Behandlung	Variabel, meist Kombination aus 12 h Einzeltherapie/Woche und Gruppentherapien Ca. 6-12 Wochen, in besonderen Fällen bis zu einem Jahr oder länger	- eher regressionsfördernd - Entfernung vom aktuellen Konfliktherd - Kombination von verschiedenen therapeutischen Settings - Möglichkeit, Krankheitsverständnis beim Patienten zu verbessern - Ziel: Krisenbewältigung, Vorbereitung für ambulante Therapie, Symptomreduktion	Patienten in Krisensituationen; Patienten mit starken Symptomen, die im ambulanten Setting nicht kontrolliert werden können; Patienten mit starken Widerständen gegen die Entwicklung eines psychodynamischen Krankheitsverständnisses

Die sog. *tiefenpsychologisch fundierte Psychotherapie* ist ebenfalls bei Vorliegen einer abgrenzbaren Symptomatik und zugrunde liegender Konfliktlage indiziert, allerdings zielt sie auf eine partielle Umstrukturierung des Patienten ab, d.h., sie kommt dann zur Anwendung, wenn durch ein repetitives neurotisches Muster im Verhalten und Erleben immer wieder ähnliche Konfliktkonstellationen und daraus resultierende Symptome auftreten. Außerhalb dieser Bereiche sollte der Patient allerdings wenig beeinträchtigt sein.

Beispiel 16:

Ein 45jähriger Dozent an einer Design-Fachschule erlebt, dass seine Partnerschaften immer wieder nach einigen Jahren auseinander gehen, wobei er jeweils ohne zu wissen warum, ein verbal aggressives und kontrollierendes Verhalten entwickelt, was seine Freundinnen dann zur Trennung veranlasst. In diesen „Endphasen" der Beziehungen litt er schon mehrmals unter einer depressiven Symptomatik, die kurz nach der Trennung wieder verschwand. Der Patient ist sozial gut integriert, beruflich erfolgreich und erlebt sich außerhalb der depressiven Episoden als zufriedenen Menschen. Im Laufe der 80-stündigen Behandlung ließ sich herausarbeiten, dass der Patient bis zu seinem 18. Lebensjahr sehr unter seiner übergriffigen, kontrollierenden und besitzergreifenden Mutter zu leiden hatte. Er konnte erkennen, dass er immer dann, wenn eine Beziehung zu einer Frau enger wurde und diese begann, Erwartungen im Hinblick auf eine dauerhafte Bindung an ihn zu stellen, die Angst entwickelte, er könne der Partnerin ebenso hilflos ausgeliefert sein, wie er es der Mutter gegenüber war. Während der Therapie fand er Zugang zu seinen aggressiven Gefühlen der (verstorbenen) Mutter gegenüber und konnte sich innerlich von ihr lösen, symbolisch trennte er sich von einem Porträtgemälde der Mutter. Noch vor Ende der Behandlung nahm er erneut eine Beziehung zu einer Partnerin auf, in der er bewusst mit seinen Ängsten umgehen und diese auch mit der Partnerin besprechen konnte.

Die „klassische" *Psychoanalyse* und die *analytische Psychotherapie* sind dann indiziert, wenn das Ziel der Behandlung eine Umstrukturierung der Persönlichkeit in mehreren entscheidenden Bereichen ist. Dementsprechend sind diese Verfahren bei Patienten indiziert, die unter einer Symptomatik leiden, die mehrere Lebensbereiche tangiert und zu einer tiefen allgemeinen Unzufriedenheit führt. Hohage (2000) hat diese Patienten treffend beschrieben: „Es gibt [...] einen Patiententypus, der mit anderen als mit analytischen Mitteln nur sehr schwer verändert werden kann: Es sind jene Patienten, die symptomarm erscheinen, sich aber leer und unglücklich fühlen. Sie funktionieren im täglichen Leben ausreichend bis gut, ohne dass sie daraus eine innere Stabilität beziehen könnten. Es ist, als würden sie bei allen Begabungen irgendwie an sich selbst vorbei leben. Winnicott (1974) hat für diesen Patiententypus den Begriff vom falschen Selbst geprägt, der allerdings inzwischen inflationär gebraucht wird" (S. 123). Oftmals lässt sich die Problematik dieser Patienten nur unzureichend innerhalb der Klassifikationsschemata von ICD-10 oder DSM-IV einordnen, obwohl sie meist unter einem beträchtlichen Leidensdruck stehen. Häufig finden sich auf der Symptomebene milde depressive Verstimmungen, wobei trotz relativ gut integrierter Struktur das eigentliche Problem im strukturellen Bereich zu liegen scheint. Es handelt sich also um eine Art „unterschwellige Persönlichkeitsstörung" auf einem relativ hohen Strukturniveau.

Beispiel 17:

Eine 25jährige Universitätsassistentin der Germanistik beschreibt das Empfinden, irgendetwas fehle in ihrem Leben. Sie sei zwar beruflich erfolgreich, erlebe ihr Leben und ihre Beziehungen aber als unbefriedigend und langweilig. Ihre Beziehungen blieben meist oberflächlich, Partnerschaften gingen auseinander, indem sie irgendwie im Sande verliefen. Es fehle ihr in allen Lebensbereichen die Intensität des Erlebens. Zeitweise leide sie unter depressiven Zuständen, aber auch diese seien nie wirklich intensiv, sie sei deswegen beispielsweise nie der Arbeit ferngeblieben. Im Rahmen der dreistündigen analytischen Psychotherapie wird sehr schnell deutlich, dass die Patientin große Angst davor hat, sich emotional einzulassen, obwohl sie sich dies andererseits sehr wünscht. Dies bildet sich auch in der Übertragungsbeziehung ab: Es fällt ihr zunächst schwer, sich überhaupt zur Therapie zu entschließen, das Liegen auf der Couch verlockt und bedroht sie zugleich, so dass sie oft überlegt, ob sie sich hinlegen solle, dies aber dann doch erst nach 50 Stunden wirklich wagt. Zum „Schutz" vor einer zu intensiven Beziehung zum Therapeuten beginnt sie synchron zum Therapiebeginn eine Partnerschaft. Es zeigt sich, dass die Eltern der Patientin beide in ihrer Kindheit beträchtlichen Entbehrungen und Traumatisierungen ausgesetzt waren und als stabile Kompromisslösung eine Partnerschaft aufgebaut haben, in der Sicherheit über allem steht und Gefühle außerhalb eines mild positiven Bereichs als Bedrohung erlebt und abgewehrt werden. Eine Haltung, die die Patientin internali-

1

1

siert hatte und selbst auch lebte. Zwar war es der Patientin relativ schnell möglich, die Psychodynamik ihrer Problematik zu erkennen, es dauerte jedoch gut zwei Jahre, bis sie in der Lage war, neue, für sie befriedigende Lebens und Erlebensformen zu entwickeln, da sie Schritt für Schritt ihre Ängste überwinden und sich dabei selbst in ihrer Emotionalität erst kennen lernen musste.

> **!** **Merke:** Je klarer die Symptomatik und der zugrunde liegende Konflikt eingegrenzt werden können, umso kürzer kann die Therapie sein und umgekehrt.

3.2 Strukturniveau des Patienten

Ein weiteres entscheidendes Indikationskriterium stellt das strukturelle Niveau des Patienten dar, wobei es insbesondere um die Frage geht, inwieweit ein Patient im Stande ist, sich überhaupt an den Therapeuten zu binden, und inwieweit er regressive Prozesse tolerieren kann. Erkennt man bei einem Patienten ein niedriges (Borderline-) Strukturniveau als zentrales Problem seiner Erkrankung und leitet daraus eine Strukturbildung als Therapieziel ab, so kommt definitionsgemäß eine Kurzzeit- oder tiefenpsychologisch fundierte Therapie nicht in Frage. Viele dieser Patienten können das unstrukturierte Setting der analytischen Psychotherapie oder Psychoanalyse aber nicht aushalten, da sie sich durch die intensive Regression bedroht fühlen und hierunter auch real zunehmend desintegrieren können. Für diese Patienten mit meist schweren Persönlichkeitsstörungen wurde eine Reihe von Modifikationen des psychoanalytischen Standardvorgehens entwickelt. Von diesen stellt Kernbergs *Transference-Focused Psychotherapy* (TFP; siehe Clarkin et al., 2001) die bei weitem differenzierteste dar. Bei einer Frequenz von üblicherweise zwei Wochenstunden im sitzenden Setting entspricht diese Behandlungsform in ihrer mehrjährigen Dauer der klassischen Psychoanalyse. Neben diesen Settingveränderungen weicht sie aber noch in einigen weiteren Punkten vom üblichen analytischen Vorgehen ab, wobei dem niedrigen Strukturniveau der Patienten Rechnung getragen wird. Dem häufigen Agieren dieser Patienten wird durch einen ausgefeilten Behandlungsvertrag begegnet; die Regression wird zwar zugelassen, durch das strukturierende Setting wird ihr aber eine Grenze gesetzt; die Arbeit an der Übertragung stellt wie in der Psychoanalyse das Zentrum dar, sie erfolgt jedoch in Form von wiederholten Deutungen der ständig wechselnden Teilobjektübertragungen im Hier und Jetzt; erst in späteren Therapiephasen kommen auch genetische Deutungen zum Einsatz. Sowohl Psychoanalyse und analytische Psychotherapie als auch Transference-Focused Psychotherapy zielen also auf eine Strukturbildung innerhalb der Persönlichkeit, wobei für reifere Patienten eine analytische Behandlung indiziert ist und bei Patienten auf Borderline-Strukturniveau eine TFP.

> **!** **Merke:** Je niedriger das Strukturniveau des Patienten, umso stärker müssen die Rahmenbedingungen der Therapie strukturiert werden.

3.3 Einbettung der Problematik in Beziehungszusammenhänge

Patienten, deren Problematik eng in einen sozialen (Beziehungs-) Zusammenhang eingebettet ist, profitieren unter Umständen weniger von einer Einzeltherapie, da ein entscheidender Teil der pathogenen Dynamik außerhalb der Therapie stattfindet. Bei einem Patienten beispielsweise, dessen depressive Symptomatik im Wesentlichen aus der Paardynamik seiner konflikthaften Ehe zu erklären ist, verspricht eine Einzeltherapie weniger Erfolg als eine *Paartherapie*, in der die Paardynamik bearbeitet werden kann. Oft genug verschwinden nach erfolgreicher Bearbeitung des Paarkonfliktes – sei es mit dem Ergebnis einer Trennung oder dem der Fortsetzung der Partnerschaft – die Beschwerden des „erkrankten" Partners. Falls die individuelle Problematik eines oder beider Partner auch nach der Paartherapie noch virulent ist, kann eine Einzeltherapie angeschlossen werden. Limitierender Faktor einer Paartherapie ist einerseits der Mangel an qualifizierten Therapeuten und andererseits die Tatsache, dass oft einer der beiden Partner nicht zu einer solchen Behandlung bereit ist. Gleiches gilt für Formen der *psychodynamisch orientierten Familientherapie.*

Gerade Patienten mit Problemen im Umgang mit anderen Menschen zeigen oft auch in Einzeltherapien beträchtliche Widerstände, die im Rahmen des gewählten Settings nur schwer oder gar nicht zu behandeln sind. Hier bietet eine *Gruppenpsychotherapie* oft eine sehr viel bessere Möglichkeit, da sich Interaktionsprobleme in der Gruppe „live" ereignen und von den anderen Gruppenmitgliedern deutlicher gespiegelt werden können als in der Einzeltherapie. Patienten mit Schwierigkeiten, überhaupt in Kontakt mit anderen Menschen zu treten, finden in einem Gruppensetting Lernmöglichkeiten, die sie in den engen Grenzen der Einzeltherapie nicht hätten. Ebenso wie bei der Einzeltherapie gibt es verschiedene Formen der psychodynamischen Gruppentherapie, die sich in der Differenzialindikation überwiegend am Strukturniveau der Patienten orientieren: analytische und tiefenpsychologisch fundierte Gruppentherapien für besser integrierte Patienten, psychodynamisch-interaktionelle für eher strukturell gestörte Patienten. Auch im Falle der Gruppentherapie ist es möglich, eine Einzeltherapie anzuschließen, falls dies indiziert ist.

> **!** **Merke:** Die wichtigsten Kriterien für eine adaptive Indikationsstellung im Rahmen psychodynamischen Therapieverfahren sind die Eingrenzbarkeit von Symptom und Konflikt und das Strukturniveau des Patienten; eine weitere Rolle spielt die Einbettung der Problematik des Patient in Beziehungszusammenhänge.

4 Therapieplanung

Für viele Psychoanalytiker stellt der Begriff „Therapieplanung" einen Widerspruch in sich dar: Der psychoanalytische Prozess sei nicht planbar, und die geforderte freie Assoziation auf der Seite des Patienten sowie die abstinente Haltung des Psychoanalytikers würden geradezu eine Planung der Therapie verbieten. Auch wenn diese Haltung bis zu einem gewissen Grade berechtigt ist, so muss sie relativiert werden: Der Anspruch, ohne Erwartungen eine Psychotherapie zu beginnen, ist unerfüllbar. Sowohl Patient als auch Therapeut gehen mit einem Bündel von mehr oder weniger bewussten Erwartungen in die Therapie. Der Therapeut hat lediglich die Wahl, seine eigenen Erwartungen zu reflektieren oder nicht, und er kann versuchen, die Erwartungen des Patienten zu verstehen. Darüber hinaus muss er sich entscheiden, inwieweit er die Erwartungen an den Verlauf der Therapie mit dem Patienten gemeinsam reflektieren will. Die Haltung, die sich aus dieser Tatsache ableitet, lässt sich abstrakt folgendermaßen formulieren: Unbewusste Vorstellungen und Erwartungen des Therapeuten sollten so weit wie möglich bewusst gemacht werden; Erwartungen des Patienten sollen Raum finden, gegebenenfalls reflektiert und bei der Therapievereinbarung berücksichtigt werden. Es sollte vor Beginn Einigkeit über das Setting und die wesentlichen Ziele der Therapie bestehen. Gleichzeitig soll in den umfassenden nichtfokussierenden Therapieformen Raum für den spontanen Verlauf der Therapie gelassen werden; dadurch werden die Therapieziele unter Umständen im Verlauf der Behandlung klarere Gestalt annehmen und sich eventuell auch verändern. Kürzere Therapieformen haben eine klare Eingrenzung des Therapieinhaltes zur Grundlage und bedürfen einer umfassenderen Therapieplanung (z.B. analytisch orientierte Therapie nach Luborsky, 1999). Am aufwändigsten ist die Therapieplanung bei der Transference-Focused Psychotherapy, da hier ein eindeutiger strukturierender Rahmen mit dem Patienten festgelegt werden muss, damit die Behandlung überhaupt stattfinden kann.

4.1 Therapieziele

Im Hinblick auf die *Ergebnisziele* einer Therapie besitzen Freuds Auffassungen nach wie vor Gültigkeit. Für eine Beendigung der Analyse verlangte er, dass „zwei Bedingungen ungefähr erfüllt sind, die erste, daß der Patient nicht mehr an seinen Symptomen leidet und seine Ängste wie Hemmungen überwunden hat, die zweite, daß der Analytiker urteilt, es sei beim Kranken soviel Verdrängtes bewusst gemacht, so viel Unverständliches aufgeklärt, soviel innerer Widerstand besiegt worden, daß man die Wiederholung der betreffenden pathologischen Vorgänge nicht zu befürchten braucht" (1937, S. 63). Sein Begriff von seelischer Gesundheit beinhaltet „ein genügendes Maß von Genuß und Leistungsfähigkeit" (1917, S. 476).

Sehr viel weniger eindeutig stellt sich das Verständnis von *Prozesszielen* dar, der Frage nämlich, was geschehen muss, damit die Ergebnisziele erreicht werden können. Hier gibt es verschiedene allgemeine Forderungen, die sich letztlich auf Freuds Forderung „wo Es war, soll Ich werden" (1933, S. 86) zurückführen lassen. Welche konkreten Prozessziele vom einzelnen Patienten erreicht werden müssen, bleibt bei der Therapieplanung aus den oben genannten Gründen allerdings oft unklar. Auch wenn wir uns in unserer psychoanalytischen Arbeit „freihalten" wollen von der Festlegung durch definierte Prozessziele, so dürfen wir doch nicht übersehen, dass unsere psychodynamischen Arbeitsmodelle vom Patienten eine Reihe impliziter Therapieziele enthalten, die unsere Interventionen, und damit den Therapie-

verlauf, entscheidend beeinflussen. Anders ausgedrückt: Wir entwickeln schon vor Therapiebeginn eine Vorstellung davon, welche Prozessziele der Patient erreichen muss, um am Ende dauerhaft symptomfrei sowie genuss- und leistungsfähig werden zu können. Beispielsweise würden wir mit der Patientin aus Beispiel 17 in der Erwartung arbeiten, dass sie den Ursprung ihrer emotionalen Hemmung erkennt und irgendwann von selbst beginnt, sich Schritt für Schritt ihren Gefühlen auszusetzen, um so am Ende zu echter Liebesfähigkeit zu gelangen. Wir leiten diese Therapieziele aus unserem impliziten, theoriegeleiteten psychodynamischen Verständnis vom Patienten ab, und ebenso wie sich unser Arbeitsmodell vom Patienten während einer Therapie weiterentwickelt, verändern sich auch die impliziten Ziele im Laufe der Behandlung. Wir sollten dabei immer bemüht sein, uns diese impliziten Vorgänge bewusst zu machen, damit wir nicht unbewusst von ihnen fehlgeleitet werden.

Es ist von großer Bedeutung, vor der Therapie die Therapieziele des Patienten darauf zu reflektieren, ob sie realistisch und erreichbar sind. Lässt man einen Patienten vor der Therapie in dem Glauben, er werde aus der Behandlung als sein „personifiziertes Ich-Ideal" hervorgehen, so ist das Scheitern bereits absehbar.

Während es für die langen analytischen Verfahren ausreicht, allgemeiner gehaltene Therapieziele mit dem Patienten festzulegen, die im weitesten Sinne denen von Liebes- und Arbeitsfähigkeit entsprechen, so verlangen die kürzeren Behandlungsformen klarer definierte Ziele (siehe z.B. Luborsky, 1999). Dabei sollte das Ziel nicht nur auf die Beseitigung des Symptoms beschränkt bleiben, sondern auch das psychodynamische Verständnis des zugrunde liegenden Konfliktes beinhalten – so vermeidet man magische Erwartungen an die Therapie und betont den Aspekt eigener Arbeit und Entwicklung auf der Seite des Patienten. Bei der tiefenpsychologisch fundierten Therapie des Patienten aus Beispiel 16 könnte die Zielvereinbarung im Anschluss an die diagnostischen Gespräche etwa folgendermaßen aussehen:

Beispiel 18a:

T.: Was würden Sie sich von einer Psychotherapie erwarten?

P.: Ja ... ich wäre gern die Depressionen los. Und – ich weiß ja nicht, ob das zu viel verlangt ist – ich wäre wirklich gern einmal im Stande, eine längere Beziehung zu führen.

T.: Ich glaube, das sind keine schlechten Ziele für eine Therapie. Wir haben gesehen, dass Ihre Depressionen jeweils in der Endphase Ihrer Partnerschaften und zu einem Zeitpunkt auftraten, wo Sie sich plötzlich eingeengt fühlten und mit „Befreiungsschlägen" reagierten. Sie haben selbst bemerkt, dass Sie die Gefühle, die Sie dabei hatten, Sie an diejenigen erinnerten, die Sie früher ihrer Mutter gegenüber hatten. Wir könnten uns für die Therapie vornehmen, herauszufinden, ob und wie Ihre Problematik mit Ihrer Beziehung zu Ihrer Mutter zusammenhängt. So könnte es Ihnen zukünftig gelingen, mit den entsprechenden Situationen in Beziehungen anders umzugehen und auch ihre Depressionen zu vermeiden.

P.: Das wäre wirklich toll, wenn das gelänge.

1

! **Merke:** Unbewusste oder vorbewusste Prozessziele bestehen beim Patienten und Therapeuten. Sie sollten vor Therapiebeginn bewusst gemacht werden, um die Therapie nicht unkontrolliert zu beeinflussen.

4.2 Therapievereinbarung und Vertrags-abschluss

Vor Beginn jeder Therapie steht eine Therapievereinbarung mit dem Patienten. Neben den Therapiezielen beinhaltet diese Absprachen über das Setting und die Finanzierung der Behandlung. Die Wahl des Settings richtet sich wie erwähnt nach der adaptiven Indikation und nach äußeren Einflussfaktoren. Unter Berücksichtigung dieser Voraussetzungen ist es die Aufgabe des Therapeuten, das seiner Meinung nach geeignete Setting auszuwählen und mit dem Patienten zu diskutieren. Es ist wichtig, hier einen wirklich tragfähigen Konsens zu erzielen, da die Compliance des Patienten entscheidend von seiner Identifikation mit der Form und den Zielen der Therapie abhängt. Es hat keinen Sinn, einen Patienten zu einer Psychoanalyse zu überreden, der lediglich an einer Symptombeseitigung interessiert ist und nicht mehr als einmal pro Woche in die Therapie kommen möchte. Bei neurotischen bzw. gut strukturierten Patienten dürfte es normalerweise kein Problem sein, diese Fragen zügig zu klären.

Beispiel 18b:

T.: Ich würde Ihnen vorschlagen, dass wir eine tiefenpsychologisch fundierte Therapie durchführen. Das würde bedeuten, dass ich einen Antrag an Ihre Krankenkasse stelle und wir nach der Genehmigung durch die Krankenkasse zunächst 50 Therapiestunden miteinander hätten. Danach könnte die Therapie, wenn nötig, noch um weitere 30 Stunden verlängert werden.

P.: Hm ...

T.: Wir sollten uns für diese Therapie regelmäßig einmal pro Woche für 50 Minuten sehen.

P.: Muss ich mich da auf Ihre Couch legen?

T.: Nein, was ich Ihnen vorschlagen würde, ist keine Psychoanalyse, sondern eine davon abgeleitete Form der Therapie, die im Sitzen durchgeführt wird, gerade so wie wir jetzt auch sitzen.

P.: Ah, das ist gut, hinlegen würde ich mich nämlich nicht gern.

T.: Was halten Sie bis hierher von diesem Vorschlag?

P.: Ja, das kann ich mir schon vorstellen. Aber das dauert ja ziemlich lange ...

T.: Wir rechnen üblicherweise mit etwa 40 Stunden pro Jahr, das heißt, wir hätten 15 Monate bis eventuell zwei Jahre Zeit. Kommt Ihnen das zu lang vor?

P.: Etwas überraschend ist es schon, aber im Grunde kein Problem. Wann könnten wir denn anfangen?

T.: Nach meiner Antragstellung müssen wir etwa acht Wochen auf die Genehmigung warten. Entweder warten wir die Genehmigung ab, oder wir vereinbaren einige Stunden schon vorher zur Überbrückung. Drei Stunden bezahlt die Kasse ohnehin noch. Wenn wir mehr machten, würden wir die

von den genehmigten Stunden nachher abziehen; falls die Therapie nicht genehmigt werden sollte, was sehr unwahrscheinlich ist, müssten Sie mir diese Stunden dann allerdings bezahlen.

P.: Hm, ich denke, jetzt hat es auch noch die zwei Monate Zeit. Lieber fangen wir dann gleich richtig an.

T.: Okay. Dann müssten wir nur noch die Frage klären, was wir mit den ausgefallenen Stunden machen, die die Kasse nicht bezahlt. Üblicherweise mache ich es so, dass ich Ihnen zusichere, alle Stunden, die durch mein Verschulden ausfallen, mindestens zwei Wochen im voraus anzukündigen, außer natürlich ich werde unerwartet krank. Von Ihnen würde ich erwarten, dass Sie mir mindestens 24 Stunden vorher absagen, wenn Sie eine Stunde nicht einhalten können. Wenn Sie später oder gar nicht absagen, müsste ich Ihnen die Stunde in Rechnung stellen, das wären € 60,-. Wir nennen das „Ausfallshonorar"; das dient zum einerseits dazu, mir meine regelmäßigen Einkünfte sicherzustellen, andererseits ist es aber auch ein Schutz für die Therapie, da es manchmal Phasen gibt, in denen Sie unbewusst dazu neigen könnten, die Therapiestunden zu vergessen, um unangenehmen Dingen auszuweichen; das Ausfallshonorar ist da ein ganz gutes Gegenmittel.

P.: Ah so, na ja, ich habe eigentlich nicht vor, Stunden ausfallen zu lassen, wenn ich mich schon dafür entscheide, eine Therapie zu machen. Also mit der Regel kann ich leben.

T.: Sie sind also mit meinen Vorschlägen einverstanden. Haben Sie im Moment noch Fragen was die Therapie betrifft?

P.: Nein, eigentlich nicht. Wie erfahre ich denn dann, wann es losgeht?

T.: Sie erhalten ebenso wie ich einen Brief von Ihrer Krankenkasse und sollten mich dann anrufen, damit wir unseren ersten Termin vereinbaren können.

Patienten mit schweren Persönlichkeitsstörungen dagegen verlangen nach einem wesentlich umfangreicheren und differenzierteren Behandlungsvertrag. Dieser Vertrag wird z.B. im Rahmen der Transference-Focused Psychotherapy in einem meist mehrstündigen Prozess erarbeitet und mündlich vereinbart. Er dient dazu, einen weitgehend ungestörten Fortgang der Therapie zu ermöglichen, indem er neben allgemeinen Elementen besonders die Bereiche regelt, in denen aus der Kenntnis der Anamnese heraus Gefahren für die Therapie zu erwarten sind (siehe Abb. 8). Eine ausführliche Darstellung des Therapievertrages findet sich bei Clarkin et al. (2001).

Abbildung 8: Elemente des Therapievertrages in der Transference-Focused Psychotherapy (TFP) nach Clarkin et al. (2001)

Allgemeine Elemente des Therapievertrages
Die Verantwortlichkeit des Patienten
- Erscheinen zu den Sitzungen und Mitarbeit in der Therapie
- Klare finanzielle Regelung
- Bemühen, Gedanken und Gefühle frei und ohne Einschränkung mitzuteilen

Die Verantwortlichkeit des Therapeuten
- Einhalten der vereinbarten Termine
- Dem Patienten helfen, sich selbst und tiefere Anteile seiner Persönlichkeit und seiner Probleme zu verstehen
- Klären der Grenzen seines therapeutischen Engagements

Beispiele für spezifische Gefährdungen der Behandlung, die im Vertrag berücksichtigt werden müssen
- Suizidale oder selbstschädigende Verhaltensweisen
- Mordimpulse oder -handlungen, die den Therapeuten gefährden
- Lügen oder Zurückhalten von Informationen
- Fehlende Mitarbeit in den Therapiesitzungen
- Substanzmissbrauch
- In berauschtem Zustand zu den Sitzungen erscheinen
- Unkontrollierte Essstörung
- Exzessive Telefonanrufe oder andere Wege, sich in das Leben des Therapeuten einzumischen
- Das Honorar nicht zahlen oder Situationen schaffen, die eine Bezahlung unmöglich machen
- Gleichzeitig bei mehreren Therapeuten in Behandlung sein
- Zeitverschwendung in den Sitzungen, Trivialisierung
- Probleme außerhalb der Sitzungen schaffen, die den Fortgang der Therapie gefährden
- Eine chronisch passive Lebensweise, die zwar nicht unmittelbar die Therapie gefährdet, aber jeden therapeutischen Versuch einer Veränderung zu Gunsten des fortbestehenden sekundären Krankheitsgewinns untergraben würde

Zentrale Lerninhalte

Inhalt und Aufbau der psychodynamischen Erstuntersuchung:
- psychoanalytisches Erstinterview
- deskriptiv-phänomenologische Diagnostik („psychiatrisches Interview")
- biografische Anamnese
- psychodynamische Erstuntersuchung
- Befunderstellung im Rahmen der psychodynamischen Diagnostik:
- Eindruck
- Konflikt, Abwehr, Struktur
- psychopathologischer Befund
- Formulierung der Psychodynamik
- Indikationsstellung im Rahmen psychodynamischer Therapieverfahren
- Therapieplanung und Reflexion der Therapieziele

5 Frequently Asked Questions (FAQ)

1. *Soll ich dem Patienten sagen, dass ich die psychodynamische Erstuntersuchung nur im Rahmen der Ausbildung durchführe und ihn nicht behandeln werde?*

→ Hier wie auch sonst sollten wir dem Patienten gegenüber ehrlich sein. Offenheit in dieser Frage beeinflusst das indirekte Arbeitsbündnis und verhindert Enttäuschungen beim Patienten.

2. *Wie detailliert muss ich intime Details, z.B. über Missbrauchserfahrungen, erfragen, wenn der Patient ungern darüber sprechen will?*

→ Auch hier ist die Verhältnismäßigkeit der Mittel zu wahren, eine Retraumatisierung im Erstgespräch kann großen Schaden anrichten. Man sollte Patienten niemals zwingen, etwas zu erzählen.

3. *Was tue ich, wenn ein Patient schon im Erstinterview durch sein Agieren den Gesprächsrahmen sprengt?*

→ Keine therapeutischen Deutungen vor Therapiebeginn. Hier empfiehlt sich eine klare Grenzsetzung, notfalls Beendigung des Gesprächs.

4. *Was soll ich mit einem suizidalen Patienten in der psychoanalytischen Erstuntersuchung tun?*

→ Die Suizidalität genau explorieren. Wenn der Patient unzureichend von seinen Suizidimpulsen distanziert erscheint, muss er stationär behandelt werden. Wenn Sie nicht selbst Psychiater sind, sollten Sie den Patienten zu einem Psychiater bringen, der die Einweisung in eine Klinik vornimmt. Wenn Sie einen Patienten für wirklich gefährdet halten, lassen Sie ihn nicht allein, allerdings sind Sie als Psychotherapeut nicht befugt, den Patienten mit körperlicher Gewalt in die Klinik zu bringen, dies darf nur die Polizei.

5. *Was tue ich, wenn Angehörige mit zum Erstinterview erscheinen?*

→ In jedem Fall versuchen, die Bedürfnisse des Patienten zu erfahren. Oft ist es empfehlenswert, die Angehörigen zunächst hinauszubitten und erst am Ende des Gesprächs – wenn der Patient dies wünscht – hinzuzuziehen, was für die Erhebung einer Außenanamnese hilfreich sein kann.

6. *Soll ich dem Patienten seine Diagnose mitteilen?*

→ Der Patient hat ein Recht darauf, seine Diagnose zu erfahren, wenn er danach fragt. Für den Patienten ist es oft hilfreicher, Ihre psychodynamischen Hypothesen zu erfahren als die ICD-Diagnose.

7. *Was tue ich, wenn der Patient meine schriftliche Anamnese lesen will?*

→ Bei der Anamnese handelt es sich um Aufzeichnungen des Therapeuten, die es ihm ermöglichen sollen, den Patienten adäquat zu behandeln. Sie sind nicht für den Patienten gedacht. Wenn ein Patient darauf besteht, hat er unter bestimmten Bedingungen juristisch das Recht zur Einsichtnahme. In jedem Fall sollten Sie dem Patienten Ihre Aufzeichnungen nicht sofort geben, sondern zunächst versuchen, ihm Ihre Haltung zu erklären. Fruchtet dies nichts, so sollten Sie die Situation mit Ihrem Supervisor besprechen und erst dann handeln.

1

6 Prüfungsfragen

1. Welche diagnostischen Informationen werden in der psychodynamischen Erstuntersuchung gewonnen und auf welche Weise geschieht dies?
2. Was sind Vorfeldphänomene und Anfangsszene in der psychodynamischen Erstuntersuchung?
3. Welche Haltung und welche Techniken kommen in der psychodynamischen Erstuntersuchung zum Einsatz?
4. Welche Grenzen sind bei der psychodynamischen Erstuntersuchung zu beachten?
5. Welches sind die wesentlichen Inhalte der biografischen Anamnese?
6. Welches sind die wichtigsten Konflikttypen?
7. Welches sind die wichtigsten Abwehrmechanismen?
8. Welches sind die wichtigsten Strukturbestandteile?
9. Welches sind die wichtigsten Bestandteile des psychopathologischen Befundes?
10. Welches sind die charakteristischen Schritte in der Entwicklung einer Psychodynamik?
11. Welche Bestandteile enthält eine psychodynamische Diagnose?
12. Welches sind die wichtigsten psychodynamischen Therapieverfahren?
13. Welches sind die wichtigsten Kriterien zur Stellung einer adaptiven Indikation innerhalb des Spektrums der psychodynamischen Therapieverfahren?
14. Was sollte eine Therapievereinbarung enthalten?
15. Was sollte ein Therapievertrag bei einer Transference-Focused Psychotherapy enthalten?

7 Literatur

a) zitierte Literatur

- Arbeitskreis OPD: Operationalisierte Psychodynamische Diagnostik (OPD). Grundlagen und Manual. 3. Aufl. Bern: Hans Huber, 2001
- Argelander H: Das Erstinterview in der Psychotherapie. Darmstadt: Wissenschaftliche Buchgesellschaft, 1970
- Balint M, Balint E: Psychotherapeutische Techniken in der Medizin. 3. Aufl. (Engl. Originalausgabe: Psychotherapeutic Techniques in Medicine. London: Tavistock Publications, 1961). Stuttgart: Klett-Cotta, 1980
- Clarkin JF, Yeomans FE, Kernberg OF: Psychotherapie der Borderline-Persönlichkeit. Manual zur Transference-Focused Psychotherapy TFP). Stuttgart: Schattauer, 2001
- Dührssen A: Die biographische Anamnese unter tiefenpsychologischem Aspekt. Göttingen: Vandenhoeck & Ruprecht, 1981
- Engel GL: The need for a new medical model: A challenge for biomedicine. Science 1977;196:129-136
- Ermann M: Psychoanalytische Diagnostik und das psychoanalytische Erstinterview. Praxis der Psychotherapie und Psychosomatik 1991;36:97-103
- Freud S: Über Psychotherapie. Gesammelte Werke, Band V. London: Fischer, 1905
- Freud S: Zur Einleitung der Behandlung. Gesammelte Werke, Band VIII. London: Fischer, 1913
- Freud S: Vorlesungen zur Einführung in die Psychoanalyse. Gesammelte Werke Band XI. London: Fischer, 1917
- Freud S: Neue Folge der Vorlesungen zur Einführung in die Psychoanalyse. XXXIV. Vorlesung, Aufklärungen, Anwendungen, Orientierungen. Gesammelte Werke, Band XV. London: Fischer, 1933
- Freud S: Die endliche und die unendliche Analyse. Gesammelte Werke, Band XVI. London: Fischer, 1937
- Gabbard GO: Countertransference: The emerging common ground. Int J Psychoanal 1995;76:475-485
- Gabbard GO: Psychodynamic Psychiatry in Clinical Practice. 3rd ed. Washington: American Psychiatric Press, 2000
- Heimann P: On countertransference. Int J Psychoanal 1950;31:81-84
- Hohage R: Analytisch orientierte Psychotherapie in der Praxis. 3. Aufl. Stuttgart: Schattauer, 2000
- Hohage R, Klöss E, Kächele H: Über die diagnostisch-therapeutische Funktion von Erstgesprächen in einer psychotherapeutischen Ambulanz. Psyche 1981;35:544-556
- Jaspers K: Allgemeine Psychopathologie. 9. Aufl. Berlin, Heidelberg: Springer, 1913/1973
- Kernberg OF: Schwere Persönlichkeitsstörungen. Stuttgart: Klett-Cotta, 1985
- Künzler E, Zimmermann I: Zur Eröffnung des Erstinterviews. Psyche 1966;20:68-79
- Laimböck A: Das psychoanalytische Erstgespräch. Tübingen: Edition Diskord, 2000
- Luborsky L, Crits-Christoph P: Understanding transference: the „Core Conflictual Relational Theme" method. New York: Basic Books, 1990
- Luborsky L: Einführung in die analytische Psychotherapie. 3. Auflage. Göttingen: Vandenhoeck & Ruprecht, 1999
- Menninger K: Changing concepts of disease. Ann Intern Med 1948;29:318-335
- Morgan WL Jr, Engel GL: The clinical approach to the patient. Philadelphia: WB Saunders, 1969 (Der klinische Zugang zum Patienten. Bern: Hans Huber, 1977)
- Riemann F: Grundformen der Angst. München: Ernst Reinhardt, 1991
- Sandler J: Gegenübertragung und Bereitschaft zur Rollenübernahme. Psyche 1976;30:297-305
- Scharfetter C: Allgemeine Psychopathologie. 3. Aufl. Stuttgart: Georg Thieme, 1991
- Schauenburg H, Janssen P, Buchheim P: Interviewführung in der OPD. In: Schauenburg H, Freyberger HJ, Cierpka M (Hrsg.): OPD in der Praxis. Bern: Hans Huber, 1998
- Schüßler G: Psychoanalytische Diagnostik. In: Senf W, Broda M (Hrsg.): Praxis der Psychotherapie. Stuttgart: Thieme, 2000
- Schüßler G: Psychodynamische Psychotherapie und Psychiatrie. Spektrum 2001a;3:50-58
- Schüßler G: Psychosomatik/Psychotherapie systematisch. 2. Aufl. Bremen: Uni-Med Verlag, 2001b
- Schultz-Hencke H: Einführung in die Psychoanalyse. Stuttgart: Thieme, 1927
- Schultz-Hencke H: Lehrbuch der analytischen Psychotherapie. Stuttgart: Thieme, 1951
- Wegener P: Zur Bedeutung der Gegenübertragung im psychoanalytischen Erstinterview. Psychoanalyse, Klinik und Kulturkritik 1992;46:286-307
- Winnicott DW: Reifungsprozesse und fördernde Umwelt. München: Kindler, 1974

b) weiterführende Literatur

- Arbeitskreis OPD: Operationalisierte Psychosynamische Diagnostik (OPD). Grundlagen und Manual. 3. Aufl. Bern: Hans Huber, 2001
- Clarkin JF, Yeomans FE, Kernberg OF: Psychotherapie der Borderline-Per-

sönlichkeit. Manual zur Transference-Focused Psychotherapy TFP). Stuttgart: Schattauer, 2001
- Dührssen A: Die biographische Anamnese unter tiefenpsychologischem Aspekt. Göttingen: Vandenhoeck & Ruprecht, 1981
- Eckstaedt A: Die Kunst des Anfangs. Psychoanalytische Erstgespräche. Frankfurt: Suhrkamp, 1991
- Hohage R: Analytisch orientierte Psychotherapie in der Praxis. 3. Aufl. Stuttgart: Schattauer, 2000
- Laimböck A: Das psychoanalytische Erstgespräch. Tübingen: Edition Diskord, 2000

1

1.2 Zur therapeutischen Beziehung in der Psychotherapie

Ulrich Streeck

1 Einleitung

Kaum etwas sonst wirkt sich so nachhaltig auf Gesundheit und Krankheit aus wie die Art und Weise, wie wir in unsere soziale Mitwelt eingebunden sind. Krankheit kann nicht nur soziale Isolation nach sich ziehen, sondern umgekehrt geht soziale Isolation auch mit einem erhöhten Risiko einher, krank zu werden. Sind die Beziehungen zu anderen Menschen instabil und belastet, steigt die Wahrscheinlichkeit, psychisch oder körperlich zu erkranken, sprunghaft an, und wer von seiner sozialen Mitwelt abgeschnitten lebt, ist stärker selbstmordgefährdet als Menschen, die stabile Kontakte zu anderen haben (Durkheim, 1897/1973; Böker, 1973). Schon die Erfahrungen, die wir in unseren ersten Lebensjahren mit Beziehungen zu anderen machen, haben maßgeblichen Einfluss darauf, wie gesund oder krank wir als Erwachsene sein werden, und selbst noch das Lebensalter, das wir erreichen, wird maßgeblich davon beeinflusst, wie unsere Beziehungen in der Kindheit gewesen sind (Felitti, 2001). Noch deutlicher macht sich die Bedeutung von interpersonellen Verhältnissen überall da bemerkbar, wo eine Person auf Unterstützung angewiesen ist und nach Hilfe nachfragt und die andere Person diese Hilfe und Unterstützung geben kann.

Auch in der Medizin hat das Verhältnis zwischen dem Arzt und seinem Patienten weitreichende Auswirkungen auf den körperlichen Zustand des Patienten.

In der Psychotherapie spielt das Verhältnis, das sich zwischen einem Patienten und seinem Therapeuten entwickelt, gleich in mehrfacher Hinsicht eine Rolle: Es ist *Rahmen* des therapeutischen Geschehens, es ist ein Medium von Kommunikation, und es ist selbst therapeutisches Mittel. Als *Rahmen* umgrenzt die Beziehung von Patient und Psychotherapeut das Behandlungsgeschehen; es ist gleichsam das „Milieu", innerhalb dessen beide miteinander kooperieren. *Kommunikation* ist die therapeutische Beziehung, indem sich an der Art und Weise, wie Patient und Psychotherapeut ihr Verhältnis zueinander abwickeln, oftmals darstellt, was mit Worten nicht gesagt wird oder nicht gesagt werden kann; die Mitteilung drückt sich dann in der Gestaltung des Verhältnisses von Patient und Psychotherapeut aus. Und *therapeutisches Mittel* ist dieses Verhältnis insofern, als das Erleben der therapeutischen Beziehung und deren Gestaltung selbst ein wesentliches Element einer wirksamen Behandlung sind. Die therapeutische Beziehung kann hilfreich sein, sie kann aber auch wenig hilfreich sein; sie kann die therapeutische Arbeit befördern, kann sich aber auch als Hindernis erweisen; in jedem Fall ist sie der „Träger der therapeutischen Beeinflussung" (Freud, 1910).

2 Zur Bedeutung der Arzt-Patient-Beziehung in der Medizin

Psychotherapie hat sich in der Medizin bzw. in deren Umfeld entwickelt; sie hat deshalb viele ihrer Denkgewohnheiten übernommen, so im Zusammenhang mit der therapeutischen Beziehung. Deshalb ist es auch für Psychotherapeuten nützlich, sich mit der Arzt-Patient-Beziehung in der Medizin auseinander zu setzen.

In der modernen Medizin wird die Bedeutung der therapeutischen Beziehung in ihren Grundzügen meist ähnlich gesehen wie die Bedeutung, die das Verhältnis zwischen einem Kunden und dem Anbieter einer Dienstleistung oder eines Produktes hat[1]: Der Patient als Erwerber der Dienstleistung bzw. eines Produkts soll dem Arzt möglichst vertrauen und dazu veranlasst werden, dessen Hinweise und Ratschläge zu befolgen, damit die von dem Arzt durchgeführten oder dem Patienten empfohlenen therapeutischen Maßnahmen zur Wirkung kommen können. Für therapeutische Prozesse selbst wird der therapeutischen Beziehung in den meisten Sparten der Medizin hingegen meist keine große Bedeutung beigemessen. Die Praxis der modernen Medizin ist auf die Wiederherstellung von Organen und deren Funktionen angelegt. Entsprechend werden die Wirksamkeit der kurativen Leistungen des Arztes in erster Linie als Funktion seines technischen Wissens und Könnens aufgefasst und die heilsamen Wirkungen seines Handelns auf die biologischen und physiologischen Wirkgesetze zurückgeführt, die dieses Handeln als therapeutisches Handeln erst rechtfertigen. Soweit dessen Wirkungen nicht mit medizinisch-biologischen Zusammenhängen erklärt werden können, gerät therapeutisches Handeln leicht in den Verdacht, unwissenschaftlich und esoterisch zu sein oder Zugeständnisse an irrationale Bedürfnisse von Patien-

---

[1] *Diese im Wirtschaftssystem gängige Terminologie, die u.a. den Arzt als Anbieter eines Produktes definiert, den Patienten als Kunden und medizinisches Handeln als Ware, die nach wirtschaftlichen und entsprechend auch gewinnorientierten Gesichtspunkten erbracht wird, hat sich im Medizinsystem unter dem irreführenden Stichwort „Qualitätsmanagement" ausgebreitet. Irreführend ist der Begriff des Qualitätsmanagements insofern, als es dabei nicht primär um Qualität, sondern um Kostenreduzierung und Gewinnsicherung auf Seiten der Kostenträger geht.*
Damit wird auch das Arzt-Patient-Verhältnis als Tauschhandel definiert. Diese „Definition der Situation" (Thomas, 1966) ist nicht nur einfach ein Name, der der Sache selbst äußerlich wäre. Die Art und Weise, wie eine Situation definiert wird, bestimmt auch das Verhalten der Akteure. Insofern wird das Arzt-Patient-Verhältnis mit dieser Situationsdefinition im Sinne einer Wirtschaftsbeziehung real gemacht.

1

ten zu machen. Korrespondierend dazu ist das Verhältnis zwischen dem der biologischen Medizin verpflichteten Arzt und dem Kranken in erster Linie um instrumentelles Handeln herum organisiert und als Verhältnis zwischen einem technisch kompetenten Fachmann und einem Träger von reparaturbedürftigen Organen angelegt: Die Tätigkeit des Arztes konzentriert sich auf den Umgang mit Strukturen und Funktionen von Organsystemen. Kommunikation mit dem Patienten hat in erster Linie die Funktion, Informationen zu erhalten, die dem versierten, auf bestimmte Organsysteme spezialisierten Mediziner Schlüsse auf den Zustand dieser Organe und ihres Umfeldes erlauben. Im Kontakt mit seinem Patienten ist dieser Arzt deshalb darauf eingestellt, dessen Äußerungen als Hinweise auf Funktionen und Dysfunktionen von biologischen Subsystemen zu behandeln, deren Zustand er zu beurteilen hat. Damit gestaltet er das Verhältnis mit dem Patienten nach Möglichkeit so, dass er von dessen Äußerungen auf den körperlichen Zustand schließen kann. Das geschieht, indem er die Kommunikation mit dem Patienten in ganz bestimmter, diesem Zweck dienlicher Weise gestaltet, beispielsweise indem er sich eines interrogativen Fragestils bedient, der sicherstellen soll, dass er so schnell wie möglich die für seine technischen Absichten notwendigen Informationen von dem Patienten erhält und andere Bedeutungsfelder, über die der Patient sich äußern möchte, möglichst ausschaltet. Das Verhältnis zwischen der Person des Arztes und der Person des Patienten spielt für ihn dabei nur insofern eine Rolle, als er dafür sorgen muss, dass der Patient seine Empfehlungen befolgt und seine Maßnahmen akzeptiert. Darüber hinaus wird der *therapeutischen Beziehung* meist keine, zumal keine für das Behandlungsgeschehen relevante Bedeutung beigemessen. In Grundzügen kann man diese Auffassung auch in der heute überwiegend biologisch ausgerichteten Psychiatrie antreffen, aber auch in Teilen der Psychotherapie, wobei die Einstellung gegenüber psychischen Verhältnissen dann grundsätzlich ähnlich ist wie die des Mediziners gegenüber körperlichen Verhältnissen.

Tatsächlich strahlt die Beziehung von Arzt und Patient aber viel weiter aus, als es ein auf den biologischen Zustand von Organen zentrierender Blick wahrhaben will. Dafür gibt es in so gut wie allen klinischen Gebieten der Medizin überdeutliche Belege: Der Anästhesist, der mit der Aufklärung des Patienten, zu der er verpflichtet ist, mehr verbindet, als nur Informationen weiterzuleiten, und sich auf die Person des Patienten individuell einstellt, der Fragen des Patienten und die darin zum Ausdruck kommenden Ängste und Unsicherheiten hört und zu verstehen versucht, und der in der Lage ist, auf die Befürchtungen seines Patienten einzugehen, benötigt messbar weniger Narkosemittel als der Anästhesist, der seiner Aufklärungspflicht bei gleichen Operationsbedingungen nur formal korrekt nachkommt. Der Arzt in der Allgemeinpraxis, der nicht nur die ihm medizinisch relevant erscheinenden Daten erfragt, sondern seinem Patienten Gelegenheit gibt, von sich aus zu berichten, kommt zu umfassenderen Diagnosen als der Arzt, der sich eines nur interrogativen Gesprächsstils bedient (Koerfer et al., 2000). Bei Patienten, mit denen der Chirurg intensiv über den geplanten Eingriff gesprochen und sich um eine vertrauensvolle kooperative Beziehung bemüht hat, gestaltet sich der postoperative Verlauf komplikationsärmer als bei Patienten, die der Chirurg zwar aufgeklärt,

aber nur die geforderten Informationen an den Patienten weitergegeben hat. Und was unter dem Begriff „Compliance" oftmals als Unzuverlässigkeit des Patienten abgehandelt wird, kann sich als Folge einer schlechten Arzt-Patient-Beziehung entpuppen, deren Folgen ausschließlich einem sog. „non-compliant"-Patienten als Problem zugerechnet werden.

Deshalb ist es wohl begründet, wenn auch von einer biologisch-technisch ausgerichteten Medizin gefordert wird, das Verhältnis des Arztes zu seinem Patienten und des Patienten zu dem Arzt als zentrales Thema zu behandeln: Denn auch hier ereignet sich therapeutisches Handeln unvermeidlich im Kontext einer Beziehung. Für eine gute Beziehung zu seinem Patienten zu sorgen, ist für den Arzt darum nicht nur deshalb wichtig, damit sich der Patient gut betreut fühlt oder ein gutes Bild von ihm hat. Vielmehr beeinflusst die Qualität der Arzt-Patient-Beziehung die Diagnostik, wirkt sich auf physiologische und pathophysiologische Prozesse des Organismus des Patienten aus, kann sich selbst noch auf die Indikationsstellung zu operativen Eingriffen auswirken und hat weitreichende Folgen für das Gesundheits- bzw. Krankheitsverhalten des Patienten. Hinzu kommt, dass eine große und offenbar größer werdende Zahl von Patienten dem etablierten Medizinsystem – oftmals zum eigenen körperlichen Schaden – den Rücken kehrt und mehr und mehr von den Angeboten einer alternativen Medizin Gebrauch macht. Damit bekunden die Patienten auch, wie wichtig ihnen das Verhältnis zu der Person ist, der sie ihr gesundheitliches Wohlergehen anvertrauen, das ihnen im technisch bestimmten Medizinsystem fehlt, in der alternativen Medizin aber oft mehr angeboten wird. Bei aller Fragwürdigkeit der biologischen Wirkungen einer alternativen Medizin scheint bei deren Vertretern aus der Sicht der Patienten zumindest das Gespür für die Bedeutung der therapeutischen Beziehung ausgeprägter zu sein als in dem auf instrumentelles Handeln angelegten Medizinsystem, das sich dieses Missverhältnisses oftmals nicht einmal bewusst zu sein scheint.

Hat schon die Beziehung von Arzt und Patient dort weitreichende Auswirkungen, wo es um die Diagnostik und Behandlung organischer Erkrankungen geht, ist das erst recht zu erwarten, wenn es um psychische und psychosomatische Erkrankungen und Funktionsstörungen geht. Hier sind das Verhältnis von Patient und Therapeut und die Persönlichkeit des Therapeuten von geradezu entscheidender Bedeutung, sind sie doch wichtige Instrumente, sowohl der Diagnostik als auch der Behandlung.

3 Die therapeutische Beziehung als „Milieu" der Behandlung

Alles, was in einer psychotherapeutischen Behandlung stattfindet, ist immer in den Kontext des Verhältnisses von Patient und Therapeut eingebettet. Ihre jeweilige Beziehung bildet unvermeidlich den Rahmen, innerhalb dessen sie miteinander kommunizieren, den sie zugleich aber auch durch ihre Kommunikation ständig erneuern und bestätigen. Für keinen von beiden gibt es eine zu der gemeinsamen Beziehung exzentrische Position: Psychotherapeutisches Handeln ist soziales, interpersonelles Handeln (Ruesch und Bateson, 1995). Was auch immer der eine oder der andere tut, sein Verhalten findet innerhalb der therapeutischen Beziehung statt und konstituiert dieses Verhältnis im gleichen Zug neu. Welche Bedeutung dieses Verhältnis für therapeutische Prozesse hat, hat sowohl damit zu tun, als wie wichtig der Patient den Arzt bzw. Therapeuten erlebt, von dem er Hilfe und Unterstützung erwartet, als auch damit, wie der Arzt bzw. Therapeut seinerseits dieses Verhältnis zu seinem Patienten gestaltet.

Oft ist das Verhältnis von Patient und Therapeut asymmetrisch. Der Patient muss dem Therapeuten, an den er sich wendet, Vertrauen zu einem Zeitpunkt entgegen bringen, noch bevor der Therapeut dieses Vertrauen hat rechtfertigen können. Darüber hinaus ist es für die meisten Patienten kaum möglich, die fachlichen und persönlichen Fähigkeiten des jeweiligen Psychotherapeuten zu beurteilen; sie müssen darauf vertrauen, dass sich ihr mehr oder weniger flüchtiger Eindruck vor Beginn der Behandlung als verlässliches Urteil erweist. Deshalb ist die therapeutische Beziehung in der Psychotherapie anfällig für Ausbeutungsverhältnisse und Machtmissbrauch.

Dass Psychotherapeuten Macht haben, wird gerne verleugnet. Macht ist eine „Struktureigentümlichkeit" jedweder zwischenmenschlichen Beziehung; sie ist deshalb eine alltägliche Erscheinung (Elias, 1971; Popitz, 1992). So enthält auch die Beziehung von Patient und Psychotherapeut ein potenzielles Macht- und Abhängigkeitsgefälle und kann in eine Macht- und Abhängigkeitsbeziehung übergehen. Phänomene von Macht und Abhängigkeit treten in therapeutischen Beziehungen in vielfältigen Ausgestaltungen in Erscheinung – von der fachlichen Autorität des Psychotherapeuten bis hin zum Abhängigkeitsbegehren von Patienten. Macht, Autorität und Abhängigkeit sind jedoch keine Eigenschaften, die der Psychotherapeut von vornherein besitzt, und es sind keine seelischen Dispositionen, die er mit sich herumträgt und die er irgendwann einmal – willentlich oder versehentlich – in die Tat umsetzt. Macht bezeichnet ein Verhältnis *zwischen* Menschen; Macht ohne den anderen gibt es ebenso wenig, wie es Abhängigkeit in sozialer Abgeschiedenheit geben kann. Deshalb gibt es Macht und Autorität des Psychotherapeuten nicht ohne die Unterwerfungsbereitschaft des Patienten. Wenn Kernberg (1996) davon spricht, dass der Psychoanalytiker, der keine Autorität hat, seine Arbeit nicht effektiv durchführen kann, dann ist das dahingehend zu ergänzen, dass der Psychoanalytiker keine andere Autorität haben kann als die, die der Patient ihm zubilligt. Nicht sein Beruf oder seine Tätigkeit verleihen ihm Autorität, sondern der Patient; sie gründet in der therapeutischen Beziehung (Mitchell, 1998; Streeck, 2000b). Die Macht des Psychotherapeuten ist desto größer, je stärker der Zwang ist, den die Umwelt auf den Patienten wegen seines Verhaltens ausübt. Sie kann sich darüber hinaus darauf stützen, dass der Psychotherapeut die Aufgabe hat, von der Norm abweichendes Verhalten in Richtung dieser Norm zu ändern (Portele und Roessler, 1994).

Freud (1895) hat zwischen den Hinweisen für den Patienten unterschieden, denen dieser nachkommen muss, damit die Behandlung potenziell gelingen kann; gleichzeitig hat er ihnen empfohlen, ihre Einwendungen und ihre Kritik ernst zu nehmen und nicht blind zu vertrauen.

4 Die therapeutische Beziehung in der Psychoanalyse

4.1 Der Psychoanalytiker als „objektiver" Beobachter

Freud hatte Bedingungen in der Behandlung finden wollen, die es erlauben würden, unbewusste seelische Prozesse des Patienten möglichst unverstellt, ohne verzerrende Beeinflussung durch den Arzt zu beobachten und zu untersuchen. Der Psychoanalytiker sollte ein objektiver, neutraler Beobachter der unbewussten seelischen Prozesse des Patienten sein können, gleichsam deren Geburtshelfer, der dem Unbewussten dazu verhilft, das Licht des Bewusstseins zu erblicken. Was der Patient in der Behandlung sagte, seine Einfälle und Assoziationen, sollte nach Möglichkeit zum Ausdruck bringen, was sich im Unbewussten des Patienten abspielte. Wie der Geburtshelfer dem noch ungeborenen Kind mit allen ihm zur Verfügung stehenden Kräften so schonend wie irgend möglich auf die Welt hilft, so dass sein therapeutisches Handeln möglichst keine Spuren bei dem Kind hinterlässt, sollte der Psychoanalytiker die unbewussten psychischen Erfahrungen seines Patienten möglichst so zutage fördern, dass sein Handeln keine Spuren der Einwirkung und erst recht nicht der Entstellung hinterlassen würde. In diesem Zusammenhang verwendete Freud das Bild des Spiegels oder des Telefonhörers für die Funktion des Psychoanalytikers, der nur aufnehmen sollte, was er von dem Patienten erfährt, und nur das wiedergeben sollte, was der Patient ihm entgegenbringt (Freud, 1912). Indem der Arzt die unbewussten seelischen Prozesse des Patienten weitgehend unbeeinflusst ließe, würde er mit Hilfe der assoziativen Mitteilungen des Patienten dessen unbewusstes Erleben erschließen können. Dazu sollte der Psychoanalytiker bestimmte Verhaltensregeln befolgen, die Freud nicht als konkrete Verhaltensanweisungen, sondern als „Ratschläge für den Arzt bei der psychoanalytischen Behandlung" formuliert hatte.

In diesen Bestrebungen spiegelt sich die Auffassung wider, dass das Verhältnis des Arztes zu seinem „Gegenstand" im Behandlungszimmer, den unbewussten seelischen Prozessen seines Patienten, vergleichbar dem Verhältnis eines Mediziners zu den Strukturen von Organen und Organsystemen und deren physiologischen und pathophysiologischen Prozessen sein sollte, die dieser im Labor erforscht. Idealerweise wäre der Psychoanalytiker den seelischen Prozessen des Patienten gegenüber in einer Position wie der Naturwissenschaftler gegenüber seinem Untersuchungsobjekt: Je genauer er beobachtet und je weniger seine Beobachtungsinstrumente mit Fehlern behaftet sind, zumal mit Fehlern, die auf die Person des Wissenschaftlers und dessen Subjektivität zurückzuführen sind, desto objektiver würde er die Realität seines Gegenstandes, wie dieser tatsächlich ist, erkennen können. Folgerichtig ging die Empfehlung für den Psychoanalytiker dahin, sich in der Behandlung so einzustellen, als habe er es bei den Einfällen und Mitteilungen des Patienten ähnlich wie der Chirurg mit einem Operationsfeld zu tun, dem Operationsfeld des Unbewussten. Und folgerichtig müsste der Psychoanalytiker wie der Chirurg sorgfältig darauf achten, jede Kontamination und Verunreinigung seines Operationsfeldes zu vermeiden.

Diese Auffassung, wonach die Erkennbarkeit seelischen Geschehens unter vergleichbaren Bedingungen zu gewährleisten

1

ist wie die Erkennbarkeit anderer Bereiche der belebten und unbelebten Natur, war zu Freuds Zeiten auch in der Psychiatrie und in der akademischen Psychologie vorherrschend; in beiden Gebieten hat sich diese Auffassung in weiten Teilen bis heute gehalten.

4.2 Dimensionen der therapeutischen Beziehung in der psychoanalytischen Behandlung

Dass der Einfluss der Beziehung des Patienten zum Psychoanalytiker aber nicht zu eliminieren war, musste Freud bei seinen eigenen Behandlungen schmerzlich erfahren. So hatte seine junge Patientin Dora die Behandlung vorzeitig abgebrochen, weil Freud (1905) – wie er rückblickend gemeint hatte – einen Aspekt der therapeutischen Beziehung übersehen hatte, der die therapeutische Arbeit empfindlich stören könnte bzw. gestört hat: die Übertragung. Mit der Entdeckung der Übertragung war Freud genötigt, im Hinblick auf die Beziehung von Patient und Psychoanalytiker eine Unterscheidung zu treffen, die für die weitere Entwicklung der Psychoanalyse maßgebliche Bedeutung hatte: eine Seite der Beziehung von Arzt und Patient, die dem Kontakt von zwei erwachsenen Personen nicht angemessen erschien, indem der Patient sich dem Analytiker gegenüber wie zu einer Person aus seiner Vergangenheit verhielt, eine Mesalliance, wie Freud (1895, S. 309) die Übertragung auch genannt hat, und eine andere Seite der therapeutischen Beziehung, die von solchen Verzerrungen und „falschen Verknüpfungen" frei war.

Diese Bemühungen, in der Beziehung von Patient und Psychoanalytiker verschiedene Aspekte bzw. Dimensionen zu unterscheiden, wurden in der Nachfolge von Freud noch verstärkt. Freud selbst hatte eine positive und eine negative *Übertragung* unterschieden, eine unanstößige, für den Fortgang der Behandlung grundlegende Übertragung, und eine anstößige, dem therapeutischen Prozess Widerstände entgegensetzende Übertragung. Im Weiteren wurde der Übertragung und der von Freud so genannten unanstößigen Übertragung das *Arbeitsbündnis* als Grundlage der therapeutischen Arbeit zur Seite gestellt. Das Arbeitsbündnis wurde als Aspekt der *realen Beziehung* verstanden, die in Abhebung von der Übertragung als nichtneurotischer Anteil des Verhältnisses von Patient und Psychoanalytiker galt. Lange Zeit ging man in der Psychoanalyse davon aus, dass es möglich sei, anhand bestimmter Merkmale zu erkennen, welche Seiten der Beziehung von Patient und Psychoanalytiker jeweils gerade im Vordergrund stehen. So sollte sich beispielsweise die Übertragung von der übertragungsfreien therapeutischen Beziehung durch ihre Unangemessenheit unterscheiden lassen. Ähnlich sollte die realistische Beziehung dadurch zu erkennen sein, dass sie der Wirklichkeit angepasst war, während von der neurotischen Übertragungsbeziehung angenommen wurde, der Patient nehme die Realität des Analytikers verzerrt wahr. Anhand ganz bestimmter Indizien ließe sich feststellen, um welche Art von Beziehung es sich jeweils handeln würde. Damit tauchte aber das weitere Problem auf, angemessenes von nicht angemessenem Verhalten, neurotisches von nichtneurotischem Erleben oder realistische von unrealistischen Aspekten der therapeutischen Beziehung unterscheiden zu müssen und dafür Kriterien zu definieren.

Zwar hat es viele Bemühungen in dieser Richtung gegeben, ohne dass diese jedoch wirklich überzeugen und zu praktisch brauchbaren Ergebnissen führen konnten. Hier werden reale Beziehung, Arbeitsbündnis und Übertragung deshalb pragmatisch als *zweckmäßige* Unterscheidungen verstanden, die Perspektiven eröffnen, um mit dem Patienten verschiedene Seiten seiner Beziehungsgestaltungen und -erfahrungen, seine innere Objektwelt und seine in der Gegenwart aktualisierten Beziehungserfahrungen und deren Ausgestaltungen umfassend zu untersuchen. Diese drei Dimensionen des Verhältnisses von Patient und Psychotherapeut sind nicht nur für die klassische Psychoanalyse wichtig, sondern auch für die verschiedenen psychotherapeutischen Verfahren, die sich auf Erkenntnisse und Konzepte der psychoanalytischen Krankheitslehre stützen, aber mit anderen behandlungspraktischen Mitteln und Techniken als die Psychoanalyse arbeiten.

4.2.1 Übertragung

Übertragung werden unbewusste Schemata der psychischen Erfahrung genannt, die auf frühere Beziehungserfahrungen zurückverweisen und im Verhältnis von Patient und Psychoanalytiker zur Geltung kommen, so dass sie dort untersucht werden können (Thomä und Kächele, 1985). Unbewusste Erfahrungsschemata wiederholt der Patient nicht nur in der therapeutischen Beziehung, sondern sie beeinflussen auch sein Erleben und Verhalten in anderen Beziehungen in seinem sozialen Alltag. Wenn Erleben und Verhalten von Übertragungen bestimmt sind, ist die psychische Erfahrung des Patienten der aktuellen therapeutischen Situation unangemessen. Der Patient verkennt die Realität des Psychoanalytikers und nimmt ihn verzerrt wahr. Er erlebt ihn wie eine Person aus seiner Vergangenheit, die eine wichtige Rolle für ihn gespielt hat; die therapeutische Beziehung ist für den Patienten wie eine Beziehung, die eine frühere Beziehung in der Gegenwart wiederholt.

In der Behandlung besteht deshalb die einzigartige Möglichkeit, die Erfahrung des Patienten im Hier und Jetzt der therapeutischen Situation zu untersuchen und auf diese Weise der bewussten Erfahrung zugänglich und damit auch für der Realität angemesseneres Verhalten verfügbar zu machen. Auf diesem Weg kann der Zwang zur Wiederholung vergangener Beziehungsschemata in gegenwärtigen Beziehungen potenziell unterbrochen werden.

4.2.2 Das Arbeitsbündnis

Für die Zusammenarbeit von Patient und Psychotherapeut müssen mehrere grundlegende Voraussetzungen erfüllt sein. Unabhängig von dem jeweiligen psychotherapeutischen Verfahren ist eine gemeinsame therapeutische Arbeit nur dann möglich, wenn der Patient diejenigen Voraussetzungen erfüllt, ohne die das ins Auge gefasste therapeutische Verfahren nicht durchzuführen ist. Um in der Psychoanalyse zweckgerichtet arbeiten zu können, muss der Patient beispielsweise in der Lage sein, die Beziehung zum Analytiker in der therapeutischen Situation in bestimmter Weise zu erleben und dieses Erleben gleichzeitig zum Gegenstand der analysierenden Zusammenarbeit mit dem Analytiker zu machen. Sterba (1974/1934) hat diese Voraussetzung auf Seiten des Patienten die Fähigkeit zur „therapeutischen Ich-Spaltung" genannt; andere Autoren haben dafür andere Begriffe geprägt. Unabhängig davon, wie diese Fähigkeit genannt wird, muss der Patient psychische Erfahrung reflektieren können; er muss sich selbst und das eigene Erleben in der Beziehung mit dem Therapeuten vorübergehend wie von außen betrachten können und zu verstehen versuchen. Ein psychoanalytischer Prozess ist – mit anderen Worten – auf Selbstreflexion angelegt. Damit sich ein solcher Prozess entwickeln kann, muss der Patient seine psychischen Erfahrungen zum Gegenstand gemeinsamen Nachdenkens machen können oder zumindest bereit sein, sich auf diese selbstreflexiven Bemühungen hinzubewegen. Dieser „rationale Rapport zwischen dem Patienten und seinem Analytiker", der durch den „vernünftigen und zweckgerichteten Teil der Gefühle des Patienten gegenüber dem Analytiker" (Greenson, 1973, S. 204) zustande kommt, wird in der Psychoanalyse Arbeitsbündnis genannt. Der Begriff betont nach Greenson „die Fähigkeit des Patienten, in der Behandlungssituation zweckgerichtet zu arbeiten" (S. 204). Zwar ist der auf Selbstreflexion angelegte analytische Prozess in vielen Fällen nicht von vornherein gegeben, sondern entwickelt sich erst als Ergebnis der gemeinsamen Arbeit von Patient und Analytiker. Dennoch kann die Fähigkeit, unbewusste seelische Erfahrung gemeinsam mit dem Analytiker zu untersuchen und zu verstehen, nicht bei allen seelisch beeinträchtigten Patienten vorausgesetzt werden. Oftmals kann man auch nicht davon ausgehen, dass sich diese selbstreflexiven Fähigkeiten im Verlauf der gemeinsamen Arbeit entwickeln. Dies ist beispielsweise bei Patienten mit sog. frühen Störungen zu berücksichtigen.

In dem von Greenson definierten Sinn der „Fähigkeit des Patienten, in der Behandlungssituation zweckgerichtet zu arbeiten", muss der Begriff des Arbeitsbündnisses nicht auf die Psychoanalyse beschränkt bleiben, sondern lässt sich unschwer auch auf andere Therapieformen übertragen. Die Fähigkeiten, die ein Patient braucht, „um in der Behandlungssituation zweckgerichtet zu arbeiten", sind dann von Therapieform zu Therapieform verschieden. Für eine psychoanalytische Behandlung muss der Patient selbstreflexive Fähigkeiten entwickeln; in einer systemischen Familientherapie muss er sein Verhalten im Kontext des Verhaltens der anderen Familienmitglieder sehen und bereit und in der Lage sein, Verhaltensanweisungen zu folgen, usw.

4.2.3 Die reale Beziehung

Wenn vom Arbeitsbündnis oder von der „therapeutischen Allianz" (Zetzel, 1956) die Rede ist, ist derjenige Aspekt der Beziehung von Patient und Psychotherapeut gemeint, der beschreibt, dass und wie beide auf der Grundlage der für das jeweilige Behandlungsverfahren erforderlichen Voraussetzungen miteinander kooperieren. Wenn Übertragung eine Beziehung wie von der Vergangenheit verzerrt erscheinen lässt, muss es auch eine unverzerrte, von Übertragungen nicht entstellte Beziehung geben (Greenson, 1973). Dieser Aspekt der Beziehung von Patient und Therapeut wird *reale Beziehung* oder *realistische Beziehung* genannt und der Übertragung gegenübergestellt. Die reale Beziehung wird gleichsam ex negativo definiert: Es sind nicht ganz bestimmte, umschriebene Merkmale, die die Beziehung von Patient und Therapeut real erscheinen lassen; vielmehr ist die therapeutische Beziehung immer dann eine reale Beziehung, wenn sie von Verzerrungen durch vergangene, in der Gegenwart aktualisierte Beziehungserfahrungen nicht beeinträchtigt wird. Übertragung und reale Beziehung verweisen gleichsam wechselseitig aufeinander: Wenn die therapeutische Beziehung nicht

als real oder realistisch erlebt wird und der Patient sich anders verhält, als es den realistischen Erwartungen an die Therapeut-Patient-Beziehung entspricht, handelt es sich um eine Übertragungsbeziehung; umgekehrt ist davon auszugehen, dass es sich um die reale Beziehung handelt, wenn die Therapeut-Patient-Beziehung nicht von vergangenen Beziehungsschemata verzerrt erscheint.

4.3 Die therapeutische Beziehung als kommunikatives Medium: Agieren und Inszenierungen

In der Psychoanalyse und an der Psychoanalyse orientierten Behandlungsverfahren sollte der Patient nach Möglichkeit mit Worten mitteilen, was momentan in ihm vor sich geht, was er denkt, fühlt, wünscht oder an körperlichen Empfindungen verspürt. Für den Psychotherapeuten ist ebenfalls das gesprochene Wort das Medium der therapeutischen Interventionen. So konnte Freud (1916) sagen, dass „in der Behandlung nichts anderes vorgeht als ein Austausch von Worten" (S. 43). Und dennoch wird die Behandlung nicht nur im Medium sprachlich-symbolischer Äußerungen abgewickelt. Gelegentlich *agiert* der Patient, was er mit Worten nicht ausdrückt, oder es kommt zu *Inszenierungen*, zu nichtsprachlich abgewickelten Darstellungen, an denen dann der Psychotherapeut seinerseits beteiligt ist.

4.3.1 Agieren

Als Agieren hatte Freud ursprünglich ein unbewusst motiviertes Verhalten bezeichnet, das in Verbindung mit der Übertragung steht. Im Nachwort zum „Bruchstück einer Hysterie-Analyse" (Freud, 1905) hatte er den Abbruch der Behandlung seiner Patientin Dora damit erklärt, dass sie sich an ihm in gleicher Weise gerächt habe, „wie sie sich an Herrn K. rächen wollte". Sie hatte sich von Herrn K. „getäuscht und verlassen" geglaubt und verließ nun Freud, indem sie die Behandlung bei ihm abbrach. Anstatt die Beweggründe für ihr Verhalten zu erkunden, gestaltete sie die therapeutische Beziehung nach dem Muster einer vergangenen Erfahrung, ohne diese Erfahrung mit Worten auszudrücken. So setzte sie ihren unbewussten Wunsch in die Tat um: „Sie agierte so ein wesentliches Stück ihrer Erinnerungen und Phantasien, anstatt es in der Kur zu reproduzieren" (S. 283).

Agieren hat Freud (1914) aber auch den Umstand genannt, dass der Patient sich in der Behandlung nicht nur mit Worten mitteilt, sondern auch durch die Art und Weise, *wie* er sich verhält, durch sein Benehmen, mit dem er vergangene Erfahrungen darstellt und sie in der Übertragung aktualisiert (Laplanche und Pontalis, 1972): „Der Analysierte erzählt nicht, er erinnere sich, daß er trotzig und ungläubig gegen die Autorität der Eltern gewesen sei, sondern er benimmt sich in solcher Weise gegen den Arzt. Er erinnert nicht, daß er in seiner infantilen Sexualforschung rat- und hilflos stecken geblieben ist, sondern er bringt einen Haufen verworrener Träume und Einfälle vor, jammert, daß ihm nichts gelinge, und stellt es als sein Schicksal hin, niemals eine Unternehmung zu Ende zu führen. Er erinnert nicht, daß er sich gewisser Sexualbetätigungen intensiv geschämt und ihre Entdeckung gefürchtet hat, sondern er zeigt, daß er sich der Behandlung schämt, der er sich jetzt unterzogen hat, und sucht

1

dies vor allen geheim zu halten usw. Vor allem beginnt er die Kur mit einer solchen Wiederholung" (Freud, 1914, S. 129 f.).

In beiden Fällen ist Agieren ein kommunikatives nichtsprachliches Verhalten. Was nicht oder höchstens andeutungsweise in Worten ausgedrückt wird, setzt der Patient damit, wie er sich verhält, in Szene. Das Agieren ist ein Übertragungsphantasien innewohnendes Potenzial, sich per Aktualisierung im Verhalten auszudrücken (Boesky, 1982; vgl. auch Sandler, 1976; Chused, 1991; Smith, 1993). Weil – so Busch (1989) – das kindliche Denken bis etwa zum siebten Lebensjahr an motorisches Verhalten gebunden ist, seien auch Erinnerungen an die ersten Lebensjahre eng mit Phänomenen verknüpft, die Handlungscharakter haben. Worte sind nur *ein* Mittel kommunikativen Verhaltens; im Agieren teilt sich der Patient durch sein nichtsprachliches Verhalten mit, indem er – mit anderen Worten – ein bestimmtes Benehmen in der therapeutischen Beziehung an den Tag legt und diese in bestimmter Weise zu gestalten versucht. Strittig ist, ob sich dieses nichtsprachliche Verhalten des Patienten in der Behandlungssituation ausschließlich als Ausdruck seiner psychischen Realität verstehen lässt oder ob man nicht vielmehr davon ausgehen muss, dass das als Agieren bezeichnete Verhalten nur im Kontext des Verhaltens des Therapeuten zu sehen ist, sich also als Interaktion ereignet.

4.3.2 Inszenierungen und Enactments

Gelegentlich schließt sich das Verhalten des Analytikers mit dem des Patienten zu Inszenierungen bzw. Enactments zusammen (Jacobs, 2000; Streeck, 2000a)[2]. Dazu kann es u.a. dadurch kommen, dass der Patient durch nichtsprachliches Verhalten den Analytiker dazu veranlasst, sich seinerseits so zu verhalten, wie es seinen unbewussten Erwartungen entspricht. Die therapeutische Beziehung gerät dann zu einer szenischen Darstellung bzw. einem Enactment. Solche Inszenierungen sind „joint creations" (Roughton, 1993). An ihnen ist der Analytiker ebenso beteiligt wie der Patient, ohne dass sich in jedem Falle sagen ließe, wessen Handeln Folge des Verhaltens des anderen ist. Diese oft nichtsprachlich vollzogenen Interaktionen zwischen Patient und Analytiker können für beide eine unbewusste Bedeutung haben (vgl. auch Zeul, 1999). Patient und Therapeut setzen sich augenblicklich in bestimmter Weise zueinander ins Verhältnis, ohne dass sie selbst das in diesem Moment bemerken, und oft lässt sich erst im Nachhinein erkennen, was sich in ihrer Beziehung ereignet hat. Ähnlich wie bei szenischen Darstellungen im Theater kann man bei Inszenierungen, die „makroskopisch" sichtbar sind, manchmal auf den ersten Blick erkennen, „was gerade los ist", ohne dass ein Wort gefallen wäre. Sie können aber auch den Charakter flüchtiger Mikroereignisse haben, wie sie in der Säuglingsforschung als Mutter-Kind-Interaktionen beschrieben wurden (z.B. Beebe und Jaffe, 1997; Emde et al., 1997; Stern et al., 1998). In jedem Fall sind sie ein wichtiges Mittel der nichtbewussten Kommunikation zwischen Patient und Therapeut. Interpersonelle Aspekte des Geschehens zwischen Patient und Therapeut werden wie bildhaft dargestellt und mit oft flüchtigen und subtilen Handlungsvollzügen beider Parteien in

Szene gesetzt. In solchen Inszenierungen werden häufig Beziehungserfahrungen des Patienten kommuniziert, über die mit Worten nicht gesprochen wird; Unsagbares wird dargestellt. Kommt es oft zu solchen szenischen Darstellungen, kann das ein Hinweis darauf sein, dass nicht mehr so wichtig ist, was im therapeutischen Dialog gesagt wird, sondern im Vordergrund steht, *wie* Patient und Analytiker sich äußern und was sie mit ihrem sprachlichen und nichtsprachlichen Verhalten im Verhältnis zueinander *tun*. Die Gestaltung der therapeutischen Beziehung ist dann wichtiger als die inhaltliche Bedeutung dessen, was gesagt wird.

5 Exkurs: Zur Auseinandersetzung um die Perspektiven von Ein- und Zweipersonenpsychologie

Hinter den Begriffen einer Ein- bzw. Zwei-Personen-Psychologie verbirgt sich eine lange und traditionsreiche Kontroverse innerhalb der Psychoanalyse (Balint, 1968). Sie ist letztlich bis heute nicht abgeschlossen. Knapp ausgedrückt verbindet sich mit dem Begriff einer Ein-Personen-Psychologie die Auffassung, dass der Psychotherapeut es in der Behandlung mit der psychischen Realität des Patienten zu tun hat, so wie diese tatsächlich beschaffen ist. Zwei-Personen-Psychologie meint demgegenüber, dass es gar nicht möglich ist, davon zu abstrahieren, dass der Therapeut unvermeidlich und in jedem Moment auf die seelische Wirklichkeit seines Patienten Einfluss nimmt und er deshalb immer nur mit den Äußerungen des Patienten im Kontext seines eigenen Verhaltens zu tun hat, er insofern über eine unabhängig von seinem eigenen Verhalten vorhandene psychische Realität des Patienten gar nichts sagen kann.

Tatsächlich überwiegen in der Psychotherapie – auch in nicht von der Psychoanalyse abgeleiteten therapeutischen Verfahren – einer Ein-Personen-Psychologie verpflichtete Modelle seelischer Krankheiten und deren Behandlung. Sie sind oftmals einem medizinischen Krankheitsmodell und einem medizinischen Modell der Behandlung von Krankheiten nachgebildet. Diesem medizinischen Modell zufolge stellt der Psychotherapeut, scheinbar nicht grundsätzlich anders als der Arzt in einem nichtpsychologischen organmedizinischen Fach, Diagnosen von Erkrankungen, und aus der Diagnose ergibt sich, wie er therapeutisch vorgeht. Wo dieses medizinische Modell, das die Diagnostik und Behandlung körperlicher Krankheiten abbildet, auf seelische Beeinträchtigungen angewendet wird, geht man stillschweigend davon aus, dass auch seelische Störungen als Krankheitsentitäten anhand von beobachtbaren Zeichen und anhand von berichtetem Erleben festgestellt werden können und entsprechend auch das therapeutische Handeln grundsätzlich ähnlichen Überlegungen folgt wie bei der Behandlung körperlicher Erkrankungen. Dies ist die Perspektive einer Ein-Personen-Psychologie.

Das Handeln des Psychotherapeuten, der mit einer seelischen Störung zu tun hat, unterscheidet sich jedoch grundlegend von dem Handeln des Arztes, der eine körperliche Krankheit feststellt und behandelt. Der Psychotherapeut stützt sich ausschließlich auf das gesprochene Wort und auf Beobachtung des Verhaltens, das der Patient im Gespräch zeigt und das er selbst

---

[2] Argelander (1970) hat gezeigt, dass szenische Darstellungen, die er auf eine Ich-Leistung des Patienten zurückgeführt hat, die sog. szenische Funktion des Ich, wichtige Informationen enthalten (vgl. auch Lorenzer, 1970).

mitgestaltet. Er kann, was der Patient sagt, nicht mit Hilfe technischer Verfahren objektivieren[3]. Aber er muss das auch nicht, denn um die Wiederholungen und Aktualisierungen von Erfahrungen des Patienten in der therapeutischen Situation zu verstehen, muss er verstehen, dass die Äußerungen seines Patienten soziale, interpersonelle Handlungen sind; deren Zeichenhaftigkeit interessiert – wenn überhaupt – erst in zweiter Linie. Er muss deshalb erkennen, dass das, was der Patient in der therapeutischen Situation sagt und wie er sich verhält, an einen interpersonellen Kontext gebunden ist, der Patient sich – mit anderen Worten – im Kontext des Verhaltens des Psychotherapeuten verhält und der Psychotherapeut sich seinerseits im Kontext des Verhaltens des Patienten äußert. Das entspricht einer Zwei-Personen-Psychologie.

Um eine Ein-Personen-Psychologie handelt es sich immer dann, wenn das Verhalten des Patienten so beschrieben wird, als hätte der Psychotherapeut dieses Verhalten unabhängig von seiner eigenen Person und seinem eigenen Verhalten festgestellt. Um eine Zwei-Personen-Psychologie handelt es sich dann, wenn bei der Beschreibung des Verhaltens des Patienten berücksichtigt wird, dass der Psychotherapeut an der Gestaltung dieses Verhaltens selbst beteiligt war: Der Psychotherapeut hat es dann nicht mit seelischen Phänomenen zu tun, die er unabhängig von seinem eigenen Verhalten am Patienten feststellt, sondern er hat es mit Verhalten im Kontext des Verhaltens einer anderen Person zu tun, mit Interaktion also[4].

Diese Differenz wird in der Psychotherapie manchmal als ärgerliches Hindernis auf dem Weg zu veritablen objektiven Krankheitsdiagnosen und standardisierten Behandlungsprozessen gesehen, das es durch Verfeinerung der diagnostischen Klassifikationssysteme und durch Standardisierung der Behandlungssituation zu überwinden gilt. Das medizinische Modell verdeckt jedoch, dass psychotherapeutisches Handeln immer an einen Dialog gebunden und in der Interaktion von Therapeut und Patient verankert ist; das medizinische Modell abstrahiert von diesem interaktiven Kontext; es ist einer Ein-Personen-Psychologie verpflichtet.

5.1 Übertragung und der Beitrag des Psychoanalytikers

Die Auseinandersetzung um die Perspektive einer Ein- versus einer Zwei-Personen-Psychologie hat sich ursprünglich an der Diskussion um Übertragungsphänomene entzündet. Die Auffassung, dass der Einfluss des Psychoanalytikers auf die Erfahrung

des Patienten von der therapeutischen Situation und damit von der Übertragung so weit zurückgedrängt werden könne, dass die Äußerungen des Patienten im Hier und Jetzt nichts anderes als aus vergangenen Erfahrungen herrührende Beziehungserfahrungen widerspiegeln, wurde bereits zu Lebzeiten Freuds in Frage gestellt. Psychoanalytiker wie Ferenczi, Rank, Wilhelm Reich, Alice und Michael Balint haben betont, dass der Psychoanalytiker unvermeidlich Einfluss auf die Übertragung nehme. Sie traten nachdrücklich dafür ein, dass das Bemühen des Psychoanalytikers, sich so zu verhalten, dass die Übertragung nicht beeinflusst werde, sich auf das Erleben des Patienten von der therapeutischen Beziehung auswirke und damit unvermeidlich die therapeutische Beziehung zwischen dem Arzt und seinem Patienten mitgestalte. Auch die Empfehlungen Freuds zur Haltung des Psychoanalytikers, die den Einfluss der Person des Arztes auf sein Operationsfeld, die seelischen Strukturen und Prozesse des Patienten, minimieren sollten, würden sich in Wirklichkeit dahingehend bemerkbar machen, dass die therapeutische Beziehung und die Art und Weise, wie der Patient den Psychoanalytiker erlebt, in eine bestimmte Richtung gelenkt würde und den Einfluss des Arztes unter Umständen gerade dadurch besonders unterstreichen.

Der Position einer Ein-Personen-Psychologie zufolge ist die Übertragung bei dem Patienten intrapsychisch jeweils schon vorhanden; er bringt sie gleichsam fertig ins Behandlungszimmer mit und entfaltet sie dann nur noch an der Person des Analytikers. Der intersubjektiven, einer Zwei-Personen-Psychologie verpflichteten Auffassung ist die Übertragung immer nur vor dem Hintergrund des Geschehens *zwischen* dem Patienten und dem Psychoanalytiker zu verstehen; der Psychoanalytiker nimmt unvermeidlich Einfluss auf die Übertragung und gestaltet sie mit (Thomä, 1981; Thomä und Kächele, 1985). Auch die Art und Weise, wie er die Übertragung handhabt, trägt die Spuren seiner eigenen Wahrnehmungen und Erfahrungen.

Hier ist die Übertragung ein bestimmtes *Verhältnis* von Patient und Psychoanalytiker, ein Beziehungsphänomen, das von beiden Parteien gestaltet wird.

Noch weiter in die Richtung auf eine interaktives Verständnis der Übertragung bewegen sich Gill (1997) und insbesondere Hoffman (1991), der eine sozialkonstruktivistische Auffassung[5] vertritt.

Übertragungen weisen unvermeidlich Spuren sowohl des Patienten wie des Analytikers auf. Sie sind von beiden gemeinsam gestaltet.

Verstehen der Übertragung ist somit nicht nur Verstehen der psychischen Erfahrung des Patienten, sondern beinhaltet ein Verstehen der Wechselseitigkeit beider an der therapeutischen Beziehung beteiligten Parteien. Für den Psychoanalytiker gibt es keine Position außerhalb der Beziehung mit dem Patienten, von der aus er die Übertragung und die psychische Realität des Patienten erkennen könnte. Das therapeutische Geschehen ist immer ein interaktives Geschehen, in dem das Verhalten der einen Person nicht unabhängig von dem Verhalten der anderen Person untersucht und verstanden werden kann.

---

[3] *Er kann dem Patienten natürlich Fragebögen vorlegen. In diesem Fall wird die Untersuchungssituation bis zu einem gewissen Grad standardisiert, die „Daten", die der Psychotherapeut gewinnt, bleiben grundsätzlich aber an das gesprochene Wort gebunden, also an interpretationsbedürftige Äußerungen.*

[4] *In der Psychoanalyse sind es neben Psychoanalytikern wie Gill (1993), Hoffman (1991, 1992) oder Renik (1993b) die sog. Interpersonalisten, die ihre Beiträge vor allem in der Zeitschrift „Psychoanalytic Dialogue" veröffentlichen, die entschieden eine Zwei-Personen-Psychologie vertreten (z.B. Mitchell, 1988).*

---

[5] *Der Begriff des sozialen Konstruktivismus geht auf die Soziologen Berger und Luckmann zurück, deren weithin bekannt gewordenes Buch den Titel „Die gesellschaftliche Konstruktion der Wirklichkeit" (1969) trägt.*

5.2 Interaktion: konstitutives Merkmal oder Widerstand?

Interaktiven Phänomenen, der Umstand, dass Patient und Psychotherapeut sich *wechselseitig be-handeln*, wird unterschiedliche Bedeutung beigemessen. In der Psychoanalyse findet man auf der einen Seite die Ansicht, es handele sich dabei um Widerstandsmanifestationen (z.B. Feldman, 1997). Dem steht die Auffassung gegenüber, dass das therapeutische Geschehen durchweg ein interaktives Geschehen ist und von Patient und Analytiker gemeinsam gestaltet wird (z.B. Aron, 1996; Fosshage, 1995; Mitchell, 1988; Stolorow et al., 1996) und dies zu verschiedenen Zeitpunkten nur mehr oder weniger deutlich zutage tritt. Vertreter einer sozialkonstruktivistischen Position gehen davon aus, dass die therapeutische Situation in jedem Moment eine von Patient und Psychotherapeut in ihrer Interaktion gemeinsam hervorgebrachte Welt von Erfahrungen ist, deren Bedeutungen sie miteinander konstruieren (Renik, 1993a).

Allerdings werden interaktive Phänomene, wenn sie in der therapeutischen Beziehung unübersehbar werden, häufig dann doch nur dem Patienten zugerechnet und auf dessen seelische Verhältnisse zurückgeführt bzw. daraus erklärt. Das Soziale, *Inter*aktion und *Inter*personalität, wären danach gleichsam aus psychischer Realität geformt. In der Sicht einer solchen nichtsozialen Auffassung von der therapeutischen Beziehung und des therapeutischen Prozesses ist Psychotherapie kein Verhältnis *zwischen* Selbst und Anderem, sondern ein am Anderen abgehandeltes *Selbst*verhältnis. „Beziehung aber", so hatte Bateson (1993) gemeint, „ist immer ein Produkt doppelter Beschreibung. ... Eine Beziehung existiert nicht innerhalb einer einzelnen Person. Es ist Unsinn, von ‚Abhängigkeit', ‚Aggressivität' oder ‚Stolz' usw. zu reden. All diese Worte haben ihre Wurzeln in dem, was zwischen Personen vor sich geht, und nicht innerhalb einer Person, was es auch sein mag" (S. 165).

Interaktion und Beziehungen können deshalb nicht alleine aus Psychischem erklärt werden. Der Psychotherapeut stützt sich, wenn er sich über seelische Verhältnisse seines Patienten äußert, nicht auf Beobachtungen von seelischen Verhältnissen, sondern auf Beobachtungen von Phänomenen, die Patient und Therapeut im Vollzug ihrer sprachlichen und nichtsprachlichen Interaktion gemeinsam produziert haben (Streeck, 1998a, 2000c) Auch die therapeutische Wirkung der Psychoanalyse und von ihr abgeleiteter therapeutischer Verfahren lässt sich nicht erklären, ohne dass die therapeutische Beziehung zwischen Patient und Analytiker als Interaktion berücksichtigt wird. Während man in der Psychoanalyse lange Zeit glaubte, dass die Wirkung der Behandlung dadurch zustande käme, dass der Patient verdrängte traumatische Erfahrungen aus seiner infantilen Vergangenheit erinnert, ist diese Auffassung mit Blick auf die Gedächtnisforschung nicht aufrechtzuerhalten. **Frühe Interaktionen mit anderen, die die psychische Struktur geprägt haben, werden nicht erinnert und zur Sprache gebracht, sondern werden im Verhalten reproduziert, als Vollzugswissen. Sie sind Teil des prozeduralen, nicht des deklarativen Gedächtnisses.**

Was der Patient mit Worten sagt, sind dann unter Umständen *nachträgliche Bearbeitungen* basaler vorsprachlicher Erfahrungen des Im-Kontakt-mit-anderen-Seins. Zu Veränderungen dieses prozeduralen Interaktionswissens kommt es in der Behandlung wahrscheinlich nicht, indem über diese Erfahrungen Worte ausgetauscht werden, sondern entlang der Arbeit an Beziehungen im Vollzug, hier der therapeutischen Beziehung (Fonagy, 1999). Die Bostoner Arbeitsgruppe um Stern (Stern et al., 1998) hat in diesem Zusammenhang auf die Bedeutung nicht planbarer, „dichter" Momente der Interaktion von Patient und Analytiker hingewiesen, die für psychische Veränderungen des Patienten große Bedeutung haben.

6 Die therapeutische Beziehung als Mittel der Behandlung – die hilfreiche therapeutische Beziehung (Luborsky)

Aufgrund von vergleichenden Untersuchungen psychotherapeutischer Behandlungen werden heute spezifische und unspezifische Wirkfaktoren (z.B. Orlinsky und Howard, 1987) unterschieden. Die Effekte, die durch die Qualität der therapeutischen Beziehung zustande kommen, werden dabei meist den unspezifischen Wirkfaktoren zugerechnet. Wahrscheinlich unterscheidet sich die Art und Weise, wie die therapeutische Beziehung vom Therapeuten gehandhabt und vom Patienten erlebt wird, bei verschiedenen psychotherapeutischen Verfahren erheblich. Deshalb kommen der therapeutischen Beziehung je nach methodischer Ausrichtung der Psychotherapie auch unterschiedliche und mehr oder weniger spezifische Wirkungen zu. Die vergleichsweise ungewöhnliche und besondere Gestaltung der therapeutischen Beziehung in der Psychoanalyse und die große Bedeutung, die das Verhältnis von Patient und Analytiker hier hat, wirkt sich in der Behandlung anders aus als die therapeutische Beziehung beispielsweise in der Verhaltenstherapie, wo der Psychotherapeut in erster Linie als Experte in Erscheinung tritt und die Beziehung zwischen dem Patienten und dem Therapeuten überwiegend nur als Mittel zum Zweck einer effektiven Behandlung gilt.

Untersuchungen vor allem von Luborsky (1988) haben gezeigt, dass eine psychotherapeutische Behandlung dann wirksamer ist, wenn der Patient die Beziehung zum Therapeuten als hilfreich erlebt (sog. helping alliance). Veränderungen in der Psychotherapie kommen Luborsky zufolge dadurch zustande, dass der Psychotherapeut die Erfahrung des Patienten von sich selbst und sein Selbstverständnis mit Hilfe von deutenden bzw. expressiven Techniken fördert, dass er mit supportiven Techniken zu einer von dem Patienten als hilfreich erlebten Beziehung beiträgt, dass er Behandlungsfortschritte des Patienten bestätigt und dass er frühzeitig die bevorstehende Beendigung der Behandlung in Rechnung stellt.

Dies gelingt am ehesten mit Hilfe von Mitteln, die geeignet sind, eine als hilfreich erlebte therapeutische Beziehung zu fördern. Der Psychotherapeut sollte dem Patienten klar zu machen versuchen, dass er die ins Auge gefassten Behandlungsziele erreichen kann, soweit diese realistisch sind, und ihm ein Gefühl von Verständnis und Akzeptanz vermitteln. Es ist wichtig, dass er dem Patienten Sympathie entgegenbringt, angemessene und funktionale Abwehrformen stützt, dem Patienten Hoffnung und

Zuversicht zeigt, ihm mitteilt, wenn er meint, Besserungen feststellen zu können, und ihm deutlich macht, dass die Behandlung eine gemeinsame Arbeit ist, und das „wir" in der Therapie betont. Immer sollte der Psychotherapeut dem Patienten mit Wertschätzung und Achtung begegnen (Luborsky, 1988).

7 Die therapeutische Beziehung bei sog. frühen Störungen und schweren Persönlichkeitsstörungen

Herausragende Bedeutung kommt der therapeutischen Beziehung bei der psychotherapeutischen Behandlung von Patienten mit sog. frühen Störungen und von Patienten mit schweren Persönlichkeitsstörungen zu. Ihre Beeinträchtigungen manifestieren sich in erster Linie als Schwierigkeiten im Zusammensein mit anderen Menschen, als Störungen des Sozialen. Tatsächlich werden diese Patienten in den gängigen diagnostischen Klassifikationssystemen ICD und DSM zu einem großen Teil unter Gesichtspunkten sozialen Verhaltens beschrieben. Das macht sich auch in der therapeutischen Situation bemerkbar: viele Patienten verstehen, was der Therapeut sagt, nicht zuerst im Hinblick darauf, was er inhaltlich mit Worten ausdrückt, sondern *wie* er sich äußert. Die referenzielle Funktion der Sprache ist zweitrangig. Sie verhalten sich dann so, als wolle der Therapeut sie kontrollieren, zu etwas drängen, sie beschwichtigen, ihnen ihre Wahrnehmung streitig machen oder sie verführen. Und deshalb ziehen sie sich im nächsten Schritt zurück, verhalten sich abweisend, fühlen sich nicht ernst genommen, sind irritiert oder bedienen sich eines erotisierenden Verhaltens. Ihr Verhalten ist eine Antwort darauf, wie sie erlebt haben, dass der Therapeut sich seinerseits eben zuvor verhalten hat. Und was der Therapeut dann als Nächstes sagt, verstehen sie wiederum nur als Stellungnahme zu ihrer Person und zu der gemeinsamen Beziehung. Nichts davon muss zur Sprache kommen. Zu verstehen, „worum es geht", ist deshalb anhand der Bedeutung der Worte meist nicht oder nur unzureichend möglich. Die Worte, die der Patient benutzt, sollen nicht psychische Erfahrung mitteilen, sondern etwas tun und dem anderen etwas antun: „Worte sind in der therapeutischen Beziehung eher Aktionen, um auf den Analytiker einzuwirken" (Moser, 2001; S. 113). Deshalb kommt es nahezu unvermeidlich zu Kollusionen (z.B. Jacobs, 1986; Johan, 1992; Eagle, 1993). Dabei sind in der therapeutischen Beziehung die gleichen dysfunktionalen Mechanismen der Beziehungsregulierung beteiligt wie an den interpersonellen Schwierigkeiten, die die Patienten im Alltag im Kontakt mit anderen haben. Während in einem gelingenden psychoanalytischen Prozess eine „psychoanalytische Mikrowelt" ausgebildet wird und „die Sprache der Formulierung innerer und interaktiver Prozesse (dient), die kommunikativ dargestellt werden ...", während die „direkte Beziehung" von Analysand und Analytiker im Hintergrund reguliert wird, wird bei Patienten mit „frühen Störungen" häufig übersehen, dass die psychoanalytische Mikrowelt eine „Fata Morgana" ist (Moser, 2001, S. 106). Es gibt nur *eine* einzige Beziehung und nichts daneben, keinen Raum der Selbst- und keinen Raum der Beziehungsreflexion.

Wenn man sich in der klinischen Arbeit mit diesen Patienten auf den Inhalt ihrer sprachlichen Mitteilungen stützt, verfehlt man deshalb ihre zentrale Störung. Ihre Probleme stellen sich *in der* therapeutischen Beziehung *als* Beziehung dar, im Vollzug der therapeutischen Interaktion. Deshalb lassen sich diese Patienten therapeutisch am ehesten dann erreichen, wenn die Beziehung reflektiert mitvollzogen wird und der Psychotherapeut sich auf die Art und Weise der Abwicklung der Interaktion konzentriert statt auf sprachliche Äußerungen *über* interaktive Phänomene.

8 Zur Handhabung der therapeutischen Beziehung bei verschiedenen Therapieformen

8.1 Psychoanalyse und tiefenpsychologisch fundierte Psychotherapie

Das Behandlungsarrangement in der Psychoanalyse ist auf Asymmetrie angelegt: Der Patient liegt auf der Couch, und er versucht, sich darauf zu konzentrieren, was augenblicklich in ihm vor sich geht, was er fühlt, woran er denkt und was ihm spontan einfällt. Was er in Ausübung dieser selbstreflexiven Funktion beobachtet, sollte er in Worte fassen und mitteilen. Der Psychoanalytiker sitzt außerhalb seines Blickfeldes. Dadurch soll die Person des Psychoanalytikers an Bedeutung verlieren, er in seiner spezifischen Funktion aber zugleich wichtig bleiben: Indem der Psychoanalytiker für den Patienten für die Dauer der therapeutischen Arbeit nicht sichtbar ist, sollte der Patient sich so unabgelenkt wie möglich auf sich selbst konzentrieren können; seine Mitteilungen sollen dem interaktiven Kontext, in den Äußerungen im Gespräch von Angesicht zu Angesicht üblicherweise eingebunden sind, weitgehend enthoben bleiben. Auf der anderen Seite führen gerade die visuelle Abwesenheit des Psychoanalytikers und seine vergleichsweise ungewöhnliche und spärliche Teilnahme an dem „Gespräch, in dem die psychoanalytische Behandlung besteht" (Freud, 1916), dazu, dass er zu einem für den Patienten bedeutsamen Objekt von Phantasien, Wünschen und Ängsten wird.

Ungewöhnlich ist der psychoanalytische Dialog aber nicht nur wegen der asymmetrischen Positionierung von Patient und Analytiker, sondern auch insofern, als das Verhalten des Psychoanalytikers bestimmte Grundvoraussetzungen kommunikativen Handelns nicht erfüllt: Er schweigt viel und folgt nicht dem in Alltagsdialogen üblichen und normierten Redewechsel; an den Stellen, an denen im Gespräch das Gegenüber üblicherweise mit seiner Äußerung einsetzen würde, bleibt oftmals eine Leerstelle; statt Fragen zu beantworten, wird er den Patienten eher anregen, auf eine Antwort zu verzichten, dafür aber zu untersuchen, welche Bedeutung diese Frage für ihn augenblicklich hat; die Beiträge des Analytikers zum Dialog sind zu denen des Patienten selten komplementär, sondern sind oft Kommentierungen der Äußerungen des Patienten. Mit Deutungen drückt der Psychoanalytiker darüber hinaus aus, welchen Sinn die Mitteilungen des Patienten im Kontext seines Erlebens und seiner Erfahrungen haben könnten.

1

Konkret kann die Gestaltung des psychoanalytischen Dialogs aber höchst verschieden ausfallen. Manchmal ähnelt er mehr einem Monolog, zu dem ein sachverständiger Kommentator von Zeit zu Zeit etwas bemerkt. Dann wieder kann der Dialog Züge eines Gesprächs annehmen, in dem die Regeln eines Alltagsdialogs zumindest partiell erfüllt sind. Es kann sein, dass der Psychoanalytiker seine eigene Beteiligung an dem Geschehen im Behandlungszimmer kaum je zur Sprache bringt und mit seinen Sprechhandlungen nur auf den Patienten hinweist, während andere Psychoanalytiker auch ihre eigene Beteiligung an dem Geschehen therapeutisch gezielt ausdrücken. Die außerordentlich vielfältigen und differenzierten theoretischen Konzepte der Psychoanalyse legen nicht fest, wie genau der Psychoanalytiker sich verhalten muss. Die Hinweise zur Behandlungstechnik sind Empfehlungen, keine Regeln, die wie technische Vorschriften „richtig" oder „falsch" befolgt werden könnten. Der Psychoanalytiker kann im Vorhinein nicht wissen, „wie der Patient ist". Er muss sich an die Bedingungen, die ihm bei seinem Patienten begegnen, ständig anpassen, und deshalb muss er auch die Art und Weise, wie er selbst teilnimmt an dem „Gespräch, in dem die psychoanalytische Behandlung besteht", ständig reflektieren. Die Empfehlungen für die psychoanalytische Behandlung, das Behandlungssetting, bestimmte Rahmenbedingungen, für die der Psychoanalytiker zuständig ist, seine technische Neutralität und der strikte Verzicht auf die Befriedigung eigener Bedürfnisse und Wünsche am Patienten, legen noch nicht genau fest, wie die therapeutische Beziehung und der Dialog abgewickelt werden.

Da die tiefenpsychologisch fundierte Psychotherapie mehrere methodische Ausrichtungen und Verfahren umfasst, ist hier die konkrete Gestaltung des therapeutischen Dialogs noch heterogener als in der Psychoanalyse. Die Unterscheidung zwischen Psychoanalyse und Psychotherapie wird meist auf der Grundlage von Stundenfrequenzen oder solcher Faktoren wie der Handhabung der Übertragung oder des Umgangs mit Regression getroffen. Diese Unterschiede scheinen aber von zweitrangiger Bedeutung zu sein. Ein Unterschied mit wahrscheinlich viel weiter reichenden Auswirkungen als die genannten Faktoren ist, ob die Behandlung im Couchsetting stattfindet oder ob Patient und Psychotherapeut bzw. Psychoanalytiker von Angesicht zu Angesicht miteinander kommunizieren. Im Gegenübersitzen sind sie der wechselseitigen Regulierung ihrer Interaktion und damit auch der Gestaltung ihrer Beziehung weitaus mehr ausgesetzt, als wenn der Blick in der Behandlung ein einseitiger Blick des Analytikers auf den Patienten ist. Sie können sich, auch wenn sie das wollten, den oft sehr subtilen und mit bloßem Auge oft nicht bewusst wahrnehmbaren, aber für die Regulierung der Beziehung höchst effektiven sprachlichen und nichtsprachlichen Mitteln und Praktiken, mit denen das geschieht, nicht entziehen. **Das psychoanalytische Behandlungssetting ist dagegen auf Interaktionseinschränkung angelegt; die Regulierung der Beziehung muss sich hier im Wesentlichen auf Mittel der Sprache beschränken, während die körperlichen Mittel, mit denen wir in Gesprächen von Angesicht zu Angesicht unser wechselseitiges Verhalten regulieren, so gut wie keine Rolle für die Regulierung der Beziehung spielen.**

8.2 Psychoanalytisch-interaktionelle Psychotherapie

Anders erfolgt die Regulierung der therapeutischen Beziehung in der psychoanalytisch-interaktionellen Psychotherapie[6]. Dieses Behandlungsverfahren ist aus der klinischen Erfahrung mit Patienten mit sog. frühen Störungen und mit Persönlichkeitsstörungen entstanden, bei denen ein therapeutisches Vorgehen, das den selbstreflexiven Bezug auf das eigene Erleben verlangt, nicht effektiv und oft nicht einmal möglich ist. Die psychoanalytisch-interaktionelle Therapie wurde aus der Psychoanalyse abgeleitet und beruht auf deren klinischen Theorien, verwendet jedoch therapeutische Mittel, die sich von denen des Psychoanalytikers unterscheiden.

Was in einer psychoanalytischen Behandlung für Patienten mit neurotischen Störungen aufklärende, ihr Selbstverständnis erweiternde und bislang Unbekanntes eröffnende Hinweise des Analytikers sind, gerät für Patienten mit strukturellen Störungen unter dem Einfluss sog. primitiver, also entwicklungsgenetisch früher Übertragungen leicht zu Versuchen der Bemächtigung eines als übermächtig, gefährlich und kontrollierend erlebten Objekts. Weil sich der Psychoanalytiker, der Deutungen verwendet, zu der seelischen Binnenwelt des Patienten äußert, wie sie ihm selbst im Augenblick nicht zugänglich ist, bestätigt sich für den strukturell gestörten Patienten darin leicht, dass seine Übertragungsphantasie faktische Realität ist und er von einem omnipotenten, bemächtigenden Objekt tatsächlich von innen her kontrolliert zu werden droht (Streeck und Weidenhammer, 1987; Streeck, 1995).

In der psychoanalytisch-interaktionellen Therapie arbeitet der Therapeut deshalb mit einem nicht deutenden Gesprächsmodus. Dies ist ein besonderer Modus der gemeinsamen interaktiven Herstellung der therapeutischen Situation und der Übertragungs- und Gegenübertragungshandhabung. Heigl-Evers, Heigl und Ott (1995) haben die Interventionen, die der Therapeut hier im Unterschied zu Deutungen verwendet, als „Antworten" bezeichnet. Eine „antwortende" therapeutische Haltung beinhaltet u.a., dass der Analytiker auf die Äußerungen des Patienten mit „selektiven emotionalen Antworten" eingeht. Das unterscheidet sich deutlich von der Gestaltung des therapeutischen Dialogs und der therapeutischen Beziehung in der Psychoanalyse: In einem analytischen Prozess formuliert der Psychoanalytiker Deutungen, sagt, wie er den dem Patienten selbst nicht bewussten Sinn seiner Mitteilungen und seines Verhaltens versteht, zeigt gleichsam auf den Patienten hin, indem er zum Ausdruck bringt, was er – der Patient – meint, sich wünscht, fürchtet, vermeidet usw. Dieser Redemodus konstituiert die therapeutische Beziehung in der Analyse dahingehend, dass der Patient als Zentrum und Ausgangspunkt des Geschehens und Erlebens in der therapeutischen Situation benannt wird, dass die beziehungs- bzw. übertragungsbezogenen Mitteilungen des Analysanden zwar ernst genommen werden, aber doch fiktive, nur subjektiv erlebte und der Realität des Analytikers nicht ange-

---

[6] *Formal und nach den Richtlinien für Psychotherapie wird die psychoanalytisch-interaktionelle Psychotherapie zu den tiefenpsychologisch fundierten Behandlungsverfahren gezählt.*

messene Erlebensweisen sind. In der psychoanalytisch-interaktionellen Therapie macht der Analytiker sich im Unterschied dazu mit *selektiven emotionalen Antworten* als anderes Subjekt im Gegenüber des Patienten kenntlich. Mit seinen Interventionen drückt er auch eigene emotionale Reaktionen aus, soweit diese sich auf die Beziehung zum Patienten beziehen und davon potenziell entwicklungsförderliche Wirkungen erwartet werden können. Das Verhalten des Psychotherapeuten ist hier somit ausdrücklich auf eine interaktive Dimension in der Aktualität der therapeutischen Beziehung eingestellt.

Der psychoanalytisch-interaktionell arbeitende Psychotherapeut unterstützt den selbstreflexiven Erkenntnisprozess des Patienten nicht dadurch, dass er über dessen Subjektivität spricht oder auf den Sinn seiner Mitteilungen mit Worten hinzeigt, sondern indem er sich mit seinen Interventionen über sich selbst als Subjekt in Beziehung zu seinem Gegenüber, dem Patienten, äußert. Diese andere Art, das therapeutische Gespräch zu führen, konstituiert eine andere Art von therapeutischer Beziehung.

Bei schwerer gestörten Patienten muss sich der Analytiker oft aktiv um eine Arbeitsbeziehung bemühen. Zwar ist den Patienten kognitiv klar, dass es in der Behandlung einen Unterschied gibt zwischen realer Beziehung und therapeutischer Beziehung, aber sie erleben diese Differenz nicht. Arbeitsbeziehung, reale Beziehung und Übertragungsbeziehung fallen für sie in eins (Adler, 1980; Streeck, 1988) .

Die Handhabung der therapeutischen Beziehung in der psychoanalytisch-interaktionellen Therapie ist auf den ersten Blick Interaktionen in Alltagssituationen ähnlicher als der psychoanalytische Dialog. Das ist aber nur auf den ersten Blick so. Hier besteht die Kunst des Psychotherapeuten gerade darin, seine Interventionen zu formulieren als handele es sich um Äußerungen wie in alltäglichen Gesprächen, aber das zugleich therapeutisch gezielt und reflektiert zu tun.

8.3 Stationäre Psychotherapie

In der stationären Behandlung besteht das therapeutische Setting in einer komplexen Behandlungsorganisation. Für den Patienten gibt es hier mehrere therapeutische Beziehungen nebeneinander. Außer der zu Einzel- und Gruppentherapeuten erleben viele Patienten auch die therapeutischen Beziehungen zu Mitarbeiterinnen und Mitarbeitern des Pflegedienstes und zu den Komplementärtherapeuten als für sie wichtige Beziehungen. Darüber hinaus haben sie vielfältige Kontakte zu Mitpatienten. Dies sind meist Beziehungen ganz unterschiedlicher Art, die für die Behandlung gerade schwerer beeinträchtigter Patienten mit sog. frühen Störungen und Persönlichkeitsstörungen oft von besonderer Bedeutung sind. Denn auch wenn die soziale Welt des Krankenhauses nicht die Welt des gesellschaftlichen Alltags abbildet, haben die Patienten – ein entsprechendes therapeutisches Milieu vorausgesetzt – in den vielfältigen sozialen Situationen in der Klinik die Möglichkeit, habituelle dysfunktionale Verhaltensweisen in ihrem Wiederholungscharakter zu erkennen und zu verstehen, bisher vermiedene Verhaltensweisen zu riskieren und neue Mittel und Wege des Im-Kontakt-mit-anderen-Seins zu erproben. Soweit das soziale Feld der Klinik dazu

geeignet und nicht von einem Schon- und Erholungsklima geprägt ist, können die Patienten vergleichsweise angstfrei vielfältige neue emotionale Erfahrungen mit Beziehungen zu anderen machen, die dann mit den Therapeuten wiederum untersucht und verstanden werden können. Vor diesem Hintergrund können in der stationären Psychotherapie gleichzeitig sowohl das psychische Erleben des Patienten (**vertikale Dimension**) als auch sein Verhalten und seine Art, sich in Beziehungen zu anderen zu bewegen und diese Beziehungen mitzugestalten (**horizontale Dimension**), untersucht und therapeutisch gezielt beeinflusst werden (Streeck, 1998b).

Auch in der stationären Behandlung ist es angesichts der Schwere der Störung vieler Patienten oft nicht nützlich, wenn das Verhalten des Patienten auf seinen vermeintlich unbewussten Sinn hin gedeutet wird. Deutungen konstituieren bei vielen dieser schwerer gestörten Patienten eine Beziehung, mit der Selbst-Grenzen unterlaufen werden. Sie erleben den Therapeuten dann, als wisse er über ihr Inneres Bescheid, und sehen darin ihre Angst bestätigt, sich nicht ausreichend abschirmen zu können. Manchmal fühlen sich therapeutische Mitarbeiter dazu verpflichtet, unter Missachtung ihrer eigenen Toleranzgrenzen das Verhalten von Patienten nicht nur zu verstehen, sondern auch auszuhalten, selbst wenn dieses Verhalten massiv grenzüberschreitend ist. Auch dadurch können sich nicht förderliche therapeutische Beziehungen entwickeln.

9 Die therapeutische Beziehung in der Psychotherapieforschung

In der Psychotherapieforschung wurden in den letzten Jahren eine Reihe von Methoden entwickelt, um die Beziehung von Patient und Psychotherapeut zu untersuchen. Im deutschen Sprachraum werden am häufigsten das von Luborsky entwickelte Verfahren des „Zentralen Beziehungskonfliktthemas" (ZBKT) und die – vergleichsweise aufwendigere – „Strukturale Analyse sozialen Verhaltens" (SASB), die auf Laura Benjamin zurückgeht, eingesetzt[7].

Mit dem ZBKT werden Interviews, in denen der Patient entweder spontan über Beziehungserfahrungen berichtet oder in denen er aufgefordert wird, solche Beziehungsepisoden zu berichten, auf erlebte Konflikte hin ausgewertet, die in den Erzählepisoden zum Ausdruck kommen. Mit dem SASB werden videografierte Gesprächssituationen auf bestimmte Dimensionen hin untersucht, von denen vorausgesetzt wird, dass sie für interpersonelle Beziehungen generell wichtig sind. Beide Verfahren verwenden Kategorien, die vorab festgelegt sind und den Daten als vorgegebene Kategorien angelegt werden. Auch die Schulung von Ratern, die in die Verwendung dieser Kategorien zur Einschätzung der therapeutischen Beziehung eingeübt werden, ist in beiden Verfahren Voraussetzung (vgl. Buchholz und Streeck, 1994). ZBKT und SASB sind sich deshalb auch darin ähnlich, dass der Forscher der therapeutischen Beziehung, die unter-

---

[7] *Weitere Verfahren sind die Methode des „PERT" von Gill (1993), die „Analyse zyklisch maladaptiver Muster" von Strupp und Binder (1984) oder das „Role Relationship Models Configuration" von Horowitz, Rosenberg und Kalehzan (1992).*

1

sucht werden soll, ganz bestimmte Kategorien anlegt bzw. die Beziehung nach vorab feststehenden Dimensionen analysiert. Der Forscher muss gleichsam so tun, als „wisse" er schon vorher, dass diese Kategorien bzw. Dimensionen auch für die Personen selbst relevant waren, die an der zu untersuchenden interpersonellen Beziehung beteiligt waren. Damit wird implizit unterstellt, dass der Forscher, der von außen auf das Beziehungsgeschehen blickt, besser als die beteiligten Personen selbst ‚weiß' oder erkennen kann, welche Aspekte für die jeweilige Beziehung relevant waren. Insofern leugnen diese Verfahren gerade den Umstand, dass Beziehungen in der Interaktion entstehen und bekräftigt werden. Denn der Sinn von Verhalten in sozialer Interaktion liegt nicht von vornherein fest, sondern die Beteiligten verständigen sich in jedem Moment darüber, indem sie miteinander kommunizieren. Dass interpersonelle Beziehungen und deshalb auch therapeutische Beziehungen eine Vollzugswirklichkeit sind, können diese empirischen Verfahren nicht erfassen.

Demgegenüber ist die qualitativ ausgerichtete Psychotherapieforschung in wesentlichen Teilen darauf ausgerichtet, das therapeutische Geschehen als soziales Geschehen in seinen interaktiven Dimensionen zu rekonstruieren.

10 Schluss: Interaktion in der Psychotherapie

Wenn Freud sagen konnte, dass „in der analytischen Behandlung … nichts anderes vor [sich geht] als ein Austausch von Worten" (Freud, 1916), dann deshalb, weil er mit dem analytischen Setting unter Gesichtspunkten von Interaktion eine „einfache Welt" geschaffen hatte. Der interaktive Austausch in der Psychoanalyse ist minimiert, allerdings nicht aufgehoben. Der therapeutische Prozess ist ein interaktiver, von Patient und Psychoanalytiker gemeinsam gestalteter Prozess. Beziehung und Übertragung sind keine Hervorbringungen nur des Patienten, sondern tragen die Einflüsse von beiden an der therapeutischen Beziehung beteiligten Parteien, von Patient und Psychotherapeut.

Ein adäquates Modell der Behandlungssituation in der Psychotherapie und der therapeutischen Beziehung wäre deshalb ein interaktionelles Modell. In einem interaktionellen Modell der Behandlungssituation erscheint die therapeutische Beziehung als ein eigenständiges Kommunikationsgeschehen mit einer spezifischen interaktiven Ordnung, die auf die Beteiligten eine eigene Wirkung ausübt und entsprechende Zugzwänge etabliert, die sich nicht nur auf die Psychodynamik der Beteiligten reduzieren lassen.

Den psychoanalytischen Blick auf Unbewusstes könnte man als Bemühen charakterisieren, den verborgenen Sinn *hinter* den Äußerungen des Patienten zur Sprache zu bringen. Richtet sich der Blick des Psychotherapeuten auf die soziale, interaktive Dimension der Behandlung, konzentriert er sich auch auf sichtbares und hörbares Verhalten. Obwohl interaktives Verhalten grundsätzlich sichtbar und hörbar ist – Kommunikation verlangt sinnlich wahrnehmbares Verhalten, und sei es noch so subtil –, ist es denen, die mit diesem Verhalten ihr Miteinander-im-Kon-

takt-Sein und ihre Beziehungen gestalten und regulieren, nicht oder nur zu einem Teil zugänglich. Psychotherapeuten fällt es oft leichter, zu interpretieren, was das Verhalten eines Patienten – ihm selbst nicht bewusst – vermeintlich bedeutet, als genau zu sehen, was in der Interaktion geschieht. Bleibt der auf Interaktion eingestellte Blick also an der Oberfläche, gleichsam oberflächlich? Diese räumliche Metapher ist nicht gut geeignet, um die soziale Dimension von Psychotherapie zu beschreiben. Zu hören, was hörbar ist und zu sehen, was sichtbar ist, die Vielfalt der sozialen, interaktiv gestalteten Welt zu sehen und zu beschreiben, kann manchmal schwieriger sein, als *über* Unsichtbares zu sprechen.

11 Literatur

- Adler G: Transference, real relationship, and alliance. Int J Psychoanal 1980;61:547-558
- Argelander H: Das Erstinterview in der Psychotherapie. Erträge der Forschung edn. Darmstadt: Wissenschaftliche Buchgesellschaft, 1970
- Aron L: A Meeting of Minds. Mutuality in Psychoanalysis Hillsdale, N.J.: The Analytic Press, 1996
- Balint M: Therapeutische Aspekte der Regression. Stuttgart: Klett, 1968
- Bateson G: Geist und Natur. Frankfurt a.M.: Suhrkamp, 1993
- Beebe BLF, Jaffe FJ: Mother-Infant Interaction Structures and Presymbolic-Self and Object Representations. Psychoanlytic Dialogues 1997;7:133-182
- Berger B, Luckmann T: Die gesellschaftliche Konstruktion der Wirklichkeit Frankfurt a.M.: Fischer, 1969
- Boesky D: Acting out: a reconsideration of the concept. Int J Psychoanal 1982;63:39-55
- Böker F: Suizid und Suizidversuche in der Großstadt. Stuttgart: Thieme, 1973
- Buchholz MB, Streeck U: Psychotherapeutische Interaktion: Aspekte qualitativer Prozeßforschung. In: Buchholz MB, Streeck U (Hrsg.): Heilen, Forschen, Interaktion. Psychotherapie und qualitative Sozialforschung. Opladen: Westdeutscher Verlag, 1994, 67-106
- Busch F: The compulsion to repeat in action: a developmental perspective. Int J Psychoanal 1989;70:535-544
- Chused JF: The evocative power of enactments. J Am Psychoanal Assoc 1991;39:615-639
- Durkheim E: Le suicide. Neuwied: Luchterhand, 1897/1973
- Eagle M: Enactments, Transference, and Symptomatic Cure. Psychoanalytic Dialogues 1993;3:93-110
- Elias N: Was ist Soziologie? In: Claessens D (Hrsg.): Grundfragen der Soziologie. München: Juventa, 1971
- Emde R, Kubicek L, Oppenheim D: Imaginative reality observed during early language development. Int J Psychoanal 1997;78:115-133
- Feldman M: Projective identification: the analyst's involvement. Int J Psychoanal 1997;78:227-241
- Felitti VJ: Reverse Alchemy in Childhood: Turning Gold into Lead. Health Alert 2001;8:1-4
- Fonagy P: Memory and Therapeutic Action. Int J Psychoanal 1999;80:215-221
- Fosshage JL: Interaction in Psychoanalysis. The Broadening Horizon. Psychoanalytic Dialogues 1995;5:459-478
- Freud S: Studien über Hysterie. Frankfurt a.M.: Fischer, 1966[3]
- Freud S: Bruchstück einer Hysterie-Analyse. G.W. V. Frankfurt a.M.: Fischer, 1966[3]

1.2 Zur therapeutischen Beziehung in der Psychotherapie

- Freud S: Über Psychoanalyse. Vol. G.W. VIII. Frankfurt a.M.: Fischer, 1966[3]
- Freud S: Ratschläge für den Arzt bei der psychoanalytischen Behandlung. G.W. VIII. Frankfurt a.M.: Fischer, 1966[3]
- Freud S: Erinnern, Wiederholen und Durcharbeiten. GW X. Frankfurt a.M.: Fischer, 1966[3]
- Freud S: Vorlesungen zur Einführung in die Psychoanalyse. Vol. GW XI. Frankfurt a.M.: Fischer, 1966[3]
- Gill MM: Die Analyse der Übertragung. Forum Psychoanal 1993;9:46-61
- Gill MM: Psychoanalyse im Übergang. Stuttgart: Verlag Internationale Psychoanalyse, 1997
- Greenson RR: Technik und Praxis der Psychoanalyse. Stuttgart: Ernst Klett Verlag, 1973
- Heigl-Evers A, Ott J (Hrsg.): Die psychoanalytisch-interaktionelle Methode: Theorie und Praxis. Göttingen: Vandenhoeck & Ruprecht, 1995
- Hoffman IZ: Toward a Social-Constructivist View of the Psychoanalytic Situation. Psychoanalytic Dialogue 1991;1:74-105
- Hoffman IZ: Some Practical Implications of a Social-Constructivist View of the Psychoanalytic Situation. Psychoanalytic Dialogs 1992;2:287-304
- Horowitz LM, Rosenberg SE, Kalehzan BM: The Capacity to describe other People Clearly: A Predictor of Interpersonal Problems in Brief Dynamic Psychotherapy. Psychother Res 1992;2:37-51
- Jacobs T: On countertransference enactments. J Am Psychoanal Assoc 1986;34:289-307
- Jacobs TJ: Unbewußte Kommunikation und verdeckte Enactments im analytischen Setting. In: Streeck U (Hrsg.): Erinnern, Agieren und Inszenieren. Göttingen: Vandenhoeck & Ruprecht, 2000, 97-126
- Johan M: Enactments in psychoanalysis. J Am Psychoanal Assoc 1992; 40:827-841
- Kernberg OF: The analyst's authority in the psychoanalytic situation. Psychoanal Q 1996;LXV:137-157
- Koerfer A, Köhle K, Obliers R: Narrative in der Arzt-Patient-Kommunikation. Psychother. Soz. 2000; 2,2:87-116
- Laplanche J, Pontalis J-B: Das Vokabular der Psychoanalyse. Frankfurt a.m.: Suhrkamp, 1972
- Lorenzer A: Sprachzerstörung und Rekonstruktion. Frankfurt a.M.: Suhrkamp, 1970
- Luborsky L: Einführung in die analytische Psychotherapie. Ein Lehrbuch. Berlin, Heidelberg, New York: Springer, 1988
- Mitchell SA: Relational Concepts in Psychoanalysis Cambridge: Harvard University Press, 1988
- Mitchell SA: The analyst's knowledge and authority. Psychoanal Q 1998;LXVII:1-31
- Moser U: „What is a Bongaloo, Daddy?" Übertragung, Gegenübertragung, therapeutische Situation. Allgemein und am Beispiel „früher Störungen". Psyche 2001;55:97-136
- Orlinsky DE, Howard KI: A generic model of psychotherapy. J Integrative Eclectic Psychother 1987;6:6-27
- Popitz H: Phänomene der Macht. Tübingen: J. C. B. Mohr (Paul Siebeck), 1992
- Portele GH, Roessler K: Macht und Psychotherapie. Ein Dialog. Köln: Edition Humanistische Psychologie, 1994
- Renik O: Analytic interaction: Conceptualizing technique in light of the analysts irreducible subjectivity. Psychoanal Q 1993a;LXII:553-571
- Renik O: Countertransference enactment and the psychoanalytic process. In: Horowitz MJ, Kernberg OF, Weinshel EM (eds.): Psychic Structure and Psychic Change. Essays in Honor of Robert S. Wallerstein. Madicon: International Universities Press, 1993b, 135-158
- Roughton RE: Useful aspects of acting out: repetition, enactment, and actualization. J Am Psychanal Assoc 1993;41:443-472
- Ruesch J, Bateson G: Kommunikation: die soziale Matrix der Psychiatrie Heidelberg: Carl-Auer-Systeme, 1995
- Sandler J: Gegenübertragung und Bereitschaft zur Rollenübernahme. Psyche 1976;30:297-305
- Smith HF: The Analytic Surface and the Discovery of Enactment. In: Winer JA (ed.): The Annual of Psychoanalysis. Vol. XXI. Hillsdale, NJ: The Analytic Press, 1993, 243-255
- Sterba R: Das Schicksal des Ichs im therapeutischen Verfahren. In: Kutter P, Roßkamp H (Hrsg.): Psychologie des Ich. Darmstadt: Wissenschaftliche Buchgesellschaft, 1934/1974, 50-59
- Stern DN, Sander LW, Nahum JP, Harrison AM, Lyons-Ruth K, Morgan AC, Bruschweiler-Stern N, Tronick EZ: Non-Interpretive Mechanisms in Psychoanalytic Therapy. The 'Something More' than Interpretation. Int J Psychoanal 1998;79:903-921
- Stolorow RD, Brandchaft B, Atwood GE: Psychoanalytische Behandlung. Ein intersubjektiver Ansatz. Frankfurt a.M.: Fischer, 1996
- Streeck U: Das handwerkliche und das realistische Verhalten des Psychotherapeuten. Prax Psychother Psychosom 1988;33:12-20
- Streeck U: Über eine Art, in therapeutischer Interaktion zu reden. In: Heigl-Evers A, Ott J (Hrsg.): Die psychoanalytisch-interaktionelle Methode: Theorie und Praxis. Göttingen: Vandenhoeck & Ruprecht, 1995
- Streeck U: Inszenierungen, Handlungsdialoge und die interaktive Herstellung von sozialen Situationen. In: Eckes-Lapp R, Körner J (Hrsg.): Psychoanalyse im sozialen Feld. Prävention – Supervision. Gießen: Psychosozial-Verlag, 1998a, 53-69
- Streeck U: Persönlichkeitsstörungen und Interaktion. Zur stationären Psychotherapie von Patienten mit schweren Persönlichkeitsstörungen. Psychotherapeut 1998b;43:157-163
- Streeck U: Erinnern, Agieren und Inszenieren. Enactments und szenische Darstellungen in der Psychotherapie. Göttingen: Vandenhoeck & Ruprecht, 2000a
- Streeck U: Macht und Abhängigkeit in therapeutischen Beziehungen. In: Buchheim P, Cierpka M (Hrsg.): Macht und Abhängigkeit – Lindauer Texte. Berlin, Heidelberg, New York: Springer, 2000b, 1-16
- Streeck U: Szenische Darstellungen, nicht-sprachliche Interaktion und Enactments im therapeutischen Prozess. In: Streeck U (Hrsg.): Erinnern, Agieren und Inszenieren. Enactments und szenische Darstellungen in der Psychotherapie. Göttingen: Vandenhoeck & Ruprecht, 2000c, 13-55
- Streeck U, Weidenhammer B: Zum Redeverhalten des Analytikers im Übertragungsgeschehen. Psyche 1987;41:60-75
- Strupp HH, Binder JL: Psychotherapy in a New Key. A Guide to Time-Limited Dynamic Psychotherapy. New York: Basic Books, 1984
- Thomä H: Schriften zur Praxis der Psychoanalyse: Vom spiegelnden zum aktiven Psychoanalytiker. Frankfurt a.M.: Suhrkamp, 1981
- Thomä H, Kächele H: Lehrbuch der psychoanalytischen Therapie. Berlin, Heidelberg, New York, Tokyo: Springer, 1985
- Thomas WJ: Person und Sozialverhalten. Soziologische Texte. Bd. 26. Neuwied: Luchterhand, 1966
- Zetzel ER: Current concepts of transference. Int J Psychoanal 1956;37:369-376
- Zeul M: Zwei Sprachen einer Körperphantasie. Zur Dynamik der Gegenübertragung. Psyche 1999;53:1015-1041

2 Rahmenbedingungen der Psychotherapie, Setting, Patient-Therapeut Interaktion

2.1 Rahmenbedingungen der (psychoanalytischen und tiefenpsychologisch fundierten) Psychotherapie, Behandlungssetting, Einleitung und Beendigung der Behandlung

Joachim Grefe

1 Einleitung

Wenn es auf diesen Seiten um die Rahmenbedingungen von tiefenpsychologisch fundierter Psychotherapie und Psychoanalyse in den verschiedenen Settings gehen soll, ist die Aufgabenstellung eine mehrfache. Einerseits gilt es, die theoretischen Grundlegungen der zeitlichen, räumlichen und interaktionellen Rahmenbedingungen darzustellen, nach Möglichkeit in ihrer Gültigkeit für alle Settings, findet die Therapie nun in einer Institution oder in der ambulanten Praxis statt. Andererseits gilt es, die praktischen Erfordernisse der verschiedenen Therapieformen und institutionellen Rahmenbedingungen zu erfassen.

Rahmenbedingungen sind dann also diejenigen zeitlichen und räumlichen Bedingungen, unter denen Behandlung stattfinden kann und soll, Fragen von Raum- und Zeitgestaltung und -nutzung, aber gleichermaßen jener prozessimmanente Rahmen, der in seinen Endpunkten mit Therapiebeginn und -beendigung beschrieben ist.

Wesentlich ist diesen Rahmenbedingungen, dass sie geeignet sein müssen, Behandler wie Patient den therapeutischen Binnenraum einzugrenzen und von störenden Einflüssen freizuhalten, also einen von äußeren Störungen freien Übergangs- oder Spielraum zu schaffen, in dem sich die für eine tiefenpsychologisch fundierte oder analytische Psychotherapie erforderliche Sicherheit in vertrauensvoller Atmosphäre und Beziehung zwischen den Beteiligten entfalten kann.

Es wird davon ausgegangen, dass Anregungen zu Veränderungs-, damit Entwicklungsschritten, wie sie in jeder Psychotherapie angestrebt werden, nur dann gezielt eingesetzt werden können (und jede Psychotherapie ist in diesem Sinne Einsatz von Kompetenz und Methoden im Sinne der Intervention, handele es sich um Kriseninterventionen oder klassische Langzeitpsychoanalyse), wenn nicht nur Anfang sondern auch Ende der psychotherapeutischen Einwirkung mehr oder weniger klar abgegrenzt werden.

Auf die Settings in Paar-, Familien- und Gruppentherapie wird nur am Rande eingegangen, weil dafür unter diesen allgemeinen Gesichtspunkten Gleiches gilt wie für die Einzelbehandlung.

Damit ist dies ein ausgesprochen „praktisches", an der Praxis orientiertes Kapitel, das auf die Arbeit als Psychotherapeut an einem ganz wesentlichen Punkt vorbereitet, ist doch jede einzelne Behandlung als völlig neue Begegnung und in ihrem Verlauf zunächst unabsehbare Interaktion(sgeschichte) auch für den erfahrenen Therapeuten jedes Mal wieder ein Neubeginn mit allen seinen Unwägbarkeiten.

2 Theoretische Inhalte und Kenntnisse

Die wesentliche Rahmenbedingung aller auf den Entdeckungen der Psychoanalyse fußenden tiefenpsychologisch fundierten Psychotherapie-Formen einschließlich der Psychoanalyse selbst ist ihr Ausgangspunkt in der Beziehung zwischen Therapeut und Patient. Es ist die Interaktion zwischen beiden, um die es geht, und beide leisten einen Beitrag dazu (Gill, 1982, 1994). Die Interaktion ist zu verstehen als die interpersonelle Inszenierung der vom Patienten erlebten Beziehung zum Therapeuten und die in diesem ausgelösten intendierten oder handelnden Antworten darauf. In dieser Beziehung soll der Patient seine Fähigkeiten verbessern, seine vielfältigen inneren Regungen wahrzunehmen, zu erwägen und in für seine persönlichen Belange geeigneteres Erleben und Handeln einmünden zu lassen, als es ihm ohne Therapie möglich war. Sei die Behandlung lang oder kurz, auf einen fokalen Konflikt zentriert oder interaktionell ausgerichtet, werde Regression angestrebt oder vermieden, finde die Psychotherapie im Gegenüber sitzend oder im klassischen Setting der Psychoanalyse statt – immer wird zunächst angestrebt, dass der Patient die therapeutische Beziehung als hilfreich erlebt und dass die Interaktion zwischen beiden Partnern und die Übertragungsprozesse für die und in der Behandlung benutzt werden, um unbewusst wirksame Determinanten von Symptombildung, Beziehungsgestaltung und Handlungsmöglichkeiten zu erkennen und zu verändern.

> **! Merke:** Basis jeder Psychotherapie ist die Beziehung und die Interaktion zwischen Patient und Behandler.

Diesem Anliegen versucht die klassische Psychoanalyse schon immer durch eine Reihe von Forderungen an Situation und Behandler gerecht zu werden. Die „Kur" soll zu festgelegten Zeiten mit gleich bleibender Dauer der einzelnen Sitzung durchgeführt werden. Der Patient liegt – und damit ist der Analytiker seinen Blicken entzogen –, die Kommunikation soll ganz auf das Sprechen reduziert werden, der Patient sich und seinen inneren Vorstellungen und Prozessen überlassen sein, ohne durch die Möglichkeit fein- oder grobmotorischer Handlung oder den Anblick des Gegenübers beeinflusst zu werden. In dieser Situation soll er mit größtmöglicher Offenheit alles aussprechen, was ihm einfällt, ohne Rücksicht auf alle Konventionen und Einschränkungen („psychoanalytische Grundregel" der **freien Assoziation**). Zugleich ist der Behandler der Beziehungsmodulation durch Mimik und Gestik des Analysanden weitgehend entrückt und so leichter in der Lage, sich unbeeinflusst von äußeren Einflüssen in **gleich schwebender Aufmerksamkeit** den latenten Inhalten im Text des Analysanden zu widmen und seine eigenen affektiven und Vorstellungsreaktionen darauf zu verfolgen (Freud ,1912).

 Merke: Freie Assoziation des Patienten und gleich schwebende Aufmerksamkeit des Behandlers ermöglichen Zugang zu und Verstehen von nichtbewussten Motivationen des Handelns und Erlebens.

Den Worten des Patienten soll der Analytiker frei von eigenen Intentionen mit gleich schwebender Aufmerksamkeit folgen, offen für die Erkenntnis, das Verstehen von bis dahin dem Patienten unbewussten Verbindungen und Bedeutungen. Um die Freiheit von eigenen Intentionen und die gleich schwebende Aufmerksamkeit zu erhalten, soll der Analytiker **Abstinenz und Neutralität** einhalten. Der Aufklärung und dem Verstehen der seelischen Prozesse des Patienten verpflichtet heißt Abstinenz, weder die eigenen noch die Bedürfnisse des Patienten zu befriedigen. Gleichwohl sind diese aber wahrzunehmen und in ihrer Bedeutung für die Beziehung und die Inhalte des Gesprochenen auszuwerten. Neutralität, d.h. Zurückhaltung des Analytikers hinsichtlich der Erkennbarkeit seiner Person, seiner persönlichen Verhältnisse, soll den Raum für die Projektionen, die Phantasien und Wünsche des Patienten offen halten (Freud, 1915). Zugleich bieten Abstinenz und Neutralität des Behandlers der therapeutischen Beziehung den besten Schutz angesichts der Intimität größtmöglicher Offenheit. Auf Seiten des Patienten ist es die Gesprächssituation, die ihn – entspannt ruhend, sei es liegend ohne Blickkontakt oder sitzend im Gegenüber – von motorischer Aktion fern hält, die vor dem Wechsel vom Sprechen über Bedürfnisse zur sofortigen Handlung schützen soll. Dadurch entsteht ein Raum des Aufschubs von Bedürfnissen und des Nachdenkens über Vorstellungen, Wünsche und Handlungsimpulse, der Verstehen vorrangig werden lässt (vgl. „Grundregel" im Abschnitt Therapieplanung).

 Merke: Abstinenz und Neutralität des Behandlers fördern das Verstehen und lassen Beziehung und Interaktion klarer erkennbar werden.
Sie schützen die therapeutische Situation ebenso wie das Handlungsverbot für den Patienten in der Therapie.

Damit wird deutlich, dass die Behandlung eines geschützten und weitgehend störungsfreien Raumes nicht nur in der Interaktion, sondern auch materiell bedarf. Hierzu gehört nicht nur eine Couch und ein Sessel, der mehr oder weniger hinter dem Kopfteil der Couch steht. Die räumliche Situation muss ebenfalls ein Mindestmaß an Ruhe gewährleisten. Dies betrifft zuallererst die Umgebungssituation. Ist es wegen der Vertraulichkeit des gesprochenen Wortes, der garantierten Diskretion, allemal erforderlich, dass in benachbarten Räumen nichts gehört werden kann, so sollte doch auch ausreichend sichergestellt sein, dass der Raum von seiner Lage und/oder Schallisolierung her Schutz vor äußeren Störungen bietet. Dies gilt aber ebenso für Störungen durch Eintritt Dritter während der Stunden, Faxein-

gänge oder Telefonate. Der Analytiker vermietet dem Patienten seine Zeit und widmet sich ihm ganz – also muss er auch dafür sorgen, dass die Bedingungen dafür tragfähig sind.

 Merke: Offenheit und Vertrauen als Voraussetzung des Verstehens brauchen Schutz vor äußeren Störungen.

Wenn auch an vielen Stellen in den tiefenpsychologisch fundierten Psychotherapien inhaltliche Abweichungen von der Psychoanalyse vorliegen, Modifikationen hin zu teilweiser Zentrierung der Aufmerksamkeit, gelegentlicher gezielter Bedürfnisbefriedigung des Patienten, selektiver Authentizität des Therapeuten, Arbeit im Gegenübersitzen – die Aufgabe bleibt die gleiche: Es gilt in der Behandlung, den Beitrag des Patienten zur Interaktion ebenso zu verstehen wie dessen Erleben des Beitrages des Therapeuten. Dabei muß die Situation auch in der tiefenpsychologisch fundierten Psychotherapie asymmetrisch bleiben: Der Behandler „soll vorurteilslos und ernsthaft die Sichtweise des (Patienten) … erwägen, ohne sich selbst zu verpflichten …(dieser) zuzustimmen oder unbedingt seine eigene Erfahrung und Dynamik preiszugeben. Aber der (Patient) verpflichtet sich sehr wohl, so weitgehend wie möglich seine bewußte subjektive Erfahrung preiszugeben und vorurteilslos und ernsthaft die Ansichten des (Therapeuten) zu überdenken, auch wenn sie sich von seinen eigenen unterschieden" (Gill, 1982, S. 229).
An die situativen Bedingungen der Gesprächssituation in der tiefenpsychologisch fundierten Psychotherapie sind die gleichen Forderungen nach Ruhe und möglichst ungestörter Vertraulichkeit zu richten, wie sie für die Psychoanalyse gelten.

Die Aufnahme einer Therapie ist in der Regel ein mehrfach schwieriges Angehen für potenzielle Patienten. Ist erst einmal die Idee einer Psychotherapie entstanden, gilt es doch meist, den Patienten zu motivieren – und dann folgt die in aller Regel mühsame Suche nach der richtigen Therapieform und dem passenden Therapeuten. Auf diese Schwierigkeiten trifft der Patient zumeist in einer inneren Situation deutlicher Ambivalenz: Scham angesichts einer ihm zugeschriebenen psychischen Störung, Schwanken zwischen Wünschen nach Abhängigkeit und solchen nach Autonomieerhaltung, Unsicherheit in einer an sich neuen Situation namens Psychotherapie-Suche … Unter dem Aspekt, dass es erstes Ziel der Behandlung bleiben muss, den Patienten „an die Kur und an die Person des Arztes zu attachieren" (Freud, 1913, S. 473), gilt es, z.B. Situation und Vorgehen zu erklären, die verkehrstechnische Erreichbarkeit von Klinik oder Praxis zu beschreiben, dem auf Anrufbeantworter gesprochenen Wunsch nach Rückruf zu entsprechen o.Ä. Hier treffen sich verschiedene Notwendigkeiten. Unsicherheiten und Ambivalenzen auf Seiten des Patienten bedürfen der Erleichterung, um den Eintritt in eine Therapie zu ermöglichen. Eine allzu große Zurückhaltung seitens des Therapeuten ist allenfalls geeignet, zur ohnedies schon großen Chronifizierungsneigung psychischer Störungen beizutragen. Aber es liegt auch im wirtschaftlichen Interesse des Therapeuten, sei es als selbständiger Freiberufler oder als Teil einer Institution, zunächst einmal dem Kontaktsuchenden als Kunden zu begegnen, dem man den Zugangsweg ebnet. Ein solches Entgegenkommen vor Eintritt in eine therapeutische Beziehung, also noch im Kontext alltäglicher Kommu-

2.1 Rahmenbedingungen der (psychoanalytischen und tiefenpsychologisch fundierten) Psychotherapie, Behandlungssetting, Einleitung und Beendigung der Behandlung

Tabelle 1: Prozessmodell

Vorphase		Therapie	
	Behandlungsbeginn	Arbeitsphase	Abschluss
Diagnose Therapieindikation Rahmensicherung (z.B. Antrag-stellung, Kostenübernahmeklä-rung, Aufklärung und Information über Therapie)	Darstellung des Problems oder Konfliktes Entwicklung von Beziehung in Übertragung und Widerstand Klärungen Konfrontationen Validierung des Fokus … **Therapie lernen**	Entfaltung und Deutung von Widerstand und Übertragung Konfrontation mit Interaktionsformen stützende und beratende Interventionen **Psychotherapie i.e.S.**	Bilanz Abschied Neuorientierung Auflösung der Übertragung … **Trennungsvorbereitung**

nikations- und Höflichkeitsregeln, ist im Sinne von Aufweichung der Forderung nach Abstinenz und Neutralität höchstens so problematisch wie die Abweichung davon durch zu große Zurückhaltung.

> **!** Merke: Erste Aufgabe des potenziellen Behandlers ist es, Kontakt zwischen sich und dem Patienten zu ermöglichen.

Zwar beginnt Therapie im engeren Sinne erst, wenn die Rahmenbedingungen wie Diagnose, Indikation und Vereinbarungen über Therapieform und Setting getroffen sind. Erst dann können auch die entsprechenden Verhaltensformen (vollständige Offenheit usw. auf Seiten des Patienten, Neutralität und Abstinenz seitens des Therapeuten) verbindliche Regeln werden. Allerdings ist unter dem Aspekt der sich inszenierenden Beziehung als diagnostisch und prognostisch relevantem Geschehen und unter dem Aspekt der ersten Kontakte als „probatorischen" Sitzungen zu prüfen, wie der Patient mit einem neutral und abstinent sich verhaltenden Therapeuten und der Aufforderung zu Offenheit und selbstreflexiver Verfolgung der eigenen Einfälle und Phantasien auf der Suche nach neuen Bedeutungen umgehen kann (vgl. z. B. Timmermann, 2001).

Daher ist es Aufgabe des Therapeuten, bei den ersten Gesprächskontakten dem Therapiesuchenden und mit der Situation ängstlich Unvertrauten, als der der Patient eintritt, den Start zu erleichtern. So gehören vor die Klärung der Behandlungsindikation mit Erhebung von Symptomatik und Vorgeschichte einige erklärende Worte zu Situation und Vorgehen und erste Fragen nach den Problemen, Wünschen und Erwartungen des Patienten, um grobe Missverständnisse zu vermeiden. Die schon von Freud (1913) eingeforderte Einfühlung und das ernste Interesse gegenüber dem Patienten sollten dabei ebenso Beachtung finden wie sein Recht auf Information über das, was der aufgesuchte Therapeut mit ihm vorhat und ihm eventuell anbieten kann.

Die Rahmenbedingungen der hier zu behandelnden Therapieformen sind allgemein am günstigsten in einem Prozessmodell zu fassen, das Spezifikationen für die jeweils gewählte Art von Psychotherapie aufweist.

Dies Prozessmodell bedarf natürlich je nach Kontext und Therapieverfahren seiner Ausarbeitungen. So wird in aller Regel die Vorphase in Kurztherapien und speziell bei stationärer Psychotherapie stark verkürzt ausfallen, wie überhaupt bei kürzeren Behandlungen die verschiedenen Therapiephasen schärfere Konturen gewinnen, während in einer Psychoanalyse eher eine Verwischung solcher Grenzen zugunsten der spontanen Entfaltung des Materials verfahrensgerecht sein wird.

A. Vorphase

Die Aufgaben in der Vorphase der Therapie sind bei allen psychoanalytisch begründeten Therapieformen zunächst gleich.

1. Diagnose

Die umfassende Diagnostik in den auf Erkenntnissen der Psychoanalyse beruhenden Psychotherapieverfahren wird von Doering und Schüßler (Kapitel 1.1 Theorie und Praxis der psychodynamischen Diagnostik, Indikationsstellung und Therapieplanung, in diesem Band) dargestellt

Es empfiehlt sich, dem Patienten in der diagnostischen Vorphase der Therapie Spielraum zu lassen für eine freie Entfaltung seiner individuellen Erzählweise und des interpersonellen Umgangs. So gelingt es, zugleich Informationen über seine Interaktionsgestaltung und über seine Bedeutungsgebung und Gewichtung von Symptomen und Beziehungen zu erhalten. Die freie Erzählform bietet dem Patienten zudem die Chance, erzählend sein interpersonelles Anliegen an Therapie und Therapeuten zu gestalten.

Tabelle 2: Aufgaben der Vorphase

Diagnose klären	Beziehung etablieren	Indikation stellen	Rahmen sichern	Therapie planen
symptomatisch psychodynamisch ICD	hilfreiche Beziehung	sozial symptomatisch diagnostisch individuell und interaktiv angemessene Therapieform	Kassenantrag o.Ä.	Information gemeinsame Beratung und persönlicher Behandlungsvertrag

Obwohl in dieser vorbereitenden Phase der Behandlung Fragen der Informationsgewinnung im Vordergrund stehen, sollte dem Patienten doch wohlwollendes Interesse ausdrücklich entgegengebracht werden. Dies dient zugleich dem Aufbau einer hilfreich erlebbaren Beziehung wie auch als Motivation, selber eine solche Haltung der eigenen Geschichte, den eigenen Problemen und Konflikten und den innerseelischen Prozessen entgegenzubringen.

> **! Merke:** Am Ende der diagnostischen Vorphase steht die erste psychodynamische Diagnose, ggf. medizinische Diagnosen sowie die Einordnung z. B. nach ICD-10.

2. Therapieindikation

Die Indikation zur Psychoanalyse oder Psychotherapie ist nicht allein aus einer Diagnose im Sinne einer Benennung von Krankheit oder Störung zu stellen. Weder im ambulanten noch im stationären Behandlungssektor ist dies ausreichend. Welche Therapieform für den jeweiligen Patienten in seiner vorliegenden Lebenssituation angemessen ist, unterliegt vielfältigen Einflüssen. Es sei hier auf das entsprechende Kapitel von Doering und Schüßler verwiesen.

In der Klärung der Therapieindikation stellen sich Fragen an den Patienten danach, was er zur Bearbeitung seiner Schwierigkeiten in Kauf nehmen will und kann. Seine Einschätzung, wie auch immer sie ausfallen mag, wird den Charakter eines Widerstandes in dem einen oder anderen Kontext haben, seine spezifische Abwehr inszenieren, seine Konflikte wiederholen oder seine Wünsche ohne Rücksicht auf die Realität agieren.

3. Rahmensicherung

Der Rahmensicherung dienen Verhandlungen über Zeit und Geld, Informationen über das gewählte Therapieverfahren und über dessen Implikationen. Im Grunde gehört auch die gemeinsame Planung der Therapie hierher, wegen ihres besonderen Stellenwertes hat sie aber einen eigenständigen Platz verdient.

Die Feststellung und Vereinbarung über die Bezahlung für das in der Indikationsstellung gewählte Psychotherapieverfahren ist Gegenstand der Rahmensicherung. Hierher gehören die Wege zur Kostenübernahme durch Rentenversicherungsträger oder Krankenkassen im stationären Bereich der Psychotherapie im Krankenhaus oder in der Rehabilitationsklinik ebenso wie die Antragstellung in der ambulanten Psychotherapie von Versicherten der Krankenkassen (gesetzlich oder privat) oder die freie Vereinbarung zwischen Behandler und Selbstzahler. Ohne eine solche vertragliche Absicherung sollte keine Therapie begonnen werden.

4. Therapieplanung

Noch vor den Beginn der eigentlichen Behandlung gehört die Information des Patienten über die Erfordernisse und genauen Anforderungen an sein Verhalten in der Therapie, aber auch über das zu erwartende Verhalten des Behandlers. Diese Informationen bedürfen der gemeinsamen Beratung und sollten in einen individuellen Behandlungsvertrag münden, wobei die einvernehmliche Beendigung einer intensiven Besprechung in aller

Regel ausreichen dürfte. Es ist jedoch ratsam, das Ergebnis dieser Besprechungen zu dokumentieren, aus rechtlichen Gründen ist es sogar sicherer, ein solches Besprechungsergebnis auch für den Patienten schriftlich zu fixieren und als Vereinbarung von beiden Seiten gegenzuzeichnen. Doch solche Probleme sollten an dieser Stelle nur am Rande Erwähnung finden.

Inhaltlich wird es hier neben der Besprechung des Verfahrens, des zeitlichen Rahmens, von Umgang mit Ferien und Stundenausfall vor allem um die Mitteilung der „Grundregel" gehen. Diese sei hier in der ursprünglich von Freud (1913, S. 468) vorgeschlagenen Form angeführt:

„Noch eines, ehe Sie beginnen. Ihre Erzählung soll sich doch in einem Punkte von einer gewöhnlichen Konversation unterscheiden. Während Sie sonst mit Recht versuchen, in Ihrer Darstellung den Faden des Zusammenhanges festzuhalten, und alle störenden Einfälle und Nebengedanken abweisen, um nicht, wie man sagt, aus dem Hundertsten ins Tausendste zu kommen, sollen Sie hier anders vorgehen. Sie werden beobachten, dass Ihnen während Ihrer Erzählung verschiedene Gedanken kommen, welche sie mit gewissen kritischen Einwendungen zurückweisen möchten. Sie werden versucht sein, sich zu sagen: Dies oder jenes gehört nicht hierher, oder es ist ganz unwichtig, oder es ist unsinnig, man braucht es darum nicht zu sagen. Geben Sie dieser Kritik niemals nach und sagen Sie es trotzdem, ja gerade darum, weil sie eine Abneigung dagegen verspüren. Den Grund für diese Vorschrift – eigentlich die einzige, die Sie befolgen sollen – werden sie später erfahren und einsehen lernen: Sagen Sie also alles, was Ihnen durch den Sinn geht. ... Endlich vergessen Sie nie daran, dass Sie volle Aufrichtigkeit versprochen haben, und gehen Sie nie über etwas hinweg, weil Ihnen dessen Mitteilung aus irgendeinem Grunde unangenehm ist."

So oder ähnlich sollte dem Patienten gesagt werden, wie er sich in der Therapie äußern möge. Es erscheint wichtig, dabei darauf hinzuweisen, dass der Therapeut nicht von sich erzählt, auch auf Fragen nicht unbedingt antwortet, keine Ratschläge gibt usw. (s. Clarkin et al., 1999). Veränderungen oder Ergänzungen sind je nach weiteren Rahmenbedingungen ggf. erforderlich, was im folgenden Abschnitt unter dem Aspekt der Umsetzung in die Praxis besprochen werden soll.

Dauer, Zeitpunkt und Häufigkeit der Sitzungen, die Frage nach dem Setting hinsichtlich sitzender oder liegender Behandlung werden in aller Regel selbstverständlich besprochen, während Bedeutung der Kostenträger und des Antragsverfahrens und die Gesamtdauer der Behandlung zumindest in Psychoanalysen oft keine Themen der gemeinsamen Planung sind. Es scheint aber eine Überstrapazierung des Neutralitätsgebots zu sein, wenn ein gar zu restriktiver Umgang mit real wichtiger Information betrieben wird. An dieser Stelle des Prozesses im Übergang von der Vorphase in die eigentliche Behandlung ist der Patient zunächst immer noch Verhandlungs- und Vertragspartner. Wenn man solchen Geschäftspartnern wesentliche Informationen vorenthält, hat das einen unredlich erscheinenden Aspekt von Machtmissbrauch, der für den Beginn einer Psychotherapie, die sich im eingangs genannten Sinne als Untersuchung der Interaktion versteht, nicht angemessen sein sollte.

Dieser „außenweltliche" Charakter der Vereinbarungen zur Therapieplanung wird in der psychoanalytischen Literatur unter Begriffen wie therapeutisches oder Arbeitsbündnis behandelt (u.a. Gill, 1994).

B. Therapie – Erinnern, wiederholend inszenieren und durcharbeiten

Wie jeder lebendige Prozess haben auch Therapien in ihrem zeitlichen Verlauf Grenzen, die gestaltend auf den Prozess zurückwirken. Der Beginn der Therapie ist davon gekennzeichnet, dass beide Beteiligten in einer neuen, fremden und unvertrauten Situation miteinander sind. Für den Behandler mag es die x-te Psychotherapie sein, aber mit diesem individuellen Patienten hat er zu diesem Zeitpunkt noch nie eine solche Arbeit begonnen, Nicht-Wissen und Nicht-Verstehen kennzeichnen für den Therapeuten den Anfang jeder Psychotherapie – und umso mehr gilt dies für den Patienten. So müssen beide in ihrer gemeinsamen einmaligen Situation voneinander lernen, miteinander aushandeln, wie diese Therapie zu gestalten ist, sozusagen sich auf die gültigen Spielregeln einigen, diese voneinander, miteinander erwerben und lernen. Wie auch immer sich diese Phase individuell entfalten mag, zögerlich, widerwillig, angstvoll oder mit neugierigem Schwung seitens des Patienten, mit Freude oder großer Zurückhaltung beim Behandler, in dieser Interaktion wird in für die weitere Behandlung relevanter Weise das Material neu entfaltet, das nun Beziehung bildet, Problem und Konflikt definiert, den Umgang damit in der entstehenden Behandler-Patient-Dyade gestaltet. Mehr oder weniger unmerklich konsolidiert sich eine spezifische Therapie-Interaktion, die in ihrer Problemdarstellung und Rollenzuweisung dann in der eigentlichen Arbeitsphase deutlich genug erscheint oder herausgearbeitet werden muss, um dann klärenden, konfrontierenden und deutenden Interventionen zugänglich zu werden.

! Merke: Zunächst lernen Patient und Behandler von- und miteinander, wie die Regeln *dieser* individuellen Therapie sich gestalten, wie *diese* Therapie „funktioniert".

Je nach Art der Behandlung ist der prozessformende Rahmen sehr unterschiedlich und damit die Gestalt dieses Ablaufes. In Kurztherapien und tiefenpsychologisch fundierten Langzeittherapien mit umschriebenen Aufgaben und Zielen hat dieser prozesshafte Ablauf eine viel größere Bedeutung als in Langzeittherapien mit dauerhaft stützendem und begleitendem Charakter oder in Psychoanalysen.

1. Kurztherapien

Aufgrund der überschaubaren, damit offenbaren und ständig wirksamen zeitlichen Begrenzung ist jede Kurztherapie von ihrem Ende geprägt. Dies macht schon in der Planung des Behandlungsverlaufs eine klare Strukturierung zur vordringlichen Aufgabe (vgl. z. B. Mann, 1973). Kurztherapien sind im stationären Tätigkeitsbereich die Regel, in der ambulanten Praxis

aber ebenso zu finden. Aufgrund der unterschiedlichen Rahmenbedingungen bedürfen diese Situationen getrennter Betrachtung.

a) Stationäre Kurztherapie

Stationäre Psychotherapie ist immer Kurztherapie. Ob in einer psychiatrischen oder psychotherapeutischen Krankenhausabteilung oder in einer psychosomatisch-psychotherapeutischen Rehabilitationsklinik stattfindend, zeichnet sie sich durch in aller Regel recht enge zeitliche Begrenzungen und zumindest sozialrechtlich strenge inhaltliche Vorgaben aus (u.a. Paar und Wiegand-Grefe, 2002; Streeck und Ahrens, 1997). Vier bis zwölf Wochen Behandlungsdauer und eine Indikationsstellung, die vor allem die Wiederherstellung der ambulanten Behandelbarkeit und Erwerbsfähigkeit anstrebt, skizzieren diesen Rahmen. Die Behandlungskonzeption muss diesen Rahmen berücksichtigen und daher Problemdefinitionen, Fokuswahl und Gesamtbehandlungsplan darauf abstellen. Damit wird stationäre Psychotherapie immer von ihrem Ende gedacht und sollte von Beginn an auf die Entlassung des Patienten orientiert sein.

! **Merke:** Stationäre Psychotherapie ist entlassungsorientiert.

Im Anschluss an eine auf ein Minimum verkürzte Vorphase ist in der stationären Therapie auch wenig Raum für eine Anfangsphase der Therapie. Diese fällt zumeist zusammen mit der diagnostischen Phase, und der Patient wird sich in einem viel größeren Ausmaß als in ambulanten Therapien notwendigerweise einer Therapie „unterziehen" müssen, die initialen Aushandlungsprozesse sind weniger gestaltend als vielmehr vom Anpassungsdruck geprägt. Und sie vollziehen sich eher in kurzen Augenblicken als über einen nennenswerten Zeitraum hinweg. Dies macht für die Therapeuten ein hohes Maß an Aufmerksamkeit auch für sehr flüchtige oder verborgene Ereignisse erforderlich. Etwas aufgewogen wird dieses Manko in der Klinik durch das komplexe Setting mit verschiedenen Therapeuten der beteiligten Berufsgruppen und den unterschiedlichen in der Behandlung eines Patienten angewandten Verfahren. Im Austausch über den Patienten, in der Koordination der Therapie unter dem strukturierenden Einfluss eines Gesamtbehandlungsplans können einige Nachteile der Kurzzeitperspektive ausgeglichen werden, wenn solchem patientenbezogenen Austausch ausreichend Raum gegeben wird.
In diesem Setting sind es vor allem die sich entwickelnden Beziehungen zwischen Behandlern und Patient und in der Gruppe der Patienten, an denen die verschiedenen Behandlungsphasen und der Umgang des Patienten damit erkennbar werden. Daher spielen in Kliniken häufig institutionsspezifische Rituale der Aufnahme in den Patientenkreis und des Abschieds daraus eine große Rolle, die ebenso selten in ihrer Bedeutung für die Behandlung berücksichtigt werden wie die „Rituale" von Aufnahme und Entlassung seitens der Institution selbst.

b) Ambulante Kurztherapie

Anders als stationäre Kurzthe-

Tabelle 3: Therapie

Behandlungsbeginn	Arbeitsphase	Abschluss
Eingewöhnen und Erinnern Ausbreiten des Materials	Entfaltung und Deutung in Wiederholung und Übertragung	Auflösung der Übertragung … Bilanz und Abschied Neuorientierung
Therapie lernen	*Psychotherapie i.e.S.*	*Trennungsvorbereitung*

rapien, deren Begrenzung in aller Regel extern vorgegeben ist, zeichnen sich ambulante Kurztherapien idealiter durch eine sachliche Begründung und Wahl des engen zeitlichen Rahmens aus. Wenn wir von den seltenen stationären vergleichbaren Fällen absehen, wo äußere Gründe des Patienten oder des Therapeuten eine eng begrenzte zeitliche Perspektive erzwingen, wird meist eine Krisenintervention oder ein klar umschriebener Behandlungsfokus zu einer Kurztherapie führen. (Den in der Praxis häufigen Fall einer Kurztherapie als Probebehandlung vor einer eigentlich indizierten Langzeittherapie können wir hier übergehen.)

Zu Beginn der Behandlung wird es Anliegen sein, dass der Patient ohne die Erfordernisse der Informationssammlung wie in der Vorphase sein Material frei ausbreitet und der Therapeut im Zuhören überprüft, wieweit der von ihm gewählte Zugang und Fokus sich als valide erweisen. In seinen Interventionen wird er zunehmend aus dem Material für den Fokus relevante Inhalte aufnehmen, handele es sich um Interaktionen oder Inhalte des Erzählten oder Auslassungen in der Erzählung des Patienten.

Je nach zeitlichem Rahmen und Annahmen über die Fähigkeiten des Patienten zur Bewältigung von Trennungen sollte rechtzeitig die Aufmerksamkeit des Patienten auf das nahende Ende der gemeinsamen Arbeit gelenkt werden. Dann sollte es mindestens dem Behandler ein Anliegen sein, zusammen mit dem Patienten zu bilanzieren, ob und inwieweit das zur Behandlung führende Problem bearbeitet werden konnte und welche Bedeutung die Zusammenarbeit und deren Ende für den Patienten hatte.

2. Langzeittherapien

Der grundsätzliche Vorteil der Langzeittherapien ist, deutlich mehr Zeit für die verschiedenen Phasen der Behandlung zu haben. Dem Behandler gibt dies die Möglichkeit, der individuellen „Arbeitsweise" des Patienten, der Entfaltung seines Materials, seiner Widerstände und der Beziehung mehr und ruhigere Aufmerksamkeit zu widmen, was im weiteren Verlauf den Vorteil mit sich bringt, fundierter als in jeder Kurztherapie auf den Patienten und seine Individualität einzugehen. Unter Prozessgesichtspunkten nachteilig ist, dass angesichts einer „unüberschaubar" langen Perspektive die Zeitlichkeit der therapeutischen Beziehung immer wieder aus dem Blick zu geraten droht, sei es als ein erschöpftes „Das hört ja nie auf!", sei es als eine Illusion nie endender Gemeinsamkeit, ob nun beim Behandler, beim Patienten oder als geteilte Sicht der Dinge. Eine solche Betrachtungsweise hat zwar unter Gesichtspunkten des regressiven Erlebens und des daraus möglichen Erkenntnisgewinns hohen Wert, bedarf aber doch der Enttarnung als Illusion, ob nun Wunsch oder Befürchtung oder beides, ob beim Patienten oder Therapeuten oder bei beiden – in der wirklichen Welt sind auch Analysen endlich, und der Verlust dieser Perspektive dient der Verschleierung des irgendwann notwendigen Abschieds und der Trauer – oder der Erleichterung und Befreiung.

a) Tiefenpsychologisch fundierte Langzeittherapie

Mit Ausnahme jener Behandlungen, die der kontinuierlichen Stützung und Begleitung bei chronischen Störungen dienen, sind tiefenpsychologisch fundierte Langzeittherapien am ehesten zu betrachten als Fokaltherapien, entweder mit einem sehr übergreifenden Fokus, wie z. B. bei depressivem Erleben mit seiner Orientierung an Verlust und Trennung, oder es sollen mehre-

re Foci nacheinander bearbeitet werden. Hier gilt idealiter, dass nach „Abarbeitung" der vereinbarten Konflikte und Probleme und ihrer Lösung Patient und Therapeut das Ende ihres gemeinsamen Weges zufrieden feststellen und sich trennen. Im Alltag werden es äußere Ereignisse, wie z. B. das Ende aller Bewilligungszeiträume, sein, die eine Beendigung der Therapie mit sich bringen. Gerade unter solchen „normalen" Umständen wird es wichtig, rechtzeitig die Bedeutung des Erreichten und des noch nicht Erreichten für den Patienten zu untersuchen, hinsichtlich der Interaktionen in der Beziehung ebenso wie im Hinblick auf Symptome oder Probleme, die in die Behandlung führten oder im Verlauf in den Blick gerieten.

b) Analytische Langzeittherapie und Psychoanalyse

In der Psychoanalyse ist unter diesen Prozessgesichtspunkten die Situation völlig anders. Die Psychoanalyse zeichnet sich gerade dadurch aus, dass der Prozess als autopoetisch angegangen wird. Minimalstrukturierung innerhalb des vorgegebenen Rahmens von Liegen auf der Couch, Verborgenheit des Behandlers, freier Assoziation und Verzicht auf motorische Aktion beim Patienten, gleich schwebende Aufmerksamkeit in Abstinenz und Neutralität lassen eine Situation entstehen, die gerade darauf angelegt ist, den therapeutischen Prozess als Beziehung und Dialog möglichst freizuhalten von äußeren Einflüssen. Hier wird so weit als möglich abgesehen von Aufgabenstellung und Problemorientierung, sondern aus dem sich frei entfaltenden Material werden diejenigen Themen erkennbar, die im Zusammenspiel zwischen der inneren Wirklichkeit des Patienten, lebensgeschichtlichen und aktuellen äußeren Einflüssen, Interaktion und Übertragungsbeziehung in der Therapie, Abwehr und unbewussten Regungen entstehen. Diese Art von Prozess hat in sich kein Ziel außer dem des Analysierens zum besseren Verstehen.

Trotzdem ist der Anfang einer Psychoanalyse ihr Anfang, und Patient und Analytiker müssen sich einander vertraut machen – und irgendwann kommt ein nach Möglichkeit einvernehmlich erreichter Endpunkt. Regelhaft lässt sich ein Ablauf beobachten, in dem zu Beginn einer Psychoanalyse das Erinnern im Vordergrund steht, während mit Intensivierung von Übertragungsbeziehung und Regression wiederholende Inszenierungen das Bild bestimmen, die dann im Hinblick auf ihre vielfältigen Funktionen, Bedeutungen und Verbindungen durchgearbeitet werden (Freud, 1914). Zu diesem Ende hin sollte insofern die Übertragung aufgelöst sein, als wesentliche Aspekte der Abhängigkeit des Analysanden vom Analytiker und die vorherrschenden narzisstischen Wünsche und Ängste bearbeitet worden sind. Natürlich sollten zu einem solchen Zeitpunkt die Übertragungen problematischer Objektrepräsentanzen intensiv durchgearbeitet und verstanden, damit ihrer störenden Wirkkomponenten beraubt worden sein. Übertragungen im Sinne der Beziehungsgestaltung unter dem Einfluss sinnlichen Begehrens können vermutlich nie „aufgelöst", sondern nur in ihrer Wirksamkeit erkannt und anerkannt werden. Bei einer gelungenen Analyse werden vermutlich immer ein gewisses Bedauern und Trauer um den Verzicht auf Wünsche an die Beziehung bleiben. Denn mehr als bei anderen Therapieformen entsteht eben über die lange gemeinsame Arbeit an den seelischen Prozessen in der Psychoanalyse eine „reale" Beziehung, sozusagen unter der therapeutischen, die mit dem Ende der Behandlung als Verlust stehen bleibt.

3 Umsetzung in die klinische Praxis

1. Äußere Rahmenbedingungen – der Behandlungsraum

Die klinische Praxis der Psychotherapie beginnt mit der Planung und Einrichtung eines Behandlungszimmers, sei es nun in einer Institution oder in der eigenen Praxis. Neben den Erfordernissen der Tätigkeit sind es hier auch Fragen des individuellen Geschmacks, die ein Rolle spielen.

Für einen weiten Bereich der möglichen Verwendung würden als Einrichtung eines Behandlungszimmers eine Couch und ein Sessel oder zwei Stühle reichen; für Paartherapien drei oder vier, für Familien- und Gruppentherapien acht bis zehn Stühle. Nur würde solch spartanische Einrichtung anderen Erfordernissen der z. B. institutionellen Einbindung der Tätigkeit nicht genügen, sei es die Arbeit in einer Klinik oder Beratungsstelle, sei es die eigene Praxis. Schreibtisch, Telefon und Faxgerät, PC, Diktier- und Aufnahmegerät, Regale – viele Dinge des täglichen Gebrauchs können die Einrichtung des Behandlungszimmers ergänzen.

Wenn wir nun von den institutionellen Erfordernissen einmal absehen, bleiben zwei wesentliche Gestaltungsgesichtspunkte, die der Erörterung bedürfen: Störungsfreiheit und angenehme Atmosphäre sind für die Durchführung von Psychotherapie wichtig.

Störungen können auf verschiedenen Wegen eintreten, und nicht alle sind vermeidbar. Es ist auch eher nicht praktisch wünschenswert, so etwas wie eine perfekt abgeschirmte Behandlungssituation zu schaffen. Narzisstische Wünsche nach einer solchen Situation bedürfen der Konfrontation mit der „unteroptimalen" Wirklichkeit zu ihrer angemessenen Würdigung. Aber ein ausreichender Schutz gegen das Mithören außerhalb des Raumes sollte ebenso gegeben sein wie die Möglichkeit, Telefone und Faxgeräte oder auch PCs stumm zu schalten, erst recht ist Sorge zu tragen, dass nur im Ausnahmefall jemand während der Stunde klingelt, klopft oder gar unangemeldet eintritt.

Eine angenehme und freundliche **Atmosphäre** ist wohl jeder Behandlung förderlich. Nur wo ist die Grenze zur eigenen Bedürfnisbefriedigung oder der des Patienten, wo wird die sinnvolle Neutralitätsforderung verletzt? Allein schon aus psychoanalytischen Praxen ist eine enorme Vielfalt von Lösungen bekannt. Von den Bildern der Freud'schen Praxis mit den vielen persönlichen Einrichtungsgegenständen bis zu extrem spartanisch gehaltenen Zimmern, die außer Couch und Sessel nichts zeigen. Im letzteren Fall spricht jedenfalls in der Einrichtung des Raumes nichts für eine angenehme Atmosphäre, die sich so dem Hilfe suchenden Patienten vermitteln könnte. Nun ist unter psychohygienischen Gesichtspunkten des Behandlers zu bedenken, dass die dauernde Beschäftigung mit dem Fremdseelischen Entspannung und Ruhe für den Therapeuten erfordert. Freud wusste das offenbar und hatte keine Scheu, es sich sehr persönlich bequem und angenehm zu machen. Hinsichtlich der Abstinenz und Neutralität ist Folgendes zu bedenken: Abstinenz heißt nicht, so zu tun, als sei man als Behandler geschmack- und bedürfnislos, und Neutralität heißt nicht, sich zum Neutrum machen zu wollen. Beides geht nicht, und der Versuch, es trotzdem zu erreichen, zeigt dem Patienten allenfalls überdeutlich die Unsicherheit des Therapeuten. So wie Patienten redend, schweigend, im Widerstand oder aufrichtig und selbst noch bewusst lügend etwas Relevantes von sich zeigen, so zeigt auch der Behandler immer etwas von sich, wolle er das gerade oder nicht.

Teppiche, Bilder, Pflanzen, Bücher: Je mehr man in seinem Behandlungszimmer arbeitet, umso wichtiger ist es, dies nach dem eigenen mitteilbaren Geschmack zu gestalten, um sich entspannt und frei auf den Patienten einstellen zu können. In der eigenen Praxis des Selbständigen ist das unproblematisch zu verwirklichen, aber auch in Kliniken oder anderen Institutionen sollte bei der Einrichtung von Räumen, in denen Patienten behandelt werden, auf ein Mindestmaß von Freundlichkeit und Geschmack in der Einrichtung geachtet werden, sowohl im Hinblick auf die eigenen Mitarbeiter wie auch auf die Patienten.

a) Einzeltherapie
1. Behandlung im Sitzen
Bei der Auswahl der Sitzgelegenheiten ist zu beachten, dass die Patienten jeweils 30 bis 50 Minuten, die Behandler oft mehrere Stunden pro Tag dort Platz nehmen müssen und dabei intensiv arbeiten sollen. Mancher Designerstuhl mag optisch sehr anregend sein, ob er für längeres Sitzen geeignet ist, steht auf einem ganz anderen Blatt. Aber genau diesen Anforderungen sollten die Sitzgelegenheiten genügen – und im Zweifel die für den Behandler mehr als die für die Patienten.

Wichtig ist die räumliche Anordnung der Stühle. Eine sehr konfrontative Aufstellung macht es beiden schwer, auch einmal wegzusehen. Häufig ist es aber gerade in der Psychotherapie wichtig, ohne das Gefühl eines Affronts für das Gegenüber wegsehen zu können. So hat sich eine Anordnung der Stühle im Winkel von etwa 90 bis 120 Grad zueinander bewährt. Die Entfernung zueinander ist durch ein Verrücken der Stühle variabel, eine „Voreinstellung" von 1,5 bis 2 m erscheint empfehlenswert. Größere Entfernungen vermitteln dem Patienten ein nicht gerade Vertrauen förderndes Gefühl von Distanzbedürfnis beim Therapeuten, geringere Abstände wirken eventuell bedrängend.

2. Psychoanalyse im Liegen
Bei der Arbeit mit Sessel und Couch ist die Anordnung der Möbel in großem Maße variabel, wie sicherlich allen Lesern aus Filmen und von Karikaturen hinreichend bekannt. Hier wird jeder aufgrund der eigenen Vorerfahrungen seine Wahl treffen. Wichtig ist, dass das Setting u.a. dazu dient, den Analytiker den Blicken des Analysanden zu entziehen, was eine Sitzposition hinter oder bestenfalls schräg neben dem Kopfende der Couch empfiehlt.

b) Gruppentherapie, Paar- und Familientherapie
Ein Raum, in dem wie in Paar- und Familien- oder Gruppentherapie mehr als zwei Personen zusammen psychotherapeutisch arbeiten sollen, muss selbstverständlich gewissen Anforderungen an seine Abmessungen genügen. Gerade in der Gruppen- und Familientherapie müssen bis zu zehn Personen Platz finden können, ohne dabei allzu eng aufeinander zu hocken. Nach allen Erfahrungen ist es auch anzustreben, dass die Anordnung der Beteiligten etwa im Kreis erfolgt. Allzu große Abstände zwischen den Teilnehmern sind wiederum eher hinderlich.

2

2. Vorphase – Diagnostik

a) Tiefenpsychologisch fundierte Psychotherapie
1. stationär

In der stationären Psychotherapie steht für die Diagnostik in aller Regel wenig Zeit zur Verfügung, da jeder Tag für Diagnostik an Zeit für Therapie im engeren Sinne verloren geht. Egal ob man sich nun mit vorstationärer Diagnostik in Vorgesprächen behilft oder durch kurze diagnostische Kontakte am Beginn des stationären Aufenthalts die praktischen Fragen des Wie und Was der Behandlung klärt: für eine ausführliche Klärung von Symptomatik, Interaktion und Lebensgeschichte ist nur in wenigen Kliniken Zeit, obwohl es sicher wünschenswert für alle wäre. So muss in der Klinik oft ein einziges Gespräch von ca. 30 bis 45 Minuten Dauer ausreichen, was nur zum Teil durch schriftliche Vorinformationen der Einweiser kompensiert werden kann. Und auch der Ausgleich durch die unterschiedlichen Blicke vieler Professioneller auf den Patienten in der Klinik kann diesem Nachteil nicht ganz abhelfen.

Auf die Erhebung medizinisch und anamnestisch wichtiger Daten kann aus unterschiedlichsten Gründen in der Klinik nicht verzichtet werden. So gibt es grundsätzlich zwei praktische Lösungen des Dilemmas zwischen wenig Zeit und Erfordernis einer Diagnosestellung für die Therapieplanung. In der ersten wird auf das freie Interview weitestgehend verzichtet zugunsten einer konzentrierten Befragung des Patienten zur Informationsgewinnung, während Fragen der Interaktion und Beziehungsgestaltung eher als Nebenprodukte abfallen sollen, was häufig genug stark artefaktüberlagerte Beziehungsdiagnostik bedeutet. Im anderen Falle wird die gezielte Informationsgewinnung ganz auf eine kurze somatisch-ärztliche Aufnahmeuntersuchung zusätzlich zur schriftlichen Vorinformation begrenzt, während die „psychotherapeutische Aufnahme" ganz unter dem Primat des freien Erzählens und der damit verbundenen freien Interaktionsgestaltung steht.

2. ambulant

In der ambulanten Psychotherapie sind die äußeren Zwänge der Klinik nicht wirksam, und der Behandler kann sich deutlich freier den Erfordernissen psychotherapeutischer Diagnostik widmen. So empfiehlt es sich hier, nach einer kurzen Begrüßung dem potenziellen Patienten ein offenes Angebot zu machen: „Erzählen Sie mir bitte mit Ihren eigenen Worten, welche Schwierigkeiten und Probleme Sie Therapie suchen lassen! Ich werde Ihnen überwiegend zuhören und nur dann etwas sagen oder fragen, wenn das zum besseren Verständnis beitragen kann." Damit wird schon in der ersten Begegnung die Rollenverteilung etabliert, die tiefenpsychologisch fundierte Psychotherapie auszeichnet, und der Kontakt wird eine Probesitzung in dem Sinne, dass die Fähigkeiten des Patienten, mit dieser Situation umzugehen, überprüft wird.

Ist der Patient mit seiner Vorstellung von Problemen und Anliegen am Ende oder geht die vereinbarte Dauer ihrem Ende zu, sollte das weitere Procedere kurz besprochen werden: „Sie haben mir jetzt wichtige Aspekte Ihrer Therapiesuche mitgeteilt. Sicherlich gibt es noch eine Menge über Ihre Entwicklung bis zum heutigen Tage und zu der geschilderten Lage zu erzählen, und bevor ich Ihnen sagen kann, welche Art von Behandlung für Sie richtig sein könnte, habe ich auch noch einige Fragen. Wir sollten daher noch weitere Termine vereinbaren. Um nicht alle Daten Ihres Lebens abfragen zu müssen, wäre es hilfreich, wenn Sie mir zur nächsten Sitzung einen Lebenslauf schreiben könnten."

Für den Patienten ist es oft hilfreich, wenn er eine „Anleitung" mit Kernanforderungen an diesen Lebenslauf mit auf den Weg bekommt. Ebenso kann es für die Organisation von Klinik und Praxis eine Erleichterung sein, gewisse Basisdaten mit einem Fragebogen zu erheben.

b) Psychoanalyse

Das eben über die ambulante tiefenpsychologisch fundierte Psychotherapie Gesagte gilt gleichermaßen für die ersten diagnostischen Kontakte vor Aufnahme einer Psychoanalyse. In aller Regel wird auch ein Psychoanalytiker nicht beim ersten Gespräch wissen, ob dieser neue Ratsuchende für eine Psychoanalyse in Frage kommt, sei es nun aus diagnostischen, zwischenmenschlichen, inneren oder äußeren Gründen. Trotzdem wird in aller Regel ein Behandler, der auch Psychoanalysen anbieten kann, schon in den ersten Kontakten etwas mehr Raum für die Entfaltung des Patienten lassen, weil der probatorische Charakter der Vorphase ja nicht nur die Eignung für analytisch begründete Verfahren, sondern auch für die Analyse selbst prüfen soll, die höhere Anforderungen an die Toleranz für auf sich gestelltes Arbeiten in der Therapie stellt als tiefenpsychologisch fundierte Verfahren der Kurz- oder Langzeittherapie.

> **!** **Merke:** Das Vorgehen in der Vorphase der Therapie ist davon geprägt, welche Therapieverfahren der Behandler angesichts seiner Qualifikationen und seines Terminplanes anbieten kann.

3. Vorphase – Therapieplanung

Die Planung jeglicher Form von Psychotherapie hat sich zunächst mit Fragen der äußeren Rahmung zu befassen. Die Frequenz der Sitzungen, ihre Dauer und das Setting sind mit dem Patienten gemeinsam festzulegen.

In aller Regel empfiehlt sich die Festlegung bestimmter fester Zeiten in der Woche und eine klar begrenzte Dauer der einzelnen Termine. Zumeist wird in den tiefenpsychologisch fundierten Psychotherapien die Frequenz mit einem fünfzigminütigen Termin pro Woche im Sitzen festgelegt werden. Im stationären Bereich wird die Dauer der Termine eventuell kürzer ausfallen müssen, sollte aber dreißig Minuten nicht unterschreiten, weil es sonst den meisten Patienten (und Behandlern) schwer fallen wird, sich auf das jeweilige Gespräch einzustellen. Bei Patienten, für die längere Termine nicht gut auszuhalten sind, kann eine Verdoppelung der Frequenz mit der Hälfte der Zeit hilfreich sein.

In der Psychoanalyse wird in aller Regel eine Behandlung im Liegen mit mehreren Terminen pro Woche indiziert sein, um einen intensiven Prozess und Regression zu ermöglichen, die sich im Gegenüber sitzend und mit selteneren Treffen nur schwer einstellten. Allerdings kann es bei Patienten mit großer Angst vor der Regression oder mit bedrohlich erscheinender Regressionsneigung sinnvoll sein, auch eine Psychoanalyse mit vermindertter Frequenz und im Sitzen zu beginnen, bis die entgegenstehenden Gründe ausreichend bearbeitet und möglichst ausgeräumt sind.

„Ihre wichtigste Aufgabe als Patient in der Psychotherapie ist, dass Sie regelmäßig und pünktlich zu den vereinbarten Terminen erscheinen. Auch und gerade, wenn Ihnen dies schwer fällt oder Hinderungsgründe vorzuliegen scheinen, wird es wichtig sein, trotzdem zum Gespräch zu kommen und über die Bedeutung Ihrer Abneigung zu sprechen."

Finde die Behandlung in der Klinik, in einer ambulant arbeitenden Institution oder in der Praxis statt, die institutionellen Rahmenbedingungen sollten ausreichend mit dem Patienten besprochen werden. Kenntnis des Antragsverfahrens oder der üblichen Bewilligungsschritte von Aufenthaltsdauer durch Krankenkassen oder Rentenversicherungsträger erlauben es dem Patienten wie dem Behandler, sich realitätsgerecht auf die Möglichkeiten und Grenzen der angestrebten gemeinsamen Arbeit einzustellen – und der Umgang mit diesen Grenzen kann wichtige Informationen über die psychischen Funktionen des Patienten vermitteln.

„Ihre Krankenkasse hat zunächst einen Aufenthalt von drei Wochen in unserer Klinik bewilligt. Wir haben aber besprochen, dass die Behandlung vermutlich acht
Wochen dauern wird. Daher werde ich als Ihr Therapeut in regelmäßigen Abständen neue Anträge auf Verlängerung stellen müssen. Erfahrungsgemäß wird aber die von uns angestrebte Behandlungsdauer von den Krankenkassen genehmigt."

„Ob wir eine psychoanalytische Behandlung auf Kosten der Krankenkasse durchführen können, wird in einem speziellen Bewilligungsverfahren entschieden. Neben Ihrem Antrag werde ich als Ihr Therapeut einem Gutachter unter Wahrung Ihrer Anonymität berichten, der daraufhin eine Empfehlung über Anerkennung oder Nichtanerkennung der Kostenübernahme durch die Kasse ausspricht. Diese Anerkennung erfolgt in mehreren Schritten, so dass Sie von Zeit zu Zeit einen Verlängerungsantrag stellen müssen."

Gerade für Psychotherapeuten in Ausbildung stellt sich die Frage, ob sie ihre Patienten über ihren besonderen Status informieren. Es scheint aber unter verschiedenen Gesichtspunkten unverzichtbar, dies zu tun – möglichst schon in einem der ersten Kontakte, um nicht eine bewusste Täuschung des Patienten an den Beginn einer nach Möglichkeit doch vertrauensvollen Beziehung zu stellen.

„Wenn Sie eine Psychotherapie bei mir machen wollen, sollten Sie wissen, dass ich mich in Ausbildung zum Psychotherapeuten befinde. Daher werde ich Ihre Behandlung in regelmäßigen Abständen mit einem erfahrenen Ausbilder besprechen, wozu ich Sie um ihre Einwilligung bitten muss, da ich grundsätzlich zu größter Verschwiegenheit über alles verpflichtet bin, was Sie mir mitteilen und was sich zwischen uns zuträgt. Zu Ausbildungszwecken werde ich gelegentlich unsere Gespräche auf Tonband aufnehmen, auch diese Aufzeichnungen werde ich selbstverständlich mit der gleichen Diskretion behandeln."

Solche sachlichen Informationen über wesentliche Rahmenbedingungen der gemeinsamen Arbeit haben sich nach meiner Erfahrung so gut wie nie als nachteilig erwiesen, wenn sie natürlich auch gelegentlich in den Vorstellungen der Patienten eine Rolle spielen, die dann wie alles andere Material der gemeinsamen Untersuchung bedürfen.

Grundregeln

Die Mitteilung der „Grundregel" kann je nach Art der geplanten Arbeit geringfügig modifiziert werden, wie dies z. B. Wöller und Kruse (2001) empfehlen. Es ist aber auch eine offene Formulierung sozusagen für alle Zwecke möglich, wie z. B. Clarkin et al. (1999) sie vorgeschlagen haben. In freier Adaption könnte die Grundregel dann wie folgt lauten:

„In der Therapie, während der Sitzungen, besteht Ihre Aufgabe darin, frei über alles zu sprechen, was Ihnen in den Sinn kommt. Unser Ziel ist, die bisher unbekannten Beweggründe Ihres Erlebens und Verhaltens kennen zu lernen, daher sollen Sie alles ansprechen, was Ihnen einfällt. Obwohl es Ihnen oft schwer fallen mag, dies zu befolgen, ist es wichtig, dass Sie Ihre Gedanken ohne Einschränkungen mitteilen. Dabei spielt es keine Rolle, ob es sich um Gedanken, Gefühle, körperliche Regungen, Phantasien oder Träume usw. handelt. Solche Gedanken können Ihnen abwegig oder peinlich vorkommen, verboten oder unsinnig, Sie sollten trotzdem darüber zu sprechen versuchen. Diese Einfälle können auch als Fragen an mich erscheinen. Auf solche Fragen werde ich Ihnen antworten oder auch nicht – das hängt davon ab, was ich zum jeweiligen Zeitpunkt für therapeutisch sinnvoll halte. Zusätzlich zu dieser allgemeinen Regel, alles zu erzählen, was Ihnen in den Sinn kommt, sollten Sie grundsätzlich Ereignisse in Ihrem Leben, die ein Risiko für Ihre Gesundheit oder für die Fortsetzung der Therapie darstellen könnten, vorrangig ansprechen, ehe Sie sich anderen Einfällen zuwenden."

Diese Form verzichtet auf eine Explikation der je nach Behandlungsart unterschiedlichen Interventionen des Therapeuten, verweist aber auf dessen Orientierung daran, was jeweils therapeutisch sinnvoll erscheint. Dies kann die Orientierung auf einen Fokus sein oder die selektive Aufnahme der Interaktion oder der Ressourcen des Patienten, es können Klärungen, Konfrontationen oder Deutungen sein – je nach Konzeption der Therapie und nach Lage der Dinge.

4. Die Therapie beginnt

1. stationär

Der Beginn einer Therapie ist im stationären Bereich oft mit speziellen Problemen behaftet, die im Zusammenhang mit der Voreinstellung des Patienten zur geplanten Behandlung stehen. Dies hängt eng zusammen mit der Indikationsstellung für eine stationäre Psychotherapie, sei es im Rehabilitationssektor oder in der Krankenhausbehandlung. Einerseits werden Patienten zur stationären Therapie eingewiesen, um eine mangelnde Motivation zu verbessern, im Jargon „geschickte" Patienten, andererseits können unzureichende Wirkungen einer laufenden ambulanten Therapie Anlass zur intensiven Psychotherapie im stationären Rahmen sein.

Der „geschickte" Patient wird der „Psychisierung" seiner Probleme und Schwierigkeiten mit großem Misstrauen begegnen, damit auch den Angeboten von Gesprächen zweifelnd bis ablehnend gegenüberstehen. Dies sollte immer zum Fokus der Behandlung gemacht werden. In der aktuellen Interaktion zwischen Behandler und Patient werden sich vielfältige Momente ergeben, diese Schwierigkeit aufzunehmen und zu untersuchen. Patienten, die ausdrücklich zur Intensivierung ambulanter Psychotherapie in die Klinik kommen, haben oft sehr hohe Erwartungen an Gesprächshäufigkeit oder Heilungserfolge, die dann nicht eingelöst werden können, was erhebliche Enttäuschungen mit sich bringt. Hier lohnt es sich an diesen großen Heilserwartungen und der notwendig folgenden Frustration durch und entsprechendem Ärger auf den Therapeuten zu arbeiten.

Oft wird sich letztendlich die Psychotherapie in der Klinik an diesem Fokus erschöpfen, was für Behandler und Patient gleichermaßen unbefriedigend wirken kann. Aber nicht selten gelingt es auch, aus dieser anfänglichen Widerstandsarbeit heraus zu darunter liegenden Problemen vorzustoßen.

2. ambulant

In ambulanten Psychotherapien sind die Probleme des Anfangs vielfältig wie die Personen, die Therapie suchen. Scham wegen der Zuschreibung einer behandlungsbedürftigen psychischen Störung, Begeisterung angesichts des endlich gefundenen zugewandten Zuhörers und Helfers, Wunsch nach und Angst vor der drohenden Abhängigkeit und damit verbundenen Mobilisierung oder gänzliches Aufgeben von Autonomiestrebungen, und allemal die Feststellung, dass die Art der Auseinandersetzung und Zusammenarbeit, das Gespräch so „ganz anders hier" ist.

Eine Akademikerin mit langjähriger Berufserfahrung sucht Psychotherapie wegen depressiver Rückzugssymptome und phobischem Vermeidungsverhalten. Ausgehend von früheren Behandlungserfahrungen zeigt sie sich zunächst als gute Mitarbeiterin in der diagnostischen Vorphase der Therapie, aber im Umgang mit dem Kassenantrag zeigt sie sich völlig hilflos, bringt ihn unausgefüllt mit ins Gespräch und versucht den Therapeuten zu nötigen, diesen Antrag gemeinsam mit ihr, ja für sie auszufüllen. Obwohl diese Art von Hilflosigkeit gegenüber den Forderungen des Alltags Schwerpunkt der gesamten Therapie wird, scheitert die Behandlung schließlich an ihrer konsequenten Weigerung, eigenverantwortlich mit ihren inneren Vorstellungen und äußeren Anforderungen umzugehen. Der lebensgeschichtlich gut nachvollziehbare Wunsch, jemand möge sich hilfreich und sorgend ihrer annehmen, war letztlich nur anzuerkennen, während er sich jeglicher Bearbeitung in der Therapie entzog: Im Zweifelsfall verhielt sich die Patientin immer so, als müsse der Therapeut alles für sie erledigen, und fühlte sich angesichts seiner Verweigerung der Bedürfnisbefriedigung so zurückgewiesen und verletzt, dass die Auseinandersetzung regelmäßig in Vorwürfen endete.

Häufiger ist ein anderes Problem des Anfangs: Der Patient versucht die in der Erhebung von Symptomatik und Vorgeschichte schon erkannten Schwierigkeiten thematisch zu umgehen, möchte den Therapeuten dazu gewinnen, sich in unproblematischen Themenbereichen aufzuhalten, in der Regel aus Angst vor den emotionalen Belastungen der Bearbeitung seiner Konflikte und oft unter der Befürchtung, der Behandler könne ihn wegen seiner Schwierigkeiten verurteilen oder verachten. Diese Art von Widerstand gilt es taktvoll und konsequent klärend und konfrontierend herauszuarbeiten, wobei je nach Zeitvorgabe und Art der Therapiekonzeption mehr oder weniger Zeit darauf verwandt werden kann. Dabei kann sich aber auch herausstellen, dass diese Art des Widerstandes zugleich der Herstellung einer bestimmten Beziehungskonstellation dient, in der der Patient sich Vorwürfen ausgesetzt sieht und ungerecht behandelt wird. Fragen der inhaltlichen Arbeit und der Interaktion oder Übertragung verschränken sich regelhaft.

Eine weitere typische Anfangsschwierigkeit ergibt sich aus der Aufforderung zur freien Assoziation. Diese Gesprächsvorgabe unterscheidet sich erheblich von den üblichen Konversationsregeln, und Patienten suchen je nach Art ihrer Abwehrstruktur, dem Problem zu begegnen. Nur wenigen Menschen gelingt es auf Anhieb, sich auf diese Art der Äußerung einzulassen. Häufig wird der Therapeut anfangs mit der Bitte konfrontiert, doch Eingangsfragen zu stellen oder Themen vorzugeben, und seine Weigerung, dies zu tun, wird als Kränkung oder Zurückweisung, als Verweigerung „normaler" Hilfe erlebt. Es empfiehlt sich zu Beginn der Therapie an solchen Punkten noch einmal auf die Grundregel hinzuweisen, so den Patienten ohne Vorwurf zu unterstützen, sich auf die unvertraute Art des Umgangs einzulassen, seine Schwierigkeiten zu untersuchen.

Andere Patienten behelfen sich mit eigener Strukturierung, berichten minutiös von ihrem Alltag oder widmen sich noch einmal intensiv ihrer Lebensgeschichte. Häufig gelingt es hier durch klärende Fragen in einen psychotherapeutisch sinnvollen Dialog zu kommen, ohne dass diese Art der Bewältigung sich zu einem handfesten Widerstand verfestigt.

5. Das Ende der therapeutischen Beziehung

Das Ende einer Psychotherapie wird in vielen Fällen plangemäß durch Erledigung des Problems oder noch häufiger mit dem Ende der Therapiebewilligung durch den Kostenträger definiert. Kann bei wenig ertragreichen oder sehr mühsamen Behandlungen, in denen sich keine verbindliche Beziehung etablieren konnte, das Ende als Erleichterung (oft auf beiden Seiten) imponieren, so ist es doch eher die Regel, dass wegen unerledigter Schwierigkeiten und Konflikte, weiter bestehender idealisierender Übertragungen oder Abhängigkeitsgefühlen des Patienten die Trennung als vorzeitiger und schmerzlicher Verlust erscheint. Ein einvernehmliches Ende mit Dankbarkeit für das Erreichte und Auflösung wesentlicher Übertragungen ist vermutlich eine selten erreichte Utopie, hat also den Charakter einer Idealisierung, so dass entsprechendes Verhalten eines Patienten darauf zu untersuchen ist, ob es sich nicht um eine Verschleierung anderer Aspekte handelt. Es ist wie bei allen Beendigungs-, also Trauerprozessen wahrscheinlich, dass sich mehrere verschiedene emotionale und kognitive Reaktionen einstellen.

Dies gilt natürlich auch für das vorzeitige Ende einer Behandlung, in der Regel den Abbruch durch den Patienten. Dieses Ende soll in einer Darstellung des „normalen" Therapieverlaufs aber nicht Thema sein. Doch ist gelegentlich zu beobachten, dass Patienten gegen Ende der Behandlung diese von sich aus „abbrechen", in einer Wendung vom Passiven ins Aktive das aufgenötigte Ende vermeiden. So ist zu vermuten, dass viele auch frühere Abbrüche von Behandlungen dem Vermeiden befürchteter Rauswürfe, Beendigungen seitens des Therapeuten dienen oder dem Vermeiden einer verbindlich empfundenen und geschätzten Beziehung, deren Verlust am Ende schmerzen könnte.

Gilt für Abbruchtendenzen von Patienten allgemein, dass sie Anlass zu eingehender Untersuchung dieses Wunsches und Klärung seiner Bedeutung sein sollten, so sollte erst recht das reguläre Ende einer Therapie aktiv gestaltet und in all seinen

Nuancen untersucht werden. Doch gerade dies stößt auf vielfältige Widerstände beider Seiten. So wird an verschiedenen Stellen die Ansicht vertreten, das Ende der Therapie nur zu thematisieren, wenn der Patient selber es anspricht. Eine solche Empfehlung kann aber nur ein gemeinsam agierter Widerstand gegen das anstehende Ende der Beziehung sein, denn an sich müsste das Nichtansprechen des offenbar nahenden Ereignisses als Widerstand aufgegriffen werden. Aber das Ende einer Therapie betrifft als Verlust beide Beteiligten am Prozess, Patient wie Therapeut.

Manchmal ist zu erwägen, in ganz anderer Weise das Ende einer Therapie aktiv von Seiten des Behandlers anzugehen. Terminierung der Behandlung, also Setzung eines Beendigungstermins, kann eine stagnierende oder „endlose" Therapie retten, rückt aber die therapeutische Beziehung durch die machtvolle Einflussnahme des Behandlers auf den Prozess stark in den Mittelpunkt der weiteren Arbeit. Dies kann bei entsprechender Aufnahme dieser Auseinandersetzung zu einer hilfreichen Wiederbelebung der therapeutischen Beziehung und der Arbeit an der Interaktion zwischen den beiden Teilnehmern führen.

4 Frequently Asked Questions (FAQ)

1. *Was mache ich, wenn der Patient schweigt?*
→ Sowohl bei Beginn wie auch während laufender Behandlungen kann es zu Phasen des Schweigens auf Seiten des Patienten kommen. In der Anfangsphase einer Therapie empfiehlt es sich, nicht zu lange mit Nachfragen und Versuchen der Erleichterung für Äußerungen des Patienten zu warten. Anhaltspunkte für solche Einhilfen ins Gespräch bieten sowohl die Kenntnis der Vorgeschichte des Patienten wie auch mimische und gestische Kommunikation und eine Auswertung der inneren Reaktionen, körperlichen Antworten wie solchen in den begleitenden Phantasien. Während laufender therapeutischer Prozesse mit etablierter Beziehung empfiehlt sich eine abwartende Haltung, um es dem Patienten zu ermöglichen, seine inneren Widerstände still zu beobachten und seine Erwartungen an den Behandler zu erkennen und dann anzusprechen. Dass derweil der Therapeut sich per Einfühlung und Beachtung seiner Gegenübertragungsreaktionen ein Bild von den inneren Vorgängen des Patienten macht und Hypothesen über die aktuell wirksame Psychodynamik aufstellt, versteht sich von selbst.
2. *Sind Psychotherapie und psychopharmakologische Behandlung vereinbar?*
→ Bedacht indizierte psychopharmakologische Mitbehandlung bei laufender Psychotherapie durch entsprechende Fachärzte kann die Möglichkeiten eines Patienten zur Mitarbeit in einer Psychotherapie oder Psychoanalyse hilfreich unterstützen oder überhaupt erst ermöglichen. Dies gilt natürlich für psychotische Erkrankungen, aber auch für depressive Dekompensationen längerer Dauer, schwere Angstzustände oder massive Zwangssymptome. Die teilweise noch vertretene Meinung, ein solches Vorgehen behindere Psychotherapie, erscheint heute nicht mehr haltbar (vgl. auch Clarkin et al., 1999).

3. *Was tun, wenn sich der Patient in einer Psychoanalyse nicht hinlegt?*
→ Wenn Patienten sich anfangs nicht an das vereinbarte Setting halten, so ist dies ohne besondere Aufregung zu untersuchen, die zugrunde liegenden Ängste mit dem Patienten gemeinsam herauszuarbeiten. Ähnlich wie der Analysepatient, der sich nicht hinlegen will, können Patienten bei Behandlungen im Sitzen unruhig sein, aufstehen und umhergehen u.Ä. Solche „rahmensprengenden" motorischen Aktionen bedürfen der frühen Thematisierung, sind sie doch in aller Regel Hinweise auf schwer wiegende Ängste und Zweifel gegenüber der Behandlung, die vorrangig angesprochen und geklärt werden müssen.
4. *Was tue ich, wenn ein Patient mir Geschenke machen will?*
→ Geschenke in der Psychotherapie sind ein häufig behandeltes Thema. Einerseits gilt es im Rahmen des Bemühens um ein Verstehen in der Beziehung, das Geschenk oder den Wunsch zu schenken als eine Form des Agierens zurückzuweisen und stattdessen seine Bedeutung zu untersuchen. Andererseits ist die Zurückweisung eines Geschenks immer auch eine erhebliche Kränkung. So erfordert der Umgang mit dem Wunsch zu schenken ein großes Maß an Taktgefühl. Bei Patienten mit schweren Störungen im Beziehungserleben kann es unter Umständen auch unumgänglich sein, ein Geschenk anzunehmen.
5. *Was mache ich, wenn ich den Patienten nicht verstehe?*
→ Nicht-Verstehen ist die Ausgangsbedingung jeder Psychotherapie oder Psychoanalyse. Allerdings gilt das Verstehen ausdrücklich als Kompetenz des Therapeuten in den psychoanalytisch begründeten Psychotherapie-Verfahren, sowohl aus der Sicht von Patienten wie auch im Selbstbild der Behandler. Ausgehend vom anfänglichen Nicht-Verstehen kann das vom Experten geförderte Verstehen aber nur das Ziel der gemeinsamen Arbeit sein. Hält das Nicht-Verstehen über zu lange Zeiträume an und wird damit zu einem ernsthaften Hindernis der Behandlung, muss auch vom Erfahrenen Rat in Supervision gesucht werden.
6. *Wie verhalte ich mich, wenn mich der Patient direkt nach etwas fragt?*
→ Direkte Fragen des Patienten an den Therapeuten sind häufig. Zu Beginn der Therapie ist es ratsam, einige Male freundlich darauf einzugehen mit dem Hinweis, dass Fragen zugunsten der Suche nach ihrer Bedeutung in der gemeinsamen Arbeit nur dann beantwortet werden, wenn dies therapeutisch sinnvoll erscheint. In dieser Phase müssen sich die meisten Patienten erst an den von der Alltagskonversation abweichenden Gesprächsstil gewöhnen. Später können zumeist Fragen an den Therapeuten einfach schweigend übergangen oder deren Bedeutung gleich untersucht werden. Doch sei vor einer gar zu rigiden Handhabung dieser Regel gewarnt: Es gibt eine Menge Fragen, deren Beantwortung therapeutisch sinnvoll ist.
7. *Wie gehe ich damit um, wenn der Patient die Therapie abbrechen will?*
→ Abbruchwünsche des Patienten sind Zeichen seiner Angst, Enttäuschung oder Unzufriedenheit und als solche wie auch wegen ihrer Bedrohlichkeit für den Fortbestand der Therapie vorrangiger Untersuchungsgegenstand. Bei Patienten, die aus ihrer Symptomatik oder Genese Abbruchtendenzen er-

warten lassen, empfiehlt sich eine anfängliche Vereinbarung, dass bei Abbruchplänen mindestens zwei bis vier Sitzungen mit dem Ziel, diese Tendenzen zu verstehen, noch stattfinden. Darüber hinaus hat es meist wenig oder keinen therapeutischen Sinn, einen Patienten zum Bleiben zu nötigen. Allerdings stellt ein Abbruchwunsch sich häufig als Wunsch des Patienten heraus, zum Bleiben gebeten oder gezwungen zu werden, um so das „persönliche" Interesse des Therapeuten bewiesen zu bekommen.

5 Prüfungsfragen

1. Was heißt Abstinenz des Therapeuten in der Anfangsphase einer Therapie?
2. Was bedeutet Neutralität des Therapeuten ?
3. Was sind die Inhalte und der Sinn der „Grundregel" für den Patienten?
4. Beschreiben Sie den allgemeinen Prozess der psychoanalytischen und tiefenpsychologisch fundierten Psychotherapieformen und die Aufgaben der verschiedenen Phasen!
5. Wie lassen sich die Konzepte von Übertragung und Interaktion von Beginn an in der Therapie diagnostisch nutzen?
6. Welche Besonderheiten zeichnen den Verlauf stationärer Psychotherapie aus?
7. Welche Unterschiede weisen die verschiedenen tiefenpsychologisch fundierten Psychotherapieverfahren in der Beendigungsphase auf?

6 Literatur

a) zitierte Literatur

- Clarkin JF, Yeomans FE, Kernberg OF: Psychotherapie der Borderline-Persönlichkeit – Manual zur Transference-Focused Psychotherapy (TFP). Stuttgart, New York: Schattauer, 2001
- Doering S, Schüßler G: Theorie und Praxis der psychodynamischen Diagnostik, Indikationsstellung und Therapieplanung. In: **(ich werde Frau Hackemann noch fragen, wie es genau heißen muß)**
- Freud S: Ratschläge für den Arzt bei der psychoanalytischen Behandlung. GW VIII. Frankfurt a. M.: Fischer, 1999, 375-387
- Freud S: Zur Einleitung der Behandlung. GW VIII. Frankfurt a. M.: Fischer, 1999, 453-478
- Freud S: Erinnern, Wiederholen und Durcharbeiten. GW X. Frankfurt a. M.: Fischer, 1999, 125-136
- Freud S: Bemerkungen über die Übertragungsliebe. GW X. Frankfurt a. M.: Fischer, 1999, 305-321
- Gill MM: Die Übertragungsanalyse – Theorie und Technik. Frankfurt/M: Fischer, 1982/1996
- Gill MM: Psychoanalyse im Übergang – eine persönliche Betrachtung. Stuttgart: Verlag Internationale Psychoanalyse, 1994/1997
- Mann J: Psychotherapie in 12 Stunden – Zeitbegrenzung als therapeutisches Instrument. Olten, Freiburg i.Br.: Walter, 1973/1978
- Paar GH, Wiegand-Grefe S: Modelle der psychosomatischen Rehabilitation. In: Paar GH, Lamprecht F, Wiegand-Grefe S, Schmid-Ott G, Meermann R (Hrsg.): Leitlinien für die psychosomatische Rehabilitation. Stuttgart, New York: Schattauer, 2004 (in Vorbereitung)
- Streeck U, Ahrens S: Konzepte und Indikation stationärer Psychotherapie. In: Ahrens S (Hrsg.): Lehrbuch der psychotherapeutischen Medizin. Stuttgart, New York: Schattauer, 1997, 598-607
- Timmermann F: Psychoanalytische Indikationsgespräche mit Adoleszenten – Eine sozialwissenschaftlich-psychoanalytische Untersuchung. Frankfurt/M: Brandes & Apsel, 2001
- Wöller W, Kruse J: Tiefenpsychologisch fundierte Psychotherapie – Basisbuch und Praxisleitfaden. Stuttgart, New York: Schattauer, 2001

b) weiterführende Literatur

- Lachauer R: Der Fokus in der Psychotherapie – Fokalsätze und ihre Anwendung in Kurztherapie und anderen Formen analytischer Psychotherapie. 2. Aufl. Stuttgart: Pfeiffer bei Klett-Cotta, 1992/1999
- Mertens W: Einführung in die psychoanalytische Therapie. Band 1. Stuttgart, Berlin, Köln: Kohlhammer,1990
- Mertens W: Einführung in die psychoanalytische Therapie. Band 2. Stuttgart, Berlin, Köln: Kohlhammer, 1990
- Mertens W: Einführung in die psychoanalytische Therapie. Band 3. Stuttgart, Berlin, Köln: Kohlhammer, 1991
- Müller-Ebert J: Trennungskompetenz – Die Kunst, Psychotherapien zu beenden. Stuttgart: Klett-Cotta, 2001
- Rudolf G: Psychotherapeutische Medizin und Psychosomatik – ein einführendes Lehrbuch auf psychodynamischer Grundlage. 4., überarb. und erw. Aufl. Stuttgart, New York: Thieme, 2000
- Stone L: Die psychoanalytische Situation – Entwicklung und Bedeutung. Frankfurt/M: Fischer, 1961/1973
- Thomä H, Kächele H: Lehrbuch der psychoanalytischen Therapie – 2 Praxis. Berlin, Heidelberg, New York: Springer, 1988

2

3

Behandlungskonzepte und Techniken

3.1 Behandlungskonzepte der tiefenpsychologisch fundierten und analytischen Psychotherapie und ihre Anwendung

Norbert Hartkamp

1 Einleitung

Im Nachfolgenden soll es um die Frage gehen: Worin liegen die technischen Besonderheiten des tiefenpsychologisch fundierten und des analytischen psychotherapeutischen Vorgehens? Welches sind die technischen Behandlungsprinzipien, und wie können sie zur Anwendung gebracht werden? Dazu sollen hier Behandlungskonzepte dargestellt werden, die sowohl für die analytische als auch für die tiefenpsychologische Therapie relevant sind. Ich werde mich bei meiner Darstellung im Wesentlichen auf die tiefenpsychologisch fundierte Psychotherapie konzentrieren, die in der ambulanten psychotherapeutischen Versorgung gegenüber der analytischen Psychotherapie quantitativ eine sehr viel bedeutendere Rolle spielt. Natürlich leitet sich das tiefenpsychologisch fundierte Vorgehen von der im engeren Sinne analytisch-psychotherapeutischen Behandlungstechnik ab, es bestehen jedoch auch Unterschiede, auf die ich im Folgenden hinweisen werde, wo mir dies zweckmäßig erscheint. Der vorliegende Beitrag ist daher sowohl für Weiterbildungsteilnehmer in tiefenpsychologisch fundierter als auch in psychoanalytischer Therapie gedacht.

Die Bezeichnung „Psychoanalyse" findet sich bei Freud erstmals (1896b, S. 390), nachdem er die von ihm zuvor angewendete hypnotische und suggestive Technik aufgegeben hatte. Sie bezieht sich darauf, dass Freud nunmehr begonnen hatte, die Entstehung der Symptome in ihrem Zusammenhang und in ihrer Abfolge detailliert zu betrachten, um das psychische „Kräftespiel" (Freud 1925d, S.54) von Bewusstwerden und Abwehr (Freud, 1895d, S. 269) besser zu verstehen. Wenn von tiefenpsychologisch fundierter Therapie gesprochen wird, dann verweist der Begriff „Tiefenpsychologie" zunächst darauf, dass sich die Psychotherapie hier auch auf Verhaltens- und Erlebensanteile erstreckt, die der unmittelbaren Selbstreflexion entzogen sind, die also in einem deskriptiven Sinne „unbewusst" sind. Der Ausdruck „Tiefenpsychologie" wird dabei gewöhnlich Eugen Bleuler (vgl. Ellenberger, 1973, S. 675) zugeschrieben und war in seiner ursprünglichen Bedeutung identisch mit der „Psychologie des Unbewussten".

Für eine zeitgemäße tiefenpsychologisch fundierte Psychotherapie wäre es allerdings eine zu enge und zu einseitige Sicht, wenn man sie als ein Verfahren ansähe, bei dem es nur darum geht, unbewusste seelische Vorgänge bewusst zu machen. Unbewusstes spielt in der tiefenpsychologisch fundierten Psychotherapie vor allem eine Rolle, wenn es darum geht, laten-te Sinnstrukturen zu verstehen oder dysfunktionale Erlebens- und Verhaltensweisen motivational zu klären. Im konkreten praktischen Vorgehen des Therapeuten, bei der Behandlungsplanung und beim „Intervenieren", richtet sich die Aufmerksamkeit vor allem auf die jeweils aktuelle Interaktionsdynamik, die sich zwischen dem Patienten und den für ihn bedeutsamen Bezugspersonen entfaltet. Einen besonders hohen Stellenwert hat dabei die Arbeit mit der Beziehung, die sich zwischen dem Patienten und dem Therapeuten entfaltet.

2 Setting, Rahmen

Die therapeutische Arbeit mit der aktuellen Beziehungsdynamik kann nur gelingen, wenn sich die Interaktion innerhalb eines Halt und Orientierung gebenden Rahmens entwickelt (Langs, 1989; Petersen, 1996). Ohne einen solchen Rahmen ist es nicht möglich, Interaktionsphänomene, die in der spezifischen Pathologie des Patienten wurzeln, von Phänomenen zu unterscheiden, die als Reaktion auf eine Variation der Settingbedingungen entstehen.

Beispiel:

Ein Therapeut behandelt auf einer Psychotherapiestation einen 36-jährigen technischen Angestellten einer Telefonbaufirma, der im Zuge von Auseinandersetzungen mit dem Meister, den er für inkompetent und andere Kollegen willkürlich bevorzugend hält, somatoforme Symptome mit Schulter- und Nackenschmerzen, Schwindel und gelegentlichen Sehstörungen entwickelte. Biografisch spielt bei diesem Patienten seine Beziehung zum Vater, einem Hausmeister, eine wichtige Rolle, den er einerseits für willkürlich und andererseits für einen Versager hielt. Sein Therapeut kommt häufiger 5 bis 10 Minuten zu spät zu den vereinbarten Terminen, wofür er jeweils aber gute Gründe anzugeben weiß. Die Angewohnheit dieses Therapeuten, sich ständig zu verspäten, ist im Team schon sprichwörtlich und hat schon zu viel Verärgerung geführt. Der Patient wirkt in den Gesprächen zunehmend ärgerlich und angespannt und klagt über vermehrte körperliche Beschwerden. Der Therapeut greift den Ärger des Patienten therapeutisch in der Weise auf, dass er ihn als Ausdruck einer Vaterübertragung interpretiert.
Dieses Vorgehen ist insofern technisch nicht korrekt, als der Ärger des Patienten zwar durchaus mit der Aktualisierung früher entstandener Beziehungserfahrungen in Zusammenhang

stehen mag, ebenso mag aber auch das aktuelle Verhalten des Therapeuten, durch den sich der Patient nachlässig behandelt fühlt, die Verärgerung wachgerufen haben. Das Nicht-Einhalten der Setting- und Rahmenbedingungen durch den Therapeuten macht es unmöglich, den aktuell entstandenen, berechtigten Ärger von einer neurotisch-konflikthaft begründeten Ärgerneigung zu differenzieren, und beeinträchtigt damit die psychotherapeutischen Handlungsmöglichkeiten.

Wichtige in unserem Beispiel angesprochene Setting- und Rahmenbedingungen sind Zeit und Ort der therapeutischen Sitzungen. Eine Sitzung in der tiefenpsychologisch fundierten Psychotherapie im Einzelsetting dauert üblicherweise 50 Minuten, in der tiefenpsychologisch fundierten Gruppenbehandlung dauert sie 100 Minuten. Diese Zeiten sollten in der Regel genau eingehalten werden. Eine wiederholte Verkürzung der Sitzungen beispielsweise durch ein Zu-spät-Kommen kann vom Patienten als Ausdruck einer mangelnden Wertschätzung seitens des Therapeuten verstanden werden, eine vorzeitige Beendigung der Sitzung kann als Zeichen dafür aufgefasst werden, dass der Therapeut kein Interesse am Patienten hat oder durch ihn an das Ende seiner Kräfte gebracht wurde, eine wiederholte Verlängerung der Stunden kann beim Patienten die Illusion wecken, übliche zeitliche Begrenzungen gälten für den Therapeuten nicht, oder zu einer Befürchtung führen, sich von einer so erschreckenden oder bedrückenden Seite gezeigt zu haben, dass dem Therapeuten gar nichts anderes übrig blieb, als von einem üblichen Vorgehen abzuweichen. Die Zeit zwischen den Sitzungen sollte so bemessen sein, dass die Patienten die Möglichkeit haben, die Praxis zu verlassen, ohne zwangsläufig dem nächsten Patienten begegnen zu müssen. Manche Patienten können es als beschämend erleben, wenn sie z.B. nach einer sie heftig bewegenden Sitzung mit verweintem Gesicht einem „Nachfolger" begegnen, und auch auf diesen mag eine solche Begegnung irritierend oder beängstigend wirken.

Die einzelnen Therapiesitzungen sollten in einem festgelegten zeitlichen Abstand, beispielsweise wöchentlich, erfolgen. In der analytischen Therapie ist in der Regel eine höhere Sitzungshäufigkeit von mindestens zwei Sitzungen pro Woche erforderlich, um die für diese Behandlungsform notwendigen regressiven Prozesse zu ermöglichen. Für die Entwicklung einer therapeutischen Beziehung kann es äußerst hinderlich sein, wenn der Patient hinsichtlich der Terminfolge keine Konstanz erlebt.

Beispiel:

Eine an einer Borderline-Persönlichkeitsstörung leidende Patientin hatte sich nach ihrer Entlassung aus stationärer Behandlung an eine niedergelassene Therapeutin gewandt. Einige Wochen später kam sie mit einer gravierenden depressiven Dekompensation und Selbstverletzungsneigungen erneut zur Aufnahme. Sie berichtete, die Therapeutin, die sie aufgesucht hatte, habe ihr ohne Wartezeit Termine eingeräumt und sei auch einfühlsam und verständnisvoll gewesen. Die Termine hätten jedoch sehr unregelmäßig stattgefunden, so dass sie glaubte, für diese Therapeutin unwichtig zu sein, was zu der Verschlechterung ihres Zustands beitrug.

Eine regelmäßige Terminfolge ist u.a. auch deshalb wichtig, weil dies dem Patienten erlaubt, die Zeit abzuschätzen, die er benötigt, bis ein ihm bewilligtes Therapiekontingent ausgeschöpft ist. Eine solche zeitliche Überschaubarkeit erleichtert es dem Patienten, aktiv an der Erreichung von Therapiezielen mitzuwirken. Die meisten Therapeuten führen die Sitzungen in wöchentlichem Abstand durch; in den meisten Fällen dürfte sich eine solche Regelung auch bewähren. Gelegentlich mag es jedoch – vielleicht nur für einen begrenzten Zeitraum – nützlich sein, von solch einem Schema abzuweichen. Dabei führt eine Erhöhung der Stundenfrequenz (z.B. 2/Woche) in der Regel zu einer Intensivierung des Behandlungsprozesses, umgekehrt führt aber eine verringerte Stundenfrequenz nicht auch automatisch zu einer verringerten Behandlungsintensität. Wie Untersuchungen zum Umgang von Patienten mit der Zeit zwischen den Sitzungen zeigten, kann eine Verringerung der Stundenfrequenz in manchen Fällen das Therapieergebnis positiv beeinflussen, wenn in dem verlängerten Intervall zwischen den Behandlungsstunden eine intensive Auseinandersetzung mit den in den Stunden erarbeiteten Behandlungsergebnissen erfolgt.

Auch die Gestaltung des Behandlungsraums kann das therapeutische Geschehen prägen. Ein Therapeut hatte beispielsweise einen Behandlungsraum, wo die Patienten auf einem zusammengerollten Schaumstoffstück Platz nehmen konnten. In dem Raum gab es verschiedene Skulpturen und moderne, expressive Bilder sowie eine Reihe bunter Masken, die verzerrte Gesichter darstellten. Eine Therapeutin hatte einen Behandlungsraum im Dachgeschoss, der über und über mit grünen und blühenden Pflanzen bestückt war. Es ist sicherlich leicht nachzuvollziehen, dass die von diesen Therapeuten gewählte Ausstattung ihrer Behandlungsräume über die mit der jeweiligen Einrichtung verbundenen Konnotationen, die mit der Ausstattung eines Raums verbundene szenische Darstellung von Beziehungsmöglichkeiten (vgl. Jaeggi, 1989), einen Einfluss auf Form und Inhalte von Patientenäußerungen ausüben – jedenfalls gilt dies für Initialphasen von Behandlungen.

In der Psychotherapie geht es für den Patienten darum, sich auch mit seinen missliebigen oder gar verpönten Anteilen zu konfrontieren, daher ist es unbedingt empfehlenswert den Behandlungsraum so zu gestalten, dass Patienten sich dort hinreichend sicher und ungestört fühlen können. Dazu gehört beispielsweise auch, dafür zu sorgen, dass es nicht zu Störungen beispielsweise durch Telefonanrufe kommt, welche die Sitzungen unterbrechen oder auch nicht zu einer Störung beispielsweise durch einen laut vernehmlichen Computer auf dem Schreibtisch des Therapeuten. Natürlich sollten in diesem Zusammenhang Therapeuten auch darauf bestehen, dass Patienten ihre Handys während der Sitzungen nicht benutzen. Ebenso sollte der Sitzanordnung Aufmerksamkeit geschenkt werden. So wird es für Patienten eher schwierig, über Intimes zu sprechen, wenn sie dem Therapeuten so eng gegenübersitzen, dass es beispielsweise immer wieder zu einer unwillkürlichen Körperberührung kommen muss, andererseits kann eine räumliche Distanzierung – etwa durch einen wuchtigen Schreibtisch zwischen Patient und Therapeut – ebenfalls das Gespräch beeinträchtigen. Vielfach bewährt hat sich die Sitzanordnung, bei der sich Patient und Therapeut schräg gegenüber sitzen, da dies die Möglichkeit schafft, sich sowohl zwanglos anblicken zu können, als auch den direkten Blickkontakt zu vermeiden. Viele Therapeuten halten es weiterhin für zweckmäßig, Papiertaschentücher für Patienten bereitzuhalten, solange dies in einer unaufdringlichen Weise erfolgt.

Zur Gestaltung des Behandlungsraums gehört auch die Schallisolierung nach außen. Es ist für Patienten äußerst störend, wenn sie befürchten müssen, dass dritte Personen – unabhängig davon, ob es andere Mitarbeiter der Praxis, Hilfspersonal oder andere Patienten sind – die Gespräche mit verfolgen können.

Zur Frage des Settings und der Rahmenbedingungen gehört schließlich auch die Frage der Diskretion und Schweigepflicht des Therapeuten (vgl. §203 StGB). Therapeuten sollten es sich zur Regel machen – auch wenn es ihnen selbstverständlich erscheinen sollte – den Patienten gegenüber explizit darauf hinzuweisen, dass alles, was in der Therapie besprochen wird, der Schweigepflicht unterliegt.

Die tiefenpsychologisch fundierte Psychotherapie wird stets im Gegenübersitzen durchgeführt, dies wirkt einer zu raschen oder zu tiefen Regression des Patienten entgegen, die im Kontext der zeitbegrenzten, fokussierten Behandlung nicht erwünscht ist. Analytische Psychotherapie wird im Regelfall so durchgeführt, dass der Patient auf der Behandlungscouch liegt und der Behandler außerhalb seines unmittelbaren Sichtfelds sitzt. Die liegende Körperhaltung vermittelt vielen Patienten ein Gefühl der Entspannung, der fehlende direkte Sichtkontakt zum Therapeuten wird oft dadurch als befreiend erlebt, dass die unmittelbare und unwillkürliche Kontrolle: „Wie ist das jetzt angekommen?" im Gesicht des Behandlers entfällt.

3 Haltung

Tiefenpsychologisch fundierte und analytische Psychotherapie bestehen nicht allein aus der Anwendung bestimmter therapeutischer Interventionen, die therapeutische Technik soll vielmehr von einer diese Technik unterstützenden therapeutischen Haltung begleitet sein.

In überzeugender Weise sind Kernelemente der hier angezielten Haltung von Heigl-Evers, Heigl und Ott (Heigl-Evers und Ott 2002) mit den Begriffen „Präsenz", „Respekt" und „Akzeptanz" umschrieben worden. „Präsenz" meint in diesem Zusammenhang eine wache, aufmerksame, dem Patienten intentional zugewendete Haltung. Diese Präsenz ist nicht immer leicht aufrechtzuerhalten; besonders unter dem Einfluss von Gegenübertragungsproblemen kann es dazu kommen, dass Therapeuten ihrem Patienten keine konzentrierte Aufmerksamkeit mehr zuwenden können.

Beispiel:
Ein erfahrener Therapeut behandelte eine zwanghaft strukturierte, unter Depressionen und krampfartigen Schluckbeschwerden leidende Studentin der Volkswirtschaft. Als sich nach einer Besserung des Wohlbefindens in den ersten Stunden zunächst keine weitere Symptombesserung einstellte, forderte die Patientin zunehmend drängend in jeder Stunde erneut eine Erklärung des Therapeuten, wieso ihre Beschwerden noch nicht gebessert seien. Der Therapeut solle ihr jetzt endlich „das Richtige" sagen, damit sich die Schluckbeschwerden besserten. Da der Therapeut die augenscheinlich unzufriedene Patientin „bei der Stange" halten wollte, bemühte er sich, die von ihr eingeforderten Erklärungen zu geben, was diese jedoch ein ums andere Mal damit beantwortete, dass sie ihn unterbrach, um ihn sogleich wissen zu lassen, seine Erklärungen seien unbefriedigend. Noch bevor der Therapeut realisiert hatte, wie sehr er sich über die Patientin ärgerte, fiel ihm auf, dass er zunehmend desinteressiert an der Patientin war.

Die Haltung der „Präsenz" hat also viel mit einem stets aktiv, das heißt durch eine aktive Bemühung des Therapeuten wach gehaltenen, an den Entwicklungsmöglichkeiten des anderen orientierten und in diesem Sinne „neugierigen", präzis wahrnehmenden Interesse am Patienten zu tun.

Die Haltung des „Respekts" zielt auf das Ernstnehmen des Patienten auch in den Aspekten seiner Persönlichkeit, seines Empfindens und Verhaltens, die bei einer naiven Betrachtung als „eigentümlich", „absonderlich" oder „komisch" gelten könnten. Den Patienten ernst zu nehmen bedeutet anzuerkennen, dass unter seinen Bedingungen, mit den ihm zur Verfügung stehenden Möglichkeiten adaptivere Erlebens- und Verhaltensformen nicht realisierbar sind und dass Patienten in diesem Sinne das Beste aus ihren Möglichkeiten machen. In populärer Form ist dieser Zusammenhang in dem Film „Besser geht's nicht" mit Jack Nicholson dargestellt.

„Respekt" beinhaltet ebenfalls die Transparenz der Arbeitsweise dem Patienten gegenüber. Das schließt auch ein, dem Patienten seine Fragen nach der eingesetzten therapeutischen Technik und nach dem Zweck einzelner therapeutischer Techniken und Vorgehensweisen zu beantworten. Zusätzlich sollte vor Beginn einer tiefenpsychologisch fundierten oder analytischen Therapie eine umfassende Aufklärung des Patienten erfolgen, die Fragen des Settings (Dauer der Sitzungen, Notwendigkeit der regelmäßigen Teilnahme) und der therapeutischen Arbeitsweise (Erläuterung der therapeutischen Grundregel, Hinweis auf das mögliche Entstehen von bewusstem Widerstreben und unbewussten Widerständen) einschließt. Einer zeitgemäßen tiefenpsychologisch fundierten oder analytischen therapeutischen Technik entspricht es nach meiner Auffassung nicht, wenn Therapeuten ihre Patienten – möglicherweise in einer falsch verstandenen Haltung von Abstinenz – über die von ihnen gewählten Vorgehensweisen im Unklaren lassen. Nur zu oft resultiert daraus ein Verhalten von Therapeuten, das Cremerius in polemischer Wendung als das von „schafsgesichtigen Blechaffen" brandmarkte.

„Akzeptanz" zielt darauf, Patienten auch in ihren pathologischen oder sozial abweichenden Erlebens- und Verhaltensweisen anzunehmen. „Annahme" bedeutet dabei nicht, auf jegliche moralische Bewertung beispielsweise von persönlichkeitsgestörtem oder delinquentem Verhalten zu verzichten. Vielmehr geht es darum anzuerkennen, dass seelische Gestörtheit – und das gilt besonders für die schwereren Formen – in der Regel Folge von Traumata oder anderen gravierenden schädigenden Einflüssen ist. Für diese Patienten gilt in manchen Fällen durchaus, dass sie „unschuldig schuldig geworden" sind, und in der Tragik, die ihr Leben bestimmt, müssen sie sich als angenommen erleben, um zu Veränderungsschritten fähig zu werden. „Annahme" heißt in diesen Fällen u.U. auch, eine Haltung einzunehmen, die am besten mit dem ein wenig altmodisch klingenden, gleichwohl aber treffenden Begriff des „Erbarmens" gekennzeichnet werden kann.

Beispiel:

Ein 24-jähriger Verpackungsarbeiter hatte sich mit einem depressiv-ängstlichen Symptombild in teilstationäre Psychotherapie begeben, nachdem sich seine homosexuellen Neigungen, die er im Stricher-Milieu befriedigte, zunehmend auf Minderjährige auszudehnen begann. Diese als strafbar zu beurteilenden Neigungen, wozu auch das Sammeln einer größeren Menge homosexueller kinderpornografischer Darstellungen gehörte, wurden allerdings erst im Behandlungsverlauf deutlich. Da es dem Behandlungsteam gelang, von einer vorschnellen moralischen Verurteilung abzusehen, konnte in der weiteren Therapie deutlich werden, wie schwer traumatisiert dieser über lange Zeit bei Pflegeeltern aufgewachsene und dort auch homosexuell missbrauchte Patient war. Dies ermöglichte ihm, sich Schritt um Schritt mit seinen in den Kontakten mit Strichern befriedigten sadistischen Impulsen zu konfrontieren, die kinderpornografischen Materialien zu vernichten und sich für eine spezialisierte weiterführende Behandlung zu entscheiden.

4 Interpersonelle Orientierung

Durch ihre wesentlich interpersonelle Orientierung unterscheidet sich die tiefenpsychologische von der analytischen Behandlungstechnik. In der analytischen Behandlungstechnik richtet sich die Aufmerksamkeit des Behandlers auf die tiefenhermeneutisch zu erschließenden unbewussten Bedeutungen von Symptomen, Übertragungsinszenierungen, Fehlleistungen, Träumen oder anderen Abkömmlingen des seelischen Unbewussten. Das Ziel der analytischen Therapie ist, unter Nutzung regressiver Prozesse eine Veränderung struktureller relevanter Persönlichkeitsanteile zu erreichen. Demgegenüber ist das tiefenpsychologisch orientierte Psychotherapieverfahren so definiert, dass es hierbei um die Bearbeitung neurotischer Konflikthaftigkeit in ihren jeweils aktuell wirksamen Anteilen geht, ohne dass der Anspruch einer strukturellen Veränderung erhoben wird. Ganz unabhängig davon, ob man neurosenpsychologisch einer eher traditionell triebpsychologischen, einer objektbeziehungstheoretischen, einer im Sinne der Sullivan'schen Tradition interpersonell akzentuierten oder einer selbstpsychologischen Auffassung zuneigt: In jedem Fall ist innerhalb des tiefenpsychologischen Vorgehens psychische Störung sowohl in ihrer Entstehung als auch in den aufrechterhaltenden Bedingungen nicht unabhängig von den Beziehungen eines Individuums, d.h. seinen interpersonellen Beziehungen denkbar. Daher ist es nur zweckmäßig, auch das therapeutische Vorgehen eng an die Bearbei-

tung der interpersonellen Konstellationen zu knüpfen, in denen die spezifische neurotische Konfliktdynamik zur Darstellung kommt. Das setzt beim Therapeuten eine Fähigkeit voraus, auch aus den Äußerungen von Patienten, die anscheinend lediglich Fakten berichten, den interpersonellen Gehalt „herauszudestillieren".

Beispiel:

Ein Psychotherapeut, der schon mit anderen Verfahren Erfahrung hatte und nun mit der tiefenpsychologisch fundierten Methode zu arbeiten begann, behandelte einen kurz vor seiner Pensionierung stehenden Polizisten mit multiplen somatoformen Beschwerden. Der kinderlose Patient verbrachte seine Wochenenden meist ohne seine Ehefrau auf einem Campingplatz. Der Patient hatte einige Zeit nach Beginn der Therapie mit seiner Frau gemeinsam einen Urlaub angetreten, in dessen Verlauf es zu vermehrten Beschwerden mit Kopfschmerzen und Schwindel gekommen war. In der auf den Urlaub folgenden Sitzung erzählte er detailliert von dem Aufenthalt auf einer Ostseeinsel, dabei beschrieb er enthusiastisch die kleine Eisenbahn auf der Insel, schilderte, in welche Himmelsrichtung die Fenster des leider zu engen und zu niedrigen Hotelzimmers wiesen, aber erwähnte seine Frau nahezu mit keinem Wort. Der Therapeut zeigte sich interessiert und regte den Patienten durch Nachfragen dazu an, weitere Einzelheiten seines Urlaubsaufenthalts – z.B. von den Sehenswürdigkeiten am Urlaubsort – zu berichten. Erst in der Supervision wurde dem Therapeuten deutlich, dass der Patient durch das Vermeiden, über seine Frau zu sprechen, und durch seine Klage über das zu enge und zu niedrige Hotelzimmer indirekt seine ehelichen Beziehungsschwierigkeiten und im Besonderen seine Ängste vor der Intimität mit seiner Frau angesprochen hatte, die seinen Symptomen zugrunde lagen.

Hier wäre es technisch besser gewesen, wenn der Therapeut, statt sich weitere Details vom Urlaubsort berichten zu lassen, die fehlende Erwähnung seiner Frau thematisiert hätte, dabei hätte auch die Klage des Patienten über das zu enge Zimmer als Hinweis auf interpersonelle Schwierigkeiten genutzt werden können. So hätte der Therapeut sagen können: „Sie erzählen so interessant und detailliert von den Sehenswürdigkeiten der Insel und erwähnen dabei kaum, dass Sie ja die Zeit – drei Wochen – mit Ihrer Frau verbracht haben; es klingt fast so, als wäre sie nicht dabei gewesen. Was Sie aber berichten, ist, dass Ihnen das Zimmer im Hotel zu klein war, und wenn ich beides zusammennehme, frage ich mich, ob es vielleicht für Sie auch schwierig war, im Urlaub jetzt längere Zeit eng mit Ihrer Frau zusammen zu sein. Ob Sie mir davon erzählen mögen, wie es Ihnen im Urlaub mit Ihrer Frau gegangen ist?" Mit solch einer auf interpersonelle Beziehungen und interpersonelle Schwierigkeiten gerichteten Intervention kann der Therapeut das konkrete Beziehungsgeschehen, in dem sich der neurotische Konflikt darstellt, fokussieren. Dabei ist es günstig, sowohl das interpersonelle Verhalten des Patienten als auch des jeweiligen interpersonellen Gegenübers in ihren aktiven und reaktiven Anteilen sowie die damit in Beziehung stehenden interpersonellen Wünsche und Befürchtungen des Patienten detailliert zu betrachten. In dem angeführten Beispiel wäre es also günstig gewesen, im weiteren Verlauf sich nicht nur die Verhaltens- und Erlebensweisen des Patienten seiner Frau gegenüber, sondern auch deren Umgang damit schildern zu lassen. Ferner hätte es wahrscheinlich zu einer Intensivierung des therapeutischen Prozesses geführt, wenn der Therapeut den Patienten angeregt hätte, seine Wünsche, Ängste und Befürchtungen zu explorieren, die ihn zu diesem Verhalten seiner Frau gegenüber veranlassten. Wenn man die interpersonelle Betrachtungsweise innerhalb des tiefenpsychologisch fundierten Ansatzes systematisieren will, so kann dies m.E. besonders schlüssig mit der Formulierung eines zyklisch maladaptiven Beziehungsmusters ("Cyclic Maladaptive Pattern", CMP; Strupp und Binder, 1984; Tress et al., 1996, 2003) erfolgen.

Eine besonders wichtige Implikation der hier vertretenen interpersonellen Orientierung ist, dass die therapeutische Arbeit stets **"von der Oberfläche her"** erfolgt, anders, als es die Bezeichnung "tiefenpsychologisch fundiert" vielleicht zunächst nahe legen könnte. Das gilt im Grundsatz auch für die analytische Therapie (vgl. Levy und Inderbitzin, 1990; Paniagua, 1991). Mit dem Ansetzen an der Oberfläche ist gemeint, dass die Arbeit stets an den bewussten oder vorbewussten Inhalten – und hier eben besonders an den aktuellen und früheren Beziehungserfahrungen – beginnen sollte. Dabei darf sie allerdings nicht stehen bleiben, im weiteren Verlauf muss es darum gehen, das Gemeinsame der verschiedenen Beziehungsepisoden zu identifizieren, um es auf lebensgeschichtlich bedeutsame Konflikte und Erfahrungen zurückzubeziehen.

5 Gleichschwebende Aufmerksamkeit und freie Assoziation

Durch den Grundsatz der interpersonellen Orientierung wird das aus der psychoanalytischen Therapie übernommene Prinzip der gleichschwebenden Aufmerksamkeit in seiner Bedeutung für die tiefenpsychologisch fundierte Therapie eingeschränkt. Gleichschwebende Aufmerksamkeit meint im ursprünglichen Sinn, dass der Therapeut bei den Themen, die bearbeitet werden, keine eigenen Präferenzen setzen und sich offen halten sollte für alles, was ein Patient in die Behandlung einbringen mag (Spence, 1984; König, 1996).

Das zur gleichschwebenden Aufmerksamkeit komplementäre Prinzip auf der Seite des Patienten ist das der freien Assoziation (Treurniet, 1992). Diese ebenfalls der psychoanalytischen Therapie entstammende, oft auch als "therapeutische Grundregel" bezeichnete Vorgehensweise beinhaltet die Aufforderung an den Patienten, sich so freimütig wie irgend möglich über alles zu äußern, was ihn innerlich bewegt, auch dann, wenn es zunächst "nicht dazugehörig" erscheint, wenn es ihm unangenehm oder peinlich ist.

Im tiefenpsychologisch fundierten Verfahren geht es nun, im Unterschied zur analytischen Psychotherapie und wie auch von den Psychotherapierichtlinien gefordert, darum, den therapeutischen Prozess zu konzentrieren und zu fokussieren. Das lässt sich aber nur erreichen, wenn der Therapeut seine Aufmerksamkeit selektiv auf bestimmte Aspekte der Äußerungen des

Patienten richtet und auch den Patienten immer wieder zur Ausrichtung auf den Behandlungsfokus veranlasst.

Dennoch haben gleichschwebende Aufmerksamkeit und freie Assoziation in modifizierter Form ebenfalls in der tiefenpsychologisch fundierten Therapie einen Platz. Dem Grundsatz der gleichschwebenden Aufmerksamkeit entspricht es in der tiefenpsychologisch fundierten Behandlung, den Patienten zunächst das Thema der Stunde bestimmen zu lassen, wobei der Therapeut aber aufmerksam darauf achten sollte, ob der Patient mit seiner Themenwahl die im Sinne der Therapie wichtigen Inhalte möglicherweise vermeidet. Genauso aufmerksam sollte der Therapeut verfolgen, ob sich im Laufe der Therapie eine unausgesprochene Norm hinsichtlich der Inhalte der ganzen Stunde oder des Stundenbeginns "einschleicht": Häufig beginnen Patienten beispielsweise Stunden wiederholt mit dem Bericht über Geschehnisse der vorangegangenen Woche, so als erhofften sie sich allein davon schon eine Verbesserung ihres Befindens.
Unter der Voraussetzung, dass Patienten über die therapeutische Arbeitsweise hinlänglich aufgeklärt wurden, kann ein solches Muster als ein Abweichen von der therapeutischen Grundregel angesehen werden und steht dann meist im Dienste eines Widerstands, also einer unbewusst motivierten Vermeidung, sich mit Inhalten oder Affekten auseinander zu setzen, die als ich-dyston oder in anderer Weise als aversiv antizipiert werden.

Beispiel:
Ein 46-jähriger Opernchorsänger suchte psychotherapeutische Behandlung wegen depressiver Verstimmungen und eines inzwischen chronifizierten Tinnitus, den er sich vor einigen Monaten – so seine Darstellung – durch einen lauten Knall zugezogen hatte, als während Probenarbeiten in seiner Nähe ein Teil der Bühnenaufbauten zusammenbrach. Noch vor Beginn der Therapie hatte er ein Verfahren mit dem Ziel der Gewährung einer Berufsunfähigkeitsrente eingeleitet, da er wegen des Ohrgeräuschs nicht mehr singen könne. In der Anfangsphase füllte der Patient die Stunden immer wieder mit Berichten über seine Aktivitäten der vorangegangenen Woche: mal war dies ein erfolgreich abgeschlossener Rechtsstreit mit einem Grundstücksnachbarn, mal ein Jagdausflug mit einem befreundeten Zahnarzt. Die Versuche der Therapeutin, den Tinnitus und seine ihn aufrechterhaltenden Bedingungen zu fokussieren, wurden vom Patienten immer wieder und konsequent übergangen. Erst durch eine gewisse Beharrlichkeit der Therapeutin gelang es mit der Zeit herauszuarbeiten, dass der Patient – wie auch viele seiner Kollegen – nach einem Wechsel der künstlerischen Leitung unter erheblichen zusätzlichen Arbeitsdruck geraten war. Dagegen hatte er sich erfolglos mit gewerkschaftlichen Mitteln zur Wehr zu setzen versucht. In dieser Auseinandersetzung unterlegen zu sein bedeutete für den Patienten eine schwer wiegende Kränkung. Diese hatte in ihm einen auf Vergeltung gerichteten und mit Wiedergutmachungsansprüchen verbundenen Impuls geweckt, der wesentlich zur Chronifizierung der Tinnitus-Symptomatik beigetragen hatte.

Störungen der gleichschwebenden Aufmerksamkeit können nicht nur wie bereits erwähnt in einer generell verminderten Aufmerksamkeit, also einer verminderten Präsenz bestehen,

3

sondern sie können auch als theoretische Voreingenommenheit oder als unangemessen starres Festhalten an einem einmal gewählten Behandlungskonzept in Erscheinung treten, was besonders leicht dann geschieht, wenn der Behandlung ein starr manualisiertes Vorgehen zugrunde gelegt wird.

6 Abstinenz und Neutralität

Von vielen werden die Abstinenz und Neutralität des Therapeuten als die differentia specifica von analytisch begründeten gegenüber anderen Formen der Psychotherapie bezeichnet. Der Grundsatz der Abstinenz bedeutet, dass der Therapeut darauf verzichtet, eigene – insbesondere triebhafte – Bedürfnisse in der Beziehung zu Patienten zu befriedigen. Dabei geht es keineswegs nur um die intim-sexuelle Beziehung zwischen Therapeuten und (ehemaligen) Patienten, sondern dies schließt andere, auch versteckte, Formen der Befriedigung mit ein.

Es ist hier sicher zweckmäßig, sich klar zu machen, dass die psychotherapeutische Beziehung im Hinblick auf die einzuhaltende Abstinenz dem Therapeuten eine Menge abverlangt: Die psychotherapeutische Beziehung ist in hohem Maße asymmetrisch, was dem Therapeuten im Vergleich zum Patienten ein großes Maß von Macht in der Beziehung einräumt. Der Patient hat an den Therapeuten die Erwartung, dass dieser ihm in einer ihn entscheidend beeinträchtigenden Lebenskrise oder bei der Bewältigung einer ihm unverständlichen Symptomatik hilft. Das wiederum bedeutet, dass der Patient dem Therapeuten in dieser Hinsicht eine überlegene Kompetenz zuschreiben muss, dass er eine Bereitschaft entwickelt zu vertrauen, ohne dass er in der Lage wäre zu prüfen, ob sein Vertrauen gerechtfertigt ist. Für viele Patienten ist es auch das erste Mal, dass sie mit der Arbeit des Psychotherapeuten in Kontakt kommen, so dass ihnen aus ihrer mangelnden Erfahrung auch die Beurteilung der Qualität des Therapeuten erschwert wird, was wiederum dazu beiträgt, sie in eine vom Therapeuten abhängige Position zu bringen. Hinzu kommt, dass besonders die schwerer gestörten oder traumatisierten Patienten in der Regel auf Beziehungserfahrungen zurückblicken, die in vielfältiger Weise schädlich für sie waren, so dass es nur zu verständlich ist, wenn sich alles Hoffen auf bessere, wohler gesonnene Beziehungen auf den Therapeuten richtet. Gemessen an ihren pathologischen Beziehungserfahrungen kann diesen Patienten der weitgehend normale, von Freundlichkeit, Höflichkeit und Respekt bestimmte Umgang des Therapeuten mit ihnen als das Ziel aller Wünsche erscheinen, das es mit aller Kraft festzuhalten gilt.

Die Abstinenzforderung erstreckt sich nicht nur auf die Aspekte intim-sexueller Befriedigung, sondern auch auf die Befriedigung aggressiver, narzisstischer, auf orale Versorgung zielender, nach wirtschaftlichen Vorteilen oder nach Macht und Einfluss strebender Bedürfnisse.

Beispiel:
Ein Therapeut behandelte einen 38-jährigen Betriebsleiter einer größeren Logistikfirma, der über heftige Kopfschmerzen klagte und eine zunehmende Entfremdung in der Beziehung zu seiner Ehefrau und dem einzigen Kind, einem 2-jährigen Sohn, berichtete. Der Patient hatte sich, aus einfachem Milieu stammend, über eine sehr gute handwerkliche Ausbildung in der Industrie mit sehr viel Fleiß und einer guten Portion Rücksichtslosigkeit stets weiterqualifiziert, bis er schließlich seine gegenwärtige Position mit Verantwortung für mehrere hundert Mitarbeiter übernommen hatte. Über seine vielfältigen und reichhaltigen sozialen Beziehungen war er „Ehrensteiger" eines in der Nähe befindlichen Bergbaubetriebs geworden. Während der Therapie hatte die Vorliebe des Patienten für den Umgang mit technischem Gerät immer wieder eine Rolle gespielt, und der Patient hatte gespürt, dass sich auch der Therapeut dafür interessierte. Zum Abschluss der erfolgreichen Therapie machte der Patient dem Therapeuten das Angebot, ihn einmal in das Bergwerk mitzunehmen, in dem er Ehrensteiger war, was er – obwohl dies eigentlich nicht erlaubt sei – durch seine Kontakte dort leicht würde ermöglichen können. Der Therapeut, dem dies Angebot sehr reizvoll erschien, lehnte es aber dennoch ab mit der Begründung, dass er sich über das Angebot als Zeichen der Wertschätzung, die sie beide füreinander empfänden, freue, es ihm gleichwohl mit seiner Rolle als Therapeut nicht vereinbar erscheine, das Angebot anzunehmen.

Aus meiner Sicht hat sich der Therapeut hier im Sinne des Abstinenzgebotes korrekt verhalten. Das Angebot des Patienten anzunehmen hätte bedeutet, sich mit ihm auf eine – in den Folgen wahrscheinlich nicht gravierende, gleichwohl aber unerlaubte – kleine Kumpanei einzulassen, bei der es um die Befriedigung eigener neugieriger Impulse des Therapeuten gegangen wäre, der es manchmal bedauerte, das Leben „nur aus zweiter Hand" kennen zu lernen.

Manchmal kann es Therapeuten schwer fallen, eigene therapeutische Intentionen von einer möglichen Verletzung des Abstinenzgebots zu differenzieren.

Beispiel:
Eine kurz vor der eigenen Heirat stehende Therapeutin behandelte einen allein stehenden, stattlich aussehenden kaufmännischen Angestellten mit einer Angstsymptomatik und ausgeprägten sexuellen Hemmungen. Die therapeutische Beziehung entwickelte sich sehr positiv, und der Patient konnte sich zunehmend mit der Enge und interpersonellen Vernachlässigung konfrontieren, die er in seiner Kindheit erfahren hatte. Zum Abschluss einer Behandlungsstunde fragte der Patient seine Therapeutin, ob er sie in den Arm nehmen dürfe, was diese ihm gestattete. In der Folgezeit wurden die Behandlungsstunden regelmäßig mit einer gegenseitigen Umarmung beendet.

In der Supervision, in der sie über die Behandlung berichtete, meinte die Therapeutin zunächst, bei den Umarmungen des Patienten handele es sich durchaus um eine therapeutische Intervention, da sie so dem Patienten spürbar machen könne, dass sie – anders als die Beziehungspersonen in der Vergangenheit des Patienten – wirklich an ihm und seinen Bedürfnissen interessiert sei. Erst im weiteren Verlauf der Supervision wurde ihr deutlich, dass ihr Verhalten auch von eigenen Bindungsäng-

3

sten maßgeblich bestimmt war, die durch die bevorstehende Heirat eine Aktualisierung erfahren hatten.

Auch mögliche wirtschaftliche Vorteile oder der Gewinn von sozialem Einfluss können Therapeuten verführen, das Abstinenzgebot zu vernachlässigen.

Beispiel:

Ein niedergelassener Psychoanalytiker behandelte mit tiefenpsychologisch fundierter Psychotherapie den Juniorchef eines großen Autohauses, der unter gravierender Selbstunsicherheit litt, verbunden mit einer gering ausgeprägten Zwangssymptomatik. Diese Symptomatik drohte die vom Vater des Patienten angestrebte Übergabe des Geschäfts an den Sohn zu gefährden. Nach erfolgreichem Abschluss der Behandlung wurde dem Analytiker vom Vater des Patienten ein Luxusautomobil einer bayerischen Nobelmarke zu besonders günstigen Konditionen angeboten, dieses Angebot wurde von dem Analytiker angenommen.

Beispiel:

Bei einer in eigener Praxis niedergelassenen Psychologin, die in der Berufspolitik recht aktiv ist, stellt sich eine Patientin mit depressiver Symptomatik und Arbeitsstörungen im Sinne eines Burn-out-Syndroms vor. Obwohl die Therapeutin aufgrund ihrer vielfältigen Verpflichtungen eigentlich keinen Therapieplatz zur Verfügung stellen kann, entschließt sie sich, ihr eine Therapie anzubieten, nachdem sie im Erstgespräch erfahren hat, dass die Patientin als wissenschaftliche Mitarbeiterin einer der die Regierung tragenden Landtagsfraktionen u.a. für gesundheitspolitische Fragestellungen zuständig ist.

In beiden Fällen führt die Verletzung des Abstinenzgebots dazu, dass die Therapeuten nicht mehr frei sind, die Interessen des Patienten zu wahren. Das gilt auch im ersten hier angeführten Beispiel, obwohl man anführen könnte, dass das Angebot des vergünstigten Automobils ja erst nach dem Abschluss der Therapie gemacht und angenommen wurde. Eine solche Argumentation ist aber nicht stichhaltig, denn für den dauerhaften Erfolg einer Therapie ist es u.U. entscheidend, dass ein Patient über den Abschluss der Therapie hinaus sicher sein kann, dass der Therapeut auf seiner Seite stand und in therapeutisch angemessener Weise seine Interessen wahrgenommen hat. Im angeführten Beispiel ist es aber ohne weiteres denkbar, dass der Patient im Nachhinein der Eindruck gewinnen musste, der Therapeut habe in Wirklichkeit die Interessen seiner Eltern ihm gegenüber wahrgenommen, und er wird möglicherweise Ergebnisse der therapeutischen Arbeit entwerten müssen, um z.B. seine Autonomie dem Vater gegenüber zu wahren. Im zweiten Beispiel könnte die Verquickung von eigenen Interessen der Therapeutin und ihrem therapeutischen Auftrag dazu führen, dass sie nicht in der Lage ist, ihre Patientin bei einer Entscheidung zu unterstützen, welche die Aufgabe ihrer bisherigen Tätigkeit bedeuten würde.

Das technische Prinzip der Neutralität (Franklin, 1990) findet in der tiefenpsychologisch fundierten Therapie in einer gegenüber der psychoanalytischen Therapie abgewandelten Form Anwendung. In seiner ursprünglichen, vor dem Hintergrund des psychoanalytischen Strukturmodells formulierten Fassung

besagt es, dass der Therapeut gegenüber den Instanzen des „Ich", des „Es" und des „Über-Ich" eine gleiche Distanz einnehmen soll. Damit ist gemeint, dass der Therapeut nicht einseitig auf Anpassung an vorgegebene Realitäten, auf die Gewinnung von Möglichkeiten zur Befriedigung von Wünschen und triebhaften Bedürfnissen oder auf eine reifere Norm- oder Wertorientierung hinarbeiten soll. Das gilt im Grundsatz zwar auch für die tiefenpsychologisch fundierte Therapie; die Konzentration der Behandlung auf die Bewältigung eines momentan wirksamen neurotischen Konflikts wird allerdings in vielen Fällen mit einer Akzentverschiebung in Richtung auf verbesserte Problemlösekompetenzen, auf verbesserte Wahrnehmung interpersonell schwieriger Konstellationen oder auf die verbesserte Wahrnehmung von und den kompetenteren Umgang mit eigenen Affekten verbunden sein. Insgesamt richtet sich also im tiefenpsychologisch fundierten Verfahren das Augenmerk des Therapeuten hinsichtlich der drei Instanzen des psychoanalytischen Strukturmodells spürbar mehr auf das „Ich", während der Arbeit an triebhaften Bedürfnissen und Wünschen ein geringerer Stellenwert zukommt, als dies oftmals in der analytischen Psychotherapie der Fall ist. Die damit verbundene Gefahr besteht darin, dass das therapeutische Verfahren auf ein psychoedukatives Unternehmen reduziert wird.

Beispiel:

Eine Therapeutin behandelte eine 59-jährige Rechtsanwaltsgehilfin, deren vier Jahre älterer Mann, Rechtsanwalt in eigener Kanzlei, an einer metastasierenden Krebserkrankung litt, die Schwere der Erkrankung aber verleugnete. Die Patientin war depressiv geworden, nachdem ihr mitgeteilt worden war, dass ihr Ehemann nur noch kurze Zeit zu leben haben würde. Wenige Wochen nach Aufnahme der Behandlung verstarb der Ehemann der Patientin, die nun unter hohem Zeitdruck den Verkauf der Kanzlei abwickeln musste. In den ersten Wochen nach diesem Ereignis waren die therapeutischen Sitzungen wesentlich davon bestimmt, die Patientin bei den notwendigen Bewältigungsschritten zu unterstützen, etwa bei dem Finden eines Käufers für die Kanzlei oder dem Umgang mit dem Wunsch ihres Mannes nach einer anonymen Urnenbestattung. Dabei war der Therapeutin aufgefallen, dass die Patientin nach dem Tod ihres Mannes deutlich weniger depressiv wirkte, und obwohl sie davon sprach, sehr zu trauern, war ihr dies nicht anzumerken. Während in dieser Therapiephase konkrete Problembewältigung und das Finden von Lösungen für die aktuell drängenden Schwierigkeiten im Mittelpunkt standen, wobei ihr die Therapeutin einige Male auch konkrete Ratschläge an die Hand gab, kehrte die Therapeutin zu einem späteren Zeitpunkt dahin zurück, mit der Patientin zu bearbeiten, dass der Tod ihres dominanten und eigenbrötlerischen Mannes für sie auch eine Entlastung bedeutet hatte und der Veräußerungsgewinn der Kanzlei für sie eine lang ersehnte Freiheit bedeutete.

Hier hat die Therapeutin zeitlich begrenzt das Prinzip der Neutralität verlassen, um in einer für die Patientin extremen Lebenssituation vor allem unterstützend im Sinne von Lösungsorientierung und Problembewältigung tätig zu sein. Sobald es ihr möglich erschien, ist sie jedoch zu einer stärker neutralen Haltung zurückgekehrt, die dann auch latente Erlebensanteile der Patientin der Bearbeitung zugänglich machten.

7 Zuhören, Einfühlung, Containing

In der tiefenpsychologischen und analytischen Behandlungstechnik kommt der Einfühlung und dem Zuhören eine besondere Wichtigkeit zu. Besonders für den Anfänger kann es dabei schwierig sein, das geeignete Maß von eigener Gesprächsaktivität und Raum gebendem Schweigen zu finden, das den Therapieprozess fördert. Wenn der tiefenpsychologisch fundiert oder analytisch arbeitende Therapeut schweigt, so setzt er damit in alltäglichen Gesprächen üblicherweise geltende Regeln und Strukturen außer Kraft. An die Stelle der in der Alltagskommunikation geltenden Regeln tritt die therapeutische Grundregel mit der Aufforderung an den Patienten, so freimütig wie möglich über alles zu sprechen, was den Patienten beschäftigt. Diese vom Alltäglichen abweichende Strukturierung – man spricht hier auch vom Prinzip der „Minimalstrukturierung" – setzt rasch regressive Prozesse in Gang. Da es zur tiefenpsychologisch fundierten Arbeitsweise gehört, regressive Prozesse zu begrenzen, ist ein zu langes Schweigen bei diesem Verfahren technisch nicht korrekt.

Beispiel:

Eine Therapeutin hat auf einer Psychotherapiestation die Leitung einer tiefenpsychologisch arbeitenden Gruppe übernommen. Da sie bislang wenig Erfahrung mit der Methode hat, lässt sie das Schweigen der Gruppenteilnehmer zu Beginn der Gruppe sehr lang – über 15 Minuten – bestehen. In der Gruppe wird zunächst eine stärkere körperliche Unruhe bei mehreren Patienten spürbar, bis ein Patient das Schweigen bricht und eine essgestörte Patientin heftig schimpfend und wütend attackiert, weil diese nur an sich selbst denke und ständig den Mitpatienten ihre Vorräte wegesse. Die angesprochene Patientin beginnt erst heftig zu weinen und verlässt dann äußerst erregt den Behandlungsraum, gefolgt von einer Mitpatientin, die sagt, dass sie sich um sie kümmern wolle.

Hier wird deutlich, wie prolongiertes Schweigen regressive Prozesse – in diesem Fall mit heftiger aggressiver Tönung – in Gang setzt, die dazu führen können, dass das Behandlungssetting insgesamt als so beängstigend erlebt wird, dass man sich ihm nur physisch entziehen kann. Die Therapeutin hätte, als sie merkte, dass das Schweigen von der Gruppe nicht beendet werden konnte, von sich aus das Schweigen unterbrechen sollen, beispielsweise indem sie fragt, wie die Gruppe oder Einzelne in der Gruppe das Schweigen erleben (vgl. König, 1986).

Das Zuhören (Schlesinger, 1994) soll also nicht in einer passiven Weise erfolgen, sondern stets mit dem Ziel, einen selbstexplorativen Kommunikationsprozess zu initiieren. Dazu bedarf es mehr als einer bloß abwartenden Haltung oder eines gelegentlichen Übermittelns von Hörersignalen („hm", „aha"). Stattdessen sollte das im Gespräch sich fortentwickelnde Verständnis des Therapeuten zeitnah dem Patienten rückgekoppelt werden.

Beispiel:

Ein Therapeut behandelt eine 52-jährige Ärztin, die zum wiederholten Male an einer schweren Depression erkrankt ist. Besonders wird sie durch den Gedanken bedrückt, vor Jahren durch einen vermeidbaren Behandlungsfehler den Tod einer Mutter von zwei Kindern möglicherweise entscheidend mit-

verursacht zu haben. Dazu war es gekommen, als sie sich in einer kritischen Situation aus dem Gefühl, für alles allein verantwortlich sein zu müssen, keine kollegiale Hilfe holte. In einer Sitzung berichtete sie davon, dass sie als Kind, aus jämmerlichen Verhältnissen stammend, für die Mutter, eine selbstvergessene Trinkerin, „anschreiben" gehen musste, um für sich und ihre Geschwister das Nötigste zum Leben zu besorgen. Der Therapeut stellt sich vor, dass dies für das junge Mädchen, das die Patientin damals war, beschämend gewesen könnte und teilt ihr dies mit den Worten mit: „Mich beschäftigen zwei Dinge, wenn ich Ihnen zuhöre: das eine ist, dass Sie sich damals vielleicht dafür schämten, wenn Sie anschreiben lassen mussten, und das andere ist, dass Sie damals bereits viel Verantwortung übernommen hatten, dafür zu sorgen, dass wenigstens das Nötigste vorhanden war. Wie denken Sie darüber?"

Das Zuhören ist hier ein aktiver Prozess, bei dem der Therapeut die Mitteilungen des Patienten einfühlend zu verstehen sucht und ihm das Verstandene rückmeldet, um so erstens dem Patienten zu vermitteln, dass auch augenscheinlich unverständliches Erleben oder unzusammenhängende Erfahrungen in einen sinnvollen Zusammenhang zu bringen sind, aus dem gegenwärtige Symptome, Denkweisen und Gefühle verständlich werden. Zweitens dient dieses aktive Zuhören des Therapeuten dem Patienten als ein Beispiel dafür, wie er mit sich selbst umgehen kann, um selbstexplorativ ein vertieftes Verständnis der eigenen Person zu gewinnen.

Das aktive Zuhören des Therapeuten ist einer der Wege, auf welchem dem Therapeuten die Einfühlung in den Patienten gelingt. Einfühlung beschreibt hier einen komplexen affektiven und kognitiven Vorgang, der es dem Therapeuten erlaubt, zu einem begründeten Schluss darüber zu gelangen, wie ein Patient in der konkreten Situation denken, empfinden oder wahrnehmen mag und wie sich daraus dessen Handeln und Äußerungen ergeben (Schwaber, 1995). Insoweit steht Einfühlung im Gegensatz zur „Intuition", die es Therapeuten auch erlaubt, zu Mutmaßungen über das Denken, Wahrnehmen und Empfinden ihrer Patienten zu gelangen, die sich aber nicht begründen und über die sich nicht reflektierend nachdenken lässt – in dem Moment, in dem ein Therapeut über die sich ihm aufdrängenden Intuitionen nachzudenken beginnt, geht ja das charakteristische intuitive Moment verloren, und die Intuition kann dann zum Ausgangspunkt für einen reflektierten Vorgang der Einfühlung werden.

Einfühlung speist sich aus drei Quellen: aus der Lebenserfahrung, die dem Therapeuten zugänglich ist, seiner im diagnostischen und therapeutischen Prozess gewonnenen Kenntnis des Patienten und seinem theoretischen Wissen. Die Kenntnis des Patienten bezieht sich dabei nicht nur auf die ihn kennzeichnenden interpersonellen Beziehungsmuster oder Abwehrmechanismen, sondern sie sollte auch eine hinreichend detaillierte Kenntnis der Lebenswelt und der sozialen Realität des Patienten umfassen.

Beispiel:

Bei einer Therapeutin stellt sich eine 38-jährige türkische Patientin vor, die sich außer Stande sieht, ihre Hausarbeit zu

3

erledigen. Sie liegt die meiste Zeit des Tages auf der Wohnzimmercouch, fühlt sich niedergedrückt und wertlos, während ihre halbwüchsigen Kinder den Haushalt versorgen. Sie berichtet davon, dass sie von ihrer Halbschwester, die mit der Mutter paktierte, um das ihr von der Seite ihres leiblichen Vaters zustehende Erbe – Grundstücke und ein großes Mehrfamilienhaus in der Türkei – gebracht worden sei. Dazu war es gekommen, nachdem sie der Schwester Vollmacht gegeben hatte, Vertragsverhandlungen in ihrem Namen zu führen, was diese ausgenutzt hatte, um die Eigentumsrechte der Patientin in ihren Besitz zu bringen. Die Vertrautheit der Therapeutin mit der Lebenswelt türkischer Migranten erlaubte es ihr, die Handlungsweise der Patientin nicht nur als Leichtfertigkeit oder Ausdruck einer neurotisch eingeschränkten Antizipationsfähigkeit hinsichtlich der möglichen Handlungen ihrer Halbschwester zu verstehen. Vor dem Hintergrund des ihr vertrauten Stellenwerts der Familie und der Verbundenheit mit der Familie bei vielen türkischen Migranten konnte sie auch einfühlend verstehen, dass diese Patientin tatsächlich in gutem Glauben gehandelt hatte und dass die Handlung von Mutter und Halbschwester für sie einem partiellen „Selbstverlust" gleichkam, was entscheidend zur Entstehung der Depression beitrug.

Die Lebenserfahrung erlaubt es dem Therapeuten, durch innere Bezugnahme auf eigene Lebenspraxis (Lorenzer, 1983) und eigenes emotionales Erleben zunächst sozusagen „sich selbst" an die Stelle des Patienten zu versetzen, so dass er die neurotisch-konflikthaft verursachten Lücken im Erleben des Patienten mit eigenen Erfahrungen schließen kann. Es handelt sich somit im ersten Schritt darum, dass der Therapeut, um ihn einfühlend zu verstehen, dem Patienten ein bestimmtes Erleben unterstellt. An diese Unterstellung muss sich dann im zweiten Schritt ein Prozess anschließen, in dessen Verlauf die Differenz zwischen dem unterstellten Erleben und dem, was der Selbstbeobachtung des Patienten zugänglich ist, erarbeitet wird. Keinesfalls darf also der Therapeut sein eigenes Erleben zur allein gültigen Messlatte machen, die an den Patienten angelegt wird; es geht vielmehr darum, die dem Therapeuten zugängliche Lebenserfahrung als Ausgangspunkt zu nutzen, von dem aus sich die kritische Differenz zum Erleben des Patienten erarbeiten lässt.

Die Lebenserfahrung, von der wir hier sprechen, muss dabei nicht notwendigerweise vom Therapeuten persönlich erworben worden sein. Lebenserfahrungen im hier angesprochenen Sinn können sich einem Therapeuten auch durch Erfahrungen mit anderen Patienten und – ebenso wichtig oder wichtiger – auf kulturellem Wege, durch Literatur, Theater oder Kino vermitteln.

Beispiel:
Eine 32-jährige Ärztin suchte etwa ein dreiviertel Jahr nach der Geburt ihres ersten Kindes psychotherapeutische Behandlung. Sie berichtete, unter schweren, ihr unerklärlichen, Ängsten zu leiden, die es ihr gegenwärtig unmöglich machten, das Haus zu verlassen. Die Therapeutin, die selbst drei Kinder hatte, erinnerte sich daran, dass sie die erste Zeit mit ihren Kindern als schwierig und belastend erlebt hatte, und bat die Patientin, ihr zu schildern, wie sie in der Beziehung zu ihrem Kind zurechtkomme. Die Patientin schilderte daraufhin, ihr Kind

schreie regelmäßig nachts stundenlang und ließe sich dann kaum beruhigen. Wenn sie nachts dann übermüdet sei, habe sie immer wieder den ihr völlig unverständlichen Impuls, ihr Kind zu schlagen oder durch das Zimmer zu werfen. Die Therapeutin erinnerte sich, wie es ihr gegangen war, als ihre Kinder klein waren und es ihr nicht gelang, die Kinder zu beruhigen. Dies ermöglichte es ihr, sich in die verzweifelte Hilflosigkeit der Patientin einzufühlen, die zu heftigen aggressiven Impulsen führte, deren drohender Durchbruch ihrerseits die Angstsymptomatik nach sich gezogen hatte.

Als dritte Quelle für die Einfühlung des Therapeuten kann sein theoretisches Wissen gelten. Die psychoanalytische Theorie beschreibt – namentlich in ihren entwicklungspsychologischen Konzepten – zwischenmenschliche Konstellationen und so genannte Modellszenen (Lachmann und Lichtenberg, 1992), die regelhaft mit häufigen oder typischen Konflikten, Objektbeziehungskonstellationen und Affekten verbunden sind. Dazu gehören beispielsweise das Konzept des Ödipuskomplexes, des Übergangsobjekts, der Phasen der psychosexuellen Entwicklung, des seine Eltern als Selbstobjekte behandelnden oder sie idealisierenden Kindes oder das Konzept des Kindes in der Wiederannäherungskrise.

Beispiel:
Eine 29-jährige Patientin befand sich wegen einer chronischen, schweren Depression in stationärer Psychotherapie. Sie schilderte, dass sie so bedrückt sei und sich selbst so wertlos fühle, weil sie „keinen Zugang" zu anderen Menschen kriege. Trotz eines sehr intensiven und aufwändigen Bemühens sowohl der Patientin als auch des Therapeuten gelang es nicht, die Vorstellung der Patientin, „keinen Zugang" zu anderen Menschen zu bekommen, mit inneren Bildern, Erinnerungen oder Vorstellungen zu verknüpfen. In immer neuen Worten beschrieb die Patientin ein „Blockiertsein", ein Gefühl großer Verzweiflung, einen den ganzen Körper betreffenden Schmerz und ein Gefühl des „Zugeschnürtseins", so als ob sie weinen müsste, wenn sie es nur könnte. In der Therapie zeichnete sich ein gewisser Stillstand ab, der vom Therapeuten als Ausdruck eines Widerstands aufgefasst wurde, auf den er aber zunehmend ärgerlich reagierte. Um zu einer positiveren therapeutischen Haltung zurückzufinden, nahm er theoretische Konzepte zur Hilfe, welche die umfassende und globale Qualität von affektivem Erleben in der vorsprachlichen Zeit thematisieren. Er überlegte sich, dass es bei dem Erleben, das die Patientin schilderte, um ein Residuum einer Erfahrung aus eben dieser Zeit, also möglicherweise aus den ersten zwei Lebensjahren, gehen könnte. So könnte das Gefühl, „keinen Zugang" zu anderen Menschen zu bekommen, Ausdruck einer früh erworbenen Bindungsstörung sein, deren affektives Korrelat das die ganze Existenz der Patientin bestimmende, gleichzeitig aber namenlos und unfassbar erscheinende Empfinden war. Nachdem er mit ihr über die Möglichkeit gesprochen hatte, dass ihr Erleben ein „Rest" einer frühestkindlichen Erfahrung sein könnte, berichtete die Patientin davon, ihr sei erzählt worden, wie sie als Kind im zweiten Lebensjahr öfters von der Mutter über eine Zeit von einigen Stunden in ihrem Gitterbett allein zu Hause gelassen worden sei, während diese die älteren Brüder vom weit entfernten und nur mit öffentlichen Verkehrsmitteln erreichbaren Kindergarten abholte. In diesem

3

Zusammenhang fiel ihr auch ein Bild ein, das sie in der Kunsttherapie gemalt hatte, auf dem sie sich selbst hinter Gittern dargestellt hatte. Dieses Bild, das ihre Unmöglichkeit, Zugang zu anderen Menschen zu bekommen, darstellen sollte, erschien ihr jetzt als Erinnerung an das Gitterbett ihrer Kindheit.

Als „Containing" wird im Zusammenhang der analytischen und der tiefenpsychologisch fundierten Psychotherapie die Fähigkeit des Therapeuten bezeichnet, auf intensive, positive, vor allem aber auch hochgradig aversive Beziehungserfahrungen nicht unmittelbar zu reagieren, sondern sie stattdessen gewissermaßen „in sich zu bewahren", um sie in einer verarbeiteten, reflektierten Form später dem Patienten beispielsweise in Form einer hinweisenden oder interpretierenden Intervention zur Verfügung zu stellen. Containing und Interpretation sowie andere Formen der verbalen Intervention stehen mithin in engstem Zusammenhang. Die Fähigkeit des Therapeuten zum Containing spielt beispielsweise im Umgang mit Patienten eine Rolle, die in stärkerem Maße zum Agieren ihrer Konflikte und Beziehungsschwierigkeiten neigen, Patienten also, die ihre Schwierigkeiten im psychosozialen Feld handelnd zur Darstellung bringen und die nicht in der Lage sind, diese zu verbalisieren. Hier kann der Therapeut zum „Behälter" der Emotionen und Phantasien des Patienten werden, was dem Patienten vermittelt, dass er auch mit seinen heftigen Affekten oder Impulsen vom Behandler angenommen ist und sich sicher fühlen kann. Eine Voraussetzung für die Fähigkeit zum Containing ist sicherlich neben einem hohen Maß an Affekt- und Frustrationstoleranz eine hinreichende Angstfreiheit des Therapeuten. Aus meiner Sicht ist das Konzept des Containing aber auch mit Nachteilen behaftet: So geht es davon aus, es könne Patienten gelingen, auf dem Weg der projektiven Identifizierung etwas „in" den Therapeuten hineinzulegen – was dieser dann in sich bewahren könne –, ohne dass dieser Vorgang gleichzeitig wesentlich durch die Persönlichkeit oder durch Gegenübertragungswiderstände des Therapeuten beeinflusst sei. Eine solche Auffassung, die den Therapeuten auf die Funktion eines passiven Empfängers projektiv-identifikatorischer Vorgänge reduziert, erscheint mir der interaktionellen und interpersonellen Orientierung des tiefenpsychologischen Vorgehens nicht angemessen (Hartkamp und Esch, 1993). Auch im Kontext der analytischen Therapie lässt sich eine Sicht, die von dem interaktionellen Anteil des Therapeuten zum therapeutischen Geschehen absieht, nicht mehr aufrechterhalten (König, 1982; Bettighofer, 1994).

8 Szenisches Verstehen, Übertragung, Identifizierung, Gegenübertragung

Eine spezifische Form des einfühlenden Verstehens ist das „szenische Verstehen". Hierbei geht es darum, dass sich im therapeutischen Gespräch, manchmal unabhängig vom besprochenen Inhalt, manchmal durch die besprochenen Inhalte, in der aktuellen Patient-Therapeut-Interaktion eine Szene herstellt, die zu entschlüsseln und zu verstehen sich der Therapeut bemühen kann. Unter „Szene" wird dabei die Gesamtheit der Aspekte verstanden, welche die Patient-Therapeut-Interaktion ausmachen.

Beispiel:

Ein Therapeut behandelte eine zur Zeit der Behandlungsaufnahme 74-jährige frühere Rechtsanwältin, welche die Behandlung wegen seit einiger Zeit bestehenden depressiven Verstimmungen und Angstzuständen aufsuchte. Diese Angstzustände hinderten sie, so wie sie es gewohnt gewesen sei, mit dem eigenen großen Wagen ins Stadtzentrum zu fahren, um dort auf dem Prachtboulevard zu flanieren oder ein Café aufzusuchen. Mit ihrem einige Jahre älteren Ehemann plane sie gegenwärtig eine Urlaubsreise nach Südamerika, und sie spüre, dass sie dieser Reise mit mehr Beunruhigung und Ängstlichkeit gegenüberstehe, als sie dies von sich gewohnt sei. In ihrem Haus seien jetzt einige Arbeiten im Keller auszuführen, und sie spüre, dass sie die anstehenden Auseinandersetzungen mit den Handwerkern nicht in der Weise führen könne, wie sie es für notwendig halte. Fernerhin sei sie sehr besorgt wegen einer ihrer Enkelinnen, einem 16-jährigen Mädchen, das an einer Zwangsneurose erkrankt sei, und abends, statt einzuschlafen, grübele sie über die Frage nach, ob sie sich nicht in die Behandlung der Enkelin einschalten solle, die sich zur Zeit in einer stationären Psychotherapie befinde. In einer Stunde hatte sie über die Schwunglosigkeit ihres Mannes geklagt und darüber, dass er immer schlechter Auto fahre – er habe jüngst erst das Auto an einer Seite beschädigt, weil er in einer Baustelle den Abstand zu den Begrenzungsbalken nicht richtig eingeschätzt habe; in der gleichen Stunde sprach sie darüber, wie sehr ihr die bisherigen Therapiestunden schon geholfen hätten, vor allem habe sie das Gefühl gehabt, der Therapeut habe ihr in den bisherigen Stunden immer etwas „mitgegeben" und ihr einen „Anstoß" gegeben. Zur nächsten Stunde kam sie mit frisch gefärbten Haaren, gekleidet in eine schwarze Lederhose, ein Lederblouson und Pumps. Im Gespräch betonte sie, sie sei ja in der bisherigen Therapie schon sehr viel weitergekommen, habe aber das Gefühl, einen entscheidenden Punkt – von dem sie aber nicht sagen könne, was das sei – noch nicht angesprochen zu haben. Dem Therapeuten stellte sich szenisch dar, dass die sonst eher damenhaft-elegant gekleidete Patientin sich als betont jugendlich zeigte, und dies schien damit im Zusammenhang zu stehen, dass sich ihr Zustand augenscheinlich verbessert hatte. Dabei hatte augenscheinlich das Sprechen mit dem etwa dreißig Jahre jüngeren Therapeuten eine besondere vitalisierende Wirkung auf die Patientin ausgeübt. Der Therapeut entnahm dieser Szene, dass es für die Patientin möglicherweise eine Schwierigkeit sei, eine für sie annehmbare Vorstellung von sich selbst als alternder Frau zu finden. Mit einer als „leitende Frage" formulierten Intervention regte er die Patientin an, sich mit dem Thema zu beschäftigen, wie sie sich selbst als alternde Frau vorstellen könne. Mit Überraschung stellte die Patientin dann bei ihren weiteren Überlegungen fest, dass sie sich zwar einerseits nur in der Rolle der stets tätigen und energischen „Managerin" der Familie vorstellen konnte, dass sie andererseits aber auch den Wunsch hatte, von ihren Töchtern und Schwiegersöhnen mehr als bisher unterstützt zu werden.

Ein Mittel, dessen sich Therapeuten oftmals intuitiv bedienen, um zu szenischem Verstehen zu gelangen, ist die „Identifizierung". Identifizierung ist aber auch ein wichtiger Mechanismus, der zur Herausbildung von psychopathologischen oder psychosomatischen Symptomen führt. In diesen Fällen ist es die therapeutische Aufgabe, Identifizierungen zu erkennen und dem Patienten verstehbar zu machen, um so Veränderungen zu ermöglichen. In einem allgemeinen Sinn bezeichnet der Begriff der Identifizierung die Aneignung von Merkmalen oder Funktionen eines Gegenübers durch das Subjekt. Aus der Sicht des Therapeuten ist dabei die Unterscheidung zwischen „komplementären" und „konkordanten" Identifizierungen wichtig. In der komplementären Identifizierung identifiziert sich der Therapeut mit dem interaktionellen Gegenüber des Patienten, dem Objekt und kann in sich selbst Impulse und Affektzustände erleben, wie sie für das Gegenüber des Patienten charakteristisch sind. In der konkordanten Identifizierung identifiziert sich der Therapeut mit dem Erleben des Patienten und kann so im eigenen Innern Erlebensmomente des Patienten nachvollziehen.

Beispiel:

Eine Therapeutin behandelt eine 28-jährige Modedesignerin, die über eine Neigung zum Streit in ihrer Partnerbeziehung klagt sowie über Schwindelgefühle und häufig wiederkehrende Unterbauchbeschwerden. Über ihre Beziehung zu ihrem Freund berichtet sie, dass dieser zu wenig mit ihr rede, und besonders wenn es zu Auseinandersetzungen komme, habe er die Angewohnheit, wortlos das Zimmer zu verlassen und sich an seinen PC zurückzuziehen. In einer Supervisionssitzung berichtet die Kollegin von der Behandlung, wobei sie viele Einzelheiten aus den Sitzungen mit der Patientin erzählt, ohne dass dabei der Bezug zum Behandlungsfokus deutlich wird. Als sie im Anschluss daran einen Tonbandausschnitt aus einem der Gespräche vorstellt, wird deutlich, dass sie immer wieder Möglichkeiten verpasst, durch eine Intervention eine Fokussierung des Behandlungsgeschehens vorzunehmen. Augenscheinlich hat sich die Therapeutin, ohne sich darüber klar zu werden, komplementär identifiziert, das heißt, sie hat in ihrem Erleben und Verhalten die gleiche Distanziertheit und Teilnahmslosigkeit gezeigt, wie die Patientin sie von ihrem Lebensgefährten erfuhr.

Hinsichtlich der pathogenetisch wirksam werdenden Identifikationen auf Seiten des Patienten ist es nützlich, zwischen Identifikationen zu unterscheiden, die vornehmlich auf seinen Umgang mit sich selbst zielen, die seine an andere gerichteten Befürchtungen und Erwartungen bestimmen und die sein manifestes Verhalten anderen Menschen gegenüber prägen (Tress et al., 2003). Im ersteren Fall geht es darum, dass ein Mensch sich selbst im Wesentlichen so behandelt, wie er selbst von seinen primären Bezugspersonen in seiner Genese behandelt wurde, hier sprechen wir auch von „introjektivem" Verhalten. Im zweiten Fall geht es um den Umstand, dass das eigene Erleben hinsichtlich der Erwartungen an andere und hinsichtlich der Befürchtungen, die anderen entgegengebracht werden, so ausfällt, als seien die frühen Beziehungspersonen noch leibhaftig anwesend und könnten in der Gegenwart die Beziehungen des Patienten maßgeblich beeinflussen. Um zu kennzeichnen, dass die frühen Beziehungspersonen hier innerlich in ihrem pathogenen Einfluss quasi lebendig gehalten werden, sprechen wir von „Internalisierung". Im dritten Fall handelt es sich darum, dass der Patient in seinem manifesten Verhalten und Erleben Züge seiner frühen Beziehungspersonen übernommen hat, selbst

wenn es sich dabei um Verhaltensweisen handelt, unter denen er selbst früher zu leiden hatte. Dieser Zusammenhang kann auch in einem spezifischeren Sinne als interpersonelle „Identifikation" bezeichnet werden.

Beispiel:

Zur psychotherapeutischen Diagnostik kommt eine 33-jährige Exportkauffrau, die über eine bulimische Symptomatik berichtet sowie über eine Neigung, sich selbst an den Armen und am Oberkörper Verletzungen zuzufügen. Bei der Anamneseerhebung berichtet sie, dass ihre vom Vater geschiedene Mutter in der Kinderzeit der Patientin über viele Jahre hin psychotisch erkrankt gewesen sei, ohne dass sie angemessen behandelt wurde. Sie habe in dieser Zeit häufig große Angst vor ihrer Mutter gehabt, die sie als Satan beschimpfte und sie häufig schwer schlug, so dass sie Verletzungen an den Armen, im Gesicht und am Oberkörper davontrug. Das selbstschädigende Verhalten der Patientin kann hier als Folge einer Identifikation mit den als boshaft erlebten, gegen sie gerichteten psychotischen Anteilen der Mutter verstanden werden.

Beispiel:

Eine 48-jährige städtische Angestellte ist Tochter einer sehr energischen Mutter, die selbst Tochter eines Wehrmachtsoffiziers war, die nie einen Hehl aus ihrer Begeisterung für den BDM gemacht hatte und die noch bis ins Alter von mehr als 70 Jahren als Tennistrainerin und Judosportlerin aktiv war. In der Therapie ist die Patientin selbst sehr engagiert und aktiv, oft beginnt sie die Stunde mit einem Resümee ihrer Gedanken und Überlegungen seit der vorausgegangenen Sitzung. Es lässt sich nach einiger Zeit verdeutlichen, dass dieses Verhalten mit der Erwartung im Zusammenhang steht, seitens ihres Therapeuten werde genauso Leistung von ihr gefordert, wie sie dies von ihrer eigenen Mutter her gewohnt war. Die Verinnerlichung der Leistungsanforderungen ihrer Mutter lässt die Patientin die therapeutische Situation so erleben, als ob die Mutter geradezu leibhaftig anwesend wäre.

Beispiel:

Eine 22-jährige Studentin wird von einer neurologischen Krankenhausabteilung wegen eines funktionellen Rückenschmerzsyndroms einer psychosomatischen Ambulanz zugewiesen. Dort tritt sie hochmütig und arrogant auf, gibt an, sich wegen ihrer Rückenschmerzen nicht hinsetzen zu können; es mache ihr aber nichts, während des diagnostischen Erstgesprächs stehen zu bleiben, sie habe auch nichts dagegen, wenn der Therapeut sich setze. Die Rückenschmerzen seien während ihres Ferienjobs plötzlich aufgetreten, wo sie als persönliche Referentin das Seniorchefs eines größeren Bauunternehmens tätig sei. Zu ihrer Biografie berichtete sie dann, sie sei eines von mehreren Kindern aus einer nichtehelichen Beziehung ihres Vaters, eines recht bedeutenden Metallwarenfabrikanten, der mit der Mutter und den Geschwistern der Patientin sowie der Ehefrau und deren Kindern über viele Jahre in einem gemeinsamen Haushalt gelebt hatte. Der Hochmut und die Arroganz der Patientin sind hier auf eine Identifizierung mit den entsprechenden Verhaltensaspekten des Vaters zurückzuführen.

3

Ohne Zweifel gehören **Übertragung** und **Gegenübertragung** zu den essenziellen behandlungstechnischen Konzepten der analytischen und tiefenpsychologisch fundierten Psychotherapie. Entsprechend ihrer zentralen Stellung sind sie auch Gegenstand höchst umfänglicher und auch kontroverser Diskussionen gewesen, so dass es hier sicherlich nicht möglich ist, diese Konzepte und die sich daraus ergebenden behandlungstechnischen Implikationen annähernd vollständig zu referieren. In einem sehr breit gefassten Sinn verweist der Begriff der „Übertragung" zunächst auf den trivialen Umstand, dass Menschen dazu neigen, sich in Wahrnehmung, Erleben und Handeln von Gewohntem leiten zu lassen. Anders ausgedrückt könnte man sagen, dass sie neue Erfahrungen nach Möglichkeit an vorhandene Schemata assimilieren und in ihren Handlungen dazu neigen, bereits vorhandene Handlungsschemata zu reproduzieren. In einem spezifischeren Sinne kennzeichnet der Begriff der Übertragung den Umstand, dass jede Patient-Therapeut-Interaktion durch unbewusste Objektbeziehungen des Patienten mitgeformt wird und dass diese auch immer in der spezifischen Gestaltung der Patient-Therapeut-Interaktion mit zur Darstellung kommen. Dabei erscheint mir der Hinweis wichtig, dass es sich bei der Übertragung keineswegs um eine reine, quasi verzerrungsfreie Wiedergabe früherer Beziehungserfahrungen handelt. Die Übertragung ist, nicht zuletzt weil sie ein Resultat der gegenwärtigen Interaktion von Patient und Therapeut ist, ebenso sehr eine Neuschöpfung im Hier und Jetzt der therapeutischen Situation wie die Wiederholung der Vergangenheit. In diesem Sinne kann man die Übertragung des Patienten auch als einen nicht verbal und nicht explizit vorgetragenen Kommentar des Patienten zu dem von ihm subtil beobachteten Verhalten des Therapeuten auffassen.

Das tiefenpsychologisch fundierte Verfahren ist, wie wir weiter unten noch ausführlicher diskutieren werden, durch die Notwendigkeit der Regressionsbegrenzung gekennzeichnet. Hier besteht ein wesentlicher Unterschied zur psychoanalytischen Therapie. Mit der Begrenzung der Regression ist verbunden, dass der Therapeut in der tiefenpsychologisch fundierten Psychotherapie sich nicht darum bemüht, die Entwicklung einer „Übertragungsneurose" zu fördern. Ein solches Vorgehen wäre in der zeitbegrenzten tiefenpsychologisch fundierten Psychotherapie auch deswegen fehlerhaft, weil es die Ablösung des Patienten vom Therapeuten am Ende der therapeutischen Zusammenarbeit unnötig erschweren würde. Dennoch entsteht auch in der tiefenpsychologisch fundierten Psychotherapie immer wieder die Notwendigkeit, sich gezielt mit Übertragungen und ihren Konsequenzen für den therapeutischen Prozess auseinander zu setzen. Bevor dies gelingen kann, stellt sich natürlich die Frage, woran sich Übertragungsphänomene erkennen lassen. In einer klassischen Auffassung sind es von zwei Kriterien, welche Übertragung von Nicht-Übertragung unterscheiden:

1. Die Unangemessenheit der Verhaltensweise oder, wie man auch sagen könnte, die in dem fraglichen Verhalten deutlich werdende Verzerrung der Realität und
2. eine erkennbare Wiederholung von vergangenen Beziehungserfahrungen in der Gegenwart.

Es ist nicht zu übersehen, dass gerade das erste Kriterium von fraglicher Validität ist, denn die Beurteilung, ob es sich bei einem

gegebenen Verhalten oder Erleben um eine Verzerrung der Realität handelt oder nicht, könnte ja nur gelingen, wenn der Beurteiler eine sichere Kenntnis davon hätte, was als realitätsangemessen anzusehen sei. Damit aber würde der Beurteiler, konkret also der Therapeut, eine Definitionsmacht für sich beanspruchen, über die er realistischerweise gar nicht verfügen kann, da er selbst ja auch mit seiner ganzen Subjektivität, das heißt aber auch mit seinem eigenen Unbewussten Teil des therapeutischen Prozesses ist.

Beispiel:

Ein in psychoanalytischer Ausbildung befindlicher Therapeut behandelte in tagesklinischer Psychotherapie eine 24-jährige Studentin mit schweren Arbeitsstörungen und sozialphobischen Symptomen. Nach einigen Wochen der Behandlung äußerte die Patientin den Wunsch nach einem Wechsel des Einzeltherapeuten. In der nächsten Teamsitzung schilderte der Therapeut, der Wunsch der Patientin sei als Ausdruck einer negativen Übertragung und eines Widerstands zu verstehen, weswegen dem Wunsch der Patientin nicht nachgegeben werden solle. In einer sich anschließenden Supervisionssitzung stellte der Therapeut eine Tonbandaufnahme seines Gesprächs mit dieser Patientin vor, wo sich dann zeigte, dass der Therapeut sich über weite Strecken im Gespräch schweigsam verhielt und unresponsiv zeigte, so dass die Klage der Patientin über die Schwierigkeit in der Zusammenarbeit mit dem Therapeuten nicht länger als unangemessen erscheinen konnte. Zumindest war nicht auszuschließen, dass, insoweit Übertragung eine Rolle spielte, diese wesentlich durch das Therapeutenverhalten mit initiiert war.

In der tiefenpsychologischen Therapie einerseits und der analytischen Therapie andererseits hat die Arbeit mit der Übertragung eine deutlich unterschiedliche Wichtigkeit. Die tiefenpsychologisch fundierte Psychotherapie richtet sich auf einen umschriebenen, aktuell wirksamen neurotischen Konflikt, und obgleich ebenso wie in der analytischen Psychotherapie ein analytischer Prozess angestrebt wird, bleibt dieser doch immer auf umschriebene Aspekte der neurotischen Konflikthaftigkeit zentriert. Daraus folgt auch ein anderer Umgang mit der Übertragung, der sich wohl am besten dadurch charakterisieren lässt, dass in der analytischen Psychotherapie in der Regel die Etablierung einer Übertragungsneurose (Blum, 1971; Reed, 1990) angestrebt wird, während in der tiefenpsychologischen Therapie Übertragungsmanifestationen nur dann genutzt werden, wenn ihre Nutzung den therapeutischen Prozess zu fördern verspricht.

Für beide Vorgehensweisen gilt: Übertragungen können eine förderliche Wirkung auf den therapeutischen Prozess haben, indem sie es ermöglichen, bestimmte pathogene Beziehungserfahrungen in ihrer Wirkung in der Gegenwart deutlicher wahrzunehmen und zu verstehen.

Beispiel:

Eine Patientin mit einer schweren Angstneurose klagte nach längerem Behandlungsverlauf darüber, dass ihr Therapeut sie nicht wirklich verstehe. Über ihre eigentlichen Ängste, darüber, mit wie viel Schwierigkeiten für sie die Bewältigung ihres Alltags verbunden sei, könne sie mit ihm nicht reden. Er sei nur an ihren Erfolgen interessiert und lasse sich immer wieder von den anscheinend erreichten therapeutischen Fortschritten blenden. Außer sich vor Wut schrie sie den Therapeuten an: „So lasse ich mit mir nicht mehr umgehen! Das kann man mit mir nicht machen!" Bei der weiteren Untersuchung der Situation stellte sich heraus, dass die Patientin in einer spezifischen Weise fürchtete, ihr Therapeut werde sich über sie lustig machen und sie verachten, wenn er ihre Schwächen wahrnehme. Im weiteren Verlauf des Gesprächs erinnerte sie sich daran, wie sie als junges Mädchen immer wieder bei Verwandtenbesuchen von ihren mehrere Jahre älteren Cousins unter den Augen ihres Vaters gehänselt und aufgezogen wurde. Damals habe sie auch das hilflose Gefühl gehabt: „So darf man mit mir doch nicht umgehen!", aber der Vater habe der ganzen Szene nur süffisant grinsend zugesehen.

Die Arbeit an der Übertragung ist jedoch nicht nur ein Weg, Erfahrung und Erkenntnis zu gewinnen, Arbeit an der Übertragung kann auch aus sich heraus wesentlich zur therapeutischen Wirkung beitragen. Aus empirischer Sicht hat besonders die Forschergruppe um Sampson und Weiss (Sampson und Weiss , 1986; Sampson, 1990, 1991, 1992) herausgearbeitet, wie jede Übertragung auch den Aspekt eines „Tests" beinhaltet, dem der Therapeut durch den Patienten unterzogen wird. Bei diesem Test geht es um die – unbewusste – Frage, ob sich in der jeweiligen konkreten Situation der Therapeut wohl genauso schädigend (eigensüchtig, unempathisch, gedankenlos, kritisierend, verachtend etc.) verhalten wird, wie es den inneren Bildern des Patienten zufolge seine primären Bezugspersonen waren. Die Erwartung, dass dies so geschehen werde, nicht zu bestätigen ist sicherlich ein primärer therapeutischer Wirkfaktor, sowohl in der analytischen als auch in der tiefenpsychologisch fundierten Psychotherapie.

Oft treten Übertragungen jedoch auch als Hemmnisse und Hindernisse des therapeutischen Prozesses in Erscheinung; die Übertragung kann dann zum Widerstand in der Behandlung werden. Ein Übertragungswiderstand kann sich richten gegen das Involviertwerden in die Übertragung, gegen das Bewusstwerden der Übertragung und gegen die Auflösung der Übertragung.

Beispiel:
Eine zu Behandlungsbeginn präpsychotische, von Sozialhilfe lebende, sexuell missbrauchte uneheliche Tochter einer anscheinend hochgradig selbstsüchtigen und verächtlichen Mutter befindet sich seit mehreren Jahren in niederfrequenter ambulanter tiefenpsychologisch fundierter Psychotherapie. Vieles im Leben der Patientin hat sich erstaunlich gebessert, sie hat eine geisteswissenschaftliche Promotion abgeschlossen, ein viel beachtetes Buch geschrieben und wichtige erste Schritte zu einer Karriere in der Medienbranche gemeistert. In ihrer Beziehungsfähigkeit ist sie jedoch weiterhin deutlich eingeschränkt, ihre sozialen Beziehungen sind ausschließlich auf ihre berufliche Tätigkeit beziehungsweise deren engstes Umfeld beschränkt. Nachdem sie nun plant, nach vielen Jahren aus ihrem 1-1/2-Zimmer-Apartment in eine größere Wohnung zu ziehen, sagt sie am Ende einer Behandlungsstunde zu ihrem Therapeuten: „Aber wir werden uns doch niemals trennen, wir sind doch schon so lange ein gutes Paar!" In dieser Äußerung zeigt sich ihr Widerstand gegen die Auflösung der positiv getönten Übertragung auf den Therapeuten.

In der typischerweise zeitbegrenzten tiefenpsychologisch fundierten Psychotherapie ist der Widerstand gegen das Bewusstwerden der Übertragung die häufigste Form, in der sich Übertragung als Behandlungshindernis bemerkbar macht. Dieser Widerstand zeigt sich beispielsweise darin, dass Patienten nicht bereit sind anzuerkennen, dass ihrem Erleben und Verhalten möglicherweise eine Übertragung zugrunde liegt. Stattdessen halten sie an der Auffassung fest, ihr Verhalten und Erleben sei realitätsangemessen und adäquat. In diesen Fällen besteht die einzige Handlungsmöglichkeit des Therapeuten darin, beharrlich auf die reflektierende Auseinandersetzung mit den fraglichen Verhaltens- und Erlebensweisen zu dringen. Gegebenenfalls muss dies mit einen Hinweis darauf verbunden werden, dass eine dauerhafte Verletzung der Rahmenbedingungen der Therapie, auch dann wenn diese aus Übertragungen resultieren, eine Fortführung der Behandlung gefährden können.

Beispiel:
Ein Therapeut behandelt einen Patienten in den frühen Vierzigern, dessen Beschwerde in der Furcht besteht, in einer Vielzahl von sozialen Situationen zu erröten. Der Patient ist in einem kaufmännischen Beruf ausgebildet, jedoch schon lange Zeit arbeitslos. Er lebt weitgehend isoliert in einem kleinen Apartment, seine wesentliche Freizeitbeschäftigung besteht im Konsum von Comicgeschichten, vorzugsweise denen von „Clever & Smart" und regelmäßigen Besuchen der Sonnenbank. Sein Äußeres ist nicht nur durch den dunkelbraunen Teint und die schulterlangen grau melierten Haare auffällig, sondern auch dadurch, dass er selbst in der kalten Jahreszeit meist mit einer leichten Jacke und einem bis auf die behaarte Brust aufgeknöpftem Hawaii-Hemd bekleidet ist. Nachdem der Therapeut versucht hat, den Patienten mit seinem auffällig erscheinenden Verhalten zu konfrontieren, kommt der Patient in den folgenden Stunden regelmäßig etwa eine Viertelstunde zu spät und lässt einmal sogar eine Sitzung ganz ausfallen, ohne sie zuvor abzusagen. Der Therapeut wertet dies als Ausdruck einer negativen Übertragung, in der er für den Patienten zu einem verfolgenden, möglicherweise auch kastrierenden Objekt geworden ist. Die Versuche, diese Übertragungskonstellation mit den Patienten zu bearbeiten, bleiben allerdings fruchtlos. Immer wieder werden seitens des Patienten „gute Gründe" angeführt, um seine Unzuverlässigkeit zu entschuldigen. Nachdem es weiterhin zu ständigen Verspätungen und sich wiederholenden Stundenausfällen kommt, entschließt der Therapeut sich, die Behandlung dieses Patienten zu beenden.

Eine besondere Erwähnung verdient das Phänomen der Übertragungsliebe. Als „Übertragungsliebe" wird die manchmal heftige Verliebtheit bezeichnet, die Therapeutinnen oder Therapeuten insbesondere seitens jener Patienten oder Patientinnen begegnet, die in der Behandlung nicht so sehr Verstehen oder Einsicht suchen, sondern nach Wunschbefriedigung streben. In seiner höchst lesenswerten Abhandlung zu diesem Thema, die, wie es viele Autoren tun, von der Sichtweise ausgeht, dass sich stets die Patient*in* in den Therapeut*en* verliebt, spricht Freud

(1915e) davon, dass auch im Falle einer Liebesübertragung der Behandler selbstverständlich seine Haltung der Neutralität und Abstinenz beibehalten müsse, da jedes Eingehen auf eine solche Verliebtheit notwendig zum Scheitern verdammt sei, da ja die neurotischen Verzerrungen, welche die Patientin in Behandlung brachten, fortbestehen und sich somit unweigerlich auch in der Liebesbeziehung zum Arzt manifestieren müssten. Bei einer bestimmten Gruppe von Patientinnen werde aber der Versuch, die analytische Arbeit trotz der Liebesübertragung fortzusetzen, scheitern, es seien dies „Naturkinder", die nichts anderes verstünden als „Suppenlogik mit Knödelargumenten". Das Gedicht „Die Wanderratten" von Heinrich Heine, das Freud hier zitiert, ist insofern von Interesse, als dass es im Gedicht die ausgehungerten Kreaturen sind, die „über Sophismen springen", und von denen Heine sagt: „Im hungrigen Magen Eingang finden / nur Suppenlogik mit Knödelgründen." Übertragen auf den Bereich der psychoanalytischen und tiefenpsychologisch fundierten Psychotherapie heißt dies, dass mit einer heftigen Übertragungsliebe vor allem bei Patienten und Patientinnen gerechnet werden muss, in deren Genese elementare emotionale Bedürfnissen unerfüllt geblieben sind und die daher größte Schwierigkeiten haben, den Verzicht und Befriedigungsaufschub zu leisten, die seitens des Patienten oder der Patientin für die erfolgreiche Durchführung der Therapie aufgebracht werden müssen.

Entgegen der verbreiteten und hier auch von Freud eingenommenen Sicht wäre es sicher falsch anzunehmen, dass sich Übertragungsliebe nur zwischen der Patient*in* und dem Therapeut*en* einstellen könnte, worauf eine Reihe von Autorinnen (Fuerstein, 1992; Karme, 1993, Person, 1994) hingewiesen hat, die jedoch beschreiben, dass sich die Form der erotischen Übertragung des männlichen Patienten auf seine Therapeutin von der unterscheidet, die sich bei umgekehrtem Geschlechterverhältnis beobachten lässt. Insbesondere besteht hier die Möglichkeit, dass ein Gegenübertragungswiderstand der Therapeut*in*, die unbewusst fürchten mag, ihre Grenzen zu verlieren oder verletzt zu werden, eine Liebesübertragung des Patient*en* so sehr dämpft, dass der männliche Patient keine hinreichenden Möglichkeiten hat, die mit seiner Sexualität verbundenen aggressiven oder Schamkonflikte zu bearbeiten (Russ, 1993).

Es sollte hier nicht unerwähnt bleiben, dass der bundesrepublikanische Gesetzgeber mit dem §174c des StGB „Sexueller Missbrauch unter Ausnutzung eines Beratungs-, Behandlungs- oder Betreuungsverhältnisses" sexuelle Handlungen zwischen Patienten und Psychotherapeuten unter Missbrauch des Behandlungsverhältnisses, von dem im Regelfalle auszugehen ist, unter Strafe gestellt hat und mit einer Freiheitsstrafe von bis zu 5 Jahren bedroht. Auch der Versuch solcher Handlungen ist vom Gesetzgeber mit Strafe bedroht.

Die Gegenübertragung und ihr professioneller Gebrauch durch den geschulten Therapeuten gilt in der psychoanalytischen und tiefenpsychologisch fundierten Psychotherapie als ein wichtiges Werkzeug, um die interaktionell sich in Übertragungen manifestierenden zentralen Konflikte des Patienten zu erfassen. Die Überzeugung, durch die Beobachtung und Analyse der Gegenübertragung Zugang zum seelischem Erleben des Patienten fin-

den zu können, geht dabei zurück auf eine Freud'sche Forderung, wonach der Behandler in der Lage sein solle, sich seines Unbewussten zu bedienen, um aus den ihm in der Selbstwahrnehmung zugänglichen Abkömmlingen des eigenen Unbewussten das Unbewusste des Patienten zu erschließen (Freud, 1912). Im Allgemeinen versteht man heute unter Gegenübertragung in einem umfassenden Sinn alle Gefühle, innere Wahrnehmungen, Impulse oder Handlungstendenzen, die ein Behandler seinem Patienten gegenüber empfindet. Diese Sicht der Gegenübertragung wird auch als das „totalistische" Gegenübertragungskonzept bezeichnet. Diesem steht das „klassische" Verständnis der Gegenübertragung gegenüber, das als Gegenübertragung vor allem die spezifischen Reaktionen des Therapeuten auf die Übertragungen des Patienten ansieht. An der Existenz solcher spezifischen Reaktionen lässt sich nicht zweifeln (Hartkamp et al., 2002), das praktische Problem besteht hier jedoch darin, dass sich die Unterscheidung, welches innere Erleben als spezifische Reaktion mit einer Übertragung in Zusammenhang steht und wo ein solcher spezifischer Zusammenhang nicht besteht, im therapeutischen Prozess aktuell oftmals nicht zuverlässig treffen lässt, so dass es als zweckmäßig erscheint, das „klassische" Gegenübertragungskonzept als einen „Spezialfall" des „totalistischen" zu begreifen. Tatsächlich ist ein solches Konzept der funktionellen Einheitlichkeit des interaktiven Geschehens der tiefenpsychologisch fundierten Psychotherapie, in dem Übertragung und Gegenübertragung sinn- und bedeutungsvoll aufeinander bezogen sind, weitaus angemessener als ein Konzept, das Gegenübertragung als etwas ansieht, was der Therapeut in sich bewältigen müsse, um, wie es in den Anfängen der Psychoanalyse gefordert wurde, die Therapie in der Haltung eines „vollkommen kühlen Objekts" (Freud in: Nunberg und Federn, 1977) durchzuführen, das dem Patienten nichts anderes zeigt, als was dem Therapeuten selbst gezeigt wurde.

Die aus der Gegenübertragung abgeleitete Intervention ist eine der wesentlichen Formen in welcher der Therapeut zur Gestaltung der Interaktion beiträgt, und wenn Gegenübertragung sich auch nur partiell auf Abkömmlinge des Unbewussten des Therapeuten bezieht, so ist sie stets auch durch nicht reflektierbare Konfliktkonstellationen des Analytikers verzerrt. Gleichwohl wird sie in klinischen Kontexten gelegentlich so gehandhabt, als biete sie die Chance zu einem bevorzugten, quasi direkten Zugang zum Fremdpsychischen des Patienten („Das spüre ich jetzt in meiner Gegenübertragung"). Ein solcher Gebrauch der „Gegenübertragung" muss jedoch aus klinischer und erkenntnislogischer Sicht als unzulässig und fehlerhaft gelten.

Insoweit das Geschehen in der psychoanalytischen und tiefenpsychologisch fundierten Psychotherapie stets ein interaktionelles Geschehen ist, kann sich auch die Gegenübertragung immer nur auf Verhaltens- und Erlebensaspekte des Patienten beziehen, die sich interaktionell manifestieren. Hierbei kommt in der Regel das interpersonelle Prinzip der „Komplementarität" zum Tragen, demzufolge in stabilen zwischenmenschlichen Transaktionen die kommunikativen Positionen der Beteiligten systematisch aufeinander bezogen sind. Im Einzelnen ist es dabei so, dass von freundlicher Zugewandtheit geprägte Interaktionen eine Bereitschaft zu eben solcher freundlichen Zuwendung beim Gegenüber nach sich ziehen, während auf Unfreundlichkeit typischerweise auch mit Unfreundlichkeit reagiert wird. Verhält oder zeigt sich in einer zwischenmenschlichen Beziehung die eine Seite autonom oder auch interpersonell detachiert, so wird auch das Gegenüber eine Neigung zur Autonomie entweder als positiv konnotierte Freiheit oder auch als negativ konnotierte Bindungs- oder Interesselosigkeit erleben. Umgekehrt wird da, wo eine Seite dazu neigt, sich im Guten – hilfreich, Rat gebend – oder im weniger Guten – vorwurfsvoll oder ressentimentgeladen – intensiv auf den anderen zu beziehen, das interaktionelle Gegenüber geneigt sein, sich mit diesem Interaktionsangebot ebenso intensiv auseinander zu setzen, sei es durch die Annahme von Hilfe oder durch das Sich-verwickeln-Lassen in eine unerfreuliche Streiterei. Vor diesem Hintergrund ist es Aufgabe des psychoanalytischen und tiefenpsychologisch fundiert arbeitenden Psychotherapeuten, ein spürbares prägnantes Gegenübertragungserleben in seinen interpersonellen und interaktionellen Anteilen zu entschlüsseln. Erst ein solchermaßen konkret entschlüsseltes Gegenübertragungserleben kann dann zum Ausgangspunkt für eine Hypothese über die dem Gegenübertragungserleben zugrunde liegenden Intentionen und damit möglicherweise auch Übertragungen des Patienten sein.

Aus behandlungstechnischer Sicht ist vor allem die Frage des **Gegenübertragungswiderstands** von Bedeutung. Eine häufige Form, in der sich Gegenübertragungswiderstand manifestiert, ist die Begrenztheit der Phantasie des Therapeuten (Neuzner, 1984), das Nicht-Einbeziehen von denkbaren Möglichkeiten. In manchen Fällen hat dies eine diagnostische Fehleinschätzung von Patienten als Folge, in anderen, schwerer wiegenden Fällen können dramatische Behandlungsfehler resultieren. So ist ja bereits vielfach empirisch bestätigt, dass in der Diagnostik beispielsweise von Persönlichkeitsstörungen sowohl das Geschlecht der untersuchten Person als auch das Geschlecht des Untersuchers einen Einfluss auf die gestellte Diagnose ausüben, und die Annahme ist sicherlich gerechtfertigt, dass soziale Geschlechtsrollenstereotype, welche die Diagnosestellung beeinflussen, zum Teil über spezifische Gegenübertragungen wirksam werden. Es ist auch nicht ausgeschlossen, dass die in vielen klinischen Einrichtungen beobachtete Häufung von Diagnosen aus dem Spektrum der so genannten frühen Störungen und der schweren Persönlichkeitsstörungen zum Teil Gegenübertragungswiderständen zu verdanken ist, die manchen Diagnostiker dazu veranlassen, vor allem das „Defizitäre", das „strukturell Ich-Gestörte" oder Traumatisierte wahrzunehmen, nicht jedoch das Neurotisch-Konflikthafte, nicht die sexuellen Unzufriedenheiten oder das Unglück in den Liebesbeziehungen, in dem sich die Patientinnen und Patienten von ihren Therapeutinnen und Therapeuten manchmal sehr viel weniger unterscheiden, als letzteren lieb ist. Im umgekehrten Fall kann es dazu kommen, dass Therapeuten eine vom Patienten ausgehende oder für den Patienten bestehende Gefährdung übersehen, beispielsweise um nicht selbst geängstigt zu sein oder auch nur, um mit dem Patienten weiterarbeiten zu können.

Beispiel:
Ein 28-jähriger Bauhandwerker befand sich wegen depressiver Verstimmungen und heftigen Stimmungsschwankungen, die zuletzt zum Verlust seiner Stelle führten, in stationärer Psychotherapie. Im ambulanten Vorgespräch hatte der Patient auch davon berichtet, dass er, besonders unter Alkoholeinfluss, einige Male gewalttätig geworden war. So hatte er einmal einer früheren Lebenspartnerin eine Vase auf dem Kopf zerschlagen. Dieser im Erstgesprächsprotokoll schriftlich festgehaltene Umstand fand jedoch in der stationären Therapie keine weitere Beachtung, später äußerten Mitglieder des therapeutischen Teams, man habe an das Gefährdungspotenzial des Patienten „einfach nicht mehr gedacht". Während eines Übernachtungsausgangs am Wochenende suchte der Patient einen Jahrmarkt auf, wo er eine junge Frau kennen lernte, die ihn in seine Wohnung begleitete. Nachdem es zu anfänglichen Zärtlichkeiten gekommen war, bedrängte der Patient die junge Frau, um sie zu sexuellen Handlungen zu veranlassen, denen sie sich jedoch verweigerte. Dies erboste den zu diesem Zeitpunkt leicht angetrunkenen Patienten so sehr, dass er seine Begleiterin mit einem Messer niederstach, woran sie verstarb.

9 Support, korrigierende emotionale Erfahrung

Support, also die Unterstützung, spielt auch in der tiefenpsychologisch fundierten Psychotherapie eine Rolle. Vielfach besteht jedoch eine gewisse Unklarheit darüber, was denn genau mit „Support" gemeint sei. Ein verbreitetes Verständnis von Support besteht darin, diesen mit einer psychotherapeutischen Technik zu verknüpfen, die handlungsorientiert ist, auf Deutungen verzichtet, die nicht konfrontativ ist und bei der sich der Therapeut als „Hilfs-Ich" zur Verfügung stellt („supportive Psychotherapie"). Das Sich-zur-Verfügung-Stellen als Hilfs-Ich wird dabei vielfach in dem Sinne aufgefasst, als bestünde die therapeutische Aktivität in diesen Fällen darin, für den Patienten Entscheidungen zu treffen oder herbeizuführen, die dieser selbst nicht treffen könne. Manche Therapeuten sehen es auch als Ausübung einer Hilfs-Ich-Funktion an, wenn sie Patienten mitteilen, wie sie selber sich an Stelle der Patienten verhalten oder entscheiden würden. **Im Sinne der tiefenpsychologisch fundierten Behandlungstechnik kann dies jedoch nicht als Übernahme einer Hilfs-Ich-Funktion gelten.** Das wird deutlich, wenn man sich die Funktionen klar macht, die das Ich in der gesunden Persönlichkeit ausübt. Diese betreffen ja beispielsweise die Regulation von Affekten und Triebzuständen, die Realitätsprüfung, die Unterscheidung von innen und außen, Abwehrfunktionen und anderes mehr. Diese Ich-Funktionen sind also in der einen oder anderen Weise als Funktionen der Urteilsbildung, der Beurteilung anzusehen. Eine Übernahme von Hilfs-Ich-Funktionen sollte sich also darauf richten, diese Beurteilungsfunktionen zu stärken, indem der Therapeut den Patienten anleitet, wie dieser selbst solche Beurteilungen vornehmen kann. Konkret kann dies beispielsweise bedeuten, mit einem Patienten oder einer Patientin in kleinen, detaillierten Schritten durchzugehen, was die Folgen bestimmter Handlungen sein können, um so dem Patienten oder der Patientin eine besser fundierte eigene Urteilsbildung zu ermöglichen. Die Übernahme der Hilfs-Ich-Funktion besteht dann beispielsweise darin, dass der Therapeut dem Patienten hilft, das Problem oder die anstehende Fragestellung in hinreichend kleine Teile zu „zerlegen", so dass es dem Patienten gelingen kann, das Problem Schritt um Schritt

3

einer Lösung näher zu bringen. Es erscheint uns durchaus gerechtfertigt, eine gewisse Nähe zwischen einer so verstandenen Übernahme von Hilfs-Ich-Funktionen einerseits und manchen Techniken der kognitiven Umstrukturierung oder der rational-emotiven Therapie (Ellis, 1977) andererseits zu sehen, allerdings wird der tiefenpsychologisch fundiert arbeitende Therapeut immer bemüht sein, die affektiven und die in aktuellen und früheren Beziehungen liegenden Determinanten von Ich-Funktions-Einschränkungen herauszuarbeiten.

Fraglos kann sich im Zuge einer tiefenpsychologisch fundierten Psychotherapie – beispielsweise in einer akuten Krisensituation – auch die Notwendigkeit ergeben, für Patienten Entscheidungen zu treffen; dies ist beispielsweise häufiger in stationärer Psychotherapie der Fall. Es erscheint uns allerdings sinnvoll, diese Aktivität eines Therapeuten vom supportiven Aspekt der tiefenpsychologisch fundierten oder analytisch orientierten Psychotherapie klar abzugrenzen. Es handelt sich dann oftmals um psychiatrische oder in einem allgemeineren Sinne klinisch-psychologische Verfahrensweisen, die jedoch nicht als im spezifischen Sinne psychotherapeutisch angesehen werden sollten.

Ein vielfach unterschätzte Form des Supports besteht darin, die von Patienten erreichten (Lern-) Fortschritte explizit zu bestätigen (Heigl und Triebel, 1977). Auch in der analytischen und tiefenpsychologisch fundierten Therapie spielen Lernvorgänge eine bedeutende Rolle, beispielsweise wenn es darum geht, sich neue Fähigkeiten der Introspektion anzueignen oder darum, neue Verhaltensweisen zu erproben, die sich aus den in der Therapie gewonnenen Einsichten herleiten. Der mögliche Einwand, ein solches explizites Bestätigen von Lernfortschritten sei mit dem technischen Grundsatz der Neutralität nicht vereinbar, ist hier nicht gültig, da ja sowohl in analytischer wie auch in tiefenpsychologisch fundierter **Therapie** das übergeordnete Ziel die Behandlung von Störung bzw. Krankheit ist und sich die therapeutisch-technische Vorgehensweise auf dieses Ziel ausrichten muss.

Das Konzept der korrigierenden emotionalen (Neu-)Erfahrung beschreibt in seinem ursprünglichen Sinn den manchmal mit dem tiefenpsychologisch fundierten oder analytischen Vorgehen in Verbindung gebrachten Anspruch, durch besondere Zuwendung im Hier und Jetzt der therapeutischen Situation die emotionalen Deprivationen der frühen Kindheit der Patienten wettzumachen oder zumindest zu kompensieren. Nun ist es zweifelsohne so, dass Patienten in tiefenpsychologisch fundierter oder analytischer Psychotherapie vielfältige wichtige Erfahrungen machen, die nicht durch eine gezielte Haltung herbeigeführt werden, die auf eine Kompensation früher Mangelerlebnisse abzielt. Dazu gehören die bereits beschriebenen Haltungsaspekte von Präsenz, Respekt und Akzeptanz, das empathische Zuhören des Therapeuten, seine Bereitschaft, anders, benigner zu reagieren, als es der Patient aufgrund seiner Übertragungen erwartet, und auch die Erfahrung, durch eigenes Wahrnehmen und Verstehen von Zusammenhängen Linderung von Symptomen und ein zunehmendes Kohärenzgefühl der eigenen Person zu erreichen. Alle diese emotionalen Erfahrungen tragen entscheidend zur Wirkung der tiefenpsychologisch fundierten und analytischen Psychotherapie bei, sind

aber im ursprünglichen Konzept der korrigierenden emotionalen (Neu-)Erfahrung nicht enthalten. Unabhängig davon, dass diesem Konzept etwas Pädagogisierendes anhaftet, ist es nach meiner Einschätzung auch mit der Gefahr verbunden, die psychodynamische Sichtweise, welche die Grundlage von tiefenpsychologisch fundiertem und analytischem therapeutischem Vorgehen ist, zu verlieren. Eine genuin psychodynamische Sichtweise würde sich zunächst einmal darum bemühen, die Faktoren zu analysieren, die das Erleben des Patienten bestimmen, ein Opfer früher Mangelerlebnisse zu sein, und nicht die subjektive Realität des Patienten als unverstelltes Abbild einer objektiven Realität auffassen, die es nun zu kompensieren gelte.

In dem Maße, wie in jüngerer Zeit die interaktionellen Beziehungsaspekte von Therapeut und Patient in die Aufmerksamkeit der Betrachtung gerückt sind, ist auch das Konzept der korrigierenden emotionalen (Neu-)Erfahrung neu bewertet (Jacobs, 1990; Wallerstein, 1990) und von pädagogisierendem Einfluss befreit worden.

10 Fokussierung, leitende Fragen

Während sich das analytisch-psychotherapeutische Vorgehen darauf richtet, die neurotische Struktur in wesentlichen Anteilen unter Nutzung regressiver Prozesse einer Veränderung zugänglich zu machen, zielt das tiefenpsychologisch fundierte Vorgehen darauf ab, den neurotischen Konflikt nur in seinen jeweils aktuell wirksamen Anteilen zu bearbeiten. Dies setzt in der Behandlungsplanung die Findung und das Formulieren eines Behandlungsfokus voraus, im Vollzug der Behandlung ist es dann kontinuierlich notwendig, die Fokusorientierung beizubehalten oder auch durch geeignete Interventionen des Therapeuten wiederherzustellen. In der tiefenpsychologisch fundierten Psychotherapie ist es ein technischer Fehler, wenn die Fokusorientierung nicht beibehalten wird, zum therapietechnischen Methodeninventar des tiefenpsychologisch fundiert arbeitenden Therapeuten gehören daher auch Interventionstechniken, um die Fokusorientierung zu sichern.

Die Technik der „leitenden Frage" erfüllt diese Aufgabe. Hierbei handelt es sich darum, den Patienten durch eine geeignete Frage, die an ihn gerichtet wird, zur Auseinandersetzung mit einer auf den Fokus bezogenen Thematik zu veranlassen. Obschon dies eine wenig spektakuläre technische Verfahrensweise ist, erscheint es gerechtfertigt, sie als spezifische Technik zu beschreiben, denn es gehört ja vielfach zum primären technischen Selbstverständnis von analytischen und analytisch orientiert arbeitenden Psychotherapeuten, dass sie ihren Patienten gewissermaßen den „Vortritt" lassen, indem sie darauf verzichten, aktiv eine thematische Festlegung vorzunehmen.

Beispiel:
Eine 38-jährige Versicherungsangestellte befindet sich wegen chronischer Suizidalität und sich wiederholenden depressiven Verstimmungen in stationärer Psychotherapie. Seit vielen Jahren hat sie zu ihrer Mutter keinen Kontakt mehr. Als sie während der Therapie von Verwandten erfährt, dass die Mutter mit

3

einer chronischen Psychose schon lange in einem psychiatrischen Pflegeheim lebt, führt dies zu einer Aktualisierung ihrer Suizidalität, ohne dass die Patienten jedoch den Zusammenhang zwischen ihrem verschlechterten Befinden und der Mitteilung über den Aufenthalt der Mutter herstellt. Erst durch eine leitende Frage des Therapeuten, der sie zu überlegen veranlasst, ob sie eine entsprechende Erkrankung bei sich selbst zu finden fürchte, und sie auffordert, dem Gefühl nachzuspüren, das die Mitteilung ihrer Verwandten bei ihr wachgerufen hat, wird ihr deutlich, dass sie schon in ihrer Kinder- und Jugendzeit das Gefühl hatte, eigentlich sei die Mutter doch „verrückt", und sie spürt ihre Wut darüber, dieser Mutter so lange ausgesetzt gewesen zu sein.

11 Klarifizierung, Konfrontation, Affektidentifizierung, Antwort, Deutung

In der analytischen Psychotherapie wird die Deutung, die Interpretation als die dieses Therapieverfahren besonders charakterisierende Interventionsform, als ihr „Kernstück" angesehen. Tatsächlich ist aber die Deutung immer eingebettet in eine Reihe vorbereitender Interventionen, wozu besonders die Konfrontation, die Klarifizierung und die Affektidentifizierung gehören. Den letzteren beiden Interventionstypen kommt in der tiefenpsychologisch fundierten Psychotherapie eine besonders zentrale Stellung zu. Eine von der Deutung deutlich unterschiedene Interventionsform ist die „selektiv expressive, authentische Antwort" (Heigl-Evers und Ott, 2002), die vor allem in der Behandlung schwer gestörter Patienten ihren Platz hat.

Als „Konfrontieren" oder „Konfrontation" (Greenson, 1967) bezeichnet man Interventionen, mit denen dem Patienten ein Erleben oder Verhalten vor Augen geführt wird, das später Gegenstand beispielsweise einer Deutung werden kann. Die Begriffswahl „Konfrontation" erscheint dabei insofern unglücklich, als sie zu dem Missverständnis führen könnte, diese Konfrontation solle in einer aggressiven Weise erfolgen. Günstiger erscheint es daher, von diesen Interventionen als „Demonstration" zu sprechen.

Die Klarifizierung zielt darauf ab, den Entstehungszusammenhang eines Affekts, einer Phantasie, eines Impulses oder eines Gedankens zu verdeutlichen. Insofern hat auch sie stets einen hinweisenden, demonstrierenden Charakter.

Die Interventionsform der Affektidentifizierung zielt darauf, nur unklar wahrgenommenes affektives und emotionales Erleben möglichst präzise zu erfassen und zu benennen, um es so besser in einen Kontext stellen zu können. Hier geht es also beispielsweise darum, die Schilderung eines Patienten, er fühle sich „schlecht", so weit zu differenzieren, dass erkennbar wird, ob es sich bei dem „schlechten" Gefühl um Wut, Trauer, Depression, Angst, Groll, Ärger, Neid, Verbitterung, Resignation, Rachsucht oder einen anderen Affekt handelt. Erst wenn der Affekt hinreichend klar geworden ist, gelingt es, die diesem Affekt zugeordnete Objektbeziehung zu identifizieren. Dies wiederum ist eine

wesentliche Voraussetzung dafür, eine deutende Intervention formulieren zu können.

Beispiel:

Auf einer Psychotherapiestation ergibt sich während der Urlaubszeit die Notwendigkeit, dass eine der Patientinnen – anders als ihre Mitpatienten – vertretungsweise ihre Einzelpsychotherapietermine bei einer ihr vorher nicht bekannten Kollegin auf einer Nachbarstation wahrnehmen muss. Dieser Kollegin begegnet sie verschlossen und schweigsam, als sei sie an einem Gespräch mit ihr nicht interessiert. In einer Reihe von klarifizierenden und auf Affektidentifizierung zielenden Interventionen gelingt es der Kollegin, der Patienten zunächst den Zusammenhang zwischen ihrer Verschlossenheit und dem Umstand, dass sie als einzige Patienten auf einer Nachbarstation Vertretungstermine wahrnehmen muss, zu verdeutlichen. Weiterhin gelingt es ihr, den Affekt der Patientin zu identifizieren als ein Gemisch aus Groll gegen die in Urlaub gegangene Therapeutin, die ihr diese Vertretungssituation zumutete, aus Resignation mit dem Gefühl, sich gegen die als übermächtig erlebten Therapeuten ohnehin nicht zur Wehr setzen zu können, und einem Wunsch danach, ihrer „eigentlichen" Therapeutin ihre Zuneigung und Loyalität dadurch zu beweisen, dass sie bei der Vertreterin schweigsam blieb.

Bei der Deutung geht es wesentlich darum, ein aktuelles oder aktuell berichtetes Erleben oder Empfinden des Patienten in einen für ihn neuen Kontext zu stellen; im Fall der genetisch-rekonstruktiven Deutung ist dies der Zusammenhang, in dem das gedeutete Erleben seine Wurzel hat oder erstmals aufgetreten war, bei der Übertragungsdeutung ist es der Zusammenhang zwischen dem Erleben der aktuellen therapeutischen Beziehung und biografisch bedeutsamen früheren Beziehungserfahrungen, bei der Traumdeutung ist es der Zusammenhang zwischen unterschiedlichen Elementen einer Traumerzählung und bislang unbewussten Motiven oder uneingestandenen Affekten, bei der Symptomdeutung ist es beispielsweise der Zusammenhang zwischen dem Symptom und unbewussten Impulsen.

In diesem Zusammenhang ist es sinnvoll, sich zu vergegenwärtigen, dass die meisten psychischen Erscheinungen „überdeterminiert" sind, das heißt, sie lassen sich nicht nur durch eine Ursache erklären, sondern es gibt verschiedene Ursachen, die für sich allein nicht hinreichend, die aber vielleicht auch nur zum Teil notwendige Ursachen sind, denen vielleicht vielfach nur der Status einer fördernden Bedingung zuzusprechen ist. Im vorliegenden Zusammenhang bedeutet dies, dass eine Deutung im Kontext der analytischen oder der tiefenpsychologisch fundierten Therapie in der Regel für sich nicht in Anspruch nehmen kann „die allein richtige" zu sein. In der Regel lassen sich zu einer Deutung ohne Schwierigkeit andere Deutungen finden, deren Erklärungswert ebenso hoch oder gering erscheint. Es kann also bei der deutenden Arbeit nicht darum gehen, im Sinne einer falsch verstandenen naturwissenschaftlichen Präzision, die „richtige" Deutung zu geben, sondern es kommt darauf, Deutungen so zu formulieren, dass sie eine Erweiterung des motivationalen Selbstverständnisses des Patienten erreichen. Wenn es darüber hinaus gelingt, einem Patienten mit einer Deutung Einsicht in das eigene seelische Funktionieren, beispielsweise in die von ihm in einer bestimmten Situation benutzten Abwehrmechanismen, affektiven Muster oder kognitiven Entstellungen zu vermitteln, und wenn dies alles die aktuell stattfindende Interaktion zwischen Therapeut und Patient berücksichtigt, dann kann eine Deutung therapeutisch, das heißt: heilend wirksam werden.

Nun stehen Therapeuten oftmals der Situation gegenüber, dass Patienten nicht in der Lage sind, Deutungen, die ihr Therapeut formuliert, aufnehmen können. Dies gilt besonders für Patienten mit basalen Störungen, die symptomatisch als Suchterkrankungen, schwere Psychosomatosen, schwere Persönlichkeitsstörungen oder durch delinquentes Verhalten in Erscheinung treten können. Soweit diese Patienten einem pseudodyadischen, also letztlich monadischen, egozentristischen Beziehungsmodus verhaftet sind, sind sie außer Stande, den „Perspektivenwechsel" zu vollziehen, der nötig ist, um von einer deutenden Intervention zu profitieren. Deutungen werden von diesen Patienten oftmals als Angriff auf ihr prekäres und daher mit aller Entschlossenheit zu verteidigendes Selbstgefühl, das Gefühl ihrer Ich-Syntonie („So bin ich nun mal!") erlebt.

Hier muss es also das erste therapeutische Ziel sein, diesen Perspektivenwechsel zu ermöglichen, einen seelischen Binnenraum zu eröffnen, in dem auch noch anderes einen Platz hat, ohne dass dadurch das Eigene automatisch zum Verschwinden gebracht wird. Die von Heigl-Evers und Heigl inaugurierte und von Heigl-Evers und Ott (2002) weiter ausgearbeitete Interventionsform der selektiv-authentischen „Antwort" zielt darauf, diese Erweiterung des seelischen Binnenraums zu ermöglichen. Unter Bezug auf diese Autoren lassen sich die folgenden fünf Schritte in der Formulierung einer antwortenden Intervention unterscheiden:

1. Mit welchen Affekten und Assoziationen, mit welcher Gegenübertragung antworte ich innerlich auf den Patienten?
2. Was kann ich daraus schließen hinsichtlich der (Teil-) Objektbeziehung, die der Patient in Bezug auf mich intendiert? Als was für ein Objekt erlebt er mich?
3. Wie, d.h. unter Einsatz welcher Abwehrmechanismen, defizitären Ich-Funktionen oder kognitiven Entstellungen modifiziert der Patient sein Ich, so dass es diese Art von Objektbeziehung stützt und stabilisiert?
4. Wie kann ich – authentisch, dabei aber nicht unbedacht, sondern selektiv – auf diese vom Patienten konstellierte Beziehung reagieren? Welche meiner antwortenden Affekte könnten, wenn ich sie mitteile, therapeutisch nützlich sein?
5. Wie sind die Grenzen und die Toleranz des Patienten für Enttäuschung, Kränkung, Nähe und Distanz, die ich – auch in Antizipation der Wirkung meiner Intervention – berücksichtigen muss, um die Wirkung meiner beabsichtigten Intervention richtig einzuschätzen?

Beispiel:

Auf einer Psychotherapiestation wird eine zuvor mehrere Monate psychiatrisch hospitalisierte 22-jährige Borderline-Patientin mit schweren Selbstverletzungen, prolongierten dissoziativen Zuständen und pseudohalluzinatorischen Wahrnehmungsstörungen behandelt, die eine Vorgeschichte aggressiven und sexuellen Missbrauchs hat. Nach einer längeren Behandlungszeit ist es zu einer deutlichen Symptomverbesse-

rung gekommen, es liegen keine Wahrnehmungsstörungen mehr vor, und die Patientin fügt sich keine Selbstverletzungen mehr zu. Im Zuge der Entlassungsplanung bespricht die Einzeltherapeutin mit ihr die Möglichkeit, in eine therapeutische Wohngemeinschaft zu ziehen. Kurz vor einem vereinbarten Termin zum „Probewohnen" fügt sich die Patientin mit dem Feuerzeug einer Mitpatientin eine recht schwer wiegende Brandverletzung am Unterarm zu, genau wissend, dass eine neuerliche schwere Selbstverletzung ihren möglichen WG-Platz gefährden könnte. In der nächsten Einzeltherapiesitzung ist sie zunächst sehr verschlossen und unzugänglich, äußert dann aber in aggressivem Tonfall: „Jetzt können Sie mich ja rausschmeißen! Das wollen Sie doch jetzt!" Die Therapeutin erlebt bei sich (1) als Reaktion auf diese Äußerung der Patientin ein gewisses Schuldgefühl, verbunden mit der an sich selbst gerichteten Frage: „Habe ich ihr zu viel zugemutet? Ist sie noch gar nicht so weit, entlassen werden zu können? War meine diagnostische Einschätzung falsch?" Gleichzeitig spürt sie jedoch auch Ärger und Zorn: „Warum setzt sie denn jetzt alles bisher Erreichte aufs Spiel? Ich werde mich von ihr nicht zwingen oder manipulieren lassen! Wenn sie uns jetzt auf der Nase herumtanzt, wird sie eben in die Akutpsychiatrie verlegt!" Diese Gedanken und Gefühle wahrnehmend vermutet die Therapeutin, (2) die Patientin nehme sie angesichts der bevorstehenden Entlassung als vernachlässigend, willkürlich und kaltherzig wahr, was ihrem Gefühl der Patientin gegenüber, für die sie sich sehr engagiert hat, ganz und gar nicht entspricht. Möglicherweise, so vermutet sie, nimmt die Patientin sie so wahr, wie es dem Bild der medikamentenabhängigen Mutter ihrer Kinderzeit entspricht, welche die Patientin oft schlug und trat. Dabei wird der Therapeutin auch klar, dass (3) die Patientin sie nur so wahrnehmen kann, wenn sie alle positiven Erfahrungen, welche die Patientin mit ihr auch gemacht hat, negiert, abspaltet, so als seien sie nie gewesen, wenn sie ihr Selbstbild so verändert, dass sie sich nur noch als Opfer willkürlich aggressiver anderer erleben kann. Die Therapeutin äußert (4): „Ich muss Ihnen sagen, dass ich etwas betrübt darüber bin, dass Sie sich jetzt so schlimm verletzt haben, und auch etwas ärgerlich, dass Sie mich jetzt so anblaffen! Ich bin auch ärgerlich, weil ich mir schon denke, Sie wissen, dass wir auf der Station und auch ich persönlich uns sehr eingesetzt und eigentlich ja auch eine Menge mit Ihnen erreicht haben. Ich möchte mich von Ihnen nicht so behandeln lassen, als wäre ich gegen Sie, und ich möchte auch nicht, dass Sie jetzt, kurz vor der Entlassung, alles Erreichte aufs Spiel setzen. Natürlich weiß ich, dass die Entlassung auch schwierig ist für Sie. Aber ich bin von meiner Seite aus ja gern bereit, das mit Ihnen zusammen hinzukriegen. Und ich möchte, dass Sie mitmachen!" Bei dieser Intervention lässt sich die Therapeutin von ihrer Erfahrung leiten (5), dass eine betont freundliche oder gar nachgiebige Haltung der Patientin gegenüber mit Wahrscheinlichkeit weitere Regression fördern würde. Indem sie ihren Ärger deutlich formuliert und dies mit einem Angebot zur Zusammenarbeit verbindet, bietet sie der Patientin eine Möglichkeit, die durch Spaltung voneinander getrennten Aspekte ihrer Wahrnehmung der Therapeutin wieder zusammenzuführen.

12 Widerstand, Durcharbeiten

Obwohl Patienten psychotherapeutische Behandlung meist in der Absicht aufsuchen, Hilfe bei der Bewältigung ihrer Schwierigkeiten und der Behebung ihrer Symptome zu erfahren, stellt sich nicht selten nach einiger Zeit der Behandlung die Situation her, dass Patienten der Behandlung einen Widerstand entgegensetzen. Als Widerstand wird in der analytischen und tiefenpsychologisch fundierten Psychotherapie das Wirken unbewusster Kräfte bezeichnet, das sich gegen ein Fortschreiten des psychotherapeutischen Prozesses richtet. Bei diesen Kräften handelt es sich im Wesentlichen um die Abwehrmechanismen, wobei unterschiedliche Formen des Widerstands zu differenzieren sind.

Beispiel:

In der Behandlung einer 45-jährigen depressiven Krankenschwester war es in einer Behandlungssitzung um ihre Neigung gegangen, andere Menschen mit ihrem Streben nach Perfektion und ihrem moralischen Rigorismus zu drangsalieren. In der darauf folgenden Behandlungsstunde konnte sie sich an die Inhalte der vorangegangenen Stunde nicht mehr erinnern. Ihr war lediglich noch das Gefühl im Gedächtnis geblieben, von ihrer Therapeutin ganz verständnislos und ungerecht behandelt worden zu sein.

Widerstand entsteht in der Regel dann, wenn sich ein Patient in einem zentralen Aspekt seines Selbst in Frage gestellt sieht, wenn also seine „Ich-Syntonie" tangiert ist. Freud (1917d) sprach in diesem Zusammenhang von der „psychologischen Kränkung", die darin besteht, die „Grenzen seiner Macht im eigenen Haus" zu erleben. Inhaltlich können sich Widerstände gegen das Bewusstwerden von Triebimpulsen, gegen die Auseinandersetzung mit Scham- oder Schuldgefühlen oder die Anerkennung einer unliebsamen Realität richten.

Beispiele:

Eine wegen Panikattacken in tiefenpsychologisch fundierter Psychotherapie befindliche 24-jährige Sprachenstudentin konnte sich erst nach Überwindung heftiger Widerstände mit ihren aggressiven Willkürneigungen konfrontieren, die sich beispielsweise darin zeigten, dass sie in der Schlange an der Essensausgabe in der Mensa den Impuls hatte, die vor ihr Stehenden zu schubsen oder zu treten (Triebimpuls). – Eine ältere, früher in einem akademischen Beruf tätige Patientin, die wegen Depressionen eine tiefenpsychologisch fundierte Therapie aufgesucht hatte, konnte erst nach Bearbeitung ihrer Widerstände davon erzählen, dass die jüngste ihrer drei erwachsenen Töchter nicht von ihrem Mann, sondern von einem Liebhaber stammte, mit dem sie lange Jahre während ihrer Ehe eine unentdeckt gebliebene Beziehung unterhalten hatte (Scham- und Schuldgefühl). – Ein Student aus reichem Elternhaus sucht eine psychotherapeutische Behandlung wegen der schweren Arbeitsstörungen, die ihn hindern, in seinem Studium des Chemieingenieurwesens Fortschritte zu machen. In der Behandlung wird ihm zunehmend deutlich, dass er an seinem Arbeitsverhalten etwas verändern muss, wenn er im Studium erfolgreicher sein will. So würde er z.B. nicht mehr nächtelang vor seinem Computer Bildschirmspie-

le spielen können. Der Patient bricht an diesem Punkt die Behandlung ab, in der Vorstellung, „es erst nochmals so zu versuchen". Wenn es gar nicht klappe, dann könne er ja auch in die Verwaltung des Immobilienbesitzes der Familie einsteigen (Anerkennung der Realität).

Als klinische Formen des Widerstands können beispielsweise Übertragungs-Widerstand, Charakter-Widerstand, Über-Ich-Widerstand, Es-Widerstand, Identitäts-Widerstand, sekundärer Krankheitsgewinn oder anderes genannt werden. Eine solche Differenzierung ist klinisch nützlich, solange sie nicht dem Missverständnis Vorschub leistet, es handele sich dabei um voneinander unabhängige Phänomene. So kann klinisch beispielsweise ein Widerstand gegen das Bewusstwerden der Übertragung von einem Widerstand gegen die Auflösung der Übertragung unterschieden werden. Bestimmte Haltungen, religiöse oder weltanschauliche Überzeugungen, eine bestimmte Einstellung zu Besitz und Geld können zu einem Charakter- oder Über-Ich-Widerstand werden, in einem bestimmten Kontext mag es jedoch auch nützlich sein, sie als Identitäts-Widerstand aufzufassen. In einer bestimmten klinischen Situation mag es beispielsweise nützlich sein, die fortdauernde Abhängigkeit eines jungen Erwachsenen, der in Studium und Berufsausbildung scheitert und von der Unterstützung seiner Eltern lebt, als sekundären Krankheitsgewinn aufzufassen, in anderer Perspektive mag sich hier jedoch auch ein Es-Widerstand zeigen, der mit gierigen Impulsen oder anderen Formen oral-destruktiver Aggression zusammenhängt. Insgesamt spiegelt jede Form von Widerstand die Wirkung der Lösungen, die der Patient im Laufe der Zeit entwickelt hat, um die Integrität seiner Person zu bewahren und sich dagegen abzusichern, von schmerzhaften oder bedrohlichen Gefühlen überschwemmt zu werden (Sandler und Sandler, 1993).

Widerstand darf dabei nicht nur in seiner den Behandlungsprozess behindernden Funktion gesehen werden, er ist zweifelsohne auch ein für den Patienten notwendiger Schutzschild, der ihn vor einer von ihm nicht integrierbaren Infragestellung der eigenen Person schützen kann. In jedem Fall ist aber die Arbeit an Widerständen bedeutsam für das **Durcharbeiten**. Das Durcharbeiten ist einer der wichtigsten, vielleicht sogar der entscheidende Teil sowohl der analytischen als auch der tiefenpsychologisch fundierten psychotherapeutischen Arbeit. Der Begriff „Durcharbeiten" bezeichnet die oft kräftezehrende Bemühung, die im Prozess von Klärung und Deutung gewonnenen Einsichten in verändertes Verhalten umzusetzen. Diese Umsetzung geschieht nicht von selbst – es wäre naiv, würde man glauben, dass allein schon die gewonnenen Einsichten die ganze Veränderung automatisch nach sich ziehen würden. Dies hatte auch schon Freud (1919a) vor Augen, als er schrieb, man müsse den Agoraphoben durch die Behandlung in die Lage versetzen, wieder auf die Straße zu gehen und dort gegen seine Angst zu kämpfen. Tatsächlich erfolgt das Durcharbeiten zu wesentlichen Teilen in den sozialen Beziehungen des Patienten außerhalb des Behandlungszimmers, und die Aufmerksamkeit des Therapeuten muss sich immer auch in konkreter Weise darauf richten, wie der Patient die in der Therapie gewonnenen Einsichten außerhalb der Therapie anwendet und umsetzt. Wenn dies unterbleibt, dann besteht tatsächlich die Gefahr, dass sich die analytische

3

oder tiefenpsychologisch fundierte Therapie in dem häufig karikierten Sinne entwickelt, wo ein Patient nach vielen Jahren feststellt, er habe zwar jetzt genau verstanden, wo seine Probleme herrührten, nur verändert habe sich nichts.

Beispiel:

Ein Lehrer mit einer deutlichen narzisstischen Persönlichkeitsstörung war seit vielen Jahren Teilnehmer einer psychoanalytisch ausgerichteten „Seminargruppe", die von einem Theologen geleitet wurde, der eine psychoanalytische Fortbildung absolviert hatte, ohne jedoch Psychoanalytiker oder Gruppenanalytiker zu sein. In dieser Gruppe hatte er viele wichtige Themen besprochen, so seine von Hass geprägte Beziehung zu seinem verstorbenen Vater und seine von aufopferungsvoller Liebe gekennzeichnete Beziehung zur inzwischen hilfsbedürftig gewordenen Mutter. In den Zeiten des Börsenbooms kaufte er, obwohl das Haus, in dem er mit Ehefrau und zwei Kindern lebte, noch hoch mit Schulden belastet war, auf Kredit für mehrere Hunderttausend Mark Aktien, in der Erwartung, mit dem guten Griff, den er glaubte getan zu haben, nun rasch alle Schulden los zu sein. Mit dem Zusammenbruch der Börsenkurse verlor er sein Kapital und hatte nunmehr zu den Hypothekenschulden noch den Bankkredit abzutragen, so dass für das Leben nur noch weniges übrig blieb.

13 Konstruktion – Rekonstruktion

Die Rekonstruktion der biografisch-genetischen Bedingungen, die zur Entstehung einer neurotischen Störung führten, war im Anfang eines der wichtigsten Ziele der analytischen Behandlungstechnik. Ein beeindruckendes Beispiel dafür ist die Freud'sche Behandlungsgeschichte des Mädchens „Katharina" (Freud, 1895d), besonders wenn man sie im Zusammenhang mit den von Fichtner und Hirschmüller (1985) recherchierten historischen Umständen betrachtet.

In der zeitgenössischen analytischen und besonders in der tiefenpsychologisch fundierten Behandlungstechnik kommt der Rekonstruktion der biografischen Vergangenheit keine so herausgehobene Rolle mehr zu. Rekonstruktion – oder in diesem Fall Konstruktion – der persönlichen Vergangenheit dient oft nicht mehr der Aufdeckung einer historischen Wahrheit, sondern sie ist ein Versuch, Sinn und Bedeutung zu schaffen, Ideale und moralische Werte zu begründen, die dem Leben des Patienten Gehalt zu geben vermögen. Die Unmöglichkeit, im analytischen Verfahren die historische Wahrheit zu finden, ist in den vergangenen Jahrzehnten Gegenstand leidenschaftlich geführter Debatten gewesen, wobei nach meiner Überzeugung zu Recht die Ansicht besteht, dass eine historische Wahrheitsfindung nicht möglich ist. Dies ist vor allem in Hinsicht auf die in Behandlungen immer wieder anzutreffenden Vermutungen über einen inzestuösen Kindesmissbrauch von Bedeutung, die nicht vorschnell als historisches Faktum anerkannt werden dürfen, da biografische Erinnerungen durch spätere Ereignisse in einem anderen Licht erscheinen oder gar völlig verfälscht werden können.

Beispiel:

Eine 27-jährige internistische Assistenzärztin begibt sich wegen einer schwer wiegenden Anorexie in tiefenpsychologisch fundierte Behandlung. Ihre Schwester ist ebenfalls essgestört und leidet an einer Bulimie. Die Patientin hat zu Behandlungsbeginn nur spärliche Erinnerungen an ihre Kinderzeit, die frühsten Erinnerungen datieren etwa aus dem achten Lebensjahr. Sie weiß aber, dass der Vater in ihrer Kinderzeit einige Zeit im Gefängnis war, ohne die Gründe dafür im Einzelnen zu kennen. Sie vermutet, dass sie und die Schwester möglicherweise Opfer eines väterlichen Sexualmissbrauchs waren, der zu der heute bestehenden Anorexie geführt habe. Zu beiden Eltern hatte die Patientin den Kontakt bereits seit einigen Jahren abgebrochen. Am Ende des insgesamt etwa dreieinhalbjährigen Behandlungsprozesses stellen sich die Dinge jedoch anders dar: Der Vater, der als mittelständischer Unternehmer tätig gewesen war, war wegen einer Wirtschaftsstraftat verurteilt worden. Noch während der Behandlung der Patientin war er nach einem viele Jahre währenden Rechtsstreit mit der örtlichen Sparkasse erfolgreich in seinem Versuch, einige der Eigentumsrechte, die ihm in der Folge seiner Haftstrafe verloren gegangen waren, zurückzuerlangen. Die Patientin hat wieder Kontakt zu den Eltern aufgenommen und ihren Vater als einen liebenswürdigen älteren Herrn erlebt, der sehr dankbar dafür war, dass seine Tochter wieder in Kontakt zu ihm trat. Die Patientin erinnert sich inzwischen an viele gemeinsame Spiele mit ihrem Vater, besonders daran, wie sie es genossen hatte, mit ihm herumzutoben, oder sich auf seinem Schoß sitzend Geschichten vorlesen zu lassen.

14 Regression – Progression

Regression ist einer der Vorgänge, deren sich die analytische Psychotherapie bedient, um über die Behandlung der neurotischen Symptomatik hinaus auch eine Beeinflussung der neurotischen Struktur zu erreichen, die der Symptombildung zugrunde liegt. Regression meint dabei einen Vorgang, bei dem ein Individuum ein erreichtes psychisches Funktions- oder Strukturniveau verlässt und auf ein niedrigeres oder lebensgeschichtlich früher anzusiedelndes Niveau zurückkehrt. Regression kann gesteuert erfolgen – wie im Fall der künstlerischen oder wissenschaftlichen Kreativität (Regression im Dienste des Ich) – oder ungesteuert, sie kann Teilbereiche der Persönlichkeit betreffen – wie beispielsweise bei bestimmten sexuellen Perversionen – oder die ganze Persönlichkeit umfassen, so beispielsweise bei manchen polytoxikomanen Süchtigen. Im Regelfall sind allerdings regressive Prozesse, die einen Teilbereich der Persönlichkeit (etwa in der Sexualität) betreffen, nicht folgenlos für andere Bereiche der Persönlichkeit: So geht die Regression in sexuelltriebhaften Bereichen oft mit einer Regression des Über-Ich einher, das dadurch eine zunehmend verfolgende Tönung annehmen kann, was bis zur Herausbildung psychotisch anmutender Verfolgungserlebnisse führen kann. In der analytischen Psychotherapie dienen Settingfaktoren (die entspannte Körperhaltung auf der Couch, das Fehlen des direkten Blickkontakts zum Behandler, die Abstinenz und die technische Haltung der Neutralität) dazu, regressive Prozesse zu fördern, da hier die Erwar-

3

tung besteht, dass durch die Regression die für das Individuum jeweils entscheidenden Determinanten des neurotischen Geschehens besser in den Blick genommen und der Bearbeitung zugeführt werden können.

In der tiefenpsychologisch fundierten Psychotherapie ist es hingegen notwendig, regressive Prozesse zu begrenzen, da ja hier nicht die neurotische Struktur, sondern lediglich der neurotische Konflikt in seinen aktuell wirksamen Anteilen bearbeitet werden soll. Das tiefenpsychologisch fundierte Verfahren ist also sehr viel mehr auf Lösung und Progression hin ausgerichtet als das analytische Vorgehen, das dafür wiederum den Vorteil bietet, Erlebensanteile der Bearbeitung zugänglich machen zu können, die für das tiefenpsychologisch fundierte Vorgehen nicht erreichbar sind.

Von besonderer behandlungstechnischer Relevanz ist das Problem der „malignen Regression". Damit wird eine Regression bezeichnet, die durch das Behandlungssetting ausgelöst wird, die aber über das Behandlungssetting hinaus wirkt und dort zu einer fortschreitenden Verschlechterung des Zustands des Patienten führt. Wo eine maligne Regression in Gang gekommen ist, muss dringend das therapeutische Regime verändert werden, eine die Regression fördernde Vorgehensweise muss durch eine strikt antiregressive Behandlung abgelöst werden, gegebenenfalls muss sogar die Behandlung abgebrochen oder eine Hospitalisierung erwogen werden.

Beispiel:

Eine wenig erfahrene Psychotherapeutin beginnt eine analytische Psychotherapie mit einer 25-jährigen Sozialarbeiterin, die über soziale Ängste geklagt hatte. Im Erstinterview hatte sie davon berichtet, wie sie darüber irritiert war, bei einem Konzert ihren früheren Freund gesehen zu haben, von dem sie aber wusste, dass der inzwischen im Ausland lebte. Aufgrund der Entfernung in der Konzerthalle habe sie ihn jedoch nicht ansprechen können. In der Behandlung berichtet sie in den ersten Stunden umfassend über ihre Biografie, bereits in der achten Behandlungsstunde klagt sie jedoch über zunehmende Ängstlichkeit und Überlegungen, die Therapeutin vielleicht nicht mehr aufzusuchen. Zwei Stunden später erzählt sie voller Beunruhigung davon, dass sie die Therapeutin unmittelbar nach der vorangegangenen Stunde in einem Buchladen gesehen habe, gegenüber von ihrer Arbeitsstelle in einer entfernten Stadt. Die Therapeutin verändert nun das Behandlungssetting, indem sie die Patientin bittet, die Behandlung im Gegenübersitzen fortzusetzen. Dies führt aber bei der Patientin, die sich vorab über das Verfahren der analytischen Psychotherapie informiert hatte zu noch größerer Verängstigung, so dass sie die Behandlung abbricht. Später erfährt die Therapeutin, dass sich die Patientin mit psychotischen Ängsten und in einer ausgeprägten Ratlosigkeit in die Behandlung einer regional zuständigen psychiatrischen Abteilung begeben hatte.

15 Therapeutische Selbstreflexion

Analytische und tiefenpsychologisch fundierte Psychotherapie sind, wie wir gesehen haben, komplexe Behandlungsmethoden in dem ständig veränderlichen Umfeld der interpersonellen Beziehungen von Psychotherapeut und Patient. Anders als vielleicht in der Organmedizin oder in der biologischen Psychiatrie gibt es hier nur wenige objektive Daten und festgefügte Prozeduren. Bedeutungen und Beziehungen werden immer wieder neu kompromisshaft im interaktiven Miteinander und Gegeneinander von Therapeut und Patient generiert. Das Instrumentarium, dessen sich der Therapeut dabei bedient, ist seine eigene Seele, sein seelisches Unbewusstes und sein theoretischer Verstand. Diese Instrumente brauchen wie andere Werkzeuge auch Pflege. Diese besteht für den Psychotherapeuten zum einen darin, dass er befriedigende persönliche Beziehungen anstreben sollte; befriedigende persönliche Beziehungen vermitteln einen großen Teil der Gelassenheit und Sicherheit, die in der psychotherapeutischen Arbeit hilfreich sind. Weiterhin sollte er sich theoretisch fortbilden und kulturellen Interessen nachgehen. Dies ermöglicht es ihm, auf seine Arbeit immer wieder einen exzentrischen Blick zu werfen, sich selbst in seiner Arbeit aus neuer Perspektive anzusehen. Schließlich sollte er den fachlichen Austausch mit Kolleginnen und Kollegen suchen, um von deren Arbeitsweise mit Patienten zu lernen und andere an der eigenen Arbeit teilnehmen zu lassen.

16 Frequently Asked Questions (FAQ)

1. *Was sollte ich meinem Patienten vor Beginn einer tiefenpsychologischen bzw. analytischen Psychotherapie erklären?*
→ Zunächst einmal erscheint es mir wichtig, **dass** dem Patienten das therapeutische Vorgehen in seinen Grundzügen erklärt wird. Genauso wie beispielsweise bei einer somatischen medizinischen Behandlung haben Patienten das Recht, über das therapeutische Vorgehen aufgeklärt zu werden, und psychotherapeutische Behandler sind verpflichtet, diese Aufklärung zu leisten. Dazu gehört die Häufigkeit der Sitzungen, der Hinweis auf die Verschwiegenheit des Behandlers und auf die insgesamt angezielte Behandlungsdauer. Bei analytischen Therapien ist es oft nützlich zu erläutern, warum die ungewöhnliche Gesprächssituation mit der Couch gewählt wird, bei tiefenpsychologisch fundierter Behandlung ist es nützlich, vor Beginn der Therapie den gewählten Fokus explizit mit dem Patienten durchzusprechen. In jedem Fall sollte Patienten die „**therapeutische Grundregel**" erläutert werden. Das kann beispielsweise mit einer solchen Formulierung geschehen: „Bei jedem Menschen gibt es Seiten seiner Persönlichkeit oder seines Wesens, die er unangenehm findet, bei sich selbst ablehnt oder vielleicht auch nur noch nicht richtig kennen gelernt hat. Bei psychischen oder psychosomatischen Störungen sind es aber oft gerade diese Seiten, die zu der Störung geführt haben. Damit Sie diese Seiten besser wahrnehmen und kennen lernen, sollten Sie in der Therapie eine Grundregel beachten, die ganz einfach klingt, aber trotzdem nicht leicht zu befolgen ist: Sprechen Sie so freimütig wie möglich

über alles, was Sie in Ihrem Inneren beschäftigt, ohne etwas wegzulassen, weil es Ihnen unwichtig, peinlich oder nicht dazugehörig erscheint. Sie werden merken, das ist nicht ganz leicht, aber es fördert Ihre Therapie." Mir erscheint es darüber hinaus günstig, Patienten auf das mögliche Entstehen von **Widerständen** vorzubereiten. Das kann beispielsweise so geschehen: „Eine Therapie ist fast immer ein Weg mit Hindernissen. Es kann immer einmal zu einer Periode des Stillstandes und sogar zu einem Rückschlag kommen. Manchmal kehren alte Verhaltensweisen wieder, wenn durch die Therapie ein verborgenes Problem berührt worden ist oder wenn der nächste Entwicklungsschritt noch nicht getan werden kann. Niemandem fällt es ganz leicht, sich von vertrauten Denk- und Verhaltensweisen zu trennen, selbst dann, wenn diese Denk- und Verhaltensweisen Grund für Schwierigkeiten und Probleme sind. Dann können Gefühle des Ärgers und des Zögerns oder Vorbehalte gegenüber der Therapie auftauchen. Auch das gehört dazu, und es fördert Ihre Therapie, wenn Sie auch über solche Gefühle sprechen." Schließlich sollte ausdrücklich darauf hingewiesen werden, dass Veränderungen nur erzielt werden, wenn Einsichten, die in der Therapie gewonnen wurden, in praktisch **verändertes Handeln** umgesetzt werden.

2. *Worauf sollte ich als Therapeut während des Therapiegesprächs vor allem achten?*

→ Die Aufmerksamkeit des Therapeuten in analytischer und tiefenpsychologisch fundierter Psychotherapie sollte sowohl den Äußerungen und dem Verhalten des Patienten als auch den eigenen Reaktionen und dem eigenen Erleben gelten. Bei den Äußerungen des Patienten ist auf die Inhalte und auf die Form der Mitteilungen zu achten. Bei den Inhalten ist beispielsweise die Frage wichtig, ob sich bestimmte Inhalte häufig wiederholen, oder auch, ob bestimmte Inhalte in auffälliger Weise ausgelassen werden. Es ist nützlich, sich als Therapeut zu fragen, inwieweit die berichteten Inhalte als Kommentierung der Beziehung zum Therapeuten, so wie der Patient sie erlebt, aufgefasst werden können. Weiterhin sollte der Therapeut sich fragen, ob und gegebenenfalls wo in den berichteten Inhalten Anspielungen auf schwierige oder gar tabuierte Themen enthalten sind, die der Patient (noch) nicht direkt anzusprechen in der Lage ist. Hinsichtlich des formalen Aspekts ist vor allem wichtig, auf die Affekte zu achten, die im Gespräch deutlich werden. Dabei sind Tonfall, Körperhaltung, Gestik und gegebenenfalls Mimik des Patienten zu beobachten, da sich Affekte häufig auf averbale oder paraverbale Weise zeigen. Zu berücksichtigen ist auch, wie sich die Affektivität und Gestimmtheit im Verlauf der Stunde verändern. Beim eigenen Erleben ist es wichtig, Affekte und Handlungstendenzen wahrzunehmen, vor allem hinsichtlich der eigenen Störung der gleichschwebenden Aufmerksamkeit. In der tiefenpsychologisch fundierten Therapie sollte man die Orientierung auf den Behandlungsfokus im Auge behalten; bei Abweichungen vom Fokus ist die Frage nützlich, ob diese Abweichung eine Abwehr und einen Widerstand darstellt. In der analytischen Therapie ist es hilfreich, sich zu vergegenwärtigen, wie das aktuell behandelte Thema sich in die Abfolge der bereits behandelten Themen einordnet, beispielsweise inwieweit das gegenwärtige Thema sich als Fortentwicklung aus früheren Themen ergibt.

3. *Wie kann ich als Therapeut die Arbeit meines Patienten fördern?*

→ Das psychotherapeutische Gespräch ist für die meisten Patienten eine neue und ungewohnte Situation. Die spezifische Arbeitsweise in analytischer und tiefenpsychologischer Therapie muss in der Regel von den Patienten zu Beginn der Therapie erst gelernt werden. Therapeuten können ihre Patienten hierbei dadurch unterstützen, dass sie explizit auf die Fortschritte beim Erlernen des psychotherapeutischen Arbeitens reagieren. Das kann beispielsweise dadurch geschehen, dass Therapeuten den Patienten ihre Anerkennung aussprechen, wenn es ihnen gelingt, neue Blickwinkel einzunehmen, Zusammenhänge im eigenen Erleben zu entdecken, die ihnen bislang unzugänglich waren, eigene Affekte oder Gefühlszustände zu thematisieren oder die Beziehungen von gegenwärtigen Schwierigkeiten mit früheren Erfahrungen herzustellen. Es kann auch nützlich sein, gelegentlich den Stand der Therapie gemeinsam mit dem Patienten im Sinne einer „Zwischenbilanz" zu erörtern.

4. *Wann kann ich eine Deutung oder Interpretation formulieren?*

→ Deutungen oder Interpretationen sollten nur dann eingesetzt werden, wenn sich der Therapeut hinlänglich sicher ist, dass der Patient sie aufnehmen, verstehen und einordnen kann. Das heißt zum einen, dass der Patient über eine hinreichende Ich-Stärke verfügen muss. Ist dem nicht so, kann eine Deutung als Kritik, Entwertung oder Kränkung, oder als ein Versuch der Bemächtigung und Überwältigung erlebt werden. Bei diesen Patienten sollte man auf Deutungen verzichten und stattdessen im interaktionellen Sinne selektiv-expressiv und authentisch antworten. Wenn ein Patient grundsätzlich in der Lage ist, von deutenden Interventionen zu profitieren, dann ist darauf zu achten, dass Deutungen angemessen vorbereitet werden. Auch Deutungen, die nicht gut vorbreitet werden, können als Angriff, Kritik oder Bemächtigung erlebt werden, oder aber die Patienten können sie als eine Form schwer verständlicher „Magie" auffassen, als ein Ausdruck eines überlegenen, aber unzugänglichen Wissens des Therapeuten, dem man sich schlussendlich zu unterwerfen hat, wenn man geheilt werden will. Die notwendige Vorbereitung von Deutungen besteht zunächst einmal in der Demonstration des Erlebens- oder Verhaltensaspekts, der gedeutet werden soll. Wenn dem Patienten klar ist, worum es geht, kann eine Klärung der Entstehensbedingungen dieses Erlebens und auch eine Klärung des affektiven Zusammenhangs, in dem dieses Verhalten oder Entstehen steht, folgen. Daran kann sich dann eine deutende Intervention anschließen, die – ein wenig vergröbert – entweder nach dem Muster der „Wie-Deutung" oder dem der „Wie-damals-Deutung" erfolgen kann. Mit „Wie-Deutung" sind Deutungen gemeint, in denen ein Erlebensaspekt in eine Reihe mit anderen Erlebensaspekten gestellt wird: „Das Erleben X ist vergleichbar, in anderer Form genau dasselbe, ein Ausdruck von, so ähnlich etc., wie Y ..." Eine „Wie-Deutung" zielt also in sozusagen „horizontaler Perspektive" darauf, den Zusammenhang verschiedener Erlebensaspekte zu verdeutlichen. Eine „Wie-damals-Deutung" zielt demgegenüber sozusagen in „vertikaler Perspektive" darauf, ein gegenwärtiges Erleben in einen biografischen Zusammenhang zu stellen: „Das (gegenwärtige) Erleben X ist vergleichbar, in anderer Form genau dasselbe, ein Ausdruck von, so ähnlich etc. wie das damalige, das frühere Erleben Y ..."

5. *Was kann ich tun, wenn es in der Therapie nicht mehr weitergeht?*

→ Als Erstes sind die Gründe für einen Stillstand abzuklären. Ein einfacher Grund kann sein, dass der Patient seine Behandlungsziele als erreicht ansieht, der Therapeut aber weitergehende Ziele anstrebt, ohne dass dies zwischen Patient und Therapeut vereinbart ist. In diesem Fall sollte ein Gespräch über das bisher Erreichte geführt werden, und der Therapeut sollte dem Patienten erläutern, weshalb und in welcher Hinsicht er eine weitergehende Therapie für nötig erachtet. In der Mehrzahl der Fälle ist ein Stillstand der Therapie jedoch auf (bewusstes oder vorbewusstes) Widerstreben oder (unbewusst motivierten) Widerstand zurückzuführen. Hier ist es notwendig, die Gründe für einen möglichen Widerstand sorgfältig und taktvoll zu explorieren. Besonders sollte dabei die Möglichkeit einer bisher unerkannt gebliebenen negativen Übertragung (von einer hemmend wirkenden Scheu und Ängstlichkeit bis hin zu gravierendem paranoid-misstrauischem Erleben) bedacht werden oder die Möglichkeit, dass der Patient wegen einer Verhaltensweise des Therapeuten einen Groll, einen latenten Ärger oder einen anderen nachtragenden Affekt hegt, den er noch nicht zur Sprache gebracht hat. In seltenen Fällen, besonders bei Patienten mit deutlicheren dissozialen Zügen, muss auch die Möglichkeit einer psychopathischen Übertragung in Betracht gezogen werden, die durch Unehrlichkeit und Manipulationsversuche des Patienten gekennzeichnet ist.

6. *Wie kann ich dafür sorgen, dass mein Patient nicht zu viel, aber auch nicht zu wenig regrediert?*

→ In der analytischen und tiefenpsychologisch fundierten Therapie ist Regression eines der Behandlungsprinzipien, die es ermöglichen, festgefahrene, fixierte Strukturen, Verhaltens- und Erlebensweisen sozusagen „in Bewegung" zu versetzen. Wenn es zu keiner Regression „im Dienste des Ich" kommt, gelingt es Patienten in der Regel nicht, zu emotional bewegenden und eine Veränderung anstoßenden Einsichten zu kommen. Die Therapie bleibt dann oberflächlich, steril und belanglos, auch wenn Gespräche im Einzelfall vielleicht geistreich und interessant sein können. Das Gesprächsverhalten des Therapeuten, auf das Vorgeben von Themen zu verzichten, die therapeutische Grundregel mit der Aufforderung an den Patienten, sich so freimütig wie möglich zu äußern, und die „Minimalstrukturierung" der therapeutischen Interaktion sind geeignete Mittel, regressive Prozesse zu fördern. In der analytischen Therapie sind die liegende Körperhaltung des Patienten und der weitgehend fehlende Sichtkontakt zum Therapeuten weitere regressionsfördernde Faktoren. Regressionsbegrenzend wirkt demgegenüber in der tiefenpsychologisch fundierten Therapie die gegenüber der analytischen Therapie verringerte Sitzungsfrequenz von einer bis maximal zwei Sitzungen je Woche und die „face to face"-Sitzposition. Bei stärkerer Regressionsneigung, z.B. bei schwerer gestörten oder traumatisierten Patienten, kann es sinnvoll sein, die Sitzungszeit auf ca. 25 Minuten zu halbieren. Die konsequente Orientierung auf einen Behandlungsfokus mittels Interventionsformen wie der „leitenden Frage" wirkt ebenfalls regressionsbegrenzend.

7. *Wann ist die Therapie zu Ende?*

→ Immer wieder wird durch Therapeuten das Ende einer Therapie an die bewilligte Stundenzahl des Kostenträgers geknüpft, was nur als insgesamt unbefriedigende „Lösung" der Beendigungsfrage angesehen werden kann. Als Grundsatz muss demgegenüber gelten, dass eine Behandlung dann beendet werden sollte, wenn die Störung, die die Indikation zur Behandlung begründete, nicht mehr besteht. Bei der Beurteilung dieser Frage darf man sich aber nicht allein vom subjektiven Wohlbefinden des Patienten oder von der Ausprägung der vom Patienten berichteten, klinisch-deskriptiv fassbaren Symptomatik leiten lassen. Eine anscheinende Verbesserung der Symptomatik kann auch als „Flucht in die Gesundheit" Ausdruck eines Widerstands sein, oder als „Übertragungsheilung" kann sie unmittelbar an die therapeutische Beziehung geknüpft sein, so dass die erzielte Verbesserung mit Beendigung der Therapie unmittelbar wieder verloren geht. Über die symptomatische Verbesserung hinaus sollte vielmehr die (Wieder-)Herstellung eines psychosozialen Funktionsniveaus angestrebt werden, das ein baldiges Wiederauftreten der Störung verhindert. Als Indikatoren für ein hinreichend verbessertes psychosoziales Funktionsniveau können verbesserte Ich-Funktionen, eine verbesserte Introspektionsfähigkeit und Affekttoleranz gelten. Ebenso können eine verbesserte Integration von zuvor antagonistischen Beziehungsaspekten und adaptivere Verarbeitungen neurotischer Konflikte als Indikatoren für ein verbessertes psychosoziales Funktionsniveau gelten. Als weiteres Kriterium sollte beim Patienten ein genügendes (kognitives) Verständnis der Umstände und Bedingungen bestehen, die zur Entstehung der Störung geführt hatten. In der analytische Therapie wird oftmals die Forderung aufgestellt, dass eine Therapie erst dann abgeschlossen werden sollte, wenn auch die negativen Übertragungsaspekte angemessen bearbeitet wurden.

17 Prüfungsfragen

1. Nennen und erläutern Sie drei wichtige Aspekte der Haltung des analytisch und tiefenpsychologisch fundiert arbeitenden Therapeuten!
2. Erläutern Sie die technischen Prinzipien der Abstinenz und der Neutralität!
3. Erläutern Sie die Konzepte „Übertragung" und „Gegenübertragung". Wie kann durch „Gegenübertragung" das Verstehen des Patienten gefördert werden?
4. Was sind „Support" und die „Übernahme von Hilfs-Ich-Funktionen"?
5. Nennen und erläutern Sie vier Interventionstechniken in der analytischen und der tiefenpsychologisch fundierten Psychotherapie. Nehmen Sie Stellung zum unterschiedlichen Einsatz dieser Interventionsformen in analytischer und tiefenpsychologisch fundierter Psychotherapie!

3

18 Literatur

- Bettighofer S: Die latente Ebene der Übertragung. Interaktionelle und systemische Aspekte der therapeutischen Situation. Forum Psychoanalyse 1994;10:116-129
- Blum HP: On the conception and development of the transference neurosis. J Am Psychoanal Assoc 1971;19:41-53
- Ellenberger H: Die Entdeckung des Unbewussten. Bern, Stuttgart, Wien: Hans Huber, 1973
- Ellis A: Die rational-emotive Therapie. Das innere Selbstgespräch bei seelischen Problemen und seine Veränderung. München: Pfeiffer, 1977
- Fichtner G, Hirschmüller A: Freuds „Katharina" – Hintergrund, Entstehungsgeschichte und Bedeutung einer frühen psychoanalytischen Krankengeschichte. Psyche 1985;39:220-240
- Franklin G: The multiple meaning of neutrality. J Am Psychoanal Assoc 1990;38:195-220
- Freud S [mit Josef Breuer]: Studien über Hysterie. GW 1. Frankfurt, S. Fischer, 1895d, 75-312
- Freud S:. Weitere Bemerkungen über die Abwehr-Neuropsychosen. GW 1. Frankfurt, S. Fischer, 1896b, 377-403
- Freud S: Ratschläge für den Arzt bei der psychoanalytischen Behandlung. GW 8. Frankfurt, S. Fischer, 1912, 376-387
- Freud S: Bemerkungen über die Übertragungsliebe. GW 10. Frankfurt, S. Fischer, 1915e, 305-321
- Freud S: Eine Schwierigkeit der Psychoanalyse. GW 12. Frankfurt, S. Fischer, 1917d, 3-12
- Freud S: Wege der psychoanalytischen Therapie. GW 12. Frankfurt, S. Fischer, 1919a, 183-194
- Freud S: Selbstdarstellung. GW 14, Frankfurt, S. Fischer, 1925d, 31-96
- Fuerstein LA: The male patient's erotic transference: Female countertransference issues. Psychoanal Rev 1992;79:55-71
- Greenson RR: Technik und Praxis der Psychoanalyse. 3. Aufl. Stuttgart, Klett-Cotta, 1967/1981
- Hartkamp N, Esch A: Projektive Identifizierung in der psychoanalytischen Schlußbildung. Forum Psychoanal 1993;9:214-223
- Hartkamp N, Schmitz N, Schulze-Edinghausen A, Ott J, Tress W: Spezifisches Gegenübertragungserleben und interpersonelle Problembeschreibung in psychodynamischer Psychotherapie. Nervenarzt 2002;73:272-277
- Heigl FS, Triebel A: Lernvorgänge in psychoanalytischer Therapie. Die Technik der Bestätigung – eine empirische Untersuchung. Bern, Stuttgart, Wien: Huber, 1977
- Heigl-Evers A, Ott J: Die psychoanalytisch-interaktionelle Methode. Theorie und Praxis. Göttingen: Vandenhoeck & Ruprecht, 2002
- Jacobs ThJ: The corrective emotional experience: Its place in current technique. Psychoanal Inquiry 1990;10:433-454
- Jaeggi E: Das präsentative Symbol als Wirkfaktor in der Psychotherapie. Forum Psychoanal 1989;5:140-152
- Karme L: Male patients and female analysts: Erotic and other psychoanalytic encounters. Psychoanal Inquiry 1993;13:192-205
- König H: Gleichschwebende Aufmerksamkeit, Modelle und Theorien im Erkenntnisprozeß des Psychoanalytikers. Psyche 1996;50:337-375
- König K: Der interaktionelle Anteil der Übertragung in Einzelanalyse und analytischer Gruppenpsychotherapie. Gruppenpsychother Gruppendynamik 1982;18:76-83
- König K: Schweigen und Sprechen in therapeutischen Gruppen. Gruppenpsychother. Gruppendynamik 1986;22:9-21
- Lachmann FM, Lichtenberg JD: Model scenes: Implications for psychoanalytic treatment. J Am Psychoanal Assoc 1992;40:117-137
- Langs R: Die Angst vor validen Deutungen und vor einem festen Rahmen. Forum Psychoanal 1989;5:1-18
- Levy StT, Inderbitzin LB: The analytic surface and the theory of technique. J Am Psychoanal Assoc 1990;38:371-391
- Lorenzer A: Sprache, Lebenspraxis und szenisches Verstehen in der psychoanalytischen Therapie. Psyche 1983;37:97-115
- Neuzner B: Der Gegenübertragungswiderstand oder die Begrenztheit der Phantasie. Materialien Psychoanalyse 1984;10:268- 280
- Nunberg H, Federn E: Protokolle der Wiener Psychoanalytischen Vereinigung. Frankfurt/M.: Fischer, 1977
- Paniagua C: Patient's surface, clinical surface, and workable surface. J Am Psychoanal Assoc 1991;39:669-685
- Person ES: Die erotische Übertragung bei Frauen und Männern: Unterschiede und Folgen. Psyche 1994;48:783-807
- Petersen ML: Der sichere Rahmen. Bestandteile, Handhabungen und Wirkungen. Forum Psychoanal 1996;12:110-127
- Reed GS: A reconsideration of the concept of transference neurosis. Int J Psychoanal 1990;71:205-217
- Russ H: Erotic transference through countertransference. The female therapist and the male patient. Psychoanal Psychol 1993;10:393-406
- Sampson H: How the patient's sense of danger and safety influence the analytic process. Psychoanal Psychol 1990;7:115-124
- Sampson H: Experience and insight in the resolution of transferences. Contemp Psychoanal 1991;27:200-207
- Sampson H: The role of „real" experience in psychopathology and treatment. Psychoanal Dialogues 1992;2:509-528
- Sampson H, Weiss J: Testing Hypotheses: The Approach of the Mount Zion Psychotherapy Research Group. In: Greenberg LS, Pinsof WM (eds): The psychotherapeutic process. New York: Guilford, 1986, 591-613
- Sandler J, Sandler AM: Regression und Anti-Regression. Forum Psychoanal 1993;9:283-292
- Schlesinger HJ: How the analyst listens: The pre-stages of interpretation. Int J Psychoanal 1994;75:31-37
- Schwaber EA: Empathie: Eine Form analytischen Zuhörens. Forum Psychoanal 1995;11:160-183
- Spence DP: Perils and pitfalls of free floating attention. Contemp Psychoanal 1984;20:37-59
- Strupp HH, Binder JL: Kurzpsychotherapie. Stuttgart: Klett-Cotta, 1984/1991
- Tress W, Henry WP, Junkert-Tress B, Hildenbrand G, Hartkamp N, Scheibe G: Das Modell des Zyklisch-Maladaptiven Beziehungsmusters und der Strukturalen Analyse Sozialen Verhaltens (CMP/SASB). Psychotherapeut 1996;41:215-224
- Tress W, Junkert-Tress B, Hartkamp N, Wöller W, Langenbach M: Spezifische psychodynamische Kurzzeittherapie von Persönlichkeitsstörungen. Psychotherapeut 2003;48:15-22
- Treurniet N: Zur Theorie der freien Assoziation. Zeitschrift für psychoanalytische Theorie und Praxis 1992;7:242-255
- Wallerstein RS: The corrective emotional experience: Is reconsideration due? Psychoanal Inquiry 1990;10:288-324

3

3.2 Psychoanalytische Interventionen

KARL KÖNIG

1 Allgemeine Überlegungen zu psychotherapeutischen Interventionen

In vielen Therapieschulen interveniert der Therapeut aus der Position eines Experten heraus, wobei er voraussetzt, dass der Patient ihn in dieser Position sieht. Ob er das tut, beeinflusst den Umgang eines Patienten mit den Interventionen des Therapeuten. Dass er es tut, ist nicht ohne weiteres vorauszusetzen. Die Vorstellungen von der Rolle eines Therapeuten variiert zwischen Therapeuten, auch zwischen Therapeuten der gleichen Schule. Sie variiert auch zwischen den Patienten.

Weil sich die Interventionen des analytisch orientierten Therapeuten auf die Beziehung des Patienten zu ihm richten oder diese zumindest im Auge behalten wird, betrachtet er sein Verhalten vermutlich genauer als andere Therapeuten. Hier unterscheidet er sich wesentlich von einem Therapeuten, der sich in einer Expertenrolle sieht und in einer Expertenrolle gesehen werden möchte.

Die Hilfserwartungen eines Patienten sind durch Vorerfahrungen mit helfenden Personen gefärbt; angefangen mit Erfahrungen, die er als Kind mit den betreuenden Personen gemacht hat. Die Auffassung des Therapeuten von seiner Rolle ist durch seine eigene Biografie, seine aktuellen Beziehungen mit Kollegen, Freunden, Bekannten, und Familienangehörigen und durch die theoretischen Systeme beeinflusst, die er seiner Arbeit zugrunde legt oder glaubt zugrunde zu legen. Ein großer Teil Annahmen, die Psychoanalytiker ihren Therapien zugrunde legen, gehört zum Korpus der Praxis und wird nicht als Theorie ausformuliert, wie Sandler (1983) an einer kleinen Stichprobe von Psychoanalytikern nachgewiesen hat. Für die Gruppenpsychotherapie zeigt das eine Studie von Davies-Osterkamp et al. (1987).

Auch wer über die theoretischen Grundlagen seines Handelns extensiv publiziert hat, verhält sich nicht immer therapiekonform. Das bekannteste Beispiel ist Freud selbst, der in seinen Ratschlägen an den Arzt (1912) ein therapeutisches Vorgehen beschrieben hat, das er selbst nicht so anwandte; als Therapeut verhielt er sich weniger „schulmäßig".

Die Form der Interventionen hängt nicht nur vom persönlichen Stil des Therapeuten ab. Ein Therapeut, der sich in seinen Patienten einfühlt, wird mit verschiedenen Patienten unterschiedlich umgehen. Er oder sie versucht das zu tun, was der Patient „braucht", und das heißt hier, was für ihn voraussichtlich im Sinne eines Fortschreitens der Therapie nützlich ist.

Es kommt aber auch vor, dass Therapeuten drängenden Wünschen des Patienten nachgeben, obwohl das therapeutisch nicht nützlich, sogar schädlich ist. Dieses zeigt wieder, dass Therapeutenverhalten auch von der Persönlichkeit des Therapeuten abhängen kann: Verschiedene Therapeuten neigen unterschiedlich dazu, solchen drängenden Wünschen nachzugeben; zum Beispiel Wünschen nach Rat, Trost oder Beruhigung; auch dann, wenn dies den Patienten mittel- und langfristig nicht weiterbringt.

2 Die freie Assoziation

In der klassischen Psychoanalyse wird der Patient aufgefordert, frei zu assoziieren; das heißt, alles zu sagen, was er denkt und fühlt, auch wenn er es für unwichtig hält. Diese so genannte Grundregel kann man zu den Rahmenbedingungen (König, 2001) einer Psychoanalyse rechnen. Die Grundregel definiert einen Teil der Rahmenbedingungen, indem sie zu einem Gutteil festlegt, wie der Patient sich in der Stunde verhalten soll. Sie hält den Patienten so dazu an, Material zu liefern, das dem Analytiker den Zugang zum Unbewussten des Patienten erleichtert. In seinen Interventionen greift der Therapeut dieses Material auf.

Schon eine Umfrage von Glover (1955) hatte das Ergebnis, dass manche Analytiker die Grundregel vereinbaren und andere nicht; diese vermittelten die Grundregel implizit, zum Beispiel, indem sie Widerstände gegen das freie Sichäußern bearbeiteten. In den psychoanalytisch orientierten Therapien wird die Grundregel meist nicht explizit vereinbart; manchmal wird dem Patienten sogar gesagt, er solle von dem sprechen, was ihm am dringlichsten erscheint. In einer analytisch orientierten Therapie beschäftigt man sich mehr als in einen Psychoanalyse mit den Außenbeziehungen des Patienten; das heißt mit seinen Beziehungen zu anderen Personen als dem Analytiker.

Freud (1906) hoffte ursprünglich, die freie Assoziation könne schon zum Vorbewussten oder gar zum Unbewussten führen; heute nimmt man eher an, dass sie zu den Widerständen führt, die sich einem Zugang zum Vorbewussten entgegenstellen, und die dann bearbeitet werden können. Die Funktion der freien Assoziation besteht zunächst darin, dass sie eine Art Selbstkon-

3

frontation bewirkt. Der Patient denkt an Dinge, die seinem Bewusstsein zugänglich sind (kein Zensor hindert ihn daran, sie sich bewusst zu machen), an die er aber ohne das Bemühen, frei zu assoziieren, nicht denken würde, weil sein Denken, jedenfalls in der westlichen Welt, durch das Training im Sozialisationsprozess auf Zweckmäßigkeit, Ordnung, Nützlichkeit, Notwendigkeit ausgerichtet wird; meist umso mehr, je mehr Schulbildung jemand erfahren hat.

Greift der Analytiker scheinbar Unwesentliches auf, stellt es sich oft, nach Bearbeiten allfälliger Widerstände, als wesentlich heraus. Auch in Gesprächen auf einer Party kommt man vom Hundertsten ins Tausendste, man bemüht sich aber nicht, auch von Dingen zu sprechen, die einem unangenehm sind oder die einem uninteressant („unwichtig") erscheinen. Deshalb werden in der „freien Assoziation" auf einer Party Widerstände nicht deutlich; zumindest nicht so wie in einer therapeutischen Stunde.

3 Formen der Intervention

Konfrontieren

Der Therapeut konfrontiert den Patienten mit Erlebens- und Verhaltensweisen, von denen er meint, dass sie zu bearbeiten sind. So könnte er sagen: „Wenn Sie heute von Ihrer Freundin sprechen, gebrauchen Sie abstraktere Wörter als sonst" oder: „Sie sind eben darüber hinweggegangen, dass Sie ‚Mutter' statt ‚Freundin' gesagt haben."

Die Konfrontation muss verträglich dosiert werden. Wegen der Gefahr, dass der Patient aversiv reagiert, halten sich viele Therapeuten beim Konfrontieren stärker zurück, als es therapeutisch sinnvoll wäre.

Wenn der Therapeut den Patienten konfrontiert, kann dieser Selbstkonfrontation besser erlernen: im Sinne eines skeptischen Infragestellens von eigenem Erleben und eigenen Verhaltensweisen. Therapeuten, die große Angst haben, den Patienten durch eine Konfrontation zu verletzen oder ihm mehr Unlustgefühle zu bereiten, als er vertragen kann oder ertragen sollte, müssen sich nach latenten eigenen sadistischen Impulsen fragen, die durch Reaktionsbildung abgewehrt werden.

Im Alltag ist Konfrontation oft mit einem Vorwurf verknüpft. Wer einen anderen mit einem bestimmten Verhalten konfrontiert, möchte meist, dass der Konfrontierte sein Verhalten ändert: entweder weil es stört oder weil man annimmt, dass sein Verhalten für ihn selbst nachteilig sein könnte. Daneben gibt es auch Konfrontationen, die sich auf einen, meist als einmalig eingeschätzten Fehler beziehen, der dem Betreffenden schaden könnte; zum Beispiel den Hinweis darauf, dass jemand etwas vergessen hat, etwa: „Sie haben Ihr Portemonnaie liegen gelassen."

In Therapien ist darauf zu achten, ob mit dem Patienten eine gute Arbeitsbeziehung (Greenson, 1975; Luborsky, 1988; Deser-

no, 1994; König, 2001) besteht, auf die sich eine akzeptable Konfrontation gründen könnte. Wenn man den Patienten länger kennt, kann man meist abschätzen, wie er auf eine Konfrontation reagieren wird. Es kann wichtig sein, die Reaktionen auf die Konfrontation zu bearbeiten, ehe man sich mit dem Inhaltlichen beschäftigt. In einer Gruppentherapie kommt noch hinzu, dass sich der Konfrontierte als blamiert oder „vorgeführt" erleben kann. Auch im Alltagsleben sind Konfrontationen unter vier Augen akzeptabler. Konfrontationen können als Übertragungsauslöser für die Übertragung eines Objekts dienen, das früher herabsetzende Kritik geäußert hat.

Deuten und Klarifizieren

Klarifizieren und Deuten gehen ineinander über. Meist wird der Terminus Deuten im Rahmen der Psychoanalyse für das Herstellen von Verknüpfungen mit vermutetem Unbewusstem benutzt, zum Beispiel kann ein Therapeut sagen: „Zu Beginn der Stunde haben Sie gesagt, dass ich heute abweisend wirke. Jetzt ist deutlich geworden, dass Sie Grund haben, böse auf mich zu sein. Das zu sagen fiel Ihnen schwer. Vielleicht haben Sie abweisende Gefühle mir gegenüber, die nicht deutlich werden sollen, und es ist leichter für Sie, wenn ich der Abweisende bin." Im Unterschied dazu wäre Klarifizieren eine Verknüpfung bewusster Informationen. Zum Beispiel kann der Therapeut sagen: „Ihren Chef empfinden Sie als autoritär. Wir haben letzte Stunde darüber gesprochen, wie Ihr Vater war. Könnte es sein, dass Sie einen Teil der Erfahrungen mit Ihrem Vater auf den Chef draufpacken?"

Ein Patient kann allerdings durch Abwehrmechanismen verhindern, dass ihm ein offensichtliche Zusammenhang klar wird. Der Einsatz der Abwehrmechanismen wäre dann wieder unbewusst motiviert und müsste konfrontiert, klarifiziert und gedeutet werden. Zum Beispiel kommen die Abwehrmechanismen Leugnung und Isolierung aus dem Zusammenhang in Betracht (vgl. König, 1995).

Unbewusstes verschließt sich einem direkten Zugang per definitionem. Es kann nur erschlossen werden. Im Prinzip kann auch der Patient auf sein Unbewusstes schließen. Gemeint ist hier das so genannte deskriptiv Unbewusste, das Vorbewusstes und Unbewusstes erfasst. Sandler und Sandler (1985) sprechen von einem infantilen Unbewussten und einem so genannten Gegenwarts-Unbewussten, mit dem sie Vorbewusstes meinen, das durch einen „zweiten Zensor" gegenüber dem Bewussten abgegrenzt wird. Dieser Zensor lässt manches durch, wenn es einem erwachsenen Erleben und Handeln entspricht.

Fehlleistungen kommen meist aus dem Vorbewussten oder Gegenwarts-Unbewussten, manchmal auch aus Bewusstem. Jemand, der eine andere Person nicht mag, kann sich deshalb versprechen, indem er die Aufforderung, auf die Person „anzustoßen", in „aufzustoßen" umwandelt. Der Fehlleistende wird leicht erkennen, dass es sich um Auswirkungen seiner aversiven Einstellung handelt, die er im Augenblick zu unterdrücken suchte.

3

Man kann argumentieren, dass eine Deutung jedes Mal stattfindet, wenn sich aus neuen Verknüpfungen ein neuer Sinn ergibt. Hier ergeben sich Bezüge zur Alltagshermeneutik. Es gibt auch Psychoanalytiker, die den Deutungsbegriff sehr weit fassen. Eine Andeutung, die, wenn man sie weiterdenkt, zu einer Deutung führen könnte, wird schon als Deutung bezeichnet.

Wie jemand eine Deutung formuliert, ist eine Frage der Zweckmäßigkeit, aber auch des persönlichen Stils. Vermutlich würden keine zwei Analytiker in der gleichen Situation dem gleichen Patienten genau dasselbe sagen. Der Stil eines Therapeuten wird durch Erbeinflüsse und Umwelteinflüsse beeinflusst. Das Geschlecht des Therapeuten ist wichtig. Das Verhalten eines Therapeuten oder einer Therapeutin ist aber auch davon abhängig, wie er oder sie seine oder ihre Rolle als Mann oder Frau im Allgemeinen, aber auch als männlicher Therapeut oder weibliche Therapeutin sieht.

Klarifizieren und Deutung können dazu dienen, gemeinsam mit dem Patienten ein Verständnis der Situation zu erarbeiten. Ähnliches gilt natürlich schon für das Konfrontieren. Der Therapeut kann eine Hypothese haben, oder er kann von einem bestimmten Sachverhalt überzeugt sein und seine Hypothese oder seine Überzeugung dem Patienten vermitteln wollen. Mit letzterem sollte man vorsichtig sein.

Cremerus (1990, S. 23) hat als Kriterien dafür, dass eine Deutung zutrifft, folgende Punkte genannt:
• Ein Abwehrmechanismus verschwindet.
• Ein Abwehrmechanismus wird durch einen anderen ersetzt.
• Der Patient berichtet neues Material.
• Die Übertragungsbeziehung verändert sich.
• Die Angst verändert sich in Intensität und Richtung.
• Umformungen in der Es/Über-Ich-Relation treten ein (entsprechend verändert sich etwas an Selbstvorwürfen oder Schuldgefühlen, KK).
• Ein Symptom verschwindet, verstärkt sich, bildet sich um oder ein neues Symptom tritt auf.

Interessant ist hier die Frage, wieweit auch eine unzutreffende Deutung bewirken kann, dass der Patient neues Material berichtet; etwa um den Therapeuten aufzuklären oder weil die Übertragungsbeziehung sich verändert, die Angst sich in Intensität und Richtung verändert, weil der Patient durch die unzutreffende Intervention mehr Angst bekommt oder weniger; oder weil sich etwas an den Selbstvorwürfen oder Schuldgefühlen verändert, wenn sich der Patient provoziert fühlt und deshalb einen Grund hat, Vorwürfe an den Therapeuten zu richten und nicht mehr an sich selbst.

Auch Gegenübertragungsreaktionen können ein Kriterium dafür sein, dass eine Deutung etwas verändert hat. Der Therapeut kann das Gefühl haben, dem Patienten näher gekommen zu sein oder ihn besser zu verstehen. Er kann auch den Eindruck haben, dass der Patient sich jetzt offener verhält; oder, wenn die Deutung überdosiert war, verschlossener.

Ein Lächeln des Patienten kann bedeuten, dass er sich entlastet fühlt. Es kann aber auch bedeuten, dass er sich gekränkt fühlt und die Kränkung durch ein Lächeln überdecken will; oder es kann bedeuten, dass der Patient die Deutung schon erwartet hat und sich in seiner Erwartung bestätigt fühlt. Sein Lächeln kann auch Verlegenheit bedeuten oder ein Sich-ertappt-Fühlen, das bagatellisiert werden muss.

Dass Patienten es als positiv empfinden, wenn der Therapeut mit ihnen übereinstimmt, kommt oft auch bei unzutreffenden Deutungen vor, die der Patient als zutreffend empfindet. Manche Patienten bieten Material, damit der Therapeut darauf eingeht und nicht auf etwas anderes, das ihnen unangenehm ist. Geht er auf das angebotene Material ein, entlastet sie das. Sie fühlen sich entspannt, weil der Therapeut nicht auf etwas aufmerksam geworden ist, das sie verbergen wollten („Glück gehabt").

Unter Psychoanalytikern herrscht Übereinstimmung darüber, dass die Zustimmung des Patienten als Kriterium für das Zutreffens einer Deutung nicht ausreicht. Es gibt ja Patienten, die jeder Deutung zustimmen; andere, die jede Deutung als unzutreffend zurückweisen. Stimmt der Patient immer zu, weiß der Therapeut nicht, wann die Zustimmung wirklich als Zustimmung gemeint ist.

Patienten, die eine jede Intervention ablehnen, können sie später unter Umständen wieder aufgreifen. Ein Patient sagte mir einmal, als die Therapie schon weiter fortgeschritten war, dass er zunächst jede Deutung, die ich gab, vergrub, nach einer gewissen Zeit wieder ausgrub und als sein Eigentum betrachtete: „Ein Schatz, der eine gewisse Zeit im Boden gelegen hat, gehört dem Finder." Hier zeigt sich auch, dass die Ablehnung von Deutungen damit vereinbar ist, dass der Patient sie für wertvoll hält.

Widerstandsdeutungen richten sich auf den Widerstand gegen das Aussprechen oder das Bewusstwerden von Inhalten.

Fokussierende Interventionen

Fokussierende Interventionen unterscheiden sich von anderen nicht formal, sondern durch die Selektion des Materials, auf das sie sich beziehen. Man kann einer Intervention außerhalb ihres Kontextes nicht „ansehen", ob sie fokussierend gemeint ist. In einer Fokaltherapie hat der Therapeut nach der diagnostischen Phase der Therapie beschlossen, sich in seinen Interventionen auf Derivate bestimmter Konfliktbereiche zu beschränken.

Der Übergang zu einer nicht fokussierenden Therapie ist fließend. Der Therapeut interessiert sich immer für bestimmte Konfliktbereiche, die er in den Fokus seiner Aufmerksamkeit nimmt. Thomä und Kächele (1996) sehen eine Psychoanalyse, wie ich meine zu Recht, als eine Fokaltherapie mit wechselndem Fokus. Der Unterschied zur Fokaltherapie in engerem Sinne besteht eben darin, dass der Fokus bei Beginn einer Fokaltherapie festgelegt wird, während er sich in einer Psychoanalyse verändert. Andererseits wird der Fokus in einer Fokaltherapie auch abgewandelt, um ihn dem Verlauf der Therapie anzupassen; er bleibt nur im Kern unverändert und wenn er sich im Laufe der Therapie als unzutreffend oder unzweckmäßig herausstellt, kann auch ein neuer Fokus genommen werden.

3

Ich-stützende Interventionen

Eine Entwicklungsstörung kann verhindern, dass reife innere Objekte entstehen. An inneren Objekten orientiert sich ein Mensch in Beziehungen (Stierlin, 1971). Fehlen reife Objektrepräsentanzen, hat das zur Folge, dass die reiferen Aspekte von Personen nicht wahrgenommen werden. Die Ich-Funktion der Realitätsprüfung ist dann stärker eingeschränkt als bei neurotischen Personen.

Ein schwaches Ich kann mit einem „starken", in Wahrheit archaischen Über-Ich konfrontiert sein. Es kann meist auch gegenüber Impulsen aus dem Es nicht genügend Schranken aufrichten. Triebimpulse aus dem Es oder Anforderungen des Über-Ich und des Ich-Ideals kann es nicht in eigener Regie übernehmen und sie einer rationalen Kritik unterwerfen. So kann ein Patient Inhalte und Strenge seines archaischen Über-Ich projizieren und dann ein Gegenüber als strengen Vertreter dieser Inhalte erleben.

Der Therapeut kann Ich-Funktionen übernehmen, zum Beispiel kann er anbieten, wie er andere Personen wahrnimmt. Er übt damit eine Hilfsich-Funktion aus. Er kann sich aber auch deutend mit der Bearbeitung von Konflikten beschäftigen, die Ich-Funktionen lähmen, über die der Patient schon einmal im Leben verfügt hat. Fasst man den Begriff „Hilfsich-Funktion" sehr weit, kann man natürlich auch das Deuten als das Wahrnehmen einer Hilfsich-Funktion sehen. Der Analytiker tut etwas, das der Patient zur Zeit und bezogen auf bestimmte Inhalte nicht kann.

Zu den ich-stützenden Maßnahmen wird oft auch die psychoanalytische interaktionelle Therapieform des Göttinger Modells gerechnet (Heigl-Evers und Ott, 1994). Darüber geht sie aber hinaus. Der Therapeut handelt nach dem „Prinzip Antwort". Zum Beispiel kann er sagen: „Was Sie da von mir denken, ärgert mich" oder: Die Art, wie Sie mit dieser Situation umgegangen sind, finde ich sympathisch". Er erhöht seine Transparenz, indem er den Patienten seine Reaktionen auf ihn selektiv mitteilt. Als Selektionskriterium gilt die therapeutische Zweckmäßigkeit. Eine Entlastung des Therapeuten kann dabei eintreten, sollte aber für die Motivation des Therapeuten, seine Transparenz zu erhöhen, nicht bestimmend sein.

Wenn der Therapeut sagt, wie er sich in einer bestimmten Situation des Patienten verhalten würde, zeigt er dem Patienten, dass man auch anders erleben und handeln kann („Alteritätsprinzip", z. B. Seidler, 1995). Das kann bei der gegenseitigen Abgrenzung von Selbst- und Objektvorstellungen des Patienten hilfreich sein.

Affektklarifizierung

Man kann nicht nur Zusammenhänge, sondern auch Gefühle dem Patienten klarer machen. Frühgestörte Patienten empfinden Gefühle oft undeutlich. Das Angebot von Benennungen der Affekte („Ist es vielleicht ein bisschen Ärger?") kann ihnen helfen, Gefühle, die ihnen undeutlich sind, zu identifizieren und dann leichter einer Ursache zuzuordnen. Unbestimmte Gefühle rufen oft Angst hervor; benennbare Gefühle sind leichter zu handhaben.

Nonverbale akustische Interventionen

Es ist bekannt, dass Therapeuten häufig „hm" oder „mhm" sagen. Der Patient kann das unterschiedlich auffassen: „Der Therapeut versteht mich" oder: „Der Therapeut stimmt mir zu". Nun kann man aber auch jemanden verstehen, ohne ihm zuzustimmen. So versteht ein Psychoanalytiker, dass der Patient infolge einer Übertragung (siehe dort) ein bestimmtes Bild von ihm hat, ohne es deshalb für zutreffend zu halten. Manche Patienten möchten wortlos verstanden werden. Ein „Hm" des Analytikers empfinden sie als überflüssig oder lästig. Für sie signalisiert ein „Hm" eine Grenze zwischen Ich und Du. Es kann aber wichtig sein, diese Grenze zu markieren; so bei schizoiden Patienten mit Verschmelzungsphantasien.

Minusinterventionen

Ein Therapeut kann auch dadurch intervenieren, dass er etwas unterlässt. So kann er auf einen Patienten innerlich reagieren, ohne die Reaktion auszudrücken oder zu beschreiben. Freie Assoziation ist nur möglich, wenn der Therapeut auf Äußerungen des Patienten, die Affekte in ihm hervorrufen, nicht in einer alltäglichen Weise reagiert, etwa verbal zurückschlägt.

Bion (1992, S. 32) sprach in diesem Zusammenhang von „containing". Der Therapeut behält Gefühle und Vorstellungen, die der Patient bei ihm auslöst, zunächst bei sich. Dann verarbeitet er sie zu Interventionen, zu Konfrontationen, Deutungen oder Klarifizierungen oder auch Antworten. So wird er einen Ärger nicht unreflektiert ausdrücken, sondern nur dann, wenn es ihm therapeutisch zweckmäßig erscheint, oder er wird ihn als Gegenübertragungsreaktion auf den Patienten nutzen, um besser zu verstehen, was zwischen dem Patienten und ihm abläuft, und aus diesem Verständnis vielleicht eine Deutung entwickeln, die er dem Patienten zu gegebener Zeit mitteilt.

Unbeabsichtigte Beeinflussungen

Von bewusst eingesetzten Interventionen sind unbeabsichtigte Beeinflussungen zu unterscheiden. Sie finden im Gegenübersitzen mehr statt, als wenn der Patient liegt. Krause (1988, 2000) hat mimische Reaktionen untersucht, die manchmal so kurz sind, dass sie nicht bewusst wahrgenommen werden. Dennoch sind sie wirksam.

Hier zeigt sich im Übrigen, wie wichtig es sein kann, dass der Therapeut seine Gegenübertragung im Auge behält und analysiert. Starke Gefühle können sich mimisch ausdrücken, obwohl der Therapeut sie nicht in Worten ausdrückt oder obwohl er etwas sagt, was mit dem mimischen Ausdruck in Widerspruch steht. Hierdurch kann eine so genannte Double-bind-Situation entstehen: das Aussenden einander widersprechender Signale. Nicht nur intendierte optische Beeinflussungen, sondern auch das nonverbale Ausdrucksverhalten, wie es sich im Stimmenklang, Lautstärke und Sprechtempo äußert, kann Interventionen entgegenwirken oder sie unterstützen.

3

Schweigen

Schweigen begünstigt das Entstehen bestimmter Übertragungen und Phantasien. Ein Schweigen des Therapeuten kann ihn als einfühlend, als weise, als versagend, als sadistisch oder als zerstörend erscheinen lassen. Auch kann das Schweigen des Analytikers beim Patienten Schuldgefühle hervorrufen („Er schweigt, weil ich etwas gesagt habe, das ihn verletzt."). Natürlich kann das Schweigen des Analytikers dem Patienten vor unreflektierten Gegenübertragungsreaktionen schützen.

Ein mitfühlend gemeintes Schweigen kann als herzlos empfunden werden; zum Beispiel wenn der Patient vom Analytiker ein bestimmtes, konventionelles Reagieren auf ein schmerzliches Ereignis in seinem Leben erwartet. Schweigen kann bedeuten, dass der Therapeut „einfach da ist", oder sein Schweigen kann als Ausdruck moralischer Verurteilung dienen (Im Struwwelpeter heißt es: „Und die Mutter blicket stumm um den ganzen Tisch herum"). Der Patient kann auf der Couch den Eindruck haben, dass der Therapeut eingeschlafen ist oder den Raum verlassen hat. All diese Vorstellungen haben mit der Übertragungssituation zu tun. Die Vorstellung, Schweigen sei neutral und ermögliche es dem Patienten, beliebige Übertragungsphantasien zu entwickeln, muss als obsolet gelten. Das Schweigen selbst wirkt als Übertragungsauslöser. Welche Übertragung es auslöst, hängt von der Übertragungsdisposition und den aktuellen Übertragungswünschen des Patienten ab; auch von der Gegenübertragung des Analytikers, soweit sie sich dem Patienten averbal mitteilt.

Informierende Interventionen

Informierende Interventionen können den Patienten über die Arbeitsweise in einer psychoanalytisch orientierten Therapie aufklären. Zu Beginn einer Therapie sind solche informierenden Interventionen unter Umständen zweckmäßig. Für sonstige informierende Interventionen sollte die Regel gelten, dass man dem Patienten keine Informationen gibt, die er sich auch anders verschaffen kann. Wenn jemand über bestimmte Aspekte der Sexualität nicht Bescheid weiß, wird man eher mit ihm bearbeiten, warum er sich nicht informiert hat, als ihm Informationen zu geben, die massenhaft in Büchern, Zeitschriften und Fernsehsendungen angeboten werden. Dagegen wird man eine Frau, die beabsichtigt, in Kürze ungeschützten Sexualverkehr zu haben, oder die von der Wirksamkeit antikonzeptioneller Mittel eine falsche Vorstellung hat, unter Umständen informieren und dann erst bearbeiten, weshalb sie diese Informationen nicht hatte.

Natürlich können Patienten in vieles, was ein Analytiker sagt, einen Ratschlag hineinlesen; vor allem wenn sie Ratschläge dringend haben wollen.

Fragen

Manche Psychoanalytiker lehnen es ab, dem Patienten Fragen zu stellen. Das gilt vor allem, wenn freie Assoziation vereinbart ist. Der Fluss der freien Assoziation soll durch Fragen nicht gestört werden. Das führt aber oft zu einer Verlängerung von Therapien, weil es ja schließlich darum geht, das, was in der freien Assoziation gesagt wird, näher zu betrachten, wenn eine solche Betrachtung therapeutische Vorteile verspricht. So wird bei manchen Patienten eine Situation, von der sie berichtet haben, erst plastisch, wenn weitere Details beschrieben werden. Wichtig ist auch das Fragen nach Beispielen, besonders bei intellektualisierenden Patienten.

Interventionen in weiterem Sinne

In weiterem Sinne kann man jedes bewusst im Hinblick auf die Therapie gesteuertes Verhalten eines Therapeuten als intervenierend ansehen oder zumindest untersuchen, ob es den Charakter einer Intervention hat. So kann auch ein „Drannehmen" oder „Nicht-Drannehmen" eines Patienten den Charakter einer Intervention haben. Balint et al. (1973) referieren aus einer Fokaltherapie von Balint, dass er einen Patienten außer der Reihe drannahm, um ihm dadurch etwas implizit zu vermitteln. Freilich ist es hier Aufgabe der Gegenübertragungsanalyse (s. dort), nützliches Verhalten von schädlichem Agieren zu differenzieren. Die Analyse lebt schließlich auch davon, dass schwer Sagbares dennoch in Worte gefasst wird. Der Patient soll die inneren Voraussetzungen dafür aufbauen und es mehr und mehr lernen. Der Therapeut kann ihm im Verbalisieren ein Vorbild sein.

Auch der äußere Rahmen einer Therapie, zum Beispiel die Einrichtung des Behandlungszimmers, beeinflusst den Patienten. Sie wird in der Regel unter Berücksichtigung dieser Tatsache gewählt. Manche Therapeuten überlegen sich auch, wie es wirkt, wenn sie keine oder diese oder jene Krawatte umbinden, und wie sie sich sonst in ihrer Person darstellen.

Alles was von Seiten des Therapeuten auf den Patienten einwirkt, kann er wie eine Intervention betrachten und es tun oder unterlassen. So kann ein Therapeut sich überlegen, ob er sich schneuzen soll oder nicht, er kann ein Husten zu unterdrücken versuchen. Ein Kollege erzählte mir, dass er versuchte, sein Magenkullern während einer Behandlungsstunde durch autogenes Training zu stoppen.

4 Übertragungsanalyse

Die Objektrepräsentanzen und die Selbstrepräsentanz in unserer inneren Welt enthalten Erinnerungen an Erfahrungen, die man im Umgang mit einem bestimmten Objekt (einer Person) gemacht hat. Wie man es wahrnahm, sein Aussehen und sein Handeln, denkt man sich in einer Objektrepräsentanz gespeichert; was man von ihm befürchtet, erhofft und erfahren hat und wie man sich dabei fühlte, in der Selbstrepräsentanz.

Die früheren Erfahrungen passen nicht immer auf die Objekte, die man real antrifft. Dann wird diesen Objekten irrigerweise ein Erleben und Verhalten zugeschrieben, das man im Umgang mit früheren Objekten kennen gelernt hat. Überträgt man die früheren Erfahrungen, kann es zu Verkennungen kommen. Die früheren Erfahrungen können aber auch auf die neu kennen gelernte Person passen. Was man als Menschenkenntnis bezeichnet, hat zu einem guten Teil mit früheren Erfahrungen zu tun. Ein Kaspar Hauser hätte, und wäre er noch so sensibel, kaum Menschenkenntnis.

In einer jeden Beziehung gibt es Kompromisse. In Beziehungen werden Kompromisse zwischen den Ansprüchen von Es, Über-Ich und Ich-Ideal, den eigenen Ich-Interessen und den Beziehungsanforderungen anderer Menschen hergestellt. Ein Kind wird nun andere Kompromisse herstellen als ein Erwachsener, der in vieler Hinsicht unabhängiger ist, aber auch auf andere in erwachsener Weise Rücksicht nehmen muss. Kompromisse, die in Beziehungen der Kindheit zweckmäßig waren, können ihre Zweckmäßigkeit im Erwachsenenleben verlieren. Als Erwachsener kann man sich manches nicht mehr erlauben, was man sich als Kind erlauben konnte; als Erwachsener ist man aber auf andere Menschen selten so angewiesen wie ein kleines Kind auf die Eltern. Wenn die Übertragung eines Erwachsenen geklärt wird, werden dabei auch übertragungsbedingte, unzweckmäßige Kompromisse erkannt.

In einer Psychoanalyse mit mehreren Sitzungen pro Woche gewinnt der Therapeut eine große Bedeutung, wenn die übrigen Gegebenheiten gleich sind; meist eine größere Bedeutung, als wenn der Therapeut den Patienten nur einmal die Woche oder einmal alle 14 Tage sieht. Schon deshalb wird sich die Bearbeitung der Beziehung zwischen Patient und Therapeut in Psychoanalysen zwangloser ergeben als in niederfrequenten Therapien. Stehen die Außenbeziehungen beim Patienten im Vordergrund des Erlebens, liegt es nahe, dass der Therapeut sich mehr mit den Außenbeziehungen beschäftigt als mit der Beziehung des Patienten zu ihm. Allerdings kann die Beziehung des Patienten zu ihm durch nicht immer leicht erkennbare Übertragungen gestört werden, die dann vorrangig zu bearbeiten sind. In analytisch orientierten (tiefenpsychologisch fundierten) Therapien wird der Therapeut es selten darauf anlegen, eine Übertragung, die nicht manifest ist und nicht stört, aufzudecken und zu bearbeiten, wie dies etwa Gill (1982, vgl. König, 1998) gefordert hat. Er wird die Übertragung auf ihn aber auch nicht beliebig anwachsen lassen, sondern sie jedenfalls dann deuten, wenn sie zum Widerstand wird.

Das Deuten von Übertragungen auf Personen außerhalb der Therapie beeinflusst das Verhalten in den Beziehungen. Zum Beispiel kann ein Patient erkennen, dass er sich von seinem Chef abhängig macht, dass er weniger Kritik äußert, als dieser selbst wünschen und vertragen kann, oder dass er das Gespräch mit seinem Chef scheut; all dies, weil er Erfahrungen mit dem Vater auf den Chef überträgt. Erkennt er das, erleichtert es ihm, eigene, bereits vorhandene Ressourcen zu aktivieren und neue zu entwickeln. So werden auch Beziehungen zwischen Männern und Frauen oft durch Übertragungsbeimengungen gestört dergestalt, dass der Mann in der Frau zu sehr eine Mutter sieht oder die Partnerin in ihm zu sehr einen Vater, oder dass ein Mann väterliche Aspekte auf die Partnerin überträgt und die Partnerin mütterliche Aspekte auf ihn. In analytischen Therapien geht es also nicht nur um die Strebungen, sondern auch um die Ressourcen des Ich, die entwickelt werden oder

entdeckt werden sollen. In Psychoanalysen wird viel im Hier und Jetzt gearbeitet; und das bedeutet, in der Beziehung zum Therapeuten. In Gruppen beschäftigt man sich auch mit den Beziehungen zwischen den Gruppenteilnehmern.

Beim Deuten von Übertragungen auf den Therapeuten ist auf Plausibilität zu achten. Übertragungsdeutungen sollten erst dann gegeben werden, wenn der Patient Übertragung prinzipiell für möglich hält. Sonst geschieht es leicht, dass ein Patient Übertragungsdeutungen als „an den Haaren herbeigezogen" empfindet. Manche Patienten gewinnen auch den Eindruck, dass der Therapeut sich zu wichtig nimmt, weil er immer wieder „alles" auf seine Person bezieht.

Übertragungsanalyse lernt man wesentlich in der Selbsterfahrung. Dabei ist aber zu beachten, dass intervenierendes Verhalten eines Lehranalytikers sich immer nur auf die anwesende Person in einer Einzelanalyse oder die Personen in einer Gruppenanalyse bezieht und er sich anderen Analysanden gegenüber vielleicht anders verhalten würde.

5 Frequently Asked Questions (FAQ)

1. *Weshalb wird freie Assoziation in manchen analytisch orientierten Therapien vom Patienten erwartet, in anderen nicht?*
→ Freie Assoziation soll dem Analytiker dazu verhelfen, einen Zugang zum Unbewussten des Patienten im Hier und Jetzt zu finden, und zwar in einer Beziehung zum Therapeuten. Der Patient gibt an den Therapeuten einen Teil der Kontrolle über sein Denken ab, was er mehr oder weniger gern tut. Wie gern er es tut, hängt von der Beziehung zum Therapeuten ab. Dadurch bedingt die freie Assoziation eine Fokussierung auf die Übertragung und auch auf die Widerstände, die sich gegen das Bewusstwerden der Übertragung richten, die Widerstände dagegen, den Analytiker von der Übertragung wissen zu lassen und auf die Widerstände gegen eine Zusammenarbeit mit dem Analytiker. Letztere können etwas damit zu tun haben, dass der Patient ihn nicht mag oder dass er ihn sehr mag, so dass er ihm nur seine Schokoladenseite zeigen möchte.
Bei niederfrequenten Therapien geht es mehr um die aktuellen Außenbeziehungen. Manche so genannte tiefenpsychologisch fundierte Psychotherapien haben den Charakter einer Krisenintervention, wo es auch darum geht, dass der Patient seine Beziehungen zu wichtigen äußeren Beziehungspersonen verstehen lernt. Jene Therapieformen, die ein Arbeiten an der Beziehung zum Therapeuten nicht in den Vordergrund stellen, verzichten meist auf die Aufforderung zum freien Assoziieren.
2. *Wie ist ein Konfrontieren des Patienten damit zu vereinbaren, dass ich ihn akzeptiere?*
→ Akzeptieren bedeutet auch sonst nicht, dass man mit allem einverstanden ist, was jemand tut oder sagt. Wer alles am anderen akzeptiert, idealisiert ihn. In der Selbsterfahrung lernt ein Therapeut, sich selbst trotz der Schwächen zu akzeptieren, von denen er vorher schon wusste und die er

3

neu kennen lernt. Er hat dann auch weniger Schwierigkeiten, sowohl Positives als auch Negatives in einem Gegenüber zu sehen und diesen Menschen trotz der negativen Handlungen oder Eigenschaften zu akzeptieren. Bei Patienten, die damit große Schwierigkeiten haben, ist dieses Akzeptierenkönnen trotz negativer Eigenschaften oder Verhaltensweisen ein Therapieziel.

3. *Wie unterscheidet sich Deuten in Therapien von Deuten im Alltag?*

→ Dass wir auch im Alltag deuten, ist nicht nur auf die weite Verbreitung psychoanalytischer Konzepte in unserer Kultur zurückzuführen. Auch jemand, der von Psychoanalyse nie etwas gehört oder erfahren hat, wird versuchen, Menschen, mit denen er umgeht, zu verstehen und Motive ihres Verhaltens zu erraten, über die sie nichts mitteilen. So liegt es zum Beispiel nahe, dass man sich fragt, warum jemand eine Verabredung vergessen hat, jemand zu früh oder zu spät kommt, eine Party früh oder spät verlässt. Im Alltag neigen wir dazu, einen Faktor als alleinige Erklärung für ein Verhalten anzunehmen („Das tut er doch nur, weil …"). Tatsächlich sind fast immer mehrere Motive beteiligt.

Ein Therapeut stellt aber in Rechnung, dass mehrere Motive beteiligt sind, was für ihn den Erklärungswert einer Deutung relativiert. Er deutet auch nur, wenn er meint, das dies dem Patienten nützen könnte, während im Alltag eine Deutung oft gedacht oder ausgesprochen wird, um sich als der Überlegene zu erweisen. Das kann natürlich auch ein Patient seinem Therapeuten unterstellen. Es kommt tatsächlich vor, wenn der Therapeut aus seiner therapeutischen Rolle fällt. Ein wesentlicher Unterschied liegt auch darin, dass Therapeuten sich über den Zeitpunkt einer Deutung und über ihre Formulierung Gedanken machen. Eine Deutung sollte wirksam und verträglich sein. Deshalb kann sie vom Therapeuten lange zurückgehalten werden, der Therapeut kann auch ganz auf sie verzichten. Zusammenfassend kann man sagen, dass der Therapeut mit dem Deuten professionell umgeht.

4. *Ich habe gehört, dass in der Schule von Melanie Klein schon zu Beginn einer Therapie tief gehende Deutungen gemacht werden, während die amerikanische ich-psychologische Schule eher an der Oberfläche beginnt und sich zum Unbewussten vorarbeitet. Beides scheint zu gehen. Weshalb?*

→ Die Kleinianer verwenden eine metaphorische, körpernahe Sprache, zum Beispiel: gute und böse Brust, Mutterleib, Penis des Vaters. Sie kleiden ihre Interventionen in solche Metaphern, wodurch die unbewusste Bedeutung von vielem, was der Patient denkt, fühlt oder sagt, anklingt, ohne dass es direkt und beschreibend angesprochen wird. Damit umgehen sie die Widerstände, was aber nur in Grenzen möglich ist. Ich-psychologisch orientierte Therapeuten versuchen, die Widerstände aufzulösen. Untersuchungen, welches Vorgehen effektiver ist, liegen nicht vor.

6 Prüfungsfragen

1. Wodurch unterscheidet sich die Rolle eines Experten von der Rolle eines analytischen Psychotherapeuten?
2. Worin sehen Sie in den Funktionen der Grundregel?
3. Worin unterscheidet sich das Sprechverhalten eines Menschen, der versucht, der Grundregel zu folgen, von seinem Sprechverhalten im Beruf oder im privaten Bereich?
4. Welche Funktion hat das Konfrontieren?
5. Worin unterscheidet sich ein konfrontierendes Verhalten des Therapeuten von einem konfrontierenden Verhalten im Alltag?
6. Worin unterscheiden sich Klarifizieren und Deuten?
7. Unter welchen Umständen kommt es zu Fehlleistungen?
8. Woran können Sie erkennen, ob eine Deutung wirksam ist?
9. Was kann es bedeuten, wenn ein Patient auf eine Deutung hin lächelt?
10. Worauf richten sich Widerstandsdeutungen?
11. Wodurch unterscheiden sich fokussierende Interventionen von anderen?
12. Nennen Sie Beispiele für Hilfs-Ich-Funktionen.
13. Welche Funktion hat das Benennen von Affekten?
14. Wie können Patienten ein „Hm" interpretieren?
15. Was verstehen Sie unter „containing"?
16. Welches Verhalten eines Therapeuten kann im Gegenübersitzen vom Patienten als „double-bind" aufgefasst werden?
17. Wie kann ein Patient das Schweigen des Therapeuten interpretieren?
18. Unter welchen Umständen kann der Therapeut informierend intervenieren?
19. Bei welchen Patienten ist es besonders wichtig, nach Beispielen zu fragen?
20. Wann bewirkt Übertragung Verkennungen?
21. Wie wird die Bedeutung des Therapeuten für den Patienten durch die Sitzungsfrequenz beeinflusst?
22. Wann wird ein Therapeut eine Übertragung spätestens deuten?
23. Wie schränkt Übertragung die eigenen Ressourcen ein?

7 Literatur

- Balint M, Ornstein PH, Balint E: Fokaltherapie. Ein Beispiel angewandter Psychoanalyse. 1973
- Bion WR: Elemente der Psychoanalyse. Frankfurt/M: Suhrkamp, 1992. (Engl.: Elements of Psycho-Analysis. London: Heinemann, 1963)
- Cremerius J: Vom Handwerk des Psychoanalytikers: Das Werkzeug der psychoanalytischen Technik. 2 Bde. Stuttgart/Bad Cannstatt: Frommann-Holzborg, 1990
- Davies-Osterkamp PS; Heigl-Evers A, Bosse-Steuernagel G; Alberti L: Zur Interventionstechnik in der psychoanalytisch-interaktionellen und tiefenpsychologisch fundierten Gruppentherapie - eine empirische Untersuchung. Gruppenpsychother Gruppendyn 1987;23:22-35
- Deserno H: Die Analyse und Arbeitsbündnis. Kritik eines Konzepts. Frankfurt/M: Fischer, 1994
- Freud S: Tatbestandsdiagnostik und Psychoanalyse. G.W. Bd. VII, 3-15. Frankfurt/M: Fischer, 1906
- Freud S: Ratschläge für den Arzt bei der psychoanalytischen Behandlung. G.W. Bd. VIII, 376-387. Frankfurt/M: Fischer, 1912
- Gill MM: Analysis of transference. Theory and Technique. London: Basic Books, 1982
- Glover E: The technique of psychoanalysis. New York: Int. Univ. Press, 1955

3

- Greenson RR: Technik und Praxis der Psychoanalyse. Stuttgart: Klett, 1975 (Engl.: The practice and technique of psychoanalysis. New York: Int. Univ. Press, 1967)
- Heigl-Evers A, Ott J (Hrsg.): Die psychoanalytisch-interaktionelle Methode. Göttingen: Vandenhoeck & Ruprecht, 1994
- König K: Widerstandsanalyse. Göttingen: Vandenhoeck & Ruprecht, 1995
- König K: Übertragungsanalyse. Göttingen: Vandenhoeck & Ruprecht, 1998
- König K: Einführung in die psychoanalytische Interventionstechnik. Stuttgart: Klett-Cotta, 2001
- Krause R: Eine Taxonomie der Affekte und ihre Anwendung auf das Verständnis der „frühen" Störungen. Psychother Psychosom Med Psychol 1988;38:77-86
- Krause R: Neue Befunde der Affektforschung zur Depression. Z Psychosom Med 2000;46:331-348
- Luborsky L: Einführung in die analytische Psychotherapie. Berlin, Heidelberg, New York: Springer, 1988. (Engl.: Principles of psychoanalytic psychotherapy. New York: Basic Books, 1984)
- Sandler J: Die Beziehungen zwischen psychoanalytischen Konzepten und psychoanalytischer Praxis. Psyche 1983;37:577-595
- Sandler J, Sandler A-M: Vergangenheits-Unbewußtes, Gegenwarts-Unbewußtes und die Deutungen der Übertragung. Psyche 1985;39:800-829
- Seidler GH: Der Blick des anderen. Eine Analyse der Scham. Stuttgart: Verlag Internationale Psychoanalyse, 1995
- Stierlin H: Die Funktion innerer Objekte. Psyche 1971;25:81-99
- Thomä H; Kächele H: Lehrbuch der psychoanalytischen Therapie. Bd. 1: Grundlagen. Berlin, Heidelberg, New York: Springer, 1996

3

4 Anwendungen – Störungsspezifische Interventionen

4.1 Spezifische Interventionen auf der Basis der analytischen/analytisch orientierten Therapie bei psychischen Störungen im Zusammenhang mit psychotropen Substanzen

MARIO WERNADO, JOSEF BLAUFUß, ANGELA JACOB, STEFFI KANNENBERG

1 Grundlagen

„Es liegt im Wesen der Abhängigkeitserkrankung, dass sich Behandler und Patient aus dem Wege gehen."

Dieser Satz ist klinisch richtig und statistisch belegt; 70% der abhängig Kranken kommen nie in Kontakt mit Behandlungseinrichtungen, die sich professionell mit der Behandlung der Abhängigkeit beschäftigen. Abhängig Kranke finden sich auf chirurgischen Abteilungen, auf internistischen Stationen, sie werden „psychosomatisch" behandelt und häufig, in Unkenntnis der Abhängigkeitsdiagnose, psychotherapiert.

Erfahrungsgemäß werden die Abhängigkeitsprobleme nicht geschildert; dargestellt werden die zugrunde liegenden oder im Hintergrund stehenden Konflikte: Ängste, Partnerschaftsprobleme, ggf. auch die aus der Abhängigkeitsentwicklung heraus sich entwickelnden sozialen Probleme und deren psychische Verarbeitung wie Probleme am Arbeitsplatz, z,B. durch Mobbing, Ängste und Unruhe (als Ausdruck von Entzugserscheinungen), häufig werden sie medikamentös (fehl)behandelt.

2 Epidemiologische Daten

Zahlenmäßig dominieren die Probleme der Alkoholkranken: 30% der Aufnahmen in psychiatrischen Kliniken betreffen diese Patientengruppe. Ca. 5% der Bevölkerung (4 Millionen) haben ein Alkoholproblem von behandlungsbedürftigem Ausmaß. 1,5 Millionen Menschen in der Bundesrepublik sind abhängig von Medikamenten, 150 000 bis 200 000 von illegalen Drogen.

> **!** **Merke:** Jede Symptomatik, jede psychiatrische Diagnose und jede Strukturdiagnose kann mit einer Abhängigkeitserkrankung kombiniert sein.
> Sie können eine Abhängigkeitserkrankung zugrunde legen (z. B. die angstlösende Wirkung von Alkohol kann eine Einstiegssituation für eine Abhängigkeitserkrankung darstellen), sie können aber auch Ergebnisse einer Abhängigkeitserkrankung sein (eine Angstsymptomatik wird benannt, weil die Entdeckung der Abhängigkeitserkrankung droht). Bei der Häufigkeit der Abhängigkeitserkrankung und der zu erwartenden Noncompliance dieser Patienten muss der Behandelnde die Diagnose einer Abhängigkeit ausschließen, bevor er mit einer Behandlung beginnt.

3 Fallstricke

„Er/sie sah nicht so aus."

Beispiele:

Ein Patient kommt in Begleitung seiner Ehefrau in die Notaufnahme; beide berichten übereinstimmend, dass die berufliche Belastung des Ehemannes (Abteilungsleiter bei einer Behörde) in den letzten Tagen und Wochen massiv zugenommen habe; er habe darauf mit Angst, Unruhe, Schlafstörungen reagiert, seine Grübelzwänge über die weitere Zukunft vor dem Hintergrund des reiferen Lebensalters werden als einleuchtende Begleitumstände mit erwähnt. Die Beziehung zwischen beiden wirkt harmonisch, der Patient berichtet, die Ehefrau ergänzt, ohne ihm ins Wort zu fallen oder ihn gar zu bevormunden. Die Aufnahme auf die internistische Station erfolgt unter der Verdachtsdiagnose einer hyperthyreoten Krise, da auch Schluckbeschwerden beschrieben werden, ein hoher Blutdruck gemessen wird und ein diskretes Zittern vorliegt. Die Entwicklung der klinischen Symptomatik und die erhobenen Laborbefunde, verbunden mit einer zielgerichteten Anamnese zeigen dann, dass die Symptomatik als Ausdruck eines Alkoholentzugssyndroms zu verstehen ist. In der Nachbesprechung ergibt sich, dass die Differenzialdiagnose deshalb nicht in Frage kam, weil der Patient einfach nicht so „ausgesehen hat". Es stellt sich heraus, dass sich der junge Kollege unter alkoholabhängig „einen verwahrlosten Obdachlosen" vorstellte und er Opfer seiner Vorstellung bei der Diagnostik wurde.

Ein Immobilienhändler beklagt plötzlich auftretende Ängste, verbunden mit Herzjagen, Schweißausbrüchen und Schlafstörungen. Er berichtet, davon aber deutlich distanziert, immer wieder Phasen zu haben, wo er das Gefühl habe, andere (Kollegen, Klienten) würden ihn bedrohen und nach dem Leben trachten. Die Alkoholanamnese und die erhobenen Laborwerte zeigen keinen richtungsweisenden Befund. Erst mühsam ergibt sich auf Nachfragen, dass ein Amphetaminmissbrauch zur Leistungssteigerung vorliegt, der dem Patienten die oben beschriebenen, unter diesem Blickwinkel typischen, Symptome eingebracht hat.

Eine 51-jährige Patientin beklagt eine agitiert depressive Symptomatik seit einem Vierteljahr. Die Symptome sind gut mit einer depressiven Symptomatik in der Menopause vereinbar, es erfolgt eine thymoleptische Behandlung ohne Wirkung. Erst durch einen epileptischen Krampfanfall und die nachfolgende

4

Diagnostik zeigt sich eine Benzodiazepinabhängigkeit (die schon seit vielen Jahren vorliegt). Die beklagten Symptome waren Ergebnis der Tatsache, dass sie durch die Schließung der Praxis ihres versorgenden Arztes in eine Versorgungslücke geraten war und sie die Dosierung zwangsweise reduzieren musste.

Eine 44-jährige Patientin befindet sich seit 60 Stunden in analytischer Gruppentherapie. Die Behandlung ihrer phobischen Symptomatik scheint gute Fortschritte zu machen. Das Erstaunen ist groß, als ein Gruppenmitglied mitteilt, dass die Patientin wegen eines Entzugsdelirs (sie hat Benzodiazepine eingenommen) stationär behandelt werden musste. Sowohl der Gruppenleiter als auch die Gruppe sind völlig überrascht angesichts der Abhängigkeitserkrankung.

Die Beispiele zeigen, dass Behandlungen (rasch, oft zu rasch) erfolgen, ohne dass die Diagnose einer Abhängigkeitserkrankung ausgeschlossen worden ist.
Vor dem Hintergrund der epidemiologischen „Durchseuchung" muss jeder Psychotherapeut im Kontakt mit seinen Patienten diese Frage thematisieren, klären und abschließend werten.

Wie geschieht das?

3.1 Anleitung zum Behandeln

3.1.1 Mut und Konsequenz
Wie zu einer Sexualanamnese gehört auch zu einer Suchtanamnese Mut: nämlich anzusprechen und nicht nur die Frage zu stellen nach dem Motto: „Es ist doch sowieso an der Stelle auch alles in Ordnung – nicht wahr?" Da braucht der Patient natürlich nur zu nicken, und man hat sich gemeinsam (scheinbar) dieser Frage entledigt. Patienten in Fachkliniken berichten häufig über solche Erfahrungen. Beide (Patient und Arzt/Therapeut) waren erleichtert, allerdings um den Preis der Verlängerung des gesamten Krankheitsbildes Abhängigkeit.

! Merke: Die Fragen nach Alkohol-, Medikamenten- und Drogengebrauch müssen explizit gestellt werden.

Beispiel:
Therapeut: Wie viel trinken Sie?
Patient: 3 bis 4 Bier.

Es ist ein Fehler, an dieser Stelle die Suchtanamnese zu beenden. Notwendig ist es nachzufragen, ob es bestimmte Tage oder Ereignisse gab, an denen mehr oder weniger getrunken wurde (Festivität, Wochenende usw.), und für Psychotherapeuten besonders wichtig ist die Frage (und noch mehr die Antwort), warum bei den psychischen Konflikten keine psychotropen Substanzen eingesetzt werden. Nach dem Motto: warum eigentlich nicht? Dann werden die Vorerfahrungen deutlich, die Ängste vor Suchtmitteln, ggf. auch Versuche, Suchtmittel bei Lösung psychischer Probleme einzusetzen, und die dann ggf. schlechten Erfahrungen damit. Eine solche Beschreibung hilft nicht nur, die Suchtdiagnose zurückzuweisen, sondern vermittelt auch ein tieferes Verständnis für den Patienten. Interessant ist die Frage, ob

dem Suchtmittel die Funktion eines „Geschäftsführers für eigene Angelegenheiten" übergeben wird – was für abhängig Kranke charakteristisch ist oder eben nicht. Im ersten Fall ist das Suchtmittel ein Objektersatz, von dem der Patient sich abhängig macht – was die Diagnose rechtfertigt.

Analog zu dem Thema Medikamente: warum keine Medikamente, warum keine Beruhigungs-/Schlafmittel? Gab es Versuche, den Hausarzt dazu zu bewegen? Wie hat er reagiert? Haben Freunde, Bekannte und Angehörige empfohlen, ein solches Mittel einzusetzen? Warum hat der Patient es nicht getan? Wenn er es getan hat – wie hat es gewirkt, was hat es bewirkt?

Ebenso bei Drogen: Die Vorstellung, dass Drogen grundsätzlich nur von entarteten Kids genommen werden, die völlig verwahrlost, Typ Bahnhof Zoo, durch die Städte schleichen ist falsch. Drogen, insbesondere die sog. Designerdrogen sind „in" und auch in oberen sozialen Schichten verbreitet. Insofern ist es berechtigt, die Frage zu stellen, warum jemand keine Drogen benutzt; warum er davor Angst hat oder welche Drogenerfahrung er gemacht hat. Bei dem leistungsorientierten Standard unserer Gesellschaft ist es (aus der Sicht des Psychotherapeuten) erstaunlich, wenn jemand zur Leistungserbringung nicht mit solchen Mitteln hantiert. Auch die Frage der Phantasien in dieser Richtung wie (Werden sie völlig abgelehnt? Haben sie eine Faszination? Wirkt die Ablehnung eher gekünstelt und „over"? Gibt es so etwas wie eine „gesunde" Neugier auf die Faszination von psychotropen Substanzen?) kann bei der Beurteilung der psychischen Störung des Patienten hilfreich sein: sowohl unter dem Blickwinkel des Zurückweisens der Diagnose Abhängigkeit – oder zur Bestätigung und zum Verständnis der inneren Prozesse, in denen der Patient sich mit psychotropen Substanzen beschäftigt.

Es braucht nicht nur Mut (Haltung), sondern auch Konsequenz (Technik) in den Fragen, um das Ziel zu erreichen.

Die Antwort auf die Frage des Therapeuten: „Wie viel trinken Sie?",
Patient: „Normal",

hat keinerlei Informationswert. Diesen gewinnt der Therapeut nur dann, wenn er weiter fragt: „Was ist für Sie normal?" Aufgabe des Therapeuten ist es, sich Klarheit zu verschaffen – je mehr Widerstand der Patient entgegensetzt, desto aufmerksamer muss der Therapeut für diese Problematik werden. Gemäß dem Motto: Wo der Widerstand und die Angst sind – da geht es lang.

3.1.2 Kenntnisse
Instrumente zur Diagnostik
Kooperationspartner
Wie durch die Anamneseerhebung die Abhängigkeitsdiagnose entweder ausgeschlossen oder erhärtet werden kann, wurde bereits erläutert.

3.1.3 Tests
Sie können ggf. bei der Diagnose der Alkoholabhängigkeit weiterhelfen (Tretter, 2000, S. 94 ff.). Sie helfen nicht bei Medikamentenabhängigkeit und Drogenabhängigkeit.

4.1 Spezifische Interventionen auf der Basis der analytischen/analytisch orientierten Therapie bei psychischen Störungen im Zusammenhang mit psychotropen Substanzen

In Frage kommen

CAGE-Test

• *Körperliche Abhängigkeit:* Haben Sie bei sich ein Zittern am Morgen beim Aufstehen beobachtet, das besser wird, wenn Sie Alkohol trinken?
• *Schuldgefühle:* Haben Sie sich einmal schlecht oder schuldig gefühlt wegen Ihres Alkoholkonsums?
• *Abwehrmechanismen:* Haben Sie sich jemals darüber geärgert, dass Ihr Alkoholkonsum kritisiert wurde?
• *Selbstkritik:* Haben Sie jemals das Gefühl gehabt, dass Sie Ihren Alkoholkonsum reduzieren sollten?

Mit Hilfe dieses Tests können allerdings nur Alkoholabhängige im fortgeschrittenen Stadium erfasst werden.

MALT

Dieser Test „Münchner Alkoholismusfragebogen" (MALT) ist weltweit eingeführt; allerdings benötigt er neben der Selbsteinschätzung des Patienten auch (objektive) medizinische Daten zur Auswertung.

AUDIT

Ein Selbstbeurteilungsfragebogen, der darauf angewiesen ist, dass der Patient die Antworten wahrheitsgemäß gibt.

3.1.4 Medizinische Diagnostik

Zur Sicherung bzw. zum Zurückweisen der Diagnose Abhängigkeit von psychotropen Substanzen gehört auch eine medizinische Diagnostik: Medikamentenabhängigkeit vom Barbiturat-/Benzodiazepin-Typ bereitet häufig diagnostische Probleme. Alkoholmissbrauch und -abhängigkeit führen zu den bekannten Organschäden: Lebererkrankung, Bauchspeicheldrüsenentzündung, Veränderungen im Blutbild. Zur Sicherung der Diagnose helfen in allen Fällen Untersuchungen auf körperfremde Substanzen in der Atemluft, im Blut bzw. Urin, die für den Patienten wenig belastend und somit auch zumutbar sind.

Sofern sich die Diagnose „Alkohol-, Medikamenten- oder Drogenabhängigkeit" bestätigt, ist die Frage zu klären, wie weiter zu verfahren sein wird: Wichtig ist zu wissen, dass es flächendeckend ein sehr funktionstüchtiges Versorgungssystem für abhängig Kranke gibt, das ambulant Möglichkeiten vorhält, nämlich:
- Beratungsstellen
- Selbsthilfegruppen

und stationäre Möglichkeiten bietet (stationäre Rehabilitation, überwiegend zulasten der Rentenversicherungsträger).
Es ist hilfreich zu wissen, dass Abhängigkeitserkrankungen erst seit 1968 durch das Urteil des Bundessozialgerichtes als Krankheit definiert wurden und erst danach der Aufbau eines Versorgungssystems erfolgte, das die Abhängigkeit in den Mittelpunkt rückte und nicht (wie klassischerweise in der Organmedizin) nur die aus der Abhängigkeit entstandenen Organerkrankungen behandeln wollte. Da Mediziner sich lange Zeit schwer taten, die Konsequenzen aus diesem Urteil nicht nur anzuerkennen, sondern auch umzusetzen, haben andere Berufsgruppen (Psychologen, Sozialarbeiter, Soziapädagogen) dieses Feld bestellt. Die Partner in den Beratungsstellen sind (ganz überwiegend) aus diesen Berufsgruppen.

Man soll abhängig Kranke (sofern nicht ausreichende eigene Behandlungskompetenz vorliegt) an diese Kollegen abgeben.

Es ist dringend davon abzuraten, „Behandlungsversuche" einfach so zu machen: Die Vorstellung, dass Abhängige „Menschen wie du und ich" sind, die bloß ein bisschen zu viel trinken und dadurch Probleme haben, unterschätzt die zerstörerische Wucht und Eigengesetzlichkeit der Krankheit Abhängigkeit. Häufig genug sind solche Einstellungen – wie es Patienten berichten – ein iatrogener Baustein in der malignen Krankheitsentwicklung gewesen.

Sofern man sich zur Behandlung bereit findet, sollte man auch dem Supervisor die Frage vorlegen, ob er mit der Behandlung von abhängig Kranken Erfahrung hat. Das gebietet die Verantwortlichkeit gegenüber dem Patienten.

4 Was muss ich kennen?

4.1 Therapie und Dealen

Patienten berichten davon, wie es ihnen gelungen ist, ihren Arzt/Therapeuten „herumzukriegen". Das geschieht, in dem sie ihre Bereitschaft bekunden, die notwenigen Schritte zur Diagnostik (Daten der vorbehandelnden Ärzte, Laborwerte) zur Verfügung zu stellen, wenn ihnen nur sofort auch eine Hilfsperspektive eröffnet wird, dass heißt, eine Therapie zugesagt wird.

Variante 1:
Die Fülle der in der nächsten Stunde vorgetragene Probleme erschlägt den Therapeuten; er „vergisst", dass die Klärung der Diagnose ja noch nicht abgeschlossen ist; der Patient hat größtes Interesse, so viel Material vorzutragen (besticht durch „Offenheit", Idealisierung des Therapeuten), dass man gemeinsam das schambesetzte Thema nicht mehr berührt.

Variante 2:
Bei der tiefenpsychologischen Durchdringung der Probleme stößt der Therapeut an so knusprige und verführerische Aspekte, dass er die Abhängigkeit als Folge und Epiphänomen des gefundenen Behandlungsfokus begreift. Zugrunde liegt dann (wie aus den Supervisionen immer wieder deutlich wird) die Phantasie: Wenn man die Quelle erwischt und verstopft, versiegt der ganze Fluss. Das hat nur geringe Plausibilität: Sofern man die Rheinquelle für 30 Minuten verstopfte, würde sicher auch nicht 30 Minuten lang in Rotterdam kein Wasser mehr in die Nordsee fließen. Außerdem ist die Quelle für die Problematik Abhängigkeit oft genug auch genau nicht da, wo der Therapeut sie vermutet.

Diagnostik in 4 Schritten
• Was ist geschehen? (deskriptiv)
• Wie hat der Patient (und unter dem Blickwinkel der Gegen-

4

übertragung auch der Therapeut) dieses Ereignis/diese Ereignisabfolge erlebt?

• Wie versteht der Patient die Ereignisse? Wie der Therapeut?

• In einem 4. Schritt können alle Gesichtspunkte von den Therapeuten auf einer metapsychologischen Ebene zusammengefasst werden.

Fallbeispiel:

Ein Patient kommt mit Therapiewunsch in die Behandlung, nachdem seine Frau ihn verlassen hat – und das nach 27-jähriger Ehe (Beschreibung des Ereignisses).

Er möchte eine Behandlung wegen seiner Depression: Er muss darüber grübeln, fühlt sich elend; der Therapeut ist voller Verständnis für den beschriebenen gerade stattgehabten Objektverlust (Erleben des Ereignisses).

Der Patient beschreibt eine Sinnkrise, fühlt sich als Opfer ihn bestimmender und letztlich unverständlicher Mächte (eigenes Verständnis der Ereignisse).

Der Therapeut hat Phantasien von notwendiger Ruhe, Geborgenheit und Empathie, die dem Patienten zustehen, wobei diese wesentlich mitbestimmt werden durch die Angaben in der Anamnese, dass er in der Schulzeit durch den Beruf des Vaters (Offizier) nie hat wirklich Wurzeln schlagen können.

Hier könnte die oben beschriebene Variante 2 einsetzen. Bei den Vergegenwärtigungen der Beschreibungen der Ereignisse und der bekannten Diagnose Abhängigkeit kann der Therapeut die bis dahin verschwiegenen Aspekte fokussieren: Der Patient hatte versucht, „kontrolliert" zu trinken, und erst auf bohrendes Nachfragen stellte sich heraus, dass er wieder Kontrollverluste erlitten hatte. Diese kannte seine Ehefrau aus der Vorgeschichte nur zu gut. Sie hatte ihm vorhergesagt, sich in diesem Falle von ihm zu trennen, und ist dabei konsequent geblieben.

Anlass für die Rückfallsituation war nicht das Trennungsbegehren der Ehefrau, dies war vielmehr Folge des Rückfalles. Es zeigte sich bei akribischer Nachfrage, dass eine Auseinandersetzung mit der eigenen Mutter vorausgegangen war, die ihn damit konfrontierte, sich einem neuen Lebenspartner zuzuwenden. Dabei hatte sie ihn explizit aufgefordert, jetzt endlich erwachsen zu werden und die für die Suchtdynamik so typische Angst vor Individuation aktiviert; dies war der Auslöser des Rückfalles.

4.2 Ich-Funktionen und Defizit

Unter Ich-Funktion verstehen wir die Fähigkeiten eines Menschen, sich selbst mit Hilfe dieser Funktionen in seiner Welt angemessen zu verhalten. Dazu muss er möglichst stabile Vorstellungen von seinen eigenen Fähigkeiten, Möglichkeiten und Schwächen haben, seine Affekte beherrschen, in einem gewissen Umfang die Zukunft mit Hilfe seiner Urteilskraft vorsehen können, um gefährdenden oder gefährlichen Situationen entweder aus dem Wege zu gehen oder Maßnahmen zu ergreifen, um sie zu bewältigen.

Abhängigkeit ist für einen Nichtabhängigen völlig unverständlich; er stellt sie sich in aller Regel nur als eine Steigerung (somit quantitative Veränderung) gegenüber seinem eigenen Trinken

vor. Es liegt aber ein qualitativer Sprung in der Psyche und auch der Physis vor.

> **!** **Merke:** Alle Ich-Funktionen werden durch psychotrope Substanzen beeinflusst: Affekttoleranz, Affektkontrolle, Angsttoleranz, Frustrationstoleranz, Impulskontrolle, Antizipationsfähigkeit, Urteilskraft.

Um die Einschränkungen der Ich-Funktionen nachvollziehen zu können, kann man dennoch auf eigene Erfahrungen mit Alkoholgebrauch/-missbrauch bzw. alkoholgebrauchenden/-missbrauchenden Freunden und Bekannten rekurrieren. Eine prägnante Formulierung für die so induzierte Veränderung: mit Alkohol kann jemand doppelt so schnell und kreativ denken, er ist sich viermal so sicher, dabei ist es achtmal so falsch.

Allerdings sind auch andere Entwicklungen möglich: Bis zum persönlichen bzw. sozialen Toleranzknick (betreffend die Akzeptanz des Suchtmittels) können psychotrope Substanzen auch leistungserhaltend bzw. sogar leistungssteigernd wirken; dann ist es den Patienten unmöglich, auf den „Helfer", der sie sozial und in ihrem Selbstwert stabilisiert, zu verzichten.

Kasuistik

Ein LKW-Fahrer fällt im Rahmen einer Routinekontrolle mit fast 2,0 Promille Atemalkohol auf. Nach eigener Beschreibung hat er den Alkohol zum Stressabbau benutzt, um den Ansprüchen seines Betriebes gerecht zu werden, und dabei neben seiner Psyche auch seinen Körper zu einer erheblichen Anpassungsleistung gezwungen: Immerhin kann im Rahmen des Spiegeltrinkens die Leber diese Mengen verstoffwechseln. Der Preis, den er dafür gezahlt hat, ist hoch. Das abrupte Absetzen des Suchtmittels hat eine schwere Entzugssymptomatik ausgelöst, die stationär behandelt werden musste.

Der Hinweis auf die „Verantwortungslosigkeit" eines solchen Tuns trifft den Patienten nicht. Er fühlt sich als Opfer, nachdem er seine Ich-Funktionen außer Kraft gesetzt hat und die entstandene Situation (zunächst) unter dem Blickwinkel klärt: „Ich konnte doch nicht anders."

4.3 Die „Über-Ich-Falle"

Abhängigkeitserkrankte benutzen ihre Ich-Funktion zum Beschaffen und zum Unterhalt des Suchtmittels. Sofern es um die Bearbeitung dieser Pathologie geht, entsteht eine Beziehungsfalle, die folgenden Zuschnitt hat:

Beispiel:

Mit dem Patienten wurde vereinbart, zu den Therapiestunden nüchtern zu erscheinen. Der Therapeut riecht schon beim Betreten, dass der Patient eine „Fahne" hat. Er spricht es an.

Der Therapeut: Nach meinem Eindruck haben Sie Alkohol getrunken – Sie haben eine Fahne.

Patient: Ja – ich weiß.

Therapeut: Wir hatten uns doch in der letzten Stunde darauf

verständigt, dass eine Behandlung nur nüchtern möglich ist. Patient: Ja – ich weiß.

An dieser Stelle zweigen Möglichkeiten des Verstehens oder auch des Agierens durch den Therapeuten ab. Für die alltägliche Arbeit ist es entscheidend, sich zu vergegenwärtigen, dass Abhängige mit ihrer Kontraktunfähigkeit (zur Abstinenz) Therapeuten Probleme bereiten, wenn sie sich nicht an diese Vorgabe halten. In aller Regel endet dies, auf der Grundlage der Ärgerlichkeit des Therapeuten, weil sich (wieder) der Patient nicht an die Vereinbarung gehalten hat, mit den Worten: „Ich habe es Ihnen doch letztes Mal schon gesagt", ggf. mit dem Hinweis, dass dies das letzte Mal war und er nächstes Mal (gefälligst) nüchtern zu erscheinen habe.

Unschwer ist zu erkennen, dass sich hier eine sadomasochistische Beziehung anbahnt, wobei der Therapeut eine Über-Ich-Funktion übernimmt, genauer gesagt den strafenden und fordernden Anteil und dabei die Ich-Funktions-Defizite des Patienten nicht thematisiert. Damit ist die süchtige Falle zu: Der Patient wird mit Unterwerfung reagieren („Ja, ich weiß genau: ich bin ein haltloser Alkoholiker").
Er wird seine Ich-Funktion nicht einsetzen, z. B. über Ort, Zeit, Anlass, Ursache, Gefühle bei dem Suchtmittelgebrauch berichten, und wird erneut Trost im Alkohol suchen.

Es gibt Möglichkeiten zu angemessenem bzw. weniger angemessenem Verhalten.

Die Falle besteht darin, dass der Therapeut die Über-Ich-Kategorie verteidigt („Ich habe Ihnen doch letztes Mal gesagt, dass es mit der Zusammenarbeit nur nüchtern geht"), ggf. ärgerlich reagiert und dem Patienten das vermittelt, was er gut kennt: nämlich Anpassungsdruck. Günstig ist eine Intervention, die die Ich-Funktion abruft, z. B. Therapeut: „Ich bin sicher, dass Sie nach unserem letzten Gespräch vorgehabt haben, dieses Mal nüchtern zu kommen; doch es ist Ihnen nicht gelungen. Wollen wir zusammen herausbekommen, wie das abgelaufen ist?"

Hier kann, ggf. mit weiterer nachfragender Unterstützung, der Patient die Details schildern: „Natürlich habe ich es mir vorgenommen, aber vor 3 Tagen nach der Arbeit und dem ganzen Stress habe ich mir abends einen Kleinen gegönnt. Danach habe ich mich ziemlich mies gefühlt, da wir doch verabredet hatten, dass ich darauf verzichten soll (hier wäre ggf. zu klarifizieren, ob die Vorgabe lautete „soll" oder ob er von sich aus gesagt hat, dass er das „kann"), und um mir Mut zu machen, habe ich auf dem Weg hierher einen kleinen Flachmann zu mir genommen." Abhängige bieten Therapeuten Erklärungen, von denen sie glauben, dass sie den Therapeuten einleuchten. Sie suchen auf diesem Weg „Verständnis". Erst sehr viel später war es in dem genannten Beispiel möglich, herauszuarbeiten, dass der Patient die ganze Zeit grübelte, wie das denn ohne Flasche überhaupt weitergehen solle und er fühlte sich durch das Wegnehmen der Flasche einsam und elend – er hatte einen entsprechenden Traum.

Der Therapeut muss also darauf gefasst sein, (zunächst) nur eine unzureichende Geschichte von der Rückfallsituation berichtet zu bekommen. Die Gefahr besteht darin, nach einer Reihe von schlechten Erfahrungen mit dem guten Glauben an solche Geschichten wieder mit Schelte zu reagieren und mit den Worten „Ich glaub Ihnen kein Wort" den Patienten in die Defensive (die Unterwerfung und den Beziehungsabbruch) zu treiben.

Die entscheidenden (unbewussten) Aspekte können noch nicht Thema sein. Deshalb ist es notwendig, sich zunächst mit Fragen nach den ich-funktionstüchtigen Seiten zu orientieren: Wie er es geschafft hat – wie er berichtet hat –, zwischenzeitlich trocken zu sein? Wie hat er den Ärger am Arbeitsplatz zuvor bewältigt? Was war das Spezifische an dem Arbeitsplatzärger an dem Tag, an dem er zum Alkohol gegriffen hat? Gibt es Unterschiede zwischen diesem Tag und dessen Belastungen und anderen Tagen und anderen Belastungen?

Es entsteht nun ein Bild, in dem der Patient seine Aspekte darstellen kann und der Therapeut versucht zu begreifen, sie zu verstehen, um sie zusammen mit dem Patienten auf ihre Plausibilität und Widersprüchlichkeit „abzuklopfen". Daraus ergeben sich sofort handlungsrelevante Perspektiven, wenn der Patient darauf beharrt, dass er sich nicht vorstellen kann, das an diesem Tag des Rückfalles etwas anders gewesen soll als an den Tagen zuvor. Alle Tage seien gleich gewesen, nur an diesem Tag eben habe er zugefasst, an anderen nicht – das sei auch früher so gewesen.
Hier liegt eine massive Abwehr vor, die es ausreichend zu konfrontieren gilt, zum einen über die Ebene, dass es Unterschiede geben muss, wenn Unterschiede zu sehen sind und erlebt werden (getrunken/nicht getrunken); und zum anderen, dass die Rückfallgefährdung extrem hoch sein wird, wenn die auslösende Situation nicht erkannt wird: Schließlich kann sich ein Patient ja dann nicht davor schützen.

Aus klinischer Erfahrung stecken hinter diesen komplizierten Abwehroperationen tiefe Ängste vor Kränkbarkeit und Angst vor Individuation; Ich-Funktionen abzurufen enthält eine narzisstische Form der Zuwendung, da sie die Kompetenz des Patienten thematisiert.
Allerdings werden auch hiergegen Widerstände entwickelt.

4.4 Sorgende Konfrontation

Konfrontation ist eine Form der Intervention in der psychotherapeutischen Praxis. Üblicherweise wird sie im Sinne von Greenson verwendet.
»Wenn wir lange genug gewartet haben und die Übertragungsreaktion dem Patienten zugänglich geworden ist, das heißt, wenn sie ihm lebendig genug erscheint und er keinen merklichen Widerstand gegen sie zu haben scheint, dann sollte der Analytiker versuchen, den Patienten mit der betreffenden Übertragungsreaktion zu konfrontieren. Er sagt dann etwa: Sie scheinen Wut oder Groll gegen mich zu empfinden, Sie scheinen Liebe oder Zärtlichkeit für mich zu fühlen, Sie scheinen mir gegenüber sexuelle Gefühle zu empfinden usw. Die Redeweise sollte einfach, direkt und offen sein ...« (Greenson, 1981, S. 307)

4

Konfrontation in der Therapie mit abhängig Kranken bedeutet im Gegensatz dazu: hartnäckiges und verständnisvolles Präsentieren von (meist) hartnäckig geleugneter Realität; hartnäckiges und gefühlvolles Einfühlen in die andere Seite des Patienten, die er angst- und schambesetzt vor uns verleugnet oder deren Bedeutung er bagatellisiert. Wegen der hohen Spaltungskompetenz abhängig Kranker muss der Therapeut diese Seite aktiv in die Therapie einbringen.

Beispiel:

Ein Patient, alkoholabhängig, der Flaschen versteckt, um seinen Suchtmittelkonsum aufrechtzuerhalten, erscheint zu einem Termin mit einer Fahne, und von dem Patienten war zugesagt, nüchtern zu erscheinen.
Therapeut: Ich habe den Eindruck, Sie haben eine Alkoholfahne.
Patient: Sie haben Recht. Ich bin doch ein schwacher Mensch.
Therapeut: Das ist nicht mein Eindruck, dass Sie schwach sind. Sie sind pünktlich zum vereinbarten Termin erschienen, Sie haben Fähigkeiten entwickelt, Flaschen zu verstecken, um sich nicht unangenehmen Situationen auszusetzen. Mir scheint, dass Sie Ihre Stärke nicht für die Behandlung Ihrer Abhängigkeitserkrankung einsetzen – vielleicht sollten wir darüber reden?

Hier konfrontiert der Therapeut den Patienten mit Aspekten, die er in sein Selbstbild eingebaut hat und die seine Abhängigkeitserkrankung unterhalten („schwacher Mensch").
Es besteht die Gefahr, der Gegenübertragungsreaktion zu erliegen: entweder der Identifikation mit der Schwäche, dem Gefühl von Hilflosigkeit und der daraus resultierenden Hemmung, Dinge zu klären, und sich somit der Pathologie des Patienten zu unterwerfen oder der Gegenübertragungsaggression ungezügelt Ausdruck zu verleihen, etwa mit einem Satz: „So langsam finde ich auch, dass Ihnen nicht zu helfen ist."

Ziel einer überlegten Konfrontation ist das Aktivieren von Ich-Funktionen, die dem Patienten sowohl intrapsychisch als auch sozial bei der Bewältigung von Problemen zu helfen vermögen und somit abstinenzfördernd wirken können.

Warum nicht?

Therapeuten gehen erfahrungsgemäß Interventionen vom Typ der „sorgenden Konfrontation" gegen den Strich. Viele versuchen sich zu entziehen.
Begründungen lauten: Erst wenn eine gute Beziehung vorhanden ist, ist eine Konfrontation möglich. Oder auch: Durch meine therapeutische Arbeit wird sich der Patient mit sich selbst und seinen Problemen konfrontieren – also muss ich es nicht tun. Dazu ist zu bemerken, dass eine therapeutische Beziehung auf der Grundlage eines gemeinsamen Vermeidungsverhaltens die Qualität „gut" natürlich nicht erreichen kann. Eine Selbstkonfrontation eines abhängig Kranken mit seiner Abhängigkeit ist krankheitsbedingt nicht zu erwarten.
Es stellt sich die Frage, warum Therapeuten ihre Ich-Funktionen (Sie kennen doch diese Zusammenhänge!) außer Kraft setzen. Antwort: Sie werden mit den Problemen ihrer eigenen Hemmung bzw. ihrer eigenen sadistischen Impulse konfrontiert. Hier müssen auch Konflikte mit berücksichtigt werden, die zu erwar-

ten sind, wenn Abhängige – überwiegend Männer – auf <u>Therapeutinnen</u> treffen, wenn sie z. B. wie Mutter, Ehefrau wahrgenommen werden und sich mit den Riesenansprüchen und Beschützerphantasien konfrontiert sehen. Das kann zu Unterwerfungsphantasien und/oder giftigen Gegenübertragungsaggressionen führen; oft sind in den Riesenansprüchen der Patienten Wünsche nach dem Beschütztwerden aufgehoben; sie gelten biografisch eigentlich dem Vater und sind von ihm nicht ausreichend befriedigt worden, weil er nicht da war oder als Alkoholkranker nicht ausreichend zur Verfügung stand. Dann lag die soziale Kompetenz bei der Mutter, und die Befriedigung der Wünsche nach dem Beschütztwerden ist – im wahrsten Sinne des Wortes – häufig durch den alkoholkranken und prügelnden Vater zerschlagen worden.

Bei der Konfrontation („Verdacht auf Abhängigkeitserkrankung") wird eine Symptomrealität mit in die Therapie einbezogen, die der Patient in aller Regel nicht thematisiert haben möchte. Die Enttäuschung („Das hätte ich aber nicht von Ihnen gedacht – dass Sie das von mir denken!") muss der Therapeut ertragen, um die positiven Aspekte der Konfrontation bearbeitbar zu machen: nämlich die Enttäuschung des Patienten zu ertragen, sich als nicht täuschbar zu zeigen und wohlwollend das Realitätsprinzip zu vertreten.

Hinzu kommt, dass Abhängige häufig nicht unter den objektiven Problemen ihrer Verschmelzungswünsche leiden; der Wunsch nach und die Phantasie von der Übereinstimmung mit den Erwartungen des Therapeuten wird genährt von der Angst vor unterschiedlichen Wahrnehmungen und Einschätzungen. Wenn also der Therapeut auf den unterschiedlichen Positionen beharrt (mit Fahne zu erscheinen entspricht nicht der Verabredung) wird am ehesten eine Unterwerfung in der Stunde zu erwarten sein – mit anschließendem Fluchtverhalten durch der Nichtwahrnehmung des Termins in der nächsten Stunde.

Dieses Dilemma ist schon schwer zu lösen. Der Therapeut kann die zu erwartenden Probleme aber ansprechen und die Schwierigkeiten des Patienten erläuternd befragen, um diese Spannung aushaltbar zu machen. Dann kann eine stationäre Behandlung ins Auge gefasst werden; die vorbereitenden Gespräche zur stationären Behandlung unterliegen dann nicht mehr dem Abstinenzparadigma.
Sofern eine solche Kooperation nicht gelingt, ist das Risiko eines Beziehungsabbruches und eines Rückfalles hoch.

4.5 Technische Neutralität – Hilfe aus der Über-Ich-Falle und Hilfe bei der Konfrontation/Klarifizierung

Abhängigkeitskranke Patienten bieten uns an, entweder mit Gegenübertragungsaggression oder Unterwerfung und Identifikation mit ihrer Leidensgeschichte zu reagieren. Einen Ausweg aus diesem Dilemma bietet die Haltung der technischen Neutralität (Kernberg et al., 2000, S. 535 ff.). Sie ist nicht gleichbedeutend mit Gleichgültigkeit, emotionaler Unberührbarkeit oder gar emotionalem Desinteresse an dem Patienten, sondern Voraussetzung dafür, Gegenübertragungsgefühle angemessen zu handhaben.

Beispiel:

Eine Patientin in stationärer Behandlung wünscht eine außerordentliche Besuchsgenehmigung für ihren Freund. Mit Hinweis auf die Rahmenbedingungen (während der Therapiezeit nicht – außerhalb schon) wird diesem Wunsch nicht entsprochen. In der Therapiestunde kam es zu folgenden Dialog.

Patientin: Ich kann das schon verstehen, obwohl ich deshalb natürlich ein bisschen traurig bin … Ich will ja auch Sie verstehen, aber ich kann einfach nicht verstehen, warum Sie keine Ausnahme von der Regel machen wollen – das wäre doch nicht unmöglich.

Therapeutin: Ich habe den Eindruck, als ob sie nicht akzeptieren können, dass es hier Grenzen gibt.

Der Verweis auf „Grenzen" verweist auf die Hausordnung und Therapieregeln. Die Patientin thematisierte im Anschluss an diese Intervention Probleme ihrer Abschlussprüfung und ihrer Umschulungsmaßnahme (also auch: Grenzsituationen), so dass in der Supervision überlegt wurde, ob nicht beide das Beziehungsproblem („Ich will ja auch Sie verstehen") auf das Feld „Gesetze" verschoben wurde, denen man sich zu unterwerfen hat.

In der Supervision zeigte sich, wie sehr die Therapeutin Verständnis für den Besuchswunsch hatte und wie groß ihre Angst war, diesem Verständnis Raum zu geben: Sie befand sich in einer ähnlichen Situation wie ihre Patientin, beide lebten – die eine therapie- die andere arbeitsbedingt – räumlich getrennt von ihren Lebenspartnern. Durch den Hinweis auf Grenzen und die Notwendigkeit, sich Regeln zu unterwerfen, bearbeitete die Therapeutin eigentlich ihre eigene Trennungsproblematik und war nicht in der Lage, das Angebot der Differenzierung („Das kann ich verstehen, obwohl ich deshalb natürlich ein bisschen traurig bin") aufzugreifen und näher zu befragen.

In der Supervision wurde eine Intervention gesucht, die auf der Grundlage technischer Neutralität beide Aspekte nämlich Empathie/Unterwerfung auf der einen Seite, Gegenübertragungsaggression und Beharren auf Normen und Regeln auf der anderen Seite beachtet, so z. B.:

„Ich habe noch kein genaues Bild, worunter Sie durch meine Ablehnung eigentlich leiden. Ich weiß auch noch nicht genau, was für Sie verständlich und was für Sie so schwer erträglich ist."

Der letzte Teil des Satzes (schwer erträglich) war für die Therapeutin von besonderer Brisanz; sie ging nämlich davon aus, dass für ihre Patientin genau das Gleiche schwer erträglich sein würde wie für sie selbst, nämlich von ihrem Partner arbeitsbedingt getrennt leben zu müssen. Hier schnappte dann neben der Über-Ich-Falle („Grenzen") auch die „Empathiefalle" („Ich weiß genau, wie es dir geht: nämlich wie mir") zu.

Zu jedem diagnostischen Prozess gehört die Klarifizierung, die die Konfrontation (insbesondere auch mit sich selbst) voraussetzt. Konfrontation und Klarifizierung fallen schwer, wenn wir uns bei dieser Arbeit selbst und/oder von den Patienten als mitleidlos empfunden werden.

Falsches Mitleid steht aber in der Gefahr, eine Form von verdeckter Aggression zu sein: sie hindert nämlich durch die nichterfolgte Klarifizierung den Patienten daran, klar zu sehen und sich fortzuentwickeln.

4.6 Narzisstische Pathologie

Neid prägt die narzisstische Störung: dass jemand anderes etwas besitzt oder kann, was man selbst nicht kann bzw. nicht besitzt, wird zutiefst verletzend erlebt. Diese Verletzlichkeit kann sich gelegentlich durch einen Kampf um „Gerechtigkeit" maskieren, wobei dessen Unerbittlichkeit nur erklärbar ist, wenn man zum Verständnis die Tiefe der gespürten Verletzung, durch das angebliche oder objektive Vorenthalten von Möglichkeiten und Chancen in Betracht zieht. Das Bedürfnis nach Bewunderung, verbunden mit einem erschreckenden Mangel an Verständnis und Gefühl für andere, ein Selbstbild, in dem das Real-Ich und Ich-Ideal kaum unterschieden sind, der Objektbezug, der ausbeuterischen Charakter hat, da er auf Bewunderung zielt, ohne je dankbar sein zu können, Ausbeutung und Entwertung, ohne Schuldgefühle zu empfinden, weitgehende oder komplette Organisation des Lebens mit dem Ziel der Schamabwehr (um nicht anerkennen zu müssen, dass man „nur" ein Mensch ist) bereiten dem Therapeuten spezifische Probleme.

4.6.1 Funktion des Suchtmittels

Während Menschen in ihrer Möglichkeit der Zuwendung begrenzt sind, nicht ständig verfügbar, auch in ihren psychischen, sozialen und kognitiven Leistung nicht wie Computer funktionieren, also nicht berechenbar sind, hat das Suchtmittel einen anderen Charakter. Die Phantasie nach Objektkonstanz und Objektpräsenz („Mami ist immer und nur für mich da") wird übertragen auf das Suchtmittel, das ständig präsent und in seiner Wirkung konstant ist. Zugleich hat es noch den Vorteil, dass man über es verfügen kann (man kauft es ein), während der Verfügungswunsch über andere Menschen die bekannten Schwierigkeiten macht und Grenzen aufzeigt.

Beispiel:

Ein heroinabhängiger Patient beschreibt den Vorgang des „Schuss setzen": Er geht aus dem Blickkontakt, als Rechtshänder krempelt er den linken Arm hoch, zeigt auf seine Ellbogenbeuge, ahmt die Abläufe nach, wirkt dabei völlig konzentriert, blickt auf seine rechte Hand und seine Ellbogenbeuge und spricht begeistert und faszinierend: Er beschreibt einen Kreislauf, wo er mit eigener Hand sich selbst und sein Leid lösen, sich selbst so „aus der Scheiße" befreien kann – die Körperhaltung geht dabei in eine Embryonalstellung; dabei bilden die Arme und die Schulter beinahe einen Kreis, der nach unten gebeugte Kopf und die reflektorisch angezogenen Knie lassen fast eine kugelähnliche Form entstehen. Die Entspannphase wird durch ein hörbares Ausatmen (wie nach einer tiefen Inhalation eines Zuges aus einer Zigarette) beendet, wobei der Patient den Therapeuten spöttisch, triumphierend und genießend anschaut. Der fühlt sich in dem Moment völlig überflüssig und spürt Ärger; er könnte neidisch auf die Suchtmittel werden, die so sehr viel besser zu helfen scheinen als jeder therapeutische Versuch.

Hier gehen dann auch Phantasien nach massiver Entwertung („blöder Junkie") und Vernichtung („Sollen sie doch alle verrecken") ab, die sich nicht selten dann in sadistischen Phantasien, Verordnungen, Maßgaben oder auch Ordnungssystemen rechtfertigen.

4

Um ein weit verbreitetes Missverständnis aufzugreifen: Therapieordnungen, die vorhersehbar und plausibel die Abläufe beschreiben, sind außerordentlich wichtig und ihre angemessene Durchsetzung notwendig. Probleme entstehen, wenn Patienten sich daran abarbeiten und die Funktion und der Affekt bei dem Thematisieren „Vereinbarung/Therapieordnung" verdeckt bleiben:

- Ist es für den Therapeuten eine Waffe?
- Benutzt er es als Racheinstrument?
- Zielt der Einsatz der Therapieordnung auf Demütigung und Unterwerfung?
- Findet der Therapeut die Rahmenvorgabe eigentlich auch überflüssig und nimmt sie nicht ernst?

Narzisstisch gestörte Persönlichkeiten sind auf der Grundlage der oben skizzierten Dynamik anfällig für leistungssteigernde psychotrope Substanzen (Amphetaminderivate, Ecstasy, Kokain). Durch deren Einsatz wird die Lücke zwischen Ideal-Ich und Real-Ich scheinbar geschlossen. Häufig sind diese Patienten, wenn sie eine reifere narzisstische Störung haben, durch Unfähigkeit zur Empathie (die sozial dann häufig als Skrupellosigkeit und Ellenbogenmentalität imponiert) durchaus erfolgreich. Dann ist ein therapeutischer Zugang kaum zu gewinnen, da jeder Leidensdruck fehlt.

Erst an den Stellen, wo intrapsychisch und durch die Außenwelt korrigierende Erfahrungen gemacht werden müssen (Burn-out, nicht mehr so leistungsfähig, kränkende Hinweise auf die nachlassende Leistungsfähigkeit, Jüngere konkurrieren mit Aussicht auf Erfolg), entsteht Leidensdruck. Dann ist der fragile Selbstwert erschüttert. Diese Patienten werden schwer depressiv, Leere und Sinnlosigkeitsgefühle werden entweder durch einen erneuten Versuch eines Leistungskicks kompensiert oder eben z. B. durch Alkohol oder auch Heroin „pharmakogen" entfernt. Da sich diese Entfernung a-objektal vollzieht, ist spätestens nach dem Kater, die unbefriedigte Gier nach Anerkennung wieder präsent, so dass der Teufelskreis erneut beginnt: Wahrnehmung der Lücke zwischen Real- und Ideal-Ich, die Lücke ist nicht schließbar, Depression, Suchtmitteleinsatz, ggf. auch Suizidalität, Suizidversuch oder auch Suizid.

Ein Bereich, in dem die narzisstische Problematik inszeniert wird, sind Tagträume. Insbesondere wenn die Realität nicht mehr diese Form der Bewunderung und Anerkennung, dieses Gefühl von Wichtigkeit hergibt, ist eine unzerstörbare Bastion narzisstischer Zuflucht der Tagtraum. Es ist wichtig, nach Tagträumen zu fragen, da Patienten sie von sich aus praktisch nie ansprechen – es wäre auch zu beschämend. Erst der Hinweis darauf, das Tagträume durchaus normal sein können, erleichtert die Bereitschaft.

Ebenso kann die Frage nach Einschlafphantasien zur Erhellung der Problematik beitragen. Wenn sich die Einschlafphantasien auf Suchtmittel als Problemlöser verschieben, sind dies ernste Zeichen eine Abhängigkeitsentwicklung.

4.6.2 Therapeutische Probleme

Die Notwendigkeit, Hilfe zu suchen, die Unfähigkeit, sich von anderen abhängig zu fühlen, die Angst vor Beschämung, die Unfähigkeit, Schuldgefühle zu empfinden, und die Unfähigkeit, sich bei anderen zu entschuldigen – was narzisstisch gestörte Persönlichkeiten nicht können, bestenfalls beherrschen sie sozialkonform die dafür vorgesehenen Floskeln –, sind Themen der Therapie. Es kann nicht überraschen, wenn man sich die oben genannten Gesichtspunkte vergegenwärtigt, dass therapeutische Fortschritte massiv rückfallgefährdende Situationen sein müssen (negative therapeutische Reaktion). Die Pathologie fordert unerbittlich, bei einem Fortschritt den anderen zu entwerten („habe ich alles selber gekonnt"), um so nicht erleiden zu müssen, von anderen abhängig zu sein, ihnen dankbar sein zu „müssen" und die daraus resultierenden Kränkungen zu ertragen.

Der Abschluss einer Therapie ist eine Konfliktsituation, in der die Abstinenzstabilität davon abhängt, inwieweit intrapsychische Korrekturen auch stabil außerhalb der therapeutischen Rahmenbedingungen gehalten werden können, genauer gesagt internalisiert worden sind. Insofern ist es „normal", wenn diese Patienten nach der Therapie probieren, ob nicht <u>doch</u> ein kontrollierter Umgang mit dem Suchtmittel möglich ist – dann müsste die kränkende Diagnose einer lebenslangen Behinderung durch Abhängigkeit nicht ertragen werden.

Im gelungenen Fall einer Therapie erleben diese Patienten die Entwicklung als Erlösung.
Das zeigt sich daran, dass sie eine depressive Position erreichen. Nach der Therapie sind sie erstmals wirklich angerührt und traurig – sie können sich nun mehr als nur sozialkonform verabschieden; sie beginnen, die Einzigartigkeit einer „Objektbeziehung" zu erleben und auch die wechselseitige Bereicherung zu empfinden, die in einer Begegnung steckt.

4.7 Borderline-Pathologie

Ein getrenntes, nicht integriertes, also instabiles Selbstbild – das einzig Stabile ist die Instabilität –, Identitätsdiffusion und Affektintoleranz charakterisieren diese Patienten. Sie funktionieren auf einem frühen Niveau, sind ambulant kaum therapiefähig, da sie die Setting-Voraussetzungen nur schwer einhalten können. Sie imponieren durch dissoziative und dissoziale Symptomatik und haben erfahrungsgemäß kaum Schwierigkeiten, über ihre Missbrauchserfahrungen und Abhängigkeitsentwicklung zu berichten.

Man kann sie mit instabilen Legosteinen vergleichen, die sich dauernd mit anderen verbinden wollen, aber auf der Grundlage ihrer Identitätsdiffusion permanent ihre sozialen Kontaktstellen ändern und ein breites Spektrum an Bedürftigkeit befriedigt haben möchten, zum Teil auch selbst befriedigen wollen.

Der zärtliche Vater eines neugeborenen Kindes scheint nicht zu dem glatzköpfigen Hooligan zu passen, der ein Vorstrafenregister mit Sachbeschädigung und schweren Körperverletzungsdelikten aufweist.

Im Mittelpunkt der Borderline-Problematik steht die Aggression, die Affekte von Zorn und Wut, verbunden mit Impulskontrollverlusten wegen kaum entwickelter Ich-Funktionen, die solche Impulse kontrollieren könnten. Dies bringt die Patienten und auch ihre Umwelt immer wieder in Gefahr.

4

Daraus erklärt sich auch die Funktion des Suchtmittels. Diese Patienten benutzen es, um im „Instant-Verfahren", das heißt sofort, augenblicklich und übergangslos ihre innere, versuchsweise auch äußere Situation, z. B. durch Gewaltanwendung, zu verändern. Ein Bier zu trinken hat keinen Sinn, wenn, dann gleich mehrere oder am besten noch eine Pulle Schnaps. Der Einsatz von Heroin zielt darauf, sich sofort „abzuknipsen" um im „Hauruck-Verfahren" die Affekteinflutung zu bewältigen. Da diese Patienten mangels entwickelter Ich-Funktionen nicht in der Lage sind, sich gegen innere und äußere Reize zu schützen oder sie gar konstruktiv zu verarbeiten, haben die Suchtmittel die Funktion, Ich-Funktionen zu ersetzen; jede Form von drohenden, anflutenden Affekten muss bewältigt werden, eine Signalangst (wie zum Beispiel bei reiferen narzisstischen Patienten) ist kaum ausgeprägt. Typischerweise gibt es auch in der Suchtgeschichte kaum eine Entwicklung. „Gleich", „jetzt", „viel", „alles", jede Form von Entwicklung ist für sie ohne Sinn. Sie berichten typischerweise, gleich eine ganze Flasche zu saufen, und dies auch zu wollen, der Kontrollverlust ist angestrebt, aber weniger erwünscht im Sinne von Nirwana und Verschmelzungsphantasien, sondern mehr mit dem Ziel der sofortigen Spannungsreduktion. Im Unterschied zu narzisstischen Patienten zielt der Suchtmitteleinsatz hier nicht auf ein „hin und zu", sondern eher auf ein „weg von".

Die dann auftretenden Kontrollverluste sind Beschreibungen von Therapeuten und der Umwelt, also „von außen". Aus der Sicht des Patienten sind sie Folgen eines unerträglichen Spannungszustandes, der (leider) soziale Probleme aufwirft.

Ein entscheidendes Element im Umgang mit Borderline-Patienten ist ihr „Objekthunger": sie können nicht allein sein. Chaotische Beziehungsstrukturen – die Therapeuten erschrecken – sind Ausdruck des Objekthungers, zugleich ist er auch der Faden, an dem entlang eine Therapie möglich und denkbar ist. Das Bedürfnis nach Beziehung, das schreckliche Erleben von Einsamkeit (für Borderline-Patienten auch Verlassenheit, niemals die Fähigkeit, Einsamkeit als Besinnungszeit zu erleben) kann den Therapeuten geduldig machen, da er sich darauf verlassen kann, dass die affektiven Entladungen (Idealisierung und Entwertung) um den Ruhepunkt des Objekthungers kreisen.

4.7.1 Therapeutische Implikation

Dieser Objekthunger muss im Rahmen der Therapie natürlich gestillt werden; zugleich ist jedes Stillen verbunden mit heftiger Näheangst und bildlich ausgedrückt der Angst, dabei vergiftet zu werden. Hier ist die Nähe-Distanz-Regulation in der Therapie von besonderer Bedeutung. Ein ganz spezielles Thema ist dabei die Frage der Normen, Werte, Regeln, Gesetze: Nichts bringt einen Borderline-Patienten mehr zur Raserei als Gesetze, insbesondere dann, wenn das Gegenüber darauf beharrt, dass sie eingehalten werden sollen. Hier liegen die Fallstricke für den Therapeuten, sofern er seine „Über-Ich-Entwicklung" nicht angemessen verarbeitet hat/integriert hat/zur Verfügung stellen kann; dann beginnt gar zu rasch die Identifikation mit dem „chaotisierenden Patienten", und der Stachel zur Rebellion gegen Gesetze (egal ob es Gesetze, Hausordnung, Antragsverfahren mit Zeiten und Fristen sind) sitzt dann tief.

Es droht ein gemeinsames Verbünden gegen das Realitätsprinzip.

Ein Fall mit Problemen

Herr M. ist ein 30-jähriger Patient mit einer Borderline-Persönlichkeitsstörung. Er kann Konflikte nur agieren, da er nur über sehr begrenzte Möglichkeiten verfügt, Gefühle, Gedanken, Wünsche und Bedürfnisse in Sprache verständlich auszudrücken. Oft benutzt er nur ein einziges Wort („cool", „geil") und geht selbstverständlich davon aus, dass der andere ihn völlig versteht. Die Nähe-Distanz-Regulationsversuche werden als vernichtend und verletzend erlebt und inszeniert, jeder Versuch der Differenzierung in der Beziehung wird als Lieblosigkeit und Ablehnung empfunden. Daher fordert er in jeder Therapiestunde sein Recht, macht sich zum Thema oder wird durch sein Verhalten von anderen zum Thema gemacht.

Die Therapeuten reagieren genervt; sie fühlen sich überfordert; die inszenierte Ausweglosigkeit setzt „Betroffenheit" frei statt Wut. Danach beginnen sich aggressive Impulse zu melden („der schon wieder!") statt Angst vor einer scheinbar ausweglosen Entwicklung – die dann verbalisiert werden müsste. Trost und angemessene Nähe werden unmöglich.

All das bildet sich in der Partnerschaft des Patienten ebenso ab: Die Mutter des gemeinsamen Kindes verweigert nach der Entbindung die Möglichkeit, es zu sehen.

Die Problematik wird von den Therapeuten als „ödipal" beschrieben, als eine Auseinandersetzung zwischen zwei Personen um eine dritte (das Kind, über das die Konflikte ausgetragen werden). Sie wehren sich gegen präödipales Verständnis, aus Angst vor der zerstörerischen Wucht der zugrunde liegenden Pathologie. So macht es Mühe zu begreifen, wie sehr die ganze Inszenierung präödipal verstanden werden muss. Es existieren nämlich keine reifen Objektbeziehungen, Kind und Partnerin sind Partialobjekte, die spezifische Bedürfnisse befriedigen, und diese Partialobjektebene kann der Patient nicht verlassen. Jeder Versuch zu besprechen, wieso die Partnerin so reagieren könnte, scheitert an der nicht vorhandenen Ich-Funktion der Empathie für andere Menschen. Sie – die Partnerin – wird entwertet, in dem Kind werden die eigenen biografischen Erfahrungen und Wünsche untergebracht. Von vornherein gibt es böse Menschen, die nicht sein Bestes wollen (hier die Mutter), und sofern der Therapeut nicht richtig reagiert, auch er! Und alle, die es gut mit ihm meinen, werden durch böse Menschen daran gehindert, Gutes zu tun. So das Selbst- und Objektbild des Patienten.

Er treibt also die Spaltung voran: alles oder nichts, ich oder die Mutter, der Therapeut ist für oder gegen mich. Das Ganze wird verbunden mit grandiosen Phantasien von eigenen Möglichkeiten, ein neugeborenes Kind als allein erziehender Vater zu versorgen. Das gelingt natürlich nur unter völligem Verzicht auf die Realitätsprüfung: was es nämlich bedeuten würde, so eine Verantwortung zu übernehmen, welche äußeren Voraussetzungen und welche inneren Fähigkeiten dazu vorhanden sein müssten. Anstehende Probleme werden hartnäckig verleugnet, Realität wird als verletzend erlebt, wenn immer sie die eigenen grandiosen Lösungsphantasien beschränkt. Dass dies unter dem Blickwinkel der Therapeuten und vielleicht auch der Mutter zum Besten des Kindes sein wird, solche Realitäten von vornherein mit zu reflektieren, kann der Patient nicht anerkennen, aus Wut

4

und Verletztheit trinkt er eine Flasche Schnaps und wird als „Flaschenkind" seinem neugeborenen Sohn so wieder ähnlich.

Die zugrunde liegende unbändige Angst vor Individuation (aus
der Sicht des Borderline-Patienten ist Individuation vernichten-
de Einsamkeit und Verlorenheit) wird von dem Therapeuten mit
empfunden und geteilt; die unreflektierte Teilung der Angst (z. B.
über den Weg ihrer Verleugnung) schafft die Voraussetzung
dazu, die notwendigen Grundlagen zur Individuationsentwick-
lung zu missachten: statt klare Grenzen zu setzen, werden Gum-
mizäune zugelassen, die nicht begrenzen, sondern nachgeben.
Grenzen zu setzen ist eine Fähigkeit eines reifen Individuums,
das die Individuationsangst, die Angst vor Ablehnung bis tief in
die Phantasien vor Vernichtung, sofern man sich als Individuum
präsentiert, bewältigen kann.
Im vorbeschriebenen Fall hat der Therapeut versucht, seine
Gebundenheit an diese Angst durch einen Spagat zu bewältigen:
zwischen ihm in die Vaterrolle helfen wollen und einer inneren
Sicherheit, dass dieser Patient diese Aufgabe nicht bewältigen
können wird.

Der Patient spürte, dass er den Therapeuten an dieser Stelle als
Bündnispartner verloren hatte, reagierte mit Rückfall: „Ich
schaffe alles allein, ich bin auf niemanden angewiesen und kann
mich zukünftig auch noch mein eigenes Kind kümmern – und es
vor der bösen Mutter schützen."
Diese Inszenierung erfolgte unter Alkoholeinfluss und wirkte auf
die Außenwelt besonders plump; sie wurde aber von dem
Patienten ich-synton erlebt und bot eine kurzfristige Lösung:
nämlich die Verschmelzung der eigenen Person mit dem Ich-
Ideal unter Zuhilfenahme des Suchtmittels.

Dieses Suchtmittel hilft und schützt bei der Produktion der
Phantasien von Grandiosität und Unverletzbarkeit, bei der Idealisierung der eigenen Person, vor der Entwertung durch die Helfer. Das hat erwartungsgemäß einen Rückfall zur Folge, der eine
erneute Entgiftung notwendig macht, die zerknirscht angenommen werden kann, mit einer Selbstentwertung einhergeht und zu
einer Unterwerfung („Ich bin doch der letzte Idiot") führt.

Therapeuten haben Schwierigkeiten zu fokussieren: ein kräftiger, beinah 1,90m großer Mann (der gerade Vater geworden
war) ist in seiner psychischen Reifung stecken geblieben und
hat sich mit Hilfe des Suchtmittels in ein „Flaschenkind" verwandelt.

Die Defizite in der Entwicklung sind vergleichsweise leicht zu
erkennen und auch zu beschreiben. Der Therapeut befürchtet
heftige Reaktionen, wenn diese Defizitseite konsequent thematisiert und für die weitere Entwicklung belastend beschrieben
wird. Heftigste Wut- und Kränkungsreaktionen sind zu erwarten.
Diese Fähigkeit einer korrekten Antizipation wird zur Gefahr,
wenn sie in den Dienst der Pathologie der Patienten gestellt
würde und „ressourcenorientiert" über die erkannten Defizite
und erkennbaren Gefahren rückfallauslösende Situationen hin-
wegtherapiert wird – so wie im beschriebenen Fall, wenn der
Therapeut „hilft", die anstehenden Vaterpflichten zu erfüllen.

Lösungen

Die Malignität des der Störung zugrunde liegenden Prozesses
muss anerkannt werden – sonst ist eine angemessene Form der
Therapie nicht möglich. Sie sollte möglichst stationär erfolgen,
da sie alle Lebensbereiche und Beziehungen durchdringt.
Hoffnung ist allein aus der Kraft der eigenen therapeutischen
Potenz nicht zu schöpfen. Phantasien und Versuche ihrer Realisierung gleichen den Bemühungen der Patienten, es allein zu
schaffen. Deren pathologische Lösungsmuster spiegeln sich in
der Gegenübertragung wider: Grandiositätsphantasien, Angst,
sie zum Thema zu machen, Gefühle von alleiniger Verantwortung
und Ängstlichkeit, die Überforderung auch anzusprechen. Dann
ist der Therapeut mit sich selbst beschäftigt und verliert die
Beziehung zum Patienten. Es liegt dann nahe, wenn dieser mit
einem Rückfall reagiert.

Die Begrenzung auf die eigene Kompetenz und die Fähigkeit zu
gemeinsamer Arbeit (sowohl mit dem Patienten als auch mit Kollegen aus anderen Berufsgruppen) sind die Orientierungspunk-
te, die dem Patienten helfen können, Internalisierungsprozesse
zu beginnen und korrigierende emotionale Erfahrungen zu
machen.

5 Frequently Asked Questions (FAQ)

1. *Ein Patient berichtet über Depression und Erschöpfung. Im
Erstinterview erfahre ich, dass er, wie er selbst sagt, „alkoholabhängig" war. Worauf muss ich achten?*
→ Ein in seiner Krankheit erfahrener und mit seiner Krankheit
angemessen umgehender Patient weiß, dass er alkoholkrank ist, unabhängig davon, wann er das letzte Mal getrunken hat. Er kann zwar schon lange trocken sein, bleibt aber
alkoholkrank. Wäre die Krankheit geheilt (ich war alkoholabhängig), könnte er wieder kontrolliert trinken.
Behandlungsbeginn erst nach gesicherter Diagnose: Handelt es sich um einen abstinent alkoholkranken Patienten?
Um einen Patienten, dessen Symptomatik im Zusammenhang mit Rückfall oder stattgehabten Rückfällen zu verstehen ist? Dazu Kooperation mit dem (möglichst in der
Behandlung Abhängigkeitserkrankter erfahrenen) Arzt,
Labordiagnostik, die die Abstinenzaussagen stützt.
Falls Abstinenz gesichert vorliegt: Thematisieren der Labilisierung im Rahmen einer Therapie und der Frage, wie mit
der Rückfallgefährdung bei der Aufarbeitung seiner Störung
umzugehen sein wird.
ährend der gesamten Diagnostik/Therapie: freischwebende
Aufmerksamkeit bezüglich der Tatsache, dass Rückfälle mit
zur Krankheit Abhängigkeit gehören können.
2. *Wie gehe ich mit einem Patienten um, der alkoholisiert in die
Sprechstunde kommt, einen Partnerschaftskonflikt
beschreibt (die Ehefrau hat sich getrennt) und eine Therapie
wegen seiner dadurch ausgelösten Depression begehrt? Er
gesteht zu, abhängig zu sein, ist sich aber sicher, dass, wenn
die Depression bearbeitet ist, er auch den Alkohol wird sein
lassen können.*
→ Psychotherapie ist nur „nüchtern möglich". Psychotrope
Substanzen beeinflussen alle Ich-Funktionen; Kritikfähigkeit,

4.1 Spezifische Interventionen auf der Basis der analytischen/analytisch orientierten Therapie bei psychischen Störungen im Zusammenhang mit psychotropen Substanzen

Kritikwilligkeit und Konzentration sind durch Alkohol (auch bei Spiegeltrinkern!) eingeschränkt. Insofern muss die Abstinenz (z. B. durch eine Entgiftung) gewährleistet sein, bevor ein psychotherapeutisches Gespräch im engeren Sinne möglich ist.

Notwendig ist eine Klärung der Situation: Therapie geht nur nüchtern. Sofern es krankheitsbedingt dem Patienten nicht gelingen kann, Nüchternheit herzustellen oder aufrechtzuerhalten, bedarf er der stationären Entgiftung/Behandlung.

3. *Was soll ich machen, wenn ein Patient berichtet alkoholkrank zu sein, seit 5 Jahren ohne Alkohol auszukommen, und wegen seiner Ängste und Depressionen von seinem Hausarzt Anxiolytika verordnet bekommt?*

→ Klären des Umstieges „von der Pulle zur Pille" und klären, ob dem Patienten diese Umstiegsproblematik bekannt ist/war.
- Klärung: Zu welchen Bedingungen hat er die Medikamente bekommen?
- auf Vorschlag des Hausarztes?
- auf sein eigenes Drängen?

Klärung der Frage, wie der Patient die Fortsetzung in der therapeutischen Arbeit vor dem Hintergrund des Benzodiazepineinsatzes in der letzten Zeit sieht:
- Unproblematisch?
- Will er den Konsum fortsetzen?

Wenn er zusagt, zukünftig darauf zu verzichten – Klärung der Kontrollmöglichkeiten z. B. durch Drogenscreeningbefunde durch den Hausarzt. Meist ist ein stationärer Entzug erforderlich (Gefahr des Delirs, epileptischer Anfälle).

4. *In der Anamnese stoße ich auf einen deutlich erhöhten Alkoholkonsum eines Patienten. Er gesteht einen Missbrauch ein, bestreitet aber hartnäckig, abhängig krank zu sein. Er begründet, dass er mit therapeutischer Hilfe ohne große Probleme auf Trinkexzesse wird verzichten können. Wie ist zu reagieren?*

→ Sorgende Konfrontation: Vorschlag, gemeinsam zu überprüfen, ob sich die Erwartungen (auf das Trinken verzichten zu können) in den nächsten Stunden bestätigen.

Kontrollmöglichkeit vereinbaren (einschließlich der Möglichkeit der Kooperation mit dem Hausarzt betreffend Leberenzymbestimmung).

Selbstkontrolle, ob man Vorgaben auch wirklich einhält, einschließlich der Bereitschaft, den eigenen Wahrnehmungen zu vertrauen, hier z. B. der Wahrnehmung einer „Fahne".

5. *Ein Patient beschreibt im ambulanten Erstkontakt heftige Depressionen. Ohne Scheu berichtet er, Spiegeltrinker zu sein. In der Vorgeschichte hat er bei Versuchen, „einfach aufzuhören", epileptische Anfälle erlitten. Können Sie ihm empfehlen, zum nächsten Termin nüchtern zu erscheinen?*

→ Keinesfalls, Entzugserscheinungen von Alkohol können schwer wiegend, im Einzelfall sogar tödlich sein. Bei dieser Vorgeschichte ist es unbedingt erforderlich, die Entgiftung unter medizinischer Überwachung, also stationär durchzuführen.

6. *Welches ist die klassische Beziehungsfalle, in die ein Therapeut geraten kann, wenn sich der Patient nicht an Vereinbarungen hält?*

→ Der Therapeut missachtet die Ich-Funktions-Möglichkeiten des Patienten und versucht, die Kontrolle über das Geschehen zu behalten. Dieser Kontrollwunsch entspringt meist seinem Ärger und der stattgehabten Enttäuschung.

6 Prüfungsfragen

1. Ab wann ist „man" Alkoholiker?
Alkohol (auch andere psychotrope Substanzen) können den Menschen in seiner Persönlichkeit verändern (was wir aus eigener Erfahrung mit Alkohol gut kennen). Alkohol und psychotrope Substanzen können körperliche Schäden verursachen und soziale Probleme heraufbeschwören (z. B. Führerscheinverlust nach einem Trinkexzess).
Grundsätzlich muss zwischen schädlichem Gebrauch (z. B. einer Intoxikation), Missbrauch (z. B. durch längerfristigen Alkoholgenuss im Rahmen einer Lebenskrise) und Abhängigkeit unterschieden werden. Zeichen für die Abhängigkeitsentwicklung sind Toleranzentwicklung (größere Dose können ohne Probleme konsumiert werden), Entzugserscheinungen, misslungene Versuche, die Trinkmenge zu kontrollieren, negative Veränderungen in der Persönlichkeit und im sozialen Leben, die auf den Alkoholgebrauch zurückzuführen sind. Beim ersten Kontakt mit einem Patienten ist der Satz der „Anonymen Alkoholiker" hilfreich: Wenn Alkohol zum Problem wird, ist er das Problem – alle anderen Probleme sind dann nachrangig. Er ist auch eine gute Anleitung im therapeutischen Umgang, beharrlich und klärend auf dieser Spur zu bleiben.

2. Sind Abhängigkeitserkrankungen häufig?
Ja. Pro Jahr sterben ca. 100 000 Menschen an der Nikotinabhängigkeit, 40 000 an Alkoholabhängigkeit, 2 000 an Drogenabhängigkeit.
Da diese Krankheiten „psychosoziale" Krankheiten sind, gehört zu jedem abhängig Kranken auch ein soziales, unter Umständen schwer belastetes Umfeld, das auch psychotherapeutische Hilfe in Anspruch nimmt und schambesetzt das Suchtproblem des Partners/der Partnerin ausblendet.

3. Welche krankheitstypischen Verhaltensweisen (Abwehrmechanismen) sind bei Abhängigen oft zu beobachten?
Beschönigen, geringe Einsicht und aggressives Leugnen von Problemen, auch bei „handfesten" Hinweisen; an Abwehrmechanismen dominieren Verleugnung, Bagatellisierung, Verschiebung, Selbstentwertung.

4. Welche Ich-Funktionen müssen bei der Frage der Abhängigkeitserkrankung untersucht werden?
Affekttoleranz, Affektkontrolle, Angsttoleranz, Impulskontrolle (oft tun Patienten unter Alkohol Dinge die sie nüchtern nie täten), Antizipationsfähigkeit (häufig können sich Patienten rückfallgefährdende Situationen nicht vorstellen).

5. Welche körperlichen und seelischen Schäden sind durch den direkten Einfluss von psychotropen Substanzen zu erwarten?
Alkohol: Leberschäden, Bauchspeicheldrüsenerkrankungen, epileptische Anfälle (als Ausdruck einer Entzugssymptomatik), Delir.
Beruhigungsmittel („in aller Regel" Benzodiazepine): Angstsymptomatik, Unruhe, Schlafstörungen, ebenso können epileptische Krampfanfälle und Delirien (wie bei Alkoholabhängigen!) auftreten.

4

6. Ist ein Entzug von Opiaten „gefährlich"?
    Nein. Ein Entzug von Opiaten vollzieht sich wie eine schwere Grippe. Lebensgefährliche Komplikationen wie Delir oder epileptische Anfälle gehören <u>nicht</u> zum Opiatentzug. Allerdings ist die Gier nach dem Suchtmittel so ausgeprägt, dass ohne stationäre Entgiftung kaum ein Entzug gelingt. Medizinische Probleme entstehen durch den „Beikonsum" von Benzodiazepinen, die die oben beschriebenen Komplikationen verursachen können.

7 Literatur

- Bilitza K W (Hrsg.): Suchttherapie und Sozialtherapie – Psychoanalytisches Grundwissen für die Praxis. Göttingen, Zürich: Vandenhoeck & Ruprecht, 1993
- Greenson RR: Technik und Praxis der Psychoanalyse. Stuttgart: Klett-Cotta, 1981
- Herdieckerhoff E (Hrsg.): Materialien zur Psychoanalyse und analytisch orientierten Psychotherapie – Symptomspezifische psychoanalytische Differentialdiagnostik von psychischer Abhängigkeit und Sucht. Göttingen, Zürich: Verlag für Medizinische Psychologie im Verlag Vandenhoeck & Ruprecht, 1987
- Kernberg OF, Dulz B, Sachsse U (Hrsg.): Handbuch der Borderline-Störungen. Stuttgart: Schattauer, 2000
- König K: Kleine psychoanalytische Charakterkunde. Göttingen: Vandenhoeck & Ruprecht, 1997
- König K: Übertragungsanalyse. Göttingen: Vandenhoeck & Ruprecht, 1998
- Tretter F: Suchtmedizin – Der suchtkranke Patient in Klinik und Praxis. Stuttgart: Schattauer, 2000
- Wurmser L: Die verborgene Dimension – Psychodynamik des Drogenzwangs. Göttingen: Vandenhoeck & Ruprecht, 1997

4

4.2 Zur tiefenpsychologischen Psychotherapie schizophrener Störungen

Michael Dümpelmann

1 Einführung

Die psychotherapeutische Behandlung von Krankheitsbildern des schizophrenen Spektrums hat in den letzten Jahren so etwas wie eine Wiedergeburt erlebt. Das hat mehrere Gründe:

Es liegen fundierte und langjährig klinisch erprobte Konzepte vor (z.B. Benedetti, 1991, Mentzos, 1991; Lempa, 1992; Alanen, 1997). In einer aufwändigen Vergleichsuntersuchung wird die Wirkung von (entsprechend modifizierter) tiefenpsychologischer Psychotherapie für Schizophrene bestätigt (Gorham und Pokorny, 1964; May, 1968M; Karon und Vandenbos, 1972; zit. nach Grawe et al., 1994). Auch viele neuere Studien belegen die Wirksamkeit psychodynamischer Psychotherapie bei schizophrenen und anderen psychotischen Störungen (Übersichten bei Mojtabai et al., 1998; Schwarz, 2000; Leichsenring et al., 2003).

In der psychiatrischen Forschung wird nach einer Zeit biologischer Verkarstung die Bedeutung psychogenetischer und sozialer Faktoren im Rahmen des kausal offenen Vulnerabilitätsmodells für die Manifestation psychotischer und psychosenaher Störungen als hoch eingeschätzt und intensiv untersucht.
Die Auseinandersetzung zwischen „Organikern" und „Psychikern" um die Unterscheidung zwischen puristisch gedachten und wechselseitig exklusiven somatogenen Krankheitskonzepten für Psychosen und psychogenen für Neurosen hat ausgedient und ist, neurowissenschaftlich gut fundiert, durch Modelle von Wechselseitigkeit und Interaktion zwischen Soma und Psyche ersetzt worden, gleich, ob die Störungen nun neurotisch oder psychotisch sind (Spitzer, 1996, Bischof, 1996). Der alte Krieg der Konzepte hat die Geschichte der Psychiatrie mitgeprägt und dazu beigetragen, dass Psychosen über lange Zeit die Rezeption einer wesentlich „organischen" Erkrankung fanden und entsprechend behandelt wurden. Durch die aktuelle Entwicklung wird auch die Medizinzentrierung in diesem Bereich erheblich relativiert.

Das Interesse von Psychotherapeuten an der Psychosenbehandlung nimmt zu. In den letzten 10 Jahren haben sich viele regionale und überregionale Arbeitsgemeinschaften zu dieser Thematik gebildet, deren Aktivitäten außerordentliches Interesse finden (Informationen beim Literaturverzeichnis). An einigen Ausbildungsinstituten werden Einführungen in die Psychosenpsychotherapie angeboten. Konzeptuelle Weiterentwicklungen, insbesondere im Bereich der Selbstpsychologie sowie der Säuglings- und Kleinkindforschung (Dornes, 1997), haben viel dazu beigetragen. Über lange Zeit herrschte auch in großen Teilen der „psychoanalytic community" die Überzeugung, dass Psychosen nicht psychotherapeutisch behandelbar seien. Das hat in unheilvoller Allianz mit Sichtweisen aus der biologischen Psychiatrie den Mythos produziert und unterhalten, dass bei Psychosen Psychotherapie sogar kontraindiziert sei.

Patientenorganisationen und die Angehörigenverbände fordern nachdrücklich (zumindest auch) die psychotherapeutische Behandlung von Psychosekranken. Gerade vor dem Hintergrund der aktuellen Antistigma-Kampagne der WHO gegen die soziale Ausgrenzung psychisch Kranker lässt sich nicht halten, dass eine große Gruppe Betroffener bei der Verteilung psychotherapeutischer Hilfen nicht berücksichtigt wird.

Praktisch die größte Bedeutung hat aber die aus all diesen Gründen steigende Nachfrage nach psychotherapeutischer Versorgung für diese Patientengruppe, die Therapie im engeren Sinn, aber auch Prävention und Rückfallprophylaxe betreffend. Das geht erheblich von Mitarbeitern psychiatrischer Kliniken aus, die im klinischen Alltag „Beziehung" und „Kontakt" herstellen, gestalten und therapeutisch einsetzen sollen, was Fachkenntnisse und Fertigkeiten voraussetzt, aber auch von den Psychotherapeuten, die ambulant in verschiedenen Settings mit psychotischen Menschen arbeiten und immer mehr Patienten zur Behandlung zugewiesen bekommen. Weil nun in den Kliniken viel häufiger die Indikation zu einer langfristigen psychotherapeutischen Nachbehandlung gestellt wird, zeigt sich aber immer wieder, dass die Nachfrage die vorhandenen Kapazitäten im ambulanten Bereich rasch übersteigt. Das ist auch in Städten und Regionen so, die bestens psychotherapeutisch versorgt sind, weil auch dort die Zahl der Psychologen und Ärzte, die mit Psychotikern arbeiten (können), nicht ausreicht. Hier gibt es eine große „Marktlücke".

! **Merke:** Die Psychotherapie psychotischer und psychosenaher Störungen ist schulenübergreifend in den Brennpunkt klinischen und wissenschaftlichen Interesses gerückt. Daran sind Weiterentwicklungen in Forschung und Behandlungspraxis wesentlich beteiligt. Besonders kommt diese Entwicklung aber von den Aktiven in der Psychiatrie, die Handwerkszeug jenseits der Pharmakotherapie brauchen und ohne zumindest „implizite" Psychotherapie nicht auskommen. Die Berufschancen in diesem Feld sind gut, gerade auch für Psychologen, wenn die Bereitschaft zur fachlichen Qualifizierung vorhanden ist.

4

2 Zur Begegnung: Sind Schizophrene so fremd oder be-fremden wir sie?

Schizophrene Menschen sind oft schwierig und verhalten sich exzentrisch, bizarr und für andere unverständlich. Sie konstruieren in Wahn und Halluzinationen innere Wirklichkeiten, die uns radikal fremd sind, verüben grässliche Suizide aus Anlässen, die uns Rätsel aufgeben, meiden Kontakte oder gestalten sie zu dem, was man eigentlich eine Nicht-Beziehung nennen könnte. Diese „Fremdheit" macht verständlich, dass schizophrene Störungen eine Herausforderung für Kliniker und Forscher sind.

Ein anderes und besonders praxisrelevantes Thema ist, warum wir diese Fremdheit meist nicht gut ertragen und warum die meisten Behandlungsansätze für diese Patienten beinhalten, auch für Abstand und Distanz zu sorgen. Ohne vorschnelle moralische Wertung wäre hier zu prüfen, welche Funktion das hat. Auf „Kontakt" und „Beziehung" abzielende zum Beispiel sozialpsychiatrische Konzepte empfehlen immer auch Abstand, Distanz und „Entaktualisierung" und bieten dafür eine institutionalisierte Praxis an. Das kann nicht „von ungefähr" kommen, so wie auch schizophrenes Erleben und Verhalten, kulturinvariant immerhin auf dem 1%-Niveau auftretend, nicht als Laune der Natur angesehen werden können.

Sieht man genauer hin, etwa mit der Hilfe videografierter Interaktionssequenzen zwischen Schizophrenen und Gesunden (Steimer-Krause, 1996), ist es keineswegs so, dass die Patienten allein für Fremdheit und Distanz im Kontakt sorgen. Die Autorin konnte aufzeigen, dass deren Näheangebot von den Gesunden mit Abwendung beantwortet wurde. Das wiederum vermehrte die Unsicherheit der Patienten, die das als Resonanz auf sich erleben.

Die Fremdheit auf beiden Seiten wird verständlicher, wenn man Zubins (1986) Konzept der „Vulnerabilität" anwendet. Danach sind psychotische Menschen in ihrer Persönlichkeit und ihrer psychischen Struktur sehr verletzlich, besonders durch nähere und belastende Kontakte. Dann manifestiert sich häufig, was wir „Ich-Zerfall", „Fragmentierung" oder „Grenzverlust" nennen. Im Klinikjargon sprechen wir oft von ihnen als „Dünnhäutern". Setzt man Vulnerabilität mit Fremdheit in Beziehung, lässt sich Fremdheit als Vermeidung befürchteter Verletzungen interpretieren.

Mit dem Konzept der Vulnerabilität ist die Interaktion zwischen biologischen und psychischen Faktoren in der Entwicklung zu fassen. Denken wir uns als **Beispiel** dafür die frühe Dyade zwischen einer Mutter und einem konstitutionell vulnerablen Baby, das auf den Körperkontakt durch die Mutter aversiv reagiert, weil es deren Berührung sehr intensiv und übererregend empfindet. Die Mutter wird – psychodynamisch gut verständlich -, wenn sie das merkt, mit mehr Nachdruck für Kontakt sorgen, was die schwer erträgliche Stimulierung und die Distanz suchenden, aversiven Reaktionen beim Baby verstärkt. Kontakt wird dann nicht mehr angenehm, sicher und entspannend empfunden und gesucht, sondern spannungsgeladen, ängstigend und bedrohlich wahrgenommen und vermieden. Das sind Verhaltensmuster wie einem Fremden gegenüber, der verunsichert. Werden solche Zyklen öfters durchlaufen, stabilisiert sich die Kontingenzerfahrung (Ursache-Wirkungs-Relation), dass intensiverer Kontakt als „fremd" erlebt und damit gleichgesetzt wird. Die konstitutionelle Vulnerabilität wird so durch Beziehungserfahrungen verstärkt. Die „Biologie" interagiert hier mit der „Psy-

chologie" mit dem Ergebnis einer wechselseitigen Verstärkung. Von solchen Mutter-Kind-Interaktionen hören wir in der Praxis bei der Anamnese von psychotischen Menschen sehr häufig. Als Erwachsene erleben sie dann Kontakt und Berührung als „verfolgend", „eindringend", „lebensgefährlich" etc. und schreiben diese Empfindungen äußeren und fremden „Mächten" zu.

> **!** **Merke:** Begegnungen mit schizophrenen Menschen konfrontieren uns mit Fremdheit im Verhalten der Patienten und in den Antworten der Behandler, was sich als durch Interaktion hergestellte Distanz zum Schutz einer besonderen Vulnerabilität verstehen lässt.

3 Fremdheit in Beziehung und Paradoxien im Kontakt – tiefenpsychologische Modelle schizophrenen Erlebens und Verhaltens

Psychotherapie ist Behandlung in, durch und mit Beziehung. Dazu braucht jede Psychotherapie aber Beziehungsmodelle, die es ermöglichen, die individuellen Probleme im Kontext der Therapie erfahrbar, erfassbar und veränderbar zu machen. Im Fall einer schizophrenen Störung heißt das, Verletzlichkeit, fremd wirkendes Verhalten und scheinbare Nicht-Beziehung als Gestaltung von Kontakt zu akzeptieren und als Stilmittel der Regulierung interpersoneller Nähe zu begreifen.

Die von Neurosen abgeleitete Triebtheorie kommt, allein verwendet, bei psychotischen Zuständen an die Grenzen ihrer Abbildungsmöglichkeiten. In diesem Design fragt man implizit, welche Affekte und Impulse warum an der Manifestation gehindert werden. Das Problem bei Psychosen ist aber, ob ein Individuum sich überhaupt mit sich selbst identisch erleben kann, etwa als Zentrum und Ursprung seiner Affekte und Impulse, und die Objekte der äußeren Welt von ihm differenziert und „für sich". Es geht nicht darum, **wie** das Subjekt, die Objekte, die Affekte, die Impulse und die daraus resultierenden Beziehungen **sind**, sondern darum, **ob** es im Erleben der Betroffenen ein abgrenzbares Subjekt, davon differenzierte Objekte und eine emotionale Beziehung zwischen ihnen **gibt**.

Das kann besser mit den theoretischen Ansätzen der Ich-Psychologie, der Selbstpsychologie, der Interaktions- sowie der Säuglingsforschung erfasst und untersucht werden. Diese Theoriesysteme sind für psychotische Menschen genau untersucht und ausformuliert worden (Benedetti, 1991; Mentzos, 1991; Lempa, 1992; Dornes, 1997; Steimer-Krause, 1996; Dümpelmann, 2000a). Im Folgenden sollen dazu **3 Modelle** dargestellt werden.

> **!** **Merke:** Psychotische Störungen können durch Weiterentwicklungen der psychoanalytischen Theorie und durch Modifikationen der Behandlungspraxis erfolgreich psychotherapeutisch behandelt werden. Das basiert wesentlich darauf, dass schizophrenes Verhalten und Erleben einmal als typische Modi der Beziehungsregulierung erfasst werden können, und darauf, dass zum anderen die Biografie, besonders psychische Entwicklungsfaktoren, mit dem klini-

4

schen Syndrom einem gemeinsamen Bezugsrahmen zugeordnet werden können.

Fremdheit und Paradoxien werden als besondere Modi von Beziehung und deren Regulierung verstehbar und darauf bezogene Behandlungsschritte davon abgeleitet.

3.1 Psychose als Konfliktlösung

Die Arbeiten von **Mentzos** (1991, 1992) stellen schizophrene und andere psychotische Zustände als Ergebnis von Konfliktverarbeitung dar. Er geht in seinem Beitrag, der für die aktuelle psychoanalytische und psychodynamische Behandlung von Psychosen von richtungsweisender Bedeutung ist, von einem erweiterten Konfliktmodell aus. Das Konzept „psychischer Konflikt" wird dabei nicht allein auf Motivations- bzw. Triebkonflikte beschränkt gesehen. Zum konflikthaften Erleben eines Menschen tragen danach nicht allein Polarisierungen zwischen Motivationen bei, etwa zwischen Liebe und Hass oder zwischen Zeigen und Verbergen etc. Konflikte entstehen auch, gerade bei Psychosen, durch strukturelle Regression im Ich und in seinen Funktionen. Psychotische Menschen büßen dabei besonders ausgeprägt an Fähigkeiten ein, stabil zwischen Subjekt und Objekt differenzieren zu können. Sie spüren dann nicht mehr eindeutig und sicher, was sie sind, was zu ihnen gehört und von ihnen ausgeht und was der Anteil anderer Menschen an Beziehungen ist. Wo Neurotiker „Ross" und „Reiter", Subjekt, Objekt und die Beziehung „dazwischen" benennen können, kommt es bei Psychotikern zu Erlebnisweisen, in denen Subjekt- und Objektaspekte entweder verschmolzen und nicht differenzierbar sind oder völlige Objektlosigkeit vorherrscht. Solche Zustände, Fusion und Autismus, werden als Lösungsversuche der fundamentalen **Bipolarität** zwischen **selbst-** und **objektbezogenen Tendenzen** verstanden. Dieses **existenzielle Dilemma** der Psychotiker bildet die Grundgestalt für klinische Syndrome, die sich zwischen den Polen von überwiegendem Fremdbezug und extremem Selbstbezug manifestieren. Psychische Konflikte belasten psychosegefährdete Menschen so stark und für ihr Selbsterleben so bedrohlich, dass die spezifischen Konfliktinhalte von der Frage „er/sie **oder** ich" überlagert werden. Die Patienten neigen dann entweder dazu, sich vom Objekt zum Beispiel verfolgt, beeinflusst, gelenkt zu fühlen (Fusion), oder dazu, die Existenz jeglicher Objekte völlig zu verleugnen (Autismus). Das bedeutet, dass sie ihr Gefühl der eigenen und abgrenzbaren Identität verloren haben und sich nur in Einheit mit dem Objekt erleben können oder ihr Identitätserleben dadurch gleichsam retten, dass sie etwa im Wahn die Welt der äußeren sozialen Beziehungen abschaffen. Das sind klinisch gut bekannte Prototypen psychotischer Konfliktlösungen, die uns zum einen in den diversen Formen von Verfolgungs- oder Beziehungswahn und zum anderen im solipsistischen Größenwahn begegnen.

Im Ansatz von Mentzos ist auch für den psychotischen Modus psychischer Funktionen der Bezugsrahmen des Konflikts wesentlich, das Wechselspiel von konfligierenden inneren Kräften. Das passt gut zu klinisch beobachtbaren Verläufen und ihrer Dynamik, wo auch bei Psychosen umschriebene intrapsychische und interpersonelle Konfliktspannungen, wie wir sie von Neurosen kennen, immer eine wichtige auslösende Rolle spielen. Psychosen treten sehr häufig bei „reifen" Konflikten auf, durchaus auch Liebe und/oder Sexualität und nicht nur „frühe" Themen wie etwa Abhängigkeit versus Autonomie betreffend. Sie werden aber radikal anders verarbeitet.

Diese andere, eben psychotische Verarbeitung ergibt sich durch die Aktualisierung von Beziehungsmustern aus der frühen Psychogenese, die dann „durchschlagen", den Triebkonflikt überlagern und ihn psychotisch überarbeiten. Vorbedingung ist, dass fundamentale Entwicklungsschritte zur Bildung stabiler Repräsentanzen von Selbst und Objekt durch Mängel in der Beziehung zu den primären Bezugspersonen oder Traumatisierung nicht erfolgreich durchlaufen und internalisiert worden sind. Bei den Betroffenen bleibt so die genannte Bipolarität zwischen Selbst- **oder** Objektbezug virulent : Ein autonomes Selbstempfinden wurde nicht erreicht, weil die Erfahrungen mit Beziehungen negativ verliefen. Die werden ambitendent ersehnt und zugleich gefürchtet. Ein psychotischer Patient hat keine sicheren inneren Objektbeziehungen und ist aber gerade deshalb auf Objekte angewiesen: **„... er kann weder mit noch ohne Objekt als autonome Entität existieren."** (Mentzos, 1991, S. 94). Er muss die Nähe zum Objekt suchen, um sein Selbstgefühl zu erhalten, und das Objekt zugleich fürchten, weil er genau dadurch sein Selbst (und später seine Identität) leicht verlieren kann. Diese Antinomie, ein Objekt zu brauchen und durch das Objekt aber den Verlust des Selbst zu riskieren, formuliert **Vulnerabilität als Konflikt**. In Abwandlung des Sponti-Spruchs „Du hast keine Chance, also nutze sie!" lässt sich das salopp so formulieren: „Du hast eine Chance, aber wenn du sie nutzt, bist du nicht mehr du selbst!"

Im Erwachsenenalter kommt es bei so Prädisponierten unter der Belastung durch Beziehungskonflikte und unter Regression zu symptomatischen Lösungen, die in der Phantasie entweder fusionär die Selbst- oder autistisch die Objektposition eliminieren und somit die skizzierte psychogenetische Achillesferse zu kompensieren versuchen.

„Unter" bzw. „hinter" dem neurotischen Konflikt kommt dann die ungelöste „frühe" Entwicklungsstörung zum Vorschein und symptombildend zum Tragen wie bei einem Teleskop.

Die von Mentzos systematisierten Befunde und seine theoretische Konzeption haben gezeigt, dass auch bei schwerer und schwerster Psychopathologie dynamisch wirksame Konflikte eine wichtige Rolle spielen. Das hat wesentlich dazu beigetragen, dass Psychosen und Psychotiker mittlerweile eine andere und insbesondere nicht an statischen Defizitmodellen ausgerichtete Rezeption finden.

Mit einer Fallskizze soll nun veranschaulicht werden, wie das Konzept von Mentzos praktisch angewandt werden kann. Es geht um eine fusionäre Symptombildung im Rahmen einer schizophrenen Störung (s.a. Dümpelmann, 2000a).

Fallskizze:

Als Assistenzarzt in der Psychiatrie kam ich zum Beginn eines Nachtdienstes zu einer Frau, die am Nachmittag mit der Diagnose einer paranoiden Schizophrenie ins Krankenhaus eingeliefert worden war. Ich traf auf eine nette, etwas rundliche Frau mittleren Alters, die ruhig in ihrem Bett lag, setzte mich aufs Nachbarbett und sprach so aus einer gewissen Distanz kurz

4

mit ihr. Dabei erfuhr ich, dass es ihr seit der Aufnahme und nach der initialen Medikation schon wieder etwas besser ging. Wir waren uns beide sympathisch, und das kurze Gespräch verlief angenehm. Ich sah bald keinen Anlass mehr zu weiteren Aktivitäten, kündigte an, am späteren Abend noch einmal nach ihr zu sehen, stand auf und ging etwas näher an diese Patientin heran, um mich zu verabschieden. Aus meiner Absicht, mich zu verabschieden, wurde so nichts. Mit dem lauten Schrei „Du bist der Teufel!" packte sie mich mit beiden Händen an meinem Bart, was sehr schmerzhaft war. Um mich zu befreien, hatte ich keine andere Wahl, als mit aller Kraft meiner Hände ihre Hände aus meinem Bart zu lösen, was schließlich gelang. Ich ging danach ans Fußende des Bettes und brachte so Distanz zwischen uns. Die Patientin beruhigte sich dabei sichtlich.

Was war geschehen? Ganz offensichtlich hatte ich die aktuell verfügbare Toleranz dieser Frau für meine Annäherung falsch eingeschätzt. Die angenehme Atmosphäre im Gespräch und meine Ankündigung, später noch einmal zu ihr zu kommen, zeigen eine gewisse Nähe im Kontakt zwischen uns. Sie antwortete auf diese Nähe, indem sie mich effektiv und im doppelten Sinn „zum Teufel beförderte", mich exorzisstisch vertrieb, aber mir auch satanische Macht zuschrieb. Zugleich klammerte sie sich aber auch eisern an mir fest. Sie hätte leicht in einen anderen Raum fliehen oder Schutz bei den Krankenschwestern suchen können, die in nächster Nähe waren.

Die Patientin konstruierte im Wahn eine innere Wirklichkeit, in der ich die Rolle des „Leibhaftigen" bekam, und reagierte auf mich, als sei sie von mir „besessen", als sei ich ihr „unter die Haut" gegangen (Fusion). Aus einem netten, offenbar zu netten Plausch wurde blitzartig ein Tanz mit Tod und Teufel, eine für sie subjektiv höchst bedrohliche Situation. Das lässt sich nicht allein als Reaktion auf einen Arzt erklären, dessen Nähe, aus welchem Grund auch immer, in diesem Augenblick unerwünscht war. Die wahnhafte Metaphorik und das ambitendente Verhalten der Patientin, die mich wegstieß und zugleich festhielt, zeigen, dass sie im wahrsten Sinn des Wortes dazwischen hin und her gerissen war, den Kontakt zu mir intensiv zu erhalten und simultan größte Distanz von mir zu bekommen. Sie löste dieses Dilemma durch die Konstruktion einer privaten Wirklichkeit, in der sie Opfer und ich satanischer Täter war. Dieses Szenario wurde dann zur Vorlage für ihr Verhalten. Sieht man sich diese Inszenierung durch die „neurotische Brille" an, fallen ängstliche, aber auch hysterische Züge auf. Solche Inhalte konnten aber in Sprache und Verhalten nicht abgebildet werden. Sie konnte nicht sagen, dass sie und warum sie den Kontakt so nicht wollte. Sie konnte aber mit psychotischen Mitteln drastisch und handfest darstellen, dass sie hilflos zwischen mir und sich blockiert war. Sie konnte Nähe und Distanz nicht mehr regulieren, sich nicht zwischen sich und mir entscheiden und keine Grenze mehr zwischen Subjekt und Objekt ziehen.

Solche Zustände lassen sich nicht als neurotischer Konflikt und als neurotische Konfliktverarbeitung verstehen, sondern entsprechen sehr frühen Phasen dyadischer Beziehungen mit ungleicher Machtverteilung. Regredieren Erwachsene auf solche Beziehungsmuster, ist das extrem ängstigend.

Der skizzierte Ablauf zeigt auch, dass psychotische Symptombildungen in Bezug zu einer fassbaren sozialen Situation auftreten und wieder abnehmen, also eine dynamische Antwort auf die Situation sind.

> **! Merke:** Symptombildung und Verarbeitungsmuster bei schizophrenen und anderen psychotischen Syndromen unterscheiden sich erheblich von neurotischen Störungen, die wir als Verarbeitung von Triebkonflikten beschreiben können. Ich-strukturelle Regression, etwa die Subjekt-Objekt-Differenzierung, die Nähe-Distanz-Regulierung und andere Ich-Funktionen betreffend, tritt bei psychotischen Zuständen viel ausgeprägter auf. Aber auch Psychosen sind nicht statisch, sondern zeigen eindeutig dynamischen Bezug zu sozialen Situationen. Sie lassen sich als Konflikt nach dem Muster einer unsicheren frühen Dyade verstehen, bei der die Nähe des Objekts zwar gesucht und gebraucht wird, um die eigene Existenz zu sichern, aber auch Unsicherheit und Angst dem Objekt gegenüber bestehen. Das lässt sich als gravierender **narzisstischer Konflikt** verstehen: **Selbsterhalt** und die Gefahr des **Selbstverlusts** fallen **zusammen**. Im Rahmen des erweiterten Konfliktmodells, das Mentzos vorschlägt, lassen sich schlüssige Hypothesen zu intrapsychischen Konflikten und zum strukturellen Störungsgrad ableiten und mit der Symptombildung wie auch mit der Dynamik der manifesten interpersonellen Situation integrieren.

3.2 Psychose als Störung der Symbolisierung

Das fremd wirkende Erleben und Verhalten Schizophrener bildet, wie wir gesehen haben, mit „normalen" Worten nicht Sagbares bis hin zu Paradoxien ab, zum Beispiel extrem widersprüchliche Tendenzen, die sich auf dasselbe Objekt beziehen. Die Wechsel zwischen Fusion und Autismus werden als ambitendente Pendelbewegung des schizophrenen Grundkonflikts in der Dyade verständlich. Dieser psychodynamische „Einstieg" setzt an den Beziehungen und Kontakten an, die die Patienten mit uns und wir mit ihnen erleben.

Im Beitrag von **Benedetti** zum psychodynamischen Verständnis schizophrener Störungen (1991, 1992) steht die **Störung der Symbolbildung** im Zentrum, die durch **strukturelle Regression** beeinträchtigte Fähigkeit der betroffenen Menschen, für sich selbst und die Außenwelt der Objekte passende und zu sozialer Kommunikation geeignete Symbole zu bilden. Dieser Ansatz hält sich zunächst inhaltsanalytisch eng an die klinisch beobachteten und psychopathologisch erfassten Syndrome, zum Beispiel an die verschiedenen Wahnformen und ihre Effekte auf das Erleben der eigenen Person und anderer Menschen, und zeichnet differenziert ich-strukturelle Veränderungen nach. Benedetti entwickelt das Modell von **S. Freud** (1915) wesentlich weiter, wonach bei **Neurosen** die „**Wortvorstellung**" (etwa durch Verdrängung), bei **Psychosen** aber die „**Sachvorstellung**" (wir würden heute von „mentaler Repräsentation" sprechen) gestört ist. Die Wirkung aktuell auslösender und für die Entwicklung bedeutsamer frühkindlicher Konflikte verbindet er mit der komplexen Musterbildung der schizophrenen Psychopathologie, die zu einer **„Negativexistenz"**, zu inneren **„Todeslandschaften"** führt. Die Patienten drücken ihre Verzweiflung über die massiven Veränderungen ihrer psychischen Funktionen, das Empfinden von Wertlosigkeit durch ihren Krankheitszustand und die begrabene Hoffnung auf eine mögliche Heilung in ihren Symptomen aus: apokalyptische Endzeitszenarien, Verlorenheit, Verfolgung und Bedrohung markieren den **Verlust** einer **positiven Identität**. In diesem Modell spielt die fast immer auf sich selbst gerichtete **Destruktivität** Schizophrener, oft zu grausamen **Suiziden** führend, eine wesentliche Rolle: Die Kranken sind hilflos wütend über sich und ihre Schwächen und zeigen mit der Fähigkeit, dem in eigener Regie ein Ende setzen zu können, dass sie wenigstens dazu noch in der Lage sind. Das drückt eine existenzielle narzisstische Notlage aus, in der die verbliebene Vitalität des Selbst wahrlich „ultimativ" damit demonstriert wird, die eigene kranke Existenz wenigstens auslöschen und der Ruine des eigenen Selbst in eigener Regie ein Ende bereiten zu können. Konflikte auf dieser Linie der narzisstischen Kränkung durch die Krankheit sind bei Psychosen klinisch sehr bedeutsam. Die Betroffenen bemerken die gravierenden Veränderungen ihres Denkens, ihres Fühlens, ihrer Sprache und ihrer Phantasien in aller Regel sehr intensiv. Sie leiden schwer darunter, dass sie zu einem Teil in einer Privatwelt leben, zu der es wenig Zugang für andere Menschen gibt.

Der Zusammenbruch von Ich und Identität manifestiert sich in Denkstörungen und privaten Wirklichkeiten, was bis zur Auflösung kommunikabler Denkleistungen und bis zum neologistischen Sprachzerfall reichen kann. Daher kommt, dass früher Schizophrenien als „Dementia praecox" angesehen wurden. In Benedettis Sicht sind solche Syndrome weit reichende, stark regressive, aber psychodynamisch verständliche Verarbeitungsmuster, in denen sich das Leiden dem Gegenüber direkt mitteilt, und somit keineswegs starre, biologisch fundierte Defizite. Schizophrene gebrauchen eine radikal andere Symbolik mit **konkretistischer Entfremdung** und **personaler Magie**: Menschen erscheinen dehumanisiert als Sache, konkrete Dinge geheimnisvoll beseelt wie in einem Alptraum im Wachzustand. Dadurch ergeben sich innere Erlebniswelten und Seelenlandschaften, die die narzisstische Katastrophe der Psychose entfremden, aber auch ausdrücken und bildhaft darstellen.
Symbole spielen bei der Entwicklung mentaler Repräsentation des Selbst, der Objekte und der Grenzen dazwischen eine essenzielle Rolle. Eine gelungene frühkindliche Entwicklung ermöglicht die Errichtung psychischer Räume (Lempa, 1992) in **Symbolen** für die **eigene Person** (das „Innen") und die **Außenwelt**. Neben der Hirnreifung ermöglichen uns frühkindliche affektive Austauschprozesse und passende Interaktionen, dass wir uns „ein Bild" über uns selbst und die Welt der Objekte machen können. Psychische Symbole sind Schemata, in denen Subjektives mit Objektivem, Affekte und Emotionen mit Kognitionen und Sinneswahrnehmungen zu Einheiten kombiniert werden, die dann als individuelle Modi des Erlebens differenziert und benutzt werden können. Dazu ein Beispiel : Habe ich das Symbol „meine Frau" errichtet, bleibt die in Nähe und Intimität noch ein von mir abgrenzbarer, eben anderer Mensch (kontra Fusion), sie geht mir aber auch in räumlicher Entfernung nicht verloren, weil ich ihre Existenz als Ein-bildung mit mir trage (kontra Autismus).

Die symbolische Wahrnehmung setzt etwa um den 18. Lebensmonat ein, vielleicht etwas früher (Dornes, 1997). Ob eine Störung der Entwicklung davor oder danach auftritt, ist für die Typologie späterer psychischer Störungen von ausschlaggebender Bedeutung. Psychotische oder psychoseartige Muster treten umso wahrscheinlicher auf, je gestörter die Fähigkeit zu Symbolbildung ist. In späteren Lebensphasen können ähnliche Syndrome durch **Traumata** oder **toxisch** bewirkt werden.
Die Störung der Symbolbildung klärt auch Aspekte von Psychosen auf, die mit dem manchmal inflationär gebrauchten Terminus **„Spaltung"** beschrieben werden. Es kann hier nicht um die Spaltung in „Gut" und „Böse" gehen, weil diese Begriffe die Fähigkeit zur Symbolisierung voraussetzen! Der Eindruck von Spaltung bei Psychotikern resultiert aus der Koexistenz affektiv-präsymbolisch funktionierender neben symbolisch-trennscharf operierenden Teilen der Psyche. „Privatwelt" existiert **neben** „Beziehungswelt".

Mit einer weiteren Fallskizze möchte ich zeigen, wie Benedettis Ansatz in der klinischen Praxis angewandt werden kann. Es geht um einen Mann mit einer chronischen paranoiden Psychose, der über Jahre zu mir in Behandlung kam.

Fallskizze:

Herr C., 54 Jahre alt, hatte rasch hintereinander das Scheitern seiner Ehe, die Entwicklung einer Drogensucht bei seinem Sohn und den Verlust seiner beruflichen Existenz als selbständiger Kaufmann erlebt, woran sein eigener Alkoholabusus wesentlich beteiligt war. Bedingt durch finanzielle Not zog er in sein Elternhaus in einem nahen Dorf zurück und richtete sich dort in einigen Zimmern im Souterrain ein. Seine Eltern lebten im Stockwerk über ihm. Es kam zum Bruch einer Abwasserleitung in der Wohnung der Eltern, was dunkle und unangenehm riechende Flecken in seinen Zimmern verursachte.
Kurz danach entwickelte er Vergiftungsideen: Die Exkremente, die „Jauche" seiner Eltern würden durch die Wände dringen und ihn vergiften, seinen Willen und seine Aktivität lähmen und zersetzen. Er zog bald aus und zurück in die Stadt. Versuche, beruflich wieder auf die Füße zu kommen, scheiterten, und er wurde schließlich Sozialhilfeempfänger. Den Wahn, von Gift zersetzt zu sein, nahm er mit und reproduziert ihn mittlerweile seit ca. 15 Jahren in einigen Variationen. Ganz besonders sein ZNS und seine Psyche erlebt er dadurch beeinträchtigt. Er fühlt sich in Kontakten lahm gelegt, kann seinen Haushalt nicht versorgen und sich kein Essen kochen. Auf einer Odyssee durch viele Arztpraxen legte er sein Problem immer wieder Internisten vor, die ihn sehr genau auf „Giftspuren", wie er sagt, untersuchten. Ein zeitweilig erhöhter Harnsäurespiegel war für ihn der Beweis für seine Vergiftungstheorie. Das entlastete ihn für kurze Zeit.
Parallel zu Arztbesuchen und Krankenhausbehandlungen, wo er mit zäher Energie nach Bestätigungen für seine Gedanken suchte, verbrachte er viel Zeit allein in seiner Wohnung, die völlig verwahrloste. Sie benutzte er fast nur einem Zweck, nämlich ein Archiv über sein Leben und über Umweltgifte anzulegen. Er sammelte Zeitungsartikel und Schriften aller Art über historische Ereignisse, die sich zur Zeit seines Lebens zugetragen hatten und von denen er glaubte, dass sie sein

4

Leben beeinflusst hätten. Daneben archivierte er in gotischer Schönschrift stundenlang verfasste Notizen und Berichte zu allen möglichen Fragen, die ihn bewegten. Dabei hielt er akribisch kleinste Details wie in Messprotokollen fest. Die Papierberge ergaben mit der Zeit Halden, die es fast unmöglich machten, sich in den engen Gängen zu bewegen, die noch halbwegs frei waren.

Im Gespräch war Herr C. oft misstrauisch und ab und zu übellaunig, wirkte meistens aber matt und oft wie gelähmt. Er blühte aber richtig auf, wenn er über Gift und Zersetzung sprach, wenn er sich also als Opfer von mörderischen Attacken präsentierte. Das sorgte für klare Grenzen und definierte die Situation zwischen uns. Abgesehen von den wahnhaften Grundannahmen beobachtete und schlussfolgerte er sehr präzise und registrierte feinste Details von Veränderungen an sich und an mir. Er übertrug sein Vergiftungsschema rasch auf mich, wenn er meine Präsenz und Aufmerksamkeit für ihn spürte, was ihn verunsicherte. Er sprach dann oft misstrauisch von bedrohlichen Zuständen von lähmender und willenloser Hilflosigkeit: Jetzt war ich es, der ihn vergiftete. Er kam aber geradezu mustergültig pünktlich zu den verabredeten Terminen und arbeitete sehr verlässlich mit.

Diese Kasuistik zeigt nicht nur, dass Gefühle wie Trauer, Wut und Scham über die vielen Niederlagen abgewehrt werden. Solche Gefühle **gibt** es nicht, auch keine Wünsche nach Hilfe und Trost, die in der geschilderten Lebenssituation selbst-verständlich (i.S. von sich selber wahrnehmend) wären. Der Patient selbst, seine Affekte und Gefühle und die Beziehungen, die er und wie er sie erlebt, bekommen eine radikal andere, dingliche Gestalt. Seine Existenz wird konkretistisch zu einem „objektiven" und konkreten Tatbestand umkonstruiert, zum Ergebnis der magischen Wirkung äußerer chemischer Kräfte, die auch seine psychischen Funktionen definieren und denen er als Opfer ausgeliefert ist. Statt lebendig zu reagieren, registriert und dokumentiert er Details und umgibt sich mit „Beweisen" für seine Negativexistenz. Auf therapeutischen Kontakt reagiert er nicht anders. Was wir „die psychische Dimension" und „Subjektivität" nennen und mit Metaphern des Kontakts zwischen Menschen denken und kommunizieren, ist ersetzt durch Austauschprozesse in einem toxischen System, die ihn als giftzerfressenes Wrack hinterlassen haben (die „Todeslandschaft" im Selbsterleben sowie im sprachlichen Ausdruck). Die regressive Symbolik zeigt einen überwuchernden Objektanteil: Alles ist Materie; Psychisches, ein Selbst gibt es nicht mehr - kurz: Psychische Bedeutungen und psychische Zusammenhänge werden nicht mental repräsentiert. Der Patient entgeht dadurch einer narzisstischen Katastrophe, besonders der Beschämung, gescheitert und hilflos abhängig von fremder Hilfe (Eltern, Behandlung, Sozialamt) zu sein, und dämpft so das Erleben von Depression und Suizidalität.

3.2.1 Exkurs: Psychose und Trauma

Die Frage nach der Wirkung **traumatogener Faktoren** auf Entstehung und Verlauf **psychotischer Krankheitsbilder** findet gegenwärtig in der **Komorbiditätsforschung** großes Interesse (siehe z.B. Hirsch, 1999; Steimer-Krause, 2000; Dümpelmann, 2000a). Dem genauer nachzugehen, würde den Rahmen einer Einführung sprengen. Die dargestellte **Kasuistik** kann aber einige Aspekte dieses Themas vermitteln.

Nach langer Behandlung begann der oben genannte Patient vorsichtig, über Ängste, depressive Verstimmungen und besonders über seine Hoffnungslosigkeit zu sprechen. Er sagte erstmals klar, dass er schon lange an einen Suizid dachte. Vergiftungsideen waren im Hintergrund ständig präsent, wurden aber nur dann ausgesprochen, wenn es zwischen uns für ihn zu traurig wurde. Er riskierte nun mehr Offenheit für die eigenen Gefühle. In dieser Behandlungsphase kam er auf Kindheitserfahrungen aus seinem 4. Lebensjahr zu sprechen, über die er vorher nie berichtet hatte. Er war damals zusammen mit seinen Eltern und einigen anderen Personen bei einem Explosionsunglück verschüttet worden. Nach der Explosion brannte das Haus. Die Erwachsenen hätten, den Tod vor Augen, in blanker Panik geschrien, eingenässt und eingekotet, was einen fürchterlichen Gestank ergeben hätte. Besonders sein Vater, sonst sehr streng und oft brutal zu ihm, hätte sich völlig kopflos und würdelos verhalten. Er hätte damals keine Angst gespürt, aber sein Leben lang den Geruch von Schweiß, Exkrementen und den des verbrannten Hauses „in der Nase" behalten.

Die traumatischen Erlebnisse werden in der auslösenden Situation für die Psychose nahezu identisch wiederholt, wo ja in seiner Wahrnehmung die „Ausdünstungen" und die"Jauche" der Eltern wie ein Menetekel in die Wände seiner Bleibe eindringen und zur Quelle seiner Kalamität werden. Wir wissen, dass traumatogene Erfahrungen nicht in das Gesamt anderer Lebenserfahrungen integriert werden, sondern dissoziiert gespeichert bleiben. Sie tauchen unter Stress oft als „flash back" und Intrusion auf. Die Ereignisse vor dem viel späteren Ausbruch der paranoiden Psychose, die psychopathologisch eindeutig war und deskriptiv keiner posttraumatischen Störung entsprach, konfrontierten Herrn C. aber wieder mit extremer Belastung, nämlich mit dem Verlust seiner beruflichen Existenz, mit dem Verlust seiner Familie und mit völliger Hilflosigkeit, was massive Angst bewirkte. Er konstruiert als Erwachsener also einen Wahn, der der traumatischen Erfahrung gleicht: Er ist gelähmt und überwältigt durch äußere Ereignisse, hier durch in ihn eindringendes Gift und Schmutz aus der Umwelt.

Die psychodynamischen Faktoren bei dieser Psychose lassen sich unter Rückbezug auf das Trauma genauer einschätzen: Er erlebte den Verlust der Eltern als schützende Instanzen. Sie verloren wie ängstliche Kinder die Kontrolle über ihre Schließmuskeln. Tod, Gift, beschämende Würdelosigkeit und Verlorenheit wurden mit der Beziehung zu den Eltern verknüpft. Dieses Schema taucht in der Psychose wieder auf und wird zur Vorlage für die psychotische Symptombildung: Es gibt keinen Bezug, keine seelische Verbindung zu schützenden Menschen, stattdessen lebensgefährliche Materie. Folglich ist dem Erleben von Verlust und Trauer der Boden entzogen. Nicht zum Objekt führende Affekte werden lebendig, sondern Gift dringt ein. Der Ersatz psychischer Inhalte in symbolischer Form durch konkrete „Sachen" ist für Herrn C. wie für viele traumatisierte und psychotische Menschen eine sehr wichtige Abwehr, nämlich optimal und notfalls für einen hohen Preis vor unerträglichen Affekten geschützt zu sein.

4

> **!** Merke: In Benedettis Ansatz zur Psychodynamik von Psychosen steht die Störung der Fähigkeit zur gewohnten Symbolbildung im Zentrum. Zusammenhänge und Bedeutungen, essenziell für die Errichtung einer „inneren Welt", können nicht wie sonst symbolisch wahrgenommen und erlebt werden. Die Patienten empfinden sich und ihre Umgebung zum Teil oder ganz als fremd und leblos. Die Erfahrung von Identität, Authentizität und lebendigem Kontakt geht verloren. Stattdessen tauchen magisch–konkretistische, meist bedrohliche und morbide Szenarien auf, die Benedetti markant „Todeslandschaften" nennt. In ihnen sind wichtige Aspekte des Erlebens verschlüsselt wie in konkreter Poesie. Durch die veränderte Symbolisierung können insbesondere schwer erträgliche Affekte und Emotionen abgespalten und dem bewussten Erleben entzogen werden, was eine wichtige Abwehr darstellt. „Spaltung" in diesem Sinn beschreibt die Auftrennung zwischen unterschiedlich operierenden Teilen der Psyche (symbolisch versus regressiv-symbolisch). Dieses Konzept der Spaltung folgt nicht der Trennlinie der dualen Triebtheorie zwischen Libido und Aggression.

Im Unterschied zu Mentzos' Ansatz nähert sich Benedetti dem psychotischen Modus in der Perspektive der Ich-Struktur und der Ich-Funktionen. Deren Regression in Kognition, Affektverarbeitung etc. bewirkt die beschriebenen Veränderungen der symbolischen Wahrnehmung und im Erleben. **Beide Ansätze** lassen sich aber **komplementär** sehen: Existenzielle Konflikte führen zu massiver struktureller Regression, was wiederum die Ressourcen zur Konfliktverarbeitung schwächt. Und: Gravierende Störungen der Wahrnehmung und der Kommunikation ergeben Beziehungskonflikte, die wiederum auf die Ich-Struktur rückwirken. Das lässt sich als Wechselwirkung formulieren: Fremde Symbole ergeben eine andere Kommunikation. Mit der Kommunikation ändern sich Beziehungen. Beziehungen und Beziehungskonflikte beeinflussen die Ich-Struktur und somit die Möglichkeiten zur Kommunikation.

Bei Psychosen ergibt das einen hochgradig **maladaptiven Zirkel** (Dümpelmann, 2000a). Der Verlust psychischer Fähigkeiten bewirkt starke Angst, weshalb die Betroffenen die Nähe eines Objekts suchen. Interpersonelle Nähe ertragen sie aber nicht, weil auch sie Angst macht. Diese Situation nennt Burnham das **„Need-Fear-Dilemma"** (1969). Sie kann als **psychodynamische Matrix psychotischer Störungen** und der **psychotischen Vulnerabilität** betrachtet werden. Je mehr Beziehung gebraucht wird, desto weniger wird Beziehung vertragen. Deshalb konstruieren sich Psychotiker eine andere, fremde und sehr private Welt.

Psychotische Menschen haben nicht selten gravierende Traumatisierungen erlitten. Einige Forscher vertreten die Meinung, dass frühkindliche Traumata bei später Schizophrenen sehr häufig sind (Steimer-Krause, 2000). Zu dieser These könnte passen, dass schwere Traumata die ich-strukturelle Entwicklung gravierend behindern, was auch Vorbedingung für die Entwicklung späterer Psychosen ist. Weiter ist bekannt, dass traumatische Erlebnisse und Erfahrungen nicht in symbolischer Form codiert werden. Das ähnelt psychotischen Verarbeitungsmustern. Die möglichen Querverbindungen und Wechselwirkungen zwischen

Trauma und Psychose sind noch nicht eingehender untersucht. Deshalb soll es hier bei dem empirisch begründeten Hinweis bleiben, dass wir bei schizophrenen Störungen öfters Traumatisierungen finden und traumatische Erlebnisse dieser Patienten in ihrer individuellen Symptomatik eine Rolle spielen können.

3.3 Schizophrenes Verhalten als Beziehungsregulierung – Schritte in die Therapie

Dieser Abschnitt leitet von den theoretischen Hintergrundannahmen zur Behandlungspraxis und zum manifesten Kontakt zwischen Patient und Behandler über. Ausgehend von psychodynamischen Konzepten wurden besonders Ansätze aus der **Säuglings-** und der **Interaktionsforschung** in den letzten Jahren für die Arbeit mit Psychotikern weiterentwickelt (Lempa, 1992; Dornes, 1997; Steimer-Krause, 1996, 2000; Dümpelmann, 2000a).

In der Säuglings- und Interaktionsforschung muss die **„frühe orale Phase"**, ein oft gebrauchtes und plausibles, aber wenig trennscharfes Konzept (besser: Konstrukt) nicht mehr aus Erwachsenentherapien extrapoliert, sondern kann direkt beobachtet werden. Die Interaktionen bei „Frühstörungen" können verfolgt und evaluiert werden. In beiden Forschungsbereichen ließ sich die Annahme einer **Symbiose** zwischen Mutter und Kind **nicht bestätigen**. Vielmehr zeigte sich, dass Säuglinge und Kleinkinder von Geburt an mit ihren Müttern über Affekte und Handlungen **interagieren**. Diese Interaktionen und Austauschprozesse zwischen Mutter und Kind sind zutreffender als enge **Dyade** und als **Funktionseinheit** zu beschreiben, was einen gravierenden Unterschied zur Symbiose macht. Säuglinge und Kleinkinder sind nicht per se psychotisch mit ihren Müttern „fusioniert", und es gibt auch kein „physiologisches" psychoseartiges Stadium in der frühen Entwicklung. Deshalb lassen sich psychotische Syndrome nicht einfach als regressive Wiederholungen „normaler" frühkindlicher Entwicklungsstadien verstehen.

Durch die Säuglings- und die Interaktionsforschung wird aber möglich, Fehlschläge und Störungen früher Entwicklung zu erfassen und davon klinisch brauchbare Konzepte für die Arbeit mit psychotischen Menschen abzuleiten. Das beruht wesentlich darauf, dass Muster von averbaler, präsymbolischer und interaktiver Kommunikation erfasst werden konnten, die für Psychosen wichtig sind (Symbolverlust!), dafür, wie Kontakt abläuft, wenn keine Begriffe benutzt werden (können). In der Perspektive der Beziehungsregulierung ist die entscheidende Frage nicht, **was** Schizophrenie **ist**, sondern **wie** Schizophrenie **sich ereignet**.

3.3.1 Die schizophrene Symptombildung als Grenze zwischen Subjekt und Objekt

Was wir in der Psychotherapie „Grenzen" nennen, hat zwei Aspekte. **Intrapsychische Grenzen** resultieren aus der Differenzierung zwischen dem Selbst, den Objekten und den Formen des „Dazwischen", etwa Kontakt, Reibung oder Feindseligkeit. Intrapsychische Grenzen sind innere, mentale Definitionen von Bezug und Differenz. **Interpersonelle Grenzen** werden zwischen zwei oder mehr Personen durch konkrete Interaktion her-

4

gestellt. „Fusion" und „Autismus" sind nicht nur typische psychotische Erlebnismuster, sondern sie drücken sich auch in konkretem Verhalten aus. Psychische Grenzen sind Ich-Funktionen.

Der fusionäre Wahn, ich sei der Teufel, hat der im Abschnitt 3.1 beschriebenen Patientin dabei geholfen, mich auf Distanz zu halten und sich handelnd sowie effektiv von mir abzugrenzen. Im Klinikjargon sagen wir dazu salopp „Abstandsinszenierung". Psychotischer Autismus prägt nicht nur Phantasien und Gefühle, sondern führt auch faktisch zu Distanzierung und Rückzug. „Fusion" und „Autismus" sind polare Extremformen schizophrener Syndrome, die in der Praxis meistens Elemente von beiden enthalten.

Dazu eine weitere Fallskizze:

Ein junger Mann war mächtig verliebt und rivalisierte stark mit den Kameraden aus seiner Fußballmannschaft um das Mädchen. Bald darauf entwickelte er den Wahn, Jesus Christus zu sein. Er zog sich von der Fußballmannschaft wie auch von dem Mädchen zurück und ging auch nicht mehr zur Arbeit. Die meiste Zeit verbrachte er dann mit seiner Mutter und lag stundenlang neben ihr auf dem Bett, wobei sie ihn sanft berührte und seinen Rücken streichelte. Sein Vater tolerierte das und blieb „außen vor".

Mit der Wahnidee, Jesus Christus zu sein, stellt sich dieser Patient gottgleich über die irdische Liebe, die er dann nicht mehr braucht, und zieht sich aus Kontakten zu Gleichaltrigen zurück. Bei seiner Mutter „holt" er sich zwar Berührung und Stimulierung, aber durch die des Grenzorgans „Haut". Nur auf den ersten Blick wirkt das wie eine Reinszenierung des Ödipuskomplexes. Es gab nie mehr als sanftes Streicheln. Für den Patienten war das eine sehr wichtige Grenzerfahrung durch tolerablen Hautkontakt. Das ging am besten mit der Mutter, der er am meisten vertraute und mit der er deshalb seine „göttliche" Liebe teilen konnte. Sie handelt, als wäre sie eine Körpertherapeutin: Sie sorgt für Hautkontakt, der aber so dosiert ist, dass er auch „erdet". Bei ihr war er sicher, dass bei aller Erregung seine Grenzen geschützt blieben.

Die Säuglingsforschung beschreibt Stadien der Entstehung von **kontinuierlicher Selbsterfahrung** in Abhängigkeit von Mutter-Kind-Interaktionen (Stern, 1998, Dornes, 1997), auch die von Grenzen zwischen dem „psychischen Binnenraum" (Lempa, 1992) und dem der Außenwelt. Die lassen sich damit als Ergebnis gelungener oder gestörter Interaktionen erfassen und sind nicht an die Entfaltung von Aggression als Trieb gekoppelt. Grenzen entstehen bei kleinen Kindern durch die Entwicklung eines eigenen **Willensgefühls**, durch positive **Propriozeption** (Eigenwahrnehmung, in diesem Stadium vorwiegend körperlich) sowie durch die Entwicklung der **differenziellen Kontingenzerfahrung** (Dornes, 1997). Kontingenzen sind Ursache-Wirkungs-Relationen und halten fest, wie das Objekt auf ein bestimmtes Verhalten des Subjekts reagiert und umgekehrt. Kinder lernen rasch, welches Verhalten die Mutter auf den Plan ruft und zu Kontakt führt und was in eigener Regie geht, ohne dass die Mutter kommt. Die von Geburt an bestehende Fähigkeit zu Subjekt-Objekt-Diskrimination wird weiterentwickelt zu basalen Aspekten der eigenen Person: ich allein, ich als Urheber und ich in

Beziehung. Babys, die ja nicht symbolisch wahrnehmen, speichern solche Erfahrungen **prozedural** (Affekt- und Interaktionsmuster). Sie können dann durch ihr Verhalten auswählen, ob sie etwas **mit der Mutter** oder **allein** machen, und öffnen oder schließen deren Einflussbereich (ich als Urheber von Nähe oder Distanz). Damit ist ein Grundmuster für die Regulierung von Kontakt und Abstand erworben: Grenzen werden „gemacht" wie auch Kontakt „gemacht" wird. Die später einsetzende symbolische Codierung überarbeitet die prozeduralen Gedächtnisinhalte. Erst dann können Subjekt und Objekt in Kognition und Phantasie „erkannt" und differenziert werden.

Dieser Ansatz ermöglicht, psychogene Faktoren der Krankheit in **„bottom up"**-Perspektive zu erfassen und nicht **„top down"** von der späteren Symptomatik auf Störungen der Frühentwicklung rückschließen zu müssen. Im beschriebenen Fall hatte die Mutter auf kindliche Ängste des Patienten stets mit intensivster Zuwendung reagiert, weil sie die kaum ertragen konnte. Alle lebhafteren Affektäußerungen zogen überrennenden Kontakt nach sich. Diese „hypertrophierte" Kontingenzerfahrung taucht wieder auf, wie er sich als Erwachsener heftig verliebt und psychotisch reagiert. Der Angst, völlig unter den Einfluss und „unter die Räder" seiner Gefühle und die des angebeteten Mädchens zu geraten, setzt er den Wahn entgegen, Jesus Christus zu sein, und konstruiert so mit den Inhalten der Psychose eine wirksame Grenze. Dann zieht er sich zu seiner Mutter zurück. Mit ihr sind ihm dyadische Zustände vertraut. Sie verstärkt durch Hautkontakt auch sein Erleben von Abgegrenztheit. Trotz aller fusionären Aspekte der Psychose werden Nähe und Distanz effektiv reguliert, auch mit psychotischen Mitteln.

> **! Merke:** In psychotischen Zuständen werden gewohnte intrapsychische und interpersonelle Grenzen durchlässig oder gehen verloren. Gerade durch Wahn und Halluzinationen, etwa Verfolgungs- oder Vergiftungswahn, und durch deren typische Regulierung von Kontakt und Interaktion gelingt es psychotischen Menschen aber fast immer, auch neue Grenzen zu errichten. Sie halten Abstand, weil sie glauben, verfolgt oder vergiftet zu werden. Enger Kontakt beinhaltet oft den mit der eigenen Haut, was die Demarkation von Innen und Außen unterstützt. Modelle aus der Säuglingsforschung steuern dazu wesentliche Aspekte bei und klären Störungen der Entwicklung von psychischen Grenzen auf. Psychogenetische Faktoren labiler Subjekt-Objekt-Grenzen sind bei schizophrenen Störungen und denen des Schizophrenie-Spektrums von zentraler Bedeutung. Sie können so genauer als mit dem Konstrukt der frühen oralen Phase erfasst und für die klinische Arbeit bewertet werden. Das hat für Diagnostik und Anamnese große Bedeutung.

3.3.2 „Schlechte", aber wichtige Beziehungen

In der Arbeit mit Psychotikern fühlen sich Behandler oft ohnmächtig „draußen gehalten" und wirkungslos gemacht, simultan aber auch intensiv mit den Patienten verbunden. Beziehungen mit solchem Doppelcharakter produzieren leicht Resignation. Wie sehr sie sich davon lähmen lassen, hängt stark vom **Verständnis** für solche **Pattsituationen** ab. Versteht man das nur als Inszenierung unbewusster und insbesondere aggressiver

4

Konflikte, die per Projektion und projektiver Identifikation Angst und Feindseligkeit in der Übertragung wiederbeleben, bekommt die Lähmung im Kontakt zwar eine scheinbar rationale Grundlage, wird „verstanden" und manchmal auch unausgesprochen so hingenommen. Aspekte der Regulierung des aktuellen Kontakts im Hier und Jetzt geraten aber so leicht aus dem Blickfeld.

Dazu ein weiteres Fallbeispiel:

Ein junger Mann, nach 3 Episoden paranoid-halluzinatorischer Schizophrenie und mehreren (auch „harten") Suizidversuchen in stationärer Psychotherapie, spricht in jeder Einzelsitzung (2/Woche) die ganze Zeit davon, dass sein Leben sinnlos ist und er sich nach der Entlassung sicher umbringen wird. Das sagt er monoton und „cool". Sein Umgang mit mir wirkt sehr verächtlich. Was ich auch versuche, um ihm eine offenere und lebendigere Schilderung seines Zustands zu ermöglichen, ich scheitere. Ich fühle mich gespannt, zerbreche mir den Kopf über den vermeintlichen Stillstand und habe Angst, dass er sich wirklich töten könnte. Mit der Zeit steigt meine Unlust, mit ihm zu arbeiten, und ich stelle mich schon vor den Gesprächen darauf ein, dass wieder „nichts kommt". Aber ich „bleibe dran", fühle meinen Ehrgeiz herausgefordert und will einfach die Hoffnung nicht verlieren.

Nach der Entlassung erfuhr ich, dass dieser Patient sich während der Behandlung bei mir in eine Mitpatientin verliebt, ein Kind gezeugt und die gemeinsame Zukunft an einem neuen Wohnort geplant hatte. Drei Jahre später musste er kurzfristig stationär behandelt werden, lebte aber weiter mit Frau und Kind zusammen am neuen Wohnort.

Zwischen Schizophrenen und ihrem Gegenüber stellt sich oft ein, was Steimer-Krause **„negative Intimität"** nennt (1996). **Kontaktsuche** und **Rückzug** laufen **simultan** ab, was sich videografisch exakt beobachten und durch die beteiligten Gefühle spüren lässt. Diese „negative Intimität" ist ein Balanceakt zwischen der einen Angst vor dem Verlust von Autonomie und Identität sowie der anderen Angst vor dem Verlust des Objekts. Viele Schizophrene suchen näheren Kontakt, zeigen dabei aber eine **Verachtungsmimik**, was als **Entstellung** des **Wunsches nach Nähe** interpretiert werden kann (Steimer-Krause, 1996).
Dieser Balanceakt zwischen Nähe und Distanz ist keineswegs allein das Produkt der Patienten. Gesunde Gesprächspartner, die nicht wussten, dass sie mit Schizophrenen sprachen, reagierten auf deren zwiespältiges Interaktionsangebot, indem sie sich distanzierten und affektiven oder mimischen Gleichklang vermieden (Steimer-Krause, 1996, 2000). Sie gestalteten die „negative Intimität" also mit. Diese Befunde sind nicht nur für die ambulante Einzelbehandlung wichtig. Die Praxis von „Beziehung" in vielen Bereichen der Psychiatrie zeigt institutionalisierte Formen distanzierter und emotionale Nähe meidender Haltungen und Strategien.

Das Auftreten solcher Muster in Interaktion und Institutionen kann keine Laune der Natur sein. Es wäre abwegig, die Vermeidung von Nähe als moralisches Problem mit unbewusster Aggression anzuklagen.
Eine distanzierte Beziehung schützt vor struktureller Regression und Identitätsverlust. Sie steuert auch den Einfluss des Objekts aus, der ja trotz aller Angst auch gebraucht wird.

Der oben beschriebene Patient, der mir das Gefühl vermittelte, wertlos und erfolglos zu sein, hat offenbar auch von der Behandlung profitieren können. Trotz aller Schwierigkeiten hatte ich noch Ehrgeiz und „Biss" und wollte nicht aufgeben. Er hatte zur gleichen Zeit eine Liebesbeziehung begonnen, also einen Schritt unternommen, bei dem viele andere Patienten akut psychotisch reagieren. Salopp könnte man sagen, dass ich die Gefühle fühlte, die er brauchte. Psychotische Menschen teilen mit ihren Behandlern **dyadische Beziehungen**, die auch sehr real beeinflussend für beide wirken. Benedetti spricht hier von **„Dualisierung"** (1991), Lempa von der **„Delegation" von Ich-Funktionen** (1992).

Anfänger in der Psychosenpsychotherapie sind oft frappiert, wenn sie bemerken, dass sie im Kontakt mit den Patienten unbewusst oder „mit dem siebten Sinn" in einer Weise handeln, die sich nachher als wichtig und oft auch als richtig erweist, obwohl es sich dabei, streng beurteilt, um Affektansteckung und um Agieren von Gegenübertragung handelt. Im zuletzt beschriebenen Fall war das so.

Dazu eine weitere Fallskizze:

Ein junger schizophrener Patient, ganz in Schwarz, kommt zum ersten Gespräch und berichtet freundlich und öfters lächelnd darüber, mit allen Menschen verbunden zu sein. Alle könnten seine Gedanken lesen und seine Gefühle erleben. Er erlebe sich aber selber tot und sehe viele Leichen in seiner Umgebung. Er sei praktizierender „Grufti". Charmant und geistreich plaudernd verwickelt er den Therapeuten dann in ein Gespräch über „dark wave"-Musik, zu der er in der Disko ekstatisch tanzen würde. Der Therapeut war fasziniert von dieser morbiden Inszenierung, fühlte sich von dem Patienten sehr angezogen und ließ sich auf ein langes Gespräch über Musik ein. Erst nach dem Gespräch bemerkte er entsetzt das völlige Fehlen von (bewusster) Angst bei sich. Aus den Unterlagen wusste er, dass dieser Patient sehr viele Suizidversuche unternommen hatte und Suizidalität aktueller Aufnahmeanlass war (s.a. Dümpelmann, 2000a).

Dieser Behandlungsbeginn war erfolgreich. Der Patient entschloss sich zu einer längeren Behandlung, die dringend indiziert war. Er arbeitete gerne mit diesem Arzt. Der hatte in der Tat Gefühle wie die des Patienten erlebt, was der davor explizit als Symptom seines fusionären Zustands geschildert hatte. Der Therapeut hatte sich anstecken und „narzisstisch verführen" lassen und die Begeisterung für Musik mit dem Patienten geteilt. Benedetti würde hier von „Dualisierung" sprechen. Damit gab der Therapeut ein averbales Signal, dass er neben allem schlimmen Wahn offen und resonant für den Patienten war. Das stärkte dessen Selbstgefühl und dämpfte seine vernichtenden Ängste vor Bemächtigung und Verletzung. Der Therapeut übernahm im affektiven Austausch mit dem Patienten Ich-Funktionen und stellte sich als „Hilfs-Ich" zur Verfügung.

! **Merke:** Mit „negativer Intimität" steuern psychotische Menschen und ihre Interaktionspartner dichte dyadische Beziehungen aus, in denen es zu Affektansteckung und zur Übernahme von Ich-Funktionen durch das Objekt kommt. Das ähnelt frühen Stadien affektiver und averbaler Kommunika-

4

tion zwischen Mutter und Kind. Der Austausch, der sich so ergibt, ist oft therapeutisch wirksam und die „positive" Seite psychotischer Beziehungen. Die gerät neben Wahn und Halluzinationen leicht aus dem Blickfeld. So dichte Dyaden bei Erwachsenen ängstigen, weil gewohnte Grenzen verloren gehen, ermöglichen aber gerade dadurch auch den auch heilsamen Einfluss des Objekts.

4 Zur Praxis der Behandlung

Die therapeutische Arbeit mit psychotischen Zuständen beginnt in den Köpfen der Behandler. Dazu ist Fachwissen über **störungstypische** Zusammenhänge notwendig, aber auch Bereitschaft und „professionelles Vergnügen" dabei, in der Therapie einen flexiblen Spielraum zur Entwicklung von Wahrnehmung mitzugestalten.

Psychotische Menschen begegnen uns mit ihren besonderen Konfliktmustern, mit fremden und bizarren Symbolen und ihren Formen interpersoneller Beziehungsregulierung. Das sind nicht nur Defizite. Jede Symptombildung ist auch ein Fingerabdruck des psychischen Systems und eröffnet Zugang.

Ziel der Psychosenpsychotherapie ist es, so betrachtet, Paradoxien zwischen Selbst- und Objektbezug, sehr private Wirklichkeitskonstruktionen sowie exzentrisch und „verrückt" imponierende Formen der Beziehungsregulierung **weiterzuentwickeln**. Schlagwortartig lässt sich formulieren, dass es nicht darum geht, Schizophrene zu „normalisieren" oder zu Neurotikern zu machen, sondern darum, ihnen dabei zu helfen, gesündere Schizophrene zu werden.

Die relevanten Themen werden in zehn kürzere Abschnitte gegliedert dargestellt. Wesentliches wird jeweils zum Schluss **stichwortartig** zusammengefasst.. Nach den Rahmenbedingungen werden Fragen der Kooperation mit anderen Behandlern und Fragen der therapeutischen Beziehung behandelt.

4.1 Anamnese

Eine ausführliche **tiefenpsychologische Anamnese** ist nicht nur sinnvoll, sondern notwendig. Sie sollte ausgiebig auf die frühe Kindheit fokussieren und ermöglichen, die Entwicklung von Erlebnis- und Bindungsmustern einzuschätzen. Frühe **Bindungs-** und **Kontingenzerfahrungen** sollten identifizierbar werden, weil sie neben der aktuellen auslösenden Situation für die psychotische Symptombildung wichtig sind.

Dazu ein kurzes Fallbeispiel:

Ein junger Patient wähnte sich von allen möglichen Menschen zurückgewiesen, abgelehnt und hörte Stimmen, die sein Verhalten abschätzig kommentierten. Die Anamnese zeigte, dass er als Kind tatsächlich herumgestoßen und lieblos behandelt worden war. Das war zugleich die einzige „handfeste" Erfahrung mit Kontakt, weil er sonst kaum beachtet wurde. Ohne Kenntnis der kindlichen Beziehungen würde man die psychotische Symptomatik leicht als Ausdruck aggressiver Spannun-

gen in der aktuellen Lebenssituation bewerten und die biografische Perspektive übersehen. Die zeigt, dass dieser Patient mit psychotisch konstruierten „schlechten" Beziehungen auch vertraute begleitende Objekte phantasiert. Die begründen subjektiv für ihn eine gewisse Distanz und Misstrauen, was ihn aber auch schützt.

Für die Anamnesen bei Psychosen ist es wichtig, die Gestaltung des **Alltags** (Tagesstruktur, Kontakte, Antrieb, Hobbys, Selbstfürsorge) einschätzen zu können, nicht nur die „Highlights" von Pubertät, Partnerschaft, Eltern etc. Alltagsinteraktionen sagen oft Entscheidendes über Beziehungsstrukturen aus.

Je klarer psychogenetische Aspekte in der Anamnese erfasst und dargestellt werden, desto leichter fällt nicht nur die Formulierung des Behandlungsziels, sondern auch, im **Kassenantrag** schlüssig zu formulieren, was wie behandelt werden soll. Die Bereitschaft der Gutachter, Psychotherapie bei Psychosen zu genehmigen, war zeitweilig unterschiedlich, ist aber in den letzten Jahren deutlich gestiegen. Man kann nun davon ausgehen, dass Anträge akzeptiert werden, wenn das psychodynamische „Fenster" in den Krankheitsverlauf plausibel begründet werden kann. Neben der Psychose selbst sind auch deren **Folgen**, etwa **depressive Symptome, Kontaktstörungen** oder **soziale Ängste** Begründung für eine Behandlung. Die genannten Störungsbilder gehören zum typischen Indikationsspektrum für Psychotherapie, ob sie nun neurotisch oder psychotisch fundiert sind. Man sollte dann formulieren, dass neben der im Vordergrund stehenden Symptomatik die Grunderkrankung (die Persönlichkeitsstruktur) so weit behandelt werden soll, wie sie diese Symptome unterhält.

> **! Merke:** Neben psychopathologischem Befund genaue tiefenpsychologische Anamnese. Möglichst genaue Erfassung und Bewertung frühkindlicher Interaktionserfahrungen. Kassenantrag.

4.2 Indikation und Indikationsstellung: Was Patienten und Therapeuten mitbringen sollen

Eine psychische Erkrankung, die sich so gravierend auf Selbstgefühl, Selbsterleben und Beziehungsfähigkeit auswirkt, wie das Psychosen in aller Regel tun, ist per se eine Indikation, auch psychotherapeutisch aktiv zu werden. Nur gravierende **Kontraindikationen** (akute Psychosen und Zustände immanenter Suizidalität, die eine stationäre Behandlung notwendig machen; Unmöglichkeit, Absprachen und Rahmenbedingungen einzuhalten) können ernsthaft eine andere Haltung begründen.

Was hier beschrieben wird, bezieht sich deshalb auf Fragen der **adaptiven Indikationsstellung**. Dabei geht es einmal um das „matching" zwischen Therapeut und Patient und um die **Auswahl der psychotherapeutischen Mittel**. Passen beide zusammen? Was lässt sich mit den verfügbaren Mitteln erarbeiten?

Auf der Seite der Patienten ist es ein positives Kriterium, wenn sie lebendiges und spürbares Interesse daran haben, sich mit ihrer Wahrnehmung und mit ihren Beziehungen zu beschäftigen. Und: Sind sie bereit, regelmäßig zu kommen bzw. das wenigstens zu versuchen? Dann, wenn nötig, Medikamente zu nehmen und Kontakt zu sozialen Gruppen zu halten? Welche Ziele formulieren sie? Wenn es ihnen um bessere Kommunikation, um bessere Kontakte und um die Bewältigung von Isolation geht, spricht das dafür, dass wesentliche Aspekte der Störung wahrgenommen werden. „Leidensdruck" muss nicht direkt angesprochen werden. Man sollte sehr genau hinhören und nachfragen, wie die Betroffenen in ihrer Sprache sich und ihre Umwelt erleben und welche Gefühle sie dabei spüren. Weiter sollte die Bereitschaft vorhanden sein, sich mit der Krankheit und ihren Manifestationen zu beschäftigen. Das heißt nicht, dass Krankheitsakzeptanz schon vorab nötig ist. Die ist ein Behandlungsziel. Viele Patienten wollen (Stigmatisierung und Scham!) nicht wahrhaben, psychotisch oder schizophren zu sein, sind aber auf ihre Weise bereit, sich mit ihrem Wahn zu beschäftigen. Sie sprechen dann etwa davon, dass sie bestimmte Gedanken nicht loswerden, dass mystische Dinge passiert sind etc. Das reicht aus, um daran (weiter) zu arbeiten. Bei der Indikationsstellung ist zu berücksichtigen, dass viele Psychotiker (leider) gewohnt sind, dass ihre subjektive Befindlichkeit nicht viel Resonanz findet. Sie tun sich dann bei ersten Kontakten schwer, zu sagen, was sie bewegt. Das Vorhandensein produktiver Symptome (Wahn und Halluzinationen) bedeutet keineswegs, dass die Patienten nicht psychotherapiefähig sind. Viele von ihnen leben wie selbstverständlich in zwei Welten und möchten damit besser auskommen. Die Angst vor weiteren akuten Psychosen ist ein guter Grund, Stabilisierung durch Psychotherapie anzustreben.

Auf der Seite der Behandler sollte der Faktor „vorhandene Erfahrung mit Psychosen" nicht übertrieben werden. Eine stark auf Verstehen ausgerichtete Haltung kann zum Widerstand des Therapeuten gegen die Behandlung werden, wo die Dyade mit dem Patienten dann leicht in ein Rätsel und einen Enträtsler aufgeteilt wird. Das spüren die Patienten sofort. Nach aller Erfahrung sind Talent und Spaß an dieser Art der Arbeit wichtigere Kriterien für positive Therapieverläufe. Engmaschige Supervision zu Beginn der Arbeit in diesem Bereich ist aber ein Muss. Wesentlich ist, ob man es sich als genügend angenehm vorstellen kann, mit einem Patienten über lange Zeit zusammenzuarbeiten. Kann man mit diesem Wahn oder mit jenen „Stimmen", mit der „konkreten Poesie" und dem fremdartigen „Dada" etwas anfangen? Spürt man Interesse und Lust daran? Funktionieren Phantasien „über" den Prozess, kann man sich ein Bild davon machen, wie er verlaufen könnte? Notwendig ist ja, zumindest zeitweise eine sehr enge Beziehung zu ermöglichen. Das geht nicht oder kaum, wenn Therapeuten nicht zwischen klarer Vertretung von Grenzen und Distanz sowie zugelassener narzisstischer Verführung und emotionaler Wärme pendeln können. Dieses Pendeln ähnelt frühen Mutter-Kind-Dyaden. Dabei geht es nicht nur um Worte und die Übertragung, die aus ihnen abgeleitet wird, sondern auch um viele averbale Inszenierungen und Handlungen. Deren ästhetische Qualität, auf die wir meist „aus dem Bauch heraus" antworten, ist in der Psychosentherapie sehr wichtig. Die Bereitschaft zu solchen Affekt- und Handlungsdialogen, deren Sinn oft erst später gemeinsam mit dem Patienten entdeckt werden kann, ist nicht jedermanns Sache,

aber für die Verständigung mit Psychotikern ein wesentliches Element (s.o., Symbolisierung, Beziehungsregulierung).

Im Vergleich zur Neurosenbehandlung ist bei Psychosen vor allem zum Beginn der Therapie aktives und ermutigendes Vorgehen notwendig, um den Patienten beim Umgang mit Angst und Unsicherheit zu helfen. Wer in der Behandlung gern schweigt, wird da Schwierigkeiten haben.

Die Ergebnisse von Diagnostik und Indikationsentscheidung müssen mitgeteilt werden. Dabei sind Klarheit und Eindeutigkeit wichtig, die Sprache wie auch die Entscheidung betreffend. Von Angeboten, es für eine bestimmte Zeit miteinander zu versuchen, um herauszufinden, ob es weitergehen kann, ist dringend abzuraten. Patienten verstehen das leicht (und berechtigt) so, dass man ihnen die Realität, eigentlich nicht akzeptiert zu werden, nicht zumuten will, was sie kränkt. Will man die Behandlung nicht durchführen, auch aus individuellen und persönlichen Gründen, kann man das einfach, aber taktvoll und klar sagen. Eine kurze Behandlungsdauer mit möglicher Verlängerung kann aber dann verabredet werden, wenn der Patient das so will oder eine Krisenintervention ansteht. Aber auch dann sollte ein möglicher „Weg weiter" besprochen werden.

> **!** **Merke:** Breite, adaptive („matching") Indikationsstellung mit wenigen absoluten Kontraindikationen. Sympathie und emotionales Interesse, Bereitschaft zu Handlungsdialogen besonders wichtig. Klare Rückmeldung an die Patienten bei Ablehnung.

4.2.1 Exkurs: Präpsychotische Störungen

Eine klinisch bedeutsame Indikation zu besonders intensiver Psychotherapie stellen präpsychotische Krankheitsbilder dar. Weil sie vor allem für weniger Erfahrene schwer zu erkennen sind und zugleich einen großen Anteil der ambulanten Fälle ausmachen, sollen sie hier, bei den Fragen von Diagnostik und Indikation, kurz beschrieben werden. Fast immer sind es junge Patienten, die oft durch Verzweiflung motiviert nach Behandlungsmöglichkeiten suchen. Dabei geht es einmal um die **„klassischen" Präpsychosen** (schizoide, paranoide und schizotypische Störungen), deren Ähnlichkeit mit Psychosen Untersucher und Behandler oft mit diagnostischen Rätseln konfrontieren. Mittlerweile liegt aber reichliche Erfahrung dafür vor, dass auch viele andere Syndrome aus dem **gesamten Bereich schwerer Persönlichkeitsstörungen** der Abwehr psychotischer Regression dienen können. Ängstlich-unsichere, hysterische, zwanghafte und depressive Züge können bestehen, oft auch nebeneinander (Benedetti, 1991; Mentzos, 1991). Ausgeprägte Depersonalisation (Klosterkötter, 1992), starke, manchmal kaum benennbare Ängste, Dysmorphophobie, Eigengeruchsbefürchtungen, stark magische Zwangsbefürchtungen und -rituale, Hypochondrie und auch anorektische Essstörungen können Zeichen von Psychosenähe sein. Eine besondere Prädisposition von Borderline-Störungen zu Psychosen besteht nicht.

Die Begriffe „Präpsychose", „Grenzpsychose" und „psychosenahe Störung" werden synonym für die oft langen Prodromalphasen späterer Psychosen wie auch für Krankheitsbilder verwendet, die „am Rand der Psychose" verlaufen, aber nur selten kurze psychotische Episoden aufweisen.

4

Nachdem aus solchen Syndromen aber oft Psychosen werden, kommt der Psychotherapie mit ihrer Förderung von Selbstgefühl, Beziehungsfähigkeit und Krankheitsverarbeitung eine entscheidende **prophylaktische Rolle** zu. Schizophrene Störungen beginnen häufig ungefähr 5 Jahre vor der Erstmanifestation eindeutiger Symptome (Häfner, 2000), oft mit depressiven und/oder zwanghaften Symptomen. Präpsychotische Störungen sind deshalb als „high risk"-Gruppe für spätere Psychosen anzusehen. Behandlungstechnisch ist in diesen Fällen dasselbe Design wie bei Psychosen angezeigt. Behandlungsstrategien, die für Borderline-Störungen entwickelt wurden und besonders auf den Hintergrund aggressiver Affekte fokussieren, sind in der Regel für diese Krankheitsbilder nicht geeignet.

> ! **Merke:** Schwere und typologisch „bunte" Bilder mit vielen neurotischen Symptomen. Keine besondere Affinität zu bestimmten Persönlichkeitsstörungen. Meist junge Menschen. Intensive Psychotherapie nötig und erfolgversprechend.

4.3 Differentialindikation und Settings

Neben der von beiden Akteuren abhängigen Entscheidung darüber, ob es zu einer Zusammenarbeit kommt, ist fachlich die Frage der **differentialtherapeutischen Indikation** wichtiger als die, ob überhaupt Psychotherapie indiziert ist (s.a. Abschnitt 4.2). Psychosenbehandlung kann (und muss des öfteren) flexibel gehandhabt werden.

Sie findet nahezu ausschließlich im **Gegenübersitzen** statt. Das ist keineswegs nur so, weil Psychotiker immer dekompensieren, wenn sie liegen, sondern weil der averbale, interaktionelle „Kanal" in der Arbeit mit ihnen so wichtig ist!

Als klinisch bewährte **ambulante Settings** bieten sich eine oder zwei Stunden in der Woche an (s.a. Mentzos, 1991). Zwei Wochenstunden können bereits sehr intensive Übertragungsprozesse fördern, was eine sichere therapeutische Beziehung voraussetzt. Besonders für Anfänger (auf beiden Seiten) ist es sinnvoller, mit einer Wochenstunde zu beginnen. Die Frequenz kann später erhöht werden.

Viele Patienten wollen nur einmal im Monat oder jede zweite Woche kommen. Sie schützen sich auf diese Weise vor zu viel Mobilisierung. Das als aggressiv unterlegte Ambivalenz der Therapie gegenüber zu interpretieren, ist falsch.

Die Psychotherapie von Psychosen sollte **in der Regel auf lange Zeit** geplant werden. Es gibt dazu keine Faustregel, aber die Empirie, dass sich Therapiedauern zwischen 2 und 5 Jahren, auch länger, bewährt haben. Die Patienten darüber zu informieren ist wichtig und entlastet sie von Erfolgsdruck. Anders als bei der Neurosenbehandlung liegt der Akzent auf langer Dauer bei relativ niedriger Frequenz.

Manchmal schaffen es Patienten nicht, die Nähe der Therapie zu riskieren, und bleiben weg. Damit testen sie oft die Geduld der Behandler. Es gibt ein einfaches Mittel, um damit unverkrampft umzugehen. Die Stunden dieser Patienten kann man an das Ende des Arbeitstages legen, so dass man eine Stunde früher frei hat, wenn es so kommt. Das sollte aber als Besonderheit angesprochen und nur zeitbegrenzt praktiziert werden.

Schizophrene Patienten können auch von der langfristigen Teilnahme an **ambulanten Gruppen** profitieren. Kein stichhaltiges Argument spricht dagegen, sie in Gruppen von Patienten mit anderen Störungen zu behandeln.

Psychosenpsychotherapie im **stationären Rahmen** als Schwerpunkt wird von einigen psychiatrischen und psychotherapeutischen Kliniken angeboten. Sie stellt eine wichtige Ergänzung der ambulanten Arbeit dar, nicht nur für Krisen. Sinnvoll ist sie oft vor einer langfristigen ambulanten Behandlung, weil die Patienten so erste Erfahrungen mit Psychotherapie im geschützten Rahmen machen können. Die Psychotherapie in Kliniken kombiniert mehrere Methoden und Verfahren und bietet neben Einzelkontakten viele soziale Spielräume und Übungsfelder an. Sie kann auch als **Intervallbehandlung** zwischen einzelnen Abschnitten einer ambulanten Psychotherapie sinnvoll sein.

> ! **Merke:** Behandlung in der Regel im Gegenübersitzen. Flexible, angepasste Frequenzen. Auslegung auf sehr langfristige Behandlung. Gruppentherapie mit nichtpsychotischen Patienten gut möglich. Stationäre Psychotherapie als wichtige Ergänzung.

4.4 Kombinationen mit anderen Verfahren und Therapieansätzen

Psychotische Menschen profitieren oft gut davon, wenn sie neben der Psychotherapie an **sozialtherapeutischen, körper-** oder **gestaltungstherapeutischen Gruppen** teilnehmen. Hier ist die Abstimmung mit den anderen Therapeuten gefragt.

Körperbezogene Psychotherapie kann eine sehr effektive Ergänzung der Behandlung sein. Voraussetzung ist, dass die Behandler erfahren in der Arbeit mit Psychotikern sind. Es gibt spezielle Therapieverfahren für Psychotiker, die überwiegend am Körper ansetzen (s.a. Scharfetter, 1990).

Auch Gestaltung und Kreativität bereichern die Behandlung und bilden ein Medium für sie. Wie die Methode des „therapeutischen Spiegelbilds" (Benedetti und Pecciccia, 1999) zeigt, kann es im malenden Dialog gelingen, auch bei schwersten Symbolisierungsstörungen und schwersten Fällen autistischer Psychosen Besserungen zu erreichen, die dann auch mehr symbolische und verbale Kommunikation ermöglichen. Therapeut und Patient malen oder zeichnen am selben Bild. In die Wälle einer Festung, die der Patient als Symbol für sich selbst malt, kann der Therapeut eine Pforte einfügen. Aus einem Messer, das sich auf einen Menschen richtet, wird ein Band etc. Dazu kann, muss aber nicht gesprochen werden. Dieses Verfahren ist sehr gut zur Integration in die ambulante Psychotherapie geeignet.

Die Kombination von Psychotherapie mit Sport, Körperund/oder Gestaltungstherapie wird auch durch die Angebote der **Institutsambulanzen** psychiatrischer Kliniken und Abteilungen ermöglicht (für die Kostenträger sehr günstig; zwischen € 125.- und 200.- im Quartal). Die Zusammenarbeit ist in der Regel lohnend.

Viele Patienten halten nicht nur Kontakt zur Ambulanz der vorbehandelnden Klinik, sondern auch zu Patientenclubs, Teestuben, Tagesstätten etc. Die **„psychiatrische Subkultur"** ersetzt häufig familiäre Beziehungen und ist als wichtige soziale Basis zu achten. Kontakte werden dort angstfreier erlebt. Das kann aber manchmal auch den Charakter von Widerstand annehmen. Therapeutisch ratsam ist dann, die Angst zu thematisieren, sich in anderer Umgebung zu präsentieren.

> **! Merke:** Soziotherapeutische, gestaltende und körperthera-
> peutische Ergänzungen zu Psychotherapie. Kombination von
> ambulanter Psychotherapie mit Angeboten von Institutsam-
> bulanzen.

4.5 Aufklärung und Information über das Krankheitsbild

Interessierte und informierte Patienten arbeiten besser mit. Das gilt auch für schizophrene und andere Psychosen. Neben dem direkten Gespräch darüber gibt es dazu gut geeignete **Bücher** (Posininsky und Schaumburg, 1996; Kipp et al., 1996). Wenn man die an Patienten ausleiht, ist das nicht nur ein Transfer von Information, sondern auch ein Zeichen von Zutrauen und der Wertschätzung guter Kooperation.

Fragen der Krankheitsverarbeitung lassen sich in der Regel besser bearbeiten, wenn den Patienten ein eigenes Basiswissen zur Verfügung steht. Es ist ein Märchen, dass Schizophrene dekompensieren, wenn sie ihre Diagnose gesagt bekommen. Die meisten wissen oder ahnen, dass es „darum" geht. Wichtig ist, dass ihnen ein **passendes Krankheitsmodell** für ihre individuellen Fähigkeiten und Probleme vermittelt und begründet wird. Die vereinzelt immer noch bestehenden Bedenken gegenüber der Krankheitsinformation bei Psychosen erinnern an den früheren Umgang mit Krebserkrankungen. Hier wie dort waren und sind es eher die Probleme der „Aufklärer" mit der **Rezeption der Erkrankung** und nicht die der Patienten, die längst unter ihr leiden.

> **! Merke:** Ausgiebige Krankheitsinformation. Für die Mitarbeit
> in der Behandlung notwendiges subjektives Krankheitsmo-
> dell.

4.6 Medikamente und Zusammenarbeit mit verordnenden Ärzten

Es gibt Fälle, wo Patienten kaum oder keine psychotropen Medikamente nehmen und damit auskommen. Das ist nicht selten das positive Ergebnis eines ärztlich verordneten Auslassversuchs. Das Risiko von **Nebenwirkungen**, insbesondere des Auftretens von **Spätdyskinesien** (lang anhaltende extrapyramidal-motorische Störungen) bei der Verwendung **„klassischer" Neuroleptika,** wird so gemindert. Auf der anderen Seite steigt das **Rezidivrisiko** für psychotische Krisen ohne Medikation in zumindest **prophylaktischer Dosierung** eindeutig an. Das Auftreten gravierender Nebenwirkungen kann heute allein schon durch den Gebrauch **atypischer Neuroleptika** in den meisten Fällen vermindert werden. Ohne Nebenwirkungen, zum Beispiel in Form

von erheblicher Gewichtszunahme, sind aber auch diese Substanzen nicht.

Die Debatte über Nutzen und Schaden der Pharmakotherapie bei schizophrenen und verwandten Psychosen wird wie die über Psychotherapie bei Psychosen manchmal noch von ideologischem Ballast geprägt, der beide Verfahren mystifiziert. **„Einfluss"** wird durch beide Methoden ausgeübt. Unerwünschte Nebenwirkungen kann auch eine Psychotherapie haben. In den meisten Fällen ist eine **Kombination** notwendig, die sich keineswegs ausschließt, sondern eher **ergänzt:** Medikamente schützen die Vulnerabilität und verbessern Ich-Funktionen. Bessere Ich-Funktionen ermöglichen die notwendige Kritik gegenüber der Medikation.

Von vielen Patienten wird die Unerträglichkeit der narzisstischen Katastrophe „Psychose" auf die Medikamente und auf den Umstand, auf sie angewiesen zu sein, verschoben. Die sind dann subjektiver Grund für das Erleben von Stigmatisierung. Ähnlich können sich unbewusste feindselige Übertragungen auf den Therapeuten auf das Medikament richten. Das sollte nicht iatrogen dadurch verstärkt werden, dass die Ablehnung von Medikamenten einfach hingenommen wird. Implizit bestätigt man dem Patienten so, dass man seine Weigerung, den Einfluss anderer zu akzeptieren, hinnimmt und vielleicht sogar unterstützt. Individuelle und für eine Psychotherapie wichtige Gründe dafür kommen so nicht in die Bearbeitung, zum Beispiel Scham und Angst, sich anzuvertrauen. Darüber hinaus können leicht Größenvorstellungen verstärkt werden, „total" unabhängig und autark zu sein. Auch Psychotherapeuten erliegen manchmal der Versuchung, den eigenen Ambivalenzkonflikt gegenüber ihrer Macht und ihrer Beeinflussung der Patienten auch auf die Medikation zu verschieben. Verordnen sie keine, bleiben sie „sauber". Das ergibt leicht pseudoharmonische Allianzen mit den Patienten mit dem Ergebnis, dass Schwieriges und Reibung im Kontakt „draußen" bleiben.

Wenn der Patient Medikamente ablehnt und der Therapeut aber meint, sie seien indiziert, sollte der zunächst einen klaren Standpunkt beziehen, ohne den Patienten unter Druck zu setzen, aber auch ohne ihn „in Watte zu packen". Das Erleben von Opposition in der Beziehung ohne Versuch der Bestechung oder Bemächtigung und vor allem ohne Angst vor dem Verlust des Objekts bestätigt Grenzen, weil es die eigene Entscheidung betont. Es korrigiert auch Ängste vor heimlicher und erpresserisch phantasierter Beeinflussung, weil die Patienten erleben, dass eine andere Meinung als ihre nicht automatisch Handlungskonsequenzen nach sich zieht. Dass es zu keiner Behandlung kommt, weil von Anfang an ohne Medikation das Risiko zu hoch ist, geschieht sehr selten.

Sehr wichtig für Psychologen, die Menschen mit psychotischen Störungen behandeln, ist ein eigenes Grundwissen über die Möglichkeiten und Risiken der Pharmakotherapie. Dazu gibt es gut geeignete und auch gut verständliche **Literatur** (z.B. Finzen, 1998). Das Wissen über geeignete Pharmaka und ihre Anwendung hat eine kurze Halbwertszeit, weswegen solche Bücher öfters zu ersetzen sind.

Die Zusammenarbeit von Psychologen mit Ärzten und umgekehrt ist **Kotherapie.** Die gelingt dann gut, wenn Arbeitsfelder differenziert und Modi der Kooperation etabliert sind. Jeder sollte

4

zumindest ein Basiswissen über die Aufgaben des anderen haben. Wechselseitige Informationen und Rückmeldungen über Behandlungsverläufe sind wichtig. Die Patienten müssen darüber und auch über die Themen, die zwischen Psychotherapeut und Arzt besprochen werden, informiert sein. Sie bestehen oft darauf, dass nur bestimmte Themen, zum Beispiel Medikamente oder sozialrechtliche Fragen, diskutiert werden. Das ist ernst zu nehmen. Man kann viel Misstrauen vermeiden oder abbauen, wenn man in Gegenwart des Patienten mit dem Arzt telefoniert.

Auch bei ambulanten Psychosentherapien durch ärztliche Psychotherapeuten wird die Pharmakotherapie sehr oft von einem anderen Kollegen übernommen. Dadurch soll das Erleben von doppelter Beeinflussung durch eine Person vermieden werden. Wichtiger ist hier aber wohl eine Behandlervariable: Jeder kann sich dann auf sein Gebiet konzentrieren und vermeiden, in zwei Rollen aktiv zu sein. Was als Modus der Kooperation für psychologische Psychotherapeuten die Regel ist, gibt es also längst.

Psychotherapie bei Psychosen wird von Medizinern mittlerweile breit akzeptiert und mehr gesucht denn als Kontraindikation empfunden. Gibt es aber unlösbare Probleme in der Zusammenarbeit, müssen neue Partner gesucht werden. Das ist unter Ärzten nicht anders. Weiterhelfen kann hier auch, die parallele medikamentöse Behandlung zur Aufgabe der Institutsambulanz eines Krankenhauses zu machen, das der Patient kennt. Es ist auch für den Fall von Krisen sinnvoll, auf eine schon bestehende Verbindung zu einer Klinik zurückgreifen zu können.

! **Merke:** Psychotrope Medikamente nicht als Alternative, sondern als Ergänzung der Psychotherapie. Differenzierte Auswahl zur Minimierung von Nebenwirkung. Einbeziehung der Medikamente in Übertragungsprozesse. Kotherapie mit Ärzten und Krankenhäusern.

4.7 Familien und Angehörige

Die Einbeziehung von Familien, Partnern und Angehörigen in die Behandlung bei Psychosen ist ein sehr wirksames und erprobtes Verfahren (Alanen, 1997; Retzer, 1991). Sie sollte auch die Einzelpsychotherapie als **Standard** ergänzen. Beide Verfahren können gut miteinander kombiniert werden (Alanen, 1997).
Zwei Schwerpunkte lassen sich beschreiben: die zeitweilige Beteiligung von Bezugspersonen an der laufenden Einzelbehandlung, die **„Angehörigenarbeit"**, und die **Familien- oder Paartherapie** als eigenes Verfahren.

Bei der Angehörigenarbeit steht im Vordergrund, wechselseitiges Verständnis und damit stabilere Beziehungen miteinander zu entwickeln. Angehörige wissen oft nicht viel über Psychosen und ihre Folgen. Sie interpretieren zum Beispiel Rückzug und Kontaktvermeidung als Faulheit oder Feindseligkeit. Dem folgen oft interpersonelle Konflikte, die wenig mit der Störung, aber viel mit fehlendem Wissen und falscher Rezeption der Störung zu tun haben. Gerade psychodynamische Sichtweisen von Psychosen können hier Wesentliches zu einem besseren Verständnis und zu einem entkrampfteren Umgang beisteuern.

Bei der Planung von Terminen mit Angehörigen sollte den Patienten noch einmal gesagt werden, dass nichts aus der Einzelbehandlung angesprochen wird, obwohl das aus Gründen der Schweigepflicht selbstverständlich ist.

Familien- und Paartherapie setzt viel Erfahrung und Weiterbildung in diesem Gebiet voraus. Die Beteiligten werden erheblich mehr involviert, weil interpersonelle Muster aller Mitglieder des Systems zum Gegenstand der Behandlung werden, weil alle für die Entwicklung der Störung des Indexpatienten relevant sind.

! **Merke:** Beteiligung der Bezugspersonen als Standard der psychotherapeutischen Behandlung. „Angehörigenarbeit" und Familientherapie als zwei Modi dafür.

4.8 Suizidalität und Todeserlebnisse

Die **Suizidrate** schizophrener Menschen ist **hoch** und überschreitet vielfach die der Allgemeinbevölkerung (Scharfetter, 1986). Fast alle Psychotiker haben suizidale Krisen durchgemacht. Das Thema „Tod" begegnet uns aber auch abseits von suizidalen Zuständen. Die Einbußen an Selbstwahrnehmung und an sozialem Kontakt werden in Bildern und Worten metaphorisiert, die wie der Tod im Leben oder das Leben im Tod imponieren und die Benedetti markant „Todeslandschaften" nennt (1991). Das kann auch schützende, distanzierende und „abschottende" Funktionen haben. Es gibt viele Patienten, die wie selbstverständlich in ihrer schaurigen inneren „Todeslandschaft" leben, ohne suizidal zu sein (Dümpelmann, 2000b).
Diese Verhältnisse wirken auf den ersten Blick verwirrend und widersprüchlich. Sie sprechen aber klar dafür, dass apokalyptische Untergangsstimmungen und innere Todesszenarien nicht mit Suizidgefahr gleichgesetzt werden können. Entscheidend für die immanente Suizidgefahr ist, ob und wie solche Erlebnisformen in einer therapeutischen Beziehung Platz finden können und ob der Therapeut das mitmachen kann.

Die bedeutendsten Suizidmotive bei Schizophrenen sind Verzweiflung und Scham über die Krankheit als Verlust ihrer psychischen Existenz und ihrer menschlichen Würde. Sie ertragen sich selbst nicht mit dieser Krankheit und schütten das Kind der Psychose mit dem Bad der physischen Existenz aus. Im Wunsch, tot zu sein, drückt sich der Wunsch aus, frei von dieser Krankheit zu sein. **Psychotische Zustände** werden von den Patienten oft als **seelischer** und **sozialer Tod** erlebt. Dagegen richtet sich dann der narzisstische Furor der Autodestruktion (Benedetti, 1991). Auch Erfahrungen mit mangelnder Resonanz auf ihr abweichendes Denken und Fühlen verstärken massiv das Erleben der eigenen Negativexistenz. Das gilt auch für Behandlungen, die einer persönlichen Begegnung mit den Patienten ausweichen. Der Umstand, dass Schizophrene die Statistik der Kliniksuizide anführen, macht nachdenklich und fokussiert die Aufmerksamkeit auf die **Kapazität** therapeutischer Beziehungen für Suizidalität und Todeserleben.

Psychotherapie hat für die **Suizidprophylaxe** bei Psychosen einen sehr hohen Stellenwert, weil sie effektiv dort ansetzen

4

kann. Die Patienten können im Kontakt erfahren, dass sie trotz aller Fremdheit noch **kommunizieren** können über apokalyptische und morbide Erlebnisse, schon tot zu sein, wie auch über Ideen, dann eben auch das physische Leben zu beenden. Aber **suizidal zu sein** ist keineswegs damit gleichzusetzen, **suizidal zu handeln**. Das hat für psychotische Menschen eine besondere Bedeutung. Gedanken zum Tod sind für sie meist etwas Vertrautes, worüber sie ergreifend sprechen, wenn sie sich verstanden fühlen. Das ist die Chance der Psychotherapie.

Je mehr die Behandler dazu bereit sind, die „Todeslandschaften" ihrer Patienten zu betreten, desto eher können die erleben, dass sie damit nicht allein sind. Auch für schizophrene Suizidale gilt, dass eine sicher und vertraut erlebte Beziehung die beste Medizin gegen die endgültige Selbsttötung ist. Suizidalität sollte explizit als etwas für die gemeinsame Arbeit sehr Wichtiges bewertet werden. Spüren die Patienten, dass man ihre Suizidgedanken nachzuvollziehen versucht, ist das ein empathisches Angebot, ihre Verzweiflung mit ihnen zu teilen und zu „dualisieren". Die Schwelle zu suizidalem Handeln wird dadurch nicht abgesenkt, sondern erhöht. Wenn es gelingt, die Motivation zu autodestruktivem Handeln zum Gegenstand der Therapie zu machen, eröffnen sich andere Wege der Verarbeitung.

Die größeren Schwierigkeiten damit haben oft die Behandler, weil Ängste um die Patienten und eigene Ängste vor dem Tod mobilisiert werden. Psychotische Autoaggression aktiviert neben Ängsten auch leicht Schuldgefühle bei den Therapeuten, die häufig zu einer Haltung von Abgrenzung und Distanzierung greifen, was die Patienten rasch merken. Die Schilderung von Suizidalität und Todeserlebnissen als Teil einer intimen und vertraulichen Beziehung kommt dann leicht zu kurz.

Die konkrete und individuelle Entscheidung zwischen Sich-Einlassen und Kollusion sowie Abgrenzung (inklusive einer möglichen Klinikeinweisung) fällt leichter, wenn intensiv auf Gefühle von Scham, Verzweiflung und Hoffnungslosigkeit geachtet wird. Die sagen über das mögliche Suizidrisiko mehr aus als noch so unheimlich wirkende Ideen von Tod und Untergang. Empfehlenswert ist, zu Beginn der Behandlung mit den Patienten zu besprechen, unter welchen Umständen sie sich selber als suizidgefährdet einschätzen würden und was dann zu tun sei. Dadurch wird auch der Eindruck vermieden, dieses schwierige Thema zu tabuisieren.

> **! Merke:** Suizid als „das" Risiko der Psychosenpsychotherapie. Suizid als Vollendung der narzisstischen Katastrophe der Psychose. Suizidalität und Todeserlebnisse als Ansatz der Kommunikation.

4.9 Übertragung und Gegenübertragung

Es gibt **keine typischen** oder gar spezifischen Übertragungs**inhalte** bei Psychosen. Das gilt für die Übertragung der Patienten auf die Therapeuten wie auch für die Übertragung der Therapeuten auf die Patienten, die Gegenübertragung. Im Rahmen von Übertragung können viele unterschiedliche Beziehungsmuster lebendig werden: Liebe, Hass, Angst, Verzückung, Terror, Neid, Schuld, Scham, Mitgefühl, Misstrauen, Kälte, Erotik, Hitze u.v.m.

Was die Übertragung bei Psychosen jedoch besonders kennzeichnet, ist die **Intensität ihres Auftretens**, was sich in Wirkmächtigkeit wie auch in scheinbarem Fehlen ausdrücken kann. Auch kommt es oft zu erheblichen **Wechseln der Intensität.** Im Kontakt mit schizophrenen Menschen kann man sich zu einem Zeitpunkt fühlen, als wäre man völlig einsam und gleichsam allein am Nordpol, dann wieder so, als wäre man „mitten drin" und an Stelle des Patienten mit dessen Gefühlen ausgestattet. Es kann auch zu Depersonalisation und zu Gefühlen von scheinbarer Beziehungslosigkeit im greifbar vorhandenen Kontakt kommen (Derealisation).
Ruft man sich den narzisstischen Grundkonflikt der Schizophrenen in Erinnerung, wird das nachvollziehbar. In der Übertragung, besser gesagt als Übertragung manifestieren sich autistische und fusionäre Zustände. Die sind weniger durch bestimmte Inhalte gekennzeichnet als durch auffällige Intensitäten und die Art der Einbeziehung des Gegenübers.
Individuelle Psychotherapien verlaufen sehr unterschiedlich. Ansätze, den Prozess der Psychosenbehandlung zu systematisieren, sind beschrieben (Searles, 1974; Dührsen, 1999; Schwarz u. Maier, 2001). Sie können die Dynamik von Übertragung und Gegenübertragung gut veranschaulichen.

> **! Merke:** Keine typischen, sondern viele unterschiedliche Inhalte. Hohe Intensitäten und erhebliche Wechsel der übertragenen Beziehungsmuster.

4.10 Interventionen

Interventionen **fördern** und **steuern** den **therapeutischen Prozess.** Sie sind ein Beitrag des Behandlers zur komplexen Interaktion mit seinen Patienten. Interventionen umfassen nicht nur Worte, sondern auch Haltungen und Handlungen.
Den Patienten soll dabei geholfen werden, sich selbst und Beziehungen weniger ängstlich zu erleben und auch unter Belastung darüber kommunizieren zu können. Deshalb steht die Entfaltung von **Spielräumen** für **Wahrnehmung** und **Symbolisierung** im Zentrum der Psychosenpsychotherapie, um die „verrückte" Metaphorik von Magie und Konkretismus weiterzuentwickeln.

Die therapeutische Begegnung wird zu einem Arbeitsmodell dafür, wenn verbale Interventionen weniger auf mehr Erkenntnis, sondern mehr auf Erfahrung mit Erlebnissen, Gefühlen und Phantasien zielen. Dabei helfen **Fragen**, die dazu anregen, erzählte Episoden zu vertiefen, und vor allem **klarifizierendes, benennendes Interpretieren** (Mentzos, 1991). Man kann auch aktiv eigene Symbolisierungen anbieten und sie mit dem Patienten untersuchen. Abzuraten ist von Deutungen, die Manifestes als Ausdruck unbewusster Triebimpulse erklären. Das wird von „dünnhäutigen" Patienten oft als Grenzen penetrierend und bemächtigend, vor allem aber verwirrend erlebt. Deutungen unbewusster Prozesse setzen die Fähigkeit zur Symbolisierung und Selbstreflexion voraus. Gerade die ist bei Psychotikern beeinträchtigt und ihre Entwicklung Gegenstand der laufenden Therapie. Hier wird noch einmal der Unterschied zwischen Erkenntnis und Erfahrung, die erst Erkenntnis ermöglicht, deutlich.

4

Zur verbalen Interventionstechnik eine Fallskizze:

Eine junge Frau sagte mir zu Beginn einer Gruppensitzung vor den anderen Teilnehmern, dass alle Menschen ihre Gedanken lesen und sie steuern könnten. Alle würden in sie hineinsehen und mit ihr machen, was sie wollen. Nach kurzem Zögern antwortete ich ihr, dass das ein schreckliches Gefühl sein müsse und „wie ein Chip im Kopf". Ich beschrieb damit ein Bild, das den Verlust der Grenzen und die Beeinflussung durch Fremdes mit meinen Worten benannte. Mein Ziel war, ihr zu zeigen, dass ich ihr Erleben teilen und „dualisieren" könnte und dass sie mich mit ihrer Botschaft erreicht hatte. Sie reagierte entlastet und arbeitete in der Gruppe aktiv mit.

Ihre Angst davor, ihr autonomes Selbstgefühl zu verlieren, habe ich nicht explizit angesprochen, dafür aber mein Verständnis mit einer drastischen Metapher von Fernsteuerung angeboten, von der ich glaubte, dass sie ihrem Empfinden nahe kam. Die Wirklichkeitskonstruktion der Patientin habe ich geringfügig verändert wiedergegeben (**„wie** ein Chip im Kopf"), ohne mich an ihrem Wahn zu beteiligen.

Die Patientin wollte die Gruppe vermeiden. Ihre Impulse, zu fliehen, wurden nicht angesprochen. Das wäre eine Intervention wie bei Neurosen gewesen, wo man die Hemmung von Impulsen voraussetzt und bessere Formen der Steuerung erreichen will. Hier lag – und bei psychotischem Erleben liegt – das Problem anders: Impuls und Hemmung werden nicht symbolisch abgebildet! Das muss die Deutung mit klarifizierenden Mitteln berücksichtigen. Es sind besonders Abhängigkeits- und Autonomiekonflikte, die bei Schizophrenen vermutet, besser gesagt unterstellt werden. Das Verhalten der Patienten, der lange Verbleib im Elternhaus etwa, legen diese Sicht mit impressiver Plausibilität nahe. Das führt oft dazu, dass diese Patienten automatisch (der Begriff „déformation professionelle" ist hier berechtigt) wie neurotische Angst- oder Zwangspatienten behandelt werden. Der Akzent der Störung liegt aber **nicht** im Bereich der **Steuerung von Autonomie**, sondern im Bereich der **Wahrnehmung von Autonomie**. Psychotikern wie der beschriebenen Patientin gelingt es nur schlecht oder nicht, sich selbst als einen autonomen Menschen zu erleben, und sie geraten dabei in fusionäre Zustände. Bei Psychosen wird Ambivalenzkonfikten radikal der symbolische Boden entzogen.

Eine weitere und häufige Schwierigkeit in der Psychosenbehandlung lässt sich mit dem skizzierten Interventionsbeispiel auch darstellen, nämlich der Umgang mit der so genannten **Realitätsprüfung**, der Fähigkeit, Phantasien von Realitäten sicher unterscheiden zu können. Die Vermutung, Psychotiker könnten das nicht, greift erheblich zu kurz. Psychotische Menschen sind Virtuosen der Wahrnehmung, die beispielsweise fein herausfinden, wo es opportun ist, Wahn zu verschweigen, und wo sie darüber sprechen können. Was ihnen schwer fällt, ist eine adäquate **Wirklichkeitskonstruktion** für Persönliches und Intimes. Sie wenden andere Worte und Begriffe dafür an, was zugleich ein wichtiger **Schutz** ist. Das war auch hier so: Die Patientin, fertige Sozialwissenschaftlerin und psychologisch gut informiert, schämte sich massivst darüber, vor der Gruppe in hilfloser Angst zu erstarren. Sie fühlte sich von der Gruppe terrorisiert wie auch angezogen. Diese Gefühle wurden per Wahn umkonstruiert.

In der Therapie die Realität zu prüfen heißt, den Patienten „durch die Blume" zu sagen, dass sie psychisch nicht richtig funktionieren und Innen mit Außen vermischen. In der Regel wissen sie längst, dass ihr Wahn nicht die „echte" Wirklichkeit abbildet. Wenn ich die beschriebene Patientin darauf hingewiesen hätte, dass in der Gruppe keiner ihre Gedanken lesen kann, hätte das ihre Beschämung wesentlich verstärkt. Von der Anwendung der Realitätsprüfung nach dem klassischen Konzept bei Psychosen ist dringend abzuraten.

Manchmal fällt es schizophrenen Patienten schwer, viel über sich zu sprechen. Dann sind averbale Formen der Interaktion besonders wichtig. Die symbolische Matrix kann zum Beispiel auch durch die Methode des **„therapeutischen Spiegelbilds"** (Benedetti und Pecciccia, 2000; s.a. Abschnitt 4.4), also im **handelnden Dialog,** weiterentwickelt werden. Dabei zeigen sich oft Nuancen, die vorher nicht sprachlich abgebildet wurden.

Selten kommt es dazu, dass Patienten ihre Therapeuten paranoid erleben, zum Beispiel verfolgend oder vergiftend (s.a. Abschnitt 3.2). Das kann „handfeste" Gründe in der therapeutischen Beziehung haben und muss nicht nur die Entfaltung einer Übertragungspsychose sein, die der Patient quasi mitbringt. Sinnvoll ist dann, sich genau danach zu erkundigen, wie der Patient sich dem Therapeuten gegenüber fühlt. Wahn, der sich auf den Therapeuten richtet, verweist oft auf paranoid abgewehrte Ängste, auf die (reale) Macht, das Wissen und den Durch-Blick des Therapeuten angewiesen zu sein. Das Eingehen auf diese Realaspekte kann ein wichtiges Zeichen von Verständnis für die auch ausliefernd empfundene Situation sein und bringt die Arbeitsbeziehung meist wieder ins Lot. Dazu ein Beispiel: „Wie ist es denn für Sie, mir gegenüberzusitzen? Sie wissen ja, dass ich einiges von Ihnen verstehe und viel von Ihnen gehört habe!"

! **Merke:** Zentrierung der Interventionen auf die Wahrnehmung des Selbsterlebens und der Beziehungen. Vorwiegend klarifizierende und benennende Deutungen mit dem Ziel, dass es Kommunikation zwischen Patient und Therapeut geben kann, auch Wahn und Halluzinationen einschließend. Entwicklung gemeinsamer Symbole. Averbale Interaktion. Keine konventionellen Strategien der so genannten Realitätsprüfung.

5 Frequently Asked Questions (FAQ)

1. *Welche Rolle spielen* ***genetische Faktoren*** *bei Schizophrenie?*

→ Sie spielen eine wichtige Rolle, erklären aber nicht allein das Auftreten manifester schizophrener Syndrome. Wie zum Beispiel Tienari und Wynne in der fortlaufenden finnischen Adoptionsstudie (1994) eindrucksvoll dargestellt haben, treten Psychosen bei Kindern schizophrener Eltern dann seltener auf, wenn sie bei ihren Adoptiveltern ein gutes Familienmilieu und empathischen Kontakt vorfinden.

4

2. *Sollten Schizophrene* **frühzeitig** *an* **beruflichen Rehabilitationsmaßnahmen** *teilnehmen?*

→ Dabei ist Vorsicht geboten. Im Zweifelsfall gilt der Grundsatz „Therapie vor Reha". Durch Reha-Angebote kommt es leicht zu einem „Normalisierungsdruck", der den Zielen einer Psychotherapie entgegengesetzt verläuft. Nach ausreichender Behandlung sind die Möglichkeiten auch beruflicher Integration bedeutend besser. Eine Berentung auf Zeit ist oft der erfolgreichere Weg dorthin. Zumindest sollte aber parallel zur Rehabilitation eine fachlich qualifizierte Psychotherapie gewährleistet sein. Bei fortgeschrittener Behandlung können Reha-Maßnahmen sehr sinnvoll sein.

3. *Wie sind* **Psychoserezidive unter Psychotherapie** *einzuschätzen?*

→ Sie kommen in unterschiedlicher Ausprägung vor. Ein Rezidiv verschlechtert weder zwangsläufig die Prognose noch ist es ein Zeichen dafür, dass Psychotherapie kontraindiziert ist. Nach dem Klinikaufenthalt, der sich meist anschließt, sollte die Arbeit weitergehen. Es ist sinnvoll, für diesen Fall beim Behandlungsbeginn Absprachen zu treffen und mit dem Patienten in der Klinik Kontakt zu halten, wenn er damit einverstanden ist. Die Bearbeitung der auslösenden Faktoren für den Rückfall kann den therapeutischen Prozess oft entscheidend weiterbringen.

4. *Was* **bewirkt** *die psychotherapeutische Schizophreniebehandlung* **konkret?**

→ Sie reduziert die Hospitalisierungsfrequenz, spart Medikamente (Nebenwirkungen) ein und verbessert die Compliance. Sie stabilisiert das Selbstgefühl durch Positivierung von Wahn und Halluzinationen, erweitert die Fähigkeit zur Kommunikation und erhöht so die Fähigkeit, wichtige Kontakte zu halten.

6 Prüfungsfragen

1. Was versteht man unter präpsychotischen Störungen?
2. Was sind die bedeutendsten Suizidmotive bei Schizophrenen?
3. Wie entwickeln sich psychische Grenzen?
4. Was versteht man unter der Methode des „therapeutischen Spiegelbilds"?
5. Nenne drei psychodynamische Modelle für schizophrene Störungen und Psychosen!
6. Nenne Besonderheiten psychotischer Übertragungen!
7. Was versteht man unter dem „Need-Fear-Dilemma"?
8. Warum sollte bei Psychosen die so genannte Realitätsprüfung nicht angewandt werden?

7 Literatur

a) zitierte Literatur

- Alanen Y: Schizophrenia – its origins and need-adapted treatment. London: Karnac Books, 1997
- Benedetti G: Todeslandschaften der Seele. Göttingen: Vandenhoeck und Ruprecht, 1991
- Benedetti G: Psychotherapie als existenzielle Herausforderung. Göttingen: Vandenhoeck und Ruprecht, 1992
- Bischof N: Das Kraftfeld der Mythen. München: Piper, 1996
- Dührsen S: Handlung und Symbol. Göttingen: Vandenhoeck und Ruprecht, 1999
- Häfner H: Das Rätsel Schizophrenie. München: C.H.Beck, 2000
- Klosterkötter J: Wie entsteht das schizophrene Kernsyndrom? Nervenarzt 1992;63:675-682
- Lempa G: Zur psychoanalytischen Theorie der psychotischen Symptombildung. In: Mentzos S (Hrsg.): Psychose und Konflikt. Göttingen: Vandenhoeck und Ruprecht, 1992
- Mentzos S: Psychodynamische Modelle in der Psychiatrie. Göttingen: Vandenhoeck und Ruprecht, 1991
- Mentzos S (Hrsg.): Psychose und Konflikt. Göttingen: Vandenhoeck und Ruprecht, 1992
- Scharfetter C: Schizophrene Menschen. München: Urban und Schwarzenberg, 1990
- Schwarz F, Maier, C (Hrsg.): Psychotherapie der Psychosen. Stuttgart: Thieme, 2001
- Spitzer M: Geist im Netz. Heidelberg: Spektrum, 1996
- Zubin J: Mögliche Implikationen der Vulnerabilitätshypothese für das psychosoziale Management der Schizophrenie. In: Böker W, Brenner HD: Bewältigung der Schizophrenie. Die Bedeutung intermediärer Prozesse für Theorie und Therapie. Göttingen: Hans Huber, 1986

b) weiterführende Literatur

- Benedetti G, Pecciccia M: Rehabilitation von chronisch schizophrenen Patienten durch das positivierende therapeutische Spiegelbild. Forum der psychoanalytischen Psychosentherapie. Band 1. Göttingen: Vandenhoeck und Ruprecht, 1999
- Burnham DL: Schizophrenia and the Need-Fear-Dilemma. Madison: International Universities Press, 1969
- Dornes M: Die frühe Kindheit. Frankfurt/M: Fischer, 1997
- Dümpelmann M. Wahn und Beziehung – Wahn in Beziehung. Forum der psychoanalytischen Psychosentherapie. Band 2. Göttingen: Vandenhoeck und Ruprecht, 2000a
- Dümpelmann M: Psychose und Suizid – Wechselwirkungen und Therapieansätze. In: Mauthe J-H (Hrsg.): Psychosen. Sternenfels: Verlag Wissenschaft und Praxis, 2000b
- Finzen A: Medikamentenbehandlung bei psychischen Störungen. Bonn: Psychiatrie-Verlag, 1998
- Freud S: Das Unbewußte (1915). Studienausgabe. Frankfurt/M: Fischer, 1982
- Grawe K, Donati R, Bernauer F: Psychotherapie im Wandel. Göttingen: Hogrefe, 1994
- Hirsch M: Realer Inzest. Gießen: Psychosozial-Verlag, 1999
- Gorham DR, Pokorny AD: Effects of a Phenothiazine and/or Group Psychotherapy within Schizophrenics. Dis Nerv System 1964;2:77-86
- Karon BP, Vandenbos GR: The consequences of psychotherapy for schizophrenic patients. Psychother: Theory Res Practice 1972;9:111-119
- Leichsenring F, Dümpelmann M, Berger J, Jaeger U, Rabung S: Ergebnisse stationärer psychiatrischer und psychotherapeutischer Behandlung von schizophrenen, schizotypen, schizoaffektiven und wahnhaften Störungen. 2003 (in press)
- May PRA: Treatment of Schizophrenia. Raleigh: Science House, Inc., 1968
- Mojtabai R, Nicholson RA, Carpenter BN: Role of psychosocial treatment of schizophrenia: A meta-analytic review of controlled outcome studies. Schizophrenia Bulletin 1998; 24: 569-587
- Retzer A: Die Behandlung psychotischen Verhaltens. Heidelberg: Carl-Auer-Systeme Verlag, 1991

4

- Scharfetter C: Die Selbsttötung schizophrener Menschen. Schweiz Arch Neurol Psychiatr 1986;137:85-91
- Schwarz F: Empirische Studien zur psychoanalytischen Psychosentherapie. Psychotherapie Forum 2000; 8: 123-129
- Searles HF: Der psychoanalytische Beitrag zur Schizophrenieforschung. München: Kindler, 1974
- Steimer-Krause E: Übertragung, Affekt und Beziehung. Bern, Berlin, Frankfurt a. M., New York, Paris, Wien: Peter Lang, 1996
- Steimer-Krause E: Ein Beitrag emotionspsychologischer und entwicklungspsychologischer Forschung zum Verständnis schizophrener Erkrankungen. Forum der psychoanalytischen Psychosentherapie. Band 3. Göttingen: Vandenhoeck und Ruprecht, 2000
- Stern DN: Die Lebenserfahrung des Säuglings. Stuttgart: Klett-Cotta, 1998
- Tienari P, Wynne L: Adoption Studies of Schizophrenia. Annals of Medicine 1994; 26: 233-237

c) für Patienten geeignete Literatur

- Kipp J, Unger H-P, Wehmeyer PM: Beziehung und Psychose. Stuttgart: Thieme, 1996
- Posininsky H, Schaumburg C: Schizophrenie – was ist das? Göttingen: Vandenhoeck Transparent, 1996

8 Nützliche Adressen (Fort- und Weiterbildung, Supervision, Austausch)

Überregionale Weiterbildung in analytischer Psychosentherapie
Akademie für Psychoanalyse und Psychotherapie e.V. München
Schwanthalerstraße 106/III
80339 München
http://www.psychoanalyse-muenchen.de

Frankfurter Psychose-Projekt e.V.
Sekretariat c/o Gudrun Völker
Diesterwegstr. 4
60594 Frankfurt a.M.
e-mail: frankfurter-psychose-project@t-online.de

NAPP
Norddeutsche Arbeitsgemeinschaft Psychodynamische Psychiatrie e.V.
Maria-Louisen-Str. 57
22301 Hamburg
e-mail: napp-info@t-online.de

4

4.3 Analytisch orientierte Therapie der Depression

Henning Schauenburg

1 Einführung

Depressionen sind psychische Störungen, bei denen die Beeinträchtigung der Stimmung, Niedergeschlagenheit, Verlust der Freude, emotionale Leere, Antriebslosigkeit, Interesseverlust und zahlreiche körperliche Beschwerden wesentliche Merkmale sind. Neben den Depressionen sind Manien, Persönlichkeitsauffälligkeiten, Ängste, Furcht- und Trauerreaktionen psychische Störungen, bei denen auch das affektive Erleben beeinträchtigt ist und im Mittelpunkt der Symptomatik steht. Depressive Störungen haben neben subjektivem Leid viele krankheitsbedingte Ausfallzeiten, Einschränkungen im sozialen Funktionieren und körperliche Krankheiten bzw. Anfälligkeiten zur Folge. Über drei Viertel der depressiven Patienten leiden parallel an anderen psychischen Störungen (Komorbidität). Depressionen werden heute anhand des Auftretens depressiver bzw. manischer Episoden in unipolare bzw. bipolare affektive Störungen mit unterschiedlichem Schweregrad und unterschiedlichem Verlauf, nicht anhand möglicher Ursachen unterteilt. Die Mehrzahl der Patienten erleidet im Laufe ihres Lebens wiederholte depressive Episoden.

Schwerpunkt dieses Kapitels ist die psychotherapeutische Behandlung depressiver Störungen, da auch bipolar erkrankte Patienten einen psychotherapeutischen Behandlungswunsch vor allem der Depression äußern und eine Beeinflussbarkeit der Häufigkeit von Manien durch Psychotherapie bisher nicht gezeigt werden konnte. Hier wird auf die einschlägigen Bücher zu psychiatrischen Behandlung der bipolaren Erkrankung verwiesen.

2 Diagnostik

Depressive Syndrome sind durch eine Vielzahl heterogener Symptome gekennzeichnet. Charakteristisch ist, dass körperliche und psychische Symptome gemeinsam vorkommen. In Tabelle 1 sind die wesentlichen Symptome einer Depression nach psychologischen Gesichtspunkten geordnet. Hilfreich ist die Unterscheidung in Symptome auf emotionaler, motivationaler, kognitiver, vegetativ-somatischer, motorisch-behavioraler und interaktioneller Ebene.

3 Epidemiologie, Risikofaktoren und Verlauf

Untersuchungen in Industrienationen nach den Kriterien operationaler Diagnostik (DSM-IV, ICD-10) kommen zu einer Punktprävalenz für depressive Störungen von 2% bis 7%.

Tabelle 1: Kriterien für die Diagnose manischer und depressiver Episoden nach DSM IV

Manische Episode	Depressive Episode
A. Abnorme, anhaltend gehobene, expansive oder reizbare Stimmung von mindestens einer Woche Dauer (oder Hospitalisierung) B. Mindestens 3 der folgenden Symptome gleichzeitig: • gesteigertes Selbstwertgefühl • Größenideen • vermindertes Schlafbedürfnis • redseliger als gewöhnlich • Drang, weiterzureden • Ideenflucht, Gedankenjagen, • leichte Ablenkbarkeit • Aktivitätssteigerung, Unruhe, Verhaltensexzesse, die unangenehme Folgen haben (Geld, Sex, Investitionen usw.) C. Einschränkungen der beruflichen, sozialen Leistungsfähigkeit, Gefahr der Selbst- und Fremdschädigung D. Ausschluss von Schizophrenie, wahnhafter Störung, organischen Ursachen	A. Mindestens 5 der folgenden Symptome gleichzeitig während eines Zeitraumes von mindestens zwei Wochen (depressive Stimmung oder Interesseverlust muss darunter sein): • depressive Verstimmung • deutlich vermindertes Interesse oder Freude • Gewichtszunahme/-verlust • Schlaflosigkeit • Unruhe, Hemmung, Verlangsamung • Müdigkeit, Energieverlust • Wertlosigkeit, Schuld • Konzentrationsprobleme • Todeswunsch, Suizidideen B. Deutliche Änderung der vorher bestehenden Leistungsfähigkeit C. Ausschluss von organischen Ursachen, Schizophrenie, keine Trauerreaktion

4

Bipolare Störungen weisen eine Prävalenz zwischen 0,1% (Prävalenz) und 3,3% (Lebenszeitprävalenz) auf. In der Zusammenfassung mehrerer Studien lässt sich das Morbiditätsrisiko für bipolare affektive Störungen auf 1-2 % schätzen.

Die Inzidenzschätzungen (neue Fälle pro Jahr) für die Diagnose einer depressiven Episode liegen bei 1-2 Neuerkrankungen auf 100 Personen.

Die Wahrscheinlichkeit, im Laufe des Lebens eine Depression zu erleiden, liegt bei bis zu 12% für Männer und bis zu 26% für Frauen. Mehrere Arbeiten unterstützen diese hohen Schätzungen. In einer repräsentativen Bevölkerungsstichprobe fand sich ein Morbiditätsrisiko für Depression von insgesamt 17 Prozent.

Der Ersterkrankungsgipfel liegt heute sowohl für einfache depressive Episoden wie für bipolare Erkrankungen bei 18 bis 25 Jahren. Weitere Risikofaktoren sind Tabelle 2 zu entnehmen

Tabelle 2: Risiko- und Schutzfaktoren bei affektiven Erkrankungen

Risikofaktoren	Schutzfaktoren
Kindheitstrauma	Vertrauensvolle kindliche Umgebung
Mutterverlust vor 11.Lj.	Stabile Rollenvorbilder
Familienanamnese	Selbstakzeptanz
Frühere Depression	Selbstwirksamkeitsgefühl
Verlusterlebnis	Ausdauer
Stadtbewohner	Befriedigende aktuelle Beziehungen
Arbeitslosigkeit	Sinnerleben
Viele kleine Kinder	
Keine Vertrauensperson	
Krankheit	

In Bezug auf den Ausgang bzw. die Prognose depressiver Erkrankungen kann geschätzt werden, dass etwa die Hälfte bis zwei Drittel der Patienten so weit gebessert werden, dass sie wieder ihre gewohnte Leistungsfähigkeit besitzen und das alte Selbst hervortritt, obwohl oft einzelne Beschwerden weiterbestehen. Entscheidend für die Beurteilung der Heilungs- und Besserungschancen ist die Länge der Katamnese. Eine Phase ohne Rückfälle von zumindest 5 Jahren fand sich bei knapp 30% der bipolaren und bei 42% der unipolaren Patienten. Übereinstimmend wird für etwa 10 bis 20 Prozent der unipolaren und der bipolaren Erkrankungen eine Chronifizierung (Minimaldauer der Beschwerden von 2 Jahren) gefunden. Diese Rate scheint für ältere Personen höher zu sein und auch mit einsetzenden bzw. parallel bestehenden körperlichen Erkrankungen zu korrelieren. Spätremissionen auch bei langen Phasen und solchen in hohem Lebensalter wurden wiederholt gefunden.

4 Störungsmodell

Die *akute Depression* ist oft ein recht uniformes, krisenhaftes und manchmal dramatisches Geschehen, das entsprechend auch ein von vielen psychotherapeutischen und psychiatrischen Schulen geteiltes Vorgehen erfordert. Sie ist offensichtlich End-

strecke verschiedenster biografischer, konflikthafter oder auch somatischer Prozesse. Diese Vielfalt hat zu großen Anstrengungen bei der Differenzierung von einerseits organischen Ursachen der Depression und andererseits unterschiedlichen, zur Depression prädisponierenden *Persönlichkeitskonstellationen* geführt. Die rein körperlichen Ursachen der Depression (hirnorganisch, Medikamentennebenwirkungen, endokrinologisch etc.) können an dieser Stelle nicht behandelt werden (z. B. Möller et al., 1999).

Die zentrale Rolle von Verlust-, Verunsicherungs- oder Enttäuschungserlebnissen in der Kindheit von später depressiv Erkrankten wird von psychoanalytischen Autoren als ätiologisches Moment besonders betont und ist inzwischen auch empirisch gesichert (z. B. Brown et al., 1986). Dies gilt zumindest für die große Gruppe der Patienten, die nicht an einer körperlich bedingten oder an einer stark biologisch beeinflussten depressiven Erkrankung mit deutlicher genetischer Beteiligung leiden.

Die jeweils unterschiedlichen Verarbeitungsformen dieser Lebenserfahrungen bestimmen die psychodynamischen Modelle zur Depression. Der Verlust einer wichtigen Bezugsperson oder eines lebensbestimmenden Ideals wird bereits von Freud (1917) als zentrales auslösendes Moment beschrieben, wobei er erstmals den Unterschied zwischen der normalen Trauerreaktion und der Depression als einem Rückzug aus der Welt, verbunden mit Minderung des Selbstwertgefühls und der Wendung aggressiver Impulse gegen das eigene Selbst, konzeptualisiert hat.

Abbildung 1: Der depressive Grundkonflikt

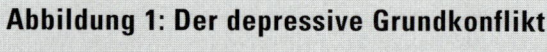

→ Primär oder sekundär (Trauma, multiple Verluste) unsichere Bindung (Erleben von Leere und Verlassenheit)

→ Unsicheres Selbstwertgefühl, starke Bedürftigkeit nach Zuwendung oder Bestätigung (an andere Menschen oder innere Ideale gerichtet). Neigung zu Enttäuschbarkeit und Kränkbarkeit

→ Maladaptive Interaktionen (Ambivalenz, unterschwellige Aggression, Selbstentwertung, Pseudoaltruismus)

→ Ärger und Distanz bei anderen

→ Wachsende Bedürftigkeit

Das besondere Erleben der Hilflosigkeit bei Depressiven kann auch als Ausdruck eines spezifischen emotionalen Dilemmas verstanden werden, das von verschiedenen Autoren als depressiver Grundkonflikt bezeichnet wird (s. Abb. 1): Auf dem Boden eines fragilen Selbstwertgefühls bzw. einer primär oder sekundär (life events) verunsicherten Bindung an zentrale Bezugspersonen entsteht eine überstarke Abhängigkeit von äußeren oder auch inneren Objekten bzw. Idealbildungen. Diesen wird aber gerade wegen der als bedrohlich oder belastend erlebten Abhängigkeit auch (oft unbewusst) ein verborgenes Gefühl von wütendem Aufbegehren oder Distanzierung entgegengebracht. Letzteres kann meist nur unzureichend erlebt bzw. realisiert

4

werden, weil damit ein subjektiver Verlust an Sicherheit einherginge, der dem Betreffenden unerträglich ist. Aus dieser verborgenen Spannung (Nähewünsche, verbunden mit Enttäuschungsgefühlen) entsteht eine Vielfalt schwieriger Interaktionsmuster. Die Betroffen sind aggressiv gehemmt, weil Sie die Abwendung anderer fürchten. Sie wenden ihre Bedürftigkeit in altruistische Handlungen, die von der Umgebung wegen des damit unterschwellig verbundenen Anspruches auf Gegenleistung zurückgewiesen werden. Selbstentwertung fordert Bestätigung ein, löst aber Ärger, Distanzierung und Kritik aus wie auch die aufgrund der zwiespältigen inneren Gefühle manifesten ambivalenten Verhaltensweisen. Diese negativen Reaktionen verstärken dann die basale Unsicherheit von zu Depressionen neigenden Menschen weiter. Aus dem „Patt" zwischen Abhängigkeit und nicht realisierbaren Individuierungs-(Abgrenzungs-, Gegenwehr-)Wünschen entsteht die depressive Vulnerabilität. Das Ausbrechen der Depression hängt dann von der Schwere des „Auslösers" und der Intensität der zugrunde liegenden Bindungsunsicherheit bzw. der Rigidität der Persönlichkeit ab.

Die Depression selber ist dann als eine Art Gegenregulation auf den Zusammenbruch der bisherigen Konfliktbewältigung zu sehen. Sie ist damit also eine „regressive Bewegung", vor allem aber auch eine Schutzreaktion, die dazu dient, in einer Situation von (oft auch „gelernter") Hilflosigkeit angesichts unlösbarer Konflikte die Bindung an eine Schutz gewährende Instanz (äußerer oder innerer Art) zu gewährleisten. Wie genannt, können also im Grunde alle Situationen, die mit dem Erleben von Angst, Schuld oder Scham einhergehen, zur Depression führen, wenn sie nur das basale Sicherheitsgefühl und die Handlungsfähigkeit der Betroffenen nachhaltig genug beeinträchtigen.

In der Typologie der depressionsvulnerablen Persönlichkeit sind verschiedene Unterscheidungen bekannt: Menschen, die sich an dominanten anderen und solchen, die sich an einem dominanten Ideal orientieren (Arieti und Bemporad, 1983); anaklitischer, d.h. anklammernder vs. introjektiver (d.h. durch hohe Selbstanforderungen geprägter) Typus (Blatt und Zuroff, 1998); soziotrope (d.h. beziehungsorientierte) und betont autonome Menschen (Beck, 1987).

Eine weitere Zugangsmöglichkeit zu diesem komplexen Feld bietet u. E. die Bindungstheorie in der Tradition von John Bowlby (z.B. 1980), der von der Grundannahme ausging, dass Menschen mit ungünstigen Bindungserfahrungen, d. h. einer fehlenden oder schwankenden Verfügbarkeit und Klarheit von Bezugspersonen, innere Arbeitsmodelle (inner working models) von Bindungen entwickeln, die Parallelen zu den von anderen Autoren beschriebenen Verarbeitungsmodi des depressiven Konfliktes aufweisen. Die unsicheren Bindungsmodi (ambivalent-unsicher und vermeidend-unsicher, Ainsworth et al., 1978), sind nach neueren Forschungsergebnissen Reflex der Bindungsrepräsentanz und Bindungssicherheit der zentralen Bezugsperson, d.h., sie werden zu einem großen Teil transgenerational über familiäre Interaktionen weitergegeben. Der ambivalente Bindungsstil ist dabei Ausdruck eines wechselnd überfürsorglichen und uneinfühlsamen Kontaktes mit den primären Bezugspersonen, wobei weitere Belastungsfaktoren und „life-events" einen eigenen Anteil am Entstehen der Bindungsunsicherheit haben. Vermeidendes Bindungsverhalten findet sich bei Kindern, die eine eher emotional karge bis vernachlässigende frühe Umgebung erlebt haben. Diese kindlichen Bindungsstile, die als Vulnerabilitätsmarker verstanden werden können, weise starke Parallelen zu den genannten Persönlichkeits- und Verarbeitungsmustern auf.

5 Depression und Persönlichkeit

Bedeutsam für das Verständnis der jeweils auslösenden Konstellation ist dabei die prämorbide Persönlichkeit, die nach heutigem Verständnis bei zu Depression disponierten Menschen Ausdruck ihrer je spezifischen charakterlichen Verarbeitungsweise des depressiven Grundkonfliktes ist. Dieser Verarbeitungsmodus ist dabei auch für den weiteren Verlauf und insbesondere für die Behandlung depressiver Erkrankungen ausschlaggebend (Tab. 3).

6 Therapeutisches Vorgehen

6.1 Akute Depression

6.1.1 Kontaktaufnahme und Entlastung

Gewöhnlich stellt das unaufdringliche Zuhören und die Bereitstellung von Zeit und Raum für die meisten Patienten eine erste Beruhigung dar und schafft eine gewisse Entängstigung, da die erlebte Starre und Hilflosigkeit mit jemandem geteilt werden

4

Tabelle 3: Verarbeitungsformen des depressiven Grundkonfliktes (vgl. Rudolf, 2000)

Verarbeitungsform	Eher abhängige (regressive) Verarbeitungsform		Eher unabhängige (progressive) Verarbeitungsform	
Typus	*Oral-regressiv (dependent)*	*Altruistisch-überfürsorglich*	*Narzisstisch*	*Schizoid*
Interaktion	• Willfährigkeit • Passivität • Suchtverhalten	• Selbstaufopferung • Verleugnung von Aggression • Anspruch auf Wiedergutmachung	• Verleugnung v. Bedürftigkeit • narzisstische Kompensation • Entwertung anderer • Selbstzweifel • Kränkbarkeit	• Distanz, • Misstrauen • Vermeidung von Emotionalität
Dekompensierung bei	*Verlusterlebnissen*	*Verlusterlebnissen Erschöpfungsdepression*	*Kränkungen Lebenskrisen Alter*	*Schwellensituationen Näheerlebnissen*

kann, zu dem zunächst einmal kein unbedingtes Gefühl der Verpflichtung besteht. Da depressive Patienten nicht selten davon ausgehen, dass ihnen so viel Zuwendung eigentlich gar nicht zusteht, ist es u. U. ratsam, die Betroffenen explizit darin zu bestärken, dass sie sich Hilfe gesucht haben. Im Zuge der ersten Gespräche sollte das Ausmaß der depressiven Symptomatik, die Suizidgefährdung und die sozialen Einschränkungen des Patienten geklärt werden. Wichtig ist es auch, Kompetenzen und psychische sowie soziale Ressourcen zu erkunden.

6.1.2 Aufklärung, Strukturierung und Festlegung des Behandlungsrahmens

Zu Beginn ist die Vermittlung von Informationen über Symptomatik und Charakter sowie ggf. die Hintergründe der Erkrankung sinnvoll. Auch Fragen der Behandlungsdauer sollten besprochen werden. Oft wird unterschätzt, wie wesentlich die klare Absprache über die zeitliche Struktur und Perspektive der Behandlung bereits zu Beginn ist. Hier können selbstverständlich keine standardisierten Vorgaben zum Vorgehen gemacht werden. Selbst wenn nach klinischer Einschätzung eine langfristige Therapie angezeigt zu sein scheint (siehe unten), kann es anfangs sinnvoll sein, zunächst nur einen kürzeren Behandlungsabschnitt (10 oder 20 Stunden) zu vereinbaren, um eventuelle Abhängigkeitsängste nicht zu sehr zu mobilisieren. Hier ist es dann wichtig, dass man sich auf konkrete (nicht einfach „Besserung der Depression") und realistisch erreichbare Ziele im Sinne eines Themenfokus einigt (z.B. Klärung eines aktuellen Partnerkonfliktes, Angehen einer anstehenden Aufgabe wie Prüfung, Haushaltsangelegenheit, beruflicher Plan). Umgekehrt ist oft aus der Schwere einer akuten depressiven Symptomatik nicht unbedingt von vornherein abschätzbar, ob nicht bereits nach 20 oder 30 Therapiestunden eine Restitution so weit erfolgt ist, dass die Betreffenden aus eigener Kraft weitermachen können. Die Entscheidung über solche Fragen wird im Verlaufe der ersten Gespräche wesentlich davon abhängen, ob Hintergrund der Depression eine lebenslange intrapsychische Konfliktsituation ist oder ob „äußere Lösungen" bzw. die aktive Unterstützung bei bereits vorgedachten Lebensentscheidungen oder weiteren Schritten ausreichen. Außerdem sollte hier die evtl. vorgesehene Einbeziehung von Lebenspartnern angesprochen werden. Zuletzt muss u. U. die Frage einer stationären Aufnahme, beispielsweise bei akuter Verschlechterung der Symptomatik, thematisiert werden.

6.1.3 Pharmakotherapie

Zum Behandlungsrahmen gehört auch die Besprechung einer evtl. nötigen Begleitmedikation und der Frage, wer diese verordnet und die entsprechenden Kontrollen durchführt. Hierbei muss immer bedacht werden, dass die Gabe von Antidepressiva (vgl. entsprechende Lehrbücher) im Rahmen der Psychotherapie der Depression sehr differenziert betrachtet werden muss. Therapeutische Beziehung, Persönlichkeit der Patienten und Erkrankung selber sind hier komplex miteinander verflochten. Tabelle 4 zeigt einige relevante Aspekte der Pharmakotherapie.

Tabelle 4: Umgang mit antidepressiver Medikation

Ziele von Medikation	Bahnung des Arbeitsbündnisses
	Affektive Dämpfung/Aktivierung
	Längerfristige Prophylaxe
Indikation	Schwere Symptome (Melancholie, Wahn, Stupor, schwere Angst)
	Rezidivierender Verlauf, Chronizität
	Atypische Zeichen (Hyperphagie, -somnie)
	Früherer Response
	Suizidalität (SSRI)
Psychodynamische Aspekte antidepressiver Medikation	Hilfsangebot (holding)
	Je nach Verarbeitung des depressiven Grundkonfliktes Anstoßen unterschiedlichster Phantasien (Geben, Konfrontieren, Kontrollieren, Abschreiben/Verlassen, Abstempeln, Identifikation etc.)
	Folge: mögliche Non-Compliance
	Verschiebungsprozesse (Klagen über Nebenwirkungen statt über Enttäuschung)

6.1.4 Stützende Interventionen

Neben der Bestimmung psychodynamischer Aspekte darf keinesfalls außer Acht gelassen werden, dass sich im Zuge depressiver Entwicklungen häufig vielfältige psychosoziale Folgeprobleme entwickelt haben, die ihrerseits zur Verstärkung der depressiven Symptomatik beitragen. So bekommen Therapeuten oft zu Beginn eine gewisse betreuende und schützende Funktion und sollten diese keinesfalls zurückweisen, auch wenn später die hierin liegende Selbstaufgabe der Patienten thematisiert werden muss. Zu den unterstützenden Aufgaben gehört z.B. die Erarbeitung „antidepressiver" Strategien. Hierzu können sportliche Aktivitäten gehören, aber auch andere Formen aktiver Betätigung oder die (Wieder-) Aufnahme sozialer Kontakte.

Therapeutisch besonders schwierig ist in der Phase der akuten Depression das Umgehen mit habituellen Selbstentwertungen, mit Suizidimpulsen sowie mit der Antriebshemmung der Patienten. Die größte therapeutische Arbeit besteht hier weniger darin, dem Patienten wohlmeinende Ratschläge zu geben, als die in dieser Situation oft vermittelte Hilflosigkeit auch am eigenen Leib auszuhalten, ohne sie dem Patienten unterschwellig aggressiv „zurückzugeben". Aber auch wenn es nicht um konkrete Ratschläge geht, gibt es doch einige Interventionen, die unmittelbare Entlastung aus depressivem Erleben ermöglichen können.

Viele Patienten sind in der depressiven Verstimmung nicht mehr in der Lage, differenzierte innere Bilder und damit auch einen Abstand zu sich selbst zu entwickeln, der es ihnen ermöglicht, ihr Selbstwertgefühl und ihr Bild von sich selbst so zu regulieren, wie sie das zu gesunden Zeiten können. In der akuten Depression sollten Interventionen deshalb auch darauf abzielen, den Patienten eine solche Distanzierung zu ihrem inneren Vorgehen zumindest zeitweilig zu erleichtern. Hierzu zählt beispielsweise die Anerkennung realer Belastung, die Frage nach Unterschieden in der Stimmungslage, nach Einflussfaktoren auf die Stimmung etc.

4

6.1.5 Bestimmung des Behandlungsfokus

Als Fokus kann beispielsweise ein zentrales problematisches Beziehungsmuster gewählt werden (z.B. ständiges Unterordnen und lediglich unterschwelliger Protest mit der Folge von Dominanz anderer und zunehmender Selbstentwertung). Im Allgemeinen werden solche therapeutischen Fokusbildungen nicht ausführlich thematisiert, sondern dienen eher dem Therapeuten als innere Richtschnur, die im Verlauf der Therapie natürlich auch wechseln kann. Manchmal ist es allerdings auch in einer akuten depressiven Symptomatik entlastend, wenn Patienten mit einer Hypothese zu dem vielleicht lebensüberdauernden Konfliktmuster der jetzt akut aufgetretenen Situation konfrontiert werden.

6.1.6 Behandlungsfehler

Kontraindiziert in der initialen Phase ist es, dem Patienten seine latenten Aggressionen gegen enttäuschende andere offensiv zu deuten. Dies führt erfahrungsgemäß eher zu einem weiteren Einbruch im Selbstwertgefühl. Ebenso muss der Bezug auf positives Erleben oder Ressourcen von Patienten vorsichtig gehandhabt werden: Leicht fühlen sich Patienten angesichts ihres so anders gearteten inneren Erlebens missverstanden und zurückgewiesen. Insgesamt gilt es sowohl therapeutisches Überengagement als auch therapeutische Distanzierung zu vermeiden. Vielmehr sind die vielfältigen Interaktionsangebote der Patienten, die heftige Affekte im Therapeuten auslösen können, auch als Test des Therapeuten auf seine Belastbarkeit und „Tragfähigkeit" zu verstehen. „Besteht" er/sie diesen Test mittels unaufdringlicher und zuversichtlicher Präsenz, so ist eine initiale Entlastung in den ersten therapeutischen Kontakten in der Regel gut möglich. In der Folge schließt sich dann oft die Frage an, ob die depressive Dekompensation eher nur aus der Erschöpfung angesichts äußerer Belastungen zu verstehen ist (was durchaus gelegentlich der Fall sein kann) oder ob sie die Endstrecke einer im oben beschriebenen Sinn lebensüberdauernden ungünstigen Persönlichkeitsentwicklung auf dem Boden einer basalen Bindungsunsicherheit ist.

6.2 Umgang mit Suizidalität:

Suizidideen, Suizidversuche und Suizide sind die Komplikation depressiver Störungen und deren Behandlung. Etwa 15% aller jemals stationär psychiatrisch behandelter Depressiver suizidieren sich im Laufe ihres Lebens. Entscheidend auch für den Psychotherapeuten ist das Erkennen von Suizidalität und das Einschätzen der Suizidgefährdung, insbesondere nach einem Suizidversuch. Motive für suizidale und parasuizidale Handlungen bzw. Gesten sind vielfältig (vgl. Tab. 5).

Diese vielfältigen Motive müssen beim therapeutischen Vorgehen in suizidalen Krisen in ihrer jeweiligen Ausprägung berücksichtigt werden. Basis jeder psychotherapeutischen Intervention ist eine eindeutige Einstellung/Haltung des Therapeuten zur Suizidalität.

Tabelle 5: Motive für suizidale und parasuizidale Handlungen (nach Bronisch, 2000)

Erlösung von seelischem (Depression, Angst, Psychose) und körperlichem Leid (Krebs, Aids, Diabetes, Niereninsuffizienz)

Wunsch nach einem Gottesurteil bezüglich des eigenen Weiterlebens, d.h. weder leben noch sterben können

Suche nach Ruhe und Geborgenheit

Hilferuf und Hilfsappell

Entlastung von Schuldgefühlen

Wendung der Aggression gegen das eigene Selbst, da Aggression gegen den Partner nicht gerichtet werden darf

Primäre Aggressivität gegen das eigene Selbst

Identifikation mit einer Idolfigur (sog. Werther-Effekt)

Erpressung, Wunsch, die soziale Umwelt zu kontrollieren, manipulieren

Racheakt im Sinne einer Bestrafung eines Partners

Kränkung aufgrund eines mangelhaft entwickelten Selbstwertgefühls (narzisstische Kränkung)

Einzige Möglichkeit, das Selbstwertgefühl noch zu retten (Suizidversuch als „narzisstische Plombe")

Appell an menschliche Bindung bzw. Aufkündigung aller menschlichen Bindungen

Aktive und freie Handlung eines Menschen (sog. Bilanzselbstmord)

Spannungsabfuhr: kein Suzidversuch im engeren Sinne

Bronisch (2000) beschreibt folgende Leitsätze für einen erfolgreichen therapeutischen Umgang mit Suizidalität:
(1) Suizidversuche basieren in den meisten Fällen auf sehr subjektiven Bilanzen des eigenen Lebens, die meistens korrigierbar sind.
(2) Therapeut und Patient müssen sich darüber im Klaren sein, dass ein Suizid etwas ist, was nicht rückgängig gemacht werden kann.
(3) Nahezu jeder Suizidversuch enthält als wesentliches Element einen Appell an menschliche Bindung.
(4) Der Therapeut muss mit dem suizidalen Patienten einen zeitlichen Aufschub vereinbaren, während dessen er – noch einmal – mit dem Patienten die Lebenssituation genau anschauen kann.
(5) Ein Therapeut kann einen Patienten mit chronischer Suizidalität von einem Suizidversuch/Suizid langfristig nicht abhalten. Er muss mit der Tatsache fertig werden, dass er nicht um jeden Preis Leben erhalten kann.
(6) Der Therapeut muss für den Patienten stellvertretend Hoffnung darstellen können.
(7) Ein Suizidversuch ist immer ernst zu nehmen, und es müssen auch bei suizidalen Gesten therapeutische Maßnahmen in Erwägung gezogen werden.

Aus diesen Grundsätzen ergibt sich, dass suizidales Verhalten als Notsignal akzeptiert werden muss und in seiner subjektiven Bedeutung erarbeitet werden sollte. Der Aufbau einer tragfähigen Beziehung und die (Wieder-)Herstellung sozialer Einbindung stehen im Vordergrund. Soweit möglich soll das soziale Umfeld aktiv in die Krisenintervention eingebunden werden. Chronische Suizidalität oder gar der Suizid eines Patienten sollte Anlass für Therapeuten sein, sich supervisorische oder andere Unterstützung zu holen.

6.3 Längerfristige Psychotherapie:

Je nach Schwere der depressiven Erkrankung und auch nach ihrer Eingebundenheit in lebenslang konflikthafte Muster im o.g. Sinn (bzw. dem parallelen Vorliegen einer Persönlichkeitsstörung) sind längerfristige Psychotherapien indiziert. Deren Gestaltung und Behandlungsschwerpunkte lassen sich oft nur schwer vorherbestimmen. Eine Orientierung für mögliche Foci geben aber die oben beschriebenen Persönlichkeitskonstellationen.

6.3.1 Therapieaspekte bei regressiver Verarbeitung des depressiven Grundkonfliktes

Es handelt sich um Patienten, die den depressiven Grundkonflikt von Nähewunsch und (teils schuldbehaftetem) Autonomiebedürfnis auf eher regressive Weise zu verarbeiten suchen. Diagnostisch finden sich hier vor allem Patienten mit phobischer und/oder depressiver Persönlichkeitsstruktur, teilweise auch solche mit zwanghaften Zügen. Zentral ist eine starke Normorientierung (Typus melancholicus im Sinne Tellenbachs), die untergründig dazu dient, gefürchtete Zustände von Alleinsein zu vermeiden. Auch sonst sind die sozialen Beziehungen eher von altruistischer Unterwerfung als von eigenständiger Expansivität gekennzeichnet. Bei dieser Gruppe von Patienten ist die basale Trennungsangst der Depressiven relativ direkt spürbar. Die Begegnung mit ihnen in der Therapie ist von daher vordergründig unkompliziert, sie sind entgegenkommend, gelegentlich „anhänglich", und es ist zunächst nicht schwer, mit ihnen in guten Kontakt zu kommen. Auf der anderen Seite muss gesehen werden, dass das Konflikthafte im inneren Erleben der Betroffenen in dem Wunsch nach Eigenständigkeit und Loslösung liegt. Deren Realisierung wird gefürchtet, weil in der Vergangenheit vergleichbare eigenständige Handlungen mit Zurückweisungen oder depressiver Verstimmung seitens zentraler Bezugspersonen beantwortet wurden (oft depressive Erkrankungen der Mütter). Eigenständigkeit und Loslösung sind mit Schuld verbunden. Gleichzeitig wecken diese Schuldgefühle archaische Wut, und es entsteht die für die Depression typische Ambivalenz.

Bei diesen Patienten findet sich, wenn auch nicht so ausgeprägt wie bei der „progressiven" Verarbeitung, eine Neigung zur Selbstentwertung und Autoaggression. Der psychodynamische Hintergrund dieser therapeutisch oft schwer zu beeinflussenden Einstellung besteht darin, dass die innere Verbindung mit dem als vorwurfsvoll erlebten Objekt „per Identifikation" erhalten bleibt. Gleichzeitig werden durch Selbstanklagen im anderen Schuldgefühle wachgerufen, die indirekter Ausdruck der in der Selbstanklage versteckten Aggression sind.

Andererseits sind Selbstanklagen immer auch Bewältigungsversuche, indem in ihnen die Hoffnung ausgedrückt wird, dass der andere, hier der Therapeut, das Gute entdecken und den Selbstanklagen keinen Glauben schenken möge. Im Zustand ausgeprägterer Depression ist es bisweilen auch so, dass das in der Selbstanklage gezeigte Leiden noch erträglicher ist als der dahinter verborgene und gefürchtete „objektlose" Zustand.

Zu bedenken ist, dass im depressiven Selbstvorwurf immer auch ein „Körnchen Wahrheit" enthalten ist: Der basale Mangel an „befriedigter Oralität" oder, wie es die objektbeziehungstheoretische Sicht beschreiben würde, „unerfüllten Symbiosewünschen" bzw. das mangelhafte „attunement" führt bei regressiver Verarbeitung zu einer insgesamt eher passiven Haltung. Ängstli-

che Passivität und damit verknüpfte Erwartungshaltungen an die Umgebung werden so zum Bestandteil ungünstiger Interaktionsmuster. Depressive spüren den hieraus bei anderen erwachsenden Ärger und suchen diesem über die Selbstanklage zuvorzukommen.

Zum therapeutischen Umgang mit der geschilderten Dynamik wurde in den frühen Jahren der Psychoanalyse immer wieder betont, dass es darauf ankäme, die „oralen Wünsche" der Patienten nach Geborgenheit, Zuwendung etc. nicht zu erfüllen und in Abstinenz zu verharren. Aus heutiger Sicht ist dies so weit zu modifizieren, dass es angesichts des Autonomie-Abhängigkeits-Konfliktes und der unbewussten Ambivalenz kontraproduktiv ist, unmittelbare Wünsche nach Zuwendung im Sinne des „es ist nicht genug" zu erfüllen, beispielsweise durch Gewährung von mehr Zeit etc. Solche Interaktionen führen oft unterschwellig zur Mobilisierung von Schuldgefühlen bei den Patienten und zu einer Verschlechterung der depressiven Symptomatik. Davon nicht betroffen ist allerdings der berechtigte Wunsch der Patienten nach Anerkennung ihres Leidens, ihrer Konflikte, aber auch ihrer lebendigen Wünsche. Das therapeutische Vorgehen bei dieser Art von depressiver Störung orientiert sich an der zentralen inneren Dynamik: Patienten mit abhängig-willfähriger Verarbeitung des depressiven Konfliktes fürchten, dass die Realisierung eigener Interessen, das Befolgen expansiver Wünsche oder auch aggressive Auseinandersetzungen ihr brüchiges Sicherheitserleben in Beziehungen noch weiter gefährden. Diese basale Unsicherheit wird noch dadurch kompliziert, dass die Patienten durchaus auch in ihrem bewussten Erleben nicht frei von Aggression, Enttäuschung und Wut bzw. Neid sind, die aber per Selbstanklage gebannt sind (s.o.). Die resultierende Ambivalenz gegenüber wichtigen Bindungspersonen bestimmt von Beginn an mehr oder weniger stark die therapeutische Beziehung, wird aber durch die freundliche Kooperation zunächst überdeckt.

Therapeutisch geht es in der initialen Behandlungsphase oft darum, die widerstrebenden Tendenzen in den sozialen Interaktionen herauszuarbeiten und vor allem anzuerkennen. Ein starkes Drängen nach Veränderung ungünstiger Muster kann problematisch sein. Es ist im eigentlichen Sinne eher untherapeutisch, da es das Erleben von Hilflosigkeit und Inkompetenz verstärkt. Angesichts der inneren Konstellation muss erwartet werden, dass Patienten über längere Zeiten der Therapie Hilflosigkeit und depressive Resignation zeigen, an erarbeiteten Problemlösungen scheitern und die Geduld ihrer Umgebung auf die Probe stellen. Es kommt dann darauf an, sich als Therapeut nicht in die depressive Grundstimmung ziehen zu lassen und gleichzeitig zu vermeiden, die mit der Resignation verbundenen Affekte beim Patienten zu ignorieren oder gar zu entwerten. Therapeutisch ist es oft gut möglich, durch genaue Betrachtung von „kleinen" auslösenden Situationen typische Verarbeitungsmuster und Abwehrkonstellationen zu erkennen (Wendung gegen das Selbst, verzerrte Wahrnehmung, Konstellierung von ungünstigen Interaktionen, die für andere nicht nachvollziehbar sind) und diese dann zu bearbeiten.

Aus dem Gesagten folgt, dass ein wesentliches Therapieziel in dieser Gruppe depressiver Patienten die verbesserte Wahrnehmung eigener Interessen und die Verarbeitung damit einhergehender Trennungsängste und unbewusster Schuldgefühle ist.

4

6.3.2 Therapieaspekte bei progressiver Verarbeitung des depressiven Grundkonfliktes

Hier finden sich narzisstische, zwanghafte und schizoide Patienten. Der Pol der „Selbstbezogenheit, der forcierten Autonomie, der Orientierung an inneren Idealen von Unabhängigkeit und Stärke steht dabei nur scheinbar im Gegensatz zu den Merkmalen des regressiven Typus. Die Grundangst vor der Unerreichbarkeit des anderen und vor Kontaktlosigkeit ist die gleiche. Das „innere Arbeitsmodell" sieht jedoch so aus, dass Sicherheit vor diesen genannten Ängsten eher in der aktiven Bewältigung oder im Ideal von Unabhängigkeit und relativer Bindungslosigkeit zu suchen ist (vermeidender Bindungsstil). Es besteht eine Abhängigkeit von einem inneren Idealbild, das sowohl quälerisch hinsichtlich der unerreichbaren Selbstanforderungen ist als auch destruktiv, weil es mit der Entwertung von wichtigen anderen verbunden ist.

Es ist offensichtlich, dass trotz des ähnlich gelagerten Grundkonfliktes das therapeutische Vorgehen mit Patienten dieser Gruppe ein anderes ist. Während Patienten mit eher willfähriger Persönlichkeit oft ambivalent gegenüber Psychotherapie sind, weil sie denken, sie stünde ihnen nicht zu, sind Patienten dieser Gruppe ablehnend, weil sie Therapiebedürftigkeit als Kränkung ansehen. Sie ist unterschwellig verbunden mit einer Vision von Abhängigkeit, Demütigung und Gefangensein. In der akuten Depression sind diese Patienten in besonderer Weise ihren destruktiven inneren Bildern ausgeliefert, da sie ja gerade offensichtlich in ihrem Versuch gescheitert sind, sich und andere von ihrem Wert zu überzeugen.

In dieser Situation findet sich dann, wenn auch vor einem etwas anderen Hintergrund, ebenfalls ein Vorherrschen von Selbstentwertung, hier aber weniger verknüpft mit der Suche nach Unterstützung durch den (evtl. idealisierten) Therapeuten, sondern eher mit dem Tenor, dass „alle Welt", also auch der Therapeut, nicht helfen kann. Dies entspricht der Lebenserfahrung mit Bezugspersonen, die wenig Nähe und Geborgenheitserfahrung vermitteln konnten. Es besteht deshalb die Gefahr der „Reinszenierung" in der Therapie in dem Sinne, dass auch Therapeuten durch die entwertende und resignierte Art der Patienten ihrerseits auf Distanz gehen, karg und ratlos werden, die Patienten narzisstisch entwerten und so deren „Arbeitsmodell" bestätigen.

Während also bei den regressiven Verarbeitungsformen eher Aspekte der Individuierung, der Abgrenzung, der Interessensdurchsetzung im Vordergrund stehen, sind es in dieser Gruppe Themen von Relativierung von Ansprüchen, Anerkennung von Abhängigkeit und Angewiesensein. Dabei geht es weniger darum, den Patienten „pädagogisch" auf die Notwendigkeit der Reduzierung seiner inneren Ansprüche zu verweisen. Dies scheitert meist und wird oft vorwürflich und uneinfühlsam erlebt (wenn dies so leicht ginge, wären die Patienten nicht in Therapie). Vielmehr geht es darum, im Sinne eines tieferen Verständnisses gemeinsam die Hintergründe und die Not zu verstehen, aus der diese Ansprüche entstanden sind. Auf der andere Seite muss gesehen werden, dass das Beharren auf hohen Ansprüchen im Verlaufe einer Therapie tatsächlich auch Abwehrcharakter bekommen kann, der aus der Angst verständlich ist, Verhaltensänderungen, wie sie therapeutisch evtl. erarbeitet wurden, umzusetzen. Insofern ist ein Verweisen auf habituelle Selbstentwertungen in schwierigen Situationen durchaus wichtig.

Konkrete therapeutische Themen sind darüber hinaus häufig die Aufrechterhaltung von Kontakten und die Veränderung von destruktiven Beziehungsabbrüchen. D. h. das therapeutische Vorgehen zentriert sich auf interpersonelle Fragen, es geht um die Erarbeitung von Wiederholungsmustern und Bedeutungen

Tabelle 6: Synopsis: Therapeutische Themen der psychodynamischen Psychotherapie der Depression

Thema	Beziehungsgestaltung	Gegenübertragung	Vorgehen
Abhängigkeit	Passivität, Erwartung von Lösung durch Therapeut/andere, „Unterwerfung"	Helfen wollen, Ratschläge geben, später Druck, Hilflosigkeit, „Genervtheit"	Geduld, Vermeiden von „Aktivismus", Ressourcen erarbeiten (Vorsicht vor Überforderung), Wahrnehmung eigener Wünsche/Impulse fördern
Ambivalenz	„Help rejecting complaining" (ja, aber ...), Entscheidungsunfähigkeit	Ungeduld, Ärger, Distanzierung Hilfsbereitschaft,	Geduld, Herausarbeitung der untergründigen Affekte (Ärger, Enttäuschung), später: Deutung der zentralen Angst (vor Zurückweisung)
Gehemmte Aggressivität, Altruismus	Harmoniestreben, Aufopferung (mit untergründigen Wiedergutmachungsansprüchen), Bedürfnislosigkeit	Gefühl, kontrolliert zu werden (fürsorgliche Tyrannei), Gehemmtheit	Herausarbeiten und Anerkennen der Bedürftigkeit, Umgehen mit Enttäuschung und Neid, Bearbeiten der Angst vor eigener Aggressivität und der Phantasie, andere könnten zu Schaden kommen
Selbstentwertung	Perfektionismus, Pessimismus, strenge Gewissensbildung, (Neigung zu Generalisierungen: „Bin Versager"), Verleugnung von Bedürftigkeit (Ich brauche keinen ... mir kann keiner helfen)	Impuls zu widersprechen, Ungeduld, Gefühl, selbst entwertet zu werden, später Verachtung	Selbstbeobachtung bez. Generalisierungen anregen, Vorsicht vor eigener Entwertung („Sie wollen ja nicht !") , keinen vorschnellen Trost („Das stimmt doch nicht !"), Herausarbeitung des Selbstentwertungszirkels
Kränkbarkeit, Scham, Rückzug	scheinbare Autonomie, Kontaktmangel, fehlende soziale Kompetenz, Rückzug oder „Gegenangriffe"	Defensives Gefühl, Erleben von Wertlosigkeit, fehlender Kontakt	Verlässlichkeit und Geduld, Vermeiden von kränkenden Gegenangriffen, Zulassen von Verletzlichkeit, ohne aus der Beziehung zu gehen
Somatisierung	Klagen, Vermeiden psychologischer oder „beziehungsorientierter" Interpretationen, Idealisierung gefolgt von Enttäuschung und Zurückweisung	Verführung zur „Arztrolle", später enttäuschte und resignierte Abwendung, innerer Kontaktabbruch	Verstehen der Beziehungsbotschaft (Suche nach Halt bei Aufrechterhaltung der „Autonomie"), regelmäßige, nicht durch Symptomatik gesteuerte Kontaktangebote

4

zwischenmenschlicher Situationen. Die häufig vorhandenen Einschränkungen im sozialen Verständnis und in der Einfühlung in andere spielen hier eine große Rolle.

Aufgrund ihrer spezifischen Verarbeitung des depressiven Konfliktes sind diese Patienten, zumindest dann, wenn ihr Lebenskonzept völlig zusammenbricht und sie schließlich „doch" in Therapie kommen, häufig sozial sehr isoliert. Aus diesem Phänomen und aus der Hartnäckigkeit und „Unbezogenheit" ihrer Persönlichkeitszüge ergibt sich häufig die Indikation für eine längere Therapie, die manchmal auf Jahre angelegt sein muss.

6.3.3 Behandlungsdauer, Therapiebeendigung

Die Richtlinien der Kassenpsychotherapie sehen für die tiefenpsychologisch fundierte Therapie eine Dauer von 50 Stunden mit meist einwöchentlichen Terminen vor. Verlängerungen sind bis zu 100 Stunden möglich. Studien in den USA haben gezeigt, dass die dort untersuchten 20 Therapiestunden zu so hohen Rückfallquoten führen, dass eine solche Stundenzahl für die überwiegende Zahl Depressiver nicht als angemessen angesehen werden kann (Shea et al., 1992).

Es wird also in Zeiten zunehmenden ökonomischen Druckes, auch auf die Psychotherapie, immer wieder die Frage nach der notwendigen Dauer der Therapie gestellt. Dies ist sicher sinnvoll, da es bei depressiven Manifestationen offensichtlich ein breites Spektrum von sehr verschiedenen biografischen und „charakterpathologischen" Hintergründen gibt. Es lässt sich vielleicht verallgemeinernd sagen, dass je stärker der „innere" Anteil, d.h. die lebenslange Vulnerabilität und Bindungsunsicherheit ist, desto wahrscheinlicher ein längerer Therapieprozess nötig wird. Das Ausmaß der Vulnerabilität steht dabei nicht unbedingt in direktem Zusammenhang mit der Schwere der depressiven Symptomatik, so dass u.U. vergleichsweise akut weniger belastete dysthyme Patienten manchmal einer längeren Therapie bedürfen als Patienten mit einer schweren, aber akut aufgetretenen bzw. ausgelösten Störung.

Kriterien für die Notwendigkeit einer längerfristigen, d.h. mehrjährigen Behandlung, gleich welcher Frequenz, ergeben sich im Übrigen häufig erst im Verlauf einer begonnenen Therapie (weshalb die Kassenrichtlinien auch die Möglichkeit der Umwandlung von Anträgen vorsehen).

Mundt (1996) hat auf den „Sollensdruck", also dass normorientierte Denken (Hypernomie nach Tellenbach), bei vielen Depressiven hingewiesen, der durch eine zu eng bemessene Therapiezeit nicht ausreichend thematisiert werden kann. Man muss sich als Therapeut darüber im Klaren sein, ob man mit dem Patienten einen „status quo ante" herstellen möchte, sozusagen in den Grenzen seiner Sollensnormen (Mundt), oder ob es auch um das Wagnis von mehr Nonkonformität gehen kann. Offensichtlich ist dies wesentlich eine Frage der ausreichenden Zeit, die für einen solchen tiefer gehenden Prozess zur Verfügung steht.

In diesem Zusammenhang muss noch auf die besondere Bedeutung und Schwierigkeit der Beendigung von Therapien mit Depressiven hingewiesen werden: Aus den obigen Darstellungen ergeben sich zwei grundsätzliche Probleme. Patienten mit eher ängstlich-regressiver Struktur neigen dazu, der Beendigung eher auszuweichen, forciert-autonome Patienten dazu, die Behandlung bereits zu einem Zeitpunkt zu beenden, zu dem sie eigentlich noch nicht stabil sind. Beide Gefahren sollten möglichst früh in der Therapie thematisiert werden, gerade dann,

wenn nicht eine feste Stundenzahl verabredet wurde. Es erfordert dabei beim Therapeuten eine ehrliche Reflexion der Gegenübertragung, um ein Mitagieren zu verhindern. D.h. zu sehen, wann ein anhänglicher und vielleicht weniger anstrengender Patient dennoch zur Beendigung angehalten werden sollte bzw. wann ein evtl. entwertender und unzugänglicher Patient zum „Bleiben" veranlasst werden sollte, auch wenn dem Therapeuten beides jeweils schwer fällt.

Die Möglichkeit langfristiger niederfrequenter Folgetermine (z.B. alle 4 Wochen oder jedes Vierteljahr) sollte öfter erwogen werden.

7 Zusammenfassung:

- Zentrales Persönlichkeitsmerkmal von zu Depressionen neigenden Menschen ist eine ungenügende Verarbeitung des depressiven Grundkonfliktes von Bindungswunsch und Autonomiestreben bzw. -angst.
- Dieser Grundkonflikt kann regressiv (phobisch, gehemmt, anklammernd) oder (pseudo-)progressiv (narzisstisch, schizoid, zwanghaft-autonom) verarbeitet werden. Hier finden sich Parallelen zum ängstlich-ambivalenten bzw. vermeidenden Bindungsstil bei Kindern.
- Unabhängig von der Persönlichkeit sind in der akuten Depression stützende Entlastung, Strukturierung, Informationsvermittlung und Zielbestimmung sowie die Festlegung des Behandlungsrahmens zentrale Aspekte des Vorgehens.
- Bei regressiven Verarbeitungsformen kann eine Fokussierung auf Selbstaktualisierung, Ambivalenzerleben und Trennungsschuld sinnvoll sein.
- Bei autonomen Verarbeitungsformen sollten die hohen Selbstanforderungen und die vordergründige Ablehnung von Bindung und Abhängigkeit beachtet werden.
- Das wiederholte Durcharbeiten depressiogener Alltagserfahrungen hat einen hohen Stellenwert.
- Die Dauer der Therapie wird für Patienten mit einer hohen Vulnerabilität für Depressionen eher langfristiger angelegt sein. Niederfrequente Begleitung über mehrere Jahre kann sinnvoll sein.

8 Frequently Asked Questions (FAQ)

Vorab sei noch einmal auf die Abschnitte zu typischen Behandlungsfehlern hingewiesen!

1. *Sollte eine Psychotherapie bei Depression immer medikamentös begleitet werden?*
→ Es gibt Studien, die zeigen, dass eine obligate antidepressive Medikation keine Vorteile bringt. Es finden sich Hinweise, dass eine zusätzliche Medikation dann sinnvoll ist, wenn nach etwa 8 Wochen Behandlung (1-2 Termine pro Woche) keine Entlastung auftritt. Daneben bietet sich eine Gabe von Antidepressiva bei schwerer und chronifizierter Symptomatik, starker Unruhe und Schlaflosigkeit und starker Antriebshemmung an.

2. *Wann sollten Angehörige in die Therapie einbezogen werden?*

→ Die Depression ist eine Erkrankung, die das familiäre Umfeld erheblich belastet. Dies sollte im Sinne der Entlastung und verbesserten Bewältigung (Schuldgefühle) öfter einbezogen werden, als dies bisher geschieht. Forschungsergebnisse zeigen, dass begleitende Paargespräche das Ergebnis und die Prognose deutlich verbessern.

3. *Schadet eine zwischenzeitliche stationäre Behandlung der therapeutischen Beziehung?*

→ Bei schweren Depressionen sind zwischenzeitliche stationäre Einweisungen manchmal unumgänglich. Sie werden meist als unterstützend wahrgenommen, insbesondere wenn vollkommen klar ist, dass die ambulante Therapie weitergeführt wird. Im Einzelfall kann es aber trotz schlechten Befindens auch zu einer Ablehnung der Einweisung durch den Patienten kommen. Dann handelt es sich oft um einen Machtkampf im Rahmen einer ungünstigen Übertragungskonstellation.

4. *Was ist, wenn ich innerlich der depressiven Resignation eines Patienten „zustimme"?*

→ Dies kann als Ausdruck einer konkordanten Gegenübertragung verstanden werden und sollte zu einer erhöhten Wachsamkeit bezüglich entwertender, negativer oder resignierter therapeutischer Reaktionen führen (Testung der therapeutischen Beziehung durch Patienten). Bei chronischer Resignation sollte Supervision in Anspruch genommen werden, da vermutlich unentdeckte Gegenübertragungsverstrickungen eine Rolle spielen.

9 Literatur:

a) zitierte Literatur

- Ainsworth MDS, Blehar MC, Waters E, Wall S: Patterns of attachment. A psychological study of the strange situation. Hillsdale NY: Erlbaum, 1978
- Arieti S, Bemporad J: „Depression". Krankheitsbild, Entstehung, Dynamik und psychotherapeutische Behandlung. Stuttgart: Klett-Cotta, 1983
- Beck AT: Cognitive Models of Depression. Journal of Cognitive Psychotherapy 1987;1/1:5-38
- Blatt SJ, Zuroff DC: Interpersonal relatedness and self definition: Two prototypes of depression. Clin Psychol Rev 1992;12:527-561
- Bowlby J: Attachment and loss. Vol 3. New York: Basic Books, 1980
- Bronisch T: Suizidalität und Krisenintervention. In: Hoffmann N, Schauenburg H (Hrsg.): Psychotherapie der Depression. Stuttgart: Thieme, 2000
- Brown GW, Harris TO, Bifulco A: Long-term effects of early loss of parent. In: Rutter M, Izard CE, Read PB (eds.): Depression in Young People. New York: The Guilford Press, 1986
- Freud S: Trauer und Melancholie. GW X. frankfurt/Main: S. Fischer, 1917, 427-446
- Möller HJ, Laux G, Kapfhammer H: Psychiatrie und Psychotherapie. Berlin, Heidelberg, New York: Springer, 1999
- Mundt C: Die Psychotherapie depressiver Erkrankungen: zum theoretischen Hintergrund und seiner Praxisrelevanz. Nervenarzt 1996;67:183-197
- Rudolf G: Psychotherapeutische Medizin. 4. Aufl. Stuttgart: Thieme, 2000
- Shea MT, Elkin I, Imber SD, Sotsky SM, Watkins JT, Collins JF, Pilkonis PA, Beckham E, Glass DR, Dolan RT, Parloff MB: Course of depressive symptoms over follow-up: findings from the National Institute of Mental Health Treatment of Depression Collaborative Research Program. Arch Gen Psychiatry 1992;49:782-7

b) weiterführende Literatur

- Cremerius J: Grenzen und Möglichkeiten der psychoanalytischen Behandlung von Patienten mit Über-Ich-Störungen. Psyche 1977;41:593-636
- Hoffmann N, Schauenburg H (Hrsg.): Psychotherapie der Depression. Stuttgart: Thieme, 2000
- Mentzos S: Depression und Manie. Psychodynamik und Psychotherapie affektiver Störungen. Göttingen: Vandenhoeck & Ruprecht, 1994
- Rudolf G: Psychotherapeutische Medizin. 4. Aufl. Stuttgart: Thieme, 2000
- Stiemerling D: 10 Wege aus der Depression. München: Pfeiffer, 1995
- Will H, Grabenstadt Y, Völkl G, Banck G: Depression – Psychodynamik und Psychotherapie. Stuttgart: Kohlhammer, 1998

4

4.4 Ätiopathogenese und Psychotherapie von Angststörungen aus psychodynamischer Sicht

Markus Bassler

1 Einleitung

In der Theorie und Praxis der Psychoanalyse und der von ihr abgeleiteten psychodynamischen Therapieverfahren wurde Angst schon früh als ein Kernproblem für die Pathogenese verschiedener psychischer Störungen angesehen. Einige bis heute unverändert gebliebene Überlegungen zur Angst entwickelte Freud in seinem 1926 erschienenen Aufsatz: „Hemmung, Symptom und Angst". Freud interpretierte damals die Funktion des Angstaffekts vor allem als eine Art Warn- bzw. Gefahrsignal, das vom Ich bei Gefahrsituationen ausgelöst wird. Die Angstauslösung hat dabei vor allem den Zweck, adaptive Verhaltensweisen in Gang zu setzen, um der Gefahr besser begegnen zu können: So fördert die Angst als direkte Reaktion auf eine äußere Bedrohung rasch die Bereitstellung von maximaler körperlicher Kraft, um je nach Einschätzung der eigenen Kräfte entweder anzugreifen oder aber die Flucht zu ergreifen. Handelt es sich dabei etwa um eine lebensbedrohliche Situation, bewerten wir die dabei auftretende Todesangst durchaus als angemessen, d.h. als „realistisch". Bei der neurotischen Angst dagegen besteht ein deutliches Missverhältnis zwischen objektivierbarer äußerer Bedrohung und dabei empfundener Angst. Dieses Missverhältnis bei der Angstentstehung ist besonders bei Phobien zu beobachten. Freud erklärte sich dieses Phänomen mit der seinerzeit bahnbrechenden Hypothese, dass bei den Phobien die bewusst wahrgenommene äußere Bedrohung in Wahrheit symbolisch für eine innerpsychische Bedrohung steht, welche dem Individuum jedoch unbewusst ist.

Eine solche unbewusste innere Bedrohung kann z.B. durch triebhafte Strebungen verursacht sein, die in Konflikt mit Gewissensnormen stehen. Über den Abwehrvorgang der Verschiebung von innen nach außen wird der unbewusste intrapsychische Konflikt vom Ich wie eine äußere Bedrohung behandelt. Damit wird die entscheidende Frage, warum eine vergleichsweise harmlose äußere Situation oder Objekt so ängstigend erlebt werden kann, aus psychoanalytischer Perspektive mit der bedrängenden Dynamik unbewusster intrapsychischer Konflikte erklärt. Letztlich, so die Annahme Freuds, antizipiert das Ich dabei die Gefahr einer traumatisierenden Überwältigung durch Reizüberflutung, der es sich hilflos ausgeliefert fühlt. Das kann zum einen der Fall sein, wenn die ungebremste Befriedigung eines Triebanspruchs zu schwer wiegenden Konflikten mit der äußeren Realität führt (z.B. Bestrafung), zum anderen, wenn der Triebanspruch von der eigenen Gewissensinstanz als bedrohlich bzw. verwerflich erlebt wird, z.B. bei sadistischen bzw. perversen Triebimpulsen.

Der Angstaffekt lässt sich nicht nur in seiner Intensität bzw. Angemessenheit differenzieren, sondern auch in seiner qualitativen Ausprägung. In der psychoanalytischen Entwicklungspsychologie wird angenommen, dass jeder Mensch im Verlauf seiner Kindheit phasentypischen Konflikten und daraus entspringenden spezifischen Ängsten ausgesetzt ist: „Die Gefahr der psychischen Hilflosigkeit passt zur Lebenszeit der Unreife des Ichs, wie die Gefahr des Objektverlustes zur Unselbstständigkeit der ersten Kinderjahre, die Kastrationsgefahr zur phallischen Phase, die Über-Ich-Angst zur Latenzzeit" (Freud, 1926). Aus der Qualität der vorherrschenden Ängste (was von psychotischer Selbstverlustangst bis hin zur reifen Gewissensangst reichen kann) lassen sich somit beim Erwachsenen implizit Rückschlüsse auf unbewältigte phasentypische Konfliktkonstellationen ziehen.

In diesem Zusammenhang gewinnen auch Konzepte der empirischen Säuglingsforschung zunehmend an Bedeutung (vgl. Dornes, 1992). Dies zeigt sich insbesondere in einem Wandel des bisher gültigen Verständnisses der affektiv-kognitiven Fähigkeiten des Säuglings. Die frühen Phasen der Säuglingsentwicklung lassen sich vielleicht noch am ehesten mit dem einfachen Modell des „Reflexbogens" erklären – gleichwohl als gesichert gelten kann, dass das Repertoire angeborener Reaktionsmuster, die sich autochthon ausdifferenzieren, erheblich größer ist, als bisher angenommen wurde (vgl. Izard, 1977). Hier ist besonders auf Bowlby (1976) zu verweisen, der anhand von empirischen Beobachtungen zur wesentlichen Schlussfolgerung kam, dass der menschliche Säugling die angeborene Neigung hat, die Nähe einer vertrauten Person zu suchen. Dieses „Bindungsverhalten" dürfte maßgeblich den Anstoß dafür geben, dass der Differenzierungsprozess affektiver bzw. emotionaler Reaktionen wesentlich über die Erfahrung sozialer Interaktionen gesteuert wird. Bei drohendem Verlust von Bindung wird Angst als Affekt mobilisiert, um dadurch das Bindungssystem des Interaktionspartners zu aktivieren. Das Zeigen von Angst soll dabei erreichen, dass der Partner (z.B. Eltern) das Kind nicht allein lässt, d.h. Trennung vermieden wird. Beim Interaktionspartner wird durch die wahrgenommene Ängstlichkeit des anderen in der Regel ein verstärktes Fürsorgeverhalten initiiert, was implizit auf die sozial-kommunikative Funktion von Angst (bzw. Affekten überhaupt) verweist.

Gegenwärtig werden vier Bindungstypen (A-D) unterschieden, die auf Verhaltensbeobachtungen von Ainsworth et al. (1978) an kleinen Kindern zurückgehen: A) unsicher-vermeidend gebun-

4

den, B) sicher gebunden, C) unsicher-ambivalent gebunden. Eine weitere Kategorie kam später noch hinzu: D) desorganisiert/desorientiert gebunden. Mit dieser Bindungstypologie ist implizit auch angesprochen, wie frühe und prägende Beziehungserfahrungen internalisiert werden. Für die psychoanalytische Entwicklungspsychologie ist dabei von entscheidender Bedeutung, dass Beziehungserfahrungen sich intrapsychisch in der affektiv-kognitiven Ausformung von Objekt- und Selbstrepräsentanzen niederschlagen. Die Selbstrepräsentanz bildet sich nach diesem Verständnis notwendigerweise über den „Umweg des Objekts": Ich lerne mich so zu sehen (und zu empfinden), wie ich erlebt habe, dass andere mich sehen und behandeln. Daraus ergibt sich zwanglos die Schlussfolgerung, dass unsichere Bindungserfahrungen (etwa mit der Mutter) zu einem unsicheren Selbstbild und mittelbar auch zu einem unsicheren Selbstwertgefühl disponieren. Lässt die Mutter ihr Kind z.B. wiederholt unempathisch allein, wenn es bei Explorierung seiner Umgebung oder Kontaktversuchen mit anderen Menschen in Nöte kommt (etwa Angst empfindet), wird es Alleinsein bzw. Autonomie zunehmend als bedrohlich, vielleicht sogar vital gefährlich erleben. Ängstlichkeit als Persönlichkeitsmerkmal wird neben einem Anteil genetischer Disposition vor allem über diesen Modus von Beziehungs- bzw. Bindungserfahrung biografisch erworben. Der Beginn einer manifesten Angsterkrankung wird bei ängstlicher Persönlichkeitsdisposition oft durch eine akute Belastung (sei sie real schon eingetreten oder nur befürchtet) ausgelöst.

Zu erwähnen in diesem Zusammenhang ist noch, dass viele Angstpatienten sich sehr auf Schutz und Geborgenheit angewiesen fühlen, wobei diese Funktion nicht nur von Menschen, sondern symbolisch auch von dafür geeignet gehaltenen Objekten (z.B. Mitführen eines Talismans oder Medikaments) übernommen werden kann. Winnicott, Kinderarzt und Psychoanalytiker, beobachtete ein ähnliches Verhalten bei Kleinkindern (vgl. Winnicott, 1953). Ihm zufolge verschafft sich ein Kleinkind unter dem Druck, zunehmend mehr auf die Präsenz bzw. ständige Verfügbarkeit seiner Mutter verzichten zu müssen, kreativ eine Art „Ersatzmutter", mit der es wie bei der realen Mutter tröstende bzw. geborgenheitsspendende Erfahrungen machen möchte. Diese Rolle kann ein besonders geliebtes Spielzeug (z.B. Teddybär) oder sonst geeignetes Objekt (z.B. Schmusedecke) übernehmen, das wenigsten in einigen Aspekten an die Mutter erinnert (z.B. kuschelige Wärme). Das Objekt vertritt symbolisch die abwesende bzw. nicht verfügbare Mutter und ist in diesem Sinn ein „Übergangsobjekt", das die allmähliche innere Loslösung von der realen Mutter erleichtern soll. Findet sich auch beim Erwachsenen noch ein ausgeprägtes Bedürfnis nach solchen Übergangsobjekten (wie z.B. bei Angstpatienten), lässt dies auf eine anhaltend starke (infantile) Abhängigkeit von schutzgebenden Personen bzw. Objekten rückschließen.

Unter Berücksichtigung dieser allgemeinen entwicklungspsychologischen Aspekte lassen sich aus psychodynamischer Perspektive zwei grundsätzliche Modelle zur Entstehung neurotischer Symptome auflisten (Hoffmann und Bassler, 1996; Bassler, 2000):

1. *das Konfliktmodell:* Zu Beginn einer neurotischen Symptombildung (z.B. phobische Reaktion) steht eine auslösende Ursa-

che, die für den Patienten in ihrer eigentlichen Tragweite unbewusst ist. Häufig handelt es sich um eine „Versuchungs- und Versagungssituation", durch die beim Patienten ein unbewusster intrapsychischer Konflikt angestoßen wird (z.B. Gewissenskonflikt). Nicht selten knüpft der aktuelle Konflikt zugleich unbewusst an vergleichbare frühere (vor allem in der Kindheit) Konfliktkonstellationen an und wird dann entsprechend aus infantiler Perspektive erlebt (ein Vorgang, der in der Psychoanalyse mit „Regression" bezeichnet wird). Dieser Prozess bedingt insgesamt manifeste Angst, die ihrerseits Abwehrmaßnahmen initiiert. Im Idealfall wäre dies die vollständige Verdrängung des angstauslösenden (unbewussten) Konflikts; misslingt dies jedoch (etwa wegen der Heftigkeit des abzuwehrenden Konflikts), bleiben nur neurotische Kompromisslösungen. Dabei amalgieren die abgewehrten verpönten Triebstrebungen und die Abwehr dagegen meist zu einem neurotischen Symptom (etwa Zwangshandlung). Um den Preis der neurotischen Symptombildung wird auch die Angst eingedämmt. Genügt jedoch auch die Symptombildung nicht, den andrängenden unbewussten Konflikt in Schach zu halten, bricht heftige Angst als ungerichtete Reaktion durch, die sich rasch zu einer Panikattacke steigern kann. Diese Form von Angst erfüllt keinerlei adaptive Funktionen mehr, sondern signalisiert nur noch psychische Dekompensation. Insgesamt beschreibt das Konfliktmodell somit neurotische Störungen als „unteroptimale Lösungen von Triebimpuls-Abwehrkonflikten bzw. Reaktualisierungen infantiler Konflikte."

2. *das Defizitmodell (Traumatisierung):* Aufgrund einer schwer wiegenden ich-strukturellen Schwäche besteht eine sehr geringe Konflikttoleranz – schon bei minimalen Belastungen kommt es zu starker Angst in Verbindung mit heftigen Überforderungsgefühlen; nicht selten schlägt die ursprüngliche Angst in impulsives aggressives Verhalten um (z.B. bei Borderline-Persönlichkeitsstörung). Die fehlenden Konfliktbewältigungsmöglichkeiten sind direkte Folgen eines primären Entwicklungsschadens, wie er z.B. bei grober Vernachlässigung emotionaler Basisbedürfnisse, Misshandlung, sexuellem und/ oder aggressivem Missbrauch eintreten kann.

Beide Modelle lassen sich fruchtbar um die bereits erwähnten bindungstheoretischen Annahmen bezüglich der Internalisierung von Beziehungserfahrungen im Kindesalter ergänzen, wobei hier vor allem die Ausgestaltung von intrapsychischen Selbst- und Objektrepräsentanzen angesprochen ist. Unsichere Bindungserfahrungen bedingen häufig eine ängstlich-unsichere, vor allem auf Außensteuerung (Bezugspersonen) angewiesene Selbststeuerung des Individuums, wie oben skizziert wurde.

In diesen psychoanalytischen Konzepten fehlen bislang weitgehend lerntheoretische Überlegungen, insbesondere mit Hinblick auf die symptomerhaltenden Bedingungen (z.B. negative Verstärkung von Vermeidungsverhalten). Gerade diese dürften aber für den Prozess der Chronifizierung von Angststörungen eine wesentliche Rolle spielen (vgl. Hand 2000, Schneider und Margraf, 1998).

Shear et al. (1993) haben in jüngerer Zeit ein beispielhaftes Modell zur Ätiopathogenese der Panikstörung vorgestellt, bei dem neben psychologischen wesentlich auch neurophysiologische Gesichtspunkte berücksichtigt wurden: Begünstigend für die Entwicklung einer Panikstörung ist demzufolge vermutlich eine angeborene erhöhte neurophysiologische Erregbarkeit. Kinder, die davon betroffen sind, werden durch einen ungünstigen Erziehungsstil der Eltern (der z.B. primär angstmachend ist) zusätzlich in ihrer psychischen Entwicklung beeinträchtigt, insbesondere was das Erleben von stabilen und empathischen Beziehungen und Ausbildung reiferer Bewältigungsmöglichkeiten von Konflikten anbelangt. In der Folge werden vermehrt intensive negative Affekte erlebt, die ihrerseits zu einer weiteren Zunahme der neurophysiologischen Erregbarkeit führen. Treten später nun biologisch oder psychologisch bedeutsame Belastungsereignisse auf, werden die ohnehin eingeschränkten Möglichkeiten der intrapsychischen Konfliktbewältigung überschritten, neben einer zunehmenden Erosion des Sicherheitsgefühls in Verbindung mit dem Erlebnis eines inneren Kontrollverlusts kommt es zu einer massiven neurophysiologischen Aktivierung, was sich schließlich bis zu einem Panikanfall aufschaukeln kann.

In seiner Integration unterschiedlicher Theorieansätze, das auch neurobiologische Aspekte mit berücksichtigt, scheint das zuletzt skizzierte Modell richtungsweisend zu sein.

Im Folgenden sollen nun die einzelnen Angststörungen, wie sie in der ICD-10 aufgelistet sind (F40 und F41), im Einzelnen näher beschrieben werden. Dabei werden bei allen wesentlichen Angststörungen zunächst deren klinisches Bild, danach deren Epidemiologie und Verlauf, sodann die Ätiopathogenese und abschließend ein typisches Fallbeispiel vorgestellt.

2 Die Angststörungen aus psychodynamischer Sicht

2.1 Phobische Störungen

Bei den Phobien handelt es sich um zielgerichtete Ängste, die sich auf Objekte oder Situationen beziehen, die als bedrohlich bzw. ängstigend erlebt werden. Die davon betroffenen Patienten können die Unangemessenheit ihrer Furcht meist durchaus einsehen, was jedoch keinen angstmindernden Effekt hat. Hatte man früher versucht, die Phobien mit zahlreichen griechischen bzw. lateinischen Bezeichnungen zu katalogisieren, hat sich sowohl in der ICD-10 als auch im DSM-IV eine Gliederung durchgesetzt, die maßgeblich auf Marks (Marks, 1970) zurückgeht. Dieser differenzierte zwischen der Gruppe der Agoraphobie, der sozialen und spezifischen Phobien und der Gruppe der Krankheits- bzw. Zwangsphobien, wobei die ersteren sich meist auf externe angstauslösende Reize beziehen, die zweite dagegen auf körperlich-interne.

2.1.1 Agoraphobie mit/ohne Panikstörung
2.1.1.1 Klinik
Die Agoraphobie leitet sich vom griechischen Wort „agora" (Marktplatz) her, womit vor allen Dingen zum Ausdruck kommen soll, dass eine ausgeprägte Furcht vor öffentlichen Plätzen bzw. Menschenansammlungen besteht. Darüber hinaus werden typi-

scherweise Situationen vermieden, in denen entweder keine Aussicht auf Hilfe oder keine Möglichkeit der Flucht bei Auftreten von Angst antizipiert wird. Darunter fallen Angst vor Benutzung öffentlicher Verkehrsmittel, Fahren mit dem eigenen Auto, Einkaufen in Kaufhäusern bzw. Supermärkten, Schlangestehen. Auch klaustrophobische Ängste (z.B. Angst vor Fahrstühlen bzw. engen Räumen) zählen heute zur Agoraphobie. Viele agoraphobe Patienten können meist recht gut erinnern, dass ihre Vermeidungsangst mit einem Panikanfall begann, den sie „wie aus heiterem Himmel" bei einer der eben aufgezählten Situationen erlebt haben. Diese Erfahrung ist für viele Patienten so einschneidend, dass sie seitdem diese Situation konsequent zu vermeiden suchen. Durch die Vermeidung erreichen sie in der Regel Angstfreiheit, was das Vermeidungsverhalten sehr stabilisiert. Im weiteren Verlauf der Erkrankung entwickelt sich häufig eine beständig anhaltende „Angst vor der Angst", was vor allem durch die Phantasie gefördert wird, neuerlich einem Panikanfall hilflos ausgeliefert zu sein, d.h. ohne Aussicht auf Hilfe Dritter. Soweit sie in Begleitung von anderen sind, können agoraphobe Patienten die sonst gemiedenen Situationen gerade noch bewältigen. Manchmal kann diese sicherheitsgebende Funktion eines Partners auch durch ein sicherheitsgebendes Objekt, das man mit sich führt, „stellvertetend" übernommen werden. Dies ist etwa durch die Mitnahme eines rasch wirkenden Anxiolytikums erreichbar, häufig aber auch durch einen Talisman bzw. Gegenstände, denen eine vergleichbare Wirkung zugeschrieben wird. Dieser Effekt lässt sich aus psychodynamischer Perspektive mit der Funktion von Übergangsobjekten vergleichen (vgl. Winnicott, 1953), deren Zweck in der beruhigenden Phantasie besteht, mit ihrer Hilfe der ängstigenden Situation nicht mehr schutzlos ausgeliefert zu sein.

2.1.1.2 Epidemiologie und Verlauf
Bei der amerikanischen ECA-Studie und auch der Münchener Follow-up-Studie lagen die 6-Monatsprävalenzraten zwischen 2,7% und 5,5% bzw. die Lebenszeitprävalenz zwischen 3,4% und 9% bei einem Geschlechterverhältnis zwischen 3-4:1 zu Gunsten der Frauen (Robins et al., 1984; Wittchen, 1986). Der Verlauf der unbehandelten Erkrankung ist ungünstig, bei der Münchener Follow-up-Studie wiesen auch nach 7 Jahren etwa 90% der untersuchten Patienten weiterhin eine agoraphobe Symptomatik auf.

2.1.1.3 Ätiopathogenese
Die kognitiv-behaviorale Erklärung basiert bis heute im Wesentlichen auf den Annahmen des „Zwei-Faktoren-Modells" von Mowrer (1960). Demzufolge wird ein neutraler Reiz (z.B. Straße bzw. offener Platz) aufgrund eines traumatischen Ereignisses mit einem Panikanfall assoziiert, was dem Prinzip des klassischen Konditionierens entspricht. Wie jedoch die empirische Überprüfung zeigte, gaben viele agoraphobe Patienten keine traumatischen Ereignisse an, die ihrem ersten Panikanfall zeitlich vorausgingen. Deswegen wurde dieses Konzept insoweit abgeändert, als auch zufällige körperliche Sensationen (z.B. Kreislaufschwankungen, Tachykardien) wie auch zufällige kognitive Faktoren (z.B. einen ängstenden Gedanken haben) einen Panikanfall induzieren können. Aufgrund einer kausal falschen Attribuierung wird der Ort oder Situation, wo es erstmals zu einem Panikanfall kam, in der Zukunft vermieden, was meist eine

4

deutliche Angstminderung bewirkt bzw. weitere Panikanfälle unterbindet. Die Vermeidung des ursprünglich neutralen Reizes wird also durch Minderung des aversiven Angstaffekts negativ verstärkt, was zugleich dem Prinzip der operanten Konditionierung entspricht. Da das Vermeidungsverhalten für viele agoraphobe Patienten weitgehend Angstfreiheit garantiert, wird es bald zu einem stabilen Verhaltensmuster. Bei einigen Patienten nimmt das Vermeidungsverhalten infolge anhaltender ängstlicher Verunsicherung deutlich zu (Generalisierung), bei anderen bleibt es bei einer umschriebenen agoraphoben Symptomatik.

Aus psychodynamischer Perspektive hat vor allem Bowlby (1976) dafür plädiert, die Agoraphobie als eine Sonderform der Angstneurose (nach heutigem Sprachgebrauch: generalisierte Angststörung) aufzufassen. Im Gegensatz zu den klassischen Phobien, bei denen das Objekt oder die Situation primär angstauslösend sind und deshalb vermieden werden, erlebt der agoraphobe Patient als angstauslösenden Stimulus vor allem die Abwesenheit bzw. Verlust einer Bezugsperson oder einer sicherheitsgebenden Basis, auf die er sich zubewegen könnte. Bowlby bezeichnete die Agoraphobie daher konsequenterweise als „Pseudophobie", da pathogenetisch nicht die phobische Vermeidung im Vordergrund steht, sondern die dringende Angewiesenheit auf Schutz und Geborgenheit, die man vermisst (z.B. wenn man die schützende Wohnung verlässt). Damit ist zugleich implizit angesprochen, dass agoraphobe Patienten unter Konfliktdruck häufig zu einem ängstlich-vermeidenden Bindungsverhalten tendieren. Befragt man agoraphobe Patienten nach ihren Phantasien, was ihnen z.B. bei Aufsuchen der ängstigenden Situationen bzw. Orte zustoßen könnte, geben viele an, dass sie sich ausmalen, einen vital gefährlichen Panikanfall zu erleiden, und „niemand" da wäre, ihnen dabei zur Seite zu stehen. Manche Patienten thematisieren aber auch, dass sie sich besonders davor fürchten, bei einem Panikanfall von anderen gesehen und dabei beschämt zu werden. Diese mehr bindungstheoretische Pathogenese der Agoraphobie macht vor allem plausibel, warum viele agoraphobe Patienten in Begleitung einer schützenden Bezugsperson oder sicherheitsvermittelnden „Ersatzobjektes" die sonst zu vermeidenden Situationen oder Orte relativ angstfrei aufsuchen können.

Die auf Freud zurückgehende konfliktdynamische Perspektive fokussiert vor allem auf die Annahme einer unbewussten „Versuchungs- bzw. Versagungssituation", in die der Patient bei Verlassen der Wohnung geraten könnte. Die unbewusste Versuchung könnte z.B. darin bestehen, jemandem zu begegnen, der einem attraktiver als der eigene Partner erscheint. Oder ein Merkmal an einem Ort begünstigt Assoziationen zu einem unbewussten Konflikt, der dadurch ins Bewusstsein zu drängen droht, weswegen der Ort künftig vermieden werden muss (was der klassischen phobischen Vermeidung entspricht – s.u.).

Vergleicht man die kognitiv-behavioralen und psychodynamischen Erklärungsmodelle direkt miteinander, so fällt auf, dass aus psychodynamischer Perspektive ein vorbestehender unbewusster Konflikt als notwendige (wenngleich nicht hinreichende) Bedingung dafür angesehen wird, dass es über den oben beschriebenen Circulus vitiosus des „Angstkreises" schließlich zum Panikanfall kommt. Dieser psychodynamischen Auffassung

ist empirischerseits widersprochen worden: So verweist Hand (2000) darauf, dass bei den von ihm untersuchten agoraphoben Patienten keine signifikante Häufung von Partnerschaftskonflikten nachweisbar war. Von psychodynamischer Seite wurde solchen Schlussfolgerungen entgegengehalten, dass wahrscheinlich zu sehr der bewussten Selbstauskunft der Patienten vertraut wurde, d.h., der Möglichkeit eines unbewussten Partnerschaftskonflikts nicht angemessen Rechnung getragen wurde. Diese anhaltende kontroverse Diskussion wird vermutlich nur dadurch zu entscheiden sein, dass in künftigen empirischen Studien mit adäquaten Untersuchungsmethoden auch unbewusste Konfliktkonstellationen berücksichtigt werden.

Fallbeispiel

Eine 50-jährige Patientin berichtet, auf offener Straße plötzlich ohne irgendeine Vorwarnung Herzrasen, Atemnot und massiven Schweißausbruch bekommen zu haben. Diese Symptome hätten bei ihr rasch eine intensive Todesangst ausgelöst, da sie befürchtete, dass ein vital bedrohlicher Herzinfarkt die Ursache dafür war. Sie sei schnellstmöglich ins nächstgelegene Krankenhaus gebracht worden, wo man sie eingehend untersucht, jedoch keinen krankhaften Befund festgestellt habe. Die Ärzte hätten ihr gesagt, dass sie möglicherweise einen Panikanfall erlitten habe, dafür jedoch keine weitergehende Erklärung gehabt. In den Monaten nach diesem Ereignis habe sie sich sehr unsicher gefühlt und sich deswegen nicht mehr allein aus dem Haus getraut. Sie habe befürchtet, neuerlich einen solchen schrecklichen „Anfall" zu erleiden, ohne dass rasch genug Hilfe käme. Nur in Begleitung ihres Mannes sei es ihr gegenwärtig möglich, kurze Wegstrecken mit gerade noch erträglicher Angst bewältigen zu können. Zur aktuellen Lebenssituation ist zu erfahren, dass sie seit rund 25 Jahren verheiratet ist, ihr Mann ist Facharbeiter. Für ihre Ängste habe er sehr viel Verständnis, zumal er selbst eher zurückhaltend bis ängstlich sei. Wenn sie Panikattacken habe, würde er sich selbst emotional so sehr hineinsteigern, dass er häufiger ähnliche Symptome wie sie selbst bekäme. Sie hat zwei erwachsene Kinder, die beide außer Haus leben. Zu ihrer Biografie ist erwähnenswert, dass die Patientin etwa im Alter von etwa 8 Jahren aus der damaligen DDR in den Westen kam, sie war das älteste von 5 Kindern. Ihre Eltern waren praktisch mittellos, ihr Vater verdingte sich als ungelernter Arbeiter, ihre Mutter als Küchenhilfe. Als die Patientin etwa 13 Jahre alt war, verunglückte ihr Vater sehr schwer mit seinem Moped. Nach wochenlangem Koma stand fest, dass er zeitlebens an beiden Beinen gelähmt bleiben würde. Wie die Patientin erst später erfuhr, war der Unfall vom Vater selbst verschuldet worden – wahrscheinlich war er dabei erheblich betrunken gewesen. Im Ort, wo sie lebten, hätten dies alle gewusst und die Familie entsprechend „geschnitten". Während die Mutter tagsüber außer Haus war, um das Nötigste für die Familie zu verdienen, hatte sich vor allen Dingen die Patientin um den Vater gekümmert – sie war während ihrer gesamten Jugend und Adoleszenz die wichtigste Bezugsperson ihres Vaters. In dieser Zeit hatte sie nie eigene Freizeit, aber auch später, wo dies eher hätte möglich sein können, habe sie sich immer für die Belange anderer aufgeopfert – dabei sei es nie zu viel geworden, die Dankbarkeit derer, denen sie geholfen hatte, hätte sie für alle Mühe entschädigt. Konflikten mit anderen wäre sie seit Kindheit stets aus dem Weg

4

gegangen, Streit habe sie wie „körperlichen Schmerz" empfunden.

Symptomauslösend für die Panikanfälle waren offenbar mehrere Todesfälle in der Verwandtschaft, die sie, wie sie selbst sagen konnte, an die tragischen Todesumstände ihres Vaters zwei Jahre zuvor erinnerten. Ihr Vater war an Lungenkrebs gestorben, sie habe ihn im Krankenhaus die letzten 3 Wochen seines Lebens intensiv mitgepflegt und ohnmächtig mit ansehen müssen, wie er an dieser Krankheit „elend zugrunde ging". Wie sich in der konfliktaufdeckenden Psychotherapie herausstellte, war sie ihrem Vater gegenüber unbewusst sehr ambivalent eingestellt: einerseits sich ganz um ihn kümmern wollen (und ihn dennoch nicht retten können), andererseits ganz auf ihre eigenen Bedürfnisse verzichten zu müssen.

2.1.2 Soziale Phobie
2.1.2.1 Klinik
Bei der sozialen Phobie besteht grundsätzlich eine ausgeprägte und anhaltende Angst davor, im Zentrum der Aufmerksamkeit zu stehen oder sich peinlich oder erniedrigend zu verhalten. Diese Ängste treten bevorzugt in sozialen Situationen auf, wie Essen oder Sprechen in der Öffentlichkeit, Begegnung von Bekannten in der Öffentlichkeit, Hinzukommen oder Teilhaben an kleinen Gruppen, wie z.B. bei Partys, Konferenzen oder in Klassenräumen. Häufige Begleitsymptome sind Erröten oder Zittern (bzw. Angst davor), Angst zu erbrechen oder ausgeprägter Miktionsoder Defäkationsdrang (bzw. Angst davor). Meist kommt es zu einem ausgeprägten und anhaltenden Vermeidungsverhalten, wobei Einsicht besteht, dass diese Symptome oder Befürchtungen übertrieben und unvernünftig sind. Wie für phobische Reaktionsweisen typisch, beschränken sich die Symptome auf die gefürchteten Situationen oder auf Gedanken an diese. Bei ungünstigen Verläufen kann es zu einer ausgeprägten Generalisierung sozialer Ängste kommen, oft auf dem Boden einer vermeidend-selbstunsicheren Persönlichkeitsstörung, weshalb in solchen Fällen die Persönlichkeitsstörung als Zusatzdiagnose gestellt werden sollte. Differentialdiagnostisch ist insbesondere auszuschließen, dass eine wahnhafte (paranoide) Störung vorliegt bzw. eine Störung aus dem schizophrenen Formenkreis.

2.1.2.2 Epidemiologie und Verlauf
Die bereits oben erwähnte ECA-Studie berichtet eine 6-Monatsprävalenz von 2,7% und eine Lebenszeitprävalenz von 3,8% (Davidson et al., 1983). Andere Studien geben bis zu 13% an, wobei die erhebliche prozentuale Schwankungsbreite wahrscheinlich durch unterschiedliche Schwellenwerte bedingt ist. Während bei den klinischen Stichproben das Geschlechterverhältnis entweder gleich ist oder eher die Männer überwiegen, scheinen die vorliegenden epidemiologischen Studien mehr auf ein Überwiegen der Frauen hinzuweisen. Bei sozialen Ängsten ist öffentliches Sprechen am häufigsten vertreten, deutlich weniger häufig Angst vor dem Sprechen mit Fremden oder Angst, neue Menschen kennen zu lernen. Ängste vor Essen, Trinken oder Schreiben vor anderen sowie Aufsuchen öffentlicher Toiletten scheinen vergleichsweise seltener aufzutreten. Die Erkrankung beginnt meist um die Pubertät, in der Vorgeschichte fällt häufig eine spürbare Tendenz zu Schüchternheit bzw. sozialer Hemmung auf. Der Beginn kann akut nach einem belastenden Ereignis oder aber auch schleichend sein, die Symptomatik bleibt häufig lebenslang unverändert bestehen, jedoch sind bevorzugt in der Adoleszenz auch Spontanremissionen, aber auch weitere Verschlimmerungen beobachtet worden. Treten im späteren Leben spezifische Belastungssituationen auf (z.B. berufliche Verpflichtung zum Sprechen in der Öffentlichkeit), kann es ebenfalls zu akuten Exazerbationen sozialer Ängste kommen.

2.1.2.3 Ätiopathogenese
Das Phänomen sozialer Ängste ist in der Psychoanalyse schon seit langem bekannt. In der dritten Auflage der einflussreichen Neurosenlehre von Fenichel (1974) werden soziale Ängste als „ein Mittelding zwischen kindlicher Angst vor Kastration und vor Liebesverlust sowie dem schlechten Gewissen Erwachsener" charakterisiert. Fenichel zufolge ist der ursprüngliche Inhalt der infantilen Ängste, die Befürchtung der Kastration, nicht mehr bewusst, wohl aber bleibe das Gefühl der Bedrohung anhaltend verinnerlicht. Aus psychodynamischer Sicht leiten sich solche Kastrationsbefürchtungen aus der ödipalen Phase her und verweisen auf ungelöste Konflikte im Rahmen der ödipalen Dreiecksbeziehung, die bis in die Erwachsenenzeit andauern können. Die ihrem Ursprung nach infantilen Kastrationsängste (mit konkreten Befürchtungen um die Integrität des eigenen Körpers) können sich später beim Erwachsenen beispielsweise in abgewandelter Form in Phantasien symbolisch niederschlagen, von anderen in sozialen Situationen grundsätzlich „entwertet" bzw. „beschämt" zu werden. Unbewusst sieht man sich meist schon „kastriert", d.h. entwertet, und traut sich entsprechend wenig zu – was die Angst vor dem vermeintlich Offenbarwerden dieser Situation vor anderen nur noch verstärkt und entsprechende Rückzugs- bzw. Vermeidungsreaktionen entscheidend begünstigt.

Neben der eben skizzierten triebtheoretischen Perspektive lassen sich ergänzend auch Konzepte der psychoanalytischen Objektbeziehungstheorie heranziehen. Im Wesentlichen geht es dabei darum zu beschreiben, wie aus verinnerlichten frühen negativen Beziehungserfahrungen ein Selbstbild erwächst, das von Selbstzweifel bzw. Selbstunsicherheit geprägt ist – was seinerseits wieder Versagensängste in sozialen Situationen begünstigt. Letzteres steht auch in enger Beziehung zu Scham. Wurmser (1986) führt den Schamaffekt vor allem auf konkrete Beschämungserlebnisse zurück, wobei das Kind, das ein von seinen Eltern missbilligtes Verhalten zeigt, von ihnen als ganze Person z.B. durch erniedrigenden, entwertenden Spott bloßgestellt wird. Diese Angst vor Bloßstellung durch andere ist ein Kernproblem vieler soziophober Patienten, die häufig schon in ihrer frühen Jugend (z.B. Schule) diesbezüglich auffällig werden.

Für die kognitiv-behavioralen Therapieverfahren erwähnen Heimberg und Juster (1995), dass vor allem kognitive Faktoren eine entscheidende Bedeutung für die Ausbildung sozialer Ängste haben, womit auch erklärbar ist, weshalb ausschließlich angewandte Expositionstechniken keinen zufrieden stellenden Therapieerfolg erreichen konnten. Diese kognitiven Faktoren sind dem Individuum als solche meist bewusst und von daher auch direkt therapeutisch angehbar. In deutlicher Abgrenzung zu den eben erwähnten psychoanalytischen Konzepten wird keine tiefer liegende, unbewusste Konfliktdynamik vorausge-

4

setzt, die den bewusstseinsnahen sozialen Ängsten erst ihre eigentliche Brisanz verleiht.

Fallbeispiel:

Ein 42-jähriger Mann schildert, dass er akut seit etwa einem halben Jahr mit einer panischen Angst vor dem Telefonieren kämpfe. Er könne zwischenzeitlich keine Telefonate mehr führen, was für ihn in seinem Beruf sehr hinderlich sei (er ist Programmierer in einer Versicherung), selbst die bloße räumliche Nähe zu einem Telefonapparat bereite ihm „Spannungsgefühle". Er könne sich nicht im Geringsten erklären, warum es bei ihm zu dieser Symptomatik gekommen sei – in letzter Zeit befürchte er, dass er vielleicht „nicht richtig im Kopf" ist. Im weiteren Gespräch ist zu erfahren, dass er als Schüler große Schwierigkeiten gehabt habe, in der Klasse vor anderen zu sprechen (wenn er z.B. vom Lehrer aufgerufen wurde). Er habe diese Unsicherheit aber später im Beruf recht gut in den Griff bekommen. Vielleicht, so räumte er aber ein, habe er unterschwellig schon immer mit dem Gefühl gekämpft, anderen gegenüber unterlegen zu sein.

In weiteren Gesprächen wurde deutlich, dass er innerlich sehr mit der Vorstellung kämpfte, dass ihn im Alter ein ähnliches Schicksal treffen könnte, wie er es bei seinem Vater als Kind erlebt hatte: Dieser sei aus ihm nicht bekannten Gründen „nervös und fahrig" geworden, habe über lange Zeit deswegen auch Psychopharmaka nehmen müssen. Als Jugendlicher habe er darunter gelitten, dass sein Vater sich immer mehr zurückgezogen habe, auch innerhalb der Familie kaum mehr belastbar geworden sei. Beruflich hätte sein Vater wohl ebenfalls erhebliche Probleme gehabt, insbesondere hätte er sich gegenüber seinen Kollegen bzw. Vorgesetzten nicht behaupten können. Für den Patienten war zunächst keine Auslösesituation für seine eigene phobische Symptomatik erkennbar, erst später wurde ihm bewusst, dass er sich in seinem Arbeitsgebiet zunehmend überfordert fühlte, mit der rasanten Entwicklung der EDV bzw. Software Schritt zu halten. Er hatte selbst eigene Programme für die eigene Versicherung zu entwickeln, kam aber mit den gestellten Aufgaben zeitlich immer häufiger in Verzug. Da er ein Zimmer für sich allein hatte, kommunizierte er überwiegend telefonisch mit den anderen. Erst jetzt wurde ihm bewusst, wie sehr er bei jedem Telefonanruf befürchtete, dass sich sein Vorgesetzter oder die Kollegen bei ihm beschweren könnten, weshalb er so lange mit seiner Arbeit brauche. Die Ängste seiner Kindheit und Jugend, ähnlich wie sein Vater zu werden und schließlich von allem überfordert zu sein, reaktivierten sich aufs Neue.

2.1.3 Spezifische Phobien
2.1.3.1 Klinik

Bei den spezifischen Phobien besteht eine ausgeprägte und anhaltende Angst, die übertrieben oder unbegründet ist und durch das Vorhandensein oder die Erwartung eines spezifischen Objekts oder einer spezifischen Situation ausgelöst wird. Die Konfrontation mit dem phobischen Reiz bedingt eine akut einsetzende Angstreaktion, die das Erscheinungsbild eines situationsgebundenen oder eines situationsbegünstigten Panikanfalls annehmen kann. Bei Kindern kann sich die Angstreaktion auch durch Weinen, Wutanfälle, Erstarren oder Anklammern ausdrücken. Die gefürchteten Situationen oder Objekte werden, wenn

möglich, gemieden, wobei die Einsicht besteht, dass die Angst übertrieben und unvernünftig ist – dieses Kriterium jedoch bei Kindern fehlen darf. Die Angstsymptome sind auf die gefürchtete Situation oder Gedanken an diese beschränkt. Man kann die spezifischen Phobien noch in Untergruppen einteilen:

1. Beim Tiertypus wird die Angst durch Tiere oder Insekten ausgelöst und beginnt im Allgemeinen schon in der Kindheit.
2. Beim Umwelt- bzw. Naturgewaltentypus besteht Angst vor natürlichen Umweltphänomenen, wie beispielsweise Stürme, Höhen oder Wasser; der Beginn ist ebenfalls meist in der Kindheit.
3. Beim Blut-Injektions-Verletzungstypus besteht Angst vor dem Anblick von Blut (oft besonders das eigene) oder einer Injektion bzw. Verletzung – für diesen Subtypus ist eine familiäre Häufung nachweisbar, typischerweise kommt es bei ihm oft zu einer ausgeprägten vasovagalen Reaktion (Ohnmachtsanfall).
4. Beim situativen Typus wird die Angst durch spezifische Situationen wie öffentliche Verkehrsmittel, Tunnel, Brücken, Fahrstühle, Fliegen, Auto fahren oder eingeschlossene Räume ausgelöst. Phänomenologisch bestehen Überschneidungen mit der Agoraphobie, wobei letztere jedoch durch eine anhaltende Ängstlichkeit („Angst vor der Angst") auch außerhalb der vermiedenen Situation auffallen, was bei den spezifischen Phobien nicht der Fall ist.
5. Beim anderen Typus werden auch noch Ängste berücksichtigt, die sich auf das Vermeiden von Situationen beziehen, bei denen Ersticken, Erbrechen oder Erwerb einer Krankheit (z.B. Krankenhaus) befürchtet wird. Bei Kindern kann dies auch Angst vor lauten Geräuschen oder verkleideten Personen einschließen. Wie sich aus klinischer Beobachtung ergibt, besteht eine hohe Wahrscheinlichkeit, dass mehrere Situationen oder Objekte des gleichen Subtypus zugleich phobisch vermieden werden.

2.1.3.2 Epidemiologie und Verlauf

Bei der ECA-Studie (Robins et al., 1984) ergab sich eine Lebenszeitprävalenz von 14,7% für klinisch relevante Phobien, wobei aber die Prozentrate schwächer ausgeprägter Phobien erheblich höher liegen dürfte. Vorläufige Befunde weisen speziell beim Subtypus „Blut-Injektions-Verletzungstyp" eine deutliche familiäre Häufung nach, bei den anderen Subtypen dagegen nicht oder zu schwach ausgeprägt, um gesicherte Aussagen treffen zu können. Frauen überwiegen deutlich (75%-90%), je nach phobischem Subtypus. Viele spezifische Phobien beginnen bereits in der Kindheit, speziell beim situativen Subtypus scheint eine bimodale Verteilung mit einem Gipfel in der Kindheit und einem zweiten Gipfel Mitte der zwanziger Lebensjahre vorzuliegen. Spezifische Phobien dauern unbehandelt oft lebenslang, sie remittieren wie die übrigen Angststörungen nur selten (<20% der Fälle; Wittchen, 1986).

2.1.3.3 Ätiopathogenese

Aus kognitiv-behavioraler Sicht gelten als prädisponierende Faktoren für den Beginn einer spezifischen Phobie traumatische Erlebnisse (z.B. von einem Tier angegriffen werden oder in einem engen Raum eingeschlossen sein) sowie unerwartete Panikanfälle in der später phobischen Situation. Weiterhin können auch die Beobachtung anderer, die einem Trauma ausgesetzt sind oder die Angstreaktionen zeigen, sowie wiederholte

4

Warnungen vor der Gefährlichkeit eines Objektes oder Situation das Auftreten einer spezifischen Phobie begünstigen. Auffallend ist, dass vorzugsweise phobische Reaktionen gegenüber Objekten oder Situationen auftreten, die im Verlauf der Evolutionsgeschichte für den Menschen tatsächlich gefährlich waren (z.B. Schlangen). Seligman (1971) nahm daher an, dass für diese Phobien eine biologische Disposition (preparedness) besteht – mit diesem Konzept wird auch plausibel, warum nur vergleichsweise selten Phobien gegen technische Geräte entwickelt werden, selbst wenn mit ihnen traumatische Erfahrungen gemacht wurden (z.B. Stromschlag aus Steckdose).

Aus psychodynamischer Sicht ist von zentraler Bedeutung, dass die Wahl des gefürchteten Objekts oder Situation nicht „zufällig" erfolgt, sondern in unbewusster assoziativer Verbindung mit einem unbewussten intrapsychischen Konflikt steht. Der Abwehrvorgang der „Verschiebung" bewirkt, dass die Angst vor einem intrapsychischen Konflikt, dem man nicht ausweichen kann, auf ein äußeres Objekt oder Situation verlagert wird, dem man nun erfolgreich ausweichen kann. Entscheidend für dieses Verständnis der phobischen Reaktion ist, dass die symbolische Bedeutung dem Patienten nicht bewusst ist – sie lässt sich nur indirekt erschließen aufgrund der Angstreaktion, die darauf hindeutet, dass bei unmittelbarem Gewahrwerden der gefürchteten Situation oder des Objekts der ursprüngliche intrapsychische Konflikt ins Bewusstsein einzubrechen droht. Typische Beispiele für solche intrapsychischen Konflikte sind sexuelle, aber auch aggressive Triebstrebungen, die in scharfem Gegensatz zum Gewissen bzw. Über-Ich geraten und von daher vom Bewusstsein (und der Chance ihrer Realisierung) fern gehalten werden. Implizit ist damit zugleich angesprochen, dass das gefürchtete phobische Objekt oder die Situation unbewusst einer „Versuchungs- und Versagungssituation" entspricht, in der bis dahin abgewehrte verpönte Triebimpulse so sehr ins Bewusstsein zu drängen drohen, dass das Ich in Ermangelung anderer Abwehrmaßnahmen nur noch zur „Notfallreaktion" eines Panikanfalls greifen kann.

Dieses konfliktdynamische Konzept zur Ätiologie phobischer Reaktionen wird nach Auffassung Freuds zusätzlich dadurch gestützt, dass bei den so genannten Zwangsbefürchtungen anders als bei den spezifischen Phobien der abgewehrte Triebimpuls zumindest als Vorstellungsinhalt ins Bewusstsein einbricht, wobei die Abwehr aber erreicht, dass er als ich-dyston, d.h. nicht zu einem selbst gehörig bzw. fremdartig empfunden wird. Die begleitende Angst bei der Zwangsbefürchtung ergibt sich daraus, dass trotz der erreichten „Ich-Fremdheit" die Befürchtung aufkommt, dem Impuls handelnd nachgeben zu müssen. Um hierfür ein Beispiel zu geben: Die Angst beim Anblick von scharfen bzw. spitzen Gegenständen kann durch die Phantasie ausgelöst werden, mit diesem Gegenstand jemanden verletzen zu können, wobei diese zunächst nur phantasierte Möglichkeit wie ein innerer Zwang zur Handlungsausführung erlebt wird, dem man kaum widerstehen kann. Kann sich der verpönte (Trieb-)Impuls dennoch auf der Handlungsebene durchsetzen, geschieht dies meist in abgewandelter, symbolischer Form, wobei nunmehr wieder eine „Gegenhandlung" erforderlich wird, um die dadurch erreichte Triebbefriedigung wieder aufzuheben, d.h. „ungeschehen" zu machen. Damit wäre

aus psychoanalytischer Sicht der Bogen von der phobischen Reaktion über die Zwangsbefürchtung zum Zwangssymptom geschlagen. Dieser klassischen Auffassung Freuds muss nach heutigem Kenntnisstand entgegengehalten werden, dass sie sicherlich nur einen Teil der Symptombildung erklärt, d.h. im Sinne einer Ergänzungsreihe auch neurobiologische bzw. konstitutionelle Faktoren Einfluss nehmen – was Freud speziell für die Zwangsneurose auch ausdrücklich anerkannte.

Zusammenfassend bleibt festzuhalten, dass das psychodynamische Erklärungsmodell der spezifischen Phobien eine symbolische Repräsentanz intrapsychischer Konflikte durch äußere Objekte und Situationen annimmt – was implizit den Schluss nahe legt, dass die erfolgreiche Aufdeckung der ursächlichen intrapsychischen Konflikte zugleich auch die phobische Abwehr überflüssig macht.

Fallbeispiel:

Eine 40-jährige Frau berichtet, dass sie im Rahmen ihres Medizinstudiums neben den „wohl üblichen hypochondrischen Befürchtungen" zunehmend heftige Ängste vor Spritzen entwickelt habe – vor allem wenn sie selbst Patienten Blut abzunehmen oder Spritzen zu verabreichen hatte. Sie habe unter der quälenden Befürchtung gelitten, dass sie die Patienten schwer schädigen oder gar töten könnte, indem sie versehentlich ein falsches Medikament injizierte. Im Praktischen Jahr habe sie schließlich das Medizinstudium abgebrochen, da sie sich unter diesen Umständen keinerlei Kompetenz mehr zutraute, ihre Patienten ärztlich versorgen zu können. Gegenwärtig kämpfe sie auch bei der Erziehung ihrer beiden kleinen Kinder damit, dass sie diese vor jedweder Möglichkeit einer Verletzung schützen müsse, darüber hinaus befürchte sie, eine „heimtückische Erkrankung" bei ihnen zu übersehen, die tödliche Folgen haben könnte.

In der psychodynamischen Psychotherapie wurde deutlich, dass die Patientin in ihrer Kindheit und Jugend eine ausgeprägte Rivalität zu ihrem 3 Jahre jüngeren Bruder hatte, der aus ihrer Sicht der bevorzugte Liebling ihrer Eltern gewesen war. Sie habe sich über lange Zeit bemüht, durch besondere Leistung und betont jungenhaftes Verhalten elterliche Anerkennung zu gewinnen. Das Medizinstudium habe sie vor allem aus diesen Gründen aufgenommen, besonders aber, um ihrem Vater, der selbst gern Medizin studiert hätte, sich dies aber wegen „vegetativer Labilität" nicht zugetraut hatte, zu beweisen, was „in ihr steckt". Die phobische Symptomatik bei der Patientin kam erstmals zum Ausbruch, als ihr jüngerer Bruder, der ein glänzender Schüler gewesen war, nun seinerseits das Medizinstudium aufnahm und sie sich neuerlich ihm gegenüber „klein und minderwertig" fühlte. Gegen Ende der Therapie konnte die Patientin erkennen, dass sie sich oft heimlich gewünscht hatte, ihr Bruder möge aus „ihrem Leben verschwinden", was auf einer unbewussten Ebene auch intensive Todeswünsche beinhaltete.

Dieses Fallbeispiel beschreibt eine phobische Entwicklung (Spritzen-Phobie) mit zunehmender Tendenz zur Zwangsbefürchtung, wobei vor allem unbewusste Konflikte mit aggressiven Impulsen (Todeswünsche) eine Rolle spielen.

4

2.2 Panikstörung (episodisch paroxysmale Angst)

2.2.1 Klinik

Wesentlich für die Panikstörung ist das Auftreten wiederholter, unvorhersehbarer schwerer Panikanfälle, die sich nicht auf eine spezifische Situation oder besondere Umstände beschränken. Die Panikanfälle sind nicht verbunden mit einer besonderen Anstrengung, gefährlichen oder lebensbedrohlichen Situationen. Der Panikanfall hat dabei folgende Charakteristika:

1. er ist eine einzelne Episode von intensiver Angst oder Unbehagen;
2. er beginnt abrupt;
3. er erreicht innerhalb weniger Minuten ein Maximum und dauert mindestens einige Minuten.

Vegetative Symptome wie Palpitationen, Herzklopfen, erhöhte Herzfrequenz, Schweißausbruch, fein- oder grobschlägiger Tremor sowie Mundtrockenheit können vorherrschen; ferner Symptome, die Thorax und Abdomen betreffen, wie z.B. Atembeschwerden, Beklemmungsgefühl, Thoraxschmerzen sowie Nausea bzw. abdominelle Missempfindungen. Auf der psychischen Ebene werden Symptome wie Schwindel, Benommenheit, Unsicherheit und Schwäche wahrgenommen, des Weiteren Derealisation bzw. Depersonalisation (sich selbst „weit entfernt" oder „nicht richtig hier" fühlen). Häufig besteht auch Angst vor Kontrollverlust, insbesondere die Furcht, verrückt zu werden. Je nach Schweregrad der Symptomatik empfinden viele Patienten Todesangst. Weitere mehr allgemeine Symptome sind Hitzegefühle oder Kälteschauer sowie Parästhesien. Klinisch unterscheidet die ICD-10 zwei Schweregrade der Panikstörung: mittelgradige Panikstörung bei mindestens vier Panikanfällen innerhalb von vier Wochen, schwere Panikstörung bei mindestens vier Panikanfällen pro Woche über einen Zeitraum von wenigstens vier Wochen. Viele Patienten entwickeln eine ausgeprägte Angst vor weiteren Panikanfällen, da diese nicht vorhersehbar erscheinen und somit ein gezieltes Vermeidungsverhalten wie etwa bei der Agoraphobie nicht mehr möglich ist. Aufgrund der Unheimlichkeit und dem Schweregrad der Panikanfälle entwickelt sich häufig die Phantasie, daran sterben zu können, was sich besonders in der Furcht vor einem Herzversagen bzw. -infarkt niederschlägt. Die speziell auf das Herz bezogene Angst wird auch unter der diagnostischen Rubrik der „somatoformen autonomen Funktionsstörung" eingeordnet, soweit sie nicht in ausgeprägten Panikanfällen kulminiert.

2.2.2 Epidemiologie und Verlauf

In der ECA-Studie ergab sich eine Lebenszeitprävalenz für die Panikstörung von 1,5% (Eaton et al., 1991), in der Münchner Follow-up-Studie von Wittchen (1986) 2,4%. Der Verlauf der Erkrankung ist chronisch, aber eher schwankend, in einigen Fällen tritt die Störung episodisch auf mit dazwischenliegenden Jahren der Remission. Wahrscheinlich besteht eine bimodale Verteilung mit einem Gipfel in der späten Adoleszenz und einem weiteren niedrigeren Gipfel Mitte 30. Eine überwiegend biologische Verursachung, wie sie vor allem von Klein (1981) wiederholt postuliert wurde, wird gegenwärtig nicht mehr angenommen, eine genetische Disposition ist jedoch wahrscheinlich (vgl. Crowe et al., 1983), wenngleich in ihrem Beitrag noch nicht ausreichend geklärt.

2.2.3 Ätiopathogenese

Im Wesentlichen gelten die gleichen ätiopathogenetischen Hypothesen, wie sie für die Agoraphobie bereits abgehandelt wurden. Speziell bei der herzbezogenen Panikstörung (früher „Herzangstneurose") handelt es sich um eine Sonderform der phobischen Symptombildung, da sie sich auf ein Organ des eigenen Körpers bezieht, das man nicht „loswerden" bzw. vermeiden kann. Aus psychodynamischer Perspektive wird angenommen, dass sich das Herz symbolisch als Repräsentanz eines mächtigen Objekts eignet, von dem man sich vital abhängig fühlt und gleichzeitig loszukommen trachtet – damit wird eine ursprüngliche bedeutsame Objektbeziehung (wie z.B. zur Mutter) symbolisch am Körper bzw. Körperorganen widergespiegelt. Im Prinzip handelt es sich dabei um einen ähnlichen Abwehrvorgang, wie er bei hypochondrischen Symptombildungen zu beobachten ist. Fließende Übergänge zu wahnhaften Prozessen sind hierbei möglich, wie z.B. bei der Dysmorphophobie (Angst, körperlich missgestaltet zu sein). So sehr diese psychodynamischen Hypothesen einer spezifischen Konfliktdynamik bei herzbezogenen Panikanfällen klinisch evident erscheinen, konnten empirische Untersuchungen dies so nicht bestätigen – offenbar eignen sich unterschiedliche Konfliktkonstellationen (und nicht nur der Autonomie-Abhängigkeitskonflikt) in vergleichbarer Weise als Auslöser von (herzbezogenen) Panikanfällen.

Fallbeispiel

Ein 36-jähriger Mann, der bei den diagnostischen Gesprächen in der Psychosomatischen Poliklinik auffallend kontrolliert und zurückhaltend wirkt, berichtet von heftigen Angstanfällen, verbunden mit ausgeprägtem Schwindel, Herzrasen und Lähmungsgefühlen in beiden Extremitäten, die seit etwa zwei Jahren bestünden. Immer häufiger habe er nun auch Angst, bei diesen „Anfällen" an einem Herzinfarkt zu sterben. Wegen dieser zunehmenden Angst könne er phasenweise, vor allem aber im Urlaub, seine Wohnung nicht mehr verlassen, da er aber ein ausgeprägtes Pflichtgefühl habe, sei er trotz dieser Schwierigkeiten jeden Tag an seinem Arbeitsplatz (er ist leitender Angestellter in einem Kaufhaus) erschienen. Allerdings habe er zunehmend die Befürchtung, dass er dies in Zukunft nicht mehr schaffe, da er in letzter Zeit auch in seinem Büro oder während Dienstfahrten Angstanfälle erleide. Für seine Ängste habe er keine Erklärung, er fühle sich ihnen hilflos ausgeliefert.

Im Verlauf der stationären Psychotherapie konnte der Patient erkennen, dass seine Ängste vorzugsweise in Situationen auftraten, in denen er sich aus seinem Erleben aggressiv gegen andere durchsetzen musste. Es stellte sich heraus, dass seine akute Angstsymptomatik im engen zeitlichen Zusammenhang mit einem beruflichen Konflikt stand, der ihm „menschlich sehr zu schaffen" gemacht habe. Auf Anordnung der Konzernleitung musste er die technische Leitung eines Kaufhauses übernehmen und dabei den bisherigen technischen Leiter absetzen, der sein früherer Ausbilder gewesen war. Ein weiterer Konflikt ergab sich mit einer kämpferischen Betriebsrätin, mit der er einige Auseinandersetzungen zu führen hatte. Er setzte sich schließlich durch, in der Folge erkrankte die Betriebsrätin für einige Zeit, wofür er sich persönlich sehr schuldig fühlte. Von seiner Biografie ist zu erwähnen, dass sein Vater von ihm als sehr schwacher Mann erlebt worden war, der sich gegen die dominante Mutter in keiner Weise durchsetzen konnte. Der Patient war Einzelkind; für seinen Vater habe er sich später als älterer Schüler bzw. Lehrling sehr geschämt, er habe sich immer einen durchsetzungsfähigen und selbstbewussten Vater gewünscht. Er selbst habe früh befürchtet, dass er wie sein Vater werden könnte (was seine Mutter ihm bei Streitigkeiten immer vorgehalten habe), und bewusst alles unternommen, um diesen Schicksal zu entgehen. In den Paargesprächen zeigt sich, dass seine Frau in der Partnerschaft eine ähnliche Rolle übernommen hatte wie seinerzeit seine Mutter. Seine Angstsymptomatik lässt sich im Wesentlichen konfliktdynamisch verstehen als Abwehr aggressiver Impulse und damit verbundener Schuldgefühle. Insgesamt wirkte der Patient ich-strukturell durchaus stabil. Von der konfliktaufdeckenden Behandlung konnte er gut profitieren.

2.3 Generalisierte Angststörung

2.3.1 Klinik

Das wesentliche Symptom ist eine generalisierte und anhaltende Angst, die über einen Zeitraum von mindestens sechs Monaten bestehen muss mit vorherrschender Anspannung, Besorgnis oder Befürchtungen in Bezug auf alltägliche Ereignisse und Probleme. Wie schon bei der Panikstörung aufgeführt, können diverse vegetative und psychische Symptome vorkommen, die überwiegend Angstkorrelaten bzw. –äquivalenten entsprechen. Insbesondere zeigen sich spezifische somatische Symptome der Anspannung wie Muskelverspannungen (mit akuten und chronischen Schmerzen), Ruhelosigkeit und Unfähigkeit zur Entspannung oder auch Kloßgefühl im Hals und Schluckbeschwerden, darüber hinaus anhaltende Reizbarkeit, Konzentrationsschwierigkeiten, Leeregefühl im Kopf wegen Sorgen oder Angst sowie Einschlafschwierigkeiten.

Phänomenologisch besteht eine erhebliche Überschneidung mit depressiven Symptomen, teilweise aber auch mit hypochondrischen Befürchtungen im engeren Sinn (ICD-10 F45.2). Hierbei werden eigene (oft feindselige) Strebungen bzw. interpersonale Konflikte mit wichtigen Bezugspersonen auf Funktionen oder Organe des eigenen Körpers projiziert (vgl. Mentzos, 1984) und in der Folge vom Patienten so erlebt, als führten diese eine Art Eigenleben (z.B.: „Mein Herz will nicht mehr, bestraft mich" usw.). Dieses objektbeziehungstheoretische Verständnis der Pathogenese hypochondrischer Ängste spielt vor allem in der psychosomatischen Medizin eine wesentliche Rolle. Differentialdiagnostisch fällt oft auf, dass sich hypochondrische Patienten auch in Gegenwart eines Arztes bezüglich ihrer körperlichen Befürchtungen (z.B. Krebsangst) kaum beruhigen lassen, während dies bei den Patienten mit Panikstörung oder generalisierter Angststörung sehr viel besser gelingt. Bei der Hypochondrie kann es bei schweren Verlaufsformen zu wahnhaften Entwicklungen kommen, die an psychotisches Erleben grenzen. Hier wird vor allem eine eingehende psychiatrische Abklärung entscheiden müssen, ob nicht eine Psychose (z.B. aus dem schizophrenen Formenkreis) vorliegt. Manche eher blande verlaufenden Prozesspsychosen können sich vorwiegend in der Form hypochondrischer Wahnbildungen manifestieren.

2.3.2 Epidemiologie und Verlauf

Für die generalisierte Angststörung sind bislang keine ausreichend verlässlichen epidemiologischen Angaben verfügbar, da in zahlreichen Studien die diagnostischen Kriterien für die generalisierte Angststörung im Gegensatz zu noch „normaler Ängstlichkeit" unterschiedlich verwendet wurden. Für eine Teilstichprobe der bereits merhfach erwähnten ECA-Studie wurden etwa 4% Lebenszeitprävalenz für die Gesamtbevölkerung ermittelt. Der Verlauf ist chronisch, eine stärkere genetische Disposition gilt als wahrscheinlich.

2.3.3 Ätiopathogenese

Aus psychodynamischer Sicht versagen bei der generalisierten Angststörung die üblichen angstbindenden neurotischen Abwehrfunktionen aufgrund einer allgemeinen ich-strukturellen Schwäche so weitgehend, dass nunmehr anhaltende Angst als manifestes Symptom durchbricht (Mentzos 1984). Damit ist implizit auch angesprochen, dass fließende Übergänge zum Borderline-Syndrom bzw. auch zur Psychose bestehen können: je ausgeprägter der Grad der ich-strukturellen Schwäche, umso geringer die Möglichkeiten der Angstbindung durch das Ich, je größer eine anhaltende und ausgeprägte frei flottierende Angst. Insbesondere durch Neuinterpretation der Ergebnisse von Arbeiten anderer Autoren über Angstpatienten konnte Bowlby (1976) überzeugend zeigen, dass viele dieser Patienten eine erheblich traumatisch belastete Kindheit hatten, wobei insbesondere widersprüchliche und bindungsverunsichernde Beziehungserfahrungen mit den Eltern im Vordergrund stehen. Diese Hypothese teilen zwischenzeitlich auch viele nicht der Psychoanalyse nahe stehenden Autoren. Im Kontext der psychoanalytischen Objektbeziehungstheorie ist es einleuchtend, dass Patienten, die solche verunsichernden Beziehungserfahrungen gemacht haben, keine stabilen bzw. verlässlichen Objekt- bzw. Selbstrepräsentanzen (die sich über Erfahrungen mit dem Objekt erst konstituieren) internalisieren konnten, weshalb schon geringe Konfliktspannungen zu intensiven Gefühlen von Überforderung und Hilflosigkeit führen, was zugleich ausgeprägte Angst und Besorgtheit auslöst.

Fallbeispiel

Eine 21-jährige Frau schildert, dass sie unter diffusen Angstgefühlen leide, praktisch „vor allem und jeden" Angst habe, was sie bei sich selbst nicht verstehen könne. Häufiger habe sie auch akute Angstanfälle, denen sie hilflos ausgeliefert sei – am schlimmsten wäre es, wenn diese Angstanfälle nachts auftreten. Ihre Beschwerden hätten etwa vor 1 Jahr angefangen. Damals wäre ihr abends häufig schlecht und schwindlig geworden, zunächst jedoch ohne Angstzustände. Allerdings habe sie gleich an schlimme Krankheiten denken müssen und deswegen mehrfach Ärzte konsultiert, ohne dass ein krankhafter Befund erhoben werden konnte. Schließlich habe ihr eine Internistin eingehend erklärt, dass ihre Symptome etwas mit seelischen Ursachen, wahrscheinlich vor allem mit Angst, zu tun hätten, was sie aber längere Zeit nicht habe akzeptieren können.

Zur Biografie der Patientin ist Folgendes erwähnenswert: Sie ist das älteste von 4 Kindern einer Frau, die sich als halbprofessionelle Prostituierte ihren Lebensunterhalt verdiente. Alle 4 Kinder stammten von einem anderen Vater. Die ersten 3-4

4

Lebensjahre verbringt die Patientin in verschiedenen Pflegestellen, wo sie z.T. misshandelt worden war, zeitweise war sie kurzfristig auch in Heimen untergebracht. Ab dem 4. Lebensjahr lebte sie bei ihrer Großmutter, was ihre weitere Entwicklung deutlich stabilisierte. Die Patientin schließt die Schule mit der mittleren Reife ab und absolviert eine Lehre als Industriekauffrau. Mit auffallendem Interesse kümmert sie sich um ihre jüngeren Geschwister, erledigt für sie nötige Gänge zu verschiedenen Ämtern und setzt auch die Mutter unter Druck, damit diese sich nicht ständig ihren Verpflichtungen entzieht. Nach allem, was im Laufe der Psychotherapie in Erfahrung zu bringen war, war sie trotz aller Einschränkungen noch die Stabilste in dieser so geschädigten Familie.

Obwohl der Beginn der Angstsymptomatik durch eine aktuelle Konfliktsituation ausgelöst worden ist (Verlust des Arbeitsplatzes wegen Konkurs der Firma), lässt insbesondere die traumatisierende biografische Entwicklung vermuten, dass bei der Patientin erhebliche ich-strukturelle Schwächen bestehen, die sie unter günstigen Umständen gerade noch auffangen konnte. Bei Belastungssituationen kann es dann aber doch zu schwerwiegenden Dekompensationen mit ausgeprägter Angstsymptomatik kommen.

2.4 Andere Angststörungen

Neben den bereits ausführlicher vorgestellten wesentlichen Angststörungen sind ergänzend noch zu nennen Angst und depressive Störung, gemischt (ICD-10 F41.2). Diese Diagnose sollte nur vergeben werden, wenn weder die Angst noch die depressive Störung eindeutig vorherrscht bzw. ein solches Ausmaß bekommt, das eine entsprechende einzelne Diagnose gerechtfertigt wäre. Darüber hinaus muss die depressive Störung zeitgleich mit der Angstsymptomatik entstanden sein. Wenn die ängstlich-depressiven Symptome im Zusammenhang mit einem bedeutsamen Lebensereignis erstmals auftraten, ist zweckmäßigerweise die Kategorie Anpassungsstörungen (ICD-10 F43.2) zu verwenden. Nach einem schwer wiegenden Trauma, wie z.B. schwerer Unfall, Naturkatastrophen, Kampfhandlungen, Folterungen oder Vergewaltigungen, kommt es häufiger zur Posttraumatischen Belastungsstörung (ICD-10 F43.1), wobei neben anderen Symptomen auch Panikanfälle auftreten können. Differentialdiagnostisch ist wesentlich, dass bei der Panikstörung die Panikanfälle meist ohne gravierenden äußeren Anlass geschehen, während bei der Posttraumatischen Belastungsstörung definitionsgemäß eine schwerwiegende Traumatisierung stattgefunden haben muss (in der Regel nicht länger als ein halbes Jahr vor Beginn der akuten Panikanfälle).

3 Psychodynamische Psychotherapie von Angststörungen

3.1 Grundsätzliches

Für die psychodynamische bzw. analytische Psychotherapie liegen mit einer Ausnahme (vgl. Milrod et al., 1997) keine für Angststörungen spezifische Therapiemanuale vor. Für ein fokaltherapeutisches Konzept (mit ca. 50 Stunden Therapiedauer) wurden erste Erfahrungen von Hoffmann und Bassler (1995) publiziert. In jüngerer Zeit zeichnet sich auch für die psychodynamischen Therapieverfahren zunehmend die Tendenz ab, bei allen Angststörungen, bei denen das Vermeidungsverhalten eine besondere Rolle spielt, dieses möglichst frühzeitig und aktiv anzugehen (vgl. Hoffmann et al., 1998; Bassler, 2000). Es ist interessant, dass Freud aus klinischer Sicht schon frühzeitig (1919) darauf hinwies, dass man an die konfliktrelevanten Phantasien einer Phobie nur dadurch herankomme, wenn man den Patienten dazu auffordere, sich aktiv der ängstigenden Situation oder dem Objekt zu stellen – um dann über seine dabei wahrgenommenen Gefühle und Phantasien in der Analysestunde zu sprechen. Freud hatte mit seiner damaligen Empfehlung sicher nicht im Sinn gehabt, den Patienten aktiv aufzufordern, so lange in der ängstigenden Situation zu verbleiben, bis die Angst deutlich nachlässt, was als therapeutisch wirksames Prinzip erst sehr viel später entdeckt wurde.

Bevor eine spezifischere Indikation für eines der psychodynamischen Therapieverfahren gestellt wird, ist es zunächst erforderlich, eine sorgfältige Diagnostik durchzuführen, die allerdings in Ergänzung zu den erklärtermaßen nur deskriptiven Diagnoseschemata von ICD-10 oder DSM-IV auch konflikt- und beziehungsdynamische Aspekte enthalten sollte. Darüber hinaus spielt auch die Einschätzung der ich-strukturellen Ressourcen des Patienten eine besondere Rolle. Im deutschsprachigen Raum ist gegenwärtig die „operationalisierte psychodynamische Diagnostik" ein viel versprechendes Instrument, das diese ergänzenden psychodynamischen Dimensionen in der Diagnosestellung berücksichtigt (Arbeitskreis OPD, 1996). Häufig zeigt sich in der klinischen Praxis, dass Angstpatienten nicht nur an einer Angststörung leiden, sondern noch weitere relevante psychische Störungen bestehen. Zu erwähnen sind hier vor allem depressive Begleitreaktionen wie auch Persönlichkeitsstörungen im engeren Sinn. Aus klinischer Sicht ist dann sorgfältig abzuwägen, welche psychische Störung vorrangig behandelt werden sollte.

Die meisten Autoren, die über ihre Erfahrungen in der psychodynamischen Therapie von Angststörungen publiziert haben, sind sich darin einig, dass es bei ich-strukturell schwerer gestörten Patienten entscheidend darauf ankommt, zunächst deren Ressourcen zur Angstbewältigung zu fördern. Eine frühe konfliktaufdeckende Technik ist kontraindiziert, da dadurch deren Angst bis zur akuten psychischen Dekompensation verstärkt werden kann. Überwiegend wird empfohlen, bei dieser Patientengruppe, bei der häufig komplizierend eine Persönlichkeitsstörung besteht, eine längerfristige analytische Psychotherapie durchzuführen (mit insgesamt > 100 Stunden). Diese sollte üblicherweise in einem niederfrequenten Setting mit 1-2 Stunden wöchentlich im Sitzen durchgeführt werden, bei besonderer Eignung in Ausnahmefällen auch im Rahmen einer hochfrequenten Psychoanalyse (3-4 Stunden wöchentlich im Liegen). Entscheidend ist hier, dass zunächst vorrangig die Persönlichkeitsstörung und weniger spezifisch die begleitende Angststörung behandelt wird, später kann sich dann dieses Verhältnis umkehren.

Da bei den mehr phobisch organisierten Angstsymptomen meist eine stabilere Ich-Struktur besteht, kann frühzeitig eine konflikt-aufdeckende Technik angewendet werden. Die Gesamtdauer und Intensität der psychodynamischen Psychotherapie werden dabei vor allem vom Interesse des Patienten nach Selbstaufklärung abhängen. Das Spektrum der Behandlungsmöglichkeiten reicht dabei von fokal orientierter niederfrequenter Psychotherapie bis zu 50 Stunden (vgl. Hoffmann und Bassler, 1995) bis hin zu Langzeittherapien mit insgesamt >100 Stunden, wobei bei letzteren allerdings die Frage zu diskutieren ist, ob bei einfachen Phobien solche langfristigen Psychotherapien von der Solidargemeinschaft der Versicherten zu finanzieren sind oder bei Interesse vom Patienten selbst bezahlt werden.

Die kognitiv-behavioralen Therapieverfahren bzw. Techniken bei der Behandlung von Angststörungen sind mehrheitlich gut evaluiert und dokumentiert, was sie deutlich von den bislang verfügbaren psychodynamischen Therapiemanualen unterscheidet. In diesem Zusammenhang kann nur auf die entsprechende ausführliche Literatur verwiesen werden (vgl. Grawe, 1998; Schneider und Margraf, 1998; Hand, 2000). Aus dieser aktuellen empirischen Befundlage kann aber nicht geschlossen werden, dass zukünftig nicht auch für psychodynamische Therapieverfahren verbesserte Manuale entwickelt und empirisch überprüft werden (vgl. Hoffmann und Bassler, 1995; Dengler und Selbmann, 2000).

In jüngerer Zeit wurden verschiedene naturalistische Studien mit praxisüblichen Settings von psychodynamischer Psychotherapie durchgeführt, die eine gute bis vergleichbare Wirksamkeit wie die kognitiv-behavioralen Therapieverfahren aufweisen (vgl. Bassler und Hoffmann, 1994; Rudolf et al., 1994; Strauß und Burgmeier-Lohse, 1994; Wiborg und Dahl, 1996; Dengler und Selbmann, 2000). Offenbar gelingt es sogar bei bestimmten Subgruppen agoraphober Patienten mit klassischer Gesprächspsychotherapie allein (ohne gezielte Angstkonfrontationstechniken) gute Ergebnisse zu erzielen (Teusch und Finke, 1995).

In der klinischen Praxis stellt sich häufig das Problem, dass ein Patient nicht nur mit einer „einfachen Angststörung" zu behandeln ist, sondern daneben noch weitere psychische Störungen bestehen. Solche komorbiden Störungen dürften den zu erwartenden Behandlungserfolg bzw. die übliche Anwendung von Standardtechniken erheblich beeinträchtigen.

Erste Erfahrungen mit kombinierten psychodynamisch-verhaltenstherapeutischen Therapieansätzen sind ermutigend, da sie neben den angstkonfrontierenden Techniken auch konfliktdynamische Aspekte berücksichtigen (vgl. Nickel et al., 1999). Ergänzend einzubeziehen ist hierbei oft auch eine pharmakotherapeutische Begleitbehandlung, wenn auf andere Weise keine Compliance bzw. Ansatzpunkte für nur psychologische Behandlungsmaßnahmen erreicht werden kann (vgl. Bassler, 1999, Dengler und Selbmann, 2000).

Ein weiteres bislang weitgehend ungeklärtes Problem der Therapieforschung ist die Frage, was sich bei einer empirischen Überprüfung der langfristigen Erfolgsstabilität verschiedener Therapieverfahren ergeben wird, sobald mehr Daten von mehrjährigen Katamneseintervallen (≥ 5 Jahre) verfügbar sind.

Möglicherweise werden unter diesen Bedingungen die psychodynamischen Verfahren deutlich besser als bei kürzeren Beobachtungszeiträumen abschneiden, da sie ja von ihrem Selbstverständnis her mehr auf langfristig angelegte Veränderungsprozessse abzielen.

Im Folgenden abschließenden Teil sollen zusammenfassend einige therapeutische Prinzipien besprochen werden, die sich bei der psychodynamischen Psychotherapie von Angststörungen bewährt haben. Die meisten Erfahrungen mit diesen Empfehlungen beziehen sich dabei auf eine mittlere Behandlungsdauer von 50 – 100 Stunden, womit vor allem der übliche Rahmen von tiefenpsychologisch fundierter Psychotherapie abgedeckt ist.

3.2 Praktische Behandlungsempfehlungen

Vergleichbar den Empfehlungen von Schneider und Margraf (1998) sollte vor Beginn einer psychodynamischen Psychotherapie der Panikstörung eine sorgfältige Exploration der Panikanfälle und der sie begleitenden Phantasien stattfinden, wobei den meist katastrophisierenden Befürchtungen bezüglich verschiedener Körpersymptome besondere Aufmerksamkeit zu widmen ist. Darüber hinaus sollte der Therapeut einen Eindruck von den unmittelbar den Panikanfall bzw. Angst auslösenden unbewussten Phantasien gewinnen. Hierbei ist zu berücksichtigen, dass viele Patienten auf direktes Befragen zunächst keine besonderen Phantasien oder Kognitionen benennen können, die einem Panikanfall vorangegangen sind. Hier bedarf es einer eingehenden Exploration, was etwa durch die Aufforderung eingeleitet werden kann, sich nochmals möglichst intensiv in die damalige Situation hineinzuversetzen und alles mitzuteilen, was einem dabei an Einfällen bzw. Erinnerungsfragmenten in den Sinn kommt. Im Prinzip ähnelt diese Strategie der Methode der freien Assoziation in der Psychoanalyse; wie die klinische Erfahrung belegt, ist es erstaunlich, wie oft sich Patienten unter diesen Bedingungen doch an vermeintlich „belanglose Details" erinnern, die in unbewusster oder vorbewusster Beziehung zum plötzlichen Auftreten der Panikattacke stehen. Vermutlich hat man in früheren Studien zur ausschließlich biologischen Pathogenese der Panikstörung auf diesen Aspekt kaum geachtet und zu sehr der unmittelbaren Selbstauskunft der Patienten vertraut, wenn diese von vermeintlich „unerklärlichen" Panikattacken berichteten. Ergänzend zu dieser symptomspezifischen Exploration sollte schließlich eine erweiterte und sorgfältige diagnostische Anamneseerhebung mit spezieller Berücksichtigung der Biografie erfolgen.

Waelder (1963) hat einige wesentliche Gesichtspunkte aufgelistet, die ein psychodynamischer Therapeut bei jedem Patienten im Blick haben sollte: Was sind die Wünsche des Patienten? Was will er unbewusst? Und in engem Zusammenhang damit: Wovor hat er Angst? (z.B. wenn er den Wünschen nachgeben würde?). Schließlich mit Blick auf die Organisation der unbewussten Abwehr- und Widerstandsprozesse: Und wenn er Angst hat, was tut er dann?

• Vorrangig ist zunächst abzuklären, ob grundsätzlich ein mehr konfliktaufdeckendes oder alternativ ein mehr ressourcen-

4

orientiertes Vorgehen (z.B. vorrangige Verbesserung von Angstbewältigung) indiziert ist. Im ersten Fall sind ohne Einschränkung angstkonfrontierende Übungen in den Therapieplan mit aufzunehmen, im zweiten Fall dagegen zunächst die Voraussetzung zu schaffen, dass ein Patient ein stärkeres Ausmaß von Angst zu bewältigen lernt, da andernfalls bei angstkonfrontierenden Übungen eine psychische Dekompensation mit traumatisierender Angstüberflutung droht.

- Bei der Panikstörung ohne ausgeprägte agoraphobe Begleitsymptomatik leidet der Patient vor allem unter der subjektiv erlebten „Unvorhersehbarkeit" seiner Panikanfälle, weshalb es besonders wichtig ist, zunächst mit ihm ausführlich zu besprechen, wie er mit seinen Panikattacken besser zurechtkommen kann. Vergleichbar dem „Teufelskreis-Modell" der Angst, wie es in der kognitiv-behavioralen Psychotherapie eingesetzt wird, sollte dabei mit dem Patienten ausführlich über alle seine Panik betreffenden Phantasien gesprochen werden, insbesondere über seine auf den Körper bezogenen Befürchtungen. In diesem Zusammenhang ist der Patient auch darauf aufmerksam zu machen, dass man vor Auftreten eines Panikanfalls häufig unbemerkt zu hyperventilieren beginnt und die dabei auftretenden Körpersymptome katastrophisch fehlinterpretiert, was dann den eigentlich selbstverstärkenden Circulus vitiosus der selbstverstärkenden Angst bis hin zum Panikanfall induziert. Diese Phase der „Erklärung" von Angstsymptomen unterscheidet sich inhaltlich kaum von den Empfehlungen, wie sie etwa Schneider und Margraf (1998) in ihrem verhaltenstherapeutischen Therapiemanual für Agoraphobie und Panikstörung geben. Nach unseren Erfahrungen ist der von ihnen vorgeschlagenen Hyperventilationstest, bei dem der Patient zum probeweisen Hyperventilieren aufgefordert wird, um, vergleichbar wie bei der Exposition in vivo bei der Agoraphobie, konkrete Angsterfahrungen zu machen, nicht zwingend erforderlich.

- Besteht eine ausgeprägte agoraphobe Vermeidungshaltung, wird es in der ersten Phase der Therapie vorrangig darum gehen, den Patienten frühzeitig zu einer aktiven Konfrontation mit der angstmachenden Situation zu bewegen, wobei als Grundprinzip gilt, so lange in der Angstsituation zu verbleiben, bis die Angst merklich nachlässt. Im praktischen Vorgehen kann man sich hier ebenfalls an den Empfehlungen von Schneider und Margraf (1998) orientieren. Man mag auf kognitiv-behavioraler Seite einwenden, dass mit diesem Vorgehen bereits der größte Teil der therapeutischen Wirksamkeit abgedeckt ist und von daher unklar bleibt, wie es denn nun mit der Wirksamkeit bzw. der Spezifität der „psychodynamischen Therapie" im engeren Sinn bestellt ist. In der Tat steht der empirische Nachweis noch aus, dass ein kombiniertes Vorgehen wie oben vorgeschlagen einen größeren Therapieerfolg als psychodynamische oder kognitiv-behaviorale Psychotherapie allein erreicht. Aufgrund eigener klinischer Erfahrungen (Bassler, 2000; Nickel et al., 1999) scheinen aber nicht wenige Patienten schon von sich aus das Bedürfnis zu haben, neben der symptomatischen Behandlung ihrer Angstsymptomatik auch deren Hintergründe bzw. weitergehende Ursachen kennen zu lernen. Viele Patienten haben eine Art „Evidenzerleben" dafür, dass es nicht zufällig sein kann, wenn sie ohne „ersichtlichen

äußeren Anlass" plötzlich Panikanfälle bekommen und über Jahre zuvor keinerlei Symptome in dieser Richtung hatten.

- Erst nachdem sich verlässlich ein angstkonfrontierendes Übungsverhalten bei den Patienten etabliert hat, ist es zweckmäßig, im engeren Sinn konfliktaufdeckend zu arbeiten.

- Patienten mit ausgeprägten körpernahen Ängsten suchen häufig zunächst einen somatisch orientierten Arzt auf. In der Folge nehmen sie zahlreiche somatische Untersuchungen in Anspruch, meist ohne relevanten organpathologischen Befund. Leider braucht es auch gegenwärtig noch bis zu 5 Jahre, bevor bei diesen Patienten auch eine psychologisch-psychosomatische Diagnostik erfolgt und darauf aufbauend adäquate Therapiemaßnahmen empfohlen werden. So werden Panikanfälle mit herzbezogenen Ängsten (z.B. an einem Herzinfarkt sterben zu können) nicht selten verkannt als z.B. „hyperkinetisches Herzsyndrom", wobei die durchaus wahrnehmbare Angst beim Patienten zunächst vor allem als Folge, nicht aber als Ursache dieser Herzbeschwerden angesehen wird. Da den meisten Angststörungen eine ausgeprägte Chronifizierungstendenz innewohnt, ist dringend erforderlich, eine verbesserte psychosomatisch-psychologische Kompetenz der somatischen Ärzte zu erreichen und dann solche Patienten frühzeitiger an einen ärztlichen bzw. psychologischen Psychotherapeuten zu überweisen.

- Überwiegen manifeste Ängste bis hin zu Panikanfällen, sind die Patienten wegen ihres hohen Leidensdrucks für eine psychotherapeutische Behandlung meist aufgeschlossen. Dabei ist ein häufiges Charakteristikum, dass sie vor allem an einer raschen Entlastung von Angst, weniger aber einer intrapsychischen Veränderung interessiert sind. Aufgrund der geringen Angsttoleranz neigen sie frühzeitig zu einem mehr oder weniger ausgeprägten Medikamentenabusus (z.B. Tranquilizer). Nicht wenige neigen auch zu einem erheblichen Alkoholabusus, wobei bei ich-strukturell weitergehend gestörten Patienten mit deutlichen Suchttendenzen zu rechnen ist. Bei stärkerer Medikamentenabhängigkeit erscheint es sinnvoll, einer ambulanten Psychotherapie zunächst eine stationäre Behandlung vorzuschalten.

- Sollte eine medikamentöse Begleittherapie der Angsterkrankung erforderlich sein, stellt es erfahrungsgemäß eine Überforderung dar, wenn die Patienten als Eingangsbedingung für eine psychodynamische Psychotherapie ihre Medikamente forciert absetzen sollen. Stattdessen empfiehlt sich eine konsequente schrittweise Dosisreduktion, nicht aber eine Verordnung nach Bedarf. Grundsätzlich sollte gelten, dass die Medikamenteneinnahme (z.B. Antidepressiva) eines Patienten so gering wie möglich gehalten werden sollte, aber nicht immer Medikamentenfreiheit erreichbar ist.

- Bei schwerer ängstlichen Patienten sollte zunächst im Vordergrund stehen, dass diese eine vertrauensvolle Beziehung zum Therapeuten aufbauen können. Mentzos (1984) verweist in diesem Zusammenhang auf ein technisches Grundproblem bei der Psychotherapie von Angststörungen: So sehr der Patient unter seinen intensiven Ängsten bzw. Panikanfällen leidet, möchte er doch nicht an die Quelle seiner Angst rühren, sondern am liebsten „beruhigt und immer wieder von neuem beruhigt werden". Mit Blick auf die therapeutische Beziehung verlangt er entsprechend die räumliche Nähe und ständige Verfügbarkeit des Therapeuten, ist aber nur widerwillig bereit, über Art und Grund dieser Bedürfnisse nachzudenken. Die meisten diesbezüglichen Deutungen scheinen zunächst wirkungslos zu bleiben; als Therapeut empfindet man sich ähnlich wie andere wichtige Bezugspersonen des Patienten zu einer Art mechanisch stützenden Einrichtung degradiert, als willenloses Hilfs-Ich, das keinerlei Ansprüche an den Patienten zu stellen hat. Trotz solcher teilweise massiven Widerstände ist zu empfehlen, dieses anklammernde Verhalten dem Patienten deutlich aufzuzeigen und auf seinen jeweiligen (unbewussten) Grund zurückzuführen.

• Schon in der Initialphase der Psychotherapie sollte die Rolle des Partners bzw. naher Bezugspersonen des Patienten sorgfältig berücksichtigt werden. Nicht selten kann auch der Partner unbewusst Interesse daran haben, das angstneurotische Arrangement aufrechtzuerhalten, z.B. weil er unbewusst Gewinn daraus zieht, für den Patienten die Rolle einer stets fürsorglichen Mutter spielen zu können. Gesundet der Patient, kann sich dadurch das bisherige Beziehungsarrangement erheblich destabilisieren. Da gerade psychoanalytische Einzel- bzw. Gruppentherapie in der Regel den Partner nicht mit einbezieht, ist hier von Anbeginn ein Spannungsverhältnis gegeben, das in ungünstigen Fällen den therapeutischen Prozess empfindlich stören kann – z.B. weil der Patient aus unbewusstem Loyalitätsbedürfnis seinem Partner gegenüber keinen wirklichen Fortschritt in Richtung mehr Eigenständigkeit bzw. Autonomie machen möchte.

• Es sprechen zunehmend mehr Befunde dafür, dass eine sinnvolle Kombination aktiver angstkonfrontierender Technik in Verbindung mit einsichtsfördernder psychodynamischer Psychotherapie einen besseren Therapieerfolg als psychodynamische oder behaviorale Therapie allein zu erreichen vermag (vgl. Grawe, 1998; Guidano und Liotti, 1985). In diesem Zusammenhang sollte noch erwähnt werden, dass Therapieerfolg hier mehr als nur die erreichte Symptomreduktion (z.B. des Vermeidungsverhaltens) meint. Viele Angstpatienten empfinden durchaus eine Art innere Evidenz dafür, dass das plötzliche Auftreten ihrer Angsterkrankung nicht „zufällig" oder „unmotiviert" geschah. Sie möchten einerseits zwar rasch etwas an die Hand bekommen, was ihnen hilft, mit ihren Ängsten besser zurechtzukommen. Andererseits haben viele auch ein großes Interesse daran, die tiefer liegenden Hintergründe ihrer Ängste näher kennen zu lernen.

• Bei ausgeprägter phobischer Symptomatik, bei der der Patient im ambulanten Rahmen nicht bereit ist, sich aktiv übend mit seinem Vermeidungsverhalten auseinander zu setzen, ist es zweckmäßig, zunächst im Rahmen einer stationären Psychotherapie eine initiale Expositionsbehandlung in vivo durchzuführen. Dies könnte sowohl in verhaltenstherapeutischen wie auch in psychodynamisch strukturierten Kliniksettings geschehen.

• Von grundsätzlicher Bedeutung ist die Empfehlung, dass sich auch psychodynamische Psychotherapeuten in ihrer beruflichen Fort- und Weiterbildung fundierte verhaltenstherapeutische Kompetenz aneignen, vor allem dann, wenn sie wie beim Beispiel der Angsterkrankungen psychische Störungen behandeln wollen, bei denen es frühzeitig zu einer deutlichen Verselbstständigung von Symptomen bzw. Etablierung von Vermeidungsverhalten kommt.

An dem abschließenden Fallbeispiel eines Patienten mit Panikstörung (mit Angst vor Herzinfarkt) soll der Verlauf einer knapp zweijährigen analytischen Psychotherapie (mit einer Frequenz von 2 Stunden pro Woche im Sitzen) ausführlicher dargestellt werden. Dabei ist besonders darauf geachtet worden, welche Überlegungen der Therapeut zu diesem Fall hatte und warum er welche Behandlungsstrategie einschlug.

Behandlungsbeispiel

Ein großer und kräftiger 56-jähriger Mann berichtet, dass er seit ca. 20 Jahren an chronisch rezidivierenden Panikanfällen leide, was ihn zunehmend in seiner beruflichen Tätigkeit als Kameramann beeinträchtige. Insbesondere könne er keine Flugreisen mehr unternehmen, da er schon beim Einsteigen in das Flugzeug panische Angst bekomme – er stelle sich dann vor, wie er während des Flugs von einem Panikanfall heimgesucht werde und dabei ohne ärztliche Hilfe auskommen müsse. Früher habe er mit seiner Gesundheit „Raubbau" getrieben, viel geraucht, häufiger einen ordentlich „über den Durst" getrunken und nur wenig geschlafen. Er sei viele Jahre wegen Reportagen auf Reisen gewesen, oft mehrere Wochen lang. Seine Panikanfälle, die für ihn von sehr bedrohlichen Herzbeschwerden begleitet seien, habe er bisher erfolgreich kaschieren können – er habe sich stets bemüht, betont jovial und selbstsicher aufzutreten, viele seiner Berufskollegen hielten ihn für besonders mutig, da er wiederholt in gefährlichen Krisengebieten Filmaufnahmen gemacht habe. Rätselhaft für ihn sei, dass er in real gefährlichen Situationen meist keine Angst verspürt habe (oft sogar etwas leichtsinnig gewesen sei), während bei vergleichsweise harmlosen Anlässen, wie z.B. das Filmen eines Diplomaten-Empfangs, heftige Panikanfälle aufgetreten seien. Zwischenzeitlich habe er zunehmend „Angst vor der Angst", insbesondere befürchtet er, wegen des vermutlich hohen Blutdrucks bei einem Panikfall einen „Hirnschlag" bzw. tödlichen Herzinfarkt zu erleiden. Er sei wiederholt internistisch gründlich untersucht worden, sein Herz sei für seine Altersgruppe überdurchschnittlich leistungsfähig, auch sein Blutdruck sei weitgehend normal. Obwohl er dies wisse und sich wiederholt von seinem Arzt habe bestätigen lassen, nütze ihm dies nichts: Er schäme sich, eingestehen zu müssen, dass er schon beim kleinsten Anzeichen einer Unregelmäßigkeit bei seinem Herzen mit panischen Ängsten reagiere. In den letzten Wochen würde er zunehmend schlecht schlafen, manchmal wache er schon frühmorgens schweißgebadet auf und sei dann „wie zerschlagen". Er fühle sich immer resignierter und depressiv, zumal er immer mehr auf Beruhigungsmittel (vorzugsweise Tavor) angewiesen sei, um eine anhaltende innere Unruhe zu bekämpfen. Behandlungsversuche mit Antidepressiva seien in der Vergangenheit ohne nennenswerten Erfolg geblieben.

4

Vor mehreren Jahren habe er eine Gesprächspsychotherapie gemacht, die er zwar wegen einiger Einsichten über sich „interessant" gefunden, ihm aber hinsichtlich seiner Ängste nicht geholfen habe. Ein weiterer Behandlungsversuch bei einem eher verhaltenstherapeutisch orientierten Psychotherapeuten (jedenfalls habe sich dieser so bezeichnet) habe trotz angstprovozierender Übungen ebenfalls nicht viel bewirkt, nach Meinung seines Therapeuten wegen mangelnder Motivationsbereitschaft seinerseits. Er wisse bis heute nicht, was sein Therapeut damit hätte sagen wollen, denn zumindest am guten Willen, sich mit seiner Angst auseinander zu setzen, habe es ihm sicher nicht gefehlt.

Seit rund 25 Jahren ist er mit einer Libanesin verheiratet, die er während einer seiner Auslandsreisen kennen gelernt hatte. Er hat zwei erwachsene Töchter im Alter von 22 und 25 Jahren, die beide im Ausland studierten. Er arbeitet bei einem großen Fernsehsender als Kameramann und genießt dort wegen der künstlerischen Qualität seiner Filmbeiträge hohe berufliche Anerkennung.

Zu seiner Biografie ist Folgendes zu erfahren: Die ersten beiden Lebensjahre wohnte er in einem kleinen Dorf in Böhmen, danach übersiedelte seine Mutter mit ihm zunächst nach Österreich. Sein Vater war Pilot bei der Luftwaffe und wurde kurz vor Kriegsende abgeschossen, als der Patient etwa 3 Jahre alt war. An seinen Vater habe er keine Erinnerungen, obwohl er andere Einzelheiten aus jener Zeit noch gut im Gedächtnis behalten habe. Nachdem seine Mutter vom Tod ihres Mannes erfahren habe, seien sie beide ins Ruhrgebiet umgezogen, wo er wiederholt heftige Bombardements erlebte und dabei zum ersten Mal ausgeprägte Todesangst empfand. Als er etwa 7-8 Jahre alt war, habe seine Mutter einen wesentlich jüngeren Mann kennen gelernt, der in einer süddeutschen Stadt wohnte. Sie sei mit ihm zu diesem Mann gezogen und habe ihn kurz darauf auch geheiratet. Die Ehe sei von Anfang an schwierig gewesen, seine Mutter habe ihm gegenüber oft von Trennung oder Scheidung erzählt, habe aber nie reale Schritte in diese Richtung unternommen. Seinen Stiefvater habe er zeitweise gehasst, vor allem wegen dessen Konflikte mit seiner Mutter. Mit Beginn seiner Pubertät habe sich das Verhältnis zu seinem Stiefvater weiter verschlechtert, was diesen dazu veranlasste, viel „auf ihm herumzuhacken". Meist habe er zu hören bekommen, dass er ein „Taugenichts" sei, der es im Leben zu nichts bringen werde. Öfters habe er auch heftige Prügel bezogen, meist schon wegen „Nichtigkeiten". Seine Mutter habe ihn davor nicht schützen können. Er absolvierte das Gymnasium und schloss mit einem durchschnittlichen Abitur ab, begann dann eine Fotolehre und sei mehr zufällig in die „Filmbranche" hineingerutscht. Sein Können als Kameramann habe er sich später weitgehend autodidaktisch beigebracht. In seinem 16. Lebensjahr sei es mit seinem Stiefvater bei einer Streitigkeit zu einem Eklat gekommen, da er diesen im Zorn mit einem Messer bedroht habe – danach habe er binnen weniger Tage die elterliche Wohnung verlassen müssen und die restlichen Jahre bis zu seinem Abitur in einem kleinen Zimmer gewohnt.

Der Patient unternahm eine analytische Psychotherapie mit einer Wochenfrequenz von 2 Stunden, die insgesamt knapp 150 Stunden dauerte. In der Anfangsphase stand ganz die Auseinandersetzung mit seinen herzbezogenen Ängsten im

Vordergrund. Wiederholt und ausgiebig nutzte der Patient (mit Einverständnis des Therapeuten) die Gelegenheit, sich über die verschiedenen Auswirkungen von Angst auf seinen Körper zu informieren. Im Verlaufe dieser Gespräche wurde dem Patienten bewusst, dass er zu erheblichen hypochondrischen Befürchtungen tendierte, die ihm in diesem dann sichtbar gewordenen Ausmaß bislang nicht bewusst gewesen waren. In einer daran anschließenden Phase ging es längere Zeit darum, was er konkret unternehmen kann, sobald er einen Panikanfall erleidet. Hierbei stand vor allem im Vordergrund, seine katastrophisierenden Phantasien jeweils konsequent durchzuspielen, wobei die meisten von ihnen letztlich in die Befürchtung mündeten, an einem Herzinfarkt oder Hirnschlag versterben zu müssen. Vergleichbar dem verhaltenstherapeutischen Konzept der „kognitiven Umstrukturierung" wurden alle seine diesbezüglichen Phantasien eingehend mit ihm auf ihren Realitätsgehalt hin überprüft und entsprechend korrigiert. Dieses Vorgehen wurde erforderlichenfalls wiederholt, wenn in einem der folgenden Stunden vom Patienten neuerlich Zweifel angemeldet wurden. Eingehend thematisiert wurde auch seine Befürchtung, seinen Panikanfällen hilflos ausgeliefert zu sein, d.h. keinerlei Einfluss auf deren Entstehung und Verlauf nehmen zu können. Die sorgfältige Abklärung der spezifischen Umstände (situativ bzw. kognitiv) der Panikanfälle ergab, dass die meisten von ihnen durch unbemerkte „Triggerreize" (z.B. auch harmlose körperliche Symptome) auslösbar waren. Dieser Schritt war für den Patienten von großer Bedeutung, da dadurch die von ihm erlebte Unheimlichkeit und Unvorsehbarkeit der Panikanfälle erheblich gemildert wurden. Ein weiterer Schritt in diesem Zusammenhang bestand darin, mit ihm ausführlich zu besprechen, was er im Fall eines Panikanfalls konkret unternehmen könnte, um den oben skizzierten „Teufelskreis" der Angstaufschaukelung zu durchbrechen. Für den Patienten war es dabei eine wichtige Entdeckung, dass seine Panikanfälle nicht von „jetzt auf gleich" ihr Maximum erreichten, sondern sich kaskadenförmig durch seine katastrophisierenden Befürchtungen verschlimmerten. Wie bereits oben erwähnt, wurde jeder dieser Phantasien mit ihm sorgfältig auf ihre Plausibilität hin geprüft (und in der Regel als unrealistisch verworfen), wodurch der maladaptive Aufschaukelungsprozess des Panikanfalls zunehmend in seinem Automatismus gebremst bzw. ganz unterbunden werden konnte. Da der Patient kaum agoraphobe Symptome entwickelt hatte, war eine ergänzende Vorbereitung von Expositionsübungen in vivo nicht erforderlich.

Dieses skizzierte Vorgehen weist eine hohe Überschneidung mit den Empfehlungen auf, wie sie beispielsweise Schneider und Margraf (1998) für die kognitiv-behaviorale Psychotherapie der Panikstörung gegeben haben. Aufgrund meiner eigenen klinischen Erfahrungen mit Angsterkrankungen halte ich diese einleitende Phase, in der es vorrangig darum geht, dem Patienten Möglichkeiten einer aktiven Angstbewältigung an die Hand zu geben, auch bei den psychodynamischen Therapieverfahren für unverzichtbar. Das strategische Ziel dabei ist, erst nach Erreichen einer verbesserten Angstbewältigung die eigentlich angstauslösenden unbewussten Konflikte aufzudecken, um die ansonsten drohende Angstüberflutung zu vermeiden. Letzteres gilt insbesondere für ich-strukturell schwerer gestörte Patienten.

Im weiteren Verlauf der Therapie stand ganz die Auseinandersetzung mit dem als kastrierend erlebten Stiefvater im Vordergrund, wobei die ödipale Konfliktdynamik noch dadurch aufgeheizt worden war, dass seine Mutter sich ihm oft heimlich anvertraut und wiederholt von Trennungs- bzw. Scheidungsabsichten gesprochen hatte. Jedes Mal jedoch, wenn eine konkrete Entscheidung angestanden hätte, habe sie einen Rückzieher gemacht und ihn mit seiner Wut auf seinen Stiefvater allein gelassen. Je mehr er seinen Stiefvater ablehnte, umso mehr habe er dessen Strenge bzw. Strafe gefürchtet. In diesen Jahren habe er seinen leiblichen Vater, den er nur von den Erzählungen seiner Mutter kannte, sehr vermisst. Auch heute noch trauere er darum, dass er keinen Vater gehabt habe, der ihm Stütze und Halt gegeben hätte und den er selbst hätte lieben können.

Als pubertierender Junge entwickelte er die quälende Phantasie, einen zu kleinen Penis zu haben, was ihn weit bis in das Erwachsenenalter in der Beziehungsaufnahme zu Frauen sehr gehemmt habe. Trotz seines durchaus guten Aussehens hatte er lange Zeit die Vorstellung, als Mann für Frauen nicht attraktiv zu sein. Ihm wurde in dieser Phase der Therapie bewusst, wie sehr er mit unterschwelligen Minderwertigkeitsgefühlen zu kämpfen hatte, was sich insbesondere auch darin auswirkte, dass er in seinem Beruf seine eigene Arbeit als Kameramann kaum wertschätzen konnte und sich den meisten seiner Kollegen unterlegen fühlte. Er entdeckte, wie sehr er kränkbar war und schon bei kleinster Kritik ohnmächtige Wut empfand – wie früher bei Streitigkeiten mit seinem Stiefvater, die er aus Angst nie offen habe führen können. Er habe diese Wut bei sich bewusst kaum wahrgenommen, eher depressive Niedergeschlagenheit, aber auch – wie er nun entdeckte, unbestimmte Angst, die sich bis zu Panikanfällen steigern konnte. In einer bewegenden Stunde erlebte er nochmals in allen Einzelheiten nach, wie er als 16-jähriger Junge bei einem Streit seinem Stiefvater im plötzlich aufbrechenden Zorn ein Messer „in den Bauch rammen" wollte und tatsächlich schon ein Küchenmesser in der Hand hielt, um diese Absicht in die Tat umzusetzen. Wäre sein Stiefvater nicht geistesgegenwärtig ganz ruhig geworden, nachdem er ihn zuvor lautstark beschimpft hatte, hätte er sicher zugestoßen. Seitdem lebe er in der Angst, jemand könnte ihn wieder so reizen wie sein Stiefvater damals und er in mörderischer Wut auf den anderen losgehen. Als junger Mann habe er in einem Lokal noch einmal eine solche Situation erlebt, wo er nach einer eigentlich harmlosen Provokation durch einen angetrunkenen Gast diesem ohne Vorwarnung heftig mehrmals ins Gesicht schlug und dabei dessen Nasenbein gebrochen hatte. Damals hatte er sich geschworen, seine aufbrausende Wut „tief in sich zu vergraben", was ihm bis heute weitgehend gelungen sei. Er konnte in diesem Zusammenhang entdecken, wie er sich vor seiner eigenen Aggressivität fürchtete, die im direkten Zusammenhang mit seiner früheren ohnmächtigen Wut auf seinen Stiefvater stand. Nicht wenige seiner Panikanfälle ließen sich auf diesem psychodynamischen Hintergrund als eigentlich verkappte „Wutanfälle" dechiffrieren, die sich im Gefolge von Kränkungssituationen (die ihm damals durchaus nicht immer als solche bewusst gewesen waren) einstellten.

Wie sich zeigte, stand der Beginn seiner Panikanfälle im engen zeitlichen Zusammenhang mit der Geburt seiner ersten Tochter. Er hatte damals im Ausland gelebt, war beruflich bedingt oft viele Wochen von zu Hause weg, was seine Frau, eine Libanesin, stets klaglos akzeptiert habe. Er hatte in jener Zeit auch außereheliche Affären, was ihn sehr mit Schuldgefühlen belastete, da er sich ruchlos und verkommen vorkam. Vor allem habe er sich geschämt, als Vater völlig zu versagen. Er habe nie verstanden, warum er sich seiner Frau gegenüber so verhalten habe, da er sie immer sehr geliebt und attraktiv gefunden habe – auch in jenen Jahren, als er häufiger fremdgegangen war. Aus Schuld- und Sühnebedürfnis habe er mit seiner Frau seine zweite Tochter bekommen, die kurze Zeit nach ihrer Geburt an chronischem Asthma erkrankte. Er habe diese Erkrankung gleichsam wie eine Art Strafe „Gottes" empfunden, eine Vorstellung, die ihm eigentlich absurd vorkomme, da er sich eigentlich immer als „Atheist" verstanden habe.

Durch die Auseinandersetzung mit seiner tiefgründigen Wut änderte sich auch das Klima in der Psychotherapie. Hatte er bis dahin seinen Therapeuten überwiegend idealisiert, in der Übertragung wie einen liebevollen Vater erlebt, den er sich so immer gewünscht hatte, kamen nun auch andere Beziehungsaspekte zum Tragen – zum Beispiel erste Versuche, das „aggressive Stehvermögen" seines Therapeuten mit subtilen Entwertungen seinerseits zu testen. In diese Zeit fiel auch seine Entdeckung, dass er sich nicht wenigen Frauen gegenüber entwertend verhielt: zunächst sie mit seinem unbestrittenen Charme zu betören, um sie dann, wenn sie positiv auf ihn reagierten, abrupt von sich weisen zu können. Es wurde ihm bewusst, dass er sich mit diesem Verhalten unbewusst an seiner Mutter dafür rächte, dass sie ihn immer wieder ins Vertrauen gezogen hatte und die ödipale Phantasie nährte, mit ihm zusammen den verhassten Stiefvater zu verlassen, im entscheidenden Augenblick ihn dann aber fallen zu lassen. Er erinnerte sich erst jetzt, dass er die Geburt seiner Halbschwester (kurz vor dem oben erwähnten schweren Streit mit seinem Stiefvater) wie einen „Verrat" seiner Mutter erlebt hatte, einen Verrat, für den er sich später stellvertretend an seiner Frau rächen sollte. Diese Einsicht bedingte eine schwere seelische Krise, da er sich seiner Frau gegenüber sehr schuldig fühlte. Die intensive Durcharbeitung dieser Schuldgefühle machte aber auch deutlich, dass sie noch eine tiefere Wurzel hatten: Zum ersten Mal gewann er Zugang zu seinen unbewussten hochambivalenten Gefühlen seiner Mutter gegenüber, die er sehr geliebt, von der er sich aber oft auch zurückgestoßen und verraten vorkam. Dieses Dilemma konnte er bewusst nicht ertragen; da er sich von seiner Mutter damals zugleich noch sehr abhängig fühlte, verdrängte er weitgehend seine Enttäuschung und Wut auf sie und agierte diese unbewusst in seiner späteren Beziehung zu seiner Frau aus. Seine herzbezogenen Panikanfälle konnte er in diesem Zusammenhang auch als symbolische Ausgestaltung dieses heftigen Ambivalenzkonfliktes mit seiner Mutter verstehen: sein Herz als symbolische Repräsentanz seiner Mutter (bzw. mütterliche Bezugsperson), die er einerseits liebt (obwohl er von ihr sehr gequält wird) und von der er andererseits sich endlich befreien möchte. Im gewissen Sinne geht es bei dieser Konfliktdynamik des Patienten tatsächlich um Leben und Tod – jedenfalls auf der Ebene der damit verbundenen

4

151

unbewussten Phantasien und Wünsche. Die Bewusstmachung dieser dem Patienten bis dahin völlig unbewusst gebliebenen Thematik führte zu einer deutlichen Entlastung, er konnte in den letzten Wochen der Therapie neue, für ihn so bisher nicht erlebte Momente intensiven Zusammenseins mit seiner Frau erleben, die er, wie er sagte, mit „neuen Augen" zu sehen gelernt habe.

Zur Katamnese ist zu erwähnen, dass er nach Abschluss der Therapie deutlich weniger Angst hatte, Panikanfälle traten kaum mehr auf, und wenn, dann mit deutlich weniger Intensität bzw. Bedrohlichkeit. Der Patient hatte das Gefühl, dass er noch „einige Zeit" brauchen würde, um das Gehörte und Erlebte in der Therapie wirklich in sich aufnehmen und „verdauen" zu können. Er habe eine Art innere Gewissheit gefunden, dass er zum ersten Mal in seinem Leben „wirklich sich selbst" begegnet sei, mit „Furcht und Zittern", aber auch mit der neu gewonnenen Hoffnung, auf der Bühne des Lebens zukünftig nicht mehr blind agierender Schauspieler zu sein, sondern auch bewusst gestaltender Regisseur.

Soweit zu diesem Fallbeispiel. Aus verhaltenstherapeutischer Perspektive mag man zu diesem Fall vielleicht kritisch einwenden, ob der Therapieerfolg nicht vor allem einem kognitiven Umstrukturierungsprozess zu verdanken ist, wie man ihn in verschiedenen Manualen der kognitiv-behavioralen Psychotherapie beschrieben findet. Oder pointierter noch: War der weitere konfliktaufdeckende therapeutische Prozess für die Minderung der Angstsymptomatik überhaupt noch substanziell erforderlich? Hätte man mit der einleitenden kognitiven Umstrukturierung nicht vergleichbar viel an intrapsychischen Veränderungsprozessen bewirken können wie durch die länger dauernde psychodynamische Therapie – nur eben indirekt und ohne weitere Begleitung durch einen Therapeuten? Wenn dem so wäre, würde die alleinige kognitiv-behaviorale Psychotherapie dieses Falles natürlich zeitlich deutlich kürzer und kostengünstiger ausfallen.

Aufgrund meiner klinischen Erfahrung muss ich die meisten dieser Fragen eindeutig verneinen: Der Patient hatte diesen anschließenden „psychodynamischen Teil" der Psychotherapie dringend gebraucht. Aber ohne die einleitende angstkonfrontierende Therapiephase hätte er m.E. keine ausreichende innere Sicherheit gewonnen, sich auf die psychisch sehr belastende und angstmachende Aufdeckung seiner unbewussten Konflikte einzulassen. Und Letzteres meint explizit: nicht nur „interessante intellektuelle Einsichten" über sich zu gewinnen, sondern wirklich an die inneren Quellen der Angst und des Leidens zu rühren, was nicht ohne tief greifende emotionelle Beteiligung geschehen kann. Und wie wir heute auch aus der neurobiologischen Forschung wissen: Nur wenn auf der psychischen Ebene neben intellektuellen Einsichten starke Emotionen beteiligt sind, lassen sich auf der biologischen Ebene die sie generierenden neuronalen Netzwerke dauerhaft umstrukturieren.

4 Frequently Asked Questions (FAQ)

1. *Welche grundlegenden Konzepte zur Pathogenese von Angststörungen sind von der Psychoanalyse entwickelt worden?*
→ Konfliktmodell, Strukturmodell, Objekt-Beziehungstheorie
2. *Welche Psychodynamik liegt nach Auffassung der Psychoanalyse der Agoraphie zugrunde?*
→ Bindungsunsicherheit, „Pseudophobie", da Vermeidung nicht zentrales Problem darstellt, sondern ausgeprägte Angewiesenheit auf Sicherheit und Bindung
3. *Welche Psychodynamik liegt nach Auffassung der Psychoanalyse den einfachen Phobien zugrunde?*
→ Konfliktmodell, Abwehrvorgang der Verschiebung
4. *Welche Psychodynamik liegt nach Auffassung der Psychoanalyse den sozialen Ängsten zugrunde?*
→ Angst vor Entwertung bzw. ubw. Kastrationsängste, ungelöste ödipale Konflikte, ausgeprägter Schamaffekt
5. *Welche Psychodynamik liegt nach Auffassung der Psychoanalyse der generalisierten Angststörung zugrunde?*
→ Strukturelle Ich-Schwäche, Inkonstanz von stabilen Selbst- und Objektrepräsentanzen, Bindungsunsicherheit
6. *Welche Psychodynamik liegt nach Auffassung der Psychoanalyse der Psychodynamik von körperbezogenen Ängsten (z.B. Herzinfarkt-Angst) zugrunde?*
→ Konfliktmodell, eigenes Körperorgan wird phobisches Objekt, Objekt-Beziehungstheorie, hypochondrische Entwicklung
7. *Welche Psychodynamik liegt nach Auffassung der Psychoanalyse der Panikstörung zugrunde?*
→ Konfliktmodell, Strukturmodell, Objekt-Beziehungstheorie
8. *Was versteht die Psychoanalyse unter dem Begriff „Übergangsobjekt" und welche Bedeutung hat dieser bei den meisten Angststörungen?*
→ Medikamente bzw. Talisman als Übergangsobjekt, magisches Denken, Bedürfnis nach ständiger Verfügbarkeit von Sicherheit durch „Ersatzobjekte", die für bedeutsame Bezugspersonen stehen
9. *Nach welchen Prinzipien sollte eine begleitende Pharmakotherapie bei Angststörungen durchgeführt werden?*
→ Verordnung nach festem Dosierschema, keine Verordnung nach Bedarf

5 Literaturverzeichnis

a) zitierte Literatur

- Ainsworth M, Blehar M, Waters E, Wall S: Patterns of attachment. A psychological study of the strange situation. Hillsdale/NY: Erlbaum, 1978
- American Psychiatric Association (eds.): Diagnostic and Statistical Manual of Mental Disorders. IVth ed. Washington DC: American Psychiatric Association, 1994
- Arbeitskreis OPD (Hrsg.): Operationalisierte Psychodynamische Diagnostik. Grundlagen und Manual. Bern, Göttingen, Toronto, Seattle: Huber, 1996
- Bassler M., Hoffmann SO: Psychoanalytisch fundierte stationäre Psychotherapie bei Angstpatienten – ein Vergleich der therapeutischen Wirksamkeit bei generalisierter Angststörung, Agoraphobie und Panikstörung. Psychother Psychosom Med Psychol 1994;44:217-225

- Bassler M: Differentialindikation von Psychotherapie und Pharmakotherapie bei Angststörungen. Psycho 1999;7:439-446
- Bassler M: Psychodynamische Therapie bei Patienten mit Angststörungen. In: Möller H-J (Hrsg.): Psychiatrische Therapie. 2. Aufl. Berlin, Göttingen, Heidelberg: Springer, 2000, 722-731
- Bowlby J: Trennung. Psychische Schäden als Folge der Trennung von Mutter und Kind. München: Kindler, 1976
- Crowe RR, Noyes R, Pauls DL, Slymen DJ: A family study of panic disorder. Arch Gen Psychiatry 1983;36:652-653
- Davidson JRT, Hughes DL, George LK, Blazer DG: The epidemiology of social phobia: findings from the Duke Epidemiological Catchment Area Study. Psychol Med 1993;23:709-718
- Dengler W, Selbmann HK (Hrsg.): Leitlinien zur Diagnostik und Therapie von Angsterkrankungen. Ergebnis einer Konsensuskonferenz. Darmstadt: Steinkopff, 2000
- Dilling H, Mombour W, Schmidt MH (Hrsg.): Internationale Klassifikation psychischer Störungen. ICD-10, Kapitel V (F). Klinisch-diagnostische Leitlinien. 2. Aufl. Bern: Huber, 1993
- Dornes M: Der kompetente Säugling. Die präverbale Entwicklung des Menschen. Frankfurt: Fischer, 1992
- Eaton WW, Dryman A, Weissman MM: Panic and phobia. In: Robins LN, Regier DA (eds.): Psychiatric disorders in America. New York: The Free Press, 1991
- Fenichel O: The Psychoanalytic Theory of Neurosis. New York: Norton, 1945; dt.: Psychoanalytische Neurosenlehre. Olten, Freiburg: Walter, 1974
- Freud S: Wege der Psychoanalytischen Therapie (1919). Ges. W. Bd. XII. Frankfurt: Fischer, 1975
- Freud, S. : Hemmung, Symptom, Angst (1926). Ges. W. Bd. XIV. Frankfurt: Fischer, 1975
- Grawe K: Psychologische Therapie. Göttingen, Bern, Toronto, Seattle: Hogrefe, 1998
- Guidano VF, Liotti G: A constructivist Foundation for cognitive therapy. In: Mahoney MJ, Freeman AS (eds.): Cognition and psychotherapy. New York: Plenum, 1985
- Hand I.: Verhaltenstherapie bei Patienten mit Angsterkrankungen. In: Möller H-J (Hrsg.): Therapie psychiatrischer Erkrankungen. Stuttgart, New York: Thieme, 2000
- Heimberg RG, Juster HR: Cognitive-behavioral treatments: literature review. In: Heimberg RG, Liebowitz MR, Hope DA, Schneier FR (eds.): Social Phobia. Diagnosis, assessment and treatment. New York: Guilford Press, 1995
- Hoffmann SO, Bassler M: „Manual" für fokal orientierte psychoanalytische Psychotherapie bei Angststörungen. Erste Erfahrungen aus einer Therapiestudie. Forum Psychoanal 1995;11:2-14
- Hoffmann SO, Bassler M: Phobische Störungen. In: Ahrens S (Hrsg.): Lehrbuch für Psychotherapeutische Medizin. Stuttgart: Schattauer, 1996
- Hoffmann SO, Egle UT, Bassler M, Nickel R, Petrak F, Porsch U: Wechselwirkung differenter Therapieteile innerhalb einer stationären psychodynamisch-verhaltenstherapeutischen Kombinationsbehandlung. Psychotherapeut, 1998; 43:282-287
- Izard CE: Human Emotions. New York: Plenum Press, 1977
- Klein DF: Anxiety reconceptualized. In: Klein DF, Rabkin J (eds.): Anxiety: new research and changing concepts. New York: Raven Press, 1981
- Marks IM: The classification of phobic disorders. Br J Psychiatry 1970; 116:377-386
- Mentzos S: Angstneurose. Psychodynamische und psychotherapeutische Aspekte. Frankfurt: Fischer, 1984
- Milrod B, Busch F, Cooper A, Shapiro T: Manual of panic-focused psychodynamic psychotherapy. Washington: American Psychiatric Press, 1997
- Mowrer OH: Learning Theory and Behavior. New York: Wiley, 1960
- Nickel R, Petrak F, Bassler M, Hoffmann SO: Stationäre verhaltenstherapeutisch-psychodynamische Kombinationsbehandlung. Fallbericht zur Behandlung eines Patienten mit Angststörung. Psychotherapeut 1999; 44:241-247
- Robins LN, Helzer JE, Weisman MM, Orvaschel H, Gruenberg E, Burke JD, Regier DA: Lifetime prevalence of specific psychiatric disorders in three sites. Arch Gen Psychiatry 1984;41:949-958
- Rudolf G, Manz R, Öri C: Ergebnisse psychoanalytischer Therapien. Z Psychosom Med 1994;40:25-40
- Schneider S, Margraf J: Agoraphobie und Panikstörung. Göttingen, Bern, Toronto, Seattle: Hogrefe, 1998
- Shear MK, Cooper AM, Klerman GL, Busch FN, Shapiro T: A psychodynamic model of panic disorder. Am J Psychiatry 1993;150:859-866
- Seligman MEP: Phobias and preparedness. Behav Ther 1971;2:307-320
- Strauß B, Burgmeier-Lohse M: Evaluation einer stationären Langzeitgruppen-psychotherapie. Ein Beitrag zur differentiellen Psychotherapieforschung im stationären Feld. Psychother Psychosom Med Psychol 1994;44:184-192
- Teusch L, Finke J: Die Grundlagen eines Manuals für die gesprächspsycho-therapeutische Behandlung bei Panik mit Agoraphobie. Psychotherapeut 1995;40:88-95
- Waelder R: Die Grundlagen der Psychoanalyse. Stuttgart: Klett, 1963
- Wiborg IM, Dahl AA: Does brief psychodynamic psychotherapy reduce the relapse rate of panic disorder? Arch Gen Psychiatry 1996;53:689-694
- Winnicott DW: Übergangsobjekte und Übergangsphänomene. Psyche 1953;23:666-682
- Wittchen H-U: The natural course and outcome of anxiety disorders. What case remit without treatment? In: Hand I, Wittchen H-U (eds.): Treatment of panic and phobias. Berlin: Springer, 1986
- Wurmser L: Die innere Grenze. Das Schamgefühl – ein Beitrag zur Überich-Analyse. Jahrbuch der Psychoanalyse 1986;18:16-41

b) weiterführende Literatur

- Mentzos S: Angstneurose. Psychodynamische und psychotherapeutische Aspekte. Frankfurt: Fischer, 1984
- Rüger U (Hrsg.): Neurotische und reale Angst. Der Beitrag der Psychoanalyse zur Erkennung, Therapie und Bewältigung von Angst in der klinischen Versorgung und im psychosozialen Feld. Göttingen: Vandenhoeck und Ruprecht, 1984
- Strian F: Angst – Grundlagen und Klinik. Berlin, Heidelberg: Springer, 1983

4

4.5 Zwangsstörung

Hermann Lang und Kornelia Koepsell

1 Einleitung

Der klassische Name der Zwangsneurose ist heute durch den Begriff der Zwangsstörung ersetzt. Im DSM-IV wird diese Störung („obsessive-compulsive-disorder", „OCD", 300.3) den Angststörungen subsumiert, da Zwänge vorrangig der Angstregulierung dienen. Parallel dazu wird auf Achse II die „zwanghafte Persönlichkeitsstörung" (301.4) als eigenständige Kategorie geführt. In der ICD-10 lauten die synonymen Bezeichnungen „anankastische Syndrome, Zwangsstörungen" (F42) bzw. „anankastische (zwanghafte) Persönlichkeitsstörung" (F60.5). Im älteren Schrifttum wird die schwere Form der Zwangsneurose häufig „Zwangskrankheit" genannt.

2 Symptomatik

Im Beschwerdebild lassen sich drei Symptomgruppen unterscheiden:

2.1 Zwangsgedanken (obsessions)

Bestimmte Zwangsvorstellungen oder Zwangsbefürchtungen (z. B. sich oder andere zu kontaminieren) behaupten sich anhaltend und gegen den Willen des Betroffenen im Bewusstsein. Dabei werden diese Zwangsgedanken als aufdringlich und unangemessen wahrgenommen. Inhaltlich handelt es sich oft um aggressive und sexuelle Themen bzw. um die damit verbundenen Schuldvorstellungen. So drängte sich bei einem 38-jährigen Bürgermeister, Herrn R., der zugleich das Standesamt versah, die Zwangsvorstellung auf, Heilige hätten Sex mit Tieren, sobald er den Namen eines oder einer Heiligen zu schreiben hatte – was ja bei seiner Tätigkeit häufig vorkommt. Oder es müssen – wie z. B. beim Zählzwang – bestimmte Gedankenreihen dauernd wiederholt werden, um dadurch bewusst oder unbewusst phantasierte Befürchtungen einer Fremd- oder Selbstschädigung abzuwehren. Charakteristisch überhaupt sind *„Veränderungen des Denkens"*. Die Patienten müssen unablässig grübeln, bestimmte Gedanken unterdrücken, andere Gedanken wiederholen. Alles im Leben muss sorgfältig überprüft, bedacht, überlegt werden, oft ohne zu einer Entscheidung zu gelangen. Zentral ist bei der Zwangsneurose die alles dominierende Bedeutung des Zweifels („maladie du doute"). Die Gedanken werden in der Phantasie oft wie Taten behandelt, ihnen wird eine magische Bedeutung zugesprochen: Gedanken können

töten, schuldig machen, Unheil bringen, wieder gutmachen, verzaubern. Das Denken erlangt dadurch die Qualität eines magischen Abwehrsystems. Freud (1909) sprach deshalb von der „Allmacht der Gedanken". Unablässiges Grübeln, ständiges Wiederholen, Zaudern, ausgeprägte Ambivalenz sind weitere Merkmale des zwangsneurotischen Denkens.

2.2 Zwangsantriebe

Es handelt sich hier um Impulse meist aggressiven Charakters, z. B. das eigene Kind zu verletzen oder fallen zu lassen, Obszönitäten in der Öffentlichkeit herauszuschreien. Dabei wehrt sich der Patient mit ganzer Kraft gegen diese quälenden Impulse, die für gewöhnlich, falls es sich diagnostisch nicht um eine Borderline- oder psychotische Störung handelt, nicht realisiert werden.

2.3 Zwangshandlungen (compulsions)

sind krankhaft erlebte Handlungen, deren Unterlassung heftige Angst auslösen kann. Freud (1907) hat die Nähe von Zwangshandlungen zu religiösen Bußvorschriften betont („Zwangshandlungen und Religionsübungen"). Magische Rituale dienen oft der Abwehr phantasierter Gefahren, Ordnungszwänge sollen „das Chaos der Impulse steuern" (Hoffmann, 1986). Auch Kontrollzwänge sind häufig mit Angst- und Schuldvorstellungen verbunden. Bei den Vermeidungsritualen sind bestimmte Handlungen verboten oder müssen durch Gegenhandlungen wieder gutgemacht werden. So musste der Bürgermeister sofort den Namen des Heiligen am PC löschen, hatte ihn dann neu zu schreiben, löschte ihn wieder, musste ihn erneut bringen und wieder löschen – so ging es ständig hin und her. Da der Name indessen auf der Geburts- oder Sterbeurkunde zu stehen hatte, kam er in seiner verzweifelten Situation zu einer Lösung in Form einer weiteren Zwangshandlung dergestalt, dass er – um sich von seinem schlechten Gewissen zu entlasten – mit dem Wort „Entschuldigung" auf den Lippen zu Kollegen ging, beispielsweise sagte: „Entschuldigung, hast du mal einen Radiergummi?". Dann konnte der Name bleiben. Täte er dies nicht, könnte seiner Familie ein schreckliches Unglück zustoßen. Reinigungszwänge, wie z.B. ein Waschzwang, dienen der Vermeidung bzw. Beseitigung von Beschmutzung, Krankheit oder Schuld. Zwangshandlungen allein kommen relativ selten vor. Bei etwa 75 % der Patienten liegt eine Kombination von Zwangsgedanken und Zwangshandlungen vor.

4

Nach K. Schneider (1967) lässt sich Zwang so definieren: „Zwang ist, wenn jemand Bewußtseinsinhalte nicht loswerden kann, obschon er sie gleichzeitig als inhaltlich unsinnig oder wenigstens als ohne angemessenen Grund beherrschend und beharrend beurteilt." Das „ich-dystone Erleben" ist also für eine Zwangsstörung im Sinne einer Symptomneurose bezeichnend.

Nebenmerkmale

Neben den typischen Zwangsphänomenen finden sich bei Zwangsstörungen oft auch *Ängste* und *depressive Symptome*. Ängste treten entweder begleitend oder häufig auch schon vorauslaufend zur eigentlichen Zwangssymptomatik auf. Eine oft zu beobachtende Entwicklung führt über freie Angst und phobische Ängste zur Entwicklung von Zwangssymptomen. Depressive Symptome sind ebenfalls häufig, können sekundär als Folge der quälenden Zwangssymptome entstehen, aber auch Zwangssymptomen vorausgehen, wobei dann der Zwang als autoprotektive Reaktion auf die Depression selbst verstanden werden kann (siehe später). Die Zwänge können schließlich in einem sich selbstperpetuierenden Restriktionsprozess den Lebensraum des Betroffenen immer mehr einengen und „zum dem gefürchteten Endausgang der Willenslähmung" (Freud, 1926 b), der malignen Zwangsneurose, führen.

Epidemiologie

Aktuelle epidemiologische Untersuchungen zur Prävalenz von Zwangsstörungen zeigen, dass diese um ein Vielfaches über dem liegt, was bisher angenommen wurde. Mit 1-3%, bezogen auf die Gesamtbevölkerung, gilt heute dieses Krankheitsbild als die vierthäufigste psychiatrische Störung überhaupt (Rasmussen und Eisen, 1997). Diese Diskrepanz hat sehr wahrscheinlich damit zu tun, dass Patienten mit Zwängen dazu neigen, diese zu verschweigen. Viele Zwangsinhalte sind aggressiver, blasphemischer und obszöner Natur. Die Betroffenen schämen sich dieser Vorstellungen und Impulse, fürchten, als geisteskrank zu gelten. Häufigkeitsangaben für Zwangssymptome hängen deshalb auch „extrem" vom Modus der Befunderhebung ab. So zeigte sich in unserer Basisdokumentation, dass der von der Gesamtklientel unserer Patienten selbst ausgefüllte Fragebogen 6-12 % Zwangssymptome enthält, während im Fragebogen, den der Untersucher nach einen Interview ausgefüllt hat, sich nur 3-5 % Zwangssymptome finden. Das bedeutet, dass Zwangssymptome im unstrukturierten Gespräch weniger erwähnt werden als im anonymen, strukturierten Fragebogen. Patienten, die neben Zwangssymptomen an körperlichen Beschwerden leiden, werden diese in den Vordergrund rücken. Angesichts der Diskrepanz zwischen der hohen Prävalenz und der zugleich bestehenden „Verborgenheit" der Zwangsstörungen spricht deshalb Jenike (1989) von einer verdeckten Epidemie (hidden epidemic).

Weil Zwangssymptome häufig in Verbindung mit anderen Syndromen auftreten, sprechen amerikanische Autoren von einem „obsessive-compulsive spectrum" (Übersicht bei Hollander, 1993; Rasmussen und Eisen, 1997). Folgende Störungsbilder rechnen Rasmussen u. Eisen zu diesen „obsessive-compulsive spectrum disorders":
• Essstörungen
• Impulskontrollstörungen
• Trichotillomanie
• Gilles-de-la-Tourette-Syndrom
• Onychophagie
• Dysmorphophobie
• Hypochondrie
• krankhafte Eifersucht

Die Autoren sehen in diesen Erkrankungen psychiatrische Störungsbilder, die in enger Beziehung zur Zwangsstörung stehen: dies sowohl in ihrer klinischen Phänomenologie, hinsichtlich ätiologischer Faktoren als auch der Respons auf spezifische Behandlungsformen (Pharmako- und psychotherapeutische). So sind beispielsweise diese Störungsbilder gekennzeichnet durch stereotype oder ritualisierte Verhaltensweisen wie bei Tics, dem Gilles-de-la-Tourette-Syndrom und der Trichotillomanie.

Differenzialdiagnose

Die klassische Form der Zwangsneurose ist aufgrund der charakteristischen Leitsymptome leicht zu diagnostizieren. Differenzialdiagnostische Probleme sind möglich, weil Zwangserscheinungen auch bei anderen Erkrankungen, wie z.B. depressiven Störungen, Borderline-Syndromen oder Psychosen aus dem schizophrenen Formenkreis, im Vordergrund stehen können. Mitunter verdeckt die Zwangssymptomatik eine beginnende Psychose (Lang 1981, 1985a). Stereotype Wiederholungshandlungen im Rahmen von hirnorganischen Prozessen fehlt zumeist der subjektive Leidensdruck und der ich-dystone Charakter der Symptome. Komorbiditätsstudien und Einzelfalldarstellungen zeigen Zusammenhänge der Zwangsstörung mit depressiven und Angststörungen und wie erwähnt mit einer Reihe von neurologischen (extrapyramidale Störungen, Tic, Torticollis, Gilles-de-la-Tourette-Syndrom, Schreibkrampf) und internistischen Krankheitsbildern (z.B. entzündliche Darmerkrankungen) sowie mit verschiedenen psychosomatischen Erkrankungen (z.B. Störungen des Essverhaltens) und somatoformen Störungen (Csef, 1988; Weiß, 1989; Kapfhammer, 1996).

Anankastische Persönlichkeitsstörung („zwanghafte Charakterneurose")

Die Unterscheidung zwischen Zwangsneurose und zwanghafter Persönlichkeitsstörung beruht darauf, dass es sich in einem Fall um eine Symptomneurose, im anderen um überdauernde, jetzt aber pathologisch zugespitzte Persönlichkeitszüge handelt. Im Gegensatz zur Symptomneurose werden die Störungen hier als ich-synton, d.h. nicht als aufgezwungen oder ich-fremd erlebt. Häufig handelt es sich um eine Steigerung zwanghafter Tendenzen, wie sie in leichterer Form auch einem Gesunden begegnen. Ein Beispiel Hoffmanns (Hoffmann und Hochapfel, 1999) veranschaulicht den Unterschied zwischen Zwangsstruktur und Symptomneurose. Dabei kann das gleiche objektive Verhalten einmal Ausdruck einer Symptomneurose und ein andermal Ausdruck einer zwanghaften Charakterstruktur sein, die sich zugespitzt zur Charakterneurose entwickelt.

„Wenn ein pedantischer Bürokrat seine Bleistifte alle der Größe nach ordnet und in die gleiche Richtung legt, dann ist dies Ausdruck einer Persönlichkeitseigentümlichkeit, die man als zwanghafte Ordentlichkeit (Pedanterie) bezeichnet. Psychodynamisch

4

gesehen liegt kein Symptom vor, weil der Mann so sein will, weil das Verhalten ich-synton ist. Ein anderer Mensch schildert nun Folgendes: „Ich muss morgens immer alle meine Bleistifte der Größe nach sortieren und sie mit den Spitzen in die gleiche Richtung legen. Tue ich es nicht, dann werde ich sehr unruhig. Ich habe schon oft versucht, dieses Verhalten zu unterdrücken, aber es gelingt mir einfach nicht. Ich bin einfach gezwungen, das zu tun." Obwohl das äußere Verhalten gleich ist, ist die dynamische Struktur grundverschieden. Dieser Patient erlebt sein Tun als ich-fremd, ich-dyston, er hat ein Symptom (Ordnungszwang).

Im DSM-IV wird unter den diagnostischen Kriterien der zwanghaften Persönlichkeitsstörung ein „tief greifendes Muster von starker Beschäftigung mit Ordnung, Perfektion und psychischer sowie zwischenmenschlicher Kontrolle auf Kosten von Flexibilität, Aufgeschlossenheit und Effizienz" genannt. Freud (1908) beschrieb in seiner grundlegenden Arbeit „Charakter und Analerotik" Ordentlichkeit, Sparsamkeit und Eigensinn als typische Merkmale des Zwangscharakters (sog. anale Trias). Charakteristisch sind weiterhin Neigungen zum Aufschieben, Zaudern und Zögern. Die Ordentlichkeit umfasst sowohl die körperliche Sauberkeit als auch Gewissenhaftigkeit, den Hang zur Perfektion, zum Peniblen. Ebenso ausgeprägt sind skrupulöse Züge, eine Tendenz zu strengen moralischen oder religiösen Überzeugungen. Rigidität, Enge, Sparsamkeit bis hin zum Geiz (Horten von Geld im Hinblick auf eine phantasierte Katastrophe) kennzeichnen den zwanghaft strukturierten Menschen. Gleichzeitig besteht eine Hemmung motorisch-expansiver, sexueller und aggressiver Antriebe. Der Unterdrückung spontaner Gefühlsäußerungen steht bei zwanghaft strukturierten Personen eine ausgeprägte Dominanz intellektueller Kontrollbedürfnisse gegenüber. Der Ritualisierung von Lebensgewohnheiten, dem Festhalten am Gewohnten entspricht eine Restriktion der auf Veränderung und Autonomie zielenden Regungen. Im Extremfall wird das gesamte Leben schließlich starr, mechanisch und verräumlicht. Nicht selten zeigt sich eine Affinität zur Beschäftigung mit Themen wie Tod und Verwesung (v. Gebsattel, 1954; Weiß, 1985; Lang, 1986).

Von Krankheitswert sind die geschilderten Merkmale erst dann, wenn sie eine Einschränkung der Entfaltungsmöglichkeiten der Person mit sich bringen, subjektiven Leidensdruck erzeugen oder zu Problemen im sozialen und zwischenmenschlichen Bereich führen. Obwohl zwischen der Zwangsneurose und der zwanghaften Persönlichkeitsstörung unterschieden werden muss, besteht häufig eine enge Beziehung zwischen Zwangssymptomen und anankastischer Charakterstruktur.

Psychodynamik und Ätiologie

Als grundlegend zum kausalen Verständnis einer Zwangsstörung wird von der Psychoanalyse klassischerweise ein Trieb-Abwehrkonflikt („Überich-Es-Konflikt") angesehen. Aggressive oder sexuelle Triebregungen werden durch eine rigide, Schuldgefühle hervorrufende Gewissensinstanz abgewehrt, was zu typischen Kompromissbildungen in Form von Zwangssymptomen führt. So schilderte bereits Freud 1895 unter dem Stichwort „Mysophobie" den Fall einer Frau, die sich hundertmal am Tage die Hände wusch und Türklinken nur noch mit dem Ellbogen berühren konnte. Die biografische Analyse ließ den oberflächlich gesehenen „unverständlichen" Zwang psychodynamisch wie folgt verstehen: „Das ist der Fall von Lady Macbeth. Die Waschungen waren symbolisch und dazu bestimmt, an die Stelle der moralischen Reinheit, deren Verlust sie bereute, die körperliche Reinheit zu setzen. Sie quälte sich mit Vorwürfen für eine eheliche Untreue, deren Erinnerung sie auszulöschen trachtete. Sie wusch sich auch die Geschlechtsteile."

Das klassische psychoanalytische Konzept der Psychodynamik der Zwangsneurose ist hier bereits formuliert. Es besteht darin, dass der Zwangssymptomatik offensichtlich ein massives Schuldbewusstsein zugrunde liegt, das jetzt mit einer Aktion angegangen, substituiert wird, die aus einem ganz anderen Bereich stammt, durch „Verschiebung" auf einem Gebiet sich abgehandelt findet, womit es nichts zu tun hat. Es ist diese „falsche Verknüpfung", die für die unsinnige, absurde Erscheinungsweise der Zwangshandlungen verantwortlich ist. Die Zwangsstörung lässt sich so als der untaugliche Versuch verstehen, unerlaubte aggressive (z.B. Lady Macbeth, vgl. Lang, 1998a) und/oder sexuelle (Patientin Freuds) Triebhandlungen zu bewältigen, im Nachhinein „ungeschehen zu machen". Das Schuldbewusstsein muss natürlich nicht Folge realer Taten sein. Es kann allein auf „psychische Realität" zurückzuführen sein, in nicht eingestandenen destruktiven Wünschen und Impulsen bzw. nicht akzeptierten sexuellen Regungen bestehen (vgl. Lang, 1998a). In der Terminologie des späten Freud lässt sich dieser Grundkonflikt zwischen Triebregungen und einer rigiden Gewissensinstanz als „Überich-Es-Konflikt" formulieren. Gemäß dem Konzept, dass für jede Neurose der Ödipuskomplex den eigentlichen Kern bilde, sind es auch hier verpönte ödipale Regungen, die abgewehrt werden müssen, nur mit dem Unterschied, dass dabei eine Regression auf die anale Stufe mit ihrem magischen Weltbild erfolge und insofern die charakteristische anale Dynamik, wie beispielsweise die anale Trias „Ordnungsliebe (inklusive Sauberkeit), Sparsamkeit und Eigensinn" bei der entsprechenden Strukturierung der Symptome ins Spiel komme. „Eigensinn" wie auch „Sparsamkeit" (z.B. „Ich gebe meinen Kot her, wenn ich und nicht die Mutter will") und „Sauberkeit" („Erst recht tret' ich jetzt in diese Pfütze") weisen auf eine anthropologische Gegebenheit hin, dass nämlich hier Autonomiebestrebungen (Trotzphase!) in Gang kommen. Beim späteren Zwangsneurotiker finden sich diese indessen blockiert, in die Latenz verdrängt.

So zeigt der so strukturierte Zwangskranke ein Janusgesicht zwischen äußerer Fügsamkeit, verbunden mit Überordentlichkeit, Perfektionismus und latenter Aggressivität und Revolte. Strukturell kann man deshalb den Zwangsneurotiker als „gehemmten Rebellen" (Lang, 1986) bezeichnen. Neben dem „klassischen" Überich-Es-Konflikt findet sich so die Zwangsneurose vor allem durch den Konflikt „Autonomie versus Fügsamkeit" strukturiert. Bereits beim „Normalen" verrät sich die „anale" Abkunft dieses Konflikts beispielsweise in der Fäkalsprache, die bekanntlich der Bevormundung und Dressur durch andere „trotzt". Dementsprechend wurde unter ätiologischem Blickwinkel einer forcierten Erziehung zur Sauberkeit („Reinlichkeitsdressur"), Ordentlichkeit und Angepasstheit ein pathogener Stellenwert zugesprochen, wobei es über die Internalisierung der elterlichen Normvorstellungen, die selbst wieder überzoge-

4

ne gesellschaftliche Forderungen repräsentieren können, zur Bildung eines rigiden „sadistischen" Überichs kommt. „Spontaneität, Eigenwille, lebhafte Motorik und Aggressivität müssen früh unterdrückt und mit Angst- und Schuldgefühlen abgewehrt werden" (Hoffmann, 1986).

Werden nun diese Ambivalenz, innere Konflikthaftigkeit zwischen Überich und Es-Ansprüchen, Autonomiestreben und Unterwerfung und die daraus resultierenden Angst- und Schuldgefühle in bestimmten (auslösenden) Situationen aktualisiert und akzentuiert, kommt es zur manifesten Symptomneurose.

So traten erstmals bei dem genannten Bürgermeister Herr R. religiöse Zwangshandlungen in Form von Bußübungen auf, als er 13-jährig seine Großmutter tot auffand. Diese zentrale Bezugsperson seiner Kindheit war plötzlich an einem Schlaganfall gestorben. Da schoss ihm der Gedanke durch den Kopf, er sei, weil zu wenig brav, an ihrem Tode schuld. Die jetzt einsetzenden Bußhandlungen und andere Zwangssymptome sollten von dieser Schuld entlasten und zugleich verhindern, dass die Eltern sterben. Zur Biografie ist hier zu notieren, dass die Eltern, die hart in einem eigenen Handwerksbetrieb arbeiteten, kaum Zeit für ihn hatten, sie ihn, obwohl in der Schule sehr gefordert, noch danach zur Handwerksarbeit zwangen, er sich durch ihre Verbote unerträglich eingeschränkt fand, sich aber zugleich mit den schwer arbeitenden Eltern, und dies vor allem in der Pubertät, solidarisch fühlte. Das sich natürlich einstellende Aufbegehren, der pubertäre Protest erzeugte entsprechende Schuldgefühle, verbunden mit den Ängsten, nach der Großmutter, bedingt durch die entsprechenden aggressiven Wünsche, auch die Eltern zu verlieren. Diese „gehemmte Rebellion" fand ihre Wiederholung in einer zweiten Auslösesituation. Der Patient hatte seine Ausbildung beim Bundesgrenzschutz sehr erfolgreich abgeschlossen. Gleichwohl verweigerte man ihm anschließend eine entsprechende Position. In dieser Situation der Kränkung, ja willkürlicher Demütigung, die ihn mehr und mehr verunsicherte, er sich jetzt in seiner Existenz zutiefst in Frage gestellt fühlte, entwickelte sich ein Waschzwang. Der Waschzwang sollte wohl analog zur Lady Macbeth, hier natürlich nur imaginär, von der massiven, jedoch kaum wahrgenommenen Wut „läutern", zugleich setzte sich aber die „Rebellion" insofern durch – das Symptom als Kompromiss –, als der Waschzwang die Berufstätigkeit behinderte und er so auf diese versteckte Weise die Zurückweisung heimzahlen konnte. Der Waschzwang verschwand „spontan", als er seine Frau kennen lernte und den Beruf wechselte, wobei er bald in einer kleinen Gemeinde zum Bürgermeister gewählt wurde. Die Konflikthaftigkeit – sowohl Überich-Es als auch Autonomie versus Gehorsam – hatte sich dadurch offensichtlich so vermindert, dass die „Resultante" Symptom verschwand. Zugleich kann diese Erfahrung einen Hinweis auf einen ätiologischen Faktor geben, der in der klassischen psychoanalytischen Konzeption fehlt.

Die zuletzt genannte Auslösesituation bedeutete nicht nur eine Aktivierung der alten „Überich-Es-Konflikthaftigkeit", sie bedeutete zugleich eine massive narzisstische Kränkung, eine Ich-Verunsicherung. Viele Zwangssymptome haben nun zweifellos die Funktion, dieser aufbrechenden Verunsicherung entgegenzuwirken, haben eine Funktion der Sicherung und Bindung von Angst, die in der entsprechenden Situation existenzbedrohend aufkommt. Das belegen die vielen Kontrollzwänge, die Zwänge, dem ewigen „Zweifel" ein Ende zu machen. Dies insbesondere dann, wenn wir Zwänge bei sog. frühen Störungen betrachten, denn hier zeigt es sich besonders eklatant, dass es sich weniger um Überich-Es-Konflikte handelt als vielmehr um den Versuch selbst erhaltender, selbst reparierender Maßnahmen gegenüber der Gefährdung der Desintegration und Selbstfragmentierung, um den Versuch, eine diffus aufkommende Grundangst zu binden (vgl. Lang, 1981, 1985 a, 1994; Quint, 1984).

Zwanghaftes Denken und Verhalten scheint letztlich eine *allgemeine Reaktionsform* (Lang 1985 a) *zu sein, die angesichts von Verunsicherung, Angst und Entordnung als ordnendes, autoprotektives Gegenregulans imponiert.* Zwang erfüllt so ein *fundamentales Sicherungs- und Kontrollbedürfnis des Menschen* (vgl. auch Salzman, 1995) – und dies gilt auch für die anankastischen Phänomene des Neurotikers. Die zwangsneurotische Symptombildung stellt einen Kompromiss zwischen Es-Impulsen und Überich-Forderungen dar und entschärft auf diese Weise, wie sich auch der Autonomie-Abhängigkeitskonflikt in der „gehemmten Rebellion" neutralisiert findet. Sie bindet so generell Angst, die aus diesen Konflikten resultiert und sichert so die weitere Existenz, erlaubt die Kontrolle, Verarbeitung „unversöhnlicher Zwiespältigkeiten" (Thomä und Kächele, 1988) – wenn auch auf pathologische Weise. Der so entstandene Krankheitsgewinn trägt entscheidend zur Aufrechterhaltung der Zwangserkrankung bei. Beim Neurotiker ist dieser Gewinn zweifach zu sehen: einmal als Kompromiss zwischen Triebregung und Abwehr. Der Waschzwang der Patientin Freuds betraf auch die Genitalien – im „Sichreinwaschen" wird hier Sexualität abgewehrt und durch die Berührung selbst zugleich befriedigt. Zum anderen – und dies generell – erfüllt Zwang eine fundamentale Sicherungsmöglichkeit des Menschen.

Diesen „Gewinn" bzw. „Funktionalität" gilt es zuallererst zu sehen, wenn jetzt der therapeutische Ansatz darzustellen ist.

Zuvor ist darauf hinzuweisen, dass eine *erbgenetische Komponente* aufgrund von Familienuntersuchungen und Zwillingsstudien anzunehmen ist (vgl. Lang und Weiß, 1999). Die Suche nach *neurobiologischen Markern* zentriert sich vor allem auf die Bedeutung von Neuropeptiden und serotoninergen Transmittersystemen. Daneben wurde mit modernen bildgebenden Verfahren auf funktionelle und neuroanatomische Veränderungen im Bereich des Nucleus caudatus, des Orbitofrontalcortex und anderer Hirnareale hingewiesen (vgl. Baumgarten und Grozdanowic, 1996). Grundsätzlich bleibt natürlich bei diesen organischen Befunden die Frage offen, was Ursache, was Folge ist. Wir wissen ja heute, dass psychosoziale Traumata ihre organischen Narben hinterlassen können und Psychotherapie diese organischen Korrelate wiederum verändern kann.

Praxis psychodynamischer Therapie

Mehr und mehr hat sich in den letzten Jahren die Auffassung gebildet, dass allein psychopharmakologische und verhaltenstherapeutische Maßnahmen bei der Behandlung von Zwangsstörungen angezeigt und wirksam wären. Dabei wird übersehen, dass es seit dem Beginn psychoanalytischer Behandlungen eine

4

Fülle kasuistischer Darstellungen erfolgreicher psychodynamischer Therapien gibt. Das zeigte beispielsweise zuletzt eine vom Erstautor betreute Dissertation (Dörr, 2003).

Im Folgenden wird versucht, eine Systematik psychodynamischer Therapie zu skizzieren:

Herstellung eines Arbeitsbündnisses

Der Leidensdruck muss den „Gewinn", den ein Patient aus seiner Störung zieht (beispielsweise die Dominanz über Angehörige) wie auch „Rationalisierungen" (z. B. Argumente der Hygiene bei Sauberkeitszwängen) überwiegen. Gerade weil durch die Symptomatik Kontrollbedürfnisse befriedigt werden können, fürchtet der Patient, durch und in der Therapie die Kontrolle zu verlieren. Es ist deshalb von zentraler Bedeutung, Ängste, die aus struktureller Konflikthaftigkeit (Macht – Ohnmacht, Nähe – Distanz) resultieren, zu berücksichtigen. Andererseits wird zur Motivation beitragen, dass die Erkrankung die Lebensmöglichkeiten zunehmend einschränkt, mehr und mehr narzisstische Bedürfnisse zur Selbstverwirklichung zu kurz kommen. Oft weisen Zwangskranke eine entsprechende „anale" Charakterstruktur auf, die u. a. durch Sparsamkeit, Ordentlichkeit und Perfektionismus gekennzeichnet ist – Eigenschaften, die in unserer Gesellschaft hohe soziale Anerkennung bringen können; die Erkrankung hindert jetzt an deren Realisierung, so dass sich depressive Versagensgefühle mit entsprechendem Leidensdruck einstellen. So fand sich Herr R. mehr und mehr in die Sackgassen seiner Störung eingezwängt, in seiner Verzweiflung zeigte er sich zunehmend depressiv, dachte ernstlich an Selbstmord.

Bildung einer positiven Übertragung

Gefördert und gefestigt wird die Therapiebeziehung – sie ist die zentrale Grundlage für einen Therapieerfolg (vgl. Lang, 2003) – essentiell durch die Bildung einer positiven Übertragung, also den Transfer positiver Aspekte früherer zentraler Beziehungen auf den Therapeuten. Dabei kann es zunächst nötig sein, dass der Therapeut sich auf ein aktives Zuhören beschränkt, die oft endlosen Symptom- und Ritualschilderungen geduldig anhört und – dies vor allem – generell den psychotherapeutischen Grundprinzipien Geduld, Empathie, Verständnis, Respekt zu folgen sucht (vgl. Lang, 2003). Analog zu narzisstischen Persönlichkeitsstörungen kann sich auch eine idealisierende Übertragung entwickeln, nicht zuletzt begründet in „magischen" Erwartungen, denen der Zwangskranke ja besonders verhaftet ist. Der Therapeut wird weniger als ein Liebesobjekt, sondern mehr als ein narzisstisch besetzter Anderer konzipiert, der Bestätigung und Anerkennung zur Stabilisierung des eigenen Selbst liefern soll. Mit Kohut (1969) kann man hier formulieren: „In der ungestörten (idealisierenden) Übertragung fühlt sich der Patient stark, gut und tüchtig." Verhaltenstherapeutische Erfolge mögen hier mit ihren Grund haben, sind sie doch mit dem Fakt verknüpft, dass sich der Therapeut in seinem Behandlungsplan als ausgemachter Experte präsentiert. Die Annahme des Patienten, dass es sich beim Therapeuten um ein „wissendes Subjekt" (Lacan, 1978) handelt, motiviert zweifellos und stärkt das Arbeitsbündnis.

Herr R. hatte, ehe die psychoanalytische Behandlung begann, bereits eine 50-stündige Verhaltenstherapie hinter sich, ohne dass es zu einer durchgreifenden Besserung gekommen wäre. Im Nachhinein meinte er, die Beziehung sei nicht so intensiv gewesen. Nach dieser enttäuschenden Erfahrung begegnete er der psychoanalytischen Behandlung zunächst mit Skepsis. Jetzt sollen quasi „Worte, nur Worte" heilen können. Was bei Freud nur die Miene eines „Unparteiischen" verriet: „Weiter nichts als das? Worte, Worte und wiederum Worte, wie Prinz Hamlet sagt" (Freud, 1926a), wurde hier explizit formuliert, als es um die Frage ging, was in einer Psychoanalyse eigentlich geschehe. Die anfängliche Skepsis wurde indessen mehr und mehr durch eine vertrauensvolle Beziehung abgelöst, in der sich der Patient in seiner Hilflosigkeit verstanden und angenommen fühlte. Mehr und mehr wurde die Übertragung idealisiert, wobei der Patient die Therapeutin mit magischen Fähigkeiten ausstattete, die gleich einer Fee mit Zaubermitteln eine Wunderheilung herbeiführen werde. Dabei ist Herr R. wie viele Zwangskranke „alexithym" und nicht in der Lage, über seine Gefühle zu sprechen, äußert in intellektualisierender und rationalisierender Manier Allgemeinplätze, verhält sich entsprechend seinen magischen Erwartungen passiv und erwartet Ratschläge. Deutungen gegenüber, die auf eine unbewusste Konfliktdynamik abzielen, bleibt er zunächst verschlossen. Als er einmal erwähnt, er liebe Verdis Gefangenenchor aus „Nabucco", äußert die Therapeutin, er fühle sich in seinen Zwängen ähnlich eingeschlossen wie diese israelischen Gefangenen in Babylon, wobei der unterdrückte Teil in ihm unter der Strenge und dem Sadismus des mächtigeren Teils zu leiden habe. Auf der Basis dieser psychodynamischen Interpretation schlägt sie ihm vor, er solle mit seinen tyrannischen Zwangsgedanken Kontakt aufnehmen und ihnen sagen, dass sie keine Macht mehr über ihn hätten, da er ja nun wisse, dass sie in ihm selbst seien und deshalb nichts passieren würde. Er solle dies einmal für zwei Tage versuchen. Diese Intervention markiert einen „Neubeginn", Herr R. muss sich in dieser Zeit kein einziges Mal entschuldigen. Wenn auch die Zwangshandlungen in den nächsten Wochen wieder verstärkt auftreten, erreichen sie nicht wieder das vorherige Ausmaß. Diese Verbesserung stärkt die positive, ja idealisierende Übertragung und ist vor allem auch deshalb wichtig, weil der Patient hier die Erfahrung machen konnte, dass eine Änderung eintreten kann.

In „Wege der psychoanalytischen Therapie" schreibt Freud, dass man kaum einer Phobie Herr wird, wenn man nur abwartet, bis sich der Kranke durch Analyse bewegen lässt, sie aufzugeben. „Man muss anders vorgehen" – beispielsweise beim Agoraphoben. Hier gebe es zwei Klassen. Die Ersteren haben das Alleingehen auf der Straße trotz aller Ängste noch nicht aufgegeben, die Zweiten schützen sich vor der Angst, indem sie auf das Alleingehen verzichten. „Bei diesen letzteren hat man nur dann Erfolg, wenn man sie durch den Einfluss der Analyse bewegen kann, sich wieder wie Phobiker des ersten Grades zu benehmen, also auf die Straße zu gehen und während dieses Versuches mit der Angst zu kämpfen" (Freud, 1919). Einer ähnlichen Intervention kann es nun auch bei der Zwangssymptomatik bedürfen. So hatte Herr R. große Ängste, nicht nur die heiligen Namen zu schreiben, sondern sie vor allem auch auszusprechen. Als er jetzt wieder über zunehmende Zwangsvorstellungen klagte, forderte ihn die Therapeutin auf, laut das Wort „Maria" zu sagen. Herr R. konnte sich dazu überwinden

4

und berichtete nun in der nächsten Stunde, dass er sich in den anschließenden Tagen kein einziges Mal entschuldigen musste. Die Therapeutin ging in der Folge dazu über, die heiligen Namen wie selbstverständlich anzusprechen.

Mit der letzten Begebenheit ist ein zentraler Faktor psychodynamischer Therapie von Zwangskranken angesprochen:

Die Verbalisierung von bislang tabuisierten Vorstellungen, Wünschen und Ängsten, verbunden mit ersten Einsichten in die psychodynamischen Zusammenhänge der Symptomentstehung

Bislang latente Konflikte, insbesondere „Autonomie-Heteronomie", „Überich-Es-Verhältnis", können sich pathogen auswirken, wenn sie auf eine Aktualsituation treffen, die in ihrer intra- und interpersonellen Strukturiertheit diese Konflikthaftigkeit aktualisiert und auf diese Weise zur „Scheinlösung" der Symptomatik führt. Es sind dann diese durch die aktuelle Situation bedingten Belastungen – Versagungen, aber auch Versuchungen -, die wie der Schlüssel ins Schloss der konflikthaften Dispositionen passen und deshalb zu auslösenden Faktoren werden. Ist eine solche Auslösesituation auszumachen, so kann ihre Strukturiertheit bereits zentrale Hinweise auf die zugrunde liegende Konflikthaftigkeit geben. Herr R. hielt seine Symptome zunächst eher für erbgenetisch bedingt. Erst als Zusammenhänge zwischen den jeweiligen Auslösesituationen und bestimmten Konflikten aufgezeigt werden konnten, war er mehr und mehr davon zu überzeugen, dass hier Gründe für seine Erkrankung vorliegen. Er beginnt jetzt in Erwägung zu ziehen, dass er Gefühle in sich trägt, die er nicht wahrnehmen kann: Trauer beispielsweise über den Tod der zentralen Bezugsperson Großmutter, Wut auf die wenig empathischen und ihn drangsalierenden Eltern, dabei zugleich Angst, nach der Großmutter auch diese zu verlieren – sicherlich nicht zuletzt aufgrund der eigenen Todeswünsche. Schließlich auch Ärger auf die Ehefrau, von der er abhängig ist, sofern auch sie Ansprechpartner für seine neurotischen Entschuldigungen ist. Immer mehr Begebenheiten fallen ihm jetzt ein, die diesen typischen „Autonomie-Heteronomie"-Konflikt belegen. Zusätzlich auf einen „Überich-Es-Konflikt" wies die jüngste Auslösesituation hin, die ihn zur Therapie geführt hatte. Während eines Sommerurlaubs der Familie – der Patient hat noch einen Sohn und eine Tochter – zusammen mit einer Kollegin hatten sich bei dem Patienten offensichtlich massive erotische Wünsche gegenüber dieser Kollegin eingestellt. Übertragungsträume, wobei die Therapeutin ebenfalls als begehrtes Objekt zu sehen ist, weisen in diese Richtung. Bislang hatte er sich selbst diese Gedanken streng verboten, sieht jetzt, dass vielleicht die Zwangsbefürchtung, die Heiligen würden Sex mit Tieren treiben, ein Aufbegehren gegen die strengen, verbietenden und lustfeindlichen Regeln und Verbote ist, die durch seine Erziehung vermittelt wurden – eine Auflehnung gegen die Eltern und die von ihnen vertretenen „heiligen" Normen. „Der Zwangsneurotiker ist der Gotteslästerer und phantasierende Frevler schlechthin; Zwangsimpulse, Zwangsvorstellungen, das Sakrale zu entweihen, den „himmlischen Vater" und seine Heiligen zu schmähen, in den Schmutz zu ziehen, gehören per se zur Geschichte der Zwangsneurose" (Lang, 1986). Freuds Wolfsmann (Freud, 1918) ist dafür ein beredtes Beispiel. Eine neue Welt tut sich jetzt für Herrn R. auf, er ist sogar davon fasziniert,

welch komplexe Persönlichkeit er ist. Die gewonnene Einsicht lässt das bislang „unverständliche", „absurd-verrückte" Zwangssyndrom verständlich werden und vermittelt so ein Erklärungsmodell zur Entstehung der Beschwerden. Dies hat – verbunden mit der Verbalisierung selbst der Belastungen und Konflikte – einen entlastenden und damit therapeutischen Effekt.

Die ausgeprägte Ambivalenz zwischen äußerlicher Fügsamkeit und versteckter Opposition kann allerdings dazu führen, dass der Zwangsneurotiker formal-zwanghaft das therapeutische Setting einhält, er aber andererseits den therapeutischen Prozess unterläuft, „indem er Einsicht verhindert, Gefühle versteckt, durch Haarspalterei lebendigen Regungen aus dem Wege geht oder sie zerstört" (Quint, 1993). Es besteht die Gefahr, dass „sehr viel zutage gefördert und nichts geändert wird" (Freud, 1919). Gleichzeitig aber stärkt Einsicht die Autonomie des Patienten, das Arbeitsbündnis, generell die therapeutische Beziehung. In einer nicht immer einfachen Gratwanderung muss die auf Einsicht zielende Interpretation so eingesetzt werden, dass die kognitive Komponente zum Anker für die verdrängten Gefühle werden kann. Es muss zur erlebten Einsicht, zur Verbalisierung im Emotionalen kommen.

Der Zwangspatient ist darauf bedacht, nirgendwo anzuecken, sich anzupassen. Unangemessene Gefühle und Wünsche, vor allem negative Affekte, könnten ob ihres konflikthaften Potenzials diese Anpassung und damit Sicher- und Geborgenheit vermittelnde Beziehungen gefährden. Hinzu kommt – zum Beispiel in Abhebung zum „depressiven Charakter", der ähnlichen Strategien der Überanpassung verfolgt -, dass der Zwangsneurotiker aufgrund seines magischen Weltbildes schlecht zwischen Gedanken und Taten trennen kann, so dass schon allein das Denken beispielsweise an blasphemische Vorstellungen, wie bei unserem Patienten, schreckliche Konsequenzen nach sich ziehen kann. So hat Herr R. angenommen, dass kritische Bemerkungen über seine Frau unweigerlich zur Trennung führen müssten, die Therapeutin diese von ihm erwarte, er jetzt unter dem Druck stehe, sein Leben verändern zu müssen. Die Intervention der Therapeutin, es geht vielleicht nicht darum, etwas in der Wirklichkeit, sondern im Kopf zu verändern, hatte jetzt einen heilsamen Effekt. Herr R. fühlte sich plötzlich vom Druck befreit, Sicherheit und Geborgenheit, die mit seiner Ehe und auch seinem Beruf verbunden waren, aufgeben zu müssen, auch wenn er nicht immer zufrieden damit ist. Er kann jetzt besser zwischen Phantasie und Realität differenzieren, lernt, nachdem diese Angst der Tabuverletzung entfällt, immer mehr seine Wünsche und Gefühle an- und auszusprechen. Die Personen, die er schildert, nehmen an Farbe zu, werden wie auch die Situationen des Lebens selbst plastischer. Über weite Strecken der Therapie ist dabei jener Vorgang zu registrieren, den Freud (1914) **„Durcharbeiten"** genannt hat. Einsicht in unbewusste Zusammenhänge gewonnen zu haben bedeutet häufig noch nicht, sie auch entsprechend umsetzen zu können. Die alten Konfliktspannungen und deren „pathologische" Lösungsmuster sind als Inhalte individueller Erfahrung engrammiert. Es bedarf deshalb einer permanenten Anstrengung neuer Verarbeitungen der alten Konflikte, „die so geartet sind, dass sie den unterdrückten Wünschen mehr Entfaltungsraum lassen und den Abwehrdruck verringern" (Heigl-Evers et al., 1994). Das bedeutet, dass schon gegebene

Inhalte, die der Patient oder der Therapeut jetzt aufgreift, wieder in andere Zusammenhänge gestellt werden. Jede so gedrehte Schleife vertieft das Verständnis, die Beziehung, die Wahrnehmung und die neue Sicht der damit verbundenen Gefühle, schafft so ein entsprechendes Veränderungspotenzial.

Überich-Entlastung bzw. Reduktion von Schuldgefühlen

Die Erfahrung, dass bislang tabuisierte Vorstellungen, Triebregungen, Ängste und Schuldgefühle verbalisiert werden können, ohne dass das Befürchtete (magisches Weltbild, „Allmacht der Gedanken" – Freud) eintrifft, der Therapeut nicht schockiert ist, der Patient nicht auf Ablehnung, sondern Verständnis stößt, mindert die rigiden Überich-Kriterien. Diese Überich-Entlastung kann auf zwei verschiedenen Wegen erfolgen: einmal durch eine nicht-verurteilende Haltung gegenüber dem vorgebrachten Inhalt der Gefühle, vor allem hinsichtlich des Inhaltes der Zwangsphantasien, und zum anderen durch eine Analyse des Grundkonfliktes selbst, wird doch dadurch die Absurdität und Unangemessenheit der Überich-Verurteilungen deutlich. Die gelassene Reaktion der Therapeutin Herrn R. gegenüber, die Erfahrung, dass die befürchteten Konsequenzen ausbleiben, entlasten. Er kann jetzt sagen, dass er die Bräute, die er traut, nicht selten sehr attraktiv findet, ihm Gedanken an außereheliche Sexualität kommen, Gedanken, die er früher streng unterdrückt hat, da für ihn erotische Phantasien mit Fremdgehen quasi identisch waren. Er folgte hier dem Bibelwort: „Ich aber sage euch: jeder, der eine Ehefrau ansieht, um sie zu begehren, hat ihr gegenüber in seinem Herzen schon Ehebruch begangen" (Matth. 5, 27), was er als Wirklichkeit annahm. Je mehr er lernt, die Realität von seinen Phantasien zu unterscheiden, desto mehr lassen die Schuldgefühle und in deren Gefolge die Zwangshandlungen nach.

Bislang nicht eingestandene Gefühle können akzeptiert werden, die charakteristische Ambiguitätsintoleranz geht zurück. Das bedeutet zugleich, dass bislang blockierte Handlungsvollzüge sich lockern, Patienten die Erfahrung machen, dass sie ohne Schuldgefühle und „magische" Ängste vor der eigenen Aggressivität sich „draußen" besser durchsetzen können und damit auch an Selbstvertrauen gewinnen. Der Zwang als Sicherungsmechanismus gegenüber der eigenen Triebhaftigkeit wird damit überflüssig. *Der Patient hat gelernt, seine Symptome auch als Signale für unterdrückte Wünsche und Ängste zu verstehen, auf sie in ihrem Aufforderungscharakter zu verbaler Auseinandersetzung zu hören und diesem Aufforderungscharakter zu folgen. Diese Umsetzung der gewonnenen Einsichten fördert den Prozess der Autonomisierung.*

Herr R. beginnt jetzt aktiv seine realen Lebensumstände zu verbessern, er setzt sich beispielsweise gegen ihm nicht einsichtige Anordnungen seiner Vorgesetzten zur Wehr und beginnt sich auch in der Freizeit, beispielsweise beim örtlichen Sportverein, durchzusetzen.

Korrigierende emotionale Erfahrung und Intensivierung des therapeutischen Prozesses im Übertragungsgeschehen

Ängste – und damit entsprechende zwanghafte Abwehrmaßnahmen -, die aus nicht gelöster ödipaler, analer oder oraler Problematik kommen, können durch die korrigierende Erfahrung einer integren interpersonalen Beziehung zu einem „Vater"- bzw. „Mutterobjekt" aufgelöst werden. In der Beziehung zur Therapeutin machte Herr R. die Erfahrung, dass sie ihm jenen Respekt und jene Selbstbestimmung zugesteht, welche ihm die Eltern versagt hatten. Die Eltern waren darauf aus, mit entsprechender Forderung nach übermäßiger Anpassung, nach außen einen wohlanständigen Eindruck zu machen, wobei ein eigentliches Interesse fehlte, Spontaneität und Kreativität durch dieses Korsett auf der Strecke bleiben mussten. Jetzt erlebt er in der Therapie, dass dies keinesfalls die normale Erwartungshaltung darstellt, ja sogar, dass ein weniger angepasstes Verhalten erwünscht sein kann.

Eine durchgreifende Besserung ist zuweilen erst dann zu erwarten, wenn die hochambivalente Gefühlswelt des Kranken explizit und durchgreifend in die Therapeut-Patient-Beziehung selbst eingebracht wird, die „verdrängte" und in die Zwangssymptomatik verschobene Wut ob der „ganzen Ohnmachtserfahrungen" (Joraschky, 1996) in der Übertragung zum Therapeuten erscheint. Die Behandlungssituation erlebt der Patient jetzt selbst als „Zwang" und „Zwangsmaßnahme" (Lang, 1986; Lang und Weiß, 1999) – nicht unähnlich der Expositionstechnik der Verhaltenstherapie –, der er sich zunächst unterworfen hat, nun aber dagegen auch im Sinne ödipal-aggressiver Regungen und des analen Protests revoltiert. Die „gehemmte Rebellion", gestaltet durch das zwangsneurotische Abwehrgeschehen, wird damit hinfällig und somit die zwangsneurotische Verarbeitung überhaupt.

In der Behandlung von Herrn R. war ein negatives Übertragungsgeschehen nur in Ansätzen zu registrieren, beispielsweise dadurch, dass er die Behandlungsstunden immer mehr als „Zeitvergeudung" kritisierte, was insofern verständlich war, als die zunehmende Autonomisierung mit dem Verschwinden der Zwangsgedanken und Zwangshandlungen Hand in Hand ging. Nur einmal flackerten die Symptome erneut auf, als in der Weihnachtszeit Herr R. einen Spendenaufruf zu Gunsten eines leukämiekranken Mädchen zu bearbeiten hatte. Plötzlich schoss die Angst ein, dass dann, wenn er die entsprechenden Formulare auf den Tisch legt, sie also loslässt, das Mädchen sterben könnte (sterben = loslassen). Eine neue Thematik rückte jetzt ins Zentrum der Therapie, die Unvermeidlichkeit des Sterbens, die Hilflosigkeit des Menschen, die Herr R. gern zunichte machen möchte. Nach einer Woche ist das Symptom dann wieder abgeklungen.

Zwangssymptome dienen nicht zuletzt der Kontrolle, so auch der Kontrolle schlechthin, sie bilden ein Bollwerk auch gegen die eigene Vergänglichkeit. So bot eine 50-jährige Patientin einen Fotografierzwang, der die Funktion hatte, das ständig um sie Geschehende, „Vergängliche" im Bild festzuhalten. Ein wichtiger Punkt therapeutischer Arbeit wird deshalb auch die Thematisierung **„existenzieller Faktoren"** (Yalom, 1996), die Realität

4

des Sterbens und des Todes sein, den Begriff des Verlustes schlechthin anzuerkennen und darüber trauern zu können.

Berücksichtigung der aktuellen interpersonellen Beziehungen

Bleibt trotz des Versuchs einer psychodynamischen Aufarbeitung ein Therapieerfolg aus, ist zu untersuchen, ob nicht die Symptomatik deshalb persistiert, weil sie dem Patienten Macht, Kontrolle und Zuwendung verschafft, die, sollte er sie verlieren, gefährdet wären – und das in der Regel bei Menschen, die zuvor überangepasst, oft unterwürfig und durchsetzungsgehemmt waren (vgl. Gabbard, 1994; Lang, 1998b).

Therapie bei Zwangssymptomen im Rahmen „früher" bzw. „struktureller Ich-Störungen"

Schwer behandelbar können sich Zwangssyndrome dann erweisen, wenn sie zur Stabilisierung eines fragilen Selbst und zur Abwehr von Ängsten vor Fragmentierung beitragen. Es wäre jetzt ganz kontraindiziert, die Zwangssymptome sozusagen in einem psychodynamischen oder verhaltenstherapeutischen Frontalangriff quasi sprengen zu wollen. Hier gilt es vielmehr, in einem modifizierten analytischen Setting die Grundstörung zu behandeln – sei sie noch auf der Ebene einer Persönlichkeitsstörung oder bereits auf psychotischem Niveau angesiedelt (vgl. Lang, 1985b, 1996, 1997, 1998b, 2000a und b). Gelingt hier eine Stabilisierung, wird es weniger zwanghaften Denkens und Verhaltens im Sinne einer autoprotektiven Tendenz zur fundamentalen Sicherung bedürfen.

Paar- und Familientherapie

Sie ist vor allem dann angezeigt, wenn Partner und Angehörige stabilisierend in ein Zwangssystem integriert sind, sie beispielsweise selbst Gewinn aus der Symptomatik des Patienten ziehen. Der Kranke kann zum Beispiel bei der Verrichtung seiner Zwangshandlungen essenziell auf sie angewiesen sein. So hatte auch Herr R. in sein Entschuldigungssystem seine Ehefrau eingespannt. Ein solches Abhängigkeitsverhältnis kann trotz der damit verbundenen Belastung für den Angehörigen oder Partner willkommen sein, braucht er zum Beispiel nicht zu befürchten, verlassen zu werden – sei es in einer Paarbeziehung oder im Eltern-Kind-Verhältnis (vgl. Lang, 2000a und b). Andererseits kann aber auch gerade der Leidensdruck eines Partners, so auch bei Herrn R., dessen Ehefrau sich immer mehr gegen dieses Eingespanntsein wehrte, zur Therapie motivieren.

Gruppentherapie

Zentrale Faktoren des psychotherapeutischen Prozesses analytischer Orientierung lassen sich gerade auch in der Gruppentherapie realisieren – und dies sowohl im stationären als auch im ambulanten Setting. Speziell in der Gruppe können die Patienten die Erfahrung machen, dass die Verbalisierung von bislang tabuisierten Vorstellungen, Wünschen, Ängsten, Aggressionen nicht die befürchteten schrecklichen Konsequenzen hat, sie trotz aller Scham- und Schuldgefühle akzeptiert und verstanden werden können. Yalom (1996) berichtet beispielsweise in seiner Analyse der gruppentherapeutischen Wirkfaktoren, dass ein besonders wichtiges Ereignis im Gruppengeschehen darin bestünde, dass Patienten von „plötzlichen starken Hassgefühlen oder Wut einem anderen Gruppenmitglied gegenüber" quasi

übermannt werden und sie dann die Erfahrung machen, dass trotzdem die Kommunikation erhalten bleibt, der Sturm überstanden wurde. Der Patient erlebt jetzt ein Gefühl der Befreiung von inneren Hemmungen sowie eine gesteigerte Fähigkeit, seine interpersonalen Beziehungen tiefer zu untersuchen.

„Zentrale Beziehungsthemen wie Kampf um Autonomie, Rebellion gegen Abhängigkeit, Ambivalenz von Dominanz und Unterwerfung oder Liebe-Hass-Konflikte können im Rahmen einer psychodynamischen Gruppentherapie unmittelbar im Gruppenprozess reinszeniert und bearbeitet, d.h. verändert werden. Neue Kommunikations- und Verhaltensweisen treten dann an die Stelle der zuvor eingeengten Kommunikation" (Csef, 1998). Gruppentherapie kann dabei sowohl mit homogenen Gruppen – die Mitglieder sind ausschließlich Zwangskranke (vgl. Quint und Rath, 1987) als auch mit heterogenen Gruppen (vgl. z.B. Schwarz, 1979) durchgeführt wurden.

Kombination von Psychotherapie und Pharmakotherapie

Die Gabe beispielsweise von Serotoninwiederaufnahmehemmern kann vor allem dann sinnvoll sein, wenn Zwänge dem Patienten zum Gefängnis werden, zur Lähmung zentraler Lebensvollzüge führen. Psychopharmaka können gerade in der Anfangsphase der Therapie zur Symptomreduktion beitragen. Dadurch wird ein konfliktzentrierter Zugang erleichtert. Insbesondere bei ausgeprägten Störungen mit Zwangsgedanken und depressiver Komorbidität können Pharmaka indiziert sein. Erforderlich wird Psychotherapie – sei es psychodynamische oder kognitiv-verhaltenstherapeutische – zur Stabilisierung des Therapieerfolgs, sofern bekanntlich nach Absetzen des Serotoninwiederaufnahmehemmers zumeist die Zwangssymptomatik wieder auftritt.

Andererseits kann eine Gabe von Medikamenten in niedriger Dosis auch weiter indiziert sein, wenn die Situation und die Persönlichkeit des Patienten es erfordern, dass neben der eigentlichen Psychotherapie ein Placeboeffekt wirksam bleiben soll (vgl. Lang und Faller, 1998).

3 Frequently Asked Questions (FAQ)

1. *Ist es aufgrund der interaktionellen Ausgestaltung der Zwangssymptome sinnvoll, auch die Betroffenen, z.B. Angehörige, in die Behandlung einzubeziehen?*
→ Ist der Patient neurotisch strukturiert und wird eine Psychoanalyse im Liegen durchgeführt, ist dies nicht sinnvoll. Man kann darauf vertrauen, die Probleme gemeinsam mit dem Patienten im Rahmen einer längeren Analyse zu lösen. Kommt es jedoch zu einer psychotischen Dekompensationn oder zu schweren impulsiven Handlungen mit Selbstverletzungen, muss ein verändertes Setting gewählt werden, wobei der Patient sitzt. Hier kann es dann, auch wegen evtl. begleitender anderer Maßnahmen (Klinikaufenthalt) sinnvoll sein, die Angehörigen einzubeziehen. Dies sollte aber mit Zustimmung des Patienten geschehen.

2. *Kann man schon vor Behandlungsbeginn erkennen, dass ich-strukturelle Defizite bestehen und eine psychotische Dekompensation vermeiden?*

→ Hinweise ergeben sich aus der Anamnese, hierzu gehören symptomatische Verhaltensweisen wie der Verlust von Impulskontrolle, Selbstverletzungen, Verletzungen anderer, Substanzmissbrauch, schwere und langanhaltende depressive Zustände, suizidale Handlungen, Identitätsstörungen, Beziehungs- und Arbeitsunfähigkeit. In diesen Fällen sollte ein modifiziertes psychoanalytisches bzw. tiefenpsychologisches Verfahren zur Anwendung kommen bzw. eine stationäre Behandlung vorgeschaltet werden.

3. *Was ist zu tun, wenn die Zwangssymptome im Behandlungsverlauf stärker werden?*

→ Dies ist am Anfang der Therapie häufig zu erwarten. Handelt es sich um einen neurotisch strukturierten Patienten, ist es wichtig, die Arbeit in Ruhe fortzusetzen im Sinne der beschriebenen Vorgehensweise. Handelt es sich um einen struktur-schwachen Patienten, ist darauf zu achten, ob sich eine Dekompensation anbahnt. Diese kann durch eine eher stützende therapeutische Intervention ggf. abgefangen und vermieden werden.

4. *Wann ist es sinnvoll, begleitend zur Psychotherapie ein Medikament einzusetzen?*

→ Zur Erleichterung des psychotherapeutischen Zugangs bei Lähmung zentraler Lebensvollzüge und insbesondere bei sehr quälenden Zwangsgedanken.

5. *Was unterscheidet eine Zwangsstörung von einer anankastischen Persönlichkeitsstörung und setzt eine Zwangsstörung das Vorhandensein einer zwanghaften Struktur voraus?*

→ Bei einer Zwangsstörung handelt es sich um eine Symptomneurose, bei einer Persönlichkeitsstörung um überdauernde jetzt pathologisch zugespitzte Persönlichkeitszüge. Letztere wird eher als ich-syntom erlebt, während erstere als aufgezwungen, ich-dyston imponiert. Da ein Zwang eine allgemeine Reaktionsform darstellt, die angesichts von Verunsicherung, Angst und Entordnung als ordnendes, autoprotektives Gegenregulans „anspringen" kann, ist das Vorhandensein einer anankastischen Strukturierung keine notwendige Bedingung zur Entwicklung einer Zwangsstörung im Sinne einer Symptomneurose.

6. *Gibt es eine optimale Anzahl von Wochenstunden für die Behandlung? Worin besteht der Unterschied, ob sie einstündig, zweistündig oder dreistündig durchgeführt wird?*

→ Für eine analytische Psychotherapie ist sicher ein dreistündiges Setting im Liegen optimal. Drei Stunden in der Woche haben den Vorteil, dass die Beziehung zum Therapeuten intensiver wird, dass der Patient den Problemen nicht mehr so stark ausweichen kann und damit die negativen Anteile im Übertragungsgeschehen („Rebellion") eher zum Vorschein kommen und so bearbeitet werden können. Ein Vorteil ist auch, dass die Stunde davor noch recht gut im Gedächtnis ist, was eine intensive Arbeit erleichtert. Bei weniger Stunden nehmen diese Vorteile ab.

4 Prüfungsfragen

1. Weshalb konnte im DSM-IV die Zwangsstörung unter die Angststörungen subsumiert werden?
2. Was verstand Freud unter dem Begriff „anale Trias"?
3. Welche Auffassung hat die Psychoanalyse über die ätiologischen Bedingungen der Zwangserkrankung?
4. Was ist der Unterschied zwischen Zwangsvorstellung, Zwangshandlung und Zwangsimpuls? Sehen Sie hier innere Zusammenhänge?
5. Welche spezifischen Schwierigkeiten entstehen daraus innerhalb der Therapie?
6. Was ist mit dem Konzept des „gehemmten Rebellen" gemeint?
7. Erklären Sie den Unterschied zwischen primärem und sekundärem Krankheitsgewinn hinsichtlich der Zwangssymptomatik.
8. Welcher Art ist die Übertragung, die ein Zwangskranker typischerweise entwickelt?
9. Welche Wirkfaktoren bei der Behandlung von Zwangskranken kennen Sie?
10. Welche Faktoren beeinflussen die Prognose der Behandlung günstig?

5 Literatur

- Baumgarten HG, Grozdanovic Z: Zur Neurobiologie und Neuropharmakologie der Zwangsstörungen. In: Nissen G (Hrsg.): Zwangserkrankungen. Prävention und Therapie. Bern, Göttingen, Toronto: Huber, 1996
- Csef H: Zur Psychosomatik des Zwangskranken. Berlin, Heidelberg, New York: Springer, 1988
- Csef H: Gruppentherapie bei Zwangsstörungen. In: Ambühl H (Hrsg.): Psychotherapie der Zwangsstörungen. Stuttgart, New York: Thieme, 1998
- Dörr M: Untersuchungen zum Therapieerfolg der psychoanalytischen und tiefenpsychologischen Therapie von Zwangsstörungen. Medizinische Dissertation an der Universität Würzburg, 2003
- Freud S: Obsessions et phobies – Leur mécanisme psychique et leur étiologie. Gesammelte Werke I. London: Imago, 1895/1962
- Freud S: Zwangshandlungen und Religionsübungen. Gesammelte Werke VIII. London: Imago, 1907/1941
- Freud S: Charakter und Analerotik. Gesammelte Werke VIII. London: Imago. 1908/1941
- Freud S: Bemerkungen über einen Fall von Zwangsneurose. Gesammelte Werke VIII. London: Imago, 1909/1941
- Freud S: Erinnern, Wiederholen und Durcharbeiten. Gesammelte Werke X. London: Imago, 1914/1946
- Freud S: Aus der Geschichte einer infantilen Neurose. Gesammelte Werke XII. London: Imago, 1918/1947
- Freud S: Wege der psychoanalytischen Therapie. Gesammelte Werke XII. London: Imago, 1919/1947
- Freud S: Die Frage der Laienanalyse. Gesammelte Werke XIV. London: Imago, 1926a/1948
- Freud S: Hemmung, Symptom und Angst. Gesammelte Werke XIV. London: Imago, 1926b/1948
- Gabbard GO: Psychodynamic Psychiatry in Clinical Practice – The DSM-IV Edition. Washington, London: American Psychiatric Press, 1994

4

- Gebsattel VE von: Prolegomena einer medizinischen Anthropologie. Berlin, Göttingen, Heidelberg: Springer, 1954
- Heigl-Evers A, Heigl F, Ott J: Lehrbuch der Psychotherapie. 2. Aufl. Stuttgart, Jena: Gustav Fischer, 1994
- Hoffmann SO: Psychoneurosen und Charakterneurosen. In: Kisker KP, Lauter H, Meyer J-E, Müller C, Strömgren E (Hrsg.): Psychiatrie der Gegenwart. Bd. I. Neurosen, Psychosomatische Erkrankungen, Psychotherapie. Berlin, Heidelberg, New York: Springer, 1986
- Hoffmann SO, Hochapfel G: Neurosenlehre, Psychotherapeutische und Psychosomatische Medizin. 6. Aufl. Stuttgart, New York: Schattauer, 1999
- Hollander E (Hrsg.): Obsessive-Compulsive Related Disorders. Washington, DC: American Psychiatric Press, 1993
- Jenike MA: Obsessive-compulsive and related disorders. A hidden epidemic. N Engl J Med 1989;321:539-541
- Joraschky P: Analytische Pschotherapie bei Zwangskranken. In: Nissen G (Hrsg.): Zwangserkrankungen. Bern, Göttingen: Huber, 1996
- Kapfhammer H-P: Anankastische Syndrome in der Psychiatrie und ihre Therapie. In: Nissen, G. (Hrsg.): Zwangserkrankungen. Prävention und Therapie. Bern, Göttingen, Toronto: Huber, 1996
- Kohut H: Die psychoanalytische Behandlung narzisstischer Persönlichkeitsstörungen. Psyche 1969;23:321-339
- Lacan J: Seminar – Das Ich in der Theorie Freuds und in der Technik der Psychoanalyse. Olten: Walter, 1978/1980
- Lang H: Zur Frage des Zusammenhangs zwischen Zwang und Schizophrenie. Nervenarzt 1981;52:643-648
- Lang H: Zwang in Neurose, Psychose und psychosomatischer Erkrankung. Z Klin Psychol Psychopath Psychother 1985a;33:65-76; auch in Lang, 2000a
- Lang H: Struktural-analytische Überlegungen zur Psychotherapie Schizophrener. Nervenarzt 1985b;56:472-478; auch in Lang, 2000b
- Lang H: Zur Struktur und Therapie der Zwangsneurose – der Zwangsneurotiker als „gehemmter Rebell". Psyche 1986; 40:953-970; auch in Lang 2000b
- Lang H: Über den Sinn des Zwangs: Zur Integration psychoanalytischer und anthropologischer Gesichtspunkte – dargestellt an einem klinischen Phänomen. In: Oettingen-Spielberg T, Lang H (Hrsg.): Leibliche Bedingungen und personale Entfaltung der Wahrnehmung. Würzburg: Königshausen & Neumann, 1994
- Lang H: Zwang. In: Senf W, Broda M (Hrsg.): Praxis der Psychotherapie – Ein integratives Lehrbuch für Psychoanalyse und Verhaltenstherapie. Stuttgart, New York: Thieme, 1996; 2. Aufl. 2000
- Lang H: Obsessive-Compulsive Disorders in Neurosis and Psychosis. J Am Acad Psychoanal 1997;25:143-150
- Lang H: Ätiologie und Aufrechterhaltung der Zwangsstörungen aus psychodynamischer Sicht. In: Ambühl H (Hrsg.): Psychotherapie der Zwangsstörungen. Stuttgart, New York: Thieme, 1998a
- Lang H: Psychodynamische Therapie bei Zwangsstörungen. In: Ambühl H (Hrsg.): Psychotherapie der Zwangsstörungen. Stuttgart, New York: Thieme, 1998b
- Lang H: Strukturale Psychoanalyse. Frankfurt/M: Suhrkamp, 2000a
- Lang H: Das Gespräch als Therapie. Frankfurt/M: Suhrkamp, 2000b
- Lang H (Hrsg.): Wirkfaktoren der Psychotherapie. 3. Aufl. Würzburg: Königshausen & Neumann, 2003
- Lang H, Faller H: Medizinische Psychologie und Soziologie. Berlin, Heidelberg, New York: Springer, 1998
- Lang H, Weiß H: Zwangsneurose (Zwangsstörung). In: Studt HH, Petzold SR (Hrsg.): Psychotherapeutische Medizin. Berlin: De Gruyter, 1999
- Quint H: Der Zwang im Dienste der Selbsterhaltung. Psyche 1984;38:717-737
- Quint H: Psychoanalytische Therapie von zwangsneurotischen Patienten. In: Möller JH (Hrsg.): Therapie psychiatrischer Erkrankungen. Stuttgart: Enke, 1993
- Quint H, Rath H: Die Behandlung von Zwangskranken in der homogenen Gruppe. Praxis der Psychotherapie und Psychosomatik 1987;32:184-191
- Rasmussen SA, Eisen JI: Epidemiologie und Differentialdiagnose von Zwangsstörungen. In: Hohagen F, Ebert D (Hrsg.): Neue Perspektiven in Grundlagenforschung und Behandlung der Zwangsstörungen. Hannover: Solvay Arzneimittel ZNS-Service, 1997
- Salzman L: Treatment of obsessive and compulsive behaviors. Northvale N.J.: Jason Aronson, 1995
- Schneider K: Klinische Psychopathologie. 8. Aufl. Stuttgart: Thieme, 1967
- Schwarz F: Ergebnisse nach stationärer Gruppenpsychotherapie neurotisch-depressiver und zwangsneurotischer Patienten. Nervenarzt 1979;50:379-386
- Thomä H, Kächele H: Lehrbuch der psychoanalytischen Therapie. Band II: Praxis. Berlin, Heidelberg, New York: Springer, 1988
- Weiß H: Der Tod im Begehren des Zwangskranken. Fragmente aus einer Analyse. Texte zur Theorie und Praxis der Psychoanalyse 1985;5:436-454
- Weiß H: Der unterbrochene Dialog. Leibbezogene Ängste bei M. Crohn-Patienten. Eine Fallgeschichte. Fundamenta psychiatrica 1989;3:19-25
- Yalom I D: Theorie und Praxis der Gruppenpsychotherapie. 4. Aufl. München: Pfeiffer, 1996

4

4.6 Störungsspezifische Interventionen auf der Basis analytischer Therapie bei posttraumatischen und akuten Belastungsstörungen

Gottfried Fischer

1 Einleitung

Der Umgang mit Störungen des so genannten Traumaspektrums erfordert eine Modifikation der klassischen analytischen Therapietechnik, die sich mit der Abfolge von Stabilisierung – Traumabearbeitung – Integration (des Traumas in die Persönlichkeit und Reintegration der Persönlichkeit in ihr soziales Umfeld) umschreiben lässt. In der Anfangsphase der Therapie geht es darum, Intrusionen und „flash-backs" (Bilder und Nachhallerinnerungen vom traumatischen Ereignis) zu stoppen und der Klientin auf jede nur mögliche Weise die Kontrolle über ihre inneren Erlebniszustände und äußeren Lebensbedingungen zurückzugeben. Erst wenn dies erreicht ist, kann das traumatische Erlebnis bzw. die traumatische Situation in ihren emotionalen Anteilen durchgearbeitet werden. Eine vorzeitige Konfrontation mit dem traumatischen Ereignis bringt, schon aus traumaphysiologischen Gründen, die Gefahr einer erneuten Traumatisierung mit sich und sollte daher unbedingt vermieden werden.

Bei der Therapieplanung ist zwischen Akuttrauma und chronifizierten Prozessen zu unterscheiden. Während die Trauma-Akuttherapie bei der „Risikogruppe für negative Langzeitfolgen" (ca. 25% der Betroffenen eines Ereignisses) etwa 10 bis 20 Sitzungen in Anspruch nimmt, muss bei chronifizierten Prozessen mit einer längeren Therapiedauer gerechnet werden, besonders wenn komplexe Traumatisierung vorliegt. Die wichtigsten Therapiefehler und Misserfolge in der Behandlungsführung sind dann zu erwarten, wenn einige aus der Neurosentherapie stammende tradierte Behandlungsprinzipien der Psychoanalyse wie „Neutralität", freie Assoziation, Abwehr- und Widerstandsdeutung auf den ätiologisch heterogenen Bereich der Traumastörungen übertragen werden.

2 Theoretische Inhalte und Kenntnisse

Für die Therapieplanung ist es wichtig, zwischen psychischem Trauma als nosologischer (Krankheitseinheit) und als ätiologischer (kausaler) Kategorie zu unterscheiden. Die Behandlungsführung im tiefenpsychologisch-analytischen Therapieverfahren ist primär an der Ätiologie einer Störung ausgerichtet. Insofern handelt es sich bei der psychodynamischen Traumatherapie weniger um eine Störungs- als um eine *Ätiologie-spezifische Intervention*.

Vier nosologische Einheiten werden in der ICD unmittelbar mit realen Belastungsfaktoren bzw. Trauma in Verbindung gebracht: die akute Belastungsreaktion (F43), die posttraumatische Belastungsstörung (F43.1), die Anpassungsstörungen (F43.2) und andauernde Persönlichkeitsänderungen nach Extrembelastung (F62.0). Bei den Störungen des Kindes- und Jugendalters liegt der Bezug zu bestimmten Entwicklungs- und Bindungsstörungen nahe, wird in der ICD gegenwärtig jedoch noch nicht ausdrücklich hergestellt. Eine traumatische Ätiologie wird in ICD und DSM darüber hinaus ausdrücklich bei folgenden Störungsbildern diskutiert: den dissoziativen Störungen einschließlich dissoziativer und auch multipler Persönlichkeitsorganisation, einigen somatoformen Störungen wie neurosmuskulären Verspannungen, bei Schlafstörungen und einigen sexuellen Funktionsstörungen im Anschluss an Vergewaltigung oder sexuellen Missbrauch in der Kindheit. Auch bestimmte Formen von chronifizierter Angst und Vermeidungsverhalten (Phobien) lassen sich als Teilsymptomatik der basalen psychotraumatischen Belastungsstörung (bPTBS) verstehen. Damit kommen als Traumafolge nicht nur die explizit ausgewiesenen Syndrome in Betracht. Im weiteren Sinne kann man von einem „Traumaspektrum" aus Störungsbildern sprechen, bei denen eine psychotraumatische Verursachung diskutiert wird oder bereits nachgewiesen ist. Um dieser Komplexität des Gegenstandes und der Vielfalt möglicher Folgeerscheinungen gerecht zu werden, hat sich inzwischen weltweit eine neue wissenschaftliche Disziplin, die „Psychotraumatologie" herausgebildet, eine eigene Fachgesellschaft, die Deutschsprachige Gesellschaft für Psychotraumatologie (DeGPT) für den deutschsprachigen Raum sowie die Fachzeitschrift „Psychotraumatologie und Psychologische Medizin ZPPM" (www.asanger.de). Definition:

„Psychotraumatologie ist die Erforschung seelischer Verletzungen in Entstehungsbedingungen, aktuellem Verlauf sowie ihren unmittelbaren und Langzeitfolgen" (Fischer und Riedesser, 1998, 372).

In den diagnostischen Algorithmus der expliziten Belastungsstörungen wurden jeweils ein belastendes Ereignis oder dauerhaft belastende Lebensumstände aufgenommen (A-Kriterium). Dieses hat seine stärkste Ausprägung bei der Persönlichkeitsänderung nach Extrembelastung, gefolgt vom psychotraumatischen Belastungssyndrom (im Folgenden PTBS) und der akuten Belastungsreaktion. Bei der Anpassungsstörung hingegen ist die subjektive Schwierigkeit akzentuiert, ein zwar belastendes, aber doch nicht ungewöhnliches Ereignis subjektiv integrieren zu

4

können. Da das PTBS den auch physiologisch verankerten „harten Kern" der Traumasymptomatik beschreibt, kann es auch als das basale psychotraumatische Belastungssyndrom (bPTBS) bezeichnet werden. Lt. Forschungsversion der ICD-10 umfasst es die folgende Symptome:

A. Die Betroffenen sind einem kurz- oder langanhaltenden Ereignis oder Geschehen von außergewöhnlicher Bedrohung oder mit katastrophalem Ausmaß ausgesetzt, das nahezu bei jedem tiefgreifende Verzweiflung auslösen würde.

B. Anhaltende Erinnerungen oder Wiedererleben der Belastung durch aufdringliche Nachhallerinnerungen (flash-backs), lebendige Erinnerungen, sich wiederholende Träume oder durch innere Bedrängnis in Situationen, die der Belastung ähneln oder mit ihr in Zusammenhang stehen.

C. Umstände die der Belastung ähneln oder mit ihr im Zusammenhang stehen, werden tatsächlich oder möglichst vermieden. Dieses Verhalten bestand nicht vor dem belastenden Erlebnis.

D. Entweder 1. oder 2.

  1. Teilweise oder vollständige Unfähigkeit, einige wichtige Aspekte der Belastung zu erinnern

  2. Anhaltende Symptome einer erhöhten psychischen Sensitivität und Erregung (nicht vorhanden vor der Belastung) mit zwei der folgenden Merkmale:

    a) Ein- und Durchschlafstörungen

    b) Reizbarkeit oder Wutausbrüchen

    c) Konzentrationsschwierigkeiten

    d) Hypervigilanz

    e) erhöhte Schreckhaftigkeit

E. Die Kriterien B, C und D treten innerhalb von sechs Monaten nach dem Belastungsereignis oder nach Ende einer Belastungsperiode auf. (In einigen Fällen kann ein späterer Beginn berücksichtigt werden, dies sollte aber gesondert angegeben werden).

Die Diagnose sollte durch traumaspezifische Skalen gestützt werden, wie die Kurzverfahren *Impact of Event-Skala (IES)* oder *PTSS-10 (Posttraumatic-Symptom-Scale,* vgl. das *Kölner Dokumentationssystem für Psychotherapie und Traumabehandlung,* KÖDOPS; Fischer, 2000a, im Folgenden: KÖDOPS). Als professioneller Standard für die Diagnose des PTBS gilt das PTSD-Modul aus dem SKID-Interview (Wittchen et al., 1997), das bei ausführlicher Begutachtung, z.B. vor Gericht, verwendet werden sollte. Eine vergleichsweise zuverlässige Annäherung an die Diagnose kann aber auch die PTSS-10 geleistet werden. Für Mehrfachtraumatisierung und deren Folgen im Lebenslauf eignet sich das Kölner Traumainventar (KTI; Fischer, 2000a). In Verbindung mit KÖDOPS lassen sich die psychodynamischen Konsequenzen für die Persönlichkeit bestimmen, was zugleich auch den in manchen Begutachtungsverfahren erforderlichen Kausalnachweis zwischen traumatischem Ereignis und Folgesymptomen ermöglicht.

Nach DSM-IV ist das Zeitkriterium (E) dahin gehend eingeschränkt, dass die Symptomatik länger als einen Monat andauern muss. Für Diagnostiker, die sich hieran orientieren, eröffnet sich so eine „Zeitfalle". Für die akute Belastungsreaktion gilt, dass sie laut ICD nach 48 Stunden abklingen soll. Patienten, die über diesen Zeitraum hinaus bis hin zu einem Monat Belastungssymptome aufweisen, fallen in ein „diagnostisches Niemandsland".

Offenbar besteht hier definitorischer Anpassungsbedarf. Die Schwierigkeit in der Sache liegt jedoch darin, dass sich aus einem psychotraumatischen Belastungssyndrom unmittelbar nach einem schweren belastenden Ereignis noch keine Prognose über die Langzeitfolgen ableiten lässt. Die PTBS-Symptome können fortdauern oder sich zurückbilden. Ebenso kann eine akute Belastungsreaktion in ein PTBS übergehen oder das PTBS kann erst verzögert auftreten, 6 Monate nach dem Ereignis oder noch später. Da die frühe Symptomatik somit keine zuverlässige Prognose bezüglich der Langzeitfolgen erlaubt, sind Forschungsansätze von Bedeutung, die nach Prädiktoren suchen. Ein prädiktives Instrument stellt der *Kölner Risikoindex* (im Folgenden: KRI) dar. Er wurde zunächst retrospektiv an einem Kollektiv von 107 Gewaltopfern (59 Männer, 48 Frauen) ermittelt. Im Einzelnen handelt es sich um folgende Faktoren (vgl. Fischer und Riedesser, 2003, 334):

1. Antezedente Einflussgrößen, insbesondere Vorliegen und Anzahl von Mehrfachtraumatisierung
2. Objektive situative Einflussgrößen
   Schwere der traumatischen Situation
   Deliktart/Schwere des Delikts
   Lebensbedrohlichkeit der Situation
   Dauer der traumatischen Situation
   Schwere der Verletzungen
   Bekanntschaft zum Täter in dem Sinne, dass persönlich bekannte Täter größeren psychischen Schaden anrichten
3. Subjektive situative Einflussgrößen
   erhöhtes Ausmaß an peritraumatischer Dissoziation
4. Zusätzliche Belastungen, Retraumatisierungen, vor allem während der Einwirkungsphase des Traumas
   tendenziell traumatisierende Erfahrungen mit öffentlichen Funktionsträgern
   verständnislose Reaktionen seitens der sozialen Umgebung
   zusätzlicher Risikofaktor Arbeitslosigkeit
5. Protektive Faktoren (negative Korrelation)
   Schulbildung bzw. Intelligenz
   unterstützendes soziales Umfeld

Das Instrument wird gegenwärtig für andere Situationen der speziellen Psychotraumatologie adaptiert: Helfertrauma, humanitäre und militärische Einsätze, Banküberfälle, Arbeits- und Verkehrsunfälle (aktuelle Information über www.KOEDOPS.de). Soweit gegenwärtig abzusehen, zeichnen sich hier analoge Bedingungskonstellationen ab, so dass diese Faktoren, bereichsspezifisch abgewandelt, als Prädiktor für negative Langzeitfolgen gelten können.

Wie wirken diese Faktoren zusammen? Hier führt die Idee der „Ergänzungsreihe" weiter, die Freud seinerzeit allerdings für die Ätiologie neurotischer Störungen formuliert hat:

„Man kann sich für die Mehrzahl der Fälle eine sogenannte ‚Ergänzungsreihe' vorstellen, in welcher die fallenden Intensitäten des einen Faktors durch die steigenden des anderen ausgeglichen werden [konstitutioneller vs. akzidenteller Faktor], hat aber keinen Grund, die Existenz extremer Fälle an den Enden der Reihe zu leugnen" (1905, 141/142).

4

4.6 Störungsspezifische Interventionen auf der Basis analytischer Therapie bei posttraumatischen und akuten Belastungsstörungen

Von der Neurosenätiologie zum Trauma liegt eine Verschiebung in Richtung der akzidentellen, psychosozialen Einflussgrößen nahe. Dabei befinden sich die einzelnen Teilkomponenten untereinander in einem Verhältnis der Substitution, das sich – in der einfachsten Form – additiv als „Ergänzungswert" der traumatogenen Faktoren berechnen lässt. Die folgende Grafik (Fischer und Riedesser, 1999., 309) verdeutlicht den Zusammenhang zwischen den traumatischen Situationsfaktoren als Prädiktor und Werten auf der „Posttraumatic-Symptom-Scale" (PTSS-10) als Kriteriumsvariable.

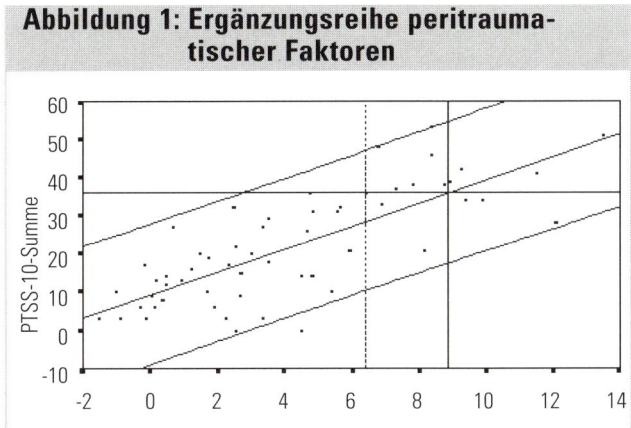

Abbildung 1: Ergänzungsreihe peritraumatischer Faktoren

Erklärung: Mit steigendem Wert der Ergänzungsreihe steigen auch die Summenwerte in der Kriteriumvariablen an. Eine lineare Beziehung zwischen der Ergänzungsreihe und den Symptomen ist zu erkennen. Die mittlere schräge Linie stellt die entsprechende Regressionsgerade dar; die beiden äußeren Linien sind die Grenzen eines 95%-Konfidenzintervalls für individuelle Werte. Fast alle Werte liegen innerhalb dieses Intervalls.
Bei einem Wert von 6.4 (gestrichelte Senkrechte in der Grafik), der hier empirisch ermittelt und festgelegt wurde, ist die Fehlerquote bei Vorhersagen sehr gering. Eine Diskriminanzanalyse ergab, dass sich bei diesem Grenzwert 83% Prozent der Fälle korrekt der Risikogruppe zuordnen lassen. Die Sensitivität der Skala erscheint damit vertretbar, muss in kritischen Fällen jedoch durch weitere diagnostische Maßnahmen ergänzt werden. Setzt man den Cut-off-Punkt des Kölner Risikoindex noch etwas niedriger an, bei 5, so steigt zwar die Zahl der falsch positiven Zuweisungen an, die Zahl der falsch negativen wird jedoch gesenkt.

Um die tiefenpsychologisch fundierte und analytische Psychotherapie bei posttraumatischen Belastungsstörungen empirisch erforschen zu können, ist eine „traumaadaptierte" Modifikation und Fortentwicklung traditioneller Behandlungsregeln erforderlich (vgl. Fischer et al. 2003), die als lehrbuchartige Beschreibung und möglichst in manualisierter Form vorliegen sollte. Im deutschen Sprachraum erfüllen die „Psychodynamisch-Imaginative Traumatherapie" (PITT, Reddemann 2001) und die „Mehrdimensionale Psychodynamische Traumatherapie" (MPTT, Fischer 2000) diese Voraussetzung. Die Forschung zur MPTT (Grothe et al. 2003; Bering et al. 2003) fällt ermutigend aus und bestätigt insgesamt empirische und klinisch-experimentelle Er-

gebnisse, die für die psychodynamische Traumatherapie nach Horowitz seit längerem vorliegen (Horowitz et al., 1986). In einer umfangreichen kontrollierten Studie an PTBS-Patienten in Holland ermittelten Brom et al. (1989) annähernd gleiche Therapieeffekte für kognitive Verhaltenstherapie, Hypnotherapie und psychodynamische Kurzzeit-Therapie nach dem Horowitz-Konzept, wobei letzteres tendenziell überlegene katamnestische Daten aufwies. Die MPTT integriert die wichtigsten Regeln von Horowitz und Lindy (etwa 1988) und adaptiert, in manualisierter Form, die klassischen Prinzipien einer psychodynamischen und psychoanalytischen Behandlungsführung – wie Abstinenzregel, Deutungstechnik oder den Umgang mit Übertragung und Gegenübertragung – für akute und chronifizierte Störungsbilder des „Traumaspektrums". In Kurztherapien kann in der MPTT zudem mit einer Selbsthilfebroschüre gearbeitet werden, die psychoedukative und stabilisierende Übungselemente enthält (Fischer, 2003; Angenendt & Fischer, 2001).

Eine Stärke der traumaadaptierten TP/AP scheint in der Behandlung chronifizierter und langfristig bestehender Traumatisierung zu liegen. So konnte beispielsweise Lindy (1988) eindrucksvolle Behandlungsergebnisse bei Vietnam-Veteranen mit einer traumaadaptierten analytischen Psychotherapie im Umfang von durchschnittlich 56 Sitzungen berichten, bei einer Population, die sich in anderen Studien als weitgehend therapieresistent erwiesen hat. Roth & Batson (1997) evaluierten die ca. einjährige psychodynamische Therapie von 6 Patientinnen, die Opfer von kindlichem Inzest geworden waren und konnten signifikante positive Ergebnisse nachweisen. Klinisch wichtige Evidenz für Wirksamkeit und Arbeitsweise einer traumaadaptierten TP/AP tragen auch systematische Fallstudien bei (z. B. Krupnick 1997 für psychodynamische Kurztherapie von PTBS; Fischer 1996 für die traumaadaptierte analytische Langzeitbehandlung einer Borderline-Persönlichkeitsstörung mit Suizidalität und Alkoholkarriere auf dem Hintergrund eines Beziehungstraumas). Während die Praxisrelevanz systematischer und vergleichender Einzelfallstudien kaum zu bezweifeln ist, lassen andere Therapierichtungen diesen Typus moderner, evidenzbasierter Psychotherapieforschung nahezu vollständig vermissen. Auch für unterschiedliche Bereiche der „Speziellen Psychotraumatologie" (Fischer & Riedesser, 1998), so etwa pathologische Trauer nach plötzlichem Verlust einer geliebten Person, liegen für die psychodynamische Traumatherapie ausgearbeitete Konzepte vor (Weiss & Marmar, 1993).

3 Umsetzung in die klinische Praxis

Bei der psychodynamischen und analytischen Therapie psychotraumatischer Störungen sind folgende Varianten zu unterscheiden: Krisenintervention; klinisch-psychologische Fachberatung; Trauma-Akuttherapie; Therapie mittelfristiger traumatischer Prozesse bei einem traumatischen Vorfall im Erwachsenenalter, der ca. ein Dreivierteljahr zurückliegt. Nach diesem Zeitraum hat sich das Trauma über fehlgeleitete zentralnervöse Informationsverarbeitung auch physiologisch verfestigt. Schließlich: Therapie langfristiger traumatischer Prozesse. Prototyp ist ein schweres Kindheitstrauma, das zu einer Fehl- bzw. Umbildung der

4

Persönlichkeitsstruktur geführt hat. Eine längere Therapiedauer (50 bis 80 Sitzungen) oder eine psychoanalytische Langzeittherapie ist erforderlich. Ein Pionier der psychodynamischen Traumatherapie, der nordamerikanische Psychoanalytiker und Traumaforscher Mardi Horowitz, hat schon im Jahre 1976 die Methodik vorgeschlagen, die verbale Interventionslinie durch Übungen zu ergänzen, insbesondere durch „Distanzierungs- und Dosierungstechniken". Als Beispiel einer Distanzierungsübung kann die so genannte Screen-Technik gelten. Um einen Eindruck zu vermitteln, geben wir im Folgenden eine Übung aus einer Selbsthilfebroschüre für akut traumatisierte Personen wieder. Sie trägt den Titel „Den Traumafilm stoppen".

„Anmerkung: Brechen Sie die Übung ab, wenn Sie sich dabei zu sehr belastet fühlen sollten, und greifen Sie auf Formen der Selbstberuhigung und Distanzierung zurück, die sich bei Ihnen früher bewährt haben, entweder vor dem Trauma oder – im günstigsten Falle – schon danach.

Setzen Sie sich möglichst entspannt hin und schließen Sie die Augen. Sie sehen jetzt innerlich den Bildschirm eines Fernsehgerätes vor sich und haben die Fernbedienung dazu in Ihrer Hand, mit der Sie das Programm wählen können, ganz wie Sie möchten. Damit können Sie das Gerät beispielsweise ein- oder ausschalten. Schalten Sie das Gerät nun ein. Der Bildschirm ist leer. Der Fernseher ist jedoch mit einem Videogerät verbunden, auf dem eine noch unbespielte Kassette mitläuft. Was auf dem Bildschirm erscheint, wird automatisch aufgenommen.

Für diese Übung ist es wichtig, dass Sie sich mit der Taste ‚Standbild' vertraut machen und sich überzeugen, dass diese gut funktioniert. Sie verlagern jetzt eine Szene aus Ihrem ‚Traumafilm' auf den Bildschirm. Wählen Sie eine Szene aus, am besten mit größerem Abstand zum eigentlichen Vorfall, auf jeden Fall eine, die Ihnen keine überwältigenden Ängste bereitet. Lassen Sie die Szene nur ganz kurz auf dem Bildschirm anlaufen und drücken Sie dann sofort energisch die ‚Standbild'-Taste. Betrachten Sie das Standbild nur so lange, wie Ihre Gefühle dabei noch gut erträglich bleiben. Sollte Ihnen das Bild zu viel Angst machen, gehen Sie sofort zu dem im nächsten Absatz beschriebenen Schritt über. Sonst lassen Sie es einige Zeit stehen, und zwar so lange, bis Sie sich einigermaßen daran gewöhnt haben.

Richten Sie nun Ihre Aufmerksamkeit auf den Rand des Bildes. Sie schauen jetzt nicht länger auf das Bild, sondern nur noch auf seinen Rand. Nach einiger Zeit können Sie beobachten, wie das Bild vom Rand her schrumpft, wie es kleiner wird und immer kleiner wird, bis es nur noch ein kleines Bildchen in der Mitte ist. Jetzt drücken Sie auf die Abschalttaste Ihrer Fernbedienung. Wenn Sie energisch drücken, können Sie beobachten, wie das Bildchen mit einem kleinen Geräusch verschwindet – zisch und plopp. Es ist aber auf der Videokassette aufgezeichnet worden.

Jetzt gehen Sie innerlich zum Videorecorder, drücken auf den Auswerfknopf, nehmen die Kassette heraus und verschließen sie in einem großen, sicheren Safe. Der ist so groß, dass Sie hineingehen können. Drinnen befinden sich viele leere Regale. In eines davon stellen Sie die Kassette hinein, weit hinten. Verlassen Sie jetzt den Safe, ziehen die schwere Stahltür zu und achten auf das Geräusch, das entsteht, wenn die Tür ins Schloss fällt. Sie schließen energisch ab und verwahren den Schlüssel an einem sicheren Ort.

Wählen Sie danach weitere ‚Standbilder' aus Ihrem Traumafilm aus und verfahren Sie damit in der gleichen Weise. Wählen Sie dabei Bilder, die Sie nicht allzu sehr beunruhigen. Wählen Sie keine Bilder direkt vom Katastrophengeschehen, sondern allenfalls Bilder von der Zeit davor oder danach. Besonders geeignet sind wichtige Handlungen im Alltag, die Ihnen infolge des Traumas Ängste bereiten, wie zum Beispiel an Ihren Arbeitsplatz zurückzukehren, wenn dort das Ereignis stattfand, bestimmte Wege zu gehen oder ein Fahrzeug zu benutzen. Nähern Sie sich schrittweise zum Beispiel Ihrem Auto an und stoppen Sie den Film in kleineren Zeitabschnitten. Gewöhnen Sie sich an das Standbild und nähern Sie sich dann weiter an" (Fischer, 2003, 52/53).

In der Phase der Traumabearbeitung kann das gleiche Verfahren als „Dosierungstechnik" verwendet werden, um weitere Elemente der traumatischen Situation „dosiert" zulassen zu können, ohne dass eine erneute Überflutung mit traumatischen Erinnerungen eintritt. Zahlreiche Anregungen für den Einsatz solcher Imaginationsübungen finden sich im Manual der „psychodynamisch-imaginativen Traumatherapie" (PITT) nach Reddemann (2001). Die Wirkungsweise dieser Technik lässt sich über „systematische Desensitisierung" hinaus als Wiederaufnahme und Bemeisterung der traumatisch „unterbrochenen Handlung" verstehen. So definieren Fischer & Riedesser Trauma als eine „unterbrochene Handlung" (a.a.O., 79), als unterbrochene „Kampf- oder Fluchthandlung" in einer existenziell bedrohlichen Situation, die körperlich gleichsam „eingefroren" wird, jedoch nach Wiederaufnahme und „Vollendung" drängt („completion-tendency" nach Horowitz a.a.O.). Diese Vollendungs- und Bemeisterungstendenz wird im positiven Sinne gestärkt, wenn die Situation extremer Hilflosigkeit imaginativ kontrolliert und gesteuert werden kann. Der zentrale Wirkungsfaktor einer psychodynamischen Traumatherapie besteht jedoch darin, dass verbale Interventionslinie und (eventuell eingesetzte) Übungsmodule gezielten Anschluss an die Psychodynamik des Traumas gewinnen.

Wenn wir Trauma als ein unterbrochenes „Wahrnehmungs-/Handlungsmuster" (ein senso-motorisches „Schema" im Sinne von Jean Piaget) verstehen, dann bildet die Persönlichkeit eine spontane kompensatorische Gegensteuerung gegen die im (impliziten) Gedächtnis gespeicherte Erfahrung von Hilflosigkeit aus. Dieses „traumakompensatorische System" setzt die reflektorische Abwehr fort (wie z.B. die peritraumatische Dissoziation) und arbeitet sie aus zu einem persönlichkeitstypischen, traumakompensatorischen „Schema". Dies ist einmal durch den Kontroll- und Abwehrstil der Persönlichkeit charakterisiert, zum anderen durch seine „naiv-psychologische" ätiologische, präventive und therapeutische Teilkomponenten. Letztere „schematisieren" die oft höchst individuelle Antwort auf drei Fragen, die sich die Betroffenen stellen: Wie konnte es zu der Katastrophe kommen? (ätiologisch); Wie kann ich eine Wiederholung in Zukunft verhindern? (präventiv); Was muss geschehen, um das

4

4.6 Störungsspezifische Interventionen auf der Basis analytischer Therapie bei posttraumatischen und akuten Belastungsstörungen

Trauma zu heilen? (reparative, naiv-therapeutische Theorie). Traumabedingte Symptome lassen sich im Sinne des dynamischen Aspekts der psychoanalytischen Metapsychologie als „Kompromissbildung" zwischen unterbrochenem Handlungsimpuls (Traumaschema) und kompensatorischem System (dem traumakompensatorischen Schema mit seinen drei Teilkomponenten) verstehen. Die folgende Abbildung verdeutlicht dies am Beispiel einer Bankangestellten nach einem Überfall.

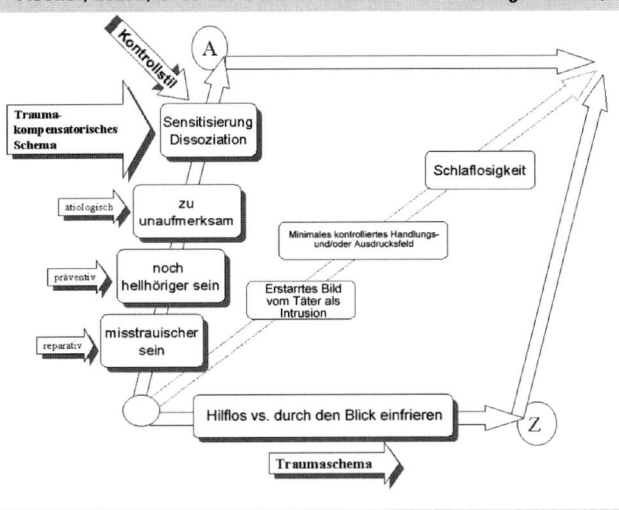

Abbildung 2: Psychodynamik des Traumas am Beispiel von Frau L. Erklärung im Text (Grafik nach Fischer, 2000b, S. 86 der Dokumentations- und Planungsformate)

Frau L., eine 40-jährige Bankangestellte, hatte innerhalb kurzer Zeit den zweiten Banküberfall erlebt. Beim zweiten Mal hatte sie jedoch frühmorgens, als sie als Erste den Arbeitsplatz betreten wollte, an kaum merklichen Hinweisen den Einbruch entdeckt und die Kollegen gewarnt. Der Einbrecher war allerdings schon verschwunden. Beim ersten Überfall hatte der maskierte Täter sie mit einer Pistole bedroht und in einen Nebenraum gesperrt, in dem sie mehr als eine Stunde verbringen musste, in Ungewissheit über den Ausgang. Der Täter hatte gedroht, sie zu erschießen, wenn man seinen Forderungen nicht nachkäme. Von diesem ersten Vorfall hatte sie Intrusionen und Schlafstörungen zurückbehalten, die sich nach dem wiederholten Einbruch noch weiter verstärkten. Jetzt wandte sie sich an eine auf Akuttrauma spezialisierte Ambulanz. Sie konnte tags keine Ruhe mehr finden und abends, vor dem Einschlafen, hatte sie das Bild des maskierten Täters vor Augen, das sie regungslos und wie erstarrt ansah. Diese Intrusion war mit starken Ängsten verbunden, die sie am Einschlafen hinderten. Nachts schreckte sie auf, auch dann mit dem maskenhaft erstarrten Bild des Täters vor Augen. Der Kontrollstil der Patientin ist im obigen Diagramm mit „Sensitisierung, Dissoziation" angegeben, ihre „präventiven" Bemühungen zielten darauf ab, in Zukunft noch hellhöriger und wachsamer zu sein. Wenn es ihr gelänge, ihre angeblich zu große Vertrauensseligkeit abzubauen und durch ein misstrauischeres Menschenbild zu ersetzen, könnte sie sich eine dauerhafte Besserung vorstellen („reparative" bzw. therapeutische Komponente des traumakompensatorischen Schemas, im Folgenden: TKS). Gleichzeitig warf sie sich vor, beim ersten Überfall „versagt" zu

haben. Sie hätte sich wehren und mehr riskieren müssen zur Unterstützung der Kassiererin, die noch stärker gefährdet war als sie selbst („ätiologische" Komponente des TKS).

Für die Signierung des Traumaschemas (im Folgenden: TS) sieht die Instruktion einen zweigliedrigen sprachlichen Ausdruck vor, um die traumatisch „unterbrochene Handlung" zu kennzeichnen (vgl. Fischer, 2000 b, 153 ff.). Hier wurde die Formulierung „Hilflos gefangen vs. mit Blicken einfrieren oder bannen" gewählt. In der „peritraumatischen Dissoziation" war die Patientin selbst wie gelähmt gewesen. In dem sich aufdrängenden Erinnerungsbild hatte sie dieses Kontrollmittel gegen den Aggressor gewendet und den Täter „gefreezt". In dieser erstarrten Maske erschien er ihr nun. Nach dem dynamischen Aspekt der psychoanalytischen Metapsychologie lässt sich das Symptom als „Kompromissbildung" zwischen entgegengesetzten Kraftfeldern verstehen. Dies trifft auch für die Symptombildung beim Trauma zu. Allerdings handelt es sich nicht um die Kräfte Triebwunsch versus Abwehr, sondern um das „Traumaschema", das als unterbrochene Handlung im Gedächtnis gespeichert ist und zugleich wie jedes sensomotorische Schema (im Sinne von Piaget) auf „Reproduktion" drängt einerseits und das traumakompensatorische System andererseits, das die Reproduktion „gegensteuert", um eine neuerliche Überflutung oder gar Retraumatisierung der Persönlichkeit zu vermeiden. Wie bei der Wunsch-Abwehr-Dynamik, bilden TS und TKS ein labiles, störbares Gleichgewicht, das hier nach Art eines „Kräfteparallelogramms" aus der physikalischen Mechanik bzw. als vektorielles System veranschaulicht ist, das sich auch für die Abbildung von Kraftfeldern in neuronalen Netzwerken eignet (Abb. 2). Bei einer Reproduktion wird die traumatische Situation erneut durchlebt, nicht im gewöhnlichen Sinn „erinnert", da die für die Zuordnung zur Vergangenheit erforderliche Hirnstruktur (vor allem die Hippocampusregion) bei Trauma unteraktiv ist. Deshalb handelt es sich bei der kompensatorischen Gegensteuerung zum Traumaschema um einen Selbstschutzmechanismus im Dienste des psychischen wie physischen „Überlebens" nach dem Trauma.

Traumasymptome weisen nun eine innere Struktur auf, die sich „kompromisshaft" aus beiden Kraftfeldern, aus TS und TKS, zusammensetzt. Nur soweit diese Voraussetzung erfüllt ist, stabilisieren sie das bedrohte, labile Gleichgewicht der Persönlichkeit und entsprechen dem „minimalen kontrollierten Ausdruck- bzw. Handlungsfeld", also jenem Gebiet, auf dem die Persönlichkeit ein Minimum an Handlungskontrolle zurückgewinnt. Im Symptom wird das Traumaschema „gebunden" und gezielt kontrolliert.

Bei den Symptomen von Frau L. ist diese „minimale Kontrollbedingung" erfüllt. Im intrusiven Bild des Täters kommt einerseits natürlich das TS zum Ausdruck, andererseits aber auch das dissoziative Abwehrmuster (den Täter mit Blicken „einfrieren" bzw. auf magische Weise „bannen"). Auch in den Schlafproblemen sind beide „Vektoren" repräsentiert: der Erregungsaspekt aus dem TS sowie der „präventive" Anteil des TKS („noch hellhöriger werden").

Für die psychodynamische Traumatherapie ist nun ein „ich-stärkender" Umgang mit der Abwehr charakteristisch. Das TKS wird

4

positiv konnotiert, gestärkt, um seine schrittweise Differenzierung zu ermöglichen. Bei Frau L. wurde die präventive Komponente fokussiert. Es sei eine ungewöhnliche Leistung von ihr, so wachsam und hellhörig zu sein. Durch diese gezielte Aufmerksamkeit habe Sie beim zweiten Vorfall sich und ihre Kollegen schützen können. Manchmal allerdings versage ihr Sicherheitssystem, und dann kehren doch Ängste und beunruhigende Erinnerungsbilder wieder. „Was können wir tun, damit Sie Ihr Ziel, sich durch Aufmerksamkeit und Wachheit zu schützen, noch effektiver erreichen?"

Hier schlug der Therapeut der Patientin ein „Wachsamkeitstraining" vor (vgl. Fischer, 2003, S. 74). Sie solle ein Tagebuch führen und alles aufzeichnen, was ihr zwischen den Sitzungen „verdächtig" vorkäme. In der folgenden Sitzung werden diese Beobachtungen dann gemeinsam durchgesprochen. Jetzt bewies die Patientin zwar ihre sensitive Beobachtungsgabe, aber zunehmend auch die Fähigkeit zur Differenzierung zwischen wirklich und nur vermeintlich bedrohlichen Eindrücken. Der Täter war noch nicht gefasst, und trotz der subjektiv fortbestehenden Bedrohung konnte sich Frau L. allmählich beruhigen, während sie das Angebot einer Entspannungsübung (nach Jacobson) zurückgewiesen hatte. Von Empfehlungen, sich zu beruhigen, auch wenn sie nur angedeutet wurden, hatte sie sich eher bedroht gefühlt, da entsprechende Interventionen ihre traumapräventive Abwehr in Frage stellen.

„Ich-stützendes" Vorgehen bei akuter, aber auch bei chronifizierter Traumatisierung besteht darin, Kontrollmechanismen und Traumakompensation gezielt zu stärken und dadurch zu differenzieren. Verzerrungen der ätiologischen Komponente des TKS (oft irrationale Selbstbeschuldigungen) werden durch Deutung schrittweise abgebaut. Mit diesen Mitteln unterstützt die psychodynamische Traumatherapie die natürliche Selbstheilungstendenz der Betroffenen, statt ihnen neue Copingmechanismen anzutrainieren. Distanzierungs- und Dosierungstechniken werden nach ihrer ich-stärkenden Funktion ausgewählt und in die verbale Interventionslinie eingefügt. Dieses Vorgehen reduziert den Widerstand gegen das therapeutische Angebot beträchtlich, da sich die Patienten in ihrer eigenen Bemühung um Kompensation und seelisches Gleichgewicht unterstützt sehen. Gelingt es, das traumakompensatorische Repertoire zu stabilisieren und zu differenzieren, so wenden sich die Patienten meist spontan der Traumabearbeitung zu, um ihre traumatische Erfahrung schrittweise zu integrieren.

In den Therapiephasen von Stabilisierung, Traumabearbeitung und Integration kommt dem **Umgang mit der Übertragung** jeweils ein besonderer Stellenwert zu. Nach der MPTT ergeben sich folgende Phasen:

Aufbau des Arbeitsbündnisses. Während der Anfangsphase einer psychodynamischen Traumatherapie haben Übertragungsphänomene meist die Funktion eines „Beziehungstests". Die Patienten manövrieren den Therapeuten unbewusst in ein traumarelevantes Beziehungsmuster, zum Beispiel in die Täter- oder Opferrolle, hinein und beobachten gespannt, wie er sich in seinem Dilemma verhält. „Besteht" er die Beziehungstests, so bildet sich ein Arbeitsbündnis heraus, das in einen deutlichen und stabilen Kontrast zur traumatischen Vorerfahrung tritt. Ein stabiles Arbeitsbündnis ist erforderlich, um eine vorzeitige Reproduktion des Traumaschemas in der psychotherapeutischen Behandlung zu verhindern. Die direkte Wiederholung in der Übertragung kommt einer Retraumatisierung des Patienten gleich, da ihr in der Regel jener „Als-ob-Charakter" fehlt, der für die neurotische Übertragung kennzeichnend ist. Gelingt der Aufbau einer stabilen therapeutischen Allianz, so finden die Patienten in der Therapeutin oft ihre erste vertrauenswürdige Person nach dem existenziellen Vertrauensverlust, der mit vielen traumatischen Erfahrungen einhergeht.

Distanzierung und kognitive Rekonstruktion. Ist ein stabiles Arbeitsbündnis hergestellt, so begleitet der Therapeut den Patienten bei seinen Bemühungen, Distanz zur traumatischen Erfahrung und einen Überblick über die traumatische Situation zu gewinnen. In dieser Phase sind klarifizierende und strukturierende Deutungen angebracht, welche darauf abzielen, die Ich-Funktionen zu stärken, Ich-Kontrolle gegenüber den intrusiven Symptomen herzustellen und übermäßiges Vermeidungsverhalten zu reduzieren. Die Symptome werden in eine verständliche Beziehung zu Besonderheiten der traumatischen Situation gebracht, wie z.B. Neigung zum Erbrechen oder zwanghaftes Erbrechen als Reaktion auf ein Erlebnis von negativer Intimität (etwa Vergewaltigung). Solche Interventionen zielen darauf ab, der traumatischen Situation eine „Gestalt" zu verleihen. Die zunächst überwältigende traumatische Erfahrung nimmt allmählich eine überschaubare „Gestalt" und damit auch eine Grenze an. Durch Distanzierungstechniken kann dieser Prozess unterstützt werden.

Emotionale Traumabearbeitung. In dieser sich anschließenden Phase der Traumatherapie verwendet der Therapeut seine Gegenübertragungsgefühle und -reaktionen, um „szenische Elemente" der Traumaerfahrung zu verstehen, welche der Patient noch nicht formulieren, sondern nur im Handeln (enaktiv) mitteilen kann. In strukturierenden Deutungen, die zu einem immer umfassenderen Überblick über die traumatische Situation verhelfen, spiegelt die Therapeutin ihre Informationen aus der Gegenübertragung an die Traumapatientin zurück.

Ein Umbruch in der Behandlung tritt ein, wenn die im engeren Sinne „traumatische Übertragung" (Holderegger, 1993) ins Spiel kommt und das „zentrale traumatische Situationsthema" (Fischer und Riedesser, 2003) der Persönlichkeit inszeniert und durchgearbeitet wird. Hier handelt es sich um die emotional am stärksten geladene Komponente der traumatischen Erfahrung. Jetzt wird die traumatisch gestörte bzw. zerstörte Objektbeziehung in der Übertragung reinszeniert, und die Therapeutin erhält die Chance, sich entweder als Zeugin und Begleiterin des Patienten zu bewähren oder eine der mit dem Trauma assoziierten Rollen einzunehmen bzw. zugewiesen zu bekommen (Täter, Opfer, Opferbeschuldigung usf.). Gelingt ihr Ersteres, so verhilft sie dem oder der Betroffenen zu einem konstruktiven Neubeginn nach dem Trauma. Von dieser Basis aus wird es jetzt möglich, die traumatische Situation und Erfahrung in ihren zentralen emotionalen Anteilen zu rekonstruieren und durchzuarbeiten.

4

4 Frequently Asked Questions (FAQ)

1. *Ist es in jedem Falle notwendig, das Trauma durchzuarbeiten, wenn ein Heilerfolg erzielt werden soll?*

→ Nein, es gibt Fälle von Heilung ohne Durcharbeiten. In manchen Fällen kann sich die Therapie auf „Distanzierung und kognitive Rekonstruktion" beschränken.

2. *Sind alle psychischen Störungen eine Folge von Traumatisierung?*

→ Nein. Neben angeborenen Dispositionen müssen als ätiologische Faktoren mindestens noch Folgen von Übersozialisation (zu strenge Erziehung mit der Folge neurotischer Hemmungen) sowie Untersozialisation (Verwöhnung, laissez-faire, soziale Defizite bis hin zu Dissozialität) berücksichtigt werden.

3. *Wie kann man vermeiden, traumatische Erfahrungen an die eigenen Kinder weiter zu geben?*

→ Sich das eigene Trauma bewusst machen, darüber sprechen und es durcharbeiten. In Untersuchungen unterscheiden sich „Nicht-Weitergeber" von „Weitergebern" darin, dass Erstere mit angemessenen Gefühlen über ihre traumatischen Erfahrungen sprechen und sie nicht bagatellisieren. „Weitergeber", die beispielsweise von ihren Eltern misshandelt wurden, sagen oft pauschal, dass sie eine schöne, harmonische Jugend hatten und können sich an die negativen Erfahrungen kaum erinnern. Stattdessen wiederholen sie die negativen Erlebnisse mit ihren eigenen Kindern.

4. *War die Psychoanalyse nicht immer schon eine „Traumatherapie"? Sollten bei traumatisierten Patienten nicht einfach die klassischen Behandlungsprinzipien der Psychoanalyse angewandt werden?*

→ Nein. Einige Behandlungsprinzipien, wie etwa die Technik der „Übertragungsneurose" oder eine Haltung der Neutralität dem Patienten gegenüber sind in der Behandlung von Patienten mit traumaassoziierten Störungen kontraindiziert.

5. *Bekanntlich hat Freud sich von seiner frühen These, hysterische Störungen seien immer auf sexuellen Kindesmissbrauch zurückzuführen, distanziert. Hat er damit die Traumatherapie „verraten"?*

→ Nein. Von einer Eins-zu-Eins-Zuordnung zwischen Ätiologie und späterem Krankheitsbild kann so gut wie niemals ausgegangen werden. Borderline-Patienten beispielsweise haben zu etwa 70% Misshandlung und/oder Missbrauch in ihrer Kindheit erlebt, nicht aber zu 100%. Insofern hat Freud seine erste ätiologische Annahme zu recht revidiert. Die Psychoanalyse hat sich dann allerdings mehr am Modell der Neurose als am Trauma ausgerichtet. Insofern besteht bei den traumaassoziierten Störungsbildern ein Nachholbedarf.

5 Prüfungsfragen

1. Was unterscheidet die traumatische von der neurotischen Übertragung?
2. Welche Phasen durchläuft die psychodynamische Traumatherapie?
3. Wie unterscheidet sich die Psychodynamik des Traumas von der Trieb(wunsch)-/Abwehr-Dynamik? Welche Kräfte sind daran beteiligt?

4. Wie lässt sich traumadynamisch Symptombildung erklären?
5. Nennen Sie Beispiele für „ichstützendes" Vorgehen bei Traumapatienten.
6. Welche persönlichkeitsbezogenen Kriterien gehen in den Kölner Risikoindex ein?
7. Welche Komponenten sind bei der Analyse des „traumakompensatorischen Schemas" in der MPTT zu berücksichtigen?
8. Wie unterscheidet sich psychodynamische Traumatherapie von der verhaltenstherapeutischen Exposition?
9. Unter welcher Voraussetzung sind Entspannungsübungen, wie z.B. die progressive Muskelentspannung, bei manchen traumatisierten Patienten unwirksam?
10. Wie wird im Rahmen der MPTT das Feld der Symptombildung bezeichnet?

6 Literatur

- Angenendt G, Fischer G: Hurra, ich lebe wieder! Arbeit mit einer Selbsthilfebroschüre in der Psychotherapie chronifizierter Traumatisierung. Psychotraumatologie 4, www.thieme.de\psychotrauma Stuttgart: Thieme, 2002
- Bering R, Horn A, Spieß R, Fischer G: Forschungsergebnisse zur Mehrdimensionalen Psychodynamischen Traumatherapie (MPTT) im multiprofessionalen Setting. Psychotraumatologie und Psychologische Medizin, 4. Heidelberg: Asanger, im Druck
- Brom D, Kleber RJ, Defares FB: Brief psychotherapy for posttraumatic stress disorders. Journal of Consulting and Clinical Psychology 57: 607-612, 1989
- Fischer G.: Dialektik der Veränderung in Psychonalyse und Psychotherapie. Modell, Theorie und systematische Fallstudie. Heidelberg: Asanger, 1996
- Fischer G: Kölner Dokumentationssystem für Psychotherapie und Traumabehandlung KÖDOPS. Köln: DIPT-Verlag, 2000a
- Fischer G: Mehrdimensionale Psychodynamische Traumatherapie MPTT. Manual zur Behandlung psychotraumatischer Störungen. Heidelberg: Asanger, 2000b
- Fischer G: Neue Wege aus dem Trauma. Erste Hilfe bei schweren seelischen Belastungen. Düsseldorf: Walther, 2003
- Fischer G, Reddemann L, Bering R, Barwinski R: Traumaadaptierte Tiefenpsychologisch fundierte und Analytische Psychotherapie. Definition und Leitlinien. Psychotherapeut 48: 199-203, 2003
- Fischer G, Riedesser P: Lehrbuch der Psychotraumtologie. München: UTB, Ernst Reinhardt, 1998, 3. erw. Aufl. 2003
- Freud S: Drei Abhandlungen zur Sexualtheorie. GW Bd. 5, 27-146, Frankfurt/M: S. Fischer, 1905
- Grothe C, Bering R, Spieß R, Lüneburg E, Fischer G: Mehrdimensionale Psychodynamische Traumatherapie MPTT: Forschungsergebnisse zur Standardversion. In: Zeitschrift für Psychotraumatologie und Psychologische Medizin ZPPM. 1, 2, 27-43, 2003
- Holderegger H: Der Umgang mit dem Trauma. Stuttgart: Klett-Cotta, 1993
- Horowitz MJ: Stress response syndromes. New York: Jason Aronson, 1976
- Horowitz MJ: Stress-response syndromes: A review of posttraumatic stress and adjustment disorders. In: Wilson, J. P., Raphael, B. International Handbook of Traumatic Stress Studies. New York: Plenum, 49-60, 1993

4

- Horowitz MJ, Marmar C, Weiss D, Kaltreider N, Wilner N: Comprehensive analysis of change after brief dynamic psychotherapy. American Journal of Psychiatry 143: 582-589, 1986
- Krupnick J: Brief psychodynamic psychotherapy of PTSD. Session: Psychotherapy in practice, 3, 75-89, 1997
- Lindy J: Vietnam: A case-book. New York: Brunner & Mazel, 1988
- Lindy JD: Focal psychoanalytic psychotherapy of post-traumatic stress disorder. In: Wilson JP, Raphael B: International Handbook of Traumatic Stress Studies. New York: Plenum, 803-810, 1993
- Reddemann L: Imagination als heilsame Kraft. Stuttgart: Pfeiffer bei Klett-Kotta, 2001
- Roth S, Batson R: Naming the shadows: A new approach to individual and group psychotherapy for adult survivors of childhood incest. New York: Free Press, 1997
- Weiss DS, Marmar CR: Teaching time – linked dynamic psychotherapy for post traumatic stress disorder and pathological grief. Psychotherapy 30: 587-591, 1993

4

4.7 Somatoforme Störungen

HARTMUT KANWISCHER

Lernziel dieses Kapitels ist, die somatoformen Störungen begrifflich und inhaltlich zu vermitteln sowie die zugehörigen diagnostischen Kriterien und die spezifischen therapeutischen Implikationen bei der Behandlung darzustellen.

Die Kenntnis der hier behandelten Inhalte für die psychotherapeutische Tätigkeit ist als hoch einzuschätzen, da es sich bei Patienten mit somatoformer Störung um nach diagnostischen wie therapeutischen Kriterien „schwierige" Patienten handelt, die bei beträchtlichem Behandlungsbedarf eher selten eine Psychotherapie machen und deren Behandlungen von einer überproportional hohen Abbruchquote gekennzeichnet sind. Die zu beachtenden Besonderheiten im therapeutischen Umgang mit diesen Patienten werden dargestellt, da die Schwierigkeiten nicht ausschließlich auf Seiten der Patienten zu suchen sind, sondern auch die klassischen Behandlungsformen im Kontakt mit diesen Patienten einiger Modifikationen bedürfen.

1 Einleitung

Erste Beschreibungen eines Krankheitsbildes mit multiplen somatoformen Symptomen finden sich Mitte des 19. Jahrhunderts bei dem französischen Neurologen Briquet in seinem *Traité clinique et thérapeutique de l'hystérie*. Bereits vor Entwicklung der Psychoanalyse wurde die Symptomatik dort mit dem Begriff der Hysterie in Verbindung gebracht, bei Briquet allerdings mit dem aus der Antike stammenden Hysterieverständnis des „wandernden Uterus".

Im alten Griechenland erklärte man sich die hauptsächlich bei Frauen beobachteten Symptome dadurch, dass der Uterus rastlos im Körper herumwandere und an den Körperstellen, wo er sich jeweils aufhalte, Beschwerden verursache. In Ägypten wurde das Krankheitsbild dadurch therapiert, dass wohlriechende Kräuter zwischen die Beine der Patientin gelegt wurden, um den Uterus an seine anatomisch richtige Lage zu locken; eine Behandlungsform, die noch bis ins 19. Jahrhundert auch in Europa angewendet wurde.

Die Psychoanalyse befasste sich seit Beginn des 20. Jahrhunderts intensiv mit den von Briquet beschriebenen Symptomen und verstand sie ebenfalls überwiegend als Ausdruck einer hysterischen Persönlichkeitsorganisation.

Aufgrund der klinischen Vielfalt der Symptomatik gelang es jedoch nur unvollständig, eine einheitliche Sprachregelung und Operationalisierung der seit 1951 als *Briquet-Syndrom* bezeichneten Störung zu finden.

2 Medizingeschichte des Leib-Seele-Problems

Bis in die Mitte des 19. Jahrhunderts bildeten psychosomatisch zu nennende Gedanken einen selbstverständlichen Bestandteil der Medizin; die Wurzeln dieser Auffassung von Erkrankungen gehen in unserem Kulturkreis auf philosophische Traditionen der Antike zurück. Erst unter dem Einfluss einer streng experimental-wissenschaftlich geprägten Entwicklung trat leibseelisches Verständnis zunehmend in den Hintergrund; im Mittelpunkt des Interesses stand nunmehr in isolierter Weise das erkrankte Organ.

Seit Beginn des 20. Jahrhunderts entwickelten sich neue Vorstellungen über den „rätselhaften Sprung vom Seelischen ins Körperliche" (Freud). Einige psychoanalytische Modellvorstellungen sind im Folgenden kurz angeführt. Dabei befasst sich keine der Theorien ausschließlich mit somatoformen Störungen nach heutiger Lesart, sondern in unterschiedlicher Akzentsetzung ebenfalls mit Konversionsstörungen oder psychosomatischen Erkrankungen im engeren Sinne, d.h. psychosomatischen Erkrankungen mit organstrukturellen Veränderungen.

2.1 Modellvorstellungen aus psychoanalytischer Sicht:

Sigmund Freud: Das Konversionsmodell
Grundprinzip: Nach dem Konversionsmodell entwickeln sich körperliche Symptome aus psychischen Konflikten. Durch die Konversion wird eine Unlust bereitende Vorstellung unschädlich gemacht, indem sie in körperliche, insbesondere in sensorische und motorische Beschwerden umgesetzt wird. Die Symptombildung ist der Lösungsversuch eines Konfliktes und verfolgt zur Erhaltung eines zuträglichen psychischen Erlebens den Zweck, mit den Vorstellungen des Bewusstseins unverträgliche Affekte zu vermeiden. Das Entscheidende an der Konversion ist die Auffassung, dass das körperliche Symptom den psychischen Konflikt symbolisiert bzw. in verdichteter Form zum Ausdruck bringt, so dass das Symptom in Sprache zurückübersetzt werden kann.

4

Bei der Wiedererinnerung verschwinden die Symptome jedoch nur dann, wenn die Erinnerung mit einem Affekt verbunden ist.

Max Schur: Theorie der De- und Resomatisierung

Grundprinzip: Die Entwicklungs- und Reifungsvorgänge des gesunden Kindes können als ein zunehmender Prozess der Differenzierung körperlicher und seelischer Wahrnehmungen begriffen werden, und zwar in Richtung einer zunehmenden Desomatisierung, d.h. Ent-Körperlichung des Erlebens. Während das Neugeborene auf Außenreize in einem primärprozesshaften Sinn körperlich reagiert, ermöglicht die zunehmende Ausbildung und Strukturierung des Ichs im Laufe der Entwicklung mehr psychisch-bewusste, sekundärprozesshafte Verarbeitungsformen. Wie prinzipiell alle psychischen Entwicklungen, ist auch dieser Prozess umkehrbar bzw. können frühere Entwicklungsstufen reaktualisiert werden. Stehen zur Bewältigung einer innerpsychischen Situation nicht mehr genügend emotional-affektive Energien zur Verfügung, kommt es aufgrund der unaushaltbaren Angst zu einer Regression in die somatische Reaktionen als Rückgriff des Ichs auf lebensgeschichtlich frühere Verhaltensmuster.

F. Alexander: Die Theorie krankheitsspezifischer psychodynamischer Konflikte

Grundprinzip: Die Symptome der vegetativen Neurose sind funktionelle Begleiterscheinungen von chronisch unterdrückten emotionalen Spannungen, die sich dann in körperliche Symptome umsetzen. Die Balance zwischen dem parasympathischen und dem sympathischen Anteil des vegetativen Nervensystems ist gestört. Zwei wesentliche Mechanismen werden unterschieden:

1. Der Organismus bleibt im Zustand der Bereitschaft zur Ausführung einer notwendigen Handlung, jedoch ohne dass diese dann ausgeführt wird (z.B. Flucht oder Kampf). Auf der körperlichen Ebene werden Reaktionen des sympathischen Nervensystems in Gang gesetzt, ohne über die folgende Handlungsebene abgeführt zu werden. Der Organismus bleibt in einer chronischen sympathischen Überstimulation.
2. Der Organismus reagiert auf die Notwendigkeit zum Handeln mit Rückzug, z.B. Rückzug vor der Lösung äußerer Probleme. Überwiegend parasympathische Anteile werden aktiviert, wenn auf die sich ergebende Notwendigkeit konzentrierter Selbsterhaltungs-Anstrengungen mit einem gefühlsmäßigen Sichzurückziehen geantwortet wird. Statt einer Situation handelnd zu begegnen, wird eine vegetative Reaktion vollführt (z.B. sich in die Hose machen anstatt zu kämpfen).

Im Abhängigkeitskonflikt wird der zentrale Konflikt psychosomatischer Krankheiten gesehen. Angenommen wird eine mangelnde Individuation in der frühen Mutter-Kind-Beziehung, zur Manifestation der Erkrankung kommt es in einer Lebenssituation, in der ursprüngliche Konflikte eine erneute Aktualisierung erfahren oder zu einer Labilisierung der bislang erfolgreichen Abwehr kommt (auslösende Situation).
Die Annahmen von Franz Alexander waren insbesondere dadurch geprägt, dass für einzelne Störungen spezifische Konfliktkonstellationen angenommen wurden (Spezifitätstheorie). Von Alexander wurden die „Holy Seven" als sieben spezifische psychosomatische Erkrankungen beschrieben (Ulcus, Colitis, Asthma, Hypertonie, Neurodermitis, Hyperthyreose, rheumatoide Arthritis).

A. Mitscherlich: Konzept der zweiphasigen Verdrängung

Grundprinzip: Menschliches Leben ist immer durch die Gleichzeitigkeit körperlicher und seelischer Prozesse gekennzeichnet. Nicht nur bewusst wahrgenommene Affekte haben ihre körperlich entsprechenden Erregungskorrelate, sondern auch unbewusste Prozesse und Affekte. In einer als bedrohlich erlebten Konfliktsituation besteht die Möglichkeit, auf eine körperliche Antwort im Sinne eines somatischen Symptoms zu regredieren. In einer ersten Phase der Bewältigung werden psychische Abwehrkräfte mobilisiert, was zur neurotischen Symptombildung führt. Erweist sich dieser Bewältigungsversuch als nicht ausreichend, so setzt eine zweite Phase der Verdrängung ein. Es kommt zu einer Verschiebung in körperliche Abwehrvorgänge, es entsteht ein körperliches Symptom. Der körperlichen Symptombildung geht in diesem Modell der (misslungene) Konfliktlösungsversuch mit psychischen Mitteln voraus, bei der Therapie von Psychosomatosen wird der umgekehrte Weg durchlaufen.

Französische Schule: Das Alexithymie-Modell

Grundprinzip: Alexithymie ist die gestörte Fähigkeit, Gefühlsvorgänge zu „lesen". Die Theorie geht davon aus, dass Patienten mit psychosomatischer Reaktionsbereitschaft dadurch gekennzeichnet sind, dass sie unzureichend in der Lage sind, Gefühle selbst wahrzunehmen, interaktionell adäquat zu vermitteln und zu verbalisieren. Folgende Merkmale werden als charakteristisch betrachtet (Marty et al., 1978):

1. Operationales Denken, d.h. Armut in der Beziehung zu seelischen Inhalten. Die Patienten scheinen kaum Zugang zu ihrem unbewussten Erleben zu haben
2. Ich-Störungen mit mangelnder Symbolisierungsfähigkeit, Beziehungsleere zu emotional wichtigen anderen, damit verbunden in der Therapie deutliche Schwierigkeiten, eine Übertragungsbeziehung zu entwickeln
3. Regression auf ein psychosomatisches Regulationsniveau
4. Projektive Verdoppelung: Die Wahrnehmung ist durch eine spezifische Stereotypie gekennzeichnet, die dazu führt, das der andere schablonenhaft mit ähnlichen Gefühlen und Gedanken ausgestattet erlebt wird, wie der Patient sich selbst erlebt.

> **! Merke:** Als gemeinsamen Nenner dieser psychoanalytischen Theorien kann man festlegen, dass es sich um den
> - Ausschluss einer Erfahrung aus dem Bewusstsein handelt,
> - dass diese Erfahrung mit starker emotionaler Erregung einhergeht
> - und der immer noch vorhandener Affekt zur Symptombildung führt

Die genannten Konzepte besitzen als *exklusive* Erklärungsmodelle heute keine generelle Gültigkeit mehr. Allerdings ist es unverändert von hoher klinischer Relevanz, diese Denkmodelle zu kennen, da sich die grundlegenden Strukturen, Abwehrvorgänge und psychodynamischen Bewegungen doch immer wieder – fallweise in erstaunlicher Prägnanz – bei Patienten finden und entsprechend die Behandlungskonzeption beeinflussen.

4

3 Definition und Einordnung in Klassifikationssysteme

Im angloamerikanischen Raum wurde die Somatisierungsstörung (somatization disorder: SD) 1980 mit dem DSM-III eingeführt, während es in Deutschland erst 1991 durch den Wechsel der diagnostischen Klassifikationssysteme ICD-9 zu ICD-10 (klinisch verbindlich seit 2000) zu einer Einführung des Begriffes kam.

Dies führte dazu, dass eine Vielzahl zuvor klinisch gebräuchlicher Diagnosen entfiel. Im Wesentlichen wird die Bezeichnung „somatoforme Störung" für Beschwerden verwendet, die in älterer Tradition mit den Begriffen Neurasthenie, funktionelle Störungen, vegetative Labilität, hypochondrische Neurose und larvierte Depression belegt wurden. Die Bezeichnung „dissoziative Störung" steht für zuvor als Hysterie oder hysterische Neurose diagnostizierte Auffälligkeiten.

Das in der ICD-9 noch ansatzweise integrierte Neurosenmodell wurde in der ICD-10 nahezu vollständig aufgegeben. Der Begriff Neurose wird lediglich noch in einem deskriptiven Sinn verwendet, und die Störungen werden unter psychopathologischen, Zeit- und Verlaufsgesichtspunkten neu bezeichnet und gruppiert. Die Klassifikation nach ICD 10 bringt somit folgende Änderungen:

- Verwendung des deskriptiv definierten Begriffs der „Störung" anstelle des problematischen Gebrauchs von Bezeichnungen wie „Krankheit" oder „Erkrankung", die eine stärkere Einheitlichkeit vortäuschen, als tatsächlich gegeben ist, und andererseits gerade von Psychotherapeuten wegen ihrer stark biologischen Konzeption nicht akzeptabel waren
- Vermeidung der Begriffe psychogen, neurotisch und endogen, die auf bestimmten, aber nicht allgemein akzeptierten theoretischen Erklärungskonzepten beruhen, zugunsten einer reinen Phänomenologie
- Für die Gruppe der somatoformen und dissoziativen Störungen wurden explizite Kriterien auf der Symptom- und Syndromebene verfasst mit dem Bemühen einer Beschränkung auf gut erfassbare Merkmale sowie spezifischen Ein- und Ausschlusskriterien.

Es folgt eine Darstellung der einzelnen Formen der somatoformen Störung, wobei hier die wesentlichen Kategorien des ICD-10 zugrunde gelegt werden.

Im **DSM-IV** wird gefordert, dass mindestens acht Symptome aus einer Liste von 33 Symptomen berichtet werden (ICD-10: sechs Symptome aus vier Organsystemen). Darunter sollten mindestens vier Schmerzsymptome (z.B. Kopfschmerzen, Rückenschmerzen oder Menstruationsbeschwerden), mindestens zwei gastrointestinale Beschwerden (z.B. Durchfall, Blähungen oder Übelkeit), mindestens ein pseudoneurologisches Symptom (z.B. Blindheit, Aphonie oder Sensibilitätsstörungen) sowie mindestens ein Symptom aus dem psychosexuellen Bereich (z.B. Erektionsstörung, sexuelle Gleichgültigkeit oder unregelmäßige Menstruation) sein. Zudem muss die Störung mindestens zwei Jahre bestehen und die ersten Beschwerden bereits vor dem 30. Lebensjahr aufgetreten sein. Die Diagnostik im DSM IV ist multiaxial angelegt, d.h., die Diagnosen werden in 5 klinisch relevanten Dimensionen gestellt.

Im deutschsprachigen Sprachraum stellt die Operationalisierte Psychodynamische Diagnostik OPD eine spezifische Ergänzung zur psychiatrischen Diagnostik nach DSM-IV / ICD-10 dar, die den Bedürfnissen psychotherapeutisch Tätiger entsprechen soll (Schauenburg et al., 1998).

3.1 Somatoforme Störungen nach ICD-10 F45

Somatisierungsstörung (ICD-10 F45.0)
- Multiple, wiederholt auftretende und häufig wechselnde körperliche Symptome
- Dauer wenigstens zwei Jahre
- Lange Patientenkarriere, vielfältige organmedizinische Untersuchungen ohne organstrukturelle Erklärung
- Beharren auf weiteren Untersuchungen, um eine Diagnose herbeizuführen bzw. mangelnde Akzeptanz des Fehlens einer organischen Ursache durch den Patienten
- Symptomatik kann sich auf jedes Körpersystem und jede Körperregion beziehen
- Synonyme: Briquet-Syndrom, multiple psychosomatische Störung

Undifferenzierte Somatisierungsstörung (ICD-10 F45.1)
- Zahlreiche unterschiedliche und hartnäckige körperliche Beschwerden, ohne dass das Vollbild einer Somatisierungsstörung erfüllt ist
- Synonym: undifferenzierte psychosomatische Störung

Somatoforme autonome Funktionsstörung (ICD-10 F45.3)
- Beschwerdewahrnehmung in einem Organ oder Körpersystem, das weitgehend oder vollständig vegetativ innerviert und kontrolliert wird (vegetativ i.S. des autonomen Nervensystems, d.h. durch Sympathikus und Parasympathikus)
- Meist finden sich zwei Symptomgruppen, nämlich
  → *objektivierbare Beschwerden,* die auf vegetativer Stimulation eines Organs oder Organsystems beruhen wie Herzklopfen, Schwitzen, Erröten, Zittern
  Zudem aber auch
  → *subjektive Beschwerden* unspezifischer und wechselnder Natur wie Schwere, Enge, Brennen, Schmerzen etc., die vom Patienten der Störung eines Organsystems zugeordnet werden
  Beispiele: Herzneurose, neurozirkulatorische Asthenie, psychogene Störungsbilder in Form von Aerophagie, Colon irritabile, Diarrhoe, Dyspepsie, Dysurie, erhöhte Miktionshäufigkeit, Flatulenz, Husten, Hyperventilation, Pylorospasmen, Singultus

Anhaltende somatoforme Schmerzstörung (ICD-10 F45.4)
- Andauernder, schwerer und quälender Schmerz
- Durch einen physiologischen Prozess oder körperliche Störung nicht vollständig erklärbar
- Auftreten in Verbindung mit emotionalen oder psychosozialen Konflikten, die schwer wiegend genug sein sollten, um als entscheidende ursächliche Faktoren zu gelten
- Exklusiv: Schmerzzustände vermutlich psychogenen Ursprungs, die im Verlauf einer depressiven oder schizophrenen

Störung auftreten
- Synonyme: Psychialgie, psychogener (Kopf-, Rücken-)Schmerz

Sonstige somatoforme Störungen (ICD-10 F45.8)
- Kategorie für alle anderen Störungen der Wahrnehmung von Körperfunktionen und des Krankheitsverhaltens
- Nicht durch das vegetative Nervensystem vermittelt
- Auf spezifische Teile oder Systeme des Körpers begrenzt
- in Verbindung stehend mit belastenden Lebensereignissen oder -bedingungen
  Beispiele: *Jeweils* psychogene Dysmenorrhoe, Dysphagie, einschließlich „Globus hystericus", Pruritus, Tortikollis, Zähneknirschen

4 Epidemiologie, Differenzialdiagnose und Komorbidität

Die **epidemiologischen Daten** zur somatoformen Störung variieren beträchtlich, da in Untersuchungen unterschiedliche Diagnosekriterien zugrunde gelegt wurden. Eine multinationale Studie der WHO nach Kriterien der ICD-10 erbrachte eine Punktprävalenz in der primärärztlichen Versorgung von 2,8% (Ormel et al., 1994). Legt man weniger strenge Diagnosekriterien an (4 aktuelle Symptome bei Männern, 6 bei Frauen), erhöht sich die Zahl auf 45,9% (Gureje und Simon, 1999). Im Bundesgesundheits-Survey 1998 wird eine 4-Wochen-Prävalenz der SD von 7,5% ermittelt (Wittchen et al., 1998). Frauen sind häufiger betroffen als Männer.

Patienten mit somatoformen Störungen sind als „high utilizer" zu betrachten, die erhebliche Kosten im Gesundheitssystem verursachen, die nach Rief und Hiller (1992) bis zu 14fach über den Durchschnitt der Behandlungskosten im primärärztlichen Bereich liegen.

Eine wesentliche **Differenzialdiagnose** der SD ist – neben dem selbstverständlichen Ausschluss einer organischen Erkrankung (!) – in der Abgrenzung zu *depressiven Störungen* zu sehen. Eine Reihe von Symptomen kommt bei beiden Störungen vor (z.B. funktionelle Körperbeschwerden, Schmerzen), wobei die vorwiegende Beeinträchtigung von Vitalfunktionen (Adynamie, Abgeschlagenheit, Schlafstörungen, Morgentief, Libidoverlust etc.) für die Diagnose einer depressiven Störung spricht. Bei *Angststörungen* wird die Differenzialdiagnose dadurch erschwert, dass die Angstattacken natürlicherweise mit vegetativen und anderen körperlichen Symptomen verbunden sind. Die Symptomatik steht bei der Angststörung jedoch in Verbindung mit erlebter Ängstlichkeit.

Hinsichtlich der **Komorbidität** ist zu beachten, dass 11% der Patienten, die in einer großen Stichprobe als depressiv diagnostiziert wurden, jegliche psychischen Symptome verneinten und sich ausschließlich mit körperlichen Leiden präsentierten (Simon et al., 1999). Weitere relevante Komorbiditäten sind in Suchterkrankungen bei 20%, Zwangserkrankungen mit ca. 10%, Angststörungen bei 20-40% und Persönlichkeitsstörungen bei 30-60% zu sehen.

5 Praktische Umsetzung und Therapie

Bei einer rein beschreibenden, auf schulengebundene Konzepte verzichtenden Sichtweise lässt sich Psychosomatik als ein fachübergreifendes Gebiet verstehen, das sich mit den Beziehungen zwischen den psychischen und den körperlichen Vorgängen im menschlichen Organismus beschäftigt. Es interessiert also zunächst nicht, ob eine Störung im Ursprung psychogen oder somatogen ist, sondern es interessiert die Tatsache, dass es sich um ein Zusammenwirken körperlicher und seelischer Prozesse handelt.

! Merke: Dabei sind die somatoformen Störungsbilder dadurch gekennzeichnet, dass auf der Symptomebene vorrangig die körperlichen Zeichen der Störung in Erscheinung treten, psychische Beschwerden dagegen nicht oder allenfalls als Folge des körperlichen Leidens wahrgenommen werden.

Den in der Einleitung angeführten analytischen Konzepten war mit unterschiedlicher Gewichtung inhärent, dass in der Krankheitsentstehung ein *Primat* der Psychogenese gesehen wurde: Es ist kausal der psychische Konflikt, der in Folge seiner mangelnden Verarbeitung das körperliche Symptom hervorruft. Besonders deutlich wird dieser Ansatz in der Spezifitätstheorie von Alexander, der einer spezifischen psychischen Konfliktsituation (z. B. versagte orale Abhängigkeits-Sehnsüchte) eine spezifische Wirkung auf ein körperliches Organ oder Organsystem (hier: Magen) und eine spezifische Gewebsveränderung als Konfliktreaktion (hier: Ulcus) annahm.

Da sich die psychosomatische Theoriebildung weiter in Entwicklung befindet, kann auch heute nicht von einem allgemein akzeptierten, sozusagen kanonisierten Störungsverständnis gesprochen werden; im Gegenteil würde ein solches Verständnis jeder Entwicklungsidee zuwiderlaufen.

! Merke: Festhalten lässt sich jedoch, dass die Genese somatoformer Störungen nicht mehr monokausal einer einzigen Entwicklungslinie zugeschrieben werden kann. Psychische, biologische und soziale Faktoren sind als zusammenwirkende, einander bedingende und gegebenenfalls spezifisch verstärkende Entstehungsbedingungen jeweils individuell für den einzelnen Patienten zu bestimmen. Die Perspektive der Tiefenpsychologie zeichnet sich hierbei durch eine besondere Fähigkeit aus, die lebensgeschichtlichen Erfahrungen des Patienten (Objektbeziehungen, Bindungsmuster, Triebkonflikte) in der Behandlung zu beachten und die Störung in Sinne einer emanzipatorischen Psychotherapie vor diesem Hintergrund verstehbar und entbehrlich zu machen.

Bei der Herleitung einer somatoformen Störung muss sehr genau darauf geachtet werden, welche Subsysteme (biologisch, psychisch, sozial) fallbezogen welchen Beitrag zur Manifestation der Störung leisten.

Als wesentliche Dimensionen kommen dabei in Betracht:

- **Biologische Faktoren:**
  immunologisch/endokrinologischer Status, psychophysiologische Regelkreise, genetische Ausstattung, körperliche Erkrankungsdispositionen und individuelle Erkrankungserfahrungen, Geschlecht (Risiko Frauen > Männer), erhöhte Interozeptionsfähigkeit ("high monitorers", somatosensorische Verstärkung)
- **Psychologische Faktoren:**
  Bindungserfahrungen, Art der erlebten Objektbeziehungen, weitere lebensgeschichtliche Entwicklung, life events, Traumatisierungen, Deprivationen, familiäre Krankheitsmodelle, normative Gesundheitsmodelle, katastrophisierende Bewertung von Körperempfindungen
- **Soziale Faktoren:**
  private Kontexte: Stabilität des sozialen Netzes, der Paarbeziehung, soziale Unterstützung, finanzielle Situation, niedriger Sozialstatus (?)
  berufliche Kontexte: betriebliche Umstrukturierungen, beruflicher Abstieg, aber auch Aufstieg/Beförderung, Mobbing

Ein zunächst deskriptiver, multimodale Einflussgrößen berücksichtigender Zugang führt gerade nicht zu diagnostischer Unbestimmtheit ("Alles hängt mit allem zusammen"), sondern erfordert eine sorgsame Beobachtung, Deskription und erst danach den Entwurf einer Kausalkette, die die Störung genetisch hinreichend erklärt.

Psychische und somatische, genauso aber soziale Vorgänge spielen eine im Einzelfall unterschiedlich gewichtete Rolle bei der Entstehung oder Aufrechterhaltung der Störung. Eine strikte ätiopathogenetische Trennung der unterschiedlichen Anteile sollte dabei nicht vorgenommen werden, wenn nicht – nachdem die Verschränkung der unterschiedlichen Erlebensräume eines Menschen betont wurde – in der Kausalität der Erkrankung dann doch wieder auf tradierte artifizielle Unterscheidungen zurückgegriffen werden soll. Die gegenseitige Beeinflussung durch die verschiedenen Systemebenen ist in Gestalt eines Regelkreises zu verstehen, in welchem kein Subsystem ohne Auswirkung auf die Nachbarsysteme funktionieren kann. Ein spezifisches Modell für die Umwelt-Subjekt-Beziehungen und ihre Bedeutung für die Symptombildung hat v. Uexküll (1996) entwickelt, auf den weiterführend verwiesen sei.

Da mit der Diagnose SD keine homogene Gruppe von Personen beschrieben ist, sei im folgenden *das strukturelle **Funktionsniveau** als Kriterium gewählt, um Verlaufs- und Behandlungscharakteristika darzustellen:*

1. Der Störung kann ein aktuelles, teils relativ bewusstseinsnahes konflikthaftes Erleben zu Grunde liegen, welchem per Somatisierung Ausdruck verliehen wird. Es handelt sich also um eine *erlebnisreaktive Störung*. Hierbei, insbesondere wenn die Störung nicht chronifiziert, kann oft ein **reiferes Strukturniveau** bzw. eine höhere Ebene der Persönlichkeitsorganisation angenommen werden. Gesellschaftliche Normierungen (eine körperliche Erkrankung ist sozial akzeptabler als eine psychische Störung) und eine spezifische Abwehrorganisation mit Projektion von Konflikten auf die körperliche Wahrnehmung führen zur "Wahl" dieses Bewältigungsversu-

ches. Je mehr die Symptomatik dabei über einen symbolischen Ausdruck mit den Inhalt des Konfliktes verbunden ist, desto eher spricht man von einer dissoziativen Störung im Sinne der Konversion.

Diese Patienten kommen seltener in fachpsychotherapeutische Behandlung, sondern werden eher in allgemeinärztlichen oder weiteren fachärztlichen Praxen gesehen. Besteht dort keine diagnostische Erfahrung im Sinne der psychosomatischen Grundversorgung, steigt das Risiko der Fehlbehandlung und Chronifizierung.

Nach v. Uexküll und Köhle (1996) (Abbildung unten) handelt es sich hierbei überwiegend um funktionelle Störungen: Ein auslösender Vorgang (psychisch oder somatisch) führt immer zu einer Funktionsänderung des Organismus, die, wenn sie wahrgenommen wird, durch eine maladaptive emotionale Erlebnisverarbeitung die Funktionsänderung wiederum verstärkt. Somit kann sich das auslösende Ereignis, selbst wenn es einer psychischen Belastung entspricht, subjektiv allein auf der Ebene körperlicher Sensationen abbilden.

Abbildung 1: Modell für die Symptombildung bei funktionellen Beschwerden nach von Uexküll

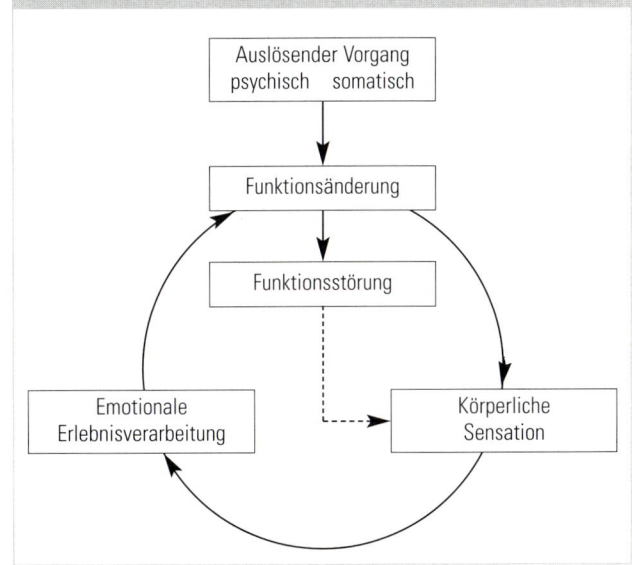

Beispiel:

Der bislang erfolgreiche Angestellte eines mittleren Betriebs wird nach dem Verkauf des Unternehmens an einen anderen Eigentümer von seiner Leitungsposition entbunden. Er entwickelt anhaltende Durchfälle, abdominelle Schmerzen, unspezifische Rückenbeschwerden und Schwindelgefühle. Diagnostisch handelt es sich um eine undifferenzierte somatoforme Störung nach ICD-10 F45.1. Die Exploration ergibt biografische Bezüge (der Vater hat mit Kriegsende seine Firma verloren), ansonsten jedoch wenig psychopathologische Auffälligkeiten. Der Fokus der Behandlung sollte in der Aktualsituation des Patienten verbleiben. Der Aufbau einer empathischen Beziehung mit signalisiertem Verständnis für die Kränkung ermöglicht dem Patienten im Weiteren erst den Zugang zu den emotionalen und biografischen Bezügen seiner Erkrankung.

4

2. Somatoforme Störungen können auf dem Boden einer **neurotischen Persönlichkeitsorganisation** auftreten. Bei diesen Patienten können in der Anamneseerhebung und Exploration neurotische Muster identifiziert werden, die sich in der Übertragungsfähigkeit, der Identifizierung zyklisch maladaptiver Muster in Verbindung mit reiferen Abwehrmechanismen beschreiben lassen; es liegt eine diagnostizierbare Konfliktentwicklung und auslösende Situation vor. Die Symptomatik trat gegebenenfalls schon wiederholt auf. Im Gegensatz zu „klassisch" neurotischen Patienten manifestiert sich die Symptomatik aber anhaltend körperlich und nicht in Form bewussten psychischen Erlebens.

Beispiel:

Derselbe Patient wie in Beispiel 1. Die biografischen Daten zeigen mehr Bezüge zur Symptomatik: Zusätzlich litt die Mutter lebenslang an Rückenbeschwerden und Diarrhoen, das Leiden der Mutter dominierte die Beziehungsmuster innerhalb der Familie. Der Patient, einziges Kind, konnte sich erst spät von der hilfsbedürftigen Mutter lösen, letztlich ermöglichte nur der Eintritt in die auswärts ansässige Firma den berufsbedingt legitimierten Auszug aus dem Elternhaus. Die berufliche Degradierung reaktualisiert das gesamte Konfliktpotenzial und stellt die gefundene Kompromissbildung in Frage. In der Auslösesituation wird somit die vertikale Achse der Lebensgeschichte von der horizontalen Achse der Auslösesituation gekreuzt. Anschließend an den Aufbau einer therapeutischen Beziehung wird das Konfliktgeschehen beleuchtet werden können und der somatische Krankheitsprozess in eine konfliktzentrierte Psychotherapie überführt.

3. Somatoforme Störungen und **Persönlichkeitsstörungen:**
Wiederholt wurde der Vorschlag gemacht, somatoforme Störungen als Persönlichkeitsstörungen zu verstehen bzw. eine Gruppe von Patienten unter dieser Symptomatik zu identifizieren, bei denen eine spezifische Persönlichkeitsstörung vorliegt. Nach Meinung dieser Autoren (z. B. Bass und Murphy, 1995)) ist die somatoforme Störung bei zwei von drei Patienten Ausdruck einer frühkindlichen Entwicklungsstörung. Die Identifizierung der Entwicklungsdefizite sehen sie vorrangig vor der Untersuchung biologischer Substrate und relevanter als den Verbleib auf einer deskriptiv-psychopathologischen Ebene.
Persönlichkeitsstörungen kennzeichnen sich nicht zuletzt durch überdauernde, ich-nahe maladaptive Muster des Erlebens und Verhaltens, wie dies auch im Beschwerdebild der Patienten mit somatoformer Störung zu beobachten ist. Dabei kann von ich-strukturellen Störungen ausgegangen werden, die durch mangelhafte Desomatisierung von Affekten gekennzeichnet sind, gleichzeitig verbunden mit einer erhöhten affektiven Besetzung von Körperfunktionen und Organen. Die interpersonelle Dimension dieser Grundstörung wird besonders von Rudolf (1998) betont, der die Krankheitsdynamik hauptsächlich in einer defizitär erlebten Objektresonanz und einem sich anschließenden Bewältigungsversuch des depressiven Grundkonflikts sieht.

Beispiel:

Derselbe Patient wie in 2. Aufgrund von Kriegsturbulenzen und Vertreibung kam es zu Gewalterfahrungen in der Familie und zur Entwicklung einer Alkoholproblematik des Vaters. In der frühen Kindheit des Patienten war die kränkliche Mutter über mehrere Monate abwesend (wie es hieß, zur Kur); es ist unklar, wer sich in diesen Monaten um den Säugling gekümmert hat. Er entwickelte sich als kränkliches Kind, angstvoll auf die Mutter angewiesen; besonders in Umbruchsituationen (Schulwechsel, Klassenfahrten, Prüfungen) erkrankte er immer wieder mit unklaren körperlichen Beschwerden. Die Ablösung vom Elternhaus gelang nur unter der Legitimation der beruflichen Entwicklung. Eine eigene partnerschaftliche Beziehung konnte der Patient erstmals vor 3 Jahren zu einer Krankenschwester aufbauen, die sich vor kurzem jedoch wieder von ihm trennte, da sie ihm bei bestehendem Kinderwunsch die Belastung nicht zutraute. Kurz vor dem Auftreten der Symptomatik trat daraufhin das aus der Kindheit bekannte Stottern wieder auf.
Mehr noch als in den Beispielen 1 und 2 wird vom Therapeuten hier eine die Entwicklungsdefizite des Patienten berücksichtigende Haltung erfordert. Die körperliche Symptomatik muss sich in den Schilderungen des Patienten entfalten können, ohne als lästig zurückgewiesen zu werden. Rasche Deutungen („was es wirklich bedeutet") sind für den Patienten unzugänglich; die Herstellung der Beziehung hat Priorität vor der Besprechung unbewusster Inhalte. Der Therapeut „contained" die für den Patienten seelisch nicht zugänglichen Affekte und bringt sie erst dann in die Therapie ein, wenn die Beziehung hierfür stabil genug ist.

Eine von grundlegender Abstinenz geprägte Haltung führt fast immer zu einem Scheitern der Therapie bereits in der Anfangsphase und zu gegenseitigen Enttäuschungen. Statt dessen ist der Therapeut gehalten, durch eine initial betont **supportive Haltung** eine sichere Arbeitsbeziehung mit dem Patienten zu schaffen, bevor (beziehungs-) belastende Probleme und Schwierigkeiten exploriert werden. Nach bindungstheoretischen Vorstellungen kann eine abstinente Haltung des Therapeuten unsicheres Bindungsverhalten des Patienten reaktivieren, wodurch es zu Rückzug und Abbruch der Beziehung kommen kann, bevor diese „zu nah" und damit gefährlich wird. Aufgrund des besonders aus selbstpsychologischer Sicht angenommenen Entwicklungsdefizits der Patienten mit somatoformer Störung ist ein Prinzip der Behandlung darin zu sehen, dass der Therapeut die für den Patienten unerträglichen Affekte aufnimmt (contained), somit quasi eine Form der psychischen Verdauung und Aufarbeitung übernimmt, die der Patient selbst nicht leisten kann und dann die zuvor unaushaltbaren Affekte wieder in die Beziehung einbringt.

Die Arbeitsbeziehung wird insbesondere dadurch gefördert, dass dem Patienten ausreichend Raum gegeben wird, sein Krankheitsmodell zu entwickeln, seine Beschwerden ausführlich darzustellen und dabei eine akzeptierende, bergende Haltung des Therapeuten zu erfahren.

4

! **Merke:** Die somatische Grundüberzeugung zur Auslösung der Beschwerden stellt eine Behandlungswirklichkeit dar, die günstigerweise als authentisches Erleben des Patienten verstanden und nicht vorschnell als Widerstandsphänomen interpretiert wird. Betont klagsames, teils demonstrativ wirkendes Verhalten der Patienten entspricht oft weniger einer Aggravationstendenz, sondern ist vielmehr Resultat vorheriger Beziehungserfahrungen mit Ärzten, die dem Patienten sein Leiden nicht „geglaubt" haben, so dass er es umso nachdrücklicher darstellen möchte.

Es ist unmittelbar evident, welche Schwierigkeiten sich ergeben, wenn der Therapeut das Gefühl hat, sich die somatischen Beschwerden des Patienten nolens volens anhören zu müssen, bevor über „das Eigentliche" gesprochen werden kann. Paradox formuliert könnte man die Empfehlung aussprechen: „Wenn man den Patienten für immer loshaben will, konfrontiert man ihn direkt und ohne Vorbereitung mit der Psychogenese."

! **Merke:** Die Leitlinie der initialen Behandlungsphase lautet daher häufig, dass die Therapiemotivation gefördert werden muss und nicht vorausgesetzt werden kann.

Im Unterschied zu einem bewusst das Übertragungsgeschehen fördernden therapeutischen Vorgehen stellt sich der Therapeut dem Patienten durch die selektive Mitteilung eigener Wahrnehmungen und Affekte als Modell zur Verfügung, klarifiziert und benennt Affekte und macht sie dadurch wiederum der Wahrnehmung des Patienten zugänglich. Zunächst wird also weniger biografisch gearbeitet, die Deutungsebene wird auf das Hier und Jetzt bezogen, bzw. das **Prinzip Deutung wird durch das Prinzip Antwort ersetzt.** Diese, dem psychoanalytisch-interaktionellen Modell nach Heigl und Heigl-Evers (1983) entsprechende Arbeitsweise kann durch gruppentherapeutisches Setting spezifisch unterstützt werden, besonders wenn es sich um eine symptomhomogene Gruppe handelt. Die Modellbildungen und Identifikationsangebote werden hier nicht ausschließlich durch den Therapeuten vermittelt, sondern auch innerhalb der Patientengruppe. Hierdurch wird die Übernahme alternativer Sichtweisen auf die Symptomatik, insbesondere in ihren psychogenen Anteilen, oft leichter möglich bzw. können auch aggressive oder das narzisstische Gleichgewicht destabilisierende Aspekte durch gruppeninterne Vergleiche leichter akzeptiert werden (Nickel und Egle, 1999).
Ein psychotherapeutischer Prozess, der gezielt mit der Übertragungsebene arbeitet, wird erst nach Schaffung eines haltgebenden Rahmens und einer tragfähigen Beziehung möglich sein.

In Anlehnung an die Empfehlungen der AWMF (Arbeitsgemeinschaft der Wissenschaftlichen Fachgesellschaften) gelten folgende **Leitlinien:**

Tabelle 1: Leitlinien für die Beratung der Primärbehandler

- Hinreichend sicherer Ausschluss organischer Ursachen der Beschwerden: geplant, nicht redundant, zeitlich gerafft
- Diagnose sollte explizit gestellt werden, d.h. nicht als Ausschlussdiagnose
- Anamnese über Leitsymptom hinaus erweitern: weitere aktuelle Beschwerden, bisheriger Verlauf der Beschwerden und Behandlung, Erfragen von Hinweisen auf weitere psychische Beeinträchtigungen, aktuelle psychosoziale Belastungen und Auslösesituation, störungsunterhaltende Faktoren, Orientierung über biografischen Werdegang
- Erfragen der Ursachenüberzeugung des Patienten
- Ein körperliches Beschwerdeangebot kann auch „Eintrittskarte" sein zur Erörterung anderer, z.B. psychosozialer Anliegen („fakultative Somatisierung")
- Die diagnostische Erfassung psychischer Faktoren frühzeitig erfolgen und nicht erst nach Abschluss aller notwendigen organmedizinischen Untersuchungen
- Mögliche sozialmedizinische Folgen der Körperbeschwerden (Beantragung einer Rente, Sozialgerichtsverfahren, etc.) müssen erfragt werden

Tabelle 2: Leitlinien für die fachpsychotherapeutische Behandlung

Diagnostik

- Im Rahmen der psychotherapeutischen Diagnostik sollte dem Patienten ausreichend Zeit eingeräumt werden, seine Beschwerden und die medizinische Vorgeschichte zu schildern
- Diagnostik der Unterformen somatoformer Störungen sowie psychopathologische /psychotherapeutische Differenzialdiagnose
- Persönlichkeits- oder verhaltensbezogene Diagnostik (z.B. nach OPD)
- Erhebung der biografischen Anamnese inkl. Traumatisierungen mit dem Ziel, ein Verständnis der psychischen Entwicklung des Patienten zu gewinnen
- Nutzung spezieller interaktioneller Kompetenzen, um mit dem Patienten in einem Aushandlungsprozess eine therapeutische Beziehung und ein erweitertes Symptomverständnis zu erreichen
- Ggf. testpsychologische Diagnostik (z.B. SOMS als Screening-Instrument)
- Wenn keine Indikation zur Psychotherapie gestellt werden kann oder keine Motivation besteht, niedrigschwelliges Angebot erneuter Kontaktaufnahme

Therapie

- Die Erarbeitung einer Motivation zur Psychotherapie kann längere Zeit in Anspruch nehmen. Sie geht parallel zum Aufbau einer emotional tragfähigen Arbeitsbeziehung und ist nicht als „Bringschuld" des Patienten anzusehen
- Beschwerdelinderung ist ein eigenständiges und vor allem in der ersten Therapiephase vordringliches Behandlungsziel
- Erarbeitung von Verständnis und Handlungskompetenz für den Umgang mit symptomauslösenden und symptomunterhaltenden psychosozialen Bedingungen und lebensgeschichtlichen Belastungen
- Erweiterung der organischen Kausalattribution zu einem psychosomatischen Krankheitsverständnis
- weitere Behandlungsziele hängen vom Behandlungsauftrag und der individuellen Problematik ab, z.B. Veränderung im Erleben und im Umgang mit der eigenen Körperlichkeit und Förderung des Zugangs zu innerpsychischen Konflikten
- Enge Zusammenarbeit und Kontaktaufnahme mit dem Hausarzt

4

Exkurs: Dissoziative Störungen

Die dissoziativen Störungen sind – mehr noch als die somatoformen Störungen – mit dem Hysteriekonzept verbunden. Vor Einführung des Begriffes wurde die Bezeichnung Hysterie oder hysterische Neurose verwendet; entsprechend dem von Freud entwickelten Modell (s.o.) wurde von Konversionsstörungen gesprochen. Frühe Fallstudien der Psychoanalyse befassen sich häufig mit der Hysterie und Konversionssymptomen, so dass eine enge Verbindung zur Geschichte und Theoriebildung der Psychoanalyse besteht.

Dissoziative Störungen (Konversionsstörungen) nach ICD-10 F44

Dissoziative Amnesie (F44.0)
- Verlust der Erinnerung für ein oder mehrere wichtige Ereignisse
- Nicht durch eine organische Störung, Vergesslichkeit oder Ermüdung bedingt
- Die Amnesie bezieht sich häufig auf traumatische Erlebnisse und ist oft nicht vollständig (DD Fugue, s.u.)
- Excl.: Die Diagnose soll nicht bei organischer Beteiligung gestellt werden (hirnorgan. Störungen, Intoxikationen, extreme Erschöpfung etc)

Dissoziative Fugue (F44.1)
- Zielgerichtete Ortsveränderung über Alltagsmobilität hinaus
- Verbunden mit dissoziativer Amnesie (44.0)
- Für einen externen Beobachter kann das Verhalten unauffällig wirken
- Excl.: Postiktale Fugue bei Epilepsie

Dissoziativer Stupor (F44.2)
- Verminderung oder Fehlen willkürlicher Bewegungen oder Ausbleiben normaler Reaktionen auf Licht, Geräusche, Berührungen
- Kein Anhalt für körperliche Ursache
- Evtl. (aber nicht ! zwingend) vorangegangene belastende Ereignisse
- Excl.: Organische katatone Störung

Trance- und Besessenheitszustände (F44.3)
- Zeitweiliger Verlust der persönlichen Identität und Wahrnehmung
- Trancezustände, die unfreiwillig auftreten, d.h. außerhalb von religiös und kulturell akzeptierten Situationen
- Excl.: Intoxikationen, organ. Psychosyndrom nach Schädel-Hirn-Trauma, psychotische Störungen

Dissoziative Bewegungsstörungen (F44.4)
- Vollständiger oder teilweiser Verlust von Bewegungsfähigkeit willkürlich bewegter Körperglieder, Körperteile
- Differenzialdiagnostisch große Ähnlichkeit mit organisch bedingten Formen von Apraxie, Ataxie, Akinesie, Aphonie, Dysarthrie, Dyskinesie, Anfällen oder Lähmungen

Dissoziative Krampfanfälle (F44.5)
- Erscheinungsbild ähnlich epileptischen Anfällen
- Selten Zungenbiss, Sturzverletzungen oder Einnässen
- Fehlender vollständiger Bewusstseinsverlust, dagegen tranceähnlicher Zustand

Dissoziative Sensibilitäts- und Empfindungsstörungen (F 44.6)
- Muster der Sensibilitätsstörung entspricht nicht den anatomischen Versorgungsgebieten der Nerven, sondern eher der Laienvorstellung

- Ausfälle, die in ihrer Ausprägung und Kombination nervalen Strukturen nicht entsprechen
- Selten, aber möglich kompletter Hör- oder Sehverlust

Im Gegensatz zu den somatoformen Störungen legt die Symptomatik häufig eine neurologische Genese nahe. Die pseudoneurologischen Bilder beziehen sich auf Ausfälle oder Veränderungen im Bereich der Willkürmotorik, der Wahrnehmung und Sensorik, sind jedoch aufgrund der neurologischen Diagnostik nicht als solche zu verifizieren.

Typischerweise „hält" sich die Symptomatik nicht an die Innervationsgebiete der Nervenbahnen: Wahrnehmungsstörungen werden eher an anatomischen Strukturen erlebt (Arm, Bein, Körperhälfte), was mit dem neurologischen Innervationsmuster nicht übereinstimmt.

Psychodynamisch handelt es sich nach dem Konversionsmodell von Freud um von der Vorstellung abgetrennte, in körperliche Symptome „konvertierte" libidinöse Energie. Wegen der hohen symbolischen Bedeutung und des Ausdruckgehaltes wurde durch v. Uexküll (1996) die Bezeichnung „Ausdruckskrankheit" gewählt. Die Konversionsstörung drückt entweder einen symbolischen Konflikt aus und/oder führt für den Betroffenen zu vorteilhaften Konsequenzen:
Beispiel für einen symbolischen Konflikt wäre im motorischen Bereich die Lähmung eines Beins, wodurch ein „Fortlaufen" aus einer konflikthaften Lebenssituation unmöglich wird, wenn wesentliche psychische Prozesse das Fortlaufen als nicht bewusstseinsfähige Option erscheinen lassen (z.B. Über-Ich-Prozesse). Im Bereich der Wahrnehmung wäre das psychogene Erblinden (Ertauben) zu nennen, das symbolisch ein Nicht-mehr-hinsehen-Können (-hinhören-) ausdrückt.
Beispiel für vorteilhafte Konsequenzen wären die immer wieder beschriebenen Lähmungen von Soldaten, die den Dienst an der Waffe unmöglich machen, oder die durch die jeweilige Störung im Familiensystem durch die Störung endlich erreichte Zuwendung.

Dabei handelt es sich um **in Körpersprache übersetzte, dem Patienten selbst aber nicht zugängliche, unbewusste Konflikte,** der Patient hat also keine direkte, willentliche Kontrolle über die Symptome. Die Differenzialdiagnose gegenüber willentlich vorgetäuschten, zur Erreichung eines sozialen oder emotionalen Vorteils bewusst eingesetzten Symptoms ist wesentlich (Simulation).
Differenzialdiagnostisch wegweisend ist die häufig anzutreffende, aus dem Verständnis der Hysterie abgeleitete *„belle indifférence",* womit ein eigenartiger Gleichmut oder sogar heitere Grundstimmung trotz schwerer objektiver Beeinträchtigung bezeichnet wird.

Epidemiologisch wird die Störung mehrheitlich bei Frauen diagnostiziert, wobei Hoffmann und Hochapfel (1999) kritisch anmerken, dass dies auch in einer bestimmten traditionellen Sicht von Weiblichkeit begründet sein kann und zudem in der Tatsache, dass die Diagnose-stellenden Ärzte meistens Männer sind. Der Erkrankungsgipfel liegt in der ersten Hälfte des Erwachsenenlebens, Erstmanifestationen nach dem 35. Lebensjahr sind eher selten.

Erstmals auftretende dissoziative Störungen haben eine relativ gute Prognose hinsichtlich der Spontanremission. Aufgrund der bedeutend schlechteren Prognose bei einem Wiederauftreten ist jedoch schon bei der Erstmanifestation eine Behandlungsnotwendigkeit gegeben.

Exkurs körperdysmorphophobe Störungen

Die ICD 10 subsumiert die körperdysmorphophoben unter die hypochondrischen Störungen (F 45.2). Nicht nur aus psychodynamischer Sicht sondern auch hinsichtlich der Symptomatik unterscheiden sich die beiden Störungsbilder aber in mancherlei Hinsicht.

Nach ICD-10 sind vorherrschende Kennzeichen eine
- beharrliche Beschäftigung mit der Möglichkeit, an einer oder mehreren schweren und fortschreitenden körperlichen Krankheiten zu leiden
- Die Patienten manifestieren anhaltende körperliche Beschwerden oder anhaltende Beschäftigung mit ihren körperlichen Phänomenen
- Normale oder allgemeine Körperwahrnehmungen und Symptome werden oft als abnorm und belastend interpretiert
- Die Aufmerksamkeit ist meist auf nur ein oder zwei Organe oder Organsysteme fokussiert
- Depression und Angst finden sich häufig

Der führende differenzialdiagnostische Unterschied zwischen beiden Störungen besteht darin, dass die hypochondrischen Störungen Ängste in Bezug auf die körperliche Unversehrtheit zum Thema haben sowie die Befürchtung, progredient oder infaust erkrankt zu sein.

Im Gegensatz dazu leiden Patienten mit körperdysmorphophoben Störungen an der zwanghaften Vorstellung, durch wirkliche (Normvarianten!) oder vermeintliche Körperfehler verunstaltet zu sein oder unter Menschen unangenehm aufzufallen; infolge dessen kann sich ein ausgeprägt sozialphobisches Verhalten ausbilden. Die Symptomatik kreist oft um überwertige Ideen, einen missgestalteten Körperteil (Nase, Kinn, Brust, Penis) zu besitzen. Bei Jugendlichen (häufige Erkrankungsgruppe) wird die Störung nach Thersites, dem hässlichsten Mann im griechischen Heer vor Troja, auch als „Thersites-Komplex" bezeichnet. Differenzialdiagnostisch muss eine eigenständige wahnhafte Störung F22 oder das Vorkommen im Rahmen einer Schizophrenie abgegrenzt werden.

6 Frequently Asked Questions (FAQ)

1. *Was kann ich tun, wenn der Patient den Zusammenhang zwischen seinen körperlichen Beschwerden und psychischem Konflikt nicht wahrhaben will ?*
→ Meist geht es nicht um die Frage, ob der Patient den Zusammenhang wahrhaben will, sondern er nimmt ihn nicht wahr. Sobald der Therapeut hier nicht mehr bewusste Absicht bzw. Widerstand unterstellt, gewinnt er diagnostische Freiheit, den Patienten in seinem gegenwärtigen Erleben wahrzunehmen.

2. *Der Patient übertreibt bei der Schilderung seiner Symptome, so dass ich ihm kaum noch glauben kann und denke, dass er vielleicht ein Rentenbegehren hat*
→ Überprüfen Sie die Möglichkeit, dass die Symptomschilderung Ausdruck der Beziehungserfahrung des Patienten mit Ärzten ist, die ihm zuvor seine Beschwerden in Abrede gestellt haben, so dass er glaubt, umso deutlicher werden zu müssen. (Gibt es biografische Hinweise auf ähnliche Beziehungsmuster mit früheren Bezugspersonen? Gestaltet der Patient weitere Objektbeziehungen nach ähnlichen Mustern?)

3. *Das Beharren auf körperlichen Beschwerden macht mich ärgerlich, ich fühle mich gleichzeitig ohnmächtig und wütend im Kontakt mit dem Patienten.*
→ Gegenübertragungsreaktionen sind wichtige Informationen; nur solange sie nicht verstanden werden, bringen sie uns an unsere Grenzen. Welche Beziehungserfahrungen manifestieren sich im interaktionellen Verhalten des Patienten? Welches Beziehungserleben/Selbsterleben reinszeniert sich im Kontakt zum Therapeuten? Vor dem Hintergrund welcher Modellvorstellung gelingt es am treffendsten, den Patienten zu verstehen?

7 Prüfungsfragen

1. Welche psychoanalytischen Modelle zur Entstehung von somatoformen Störungen kennen Sie?
2. Welche Hinweise können Biografie und Symptomatik auf das Strukturniveau des Patienten geben, und welche Veränderungen bringt dies für die Therapie mit sich ?
3. Nennen Sie die diagnostischen Kriterien für mindestens zwei der nach ICD klassifizierten somatoformen Störungen
4. Nennen Sie differenzialdiagnostische Aspekte in Abgrenzung zu depressiven Störungen und/oder Angststörungen; nennen Sie Gemeinsamkeiten in der Symptomatik zu den SD.
5. Handelt es sich bei den SD um häufig auftretende Störungen? Gibt es spezielle Risikogruppen für körperdysmorphe Störungen?
6. Welche Beratung soll dem Hausarzt aus psychotherapeutischer Sicht für den Umgang mit dem Patienten gegeben werden?

8 Literatur

a) zitierte Literatur

- Alexander F: Psychosomatic Medicine (1950). Dtsch: Psychosomatische Medizin, Grundlagen und Anwendungsgebiete. Berlin: de Gruyter, 1985 (4. Aufl).
- Arbeitsgemeinschaft der Wissenschaftlichen Fachgesellschaften AWMF, Leitlinie Somatoforme Störungen im Überblick, nachzulesen unter: http://www.uni-duesseldorf.de/AWMF
- Bass C, Murphy M: Somatoform and personality disorders: syndromal comorbidity and overlapping developmental pathways. J Psychosom Res 1995 May; 39(4):403-27
- Briquet, P: Traité clinique et thérapeutique de l'hysterie. Paris: Bailliere, 1859

4

- Freud S: Studien über Hysterie, (Wien 1895) in: Freud-Studienausgabe Ergänzungsband. Frankfurt: Fischer, 1975, 37-99
- Gureje O, Simon GE: The natural history of somatization in primary care. Psychol Med 1999; 29(3):669-76
- Heigl-Evers A, Heigl F: Das interaktionelle Prinzip in der Einzel- und Gruppenpsychotherapie. 1983 Psychosom Med. Psychoanal.29, 1-14
- Hoffmann SO, Hochapfel G: Neurosenlehre, Psychotherapeutische und Psychosomatische Medizin. 5. Aufl. Stuttgart: Schattauer, 1995, 181-2
- Marty P, de M'Uzan M, de David Ch: Das operative Denken. Psyche, 32, 1978, 974-984
- Mitscherlich A: Krankheit als Konflikt, Studien zur psychosomatischen Medizin I und II. Frankfurt: Suhrkamp 1966 (Bd.1), 1967 (Bd.2)
- Nickel R, Egle UT: Therapie somatoformer Schmerzpatienten. Manual zur psychodynamisch-interaktionellen Gruppentherapie. Stuttgart: Schattauer, 1999
- Ormel J, von Korff M, Üstün TB, Pini S, Korten A, Oldehinkelet T: Common mental disorders and disability across cultures. JAMA. 1994 Dec 14; 272(22):1741-8.
- Rief W, Hiller W: Somatoforme Störungen. Bern: Huber, 1992
- Rudolf G, Henningsen P: Somatoforme Störungen. Stuttgart: Schattauer 1998, 171-184
- Schauenburg H, Buchheim P, Cierpka M, Freyberger HJ: OPD in der Praxis – Konzepte, Anwendungen, Ergebnisse der operationalisierten psychodynamischen Diagnostik. Bern: Huber, 1998
- Schur M: Zur Metapsychologie der Somatisierung. In: Brede K: Einführung in die Psychosomatische Medizin. Frankfurt: Fischer, Athenäum, 1971
- Simon GE, v Korff M, Piccinelli M, Fullerton C, Ormel J: An international study of the relation between somatic symptoms and depression. N Engl J Med. 1999; 341: 1329-35
- von Uexküll T, Köhle K: Psychosomatische Medizin. Urban und Schwarzenberg, München-Wien-Baltimore, 5. Aufl, 1996, S. 655-669
- von Uexküll T.:Psychosomatische Medizin, Urban & Schwarzenberg, München-Wien-Baltimore, 5. Aufl., 1996, S. 38-43
- Wittchen H-U, Müller N, Pfister H, Winter S, Schmidtkunz B: Affektive, Somatoforme und Angststörungen in Deutschland. Gesundheitswesen 61 (Sonderheft), Bundes-Gesundheitssurvey, 1998, 216-222

b) weiterführende Literatur

- Rudolf G, Henningsen P: Somatoforme Störungen: theoretisches Verständnis und therapeutische Praxis. Stuttgart: Schattauer, 1998
- von Uexküll T: Integrierte Psychosomatische Medizin in Praxis und Klinik Stuttgart: Schattauer, 1997

c) entsprechende Kapitel der Standard-Werke:

- Senf W, Broda M: Praxis der Psychotherapie. Heidelberg: Springer, 2000
- Hoffman SO, Hochapfel G: Neurosenlehre, Psychotherapeutische und Psychosomatische Medizin. Stuttgart: Schattauer, 1999
- Ermann M: Psychotherapeutische und psychosomatische Medizin. Ein Manual auf psychodynamischer Grundlage. Stuttgart: Kohlhammer, 1999

4

4.8 Essstörungen und Adipositas

GÜNTER REICH

1 Begriffe

Als essgestört werden Menschen beschrieben, „für die das Essen die missbräuchliche Funktion hat, Probleme, die ansonsten unlösbar erscheinen, auf diese Art zu bewältigen" (Bruch, 1991, S. 13).

Essstörungen werden derzeit im DSM-IV als Anorexia nervosa, Bulimia nervosa, nicht näher bezeichnete Essstörungen („Eating disorders not otherwise specified") und die Binge Eating-Störung („Essstörung mit Fressanfällen", deutsche Fassung des DSM-IV) definiert. Die ICD-10 unterscheidet neben der Anorexie und der Bulimie mit jeweils auch atypischen Formen „Essattacken bei anderen psychischen Störungen", „Erbrechen bei anderen psychischen Störungen", „andere Essstörungen" und „nicht näher bezeichnete Essstörungen". Mit Übergewicht und Adipositas werden nach internationalen Klassifikationen Abweichungen von Normalgewicht nach oben bezeichnet. Sie sind definitionsgemäß keine Essstörungen und nicht zwangsläufig mit pathologischem Essverhalten verbunden.

2 Epidemiologie

Die Prävalenz von Anorexie und Bulimie wird mit ca. 5% der Frauen im Alter zwischen 14 und 35 Jahren angegeben. Diese beiden Formen der Essstörung betreffen zu ca. 95% Frauen. Die Anorexia nervosa beginnt typischerweise um die Zeit der Pubertät, im Alter zwischen 14 und 18 Jahren. Es werden allerdings auch Ersterkrankungen vor dem 10. und nach dem 25. Lebensjahr beschrieben. Das Alter der Ersterkrankung für die Bulimie ist in der Regel höher. Es wird von einem Manifestationsmaximum im 18. Lebensjahr berichtet (vgl. Krüger et. al., 2001). Die Behandlungsfälle beider Erkrankungen haben in den letzten 20 Jahren zugenommen. Ob dies einer echten Zunahme der Erkrankungsfälle entspricht, ist wahrscheinlich, aber nicht unumstritten (Habermas, 1996).

Frauen aller sozialen Schichten sind betroffen. Vermutlich kommt Anorexie gehäuft in den höheren Sozialschichten vor (Gard und Freeman, 1996). Zudem gibt es für die Entwicklung von Anorexie und Bulimie besondere Risikogruppen, z.B. Sportlerinnen und Sportler, Ballettschülerinnen (Hsu, 1996), Gymnasiastinnen und Studentinnen sowie Patientinnen und Patienten mit Diabetes mellitus (Herpertz et al., 1998). Über die Prävalenz der Binge Eating-Störung gibt es bisher wenig verlässliche Daten. Sie wird mit 6,3% in Stichproben aus der Allgemeinbevölkerung (Hsu, 1996) angegeben und kommt bei beiden Geschlechtern im Verhältnis 3:2 (Frauen zu Männer) vor.

Weitaus verbreiteter als die genannten Formen von Essstörungen sind Übergewicht und Adipositas. Deren Prävalenz steigt kontinuierlich. In der Bundesrepublik Deutschland ist ca. jeder zweite Erwachsene übergewichtig (BMI >25) und jeder fünfte bis sechste adipös (BMI >30, Leitlinienentwurf der Deutschen Adipositas-Gesellschaft 1999)[1]. Die Prävalenz der Adipositas liegt je nach Geschlecht und Altersgruppe zwischen 5% und 45%, mit einer Häufung zwischen 45 und 64 Jahren (Pudel und Westenhöfer, 1998). In westlichen städtischen Gesellschaften zeigt sich ein negatives Verhältnis zwischen sozialem Status und Adipositas. Je höher die eigene soziale Schicht und die der Eltern, desto weniger verbreitet ist die Adipositas. In traditionellen Gesellschaften scheint dies umgekehrt zu sein.

3 Diagnostik und klinische Erscheinungsformen

Anorexia nervosa

In der ICD-10 der WHO (International Classification of Mental and Behavioral Disorders) wird eine Anorexia nervosa (F50.0) folgendermaßen diagnostiziert:

1. Körpergewicht mindestens 15% unter dem erwarteten oder Quetelets-Index (BMI, vgl. oben) von 17,5 oder weniger
2. Gewichtsverlust selbst herbeigeführt durch:
   a) Vermeidung von hochkalorischen Speisen und eine oder mehrere der folgenden Möglichkeiten:
   b) selbst induziertes Erbrechen
   c) selbst induziertes Abführen
   d) übertriebene körperliche Aktivitäten
   e) Gebrauch von Appetitzüglern und/oder Diuretika
3. Körperschema-Störung als eine tief verwurzelte überwertige Idee; sehr niedrige Gewichtsschwelle
   Endokrine Störung (Hypothalamus-Hypophysen-Gonaden-Achse):
   Amenorrhoe (bei Männern: Libido- und Potenzverlust)
4. Bei Beginn der Erkrankung vor der Pubertät Abfolge der pubertären Entwicklungsschritte verzögert oder gehemmt

---

[1] Der Body Mass Index (BMI, auch: Quetelets-Index) ist der Quotient aus dem Körpergewicht in kg zur Körperoberfläche (Quadrat der Körpergröße in Meter).

4

Sind nicht alle genannten Bedingungen erfüllt, handelt es sich nach der ICD-10 um eine atypische Anorexia nervosa (F50.1). Hierunter fallen z.B. Frauen, die untergewichtig sind, restriktiv essen, eine Körperschemastörung aufweisen und eine sekundäre Amenorrhoe haben, deren Gewicht aber nicht unter 15% des Idealgewichts liegt. Die Kriterien der Anorexia nervosa im DSM-IV (American Psychiatric Association, 1994) unterscheiden sich gering von denen der ICD-10. In der Formulierung der Körperschemastörung liegt der Fokus auf der Einstellung und der affektiven Dimension. Außerdem wurde die Verleugnung der Schwere der Erkrankung in die Definition aufgenommen.

Diese Klassifikation ist hilfreich, weil sie zwischen einer restriktiven und einer bulimischen Form der Anorexie unterscheidet. Mit letzterer sind Anorektikerinnen mit Essanfällen sowie selbst induziertem Erbrechen oder Laxanzien- bzw. Diuretikaabusus gemeint. Sie wurden bisher als „Bulimarexien" oder „Mischformen" bezeichnet. Eine Reihe von Studien hat gezeigt, dass es wichtige und zuverlässige Unterschiede zwischen konsequent Nahrung verweigernden, restriktiven und periodisch bulimischen anorektischen Patientinnen gibt (vgl. Cierpka und Reich, 2001; Reich, 2003a, b)

Bulimia nervosa

Die Kriterien der ICD-10 für eine Bulimia nervosa (F50.2) sind:
1. Andauernde Beschäftigung mit dem Essen, unwiderstehliche Gier nach Nahrungsmitteln, Essattacken
2. Vermeidung von Gewichtszunahme durch:
   a) selbst induziertes Erbrechen
   b) Missbrauch von Abführmitteln
   c) zeitweilige Hungerperioden
   d) Einnahme von Appetitzüglern, Schilddrüsenpräparaten, Diuretika
3. Krankhafte Furcht, dick zu werden
4. In der Vorgeschichte häufig Episoden von Anorexia nervosa, die voll ausgeprägt oder verdeckt mit mäßigem Gewichtsverlust und/oder vorübergehender Amenorrhoe gewesen sein können

Weiterhin wird eine atypische Bulimie (F50.3) definiert. Diese umfasst normalgewichtige Frauen mit einer Bulimie sowie Patientinnen, die nicht alle Hauptkriterien einer Bulimie erfüllen.

Die Diagnosekriterien des DSM-IV unterscheiden sich von denen der ICD-10:
A. Wiederkehrende Episoden von Essanfällen. Eine Episode ist charakterisiert durch:
   1. Essensaufnahme in einer kurzen Zeitspanne (Zeitspanne von 2 Stunden), die Nahrungsmenge ist definitiv größer, als die meisten Menschen in einer vergleichbaren Zeitspanne unter ähnlichen Umständen essen würden
   2. Ein Gefühl des Kontrollverlustes während des Essanfalles (das Essen nicht stoppen oder nicht kontrollieren zu können, was bzw. wie viel gegessen wird)
B. Wiederkehrendes, unangemessenes Kompensationsverhalten, um eine Gewichtszunahme zu verhindern, wie selbst induziertes Erbrechen, Abusus von Laxanzien, Diuretika, Klistieren oder anderer Medikation, Fasten oder exzessive sportliche Übungen

C. Essanfälle und unangemessene Kompensationsmechanismen treten im Schnitt mindestens zweimal wöchentlich für drei Monate auf
D. Die Selbstwahrnehmung ist unangemessen durch Figur und Gewicht beeinflusst
E. Die Störung tritt nicht ausschließlich während Episoden einer Anorexia nervosa auf

Das DSM-IV unterscheidet außerdem eine „non purging"-Bulimie. Damit sind Patientinnen gemeint, die nicht erbrechen oder Laxanzienabusus praktizieren, sondern im Wechsel Essanfälle haben und intermittierend fasten, Diäten machen oder exzessiv Sport treiben.

Mindestens ein Drittel derer, die eine Behandlung wegen einer Essstörung suchen, haben keine Anorexia nervosa oder Bulimie nach den Kriterien des DSM-IV (Krüger et al., 2001). Im DSM-IV werden sie unter dem Sammelbegriff EDNOS (Eating Disorders Not Otherwise Specified, DSM-IV 307.50), „nicht näher bezeichnete Essstörungen", zusammengefasst. In der ICD-10 werden hierfür die oben bereits genannten Diagnosen definiert.

Der Begriff „nicht näher bezeichnete Essstörungen" (EDNOS) erscheint aus klinischer Sicht ungünstig, da er nahe legen kann, es handle sich um Störungen mit geringem Krankheitswert oder geringer klinischer Relevanz.

Binge Eating-Störung (Essstörung mit „Fressanfällen")

Sie ist in der ICD-10 nicht definiert, im DSM-IV (1994) durch folgende Merkmale gekennzeichnet:
A. Wiederholte Episoden von „Fressanfällen". Eine Episode ist folgendermaßen charakterisiert:
   Essen einer Nahrungsmenge in einem abgegrenzten Zeitraum (z.B. in einem zweistündigen Zeitraum), die definitiv größer ist als die, die die meisten Menschen in einem ähnlichen Zeitraum unter ähnlichen Umständen essen würden
   Ein Gefühl des Kontrollverlustes über das Essen während der Episode (z.B. mit dem Essen nicht aufhören bzw. nicht kontrollieren zu können, was und wie viel man isst)
B. Die Episoden von „Fressanfällen" treten gemeinsam mit mindestens drei der folgenden Symptome auf:
   Es wird wesentlich schneller gegessen als normal
   Es wird bis zu einem unangenehmen Völlegefühl gegessen
   Es werden große Nahrungsmengen gegessen, obwohl man sich körperlich nicht hungrig fühlt
   Die betreffende Person isst allein, weil sie sich wegen der Menge schämt
   Nach dem übermäßigen Essen treten Selbstekel, Deprimiertheit oder starke Schuldgefühle auf
C. Es besteht deutliches Leiden wegen der „Fressanfälle"
D. Die „Fressanfälle" treten im Durchschnitt an mindestens 2 Tagen in der Woche für 6 Monate auf
E. Die „Fressanfälle" treten nicht in Kombination mit regelmäßigen kompensatorischen Verhaltensweisen (z.B. „Purging-Verhalten", Fasten, exzessive körperliche Betätigung) oder ausschließlich im Verlauf einer Anorexia oder Bulimia nervosa auf

4

Adipositas

Adipositas wird nach Schweregraden gemäß dem Body Mass Index (BMI) eingeteilt:

Übergewicht:	BMI 25,0 – 29,9
Adipositas Grad I:	BMI 30,0 – 34,9
Adipositas Grad II:	BMI 35,0 – 39,9
Adipositas Grad III (extreme Adipositas):	BMI größer 40,0

Körperschema-Störungen

Alle Essstörungen sind mit sog. Körperschema-Störungen verbunden. Diese Störungen umfassen Verzerrungen der Wahrnehmung des eigenen Körpers – z.B. nehmen sich extrem abgemagerte Anorektikerinnen als „zu dick" wahr -, abwertende Einstellungen zum eigenen Körper und Handlungen, z.B. zwanghaftes Kontrollieren des Gewichtes. Körperschema-Störungen nehmen mit fortschreitender Verfestigung von Essstörungen zu. Dass Störungen der Körperwahrnehmung Essstörungen vorausgehen, ist vermutlich nur bei einem geringen Teil der Erkrankungen der Fall. Abwertende Einstellungen zum Körper sind im Vorfeld von Bulimien und Anorexien regelhaft zu finden.

Komorbidität

Anorexie, Bulimie und Adipositas sowie vermutlich auch die Binge Eating-Störung haben gravierende körperliche Folgen bis hin zu tödlichen Ausgängen bei der Anorexie und mittelbar auch bei extremer Adipositas. Anorexie, Bulimie und Binge Eating-Störungen gehen zudem oft mit anderen seelischen Erkrankungen einher. Dies sind bei der Anorexie affektive Störungen, Zwangsstörungen, Angststörungen sowie zwanghafte und ängstlich-vermeidende Persönlichkeitsstörungen, bei der Bulimie affektive Störungen, Angststörungen, Sucht und Substanzmissbrauch, histrionische und Borderline-Persönlichkeitsstörungen sowie posttraumatische Belastungsstörungen (vgl. Krüger et al., 2001). Bei der Binge Eating-Störung sind dies affektive Störungen, Angsterkrankungen und Persönlichkeitsstörungen (Borderline, vermeidende und histrionische, vgl. Krüger et al., 2001).

Prognose

Anorexie und Adipositas haben eine starke Tendenz zur Chronifizierung. Anorexie und Bulimie können in ihrem Verlauf durch Psychotherapie positiv beeinflusst werden. Adipositas gilt als weitgehend therapieresistent. Über die Binge Eating-Störung liegen nur wenige Untersuchungen über längere Zeit vor (vgl. Krüger et al., 2001; Krüger, 2001).

4 Störungsmodelle

4.1 Die mulitifaktorielle Pathogenese von Essstörungen

Bei der Entstehung und Verbreitung von Essstörungen und Adipositas spielt das Zusammenwirken von biologischen, gesellschaftlichen, familiären und Persönlichkeitsfaktoren in jeweils unterschiedlicher Weise eine Rolle. Da im Folgenden der Schwerpunkt der Darstellung auf den Persönlichkeitsfaktoren und der Psychodynamik liegt, seien die anderen Faktoren hier kurz erwähnt.

Alle Essstörungen scheinen durch den Nahrungsmittelüberfluss und die in den letzten Jahrzehnten drastisch veränderten Lebensgewohnheiten der westlichen Zivilisation, z.B. den Bewegungsmangel, mitbedingt zu sein.

Anorexie und Bulimie sind deutlich mit den hier verbreiteten Wertesystemen (z.B. Leistung und Wettbewerb) und dem Körperideal verbunden, zudem mit den spezifischen Rollenkonflikten von Frauen (vgl. Reich 2003a, b). Restriktives Essverhalten und ein extremes Schlankheitsideal gehen in starkem Maße mit der Zugehörigkeit zu höheren sozialen Schichten und dem entsprechenden Wertesystem einher (Ogden und Thomas, 1999). Diätverhalten ist ein wesentlicher Vorläufer von Essstörungen (Pudel und Westenhöfer, 1998). In nichtwestlichen Gesellschaften nimmt die Prävalenz von Essstörungen mit der von Diätverhalten zu (Hsu,1996). Ein erheblicher Teil junger Mädchen und Frauen ist anfällig für Essstörungen (Krüger et al., 2001). Weiterhin spielen in der Entstehung von Bulimie und Anorexie genetische, familiäre und Persönlichkeitsfaktoren eine Rolle (Reich, 2003a, b). Der jeweilige Anteil von genetischen und Umweltfaktoren hierbei bleibt unklar. Die Ergebnisse von Zwillingsstudien sind inkonsistent. Keine wurde bisher unabhängig repliziert, und alle haben ebenso wie die Studien zu Umwelteinflüssen methodische Begrenzungen (Fairburn et al., 1999).

Bei der Pathogenese der Adipositas wurden genetische Faktoren lange Zeit unterschätzt. Zum Beispiel zeigt der Body Mass Index von erwachsenen Adoptivkindern einen signifikanten Zusammenhang mit dem ihrer biologischen, jedoch nicht mit dem ihrer Adoptiv-Eltern (Pudel, 2001). Das Essverhalten Adipöser unterscheidet sich nicht so stark von Normalgewichtigen wie bisher angenommen. Eher scheint eine Verschiebung der Nährstoffrelation zugunsten von Fett und zulasten von Kohlenhydraten wesentlich (Cuntz, 2001; Pudel, 2001). Emotionale Faktoren scheinen bei einem Teil der Adipösen einen erheblichen Einfluss zu haben. Emotionale Schwankungen beeinflussen Essverhalten und Gewicht. Adipöse scheinen z.T. sehr stark zum Essen verführbar zu sein. In zahlreichen Studien konnte allerdings keine Korrelation zwischen typischen psychopathologischen Befunden oder Verhaltensstörungen und Übergewicht und Adipositas nachgewiesen werden (Krüger et al., 2001; Pudel, 2001).

4.2 Persönlichkeitsfaktoren

Anorektikerinnen werden als perfektionistisch und leistungsorientiert, aber gleichzeitig als zu persönlicher Rigidität neigend, zwanghaft und emotional eingeengt gesehen

4

(Pryor und Wiederman, 1996; Vitousek und Manke, 1994). **Bereits die prämorbide Persönlichkeit zeichne sich durch soziale Unsicherheit, starke Abhängigkeit, eine eingeschränkte Spontaneität und einen Mangel an selbstorientierter Autonomie aus** (Marx, 1994). Strober (1991) sieht, anknüpfend an das neuroadaptive Modell Cloningers, Anorektikerinnen als unangenehme Erfahrungen vermeidend, wenig neuigkeitssuchend und belohnungsabhängig an. Dies prädisponiere zur Entwicklung der Krankheit in der Pubertät. Offensichtlich bleibt eine Neigung zu Kontrolle und Zwanghaftigkeit auch nach vollständiger Heilung von der Erkrankung bestehen (vgl. Pryor und Wiederman, 1996). Neben der Störung des Körperbildes sieht Bruch (1980, 1991) insbesondere die Verwirrung über eigene Körperwahrnehmungen und ein durchdringendes Gefühl von Wirkungslosigkeit als zentral an. Anorektikerinnen können sich nicht als selbstbestimmt wahrnehmen. Selbstverleugnung und Disziplin werden betont. Als Ideal werde die „Herrschaft des Geistes über den Körper" (Bruch, 1980, S.24), eine Autarkie, angestrebt (Selvini Palazzoli, 1984). Der Abwehrstil ist zwanghaft-vermeidend, der Affektausdruck entsprechend herabgesetzt (Steiger et al., 1997).

Bulimikerinnen werden als selbstunsicher, perfektionistisch und leistungsorientiert, interpersonell sensibel und abhängig von der Anerkennung anderer beschrieben (Johnson und Connors, 1987; Joiner et al., 1997), **zudem als unsicher bezüglich der eigenen Attraktivität** (Joiner et al., 1997). **Gleichzeitig bestehen Probleme mit der Impulskontrolle und Suchttendenzen** (Johnson und Connors, 1987; Vitousek und Manke, 1994), **Schwierigkeiten in der Regulierung von Affekten** (Teusch, 1988) **und eine mangelnde Fähigkeit zur interozeptiven Wahrnehmung, insbesondere von Gefühlszuständen** (Léon et al., 1993). Die Selbstkontrollfähigkeit sowie die Fähigkeit, mit problematischen Situationen und Emotionen angemessen umzugehen und Frustrationen zu ertragen, ist vermindert (Westenhöfer, 1992). Westenhöfer und Pudel fassen die Persönlichkeitsmerkmale von Bulimikerinnen im Begriff der „affektlabilen Persönlichkeit" zusammen (Westenhöfer, 1992). In ihrem Abwehrverhalten sind Bulimikerinnen eher Stimulus-suchend und „dramatisch-impulsiv" (Steiger et al., 1997).

Bei all diesen Beschreibungen handelt es sich allerdings nicht um „Dichotomien" zwischen den beiden Gruppen, sondern um ein Spektrum von Merkmalen, das in den beiden Gruppen in unterschiedlicher Weise verteilt ist.

Personen mit *Binge Eating-Störung* zeigen gehäuft Selbstwertprobleme und eine Neigung zu Depressionen. Selbstwertprobleme und Perfektionismus scheinen geringer ausgeprägt zu sein als bei Bulimikerinnen (vgl. Fairburn et al., 1998).

Bei der *Adipositas* konnten keine typischen Persönlichkeitsmerkmale gefunden werden (Krüger et al., 2001; Pudel, 2001).

4.3 Psychodynamische Faktoren

Der psychodynamische Zugang zur *Anorexie* eröffnet sich am besten durch das wesentliche Merkmal der Symptomatik, das Unterlassen einer lebensnotwendigen Handlung, das Nichtessen. **„Das Syndrom dient der Bannung einer Angst, zu der ein Kampf an zwei Fronten geführt wird, nach außen gegen die Nahrung, nach innen gegen das ,Dick-sein'. ... Kern der Stö-**rung ist in der Regel die Unsicherheit des Subjekts, die Grenze zum Objekt aufrechterhalten zu können"(Thomä, 1961). ... „Die eigenen Grenzen könnten durchdrungen, das Subjekt von außen oder von innen kontrolliert werden. Die Anorexie ist der Versuch, die Raumgrenze zwischen der eigenen Person und anderen Personen, den Abstand zu Mutter, Vater und anderen aufrechtzuerhalten, ohne sich von diesen zu trennen, also eine Kompromißbildung"** (Reich, 2001, S. 59). Dieser Kernkonflikt um die Selbst-Grenzen und die Selbstkontrolle wurde in frühen psychoanalytischen Interpretationen als Abwehr von Sexualität gedeutet, insbesondere als Abwehr von Phantasien, die Essen und Sexualität verbinden (z.B. der „oralen Schwängerung"). Später wurden eher Probleme der frühen Individuation/Separation mit der Unfähigkeit, sich von übermächtigen, eindringenden, kontrollierenden oder überfürsorglichen Beziehungspersonen zu trennen, für die Störung verantwortlich gemacht. Zu diesen Personen, in der Regel der Mutter, besteht eine ambivalente Beziehung aus Abhängigkeitserleben und abgewehrter Aggressivität (vgl. z.B. Bruch, 1980; Selvini Palazzoli, 1984; Sperling, 1985). Andere Autorinnen und Autoren thematisierten das Zusammenwirken früher Trennungskonflikte mit ödipalen Problemen, die vor allem in der Adoleszenz virulent werden und dort zum Ausbruch der Erkrankung durch Regression auf eine prädipale Stufe der Entwicklung führen (z.B. Sperling, 1985; Thomä, 1961). In den letzten 15 Jahren wird der bei der Entstehung der Anorexie ebenfalls bedeutenden Rolle der Väter mehr Aufmerksamkeit gewidmet, z.B. der Konkurrenz mit diesem um die Aufmerksamkeit der Mutter (Reich, 1993; Selvini Palazzoli u. Viario, 1988; Sperling, 1985; Willenberg, 1986).

Feiereis (1989) legte ein Kreismodell der Aufrechterhaltung der anorektischen Symptomatik unter psychodynamischen Gesichtspunkten vor. Im Mittelpunkt dieses Modells steht ein intrapsychischer Aufspaltungsvorgang mit einer Verleugnung des Hungergefühls und der Gewichtsabnahme, einer altruistischen Projektion dieser Gefühle auf die Familie, die von der Patientin oral versorgt wird, sowie einer Sublimierung des Hungers durch starke Beschäftigung mit Ernährungswissen. Die durch diese Dreiteilung erfahrene Befriedigung verstärkt die Angst vor der Gewichtszunahme und das Fasten.

Insgesamt ist die Anorexie nur durch die Betrachtung der gesamten Entwicklung bis in die Adoleszenz hinein zu verstehen (Reich, 2001). Dabei erscheinen folgende Faktoren als wesentlich:

Die Autonomieentwicklung von Anorektikerinnen ist brüchig, da Reifungsschritte mit Trennungserfahrungen, explorativen und aggressiven Äußerungen eingeschränkt werden. Es besteht oft ein ritualisierter emotionaler Austausch zwischen Kind und Beziehungspersonen, in der der affektive Ausdruck eingeengt ist. Dabei ist die Zuwendung ambivalent. Die ödipalen Konflikte bleiben ungelöst. Häufig findet sich eine negative und umgekehrte Lösung des ödipalen Konfliktes. Statt mit der Mutter um den Vater zu konkurrieren, identifiziert sich die Patientin mit diesem und konkurriert mit ihm um die Mutter, bietet sich dieser gleichsam als bessere Partnerin bzw. als „besserer Partner" an. Es gibt allerdings auch Formen der Anorexie, in denen die Patientin mit der Mutter identifiziert ist oder mit dieser konkurriert (vgl. Reich, 2001). Das Über-Ich der Patientinnen erscheint als harmonie-, leistungs- und verzichtsorientiert. Zugleich werden

4

Selbstkontrolle und Autonomie bzw. Autarkie betont. Das Vertreten eigener Wünsche und Forderungen löst oft heftige Schuldgefühle aus. Zentral sind Ängste vor Auflösung der Grenzen, Kontrollverlust, Trennung oder Triebhaftigkeit. In der Abwehrstruktur dominieren neben der Isolierung und Reaktionsbildung vor allem die Verleugnung, die altruistische Abtretung und die Wendung von Aggressivität gegen das Selbst. Die Verschiebung der Konflikte um Kontrolle und Grenzen wird häufig dadurch gefördert, dass Essen in den Familien ein wesentliches Medium emotionaler Intimität und interpersoneller Kontrolle ist, zudem dadurch, dass die Körperveränderungen der Adoleszenz als bedrohlich und als Zeichen eigener Ohnmacht gesehen werden. Weiblichkeit und Rezeptivität werden mit Auslieferung gleichgesetzt. **Auslösend für die magersüchtige Entwicklung sind neben den eben erwähnten Körperveränderungen der beginnenden Adoleszenz oft erste Trennungserfahrungen von der Familie, Abweichungen von deren Normen oder Versuchungssituationen, in denen triebhaftes Erleben mobilisiert wird. Die Entwicklungskonflikte der Anorektikerinnen können verschiedene Ausformungen finden. Sie können um die Trennung von den „Primärobjekten", um den Kampf um Autonomie, um die Abwehr der weiblichen Identität oder auch um phallische Rivalität mit anderen Frauen zentriert sein** (vgl. Reich, 2001). **Essen kann dabei mit Verschmelzung, Abhängigkeit, Frauwerden und damit gleichgesetzt werden, wie andere Frauen zu sein. Die Abmagerung gewinnt dem entgegenwirkende Funktionen.** Diese allerdings sind verdeckt. Das Abmagern kann die Funktion haben, sich abzugrenzen, sich zu trennen, Ablehnung auszudrücken und zu kämpfen, ohne dies offen tun zu müssen. Das Zeigen des mageren Körpers kann als eine verdeckte Anklage an die Eltern oder als ein verdecktes Konkurrieren fungieren. Mit dem Abmagern nehmen Triebdruck und Kontrollbemühungen zu. **Wesentlich für die Aufrechterhaltung der anorektischen Symptomatik ist, dass hiermit Kontrolle und Einflussmöglichkeiten gewonnen werden können, die im Einklang mit einem Verbundenheit und Verzicht fordernden Über-Ich stehen.** Dies verleiht den Patientinnen ein Gefühl von Omnipotenz, des narzisstischen Einklanges von Wünschen, Ideal und Gewissen. Dieser „omnipotente Negativismus" (Hogan, 1985a) verstärkt die anorektische Symptomatik. Gleichzeitig verstärkt sich durch den anorektischen Zirkel die affektive Instabilität.

Anorexie kann ebenso wie Bulimie, Binge Eating-Störung und Adipositas mit einer vorwiegenden Konflikt- oder sog. Strukturpathologie verbunden sein. Wegen der zwanghaften Persönlichkeitsanteile, insbesondere in der Abwehrstruktur, und der ausgeprägten Impulskontrolle gelingt restriktiven Anorektikerinnen die Alltagsbewältigung vordergründig oft besser als Bulimikerinnen oder Patienten mit Binge Eating-Störung. Die vielfältigen Einschränkungen treten oft erst im Verlaufe einer Psychotherapie zutage. Der oben beschriebene Kernkonflikt um die Grenzen kann wie dargestellt unterschiedlich ausgeprägt sein. Hiervon hängt es u.a. ab, ob mit der anorektischen Symptomatik sog. strukturelle Störungsanteile verbunden sind. Wird durch die Anorexie die Angst vor einer Auflösung der Selbst-Objekt-Grenzen gebannt, spricht dies eher für eine Strukturpathologie, als wenn der Kampf um die Kontrolle zentriert ist. Die Schwere der anorektischen Symptomatik allein sagt wenig über die strukturelle Pathologie aus. Die Komorbidität gibt hierüber eher Aufschluss. An eine strukturelle Pathologie sollte man denken, wenn Anorexie mit anderen impulshaften Verhaltensweisen gekoppelt ist, z.B. mit schweren bulimischen Symptomen. Insgesamt muss das Gesamtbild des Einzelfalles entscheiden. Dabei sind Konflikte und sog. strukturelle Störungen in ihrer Dialektik zu sehen. Patientinnen mit strukturellen Störungen haben in der Regel auch tief gehende Konflikte und hiermit verbunden breite Störungen in der Regulation ihrer Affekte sowie dementsprechend eine breitere Palette von Symptomen und Störungen in ihren interpersonellen Beziehungen (Wurmser, 1997, 2000).

Die ***Bulimie*** ist psychodynamisch als eine „elaborierte habitualisierte Impulshandlung" Habermas (1990) zu verstehen. **„Die bulimische Impulshandlung ist eine Technik, mit innerseelischen Spannungen mittels dinglicher Objekte fertigzuwerden, und liegt zwischen unwillkürlichem Symptom, unbewußt-intrapsychischer Abwehr und sanktionierter Kulturtechnik** (Habermas, 1990). **Sie ist zeitweise ich-synton, zeitweise wiederum ich-dyston. Dieser Wechsel zwischen Ich-Syntonizität und Ich-Dystonizität beruht auf einem tiefergehenden Identitätskonflikt, unter dem bulimische Patientinnen typischerweise leiden** (Johnson und Connors, 1987; Reich, 1992, 1994; Schupak-Neuberg und Nemeroff, 1993). **Dieser besteht aus einem Selbstanteil der Aktivität, des Funktionierens, der Selbstkontrolle und Autonomie, den die Patientinnen nach außen im Alltag zeigen möchten, einem idealen Selbst, und einem Selbstanteil der Bedürftigkeit, Schwäche und Unkontrolliertheit, der als Makel, als Defekt erlebt und verborgen wird, einem defekten Selbst"** (Reich, 2001, S. 51). **Dieser Konflikt wird auf den Körper verschoben. Dabei steht Schlankheit für Makellosigkeit, Stärke, Selbstkontrolle, Leistungsfähigkeit und Attraktivität. Schlankheit repräsentiert also die idealen Selbstanteile.** Essen steht dem gegenüber als regressive Bedürfnisbefriedigung für Schwäche, Kontrollverlust und Beschämung, die durch das Erbrechen oder andere Gegenregulierungsmaßnahmen rückgängig gemacht werden sollen. **Essen und insbesondere die Essanfälle repräsentieren also die als „defekt" und unzulänglich erlebten Selbstanteile.** Das Essen und die jeweiligen Gegenregulierungen können verschiedene Funktionen in der Konflikt- und Affektregulierung haben, z.B. libidinös oder aggressiv besetzt sein. Zudem sind sie von kognitiver Einengung oder Diffusion und von der Blockierung affektiven Erlebens begleitet (Reich, 2001).

Der skizzierte Kernkonflikt zwischen inkompatiblen Selbst- bzw. Identitätsanteilen ist bei bulimischen Patientinnen mit unterschiedlichem Gestörtheitsgrad zu finden, bei neurotischen Patientinnen ebenso wie bei Grenzfällen. Bulimie tritt bei verschiedenen Gestörtheitsgraden auf. Je tiefer der Identitätskonflikt, desto schwerer in der Regel die Symptomatik (Schupak-Neuberg und Nemeroff, 1993), wobei die Schwere der Symptomatik wenig über die Schwere der sonstigen Störung aussagt (Herzog et al., 1995; Skodol et al., 1993; Steiger et al.,1994,). Schwere bulimische Symptome als Ausdruck einer – partiellen – „Störung des Selbst" können offensichtlich auch bei sonst relativ ungestörten Individuen vorkommen. Sie können auch Teil eines breiteren Spektrums von Symptomen sein, das dann auf eine schwerere Persönlichkeitsstörung, etwa eine Borderline-Störung im Sinne Kernbergs (2000), hindeutet. Bulimie kann nicht generell als „Frühstörung" gesehen oder den narziss-

4

tischen und Borderline-Störungen zugeschlagen werden (vgl. Herzog et al., 1995; Hsu, 1990; Steiger al., 1994). In der Vergangenheit wurde die Bulimie aufgrund der oralen Symptomatik häufig mit Störungen der frühkindlichen Separation und Individuation von den primären Beziehungspersonen, insbesondere der Mutter, in Verbindung gebracht, wobei das psychische Selbst von den primären Beziehungspersonen unabgegrenzt bleibe (Sands, 1991; Sugarman, 1991), sich keine Körpergrenzen entwickeln könnten, Körper und Geist „unintegriert" (Krueger, 1990; Sands, 1991), Selbst- und Objektrepräsentanzen bzw. die kognitive Entwicklung auf einer sensomotorischen Stufe bzw. der Stufe des Übergangsobjektes oder der Teil-Objekt-Beziehungen verbleiben (Humphrey, 1991) und daher keine symbolische Affektregulierung stattfinde. Insbesondere die weit gehenden Schlussfolgerungen aus der Verwendung von Essen zur Affektregulierung erscheinen als „genetischer Fehlschluss" und reduktionistisch (vgl. hierzu Reich ,1994). Diebel-Braune (1991) und Schwartz (1990) z.B. sehen bei Bulimikerinnen vor allem ödipale Konflikte, die in der Adoleszenz wiederbelebt werden und aufgrund konflikthafter Identifikationen durch Regression auf orales Erleben abgewehrt werden müssen.

Die Entwicklung hin zur Bulimie ist in der Regel nur durch eine Zusammenschau von präödipalem, ödipalem und adoleszentem Erleben sowie der Konflikte der Verselbständigungsphase im frühen Erwachsenenalter zu sehen.

Dabei wirken häufig die folgenden Faktoren zusammen (Reich, 2001):

Es finden sich Störungen des affektiven Dialoges mit den primären Beziehungspersonen, die auf zentrale Bedürfnisse nach Zuwendung und Bestätigung nicht eingehen. Diese Bedürfnisse und die entsprechenden Selbstanteile werden abgewehrt. Dies betrifft nicht nur die frühe Kindheit, sondern auch das spätere Erleben. Zudem finden sich Konflikte um die Intimschranken, die häufig in Gefühlen der Demütigung und des Bloßgestelltseins münden. Die Patientinnen erleben sich als im Kern ihrer Person nicht liebens- und achtenswert. Weiterhin persistieren ödipale Konflikte, wobei häufig ein enges Bündnis der späteren Patientin zu ihrem Vater besteht und diese mit der Mutter rivalisiert. Traumatisierungen und Überstimulierungen tragen wie die eben genannten Faktoren ebenfalls zu Schwierigkeiten in der Affektregulierung bei. Schließlich finden sich immer wieder widersprüchliche Anforderungen des Über-Ichs. Dieses fordert Perfektion, Selbstkontrolle, Autonomie, Stärke und ein gutes äußeres Erscheinungsbild. Dies wiederum steht den Bedürfnissen nach Zuwendung und Bestätigung sowie den affektlabilen und impulsiven Seiten der Patientin entgegen. Die Forderung nach Autonomie und Stärke kann allerdings auch im Widerspruch zum Perfektionsideal und der Forderung nach einem guten äußeren Erscheinungsbild stehen. Zum Beispiel können Impulshandlungen, die dem Perfektionsanspruch widersprechen, zu einem Ausdruck von Autonomie werden.

Insgesamt zeigen Bulimikerinnen häufig eine verfrühte Autonomie im Sinne einer Pseudo-Autonomie (Johnson und Connors, 1987), mit der unbeantwortete affektive Bedürfnisse nach Bestätigung und Zuwendung habituell entsprechend ihrem Ideal von Stärke und Perfektion abgewehrt werden. **Zentral sind bei Bulimikerinnen Ängste vor Zurückweisung und Beschämung.** In der Abwehrstruktur dominieren neben der Verleugnung die Identifikation mit dem Aggressor, die Verkeh-

rung ins Gegenteil, insbesondere die Abwehr durch Handeln, die die Symptomwahl begünstigt, zudem die Affektblockierung. **Die Patientinnen entwickeln die zentrale Phantasie, „defekt" und mit Makel behaftet zu sein. Entsprechend ausgeprägt sind ihre Schamkonflikte und ihre affektive Instabilität.** Diese begünstigen zusammen mit einer starken Betonung von Essen und äußerer Erscheinung in den Familien sowie den um Aussehen, Attraktivität und Unsicherheit bezüglich des weiblichen Körpers zentrierten Konflikten in der Adoleszenz die Verschiebung der Identitätskonflikte auf den Körper. **Auslösend für die Bulimie sind häufig Situationen, in denen die Patientinnen glauben, sich bewähren zu müssen und sich sehr unsicher bezüglich ihrer Attraktivität oder Kompetenz fühlen.** Dies ist oft in der Verselbständigungsphase, kurz vor oder nach dem Verlassen des Elternhauses, der Fall. Zudem können Trennungen und starke Affekte symptomauslösend wirken. Die Verschiebung der Konflikte auf Körper und Aussehen führen in einen bulimischen Zirkel von Affekt- und Konfliktregulierung durch Essanfälle und dem Versuch des Ungeschehenmachens der Regression durch gegensteuernde Maßnahmen, der wiederum die zugrunde liegenden Konflikte und die affektive Instabilität verstärkt. Zum Ablauf der bulimischen Symptomatik und deren Aufrecherhaltung legte neben andern (z.B. Johnson und Connors, 1987) Feiereis (1989) ein Kreismodell vor, in dessen Mittelpunkt eine Ich-Spaltung in ein machtloses, beobachtendes und ein die bulimische Handlung durchführendes, zunächst gieriges, nach dem Essanfall aber ängstliches Ich steht. Die bulimische Handlung erhält sich selbst über die hierdurch ausgelösten depressiven Affekte (Scham, Selbstverurteilung) sowie das anschließende restriktive Essverhalten aufrecht.

Auch die *Binge Eating-Störung* kann als habitualisierter Versuch gesehen werden, dysphorische Affektzustände zu regulieren. Dies kann durchaus im Sinne einer Selbstmedikation (z.B. Erhöhung des Serotonin-Spiegels durch Zufuhr von Kohlehydraten) geschehen. **In diesem Aspekt und als Handlungssymptom ähnelt die Binge Eating-Störung der Bulimie. Allerdings fehlt die Tendenz zum Rückgängigmachen der Folgen des Essanfalles. Dies kann dadurch verständlich werden, dass bei der Binge Eating-Störung die Selbstwertprobleme und der Perfektionismus nicht so ausgeprägt sind wie bei der Bulimie.**

Die Familienumwelt bietet bei der Binge Eating-Störung weniger Zusammenhalt und Zuwendung (Fairburn et al., 1998; Hodges et al., 1998) und gleichzeitig mehr Kontrolle (Fichter et al., 1998) und Konflikte sowie weniger Autonomie (Hodges et al., 1998) als bei gesunden Kontrollpersonen, zudem weniger Anreiz zu aktiver Gestaltung freier Zeit als bei anderen Essstörungen und Gesunden (Hodges et al., 1998). Die Adipositas-Neigung ist in diesen Familien geringer als bei Bulimikerinnen (Fairburn et al., 1998). Dies lässt vermuten, dass bei Personen mit Binge Eating-Störung der Konflikt zwischen regressiven Neigungen und perfektionistischen Tendenzen weniger ausgeprägt ist als bei Bulimikerinnen. Diese Hypothese bedarf weiterer Erhärtung.

Auch wenn typische psychodynamische Konflikte bei der *Adipositas* wegen der Vielfalt der Ursachen und der Erscheinungsbilder nicht formuliert werden können, so lassen sich doch bei Adipösen, die sich in psychotherapeutische Behandlung bege-

4

ben, immer wieder Konfliktmuster beobachten, in denen der Adipositas wichtige Funktionen zugewiesen werden.

Die psychodynamischen Faktoren bei Adipositas lassen sich in folgenden Bereichen kategorisieren: 1. Stimmung bzw. Affekt, 2. Selbst- und Körperbild, 3. Konflikte um Deprivation und Gratifikation, 4. Konflikte und Aggression und Rivalität sowie 5. sexuelle Konflikte (Glucksman, 1989).

Häufig finden sich **Konflikte zwischen passiv-rezeptiven Versorgungs- und Verschmelzungswünschen und der Angst vor Enttäuschung und Zurückweisung.** Essen und Inaktivität fungieren als süchtige Abwehr des Konflikts und dienen der Flucht in eine orale Beziehungswelt. Die Angst vor psychischem Verhungern, Sich-nicht-Spüren und Fallen-gelassen-Werden wird auf den Körper verschoben. Dort erscheint das Bedürfnis nach Nähe und Berührung als Hunger auf Nahrung, häufig mit weiteren süchtigen Verhaltensweisen.

Angst vor Objektverlust bedingt eine Hemmung der Aggression und deren Wendung gegen das Selbst (durch Identifikation oder Introjektion). Die Selbstdestruktivität manifestiert sich vielfältig und subtil in Missachtung und Übergehen wesentlicher eigener Empfindungen und Bedürfnisse sowie offen und massiv im Verunstalten des eigenen äußeren Erscheinungsbildes (vgl. v. Hippel und Pape, 2001).

Weiterhin finden sich häufig **Konflikte zwischen Selbstbehauptung einerseits und Ich-Einschränkung sowie Neid und Angst andererseits.** Adipöse Patientinnen und Patienten vermeiden oft die direkte Selbstbehauptung, z.B. in rivalisierender Auseinandersetzung mit anderen. Sie schränken sich hier ein, weil sie den Neid der anderen fürchten. Zugleich spüren sie selbst Neid. Sie haben das Empfinden, ihnen stehe noch etwas zu, sie seien zu kurz gekommen. Dies äußert sich dann in einer latent fordernd-ansprüchlichen Haltung. Essen dient der trotzigen Selbstbehauptung. Adipöse nehmen sich so „das zu Unrecht Vorenthaltene". Dies geschieht in heftigen inneren Kämpfen gegen ein überforderndes, strenges, unnachgiebiges Über-Ich. Das Ich-Ideal bleibt mit seinen überhöhten Leistungsansprüchen und Forderungen nach Disziplin, Unabhängigkeit und Verzicht unerreichbar. Die innere Welt besteht aus Selbstabwertung, Selbstzweifeln, Selbstvorwürfen und Selbstbeschuldigungen. Die Patienten scheinen auf diese Weise drohende Vorwürfe, Beschuldigungen, Erniedrigungen sowie Sadismen vorwegnehmen und bannen zu wollen. Zudem besteht ein inneres Erleben, überfordert zu sein, sich unermüdlich abstrampeln und zusammenreißen, sich aufraffen und sich quälen zu müssen. Beim Gegenüber kommt häufig nur eine unterschwellig aggressive Haltung der Selbstverteidigung zur Vorbeugung gegen weitere Belastung und Enttäuschung an. Diese wiederum erscheint ohne Kenntnis der unbewussten Dynamik „als inadäquat und kann als „Faulheit, Bequemlichkeit, Egoismus" interpretiert werden, was in weit verbreiteten Vorurteilen gegen dicke Menschen ihren Niederschlag findet" (v. Hippel und Pape, 2001, S. 192).

Bei adipösen Patientinnen und Patienten bestehen zudem häufig **Konflikte um die Äußerung von Aggression.** Diese zeigt sich in einer Hemmung der Aggression im Sinne einer Durchsetzungsschwäche aus Angst vor Verlust. Daneben finden sich oft ebenso heftige offene Aggressionsäußerungen in Form von Wut, Trotz, Beharren und hartnäckigem Dominanzstreben, die ursprünglich den primären Objekten galten, sich aber als nicht

neutralisierte Aggression „inadäquat" zum „falschen Zeitpunkt" und „dem falschen Objekt" gegenüber äußern. Dieser „inadäquate" Ausdruck von Aggression führt aber nicht zur Entlastung von affektiven Spannungen, sondern zu destruktiver Interaktion innerhalb des Bezugssystems und damit wiederum zu Unlust-Spannungen und zum Essen als Regulationsversuch (v. Hippel und Pape, 2001).

5 Behandlung

5.1 Grundsätzliches zur psychodynamischen Therapie bei Essstörungen und Adipositas

Die Prognose von Anorexie und Bulimie kann durch psychodynamische Psychotherapie wesentlich verbessert werden. Psychodynamische Psychotherapie bei Essstörungen und Adipositas muss immer eine Symptomzentrierung enthalten, wenn die Essstörung behandelt werden soll (vgl. Herzog und Hartmann, 1997, Herzog und Sandholz, 1997). **Von daher müssen behaviorale Elemente in die Behandlungen integriert werden. Alle Behandlungen sollten deshalb mit einer entsprechenden diagnostischen und Einleitungsphase und einer Stabilisierungsphase beginnen.**

Um die Symptomatik und ihre psychodynamischen Funktionen verstehen zu können, muss diese diagnostisch sorgfältig exploriert werden. In der *Diagnostik* sind zunächst die Symptomatik, das Basis-Essverhalten (Essgewohnheiten und Essrhythmus), auftretende Essanfälle und Erbrechen, der Gebrauch von Laxanzien etc., das aktuelle und das angestrebte Gewicht und Körperbild, die Ablehnung oder Akzeptanz bestimmter Körperregionen, die Folgen einer Zu- oder Abnahme für Körperbild und Selbstgefühl genau abzuklären. Dabei ist zu explorieren, welche Affektzustände und Konflikte aktuell mit dem Essen und mit gegensteuernden Maßnahmen verbunden sind. Das Basis-Essverhalten wird am besten durch ein über längere Zeit geführtes Essprotokoll oder Esstagebuch (Benninghoven, 2001) erfasst. Es hat sich zudem als sinnvoll erwiesen, Fragebögen wie den Fragebogen zur Symptomdiagnose bei Essstörungen (FSE; Hettinger et al., 1990) zu Hilfe zu nehmen.

Daneben sind eventuelle weitere Symptome und Störungen und ihr Zusammenhang mit der Essstörung zu explorieren. **Patientinnen und Patienten mit Essstörungen müssen oft durch eine vertiefte Explorationsphase zu einer psychodynamischen Psychotherapie hingeführt werden.** Hierbei sind folgende Aspekte zu thematisieren: die auslösende Situation und die Entwicklung der jeweiligen Essstörung, die Bedeutung des Essens, der äußeren Erscheinung und des Gewichtes für die Patientin sowie die weiteren oben genannten psychodynamisch relevanten Aspekte: die Entwicklung des Körperbildes, die Erfahrungen in Sexualität und Partnerschaft, die Einstellung zu Essen, Diät, Gewicht und Aussehen in der Familie, Essstörungen, Depressionen, Sucht und Suchtansätze und andere seelische Erkrankungen in der Familie, der Umgang mit interpersonellen Grenzen und Konflikten sowie der affektive Dialog in der Familie, der eigene Umgang mit Affekten, die jeweils vorliegende ödipale Konstellation, die Abwehrstruktur sowie die Struktur von Über-Ich und Ich-Ideal.

4

Psychodynamisch orientierte Behandlungen von Essstörungen benötigen nach der Diagnostik in der Regel eine sog. Stabilisierungsphase, in der Modifikationen des Essverhaltens und des Umganges mit gegensteuernden Maßnahmen eingeführt werden. Hier ist es entsprechend der Störung zunächst notwendig, Informationen über Gewichtsschwankungen, Untergewicht, Übergewicht, Ernährung, Bewegungsgewohnheiten, gewichtsreduzierende Maßnahmen und deren körperliche und seelische Folgen zu geben, zudem über die Auswirkungen von Laxanzien und ähnlichen Medikamenten, von Erbrechen und exzessivem Sporttreiben. Viele Patientinnen und Patienten führen körperliche Reaktionen, z.B. Heißhungergefühle, allein auf ihren Willen bzw. ihre Willensschwäche zurück. Hier muss erläutert werden, dass das Körpergewicht, die damit verbunden Körperform sowie die Verarbeitung von Nahrung weit gehend konstitutionell bedingt sind, dass Diäten in aller Regel nicht zu einer dauerhaften Gewichtsabnahme führen.

Auch in der Stabilisierungsphase, nicht selten während der ganzen Behandlung, nehmen Essprotokoll bzw. Esstagebuch eine wichtige Rolle ein. Mit ihrer Hilfe sind in dieser Phase Schritte zur Veränderung des Essverhaltens und der Mahlzeitenstruktur zu besprechen.

5.2 Psychodynamische Psychotherapie der Anorexie

Probleme bei der Einleitung der Psychotherapie

Anorektikerinnen stehen einer Behandlung häufig zunächst ablehnend gegenüber. Sie verleugnen, dass sie eine Essstörung haben bzw. krank sind. Oft erleben sie es als Niederlage im Kampf um ihre Autonomie und um Abgrenzung, wenn sie den Krankheitswert der Symptomatik und ihre Einengung und Unfreiheit zugestehen. In der Ablehnung von Psychotherapie spielen darüber hinaus die Angst der Patientinnen vor dem Aufbrechen familiärer Konflikte, vor der Auseinandersetzung mit intrapsychischen Vorgängen, insbesondere mit schuld- und schambeladenen Wünschen und Phantasien, sowie Schamgefühle bezüglich des Essverhaltens und der Ess-Rituale eine wesentliche Rolle.

Die therapeutischen Schritte
Diagnostik – Einleitungsphase

Der wichtigste Schritt ist zunächst die Herstellung eines initialen Arbeitsbündnisses und einer therapeutischen Beziehung. Hierzu gehört oft eine eindringliche Konfrontation der Patientin und ihrer Angehörigen mit dem Ernst der Erkrankung. Zudem ist es erforderlich, über die Zusammenhänge der Erkrankung und die psychotherapeutischen Möglichkeiten zu informieren.

Dabei ist klarzustellen, dass es in der Behandlung um die seelische Problematik der Patientin geht, weil die Erkrankung Ausdruck einer solchen Problematik ist. Damit macht der Therapeut deutlich, dass er sich von Autoritätspersonen unterscheidet, die nur wollen, dass die Patientin wieder isst, aber andere Veränderungen nicht wünschen. Eine Behandlung ist nur möglich, wenn die Patientin ein vertretbares Minimalgewicht hält. Dieses ist explizit festzulegen (s. Stabilisierungsphase).
Die Diagnostik entspricht den oben skizzierten Schritten.

Stabilisierungsphase

Diese entspricht in den ersten Schritten den obigen Darlegungen. Bei der Behandlung von Anorektikerinnen wird zudem ein Mindestgewicht festgelegt, das in der ambulanten Behandlung nicht unterschritten werden darf. Dies liegt in der Regel bei einem BMI von 14,5. Manchmal liegt das Gewicht der Patientin bereits darunter, und die Patientin (und ihre Familie) möchte(n) dennoch noch keine stationäre Behandlung. Hält der Therapeut diese für geboten, muss er darauf drängen. Sieht er eine Chance zur Erreichung eines für Behandlung vertretbaren Gewichts im ambulanten Rahmen in einer vertretbaren Zeit, sind die Schritte hierhin konkret zu vereinbaren und zu besprechen (i.d.R. 500g Gewichtssteigerung pro Woche).

Am günstigsten ist es, wenn mit der Patientin ein Gewicht ausgehandelt wird, das sie selbst auch anstreben und als nächsten Schritt akzeptieren kann, damit sie in ihrer Selbstregulation gestützt wird. Häufig gelingt dies bei schweren Störungen am Anfang leider nicht. Dann sind die Vorgaben zunächst vom Therapeuten gesetzt. Dies muss kein Nachteil sein, wenn die Lebensprobleme und Konflikte der Patientin nicht durch die Konflikte um das Gewicht in den Hintergrund gedrängt werden. Wenn der Zusammenhang zwischen Konflikten und Anorexie deutlicher wird, akzeptiert die Patientin die Gewichtszunahme und die hierbei vereinbarten Schritte in der Regel, da sie sieht, dass sie in ihren Entwicklungsmöglichkeiten und ihrem Essverhalten neue Freiheitsgrade gewinnt.

Bei einem Gewicht im mittleren Anorexie-Bereich (BMI ca. 16) geben wir in der Regel in der Anfangsphase keine Gewichtssteigerungen vor. Wir vereinbaren aber, dass das Ausgangsgewicht gehalten wird. Wird dies im Verlauf der Behandlung unterschritten, müssen eventuell konkrete Steigerungsschritte vereinbart oder gesetzt werden. Wird das Gewicht gehalten, ist es in der Regel unfruchtbar, Gewichtssteigerungen ins Gespräch zu bringen, ohne dass die Beziehungskonflikte deutlicher geworden sind.

Mit der Patientin wird vereinbart, dass Gewicht und Elektrolyte von einem Arzt kontrolliert werden, dem die Patientin vertraut. Mit dem Einverständnis der Patientin (und gegebenenfalls der Eltern) nehmen dann die Therapeuten mit diesem Kontakt auf, erläutern das Arrangement und bitten um Mitteilung, falls das Gewicht unter die vereinbarte Grenze fällt. Die Patientin muss das Gefühl haben, dass dem Behandler die Vereinbarungen sehr ernst sind und dass er konsequent sein kann. Erst wenn es gelingt, die kritische Situation am Anfang der Behandlung zu stabilisieren, sollte die vertiefte Konfliktbearbeitung begonnen werden.

Die externe Kontrolle des Gewichts kann es erleichtern, einen Zugang zu den tieferen psychischen Konflikten der Patientinnen zu bekommen, da nicht ständig der aktuelle körperliche Zustand im Fokus der therapeutischen Arbeit steht. Dies wiederum erleichtert es im gesamten weiteren Verlauf, die Symptome in das Durcharbeiten der Konflikte einzubeziehen und beides miteinander zu verknüpfen. Die Kontrolle des Gewichts durch die Therapeuten selbst kann bei Patientinnen, die zum Lügen oder Unterlaufen von Abmachungen und zu extremem Vermeiden neigen, nützlich sein, um die hiermit verbundenen aggressiven Konflikte direkt und konfrontativ in die therapeutische Beziehung zu bringen.

4

Bearbeitung der psychodynamisch relevanten Faktoren

In der psychodynamischen Therapie der Anorexie stehen Konflikte um Abgrenzung, Kontrolle und Beherrschung im Vordergrund. **Die innere Welt der Anorektikerin wird oft von einer machtvollen, kontrollierenden, allwissenden Eltern-, zumeist Mutter-Imago beherrscht. Diese wird auf den Therapeuten übertragen, deren Zugriff auf ihre Person die Patientinnen fürchten.** Die Patientinnen können je nach der spezifischen Ausprägung ihres Konfliktes um Grenzen den Therapeuten als jemanden erleben, der sie als von ihm getrennte Person nicht existieren lassen will. Gleichzeitig können von Seiten der Patientin Ängste vor der Auflösung ihrer Grenzen und Wünschen danach bestehen. Sie können ihn als jemanden erleben, der sie in ihrer Eigenständigkeit nicht akzeptiert und ihre Schritte dirigieren möchte. Sie können ihn als jemanden erleben, der sie „weiblich", d.h. für die Patientin passiv und ausgeliefert, haben möchte. Sie können zudem von vornherein eine ödipale Übertragung entwickeln und entweder mit einer Therapeutin darum rivalisieren, wer schlanker ist und sich besser kontrollieren kann, oder aber mit potenziellen Konkurrentinnen um den männlichen Therapeuten rivalisieren.

Manche Patientinnen verleugnen, dass an ihnen überhaupt etwas Konflikthaftes oder Pathogenes sein könnte. **In der Regel haben Anorektikerinnen zunächst Angst vor jedweder regressiven Bewegung.** Sie können sich oft lange Zeit assoziativen Prozessen nur schwer überlassen. Obwohl ihnen intellektuell die Idee einer unbewussten Motivation einleuchtet, ist dies für sie persönlich oft unakzeptabel. Sie können schwer akzeptieren, dass es in ihrem Inneren Prozesse gibt, die potenziell nicht kontrollierbar sind, sie aber steuern. Sie fürchten, der Therapeut könne mehr über sie wissen als sie selbst, ihr Unbewusstes verstehen, ohne dass sie es tun. So kann es vorkommen, dass sie bewusstes Material selbst als unbewusst interpretieren und präsentieren (Hogan 1985b). Die grundlegende Haltung ist oft: „Es gibt nichts, was ich nicht kenne und besser verstehe als du." Manche zeigen eine masochistische Form der Selbstinterpretation oder sezieren ihr Innenleben in affektisolierter Weise und rationalisieren ihre Verhaltens- und Erlebensweisen. Konfrontationen oder gar Deutungen werden dann zurückgewiesen oder antizipiert. Einfälle, Phantasien oder Wünsche werden oft bewusst zurückgehalten oder entwertet. All dies sind Schutzmaßnahmen dagegen, beherrscht und kontrolliert zu werden, die eigene Abgegrenztheit nicht wahren und Triebimpulse oder Affekte nicht kontrollieren zu können. **Hier muss immer wieder aufgezeigt werden, wie mit den Symptomen Gefühle vermieden und die bewusste Kontrolle von Triebimpulsen, z.B. Gier, und unerwünschten Affekten, z.B. Neid, garantiert werden sollen.** Diese Impulse sind häufig bewusst oder bewusstseinsnah. Hierdurch entstehende Schuldkonflikte verstärken das Kontrollbedürfnis weiter. Auch dies muss immer wieder aufgezeigt werden. Dabei ist die Art, wie mit klärenden Fragen, Konfrontationen oder Deutungen umgegangen wird, zu beachten und anzusprechen. Hierüber werden die zentralen Konflikte der Patientin in der therapeutischen Beziehung deutlich. **Deutungen werden häufig als Anklagen aufgefasst, als Versuche, sie über Schuldgefühle zu manipulieren.** Daher steht die Arbeit an dieser Art von Verarbeitung und Sicht zwischenmenschlicher Beziehungen oft im Zentrum der Behandlung. Sie muss angesprochen und bearbeitet werden, bevor andere Inhalte von der Patientin wirklich aufgenommen und verarbeitet werden können.

Beispiel:

Eine Patientin schilderte, dass eine Kollegin sie nicht angerufen hatte. Eigentlich wollten sie gemeinsam ausgehen. Ihr Tonfall war dabei neutral und sachlich.

Therapeut: Sie schildern das so neutral, als ob Sie gar keine Gefühle dabei haben. Dabei wirkt Ihr Gesichtsausdruck auf mich traurig und enttäuscht. Vielleicht hat es Sie sogar geärgert, dass Sie umsonst auf den Anruf gewartet haben.

Patientin: Warum soll ich enttäuscht sein? Ich kann von meiner Kollegin schließlich nicht verlangen, dass sie mich anruft. Darüber kann ich mich auch nicht ärgern. Meine Schwester sagt immer zu mir, ich bin bei Kleinigkeiten zu empfindlich. Aber das stimmt nicht.

Therapeut: Und wenn ich jetzt vermute, dass Sie enttäuscht und ärgerlich waren, bin ich auch jemand, der Ihnen sagt, dass Sie bei Kleinigkeiten empfindlich sind. Gleichzeitig stellen Sie es so dar, als ob ich Ihnen unterstelle, Sie würden verlangen, dass Ihre Freundin Sie anruft, wenn ich diesen Konflikt anspreche. Ich habe gesagt, dass Sie umsonst auf den Anruf gewartet haben. Das ist etwas anderes. Auf beide Aspekte sollten wir meiner Meinung nach genauer eingehen, weil hier ganz Wesentliches über Ihre Beziehung mit anderen, aber auch mit sich selbst und Ihren Wünschen und Gefühlen deutlich werden kann.

Der Leserin bzw. dem Leser ist sicher die versuchte unbewusste Manipulation des Therapeuten durch den Ausdruck „verlangen" aufgefallen. Dem Therapeuten wird unterstellt, dass er der Patientin etwas unterstellt. Derartige Interaktionen können den therapeutischen Prozess auf subtile Weise lähmen. Sie sind in den Familien von Anorektikerinnen häufig zu finden. Damit der therapeutische Dialog fruchtbar werden kann, müssen diese Interaktionen in der Regel intensiv bearbeitet werden. **Dies geschieht am besten unter Nutzung der Übertragungsbeziehung im Hier und Jetzt. Dabei muss vermieden werden, dass der Patientin Deutungen einfach übergestülpt werden und diese sich oberflächlich-rational anpasst.**

Oftmals versuchen die Patientinnen, intellektuelle und moralische Überlegenheit zu wahren, indem eigene aggressive oder libidinöse Impulse auf andere projiziert und diese dafür verurteilt werden. Dies geschieht auch in der Therapie, wo die Patientinnen die Position der Richterin einzunehmen versuchen und feindselige Impulse als moralische Urteile äußern, um die eigene Feindseligkeit zu verleugnen. Moralische Verurteilung kann auch dazu benutzt werden, Therapeutinnen und Therapeuten über Schuldgefühle zu manipulieren und zu kontrollieren. Dies kann auch durch eine Verschlechterung der Symptomatik oder andere Formen der Selbstdestruktivität geschehen. Durch eine Lockerung der Abwehr und der Über-Ich-Strenge, und damit der bisherigen Formen der Impulssteuerung, kann es zu Lügen und Stehlen kommen. Dies kann aus einer Identifikation mit dem gestörten Über-Ich der Eltern resultieren. Es kann aber auch, ebenso wie das Stehlen, im Grunde die Provokation einer Bestrafung sein, also ein masochistisches Bedürfnis befriedigen.

4

Die Gefahren der Gegenübertragung liegen darin, die Rationalisierungen der Patientinnen als echte Einsichten misszuverstehen, zu ungeduldig zu werden und damit in die Position einer kontrollierenden Elternfigur zu kommen, oder aber sich durch Schuldzuweisungen der Patientin manipulieren zu lassen, z.B. den vereinbarten Behandlungsrahmen aufzulockern, um nicht als „zu hart" zu erscheinen. **Eine wesentliche Form des Widerstandes ist das Vermeiden von weiteren Gewichtssteigerungen im Verlaufe der Behandlung.** Manche Patientinnen gehen über ein mittleres anorektisches Niveau nicht hinaus. Auch wenn es oft unproduktiv ist, bei einem ansonsten in Gang gekommenen therapeutischen Prozess mit sich vertiefenden emotionalen Auseinandersetzungen ständig das Gewicht in den Mittelpunkt zu stellen, ist eine stagnierende Gewichtsentwicklung ein schwer wiegender Veränderungswiderstand. Sie muss als solcher konsequent bearbeitet werden, auch mit Vorschlägen zur Gewichtssteigerung. **Häufig ist dieser Veränderungswiderstand Ausdruck einer bislang noch nicht in die Bearbeitung gekommenen ödipalen Problematik,** der Furcht, weiblich und attraktiv sein zu können und hierüber zu konkurrieren oder für den Therapeuten zu attraktiv zu werden. **Neben einer positiven, erotisierten Übertragung können durch die Bearbeitung des Veränderungswiderstandes die bislang hintan gehaltenen negativen Übertragungsaspekte und die hiermit verbundene Aggression in die therapeutische Beziehung kommen, und die Autonomiekonflikte können in ihrer ganzen Wucht bearbeitet werden.**

Abschluss

In der Schlussphase der Behandlung sind die Hauptkonfliktlinien mit dem Essverhalten und den anderen Symptomen zusammenzuführen.

Es ist gemeinsam zu besprechen, inwieweit die Patientin ihre Einstellung zum Essen, zum Körper und zur weiblichen Identität verstehen und verändern konnte und inwieweit sie sich mit ihrem veränderten Körper angefreundet hat, inwieweit dieser Teil ihres Selbstkonzepts geworden ist und inwieweit sie sich hierin sicher fühlt. Auch Unsicherheiten bezüglich des wiedererwachten weiblichen Zyklus und spürbarer sexueller Empfindungen sind zu bearbeiten. Hier können Versuchungssituationen erneut als verunsichernd erlebt werden. Manche Patientinnen sind auch enttäuscht, dass sie die Magersucht verloren haben, die ihnen automatisch Aufmerksamkeit garantierte. Sie müssen sich nun mit anderen Eigenschaften und Fähigkeiten als dem Hungern bewähren und haben Angst, in der „grauen Masse" unterzugehen. Ihre sozialen Defizite können deutlich werden. Nicht selten ist hier eine anschließende Gruppentherapie hilfreich.

Die Trennung vom Therapeuten kann erneut Ängste hervorrufen, allein zu sein.

Alle genannten Befürchtungen können zu erneuten Verschlechterungen der Symptomatik führen, um die therapeutische Beziehung weiter aufrechterhalten zu können und die „Sicherheit" der Magersucht nicht zu verlieren.

Ein weiterer wesentlicher Punkt ist die Auseinandersetzung mit perfektionistischen Über-Ich-Forderungen und der Enttäuschung über das, was in der Behandlung nicht erreicht wurde. Hier bietet sich noch einmal eine gute Gelegenheit zur Arbeit an den rigiden Über-Ich-Strukturen anorektischer Patientinnen. Zudem kann hierdurch der Abschied von kindlichen und adoleszenten Größenvorstellungen eingeleitet werden. Wesentlich ist, dass mit Trennung und Abschied auch Trauer zugelassen und erlebt werden kann.

Abschließend sind prospektiv die weiteren Entwicklungsschritte der Patientin und hierbei mögliche Krisen zu besprechen.

5.3 Psychodynamische Therapie der Bulimie

Probleme bei der Einleitung der Psychotherapie

Nur eine Minderheit der an Bulimie erkrankten Frauen kommt in Behandlung. Für das Vermeiden von Behandlungen sind oft folgende Faktoren bedeutsam:

Oft besteht eine Angst, das Symptom aufzugeben, bzw. der Wunsch, dieses beizubehalten, ähnlich wie andere einen Substanzmissbrauch nicht aufgeben wollen bzw. dies fürchten. Zudem besteht häufig ein Bestreben, die als defekt erlebten Selbstanteile weiterhin verborgen zu halten, die doppelte Realität der eigenen Existenz weiter aufrechtzuerhalten. Dies macht sich oft zunächst am Symptom fest, über das nicht offen gesprochen werden soll. Hiermit verbunden ist häufig eine Angst, sich mit dem eigenen intrapsychischen Erleben zu befassen. Die „Innenwelt" erscheint als beschämend. Weiterhin spielt eine Angst vor Festlegung, Begrenzung und damit vor Kontrolle eine Rolle. Bei einer Reihe von bulimischen Patientinnen ist ein klaustrophobisch anmutendes Erleben zu beobachten, das sich auf Einengungen in verschiedenen Erlebensbereichen (z.B. Zeit, Verpflichtungen, berufliche Anforderungen, Geld) beziehen kann, wobei das Einengende zugleich Über-Ich-Charakter hat und mit Über-Ich-Figuren verbunden wird. Zudem besteht oft eine Angst vor der Wiederbelebung traumatischer Ereignisse und der damit verbundenen heftigen Affekte. Hiermit verbunden ist die Angst vor wieder aufbrechenden Familienkonflikten. Schließlich spielt eine starke Handlungsorientierung der Patientinnen eine Rolle. Sie sind überfordert, wenn sie in relativ unstrukturierten Situationen nach innen schauen sollen, und brauchen hierbei Hilfestellung und Orientierung. Diese Motive der Ablehnung von psychodynamischer und psychoanalytischer Psychotherapie treten während der Behandlung auch immer wieder als Widerstände auf, ebenso „Einsicht" in Konflikte ohne Veränderungen auf der Verhaltensebene.

Die therapeutischen Schritte
Diagnostik – Einleitungsphase
Über das in einleitenden Bemerkungen zur Diagnostik hinaus Gesagte ist bei Bulimikerinnen genau zu explorieren, welche Veränderungen des Körpers mit dem Einhalten oder Erreichen eines bestimmten Gewichtes und mit dem Erbrechen sowie anderen gegensteuernden Maßnahmen verhindert bzw. angestrebt werden.

Weitere Symptome, insbesondere Komorbidität mit affektiven Störungen oder Substanzmissbrauch, sind abzuklären und eine körperliche Untersuchung ist einzuleiten, um Hinweise auf Schädigungen durch die Bulimie zu bekommen.

Dann ist zu klären, welche Affektzustände und Konflikte aktuell mit der Symptomatik vor und nach ihrem Auftreten verbunden sind, z.B. mit einem Esstagebuch. Vom Beginn des ersten Gespräches an werden die therapeutische Beziehung und das Arbeitsbündnis aufgebaut.

Der Patientin muss deutlich werden, dass Bulimie nicht eine „schlechte Angewohnheit" ist, die sie sich wieder abgewöhnen sollte, sondern ein Lösungsversuch für Konflikte, die anders als unlösbar erscheinen, und ein Regulierungsversuch für Affekte, die anders als nicht regulierbar erscheinen. Zudem ist zu erläutern, dass die Bulimie das Produkt einer Verschiebung von Regulierungsstörungen und Konflikten auf den Körper ist.

Die diagnostische Exploration sollte das beobachtende und erlebende Ich der Patientin gleichermaßen zur Mitarbeit anregen und die Beschäftigung mit intrapsychischen Vorgängen und interpersonellem Erleben fördern. Die Abwehr gegen psychodynamisch orientierte Psychotherapie und die zugrunde liegenden Ängste können so verringert werden. Schamaffekte und deren Abwehr müssen von Anfang an taktvoll angesprochen und bearbeitet werden.

Stabilisierungsphase

Oft ist es notwendig, mit der Patientin zunächst über ihr konkretes Essverhalten und mögliche Alternativen in dessen Gestaltung zu sprechen.

Die gegebenen Informationen, besprochenen Verhaltensweisen und Veränderungsschritte sind eine wesentliche *Grundlage für die gesamte weitere Behandlung*. In der Regel muss während der gesamten Behandlung auf sie zurückgegriffen werden.

Zum Beispiel können in der Stabilisierungsphase bereits vollzogene Veränderungen bei in späteren Behandlungsabschnitten auftretenden Konflikten wieder – zeitweise – rückgängig gemacht werden. Es erleichtert die Bearbeitung dieser Konflikte und der damit verbundenen Übertragungswiderstände, wenn zugleich auf bereits erarbeitete und praktizierte Alternativen zur Symptomatik hingewiesen werden kann.

Bearbeitung der psychodynamisch relevanten Faktoren

Ein guter Ausgangspunkt für die Arbeit sind die Situationen, in denen Essanfälle und gegenregulierende Maßnahmen stattfinden.

Zentral ist in der ersten Phase der Behandlung, manchmal auch während der gesamten Therapie die beharrliche Arbeit an der Differenzierung der Affekt- und Konfliktwahrnehmung, da globale, undifferenzierte Wahrnehmungen die weitere Behandlung und das Durcharbeiten behindern. Hierbei ist das Klarifizieren eine wesentliche Intervention.

Beispiel:

Patientin: Gestern Nachmittag habe ich mich schlecht gefühlt, irgendwie angespannt. Ich bin dann so automatisch an den Kühlschrank gegangen. Da war noch Nudelsalat von unserer Grillparty, auch Erdbeertorte von der Feier. Ich habe einfach angefangen zu futtern.

Therapeut: Können Sie genauer beschreiben, was Sie mit schlecht und angespannt meinen? Mich interessiert auch, was Sie taten, bevor Sie nach Hause kamen.

Patientin: Da war ich im Seminar. In der Bibliothek. Eigentlich nichts Besonderes. Wie immer.

Therapeut: Womit waren Sie da beschäftigt?

Patientin: Auch nichts Besonderes. Ein Referat.

Therapeut: Wie kommen Sie damit voran?

Patientin: Geht so. Wozu wollen Sie das eigentlich wissen?

Therapeut: Vielleicht hat Ihr Essanfall ja mit dem Referat zu tun.

Patientin: Ich habe auch Essanfälle, wenn ich keine Referate schreibe.

Therapeut. Das eine schließt das andere nicht aus. Ich habe den Eindruck, es ist Ihnen unangenehm, über das Referat zu sprechen. Vielleicht ist es dasselbe unangenehme Gefühl wie vor dem Essanfall, diese Anspannung, die Sie beschrieben. Vielleicht lässt sich diese jetzt genauer fassen.

Patientin: Ja es ist schon so eine Mischung aus Druck und Peinlichkeit. Eigentlich sollte ich schon fertig sein ...

Globalisierungen, Entdifferenzierungen sowie Affektarmut und Affektleere in Folge der Blockierung von Affekten treten immer wieder bei der Abwehr von Kränkungs- und Beschämungserlebnissen sowie bei andrängenden intensiven Erinnerungen, z.B. an Traumatisierungen, oder bei heftigen Übertragungskonflikten auf. Zudem berichten die Patientinnen häufig von immer neuen äußeren Ereignissen oder Sensationen, die den Blick auf das innere Erleben verstellen und das kontinuierliche Durcharbeiten verhindern. Bulimikerinnen neigen dazu, mit der therapeutischen Beziehung und mit Interventionen „bulimisch" umzugehen. Sie nehmen Interventionen rasch in sich auf, ohne sie wirklich zu verarbeiten. Ebenso rasch wünschen sie neue Interventionen und Hinweise. Das eigene Erleben wird häufig in den therapeutischen Raum hinein „erbrochen", sturzflutartig berichtet, ohne dass es reflektiert werden kann. Durch den bulimischen Modus wird die konkrete Beziehungsaufnahme mit dem Therapeuten und mit dem eigenen Erleben vermieden.

Die taktvolle Konfrontation der Patientinnen mit ihren Abwehrmechanismen und -mustern zielt darauf, ihre zentrale Angst, als nicht liebens- und achtenswert stehen gelassen zu werden und der Verachtung und Ablehnung anheim zu fallen, im Hier und Jetzt erlebbar werden zu lassen. Die Pseudo-Autonomie schützt ihre verletzlichen Seiten, insbesondere ihre Angst vor Intimität, Abhängigkeit, Bloßstellung und Entwertung. **Dies wird zum zentralen Aspekt der Übertragungskonflikte.**

Scham ist eine konstante Begleiterin des gesamten Behandlungsprozesses. Auf die verschiedenen Manifestationen dieses Affektes und seiner Abwehr, insbesondere die Wendung vom Passiven ins Aktive und die Affektumkehr, z.B. das Zeigen von Abwertung und Verachtung anderen gegenüber, das vor eigener Beschämung schützen soll, ist während der gesamten Behandlung zu achten.

Die Abwehr durch Handeln zeigt sich in fast jeder Stunde. Hier ist gemeinsam zu erarbeiten, welche unangenehmen Affekte und Spannungen die Patientin damit zu bewältigen versucht. **Ein wesentlicher Fortschritt ist es oft, wenn Patientinnen Gefühle von Traurigkeit, Angst und Einsamkeit erleben und dabei die Gegenwart eines anderen ertragen können.** Häufig tritt nach solchen Phasen die Angst auf, vom Therapeuten verachtet zu werden. Diese Angst kann zu Angriffen auf den Therapeuten oder zu Angriffen gegen die eigene Person in Form von depressiven Selbstanklagen führen.

Das Essverhalten kann sich zudem verschlechtern, wenn traumatische Erinnerungen andrängen, die unbewusst gehalten werden sollen. Hier kann das Symptom zur Betäubung der Erinnerungen und Gefühle eingesetzt werden und den Aufmerksamkeitsfokus ablenken. Wesentlich ist auch in diesen Phasen immer wieder, den Zusammenhang zum Essverhalten herzustellen. Dieses gewinnt allmählich eine große Bedeutung in der Übertragungsbeziehung: Die Patientin kann unausgesprochene oder nicht wahrgenommene Übertragungswünsche über verstärktes Essen und Erbrechen agieren, z.B. Wünsche nach Bestätigung oder sexueller Annäherung. Sie kann versuchen, Gefühle der Beschämung, Wut oder Angst durch Ess-Brechanfälle zu betäuben. Sie kann sich hierdurch für „schlechte" Wünsche bestrafen oder zeigen wollen, dass Therapie bei ihr aussichtslos ist.

Eine Verstärkung der Symptomatik kann auch den Wunsch ausdrücken, den Therapeuten bestrafen wollen, ihm zu zeigen, dass er nichts kann, ihn impotent und ohnmächtig machen, weil er so enttäuschend oder so eindringend und überwältigend erscheint. **Das Ansprechen der *Übertragung* sollte auf das Erleben im Hier und Jetzt zentriert sein. Es sollte nicht forciert geschehen. Bulimische Patientinnen können den Therapeuten schnell als Eindringling in die private Sphäre erleben und sich bloßgestellt und beschämt fühlen.** Auf der anderen Seite ist die Aktualisierung bisher abgewehrten Erlebens in der therapeutischen Beziehung ein wesentliches Agens psychodynamischer Therapie. Die Tendenz der Patientinnen, den Therapeuten „draußen" zu halten, ist als eine wichtige Schutzmaßnahme zu interpretieren, die zugleich neue Erfahrungen und Weiterentwicklung verhindert.

Wenden wir uns zur Erläuterung weiter dem obigen Fallbeispiel zu:

In dem nun folgenden Dialog zeigt sich, dass sich die Patientin in der dem Essanfall vorausgehenden Szene in der Bibliothek mit ihren Kommilitoninnen und Kommilitonen verglichen hat.

Patientin: Ich dachte, die sind bestimmt schon weiter als ich. Ich hab mich auch gewundert, warum ich Lisa nicht sah. Ich dachte, die ist bestimmt schon fertig mit ihrem Referat. Die braucht gar nicht mehr zu kommen. Die ist schon bei den letzten Feinheiten, während ich zu zwei Teilen noch lesen muss.
Therapeut: Mit welchem Gefühl erzählen Sie mir das jetzt?
Patientin: Das ist doch klar. Peinlich, unangenehm. Eine, die es nicht rafft.
Therapeut: Ich sehe Sie abwertend oder verächtlich.
Patientin: Verächtlich, wenn schon.
Therapeut: Und deshalb möchten Sie hier nicht gern konkret werden. Wenn ich Genaueres erfahre, könnte ich Sie verachten.

Idealisierungstendenzen und der oben beschriebene bulimische Modus können Therapeuten dazu verführen, schnell in sehr „tief gehende" Konfliktthemen einzutauchen, ohne dass hierfür der Boden bereits bereit wäre, so dass auch dies wirkungslos bleibt. Ein weiteres Gegenübertragungsproblem kann aus der Tendenz der Patientinnen resultieren, viele Probleme im autonomen bzw. pseudoautonomen Modus selbst zu lösen. Hierdurch kann sich die Therapeutin/der Therapeut ohnmächtig oder wertlos fühlen und selbst mit Entwertungen der Patientin reagieren, die emotionale Resonanz und die Begleitung der Patientin bei ihren Schritten sowie die Bearbeitung ihrer Veränderungswiderstände aufgeben.

Die Therapie sollte dahin führen, dass die Patientinnen ihre als schwach, unkontrolliert, unzulänglich erlebten schambesetzten „defekten" Selbstanteile besser kennen lernen und integrieren können. Hierzu hilft ihnen die Erfahrung einer nicht-verurteilenden therapeutischen Beziehung und das unaufdringliche Bearbeiten ihrer Ängste in der Übertragung.

Abschluss

In der Schlussphase sind die bearbeiteten Konfliktlinien noch einmal zu bündeln, gegenwärtige äußere und Übertragungskonflikte auf die Biografie und auf die Symptomatik, d.h. auf das Körpergefühl, das Ideal des Aussehens sowie das Essen und die Gegenregulierung zu beziehen. Mögliche zukünftige Konfliktkonstellationen und die Erlebens- und Verhaltensmöglichkeiten der Patientin können aktiv antizipiert werden. Dies fördert deren Ich-Autonomie.

In diesem Abschnitt wird den Patientinnen in der Regel ihre Bindung an den Therapeuten deutlich. Bisher abgewehrte Gefühle der Abhängigkeit können massiv auftreten, ebenso Enttäuschung über das bevorstehende Ende. Dies kann heftige Scham (über die Anhängigkeit) aber auch Trennungsangst, Zorn oder Entwertungstendenzen hervorrufen. Hier erscheint es wesentlich, die Aggression als eine Abwehr gegen Trauer und das Gefühl des Verlustes zu verstehen und das Erleben dieses Gefühles zu fördern. Die bulimische Symptomatik kann hier, wie im bisherigen Therapieverlauf auch, wieder zur Abwehr von Trauer eingesetzt werden.

Die Patientinnen werden jetzt in der Regel auch damit konfrontiert, dass sie Therapieziele nicht erreicht haben. Dies kontrastiert mit ihrem perfektionistischen Ich-Ideal und kann zu Selbstkritik und Selbstherabsetzung, aber ebenso zu deren Externalisierung und damit zur Entwertung der Behandlung führen. Auch dieses Erleben und Verhalten kann als Abwehr von Trauer gedeutet werden, durch die die Auseinandersetzung mit dem Ideal narzisstischer Vollkommenheit vermieden wird.

Wesentlich ist, dass die Therapeutinnen bzw. Therapeuten in der Schlussphase der Behandlung auf Signale dieser Prozesse achten und sie taktvoll aktiv aufgreifen, weil sie – zum letzten Mal im Therapieverlauf – die Grundproblematik der bulimischen Patientin hervortreten lassen und verständlich machen können.

5.4 Psychodynamische Therapie der Binge Eating-Störung

Vieles von dem, was zur psychodynamischen Behandlung der Bulimie gesagt wurde, kann auch auf die Behandlung der Binge Eating-Störung angewendet werden. Das Eingehen auf gegenregulierende Maßnamen entfällt hier. Ebenso erscheint die Binge Eating-Störung nicht als Resultat spezifisch weiblicher, mit dem Schlankheitsideal verbundener Rollenkonflikte. **Da auch hier die Essanfälle zur Regulierung dysphorischer Affekte und zur Bewältigung von Konflikten eingesetzt werden, muss oft eine differenzierte Affekt- und Konfliktwahrnehmung erarbeitet werden.** Die Klarifizierung ist ebenfalls gerade in der Anfangsphase der Behandlung wesentlich. Im weiteren Behandlungsverlauf stehen oft Konflikte um die Selbstbehauptung im Vordergrund, die zum einen gegenüber Beziehungspersonen, zum anderen gegenüber unerbittlichen Über-

Ich- und Ich-Ideal-Forderungen bestehen. **Der Essanfall fungiert als Trost für erlittene Kränkungen und Verletzungen, als trotzige Selbstbehauptung gegenüber als unerbittlich erlebten äußeren und inneren Forderungen und als Kompensation für das Gefühl, zu kurz gekommen zu sein, nicht das bekommen zu haben, was einem zusteht.** Dieses Ressentiment wird im Essanfall autodestruktiv verarbeitet. Die mit den Essanfällen verbundenen Konflikte werden wie bei der Bulimie auch in der therapeutischen Situation virulent. Die spätere Konfliktbearbeitung wird durch eine Symptomzentrierung in der Anfangsphase erleichtert. Das Nichteinhalten von Vereinbarungen und als günstig erkannten Verhaltensweisen gewinnt eine Übertragungsbedeutung, und die skizzierten Konflikte kommen so wie bei der Bulimie in die therapeutische Beziehung.

5.5 Psychodynamische Therapie der Adipositas

Oft stehen psychodynamisch orientierte Therapeuten der Behandlung Adipöser ablehnend oder resignativ gegenüber. Diese wird als schwierig und anstrengend empfunden. Zudem reagieren Behandler oft unterschwellig abwertend oder verächtlich. Hier kommen die – gesellschaftlich vorgeprägten – Einstellungen der Therapeuten ebenso zum Ausdruck wie die Konflikte der Patientinnen um Angenommensein, Entwertung, Scham, Ekel und Aggression.

Die psychodynamische Therapie der Adipositas ist zentriert auf die mit dem Übergewicht verbundenen Konflikte. **Klinische Erfahrung zeigt, dass zu viel Essen und Gewichtszunahme mit ungelösten psychodynamischen Konflikten verbunden sind, während gelöste Konflikte zumindest kurzfristig mit einer Normalisierung des Essverhaltens und Gewichtsverlust einhergehen** (v. Hippel und Pape, 2001). **Psychodynamische Therapie verbessert die Fähigkeit Adipöser, schmerzliche Gefühle besser zu tolerieren, insbesondere solche, die mit Verlassenheit und Trennung verbunden sind.** Sie können ihre Selbst- und Körperwahrnehmung hin zu mehr Wertschätzung und weniger Herabsetzung verändern (Glucksman, 1989). Dennoch führt bisher keine Form der Psychotherapie zu einer dauerhaften Gewichtsreduktion, wenn sie nicht mit dauerhaften Veränderungen der Lebensführung, insbesondere der Ernährungs- und Bewegungsgewohnheiten, verbunden ist (vgl. Cuntz, 2001; v. Hippel und Pape, 2001). **Psychodynamische Psychotherapie der Adipositas muss in ein umfassendes Behandlungskonzept integriert werden, wenn sie langfristig kausal auf das Übergewicht wirken soll. Die hierzu erforderlichen Maßnahmen sind von einem niedergelassenen psychodynamisch arbeitenden Therapeuten nur in Kooperation mit entsprechenden Programmen zur Regulierung des Essverhaltens und der Bewegungsgewohnheiten zu leisten** (vgl. v. Hippel und Pape, 2001).

Wesentlich ist die Vereinbarung von realistischen Behandlungszielen, die den Möglichkeiten der Behandler und den Voraussetzungen der Patienten entsprechen. Diese „Binsenweisheit" ist aufgrund der Ambivalenz vieler Adipöser zwischen resignativ-depressiver Haltung und hohen Veränderungswünschen in diesen Behandlungen besonders zu beachten. „Oft werden Wünsche, Hoffnungen und Erwartungen aus Angst vor Niederlagen, Enttäuschungen und Überanstrengungen verleugnet oder als

überhöhte Erwartungen auf die Behandlerin projiziert. Die Aufschiebung oder Vermeidung des Themas Gewicht erlaubt die Verleugnung der Angst vor potentiellem Scheitern" (v. Hippel und Pape, 2001, S. 203).

Der psychodynamisch arbeitende Therapeut sollte in seiner Arbeit Hilfsmittel wie Essprotokolle und Esstagebücher nutzen und, wenn es ihm von der Kenntnis her möglich ist, auch Absprachen über das Essverhalten treffen, um die Patienten an die Wahrnehmung ihrer Konflikte und Affekte heranzuführen, die oft hinter dem Kampf mit dem Übergewicht und dem Essen verborgen sind. Dies trägt dazu bei, Körperschema-Störungen, die Fehlwahrnehmungen von Hunger und Sattheit anstelle anderer Gefühle sowie die Störungen des Selbst- und des Körpergefühls in die Behandlung zu bekommen. Die Stärkung des beobachtenden Ichs und der Selbstfürsorge fördert das Arbeitsbündnis.

Zudem kommt so die Störung des Selbstgefühls mit einem „adipösen Selbst", das abgewertet und verachtet wird, und einem „schlanken Selbst", das bewundert und unerreichbar ist, leichter in die Behandlung und die Übertragung.

Eine wesentliche Klippe in der Behandlung sind aggressive Übertragungs-Gegenübertragungskollusionen, in denen der Behandler zu einer unerbittlich fordernden, Versorgung verweigernden sadistischen Über-Ich-Figur wird, die das unerreichbare „schlanke Selbst" repräsentiert und dem sich der Patient trotzig verweigert, z.B. durch Gewichtszunahme. Diese Verweigerung ist als ein Akt der Selbstbehauptung und als Versuch des Patienten zu sehen, sich die wesentliche Quelle von Zuwendung nicht wegnehmen zu lassen. Sie kann auch Ausdruck eines Loyalitätskonfliktes bzw. einer Trennungsangst bezüglich des Partners oder der Familie sein, wenn der Patient durch das Verändern der Adipositas mit dem hier etablierten Muster bricht (vgl. hierzu v. Hippel und Pape, 2001).

Auch wenn eine dauerhafte Gewichtsreduktion nicht gelingt oder als Ziel nicht realistisch ist, kann psychodynamische Psychotherapie doch zu einer besseren Konflikt- und Affektverarbeitung, zu einer Milderung der Diskrepanz zwischen Über-Ich-Anforderungen und Selbstbild und somit zu mehr Selbstakzeptanz und Wahrung eigener Interessen führen. Dies wiederum kann die soziale Kompetenz und Bindungen der Patienten fördern, ohne dass diese mit extremen Autonomie-Einschränkungen verbunden sind.

4

6 Frequently Asked Questions (FAQ)

1. *Werden die wirklichen seelischen Konflikte und die Übertragungsbeziehung nicht durch die Einführung von Parametern wie Gewichtskontrolle, Gewichtsabsprachen, Essprotokolle oder Vereinbarungen über das Essverhalten überdeckt?*
→ Bei Essstörungen entwickelt sich in der Regel ein sich verstärkender Zirkel um das Symptom herum. Dies ist bei der Anorexie und Bulimie besonders ausgeprägt. Bei der Anorexie wird mit der Krankheit oft ein immer differenzierteres Zwangssystem aus Kontrolle, Fehlwahrnehmung des Körpers und narzisstischer Bestätigung durch das Untergewicht aufgebaut, das die Phantasien, Gefühle und Konflikte der Patientin zunehmend bindet und ihr Handeln bestimmt.

Zudem wirkt das Untergewicht auch auf körperlicher Ebene neben der zu erwartenden dauerhaften Schädigung selbst verstärkend. Dies macht es zunehmend schwierig, mit der Patientin einen Zugang zu ihren Konflikten zu finden. Mit der Absprache oder auch Setzung von Gewichtsgrenzen und Zunahmeschritten soll nicht nur die weitere körperliche Gefährdung und die Verfestigung des Zwangssystems Anorexie gestoppt werden. Hier wird zugleich der Punkt, an dem sich die Konflikte der Patientin um Grenzen und Kontrolle kristallisieren, in die Behandlung hineingeholt. Bei vielen Anorektikerinnen zeigt sich im Verlauf von Behandlungen, dass sie auch ihrer Anorexie ambivalenter gegenüberstehen, als sie es sich und ihrem Gegenüber zunächst eingestehen. Eine klare und konfrontative Haltung hilft ihnen, sich selbst mit ihrem Zwangssystem, das sie zunächst als „völlig normal" verteidigen, auseinander zu setzen. Lässt man das Symptom „draußen", bleiben wesentliche Konflikte und die damit verbundene heftige Aggression außerhalb der Behandlung, und diese verläuft dann oft im Sande.

2. *Reicht es dann nicht aus, sich allein auf die Symptome der Essstörung zu konzentrieren?*

→ Natürlich ist es ebenso problematisch, nur über die Symptomatik zu sprechen. Auf diese Weise werden die anderen Lebensbereiche nicht exploriert und es kann keine Verbindung zwischen der Symptomatik und den Konflikten erarbeitet werden. In Behandlungen von Anorektikerinnen kommt man um Konflikte um Macht und Kontrolle und entsprechende Übertragungs-Gegenübertragungskonstellationen nicht herum. Diese müssen explizit und oft auch sehr heftig ausgefochten werden. Ein Ausklammern der Symptomatik klammert diese Konflikte aus. Ein ausschließliches Zentrieren auf die Symptomatik forciert sie in einseitiger Weise.

Auch bei schweren Bulimien, Binge Eating-Störungen und manchen Formen der Adipositas entwickelt sich ein geschlossenes System um das Symptom herum. Die Patientinnen und Patienten haben wenig Zugang zu ihren Konflikten und Affekten, weil sie durch das Symptom blockiert werden. Auf der anderen Seite wünschen sie Hilfe bei der Bewältigung des Symptoms. Natürlich ist dieser Wunsch ambivalent. Ignoriert man das Symptom und erarbeitet man mit ihnen keine Hilfestellungen im Umgang hiermit, lässt man sie in der Pseudoautonomie, wie sie es von vernachlässigenden Eltern gewohnt sind. Zudem verschließt man sich einen wichtigen Weg, die Patientinnen an die Wahrnehmung ihrer Konflikte und Affekte heranzuführen und so ein Bündnis zur gemeinsamen psychodynamischen Arbeit zu entwickeln. Das Ignorieren des Symptoms führt dazu, dass viele dieser Patientinnen für „nicht analysierbar" erklärt oder „zum Verhaltenstherapeuten" geschickt werden. Hier offenbart sich m.E. wiederum eine basales Missverständnis von analytischer oder psychodynamischer Therapie, die nicht dort beginnt, wo Patientinnen stehen und ein Arbeitsbündnis mit ihnen entsprechend den Besonderheiten ihres Krankheitsbildes entwickelt, sondern methodenzentriert arbeitet. Auch hier sind Einseitigkeiten zu vermeiden. Bezüglich der Übertragung gilt das zur Anorexie Ausgeführte analog.

3. *Stellen sich Veränderungen in der Essstörungssymptomatik nicht von selbst ein, sobald die wirklichen Ursachen erkannt und bearbeitet sind?*

→ Dies ist wegen der dargestellten selbstverstärkenden Mechanismen bei Essstörungen in der Regel leider nicht der Fall. Auch in diesem Denken äußert sich m.E. ein weit verbreitetes basales Missverständnis analytischer und psychodynamischer Therapien; denn eine wichtige Form des Widerstandes in Behandlungen ist der Veränderungswiderstand, das Vermeiden von Veränderungen. Wird das Symptom aus der Behandlung ausgeklammert, bleiben die wesentlichen Konflikte dorthin verschoben. Wie Freud bereits in den „Vorlesungen zur Einführung in die Psychoanalyse" beschrieb (1916/17, S. 298), verträgt es die Behandlung nicht, wenn bestimmte Lebensbereiche systematisch ausgespart werden. Hierzu gehören auch Veränderungen bzw. Nichtveränderungen der Symptomatik und der Erwerb bzw. das Vermeiden neuer Erfahrungen damit.

4. *Unterlaufen Anorektikerinnen oder andere Essgestörte nicht sowieso Vereinbarungen über das Essverhalten, so dass diese wertlos sind?*

→ Natürlich unterlaufen Patientinnen und Patienten mit Essstörungen immer wieder getroffene Vereinbarungen. Allerdings ist es übertrieben, wenn gesagt wird, dass dies alle oder die meisten tun. Viele Anorektikerinnen bemühen sich sehr um Veränderungen ihres Essverhaltens und sind dankbar für konkrete Hilfen. Das Unterlaufen selbst bietet, wie jede andere Handlung in der Therapie auch, gute Möglichkeiten, die hiermit zusammenhängenden Konflikte zu bearbeiten. Problematisch wird es, wenn das Unterlaufen nicht angesprochen wird, wenn die hiermit zusammenhängenden aggressiven sowie Autonomie- und Über-Ich-Konflikte nicht bearbeitet werden.

5. *Sollten Essen und Gewicht in jeder Therapiephase angesprochen werden?*

→ Ja, aber nicht immer in derselben Intensität. In der mittleren Phase von Behandlungen stehen oft andere Themen im Vordergrund, die im weiteren Verlauf mit dem Essverhalten verknüpft werden müssen. Allerdings ist es m.E. ein Signal für einen Widerstand, durchaus auch auf Seiten des Behandlers, wenn das Symptom lange ausgespart wird, oder aber, wenn nicht weiterhin an Veränderungen gearbeitet wird.

6. *Ist es überhaupt sinnvoll, Anorexie und Bulimie als getrennte Krankheiten zu verstehen und zu behandeln? Gehen sie nicht meistens ineinander über?*

→ Anorexie und Bulimie sind in der Regel gesonderte Erkrankungen. Übergänge von einer Bulimie in eine Anorexie sind selten. Bulimien mit und ohne Vorgeschichte einer Anorexie unterscheiden sich nicht (vgl. Keel und Mitchell, 1997). Viele Bulimikerinnen haben keine Merkmale einer Anorexie (vgl. Feiereis, 1996). Auch die Mehrzahl der Anorektikerinnen entwickelt keine voll ausgeprägte Bulimie. Die Angaben über bulimische Episoden im Langzeitverlauf sind sehr variabel. Bei den meisten „Mischbildern" handelt es sich um bulimische Symptome bei einer anorektischen Grunderkrankung, insbesondere intermittierend auftretende Essanfälle und Erbrechen. Sind bulimische Symptome bei einer Anorexie so ausgeprägt, dass man von einem bulimischen Subtyp nach DSM-IV sprechen kann, liegt in der Regel eine schwere Störung vor.

Unterschiede zwischen beiden Erkrankungen werden nicht nur durch die klinische Erscheinung und die intrapsychische

4

Dynamik, sondern auch durch die vielfach zu beobachtende unterschiedliche Familiendynamik beider Erkrankungen nahe gelegt (vgl. Cierpka und Reich, 2001, Reich, 2003a, b).

Die Dynamik beider Erkrankungen zunächst gesondert zu betrachten ist auch für den Einzelfall sinnvoll, damit hier analysiert werden kann, wo die hauptsächlichen Konflikte einer Patientin liegen, und hierauf in der Behandlung zu fokussieren. Die Formulierung zentraler psychodynamischer Hypothesen ist hierbei ein Hilfsmittel, sollte aber, wie jedes Modell, nicht zum Prokrustesbett werden.

7. *Ab welchem Schweregrad sollten Anorexie und Bulimie nicht mehr ambulant behandelt werden?*

→ Anorexien sollten in der Regel ab einem BMI von 14 nicht mehr ambulant behandelt werden, wenn dieser über ca. zwei Monate und mehr besteht. Ab einem BMI von 12 ist eine stationär internistische Behandlung indiziert. Psychotherapie ist hier in der Regel nicht mehr möglich. Zudem ist stationäre Behandlung dann indiziert, wenn sich die Symptomatik auch auf einem höheren Niveau stark verfestigt hat, bei ausgeprägter Komorbidität, z.B. mit Depressionen, wenn starre interaktive Verstrickungen mit dem sozialen Umfeld, z.B. der Familie, bestehen, und wenn soziale Erfahrungen in einem geschützten Rahmen der Patientin weiterhelfen können, mit sozialen Ängsten und Isolation umzugehen.

Bulimien sollten stationär behandelt werden, wenn Essanfälle und Erbrechen mehr als einmal täglich auftreten, die Patientin in ihren Alltagsvollzügen durch Gedanken um Essen und Gegenregulierung stark behindert ist, wenn ausgeprägte Komorbidität, z.B. Depressionen oder auch anderweitiger Substanzmissbrauch, besteht. Zudem gelten die weiteren bei der Anorexie genannten Faktoren. Analoge Kriterien können m.E. auch für die Binge Eating-Störung formuliert werden.

Schwere Adipositas sollte initial ebenfalls immer stationär behandelt werden.

8. *Sollte psychodynamische Einzeltherapie mit anderen Behandlungsmethoden kombiniert werden?*

→ Dies ist oft sinnvoll. Wenn Patientinnen und Patienten noch in ihrer Ursprungsfamilie leben, engen Kontakt zu dieser haben oder durch ungelöste Konflikte stark an diese gebunden sind, ist die Einbeziehung der Familie in die Behandlung sinnvoll. Dies kann sequenziell oder in einer parallel stattfindenden Familientherapie geschehen. Auch Partner sollten in die Behandlung zumindest diagnostisch mit einbezogen werden. Bewährt haben sich in der Behandlung von Essstörungen zudem gruppentherapeutische Angebote. Patientinnen und Patienten mit Essstörungen weisen häufig erhebliche soziale Ängste und Unsicherheiten auf. Diese sind am besten in Gruppen zu behandeln. Auch Symptom-orientierte Gruppen haben sich bewährt (vgl. Zander et al., 2001). Gruppenbehandlungen können ebenfalls parallel und ergänzend zu einer Einzelbehandlung stattfinden.

9. *Ist psychodynamische Psychotherapie auch bei chronischen Essstörungen sinnvoll?*

→ Vielfach ja, um das Leiden an den Folgen der Essstörungen und den sich aus der Störung ergebenden Konflikten zu lindern. Die zweithäufigste Todesursache bei chronischen Anorexien ist der Suizid. Chronische Essstörungen gehen oft mit sozialen Ängsten, Depressionen, Einschränkungen der Arbeitsfähigkeit, Isolation und sozialem Abstieg einher. Gerade hier kann die beziehungsorientierte psychodynamische Therapie zu Veränderungen im Erleben und zur Stabilisierung beitragen und somit seelisches Leiden lindern, auch wenn die Essstörung selbst nicht mehr kausal behandelt werden kann.

7 Prüfungsfragen

1. Welche Formen von Essstörungen können unterschieden werden?
2. Welche Faktoren spielen in der Pathogenese von Essstörungen eine Rolle?
3. Warum wird die Adipositas nicht generell als Essstörung verstanden?
4. Geht Adipositas immer mit anderen psychopathologischen Befunden einher?
5. Welche zentralen Konflikte kann man bei der Anorexie und der Bulimie nennen?
6. Sind Anorexie und Bulimie als „orale Störungen" immer präödipal? Lassen sie sich auch in einem ödipalen Modell verstehen?
7. Welche Rolle spielen Schuld- und Schamkonflikte bei Anorexie und Bulimie?
8- Welche Gründe sprechen für einen zweigleisigen, sowohl auf das Essverhalten als auch auf die Konflikte gerichteten Ansatz in der psychodynamischen Behandlung von Essstörungen? Welche sprechen dagegen?
9. Welche Übertragungen und Gegenübertragungen können in der Behandlung von Anorexie, Bulimie und Adipositas auftreten?
10. Weshalb muss in der Behandlung von Essstörungen häufig zunächst an der Differenzierung der Affektwahrnehmung gearbeitet werden?
11. Welche Probleme können in der Behandlung von Anorektikerinnen und Bulimikerinnen bei Deutungen auftreten?
12. Was ist bei der Deutung der Übertragung im Hier und Jetzt zu beachten?

8 Literatur

- American Psychiatric Association: Diagnostic and Statistical Manual of Mental Disorders IV. Washington DC: Psychiatric Press, 1994
- Benninghoven D: Tagebuchtechniken. In: Reich G, Cierpka M (Hrsg.): Psychotherapie der Essstörungen. Stuttgart: Thieme, 2001, 156-170
- Bruch H: Der goldene Käfig. Das Rätsel der Magersucht. Frankfurt/M.: Fischer, 1980
- Bruch H: Eßstörungen. Zur Psychologie und Therapie von Übergewicht und Magersucht. Frankfurt/M.: Fischer, 1991
- Cierpka M, Reich G: Die familientherapeutische Behandlung von Patientinnen mit Essstörungen. In: Reich G, Cierpka M (Hrsg.): Psychotherapie der Essstörungen. Stuttgart: Thieme, 2001, 128-155
- Cuntz U: Verhaltenstherapeutische Behandlung der Adipositas. In: Reich G, Cierpka M (Hrsg.): Psychotherapie der Essstörungen. 2. Aufl. Stuttgart: Thieme, 2001, 211-226

4

- Diebel-Braune E: Einige kritische Überlegungen zum Stand der psychoanalytischen Bulimie-Diskussion. Z Psychosom Med 1991;37:292-304
- Dilling H, Mombour W, Schmidt MH: Internationale Klassifikation psychischer Störungen: ICD-10. Kapitel V (F), Klinisch-diagnostische Leitlinien, Weltgesundheitsorganisation. Bern: Huber, 1991
- Fairburn CG, Cowen PJ, Harrsion PJ: Twin studies and the etiology of eating disorders. Int J Eat Disord 1999;26:349-358
- Fairburn CG, Doll HA, Welch SL, Hay PJ, Davies BA, O'Connor ME: Risk factors for binge eating disorder. A community-based, case-control study. Arch Gen Psychiatry 1998;55:425-432
- Feiereis H: Diagnostik und Therapie der Magersucht und Bulimie. München: Marseille Verlag, 1989
- Feiereis H: Bulimia nervosa. In: Adler RH, Hermann JM, Köhle K, Schonecke OW, v. Uexküll T, Wesiack W (Hrsg.): Psychosomatische Medizin. 5. Aufl. München, Wien, Baltimore: Urban & Schwarzenberg, 1996, 616-636
- Fichter MM, Quadflieg N, Gnutzman A: Binge Eating Disorder: Treatment outcome over a 6-year course. J Psychosom Res 1998;44:385-405
- Freud S: Vorlesungen zur Einführung in die Psychoanalyse. Gesammelte Werke Bd. XI. S. Fischer, Frankfurt/M., 1916/17
- Gard MCE, Freemann CP: The dismantling of a myth: A review of eating disorders and socioeconomic status. Int J Eat Disord 1996;20:1-12
- Glucksman ML: Obesity: A Psychoanalytic Challenge. In: Bemporad JR, Herzog DB (eds.): Psychoanalysis & Eating Disorders. New York: Guildford Press, 1989, 151-171
- Habermas T: Heißhunger. Historische Entstehungsbedingungen der Bulimia nervosa. Frankfurt a.M.: Fischer, 1990
- Habermas T: In defence of weight phobia as the central organizing motive in anorexia nervosa: Historical and cultural arguments for a culture-sensitive psychological conception. Int J Eat Disord 1996;19:317-334
- Herpertz S, Wagener R, Albus C, Kocnar M, Best F, Schulze Schleppinghoff B, Filz HP, Förster H, Mann K, Köhle K, Senf W: Diabetes mellitus and eating disorders: a multicenter study of comorbidity of the two diseases. J Psychosom Res 1998;44:503-515
- Herzog Th, Stiewe M, Sandholz A, Hartmann A: Borderline-Syndrom und Eßstörungen – Literaturübersicht und Interview-Studie an 172 konsekutiven InanspruchnahmepatientInnen der Freiburger Eßstörungsambulanz. PPmP 1995;45, 97
- Herzog T, Hartmann A: Psychoanalytische Behandlung der Anorexia nervosa. Eine methodenkritische Literaturübersicht unter Verwendung metaanalytischer Methoden. Psychother Psychosom Med Psychol 1997;47:299-315
- Herzog T, Sandholz A: Störungsspezifische konflikt- und symptomzentrierte Kurzpsychotherapie der Bulimia nervosa. Psychotherapeut 1997;42:106-115
- Hettinger R, Jäger B, Munz D: Fragebogen zur Symptomdiagnose von Eßstörungen (FSE). Unveröffentlichtes Arbeitspapier, Forschungsstelle für Psychotherapie, Stuttgart, 1990
- v. Hippel A, Pape I: Psychodynamische und familienorientierte Behandlung der Adipositas. In: Reich G, Cierpka M (Hrsg.): Psychotherapie der Essstörungen. Stuttgart: Thieme, 2001, 190-210
- Hodges EL, Cochrane CE, Brewerton TD: Family characteristics of binge eating disorder patients. Int J Eat Disord 1998;23:145-151
- Hogan CC: Psychodynamics. In: Wilson CP (ed.): Fear of Being Fat. The Treatment of Anorexia Nervosa and Bulimia. Revised Edition. New York, London: Jason Aronson, 1985a, 115-128
- Hogan CC: Technical problems in psychoanalytic treatment. In: Wilson CP (ed.): Fear of Being Fat. The Treatment of Anorexia and Bulimia. Revised Edition. New York, London: Jason Aronson, 1985b, 197-216
- Hsu LKG: Eating disorders. New York: Guilford Press, 1990
- Hsu LKG: Epidemiology of the eating disorders. Psychiatr Clin North Am 1996;19:681-700
- Humphrey LL: Object relations and the family system: An integrative approach to understanding and treating eating disorders. In: Johnson CL (ed.): Psychodynamic treatment of anorexia nervosa and bulimia. New York, London: Guilford Press, 1991, 321-353
- Johnson C, Connors ME: The etiology and treatment of bulimia nervosa. A biopsychosocial perspective. New York: Basic Books, 1987
- Joiner TE, Schmidt NB, Wonderlich SA: Global self-esteem as contingent on body satisfaction among patients with bulimia nervosa: Lack of diagnostic specifity? Int J Eat Disord 1997;21:67-76
- Keel PK, Mitchell JE: Outcome in bulimia nervosa. Am J Psychiatry 1997;154:313-321
- Kernberg OF: Borderline-Persönlichkeitsorganisation und Klassifikation der Persönlichkeitsstörungen. In: Kernberg OF, Dulz B, Sachsse U (Hrsg.): Handbuch der Borderline-Störungen. Stuttgart, New York: Schattauer, 2000, 45-56
- Krueger DW: Body self, psychological self, and bulimia: developmental and clinical considerations. In: Schwartz HJ (ed.): Bulimia: Psychoanalytic treatment and theory. Madison, Ct: International Universities Press, 1990, 55-72
- Krüger C: Binge Eating und Binge Eating Störung. In: Reich G, Cierpka M (Hrsg.): Psychotherapie der Essstörungen. 2. Aufl. Stuttgart: Thieme, 2001, 43-51
- Krüger C, Reich G, Buchheim P, Cierpka M: Essstörungen: Diagnostik – Epidemiologie -Verläufe. In: Reich G, Cierpka M (Hrsg.): Psychotherapie der Essstörungen. 2. Aufl. Stuttgart: Thieme, 2001, 24-42
- Leitlinien der Deutschen Adipositas-Gesellschaft zur Therapie der Adipositas. Stuttgart: Demeter Verlag, 1998
- Léon GR, Fulkerson JA, Perry CL, Cudeck R: Personality and behavioral vulnerabilities associated with risk status for eating disorders in adolescent girls. J Abnorm Psychol 1993;102:438-444
- Marx RD: Anorexia nervosa: Theories of etiology. In: Alexander-Mott, L. A., Lumsden, D. B. (Ed.s): Understanding eating disorders. Anorexia nervosa, bulimia nervosa, and obesity. Washington D.C., London: Taylor & Francis, 1994, 123-134
- Ogden J, Thomas D: The role of familial values in understanding the impact of social class on weight concern. Int J Eat Disord 1999;25:273-279
- Pryor T, Wiederman MW: Measurement of nonclinical personality characteristics of women with anorexia nervosa or bulimia nervosa. J Pers Assess 1996;67:414-421
- Pudel V: Ernährung – Gewicht – Diät. Die Mythen und die Fakten. In: Reich G, Cierpka M (Hrsg.): Psychotherapie der Essstörungen. 2. Aufl. Stuttgart: Thieme, 2001, 1-23
- Pudel V, Westenhöfer J: Ernährungspsychologie. Eine Einführung. 2. Aufl. Göttingen, Bern, Toronto: Hogrefe, 1998
- Reich G: Identitätskonflikte bulimischer Patientinnen. Klinische Beobachtungen zur inter- und intrapersonellen Dynamik. Forum Psychoanal 1992;8:121-133
- Reich G: Eßstörungen bei Männern als Lösungsversuch familiär tradierter Identitätskonflikte. Diskussion einer psychoanalytisch-systemischen Familienbehandlung bei einem Patienten mit Bulimarexie. In: Seidler GH (Hrsg.): Anorexie – öffentliches Geheimnis. Göttingen: Vandenhoeck & Ruprecht, 1993, 203-233
- Reich G: Defektes Selbst – Defekter Körper – Destruktiver Narzißmus bei der Bulimie. In: Seidler GH (Hrsg.): Das Ich und das Fremde. Klinische und sozialpsychologische Analysen des destruktiven Narzißmus. Opladen: Westdeutscher Verlag, 1994, 202-228

4

- Reich G: Familiebeziehungen bulimischer Patientinnen. Eine Vergleichs-Studie zu Patientinnen mit Anorexia nervosa und einer nicht-essgestörten Kontrollgruppe. Heidelberg: Kröning, Asanger Verlag, 2003a
- Reich G: Familientherapie der Essstörungen. Göttingen, Bern, Toronto, Seattle: Hogrefe, 2003b
- Reich G: Psychodynamische Aspekte der Bulimie und Anorexie. In: Reich G, Cierpka M (Hrsg.): Psychotherapie der Eßstörungen. 2. Aufl. Stuttgart, New York: Thieme, 2001
- Sands S: Bulimia, dissociation, and empathy: a self-psychological view. In: Johnson CL (ed.): Psychodynamic treatment of anorexia nervosa and bulimia. New York, London: Guilford Press, 1991, 34-50
- Selvini-Palazzoli M: Magersucht. Von der Behandlung einzelner zur Familientherapie. 2. Aufl. Stuttgart: Klett Cotta, 1984
- Selvini-Palazzoli M, Viario M: The Anorectic Process in the Family: A Six-stage Model as a Guide for Individual Therapy. Fam Process 1988;27:129-148
- Schupak-Neuberg E, Nemeroff CJ: Disturbances in Identity and Self-Regulation in Bulimia Nervosa: Implications for a Metaphorical Perspective of a „Body as Self". Int J Eat Disord 1993;13:335-347
- Schwartz HJ: Bulimia: Psychoanalytic Treatment and Theory. Madison: International Universities Press, 1990
- Skodol AE, Oldham JM, Steven EH, Kellmann HD, Doidge N, Davies M: Comorbidity of DSM-II-R Eating Disorders and Personality Disorders. Int J Eat Disord 1993;14:403-416
- Sperling M: A Reevaluation of Classification, Concepts, and Treatment. In: Wilson CP (ed.): Fear of Being Fat. The Treatment of Anorexia Nervosa and Bulimia. Revised Edition. New York, London: Jason Aronson, 1985, 51-82
- Steiger H, Jabalpurwala S, Champagne J, Stotland S: A controlled study of trait narcissism in anorexia and bulimia nervosa. Int J Eat Disord 1997;22:173-178
- Steiger H, Puentes-Neumann G, Leung FYK: Personality and family features of adolescent girls with eating symptoms: Evidence for restricter/binger differences in a nonclinical population. Addict Behav 1991;16:303-314
- Steiger H, Thibaudeau J, Leung, F, Houle L, Ghadirian AM: Eating and Psychiatric Symptoms as a Function of Axis II Comorbidity in Bulimic Patients. Three-Month and Six-Month Responses After Therapy. Psychosomatics 1994; 35:41-49
- Strober M: Disorders of the self in anorexia nervosa: An organismic-developmental paradigm. In: Johnson CL (ed.): Psychodynamic treatment of anorexia nervosa and bulimia. New York, London: Guilford Press, 1991, 354-373
- Sugarman A: Bulimia: A displacement from psychological self to body self. In: Johnson CL: Psychodynamic treatment of anorexia nervosa and bulimia. New York, London: Guilford Press, 1991, 3-33
- Teusch R: Level of ego development and bulimic's conceptualisations of their disorder. Int J Eat Disord 1988;7:607-615
- Thomä H: Anorexia nervosa. Geschichte, Klinik und Theorie der Pubertätsmagersucht. Stuttgart: Huber-Klett, 1961
- Vitousek K, Manke F: Personality variables and disorders in anorexia nervosa and bulimia nervosa. J Abnorm Psychol 1994;103:137-147
- Westenhöfer J: Gezügeltes Essen und Störbarkeit des Eßverhaltens. Göttingen: Hogrefe, 1992
- Willenberg H: Die Bedeutung des Vaters für die Psychogenese der Magersucht. Materialien zur Psychoanalyse und analytisch orientierten Psychotherapie 1986;7:237-277
- Wurmser L: Die verborgene Dimension. Psychodynamik des Drogenzwanges. Göttingen: Vandenhoeck & Ruprecht, 1997
- Wurmser L: Flucht vor dem Gewissen. Analyse von Über-Ich und Abwehr bei schweren Neurosen. 3. Aufl. Göttingen: Vandenhoeck & Ruprecht, 2000
- Zander B, Ratzke K, Heyden B: Die ambulante symptomorientierte Gruppenpsychotherapie der Bulimie. In: Reich G, Cierpka M (Hrsg.): Psychotherapie der Eßstörungen. 2. Aufl. Stuttgart, New York: Thieme, 2001, 171-189

4

4.9 Sexuelle Funktionsstörungen, Paraphilien und Störungen der Geschlechtsidentität

Hertha Richter-Appelt

1 Einleitung

Symptome im Bereich der Psychosexualität werden in den Klassifikationssystemen ICD-10 und DSM-IV zusammengefasst unter Störungen
- der sexuellen Funktion,
- der sexuellen Präferenz (Paraphilien) und
- der Geschlechtsidentität.

Wenngleich es sich dabei um eine reduktionistische Betrachtung der (Psycho-)Sexualität und der (Geschlechts-)Identität handelt, ist es auch für tiefenpsychologisch arbeitende Psychotherapeutinnen und Psychotherapeuten unerlässlich, Grundkenntnisse dieser Symptomatologie zu erwerben.

In letzter Zeit werden oft auch Störungen infolge sexueller Traumatisierungen zu den sexuellen Störungen gerechnet. Es sei aber einleitend betont, dass „sexueller Missbrauch" keine Diagnose darstellt. Sexuelle Übergriffe können zu sexuellen Traumatisierungen führen, die sich als Störungen der sexuellen Funktion, der sexuellen Präferenz oder Geschlechtsidentität, d.h. Traumatisierungen der Sexualität, manifestieren. Häufig beobachtet man nach traumatisierenden sexuellen Erlebnissen (sexueller Missbrauch) aber auch andere Symptome, die nicht unmittelbar die Sexualität betreffen (Richter-Appelt und Moldzio, 2003).

Da das Wissen über Störungen der Sexualität in Psychotherapieausbildungen in der Regel zu kurz kommt, muss diesem Abschnitt eine besondere Bedeutung geschenkt werden. Nach wie vor gibt es viel zu wenige Therapeuten, die sich auf die Behandlung dieser Störungsbilder konzentrieren, so dass von einer bedeutsamen Unterversorgung gesprochen werden muss. Nicht selten werden etwa Patientinnen und Patienten während laufender Psychotherapien oder nach ihrem Abschluss an Sexualtherapeuten überwiesen, um die nicht behobene sexuelle Funktionsstörung behandeln zu lassen. Sexual(psycho)therapeuten sind Therapeuten mit einer speziellen Weiterbildung, die im Anschluss an eine Psychotherapieausbildung erworben werden kann (Deutsche Gesellschaft für Sexualforschung, 1997).

Bevor auf die einzelnen Störungsbilder eingegangen wird, soll der in psychodynamischen Theorien verwendete Begriff der **Psychosexualität** erläutert werden.
Freud (1905) möchte Sexualität nicht gleichgesetzt wissen mit sexuell-genitalem Verhalten und schlägt vor, den Begriff durch „Psychosexualität" zu ersetzen, um den somatischen Aspekt der Sexualität nicht zu sehr in den Vordergrund zu rücken. Er ist der Auffassung, dass „abnorme" und „normale" Äußerungen sexueller Triebregungen nicht qualitativ, sondern quantitativ voneinander zu trennen sind. Auch wenn Freud den Sexualitätsbegriff ausgeweitet hatte, versteht er letztlich unter „normal" diejenigen Sexualhandlungen, die als Ziel den vollständig vollzogenen Koitus haben und als Sexualobjekt eine gegengeschlechtliche Person. „Abnorme" Äußerungen sind *Perversionen*, d.h. sexuelle Triebregungen, bei denen die innerpsychischen Widerstände zu schwach sind, und *neurotische Sexualentwicklungen*, bei denen die Widerstände sehr stark sind, die Sexualtriebe verdrängt werden, um sich in einem neurotischen Symptom zu manifestieren.

Freud weist darauf hin, dass sexuelles Erleben und Verhalten bereits beim Kind angenommen werden müssen und nicht erst mit der Pubertät einsetzen. Sie sind beim Kind in einer spezifischen psychischen Energie, der Libido, vorhanden und für das Triebleben des Kindes bestimmend. In den drei Abhandlungen zur Sexualtheorie (Freud, 1905) beschreibt er das Kind als „polymorph pervers" veranlagt. Die Sexualität des Kindes stehe nicht im Zeichen der Fortpflanzung, und man könne beim Kind Verhaltensweisen beobachten, die beim Erwachsenen als pervers bezeichnet würden, z.B. Exhibitionismus. Durch die Erziehung, in der Moral, Scham und Ekel eine wichtige Rolle spielen, werden „seelische Dämme" errichtet, die einerseits eine restriktive Bedeutung haben, aber auch dazu beitragen, die reife, heterosexuell orientierte und auf Fortpflanzung ausgerichtete Psychosexualität des Erwachsenen vorzubereiten.

> **! Merke:** Psychosexualität beschränkt sich nicht auf genitale Sexualität. Die Grundlage für die Erwachsenensexualität liegt in den Erfahrungen der frühen Kindheit.

Eine wichtige Erfahrung der frühen Kindheit ist die Entdeckung der **Zweigeschlechtlichkeit** und die Zugehörigkeit zu nur einem Geschlecht. Wenngleich Kinder schon früh merken, dass es zwei Geschlechter gibt, bringen sie diese Kategorisierung zunächst noch nicht mit dem anatomischen Geschlechtsunterschied der Genitalien in Verbindung. Nach der Entdeckung des anatomischen Geschlechtsunterschiedes, d.h. der Zweigeschlechtlichkeit in der phallischen Phase, müssen Kinder sich mit der eigenen Monosexualität abfinden, die eigene Unvollkommenheit akzeptieren. Dabei findet eine Kränkung der kindlichen Größenphantasie statt, das Kind könne gleichzeitig Mädchen

4

und Junge sein. Es entstehen bei Kindern beiden Geschlechts spezifische Ängste vor Verletzungen und Neid auf das andere Geschlecht. Auch wenn in der psychoanalytischen Theorie häufig auf die (anatomische) Überlegenheit des männlichen Geschlechts hingewiesen wurde, gehen moderne psychoanalytische Ansätze davon aus, dass Ängste und Neid bei beiden Geschlechtern in dieser Phase auftreten, d.h., bei beiden Geschlechtern Gefühle der Über- und Unterlegenheit zu beobachten sind. Diese sind für die Ausbildung sexueller Störungen im Erwachsenenalter von zentraler Bedeutung.

> **! Merke:** Die Entdeckung des anatomischen Geschlechtsunterschiedes geht in der phallisch-ödipalen Phase mit dem Auftreten von Ängsten und Neid einher (Angst vor Zerstörung: Kastrationsangst, Angst vor innerer Zerstörung; Neid auf die Andersartigkeit, auf Fähigkeiten des anderen Geschlechts: Penisneid, Gebärneid).

Hinsichtlich der Objektwahl (Auswahl der primären Bezugsperson, des „Liebesobjektes") unterscheidet Freud folgende Entwicklungsschritte:
- *erste „Objektwahl":* die Mutter, daher auch „inzestuöses Liebesobjekt"
- *Aufgabe des „inzestuösen Liebesobjekts"* durch Zielhemmung nicht realisierbarer Triebwünsche bzw. Überwindung des Ödipuskomplexes, bedingt durch die Inzestschranke. Das Kind realisiert, dass es nicht zum Partner des gegengeschlechtlichen Elternteils werden kann, dass ein Erwachsener diesen Platz einnimmt
- *zweite postpubertäre Objektwahl.* Bei der Wahl eines Sexualpartners steht meist die erste Objektwahl als Vorbild. Es wird angenommen, dass alle Objektbeziehungen im Erwachsenenalter durch die wichtigen Erfahrungen innerhalb der Objektbeziehungen während der Kindheit mitbestimmt werden

> **! Merke:** In den Entwicklungen von Kindern kann man eine Phase der Verliebtheit in den gegengeschlechtlichen Elternteil (oder Elternfiguren) beobachten (ödipale Phase). Das Kind muss lernen, dass die Eltern (bzw. Erwachsenen) als Partner zusammengehören, und die traumatische Erfahrung des Ausgeschlossenseins (Triangulierung) verarbeiten.

Während zunächst in der psychoanalytischen Theorie davon ausgegangen wurde, dass die Suche nach Lust (innerpsychische Triebimpulse) die Sexualität des Menschen bestimme (im Sinne einer Ein-Personen-Psychologie), geht die moderne Psychoanalyse davon aus, dass die Suche nach einem Objekt im Zentrum des Interesses für sexuelle Aktivitäten steht (Objektbeziehungstheorie).

Ziel dieses Abschnitts soll die Vermittlung von Grundkenntnissen über Krankheitsbilder und Symptome und Behandlungsansätze im Bereich der sexuellen Funktion, der sexuellen Präferenz und der Geschlechtsidentität sein. Dabei geht es darum, zu erkennen, welche Symptome vorliegen (beachte: Impotenz, Frigidität und Perversion sind keine Diagnosen in den Klassifikationssystemen), welche davon organmedizinisch abgeklärt werden müs-

sen und wann zu einem Spezialisten mit sexualpsychotherapeutischer Ausbildung weiterverwiesen werden soll, da tiefenpsychologisch orientierte und psychoanalytische Behandlungsansätze allein der Symptomatik nicht gewachsen sind. Hierzu gehören z.B. Frauen mit Vaginismus unter den Sexuellen Funktionsstörungen, Sexualstraftäter bei denen aufgrund der Gefährdung anderer eine medikamentöse Therapie oder Freiheitsentzug angezeigt ist, und Patienten mit einer Störung der Geschlechtsidentität, die auf einer organischen Ursache beruht.

2 Diagnostik

Aufgabe der Diagnostik:
- Einordnung der Symptomatik
- Abschätzung der Indikation organmedizinischer Diagnostik und/oder
  einer medikamentösen Zusatzbehandlung
- Abschätzung der Gefährdung, vor allem bei Sexualstraftaten
- Indikationsstellung für oder gegen geschlechtsumwandelnde Maßnahmen
- Erkennen der Grenzen therapeutischer Ansätze

2.1 Sexuelle Funktionsstörungen (F52)

> **! Merke:** Unter sexuellen Funktionsstörungen versteht man eine Beeinträchtigung der sexuellen Funktionsfähigkeit beim (heterosexuellen) Geschlechtsverkehr (Koitus).

Sie beschreiben einen Mangel oder eine Verminderung des sexuellen Verlangens, eine Beeinträchtigung dre Erregbarkeit, eine Behinderung des Durchführens eines Koitus mit Penetration (Eindringen), ein Ausbleiben bzw. eine fehlende Kontrolle über das Auftreten des Orgasmus, organisch nichtbedingte Schmerzen beim Koitus sowie eine mangelnde Befriedigung bei ungestörtem Ablauf des Koitus. In der Symptomgruppe F52 der ICD-10 werden nur diejenigen sexuellen Funktionsstörungen beschrieben, die nicht Ursache einer organischen Störung oder Erkrankung sind.
Die Klassifikation der sexuellen Funktionsstörung sagt nichts über die Partnerbeziehung der betreffenden Person aus. Die Diagnose kann sowohl bei gelegentlich stattfindendem Geschlechtsverkehr in Zufallsbekanntschaften wie auch in einer lang anhaltenden Partnerbeziehung, in manchen Fällen auch ohne Vorhandensein von Partnerbeziehungen bzw. Kontakten vergeben werden.

Sexuelle Funktionsstörungen können primär organisch oder seelisch bedingt sein. Man kann jedoch davon ausgehen, dass eine Beeinträchtigung der Sexualität immer auch seelische Auswirkungen hat. Während in den 70er und 80er Jahren des 20. Jahrhunderts davon ausgegangen wurde, dass um die 80% der sexuellen Funktionsstörungen vor allem beim Mann psychogen seien, wurde in letzter Zeit dem organischen Faktor wieder eine größere Bedeutung beigemessen. Weder eine Überschätzung des psychischen Faktors noch eine Überbetonung des organischen Faktors wird dem Phänomen der sexuellen Funktionsstörungen gerecht.

4

Eingangs ist ferner zu erwähnen, dass sexuelle Funktionsstörungen bei den verschiedensten Formen der Persönlichkeitsstruktur auftreten können und immer in Beziehung zu diesen gesehen werden müssen. Vor allem aber muss hervorgehoben werden, dass eine funktionierende sexuelle Funktion kein Zeichen von zufrieden stellender Sexualität, aber auch nicht einer gesunden Persönlichkeit ist. (Bei einer Vergewaltigung ist die sexuelle Funktion in der Regel nicht beeinträchtigt.) Eine Beeinträchtigung der sexuellen Funktion kann eine adäquate Reaktion auf eine Situation sein und hat nicht in jedem Fall Krankheitswert. Es ist daher sinnvoll, zwischen physiologischen und psychologischen Aspekten sexueller Erregung zu unterscheiden. Für alle Funktionsstörungen gilt, dass die oder der Betroffene oder in manchen Fällen andere Personen unter Leidensdruck stehen müssen, damit das Phänomen als Störung klassifiziert werden kann. Auf die sexuelle Funktionsstörung aufgrund eines medizinischen Krankheitsfaktors (z.B. Bluthochdruck oder Diabetes) soll in dieser Arbeit nicht weiter eingegangen werden (vgl. dazu Sigusch, 2001). In jedem Fall sollte jedoch die Einnahme von Medikamenten erfragt und eventuelle Nebenwirkungen bedacht werden.

! Merke: Nicht jede Beeinträchtigung der sexuellen Funktion sollte als Symptom mit Krankheitswert diagnostiziert werden. Sie kann eine adäquate Reaktion auf eine bestimmte Situation darstellen. Eine ungestörte sexuelle Funktion ist noch kein Zeichen psychischer Gesundheit.

Beispiel:

Ein Ehemann pflegte über ein halbes Jahr seine Ehefrau, die an Brustkrebs erkrankt war, und begleitete sie im Sterben. Über viele Jahre hatten sie eine glückliche Ehe geführt und regelmäßig ohne Probleme sexuell verkehrt. Nach Ausbruch der Erkrankung seiner Frau ließ seine sexuelle Erregungsfähigkeit etwas nach, was ihm und der Frau nicht weiter auffiel, da die Partnerin sich zunächst sehr zurückzog.

Ein halbes Jahr nach dem Tod der Frau lernte der Mann eine neue Partnerin kennen. Sie näherten sich sexuell nur sehr behutsam, da auch sie in letzter Zeit schwere Schicksalsschläge erlitten hatte. Beim ersten Koitusversuch, lässt die Erregung plötzlich nach, als er den Penis einführen möchte. Ihm war seine verstorbene Frau in den Sinn gekommen, und er hatte ihr gegenüber ein schlechtes Gewissen, hatte das Gefühl fremdzugehen. Nach einigen Wochen tritt diese Phantasie allerdings in den Hintergrund, und der Mann hat nun das Gefühl, seine Trennung so weit überwunden zu haben, dass er sich nun wirklich auf die neue Partnerin einlassen kann.

Es handelt sich hier zwar um eine Beeinträchtigung der sexuellen Funktion, die aber keinen Krankheitswert hat. Gelingt es dem Mann allerdings nicht mehr, wieder sexuell zu verkehren, muss man von einer sexuellen Funktionsstörung nach nicht bewältigter Trennung sprechen.

2.1.1 Klassifikation sexueller Funktionsstörungen (nach ICD-10, 1992)

Die Einteilung der sexuellen Funktionsstörungen erfolgt in Anlehnung an den zeitlichen Ablauf des Geschlechtsverkehrs (den sexuellen Reaktionszyklus). Es wird dabei auf den hetero-

sexuellen Geschlechtsverkehr Bezug genommen. Sie können aber auch in einer homosexuellen Beziehung auftreten. Die Störungen werden beim Mann und bei der Frau analog differenziert und kommen bei Personen beiden Geschlechts vor, wenn auch unterschiedlich häufig. Nur der Vaginismus (Scheidenkrampf) der Frau und Störungen im Zusammenhang mit dem Samenerguss sind geschlechtsspezifisch.

Beim Mann müsste zwischen Orgasmus und Ejakulation (Samenerguss) unterschieden werden, da es einen Orgasmus ohne Ejakulation und eine Ejakulation ohne Orgasmus (vor allem auch unter Psychopharmaka) geben kann. In den Klassifikationssystemen werden diese Phänomene jedoch synonym verwendet.

- Verminderte sexuelle Appetenz (F52.0)

! Merke: Hauptmerkmal der sexuellen Appetenzstörung ist ein Mangel oder Fehlen sexueller Phantasien und sexuellen Verlangens.

Diese Symptomatik wird häufig auch als sexuelle Lustlosigkeit bezeichnet. Die Diagnose sollte nur gestellt werden, wenn sie nicht Folge einer anderen sexuellen Funktionsstörung ist. Eine Störung der sexuellen Appetenz schließt sexuelle Befriedigung oder Erregung bei sexuellen Aktivitäten nicht aus. Sie besagt vielmehr, dass das Verlangen nach sexuellen Aktivitäten gering ist und der oder die Betroffene oder der Partner darunter leidet. Es kann dadurch zu einem Partnerkonflikt kommen. Ein Nachlassen der sexuellen Lust in lange andauernden Partnerbeziehungen und mit zunehmendem Alter sollte nicht als Appetenzstörung klassifiziert werden, selbst wenn die Betroffenen darunter leiden. Nicht selten ist dann das Leiden durch unrealistische Vorstellungen über die sexuelle Leistungsfähigkeit bedingt.

Der Annahme, dass diese Störung eine typisch weibliche Störung sei, muss widersprochen werden, wenngleich sie bei Frauen häufiger zu beobachten ist als bei Männern. Es stimmt jedoch, dass diese Problematik in den letzten Jahrzehnten häufiger diagnostiziert wurde, sowohl bei Männern wie auch bei Frauen.

Die Beeinträchtigung der Appetenz kann organisch bedingt sein, vor allem wenn sie von Anfang an besteht oder plötzlich oder schleichend ohne ersichtlichen Grund auftritt. Häufig tritt sie jedoch nach einschneidenden Lebensereignissen auf, wie etwa nach der Geburt eines Kindes, dem Verlust einer bedeutsamen Bezugsperson oder dem Auftreten einer Krankheit, die jedoch in keinem unmittelbaren Zusammenhang mit der Sexualität stehen muss. Sie kann auch als Nebenwirkung einer Medikation beobachtet werden.

- Sexuelle Aversion (F52.10)

! Merke: Unter sexueller Aversion versteht man eine Abneigung gegenüber genitalen Kontakten mit einem Sexualpartner und eine damit einhergehende Vermeidung solcher Situationen bei bestehendem Leidensdruck des Betroffenen oder dessen Lebenspartners.

4

Häufig geht dieses Problem mit einer Schwierigkeit einher, sich körperlich berühren zu lassen.

Von der sexuellen Aversion kann eine Sexualphobie unterschieden werden. Hier löst nicht die Annäherung oder Berührung unangenehme Gefühle aus sondern es bestehen im klassischen Sinn phobische Ängste, berührt oder sexuell stimuliert zu werden. Diese Differenzierung fehlt jedoch in den Klassifikationssystemen.

- Mangelnde sexuelle Befriedigung (F52.11)

! **Merke:** Bei einer Störung der sexuellen Befriedigung führen sexuelle Aktivitäten trotz ungestörter sexueller Reaktionsfähigkeit und der Fähigkeit der Durchführung des Geschlechtsverkehrs nicht zu einer Befriedigung.

Gerade an dieser Störung wird die Differenzierung in physiologische und psychologische Anteile sexueller Erregung sichtbar. Häufig ist diese nach „Fremdgehen" des Partners bzw. der Partnerin zu beobachten.

Versagen genitaler Reaktionen

Die Erregungsstörung der Frau und die Erektionsstörung beim Mann werden in der ICD-10 unter F52.2, dem Versagen genitaler Reaktionen, zusammengefasst.

- Störung der sexuellen Erregung bei der Frau (F52.2)

! **Merke:** Als Erregungsstörung der Frau wird eine anhaltende und wiederkehrende Unfähigkeit, eine adäquate Lubrikation (Feuchtwerden der Scheide) und ein Anschwellen der äußeren Genitalien bei sexueller Erregung zu erlangen, verstanden.

Häufig handelt es sich hier um eine neurotisch bedingte Hemmung sexueller Erregbarkeit, die biografisch erklärt werden kann. Sie kann aber auch hormonelle Ursachen haben etwa im Zusammenhang mit zyklusbedingten Hormonstörungen, einer Veränderung des Hormonstatus im Klimakterium oder infolge der Einnahme bestimmter Hormonpräparate. Die Annahme, die Einnahme hormoneller Kontrazeption führe zu einer Beeinträchtigung der sexuellen Erregbarkeit, gilt in dieser allgemeinen Form nicht, wenngleich in Einzelfällen derartige negative Nebenwirkungen beobachtet werden können.

- Erektionsstörung beim Mann (F52.2)

! **Merke:** Unter einer Erektionsstörung versteht man die anhaltende oder wiederkehrende Unfähigkeit, eine adäquate Erektion zu erreichen oder bis zur Beendigung der sexuellen Aktivität aufrechtzuerhalten.

Gerade bei diesem Störungsbild ist es wichtig, differenzialdiagnostisch organische Ursachen auszuschließen. Die Exploration nächtlicher und morgendlicher Erektionen sowie der Erektionsfähigkeit bei Masturbation und bei eventuellen sexuellen Erfah-

rungen außerhalb einer bestehenden Partnerschaft müssen hier Berücksichtigung finden. Handelt es sich um eine komplette Erektionsstörung in allen Situationen, ist auf jeden Fall eine organmedizinische Diagnostik indiziert. Tritt die Störung nur beim Sexualverkehr mit der Partnerin auf, kann man mit hoher Wahrscheinlichkeit davon ausgehen, dass es sich um eine psychogene Erektionsstörung handelt. Häufig wird die Partnerbeziehung dann dafür verantwortlich gemacht. Es können hier aber auch andere psychogene Faktoren (z.B. Belastungen durch beruflichen Stress) entscheidend sein. Nebenwirkungen von Medikamenten und andere Erkrankungen müssen ebenfalls berücksichtigt werden.

Das in letzter Zeit häufig propagierte Präparat Sildenafil (Viagra) kann bei Erregungsstörungen kurzfristig Abhilfe schaffen. Es sollte aber nur nach einer internistischen Abklärung verabreicht werden. Außerdem muss bedacht werden, dass durch eine derartige Behandlung nicht die Ursache der Erkrankung behandelt wird und daher nach Absetzen der Medikation die Symptomatik oft unverändert weiterbesteht. Das ist ein Grund, warum gerade junge Männer das Medikament nicht so gerne über längere Zeit einnehmen.

- Weibliche Orgasmusstörung (F52.3)

! **Merke:** Unter der weiblichen Orgasmusstörung versteht man eine anhaltende oder wiederkehrende Verzögerung oder ein Fehlen des Orgasmus nach einer normalen sexuellen Erregungsphase.

Das Störungsbild muss deutliches Leiden oder zwischenmenschliche Schwierigkeiten verursachen. Das wichtigste Sexualorgan der Frau für das Erleben sexueller Erregung ist die Klitoris. In Anlehnung an Freuds Ausführungen wurde lange Zeit zwischen einem „unreifen" Orgasmus, ausgelöst durch Reizung der Klitoris, und einem „reifen" Orgasmus bei vollzogenem Geschlechtsverkehr und Stimulierung der Vagina unterschieden. Damit wurde dem wichtigsten Erregungsorgan der Frau eine minderwertige Bedeutung beigemessen. Ein Orgasmus, der nur durch Reizung der Klitoris zustande kommt, sollte auf keinen Fall als Orgasmusstörung klassifiziert werden. Nicht selten kann man eine unrealistische Vorstellung weiblicher Sexualität der Frau beobachten oder des Partners, der es als narzisstische Kränkung erlebt, nicht durch das Einführen des Penis in die Vagina sondern durch Reizung der Klitoris beim Geschlechtsverkehr die Frau zum Höhepunkt zu bringen.

Im Unterschied zum Mann erwarten viele Frauen nicht unbedingt, bei jedem Geschlechtsverkehr zum Höhepunkt zu kommen. Wenn eine Frau Schwierigkeiten hat, bis zum Höhepunkt erregt zu werden, ist es ferner wichtig zu unterscheiden, ob sie oder ihr Partner unrealistische Vorstellungen über weibliche Sexualität hat oder ob die Frau unter einer sexuellen Hemmung leidet.

Während Männer den Wunsch nach sexueller Vereinigung, nach einem Höhepunkt oft als Tröstung nach Konflikten (z.B. nach einem Streit) äußern, wünschen Frauen Sexualität eher zu einer ungestörten Zeit der Partnerbeziehung. Diese unterschiedlichen Vorstellungen kommen nicht selten in Orgasmusstörungen zum Ausdruck.

4

Eine organisch bedingte Orgasmusstörung bei der Frau ist extrem selten. Sie tritt vielmehr als Zeichen sexueller Hemmung oder als Folge sexuell traumatisierender Erfahrungen auf.

- Männliche Orgasmusstörungen (Ejaculatio deficiens F52.3)

! Merke: Unter der Orgasmusstörung des Mannes versteht man eine anhaltende oder wiederkehrende Verzögerung oder ein Fehlen des Orgasmus nach einer normalen sexuellen Entwicklung.

Genau genommen handelt es sich um ein Fehlen der Ejakulation und des Orgasmus. Diese Störung wird daher häufig als Ejaculatio deficiens bezeichnet.

Hier scheint es besonders wichtig, Erfahrungen mit ungeschütztem Geschlechtsverkehr neben psychodynamischen Gesichtspunkten zu berücksichtigen. Nicht selten spielen unterschiedliche Vorstellungen zwischen den Partnern hinsichtlich des Wunsches, ein Kind zu zeugen, eine Rolle oder unbewusste Ängste vor einem Kind, die sich in dieser Symptomatik manifestieren. Auch hier muss allerdings an Nebenwirkungen von Medikamenten gedacht werden.

- Ejaculatio praecox (F 52.4)

! Merke: Als frühzeitigen Samenerguss (Ejaculatio praecox) bezeichnet man ein wiederkehrendes Einsetzen (des Orgasmus und) der Ejakulation bereits bei minimaler Stimulierung vor (ante portas), bei oder kurz nach der Penetration und bevor die Person es wünscht.

Wenngleich dieses Problem sehr oft in Kombination mit einer Erregungsstörung auftritt, sollte es auf jeden Fall getrennt diagnostiziert werden. Psychisch und physisch bedeutet das Gefühl, nicht sexuell erregt werden zu können, etwas anderes als das Gefühl, über die Ejakulation keine Kontrolle zu haben. Es handelt sich um das bei Männern am häufigsten zu beobachtende Problem, das vor allem bei jüngeren Männern auftritt und mit zunehmendem Alter abnimmt. In einer nichtklinischen Stichprobe (Laumann, 1994) gaben 28% der befragten Männer an, im letzten Jahr gelegentlich unter diesem Problem gelitten zu haben. Sehr unterschiedliche Faktoren spielen bei dieser Symptomatik eine Rolle.

- Dyspareunie (nicht aufgrund eines medizinischen Krankheitsfaktors; F52.6)

! Merke: Als Dypareunie werden genitale Schmerzen, die mit dem Geschlechtsverkehr einhergehen, verstanden.

Hier handelt es sich um Schmerzen, die unmittelbar beim Einführen des Penis auftreten, nicht um diffuse Schmerzen im Unterleib. Das Störungsbild kann man bei Frauen und bei Männern beobachten. Bei diesem Krankheitsbild sollte auf jeden Fall eine medizinische Untersuchung angeordnet werden, um Pilzinfektionen oder andere Erkrankungen, wie etwa das Vorhandensein eines HP-Virus auszuschließen, das auch ansteckend sein kann. Nicht selten sind die Schmerzen beim Geschlechtsverkehr die Folge von zu geringer Erregung und daraus resultierender mangelnder Lubrikation. Psychodynamisch können sehr unterschiedliche Erklärungen für die Symptomatik von Bedeutung sein.

- Vaginismus (nicht aufgrund eines medizinischen Krankheitsfaktors; F52.5)

! Merke: Unter einem Vaginismus (Scheidenkrampf) versteht man eine wiederkehrende oder anhaltende unwillkürliche Kontraktion der perinealen Muskulatur im äußeren Drittel der Vagina, wenn eine vaginale Penetration mit dem Penis, dem Finger, einem Tampon oder einem Spekulum versucht wird.

Hier handelt es sich nicht um Schmerzen durch Berührung oder Reizung der Haut sondern um eine Verengung der Scheide, die das Einführen verhindert.

Besonders wichtig ist, zu berücksichtigen, dass Frauen mit einer vaginistischen Symptomatik in der Regel nicht unter Lustlosigkeit leiden, oft in länger andauernden Partnerbeziehungen leben und eine aktives Sexualleben mit anderen Formen der Sexualität mit voller sexueller Befriedigung bis zum Orgasmus (Petting) führen. Oft bitten Paare mit einer derartigen Problematik erst dann um therapeutische Hilfe, wenn Kinderwunsch vorliegt.

Diese Symptomatik ist fast immer psychogen bedingt. Wenngleich in der spärlichen psychoanalytischen Literatur diese Problematik oft als Folge ödipaler Konflikte dargestellt wird, ist unserer Erfahrung nach sehr viel häufiger im Hintergrund eine Autonomie-Abhängigkeitsproblematik zu beobachten.

Bei dieser Symptomatik reicht eine tiefenpsychologisch orientierte Bearbeitung unbewusster Konflikte meist nicht aus. Erst reale Erfahrungen im Zusammenhang mit übenden Verfahren im Sinne einer „systematischen Desensibilisierung in vivo" führt zu einer Besserung der Symptomatik. Wiederholt wurde dabei die Verwendung von Hegarstiften als wichtige Hilfsmittel beschrieben.

Beispiel:

Ein Paar, das seit 5 Jahren verheiratet ist und sich seit 12 Jahren kennt, möchte eine Therapie machen, da es nicht den Koitus ausüben kann, jedoch der Kinderwunsch immer dringlicher wird. Es hat ein intensives, zufrieden stellendes Sexualleben, bei dem jedoch Geschlechtsverkehr nach einigen Versuchen am Anfang der Beziehung vermieden wurde, da sich die Frau in dem Moment, in dem der Mann in sie eindringen möchte, zu sehr verkrampft.

Die Frau berichtet, dass sie ein unerwünschtes Kind gewesen sei. Sie nimmt an, dass ihre Eltern nach ihrer Geburt kaum mehr miteinander sexuell verkehrt hatten. Die Aufklärung durch die Mutter habe sie traumatisch erlebt, und sie verspüre großen Ekel vor ihrem Menstruationsblut. Sie habe große Angst, der Mann könnte ihr, wenn er in sie eindringen würde, Verletzungen zufügen. Auch wenn sie sich nicht als vollwertige Frau erlebt, ist sie sich sicher, dass er sie nie verlassen würde, da er sie ja sogar so akzeptiere, wie sie ist. Er hingegen reagiert

4

schnell mit Eifersucht und ist sich sicher, dass seine Frau nicht untreu werden könnte, da sie ja die Symptomatik des Vaginismus habe.

- Gesteigertes sexuelles Verlangen (F52.7)

! Merke: Hierunter versteht man eine Zunahme des sexuellen Verlangens, die psychisch bedingt ist und nicht als Folge einer anderen (psychischen) Erkrankung auftritt.

Differenzialdiagnostisch ist es wichtig, zu prüfen, ob es sich um ein suchtartiges Verhalten handelt, d.h., ob es bei Nicht-Ausleben sexueller Aktivitäten zu Impulsdurchbrüchen, Angstzuständen oder Aggressivität gegen andere kommt. Tritt ein gesteigertes sexuelles Verlangen plötzlich auf, ist immer an eine organisch bedingte (z.B. durch einen Tumor der Nebennierenrinde) Veränderung des Verlangens zu denken. Wenngleich derartige Verhaltensweisen häufiger bei Männern zu beobachten sind, findet man sie auch bei Frauen.

2.1.2 Psychoanalyse und sexuelle Funktionsstörungen

Viele Patienten, die eine psychoanalytische Behandlung beginnen, leiden unter einer sexuellen Funktionsstörung, ohne dass diese gleich im Erstgespräch zur Sprache kommt und ohne dass dies der Anlass für eine Behandlung wäre. Im Laufe der Behandlung werden die zugrunde liegenden Konflikte bearbeitet, und im günstigen Fall wird dies zu einer Verbesserung der Symptomatik führen. Es kann aber auch eine passagere Verschlechterung eintreten (vgl. Kernberg, 1998). Nicht selten wird dies jedoch in der Therapie nicht thematisiert, da die Therapeutin oder der Therapeut nicht danach fragt, Andeutungen nicht aufgreift oder sogar zu verstehen gibt, dass sie/er sich auf dem Gebiet der sexuellen Störungen nicht besonders auskenne.

Dieser Umgang mit der Symptomatik macht verständlich, warum es kaum moderne psychoanalytische Arbeiten gibt, die sich mit sexuellen Funktionsstörungen beschäftigen (vgl. Becker und Gschwind, 1996). Es werden nach wie vor Begriffe wie Frigidität und Impotenz verwendet, von denen sich die moderne Sexualwissenschaft und auch moderne Klassifikationssysteme längst verabschiedet haben. Sie drücken ein diffuses sexuelles Unvermögen aus und weniger spezifische sexuelle Probleme.

2.1.2 Die Behandlung sexueller Funktionsstörungen

Als das immer noch aktuelle Buch von Arentewicz und Schmidt (1996) über das Hamburger Modell der Paartherapie bei sexuellen Funktionsstörungen 1980 erstmals erschien, wurde das Vorgehen – eine Weiterentwicklung des Konzepts von Masters und Johnson – der verhaltenstherapeutisch ausgerichteten Therapeuten, die jedoch psychodynamische Konzepte in ihr Therapieprogramm aufgenommen hatten, von Psychoanalytikern heftig kritisiert. Dieses Vorgehen könne nicht zu einer Verbesserung der zugrunde liegenden konfliktreichen Partnerdynamik führen, da nicht wirklich psychodynamisch vorgegangen werde. Diese Kritik erscheint nach weiteren 20 Jahren Erfahrung bei bei weit mehr als 600 Paaren allein in Hamburg noch ungerechtfertigter als damals. Es gilt heute als belegt, dass mit diesem Ansatz eine deutliche Besserung bzw. Heilung in vielen Fällen herbeigeführt werden kann (vgl. Hauch, 1998). Nach einer Paartherapie nach

dem Hamburger Modell, das übende Verfahren in Form von „Hausaufgaben" als zentralen therapeutischen Ansatz zur Anwendung bringt, kann bei einer Besserung der sexuellen Symptomatik eine „gestörte" Partnerdynamik weiterhin bestehen, die jedoch für Therapeuten nur dann von Interesse sein sollte, wenn die Partner darunter leiden (vgl. auch Schmidt, 1994). Es kann aber auch sein, dass gewisse Beeinträchtigungen der Sexualität nicht zu beheben waren, Paare jedoch besser damit umgehen können und eine zufriedenere Sexualität leben, die nicht nur auf die Durchführung des Koitus konzentriert ist.

Folgende Grundelemente spielen bei diesem therapeutischen Ansatz eine Rolle und lassen sich auch in eine tiefenpsychologisch orientierte Paartherapie einbauen Die Punkte 1-3 werden den Patienten als so genannte Hausaufgaben aufgegeben:

1. Koitusverbot: Die Patienten werden aufgefordert, jeden Versuch, einen Koitus durchzuführen, zunächst zu unterlassen. Es wird betont, dass es sich dabei nicht um eine paradoxe Intervention handelt, die übertreten werden kann, sondern vielmehr der Gedanke im Hintergrund steht, dass wiederholte Misserfolgserlebnisse vermieden werden sollten, die durch intermittierende Verstärkung bereits auftretende Verbesserungen des körperlichen Umgangs wieder zunichte machen könnten.

2. Erkundendes (nicht sexuelles) Streicheln: Beide Partner werden aufgefordert, sich gegenseitig abwechselnd zunächst unter Ausklammerung der Genitalien und Brüste am ganzen Körper zu streicheln, dabei auf aktive und passive Wünsche zu achten und diese dem Partner (der Partnerin) mitzuteilen. Neben der Erfahrung eines gleichberechtigten Umgangs miteinander ist es ein Ziel, Wünsche wahrzunehmen und zu äußern sowie herauszufinden, welche Körperteile, aber auch welche Art von Berührungen als angenehm bzw. sexuell erregend und welche als unangenehm empfunden werden. Dabei geht es auch um die Erfahrung, dass nicht jede sexuelle Erregung (vor allem beim Mann) zu einem Orgasmus führen muss.

3. Erkunden des eigenen Körpers: Patienten werden aufgefordert den Körper allein zu erkunden, zu betrachten und zu berühren. Dabei geht es einerseits darum, das Aussehen des eigenen Körpers kennen zu lernen (viele Patientinnen und Patienten haben sich z.B. noch nie nackt im Spiegel betrachtet), aber auch herauszufinden, welche Berührungen angenehm und welche unangenehm sind. Falls Patienten keine Erfahrung mit Selbstbefriedigung haben, kann man sie auch auffordern, dies auszuprobieren.

4. Informationsvermittlung über Sexualität: Sexuelle Funktionsstörungen können oft bei Personen beobachtet werden, die durch mangelndes Wissen über den Körper und die Sexualität zusätzlich verunsichert sind. Es scheint hier durchaus angebracht, auch in einem tiefenpsychologischen Setting Fragen zu beantworten und Patienten aufzufordern, sich um weitere Informationen zu bemühen.

Diese Ansätze können bei sexuellen Schwierigkeiten helfen, ersetzen aber noch keine Sexualtherapie bei Vorliegen einer manifesten Funktionsstörung für deren Durchführung eine spezielle Ausbildung erforderlich ist.

Nicht selten werden Patienten nach abgeschlossenen Psychoanalysen und Psychotherapien an Sexualtherapeuten überwiesen (1996 waren es in der Hamburger Abteilung für Sexualforschung unter einer Stichprobe von 700 Patientinnen und

Patienten unseres Patientenkollektivs 23,4%), um die nicht behobene sexuelle Funktionsstörung behandeln zu lassen. (Dies trifft übrigens für alle Therapierichtungen zu. Auch Verhaltenstherapeuten fühlen sich manchmal überfordert, wenn das Thema Sexualität behandelt werden sollte.) Selbst Kernberg empfiehlt, im gegebenen Fall an eine Psychoanalyse eine Sexualtherapie anzuschließen. Inwiefern bzw. wann sexuelle Funktionsstörungen psychoanalytisch behandelt werden können, kann nicht hinreichend beantwortet werden, da es dazu keine systematischen Studien gibt. Wenn nach Abschluss einer Langzeittherapie immer noch eine sexuelle Funktionsstörung besteht, kann dies an der Symptomatik liegen, aber auch am Umgang des Therapeuten mit der Sexualität. Selbst wenn in der psychoanalytischen Behandlung nicht das Symptom im Vordergrund steht, sollte dennoch die Therapeutin oder der Therapeut über sexuelle Symptome so weit informiert sein, dass entsprechende Deutungen geäußert werden können, und vor allem sollte sie/er wissen, wann eine Indikation für eine organmedizinische Untersuchung gegeben ist. Das Bearbeiten von Konflikten und Widerständen in der Übertragung sollte nicht als ein Übersehen von Symptomen verstanden werden.

Ein wichtiger Unterschied zwischen dem psychoanalytischen und dem eher verhaltenstherapeutisch orientierten Ansatz in der Behandlung von Patienten mit sexuellen Funktionsstörungen besteht bei der Indikation für eine Einzel- oder Paartherapie. Für den psychoanalytischen Ansatz stellt eine Paartherapie die Ausnahme dar, Verhaltenstherapeuten empfehlen bei einer Partnerschaft wenn möglich eine Paartherapie. Sie nehmen also eine enge Verflechtung der gegenwärtigen Störung mit der Partnerschaft an. In der Psychoanalyse wird implizit angenommen, dass die Bearbeitung der sexuellen Hemmung eines Partners zu einer Verbesserung der partnerschaftlichen Sexualität führt.

Aus der klinischen Praxis wissen wir, dass es sexuelle Funktionsstörungen gibt, wie etwa den Vaginismus bei der Frau, die in der Regel durch Psychoanalyse allein nur selten behoben werden können. Es scheint nicht auszureichen, etwa die hinter dem Vaginismus verborgene Trennungsangst, die Nähe nicht zulässt, zu bearbeiten. Die Ängste, die in Konfrontation mit der Sexualität in der realen Situation auftreten, müssen am Körper und nicht nur in der Übertragung über das Medium der Sprache erfahren und bearbeitet werden. Eine reine Verhaltenstherapie ohne Bearbeitung zugrunde liegender Konflikte kann jedoch zu einer Symptomverschiebung führen.

2.2 Störungen der Sexualpräferenz (Paraphilien F65)

Nach dem DSM-IV sind die Hauptmerkmale einer Paraphilie wiederkehrende sexuell erregende Phantasien, sexuell dranghafte Bedürfnisse oder Verhaltensweisen, die sich im Allgemeinen auf
1. nichtmenschliche Objekte,
2. das Leiden oder die Demütigung von sich selbst oder seines Partners oder
3. Kinder oder andere nicht einwilligende oder nicht einwilligungsfähige Personen beziehen
und die über einen Zeitraum von mindestens 6 Monaten auftreten. Bei den Paraphilien handelt es sich um Störungen, die fast ausschließlich bei Männern vorkommen. Auf die weiblichen Perversionen soll hier daher nicht weiter eingegangen werden.

Während sich der Begriff der Sexualdelinquenz und -devianz auf abweichendes Verhalten bezieht, handelt es sich bei dem psychodynamischen Begriff der Perversion um die Bezeichnung innerpsychischer Prozesse, die zu Symptombildungen führen, die von der Norm abweichen. Deviantes Verhalten kann zu einem Straftatbestand werden, Perversionen unter bestimmten Umständen Krankheitswert erhalten. In den letzten Jahren haben sich unter dem Einfluss der internationalen Klassifikationssysteme die Begriffe Störungen der Sexualpräferenz (ICD-10) und Paraphilie (DSM-IV) zunehmend durchgesetzt. Dabei handelt es sich allein um Kategorisierungsmuster, nicht um theoretische Erklärungsansätze, wie etwa die psychoanalytischen Perversionstheorien.

Diese dranghaften Phantasien oder Bedürfnisse führen in klinisch bedeutsamer Weise zu Leiden oder Beeinträchtigungen in sozialen, beruflichen oder anderen wichtigen Funktionsbereichen. Es kommt vor, dass Personen mit Paraphilie wegen ihrer Neigungen festgenommen und inhaftiert werden, wenn sie sich selbst oder andere schädigen.

2.2.1 Klassifikation der Paraphilien
- Fetischismus und fetischistischer Transvestitismus (F65.0, F65.1)

> **!** **Merke:** Das Hauptinteresse beinhaltet den Gebrauch von unbelebten Objekten (den „Fetisch", meist Teile von Frauen oder des weiblichen Körpers) zur Erreichung sexueller Erregung.

Die Person mit Fetischismus masturbiert häufig, während sie den Fetisch festhält, ihn reibt oder an ihm riecht, oder sie bittet den Sexualpartner, beim sexuellen Kontakt das jeweilige Objekt zu tragen. Beim fetischistischen Transvestitismus führt das Tragen von Kleidern des anderen Geschlechts zur sexuellen Erregung, wobei jedoch die Geschlechtsidentität nicht in Frage gestellt wird.

- Exhibitionismus (F65.2)

> **!** **Merke:** Es besteht ein dranghaftes Zur-Schau-Stellen der eigenen Genitalien vor meist gegengeschlechtlichen Fremden.

Es wird in der Regel kein weiterer Versuch zu weiteren sexuellen Handlungen unternommen. Exhibitionistisches Verhalten muss nicht mit einer Erektion einhergehen und im Zusammenhang mit Masturbation auftreten. Die Betroffenen zeigen das Verhalten mit der Intention, andere damit zu erschrecken, obwohl sie wissen, dass es strafrechtlich verfolgt werden kann.

- Frotteurismus (F65.8)

> **!** **Merke:** Das Hauptinteresse zur Erlangung von sexueller Erregung beinhaltet das Berühren und Sichreiben an einer nicht einwilligenden Person, in der Regel an überfüllten Orten.

4

- Pädophilie (F65.4)

! Merke: Das Hauptinteresse beinhaltet sexuelle Handlungen mit einem präpubertären gleichgeschlechtlichen oder gegengeschlechtlichen Kind.

Die Person mit Pädophilie muss 16 Jahre oder älter sein und mindestens 5 Jahre älter als das Kind. Es können Kinder aus der eigenen Familie ausgewählt werden, aber auch fremde Kinder. Wichtig ist, dass die pädophilen Handlungen geheim gehalten werden. Oft wird versucht, die Kinder durch besondere Formen der Erpressung (Geschenke) zur Geheimhaltung zu zwingen. Der Begriff Pädophilie wird vor allem von feministischen Autorinnen scharf kritisiert. Sie schlagen den Begriff der Pädosexualität vor, da es sich ja nicht um die Liebe zum Kind, sondern um Sexualität mit einem Kind handelt.

Beispiel:

Ein Mann sucht einen Therapeuten auf, da seine Lebensgefährtin sich von ihm getrennt hatte, nachdem sie herausgefunden hatte, dass er ein sexuelles Verhältnis zu ihrer 12-jährigen Tochter unterhielt. Er selbst wurde von seiner Mutter stark vernachlässigt und gibt an, vor erwachsenen Frauen Angst zu haben. Das Mädchen habe ihn jedoch so gut verstanden, und er verstehe nicht, warum er nicht mit ihr verkehren dürfe. Er kommt nicht, um seine pädophile Problematik zu bearbeiten, sondern wegen der depressiven Reaktion auf das Verbot der pädophilen Beziehung.

- Sexueller Sadomasochismus (F65.5)

! Merke: Das Hauptinteresse beinhaltet entweder den realen Akt der Demütigung, des Geschlagen- bzw. Gefesseltwerdens oder sonstigen Leidens oder reale Handlungen, welche für die Person durch psychisches oder physisches Leiden des Opfers (einschließlich Demütigung) sexuell erregend sind.

Wenn dieser sexuelle Sadismus mit einer antisozialen Persönlichkeitsstörung verbunden ist, können Personen mit sexuellem Sadismus ihre Opfer ernstlich verletzen oder töten.

- Voyeurismus (F65.3)

! Merke: Das Hauptinteresse beinhaltet die Beobachtung nichts ahnender Personen, üblicherweise Fremder, die nackt sind, sich gerade ausziehen oder sexuelle Handlungen ausführen.

Das Zuschauen („Spannen") hat den Zweck, sexuell erregt zu werden.

Bei Vorliegen einer Paraphilie sollte zusätzlich eine Beurteilung des Schweregrades der Störung erfolgen. Dabei spielt einerseits die Frage der Progredienz, aber auch das Sadismuskriterium eine entscheidende Rolle. Nach Schorsch et al. (1985) soll-

ten dabei folgende Aspekte Berücksichtigung finden:

Progredienzkriterien:

- periodische Akzentuierung eines dranghaften gesteigerten sexuellen Verlangens mit innerer Unruhe
- starke sexuelle Phantasiebesetzung
- Progression im Längsschnitt
- kürzere Abstände zwischen den entsprechenden Manifestationen
- signalhafte Auslöser der sexuellen Handlungen
- autoerotische Fixierung mit hoher Masturbationsfrequenz
- Wunsch nach Behandlung

Nicht zu den eigentlichen Paraphilien gehören die mit den Paraphilien verwandten Störungen, die meist durch ihr dranghaftes suchtartiges Verhalten bestimmt sind:
- zwanghafte Masturbation
- ausgedehnte hetero- oder homosexuelle Promiskuität
- Abhängigkeit von Pornografie, Telefonsex, Internetbenutzung im Zusammenhang mit Pornografie

2.2.2 Psychodynamische Betrachtung von Paraphilien

Einleitend muss hervorgehoben werden, dass auch die Paraphilien bei den unterschiedlichsten Persönlichkeitsstrukturen auftreten können. Das Organisationsniveau der im Sexualverhalten enthaltenen Objektbeziehungen ist von Bedeutung. Die Abwehrmechanismen der Spaltung, Sexualisierung und des Agierens stehen im Vordergrund.

Schorsch et al. (1985) führten eine umfangreiche Therapiestudie an nicht inhaftierten Sexualstraftätern durch. Sie unterschieden drei Gruppen von Symptombedeutungen:

1. Das perverse Symptom analog zum neurotischen Symptom ist gekennzeichnet durch *feste Rituale*.
   Es ist isoliert vom übrigen Erleben und stabilisiert das Ich. Es kommt ihm eine reparative Funktion zu.
2. Es liegt eine destruktive Dynamik bei *geringer Impulskontrolle* mit sexualisierten, polymorph perversen Durchbrüchen vor.
3. Die Perversion hält die fragmentarische Struktur zusammen.
   Die *perverse Charakterstruktur* kennzeichnet die ganze Persönlichkeit.

Ferner beschreiben Schorsch et al. (1985), dass mit dem perversen Ritual ein intensives Gefühl von Potenz und Männlichkeit einhergehen kann. Dahinter würden Männlichkeitsprobleme ein regressives Ausweichen von der genitalen Sexualität widerspiegeln, vor allem wenn diese mit „Aggressivität, Zerstörung, Kastrations- und Auflösungsphantasien" assoziiert sind. Auch seien in unterschiedlichem Ausmaß Aggressionsprobleme, narzisstisches Selbsterleben und Beziehungsschwierigkeiten zu beobachten. Hinsichtlich der Persönlichkeitsstruktur ließen sich vier Gruppen herausarbeiten:

Depressive, Antisoziale, nach Autonomie Strebende und Patienten mit sadomasochistischen Zügen.

Becker (2001) stellt folgende zentrale Konflikte bei den einzelnen Paraphilien in den Vordergrund:

- Exhibitionismus und Voyeurismus

Kastrationsangst: die Aufforderung an die Frau, ihrerseits ihren Penis zu zeigen, um so die Bestätigung zu bekommen, dass es Kastration gibt. In der perversen Dynamik werden traumatische

Erfahrungen nicht verinnerlicht, symbolisiert und durch Phantasiebildung verarbeitet, sondern mit den Mitteln des Primärprozesses entschärft, erotisiert, sexualisiert und schließlich agiert.

- **Fetischismus**

Trennungsangst: Nach übermäßiger Zuwendung durch die Mutter kam es zu einer traumatischen Trennung, die nicht verinnerlicht und verarbeitet werden konnte. Wie beim Übergangsobjekt bleibt die Sehnsucht nach der Einheit mit der Mutter nach Geruch, Berührung bestehen.

- **Sadomasochismus**

Verschmelzungswünsche und Abwehr von Verschmelzungswünschen durch aggressive Konfrontation, Unterwerfung, Entmachtung. In der sadomasochistischen Handlung gelingt dem Perversen ein Kompromiss von Verschmelzungswünschen und Abgrenzungsbedürfnissen.

- **Pädophilie**

Entweder neurotische Lösung der Kastrationsproblematik (ödipale Wurzel) oder perverse Lösung (präödipale Wurzel), je nach Gelingen der Separation von der Mutter.

2.2.3 Die Psychodynamische Behandlung von Paraphilien

Das Hauptproblem bei der Behandlung von Perversionen ist, dass bei den Betroffenen oft wenig Motivation und wenig Leidensdruck für eine Behandlung bestehen, selbst wenn andere darunter leiden. Sie suchen entweder aus anderen Gründen einen Therapeuten auf oder mit gerichtlicher Auflage, da sie straffällig geworden sind. Es gibt aber auch Personen, die unter ihrer Symptomatik leiden, mit ihr in Konflikt geraten und deshalb um Hilfe ansuchen. Bei dieser Problematik muss das Augenmerk auch auf das Symptom gelegt werden, da ein Weiterbestehen des Symptoms zu einer Strafverfolgung führen kann. Es wird aber auch die dem Symptom zugrunde liegende Struktur bzw. die Konflikte behandelt. Das Besondere ist, dass man in erhöhtem Maße bei diesen Patienten mit Agieren innerhalb und außerhalb der Übertragung rechnen muss, d.h., es wird in der Übertragung gehandelt und nicht erlebt und bearbeitet.

Das perverse Symptom ist eine Kompromissbildung zwischen Verdrängtem und dem Durchbruch von verdrängten Triebimpulsen. Die Kompromissbildung im Symptom stabilisiert dabei das Ich oder, wie Morgenthaler (1974) schrieb, es hat eine Plombenfunktion. Die Abwehrmechanismen sind oft so festgefahren, dass die Person mit einer Perversion eine Therapie beginnt, um unbewusst vom Therapeuten bestätigt zu bekommen, dass seine perverse Handlung richtig und die einzig mögliche sei. Auf die Schwierigkeiten der psychodynamischen Therapie mit diesen Patienten, vor allem auf die Balance zwischen Missbrauch und Gebrauch, hat Reiche (2001) hingewiesen. Er beschreibt idealtypische Behandlungsschritte der Behandlung von Patienten mit perversen Symptomen.

1. *Enthüllung im Erstinterview.* Oft erzählt der Patient im Erstinterview das erste Mal von seiner sexuell perversen Symptomatik. Dabei kann es bereits zu einer Sexualisierung der Gesprächssituation kommen.
2. *Angewiesensein auf die Perversion.* Dem Patienten wird im Laufe der Behandlung bewusst, wie sehr er auf sein Symptom angewiesen ist, dass es eine Überlebensstrategie darstellt. Diese Erkenntnis führt zu Scham- und Schuldgefühlen, die

wiederum häufig Suizidimpulse auslösen. In dieser Zeit kommt es zu einer „existenziellen Desillusionierung des Selbst".
3. *Überleben als Entspannung.* Diese führt entweder zu einer produktiven Weiterarbeit oder zu Stagnation und Therapieabbruch.
4. *Idealisierung des Analytikers.* Der Analytiker wird zum auserwählten Objekt, für das es sich lohnt, weiterzumachen. In der Gegenübertragung kann es im Gegenzug zu einer Idealisierung des Patienten kommen.
5. *Sexualisierte wechselseitige Idealisierung.* Die Übertragung der Perversion kann sich in eine „Perversion der Übertragung" verwandeln und kann dadurch zu einer Entgleisung der Therapie führen.
6. *Sexualisierte Übertragung als zerstörerischer Angriff auf die Therapie.* In der sexuell aufgeladenen Situation kann es dazu kommen, dass der Therapeut seine „deutende Potenz" verliert, im übertragenen Sinne kastriert wird, da er zu sehr in die Übertragung verwickelt wird.

Ob sich in diesem schwierigen Unterfangen der Therapie die Plombe im Sinne Morgenthalers lösen wird, möchte Reiche „der Gunst des Unternehmens" überlassen wissen.

Eine Zusammenfassung der Studien zum Therapieerfolg bei verschiedenen therapeutischen, auch medikamentösen Ansätzen bei Sexualstraftätern findet sich bei Berner (2000). Auf die Besonderheiten der Therapie mit gerichtlicher Behandlungsauflage soll hier nicht weiter eingegangen werden.

2.3 Geschlechtsidentitätsstörungen (F64)

Einleitend sei hervorgehoben, dass bei keiner anderen Störung im Bereich der Sexualität so viel Unklarheit hinsichtlich der Begriffsbestimmung herrscht wie bei der Transsexualität. Die Hauptfrage, die bei der Definition der Transsexualität in den letzten Jahren auftauchte, ist, wieweit der Wunsch nach (und die Durchführung) einer geschlechtsumwandelnden Operation (meist sind es Operationen) bzw. die Erfüllung dieses Wunsches als eine notwendige und hinreichende Bedingung verstanden werden soll, um von Transsexualität zu sprechen. Vor allem Betroffene wehren sich in zunehmendem Maße gegen den Begriff Transsexualität, da sie meinen, ihre Identität sei anders als bei Nicht-Betroffenen und nicht die Wahl ihres Sexualpartners. Sie sprechen daher lieber von Transidentität oder Transgender als von Transsexualität. Im DSM-IV wird weder der Begriff Transsexualität noch Transidentität verwendet, sondern Störung der Geschlechtsidentität. Das führt insofern zu einer klassifikatorischen Sprachverwirrung, als nicht jede Geschlechtsidentitätsstörung mit dem Wunsch, das andere Geschlecht annehmen zu wollen, verbunden ist.

Der Umgang mit Patienten mit Geschlechtsidentitätsstörungen hat immer wieder heftige Diskussionen ausgelöst. Waren die einen empört über zu schnelles Handeln bei Vorliegen eines Operationswunsches, warfen andere vor allem tiefenpsychologisch orientierten Psychotherapeuten vor, sie würden das Umwandlungsbegehren nicht ernst nehmen, würden zu lange mit der Befürwortung medizinischer Maßnahmen warten.

4

Von der Deutschen Gesellschaft für Sexualforschung, der Akademie für Sexualmedizin und der Gesellschaft für Sexualwissenschaft wurden in Anlehnung an die „Standards of Care" der Harry Benjamin International Gender Dysphoria Association für deutsche Verhältnisse „Standards der Behandlung und Begutachtung von Transsexuellen" festgelegt (Becker et al., 1997, 1999). Sie sollen hier nur erwähnt werden. Im Falle einer Behandlung von Personen mit Transsexualität ist eine kritische Auseinandersetzung mit den einzelnen Behandlungsschritten unerlässlich. Diese Standards sollen den Wildwuchs an Behandlungsansätzen bei diesem Störungsbild reglementieren, auch wenn das Festlegen von Standards sicherlich immer Probleme mit sich bringt. In diesen Standards müsste klarer zwischen Psychotherapie und Behandlung getrennt werden. Vor allem aber ist es beim Erscheinungsbild der Transsexualität besonders wichtig, auf die Besonderheiten der Geschlechter näher einzugehen. Das Transsexuellen-Gesetz und seine Folgen und die medizinischen Behandlungsmaßnahmen werden hier nicht weiter erläutert (vgl. Sigusch, 2001).

2.3.1 Klassifikation der Geschlechtsidentitätsstörungen (F64.0 Transsexualismus)

! **Merke:** Um von einer Geschlechtsidentitätsstörung zu sprechen, muss ein starkes und andauerndes Zugehörigkeitsgefühl zum anderen Geschlecht vorliegen, d.h. das Verlangen oder auch das Bestehen darauf, dem anderen Geschlecht anzugehören.

Außerdem muss der Befund eines andauernden Unbehagens im Geburtsgeschlecht oder das Gefühl, dass die Geschlechtsrolle dieses Geschlecht für ihn nicht die richtige ist, vorliegen. Die Diagnose wird nicht bei einem somatischen Intersex-Syndrom gestellt. Auch muss die betroffene Person in klinisch bedeutsamer Weise darunter leiden bzw. müssen Beeinträchtigungen in sozialen, beruflichen oder anderen wichtigen Funktionsbereichen bestehen.

Beispiel:

Es wendet sich eine biologische Frau an eine Spezialeinrichtung, da sie das Gefühl hat, nicht mehr als Frau weiterleben zu können. Sie hat den Wunsch nach einer Geschlechtsumwandlung. Sie ist in einer Familie aufgewachsen mit einer depressiven Mutter und einem Vater, der einer künstlerischen Tätigkeit nachging und dabei sich nicht um die eigene Familie kümmerte, keinerlei Interesse für das Leben der Patientin und des um zwei Jahre älteren Bruders gezeigt hat. Schon als kleines Kind beanspruchte die Mutter die Patientin als Ersatz für einen Partner. Für die Patientin ist sie kein Vorbild, mit dem die Patientin sich jemals identifizieren wollte. Schon als kleines Kind habe die Patientin es bevorzugt, mit Jungen zu spielen. In der Jugendzeit hatte sie eine enge, auch sexuelle Freundschaft zu einem Mädchen, das in ihr jedoch den männlichen Partner sah. Nach Abschluss der Schule wollte sie es doch noch versuchen, als Frau zu leben, und besuchte eine Schauspielschule. Dort übernahm sie bevorzugt weibliche Rollen. Sie wurde von ihren Lehrern jedoch immer wieder kritisiert, da sie sich so männlich darstellte. Bei der Erfahrung, sexuell mit einem

Mann zu verkehren, beobachtete sie sich selbst von außen und identifizierte sich mit dem männlichen Partner, der mit ihr verkehrte. Danach stürzte sie in eine tiefe Krise, konsumierte vermehrt Alkohol, bis sie sich schließlich entschloss, eine Spezialeinrichtung für die Behandlung Transsexueller aufzusuchen. Zu Beginn äußert sie, sie wisse nicht, wie sie weiterleben wolle als Mann oder als Frau, aber irgendetwas müsse sich ändern in ihrem Leben.

In der ICD-10 wird zusätzlich klassifiziert
- *Transvestitismus* unter Beibehaltung beider Geschlechtsrollen (F64.1)
- *Störung der Geschlechtsidentität im Kindesalter* (F64.2)

2.3.2 Psychodynamische Betrachtung der Transsexualität

Im Folgenden soll nicht auf das Geschlecht des Transsexuellen (weder auf das biologische noch auf das angestrebte) näher eingegangen werden und nur die männliche Form gewählt werden. Dies geschieht einzig und allein, um eine Sprachverwirrung zu vermeiden.

Zunächst sei hervorgehoben, dass transsexuelle Wünsche bei Personen mit ganz unterschiedlicher Persönlichkeitsstruktur auftreten können. Man findet Transsexuelle mit einer vorwiegend neurotischen oder Borderline-Persönlichkeit, bei Personen mit einer Suchtstruktur genauso wie bei Schizophrenen oder solchen, die mit dem Gesetz in Konflikt geraten sind.

Es ist wichtig, zwischen primären, bereits im Kindesalter auftretenden transsexuellen Symptomen und sekundärem Transsexualismus zu unterscheiden. Biologisch männliche primäre Transsexuelle berichten häufig, die Kleider der Mutter, manchmal auch der Schwester, angezogen zu haben, ein entsprechendes Phänomen wird bei weiblichen Kindern bezüglich der Kleidung des Vaters sehr viel seltener beobachtet. Auch wenn sehr viele unterschiedliche Faktoren zur Entwicklung von Transsexualität beitragen, kann man dennoch sagen, dass häufig Verlust- und Trennungsängste zu beobachten sind und Spaltung als ein wesentlicher Abwehrmechanismus angesehen werden muss. Die wenigen psychoanalytischen vorliegenden Fallberichte bringen die Vielfalt transsexueller Persönlichkeiten zum Ausdruck.

2.3.3 Die psychodynamische Behandlung von Transsexuellen

Einleitend muss gesagt werden, dass nur eine sehr kleine Gruppe von Patienten, die ihr biologisches Geschlecht wechseln wollen, für eine große Psychoanalyse geeignet ist. Für viele stellt die Aufforderung, sich auf einen therapeutischen Prozess einzulassen, eine große Bedrohung dar, die nicht selten durch Unverständnis von Therapeuten noch vergrößert wird. Mit einer weiteren Gruppe von Patienten kann man eine Psychotherapie durchführen, wobei bei der gegebenen Problematik eine tiefenpsychologisch orientierte Therapie die Therapie der Wahl ist. Eine nur auf das aktuelle Verhalten ausgerichtete Therapie ist nicht in der Lage, dieser komplexen Symptomatik gerecht zu werden.

Ein besonderes Problem bei der Behandlung dieser Patienten stellt die im Raum stehende Befürchtung dar, geäußerte Bemerkungen könnten die Entscheidung des Therapeuten beeinflus-

4

sen, einer geschlechtskorrigierenden Operation zuzustimmen oder sie abzulehnen. Erst wenn der Patient merkt, dass er Phantasien über das abgelehnte Geschlecht, ja sogar über sich selbst in seinem biologischen Geschlecht äußern kann, ohne dass der Therapeut dies als einen Heilungsschritt in dem Sinne ansieht, dass es ihm gelungen ist, den Patienten von einer Umwandlung abzubringen, wird der Patient seine Ängste, Wünsche, Verletzungen hinsichtlich des Geschlechts, das für ihn als unmögliche Alternative erscheint, äußern können.

Ziel der Behandlung kann in keinem Fall die Heilung von der Transsexualität sein – was sowohl ein Leben im biologischen Geschlecht als auch im angestrebten Geschlecht bedeuten könnte –, sondern kann nur eine Erleichterung des sehr schwierigen Lebens mit dieser Problematik bewirken. Das heißt, wie in anderen psychodynamischen Therapien auch müssen Konflikte, Übertragung und Widerstände bearbeitet werden. Diese therapeutische Arbeit kann bewirken, dass der Patient davon absieht, geschlechtsumwandelnde Maßnahmen durchführen zu lassen, und den transsexuellen Wunsch als Phantasie akzeptiert (vgl. Richter-Appelt, 1997). Es kann aber auch heißen, nach Bearbeitung der vorliegenden Konflikte mit dem Patienten den Weg der Umwandlung zu gehen und die für den Patienten am sinnvollsten erscheinende Lebensgestaltung zu akzeptieren. Zu dieser Arbeit gehört in jedem Fall eine Bearbeitung der Idealisierung des Gegengeschlechts und der Entwertung der Geschlechtsrolle des biologischen Geschlechts. Konnte der Patient in seinem biologischen Geschlecht keine Identität entwickeln oder wurde sein Selbstbild so unwiderruflich zerstört, wird es Aufgabe der Therapie sein, mit dem Patienten zu einer neuen Identität, einem neuen Selbst zu gelangen, und dies kann im biologischen, abgelehnten Geschlecht, aber auch im neuen, angestrebten Geschlecht realisiert werden.

In vielen Fällen wird nur eine stützende Begleitung der Patienten mit einer transsexuellen Problematik möglich sein. In diesem Fall sollte man dann allerdings nicht von Psychotherapie sprechen, sondern sich mit dem bescheideneren Begriff der Behandlung zufrieden geben.

Zusammenfassend lässt sich sagen, dass das Ansprechen von Sexualität in einer Behandlung wünschenswert ist, oft jedoch noch nicht ausreicht, sexuelle Probleme zu beseitigen. Um eine Entscheidung treffen zu können, ob eine weitere Spezialbehandlung nötig ist, muss eine qualifizierte Diagnostik erfolgen. Und diese sollte im Rahmen psychotherapeutischer Ausbildungen gelehrt werden.

---

3 Frequently Asked Questions (FAQ)

(Diese Fragen kann man auch als Prüfungsfragen stellen)
1. *Müssen Patienten mit sexuellen Funktionsstörungen grundsätzlich organmedizinisch untersucht werden?*
→ Nein, es muss differenzialdiagnostisch festgestellt werden, ob eine organmedizinische Untersuchung angebracht ist.

2. *Geht der Orgasmus beim Mann immer mit einer Ejakulation einher?*
→ Nein, es gibt einen Orgasmus ohne Ejakulation und eine Ejakulation ohne Orgasmus. Auf diesen Aspekt ist vor allem bei der Einnahme von Medikamenten zu achten.
3. *Leiden Frauen mit Vaginismus unter Lustlosigkeit?*
→ Nein, Frauen mit Vaginismus sind häufig sexuell aktiv. Sie vermeiden nur das Einführen des Penis oder anderer Gegenstände, wie etwa Tampons
4. *Sind Personen mit sexuellen Funktionsstörungen psychodynamisch auffällig?*
→ Eine ungestörte sexuelle Funktion für sich genommen ist kein Zeichen seelischer Gesundheit, eine Beeinträchtigung der sexuellen Funktion hat nicht in jedem Fall Krankheitswert.
5. *Kann man bestimmte Persönlichkeitsstrukturen bestimmten sexuellen Störungen zuordnen?*
→ Eine eindeutige Zuordnung ist nicht möglich, wenngleich man bei bestimmten Personen vermehrt bestimmte Störungen beobachten kann.
6. *Muss eine perverse Symptomatik in jedem Fall behandelt werden?*
→ Nein, nur wenn der Betroffene oder andere darunter leiden.
7. *Lassen alle Personen mit Transsexualität geschlechtskorrigierende Operationen durchführen?*
→ Nein. Die Durchführung einer Operation sollte daher kein primäres Diagnosekriterium sein

4 Prüfungsfragen

1. Was versteht man unter Psychosexualität?
2. Gibt es Sexualität im Kindesalter?
3. Welche sexuellen Störungen und Störungen der Geschlechtsidentität finden sich im ICD-10?
4. Welche sexuellen Funktionsstörungen kommen nur bei der Frau vor, welche nur beim Mann und welche bei beiden Geschlechtern?
5. Was versteht man unter Perversion, Paraphilie und Störung der Sexualpräferenz?
6. Welche Störungen der sexuellen Präferenz gibt es?
7. Welche charakteristischen Schritte kann man in der Behandlung von Störungen der sexuellen Präferenz beobachten?
8. Wodurch unterscheidet sich Transsexualität von fetischistischem Transvestitismus?

5 Literatur

- Arentewicz G, Schmidt G (Hrsg.): Sexuell gestörte Beziehungen. Konzept und Technik der Paartherapie. 3. Aufl. Enke: Stuttgart, 1993
- Becker N: Psychoanalytische Theorie sexueller Perversionen. In: Sigusch V (Hrsg.): Sexuelle Störungen und ihre Behandlung. 3. Aufl. Stuttgart: Thieme, 2001, 418-438
- Becker S, Gschwind H: Sexuelle Störungen. In: Üxküll T von (Hrsg.): Psychosomatische Medizin. 5., neubearb. Aufl. München: Urban & Schwarzenberg, 1996

- Becker S, Bosinski HAG, Clement U, Eicher W, Goerlich TM, Hartmann U, Kockott G, Langer D, Preuss WF, Schmidt G, Springer A, Wille R: Standards der Behandlung und Begutachtung von Transsexuellen der Deutschen Gesellschaft für Sexualforschung, der Akademie für Sexualmedizin und der Gesellschaft für Sexualwissenschaft. Zeitschrift für Sexualforschung 10, 147-156, 1997
- Becker S, Berner W, Dannecker M, Richter-Appelt H: Stellungnahme zur Anfrage des Bundesministeriums des Innern (V 5a-133 115- 1/1) vom 11. Dezember 2000 zur Revision des Transsexuellengesetzes. Zeitschrift für Sexualforschung 2001, 258-268
- Berner W: Störungen der Sexualität: Paraphilie und Perversion. In: Kernberg O, Dulz B, Sachsse U (Hrsg.): Handbuch der Borderline-Störungen. Stuttgart: Schattauer, 2000, 319-331
- Deutsche Gesellschaft für Sexualforschung: Weiterbildung: Sexuelle Störungen und ihre Behandlung. Curricula zum Erwerb sexologischer Basiskompetenzen und zur sexualtherapeutischen Weiterbildung für Ärzte/Ärztinnen, Psychologen/Psychologinnen und andere Berufsgruppen. Zeitschrift für Sexualforschung 1997;10:52-58
- Freud S: Drei Abhandlungen zur Sexualtheorie. GWV, London: Imago, 1905, 27-145
- Hauch M: Paartherapie bei sexuellen Funktionsstörungen und so genannter sexueller Lustlosigkeit. Das Hamburger Modell: Konzept, Modifikationen, neuere Ergebnisse. In: Strauß B (Hrsg.): Psychotherapie der Sexualstörungen. Krankheitsmodelle und Therapiepraxis – störungsspezifisch und schulenübergreifend. Stuttgart: Thieme, 1998
- Kernberg OF: Eine schwere sexuelle Hemmung im Laufe der psychoanalytischen Behandlung eines Patienten mit narzisstischer Persönlichkeitsstörung. Psyche 1998;52:1147-1162
- Laumann E, Gagnon J, Michael R, Michaels S: The social organization of sexuality: sexual practices in the United States. Chicago, London: University of Chicago Press, 1994
- Morgenthaler F: Die Stellung der Perversion in Metapsychologie und Technik. Psyche 1974;28:1077-1098
- Reiche R: Psychoanalytische Therapie sexueller Perversionen. In: Sigusch V (Hrsg.): Sexuelle Störungen und ihre Behandlung. 3. Aufl. Stuttgart: Thieme, 2001, 439-464
- Richter-Appelt H: Sexueller Mißbrauch ist keine Diagnose. Eine kritische Auseinandersetzung mit der aktuellen Diskussion. In: Buchheim P, Cierpka M, Seifert T (Hrsg.): Sexualität – zwischen Phantasie und Realität. Heidelberg: Springer, 1997, 77-89
- Richter-Appelt H: Psychoanalyse und sexuelle Funktionsstörungen. In: Sigusch V (Hrsg.): Sexuelle Störungen und ihre Behandlung. 3. Aufl. Stuttgart: Thieme, 2001, 261-279
- Richter-Appelt H, Moldzio A: Sexuelle Traumatisierungen: sexueller Missbrauch, Folgen von sexueller Gewalt. In: Körner W, Lenz A (Hrsg.): Sexueller Missbrauch. Band 1: Grundlagen. Göttingen: Hogrefe, 2003
- Schmidt G: Die Potenz des Settings. Zeitschrift für Sexualforschung 1994;7:43-51
- Schorsch E, Galedary G, Haag A, Hauch M, Lohse H: Perversion als Straftat. Dynamik und Psychotherapie. Berlin: Springer, 1985
- Sigusch V (Hrsg.): Sexuelle Störungen und ihre Behandlung. 3. Aufl. Stuttgart: Thieme, 2001

4

4.10 Störungsspezifische Interventionen auf der Basis analytischer Therapie bei Patienten mit körperlichen Erkrankungen

HANNES FRIEDRICH

1 Krankheit als Bedrohung, Stressbelastung und Konflikt

Fallvignette 1:

Auf einer kardiologischen Station kam es zu einer anhaltenden schweren Krise mit einem 52-jährigen Patienten. Der Mann war wegen Herzarterienverschlüssen zum Zwecke einer Bypassoperation aufgenommen worden. Bei der Aufnahme war ihm zur Auflage gemacht worden, dass er sich schonen und die meiste Zeit im Bett verbringen sollte. Statt diese Aufforderung zu befolgen, lief er die ganze Zeit auf dem Stationsflur auf und ab. Alle Mahnungen und Bitten, sich zu schonen und weitgehend sich im Bett aufzuhalten, fruchteten nichts. Als ihm der Stationsarzt und die Stationsschwester mit seinem selbstschädigenden Verhalten konfrontierten und ihn eindringlich darauf hinwiesen, dass Bettruhe für ihn von größter Wichtigkeit sei, schockierte er alle, indem der sein Bett nahm und es hochstemmte. Mit dieser Geste wollte er allen beweisen, wie stark er war. Trotz der schockierten Reaktion des Arztes und des Pflegepersonals und den warnenden Hinweisen, dass er sich mit diesem Verhalten noch umbringen würde, hatte dies keinerlei positiven Effekt auf sein Verhalten. Der Patient wurde immer unruhiger, das Stationspersonal immer rat- und hilfloser. Es wurde die Entscheidung getroffen, einen Psychotherapeuten hinzuzuziehen, der als Liaison-Psychotherapeut in der Klinik tätig war, um herauszufinden, welche Motive hinter dem selbstschädigendem Verhalten des Patienten wirksam sein könnten.

Fallvignette 2:

Ein 43-jähriger Mann meldete sich bei einem Psychotherapeuten: Vor drei Jahren spürte er zunehmende Spannungen im Unterleib, die ihn zum Hausarzt führten, der ihn rasch an die chirurgische Abteilung in einer Klinik überwies. Dort wurde ein schnell wachsender Tumor entdeckt, der mit dem Bauchfell eng verwachsen war. Der Tumor hatte bereits die Größe eines halben Fußballs, wie ihm gesagt wurde, man riet zu einer schnellen Operation, in die er einwilligte. Nach der Operation wurde ihm eröffnet, dass man den größten Teil des Tumors entfernen konnte, aber Reste mit dem umgebenden Gewebe so „verbacken" waren, dass sie nicht gänzlich entfernt werden konnten. Man machte ihn darauf aufmerksam, dass damit das Tumorgewebe erneut wachsen könnte und der Tumor wiederkäme. Eine weitere Operation wäre dann nicht mehr möglich, weil dabei nicht garantiert sei, dass er diese lebend überstehen würde.

Ein Jahr später hatte sich ein neuer Tumor gebildet, der Patient fand in einer anderen chirurgischen Klinik einen Operateur, der die hochriskante Operation mit Erfolg durchführte. Aber auch hier wurde der Patient darauf hingewiesen, dass eine weitere Operation nicht mehr möglich sein würde, er damit rechnen müsse, dass der Tumor nachwachsen würde.

Nun war es wieder so weit: Im Bauchraum wurde der Tumor festgestellt, der inzwischen gewaltig gewachsen war und die Größe eines Fußballs hatte, wie der Patient berichtete.

Sein Anliegen an den Psychotherapeuten war nun folgendes: Zum einen wollte er die Unterstützung des Psychotherapeuten, dass dieser ihn „psychologisch aufrüste", damit er stark genug wäre, einen weiteren Operateur zu finden und zu überreden, ihn zu operieren, und zugleich ihn so stabilisiere, dass er mit seinen Ängsten vor der Operation und insbesondere den Ängsten des Misslingens umgehen könnte und zugleich so stark wäre, dass er mit seinem gesamten Umfeld, insbesondere seiner Familie (Frau und drei Kinder im Schulalter) sowie mit der Herkunftsfamilie so umgehen könnte, dass er den Kampf gegen den Tumor aufnehmen und bestehen könnte. Er verglich sich mit einem Mann, der auf einem Seil 50 Meter r einen Fluss überquert – lediglich ausgerüstet mit einer Balancierstange, ohne Netz. Der Patient fand in der Tat einen weiteren Operateur, der mit ihm eine klare Absprache machte, dass die Operation so riskant sein würde, dass er entweder lebend aus dem OP herauskäme oder nicht.

Für Menschen, die in ihrem bisherigen Leben nur akute Krankheitsereignisse erlebt haben, die kamen und gingen, bedeutet der Eintritt einer schweren lebensbedrohlichen Erkrankung, die möglicherweise entweder einen chronischen Verlauf nimmt und/oder nicht behandelbar ist und die Lebenserwartung mehr oder weniger verkürzt, einen Bruch mit der Normalität und dem grundlegenden Gefühl von narzisstischer Unverwundbarkeit und Intaktheit. In der Regel gibt es in der Normalbiografie der meisten Individuen die Vorstellung vom bisherigen Lebenslauf, der bestimmt ist durch Höhen und Tiefen und immer wieder auch vorkommende Krisen, Erfolge und Misserfolge, aber in den Vorstellungen der meisten Menschen sind chronische, nicht heilbare Krankheiten nicht vorgesehen. Das gilt auch, wenn man Gesunde bittet, ihren weiteren Lebenslauf von jetzt bis zum Ende ihres Lebens etwa grafisch darzustellen: In der Regel kommt es zu Zickzacklinien, die Erfolge und Misserfolge, Gefährdungen und Krisen beinhalten, aber meist ist eine gleich bleibende oder leicht ansteigende Linie zu beobachten, die dann in der Phase des Lebensendes plötzlich abrupt nach unten abkippt, ein Ausdruck dessen, dass man sich das eigene Ende nicht vorstellen kann. Dies sieht bei Menschen, die von Kindheit an oder relativ früh in ihrer Jugend oder in ihrem frühen Erwachsenenleben von einer chronischen Erkrankung oder Behinderung oder einer nicht heilbaren Erkrankung betroffen wurden oder von Geburt an damit leben mussten, ganz anders aus. Sie schildern ihre Biografien wesentlich weniger gekennzeichnet von aufwärts verlaufenden Entwicklungslinien, sondern bewegen sich mehr in konzentrischen Kreisen, in denen die Determinierung durch die Krankheit oder Behinderung ein wesentlicher Faktor ist.

So stellt die Konfrontation mit einer schweren körperlichen Erkrankung, die nicht den Charakteristika einer akuten Erkrankung wie etwa einer Grippe erfüllt, d.h. kurze Dauer, relativ wenig beeinträchtigende Zustände und vor allem ein absehbarer zeitlicher Horizont in Bezug auf das Verschwinden der Erkrankung, eine einschneidende Bedrohung dar, die erhebliche Stressbelastungen und Konflikte für den Betroffenen mobilisiert. Schwere körperliche Krankheiten in Gestalt von Lebensbedrohung, Chronizität und Unheilbarkeit bringen physiologisch und psychologisch einen massiven Stress mit sich, der alle genetischen Gegebenheiten und psychologischen Erfahrungen des gesamten Organismus und der Persönlichkeit mobilisiert. Sämtliche Ressourcen des körperlichen und psychischen Apparates werden in Gang gesetzt, um dieses Stressereignis zu beherrschen und in den Griff zu bekommen. Erstaunlich hierbei ist, dass die große Mehrheit der Kranken durchaus in der Lage ist, mit diesen Stressprozessen erfolgreich umzugehen und sie zu bewältigen und mit der Rolle des kranken Patienten zu leben. Das ist insofern außergewöhnlich, wenn man an die zu beobachtenden, mit der Krankheit einhergehenden massiven Stresserfahrungen denkt. Die Vulnerabilität eines Kranken gegenüber einem solchen Stress und die Art der psychosozialen Reaktion und des Bewältigungsverhaltens, die daraufhin erfolgen, hängen von vielen Variablen ab:
- die Natur des Stressereignisses, das der Kranke erlebt
- die besondere Bedeutung, die seine Krankheit für ihn darstellt
- die besondere Art und Weise des Umgangs mit dem Stress
- seine früheren biografischen Erfahrungen im Kontext von Krankheiten, Ärzten, medizinischen Einrichtungen, paramedizinischen Diensten und der Erfahrung von Hospitalisierung
Bedeutsam sind hierbei vor allem auch die biografischen Erfahrungen mit einschneidenden Krisen- und Stressereignissen im persönlichen, familialen, sozialen und beruflichen Bereich des Betroffenen.

Die Beschaffenheit und Bedeutung des psychosozialen Stresses und der Konflikte, die durch die Krankheit in Gang gesetzt und organisiert werden, stellen die Basis für psychotherapeutische Interventionen bei der Hilfe zur Bewältigung von Krankheiten dar.
Obwohl Krankheit einen erheblichen Belastungsstress auslöst und entsprechende Konflikte für den Betroffenen mobilisiert, heißt das nicht, dass jegliche Variation für jeden Patienten zutreffen kann, sondern dass die Kranken unterschiedlich vulnerabel für unterschiedliche Formen von Belastungen durch schwere körperliche Krankheiten sind. Urteile darüber, welches die spezifischen Belastungen und Bedrohung für den Einzelnen

sind, hängen von einer genauen psychosozialen Kenntnis der Persönlichkeitsstruktur und der Biografie des Kranken ab. Zum Beispiel kann Trennung von der Familie aufgrund eines längeren Krankenhausaufenthaltes auch für manche Patienten bedeuten, dass sie eine willkommene Befreiung oder Erleichterung von den Alltags- oder sonstigen Belastungen aus Familie oder Beruf darstellen kann und nicht als ein Verlust oder als Trennungsangst erlebt wird. Ein Mensch, der eher Neigungen aufweist, sich an frühere Abhängigkeitszustände der Kindheit zu klammern und diese regressiv immer wieder herbeiführt, wird Krankheit nicht unbedingt als Bedrohung seiner körperlichen und emotionalen Integrität erleben, sondern als Möglichkeit der Rückkehr zu regressiven Zuständen. Und andere Individuen können medizinische Hilfe lange Zeit aufschieben und hinauszögern, selbst wenn ihre Symptome manifest akut geworden sind, damit die „Strafe" auch den möglicherweise begangenen Verfehlungen oder Verbrechen entspricht, die sie sich zuschreiben. Oder es gibt auch Kranke, die „Dauerkandidaten" für chirurgische Eingriffe darstellen und sich sogar freiwillig immer wieder in ihrer körperlichen Intaktheit verletzen lassen. Solche Kranken heißen geradezu das Erleben von Schmerz, den Verlust von Körperteilen oder von körperlichen Funktionen willkommen – und selbst eine Bedrohung durch den Tod wegen einer riskanten Operation könnte von manchen als Bestrafung für frühere Sünden gewertet und erlebt werden.

Fallbeispiel:

Als eine 26 Jahre alte Mutter von zwei Kindern erfuhr, dass sie an Leukämie erkrankt sei und möglicherweise auch sterben müsse, reagierte sie darauf mit einer stoischen Haltung und verkündete: „Ich habe es die ganze Zeit lang gewusst." In ihrer laufenden Psychotherapie, die sie vor dem Ausbruch ihrer Krankheit begonnen hatte, beschrieb sie ihre Krankheit als gerechtfertigt und als verdiente Strafe für eine außereheliche Beziehung, die sie allerdings schon längst beendet hatte, bevor die körperlichen Symptome sich manifestierten.

Andere Faktoren, die sich auf die Vulnerabilität von Patienten gegenüber den auftretenden Belastungen durch die Krankheit beziehen, können nicht psychischer Natur sein. Häufig beeinflussen und verändern sie den Lebensstil und die zukünftigen Lebensziele des Kranken in einschneidender Weise. So kann ein Buchhalter oder ein Computerspezialist, Menschen, die stolz sind auf ihre besondere Kombinationskompetenz oder ihre computerähnliche Denkfähigkeit, durch die unterschiedlichen Auswirkungen eines Gehirnschlages betroffen werden, was zur Beeinträchtigung etwa der Rechenfähigkeit führt. Oder eine aktive Tennisspielerin kann durch den Verlust ihrer motorischen Fähigkeiten durch Multiple Sklerose objektive Verluste an sportlichen, den damit zusammenhängenden Freizeitaktivitäten und daraus sich ergebenden sozialen Beziehungen in Gestalt von Freundschaften erleiden.

Die Bewältigung und Verarbeitung der Krankheit wird durch eine Reihe von Bedrohungen, Stressbelastungen und Konflikten bestimmt:

1. die besondere Natur der körperlichen Beeinträchtigung und Behinderung durch eine schwere körperliche Erkrankung

4

2. die Reaktionen der Umwelt
3. das Ausmaß und die Begrenzungen von psychosozialen Ressourcen
4. die Determinierung durch unbewusste Motivationen vor dem Hintergrund der Biografie
5. das Ausmaß der affektiven Reaktionen als Folge der Bedrohung und des Verlusterlebnisses von körperlicher Intaktheit durch die Krankheit

Zu 1: Die besondere Natur der körperlichen Beeinträchtigung und Behinderung durch eine schwere körperliche Erkrankung

Die Beeinträchtigung und die damit einhergehende Behinderung können so überwältigend sein, dass der Betroffene trotz vieler Versuche, sich psychisch und sozial zu stabilisieren, in Zustände körperlicher und psychosozialer Regression gerät. Zum Beispiel tritt dies regelmäßig bei schweren Querschnittslähmungen, Arthrosen oder Hüftfrakturen bei älteren Menschen auf oder bei funktionellen Behinderungen oder Lähmungen bei Multiple-Sklerose-Erkrankten. Bewältigung bedeutet hier, mit den regressiven Tendenzen umzugehen und Sorge zu tragen, dass diese nicht die gesunden Anteile überrollen, die dem Betroffenen es ermöglichen, trotz der schweren körperlichen Beeinträchtigungen und Behinderungen auch die Rolle des Gesunden oder teilweise Gesunden zu übernehmen.

Zu 2: Die Reaktionen der Umwelt

Das psychosoziale Umfeld, insbesondere die Familie, spielt eine große Rolle bei der Krankheitsbewältigung, vor allem beim Umgang mit dem latenten und manifesten psychosozialen Krankheitsgewinn, der häufig im Zusammenhang mit Krankheit auftritt. Oft sind es auch die neurotischen Bedürfnisse der Familie, die darüber bestimmen, ob ein Individuum ermutigt wird, sich aufgrund seiner Erkrankung den Abhängigkeitstendenzen hinzugeben oder zunehmend selbständig die Krankheit zu bewältigen und Unabhängigkeit zurückzugewinnen. So ist öfters zu beobachten, dass Mütter ihre kleinen Kinder wieder zurückhaben wollen, wenn der erwachsene Sohn oder die Tochter chronisch krank geworden ist. Ehefrauen unterstützen ihre beeinträchtigten oder behinderten Ehepartner durch ihre eigene Berufstätigkeit und entmutigen die Versuche des erkrankten Partners, selber wieder beruflich zurückzufinden oder möglichst unabhängig zu werden; sie fördern eher die Abhängigkeitsbedürfnisse des Partners. Auch Krankenpflegepersonal und Ärzte können diesen Tendenzen erheblichen Vorschub leisten aufgrund ihrer beruflichen Orientierung, die Kranken zu infantilisieren. Die Gefahr im Falle von chronischen Erkrankungen und Behinderungen besteht vor allem darin, dass diese regressiven Zustände häufig Ängste in der Umwelt auslösen, denen durch Rationalisierung begegnet wird und somit die Regressionstendenzen, die in jeder Krankheit auftreten, unterstützen. Typisch hierfür sind auch die missglückten Versuche der Wiedereingliederung von Behinderten in den Arbeits- und Berufsprozess, die unter anderem auch die Ängste der Gesellschaft in Bezug auf Behinderung und „Verkrüppelung" reflektieren.

Zu 3: Das Ausmaß und die Begrenzungen von psychosozialen Ressourcen

Wenn Krankheiten vor allem den Verlust von körperlichen Orga-

nen oder Funktionen mit sich bringen, werden Regressionsprozesse bestärkt. So muss man sich immer auch aus psychotherapeutischer Sicht fragen, welche Ebenen von psychosozialer Entwicklungsreife der Patient erreicht hat, bevor er von der Krankheit oder Behinderung betroffen wurde. War er schon immer kindlich abhängig oder hatte er das Persönlichkeitsniveau auf Erwachsenenebene erreicht? Psychische Invalidität im Sinne einer Regressivität kann also schon vor der Erkrankung bestanden haben. Entsprechend könnte man natürlich bei einem grundsätzlich unreifen, passiv abhängigen Menschen nicht erwarten, dass er plötzlich mit einer anderen Persönlichkeit aufblüht aufgrund seiner körperlichen Erkrankung oder Behinderung. Günstige Indikatoren für die Rehabilitationsmöglichkeit bei organischen Erkrankungen und chronischen Krankheiten sind emotionale Stabilität und stabile interpersonelle Beziehungen sowie die Beziehungsfähigkeit von Menschen, die also auch etwas über die Rehabilitationschancen aussagen.

Zu 4: Die Determinierung durch unbewusste Motivationen auf dem Hintergrund der Biografie

Häufig hört man von den betroffenen Kranken Äußerungen wie: „Die Menschen starren Krüppel an"; „Niemand will einen Krüppel heiraten"; „Ich bin für jeden Menschen nutzlos"; „Ohne die Funktionsfähigkeit meines Armes bin ich nutzlos"; „Keiner will einen Krüppel einstellen". Diese Aussagen enthalten natürlich auch Elemente von Wahrheit, zugleich spiegeln sie aber auch den psychodynamischen Hintergrund wider, weil sie auch einen Teil von unbewussten Formulierungen im intrapsychischen Erleben des Kranken zum Ausdruck bringen. Festzuhalten ist, dass selbst schwerstbehinderte Menschen heiraten und ein nützliches, sinnvolles Leben führen können; sie können Berufstätigkeiten ausüben, Arbeitsmöglichkeiten erhalten und in Beziehung zu ihrer Umwelt und zu ihren Mitmenschen stehen.

Zu 5: Das Ausmaß der affektiven Reaktionen als Folge der Bedrohung und des Verlusterlebnisses von körperlicher Intaktheit durch die Krankheit

Als Folge von Verlust von Intaktheit und Gesundheit kommt es häufig zu einer Reaktion in Gestalt von Rückzug, Hilflosigkeit und Depressivität oder Feindseligkeit, Zorn und Wut auf die Welt, die einen im Stich gelassen hat. Auch suizidale Impulse treten nach Eintritt von Erkrankungen auf, die sich als Depression äußern. Die Gefahr entsteht, dass Zirkelentwicklungen auftreten, nämlich Negativität und Feindseligkeit auch auf die Umwelt zurückwirken, die wiederum in ihrer Reaktion die Depression des Kranken verschärft und die regressiven Prozesse noch mehr beschleunigt.

2 Die psychosoziale Bedeutung des Körpers

Die Medizin ist zentriert auf den Körper als Grundlage für die Entstehung und Auslösung von Krankheiten. Sie tut es in einem umfassenden Sinne, dass sie sich um sämtliche Körperteile, Subsysteme, Funktionen und Prozesse kümmert, indem sie sich immer mehr bezogen auf den Körper in Spezialisierungen aufspaltet, um ihn immer genauer zu diagnostizieren, Krankheiten in

4

ihrer Ätiologie zu verstehen und immer präzisere Therapien zur Behandlung der im und durch den Körper entstehenden Krankheiten zu entwickeln. Der Körper stellt aber nicht nur biologisch und organisch gesehen die Grundlage der Existenz des Menschen dar, sondern bildet auch die Grundlage für die psychischen und sozialen Funktionsmöglichkeiten und Verhaltensweisen des Individuums.

Die **psychosoziale Bedeutung des Körpers** zeigt sich zuerst einmal

1. als die Voraussetzung **der Arbeits- und Leistungsfähigkeit.** Intaktheit und funktionale Integrität des Körpers ermöglichen überhaupt erst, dass das Individuum den beruflichen und gesellschaftlichen Anforderungen entsprechen kann. Kommt es zur Zerstörung des Körpers – etwa aufgrund körperlicher oder geistiger Behinderungen – dann treten erhebliche Verluste der Arbeits- und Leistungsfähigkeit ein, die bis hin zur Arbeitsunfähigkeit führen können. Der Körper ist also die Voraussetzung für die gesellschaftliche Stabilität und Funktionsfähigkeit des Individuums.

Fallbeispiel:

Ein 38-jähriger Facharzt für Orthopädie war bislang Assistent in einer orthopädischen Fachabteilung gewesen. Er war verheiratet, hatte drei Kinder und sich entschlossen, sich als Orthopäde niederzulassen. Der Praxissitz war gefunden, die Verhandlungen der Praxisübernahme waren abgeschlossen, ein Bankkredit in Höhe von über 300.000 Euro aufgenommen, die Praxis sollte in einem Monat eröffnet werden. Vor seiner Tätigkeit als Assistenzarzt war er als Notarzt tätig gewesen, oft auch im Einsatz mit dem Rettungshubschrauber, wodurch er auch die Freude am Fliegen für sich entdeckte. Segelfliegen war so zu seinem Hobby geworden. Vor der Praxiseröffnung wollte er sich noch einen Segelflug-Urlaub gönnen. Hierbei kam es zu einem tragischen Unfall, kurz vor Landung machte er einen Fehler, der das Flugzeug zum Absturz brachte. Der Unfall hatte schwere Folgen für ihn, er erlitt erhebliche Wirbelbrüche mit entsprechend anhaltenden und nicht mehr aufhebbaren Lähmungen und eine damit zusammenhängende Beeinträchtigung der motorischen Funktionen, die für eine orthopädische Tätigkeit unerlässlich sind. Daneben kam es auch zu erheblichen Störungen im Bereich der Blasenfunktion sowie auch der sexuellen Fähigkeiten. Der größte Teil der Verletzungen war irreparabel, so dass die körperlichen Voraussetzungen für seine Arbeits- und Leistungsfähigkeit als Orthopäde nicht mehr gegeben waren. Dieser einschneidende Verlust seiner Funktionsfähigkeit führte zu einer tiefen und über längere Zeit anhaltenden reaktiven Depression, die eine Psychotherapie notwendig machte. Im Laufe der Therapie konnte der Verlust der Arbeits- und Leistungsfähigkeit nach langem Suchen kompensiert werden, indem der Patient sich allmählich umorientierte und zum Prüfarzt für öffentliche und private Sozialversicherungen in Fällen von Renten- und Lebensversicherungen bei orthopädisch und chirurgisch relevanten Fragestellungen wurde.

2. Der Körper stellt auch die Grundlage dar für **die Befriedigung und Regulierung der individuellen Grundbedürfnisse.** Krankheiten können viele Bereiche des menschlichen Körpers schädigen und die zu erheblichen Beeinträchtigungen oder gar zum Verlust von Befriedigungserlebnissen führen: Störungen des oralen Traktes oder der Ausscheidungsfunktionen können die Befriedigung – etwa der Aufnahme von Nahrung – erheblich beeinträchtigen und schädigen. Störungen oder Verletzungen des Seh-, Tast- und Riech-Sinnes können die daran gebundenen Bedürfnisse und deren Befriedigung beeinträchtigen oder zum vollständigen Verlust führen.

So musste der Orthopäde aufgrund der Störungen seiner Darmtätigkeit längere Zeit seine Ernährung erheblich umstellen, was zu einer großer Verzichtleistung – auch von bestimmten Gerichten – führte.

Bei einem Kind, das an Krebs litt, war zum Ende seiner Krankheit die Sensibilität seiner Haut so beeinträchtigt, dass es keine Berührungen mehr ertragen konnte, die Eltern, die sich im Finalstadium in seiner Nähe aufhielten, waren völlig verzweifelt, weil sie ihr Kind nicht mehr halten und trösten konnten, was weitgehend in der Regel über Berührung stattfindet.

Ein Patient mit Morbus Crohn, dem wegen einer erheblichen Ulceration des Verbindungsstückes zwischen Dünn- und Dickdarm Teile dieses Darmbereiches entfernt worden waren und der einen Anus praeternaturalis hinnehmen musste, verzehrte sich geradezu nach seinen Lieblingsspeisen, die er nicht mehr einnehmen konnte.

3. Der Körper stellt auch **die Grundlage der Reproduktion und Generativität** dar. Krankheiten können diese in hohem Maße gefährden, etwa wenn ein Hodentumor die Generativität nicht mehr ermöglicht, Krebserkrankungen bei Frauen durch Entfernung des Uterus und der Eierstöcke zum Verlust ihrer Fertilität führen.

Fallbeispiel:

Ein junger Mann, 26 Jahre, erkrankte an einem Hodentumor. Ihm musste der Hoden entfernt werden, wobei man Samenproben entnommen und eingefroren hatte. Gleichwohl verfiel er über mehrere Jahre in eine tiefe Depression, die dazu führte, dass er sich auf Beziehungen zu Frauen überhaupt nicht einließ, sein Studium abschloss, seine Berufstätigkeit erfolgreich ausübte, aber sich nicht entschließen konnte, sich überhaupt Frauen anzunähern. Sport betrieb er nicht mehr, obwohl er ein begeisterter Leichtathlet gewesen war. Er fürchtet das Zusammentreffen beim Duschen und die öffentliche Szene des Betrachtetwerdens, weil er sich nicht mehr als vollwertiger Mann fühlte.

4. Der Körper ist auch **die Basis der Sexualität und Liebesfähigkeit.** Krankheiten können die Sexualität unmittelbar stören bis hin zu ihrer Zerstörung, und Krankheiten können auch die Liebesfähigkeit beeinträchtigen und unmöglich machen in dem Maße, wie sie die gesamte Gefühlsfähigkeit des Individuums treffen.

So hatte der oben beschriebene Patient erhebliche Schwierigkeiten, neue Möglichkeiten seiner Sexualität zu entwickeln aufgrund der geschädigten Nervenleitbahnen infolge der Wirbel- und Beckenfrakturen, die seine Erektionsfähigkeit geschädigt hatten. Er zog sich völlig zurück und war nicht mehr in der Lage, seine Gefühle und Liebe zu einer Frau zum Ausdruck zu bringen, es bedurfte erheblicher psychotherapeutischer Arbeit, um hier neue Lösungsmöglichkeiten zu erarbeiten. Ähnlich kann es durch die Beeinträchtigungen der Sensibilität etwa bei Multipler Sklerose auch im Bereich der Sexualorgane kommen, so dass Sexualität quälend und schmerzhaft wird, nicht mehr genossen werden kann, eher gefürchtet wird und entsprechende Störungen der Sexualität und Liebesfähigkeit die Folge sein können.

5. Ähnlich verhält es sich mit dem Körper als der **Grundlage für die Aggressions- und Konfliktfähigkeit.** Gemeint ist damit nicht die Fähigkeit zur destruktiven Aggressivität – etwa in Form von Brutalität und Kriminalität -, sondern die konstruktiven Seiten als Voraussetzung für Durchsetzungsvermögen, Konkurrenzmöglichkeiten und Rivalität im gesellschaftlichen Leben, also dem, was grundsätzlich als Konfliktfähigkeit zu verstehen ist.

Der durch den Unfall beeinträchtigte Orthopäde war längere Zeit nicht in der Lage, sich überhaupt vorzustellen, dass er sich in Familie und Beruf und interpersonellen Beziehungen durchsetzen könnte, die durch den Verlust eingetretene Depression beeinträchtigte ihn auch, sich mit einer gesunden Aggressivität im Familienbereich, als Vater etwa oder auch als Partner, durchzusetzen, stattdessen zog er sich zurück und isolierte sich längere Zeit immer mehr. Die Vorstellung, in das Berufsleben zurückzukehren und dort auch entsprechend konkurrieren und rivalisieren zu können, Konflikte mit Kollegen und Vorgesetzten auf sich zu nehmen, erschien ihm fast unmöglich.

6. Der Körper ist auch die **Grundlage der Attraktivität:** Die Art der Beschaffenheit des Körpers, der Erfüllung ästhetischer Vorstellungen und Normen hängt eng damit zusammen, wie der Körper äußerlich im sozialen Feld in Erscheinung tritt. Zuerst einmal wird der Mensch attraktiv über die Beschaffenheit seiner Körperlichkeit: Körperbau, die unterschiedlichen Attribute wie Größe, Gewicht, Haarfarbe, Körperform etc. Im hohen Maße wird auch die Attraktivität des Körpers durch Krankheiten bestimmt bzw. beschädigt: Krankheiten betreffen das innere Körperschema wie auch das äußere Erscheinungsbild, das „Aussehen". So können Krankheiten zu erheblichen Gewichtsab- oder -zunahmen führen, die die Attraktivität beeinträchtigen. Krankheiten können zu Eingriffen in den Körper führen, so dass es zu Beschädigungen des äußeren Körperbildes kommt, wie z.B. durch Mastektomie, durch Amputation etc., die in hohem Maße die Voraussetzungen der Attraktivität verändern können. Bereits Beschädigungen und Veränderungen der Haut können zu schweren Einbußen der Attraktivität führen.

Der durch den Unfall beschädigte Orthopäde hatte erhebliche Probleme mit seinem Körperbild, weil er aufgrund seiner motorischen Beeinträchtigungen nicht mehr mobil war, sich lange Zeit nur mit Krücken fortbewegen konnte, auch ohne Krücken in seiner motorischen Fähigkeit erheblich behindert war und als Konsequenz sich nicht mehr als starker, athletischer und attraktiver Mann fühlte.

7. Der Körper ist ebenfalls **das Kommunikationsorgan mit der Welt** und dient auch **zur Grenzziehung zur Welt,** also der **In-Beziehung-Setzung zur Außen- und Mitwelt.** Werden Körperbereiche durch Krankheit und Behinderung beschädigt, wird auch diese Grundlage in hohem Maße in Mitleidenschaft gezogen. Menschen sind dann unfähig, mit der Welt zu kommunizieren, weil sie ihren Körper verleugnen, sich seiner schämen, sich zurückziehen oder ihn übermäßig in den Vordergrund stellen, so dass die erworbene Kompetenz der Kommunikation mit und über den Körper und der Herstellung von Grenzen zur Umwelt nicht mehr gewährleistet ist.

So klopfte eine beinamputierte Frau auf Partys regelmäßig in Gestalt von Überakzentuierung auf ihre Beinprothese, womit sie das Ziel verband, ihre Schädigung als völlig normal zu kommunizieren. Sie verstand überhaupt nicht, dass die anderen sich beunruhigt und zwiespältig von ihr zurückzogen.

Der oben schon beschriebene Patient mit dem Segelflug-Unfall war längere Zeit nicht in der Lage, unter Menschen zu gehen und mit ihnen zu kommunizieren, weil er das Gefühl hatte, dass er mit seinem stigmatisierten und beschädigten Körper nicht mehr das entsprechende Organ besaß, um sich mit anderen in Beziehung zu setzen und vor allem auch, sich gegenüber anderen abzugrenzen.

8. Schließlich ist summa summarum der Körper **die Grundlage der persönlichen Identität.** Bereits Freud (1978) beschrieb das Ich als ein im Wesentlichen **körperliches Ich** bzw. **als Körperselbst,** mit dem wir zunehmend unsere Identität ausdifferenzieren. Folgerichtig kann Identität durch Krankheit beschädigt werden, d.h. unsere personale, soziale und berufliche Identität, indem sie den körperlichen Kern trifft. **Im Zentrum der psychotherapeutischen Intervention bei körperlichen Erkrankungen steht daher auch immer die Bearbeitung der Bedrohung, Beschädigung und Vernichtung des Körpers als Grundlage der persönlichen Identität.**

Die Weltgesundheitsorganisation hat die Auswirkungen von Krankheit folgerichtig differenziert, indem sie einen **Krankheitsbegriff konzipierte, der eine systematische Zusammenfassung der biopsychosozialen Aspekte von Krankheit und Gesundheit enthält.** Die WHO unterscheidet drei Ebenen:

1. **Die Ebene des Impairments:** Ein Impairment ist dabei ein Verlust, eine Schädigung oder ein Abnormalität körperlicher und seelischer Strukturen oder Funktionen. D.h., es handelt sich hier um Schäden und Funktionsstörungen der Intelligenz, des Gedächtnisses, der Denkfähigkeit, des Bewusstseins, der Wahrnehmung, Aufmerksamkeit, Emotionalität, der Sprache, des Gehörs, des Sehens, der inneren Organe und Funktionen, des Skeletts und der gesamten Körpergestalt.

2. **Die Ebene der Disability:** Unter einer Disability wird im Sinne der WHO jede Folge eines Impairments verstanden, die die Fähigkeit des Individuums aufhebt oder begrenzt, eine körper-

4

liche, psychische oder soziale Aktivität in der Weise oder dem Umfang auszuführen, die als „normal" für den Menschen in der jeweils gegebenen Gesellschaft angesehen wird. Entsprechend fallen darunter Einschränkungen im sozialen Verhalten, in der Kommunikation, in der persönlichen physischen Versorgung und Pflege und Hygiene, in der Fortbewegung, bei den Aktivitäten des alltäglichen Lebens, der Belastbarkeit, der Ausdauer, der Ausübung bei berufsbezogenen Fähigkeiten und Fertigkeiten.

3. **Die Ebene des Handicaps:** Die WHO definiert ein Handicap als die Folge eines Impairments oder Disability, die die Fähigkeit des Betroffenen aufhebt oder begrenzt, bestimmte soziale Rollen im Leben aufrechtzuerhalten oder einzunehmen. Handicaps beinhalten also Beeinträchtigungen in Bezug auf Orientierung in der physischen Umgebung, der körperlichen Unabhängigkeit, der Mobilität, der beruflichen Tätigkeiten, der sozialen Integration und der ökonomischen Unabhängigkeit.

Die Krankheitsdefinition der WHO enthält also **eine biopsychosoziale Krankheitsauffassung, die im Wesentlichen verdeutlicht, dass es sich in hohem Maße bei Krankheiten um Verluste handelt, die zu schweren psychischen und sozialen Beeinträchtigungen und Gefährdungen führen, also Themen, die Belastungen und Konflikte beinhalten, die zum klassischen Bereich der psychotherapeutischen Intervention gehören.**

3 Krankheit und ihre Auswirkungen auf das Körperbild und das Körperselbst

Das Konzept des Körperbildes ist von R. Schilder (1973) entwickelt worden. Er verwies auf den Tatbestand, dass jeder Mensch in sich eine ihm nicht bewusste Vorstellung seines Körpers und seiner verschiedenen Körperteile in sich trägt. Das Bild des menschlichen Körpers bedeutet demzufolge ein Konzept über den eigenen Körper, wie wir ihn uns in unserer Vorstellung bilden und wie der Körper uns selbst erscheint. Menschen können sich völlig anders sehen, als wie sie von außen von anderen gesehen werden – zum Besseren oder zum Schlechteren oder ganz einfach ganz anders. Wenn eine Frau als attraktiv erscheint, dann hängt dies in erster Linie davon ab, ob sie sich selber attraktiv fühlt. Wenn das der Fall ist, verhält sie sich entsprechend und strahlt etwas aus, das auch Interesse bei anderen erweckt, und wenn nicht, dann kann selbst die schönste Frau sich bemühen, sie wird niemanden beeindrucken. In seinem Roman „Das Bildnis des Dorian Gray" beschreibt Oscar Wilde (1999) die Idee des Körperbildes und des damit zusammenhängenden Selbstbildes: Dorian Gray sieht sich selber und sein Bild in der Art und Weise, wie er sich vorstellt, selber zu sein. Er bricht in dem Moment zusammen, als er die Diskrepanz zwischen Bild und Realität wahrnehmen muss. So sind wir immer in Gefahr, das Konzept eines körperbezogenen Bildes auf das weitergehende Selbstbild zu transzendieren, also auf die Art und Weise als Person, wie wir uns vorstellen zu sein. Krankheiten treffen daher den Menschen im Zentrum, weil sein Körper-

bild und damit auch sein Selbstbild bedroht, verändert und im schlimmsten Fall zerstört werden. Da wir Gefühle und Vorstellungen in unseren Körper und sein Wohlbefinden investieren, fühlen wir uns entsprechend verstört, bedroht und verängstigt, wenn äußere oder innere Veränderungen in Bezug auf Größe, Form oder Funktion des Körpers stattfinden. Das Ausmaß der Angst und Bedrohung variiert mit den Vorstellungen von dem betroffenen Körperorgan und der damit zusammenhängenden Krankheit. Dies hat umso tiefer greifende Folgen, als die verschiedenen Teile des Körpers eine jeweils besondere Bedeutung über ihre Struktur hinaus haben: So stellt die Hand nicht nur eine bestimmte Struktur und einen funktionalen Gegenstand dar, der physiologisch, anatomisch und somit orthopädisch gut erklärt werden kann, sondern sie stellt auch einen Gegenstand dar, auf den man stolz ist, weil vielleicht die Hand schön ist oder weil man mit ihr besondere Arbeiten durchführen kann und obendrein noch die zusätzliche Bedeutung hat, dass man mit ihr den eigenen Körper oder den eines geliebten anderen Menschen streicheln kann. Zugleich können Schuldgefühle mit der Hand verbunden sein, weil man sie benutzt hat für tabuisierte Aktionen, wie z.B. zur Masturbation, oder als Instrument, damit jemanden aggressiv zu verletzen oder zu beschmutzen. So hat jeder Teil des Körpers für jedes Individuum eine unterschiedliche Bedeutung, und diese individuelle Bedeutung bestimmt die Reaktionen auf seine Beschädigung oder Zerstörung, wie sie durch verschiedene Krankheiten bedingt werden kann.

Die Identität ist im Wesentlichen geprägt von einer körperlichen Vorstellung von uns selbst, einem Konzept des Körperselbst. Bekannt ist, dass dieses Körperselbst beispielsweise mit den Vorgängen des Alterns nicht kongruent ist, entsprechend auch nicht kompatibel mit den krankheitsbedingten Veränderungen, die den Körper und damit auch das Körperselbst beschädigen. Zwei kurze Illustrationen können dies veranschaulichen:

Eine Frau in ihren späten 50ern kehrte nach langer Abwesenheit in ihre Heimatstadt zurück, und nachdem sie erfahren hatte, dass ein früherer Klassenkamerad als Zahnarzt in der Stadt tätig war, beschloss sie, einen Termin in seiner Praxis auszumachen, wobei sie ihren Ehenamen verwandte, um den Klassenkameraden zu überraschen. Sie erschien zu dem Termin, wartete im Wartezimmer, der Zahnarzt begrüßte sie dort mit einem freundlichen, aber doch leeren Gesichtsausdruck, indem er sie fragte, womit er ihr dienen könne, woraufhin sie ausrief: „Erinnerst du dich nicht mehr an mich?! Du warst doch in meiner Klasse." „Oh", antwortete der Zahnarzt, „wirklich? Und welches Fach haben Sie unterrichtet?"

Und eine zweite Geschichte:
Bei einem Klassentreffen nach 20 Jahren – mittlerweile sind alle Klassenkameraden über 40 Jahre alt – kommt ein Klassenkamerad als Letzter in das vereinbarte Restaurant, wo man zusammen essen wollte. Er wird von dem Organisator des Klassentreffens, ebenfalls ein früherer Klassenkamerad, freundlich begrüßt, wobei der Eintreffende sich entschuldigt für seine Verspätung und ihn mit „Guten Abend, Herr Dr. Seidensticker" anspricht, der ehemals ein Lehrer in der Klasse war und Deutsch unterrichtet hatte, inzwischen über 70 Jahre alt.

4.10 Störungsspezifische Interventionen auf der Basis analytischer Therapie bei Patienten mit körperlichen Erkrankungen

Diese Geschichten erstaunen nicht, denn jeder kann nachvollziehen, dass man ein Bild von sich selbst als auch von anderen in sich behält, das sich nicht so verändert, wie es der Person nach den Altersvorgängen wirklich entspricht. In unserem inneren Kern bleibt das Bewusstsein von uns selbst erhalten, das aus einer früheren Zeit stammt, weder mit unserem aktuellen Alter übereinstimmt noch mit dem Alter, in dem unsere gleichaltrigen Bezugspersonen sind. In der Regel hält jeder sich immer für jünger. Dieses Phänomen ist so allgemein, dass man es nicht als pathologisch betrachten kann. Im Gegenteil – wenn ein Mensch sich älter fühlt als sein gegenwärtiger Alterszustand, muss man eher den Verdacht haben, dass ein depressiver Prozess im Gange ist. Das Gefühl, dass man in sich ein wesentlich jüngeres Bild von sich trägt, stellt psychologisch gesehen den Versuch dar, sich gegen die harsche Realität der Zeit und damit die Veränderung sowie gegen den Tod zu schützen. Dahinter stehen Ängste, wie etwa die narzisstische Angst, die eigene Lebensbegrenzung akzeptieren zu müssen, der Versuch, der eigenen existenziellen Mortalität zu entkommen, oder das depressive Bedürfnis, jung zu bleiben, um ein von anderen versorgtes Objekt zu sein anstatt ein für sich selbst verantwortlicher Erwachsener. Gleichwohl kann man vermuten, dass das zunehmende Alter und die damit einhergehenden Veränderungen des Körpers, der körperlichen Funktionsfähigkeit, des Aussehens den Menschen narzisstisch verwundbarer machen, verwundbarer gegenüber dem Gewicht der Zeit und der Verengung der Perspektiven. Häufig versucht man vergeblich und verzweifelt – wie es zunehmend immer häufiger geschieht –, sein Gesicht gegen das Alter zu retten, indem man es liften lässt, oder seinen Körper gegen die Veränderung zu schützen, indem man ihn schlank hält und damit die Illusion von Jungsein verstärkt, oder dass man sich einen Sportwagen kauft als krampfhaften Versuch, vor dem herannahenden Schatten des Todes davonzurasen, oder sich vor den körperlichen Krankheiten bei den eigenen Eltern oder bei sich selbst zu schützen, indem man sie verleugnet oder herunterspielt, damit man noch immer ein unbesiegbares und zu versorgendes Kind bleiben kann.

Die Vorstellung des Körperselbst geht auf Freud (1979) zurück. Bei der Entwicklung seines Strukturmodells formulierte er, dass das Ich zuerst und vor allem ein körperliches Ich ist (1923). Das Gefühl des Selbst wird nach Freud allmählich erworben, und zwar durch Erfahrungen körperlicher Art. Das kleine Kind erfährt durch Schmerz und andere körperliche Sensationen, was „ich" und „nicht-ich" ist und „mich" und „nicht-mich". In der Weiterentwicklung der psychoanalytischen Theorie wurde dieser Gedanke dahingehend verbreitet, dass körperliche Erlebnisse dem Kind helfen, das eigene Getrenntsein von der äußeren Welt zu konsolidieren. So wies Anna Freud (1971) darauf hin, dass der Schmerz, der etwa durch ein Auf-den-Kopf-Schlagen erlebt wird, dazu dient, eine anderweitig nicht vorhandene Körperrealität des Kindes zu etablieren. Andere Kliniker beobachteten, dass autistische Kinder oft ihren Kopf gegen die Wand schlugen zum Zweck der Selbsterfahrung, genauso wie Kinder mit angeborener Schmerzunempfindlichkeit, die über sehr schwache und brüchig etablierte Ich-Grenzen verfügten, weil ihnen die Erfahrungen der Außenwelterlebnisse fehlten. Beobachtet wurde auch, dass Ärzte und Patienten sich gegenüber Schmerz eher unterdosieren, um das Erleben der Selbst-Objekt-Differen-

zierung zu erhalten. Und umgekehrt, dass Borderline-Persönlichkeiten während schwerer Phasen von Depersonalisation versuchen, ihre Identität wiederzuerhalten, indem sie sich selber Schmerzen durch Hautverletzungen oder -verbrennungen zufügen.

Körperliche Wahrnehmungen dienen der Selbstdefinition und Klarifizierung der Beziehung zur Außenwelt. Zum Beispiel berühren sich viele Menschen während des Tages oft an ihrer Nase, reiben ihre Ohren, kämmen ihr Haar zurück oder kratzen sich am Hinterkopf, nicht unbedingt, weil es an diesen Stellen juckt oder Irritationen erlebt werden, sondern sehr viel häufiger aus habitualisierten Gründen. Diese Gesten haben drei besondere Merkmale:

1. Meistens sind es körperliche Bereiche, die wir weder sehen noch willentlich bewegen können, sie produzieren eine Doppelberührung (Hofer, 1981),
2. es erfolgt eine taktile Sensation, sowohl durch die berührende Hand als auch im berührten Körperbereich, der sich von dem Gefühl unterscheidet, einen anderen Menschen oder Gegenstände zu berühren, und
3. diese Gesten erfolgen in der Regel, wenn wir uns ängstlich oder unsicher fühlen.

Zum Beispiel kratzen sich die meisten Männer, wenn sie in einem öffentlichen Raum wie einem Restaurant nach einen Platz suchen, zumeist am Hinterkopf, oder sie kämmen ihr Haar zurück oder reiben sich an der Nase oder unter den Augen, alles Doppelberührungen von Körperbereichen, die nicht gefühlt, gesehen oder unter willentlicher Kontrolle sind. Diese Gesten gehen auf die Erfahrung zurück, dass gerade körperliche Reize das Körper-Ich für das sich entwickelnde Kind definieren, Doppelberührungen während des Tages folglich die körperlichen Grenzen konsolidieren und das Gefühl für sich selbst. Das heißt, solche Gesten ermöglichen eine Rückversicherung auf sich selbst und vermitteln ein Gefühl von Freude und Sicherheit, die aus den äußerlichen Körperreizen von nicht gesehenen und nicht aktiv gefühlten körperlichen Oberflächen stammen, genauso wie die heiße Sonne den nackten Rücken angenehm stimuliert oder eine angenehme kühle Brise das Gesicht.

Umgekehrt hat auch die Reduktion von Außenreizen erhebliche Auswirkungen auf das Körperselbst, etwa in Gestalt sensorischer Deprivation, räumlicher Isolierung oder durch Drogen. Viele Menschen kennen die Erfahrungen, dass sie sich körperlich kneifen müssen, um sicherzugehen, dass es sich nicht um einen Traum handelt, was sie erleben, d.h., körperliche Gefühle helfen, unsere Beziehung zur äußeren, realen Welt zu markieren. Bestimmte nervöse Gewohnheiten wie Bleistiftkauen, Fingertrommeln, Berühren von Gläsern, wenn man am Tisch sitzt, helfen die Grenzen zu definieren, d.h., das Belebte vom Unbelebten zu unterscheiden. Freuds Feststellung, dass die Wahrnehmung des Körpers uns dabei unterstützt, unsere Identität und unsere Beziehung zur Außenwelt herzustellen, lässt allerdings die Frage offen, warum unser Gefühl von uns selbst, unser Körperselbst, nicht mit dem Alter bzw. mit Veränderungen durch Krankheiten, Unfälle oder Behinderungen mitwächst. Gerade auch körperlich Kranke werden mit diesem Problem immer wieder konfrontiert. Zum Verständnis dieses Problems trägt die Betrachtung der Reaktionen auf offensichtliche und umschreibbare körperliche Veränderungen bei, die vor allem manifest werden in der Adoleszenz, in der Schwangerschaft, bei plastisch-chirurgischen Eingriffen, bei medizinischen Interventionen wie Mastektomie oder Amputation von Körperteilen oder von Unfällen, etwa durch Gesichtsentstellungen aufgrund von Verbrennungen. Einschneidend für das Körperselbst sind die körperlichen Veränderungen in der Adoleszenz, die von Erik Erikson (....) bei der Beschreibung der Identitätskrise besonders akzentuiert worden sind. Zur Assimilierung dieser körperlichen Veränderungen verbringt der Adoleszent typischerweise viele Stunden, um seine veränderte, fremde, neue Oberfläche anzusehen, zu berühren und teilweise auch um die Herrschaft über diese verfremdete äußere Form zurückzugewinnen durch Experimente (unterschiedliche Haarstile, und -schnitte, Kleider, Make-up, Bewegungen) und verschiedene auffällige Gewohnheiten, was anhält bis zum Erreichen des jungen Erwachsenenalters, in dem es erst dann zu einer Verbindung zwischen Identität und Körperbild kommt.

Die neue Integrität zwischen Identität und Körperselbst kann wieder gestört werden durch biologische Veränderungen in Gestalt der Schwangerschaft, die zu schnellen und tief greifenden körperlichen Veränderungen führt, die an Pubertät und Adoleszenz erinnern. Die psychologischen Reaktionen auf die Schwangerschaft, die hormonell und psychodynamisch bestimmt werden, führen zu einem veränderten Körperbild der schwangeren Frau mit temporären, aber tief greifenden Effekten hinsichtlich ihrer Identität und ihrer Ich-Grenzen, die wiederum an das neue Selbst assimiliert werden müssen.

Jede einschneidende und andauernde körperliche Veränderung muss allmählich über die Zeit hinweg assimiliert werden. Untersuchungen über die Folgen von plastisch-chirurgischen Eingriffen dokumentieren den graduellen Veränderungsprozess, indem körperliche Veränderungen, die eigentlich in hohem Maße von den Betroffenen gewünscht worden sind, dennoch psychologisch erhebliche Verunsicherung, Ängste und Beunruhigung auslösen und viel Zeit erforderlich machen, bevor das neue, chirurgisch hergestellte äußere Bild in das Körperselbst integriert worden ist.

Ähnliche Ergebnisse sind aus Untersuchungen über Frauen bekannt, die sich einer Mastektomie aufgrund von Brustkrebs unterziehen mussten, die sich nach der Operation und den einschneidenden Verlusterlebnissen in Bezug auf ihr Körperselbst in der folgenden Zeit oft in einen ruhigen Raum einschlossen, um zuerst ganz vorsichtig und nur kurz, allmählich in immer längeren Phasen das von der Chirurgie veränderte, anfänglich als verstümmelt erlebte Körpergebiet zu berühren, zu massieren und zärtlich zu streicheln, bis allmählich die veränderte körperliche Oberfläche in das Körperselbst und die körperliche Selbstrepräsentanz inkorporiert und integriert werden konnte.

Dasselbe kann man bei Betroffenen mit erheblichen Hautverbrennungen – besonders bei Gesichtsentstellungen – beobachten.

Wie Verlusterlebnisse von Körperteilen sich auf das Körperselbst auswirken, ist am Phänomen von Phantomgliedern nach erfolgter Amputation gut dokumentiert und beschrieben. Hierbei sind vor allem folgende Aspekte von Bedeutung:

1. Nach den ersten Wochen nach der Amputation bleibt die Vorstellung konsistent, dass der Arm oder das Bein noch immer vorhanden ist. Dies resultiert primär aus der Schwierigkeit, das eigene Körperselbst und -konzept zu modifizieren.

2. Die Phantomvorstellung – das vorgestellte vorhandene Körperglied – verblasst nicht etwa wie ein Traum nach dem Aufwachen, sondern bleibt vorhanden, so dass z.B. ein Patient, der unterhalb des Knies amputiert worden ist, noch Monate später phantasiert, dass ein großer Zeh unter der Kniekappe hervorragt, während der Rest seines Beines gleichsam in den Schenkel „teleskopiert" worden ist.

3. Bevor es zur Auflösung des Phantomgliedes kommt und der Patient ein neues Körperbild assimiliert, erlebt er zwischenzeitlich erhebliche kognitive Dissonanzen. So denkt er morgens nach dem Aufwachen, sein Bein existiere noch, so dass er aus dem Bett aufstehen will und dann plötzlich von einem anderen Teil in seinem Denken an den Verlust erinnert wird, ein Teil in sich, der bereits Bescheid weiß.

4. Die Vorstellung eines Phantomgliedes wird durch psychodynamische Faktoren mit beeinflusst. Zum Beispiel können Phantomschmerzen bezogen werden auf die Identifizierung mit einem anderen amputierten Menschen, den man in der Kindheit oder Jugend früher beobachtet hat, und der Patient assoziiert, dass das auch mit seinem amputierten Glied geschehen ist. So kommt es zu Vorstellungen, dass ein „brennender Schmerz" mit dem Bild assoziiert wird, dass das amputierte Glied in einem Ofen verbrannt worden ist, ein „drückender Schmerz" wird mit der Phantasie verbunden, dass das amputierte Glied „beerdigt" worden ist, und ein „stechender Schmerz" wird mit dem Gedanken verbunden, dass das amputierte Glied von einem Pathologen seziert worden ist.

Weil unser Körperselbst mit unserem Gefühl von uns selbst so eng verbunden ist, bedrohen körperliche Veränderungen auch unsere körperliche Identität. Die Wahrnehmung von körperlichen Veränderungen aufgrund von Verlusterlebnissen durch Krankheit wird nicht nur mit den drei hauptsächlichen Signallängsten verbunden, wie sie von Freud (1978) beschrieben worden sind – die Angst vor Verlust der Liebe, die Angst vor Verlust der Macht und Kontrolle und die Angst vor Verlust der Selbstachtung –, sondern führt auch zu einer zentralen Angst, nämlich dass man das Kerngefühl für sich selbst verliert. Wie bei den körperlichen Veränderungen in der Adoleszenz oder in der Schwangerschaft, nach plastisch-chirurgischen Eingriffen, Entstellung aufgrund von Unfällen oder Erkrankungen oder Amputationen wird ein Grundgefühl mobilisiert: *Ich bin nicht mehr derselbe.* Dieses Gefühl beinhaltet, dass man „anders" aussieht und ist als das früher verinnerlichte Bild von sich selbst. Die Angst, die durch die Diskrepanz hervorgerufen wird, bezieht sich auf das Bedürfnis nach Aufrechterhaltung der Kernidentität und bringt deshalb die große Schwierigkeit mit sich, ein verändertes Körperbild in das Körperselbst zu integrieren. **Eine der wesentlichen Aufgaben für eine Psychotherapie gerade bei schweren körperlichen Erkrankungen, die das Körperbild qualitativ verändern, ist daher die Bearbeitung der Veränderungen und die Assimilierung dieser Veränderungen in die Identität bzw. in das Körperselbst.** Dabei sind solche Veränderungen, an die man ständig erinnert wird, wie etwa eine erhebliche Gewichtszunahme oder -abnahme, verminderte körperliche Kraft, eingeschränkte motorische Fähigkeiten, eher assimilierbar an das Körperselbst als Veränderungen, die der Wahrnehmung weniger zugänglich sind, wie etwa Alterungsvorgänge in Form von Haarausfall, grauen Haaren, Runzeln, verminderte Flexibilität oder durch Krankheit bedingte Ausfälle im Denken, Erinnern, Wahrnehmen oder diskrete Funktionseinbußen.

Körperliche Veränderungen bedingen Trauerprozesse, die mit den einmal endgültig eingetretenen Verlusten oder den weiterhin auftretenden Verlusten einhergehen, wie das z.B. im Falle von Multipler Sklerose, Arthritis oder Rheuma stattfindet. Auch wenn die Trauerprozesse Assimilierungsmöglichkeiten in Bezug auf das Körperselbst ermöglichen, bleibt dennoch die Kluft zwischen den verinnerlichten Körperselbst-Bildern und dem aktuellen Funktionsstatus erhalten. So wie körperliche Veränderungen und Verluste aufgrund von Alterungsprozessen nicht immer klar umschreibbar sind, weil sie subtil und kontinuierlich erfolgen, ist dieses auch häufig bei vielen Krankheitsprozessen der Fall. Folglich werden subtile Trauerprozesse den weiteren Lebenszyklus begleiten. Das heißt, Menschen mit Erkrankungen wie Diabetes, Arthritis, systemischem Lupus erythematodes müssen zwischenzeitlich immer wieder die zunehmenden und eingetretenen Verluste betrauern. Selbst wenn man diese Trauer, was psychotherapeutisch erheblich unterstützt werden sollte, ein wenig abpuffern kann durch antizipatorische Trauer, bezogen auf die zu erwartenden weiteren Verluste, erfolgt dennoch die Akzeptanz des Verlustes immer später und hinkt hinter den aktuellen Verlusterlebnissen hinterher. **In der Psychotherapie wird es also auch immer wieder um die Bearbeitung des Erlebens gehen, dass das Körperselbst sich niemals auf dem aktuellen Stand des schwindenden, sich vermindernden und sich verändernden körperlichen Zustands befindet.**

Bei körperlichen Erkrankungen geht es auch um Verluste, so dass in der Psychotherapie immer ein Trauerprozess mit zu bearbeiten ist. Da das Körperbild früheren Repräsentanzen des Körperselbst verhaftet bleibt, können körperliche Veränderungen und Verlusterlebnisse durch Krankheit nie vollständig in das aktuelle Körperbild integriert werden. Das macht den Trauerprozess so kompliziert. Normalerweise wird die Trauerarbeit nach dem Tod eines geliebten Menschen durch spezifische Rituale erleichtert: Gedächtnisansprachen und -reden, Reminiszenzen, wie etwa der erinnerte Todestag, das Aufbewahren von persönlichen Gegenständen, die an den Toten erinnern, Pflege und Besuch des Grabes oder die Rückkehr an Orte, an denen man gemeinsame Erlebnisse mit dem geliebten Verstorbenen hatte. Solche Erinnerungen und Rituale helfen dem Trauernden, sich durch den Verlust in Gestalt tolerierbarer Fragmente der früheren Erlebnisse und Interaktionen über eine ausgedehnte Zeitperiode durchzuarbeiten. Und die verbleibenden Erinnerungen helfen, dass man sich allmählich von dem Verlust loslösen kann. Eine solche Verarbeitung der Verlustprozesse gelingt weder bei Krankheitsprozessen noch in Analogie dazu bei Altersprozessen, weil viele Veränderungen durch Krankheit oder Alter außerhalb unseres Bewusstseins in einem tagtäglichen Leben erfolgen, folglich viele Verlusterlebnisse dem bewussten Erleben nicht immer unmittelbar zugänglich sind, um den Trauerprozess zu katalysieren. Das zeigt sich bei Alterungsprozessen, die körperliche Veränderungen bedingen, wie z.B. die allmähliche Vergrößerung der Ohren, der Nase, der Hände und der Füße, die Abnahme der Körpergröße bei Osteoporose, die verminderten

immunologischen Reaktionen auf Antigene, die Reduktion der kardialen, pulmonalen und renalen Reserven und die verminderten adrenokortikalen und hypothalamischen Antworten auf Stress – all diese Veränderungen finden häufig unbemerkt statt, bis ein Ereignis sie plötzlich fokussiert: eine heftige Grippe, eine durchzechte Nacht oder eine anstrengende sportliche Aktivität, die plötzlich die Reduktion der Möglichkeiten anzeigen. Nachdem das Ereignis eingetreten ist, verschwindet die Erinnerung daran, und es findet kein ausreichendes Trauern über den Verlust statt. Dieses geschieht auch immer wieder bei einschneidenden Beeinträchtigungen oder Verlusten durch körperliche Erkrankungen, die aus der Wahrnehmung verschwinden und bei jedem Neuerleben dann schockartig wiedererlebt werden, was das Trauern in hohem Maße erschwert.

4 Krankheitsbewältigung, Leben mit der Krankheit und Psychotherapie

Schwere körperliche Erkrankungen bedeuten einen Einschnitt in die bisherige Lebensroutine und Biografie, wenn sie das übliche Maß einer bis dahin gewohnten Akuterkrankung im Sinne einer Grippe übersteigen. Sowohl einschneidende, bedrohliche Akuterkrankungen wie auch chronische Erkrankungen erzwingen erst einmal einen temporären oder anhaltenden Bruch mit der bisherigen Lebensrealität, eine Veränderung der Normalität, die bis hin zum Sturz aus dieser gehen kann. Der Kranke sieht sich gezwungen, sich an neue Bedingungen zu adaptieren in Gestalt allo- und autoplastischer Anpassung an die Krankheit und die dadurch erzwungenen Veränderungen und Folgen. Diesen Prozess nennt man „Krankheitsbewältigung" oder auch „das Lernen des Lebens mit der Krankheit". Hierbei ist der Betroffene vor die Aufgabe gestellt, sowohl **kognitive als auch psychosoziale Schlüsselprobleme und -aufgaben zu bewältigen, die in der Regel miteinander eng verflochten sind.** Patienten geraten hierbei oft in lang anhaltende Krisen, weil sie im Rahmen ihrer Lebensgeschichte wenig Voraussetzungen für eine solche Krisenbewältigung mitbringen, so dass eine wesentliche Indikation für eine Psychotherapie oft die Vorgeschichte ist, in dem Maße nämlich, wie ein Individuum über die Erfahrungen von Krisen in seinem bisherigen Leben verfügt, über eine spezifische Geschichte der Krisenbewältigung, also Lern- und Erfahrungsprozesse, die einen Menschen eher in den Stand versetzen, neue, unbekannte Krisen zu bewältigen, als etwa solche Individuen, die keinerlei Vorgeschichte von Krisenerfahrung und -bewältigung in ihrem bisherigen Leben aufweisen. Krankheitsbewältigung enthält somit zwei Dimensionen:
- Bewältigung der Krankheit als kognitiver und sozialer Lernprozess und
- Bewältigung der Krankheit als psychodynamischer Adaptationsprozess.

4.1 Krankheitsbewältigung als kognitiv- sozialer Lernprozess

Die englische Sozialpsychologin L. Burton (1975) hat in eindrucksvollen Studien die Grundlagen des kognitiv-sozialen Be-

4

wältigungsprozesses dargestellt und analysiert. Sie beschreibt sechs Schlüsselaufgaben, die der Betroffene und natürlich auch seine soziale Bezugsgruppe bearbeiten müssen:

1. Das Erkennen der Symptome und das Finden einer adäquaten Diagnose

Viele Krankheiten haben oft eine kurze oder lange Vorgeschichte, in der quälende Erlebnisse und Erfahrungen stattfinden, die von den Betroffenen anfänglich nur gespürt werden, aber nicht verstanden und den eigenen bisherigen Erfahrungen zugeordnet werden können. Schleichende oder einschneidende Veränderungen im Befinden führen zu Verunsicherungen, die man aber nicht zuordnen kann, entsprechend auch dann wahrnehmungsmäßig uminterpretiert, nach Möglichkeit aber einordnet in den bisherigen Realitätskontext. Viele Betroffene machen einen Prozess der Verunsicherung, der Beunruhigung, von temporären, dann immer wieder verschwindenden Furcht- und Angsterfahrungen durch, wobei sie sich oft quälen, weil sie die Veränderungen im körperlichen Befinden oder Erscheinungsbild nicht zuordnen können. Typisch hierfür sind die ersten Erfahrungen von Symptomen bei der Multiplen Sklerose, die als irritierende Befindlichkeitsstörungen auftreten, von der Umwelt oft als abnorm oder abweichend interpretiert werden, z.B. wenn etwa Gangstörungen auftreten, die Alkoholmissbrauch zugeordnet werden. **Gerade die Vorgeschichte der Symptomerlebnisse, der allmählich präziseren Symptomwahrnehmung und schließlich der kognitiven Interpretation von Symptomen ist auch bedeutsam bei der Psychotherapie von Patienten mit körperlichen Erkrankungen und der psychotherapeutischen Intervention bei der Krankheitsbewältigung.** Insbesondere bedarf der Prozess zwischen Symptomwahrnehmung, allmählicher Symptominterpretation und Entscheidungsfindung in Bezug auf den Entschluss, medizinische Hilfe in Anspruch zu nehmen, einer genaueren Analyse, weil er bedeutsam ist für die spätere Bewältigung von Krankheiten. Es kann manchmal sehr lange dauern und erhebliche Vorerfahrungen mit sich bringen, die oft die Zuordnung der Symptome zu Fehldiagnosen beinhalten und den späteren Bewältigungsprozess des Patienten erheblich stören können, bis die adäquate Diagnose endlich gefunden ist.

2. Das Verstehen und Lernen der Diagnose

Die Feststellung dessen, was die Symptome einer Diagnose bedeuten, löst bei den Betroffenen zumeist einen erheblichen Schock und Stress aus. Viele Ich-Funktionen sind hierbei unter der Konfrontation mit der Diagnose in ihrer Funktionsfähigkeit herabgesetzt, so dass es häufig zu Missverständnissen bei der Informationsaufnahme, mangelhafter Informationsverarbeitung und entsprechender fehlerhafter Interpretation dessen kommt, was bei der Diagnosemitteilung vom Arzt intendiert wird. Hierbei werden kognitive Prozesse von emotionalen Faktoren beeinflusst, so dass die Mischung aus kognitivem Wahrnehmen und Verstehen mitbestimmt wird von Angstprozessen und damit eng verbundenen Abwehr- und Schutzreaktionen. Oft werden Diagnosen nicht richtig verstanden und gelernt, so dass es nicht nur ratsam ist, Ärzten zu empfehlen, die Diagnose mehrfach mitzuteilen und zu überprüfen, ob die Diagnose verstanden worden ist, sondern **gerade auch bei psychotherapeutischen Interventionen beim Patienten gemeinsam eine Diagnoseüber-**prüfung und -verständnis zu erarbeiten – insbesondere mit allen kognitiven und affektiven Konnotationen.

3. Das Verstehen der Ätiologie und Prognose der Krankheit

Die Diagnose beinhaltet zugleich auch das Problem des Verstehens der Ätiologie und Prognose der Erkrankung, d.h. der möglichen Ursachen und Entstehungsbedingungen der diagnostizierten Krankheit. Wenn eine solche Ätiologie bekannt ist, entsteht das Problem des Verstehens erneut auf Seiten des Betroffenen wie im Falle der Diagnose, weshalb wiederum für psychotherapeutische Interventionen bedeutsam ist, **ob und wie die Ätiologie kognitiv und affektiv verstanden worden ist.** Oft entsteht aber auch das Problem, dass viele Krankheiten keine wirkliche Ätiologie enthalten, die Medizin nur vage Hypothesen aufstellen und somit auch wenig erklären kann, wie etwa im Falle von vielen Krebstumoren. **Dass hier kognitive und affektive Prozesse verzahnt werden,** ist eigentlich nicht verwunderlich, wird aber zu **einer wichtigen Aufgabe bei der Psychotherapie, weil gerade hier auch die entsprechenden Vorstellungsbilder und die daran gebundenen affektiven Reaktionen bedeutsam werden.**

4. Das Verstehen der Krankheit, ihres Ausmaßes und ihrer möglichen Folgen

Mit der Diagnose, der möglichen Ätiologie oder gar unbekannten Ätiologie und der daraus folgenden Einschätzung der Prognose über das Ausmaß, den Verlauf und die Folgen der Krankheit ist ein komplexes Muster von Verstehensproblemen und dem Umgang mit der Krankheit verbunden. In der psychotherapeutischen Arbeit mit Patienten wird immer wieder deutlich, dass gerade Ärzte oft keine Vorstellung haben, wie wenig ihre Patienten die Krankheit und deren Ausmaß und Folgen wirklich verstehen, sowohl in kognitiver als auch emotionaler Hinsicht. Auch hier verschränken sich kognitive mit emotional-affektiven Prozessen, so dass in der Psychotherapie gerade auch hier besonders beachtet werden muss, **wieweit Lernprozesse wirklich in Gang gesetzt werden und ein entsprechendes Verständnis der Krankheit vorhanden ist,** was eine zentrale Voraussetzung für weitere psychotherapeutische Interventionen darstellt.

5. Das Lernen der Behandlung und der Umgang mit den praktischen, psychischen und interpersonellen Aspekten, Problemen und Belastungen

Auch hier tut sich ein weites Feld von Aufgaben auf, weil die Betroffenen mit einer Vielzahl von Informationen, medizinischen Techniken, Nebenwirkungen der Behandlung, gezieltem Umgang mit den Therapien, genauer Beobachtung der Folgen von therapeutischen Maßnahmen und den damit verbundenen zeitlichen, aufgabenmäßigen und auch interpersonellen Folgen konfrontiert sind. Allein das Problem einer Diät – etwa bei Diabetes – enthält eine Fülle von praktischen, psychischen und interpersonellen sowie zeitökonomischen Aufgaben, die oft sowohl von den Ärzten als auch von den Betroffenen und ihrem Umfeld unterschätzt werden. Mütter von diabeteskranken Kindern können hierüber sehr anschaulich berichten. Bekannt ist, dass beispielsweise diabeteskranke Kinder eine erhebliche Verschlechterung erfahren, wenn die Ehe der Eltern zerbricht und langwierige Scheidungsfolgenprobleme auftreten, die sich

4

unmittelbar auf Therapie und Diät des kranken Kindes auswirken.

6. Die Aufgabe der kontinuierlichen Kommunikation und des alltäglichen Umgangs mit der Krankheit

Die betroffenen Kranken müssen sich in ihrem Alltag mit ihren engsten Bezugspersonen und ihrer Umwelt in sozialen Interaktionen inszenieren, sich darstellen und mit anderen umgehen. Das kann zur exzessiven Beschäftigung und Überakzentuierung der Krankheit führen, so dass nur noch über Krankheit kommuniziert wird, was oft zur Folge hat, dass die anderen sich überfordert fühlen und sich zurückziehen, oder es kann dazu führen, dass der Kranke sich zu sehr zurückzieht und versucht, die krankheitsbedingten Probleme mit sich allein abzuhandeln, was wiederum zu erheblichen Kommunikationsstörungen mit dem Umfeld führen kann. **Die Herstellung einer adäquaten kontinuierlichen Kommunikation über die Krankheit und dem interaktionellen Umgang damit ist somit eine der Schlüsselaufgaben des Kranken und seines Bezugsfeldes, die häufig genug Thema von psychotherapeutischen Interventionen werden.**

4.2 Krankheitsbewältigung als psychodynamischer Prozess

Die Bewältigung der Krankheit, das Leben mit ihr, die auto- und alloplastische Adaptation an die Krankheit, zu der der Kranke gezwungen wird, hängen in hohem Maße von **der Lebensgeschichte des betroffenen Individuums, seiner damit entwickelten Persönlichkeitsstruktur, seiner Biografie von Konflikt- und Krisenerfahrung und -bewältigung zusammen, so dass die Gegenwart des Kranken immer auch im Rahmen seiner Vergangenheit mitgeformt wird.** Die biografische Vergangenheit und die psychodynamische Situation seiner Persönlichkeit und intrapsychischen Bewältigungsmöglichkeiten geben den Rahmen ab für die Auseinandersetzung mit der Krankheit und den Lösungen im Leben mit der Krankheit. Unter psychodynamischen Gesichtspunkten sind daher drei zentrale Perspektiven zu berücksichtigen, die die Krankheitsbewältigung prägen und für die Psychotherapie von zentraler Bedeutung sind:

1. das Konzept der Regression
2. das Konzept der Objekt- bzw. interpersonellen Beziehungen
3. das Konzept des bewussten und unbewussten Konfliktes

4.2.1 Krankheitsbewältigung und Regression

Körperliche Krankheiten erzwingen die Einschränkung von Aktivität und die Unterwerfung unter die Bedingungen der medizinischen Therapie. Damit wird das betroffene Individuum mit der Notwendigkeit von Regressionsprozessen konfrontiert. Kranksein bedeutet, Anordnungen von Ärzten und Pflegepersonal zu befolgen, sich anderen in der Fürsorge für das eigene Leben und den eigenen Körper zu überantworten, d.h., einen abhängigen Lebensstil zu verschiedenen Zeiten der Krankheit zu akzeptieren, was geradezu die notwendige Voraussetzung für das Überleben eines Kranken während der akuten Phase oder während akuter Rückfälle der Krankheit darstellt. Eine solche regressive Abhängigkeit kann auch notwendig werden für die gesamte

Dauer einer chronischen Erkrankung oder während bestimmter Perioden von neuen Krankheitsschüben oder Rezidiven. **Die dabei auftretenden regressiven Entwicklungen, d.h. der Rückgang auf frühere Entwicklungsstufen, sind erst einmal nicht pathologisch, sondern oft notwendig für die Behandlung und Versorgung der Krankheit, d.h., Regression – wie jede Abwehroperation – kann auch eine funktional positive Entwicklung und ein notwendiger Zustand sein. Pathologisch wird Regression nur dann, wenn der Patient den bewussten oder unbewussten Wunsch entwickelt, hilflos und abhängig zu bleiben, obwohl die Realität seiner körperlichen oder geistigen Begrenzungen aufgrund der Krankheit dies nicht mehr erfordert.** Zum Beispiel kann während der akuten Phase einer Koronarerkrankung der Patient sorgfältig überwacht werden in Bezug auf Diät, Rauchen, körperliche Aktivitäten etc. Wenn er in dieser Phase nicht in der Lage ist, sich entsprechenden Anordnungen ärztlicher oder pflegerischer Autorität passiv-regressiv zu fügen und die damit verbundenen Begrenzungen zu akzeptieren, kann er das Risiko einer Krankheitsverschlechterung und Lebensbedrohung auf sich nehmen. Wenn er aber in der Phase der Rekonvaleszenz oder Rehabilitation fortfährt, auch medizinisch notwendige körperliche Aktivitäten zu begrenzen, wie z.B. regelmäßige körperliche Bewegungsübungen, dann können die physiologischen wie auch die psychologischen Folgen schädlich sein. Das Konzept der Regression bedeutet, dass der Patient aufgrund von Krankheit, die ihn in seiner körperlichen und psychischen Verfassung schwächt oder beeinträchtigt und zu erheblichen Verlusten seiner Funktions- und Leistungsfähigkeit führt, auf frühere Entwicklungspositionen zurückfällt, die in hohem Maße Abhängigkeit, Passivität und Verzicht oder Reduktion von zentralen Bedürfnissen, wie z.B. Sexualität, bedeuten und im extremsten Fall Regression auf die Situation des pflegebedürftigen Kleinstkindes. Der Rückfall auf frühere Entwicklungsstufen beinhaltet natürlich auch erhebliche Veränderungen in der Qualität seiner Beziehungen zu den Bezugspersonen. Wegen der Auswirkungen auf seine interpersonalen Beziehungen kann daher auch Regression eine zentrale Quelle temporären oder kontinuierlichen Konfliktes für den Patienten werden wie auch für die Personen, mit denen er sich in Beziehung setzen muss bzw. steht: Ehepartner, Familie, Kinder, Ärzte, Pflegepersonal.

An dem Konzept der Regression wird deutlich, dass die psychosozialen Aufgaben, die dem erwachsenen Patienten durch seine Erkrankung auferlegt werden, weitgehend auch solche enthalten, die das Kind in den spezifischen Stufen seiner Entwicklung auch kennen gelernt hat. Im Wesentlichen zentrieren sich diese Entwicklungsaufgaben direkt oder indirekt auf die Fähigkeit des Kindes, sich mit anderen Menschen in Beziehung zu setzen, und die Art und Weise, wie das Kind sich selbst dabei wahrnimmt und sich selbst zu anderen in Beziehung setzt. So ist das Kind anfänglich mit dem eigenen Selbst beschäftigt, jedoch hat es noch kein Selbstgefühl oder einen Sinn für das eigene Selbst, noch einen Sinn für die eigene geschlechtliche oder sexuelle Identität. Es ist unfähig, sich selbst von anderen zu differenzieren und im Besonderen von der Mutter als dem primären Liebesobjekt. Noch genauer übernimmt das Kind eher eine passive Position gegenüber der Mutter, von der sein eigenes Überleben abhängt und die das Kind als bedürfnisbefriedigendes Objekt vor allem wahrnimmt. In dem Maße, wie die biologische und psychosoziale Entwicklung fortschreitet und die mentalen, psychosexuellen und motorischen Anlagen sich entfalten, ist das Kind in der Lage, sich von einer vollständigen Verwicklung mit den eigenen Bedürfnissen und dem eignen Selbst hin zu einer Orientierung, Wahrnehmung und Fürsorge für den anderen als von sich selbst unterschieden fortzuentwickeln. Das heißt, dass das Selbst des Kindes von dem Selbst des anderen differenziert werden kann und es so in der Lage ist, aktivere Haltungen und Verhaltensweisen anzunehmen. Das Kind kann somit eine größere Autonomie entfalten und die anderen Objekte, d.h. die wichtigsten Bezugspersonen, insbesondere die Mutter, nicht nur in ihrer Nützlichkeit und zur Befriedigung der eigenen Bedürfnisse sehen, sondern selber auch als Quelle von Liebe und Fürsorge empfinden, darüber hinaus auch als eine Person, die selber Bedürfnisse hat. Weiter entsteht in dem Kind auch der Sinn für das eigene Selbst in Form einer Geschlechtsidentität, d.h., anfängliche diffuse infantile Sexualität entwickelt sich zu einem Bewusstwerden der eigenen spezifischen sexuellen Identität.

4.2.2 Krankheitsbewältigung und Objekt- bzw. interpersonelle Beziehungen

Mit dem Konzept der Regression ist das der Objektbeziehungen eng verbunden. Die Fähigkeit des Patienten, sich an seine Krankheit zu adaptieren, ist auch abhängig von der Qualität seiner Objektbeziehungen, worunter die Haltung und das Verhalten des Individuums gegenüber anderen Personen und Dingen in seiner äußeren Umwelt verstanden wird. Der Begriff bedeutet die Fähigkeit des Individuums, sich auf Objekte und deren Qualität in Beziehungen zu stützen und auf seine bewussten und unbewussten Bilder von sich selbst. Implizit in dieser Definition ist die Auffassung, dass die Art und Weise, wie ein Individuum andere Menschen wahrnimmt, eng zusammenhängt mit der Art und Weise, wie es sich selbst wahrnimmt und erlebt. Die Fähigkeit des Individuums, sich mit anderen in Beziehung zu setzen und damit einhergehend seine Fähigkeit, sich selbst von anderen zu differenzieren, hängt primär von seinen konstitutionellen Gegebenheiten und seinen frühesten Beziehungen ab, die die Matrix seines psychischen Lebens darstellen. Seine Haltung und sein Verhalten gegenüber anderen und gegenüber sich selbst wird durch frühe Lebenserfahrungen auf zwei Ebenen geformt:

- seine anhaltenden täglichen Erfahrungen mit signifikanten Menschen in seiner Umwelt, von deren Fürsorge und Zuwendung es in seiner physischen und psychischen Existenz abhängig ist, und den damit zusammenhängenden spezifischen Erfahrungen, denen es ausgesetzt ist, die u.U. die Qualität traumatischer Erfahrungen haben können, wie z.B. die ablehnende Haltung eines Elternteils, der Tod eines Elternteils oder eines Geschwisters, Krankheiten, Verletzungen oder Hospitalisierungen.

- die Fähigkeit des Individuums, sich mit anderen in Beziehung zu setzen, wobei die Qualität dieser Beziehungen außerdem noch beeinflusst wird durch die weiteren biografischen Ereignisse. Wird es dann später als Jugendlicher, junger Erwachsener, Erwachsener oder älterer Mensch von schweren körperlichen Krankheiten betroffen, wird die Qualität seiner bestehenden Beziehungen und seine Fähigkeit, sich auch jetzt unter den durch die krankheitsbedingten Veränderungen mit seinen bisherigen und neuen wichtigen anderen Bezugsperso-

nen – wie z.B. Ärzten – als einem kontinuierlichem Element seines Alltagserlebens in Beziehung zu setzen, von entscheidender Bedeutung sein. Hierbei werden erhebliche Regressionsprozesse in Gang gesetzt, und dabei spielen auch die damit zusammenhängenden Objektbeziehungen eine wichtige Rolle, die der Kranke aufgrund seiner biografischen Entwicklung in sich als intrapsychische Repräsentanzen geformt hat.

Die Dynamik zwischen den Prozessen der Regression und den Objektbeziehungen kann man im Konzept der Entwicklungslinien konkretisieren, wie es von Anna Freud (1971) erarbeitet worden ist. Es handelt sich hier auch um **Schlüsselprobleme, die für psychotherapeutische Interventionen bei der Bewältigung von schweren organischen Krankheiten in akuten und chronischer Form bedeutsam sind.**

4.2.2.1 Passivität und Aktivität

Passivität, die häufig ein unausweichlicher Begleitaspekt von vielen akuten und chronischen organischen Krankheiten wird, kann auch zur Quelle von Störungen in den Beziehungen der Kranken mit ihrer Umwelt, ihren zentralen Bezugspersonen und auch in der Arzt-Patient-Beziehung werden. Passivität wird vor allem dann eine Störungsquelle, wenn sie den Patienten auf Regressionszustände zurückfallen lässt, die nicht proportional zu den realen Begrenzungen stehen, die durch die krankheitsbedingte körperliche Behinderung produziert werden. Wenn die Passivität so regressiv ausgeprägt ist, dass nur über sie das Bedürfnis, geliebt und versorgt zu werden, verfolgt wird, wird der Kranke auch durch die Passivität unfähig, eigenständige Entscheidungen auf den unterschiedlichen Ebenen zu treffen, wie er unfähig wird, jegliche Anstrengung und Aktivität seinerseits in Angriff zu nehmen. Aus der verstärkten Passivität des Kranken resultieren dann Störungen, die wiederum zu erheblichen Konflikten in der Beziehungsdynamik des Patienten mit seiner Umwelt und in der Arzt-Patient-Beziehung führen. Denn in der Anstrengung und in dem Bemühen, diesen Konflikt auf Seiten des Patienten abzuwehren, kann der Patient eine Reaktionsbildung vollziehen, indem er pseudoaktive Haltungen entwickelt, z.B. unfähig ist, Ratschläge zu akzeptieren, die Diagnose zu verstehen und zu integrieren und irgendwelche Begrenzungen in Bezug auf seine Aktivitäten zum Zwecke seiner Besserung oder Heilung einzuhalten. Eine Schlüsselaufgabe des Kranken zur Bewältigung seiner Krankheit stellt also eine adäquate Mischung und Dosierung von Passivität und Aktivität dar, die oft viel Zeit und Reflexion benötigt, um entsprechende Proportionen zu erreichen.

4.2.2.2 Abhängigkeit und Unabhängigkeit

Auch wenn der Säugling bereits eine Mischung von Abhängigkeit und Unabhängigkeit aufweist, also auch schon durch eigene Aktivitäten Unabhängigkeit zeigen und Reaktionen in seiner Umwelt begegnen kann, so ist er doch eher Phasen von Abhängigkeit ausgesetzt. Die Regressionsdynamik enthält also erhebliche Tendenzen in Richtung Abhängigkeit, wenn durch die Erkrankung die Unabhängigkeit beeinträchtigt wird. Das ist im Fall der akuten und chronischen körperlichen Erkrankung geradezu erwünscht; von den Betroffenen wird erwartet, dass sie bereit sind, sich zur Behandlung und Pflege und zur Adaptation an die Krankheit in die Abhängigkeit von zentralen Bezugspersonen zu begeben. Die Gefahr entsteht dann, dass die Regressionsneigung zu stark wird und Abhängigkeitsbedürfnisse sich so organisieren, dass sie eine Belastung für die Bezugspersonen werden. Zum Beispiel wenn ein Kranker zu stark auf seine Symptome fixiert ist, übermäßig viel darüber redet und kommuniziert, wenn er unbewusst versucht, dass seine Bezugspersonen ihm aufgrund seiner Abhängigkeitsbedürfnisse immer zur Verfügung stehen, dass er eine ständige Vergewisserung von Zuwendung und Trost benötigt, dann kann es zu erheblichen Belastungen kommen. Umgekehrt können Patienten, die versuchen, ihre starken Abhängigkeitswünsche und großen Versorgungsbedürfnisse durch Reaktionsbildung abzuwehren, eine pseudounabhängige Einstellung und Haltung entwickeln, um der Abhängigkeit zu entgehen und die Unabhängigkeit für sich zu beanspruchen. Dies führt dann zu erheblichen Problemen mit der Umwelt, weil die Krankheit die Betroffenen eigentlich dazu zwingt, bestimmte Unabhängigkeitsfunktionen an andere zu delegieren und sich zum Zwecke der Heilung, Therapie und Pflege zurückzunehmen.

4.2.2.3 Die Funktion und Artikulation der sexuellen Identität

Die sexuelle Identität ist nicht nur ein Produkt der Biologie, sondern auch der psychosexuellen Entwicklung. Als Kind unterliegt man einem komplexen Entwicklungsprozess, der anfänglich sehr diffus ist in seinen passiven und aktiven, weiblichen und männlichen Elementen sowie homo- und heterosexuellen Anteilen in der Herausbildung der sexuellen- und Geschlechts-Identität – ein Prozess, der von der frühesten Kindheit bis in die Spätadoleszenz andauert, bis sich schließlich die endgültige sexuelle Identität organisiert hat. Krankheiten, die die körperliche Intaktheit und Integrität bedrohen, beeinträchtigen, teilweise oder gänzlich zerstören, lösen entsprechende Regressionsprozesse aus, die auch die sexuelle Identität in hohem Maße bedrohen. Das kann damit beginnen, dass Kranke jegliches Interesse an Sexualität aufgeben, ihre eigene sexuelle Attraktivität geringschätzen oder verneinen, sich sexuell von den Bezugspersonen zurückziehen oder sich im Gegensatz dazu offen verführerisch gegenüber ihrer Umwelt verhalten, um sich ihrer eigenen sexuellen Attraktivität zu vergewissern, und gleichsam zu einer übermäßigen Sexualisierung neigen, was ebenfalls zu erheblichen Belastungen in den Objektbeziehungen führt. Die Kranken können sich durch die Beeinträchtigung ihrer sexuellen Identität erheblich in ihrem Selbstwert bedroht und entwertet fühlen, was zu Rückzug, Isolation und Depressivität führen kann. Sie fallen möglicherweise auf frühe infantile Entwicklungsstufen zurück, was wiederum erhebliche Belastungen für ihr Umfeld nach sich ziehen kann.

4.2.2.4 Die Wahrnehmung und das Verhalten gegenüber den Bezugspersonen (Objekte) als bedeutsam für die Befriedigung der eigenen Bedürfnisse und die Wahrnehmung und Einstellung zu Bezugspersonen als von sich getrennten Objekten von wechselseitiger Beziehung und Bedürfnisbefriedigung

Die psychosoziale Entwicklung impliziert, dass die Bezugspersonen für das Kind lange Zeit primär die Qualität von Bedürfnisbefriedigung haben, was bis in die Adoleszenz hinein bedeutsam ist. Ein wichtiger Entwicklungsschritt in der Beziehung zu den Liebesobjekten ist der von ihrer Funktion der Bedürfnisbefriedigung zur Wahrnehmung und Behandlung als Gegenüber, das eigene Bedürfnisse und Gefühle hat, auf die man sich auch einstellt, die man anerkennt und die man in die eigene Beziehungsgestaltung zum anderen einbezieht. Krankheit bewirkt Regressionsprozesse in Richtung anaklitischer Objektbeziehungen in Gestalt von ausschließlicher Bedürfnisbefriedigung durch die Bezugspersonen, weil sie für das Überleben zentral sind. So entwickeln Kranke häufig regressive Tendenzen wie Anklammerung, übermäßige Ausweitung des Kontaktes, Entfaltung von Anspruchshaltungen, Forderung nach ausschließlicher Kommunikation mit ihnen. Umgekehrt kann es dazu führen, dass die Kranken solche Abhängigkeiten und Bedürfnisbefriedigungsaspekte abwehren sowie ihre Umwelt und Bezugspersonen ablehnen und zurückweisen, was wiederum dysfunktional für die Krankheitsbewältigung sein kann.

4.2.2.5 Narzisstische Selbstbezogenheit und Interesse und Zuwendung zu anderen Personen

Das neugeborene Kind, das Kleinkind, Vorschulkind, Schulkind und der Adoleszent sind in ihrer Entwicklung mit den Aufgaben der Entwicklung und Herstellung eines Selbstgefühls, einer narzisstischen Integrität und Identität konfrontiert, die anfänglich aufgrund der psycho-biologischen Gegebenheit des Individuums als „nesthockender Nestflüchter" (Portmann, …) determiniert sind als vollständige narzisstische Selbstbezogenheit, die die allmählich wachsende Fähigkeit beinhaltet, Interesse an anderen Menschen zu entfalten, diese wahrzunehmen, sich in sie empathisch einzufühlen, um die Fähigkeit der Zuwendung und Interaktion mit ihnen zu entwickeln. Krankheiten können diese unterschiedlich erreichten Ebenen von Selbstidentität erheblich aus dem Gleichgewicht bringen und regressive Prozesse einleiten. Gerade schwere körperliche Krankheiten zwingen den Betroffenen, sich mit der Bedrohung, Beeinträchtigung, Beschädigung und Zerstörung seines Körpers zu befassen, was wiederum ihn auch in frühere regressive Zustände versetzt, so dass er automatisch annimmt, dass seine Umwelt – wie früher seine Mutter oder andere Bezugspersonen – immer zur Verfügung stehen, wann immer er sie braucht, um mit dem beschädigten Körper und den Folgen der Erkrankung umzugehen. Diese Bezugspersonen müssen unter dem erheblichen Regressionssog der Krankheit jederzeit erreichbar sein, wenn der Kranke sie benötigt. So nimmt er automatisch an, dass er der Gegenstand der primären Zuwendung und Fürsorge seiner Umwelt ist. Umgekehrt können gerade solche regressiven Bedürfnisse wiederum auch abgewehrt werden, so dass sich der Patient für sich selbst überhaupt nicht interessiert, darauf verzichtet, überhaupt irgendwelche Ansprüche an seine Umwelt zu richten, Ängste entwickelt, die anderen zu überlasten, sich entsprechend zurückzieht und sich gegen jegliche Art von Hilfe verschließt. Beide Formen der Regressionsentwicklung sind Gegenstand psychotherapeutischer Intervention.

Anna Freud (1971) hat darauf hingewiesen, dass sich die psychosoziale und psychosexuelle Entwicklung in den geschilderten Entwicklungslinien immer gleichzeitig vollzieht; sie findet nicht konsekutiv, sondern oft gleichzeitig überlappend statt und auch nicht notwendigerweise in demselben Tempo. Es handelt sich um einen Prozess, der sich entgegen den dogmatischen Auffassungen mancher psychoanalytischer Positionen das

4

ganze Leben hindurch fortsetzt. Dabei erreichen die Individuen nicht unbedingt die optimale Reife in den verschiedenen Bereichen dieser Entwicklungslinien. So kann z.B. ein Individuum in seiner Reife den Zustand relativer Unabhängigkeit erreicht haben, aber dennoch exzessiv narzisstisch selbstbezogen geblieben sein. Es kann auch der Fall eintreten, dass ein Individuum einen bestimmten Grad von Unabhängigkeit erreicht hat, aber über genügend Flexibilität verfügt, unter der Belastung einer körperlichen Erkrankung auf eine temporäre oder dauerhafte Regression zurückzugehen, die notwendig ist, um sich an die Krankheit und deren Bewältigung zu adaptieren.

4.2.3 Krankheitsbewältigung im Kontext bewusster und unbewusster Konflikte

Im Konzept des Konfliktes verbinden sich die Prozesse von Regression, Objektbeziehungen und Konflikten. Konflikte treten auf, wenn die bewussten oder unbewussten Gedanken, Gefühle, Phantasien und Wünsche des Individuums deshalb bedrohlich werden, weil sie in der Umwelt und Realität nicht akzeptabel sind. In der psychischen und psychosozialen Entwicklung sind das Kleinkind, Vorschul-, Schulkind und der Adoleszent immer wieder damit konfrontiert, dass Konflikte zwischen ihren Wünschen, Impulsen, Affekten, Gedanken, Phantasien und Handlungen oft als bedrohlich, unerträglich, inakzeptabel oder problematisch erlebt werden, für die sie entsprechende Lösungen entwickeln müssen. Daher sind die Individuen gegenüber Konflikten vulnerabel in Bezug auf ihre psychosozial und psychosexuell notwendigen Bedürfnisse, ihre alters- und phasenadäquaten Verhaltens- und Erlebensweisen, die immer wieder mit Konflikten durchsetzt sind, auf die man mit Regression auf frühere Formen des Verhaltens reagiert – temporär oder permanent – im Dienste der Aufrechterhaltung psychosozialer, psychosexueller und psychophysiologischer Homöostase.

Jedes Individuum, unabhängig von Alter, Geschlecht oder Gesundheitszustand, sehnt sich in Konfliktphasen unbewusst in den Zustand von passivem, hilflosem, abhängigem Erleben der Kindheit zurück, in dem man von der Mutter und den Eltern versorgt und geliebt wurde. Mit wachsender Entwicklung und Reife gerät diese Sehnsucht in Konflikt mit der Angst vor Passivität, die gleichgesetzt wird mit Hilflosigkeit, Abhängigkeit, Vulnerabilität, also Zuständen, die den Verlust eines vitalen Selbst für das Individuum darstellen. Das heißt, das Individuum, in diesem Fall konfrontiert mit körperlicher Krankheit, erlebt den Verlust seiner intellektuellen, körperlichen, psychosozialen und auch psychosexuellen Kompetenz. Folglich strebt es unter normalen Umständen danach, seinem Wunsch, passiv zu sein und versorgt zu werden, nicht nachzugeben. Wenn es jedoch mit einer einschneidenden akuten oder chronischen Krankheit konfrontiert wird, kommt es zu einer Wiederbelebung des regressiven Wunsches, versorgt zu werden. Der Konflikt zwischen dem Wunsch, passiv zu bleiben, auf der einen Seite und der Ablehnung im Dienste der Aufrechterhaltung des Wunsches nach Unabhängigkeit und Aktivität wird dann in hohem Maße reaktiviert. Vielen Patienten gelingt es, diese Konflikte unter Kontrolle zu halten. Andere jedoch sind dazu nicht in der Lage, sie werden immer stärker von dem regressiven Bedürfnis überwältigt, eine passive Position zu übernehmen, was schädliche Auswirkungen auf ihre Krankheitsbewältigung haben kann. Sie entwickeln Symptome wie Angst oder Depression oder passive Verhaltensweisen, die

schädlich für ihren physiologischen Status sein können. Zum Beispiel wenn ein Patient, durch Krankheit konfrontiert mit der Notwendigkeit, einen passiven, sitzenden Lebensstil zu entwickeln und sich nicht aktiv zu betätigen, versucht, seine Angst vor Passivität durch exzessive Aktivität abzuwehren, dann können die körperlichen Konsequenzen zur Katastrophe führen, wie es im Fall des Patienten mit der Herzerkrankung und der Bypassoperation deutlich wurde.

Bezogen auf die bewussten und unbewussten Konflikte durch akute und chronische körperliche Krankheiten ergibt sich eine Reihe von grundlegenden Aufgaben der Krankheitsbewältigung:

4.2.3.1 Die Auseinandersetzung mit der Bedrohung der narzisstischen Integrität

Unter „narzisstischer Integrität" kann man verstehen Stabilität und Gesundheit des Individuums in Bezug auf die emotionale Investition in das eigene körperliche und geistige Selbst, das sich durch Gefühle von Wohlbefinden, von Selbstwertregulierung und körperlicher Ganzheit, Kraft und Kompetenz manifestiert. Gefühle von Vertrauen und Selbstvertrauen, von Befriedigung und Bewunderung gegenüber anderen und durch andere wie auch das Gefühl von Vertrauen in die eigenen Fähigkeiten, realistische Lebensziele zu erreichen, gehören ebenfalls in diesen Bereich des normalen Narzissmus, der die Basis von Gesundheit konstituiert. Plötzliche Krankheit, der Verlust der Kontrolle über das eigene Leben, über Funktionen des Körpers, die Aussichtslosigkeit der Wiedergesundung oder Wiedererreichung von Funktionsfähigkeit des Körpers oder körperlicher Funktionen oder gar die Bedrohung durch Zerstörung und Tod durch Krankheit können diese universellen und ubiquitären Überzeugungen unterminieren. Die narzisstische Phantasie, dass wir als Menschen immer fähig seien, unabhängig und selbstgenügend zu existieren, dass unser Körper unzerstörbar ist, dass wir die Welt um uns herum kontrollieren können und wir Herr unseres eigenen Schicksals seien, kann insbesondere durch Krankheit fundamental betroffen werden. Die Konfrontation mit einer nicht kontrollierbaren Krankheit bedroht die intrapsychischen Phantasien, wie sie sich in der Kindheit und Jugend entwickelt haben, die Glaubenssätze und Überzeugungen, dass die mächtigen Eltern (und später die allmächtige Medizin) eine schmerzfreie, lustvolle, befriedigende und gesicherte Existenz zur Verfügung stellen und sichern können, in hohem Maße. So wie das Kind seine Eltern dafür verantwortlich macht, wenn es sich verletzt und Schmerzen erlebt („Du hättest verhindern können, dass ich hinfalle!"), so kann der erwachsene Kranke die allmächtigen elterlichen Repräsentanten in sich für seine schmerzhafte Krankheit verantwortlich machen und damit auch Übertragungen entwickeln auf die Mediziner als den elterlichen Repräsentanten. Ähnlich verhält sich der Kranke im Glauben an seine eigene Autonomie und seine Überzeugung, dass er die Kontrolle über die Welt um sich herum erlangen kann, wenn man diese in Frage stellt. Wird der Kranke durch die Umstände seiner Erkrankung gezwungen, die Welt der Medizin zu betreten, wird er nun wiederum diesen Bereichen ausgeliefert, die ihn vor allem vor die Notwendigkeit stellen, sich mit unzähligen Anordnungen passiv zu arrangieren und diese zu befolgen – welche Medikamente er zu nehmen hat, wann er sie zu nehmen hat, ob er will oder nicht –, und es wird von ihm erwartet, dass er sich einer Vielzahl diagnostischer, therapeutischer und pflegerischer

Handlungen und Verfahren unterwirft. Das heißt, sein Leben und seine Handlungsmöglichkeiten hängen nicht mehr länger von ihm selbst ab – also von seinen eigenen Bedürfnissen und Wünschen –, sondern er wird in hohem Maße gemäß dem Management der Medizin und der Pflege gesteuert. Dabei wird er zahlreichen Paradoxien ausgesetzt, dass er auf der einen Seite wie ein passiver Säugling behandelt wird, der als geforderte Verhaltenserwartung alles über sich ergehen lassen muss, gleichzeitig ihm aber nicht die normalen Rechte eines Säuglings zugestanden werden, z.B. sich irrational und unverantwortlich zu verhalten und übermäßig große Ansprüche an seine Umwelt zu stellen oder ganz einfach sich seinen eigenen Affekten völlig zu überlassen. Der Kranke erlebt, dass sein Glauben und seine Überzeugung in Frage gestellt sind, nämlich dass er unzerstörbar sei und dass er Herr über sein eigenes Schicksal sein kann. Das heißt, seine Phantasie von narzisstischer Unsterblichkeit, Unzerstörbarkeit und stabiler Integrität wird bedroht. Dieser Bedrohung könne man nach FREUD nur begegnen, indem man das eigene Sterben vorbereitet („Si vis vitam, para mortem!" [Freud, 1950]).

4.2.3.2 Die Auseinandersetzung mit der Angst vor Fremden und Auslieferung an professionelle Institutionen

Wenn man krank wird, ist man sehr rasch auf professionelle Hilfe angewiesen. Als Kranker erlebt man Gefühle von Ausgeliefertsein an Fremde, die über ihn und sein Schicksal bestimmen und verfügen können, zu denen er keine persönlichen Beziehungen und Bindungen hat und die von ihm einen Vertrauensvorschuss erhalten müssen. Zugleich kann er nicht sicher sein, ob dieses Vertrauen in die Kompetenz auch garantiert ist, also eine Garantie abgibt für sein Überleben, seine mögliche Gesundung oder zumindest Milderung und Linderung des Krankheitsverlaufes und der Krankheitsfolgen. Der Kranke gerät in Konflikt mit seiner inneren und äußeren Kontrollüberzeugung gegenüber schicksalhaften Prozessen, die tiefe Ängste im Sinne der lebensgeschichtlich erfahrenen Fremdenangst (Acht-Monats-Angst nach René Spitz, 1996) in ihm mobilisieren. Das heißt, er ist mit Ängsten konfrontiert, die er bereits als Kleinkind zwischen dem fünften und achtzehnten Lebensmonat erfahren hat und die im Laufe seiner Entwicklung immer wieder aufgetaucht sind, wenn der Anblick eines fremden Gesichtes, fremde Menschen oder eine fremde Umgebung in ihm heftige Reaktionen hervorgerufen hatten, die sich in großer Körperanspannung, affektivem Absinken in Form von Weinerlichkeit und starken Angstgefühlen äußerten. Verstärkt werden diese Ängste noch durch die Zuspitzung des Ausgeliefertseins an medizinische Einrichtungen wie Krankenhäuser, komplexe Apparaturen und Medizintechnik, selbst wenn sie in Bezug auf Diagnostik und Therapie für ihn von entscheidender Bedeutung sein können.

4.2.3.3 Auseinandersetzung mit der Trennungsangst

Zu der Erfahrung der Auslieferung an Fremde kommt noch die Erfahrung von Trennung in der Situation akuter oder chronischer Krankheit, wenn man für bestimmte Zeit durch die Notwendigkeit von Diagnostik, Therapie oder Pflege die vertraute Umgebung verlassen muss und institutioneller Hilfe ausgeliefert ist. Das bedeutet die Trennung von zentralen Bezugspersonen, von der Umwelt, die Unterstützung und Selbstwertzufuhr zu Verfügung stellen, die vor allem notwendig sind für ein effektives Funktionieren und vor allem für das Aufrechterhalten des Gefühls eigener Intaktheit. Die Trennung von zentralen Bezugspersonen und vertrauter Umgebung gefährdet die Regulierung der Identität, die durch Familie, Angehörige, Freunde, Berufskollegen, bedeutsame Besitztümer, Hobbys, wichtige Beschäftigungen für sich selbst, die eigene Wohnung, das eigene Bett, die spezifischen Muster der gelebten Privatheit repräsentiert wird. Die Angst vor der Trennung von dieser Welt entspricht der Angst, die das Kind in der Trennungs-Individuations-Phase ungefähr zwischen dem 6. und 30. Lebensmonat sukzessiv durchleben muss, wie es von Magaret Mahler und anderen untersucht worden ist Mahler et al., 1980). Die Fähigkeit des Kindes, sich erfolgreich von seiner Mutter und seinen Eltern zu trennen, ist ein zentraler Entwicklungsschritt in Richtung des Erwerbs von Autonomie und Identität. Aber das Individuum bleibt in dieser Hinsicht immer latent vulnerabel. Die auf die Trennung zentrierte Angst kann folglich im späteren Leben immer wieder in unterschiedlichster Ausprägung reaktiviert werden, immer dann, wenn es erforderlich wird, sich von dem Vertrauten zu trennen und sich mit dem Unbekannten und Fremden auseinander zu setzen – im Fall von Krankheit also der Auseinandersetzung mit der Auslieferung an unvertraute medizinische Therapien, Medikamente, diagnostische Verfahren, Hospitalisierung, spezialisierte Pflege etc. Das Erleben wird hier vor allem auch durch Auslieferungserfahrungen durch Eingriffe in die körperliche und psychische Privatsphäre akzentuiert; womit immer wieder auch eine Bedrohung des Gefühls von Intaktheit und Integrität einhergeht und sich vor allem Ängste und Misstrauen entwickeln bei Unterstützung und Befriedigung der eigenen Grundbedürfnisse. Besonders schwer kranke Patienten und ältere Kranke sind gegenüber unvertrauten Umgebungen und Umwelten vulnerabel und können darauf auch mit sog. Katastrophenreaktionen antworten, d.h. mit einer sie überwältigenden Angst oder Depression als Antwort auf die Trennung von ihrer vertrauten Umwelt und Lebensroutine.

4.2.3.4 Die Auseinandersetzung mit der Angst vor Verlust der Liebe, Zuwendung und Unterstützung

Die Angst vor Verlust der Liebe und Zuwendung kann unter zahlreichen Umständen ausgelöst werden. Die Frau, die eine Brustoperation oder gar eine völlige Brustentfernung hinter sich hat, kann sich unattraktiv, ungeliebt und abstoßend fühlen. Der freiberufliche oder selbständige Mann, der einen Herzanfall oder -infarkt hatte und nun gezwungen ist, sich nur noch zu schonen und ruhig zu leben, kann das Gefühl entwickeln, dass seine erzwungene Inaktivität, die er selber als „Faulheit" versteht, von seiner Umwelt als eindeutiges Zeichen des Niedergangs seiner physischen und mentalen Fähigkeiten interpretiert werden könnte, so dass er Ängste entwickelt, die Liebe und Anerkennung seiner Familie oder den Respekt und die Wertschätzung seiner Kollegen oder Untergebenen zu verlieren. Der Patient, der an einer Krebserkrankung leidet, die ihn immer mehr einschränkt und immer mehr schwächt und möglicherweise zwischenzeitlich auch auf intensivmedizinische und -pflegerische Maßnahmen angewiesen sein lässt, kann eine vermehrte Abhängigkeit von anderen fürchten, die seine Ängste verstärkt, dass dies zu Ablehnung und Entwertung durch seine Familie und Freunde führen könnte. Der Verlust von Liebe und Zuwendung zieht auch oft den Verlust des eigenen Selbstwertgefühls nach

4

sich. Die Angst vor dem Verlust der Liebe und Zuwendung kann auch im Verhalten von Kindern im Alter von zwei Jahren bereits beobachtet werden, und diese Verlustangst hält – in unterschiedlicher Ausprägung – das ganze Leben lang an. Diese Angst setzt vor allem dann ein, wenn das Kind entdecken muss, dass seine Bedürfnisse von seiner Mutter nicht mehr automatisch befriedigt werden, sondern dass die Erfüllung dieser Bedürfnisse zum Teil von seiner Fähigkeit abhängig ist, eine positive Resonanz und Rückbezogenheit gegenüber der Mutter durch das eigene Verhalten zu demonstrieren. Ähnliche Konflikte und Ängste werden auch im Erwachsenenalter immer wieder neu mobilisiert.

4.2.3.5 Die Auseinandersetzung mit der Angst vor Verlust der Kontrolle von entwicklungsmäßig erworbenen Funktionen

Akute und chronische körperliche und seelische Krankheiten können zum Verlust von vorher beherrschbaren körperlichen und geistigen Funktionen führen. Zum Beispiel kann die Kontrolle und Regulierung von körperlicher Kraft, Darm- und Blasen- oder motorischen Funktionen, des Sprechens oder der eigenen Emotionen und Affekte sich zwischenzeitlich – kürzer oder länger oder manchmal auch dauerhaft – unterbrochen werden. Viele Patienten leiden unter diesem vorübergehenden Verlust oder auch dem kontinuierlichen Einbruch der Kontrolle solcher grundlegenden Funktionen, oft sind sie geradezu gelähmt durch die Angst vor der Irreversibilität. Viele bleiben trotz der gegenteiligen ärztlichen Versicherung überzeugt, dass sie die Kontrolle nie wieder zurückgewinnen können. Neben der Angst vor dem Verlust von Liebe und Zuwendung kann also noch zusätzlich die Angst vor dem Verlust der Kontrolle über körperliche, affektive und geistige Funktionen auftreten. Auch diese sind tiefe, schon in der frühen Kindheit entstandene und erlebte Ängste, die an Erfahrungen gebunden sind, wenn eine Entwicklung von Passivität zu Aktivität durch den Erwerb von neuen Verhaltensfähigkeiten und -techniken, wie z.B. Stehen, Laufen, Sprechen etc., die Freude der Mutter hervorrief. Ein Verlust dieser Fähigkeiten und die Unfähigkeit, körperliche und geistige Funktionen zu kontrollieren, entsprechen da auch dem Verlust von Zuwendung und Liebe nicht nur der Mutter, sondern auch von zentralen Bezugspersonen im Erwachsenenalter. Solche tief sitzenden Ängste werden durch Krankheit entsprechend mobilisiert, die die Betroffenen immer wieder vor solche Kontrollverluste stellt.

4.2.3.6 Die Auseinandersetzung mit der Angst vor Verlust oder Verletzung von Körperteilen

Wenn Kranke mit medizinischen Behandlungen oder mit der Hospitalisierung im Krankenhaus konfrontiert sind, erleben sie notgedrungen, dass ihr Körper das Eigentum der Medizin und der Pflege wird; wobei sie oft phantasieren, dass diese damit tun können, was sie wollen. Ihnen werden Flüssigkeiten entnommen, Teile ihres Körpers oder ihr gesamter Körper wird exponiert, von Fremden examiniert und durch medizinische Interventionen geschwächt. Diese routinemäßige Auslieferung an medizinische Notwendigkeiten erfordert vom Patienten, dass er eine passive-regressive Haltung gegenüber dem medizinischen System und seinen Vertretern einnimmt, die in ihm beängstigende narzisstische, aggressive und sexuelle Phantasien mobilisieren können. Die Unterlegenheit und das Gefühl des Ausgeliefertseins an die fremde „Institution Medizin" und deren Routineprozeduren, die in der Regel nicht mit den Strukturen und Handlungsmustern der Gesamtkultur übereinstimmen, sondern eher eine eigene Subkultur bilden, mobilisieren dementsprechend solche narzisstischen, aggressiven und sexuellen Phantasien, die Ängste vor körperlicher Verstümmelung und vor Misshandlung und Missbrauch aufrühren, die bis hin zu Ängsten vor sexuellem Missbrauch reichen können. So können medizinische Verfahren in den Phantasien von Patienten oft sexualisiert werden, indem sie diese gleichsam als einen sexuellen Angriff auf ihren Körper und ihre Intimsphäre erleben. Amputation kann als das Gefühl erlebt werden, dass der Chirurg dem Kranken irgendetwas wegnimmt, was zu Kastrationsängsten führt und Panikreaktionen, etwa zu Phantasien und Ängsten vor der eigenen latenten Homosexualität bei männlichen Patienten oder Phantasien von masochistischer Auslieferung bei weiblichen Patienten, die sich der männlichen medizinischen Gewalt ausgesetzt fühlen.

So erlebte ein 42-jähriger Patient mit Multipler Sklerose, dass seine zunehmend einsetzende sexuelle Impotenz die Folge der Medikation durch seine ihn behandelnden Neurologen in der Klinik war. Verstärkt wurde diese Gefühl durch Gespräche, die er bei Visiten hörte, wo er immer mehr die Vorstellung entwickelte, bestimmte Begriffe seien darauf bezogen, dass es vor allem um die Minderung seiner Potenz ginge.

Angst vor Verlust von Körperteilen und -funktionen wird durch Abwehrprozesse von Regression, Symbolisierung und Verschiebung beantwortet. Kinder im Alter bis zu fünf Jahren setzen reale oder phantasierte Körperverletzung häufig in ihrem magischen Denken gleich mit Bedrohung durch Erwachsene, die sie entweder mit Schmerzen unterdrücken wollen, dass diese ihnen körperlich etwas wegnehmen oder sogar möglicherweise mit dem Tod bedrohen. Im normalen Erwachsenen sind diese Phantasien weitgehend latent, können aber durch Krankheit wiederbelebt werden.

Ein $3^1/2$-jähriger Junge, der mit Leukämie auf einer pädiatrisch-onkologischen Station aufgenommen war, musste zum Zwecke der Kreatinin-Clearance einer 24-Stunden-Urinkontrolle unterzogen werden. Dies geschah mit einer Sammelurinableitung. Nach Ablauf der 24-Stunden-Ableitung kam morgens die Schwester in sein Zimmer, hielt eine Klemme in der Hand, mit der sie sich ihm näherte. Der Junge hielt beide Hände vor sein Genital und schrie: „Nicht abschneiden! Nicht abschneiden!"

4.2.3.7 Die Auseinandersetzung mit Schuld und Angst vor Strafe und Vergeltung

Gefühle von Schuld ziehen häufig auch Gefühle von Scham nach sich, die beide zusammen erhebliche Phantasien mobilisieren, dass nämlich die Krankheit auf eigene schuldhafte Verfehlungen und Handlungen zurückzuführen sei, die zu massiven psychodynamischen Konflikten führen können. So klagen sich Patienten häufig selber an, dass sie nicht mit dem Rauchen aufgehört hätten, dass sie die Dinge zu leicht genommen hätten, dass sie falsch gelebt hätten, dass ihr Geschlechtsleben zu aktiv und triebhaft gewesen sei. Für solche Patienten gewinnt die Krank-

4

heit die Bedeutung einer Bestrafung für frühere „Sünden". Es kommt somit zu einem inneren Konflikt, um die schuldhaften Vorstellungen der Verursachung der Krankheit bis hin zu magischen Bitten und Flehen um Verzeihung nach Buße oder Reue gegenüber diesen Sünden zu beeinflussen. Zurückführen kann man diese Ängste wiederum auf psychogenetische Vorgänge – sowohl in der Kindheit als auch in der Adoleszenz –, wo Kinder und Adoleszenten sich oft schuldig oder auch beschämt fühlen. Charakteristischerweise glauben sie dann, dass ihre Krankheit eine Folge ihres fehler- und schuldhaften Verhaltens sei. Trotz des vorherrschenden sekundärhaften Denkens setzt sich die Wahrnehmung von Krankheit oft als Strafe und Vergeltung durch „höhere Instanzen" auch bei vielen Erwachsenen durch. Sehr häufig spielt dabei die Vorstellung eines falschen Lebens eine Rolle:

Ein 52-jähriger Kaufmann erlebte seinen Blasentumor und die damit verbundenen verstümmelnden chirurgischen Eingriffe, die auch eine Impotenz zur Folge hatten, als Bestrafung für sein unlauteres Leben und für fehlerhafte Handlungen, die er z.B. auf den Missbrauch von Kopfschmerztabletten zurückführte, die er früher oft eingenommen hatte. In den ihm verbleibenden sechs Lebensjahren konnte er diese Vorstellung von Schuld, Strafe und Vergeltung nur bewältigen, indem er zu der Religiosität seiner Kindheit und seiner Herkunftsfamilie zurückfand, die er noch zusätzlich mit fernöstlichen religiösen Vorstellungen anreicherte.

4.2.3.8 Die Auseinandersetzung mit der Angst vor Schmerzen

Die Angst vor Schmerzen verbindet sich häufig mit den anderen Konflikten und stresshaften Belastungen. Jeder vorausgegangene Konflikt enthält auch gleichzeitig die Möglichkeit grundlegender schmerzhafter Erfahrung, und umgekehrt kann ein starker Schmerz auch zu einer Verstärkung der psychodynamischen Konflikte führen. Zum Beispiel kann sich die Bedrohung der körperlichen Integrität bei einem Patienten noch steigern, wenn er schwere Schmerzen erleidet. Er kann seine Unfähigkeit, mit den Schmerzen umzugehen, als weiteren Beweis für seinen allgemeinen Kontrollverlust über früher beherrschbare Funktionen erleben, oder seine Schwäche dem Schmerz gegenüber kann seine Angst intensivieren, die Liebe und Unterstützung von zentralen Bezugspersonen in seiner Umwelt zu verlieren. Schmerz als körperliches Unbehagen, Hungergefühl oder Spannung ist ein Teil der Conditio humana, und die Angst vor Schmerzen wird niemals vollständig überwunden, selbst wenn der Schmerz verschwunden ist, bleibt die Angst vor seiner Wiederkehr. Das Individuum hat in seiner lebensgeschichtlichen Entwicklung gelernt, mit Schmerz unterschiedlich umzugehen: die organismische Reaktion des Neugeborenen auf Schmerz, von Unbehagen oder Hunger, seine Forderung nach unmittelbarer Erleichterung und seine vollständige Abhängigkeit von der Mutter als Quelle der Erleichterung ebnen den Weg der normalen Entwicklung für die wachsende Fähigkeit des Kindes, Unbehagen, Unlust, Spannungen und Schmerz zu tolerieren bis hin zur wachsenden Fähigkeit, sich von der Mutter und den Eltern zu trennen, positiv auf Fremde und fremde Umwelten zu reagieren, Vertrauen in die eigene Entwicklung zur Kontrolle seines Körpers und seiner mentalen Funktionen zu entfalten und auch seinen Körper gegen Verletzungen zu schützen. Vor allem ist dies die Voraussetzung dafür,

dass psychischer immer weniger in körperlichen Schmerz übersetzt wird. Im Falle von Krankheit kann es zur Umkehrung kommen, die einsetzenden regressiven Prozesse senken die Toleranzgrenzen auch im Umgang mit Schmerzen, so dass es zu einer Remobilisierung früherer Erfahrungen und Verhaltensweisen gegenüber Schmerz kommt. Bedeutsam für die psychotherapeutischen Umgang mit den Ängsten vor Schmerzen und den Schmerzerfahrungen der Kranken ist auch die Einbeziehung der biografischen Erfahrungen mit Schmerzen in der Herkunftsfamilie, die spezifische Umgangsweisen und Verinnerlichungsmöglichkeiten zur Verfügung stellen.

Bezogen auf die geschilderten Konflikte können unterschiedliche auto- und alloplastische Adaptations- und Bewältigungsformen von den Betroffenen entwickelt werden. So kann z.B. ein hospitalisierter Patient mit einer Multiplen Sklerose typischerweise Ängste haben, nicht mehr in der Lage zu sein, seine Arbeit wieder aufnehmen, seine Sexualität nicht mehr ausüben zu können oder sich seine Beziehungen zu anderen als Konsequenz seiner Krankheit erheblich verschlechtern könnten. Dem kann er allerdings dann allmählich auch eine Art Bewältigung durch die Fähigkeit, diese Bedrohung doch zu meistern, entgegensetzen. Das geschieht etwa mit Verleugnung und Phantasiebildungen, wie z.B. dass sich sein Leben durch die Krankheit nicht nur verschlechtert, sondern auch bereichert habe, er sich auch durch diese Erfahrung positiv geändert hätte und dass er die Vorstellung entwickeln könnte in Bezug auf sein Selbstwertgefühl: *„Jetzt, da sie mich durch die Krankheit vielleicht beinah verloren hätten oder verlieren könnten, wird meine Familie erkennen, wie wichtig ich für sie bin; jetzt werden sie mich alle trotz meiner Krankheit mehr akzeptieren."*

Akute und chronische Krankheiten können auch unbewusste Gefühle von Allmacht im Patienten mobilisieren: *„Wenn ich das hier überlebt habe, dann werde ich auch weitere Krisen und Bedrohungen überleben."* Es kann auch zu einer Reduzierung des Konfliktes kommen, wenn z.B. die akute Verschlechterung der Krankheit überwunden wird und die Gefühle von Schuld und Scham, die typischerweise bei Krankheitsverschlechterungen oder der Notwendigkeit einer Hospitalisierung auftreten, in ihrer Intensität gemindert werden. Die Überzeugung des Patienten, dass seine Krankheit und die Hospitalisierung Strafen für frühere „Sünden" darstellten, verliert dann an Macht, vielleicht durch die Phantasie, dass er seine „Schulden" bezahlt habe.
Bedeutsam bei den Prozessen der Regression, der Veränderung der Objektbeziehungen und den latenten und manifesten Konflikten ist natürlich auch die Reaktion und das Verhalten insbesondere der Familie und der Bezugsgruppen des Patienten und auch das Verhalten der Ärzte. Die Ärzte müssen z.B. einkalkulieren, dass jede Krankheit auch die sozialen und emotionalen Strukturen der Familiendynamik betrifft – oder noch genauer: die Beziehung des Patienten zu seiner Familie und zu seinen Angehörigen und umgekehrt. Der Patient kann wütend darüber sein, eine schwere Krankheit bekommen zu haben, woran er sich unschuldig fühlt, und tief innerlich mag er heftige Ressentiments gegenüber seiner Umwelt entwickeln, die nicht an dieser Krankheit leidet. Zur selben Zeit können seine Gefühle für die Familie und alle ihm Nahestehenden sehr gemischt sein, er kann sich große Sorgen und Gedanken über deren Haltung gegenüber sei-

4

nem möglichen Tod machen. Häufig sind solche Gedanken und Gefühle dem Betroffenen nicht bewusst, üben aber trotzdem ihre Wirkung aus. Zum Beispiel können sie sich dann in einer starken depressiven Reaktion äußern, die sich möglicherweise sogar zu einer Depression organisiert. Ein anderes Ergebnis kann die Verschärfung von Konflikten und Spannungen in der Familie sein. Patienten können ihre Invalidität als Waffe nutzen, um die gesamte Familie zu tyrannisieren. Andererseits kann ein aggressives Familienmitglied auch medizinische Behandlungsanweisungen, die in der Regel häufig für den alltäglichen Umgang restriktiv sind, als Strafe und Beherrschung nutzen. Ein typisches Beispiel hierfür ist die Ehefrau eines Diabetes-Patienten, der ärztlicherseits auf eine besondere Diät gesetzt wurde: *„Der Arzt hat angeordnet, dass du alles essen kannst, was ich möchte."*

4.3 Psychotherapeutische Intervention am Beispiel einer Krisenintervention und Kurztherapie

Der Kranke ist im Rahmen seiner körperlichen Erkrankung in akuter oder chronischer Form vor erhebliche Belastungen, Stress und Konflikte gestellt, die oft auch zu größeren Problemen bei der Krankheitsbewältigung führen und entsprechende psychotherapeutische Interventionen notwendig machen. Diese können hier als Krisenintervention, Kurzpsychotherapie, niederfrequente tiefenpsychologisch fundierte Einzeltherapie, temporär hochfrequente psychoanalytische Einzeltherapie und intermediär unter Einbeziehung von paar- und familientherapeutischen Interventionen erfolgen. Um eine einigermaßen stabile Adaptation in Form auto- und alloplastischer Adaptation (Hartmann, 1975) zu ermöglichen, sind vor allem folgende psychodynamische Aspekte in der Therapie zu berücksichtigen:

- **die Fähigkeit des Patienten, angemessen im Dienste der Adaptation zu regredieren,**
- **die Fähigkeit des Patienten, angemessene Abwehr- und Schutzprozesse aufrechtzuerhalten oder zu entwickeln gegenüber den Konflikten, Bedrohungen und Belastungen durch die Krankheit,**
- **die Fähigkeit des Patienten, den Zugang zu seinen Gefühlen, Gedanken und Phantasien zu vertiefen und zu erweitern, um in der Lage zu sein, über seine Bedürfnisse mit seiner Umgebung zu kommunizieren,**
- **die Herstellung eines vertrauensvollen Verhältnisses zwischen Arzt und Patient und**
- **die Entwicklung von günstigen Voraussetzungen eines empathischen und flexiblen Umgangs mit dem Patienten auf Seiten des medizinischen und pflegerischen Systems – sowohl im ambulanten als auch im stationären Bereich.**

Zur Verdeutlichung soll das erste Fallbeispiel vom Anfang dieses Beitrages im Rahmen der psychotherapeutischen Krisenintervention und Kurztherapie weiter ausgeführt werden:

- Kasuistische Illustration

Wie bereits dargestellt, hatte der Patient eine schwere Herzattacke und einen Infarkt aufgrund von Arterienverschlüssen erlitten, was eine Bypassoperation erforderlich machte. Sein Umgang mit seiner Erkrankung war in hohem Maße inadä-

quat, was in der kritischen Situation kulminierte, dass er auf der Station das Bett hochstemmte, um seine Kraft und Vitalität zu demonstrieren. Nachdem er durch die Ärzte und das Pflegepersonal in seinem selbstzerstörerischen Verhalten nicht zu beeinflussen war, wurde ein Psychotherapeut im Rahmen einer liaison-psychotherapeutischen Tätigkeit herangezogen. Die Exploration ergab, dass der Patient in seinem Selbstbild vor allem auf Ideale wie Stärke, Autonomie und Unabhängigkeit zentrierte, die sich im Verlaufe seiner Kindheit und Jugend als Reaktion auf häufig erlebte Situationen von Verlassensein, Alleinsein und vor allem von Entwertung durch die Eltern in seinem Selbstwertgefühl entwickelt hatten. Er hatte frühzeitig gelernt, selbständig zu sein, d.h., auf sich allein gestellt und sich nur auf sich selbst verlassend, sich selber zu kontrollieren und vor allem auch die Fähigkeit der Kontrolle über seine innere und äußere Umwelt herzustellen. Das heißt, sein Selbstbild war erfüllt von den Ich-Zielen von Kraft, Selbstkontrolle und Unabhängigkeit, die ihn in seiner späteren Entwicklung in die Lage versetzt hatten, beruflich sehr erfolgreich zu sein und in seinen interpersonellen Beziehungen nur solche zuzulassen, in denen er sich niemandem ausgeliefert fühlte. Im Zentrum seines Erlebens stand der ständige Druck, sich und seiner Umwelt seine Männlichkeit zu zeigen, wobei er gerade bezogen auf diese Geschlechtsidentität große Unsicherheit spürte und oft auch Ängste hatte, nicht genug heterosexuell männlich zu sein, sondern weiche und latent homosexuelle Züge zu haben, eine Reaktion auf die immer wieder erlebten Entwertungserlebnisse durch seinen Vater, der ihn nicht für einen „richtigen Jungen" gehalten hatte. Hinzu kamen die Erlebnisse in seiner Kindheit und Jugend von häufigen Krankenhausaufenthalten wegen unterschiedlicher schwerer Infektionserkrankungen, wo er die schmerzliche Erfahrung von Einsamkeit und Ausgeliefertsein gemacht hatte.

In der psychotherapeutischen Krisenintervention und Kurztherapie zeigte sich folgender psychodynamischer Prozess:

- Regressionsaspekte

Für die psychotherapeutische Intervention bestand das erste Ziel darin, eine angemessene Regression in Bezug auf seine Krankheit zu ermöglichen, so dass er ein „guter Patient" sein könnte. Die Exploration hatte ergeben, dass der Patient als Kind früher nur dann etwas in seinem Verhalten änderte, wenn seine Mutter ihn anflehte und unter Tränen bat, das zu tun, worum sie ihn bat. So wurde seine Frau jetzt durch den Psychotherapeuten gebeten, den Patienten inständig zu bitten, dass er ihr zuliebe die verordnete Bettruhe einhalten sollte, und daraufhin stimmte er zu. Zur Verstärkung wurden die Schwestern, die Physiotherapeutin und auch das Reinigungspersonal gebeten, ihn in derselben Art und Weise immer wieder inständig um Ruhe und Rücknahme zu bitten. In den psychotherapeutischen Gesprächen wurden seine Vorstellungen von Männlichkeit angesprochen und bearbeitet, um auch hier notwendige Regressionen zu ermöglichen, d.h., ihn in den Stand versetzen zu lassen, dass man sich um ihn kümmerte. In diesem Sinne wurde psychotherapeutisch mit ihm durchphantasiert, dass es ein Zeichen von Stärke wäre, im Bett zu bleiben, statt gegen die Angst anzurennen, es gleichsam einen „ganzen Mann" bräuchte, um es im Bett auszuhalten. „Auch ein richtiger Mann kann die Kraft und Geduld aufbringen, krankengymnastische Übungen zu machen, und zwar kontinuierlich, statt dass er vor sich selbst flüchtet." Er spürte, dass er trotz der durch die Krankheit erzwungenen Passivität sein Selbstwertgefühl durch sein aktives Verhalten aufrechterhalten konnte.

- Angemessene Abwehr

Um seine Unabhängigkeit zu erhalten, bedurfte es in der psychotherapeutischen Intervention vor allem des Zugangs über das intellektuelle Verstehen dessen, was ihm geschehen war und was noch stattfinden musste. So wurde mit ihm viel über seine Herzkrankheit gesprochen, und er erhielt alle Informationen über das, was er wissen wollte bzw. wissen sollte. Mit ihm wurde dabei erarbeitet, dass erhebliche Selbstdisziplin und auch Aktivität notwendig waren, um mit den Ärzten zusammenzuarbeiten, dass man ihn in Bezug auf sein Verhalten eigentlich für die Behandlung und Therapie mehr brauchte als er seine Ärzte, was ihm half, seine Angst vor dem Abhängigwerden einigermaßen zu steuern. Die krankengymnastischen Übungen trugen dazu bei, seine inneren Spannungen abzubauen, was wiederum seine Fähigkeit verbesserte, die Toleranzgrenze gegenüber den anflutenden Ängsten zu erhöhen. Die Folge war, dass er weniger selbstschädigendes Verhalten entwickelte und vor allem seine Abwehr weniger archaische Gestalt annahm, wie z.B. eine Verminderung der paranoiden Projektion, von der Medizin verfolgt zu werden.

- Zugang zu Gefühlen, Gedanken und Phantasien

Je mehr der Patient von den Ärzten mit den Bedrohungsszenarien, er gefährde sein Leben, konfrontiert wurde, umso stärker stiegen die Angst und die Abwehr des Patienten, so dass sich sein Misstrauen und insbesondere sein kontraphobisches hyperaktives Verhalten steigerten. Psychotherapeutische Interventionen zielten demzufolge auch auf die Arzt-Patient-Interaktion ab; dem Patienten wurde immer weniger gesagt, dass er sterben würde, wenn er nicht im Bett bliebe. Der Patient wurde damit in die Lage versetzt, seine Gefühle, Gedanken und Phantasien über seine Situation und seine Ängste zu äußern. Insbesondere war es ihm jetzt möglich, in den psychotherapeutischen Gesprächen auf seine Phantasien einzugehen bzw. seine Phantasien bewusst zu machen, dass er seine Herzattacken und den Herzinfarkt als Strafe dafür empfand, sich in den Wochen vor dem Infarkt sexuell intensiv betätigt zu haben. Insbesondere trat in den therapeutischen Gesprächen eine Phantasie zunehmend in sein Bewusstsein, die in der Angst bestand, sein Herz würde zu schlagen aufhören, wenn er nicht mehr hyperaktiv wäre. Psychogenetisch konnte so allmählich herausgearbeitet werden, dass seine Hyperaktivität der Phantasie entstammte, seinen „Motor" in Gang halten zu müssen durch einen „Schalter". Wenn dieser „Schalter" abgeschaltet würde, könne er nicht wieder angeschaltet werden – eine Phantasie, die er gegen die Entwertungen des Vaters und die Unzuverlässigkeit der Mutter in der Kindheit entwickelt hatte, er wäre „der alleinige Herr des Schalters". Die Bewusstwerdung dieser Phantasien verstärkte seine Fähigkeit zur Realitätsprüfung, und in der begleitenden psychotherapeutischen Beratung der behandelnden Ärzte war es zunehmend möglich, dass auch sie Empathie seinen Ängsten gegenüber entwickeln konnten und damit die Kommunikation in der Arzt-Patient-Beziehung überhaupt erst möglich wurde.

- Grundlegendes Vertrauen

Die Folge war die Entwicklung eines grundlegenden Vertrauens gegenüber seinen Ärzten, die er nicht mehr bedrohlich und entwertend erlebte, sondern ihre Bereitschaft wahrnehmen konnte, ihm – im Gegensatz zu seinem Vater – zuzuhören und seine Bedürfnisse zu respektieren, was wiederum ihn in den Stand versetzte, adäquat mit seinen Ängsten umzugehen.

- Empathie und Flexibilität auf Seiten der behandelnden Ärzte und des Pflegepersonals

Im Rahmen der Liaison-Psychotherapie konnten die Hintergründe für das Verhalten des Patienten auch dem Ärzte- und Pflegeteam vermittelt werden, die entsprechend flexibler in ihrer Interaktion mit dem Patienten wurden. Man akzeptierte den Lebensstil des Patienten und war auch bereit, einige Aspekte der Routine der Krankenhausstation dem Lebensstil des Patienten anzupassen. So wurden die eher strikten Besuchsregelungen gelockert, seiner Ehefrau gestattet, die von ihm bevorzugten Speisen mitzubringen, vor allem achtete man auch darauf, dass weibliches Pflegepersonal vermehrt präsent war, wenn sich bei ihm die Ängste vor Männern in Gestalt von männlichen Ärzten steigerten. Im Endergebnis führte dies dazu, dass der Patient immer weniger das Bedürfnis nach Kontrolle über alle Bedingungen seine Situation hatte, so dass dieses Kontrollbedürfnis nicht mehr als kontraphobisch geartetes selbstzerstörerisches Verhalten im Sinne der Rebellion gegen die Verhältnisse und Anordnungen zum Zuge kam.

In der Psychotherapie ist es vor allem wichtig, immer wieder die verschiedenen Konzepte im Hintergrund zu haben und vor allem ihre Verflechtungen, um die Bewältigung von Konflikten, Regressionsprozessen, Veränderungen in den Objektbeziehungen auch zu prüfen, inwieweit sie der Adaptation dienlich sind, was z.B. auch darin bestehen kann, dass man bewusst Abwehrprozesse verstärkt, eine defekte Abwehr zu verbessern oder Abwehr als bewusste Bewältigung zu verstehen versucht.

5 Frequently Asked Questions (FAQ)

1. *Welche zentralen psychosozialen Determinanten bestimmen die Bewältigung von Krankheiten?*
→ - Die Natur der körperlichen Beeinträchtigung und Behinderung die Krankheit
  - Die Reaktionen der Umwelt
  - Das Ausmaß und die Begrenzungen von psychosozialen Ressourcen
  - Die Determinierung durch unbewusste und bewusste Motivationen vor dem Hintergrund der Biographie
  - Das Ausmaß der affektiven Reaktionen in Gestalt von Abwehr-, Schutz- und Anpassungsprozessen auf die Krankheit.

2. *Welches sind die Dimensionen bei der psychosozialen Bedeutung des Körpers?*
→ - Der Körper als die Grundlage der Arbeits- und Leistungsfähigkeit

4

- Der Körper als Grundlage für die Befriedigung und Regulierung der individuellen Grundbedürfnisse
- Der Körper als Grundlage der Reproduktion und Generativität
- Der Körper als Basis der Sexualität und Liebesfähigkeit
- Der Körper als Grundlage der Aggressions- und Konfliktfähigkeit
- Der Körper als Grundlage der Attraktivität
- Der Körper Kommunikationsorgan mit der Welt, als Grenze zur Welt, als Voraussetzung für die In-Beziehungsetzung zur Außen- und Mitwelt.
- Der Körper als Grundlage der persönlichen Identität.

3. *Welches sind die konstituierenden Determinanten des Krankheitsbegriffs der Weltgesundheitsorganisation und ihrer Folgen für eine psychotherapeutische Behandlung von körperlichen Krankheiten?*

→ - Das Erkennen der Symptome und das Finden einer adäquaten Diagnose
- Das Verstehen und Lernen der Diagnose
- Das Verstehen der Ätiologie und Prognose der Krankheit
- Das Verstehen der Krankheit, ihres Ausmaßes und ihrer möglichen Folgen
- Das Lernen der Behandlung und der Umgang mit den praktischen, psychischen und interpersonellen Aspekten, Problemen und Belastungen
- Die Aufgabe der kontinuierlichen Kommunikation und des alltägliches Umgangs mit der Krankheit.

6 Prüfungsfragen

1. Welche Stressbelastungen bringen chronische Krankheiten für den Betroffenen mit sich?
2. Wie definiert die Weltgesundheitsorganisation die biopsychosoziale Krankheitskonzeption?
3. Was versteht man unter „Körperbild" und „Körperselbst"?
4. Wie wirken sich Verlusterlebnisse von Körperteilen auf das Körperselbst aus?
5. Was versteht man unter Trauerarbeit?
6. Welches sind die wichtigsten kognitiv-sozialen Schlüsselprobleme und -aufgaben?
7. Wie sehen Regressionsprozesse bei körperlichen chronischen Krankheiten aus?
8. Welchen Einfluss haben Objekt- bzw. interpersonelle -Beziehungen auf die Krankheitsbewältigung?
9. Welches sind die psychodynamischen Schlüsselprobleme und -aufgaben bei der Krankheitsbewältigung?
10. Welchen Einfluss haben bewusste und unbewusste Konflikte auf die Krankheitsbewältigung?

7 Literatur

a) zitierte Literatur
- Burton L: The Family Life of Sick Children. London: Routledge & Kegan, 1973
- Erikson E: Identität und Lebenszyklus. Frankfurt/M.: Suhrkamp Verlag, 1966
- Freud A: Wege und Umwege in der Kindesentwicklung. Stuttgart: Huber/Klett, 1971
- Freud S: Das Ich und das Es. Gesammelte Werke, Bd. XI. Frankfurt/M.: S. Fischer, 1978
- Freud S: „Warum Krieg?". In: Gesammelte Werke Band XVI, aus den Jahren 1932-1939) S. 13. Frankfurt/M.: Fischer, 1950
- Hartmann H: Ich-Psychologie und Anpassungsprobleme. Stuttgart: Klett, 1975
- Hofer W: Early Development and Education of the Child. New York: Jason Aronson, 1981. Mahler MS, Pine F, Bergmann A: Die psychische Geburt des Menschen. Frankfurt/M.: S. Fischer, 1980
- Portmann A: Biologie und Geist. Zürich: Rhein-Verlag, 1956
- Schilder P: Entwurf zu einer Psychiatrie auf psychoanalytischer Grundlage. Frankfurt/M.: Suhrkamp Verlag, 1973
- Spitz R: Vom Säugling zum Kleinkind, 11. Aufl. Stuttgart: Klett Verlag, 1996
- Wilde O: (1999) Das Bildnis des Dorian Gray. Zürich: Mannesse Verlag, 1999

b) weiterführende Literatur
- von Uexküll T (Hrsg.): Psychosomatische Medizin. München, Wien, Baltimore: Urban & Schwarzenberg, 1986
darin insbesondere:
- Gaus E, Köhle K: Psychische Anpassungs- und Abwehrprozesse bei körperlichen Erkrankungen (S. 1128 ff. mit weiterführender Literatur)
- Köhle K, Simons C, Kubanek B: Zum Umgang mit unheilbar Kranken (S. 1201 ff. mit weiterführender Literatur)

4

4.11 Persönlichkeitsstörungen

Hermann Lang

1 Einleitung

> ❗ **Merke:** Eine Persönlichkeitsstörung (PS) stellt nach DSM-IV ein überdauerndes Muster von innerem Erleben und Verhalten dar, das merklich von den Erwartungen der soziokulturellen Umgebung abweicht, tief greifend und unflexibel ist, seinen Beginn in der Adoleszenz oder im frühen Erwachsenenalter hat, im Zeitverlauf stabil ist und zu Leid oder Beeinträchtigungen führt.

Der Begriff „Persönlichkeitsstörung" bildet ein Konzept, das unter dem Einfluss der modernen Klassifikationssysteme an die Stelle des alten Konzepts der „Psychopathie" getreten ist und zugleich den vor allem aus der Psychoanalyse kommenden Begriff der „Charakterneurose" mit einschließt. Die frühere Unterscheidung entfällt, weil sie mehr Sache einer pathogenetischen Interpretation als einer psychopathologischen Befunderhebung war.

Die Grenze zwischen der Charakterisierung der Persönlichkeit in Persönlichkeitszüge (Traits) und Persönlichkeitsstörungen (Disorders) ist oft fließend. Hier macht sich sicherlich der Einfluss der Psychoanalyse, der von ihr eingeführte Begriff des „Charakters", geltend. Dabei wird zwischen „Persönlichkeit" und „Charakter" nicht unterschieden. Häufig fungiert auch der Begriff „Struktur" in analoger Weise.

> ❗ **Merke:** Unter Charakter können wir die Summe der beständigen individuellen Eigenschaften und Wesenszüge eines Menschen verstehen, die für ihn als Individuum typisch, „charakteristisch", sind.

In des Wortes ursprünglicher (griech.) Bedeutung sind die individuellen Eigenschaften in den einzelnen Menschen „eingeritzt". Obwohl der Charakter dem entsprechenden Menschen ein individuelles Gepräge verleiht, lassen sich andererseits Charaktermerkmale zu bestimmten Typen zusammenfassen. Ein Individuum teilt dann mit anderen Individuen diese Charaktermerkmale und bildet zusammen mit ihnen einen „Typus".

Die psychoanalytische Charaktertypologie begann dabei mit der Beschreibung des sog. analen Charaktertyps durch Freud (1908): „Unter den Personen, denen man durch psychoanalytische Bemühungen Hilfe zu leisten sucht, begegnet man eigentlich recht häufig einem Typus. Die Personen fallen dadurch auf, dass sie in regelmäßiger Vereinigung die nachstehenden drei Eigenschaften zeigen: Sie sind besonders
- ordentlich,
- sparsam und
- eigensinnig."

„Ordentlich" umfasst hier sowohl die körperliche Sauberkeit als auch Gewissenhaftigkeit, den Hang zur Systematisierung, zum Peniblen; „... die Sparsamkeit kann bis zum Geiz gesteigert erscheinen; der Eigensinn geht in Trotz über, an den sich leicht Wut und Rachsucht" knüpfen.

Dieser Charaktertypus wurde in einer frühkindlichen Entwicklungsphase geprägt, die durch die Beschäftigung mit der Darmzone und durch die Erziehung zur körperlichen Sauberkeit gekennzeichnet ist. Freud nannte sie deshalb die „anale" (= auf die Afterzone bezogene) Entwicklungsphase.

So intendiert die Sauberkeitserziehung, sich nur an vorgegebenen Orten und Zeiten zu entleeren, wodurch Leitlinien für „Ordentlichkeit" (hierin Pünktlichkeit und Sauberkeit eingeschlossen) vermittelt werden. Dass es dabei auf das Bei-sich-Behalten ankommt und Hergeben (Ausstoßen) nur in engen Grenzen gewünscht wird, wird ebenso vermittelt. Das Prinzip der „Sparsamkeit" wird auf diese Weise erstmals über anale Erziehungserfahrungen „eingeritzt". Das in der analen Phase ebenfalls entstehende Streben nach Selbstbestimmung, das sich bis zum Eigensinn („Trotzphase") steigern kann, kann andererseits ebenfalls zur Entwicklung späterer Sparsamkeit beitragen, sofern gerade auch im Kot- oder Urin-Zurückhalten („Ich gehe aufs Töpfchen, wann ich und nicht, wann du willst") erstmals Autonomie praktiziert wird.

Entsprechend der frühkindlichen psychoanalytischen Entwicklungslehre traten dann zum analen Charaktertypus der „orale" und „phallisch(-ödipale)" hinzu. So findet sich beim oralen Charakter eine „Gier" nach Speisen (Suchttendenzen!) und Menschen, und damit nach Abhängigkeit und symbiotischen Bezügen; der orale Charakter ist aber zugleich der Feinschmecker und Redner, kann sich optimistisch und großherzig zeigen. Der phallische Charakter rivalisiert gern, hat den Wunsch, andere zu dominieren, demonstriert die eigene Potenz, gibt sich aber auch großherzig und unbekümmert.

Die tiefenpsychologische Sicht unterscheidet nicht grundsätzlich zwischen krankhaften und gesunden Erscheinungen. So hat auch der sog. Normale seine neurotischen Winkel. Sie machen sich nur nicht auf eine Weise bemerkbar, dass sie Krankheitswert erhalten. Von daher wird verständlich, dass eine weitere Art der Charaktertypologie von den klassischen Neuroseformen ausgeht und damit die Menschen generell typologisch untergliedert werden können. Die Zuordnung eines Menschen zu einem solchen Typus besagt also noch nicht, dass seine Persönlichkeit gestört sei. Es sind dies die Grundtypen:

- **hysterisch**
- **zwanghaft**
- **depressiv**
- **schizoid**

Sie sind also beileibe nicht nur im Bereich des Krankhaften zu finden, sondern sie lassen sich als „grundsätzlich mögliche, sinnvolle Einstellung zur Welt überhaupt darstellen, die das unwillkürliche Erleben und Verhalten des Einzelnen bestimmt" (Bräutigam, 1994). In die „hysterische" Persönlichkeitsstruktur geht z.B. der phallisch(-ödipale) Typus ein, in die „zwanghafte" der anale, in die „depressive" der orale. Entwicklungspsychologisch wird auch der „schizoide" Charakter mit seiner ambivalenten Einstellung zum Mitmenschen (Angst vor und zugleich Suche nach Kontakt) mit der (frühen) oralen Phase und dem sie kennzeichnenden Grundkonflikt „Urvertrauen gegen Urmisstrauen" in Zusammenhang gebracht.

In den letzten Jahrzehnten sind vor allem der so genannte narzisstische Charakter und die Borderline-Persönlichkeit in den Vordergrund gerückt.

Abgeleitet vom griechischen Mythos über den Jüngling „Narzissus", der nur sich selbst lieben konnte, nachdem er sein eigenes Spiegelbild in einer Quelle gesehen hatte, bezeichnet **„narzisstisch" Persönlichkeiten**, die extrem auf sich selbst zentriert sind, Beziehungen danach beurteilen und leben, ob der Selbstwert dadurch gehoben oder gesenkt wird. „Charakteristisch" ist deshalb für solche Personen, dass sie in ihrem unaufhörlichen Streben nach Selbstbestätigung zwischen Größenideen und tiefen Minderwertigkeitsgefühlen pendeln.

Die **Borderline-Persönlichkeit** ist vor allem durch geringe Frustrationstoleranz, Impulsivität, Objektabhängigkeit, Affektlabilität und auf der Strukturebene durch den Abwehrmechanismus der „Spaltung" charakterisiert.
Umstritten ist, ob sich eine **phobische Charakterstruktur** abgrenzen ließe, die einmal generell zur neurotischen Angstsymptomatik prädisponiere und zum anderen in der ängstlich-vermeidenden Persönlichkeitsstörung ihre pathologische Ausformung hätte. Es handele sich dabei um Persönlichkeiten, die sozial unauffällig, wenig initiativ seien, einen festen Verhaltenskodex in der Funktion eines kontraphobischen Begleiters brauchten, weil die frühe Internalisierung eines „steuernden Objekts" (König, 1993) fehle.
Die folgende Tabelle ergibt eine Übersicht über die gängigen Persönlichkeitsstrukturen bzw. Charaktere:

- **Hysterische Struktur** (sog. hysterische bzw. histrionische Persönlichkeit): Neigung zur Extraversion, zur dramatischen Darstellung und Inszenierung von Affekten, zu theatralisch-demonstrativen Verhaltensweisen; hohe Beeinflussbarkeit; Schwierigkeiten hinsichtlich einer reifen genitalen Sexualbeziehung bei Eingenommenheit von sexuellen Dingen; verführerisch, „unecht", geltungsbedürftig, rivalisierend. Begabung zur lebendigen Phantasie- und Gefühlswelt, zur Selbstdarstellung, zum Schauspieler, zum Wechsel („kreativ")
  Bei pathologischer Zuspitzung → **hysterische Charakterneurose = histrionische Persönlichkeitsstörung** (ICD-10 F60.4)

- **Zwanghafte Struktur** (sog. anankastische Persönlichkeit): Eigensinn, Ordnungsliebe, Sparsamkeit (anale Trias); perfektionistisch, rigide, skrupulös-zweifelnd, entscheidungsschwach; motorisch-expansive, sexuelle und aggressive Hemmung bei entsprechend gegenläufigen Tendenzen („gehemmter Rebell", Lang, 2000b); Fähigkeit zur Systematisierung, Disziplin und Ausdauer
  Bei pathologischer Zuspitzung → **zwanghafte Charakterneurose bzw. Persönlichkeitsstörung** (ICD-10 F60.5)

- **Depressive Struktur:** Symbiotische Bedürfnisse, Herstellung ausgeprägter Abhängigkeitsbeziehungen („Inkludenz") mit entsprechend hoher Verlustangst; leistungsorientiert; festgelegt auf Ordentlichkeit; Verpflichtungsgefühle; rigid gewissenhaft; „champion du comme il faut"; hohe narzisstische Verletzbarkeit; Wendung aggressiver Tendenzen gegen die eigene Person
  Bei pathologischer Zuspitzung → **s. Epidemiologie**

- **Schizoide Struktur:** Kontaktgehemmt, Einzelgänger; Nähe-Distanz-Problematik (Angst vor Nähe und Hingabe, misstrauisch, dabei zugleich Suche nach Nähe); „kühl", leicht kränkbar; Begabung zum intuitiven Erfassen
  Bei pathologischer Zuspitzung → **schizoide Charakterneurose bzw. Persönlichkeitsstörung** (ICD-10 F60.1)

- **Narzisstische Struktur:** Auf sich selbst zentriert; im unaufhörlichen Streben nach Selbstbestätigung Pendeln zwischen Größenideen und tiefen Minderwertigkeitsgefühlen; Beziehungen werden daran gemessen, ob der Selbstwert dadurch gehoben oder gesenkt wird; hochverletzlich, kränkbar und schamanfällig – hinsichtlich all dessen, was den Selbstwert betrifft
  Bei pathologischer Zuspitzung → **narzisstische Persönlichkeitsstörung** (ICD-10 F60.8)

- **Borderline-Struktur:** „Stabilität in der Instabilität" (affektlabil); Impulsivität (heftige affektive Reaktionen – sowohl fremd- als auch autodestruktiv); im Kontakt Pendeln zwischen schizoiden Näheängsten und klammernd-abhängigem Verhalten; charakteristisch ist Spaltungsmechanismus
  Bei pathologischer Zuspitzung → **Borderline-Persönlichkeitsstörung** (ICD-10 F60.31)

In der Regel erlebt der Betreffende seinen Charakter als ich-synton und hat im Allgemeinen primär keinen Leidensdruck. Spitzen sich indessen Charakterzüge zu und/oder wirken sie sich so aus, dass sie mehr und mehr Probleme im Beziehungsbereich und im Beruf mit sich bringen, man mit sich selbst und den anderen „nicht mehr zurechtkommt" (Ermann, 1995), und kommt es jetzt

4

zu einem entsprechenden Leidensdruck, dann sprechen wir von „Charakterneurose" bzw. „Persönlichkeitsstörung". Eine zwanghaft strukturierte Persönlichkeit mit ihrem Festgelegtsein auf rigide Ordentlichkeit und Perfektionismus wird in dem Augenblick zu dekompensieren beginnen (z.B. in Form einer depressiven Symptomatik), wenn sie durch das Wegrationalisieren eines Kollegen nun die doppelte Arbeit zu leisten hat und dies erfordern würde, auch mal fünf gerade sein zu lassen – was sie aber aufgrund ihrer Persönlichkeitsartung nicht kann.

In der psychiatrischen Nosologie (ICD-10) werden, letztlich auch in Fortsetzung der klassischen psychopathologischen „abnormen Persönlichkeiten" bzw. „Psychopathen", weitere Persönlichkeitsstörungen aufgelistet: Sie sind dann durch folgende Merkmale charakterisiert:

Paranoide Persönlichkeitsstörung (F60.0)
- übertriebene Empfindlichkeit gegenüber Zurücksetzungen, Nicht-vergessen-Können von Kränkungen
- Misstrauen bzw. Neigung, neutrale oder freundliche Handlungen anderer als feindlich oder verräterisch zu missdeuten
- streitsüchtiges und hartnäckiges Bestehen auf eigenem Recht
- die in der psychiatrischen Tradition beschriebenen Merkmale fanatisch, querulatorisch und sensitiv-paranoid

Dissoziale Persönlichkeitsstörung (F60.2)
- Neigung zur Missachtung sozialer Normen (Delinquenz)
- Neigung zur egozentrischen Rücksichtslosigkeit mit fehlendem Schuldbewusstsein („Über-Ich-Defizienz")
- Verwahrlosungstendenzen

Ängstlich-vermeidende Persönlichkeitsstörung (F60.6)
- Gefühle ständiger Besorgtheit, Unsicherheit und Minderwertigkeit
- überempfindlich gegenüber möglicher Kritik und übertriebene Erwartung, von anderen zurückgewiesen zu werden – daher Vermeidungsverhalten
- Überschätzung möglicher Gefahren und alltäglicher Risiken bis zur Vermeidung entsprechender Aktivitäten

2 Epidemiologie

Prävalenzangaben internationaler Studien schwanken zwischen 5 und 10 %; in der Großstadt Mannheim ergaben sich 5,5 % (Schepank et al., 1984); mehr als 50 % der wegen psychischer Störungen behandelten Patienten sollen betroffen sein (Tress et al., 2002). Hier sind sicherlich Mehrfachdiagnosen zu berücksichtigen, wobei depressive Patienten, die z.B. ein Drittel unserer Patientenklientel ausmachen, nicht berücksichtigt sind. Es gibt allerdings immer wieder Versuche, auch eine depressive Persönlichkeitsstörung aufzulisten, so reihen z.B. Dilling et al. (2001) die Dysthymie (F34.1) als depressive Persönlichkeitsstörung unter die Persönlichkeitsstörungen. In DSM-V soll sie eigens aufgeführt werden.

3 Ätiologie

Neben erbgenetischen Faktoren, worauf Zwillings- und Adoptivstudien hinweisen, und möglichen frühkindlichen Hirnschädigungen (MCD) sind es vor allem psychosoziale Einflussfaktoren, die als pathogenetisch relevant anzusehen sind. Das PS-Spektrum ist zu breit und zu vielfältig, als dass sich hier eine einheitliche Ätiopathogenese formulieren ließe. So unterscheidet Kernberg (1996) strukturell zwischen einer *neurotischen, Borderline-* und *psychotischen* Persönlichkeitsorganisation. Ein Teil der Persönlichkeitsstörungen, die so genannten **leichteren** wie die anankastische, histrionische und depressive (?), lassen sich auf einer *neurotischen* Strukturebene ansiedeln. Ihre Dynamik ist analog den entsprechenden Neurosen zu verstehen. Wie schon angedeutet können sie vorrangig als erworbene, chronifizierte Abwehrhaltungen verstanden werden, die dann diese Neurosen charakterisierenden Konflikte unbewusst halten. So wären beispielsweise die Charaktermerkmale der zwanghaften Persönlichkeit vor allem als Abwehr aggressiver und libidinöser Impulse verständlich („gehemmter Rebell", Lang, 2000b).

Entsprechend besteht in der *Therapie* dieser typischen Charakterneurosen jahrzehntelange Erfahrung, sei es im klassischen analytischen Setting, sei es modifiziert in psychoanalytisch orientierten bzw. tiefenpsychologischen Verfahren.

Den eigentlichen Kern der Persönlichkeitsstörungen mit entsprechender „störungsgerichteter" Therapie bilden so die Erkrankungen, die Kernberg auf der *Borderline-Organisationsstufe* ansiedelt. Sieht man hier vor allem die Ich-Struktur gestört, Selbstpathologie charakteristisch, lässt sich auch von **schwereren** Pathologien und *ich-strukturellen Störungen* sprechen. Hierzu wären die narzisstische, die schizoide, die Borderline-Störung im engeren Sinne, die paranoide und dissoziale Persönlichkeitsstörung zu rechnen.

Die **dissoziale Persönlichkeitsstörung** ist dabei, wenn überhaupt, nur mit supportiven Strategien zu erreichen, wobei es natürlich auch hier Ausnahmen geben wird. Es lässt sich aber wohl so viel sagen, dass es gegenwärtig „kein Behandlungskonzept für die antisoziale Persönlichkeit von nachgewiesener Wirksamkeit gibt" (Tress et al., 2002).

Bei der **paranoiden Persönlichkeitsstörung** besteht die Schwierigkeit, dass der paranoide Prozess in hohem Maße dem subjektiven Erleben ich-synton ist und so in der Regel keine Motivation zur Psychotherapie gegeben ist. Falls aufgrund steigenden Leidensdruckes der Betroffene doch zur Psychotherapie erscheint, wird es wohl am ehesten zu einer Krisenintervention kommen.

Für die **schizoide Persönlichkeitsstörung** gelten ähnliche Bedingungen wie für die narzisstische und Borderline-Persönlichkeitsstörung. Wir werden uns deshalb im Folgenden auf die narzisstische und Borderline-Persönlichkeitsstörung als Kern neuer psychotherapeutischer Ansätze hinsichtlich der Persönlichkeitsstörungen konzentrieren.

4

4 Narzisstische Persönlichkeits- störung (F60.8)

Im DSM-IV steht diese PS, deren Konzept insbesondere auf psychoanalytische Autoren zurückgeht (Lacan, 1966; Kernberg, 1975; Kohut, 1975; Grunberger, 1977), an zentraler Stelle. Da sich die Reliabilität der Diagnose „narzisstische Persönlichkeitsstörung" als zu niedrig erwies, fehlt sie in der ICD-10 als eigenständige Rubrik. Wie Mentzos (1999) anmerkt, hat diese Problematik deskriptiver Eingrenzung damit zu tun, dass der Terminus Narzissmus zu unterschiedlich, zu eng oder zu breit ausgelegt werden kann. Sieht man mit Kernberg (1975) den psychodynamischen Kern in einer übertriebenen Idealisierung des eigenen Selbst, so könne man einen leicht abgrenzbaren Typus definieren. Folge man dagegen Kohut (1971), der alles was die Entwicklung und die Ausdifferenzierung des Selbst betreffe, narzisstisch nennt, so gelange man zu einer viel breiteren Kategorie, die praktisch das gesamte Spektrum der selbstbezogenen Persönlichkeitsstörungen umfasse. Das Fehlen als eigenständige Kategorie in der ICD-10 ist natürlich zu bedauern, begegnet man doch heute kaum einem psychogen gestörten Patienten, der nicht auch eine narzisstische Problematik aufweist und die NPS gewissermaßen kondensiert unsere Erkenntnisse darüber enthält. Nicht zu Unrecht hat man ja unsere Epoche als „Zeitalter des Narzissmus" apostrophiert.

Prävalenzschätzungen reichen von 2 bis 16 % in klinischen Populationen und liegen unter 1 % in der allgemeinen Bevölkerung. Es ist aber auch hier zu fragen, ob nicht die operationalen Diagnosekriterien unzureichend sind, narzisstische Pathologie adäquat zu fassen. Es ist ja fast eine Binsenweisheit therapeutischer Erfahrung, dass sich gerade diese Persönlichkeitsstörung oft nach einem längeren therapeutischen Prozess genauer zeigt. Kein Patient kommt zur Therapie mit der selbst gestellten Diagnose „NPS". Es sind zunächst eher „unspezifische" Symptome wie Arbeitsstörungen (z.B. Konzentrationsprobleme, Prüfungsängste) und Beziehungsprobleme, die im Vordergrund stehen. Ebenso depressive Verstimmungen mit Gefühlen der Leere bis hin zu suizidalen Krisen, Selbstunsicherheit, Gefühle der Minderwertigkeit, Kränkung und Scham, Angst, verlassen zu werden. Nicht selten bieten diese Patienten zunächst als „Eintrittssymptome" psychosomatische Beschwerden und hypochondrische Ängste an. Erst allmählich schält sich dann das „typisch Narzisstische" heraus, nämlich dass dies alles mit der Problematik der Selbstsicht und des Selbstwertes zusammenhängt, die negative Selbstsicht plötzlich in arrogante und selbstgefällig wirkende Haltungen, in Äußerungen von *Größenphantasien* und unrealistischen Erwartungen umschlägt. Mehr und mehr wird jetzt deutlich, dass diese Patienten in den mitmenschlichen Beziehungen dazu neigen, diejenigen zu idealisieren, von denen narzisstische Zufuhr (Bestätigung, Stärkung des eigenen Selbstgefühls) erwartet wird, andere, von denen nichts oder nichts mehr zu erwarten ist, abzuwerten, um sich in diesem „Vergleich nach unten" selbst aufzuwerten. Charakteristisch ist dann auch, dass sie eben den anderen nicht als eigenständiges Objekt mit individuellen Bedürfnissen und Wünschen sehen, sondern als ein *Selbstobjekt*, das zur Stützung des eigenen Selbst rekrutiert wird. Oft begegnet man auch einer „narzisstischen Kollusion" (Willi, 1975), wobei einmal der Partner aus

eigener narzisstischer Bedürftigkeit bewundernd an der Größe des Narzissten teilnimmt oder der Narzisst selbst den Partner als Potenzierung der eigenen Größe erlebt. Die narzisstische Dyade sieht sich dann gefährdet, wenn sich ein attraktiveres „Selbstobjekt" anbietet. Im „egozentrischen" Verfolgen „idealer" Ziele können gerade auch Narzissten kreative Potenzen entwickeln.

Im DSM-IV wie auch in der Klassifikation der OPD 1996 ist – wohl aus Gründen der operationalen Klassifikation und im Anschluss an die Sichtweise Kernbergs –das Verhaltensmuster der „Grandiosität" und des Mangels an Empathie zu einseitig hervorgehoben. Nachstehend die Tabelle der NPS nach DSM-IV:

Tabelle 1: Diagnostische Kriterien für 301.81 (F60.8) Narzisstische Persönlichkeitsstörung

Ein tief greifendes Muster von Großartigkeit (in Phantasie oder Verhalten), Bedürfnis nach Bewunderung und Mangel an Empathie. Der Beginn liegt im frühen Erwachsenenalter und zeigt sich in verschiedenen Situationen. Mindestens 5 der folgenden Kriterien müssen erfüllt sein:

1. hat ein grandioses Gefühl der eigenen Wichtigkeit (übertreibt z.B. die eigenen Leistungen und Talente; erwartet, ohne entsprechende Leistungen als überlegen anerkannt zu werden),
2. ist stark eingenommen von Phantasien grenzenlosen Erfolgs, Macht, Glanz, Schönheit oder idealer Liebe,
3. glaubt von sich, „besonders" und einzigartig zu sein und nur von anderen besonderen oder angesehenen Personen (oder Institutionen) verstanden zu werden oder nur mit diesen verkehren zu können,
4. verlangt nach übermäßiger Bewunderung,
5. legt ein Anspruchsdenken an den Tag, d.h. übertriebene Erwartungen an eine besonders bevorzugte Behandlung oder automatisches Eingehen auf die eigenen Erwartungen,
6. ist in zwischenmenschlichen Beziehungen ausbeuterisch, d.h. zieht Nutzen aus anderen, um die eigenen Ziele zu erreichen,
7. zeigt einen Mangel an Empathie: ist nicht willens, die Gefühle und Bedürfnisse anderer zu erkennen oder sich mit ihnen zu identifizieren,
8. ist häufig neidisch auf andere oder glaubt, andere seien neidisch auf ihn/sie,
9. zeigt arrogante, überhebliche Verhaltensweisen oder Haltungen.

4.1 Ätiopathogenese

Hier wurden insbesondere selbstpsychologische und objekttheoretische Konzepte relevant. Die **selbstpsychologische Auffassung** (u.a. Kohut, 1971, 1977; Chessick, 1993a; Goldberg, 1996) geht von den Beziehungserfahrungen aus, wie sie sich in der Therapeut-Patient-Relation manifestieren, und schließen aus dem sich hier zeigenden Übertragungsgeschehen auf frühe Entwicklungsstufen und deren mögliche pathogenetische Relevanz. So zeigt sich in der so genannten *Spiegelübertragung* ein Appell an den Therapeuten, er möge den Patienten doch so positiv spiegeln bzw. reflektieren, wie es einst die Eltern ihm gegenüber als Kind taten (oder im möglichen pathogenen Falle gerade auch nicht). In diesen frühen Phasen menschlicher Existenz, worin infantile Gefühle von magischer Allmacht charakteristisch sind, bildet sich ein „Größenselbst", das sich auf die Anerkennung und Bewunderung durch die primäre Bezugsperson stützt, sich das Kind im liebenden und akzeptierenden „Auge der Mutter" (Kohut) spiegeln kann. Durch den wachsenden Einfluss der Wirklichkeit, zwangsläufig auftretende Versagungen – vorausgesetzt, es handelt sich sozusagen um „optimale" Frustrationen im Sinne kleiner Dosierung und deshalb bewältigbar – lernt das Kind, diejenigen Funktionen, die bisher von der Mutter ausgeführt wurden (z.B. Spannungsreduzierung, Angstverminderung, Besänftigung und Trost), allmählich in Eigenregie zu übernehmen. „Optimalen Frustrationen wird also eine wichtige Rolle zur Ich-Strukturbildung zugeschrieben" (Faller, 1995). Das „Größenselbst" verliert seinen archaischen Charakter und wird „gezähmt". So können sich aus ihm realistisches Selbstvertrauen, gesunder Ehrgeiz und Freude an den eigenen Tätigkeiten und Erfolgen entwickeln. Die Spiegelübertragung in der Therapie ist dann die Wiederbelebung des Bedürfnisses des Kindes, sich in den Augen der Mutter bestätigt zu sehen und sich dadurch in der Existenz eines „vollkommenen Selbst" gesichert zu fühlen.

Findet sich der Analytiker in hohem Maße idealisiert, überbewertet, ist eine *idealisierende Übertragung* am Werke. Sie ist die Wiederbelebung der Tendenz des Kleinkindes, sich mit einem idealisierten, mit Kräften der Omnipotenz und Allwissenheit ausgestatteten Primärobjekt zu vereinigen bzw. an dessen Größe teilzuhaben. Eine Beziehung, welche die Postulate der Spiegelung des Größenselbst und des Sich-idealisieren-Lassens hat, in der Übertragung als Spiegelübertragung und als idealisierende Übertragung relevant ist, bezeichnet Kohut als *Selbstobjektbeziehung*. Die betreffenden Objekte fungieren hier nicht als Bezugspersonen zur Stillung oraler und objektlibidinöser Bedürfnisse, sondern zur Erweiterung und Stützung des eigenen Selbst. So wie das grandiose Selbst wandeln sich auch die idealisierten Elternbilder durch „Verinnerlichung" in Ideale, denen der Mensch nachstrebt, in Normen, die er erfüllen will. „Beide Selbststrukturen, das Selbstvertrauen als Erbe des grandiosen Selbst und die inneren Ideale als Erben der idealisierten Eltern, machen zusammen den gesunden Narzissmus aus" (Faller, 1995). Versagen die Eltern als benötigte Selbstobjekte für das sich entwickelnde Kind, wird es zu wenig bestätigt, verweigern die Eltern die eigene Idealisierung, um das Kind an ihrer „Großartigkeit" teilhaben zu lassen, so kann diese Entwicklung zu „normalem" Narzissmus nicht stattfinden. Grundsätzlich hat dies damit zu tun, dass die Bedürfnisse des Kindes nicht auf die Fähigkeiten der Bezugspersonen abgestimmt werden können und es zur „Unverträglichkeit" zwischen den Bedürfnissen des Kindes und der Pflege der Mutter kommt.

Dies kann das Resultat unangemessener Bedürfnisse auf Seiten des Kindes sein, wie man sie bei hyperaktiven oder auch organisch geschädigten Kindern antrifft. Schuld haben können hier auch kritische Lebensereignisse wie frühzeitiger Verlust eines Elternteils oder unerwartete Störungen des Umfeldes, wie z.B. Verlust der Arbeit oder Scheidung. Verantwortlich kann natürlich auch elterliche Pathologie sein, beispielsweise dergestalt, dass eigene narzisstische Fixierungen keine adäquate „Bemutterung" zulassen. Folge davon ist, dass das grandiose Selbst fortbesteht und das adulte Individuum dahingehend bestimmt, zwischen Selbstüberschätzung und Minderwertigkeitsgefühlen

zu pendeln und so ein Lebensentwurf des „aut Caesar aut nihil" entsteht. Auf der anderen Seite wirken sich die nicht adäquat umgewandelten idealisierten Eltern im eigenen Ich dahingehend aus, dass das betroffene Subjekt immer auf der Suche nach Menschen ist, die es idealisieren, überschätzen kann, andere dagegen verachtet werden. Diese pathologische narzisstische Strukturierung bestimmt dann auch die entsprechenden Übertragungsvorgänge im therapeutischen Prozess, sei es als Spiegel- oder idealisierende Übertragung. So kann die Beziehung zum Therapeuten über einen Spaltungsmechanismus in ein Hin und Her zwischen „primitiver" Idealisierung und arroganter Abwertung münden.

Im **objektbeziehungstheoretischen Konzept** Kernbergs (1975) kommt es in frühen Stadien der Persönlichkeitsentwicklung auf einer Stufe, auf der Ich-Grenzen bereits stabilisiert sind, zu einer Verschmelzung von Realselbst-, Idealselbst- und Idealobjekt-Repräsentanzen, wodurch ein unrealistisches, aufgeblähtes Selbstkonzept entsteht. „Inakzeptable" Selbstanteile, die sich in dieses grandiose Selbstkonzept nicht einschmelzen lassen, werden verdrängt und zum Teil auf äußere Objekte projiziert, die dafür entwertet werden. Kalte, abweisende Eltern, die aber zugleich bewundernd sind, ihr Kind zu eigenen narzisstischen Zwecken missbrauchen, indem sie etwas „Besonderes" aus ihm machen wollen, fördern die Entwicklung eines pathologisch grandiosen Selbst. Die Zurückweisung von Bedürfnissen nach emotionaler Zuwendung führt zu tiefen Enttäuschungen, verbunden mit reaktiven aggressiven Impulsen, die gleichzeitige Vermittlung aber, etwas Besonderes zu sein, lässt dann kompensatorisch dieses grandiose Selbst entstehen, das nun „charakteristischerweise" persistiert und dessen Infragestellung später nicht selten immense Wut provoziert, sei es gegen andere, sei es gegen sich selbst gerichtet.

Eine andere ätiopathogenetische Linie lässt sich aus der Individualpsychologie Adlers ableiten. Der von Adler (1996) beschriebene „Überlegenheitskomplex" mit übertriebener Schätzung des eigenen Selbst, verbunden mit entsprechender Eitelkeit und entsprechendem Exhibitionismus, die Neigung sich prominenten Personen anzubiedern bei Abwertung von „Personen von geringeren Dimensionen", das ständige Lenken des Gesprächs auf die eigene Person etc. entsprechen der oben beschriebenen Grandiosität und egozentrischen Selbstbezogenheit des Narzissten. Dieser „Überlegenheitskomplex" stellt eine „arrogante" Form dar, mit tiefen Minderwertigkeitsgefühlen, einem pathologischen „Minderwertigkeitskomplex", kompensatorisch umzugehen. Zu einer solchen Strukturierung kann es sowohl entwicklungsgenetisch durch Vernachlässigung, aber vor allem auch durch „Verzärtelung" durch die primären Bezugspersonen kommen. Eine ähnliche Auffassung vertritt Millon (1981). Im Übermaß verzärtelte und „überschätzte" Kinder würden eine Lebenseinstellung dergestalt entwickeln, als ob sie einen Anspruch darauf erheben könnten, sofort all das zu bekommen, was sie sich wünschen, ohne dass es dazu eigener Anstrengung bedürfte.

Von Adler ausgehend ließe sich, wie vor allem in der OPD realisiert, ein aktiver von einem passiven Modus abgrenzen. Beim „aktiven" dominieren Reaktionsbildungen im Sinne von Überkompensation gegenüber einer tiefen, überspielten Unsicherheit, die sich dann „verraten" kann, wenn das pseudoselbstsichere arrogante Selbstbild in Frage gestellt wird und jetzt heftige Affekte, beispielsweise in Form „narzisstischer Wut", begegnen. Beim „passiven" Modus herrscht als Leitaffekt Scham vor, wobei ein negatives Selbstbild vorherrscht, verbunden mit dem Gefühl eines „chronischen" Zu-kurz-gekommen-Seins.

Angesichts der beschriebenen Artung der narzisstischen Persönlichkeit sind es dann bestimmte aktuell belastende Konstellationen, die als **Auslösesituation** die entsprechende pathologische Symptomatik „triggern" können. Dies sind jetzt vor allem Situationen, die den Selbstwert bedrohen und herabsetzen, Situationen, die narzisstisch kränken – so z.B. Zurückweisung durch Partner oder Niederlagen im Beruf. Solche Erlebnisse erwecken massive Vernichtungsgefühle, sozusagen absolut nichts wert zu sein. Schwere depressive Verstimmungen können sich hier einstellen, aber auch Zustände intensiver narzisstischer Wut, die sich gegen diejenigen richtet, die sich getrennt, eine Niederlage oder Kränkung zugefügt und dadurch zutiefst beschämt haben. Im Extrem zeigt sich dies bei Amokläufern, wo es nicht nur den kränkenden anderen zu vernichten gilt, sondern auch die Zeugen einer solchen Beschämung. Die Wut kann sich aber auch autodestruktiv gegen die eigene Person richten, die Selbstentwertung verstärken und aufgrund dieser massiven „narzisstischen Krise" zu Suizidhandlungen führen (vgl. Henseler, 1974; Kohut, 1975; Lang, 2002).

Die Therapie der narzisstischen Persönlichkeitsstörung wird zusammen mit der ihr nahe verwandten Borderline-Störung abgehandelt.

5 Borderline-Persönlichkeitsstörung (F60.31)

Der englische Begriff „borderline" heißt übersetzt „Grenzlinie", ein „borderline case" ist insofern ein „Grenzfall". Bei der Borderline-Störung geht es um einen Grenzbereich, der zwischen Neurose und Psychose liegt. Hauptmerkmal ist eine *stabile Instabilität* in zwischenmenschlichen Beziehungen, im Selbstbild und im emotionalen Erleben. Insbesondere ist impulsives Verhalten ohne Berücksichtigung von Folgen charakteristisch.

Da es sich bei der Borderline-Störung um überdauernde Verhaltens- und Erlebnisweisen handelt, wurde sie im DSM in den Bereich der Persönlichkeitsstörungen eingereiht. In der ICD-10 bildet die Borderline-PS eine zweite Untergruppe der so genannten emotionalen instabilen Persönlichkeitsstörung, wobei zwischen einem „impulsiven" und einem „Borderline-Typus" unterschieden wird.

Zur diagnostischen Erfassung ist die Beschreibung im DSM-IV empfehlenswert. In der Zusammenfassung finden sich folgende diagnostische Kriterien:

Tabelle 2: Diagnostische Kriterien für 301.83 (F60.31) Borderline-Persönlichkeitsstörung

Ein tief greifendes Muster von Instabilität in zwischenmenschlichen Beziehungen, im Selbstbild und in den Affekten sowie von deutlicher Impulsivität. Der Beginn liegt im frühen Erwachsenenalter und manifestiert sich in den verschiedenen Lebensbereichen. Mindestens 5 der folgenden Kriterien müssen erfüllt sein:

1. verzweifeltes Bemühen, tatsächliches oder vermutetes Verlassenwerden zu vermeiden. Beachte: Hier werden keine suizidalen oder selbstverletzenden Handlungen berücksichtigt, die in Kriterium 5 enthalten sind;
2. ein Muster instabiler, aber intensiver zwischenmenschlicher Beziehungen, das durch einen Wechsel zwischen den Extremen der Idealisierung und Entwertung gekennzeichnet ist;
3. Identitätsstörung: ausgeprägte und andauernde Instabilität das Selbstbildes oder der Selbstwahrnehmung;
4. Impulsivität in mindestens zwei potenziell selbstschädigenden Bereichen (Geldausgaben, Sexualität, Substanzmissbrauch, rücksichtsloses Fahren, „Fressanfälle"). Beachte: Hier werden keine suizidalen oder selbstverletzenden Handlungen berücksichtigt, die in Kriterium 5 enthalten sind;
5. wiederholte suizidale Handlungen, Selbstmordandeutungen oder –drohungen oder Selbstverletzungsverhalten;
6. affektive Instabilität infolge einer ausgeprägten Reaktivität der Stimmung (z.B. hochgradige episodische Dysphorie, Reizbarkeit oder Angst, wobei diese Verstimmungen gewöhnlich einige Stunden und nur selten mehr als einige Tage andauern);
7. chronische Gefühle von Leere;
8. unangemessene heftige Wut oder Schwierigkeiten, die Wut zu kontrollieren (z.B. häufige Wutausbrüche, andauernde Wut, wiederholte körperliche Auseinandersetzungen);
9. vorübergehende, durch Belastungen ausgelöste paranoide Vorstellungen oder schwere dissoziative Symptome.

Für die empirische Absicherung der Borderline-Diagnose steht eine Reihe von standardisierten Instrumenten zur Verfügung. Sie finden sich bei Rohde-Dachser (1995) und in Tress et al. (2002) zusammengefasst. Im deutschen Sprachraum wurde zuletzt von Leichsenring (1994) das „Borderline-Persönlichkeits-Inventar" veröffentlicht, das sich, im Ausgang von Kernbergs Konzept der Borderline-Persönlichkeitsorganisation, auf die Bereiche Realitätsprüfung, Identitätsdiffusion, „frühe Abwehrmechanismen", Beziehungsstörungen und Impulskontrolle bezieht. Eine umfassende Übersicht vermittelt das von Kernberg, Dulz und Sachsse herausgegebene „Handbuch der Borderline-Störungen" (2000).

5.1 Epidemiologie

Die Prävalenz wird auf ca. 2 % in der Allgemeinbevölkerung, auf ca. 10 % bei ambulanten und ungefähr 20 % bei stationären psychiatrischen Patienten geschätzt. Im Bereich der Persönlichkeitsstörungen liegt sie zwischen 30 und 60 %. Sie wird überwiegend (ungefähr 75 %) bei Frauen diagnostiziert.

5.2 Ätiopathogenese und Psychodynamik

Nach Kernberg (1975) hat die BPS vor allem in einem Übermaß von Aggression ihren Grund, die sowohl konstitutionell als auch als Reaktion auf chronische traumatische Erfahrungen der frühen Kindheit bedingt sein kann. Verschärfend kommt eine gesteigerte orale Bedürftigkeit hinzu. Konsequenz dessen ist nun, dass Eltern wie auch das eigene Selbst als gefährlich, feindlich und versagend erlebt werden, alternierend aber auch als liebevoll und fürsorglich. Das Hin und Her zwischen diesen konträren Erfahrungen und folglich unvereinbaren Selbst- und Objektrepräsentanzen ist Quelle basaler Verunsicherung mit entsprechenden Ängsten. Frühe Abwehrmechanismen wie *Spaltung* entwickeln sich, um das „gute" Selbst und entsprechend „gute" Objekt vor den „bösen" Selbst- und Objektaspekten zu trennen und zu schützen. Folge davon ist, dass Selbst und Andere nur noch in extremer Weise in Form von Idealisierung und Entwertung wahrgenommen werden. Entsprechend ergeben sich die nachstehenden „charakteristischen" Persönlichkeitsmerkmale (Tress et al., 2002):

• Unfähigkeit, in realitätsangemessener Weise Ambivalenzen und Ambiguitäten zu tolerieren
• Ausbildung einer wenig integrierten Identität
• mangelhafte Angst- und Affekttoleranz
• Beeinträchtigung der Objektkonstanz
• mangelhafte Impulskontrolle

Kernberg bezieht sich dabei auf die Entwicklungspsychologie Margret Mahlers, wobei das Subjekt die symbiotische Phase bereits hinter sich hat, so dass Selbst und Objekt schon unterschieden sind. Zur Krise und Fixierung komme es dann in der so genannten Wiederannäherungsphase (etwa zwischen 18. und 24. [36.] Lebensmonat), wo dann die geschilderte Dynamik eine massive Störung der Mutter-Kind-Beziehung herbeiführe. „Das Kleinkind erkennt nach und nach, dass seine Liebesobjekte getrennte Individuen mit eigenen, individuellen Interessen sind. Allmählich und unter Schmerzen muss es auf die Vorstellungen von seiner eigenen Größe und auf die Beteiligung an der Allmacht von Vater und Mutter, an die es noch immer wahnhaft glaubt, verzichten" (Mahler et al., 1975). Diese Erfahrung narzisstischer Problematik leitet die „Wiederannäherungsphase" mit dem typischen gesteigerten Bedürfnis nach der Nähe der Mutter ein. Dies ist zugleich Zeit der analen Phase mit ihrem Grundkonflikt *Autonomie versus Abhängigkeit*. Das Bedürfnis nach Verselbständigung ist konflikthaft mit der Angst, verlassen zu werden, verbunden, die Angst vor Wiederverschlingung polarisiert mit der Angst vor Trennung und Alleinsein. Hat die Mutter keine Empathie für diese Ambitendenz, kommt es zu massiven Enttäuschungen und reaktiv zum Hass auf diese „böse" Mutter. Zugleich aber hält das Kind am Wunschbild einer guten, spendenden Mutter fest – offensichtlich braucht der Mensch schon von Anfang an ein solches imaginäres Korrektiv zur Aufrechterhaltung seines Gleichgewichts. „Die Spaltung zwischen diesen beiden Mutter-Imagines bleibt aufrechterhalten und prägt die späteren heterosexuellen Objekt-Beziehungen dieser Patienten, die ewig auf der Suche sind und immer wieder die Erfahrung machen müssen, dass die endlich gefundene Mutter-Frau sich in die Mutter der Trennung verwandelt. Die Patienten tun das ihre, um diesen Umschwung herbeizuführen, aus Angst vor Wieder-

verschlingung und/oder um die antizipierte Katastrophe nicht passiv abwarten zu müssen" (Rohde-Dachser, 1995).

Die für die mitmenschlichen Beziehungen charakteristische Dialektik zwischen Angst vor zu großer Nähe und Angst vor zu großer Distanz, wie ich es an anderer Stelle (2000a) als ein anthropologisches Grundproblem zwischen den *Polen Klaustrophobie und Agoraphobie* dargestellt habe, hätte dann hier als *Dilemma* (Rey, 1994) bereits ihre Grundlage. Die verzweifelte Angst, verlassen zu werden, das Nicht-allein-sein-Können ist polar an die Angst gebunden, dem anderen zu nahe zu kommen, so eingeschlossen, „verschlungen" zu werden, dass die mühsam errungene Individuation wieder verloren geht (vgl. auch Weiß, 2000).

Ähnlich wie Kernberg und Mahler fokussieren auch Masterson und Rinsley (1975) auf die Subphase der Wiederannäherung des Loslösungs- und Individuationsprozesses, wobei die Mutter selbst als Borderline-Persönlichkeit gesehen wird, die eine Autonomisierung des Kindes nicht tolerieren kann und deshalb bei entsprechenden Tendenzen sich emotional zurückzieht, was eine „Verlassenheitsdepression" provoziert. Diese führt nun ihrerseits zu einem Entwicklungsrückstand und zur Generierung primitiver Abwehrmechanismen, mit deren Hilfe der Verlust der mütterlichen Stütze verleugnet wird. In erster Linie ist auch hier die *Spaltung* zu nennen. Ebenfalls sieht Adler (1985) aus selbstpsychologischer Sicht die Borderline-Störung in der Mutter-Kind-Beziehung begründet, wobei er die mangelnde „holding soothing"-Funktion der Mutter verantwortlich macht, die nun ihrerseits dazu führe, dass keine inneren Objekte aufgebaut werden können, die dann diese haltende und beruhigende Aufgabe übernehmen würden. So befindet sich der Borderline-Patient ständig auf der Suche nach konkreten externen Objekten, die diese Selbstobjektfunktion angesichts des Fehlens dieser inneren Repräsentanzen substituieren könnten. Mangelt es dieser konkreten Stütze signifikanter anderer, stellen sich massive Gefühle von Leere und Depression ein, droht die Gefahr der Fragmentierung bei einer „Vernichtungspanik". Zugleich oder alternierend kann es zu Zuständen chronischer „oraler" Wut kommen, die impulshaft ausagiert werden kann.

Eine Schwierigkeit dieser ätiopathogenetischen Theorien, seien sie kasuistisch oder empirisch-statistisch belegt, liegt natürlich darin, dass sie retrospektiv gewonnen wurden oder wie es Chessick (1993b), ein bekannter PS-Forscher, formuliert: „Ich bezweifle den Wert von Spekulationen, die sich auf Material gründen, das von erwachsenen Patienten kommt und das nun Auskunft über die psychodynamischen Prozesse geben soll, die sich in der Seele eines ein oder zwei Jahre alten Kindes abspielen" (Übers. v. Autor). Wiederholt hier nicht die „Borderline"-Forschung die These von der so genannten schizophrenogenen Mutter, nur jetzt auf eine „maligne" Persönlichkeitsstörung bezogen?

Ist hier nicht, wenn eine Psychogenese in Betracht zu ziehen ist, „psychodynamisch" die familiäre Situation als ganze und nicht zeitlich auf eine „Subphase" beschränkt zu berücksichtigen? Dies gilt natürlich für alle Persönlichkeitsstörungen.

4

Um den Kern eigener Identität bilden zu können, muss das menschliche Subjekt Abstand zu seinen primären Bezugspersonen gewinnen. Damit dies möglich wird, hat sich im Verhältnis zum primären anderen ein drittes Strukturmoment abzuzeichnen, das auf eine andere Ordnung als die einer privativen Dualunion verweist. Hier kommt der Vater ins Spiel. Er hat dieses dritte, triangulierende Moment zu verkörpern, ist allerdings hier selbst nur Verweisung, Agent der menschlichen Gesellschaft (vgl. Lang, 2000a). Borderline-Patienten zeigen sich nur unzureichend in der Lage, ihre Erfahrungen, insbesondere emotionaler Art, zu symbolisieren, so dass sie Gefühle und Gedanken, die unerträglich scheinen, in andere projizieren, wo sie dann von den eigenen kaum mehr zu unterscheiden sind. Diese Symbolisierungsschwäche führt dazu, dass sie dazu tendieren, die Dinge nicht einfach zu sagen oder in Träumen und Phantasien auszudrücken – sie „agieren" vielmehr, und dies betrifft ihre Strukturschwäche im Kern. Sie können Belastungen, Konflikte nicht innerlich mit sich ausmachen, sondern müssen sie in Verhalten umsetzen. Der BPS-Patient „handelt", und das charakteristischerweise „impulshaft", statt zu reflektieren, zunächst einmal in Gedanken „Probe zu handeln". Und hier liegt der Grund für seine massive Beziehungsproblematik. Im Ausgang von der Entwicklungstheorie Piagets hat Leichsenring (1996, S. 136 ff.) diese Symbolisierungsschwäche als „präoperationales Denken" charakterisiert. Dem Borderline-Patienten fehle die Fähigkeit zur „Dezentrierung", zur Lösung von der unmittelbaren Anschauung. Die Vorstellungen von sich und anderen seien nicht „invariant" (konstant), sondern an das unmittelbare Erleben gebunden. Diese Beschreibung präoperativen Funktionierens als kognitiv-affektiver Lebensstil stellt zugleich eine Verbindung zu modernen kognitiv-psychologischen Ansätzen her.

Wo das Symbolische „versagt", ist keine Abstandnahme, kein Sich-über-die-Situation-stellen-Können möglich. Wo der Aufbau einer verinnerlichten symbolhaften Version des Selbst und der anderen, der Welt, defizitär ist, der Betreffende deshalb nicht zunächst phantasierend damit umgeht, ehe er zur unwiderruflichen Handlung schreitet, kommt es eben zu Impulshandlungen, die sich ohne Verzögerungsmöglichkeit durchsetzen. – So bleibt der Betreffende narzisstisch in seiner Primärbeziehung hängen, und so wird auch der konkretistische Objektbezug verständlich, dass der andere nur zählt, wenn er auch realiter präsent ist. Die väterliche Funktion und symbolhafte Version von sich selbst und den anderen sind hier analog defizitär. So kann sich eben der mütterliche Diskurs dyadisch schließen, es unterbleibt eine Öffnung zu einem Außerhalb, da sich keine Vaterrepräsentanz gebildet hat.

Beide Funktionen, das Symbolische und die Vaterrepräsentanz, ermöglichen „Abstandnahme", heben auf eine Meta-Ebene reflexiv-vermittelter Inbeziehungssetzung und Weltbewältigung. So nimmt es nicht wunder, dass der französische Psychoanalytiker Lacan das Symbolische und das paternale Prinzip gleichsetzen konnte (vgl. Lacan, 1966; Lang, 1998, 2000a).

Und umgekehrt kann sich eine Dyade zwischen Vater und Sohn, Vater und Tochter einspielen, wenn der Vater in seiner Verweisungsfunktion versagt, als Despot auftritt, sich für das Gesetz selbst ausgibt, sich im Diskurs zu seinem Kinde einschließt und

jetzt die Mutter als drittes Strukturmoment, in der väterlichen Position sozusagen, aufgerufen wäre, eine solche Dualunion zu sprengen bzw. zu verhindern – dies aber nicht kann oder will. Das kann beispielsweise in Bezug auf einen Vater geschehen, der die Mutter dergestalt als Werkzeug seiner narzisstischen Rekrutierungsstrategien benutzt, dass sie als konstitutives Strukturmoment der Triade verschwindet. Eine andere Konstellation wäre die, dass sich die Mutter sowohl ihrem Ehemann als auch ihrem Kind entzieht und sich auf diese Weise eine charakteristische Vater-Kind-Dyade bilden kann. Mütter mit Sexual- und Näheabwehr können ihre Töchter geradezu Vätern zuführen.

Die vielen Fälle sexuellen Missbrauchs sind hierfür nur allzu beredte Beispiele. Dabei kann wohl sehr früher Missbrauch eine so tief gehende Identitätsstörung bewirken, dass sie dann beim Jugendlichen und Erwachsenen als Borderline-Persönlichkeitsstörung erscheint. So finden sich bei diesen Mädchen und Frauen nicht nur typische Impulshandlungen, Instabilität im affektiven Bereich, übermäßige Wut oder Unfähigkeit zur Kontrolle der Wut, autodestruktive Handlungen, Identitätsstörungen und Minipsychosen, sondern auch die entsprechenden strukturspezifischen Abwehrmechanismen wie Spaltung, Verleugnung etc. Im Lichte unserer Konzeption der „strukturalen Triade" zeichnen sich hier genetisch zwei prinzipielle Möglichkeiten ab: Einmal kann Triangulierung in Ansätzen vorhanden sein, zeigt sich aber so fragil, dass in akuten Belastungssituationen dualisiert, entgrenzt wird und es so zu übertragungspsychotischen Phänomenen kommen kann (vgl. Lang, 1996); zum anderen ist eine sekundäre Dualisierung durch fortgesetzten sexuellen Missbrauch im Sinne schwerer Traumatisierung nicht auszuschließen. Es konnte sich eine strukturale Triade gebildet haben, die aber jetzt durch die ständige Schädigung seelischer und körperlicher Integrität zur Vater-Tochter-(seltener Mutter-Sohn-)Dyade „pervertiert" wird.

So hat dieses zuletzt vorgeschlagene **struktural-analytische Modell** (Lang, 1996b, 2000a) gegenüber den zuvor skizzierten Konzepten den Vorteil, reale Traumatisierungen wie sexuellen Missbrauch besser integrieren zu können. Gerade empirische Untersuchungen (vgl. Gabbard, 1994; Rohde-Dachser, 1995) konnten in hohem Maße zeigen, dass viele Borderline-Patienten in ihrer Kindheit realen Traumatisierungen ausgesetzt waren, sei es durch Eltern, sei es durch andere Pflegepersonen, seien es körperliche Misshandlungen, sexueller Missbrauch, Feindseligkeit, offene Entwertung und Ablehnung. So zeigte sich auch in unserer Ambulanzdokumentation, dass Borderline-Patienten im Vergleich zu anderen Psychotherapiepatienten ein höheres Ausmaß an frühkindlicher Traumatisierung aufweisen (s. Abbildung 1).

4

Abbildung 1: Frühkindliche Traumatisierung bei Borderline-Patienten im Vergleich zu anderen Psychotherapiepatienten

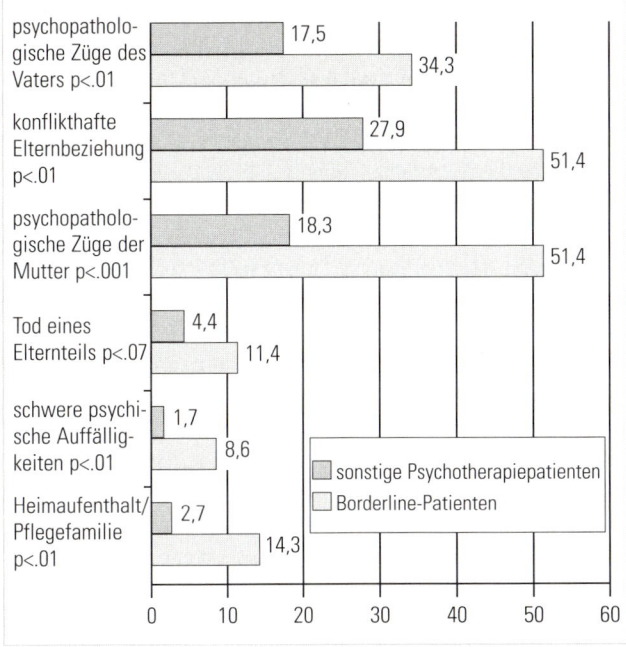

6 Therapie

Die Behandlung von Persönlichkeitsstörungen bzw. Charakterneurosen auf neurotischem Niveau galt schon immer als eine Domäne der Psychoanalyse. Je „früher" indessen die Störung anzusetzen ist, desto schwieriger gestaltet sich auch die Therapie. Heftige Übertragungsemotionen, seien sie aggressiv, abhängig-anspruchlich oder libidinös, Frustrationsintoleranz, die keinen Triebaufschub kennt, auto- und fremddestruktives Verhalten, psychotische oder psychosenahe Entgleisungen sind Charakteristika, die Psychotherapeuten zurückschrecken lassen.

So wird verständlich – Fiedler (2001) erinnert daran -, dass Freud hinsichtlich der Behandelbarkeit von Charakterstörungen bzw. Psychopathien skeptisch war. Und so wird auch verständlich, dass in der nachfreudschen psychoanalytischen Bewegung zunächst das Konzept einer stützenden Psychotherapie mit niedriger Sitzungsfrequenz – eine Stunde pro Woche oder weniger – und strikter Grenzsetzung gegenüber den unrealistischen Ansprüchen hinsichtlich Zeit und Zuwendung zum Einsatz kam. Dabei müsse sich der Therapeut vergegenwärtigen, dass er oder eine andere wichtige Bezugsperson sich zeitlebens zur Verfügung zu stellen habe, um quasi als „Ich-Krücke" für die defizitären Ich-Funktionen des Patienten zu fungieren (Zetzel, 1971). Ein striktes Deutungsverbot unbewusster Prozesse sollte dabei der Entstehung und Erhaltung eines Arbeitsbündnisses förderlich sein.

In der Folge – d.h. in den letzten 25 Jahren – wurden nun mehr und mehr psychoanalytische Ansätze im engeren Sinne in die Behandlung von Persönlichkeitsstörungen eingeführt. Die The-

rapie sollte jetzt nicht mehr nur als Krisenmanagement oder als Verbesserung der sozialen Integration fungieren, sondern als Versuch zur Änderung der pathologischen Organisation, auf deren Boden die manifeste Symptomatik erwächst. Dabei ist der psychoanalytisch orientierte Zugang nicht einheitlich. Im Zentrum der Kontroverse steht das Problem des „Arbeitsbündnisses", der „therapeutischen Allianz". Und das mit Recht. So ließen sich in entsprechenden Untersuchungen im Zeitraum der ersten sechs Monate Abbruchraten zwischen 23 und 60% finden. So zeigte sich im McLean Borderline Psychotherapy Engagement Project (A.F. Frank, 1992), dass 60% der ersten 60 Patienten, die untersucht wurden, ihre Therapie innerhalb der ersten sechs Monate abbrachen. Evaluationen hinsichtlich der Gründe für diese bedenkliche Drop-out-Rate legen nahe, dass 77 % der Patienten Schwierigkeiten hatten, ein stabiles Arbeitsbündnis mit ihrem Therapeuten zu entwickeln. Der Borderline-Patient beispielsweise kann schnell in eine negative Übertragung geraten, d.h. feindselig-ablehnende Gefühle, die er wichtigen Bezugspersonen gegenüber hat, auf den Therapeuten „übertragen". Um zu verhindern, dass diese negative Gefühlseinstellung zum Abbruch führt, ist sie deshalb sofort anzusprechen. Hier wird die **Strategie der ersten Richtung,** nämlich **frühe Deutung negativer, d.h. aggressiver Übertragung** deutlich. Für sie steht vor allem Kernberg. Interpretationen sollten sich in diesem Anfangsstadium auf das Hier und Jetzt beschränken, das Dort und Damals außen vorlassen. Genetische Deutungen seien zunächst kontraindiziert. Kernberg bringt hier ein illustratives Beispiel. *„Eine Patientin war wütend auf mich, weil sie dachte, ich treibe ein falsches Spiel, sei manipulativ, unehrlich, ein Heuchler. Und ich deutete, dass sie mich so sadistisch, unehrlich und manipulativ sah, weil sie ihre Mutter in der Vergangenheit so gesehen hatte. Darauf die Patientin sofort: ‚Sie haben vollkommen recht, und das ist mein Unglück. Nachdem ich so eine Mutter hatte, habe ich jetzt einen Therapeuten, der genauso wie sie ist.' Ich lernte also, dass zu frühe genetische Deutungen fehlschlagen können und es also wichtig ist, sich bei unbewußten Deutungen zunächst auf das Hier und Jetzt zu beschränken"* (Kernberg, 1995).

Es ist klar, dass dann, wenn ein Patient bereits Abbrüche hinter sich hat, diese Problematik zunächst zu fokussieren ist. Insbesondere ist in diesem Zusammenhang sehr früh die fundamentale Autonomie-Abhängigkeitsproblematik anzusprechen, die viele persönlichkeitsgestörte Patienten haben. Einerseits suchen sie Hilfe, haben die Schwierigkeit, nicht allein sein zu können, andererseits hassen sie nichts mehr als diese Hilfe und sind deshalb versucht, sozusagen in die Hand zu beißen, die sich ihnen helfend entgegenstreckt.

So gelang es zunächst, einen 39-jährigen Manager, dessen Patientenkarriere durch eine Reihe von Abbrüchen markiert war, über 1 1/2 Jahre zu halten, wobei sich sowohl seine berufliche Spitzenposition als auch seine private Situation stabilisierten. Jetzt suchte er erneut um Hilfe nach, als sich offensichtlich das alte strukturelle Problem wieder meldete und ihn veranlasst hatte, genau diejenige innerbetriebliche Gruppierung brüsk zu kränken, die zu seiner Beförderung maßgeblich beigetragen hatte. Dieselbe noch nicht gelöste strukturelle Konstellation hatte auch zur Unterbrechung der Therapie geführt.

4

Häufig spielt bei dieser inneren Sabotage eine typische narzisstische Problematik hinein: Der Patient gönnt dem Therapeuten nicht die Genugtuung über eine erfolgreiche Therapie. Das kann z.B. in starken Neidgefühlen seinen Grund haben oder generell in einer negativen Übertragung verankert sein.

Die interpretative Arbeit in solchen Phasen negativer Einstellung zum Therapeuten und zur Therapie hat letztlich darauf abzuzielen, den Therapeuten realistischer, in seiner professionellen Funktion als Therapeut zu sehen und nicht mehr in Schwarz-Weiß-Manier als Projektionsgestalt negativer Emotionen zu situieren. Damit ist zugleich die Arbeitsweise und das Therapieziel eines wesentlichen Moments analytischer Therapie angesprochen: Durch die deutende Arbeit an Übertragungsprozessen dahin zu gelangen, dass der Patient die für seine Erkrankung charakteristische Spaltung reduziert, lernt, die guten und bösen Seiten der anderen wie auch bei sich selbst zu integrieren. Oder wie Kernberg es formuliert: „Somit kann erwartet werden, dass der Patient eine gesteigerte Fähigkeit entwickelt, seine Impulse zu kontrollieren, Angst zu tolerieren, Affekte zu regulieren, Triebwünsche zu sublimieren und – bei gleichzeitiger Entwicklung stabiler und befriedigender interpersoneller Beziehungen – Intimität und Liebe zu erleben" (Kernberg, 1994).

Eine **andere Art des Zugangs** leitet sich von den Arbeiten Balints (1968), Winnicotts (1965) und Kohuts (1971) ab. Zuallererst käme es darauf an, dass sich ein **Holding Environment** bilde. Aufgrund seiner Ich-Fragilität und fehlender „guter" Objektrepräsentanzen bedürfe der Borderline-Patient äußerer Objekte, die eine ich-stabilisierende und haltend beruhigende Funktion übernehmen. Nicht der Deutungsinhalt per se heile, sondern die Tatsache, dass sich der Therapeut als eine beständige, zuverlässige, einfühlsame Persönlichkeit anbiete, welche die Wutanfälle des Patienten und dessen destruktive Impulse überlebe und weiterhin seine holding function aufrechterhalte (vgl. Waldinger, 1987). Zu frühe, gar konfrontativ-frustrierende Deutungen könnten der Entwicklung eines guten, von Empathie getragenen Arbeitsbündnisses hinderlich sein. Das bedeute auch, dass der Therapeut zu Extrastunden, zur telefonischen Verfügung, zur Angabe seiner Urlaubsadresse etc. bereit sein müsse. Vor allem sollte nicht die Entwicklung einer positiven Übertragung gestört werden. Und dies auch dann nicht, wenn sie mehr und mehr Züge einer narzisstisch-idealisierten Übertragung annimmt, der Patient, in der Terminologie Kohuts (1971) gesprochen, den Therapeuten als grandioses Selbstobjekt, als zentral wichtige Bezugsperson sieht, womit er sich identifiziert oder als Koryphäe perzipiert. Man könnte auch sagen, dass es zunächst und vor allem auf die Erfüllung der unspezifischen Basisfaktoren aller erfolgreichen Psychotherapien ankommt, handele es sich um Psychoanalyse, Verhaltenstherapie, klientenzentrierte Therapie oder Therapien durch Professionelle, Anfänger oder Laien – Faktoren, die offensichtlich zuallererst auf die Stabilisierung des Arbeitsbündnisses, auf Inauguration und Persistenz der therapeutischen Beziehung einwirken. Es sind dies: Geduld, menschliche Wärme, die Fähigkeit, ein Klima des Vertrauens und der wechselseitigen Sympathie zu schaffen und den Respekt vor den Worten des anderen zu bewahren (vgl. Lang, 2003).

Andererseits: Nicht immer lässt sich die immer während Gültigkeit dieser unspezifischen Faktoren, wie beispielsweise „**Empathie** und Wärme", bestätigen. Ein Zuviel davon kann bei einer schizotypischen oder paranoiden Persönlichkeit solch massive Ängste vor bedrohlicher Nähe wecken, dass es gerade dadurch zum Abbruch kommen kann. *Ein 32-jähriger paranoider Patient, dem es unter vierjähriger Therapie gelungen war, ein geisteswissenschaftliches Studium abzuschließen und schließlich eine Familie zu gründen, meinte in einer der letzten Stunden, als der Rückblick auf die vergangenen vier Jahre zentrales Thema war: „Ich war oft wütend auf Sie, weil Sie so eine Distanz zu mir hatten, aber ohne diese Distanz wäre ich schon nach dem zweiten Mal nicht mehr gekommen."*

Die weitere Gefahr dieses Ansatzes, der letztlich ein defizientes „mothering", eine fehlende **„gute Mütterlichkeit"**, durch die therapeutische Beziehung zu kompensieren, die Schäden früher Kindheit zu reparieren sucht, ist die einer so genannten therapeutischen Symbiose. Der Therapeut wird wie bereits erwähnt zum externen Hilfs-Ich, das der Patient zur Stabilisierung seiner prekären Identität rekrutiert. Wird eine solche dual-symbiotische Beziehung plötzlich abgebrochen, weil beispielsweise der Therapeut die Stelle wechselt und deshalb die Behandlung nicht mehr weiterführt, kann es zur Katastrophe, zum Suizid kommen. Auch wenn ein solcher Therapieabbruch glücklicherweise zumeist nicht solche Folgen hat, blockiert bei Borderline-Patienten eine Beziehung, worin das Dasein des Patienten mehr und mehr um den Therapeuten kreist, den therapeutischen Fortschritt. So schildert Kernberg (1995) die Behandlung einer ledigen Frau, die ihre libidinösen Bedürfnisse schließlich so ausgeprägt auf ihn zentrierte, dass sie ihre bisherigen außertherapeutischen Versuche, Kontakte zu knüpfen, ganz aufgab. Der „Übertragungsgewinn" dieser Fokussierung bestand darin, dass sie jetzt ein Liebesobjekt hatte, das als „verbotenes" die Furcht vor einer realen intimen Begegnung minimierte.

Deshalb: Principiis obsta! Wie sehen die therapeutischen Konsequenzen aus? Zuallererst ist dafür zu sorgen, dass der Therapeut, wie auch Kernberg unterstreicht, nicht zum alleinigen Kontaktobjekt wird. Im Rahmen einer einzeltherapeutischen Betreuung sind deshalb ständig außertherapeutische Bezüge zu thematisieren. Die Stelle, die der Patient beispielsweise in einer Institution hat, wirkt als Triangulans, wirkt so der Reduplikation seines dual-fusionierenden Beziehungsmusters in der Therapie entgegen. Generell gilt es, die Abgrenzungsbemühungen des Patienten zu respektieren. Wenn es umgekehrt dem Patienten gelingt, außertherapeutische Bindungen einzugehen, wird jetzt die therapeutische Beziehung zum triangulären Faktor, der dem regressiven Übertragungssog der dualen außertherapeutischen Relation zu kontern hat. Konkret bedeutet dies, dass der Therapeut als Konfliktberater fungiert, beispielsweise zusammen mit dem Patienten und seinem Partner Abgrenzungsstrategien erarbeitet.

Gruppentherapie kann hier ebenfalls sehr hilfreich sein. Durch die Diversifikation der Übertragungsemotionen reduziert sich die Gefahr, dass der Therapeut zum zentralen Beziehungspartner wird und der Patient dadurch seine Außenkontakte vernachlässigt. Außerdem können gerade persönlichkeitsgestörte Patien-

4

ten Hinweise oder gar Empfehlungen zur Korrektur ihres pathologischen Verhaltens von Seiten der Gruppenmitglieder häufig besser akzeptieren als wenn sie vom Therapeuten kommen. Ebenso können Gruppendeutungen vom Einzelnen besser akzeptiert werden als wenn eine Deutung nur ihn betrifft.

Befindet sich der Patient weiterhin in seiner Ursprungsfamilie, können familientherapeutische Strategien indiziert sein, wie sie im Ausgang vom „Expressed Emotion"-Konzept für Schizophrene entwickelt wurden (vgl. Lang, 1985a + b). Es gilt hier, die Bindung an einen überengagierten oder überkritischen Angehörigen, in die der Patient involviert ist, zu „neutralisieren".

Bei so schwer gestörten Borderline-Patienten ist nach Ansicht der meisten Autoren die Couch, das klassische Standardverfahren, kontraindiziert. Es fehle bei diesem Setting der Blickkontakt, eine unmittelbar haltgebende Strukturierung. Bekanntlich wirken diese Patienten bereits in Erstgesprächen und Tests, die wenig strukturiert sind, weitaus gestörter als in strukturierten Situationen. So sehr der schwer Gestörte ein narzisstisch zu besetzendes Objekt sucht, um seine prekäre Identität zu stabilisieren, quälende Stunden des Alleinseins zu vermeiden, so sehr fürchtet er andererseits, dass in einer solchen Beziehung seine Abgrenzungs- und Verselbständigungsversuche zunichte werden. Es existiert ja oft genug dieses Paradox, dass er weder ohne den anderen noch mit dem anderen sein kann.

Wo eine innere Stabilität fehlt, müssen äußere Faktoren, äußere Ordnungen zur Kompensation dieses Defizits herhalten. Ein solcher konkreter Ordnungsfaktor, und damit ein therapeutisches Agens, ist der Behandlungsrahmen selbst, sofern er konstant gehalten wird, d.h. immer ganz feste Stunden, nur im äußersten Notfall verlegen, nicht zu spät kommen, möglichst immer den gleichen Behandlungsraum. Die zwei ersten Forderungen Chessicks (1977, 1991) an den Therapeuten zur Therapie von Borderline-Patienten lauten analog: „1. A consistent and frequent being at the service of the patient, at a time arranged to suit mutual convenience. 2. Being reliably there, usually on time." Über diese „Objektkonstanz" äußerer Konfigurationen schafft sich der Patient so etwas wie Sicherheit und Vertrauen in den mitmenschlichen Bezug. So kann es zur sinnvollen Entsprechung zwischen äußerer Situationsgestaltung und innerseelischer Restitution kommen (vgl. Lang, 2000b). Konstanz in der Einhaltung dieses Rahmens bildet eine entscheidende Voraussetzung dafür, dass der Patient ein Kontinuum an Raum und Zeit erhält, worin er die Beziehung zum Therapeuten verankern kann. In der Festlegung auf verbindliche Regeln und Grenzen schafft dieser Rahmen einen „symbolischen Raum" (Weiß, 2000), in dem Therapeut und Patient einander begegnen können, ohne in entgrenzende Kommunikationsweisen zurückzufallen, wie sie der Patient als Double-bind-Situationen, Pseudogegenseitigkeit oder als Fehlen von Identitäts- oder Generationsgrenzen (vgl. Lang, 1986) nicht selten in seiner früheren Umgebung erlebt hat. Der äußere Rahmen und der Vorrang, dem die Sprache in der psychoanalytisch orientierten Therapie zukommt, kreieren somit ein „drittes Element" (Lang, 2000a), welches die „Anerkennung von Ich und Anderem wie auch eine Symbolisierung emotionaler Erfahrung möglich macht" (Weiß, 2000).

Ein solcher symbolischer Raum, ein „drittes, neutrales Element" kann natürlich auch eine Institution, ein stationärer Behandlungsrahmen sein.

Stationäre Therapie ist vor allem angezeigt, wenn Selbst- oder Fremdaggressivität so ausgeprägt ist bzw. die Symptome so einschränkend geworden sind, dass nur noch stationärer Schutzraum eine adäquate Behandlung ermöglichen kann. Darüber hinaus ist ein stationäres Setting bei Patienten erforderlich, die nicht in der Lage sind, eine kontinuierliche ambulante Therapie durchzuführen oder ihre Objektbeziehungen innerhalb ihres sozialen Feldes so pathologisch ausagieren, dass eine ambulante Behandlung nicht mehr möglich ist. Als stationäre Behandlung kommt entweder eine Kurzzeitbehandlung zur Krisenintervention oder eine Langzeitbehandlung mit der Zielsetzung einer Strukturänderung in Frage (vgl. Janssen, 2000). Zentral kommt es darauf an, „möglichst eindeutige, feste und übersichtliche Ordnungen zu schaffen, die dem Patienten, der einer inneren Ordnung ermangelt, zum haltgebenden Korsett werden könne" (Lang, 1985b). Dulz, Schreyer und Nadolny (2000) skizzieren drei Phasen stationärer Therapie: zunächst eine der „Halt gebenden Funktionen" als Voraussetzung, dass überhaupt ein Arbeitsbündnis zustande kommt; dann eine Phase „äußerer Strukturierung", wobei dem Patienten zunehmend Grenzen und Strukturen durch das Stationsteam gesetzt werden und der Beginn der Integration „guter" und „böser" Anteile einsetzt; schließlich die Phase „innerer Strukturierung", während der auch durch Deutungen Symbolisierungsprozesse sowohl neuer als auch alter traumatisierender affektiver Erfahrungen fortschreiten und es so zu einer gefestigten inneren Struktur kommen kann.

Auch in einer tiefenpsychologisch fundierten und/oder stützenden Therapie, die in der Regel bei schweren Persönlichkeitsstörungen auf psychoanalytischer Seite zur Anwendung kommt, kann eine biografische Aufarbeitung indiziert sein. Ein zentraler Gesichtspunkt, auf die Lebensgeschichte des Patienten einzugehen, ist die Rezidivprophylaxe. Mit dem Patienten zusammen gilt es, eine detaillierte Analyse bisheriger Auslösesituationen vorzunehmen, ihn für diese kritischen Situationen zu sensibilisieren, damit er sie rechtzeitig erkennen und entsprechende Gegenmaßnahmen treffen kann. Therapieziel ist nicht, auf eine „letzte Ursache" der Erkrankung in der frühen Kindheit kommen zu wollen, sondern eine Struktur belastender Situationen herauszufinden, um diese dann in der Therapie so zu bearbeiten, dass die damit einhergehende Gefährdung zurückgeht. Es ist allerdings nicht selten, dass sich in der Struktur dieser Auslösesituationen eine traumatische Primärkonfiguration wiederholt.

Traumatische Begebenheiten können ob ihrer traumatisierenden Überwältigung emotional verstummen lassen und deshalb unverarbeitet bleiben. Sie müssen jetzt in die analytische Arbeit hineingeholt werden. Gelingt es nun, pathogene Situationen, die so nicht verarbeitet, d.h. nicht „betrauert" werden konnten, zu bearbeiten, wird deren pathogene Valenz, die sich strukturell in erhöhter Vulnerabilität niedergeschlagen hat, entschärft. Denn Trauer schafft Distanz, löst die Abhängigkeit von den alten Wunden, autonomisiert. Neben das Moment der Rezidivprophylaxe tritt hier in der Aufarbeitung der Biografie das wesentliche The-

4

rapieziel einer Änderung der pathogenen Disposition. Wesentliche Punkte fasst die folgende Tabelle zusammen:

Tabelle 3: Zur Therapie „schwerer" Persönlichkeitsstörungen

Kontraindiziert:	*Dualisationsstrategien* (therapeutische Symbiose) begünstigen Perpetuierung narzisstisch-symbiotisch-konkretistischer Beziehungsmuster, fördern regressiven Übertragungssog, erhöhen Gefahr des Rückfalls
Indiziert:	*Triangulierungsstrategien* • Instaurierung eines stabilen und klaren Bezugsrahmens • Instaurierung eindeutiger, fester und übersichtlicher äußerer Ordnungen (Internalisierung dieser „äußeren" Strukturen wird zum haltgebenden Korsett, äußere Situationsgestaltung führt zur innerseelischen Restitution) • Rekonstruktion der Verfassung traumatisierender Primärsituationen und Erarbeitung von Strategien zur Vermeidung bzw. Bewältigung einer Reduplikation dieser pathogenen Situationen (Rezidivprophylaxe)

Je psychosenäher sich eine Persönlichkeitsstörung darstellt, d.h., sich dem schizophrenen oder dem endogen-depressiven Pol nähert, desto eher bietet sich, wenn Entgleisungen, die so genannten Minipsychosen, drohen oder bereits eingetreten sind, eine Kombinationsbehandlung von Psychotherapie und Psychopharmakotherapie an. Der psychotherapeutische Akzent sollte dabei wie dargestellt auf Triangulierungsstrategien gerichtet sein. Medikamente können dabei zusätzlich psychodynamisch im Sinne eines Übergangsobjekts (Winnicott, 1969) triangulierenden Charakter erhalten (vgl. Lang, 2000a, 2002). Die vielen Parameter, die Borderline-Experten wie Kernberg und Rohde-Dachser setzen, dienen grosso modo ebenfalls diesem Zweck, nämlich da Struktur, Ordnung hineinzubringen, wo Chaos und Diffusion herrschen. So fordert Kernberg (1994) die Einhal-

tung einer bestimmten Reihenfolge in der psychoanalytischen Therapie, nämlich zuerst Klärung, dann Konfrontation, schließlich Deutung. Zugleich stellt er für die Behandlung einzelner Themen eine Prioritätenliste auf.

An anderer Stelle (1995) spricht Kernberg von einer „pilot list". Ehe ein Pilot ein Flugzeug startet, hat er eine Liste von 20 Einzelheiten durchzugehen. Analog dazu hat der Therapeut ständig zu prüfen, ob einer dieser in der abgebildeten Hierarchie aufgezählten „Notfälle" (emergencies) vorliegt und falls ja, fordert er vor allen anderen eine entsprechende Intervention bzw. Deutung. Neben zahlreichen Geboten bzw. Empfehlungen wie statt genetischer Deutungen überwiegend Deutungen zu geben, die den Realitätsbezug des Patienten verbessern, oder freimütiges Mitteilen von Gegenübertragungsgefühlen, wodurch der Analytiker für den Patienten als eigenständiges Individuum erlebbar wird, listet Rohde-Dachser 7 „Kunstfehler" in der Borderline-Therapie auf – „Irrtümer", die es unbedingt zu vermeiden gilt:

1. Besonders schwer gestörte Patienten brauchen eine besonders intensive Behandlung
2. Identifikation mit der Omnipotenzzuschreibung des Patienten
3. Kein klarer Eingangskontrat
4. Unterwerfung unter die Aggression des Patienten anstatt Konfrontation
5. Vergangenheitsorientierung, Verleugnung von Gegenwart
6. Abtreten der Beziehungskontrolle an den Patienten
7. Verlust der Zeitperspektive in der Therapie

Eine zu starke „Parametrisierung" scheint mir aber auch die Gefahr mit sich zu bringen, dass der Fluss des therapeutischen Geschehens, ähnlich wie bei einem sportlichen Spiel durch ständige Interventionen eines Schiedsrichters, zu stark gegängelt und damit unterbrochen wird.

Je psychoseferner, d.h. dem neurotischen Formenkreis näher, eine Persönlichkeitsstörung imponiert, desto eher lassen sich analytische Verfahren im engeren Sinne anwenden, sei es die tiefenpsychologisch fundierte Psychotherapie – im englischen Schrifttum als analytische Psychotherapie bezeichnet – oder die klassische Psychoanalyse. Letztere wird im deutschen Sprach-

Tabelle 4: Die Hierarchie thematischer Priorität

1. Selbstmord- oder Tötungsdrohungen
2. Offenkundige Gefahren für die Fortsetzung der Behandlung (zum Beispiel finanzielle Schwierigkeiten, Pläne, die Stadt zu verlassen, Wünsche nach Verringerung der Sitzungsfrequenz)
3. Unehrlichkeit oder absichtliche Zurückhaltung in den Sitzungen (zum Beispiel den Therapeuten anlügen, die Weigerung, bestimmte Themen zu besprechen, Schweigen während der meisten Zeit der Sitzungen)
4. Brüche des Therapiekontraktes (zum Beispiel das Versäumnis, einen zusätzlichen Therapeuten zu treffen, obwohl dies vereinbart wurde, die Unterlassung der Einnahme verschriebener Medikamente)
5. Ausagieren innerhalb der Sitzungen (zum Beispiel der Missbrauch der Praxiseinrichtung, die Weigerung, am Ende der Stunde zu gehen, Schreien)
6. Ausagieren zwischen den Stunden
7. Nichtaffektive oder triviale Themen
8. Übertragungsmanifestationen
   a) verbaler Bezug auf den Therapeuten
   b) „Acting-in" (zum Beispiel Körperhaltung in offensichtlich aufreizender, verführerischer Art und Weise)
   c) wie sie vom Therapeuten erschlossen werden (zum Beispiel Anspielungen auf andere Ärzte)
9. Affektiv bedeutsames Material, das nichts mit der Übertragung zu tun hat

raum als analytische Psychotherapie geführt. Das gilt natürlich insbesondere für hysterische und anankastische Persönlichkeitsstörungen, aber auch für relativ gut kompensierte narzisstische Persönlichkeitsstörungen. Ich habe an anderer Stelle (1996, 2000b) anhand einer ausführlichen Kasuistik über die Behandlung der narzisstischen Persönlichkeitsstörung berichtet. Bei der erneuten Durchsicht der Krankengeschichte fiel auf, dass die Patientin neben einer typisch narzisstischen Problematik mit Größenideen und zugleich tiefen Minderwertigkeitsgefühlen, ausgeprägter Selbstbezogenheit und hoher Kränkbarkeit, Arbeits- und Kontaktstörungen, auch gewichtige Borderline-Züge bot. So bereits in der Symptomatik: aggressive Impulsdurchbrüche (rammte z.B. ein vor ihr fahrendes Auto, als es nicht von der Überholspur wich), Drogen- und Alkoholabusus, multiple Phobien, sadomasochistische Beziehungen mit Schlagen und Geschlagenwerden, paranoide Vorstellungen und dissoziative Symptome. Die Psychotherapie wurde im analytischen Standardverfahren mit drei „Liegungen" pro Woche durchgeführt. Die Patientin hatte zu diesem Setting, das sie zunächst als sehr verunsichernd empfand, gleichwohl selbst tendiert, da sie aufgrund einer massiven Erythrophobie die „vis-à-vis"-Position scheute. Chessick (1971) ist der Meinung, dass die Behandlung eines Borderline-Patienten nicht von vornherein das Couchsetting ausschließe. In einer kleinen empirischen Studie kommt er zu dem Schluss: „It is not the use of the couch that is important but the psychotherapist. If he is properly trained and experienced the couch can be a useful tool in the treatment of some borderline patients."

Im Folgenden soll der psychotherapeutische Prozess dieser Behandlung zusammengefasst werden:

Neben den sonst für die **Entstehung eines Arbeitsbündnisses** wichtigen Momenten, wie z. B. *Hoffnung haben, motiviert sein durch Leidensdruck, aktives Zuhörenkönnen* des Therapeuten, ist für die Herstellung und Festigung dieser Arbeitsbeziehung in psychoanalytischer Sicht die *Entwicklung einer positiven Übertragung* wichtig. Bei narzisstisch gestörten Patienten kommt es dabei häufig zu einer *idealisierenden Übertragung*. Der Therapeut wird weniger als ein Liebesobjekt, sondern mehr als ein narzisstisch besetzter anderer konzipiert, der Bestätigung und Anerkennung zur Stabilisierung des eigenen Selbst liefern soll, als ein anderer, der sich als grandioses Identifikationsobjekt anzubieten hat, um in der Verschmelzung mit diesem aller Schwierigkeiten mit einem Schlage ledig zu sein. Wenn anfängliche Nähe- und Überwältigungsängste überwunden sind, fördert das analytische Setting die Entstehung einer solchen Beziehung, denn es bedeutet ein hohes Maß an Zuwendung, wenn z. B. dreimal in der Woche für fünfzig Minuten ein anderer Mensch nur ausschließlich für den Patienten da ist, nur ihm zuhört, nur auf ihn eingeht.

Enttäuschungen bleiben indessen nicht aus. Der Patient bemerkt, dass der Therapeut auch noch andere Patienten hat, er Stunden ausfallen lassen muss, in Urlaub fährt etc. Enttäuschung, und damit der Beginn des *Prozesses der Entidealisierung*, setzte in unserem Falle vor allem ein, als die neurotische Motivierung der Berufswahl herausgearbeitet worden war und die Patientin jetzt durch einen Studienwechsel Abschied von

ihren spezifischen Größenideen nehmen musste, die mit dem ursprünglichen Studium verbunden waren. Der Patient verliert jetzt die Hoffnung, in der Identifikation mit dem als grandioses „Selbst-Objekt" imaginierten Therapeuten bzw. dessen entsprechenden Übertragungsvorläufen, selbst ein ideales Selbst werden zu können. Die Narzissmus-Theorie Lacans (1966) hat auf diesen Punkt insofern aufmerksam gemacht, als es leichter sei, von der Idealisierung des eigenen Selbst Abschied zu nehmen als von der Idealisierung des „großen Anderen". Solange ich nämlich den Anderen als vollkommen imaginiere, kann ich immer noch der Illusion nachhängen, selbst perfekt zu werden – sei es in der Verschmelzung mit diesem Anderen oder einfach, weil die Existenz eines solchen Wesens die Hoffnung nährt, selbst so werden zu können.

Zugleich aber wurde im psychotherapeutischen Prozess deutlich, dass Größenphantasien und Idealisierungen, im Gegenzug zu einer tief empfundenen Minderwertigkeit, eine kompensatorische Funktion erfüllten. Sie waren als Coping-Vorgänge zu verstehen, die als Gegenregulativ gegen eine tiefe Identifikation mit einer selbst narzisstisch gestörten Mutter und traumatisierende Erfahrungen der Kindheit gebildet worden waren, die das Kind schutzlos getroffen hatten.

Im Gegensatz dazu kann sich das Ich des erwachsenen Patienten jetzt sozusagen in kleinen, von ihm zu bewältigenden psychischen Arbeitsmengen mit den nicht ausbleibenden *Enttäuschungen auseinander setzen* und vor allem auch *Trauerarbeit* an den früheren schweren Enttäuschungen und Kränkungen leisten und sie damit ad acta legen, denn Trauerarbeit, wie oben schon bemerkt, schafft Distanz, autonomisiert, löst die Abhängigkeit von den alten Wunden und deren Pseudoheilung durch Größenvorstellungen. In diesem Durcharbeiten wird der traumatische Stachel gestutzt, so dass die kompensatorischen Größenvorstellungen und Idealisierungen nicht mehr nötig werden.

In der Therapie erfolgt jetzt sozusagen eine Politik der „kleinen Schritte", in Abhebung zu den früheren „großen" und deshalb unbewältigten Schritten. Die extremen Schwankungen zwischen Größe und Minderwertigkeit, sowohl hinsichtlich des Selbstbildes wie des Bildes der Anderen als auch im Beziehungsbereich der Nähe-Distanz-Problematik, werden reduziert. Die Entidealisierung des Therapeuten, und damit zugleich der Gestalten, die am Beginn der Übertragungskette stehen und sie markieren, trägt jetzt zur eigenen Stabilisierung bei. Sind die idealisierten Anderen nicht so groß, muss man es auch nicht sein, und so braucht man als Patient im Vergleich zu diesen nicht mehr als ein „Nichts" zu verschwinden. Als Leitmotiv kann hier gelten: *Herunter vom Wahlspruch narzisstischer Allmacht und Ohnmacht „Aut Caesar aut nihil" und hin zum „Du bist nicht so klein, dass du so groß sein musst".*

In unserem Falle trug zu dieser Entwicklung wesentlich eine aggressive Übertragung bei, die sich als Reaktion auf den das „Größenselbst" (Kohut, 1971) kränkenden Studienwechsel entzündet hatte. Das ermöglichte die Erfahrung, dass eine Beziehung trotz aller Aggressivität konstant bleiben kann, der andere das aushält, ohne sich gleich rächen zu müssen, und schließlich, dass ein Objekt wie auch das Subjekt selbst gleichzeitig gute und schlechte Seiten haben kann, somit eine *Integration bislang gespaltener Gefühlsebenen* möglich wird. Der bislang geltende Maßstab des perniziösen Entweder-gut-oder-böse erfährt eine Relativierung.

In der aggressiven Übertragung setzt sich der Patient mit dem Therapeuten auseinander. Das Wort „Auseinandersetzung" ist hier treffend. Für gewöhnlich wird darunter im metaphorischen Sinne „ein ernstes, energisches Gespräch, Streit" verstanden. Buchstäblich bedeutet Auseinandersetzung aber „sich getrennt setzen", Trennung. Dass Trennung, und das heißt hier Emanzipation, Autonomisierung, ein Stück Aggressivität voraussetzt, belegen allein schon die lebensgeschichtlichen Verselbständigungsphasen, wie die so genannte Trotzphase und die Pubertät.

So kommt es schließlich zu einer *Symmetrisierung der Therapeut-Patient-Beziehung.* Dass an die Stelle der früheren sadomasochistischen Abhängigkeit jetzt in einer neuen, festen Partnerbeziehung ein partnerschaftliches Verhältnis trat, hatte wohl mit ihre Voraussetzung in der Symmetrisierung der Therapeut-Patient-Beziehung. Wenn eine Autonomisierung des Patienten mit Ziel der Therapie sein soll, dann kann sich dieses Ziel nur dann erreichen lassen, wenn sich das von Beginn der Therapie an eher asymmetrische Verhältnis der Therapeut-Patient-Beziehung zu einem symmetrischen entwickelt hat. In der so vollzogenen Loslösung vom Therapeuten und der Symmetrisierung der Relation zu ihm findet sich diese neue Beziehungserfahrung verinnerlicht, so dass sie zur Basis geänderter, neuer Bezüge werden kann.

Die abschließende Tabelle 5 soll noch einmal eine systematische Übersicht über zentrale Faktoren des skizzierten Therapieprozesses geben.

Was nun den Einstieg angeht, ob eher sofort interpretativ oder zunächst auf die Schaffung eines „holding environment" gerichtet, so ist wohl zunächst zur letzteren Arbeitsweise zu tendieren; zu frühe Deutungen können als zu konfrontativ erlebt werden. Schnell hat sich dann eine negative Einstellung bzw. Übertra-

gung gebildet. Welcher Auffassung man ist, ist sicherlich auch von der Persönlichkeit des Therapeuten abhängig. Therapeuten, die eher zu einem konfrontierenden Behandlungsmodus neigen, können nun auch selbst sehr schnell aggressive Reaktionen hervorrufen. Gerade die Behandlung von narzisstischen- und Borderline-Störungen weckt im Therapeuten selbst heftige Gegenübertragungsgefühle, Ängste, Gefühle des Unwerts, der Vergeblichkeit, Gefühle der Gegenaggression etc. Wieweit kann ich diese Gegenübertragungsemotionen und heftigen Übertragungsaffekte tolerieren und kontrollieren und wie schnell brauche ich Grenzsetzungen, entsprechende Eingangskontrakte, Therapieverträge? Sicherlich kommt es dabei – Therapie ist ein interaktionelles Phänomen – auf den Einzelfall an. Hat sich einmal ein Arbeitsbündnis gebildet, werden sich Unterschiede in den therapeutischen Techniken verwischen. Es wäre fatal, würde hier der Therapeut, aus welchen fachideologischen Gründen auch immer, selbst dem Spaltungsmechanismus anheim fallen, den er gerade bei Persönlichkeitsstörungen als so grundlegend in seiner pathogenen Valenz erkannt hat.

7 Frequently Asked Questions (FAQ)

1. *Wie unterscheidet sich ein Patient mit einer Persönlichkeitsstörung von anderen Patienten mit einer psychischen Erkrankung?*
→ Bei einer Persönlichkeitsstörung liegt der Schwerpunkt der Symptomatik im zwischenmenschlichen Bereich. Oft bestehen schwere Beziehungskonflikte, hochgradig ambivalente und instabile Beziehungsmuster. Hinzu kommen dann auch viele Symptome, die auch bei anderen Erkrankungen beobachtet werden wie depressive Verstimmungen, Ängste, Zwänge, Suchtverhalten, Essstörungen, etc. Es kann dann von einer „Panneurose" gesprochen werden.
2. *Kann man Patienten mit einer Persönlichkeitsstörung psychoanalytisch behandeln?*
→ Ja, aber es ist oft notwendig, das klassische Setting zu modifizieren und oft wird es mit einer stationären Behandlung kombiniert. Die Modifikationen bestehen im Wesentlichen

4

Tabelle 5: Zentrale Faktoren des psychoanalytischen Prozesses in der Therapie einer narzisstischen Persönlichkeitsstörung mit Borderline-Syndrom

1. Herstellung eines Arbeitsbündnisses (Leidensdruck, Gesundungswillen, wechselseitige Akzeptanz etc.)
2. Bildung einer positiven Übertragung
   idealisierende Übertragung ⟶ festigt therapeutische Beziehung
   ⟶ vergrößert identifikatorisch das Selbst
3. Therapeutisch alltägliche „dosierte Ent-täuschungen" ⇒ Beginn der Entidealisierung – tolerabel ⇔ früheren traumatisierenden Versagungen („optimal disillusionment", Kohut)
4. Durcharbeiten der alten „narzisstischen Wunden" ⇒ Nachholen der Trauerarbeit
5. Abbau der kompensatorischen Größenvorstellung
   ≈ fortschreitende Entidealisierung
   ⇒ Reduktion des „Aut Caesar aut nihil" ⇒ „Du bist nicht so klein, dass du so groß sein musst"
6. „Auseinander-Setzung" mit und Emanzipation vom Therapeuten
   ⇒ Symmetrisierung der Beziehung
   ⇒ Relativierung des „entweder gut oder böse"-Selbst- und Weltbildes
   = Integration bislang gespaltener Ebenen
   weitere Änderung der narzisstischen Persönlichkeitsstruktur und damit der pathogenen Disposition

darin, dass destruktive Aktionen frühzeitig verhindert werden müssen, entweder durch Verträge, Absprachen, Setzungen von Parametern, oder, bei reiferen Formen der Störung, durch frühes Ansprechen und Bearbeiten.

3. *Wann ist es bei der Behandlung „schwerer" Persönlichkeitsstörungen besonders wichtig, auf das Arbeitsbündnis zu fokussieren?*

→ Abbruchrate liegt hier höher als sonst bei neurotischen Störungen, z.B. durch schnelles Hineinleiten in heftige negative Übertragungsgefühle, verbunden mit entsprechender Frustrationsintoleranz.

4. *Warum ist der Behandlungsrahmen bei der Behandlung „schwerer" Persönlichkeitsstörungen besonders wichtig?*

→ Wo eine innere Stabilität fehlt, müssen äußere Faktoren, äußere Ordnungen dieses Defizit kompensieren. So kann es über eine stabile äußere Situationsgestaltung zur inner-seelischen Stabilisierung kommen.

5. *Muss ich mich fürchten, wenn Patienten aggressive Äußerungen anderen gegenüber von sich geben?*

→ Jede Form von Aggression ist früh anzusprechen, sie darf auf keinen Fall passiv hingenommen werden. Es ist wichtig, dass die aktuellen Ursachen der Aggression geklärt werden und der Patient lernt, die Situationen entsprechend adäquat zu gestalten. Wenn es in der Vorgeschichte des Patienten destruktive Aktionen gibt, ist dies ein wichtiger Hinweis, dass der Patient evtl. eine eingeschränkte Impulskontrolle hat. Hier muss der Therapeut einschreiten, auch, um sich selbst zu schützen. Andererseits können fremdaggressive Äußerungen, solange sie im Raum der Phantasie verbleiben, suizidprotektiv sein.

6. *Wie kann ich verhindern, dass ich vom Patienten manipuliert werde?*

→ Diese Gefahr besteht bei Persönlichkeitsstörungen. Hier ist es zunächst wichtig, typische, immer wiederkehrende Interaktionsmuster des Patienten zu erkennen, diese möglichst schon in der Anamnese zu erarbeiten. Daraus kann man erkennen, in welche Rollen man vom Patienten mit großer Wahrscheinlichkeit gebracht werden wird. Diese Rollenmuster kann man dann dem Patienten aufzeigen, deuten und durcharbeiten.

7. *Was ist zu tun, wenn ich denke, dass ein Patient stationär weiterbehandelt werden sollte?*

→ Dieser Fall kommt oft vor. Der wichtigste Anlass dafür ist selbst- oder fremdverletzendes Verhalten des Patienten. Wenn sich zeigt, dass dieses nicht ambulant einzudämmen ist, sollte man dies offen mit dem Patienten besprechen, man sollte ihm aber eine Rückkehr in das ambulante Setting ermöglichen. Der Patient kann sich unter dieser Voraussetzung auf eine solche Maßnahme leichter einlassen. Ein Klinikaufenthalt wird in der Regel zusammen mit dem Hausarzt eingeleitet.

8 Prüfungsfragen

1. Wie ist die Persönlichkeitsstörung definiert?
2. Welche Persönlichkeits-Strukturen kennen Sie? Beschreiben Sie diese.
3. Welche Auffassung hat die Psychoanalyse allgemein über die Entstehung der Persönlichkeitsstörungen im Unterschied zu Neurosen?
4. Was ist eine narzisstische Persönlichkeitsstörung? Sagen Sie etwas zur Genese. Skizzieren Sie die „selbstpsychologische" Auffassung.
5. Was ist mit „Objektbeziehungstheorie" gemeint?
6. Was versteht man unter dem Begriff „struktural-analytisches Modell"?
7. Nennen Sie wichtige Grundzüge der Behandlung von Persönlichkeitsstörungen.
8. Nennen Sie Wirkfaktoren der Behandlung.
9. Welche typischen Behandlungsprobleme tauchen bei Patienten mit Persönlichkeitsstörungen auf?
10. Sagen Sie etwas zu möglichen Gegenübertragungsreaktionen des Therapeuten bei der Behandlung von Borderline-Patienten.
11. Welche Faktoren erschweren das Entstehen eines Arbeitsbündnisses. Wie kann man es fördern?
12. Sagen Sie etwas zur Prognose. Welches sind günstige, welches ungünstige Faktoren?

9 Literatur

- Adler A: Der Sinn des Lebens. Frankfurt a.M.: Fischer Taschenbuchverlag 1933/1996
- Adler G: Borderline Psychopathology and its Treatment. New York: Aronson, 1985
- Arbeitskreis OPD (Hrsg.): Operationalisierte Psychodynamische Diagnostik – Grundlagen und Manual. Bern u.a.: Huber, 1996
- Balint M: Therapeutische Aspekte der Regression – Die Theorie der Grundstörung. Stuttgart: Klett-Cotta, 1968/1971
- Bräutigam W: Reaktionen – Neurosen – Abnorme Persönlichkeiten. Seelische Krankheiten im Grundriß. 6. Aufl. Stuttgart, New York: Thieme, 1994
- Chessick R: Use of the Couch in the Psychotherapy of Borderline Patients. Arch Gen Psychiatry 1971;25:306-313
- Chessick R: Intensive Psychotherapy of the Borderline Patient. Northvale, New Jersey: Jason Aronson, 1977
- Chessick R: The Out-Patient Psychotherapy of the Borderline Patient. Vortrag, gehalten am 14.10.1991 am Institut für Psychotherapie und Medizinische Psychologie der Universität Würzburg
- Chessick R: Psychology of the Self and the Treatment of Narcissism. Northvale, New Jersey: Jason Aronson, 1993a
- Chessick R: A Dictionary for Psychotherapists – Dynamic Concepts in Psychotherapy. Northvale, New Jersey: Jason Aronson, 1993b
- Dilling H, Reimer C, Arolt V: Basiswissen Psychiatrie und Psychotherapie. 4. Aufl. Berlin, Heidelberg, New York: Springer, 2001
- Dulz B, Schreyer S, Nadolny A: Stationäre Psychotherapie: Von haltender Funktion, technischer Neutralität und persönlicher Sympathie. In: Kernberg OF, Dulz B, Sachsse O (Hrsg.): Handbuch der Borderline-Störungen. Stuttgart, New York: Schattauer, 2000

4

- Ermann M: Psychotherapeutische und psychosomatische Medizin. Stuttgart: Kohlhammer, 1995
- Faller H: Narzissmus. Unveröffentlichtes Manuskript (1995)
- Fiedler P: Persönlichkeitsstörungen. 5. Aufl. Weinheim: Beltz-Psychologie Verlagsunion, 2001
- Frank AF: The therapeutic alliances of borderline patients. In: Clarkin JF, Marziali B, Munroe-Blum H (eds): Borderline Personality Disorder: Clinical and Empirical Perspectives. New York: Guilford, 1992
- Gabbard GO: Psychodynamic Psychiatry in Clinical Practice – The DSM-IV Edition. Washington, D.C.: American Psychiatric Press, 1994
- Goldberg A: Selbstpsychologie und narzisstische Persönlichkeitsstörungen. In: Kernberg OF (Hrsg.): Narzisstische Persönlichkeitsstörungen. Stuttgart, New York: Schattauer, 1996
- Grunberger B: Vom Narzissmus zum Objekt. Frankfurt a.M.: Suhrkamp, 1977
- Henseler H: Narzisstische Krisen. Zur Psychodynamik des Selbstmords. Reinbek bei Hamburg: Rowohlt, 1974
- Kernberg OF: Borderline-Störungen und Pathologischer Narzißmus. Frankfurt a.M.: Suhrkamp, 1975
- Kernberg OF: Psychodynamische Therapie bei Borderline-Patienten. Bern: Huber, 1994
- Kernberg OF: Konzepte der Psychotherapie von Borderline-Störungen. 45. Lindauer Psychotherapiewochen 1995 (Audiokassetten).
- Kernberg OF: Schwere Persönlichkeitsstörungen: Theorie, Diagnose, Behandlungsstrategien. 5. Aufl. Stuttgart: Klett-Cotta, 1996
- Kohut H: Narzißmus. Frankfurt a.M.: Suhrkamp, 1971/1973
- Kohut H: Die Zukunft der Psychoanalyse. Frankfurt a.M.: Suhrkamp, 1975
- Kohut,H: Die Heilung des Selbst. Frankfurt a.M.: Suhrkamp, 1977/1981
- Lacan J: Ecrits. Paris: du Seuil, 1966; dt: Schriften I bis III. Olten u. Freiburg i.Br.: Walter, 1973-1980
- Lang H: Struktural-analytische Überlegungen zur Psychotherapie Schizophrener. Nervenarzt 1985a;56: 472-478, auch in: Lang H, 2000b
- Lang H: Therapeutische Konsequenzen eines struktural-analytischen Ansatzes in der Psychopathologie. In: Janzarik,, W. (Hrsg.): Psychopathologie und Praxis. Stuttgart: Enke, 1985b; auch in: Lang H, 2000b
- Lang H: Stichworte Double-bind, Paradoxe Intervention, Parentifikation u. Pseudomutualität. In: Müller C (Hrsg.): Lexikon der Psychiatrie, 2. Aufl. Berlin, Heidelberg, New York: Springer, 1986
- Lang H: Falldarstellung einer ambulanten psychoanalytischen Behandlung einer Patientin mit narzißtischer Persönlichkeitsstörung. In: Schmitz B, Fydrich T, Limmbacher K (Hrsg.): Persönlichkeitsstörungen: Diagnostik und Psychotherapie. Weinheim: Beltz-Psychologie Verlagsunion, 1996a
- Lang H: Im Anfang sind es drei – der Ödipuskomplex und das Konzept der „strukturalen Triade". In: Kretz H (Hrsg.): Lebendige Psychohygiene. München: Eberhard, 1996b
- Lang H: Strukturale Psychoanalyse. Frankfurt a.M.: Suhrkamp, 2000a
- Lang H: Das Gespräch als Therapie. Frankfurt a.M.: Suhrkamp, 2000b
- Lang H: Leiden am Mangel. In: Heintze M et al. (Hrsg.): Das Maß des Leidens. Würzburg: Königshausen & Neumann, 2002
- Lang H (Hrsg.): Wirkfaktoren der Psychotherapie. 3. Aufl. Würzburg: Königshausen und Neumann, 2003
- Leichsenring F: Zur empirischen Erfassung der Borderline-Persönlichkeitsorganisation: Entwicklung und erste Überprüfung des „Borderline-Persönlichkeits-Inventars" (BPI). Z Klin Psychol 1994;23:276-292
- Mahler MS, Pein F, Bergman A: Die psychische Geburt des Menschen. Frankfurt a.M.: Fischer, 1975/1978
- Masterson JF, Rinsley DB: The borderline syndrome: the role of the mother in the genesis and psychic structure of the borderline personality. Int J Psychoanal 1975 ;56:153-78
- Mentzos S: Persönlichkeitsstörungen. In: Studt HH, Petzold ER (Hrsg.): Psychotherapeutische Medizin. Berlin, New York: de Gruyter, 1999
- Millon T: Disorders of Personality. DSM-III: Axis II. New York: Wiley, 1981
- Rey H: Universals of Psychoanalysis in the Treatment of Psychotic and Borderline States. London: Free Association Books, 1994
- Rohde-Dachser C: Das Borderline-Syndrom. 5. Aufl. Bern u.a.: Huber, 1995
- Schepank H, Hilpert H, Hönmann H, Janta B, Parekh H, Riedel P, Schiessl N, Stark H, Tress W, Weinhold-Metzner M: Das Mannheimer Kohortenprojekt – Die Prävalenz psychogener Erkrankungen in der Stadt. Z Psychosom Med 1984;30:43-61
- Tress W, Wöller W, Hartkamp W, Langenbach M, Ott J (Hrsg.): Persönlichkeitsstörungen – Leitlinie und Quellentext. Stuttgart, New York: Schattauer, 2002
- Waldinger RJ: Intensive Psychodynamic Therapy with Borderline Patients: An Overview. Am J Psychiatry 1987;144:267-274
- Weiß H: Borderline-Position und pathologische Persönlichkeitsorganisationen – Der kleinianische Ansatz in Großbritannien. In: Kernberg OF, Dulz W, Sachsse U (Hrsg.): Handbuch der Borderline-Störungen. Stuttgart, New York: Schattauer, 2000
- Willi J: Die Zweierbeziehung. Reinbek bei Hamburg: Rowohlt, 1975
- Winnicott TW: Übergangsobjekte und Übergangsphänomene. Psyche 1969;23:666-682
- Winnicott TW: Reifungsprozesse und fördernde Umwelt. München: Kindler, 1965/1974
- Zetzel ER: A developmental approach to the borderline patient. Am J Psychiatry 1971;127:867-871

4

5

Therapie in besonderen Settings und mit besonderen Patientengruppen

5.1 Psychoanalytisch orientierte Krisenintervention – Theorie und Technik

EVA DIEBEL-BRAUNE

1 Einleitung

Der Primärzugang des Patienten zu einem niedergelassenen psychologischen Psychotherapeuten konfrontiert den psychotherapeutisch tätigen Psychologen mit psychosozialen Krisen- und Notfallsituationen, die rasches und genaues Diagnostizieren und sichere Behandlungsschritte erfordern. Für die psychologischen Psychotherapeuten liegt ein neues Maß an Verantwortlichkeit vor. Dies muss zur Entwicklung von Kriseninterventionskonzepten außerhalb der Psychiatrie führen, wo bislang der Schwerpunkt der psychotherapeutischen Notfallbehandlung lag (Simmich und Reimer, 1998).

Ziel dieses Beitrags ist es, ein Konzept von Krise und psychischer Notfallsituation vorzustellen, das dem Psychotherapeuten die Diagnostik, das psychodynamische Verständnis und die Ableitung von psychotherapeutischen Behandlungtechniken erlaubt. Gleichzeitig sollen auch die Grenzen psychologischer Krisenbehandlung und die Notwendigkeit zur interdisziplinären Zusammenarbeit mit stationären Einrichtungen, Psychiatern, Internisten und Sozialarbeitern aufgezeigt werden.

Zunächst wird eingegrenzt, was wir unter einer psychischen Krise in der psychotherapeutischen Praxis verstehen. Die häufigsten Erscheinungsformen, mit denen der Praktiker konfrontiert ist, werden anhand der Symptomatik und den typischen Lebensumständen beschrieben, unter denen die psychische Dekompensation entsteht. Eine psychoanalytisch orientierte Krisendiagnostik setzt diese Erkenntnisse in Zusammenhang mit der Lebensgeschichte. Diese und die Betrachtung der Patient-Therapeut-Interaktion sowie des Übertragungs-Gegenübertragungs-Geschehens ermöglichen das psychodynamische Verständnis, aus dem wir unser therapeutisches Handeln ableiten können. Wie dies unter dem Zeit- und Handlungsdruck einer Krisenintervention auszusehen hat, wird verdeutlicht.

Wir werden die allgemeinen Prinzipien der Behandlungtechnik bei Krisenintervention erörtern. Die Nähe und Abgrenzung zur stützenden und ressourcenorientierten Therapie werden diskutiert. Die Ziele einer Krisenintervention werden abgesteckt. Der Einzelfall erfordert ein auf seine Psychodynamik und die individuellen Lebensumstände ausgerichtetes spezifisches therapeutisches Handeln, das anhand typischer Kasuistiken vorgestellt wird. Abschließend werden häufige Komplikationen der Krisenintervention und die Grenze psychotherapeutischen Handelns aufgezeigt.

2 Das psychodynamische Verständnis psychischer Krisen

2.1 Was verstehen wir unter einer psychischen Krise?

Wir betrachten die psychische Krise als eine **Notfallsituation**, in der ein Mensch mit seinen bisherigen psychischen Verarbeitungsmechanismen überfordert ist.

Die Krise ist ein Zustand der Überforderung des psychischen Apparats in seinen adaptativen und integrativen Funktionen – psychoanalytisch gesprochen: eine Überforderung des Ich.

Ohne Hilfe von außen besteht zumindest die Gefahr eines selbst- oder fremdschädigenden Verhaltens im weitesten Sinne. Dies muss nicht immer ein drohender Suizid oder eine impulsive aggressive Tat sein. Auch eine akute Angstsymptomatik oder ein depressiver Rückzug während einer Examensphase oder eine depressive Dekompensation einer jungen Mutter können weit reichende schädliche Folgen für das eigene Leben oder die Entwicklung von nahe stehenden Menschen haben.

Die Krise ist ein **akutes**, durch die **Bedrohlichkeit** der Symptomatik und ihrer Folgen drängendes Geschehen, das rasche psychotherapeutische Hilfe erfordert. Das therapeutische Eingreifen kann möglicherweise einen außergewöhnlichen Grad an Aktivität und Handeln umfassen, es kann in vielen Fällen auch andere Personen (Familienangehörige, Klinik zur Notaufnahme, andere Ärzte) mit einbeziehen. Wir beschränken die Betrachtung der Krisenintervention auf jene therapeutische Arbeit, die zu leisten ist, bis ein **Gleichgewicht** wiederhergestellt und die akute Gefahr gebannt ist. Dies kann das alte, möglicherweise pathologische neurotische Gleichgewicht vor der **krisenhaften Dekompensation** sein. Es kann auch ein günstigeres reiferes Gleichgewicht sein. Eine psychische Weiterentwicklung wie bei einer Psychotherapie ist allerdings nicht das Ziel einer Krisenintervention. Eine Krisenintervention kann, häufig muss sie es aus Gründen der Prävention auch, in eine weiterführende Psychotherapie übergehen. Der labilisierte Zustand des Pat. bietet dafür oft sogar günstige Voraussetzungen, da der Mensch wie sonst selten mit abgewehrten Konflikten oder mit leidlich kompensierten ich-strukturellen Defiziten konfrontiert ist, zu deren Bearbeitung er jetzt motiviert sein könnte.

Dieses Verständnis von Krisenintervention korrespondiert auch mit den Richtlinien für Psychotherapie der Krankenkassen. Hier ist die Möglichkeit gegeben, mit einem beschränkten Stundenkontingent von 25 Stunden zunächst die aktuelle Problematik zu bearbeiten und eine Stabilisierung zu erreichen und während dieses Prozesses die Entscheidung für eine anschließende Weiterbehandlung, die in einem Umwandlungsantrag begründet werden muss, zu überprüfen.

Die psychoanalytische Literatur vertritt oft ein weiteres Verständnis von Krise, dem wir uns hier nicht anschließen wollen. Erikson (1974) hat die Identitätskrisen beschrieben, die im Lebenszyklus eines Menschen vor allem an Wendepunkten und Schwellensituationen wie Adoleszenz, Eintritt ins Berufsleben, Ehe, Elternschaft usw. auftreten. Viele Patienten werden in diesen Lebensphasen wegen der Probleme in der Umstrukturierung ihrer Identität therapeutische Hilfe suchen, und diese Phasen bieten wegen der Labilisierung des alten Gleichgewichts ein hohes Entwicklungspotenzial. Psychotherapeutische Institutionen wie Beratungsstellen für Jugendliche, Studierende, Ehepaare usw. spiegeln diesen Bedarf wider und greifen die Chance zur psychotherapeutischen Veränderung auf (Friedrich, 2000). Nur dann, wenn es in diesen Lebensabschnitten zu einer bedrohlichen Dekompensation des Betreffenden kommt, die rasches, stabilisierendes Eingreifen erforderlich macht, wollen wir von einer **Krisenintervention im engeren Sinne** sprechen, über deren therapeutisches Gestalten wir uns hier Klarheit verschaffen wollen.

2.2 Die diagnostische Erfassung der psychischen Krise

Wie bei jeder akuten psychischen Erkrankung betrachten wir die psychischen Faktoren, die in der Persönlichkeit des Betroffenen liegen, und die Außeneinflüsse, insbesondere die sozialen, um zur diagnostischen Beurteilung und zur Behandlungsindikation zu kommen.

Psychische Krisen verlangen ganz besonders, die auslösenden Realitäten in Wechselwirkung mit der innerseelischen Situation zu betrachten, zumal das Umfeld in manchen Kriseninterventionen mit einbezogen wird.

Beispiel:
Ein junger Mechaniker wird arbeitslos und reagiert zunächst mit einer mittelschweren Depression. Aufgrund der depressiven Symptomatik und der damit verbundenen Schamgefühle, aber auch wegen der realen finanziellen Probleme zieht er sich zunehmend aus seinen üblichen sozialen Aktivitäten zurück. Dabei hätten seine sozialen Kontakte möglicherweise als Ressource für die Verarbeitung des Arbeitsplatzverlustes dienen können. Die genaue Exploration hat ergeben, dass der soziale Rückzug Folge der Verarbeitung seiner reaktiven Depression ist und sein soziales Umfeld, das sich irritiert, z.T. auch gekränkt wiederum auch von ihm zurückzieht, stark beeinflusst.

Da es sich bei einer Krise um eine dramatische Zuspitzung einer psychischen Problematik handelt, interessiert ganz besonders und ist in der Regel auch ganz besonders gut zu eruieren, welche Faktoren wirksam geworden sind. Die Krisenintervention ist ein recht kurzes therapeutisches Geschehen, sie kann mitunter aus einer oder wenigen Sitzungen bestehen. Für ihr therapeutisches Gelingen ist es in einem ganz extremen Maße von Bedeutung, Psychodynamik und auslösende Situation sehr präzise zu fassen und genau den Bereich zu beschreiben, in dem es zu einer Destabilisierung gekommen ist. Da wir in der Krisenintervention zunächst lediglich ein altes seelisches Gleichgewicht wiedergewinnen wollen, ist dieser ganz besonders hohe Grad an **Fokussierung** in der Beschreibung der Psychodynamik notwendig und häufig auch ausreichend.

Beispiel:
Ein schon älterer einfacher Arbeiter, der wegen seiner Alkoholproblematik jahrelang in der Psychiatrischen Klinik ambulant betreut wurde und schon seit längerem als trocken galt, wurde mit Unruhe und einer diffusen Angstsymptomatik zur Krisenintervention geschickt. Die Angst hinge mit einer unklaren Belastung am Arbeitsplatz, den er im Rahmen der Suchtrehabilitation bekommen und immer zur vollen Zufriedenheit ausgefüllt hatte, zusammen. Man befürchte einen Rückfall in die Sucht, da der Pat. Angst und Unruhe nicht aushalten oder gar bewältigen könne. Die psychische Exploration zeigte einen extrem gewissenhaften und zwanghaften älteren Mann, in dessen Leben zumindest nach dem Entzug alles nach Plan verlief und der sehr viel narzisstischen Gewinn aus der Bewältigung seines Lebens und seiner Arbeit gezogen hatte. Er war stolz darauf, seine Arbeit in einer Wäscherei seit Jahren zur Zufriedenheit aller zu erledigen und nie einen Rückfall erlitten zu haben. Deutlich wurde, dass es ein Mann war, der glücklich und zufrieden war, solange er möglichst jedes Detail seines Lebens unter Kontrolle hatte. Dafür war er auch bereit, ein recht eingeschränktes Leben zu führen. Nun forschte die Therapeutin, ob es am Arbeitsplatz eine Veränderung gegeben hatte, die dieses Gleichgewicht und dieses Gefühl von Kontrolle über die Lebensumstände tangiert hatte. Es zeigte sich, dass sein Arbeitsrhythmus empfindlich gestört wurde, da in seiner Wäscherei ein Fließband eingeführt wurde, das nun den Arbeitsrhythmus vorgeben sollte. Er hatte keine Schwierigkeit mit der erforderten Leistung, war aber nicht in der Lage, sich einem äußeren Rhythmus zu unterwerfen. Als deutlich wurde, dass diese Veränderung ihn aus dem Gleichgewicht gebracht hatte und sein Gefühl von maximaler Kontrolle störte, war es relativ einfach zu erarbeiten, wie er dieser Situation begegnen konnte. Er entwarf eine einfache Strategie, immer so viel vorzuarbeiten, dass er von dem Band nicht unter Druck gesetzt wurde, sondern im Gegenteil eher das Gefühl entwickelte, das Band kommt und nimmt ihm die Arbeit endlich ab. Mit der Entdeckung, dass das Gefühl der Kontrolle und seine Gefährdung der Angelpunkt seiner momentanen Dekompensation war, und einer Analyse der äußeren Umstände konnte hier mit recht einfachen Mitteln vom Patienten eine Verhaltensänderung und eine kognitive Umdeutung der Situation erarbeitet werden, die ihn sofort stabilisierten.

Wir werden nun innere und äußere Faktoren, die bei einer psychischen Krise zusammenwirken, genauer betrachten.

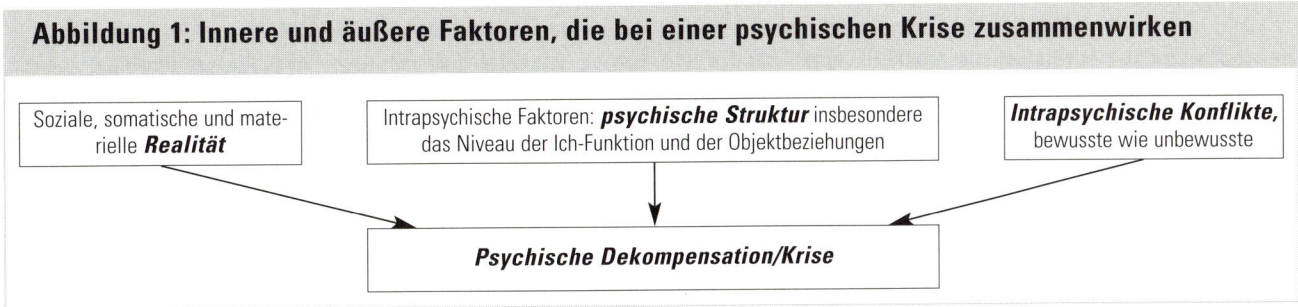

Abbildung 1: Innere und äußere Faktoren, die bei einer psychischen Krise zusammenwirken

Soziale, somatische und materielle **Realität**

Intrapsychische Faktoren: **psychische Struktur** insbesondere das Niveau der Ich-Funktion und der Objektbeziehungen

Intrapsychische Konflikte, bewusste wie unbewusste

Psychische Dekompensation/Krise

Die psychoanalytische Betrachtung einer Persönlichkeit unterscheidet zwei miteinander in Beziehung stehende Bereiche: die Konflikte, insbesondere auch deren unbewusste Komponenten, die zur Zeit wirksam sind, und die Ich-Funktionen, die zur Bewältigung intrapsychischer Konflikte und äußerer Belastungsfaktoren zur Verfügung stehen.

Auch wenn sehr gravierende äußere Faktoren wie traumatische Verluste oder traumatische Angst erzeugende Ereignisse eine psychische Dekompensation unmittelbar verständlich zu machen scheinen, verstehen wir den individuellen Patienten erst, wenn wir erkennen, welche intrapsychischen Konflikte durch diese Ereignisse mobilisiert wurden. Der Verlust einer zentralen Beziehungsperson, der auch bei einem völlig gesunden Menschen eine Trauerreaktion auslöst, bedeutet bei einem depressiv strukturierten Menschen, dessen Lebensgeschichte unverarbeitete Verluste aufweist, etwas anderes als z.B. bei einem phobischen Menschen, der die Steuerung durch einen anderen verloren hat und sich nun mit unbewusster Angst vor ungesteuerten Impulsen auseinander setzen muss. Die Analyse des neurotischen Konflikts betrachtet einerseits die unbewusste Komponente in der aktuellen auslösenden Situation, wie z.B. die abgewehrte Wut im Falle einer depressiven Reaktion bei Objektverlust. Darüber hinaus gibt es immer einen psychogenetischen Bezug, wie in diesem Fall die unverarbeiteten Verluste in der Lebensgeschichte, den der Therapeut zumindest für sich mit reflektiert, da er ihm Hinweise gibt, welche Aspekte der auslösenden Situation zur Belastung beitragen.

Mitunter wird die Ansicht vertreten, dass ein konfliktbezogenes Arbeiten untypisch für eine Krisenintervention sei, die sich eher auf das zu stützende Ich beziehe. Wir wollen hier postulieren, dass psychoanalytische Krisenintervention immer **konfliktbezogen und ich-bezogen** arbeitet. Die Auffassung, dass eine ich-starke Persönlichkeit nicht in eine erhebliche psychische Krise geraten kann, ist spätestens seit den Ergebnissen der Traumaforschung nicht aufrechtzuerhalten. Wir werden es also nicht nur mit Personen zu tun haben, bei denen die therapeutische Arbeit ganz an der Stützung der Ich-Funktionen ansetzt. Aber auch wenn eine ich-strukturell beeinträchtigte Person ihr wie auch immer geartetes seelisches Gleichgewicht in massivem Maße verliert, ist die Frage unumgänglich, inwieweit die Mobilisierung unbewusster Konflikte die Dekompensation herbeigeführt hat.

Beispiel:
Ein Student mit einem schwer einstellbaren Hypertonus wurde, nachdem er eine sehr kritische Gehirnblutung über-

standen hatte, zur stützenden Begleitung während seines Examens in die Psychosomatische Ambulanz überwiesen. Er musste einige Examensprüfungen wiederholen und litt derart unter einer umfassenden Arbeitsstörung, dass er alle möglichen Arbeiten, wie z.B. freiwilliges Sprachstudium, ausführen konnte, seine Examensvorbereitungen aber unbezwingbare Unlust und Müdigkeit in ihm auslösten. Er war ein sozial weitgehend isolierter junger Mann, mochte sich mit niemandem arrangieren, war ein Eigenbrötler. Deutlich wurde, dass er eine sehr schlechte Wahrnehmung seiner Affekte hatte, dass eine unbestimmbare Wut, ein innerer Protest, eine Auflehnung ihn von Kontakten fern hielt. Insbesondere belastete ihn z.Zt. ein Ressentiment gegenüber dem Prüfer. Der Patient war ich-strukturell erheblich gestört im Bereich der Affektwahrnehmung und -steuerung; seine soziale Kompetenz war wegen schlechter Realitätswahrnehmung und -beurteilung eingeschränkt. Er formulierte klar, dass er nur einen Beruf ausüben könne, in dem er unabhängig und in der überlegenen Position sei. Aber die aktuelle Situation hat zu einer solchen Zuspitzung seiner Problematik und der Gefahr selbstdestruktiver Verweigerung geführt, dass die Prüfungssituation in ihm das Gefühl von Unterwerfung und damit verbundener unbewusster Wut und relativ bewusster Verweigerung mobilisierte. Für eine Langzeittherapie mit dem Ziel der strukturellen Veränderung schien der Patient wenig geeignet – schon allein das Setting einer Therapie schien eine unüberwindliche Hürde von Anpassung und Unterwerfungsdruck darzustellen – und wenig motiviert. Im Übrigen drängte die Zeit. Der Patient machte eine erstaunliche Veränderung in seinem Arbeitsverhalten, als die Unterwerfungsproblematik angesprochen wurde und die Therapeutin seinen Wunsch nach Freiheit und Würde verbalisierte. Nun konnte er seine Situation umdefinieren: Er sei es, der entscheide, ob er sich vorbereitet und zur Prüfung geht, was er dann schließlich erfolgreich tat. An seiner Persönlichkeitsstruktur, seiner vermutlich auch psychosomatischen Erkrankung, seinen ich-strukturellen Defiziten hat sich durch die kurze Krisenintervention nichts geändert. Hätte man dort ansetzen wollen, wäre durch seine heftige Übertragungsneigung („Alle Autoritäten wollen mich unterwerfen") eine Verweigerung gegenüber der Therapeutin und gegenüber dem Behandeltwerden entstanden, die, wenn überhaupt, nur langfristig durchzuarbeiten gewesen wäre. Aber das Verstandenwerden in seinem aktualisierten Kernkonflikt hat ihn narzisstisch so weit stabilisiert, dass er eine selbstbewusste, autonome, wenn auch nicht ganz realitätsadäquate, aber schließlich sehr erfolgreiche Umdeutung der Situation zu seinen Gunsten vornehmen konnte.

5

Es sollte nun zunächst deutlich geworden sein, dass auch bei einer gravierenden Ich-Schwäche eines Patienten die Frage nach einer zusätzlichen Beeinträchtigung seiner psychischen Fähigkeiten immer auch die Suche nach spezifischen Konflikten, die mobilisiert worden sind, aufwirft. Wir müssen uns klar machen, dass es vor allem in einer Extremsituation nicht leicht ist, funktionelle von strukturellen Ich-Einschränkungen zu unterscheiden. Wir können nur anhand der Exploration der psychischen Stabilität unseres Patienten vor der krisenhaften Erkrankung grob abschätzen, inwiefern er schon immer unter ich-strukturellen Beeinträchtigungen gelitten hat und welchen Anteil an der Verschlechterung die aktuelle auslösende Situation hat. Sehr wohl imponieren aber bei einer krisenhaften psychischen Erkrankung in aller Regel die psychischen Beeinträchtigungen des Ich und der Objektbeziehungen, auch wenn diese durch die belastenden äußeren Faktoren und die mobilisierten inneren Konflikte erst zustande gekommen sind. Ein Großteil der therapeutischen Arbeit wird sich hier um die Stabilisierung des Ich und der Objektbeziehungen bemühen.

2.3 Die Beurteilung des Ich

Unter dem **Ich** versteht die psychoanalytische Theorie jene Instanz, die einen regulierenden Ausgleich zwischen innerseelischen Faktoren herstellt. Sie hilft uns, unsere Impulse, Triebe, Affekte z.B. mit den Forderungen unseres Gewissens und unserer Ideale in Einklang zu bringen. Umso höher die **integrativen Fähigkeiten des Ich** sind, desto umfassender kommen alle Aspekte unserer Persönlichkeit zum Zuge, ohne dass sie in intolerierbaren Konflikten miteinander stehen. Neben der integrativen Funktion des Ich spielt die **adaptative Funktion des Ich** eine große Rolle. Mit ihr sind wir in der Lage, zwischen intrapsychischen Begebenheiten und Forderungen der Realität zu vermitteln, wobei eigene Bedürfnisse, Fähigkeiten usw. mit äußeren Bedingungen in Einklang gebracht werden können. Aber auch die Fähigkeit, so auf die Realität einzuwirken, dass diese sich für unsere inneren Voraussetzungen besser eignet, ist eine adaptative Leistung des Ich (Bellak, 1992; Mertens, 1992).

Ein wesentliches Merkmal der unter einer Krise entstehenden Ich-Schwächung ist die **Regression**. Regression meint die Rückkehr von einem bereits erreichten Entwicklungsniveau auf ein unreiferes. Dies kann die unterschiedlichsten Aspekte der Persönlichkeit betreffen. Zum einen können die Triebbedürfnisse regredieren, wie es z.B. der Fall ist, wenn ein Prüfungskandidat sich angstvoll aus der ödipalen Konkurrenz seiner Examenssituation zurückzieht und sich durch übermäßiges Essen vorwiegend oral befriedigt. Hier hat eine Regression von ödipalem Triebniveau auf orales Triebniveau stattgefunden.
Zum anderen können auch Ich-Funktionen von der Regression betroffen sein. Bei einem durchaus zu logischem Denken fähigen Menschen kann z.B. unter Belastung magisches Denken an die Stelle der Logik treten und ihm dabei helfen, Ängste vor Kontrollverlust in einer unüberschaubaren oder belastenden Situation zu meistern. Dies wird kaum möglich sein, ohne noch weitere Mechanismen mit einzubeziehen, in diesem Fall z.B. den Abwehrmechanismus der Verleugnung. Regressionen finden selten nur punktuell statt, sondern verbinden sich mit regressi-

ven Prozessen anderer Ich-Funktionen.
Auch Strukturen wie das Über-Ich oder das Ich-Ideal können unter Regression verändert werden: So kann unter moralischem Druck von außen oder unter dem Druck anwachsender Triebbedürfnisse von innen z.B. aus einem reifen Über-Ich, das aus abwägenden Gewissensentscheidungen besteht, ein unreiferes durch Angst vor äußerer Strafe gesteuertes Über-Ich werden. Auch aus reifen realistischen Idealen können in einer Situation narzisstischer Kränkung primitivere Ich-Idealformen entstehen, die unrealistische oder unintegrierte Forderungen an das Ich stellen.
Auch die Objektbeziehungen, mit denen wir uns weiter unten noch eingehender beschäftigen werden, können unter Belastungen, wie z.B. einem Objektverlust oder einer starken Kränkung von reifen Formen, in der die Selbst-Objekt-Differenzierung gewährleistet ist, regredieren zu Formen mit unklaren, symbiotisch verschwommenen Ich-Grenzen.
Jede Entwicklungsschwelle ist mit einem gewissen Maß an Regression verbunden. Günstigenfalls stellt die Regression im **Dienste des Ich** den Betroffenen kreative Möglichkeiten zur Verfügung, den anstehenden Umstrukturierungsprozess zu gestalten. Außerdem hilft die Regression alte Strukturen zu lockern, um so die Veränderung überhaupt erst möglich zu machen. Es ist nicht immer leicht, diese günstige Form der Regression von der **malignen Regression** zu unterscheiden, in der ein Versacken in unreife psychische Funktionen droht. Unsere therapeutische Aufgabe wird es sein, Regression im Dienste des Ich zu fördern, maligne Regression zu begrenzen und in progressive zu verwandeln. Ein Teil unserer technischen Überlegungen bei der Krisenintervention werden sich mit der Frage des Umgangs mit und der Begrenzung der Regression beschäftigen, was übrigens mehr oder weniger ein technischer Angelpunkt aller psychoanalytisch orientierten Formen von Kurzzeittherapie ist.

Wir betrachten nun detailliert einige wesentliche Ich-Funktionen, die unter Regression infolge einer intrapsychischen oder interpsychischen Belastungssituation beeinträchtigt sein können.

Häufig begegnen wir Patienten, die am Rande der psychischen Kompensation nicht in der Lage zu sein scheinen, den geeigneten **Reizschutz** aufzubauen. Sie suchen exzessiv gerade jene Situationen auf, die zu einer weiteren allgemeinen Ich-Schwächung beitragen können, wie z.B. nächtelanges Ausgehen, Schlafmangel, unzählige Termine und Kontakte, Geräusche. Diagnostisch sind verschiedene psychodynamische Hintergründe zu unterscheiden.
Eine nahe liegende Dynamik, die bei vielen depressiv strukturierten Menschen eine Rolle spielt, ist die Angst vor dem Alleinsein als Zustand von Objekt- und Beziehungslosigkeit. Gefährdet sind einerseits Menschen, die kein stabiles Objekt, zu dem eine krisenfeste Beziehung besteht, internalisiert haben (mangelnde Objektkonstanz). Diese Menschen befürchten die innere Leere und eine meist schwer in Worte fassbare dumpfe Depressivität beim Wegfall äußerer Bezugspersonen und äußerer Reize. Eine andere Gruppe depressiv strukturierter Persönlichkeiten ist gekennzeichnet durch hochambivalente Gefühle inneren Objekten gegenüber, und im Zustand des Alleinseins kann dies zu

5

unerträglichen Spannungen führen, die aus der Angst entspringen, mit den eigenen ambivalenten Gefühlen die basal notwendige innere Beziehung zu zerstören. Auslösende Situation für eine krisenhafte Entwicklung sind hier meist Objektverluste oder Enttäuschungen bzw. Kränkungen durch eine wichtige Person im Leben, die bislang die unterentwickelte innere Struktur ersetzt hat.

Dies muss nicht immer eine Person sein, auch Ideale, sinngebende Aufgaben oder Leistungen können eine entsprechende psychische Bedeutung haben. Dann ist zu beobachten, dass dem Über-Ich oder dem Ich-Ideal die Funktion einer Halt und Sicherheit spendenden Beziehung zukommt. Ein verausgabendes Streben, diese Forderungen zu erfüllen, schützt vor Momenten, in denen die gefürchteten ambivalenten Gefühle deutlicher spürbar wären.

Eine mangelnde Abgrenzung gegenüber einer Überreizung kann aber noch einen anderen psychodynamischen Hintergrund haben, der bei depressiven oder depressiv-narzisstisch strukturierten Personen häufig anzutreffen ist. Hier sind Schuldgefühle wesentlich, die auftreten, wenn Abgrenzungswünsche, die ja Autonomiewünsche sind, erlebt werden. Zwar können auch diese Menschen sich überfordert fühlen, autonom zu existieren, und sie halten deshalb an symbiotisch-dyadischen Beziehungsformen fest. Oft spielt aber auch die Sorge um den anderen, ihm kein autonomes Funktionieren zumuten zu können, eine große Rolle und kann genetisch auf eine parentifizierte Haltung einem meist depressiven oder anders schwer gestörten Elternteil gegenüber zurückgeführt werden.

Anders zu verstehen ist das aktive Aufsuchen von Zuständen der Reizüberflutung mit ihren (sekundär) ich-schwächenden Auswirkungen bei Menschen mit einer Trauma-Genese. Hier kann eine Reizexposition eingesetzt werden, um dem Wachwerden dissoziierter Traumaerinnerungen zu entfliehen. Die Überforderung des Ich durch die Überreizung wird dann in Kauf genommen. Es versteht sich von selbst, dass hier einfache Maßnahmen zur Dosierung der Reizmenge und Stärkung der Ich-Grenze nicht greifen können, da sie einen Selbsttherapieversuch torpedieren und der Therapeut in der Krisenintervention gar nicht die schnellen Mittel zur Traumabewältigung zur Hand haben kann. Anders als bei den oben geschilderten depressiv strukturierten Patienten ist es durchaus aussichtsreich, einen reizreduzierenden und damit ich-schonenden Zustand zu fordern, da ja die therapeutische Beziehung vorübergehend die verlorenen Beziehungsstrukturen ersetzen kann.

Der Reizschutz ist eng verbunden mit der internen **Selbstregulierungsfähigkeit** und der **Selbst-Objekt-Differenzierung**. Auch die **Affektwahrnehmung** wird ungünstig beeinflusst, wenn die Fähigkeit, sich zurückzuziehen und sich auf die eigenen inneren Prozesse zu konzentrieren, verloren geht. Die **Affektwahrnehmung** steht nun allerdings in Wechselwirkung mit der Fähigkeit, **Affekte** überhaupt **tolerieren** und **differenzieren** zu können. Auch Angst im Sinne von **Signalangst** wahrzunehmen und entsprechendes Verhalten zum Selbstschutz in Gang zu setzen, ist unter der Bedingung mangelnden Reizschutzes und gestörter Affektwahrnehmung beeinträchtigt.

Beispiel:

Eine anorektische junge Frau verstärkt ihre Symptomatik in so massiver Weise, dass eine Klinikeinweisung erwogen wird, nachdem sie in eine Wohngemeinschaft gezogen war, von der sie sich viel Halt und Geborgenheit versprochen hatte. Zunächst nimmt sie aus Hunger nach Kontakt – sie hatte lange allein gelebt und vor einiger Zeit ihre Mutter durch Suizid verloren – an allen sozialen Kontakten der WG teil. Dabei hört sie fast gänzlich auf, Nahrung zu sich zu nehmen. Im Gespräch wird deutlich, wie sie unter den neuen Wohnbedingungen den Kontakt zu sich selbst verloren hat. Sie hatte sich in der Therapie mühsam eine gewisse Innenwahrnehmung erarbeitet, die ihr in zu großer Nähe zu anderen verloren ging. In einem Gespräch mit einem netten jungen Mann, zu dem sie sich möglicherweise hingezogen fühlte, wovon sie aber noch völlig überfordert war, hatte sie das Gefühl, „sein Penis ist in mir". Diese bedrohliche Selbst-Objekt-Vermischung, die ja psychotisch wirkt, veranlasste die Therapeutin, auf mehr Abgrenzung und Schutz ihrer Ich-Grenzen zu achten. Dabei stellte sich heraus, dass die Patientin aus lauter Schuldgefühlen nicht in der Lage war, ihre Zimmertür zu schließen, um ihren gewohnten Yoga-Übungen nachzukommen. Sie empfand dies den anderen gegenüber als brüskierend, beleidigend; sie hatte Angst um die Beziehungen. Der genetische Hintergrund wurde deutlich, da sie sich bei ihrer schwer depressiven Mutter immer zur Verfügung halten musste und ihre Abgrenzung durch ihr Heranwachsen von der Mutter mit einem Suizid beantwortet worden war. Nach einiger Zeit erzählte sie, sie habe sich ein Schild „Bitte nicht stören" gebastelt und ziehe sich häufiger zurück. Die extreme Zuspitzung ihres Hungerns hatte sich wieder normalisiert.

Das Verwischen der **Ich-Grenze** mobilisiert nicht nur Angst vor Selbstverlust, dem die Patientin in unserem Beispiel durch eine Verstärkung ihrer anorektischen Symptomatik, in der sie zumindest eine Grenze rigide aufrechterhielt, entgegenwirkte. Mit einer unklaren Ich-Grenze werden auch paranoide und projektive Mechanismen begünstigt. Introjekte, also eigene Vorstellungen über die eigene Personen, werden auf einmal im anderen wahrgenommen, was zu paranoiden Verkennungen der Realität führt. Die Ich-Funktion der **Realitätsprüfung** ist von den bisher beschriebenen Veränderungen mit tangiert. Dies beeinträchtigt natürlich die soziale Kompetenz des Betreffenden und gefährdet seine soziale Integration.

Einige Formen von Suizidalität drücken den Wunsch aus, sich dem gefährlichen Sog der regressiven Verwischung der Ich-Grenze zu entziehen (vgl. Kind, 1992). Dies schließt nicht aus, dass zunächst ein Zustand erwünschter regressiver Verschmelzungstendenzen beim Betroffenen bestanden hat, der in diese Phantasie ausgewichen ist, um sich vor realen Spannungen oder narzisstischen Kränkungen zu schützen (Henseler, 2000). Wenn auch zunächst die Sehnsucht nach Verschmelzung mit einem guten inneren Objekt im Vordergrund gestanden haben mag und eine Suizidalität mit dieser Psychodynamik den Suizid als Vereinigung mit diesem Objekt phantasiert, so kann doch mit der Zeit die Angst vor der Verschmelzung und vor dem Selbstverlust die Oberhand gewinnen. Kind führt aus, wie überfürsorgliche, regressionsfördernde therapeutische Maßnahmen die Suizidalität, die sie lindern sollen, möglicherweise verstärken.

5

Der dann einsetzende suizidale Impuls dient nicht mehr der regressiven Verschmelzung, sondern soll im Gegenteil die Kohärenz des Ich wiederherstellen durch einen autonomen eigenverantwortlichen Akt (Kind, 1992).

Bestimmte Formen der Krise fallen auf durch eine Beeinträchtigung der Ich-Funktionen der **Impulskontrolle** und **Frustrationstoleranz**, wie wir sie regelhaft von narzisstischen und Borderline-Persönlichkeiten kennen, aber unter Belastung bei den meisten Menschen finden können (Kernberg, 1978).

Beispiel:

Während seiner Bundeswehrzeit hatte der junge Patient zwar schon unter einer Kontaktstörung, einer diffusen Beeinträchtigung seiner Stimmung, der schlechten Beziehung zu seiner Familie gelitten, hatte sich aber im Großen und Ganzen der Alltagsbewältigung gewachsen gefühlt. Nach seiner Entlassung aber, gekränkt durch die Tatsache, nicht als Berufssoldat angenommen worden zu sein, und intellektuell und sozial von seinem Studium offensichtlich überfordert, entwickelt er den Zwangsgedanken, mit seinem Auto Kinder überfahren zu müssen. In konkreten Verkehrssituationen konnte er die Gedanken, die nun in drängende Impulse übergingen, gerade noch unter Kontrolle halten. Das steuernde System Bundeswehr, das Aggressionen bindet und soziale Beziehungen ordnet, fiel weg, und seine strukturelle Störung der Affekttoleranz und Impulskontrolle wurde freigelegt.

Strukturell schwerer gestörte Menschen wie insbesondere Borderline-Persönlichkeiten haben ein chronisches Problem mit der Steuerung der Impulskontrolle, was ja geradezu zur wesentlichen Beschreibung ihres Krankheitsbildes gehört. Hier kann es zu einer krisenhaften Zuspitzung kommen, wenn wie im obigen Beispiel ein äußerer strukturgebender Rahmen wegfällt. Im Großen und Ganzen sind aber die schweren Krankheitsbilder in einem solchen Maße chronifizierte Krisen, dass eine punktuelle Krisenintervention eine ungeeignete Behandlungsform ist.

Anders sehen wir besser kompensierte und reifer strukturierte Personen, die um eine Dekompensation ihrer Steuerungsfähigkeit fürchten. Dies ist vor allem ein Thema bei zwangsneurotischen Persönlichkeiten und im gewissen Sinne auch bei phobischen Menschen, obwohl diesen die Angst vor dem Steuerungsverlust nicht so bewusst ist und die Symptomatik steuernd im Sinne einer Vermeidung in ihr Leben eingreift.

Beispiel:

Ein junger Polizist quittiert den Dienst nach einer gewaltsamen Auseinandersetzung mit vermeintlichen Delinquenten in einer Straßenunterführung, bei der durch eine Fehleinschätzung ein junger Mann durch den Schuß aus der Dienstpistole seines Kollegen schwer verwundet wurde. Dem Polizisten ist relativ bewusstseinsnah, dass er erst in dieser Situation realisierte, welche Folgen der Besitz einer einsatzbereiten Waffe für ihn hat und wie stark er sich mit der Steuerung in kritischen Situationen überfordert fühlt. Seine Angstsymptomatik klingt nach seiner Entscheidung gegen den Polizeidienst mit der Waffe schnell ab.

Diagnostisch ist zuallererst wichtig abzuschätzen, inwieweit eine neurotische Angst vor Kontrollverlust vorliegt oder in welchem Ausmaß eine echte Gefahr, die Selbstkontrolle zu verlieren, besteht. Mit anderen Worten: Es ist der neurotische durch eine z.T. unbewusste Phantasie gespeiste Konflikt von einer ich-strukturellen Schwäche zu differenzieren. Nicht selten besteht allerdings beides zusammen, schon allein deshalb, weil neurotische Phantasien zu einer Hemmung geführt haben, die dann chronische Erfahrungsmängel im Umgang mit diesen Impulsen nach sich zieht. Wir müssen uns also immer darauf einstellen, neurotische und ich-strukturelle Aspekte bei der Angst vor Impulsdurchbruch und Kontrollverlust differenziert zu diagnostizieren.

2.4 Die Beurteilung der Objektbeziehungen

Eng mit der Reifung, Ausdifferenzierung, Integration und Stabilisierung der Ich-Funktion verbunden ist die Entwicklung der **Objektbeziehungen**. Unter verinnerlichten Objektbeziehungen verstehen wir innerpsychische Strukturen, in denen sich die bewussten und unbewussten Vorstellungen von der eigenen Person (Selbstrepräsentanzen) mit Vorstellungen von anderen Personen (Objekten) in Beziehung setzen. Sie sind Niederschlag lebensgeschichtlicher Beziehungserfahrungen, allerdings bilden sie diese nicht einfach ab, sondern sie werden innerpsychisch auf vielfältige Weise überarbeitet. So können z.B. die Bilder von Objekten wesentlich aggressiver ausfallen, als es die Realerfahrungen mit diesen Personen waren, wenn unter dem Mechanismus der Projektion die eigene starke Aggressivität in diese Objekte verlagert wurde. Wie das Ich unterliegt auch die Entwicklung der Objektbeziehungen einer immer größeren Differenzierung und Integration. Ein reifes Niveau von Objektbeziehungen beinhaltet eine integrierte Vorstellung von guten und bösen Anteilen an der eigenen Person und dem anderen. Die Beziehung zwischen dem Selbst und dem anderen ist durch aggressive und libidinöse Gefühle und ein Spektrum von Affekten geprägt. Ein reifes Niveau der Objektbeziehung setzt auch voraus, dass die Beziehung zum anderen nicht nur dyadisch, sondern auch triadisch ist. Das beinhaltet, dass der Betroffene das Spannungsfeld erträgt, das in komplexeren sozialen Gefügen durch Nähe und Distanz, durch Rivalität und Abgrenzungen entsteht. Die unreifste Form der Objektbeziehung, die von manchen Menschen innerlich belebt wird, um unerträglichen Spannungen in realen Beziehungen auszuweichen, ist die symbiotisch verschmolzene Selbst-Objekt-Undifferenziertheit. Etwas reifer, aber immer noch mit erheblicher Pathologie verbunden sind Objektbeziehungsmuster, in denen die Spaltung und andere primitive Abwehrmechanismen die Vorstellung des Selbst und des Objektes in gute und böse Anteile aufsplittet. Spaltungsmechanismen meist in Verbindung mit Projektion, Introjektion und Verleugnung werden entweder in der Genese oder unter Belastung dann eingesetzt, wenn die Spannung unerträglich wird, die aus der Verbindung zwischen aggressiven und libidinösen Seiten einer Person hervorgeht. Wir kennen diese Objektmuster und diese Abwehrmechanismen insbesondere von den Borderline-Störungen; in Extremsituationen greifen aber auch andere Menschen auf diese Abwehrformation zurück. Wir sprechen dann davon, dass in einer so strukturierten inneren Objektwelt noch keine Objektkonstanz herrscht: Aggression droht die

5

Beziehung zum geliebten Objekt immer wieder völlig zu zerstören, das Bild kippt. Erst mit der Integration entsteht die Objektkonstanz, die auch über reale Beziehungskrisen oder Lebenskrisen das innere Gefühl der Verbundenheit mit dem anderen aufrechterhalten lässt.

Es ist leicht zu verstehen, dass das Niveau der Objektbeziehungen mit dem Niveau der Ich-Funktionen korreliert:
Wenn es gelungen ist, elterliche Objekte zu verinnerlichen, die über Beziehungskrisen erhaben ihre tröstenden, beruhigenden, spiegelnden und anderen Funktionen ausüben, dann helfen diese verinnerlichten Objekte in kritischen Momenten von äußerer Verlassenheit, Enttäuschung oder Affektstürmen diese auszuhalten, die Affekte wahrzunehmen, die Impulse zu steuern, die Frustration zu tolerieren. Entsprechend kann die Realität angemessener wahrgenommen werden, und Angst wird im Sinne der Signalangst zur Vermeidung von Gefahren genutzt. Regredieren aber die Objektbeziehungen unter Belastungsdruck oder haben gar eine strukturelle Pathologie entwickelt als Reaktion auf eine chronische Belastung der Genese, so können innerer Halt und Trost nur noch bei primitiv idealisierten Objekten gesucht werden. Die abgespaltenen Seiten der Objekte müssen über andere Mechanismen, wie z.B. die Projektion, verarbeitet werden mit der Folge einer ständigen Bedrohung durch diese abgespaltenen Aspekte und einer erheblichen sozialen Inkompetenz (Kernberg, 1978).
Die häufigsten Regressionen der Objektbeziehungen, die wir in Krisensituationen sehen, sind ausgelöst durch Objektverlust, narzisstische Kränkung oder Angst und Traumatisierung.

3 Behandlungstechniken bei Krisenintervention

3.1 Allgemeine Überlegungen zur Behandlungstechnik

3.1.1 Der therapeutische Rahmen
Nicht anders als bei der klassischen analytischen Einzelbehandlung, wo die Frequenz und das Liegen des Patienten den erwünschten regressiven Übertragungsprozess fördern, ist auch bei modifizierten psychoanalytischen Techniken die Vorgabe des Behandlungsrahmens entscheidend für den therapeutischen Prozess. Allerdings sind hier ganz andere Effekte erwünscht, und entsprechend wird der Rahmen unseres therapeutischen Handelns anders bestimmt.

Zuallererst muss der Rahmen der **Dringlichkeit** der Krisenintervention gerecht werden. Günstig ist, wenn der Therapeut die telefonische Anmeldung des Patienten persönlich entgegennimmt und schon hier abklärt, inwiefern eine Krisenintervention erforderlich ist und ob er diese selbst übernehmen kann. Mit der einfachen Frage nach der Dringlichkeit seines Anliegens kann man sich im Allgemeinen einen guten Eindruck verschaffen, ob es sich um eine Notfallsituation handelt. Sollte der Therapeut eine Krise vermuten und entschließt er sich den Patienten zu übernehmen, müsste er ihm in kürzerer Zeit (einige Tage) einen ersten Termin geben können und sicher sein, dass er für die nächsten Wochen dem Patienten notfalls häufig und auch zwischen den Sitzungen zur Verfügung stehen kann. Insbesondere suizidale und depressive Patienten sind auf die prinzipielle **Verfügbarkeit des Therapeuten** angewiesen, auch wenn von diesem Angebot, das explizit gegeben werden muss, selten Gebrauch gemacht wird. Kann der Therapeut z.Zt. diese Voraussetzung nicht erfüllen, sollte er sich bei einem in Krise befindlichen Patienten schon am Telefon um eine explizite Weiterverweisung an einen bestimmten Kollegen oder eine bestimmte Institution bemühen.
So wie der Therapeut einerseits rasche Verfügbarkeit gewährleisten muss, um seiner **Fürsorgepflicht** gerecht zu werden, muss er andererseits schon in der ersten Sitzung die zeitliche Begrenzung der therapeutischen Intervention transparent machen. Nachdem er dem Patienten den zeitlichen Rahmen einer Sitzung mitgeteilt hat, sollte er ihm erklären, welches Stundenkontingent er ihm zur sofortigen Bearbeitung seines krisenhaften Zustandes zur Verfügung stellt. Dabei sind 5-6 Sitzungen (vgl. Bellak, 1992) durchaus ein Rahmen, der zur Stabilisierung in einer akuten Krise ausreichen kann. Man kann darauf hinweisen, dass man am Ende dieser Sitzungen mit dem Patienten klärt, ob eine Weiterbehandlung im Rahmen der von den Richtlinien vorgesehenen Krisenintervention, die 25 Stunden umfasst, sinnvoll und nötig sein wird. Zu den Rahmenbedingungen gehört auch die Klärung der Frage, ob Dritte, wie z.B. Familienangehörige, in die Behandlung mit einbezogen werden. Auch die Mitbehandlung durch den Hausarzt, einen Internisten oder einen Psychiater, die evtl. eine medikamentöse Begleitbehandlung durchführen, wird vom Therapeuten erwogen und ggf. dem Patienten mitgeteilt. Der Behandler reflektiert für sich die Bedeutung, die die Mitbehandlung durch einen Kollegen oder eine Kollegin hat, und bearbeitet sie wo nötig mit dem Patienten.
Erlebt der Patient dieses Arrangement als Ausdruck von begrenzter Kompetenz des Therapeuten oder gar ganz im Gegenteil als Zeichen von Kompetenz und Selbstbewusstsein, so klar die eigenen Grenzen zu kennen? Erlebt er Medikation als Geschenk, orale Gabe, Entlastung oder eher als bedrohliches „Eindringen", „Vergiften"? Die spontanen Reaktionen sind meist sehr aufschlussreich. Gibt es Hinweise auf eine ungünstige Verarbeitung eines sinnvollen Vorschlags, sollten die irrationalen Aspekte der Reaktion bearbeitet werden. Für Therapeuten, die Kriseninterventionen durchführen, ist es sinnvoll, eine kooperative Beziehung zu Ärzten oder klinischen Einrichtungen zu besitzen, mit denen sie – das Einverständnis des Patienten vorausgesetzt – rasch in Kontakt treten können. Eine stationäre Behandlung, die so kurz wie möglich zu halten ist, wird immer dann erwogen, wenn die Gefährdung des Patienten hoch ist und kein soziales Netz stützend zur Verfügung steht. Neben dem diagnostischen Urteil, das sich der Therapeut bildet, sollte er zu diesen Fragen den Patienten konkret anhören:
„Können Sie bis zur nächsten Sitzung die Verantwortung für sich übernehmen?" „Wen könnten Sie in besonders schweren Momenten um Hilfe bitten?" „Wen könnten Sie ggf. nachts anrufen?" „Wer könnte Sie bei diesem gefürchteten Gang zum Arbeitsamt begleiten?"
Hat der Therapeut Zweifel an der Zuverlässigkeit der Aussagen des Patienten, sollte er in seinem Beisein selbst Kontakt zu einem Dritten aufnehmen oder sich im Beisein des Patienten um die Klinikeinweisung kümmern.

3.1.2 Arbeitsbündnis und therapeutische Beziehung

Für das Gelingen aller psychotherapeutischen Behandlungsformen sind das Arbeitsbündnis und die therapeutische Beziehung von ausschlaggebender Bedeutung. Wegen der Kürze der Zeit und der Dringlichkeit des Anliegens müssen Arbeitsbündnis und therapeutische Beziehung bei der Krisenintervention rasch und u.U. durch aktive Maßnahmen des Therapeuten etabliert werden. Eine **günstige therapeutische Beziehung** meint die Fähigkeit des Patienten, durch alle Wahrnehmungsverzerrungen und Übertragungen hindurch den Therapeuten als hilfreich und kompetent wahrzunehmen. Das **Arbeitsbündnis** beschreibt die Fähigkeit des Patienten, in Zusammenarbeit mit diesem Therapeuten reflektierend und damit Distanz schaffend seine psychischen Prozesse zu betrachten. Das Interesse des Therapeuten, seine echte und nicht vorgespielte Kompetenz und die Qualität seines Verstehens fördern das Vertrauen des Patienten in dessen „healing capacities". Die Reflexionsfähigkeit des Patienten wird unterstützt durch dessen Identifizierung mit der reflektierenden Haltung des Therapeuten. Darüber hinaus kann der Therapeut diese therapeutische Ich-Spaltung des Patienten auch dadurch fördern, dass er ihn selbst zur Reflexion anregt:

„Ist Ihnen etwas aufgefallen, was zu der Verschlechterung Ihres Zustandes in den letzten Tagen beigetragen haben mag?"
„Haben Sie eine Idee, welche Eigenschaften an gerade dieser Person ausschlaggebend sind, dass Ihre Gefühle so in Wallung geraten?"

Ungünstig ist es, wenn zu Beginn einer Krisenintervention eine deutliche negative Übertragung die Entstehung einer guten therapeutischen Beziehung und indirekt auch die des Arbeitsbündnisses gefährden. Es ist sinnlos, diese negative Übertragung zu missachten und sich verstärkt auf die positiven Aspekte der Beziehung zu konzentrieren. Dies würde beim Patienten nur das schädliche Signal hervorrufen, diese offensichtlich unbezwingbaren negativen Aspekte seines Erlebens nicht in dieser therapeutischen Arbeit ausdrücken zu dürfen. Besser sollte man deutliche negative Übertragungsphänomene mit einer neutralen, nicht wertenden und stattdessen interessierten Haltung mit dem Patienten zusammen analysieren. Können die Übertragungsauslöser verstanden werden, bildet sich die negative Übertragung vielleicht zurück oder kann zumindest von beiden Beteiligten ausgehalten werden. Eine selektive Rückmeldung des Therapeuten, sofern sie authentisch ist, kann dem Patienten bei der Reduzierung negativer Übertragung helfen.

3.1.3 Therapeutische Haltung

Dies berührt schon die Frage der **Haltung** des Therapeuten in der Krisenintervention. Was Kind (1992) als wichtigen Bestandteil einer Therapie suizidaler Patienten beschreibt, gilt auch in allgemeiner Weise für Patienten in Kriseninterventionen: Es kann nicht Aufgabe des Therapeuten sein, entgegen seiner Gegenübertragung freundlich und fürsorglich erscheinen zu wollen, obwohl er starke Gefühle von Ohnmacht, Wut oder gar Hass empfindet. Die Extremsituationen, in denen diese belastenden Gegenübertragungsgefühle, die mit Schuldgefühlen einhergehen, entstehen, sind nur zu meistern mit einer Haltung, die sich zur Aufgabe macht, **diese Gegenübertragung zu ertragen, diagnostisch zu nutzen und das therapeutische Handeln aus diesen Erkenntnissen abzuleiten.** Diese Haltung führt nicht zu einer Vergiftung der Beziehung, sondern sie entgiftet sie, weil

diese belastenden Gefühle vom Therapeuten aufgefangen und bearbeitet werden können (vgl. Kind, 1992, S. 11). Die Gefahr in einer Krisenintervention den wichtigen therapeutischen Grundsatz der Authentizität aufzugeben ist ungleich größer als in anderen Therapieformen. Man sollte sich vor Augen halten, dass ein kompetenter Therapeut sich auch der Grenzen seiner therapeutischen Einflussmöglichkeiten bewusst ist und diese Erkenntnis nicht durch Omnipotenzgebaren abzuwehren versucht, was den Patienten nur zu weiteren Eskalationen bewegen könnte (Heuft, 2000). Auch kann es entlastend sein, sich zuzugestehen, dass die erhöhte therapeutische Aktivität bei der Krisenintervention spontanes, unbewusstes Mitagieren seitens des Therapeuten wahrscheinlicher macht als in ruhigeren Therapieformen, die mehr Zeit zur Reflexion lassen. Mit dieser Einstellung kann es uns eher gelingen, unser Handeln und unsere „Fehler" begleitend zu analysieren und für das Verständnis der Interaktion nutzbar zu machen.

3.1.4 Diagnostische Sitzungen

Eine genaue Diagnostik der Konflikte und der Situation der Ich-Funktionen ist bei der Krisenintervention ein integraler Bestandteil schon der ersten therapeutischen Sitzung. Ggf. kann für die Erhebung einer Anamnese und die Exploration der neurotischen Entwicklung und der Zuspitzung durch eine aktuelle auslösende Situation eine weitere Sitzung veranschlagt werden. Wie schon häufiger betont, ist die **Punktgenauigkeit der Diagnostik** von entscheidender Bedeutung für die **Zentrierung des therapeutischen Handelns.** Dabei hilft der Patient unweigerlich mit bei der Fokussierung seiner Lebensgeschichte und seiner aktuellen Situation, da er massiv unter dem Einfluss der aktuellen Problematik steht. Der Diagnostiker bekommt die besten Hinweise auf das in Frage stehende dynamische Geschehen, wenn er sich besonders auf die jüngsten Veränderungen und deren Auslöser konzentriert und diese aus der Lebensgeschichte mit ihren unbewussten Determinanten zu verstehen versucht. Auch geben Übertragung und Gegenübertragung und die Inszenierung einer bedeutsamen Szene wichtige Hinweise, die durch die Virulenz des Geschehens im Patienten auch besonders drastisch ausfallen können. Zur Abschätzung der Prognose ist es sinnvoll, die Ich-Kapazität des Patienten vor seiner krisenhaften Dekompensation zu erfassen und mit dem momentanen Zustand seiner Ich-Funktionen zu vergleichen. Wir können dann abschätzen, zu welcher psychischen Reife er in seinem Erwachsenenleben schon in der Lage war und vermutlich durch eine Stabilisierung auch wieder sein wird.

Die kurze, aber intensive diagnostische Phase bei der Krisenintervention kann dazu genutzt werden, die Reflexion des Patienten zu fördern. Sinnvoll ist es dabei, wenn der Therapeut seinen abschließenden diagnostischen Eindruck in einfacher und für den Patienten psychisch assimilierbaren Form zusammenfasst und die therapeutische Zielsetzung umschreibt.

3.1.5 Stützende Faktoren des therapeutischen Handelns

Eine stützende therapeutische Wirkung geht von all jenen Interventionen aus, die den Patienten unmittelbar entlasten, seine therapeutische Arbeitsfähigkeit fördern und sein Ich stärken. Stützende Maßnahmen zielen darauf ab, die eingeschränkten Möglichkeiten des Ich zu verbessern (vgl. auch Blanck und

Blanck, 1989). Mitunter kann es nötig sein, diese Defizite als Hilfs-Ich vorübergehend auszugleichen. Wesentlicher aber ist es, den Patienten in der therapeutischen Arbeit zu einer Entwicklung eines breiteren Funktionierens des Ich anzuregen. **Nachhaltig stützend** sind in der Regel <u>nicht</u> Trost, Rat und konfliktzudeckende Interventionen, da diese in der Regel eher die Abhängigkeit des Patienten vergrößern und den Wirkungsbereich seines Ich reduzieren. Nichtsdestotrotz kann punktuell eine so verstandene supportive Technik als Notnagel dienen. Im Übrigen sollte man sich nicht zu großen Illusionen hingeben, die Abwehr beliebig manipulieren zu können, was am ehesten in ohnehin problematischen, primitiv idealisierenden oder sehr unterwürfigen Übertragungen gelingen könnte. Wir sehen in einem **konfliktzentrierten Arbeiten und einem stützenden Arbeiten keinen Widerspruch, sofern konfliktbezogene Interventionen wie vor allem die Deutung der Aufnahmefähigkeit des Patienten gerecht werden.** Tun sie dies und berücksichtigen sie auch seine Toleranz über die Sitzung hinaus, werden sie in einem psychoanalytischen Sinne seine Ressourcen aktivieren, indem sie Kräfte aus einer unbewussten Blockade befreien (Daser, 2000). Man soll sich aber darüber im Klaren sein, dass gut dosierte Deutungen ein hohes Maß an diagnostischer Sicherheit und Gefühl für den momentanen Zustand des Patienten und den optimalen Zeitpunkt erfordern, was nicht ohne eine lange therapeutische Erfahrung entwickelt werden kann. Die Gefahr von destruktiv wirkenden Deutungen ist in der Krisenintervention ungleich größer als in anderen therapeutischen Verfahren, die von einer stabileren Abwehr des Patienten ausgehen können.

Es ist deshalb durchaus ratsam, ein Schwergewicht der therapeutischen Arbeit auf stützende Techniken zu verlegen, die nicht unmittelbar durch Deutung den Konflikt berühren. Zuallererst ist hier die **kathartische Wirkung** der Symptomschilderung zu nennen. Dem Patienten soll ausreichend Raum gegeben werden, über seine Beschwerden und seine problematische Lebenssituation zu berichten. Dadurch werden Affekte abgeführt und die therapeutische Beziehung wird gefestigt, da der Therapeut nun Mitträger der momentanen Belastung geworden ist. Der Therapeut sollte ausdrücklich **anerkennen**, dass der Patient sich in einer **psychischen Krise** befindet. Dies entlastet vor allem von Selbstvorwürfen, das Leben nicht meistern zu können, schwach zu sein. Wenn der Therapeut später diagnostisch mehr Klarheit hat, ist es sinnvoll, diese Krise noch genauer zu beschreiben. Durch die Anerkennung der Krise soll dem Patienten vermittelt werden, dass solche Phasen etwas Natürliches im Leben eines Menschen sind, ja evtl. sogar, dass sie einen progressiven Charakter haben, ein Entwicklungspotenzial in ihnen liegt. Aus dem Wissen um diesen Patienten und seine Krise könnte der Therapeut eine Perspektive entwickeln: *„Sie haben mir sehr deutlich gemacht, dass die Niedergeschlagenheit seit der Trennung von Ihrem Mann sehr groß ist und Sie sich in einer ernsten Krise befinden . ... Ich halte es auch für verständlich, dass diese Trennung Sie so stark belastet, da es die erste gravierende Trennung in Ihrem Erwachsenenleben ist. ... Sie haben mir ja erzählt, dass Sie in Ihrer Kindheit schon sehr früh Verluste erlitten haben. Wahrscheinlich waren Sie damals überfordert, damit fertig zu werden, und haben sich später vor Erfahrungen dieser Art geschützt. So schwer die jetzige Lebenssituation*

auch ist, sie bietet Ihnen aber auch die Chance, Abschiede und Verluste verkraften zu lernen. Eine Therapie könnte Ihnen dabei helfen."

Diese Betrachtungsweise schafft dem Patienten die Grundlage für ein **distanzierendes Ordnen und Reflektieren**, zunächst mit Hilfe des Gesprächs mit dem Therapeuten, später auch mit Hilfe eines inneren Dialogs. Manchmal greifen Patienten zwischen den Sitzungen selbst zu dem Mittel des Aufschreibens ihrer Gedanken, was vom Therapeuten begrüßend einbezogen werden sollte. Eine wachsende Neigung zur **Intellektualisierung** sollte nicht als unerwünschter Abwehrmechanismus betrachtet werden, sondern in seiner **Sprache fördernden und Distanz schaffenden Funktion** geschätzt werden. Es kann auch hilfreich sein, einige **Symptome** in ihrer Entstehung zu **erklären**, vor allem, wenn diese einen Angst erzeugenden oder unheimlichen Charakter haben. So empfiehlt z.B. Bellak (1992), dem Patienten den Zusammenhang zwischen Angst, Hyperventilation und Depersonalisation zu verdeutlichen, was der Depersonalisation den Schrecken nehmen kann und das Analysieren der auslösenden Situation begünstigt.

Da wir wissen, dass ein dekompensierter Patient unter einer Schwächung seiner Abwehr leidet, **fördern wir seine eigenen Bestrebungen, die Abwehr zu stärken,** und betrachten diese nicht als Widerstand:

Beispiel:

In Situationen, in denen ihr hochidealisierter Freund sich von ihr distanziert, neigt die Patientin aus nicht beschreibbarer Enttäuschungswut und diffusen Leeregefühlen heraus zu selbstschädigendem Verhalten. Ein Zugang zu ihrem Erleben in diesen Situationen ist auch in den therapeutischen Sitzungen nicht möglich. Nach einiger Zeit beschreibt sie, dass sie sich jetzt ablenke, wenn der Drang, sich zu schneiden, wiederkäme, indem sie zu Mitbewohnern ihrer Wohngemeinschaft Kontakt herstelle und irgendetwas mit denen unternehme. Sie schafft sich hiermit wieder Vertrauen in ihre Beziehungsfähigkeit, und man kann dieses „Ablenken" durchaus progressiv als einen Schritt zur Autonomie hin interpretieren. Außerdem erfährt sie, dass ihre innere Beziehung zu ihrem enttäuschenden Freund durchaus überlebensfähig ist. Aus diesem Abstand heraus ist es ihr viel besser möglich, ihre vorher nicht fassbaren Affekte zu beschreiben, während sie mit der Selbstbeschädigung lediglich ihrem unbestimmbaren Affektstau Ausdruck verliehen hatte.

Wenn der Patient selbst nicht zu abwehrstützenden Maßnahmen in der Lage zu sein scheint, ist es sinnvoll, (sich) zu fragen, was ihm früher im kompensierten Zustand die Abwehr dieser anstehenden Problematik ermöglicht hat. Es ist dann mit ihm zu bearbeiten, was ihm jetzt den Zugang zu dieser Abwehr verwehrt. Ähnlich ist bei fragwürdiger Impulssteuerung mit dem Patienten zu erarbeiten, unter welchen Bedingungen er seine Steuerungsfähigkeit besitzt oder mit welchen hilfreichen Maßnahmen er sie notfalls auch nur in ersten Ansätzen wiedererlangen kann. Vergleichbar ist diese Exploration des Patienten zu seinen eigenen Möglichkeiten auch mit dem Vorgehen, wenn deutlich wird, dass ein Patient seine **sozialen Ressourcen** nicht

5

mehr **nützt**. Hier ist ganz besonders daran zu denken, dass ein Mensch aus Gründen der Scham oder aus Angst vor zu großer Abhängigkeit sein soziales Netz in einer Notsituation nicht in Anspruch nimmt, und diese Problematik kann mit ihm bearbeitet werden. Einige Menschen sind sozial allerdings so wenig integriert, dass wir ihnen konkrete **Hilfe beim Aufbau eines sozialen Netzes** geben müssen und sie evtl. an Selbsthilfegruppen oder andere soziale Einrichtungen verweisen. Es kann durchaus sinnvoll sein, einen Menschen in einer Krise sozial an mehreren Stellen zu verankern. Häufig leiden die wenigen verbliebenen Beziehungen an einem Übermaß an pathologischer Interaktion, die aus dem regredierten Zustand des Patienten entspringt. Ein breit gefächertes **soziales Netz verdünnt die Übertragungen und die Pathologie in den zentralen Beziehungen.**

Diese Förderung sozialer Kompetenzen des Patienten ist eine Form von **Ressourcenorientierung**. In einem allgemeineren Sinne meint Ressourcenaktivierung (Grawe und Grawe-Gerber, 1999) die Umlenkung der Aufmerksamkeit von den Problemen des Patienten auf dessen Fähigkeiten als allgemeines therapeutisches Wirkprinzip. Der bekannte Placeboeffekt therapeutischer Kontakte wäre im Sinne einer Ressourcenorientierung zu verstehen, als die gelungene Induzierung von Hoffnungspotenzial im Patienten. Auch die gezielte Exploration eines Patienten, welchen Beitrag er zur Problemlösung beitragen kann, die Eruierung seiner Stärken in der Lebensbewältigung wirken nicht nur allgemein als selbstwerterhöhend, sondern geben ihm auch das Gefühl, über seine Lebenssituation wieder die Kontrolle erlangen zu können.

3.1.6 Umgang mit der Regression

Ein wichtiger Spezialfall der Stabilisierung ist der Umgang mit der Regression, die bei dekompensierten oder gefährdeten Patienten häufig im Sinne einer **malignen Regression** zu verstehen ist. Im Gegensatz zur **Regression im Dienste des Ich** ist diese breit und unkontrolliert und umfasst so viel vom Erleben und den Affekten, dass eine distanzierende Betrachtung erschwert wird. Häufig ist aber während einer Krise – und insbesondere in Schwellensituationen wie vor allem der Adoleszenz – sehr schwer zu beurteilen, ob eine Regression maligne oder **entwicklungsfördernd** ist, da die Tiefe zu einem gegebenen Zeitpunkt nicht das ausschlaggebende Moment ist. Unser therapeutisches Bestreben sollte es stets sein, die regressiven Phänomene **entwicklungsfördernd zu nutzen**, und dies können wir am besten tun, indem wir dem **Patienten zu einer reflektierenden Distanz verhelfen. Sprache** und manchmal auch **vorsprachliche Ausdrucksformen** (wie Malen) ist in unserer Form des therapeutischen Zugangs das distanzschaffende und reflektionsanregende Mittel überhaupt. Darüber hinaus ist eine gute **Verankerung in der Realität,** wie sie vor allem durch Zeitstruktur und Kontakte gegeben ist, regressionsbegrenzend. Bei den meisten Menschen erfüllen soziale Beziehungen und Arbeit diese Aufgabe. Bei schwer gestörten Patienten, die in diesen beiden zentralen Lebensbereichen nicht verankert sind, kann zunächst der therapeutische **Kontakt** und die damit verbundene **Zeitstruktur** und der Austausch mit einem Menschen diese beiden Lebensbereiche repräsentieren. Insofern sich die Therapie auch mit der Realität des Patienten auseinander setzt, diese exploriert, vom Patienten beurteilen lässt, evtl. andere Beurtei-

lungen anbietet und auslösende Situationen analysiert, **drängt die therapeutische Arbeit regressive Formen der Realitätsbetrachtung zugunsten reflektierterer Formen in den Hintergrund.**

Wie schon bei der Betrachtung der Ich-Grenzen deutlich wurde, sollten wir unser Augenmerk auch progressiven Beziehungsansätzen widmen, die der Patient präsentiert, um sich vor gefährlich regressiven Beziehungsformen zu schützen. Dabei bekommt insbesondere der **Aggression eine Bedeutung in der Regressionsbegrenzung** und in der **Differenzierung zwischen dem Selbst und dem anderen,** selbst wenn sie in pathologischer Form aufzutreten scheint. Der Wunsch nach Differenzierung ist dann aufzugreifen und zu unterstützen.

3.1.7 Selbstwertstabilisierung

Zuletzt sollte noch ein sehr grundlegendes therapeutisches Ziel umschrieben werden: die Selbstwertstabilisierung. Wir müssen uns klar machen, dass ein Patient in einer Krise, der therapeutische Hilfe sucht aus dem Gefühl, seine Lebensprobleme alleine nicht mehr bewältigen zu können, immer in einem **Selbstwertlabilisierten Zustand** ist. **Wertschätzende Worte** zu seinem Entschluss, sich fachmännische Hilfe zu holen, und **entlastende Erklärungen zum Charakter und Vorkommen von Krisen** können der Situation die Schärfe nehmen. Darüber hinaus sind viele Merkmale des therapeutischen Handelns, z.B. Interesse, Neutralität und die zeitliche Verfügbarkeit, in einem allgemeinen Sinne Selbstwertstabilisierend, sofern sie so dosiert eingesetzt werden, dass sie nicht Abhängigkeit und regressive Wünsche nach Versorgung und Abgabe der Verantwortung hervorrufen. Allgemein gilt, dass wir nur so viel direkte Stützung, Hilfs-Ich-Funktion und narzisstische Gratifikation anbieten, wie es die Herstellung einer therapeutischen Arbeitsfähigkeit erfordert. Wir verlieren die Förderung des Entwicklungsprozesses und der Autonomie nicht aus den Augen. Das Herausarbeiten der persönlichen Stärken des Patienten, sei es im psychosozialen oder im intellektuellen Bereich, hilft zudem, dessen Selbstachtung wiederherzustellen, insbesondere wenn seine Stärken zur Problemlösung mit herangezogen werden können.

3.2 Spezifische Formen von psychischen Krisen

Die vorausgegangenen Ausführungen gaben uns das Rüstzeug, die häufigsten Formen krisenhafter Dekompensation in der psychotherapeutischen Praxis zu beschreiben. Die jeweilige Psychodynamik lässt uns dann die bemerkenswerten Aspekte der therapeutischen Technik aufzeigen.

3.2.1 Depressive Krisen

Depressive Erkrankungen und depressive Krisen zählen zu den häufigsten Krankheitsbildern in der psychotherapeutischen Praxis. Depressive Krisen können bei Personen mit unterschiedlicher Persönlichkeitsstruktur vorkommen und auch ganz unterschiedliche Schweregrade erreichen. Depressive Erkrankungen im Sinne von rezidivierenden depressiven Episoden oder die depressive Neurose sind vorwiegend an depressive Persönlichkeitsstrukturen gebunden. Ihre grundlegende Behandlung sollte als Langzeittherapie konzipiert werden. Nichtsdestotrotz sehen

5

wir häufig Patienten in depressiven Krisen, die entweder aufgrund einer depressiven Grundproblematik entstanden sind oder auch Ausdruck einer Dekompensation bei narzisstischen oder hysterischen Persönlichkeiten, um nur häufige Persönlichkeitsstrukturen zu nennen. Eine depressive Krise macht dann eine Krisenintervention erforderlich, wenn sie im Extremfall mit Suizidalität (vgl. weiter unten) oder einem massiven sozialen Rückzug und einer starken Antriebsstörung einhergehen. Hierbei sind vor allem die sozialen Konsequenzen zu berücksichtigen, die sich nach abklingender Krise noch weiter destruktiv auf das Leben des Patienten auswirken können.

Auch alle quälenden Symptome einer Depression wie Schlafstörungen, Unruhe, starke Dysphorie sollten krisenmäßig unmittelbar behandelt werden. Der Patient sollte darüber aufgeklärt werden, dass ihn eine psychotherapeutische Behandlung erleichtern kann, wenn er durch eine medikamentöse antidepressive Begleitbehandlung günstigere Voraussetzungen für seine therapeutische Arbeitsfähigkeit schafft. Schwerste depressive Zustände, in denen jemand durch einen therapeutischen Kontakt kaum zu erreichen ist, bedürfen ohnehin einer (stationären) psychiatrischen Behandlung. Diese Patienten sind allerdings in unseren Praxen selten, da wir ja von Personen aufgesucht werden, die mit einem therapeutischen Gespräch eine Hoffnung auf Verbesserung verbinden. Wird selbst eine milde antidepressive Medikation nicht akzeptiert, was aus der Angst vor Entfremdung und Abhängigkeit heraus geschehen kann, kann dem Patienten die Wirksamkeit von körperlicher Bewegung (Joggen) mit einigen einfachen Hinweisen auf die Physiologie der Depression erklärt werden.

Die Krisenintervention einer depressiven Krise setzt an bei den häufigsten Auslösern für diese Krise, nämlich der narzisstischen Kränkung und dem Objektverlust. Bei der Analyse der auslösenden Situation werden häufig verleugnete Vorkommnisse von der Abwehr befreit, und eine Trauer wird im Rahmen der Halt und Zuwendung gewährenden therapeutischen Beziehung ermöglicht. Dem Betroffenen kann deutlich werden, wie stark er mit seiner Selbstwertregulierung auf andere Menschen angewiesen ist. Indem wir ressourcenorientiert (Grawe und Grawe-Gerber, 1999) gleichzeitig mit ihm die Lebensbereiche explorieren, die ansonsten sein Selbstwertgefühl stützen, verhelfen wir ihm dazu, Kränkungen und Verluste besser zu ertragen. Auch beachten wir die Strenge seines Ich-Ideals und helfen ihm, unrealistische Erwartungen abzubauen. Im Allgemeinen gilt, dass eine hoch besetzte therapeutische Beziehung im Patienten ein Gegengewicht zu einer aktuellen narzisstischen Kränkung eines Objektverlustes darstellt und dazu beiträgt, die aktuelle Wunde etwas zu heilen. Dies setzt natürlich voraus, dass wir ihm in unserer therapeutischen Arbeit genügend Halt, Konstanz an Terminen und notfalls auch Verfügbarkeit außerhalb der Termine zur Verfügung stellen, ohne dabei die starke zeitliche Limitierung unseres Angebots aus dem Auge zu verlieren. Eine solchermaßen geglückte therapeutische Beziehung kann auch die Basis für die Relativierung der für depressive Personen typischen strengen Über-Ich-Forderungen sein. Dies mildert auch die Neigung, Aggressionen gegen das eigene Selbst zu richten, wie sie z.B. in Form von Selbstvorwürfen oder sadistisch strengen Forderungen an die eigene Person zum Ausdruck kommen. Das Über-Ich eines depressiven Menschen fordert in der Regel, andere Menschen nicht aggressiv zu betrachten, und hindert ihn

auch oft schon in der Phantasie daran, seiner Enttäuschungswut Raum zu geben. Auch die Angst, wesentliche Bezugspersonen zu verlieren, ist ein Grund für die Neigung zur Autoaggression. Diese Angst ist zu verstehen vor dem Hintergrund nicht stabil entwickelter innerer Objektbeziehungen. Die therapeutische Beziehung bietet vorübergehend einen Ersatz für die ins Wanken gekommenen äußeren Beziehungen und überbrückt Lücken, die durch Verlust oder Kränkung entstanden sind, bis ein neues Gleichgewicht gefunden ist. Dieses Gleichgewicht hat bei depressiven Personen häufig die Form von glückenden, aber auch kraftraubenden überhöhten Leistungen, sehr nahen, oft auch kontrollierenden Beziehungen und überhöhten Idealerfüllungen (Mentzos, 1995), was im Rahmen einer Krisenintervention akzeptiert wird. Die Bearbeitung dieser Strukturen ist einer Langzeittherapie vorbehalten, in der eine stabile innere Objektkonstanz herausgebildet werden kann und somit Unabhängigkeit von der Zuwendung und narzisstischen Gratifikation durch reale äußere Objekte zu erreichen ist.

3.2.2 Suizidale Krisen

Es gibt bedeutsame Überschneidungen zwischen dem Problem der Suizidalität und den depressiven Krankheitsbildern und Krisen einerseits und dem Agieren andererseits. Suizidale Krisen entstehen häufig, aber nicht ausschließlich im Zusammenhang mit depressiven Erkrankungen, und wie dort sind dann die häufigsten Auslöser narzisstische Kränkungen und drohender und stattgefundener Objektverlust. Andererseits sollte man sich vor Augen halten, dass Suizidalität bei jedem Krankheitsbild vorkommen kann und ernst zu nehmen ist. Ganz besonders hervorzuheben sind noch Patienten, die unter starker panikartiger Angst leiden, die durchaus unterschiedlichen Ursprungs sein kann. Sofern es sich um Panik im Rahmen einer akuten Psychose handelt, muss eine ambulante oder stationäre psychiatrische Behandlung an erster Stelle stehen. Eine psychologisch psychotherapeutische Begleitbehandlung bei akuten psychiatrischen Krankheitsbildern kann in Zusammenarbeit mit dem Psychiater sinnvoll sein und den Übergang zu einer anschließenden psychotherapeutischen Behandlung ebnen. Schon allein die Unberechenbarkeit der Patienten mit akuter psychiatrischer Symptomatik überfordert aber ein ambulantes und rein psychotherapeutisches Vorgehen.

Erscheint uns ein Patient suizidal oder äußert gar Entsprechendes, ist eine detaillierte Exploration seiner Suizidphantasien und -pläne in taktvoller Weise unumgänglich. Es hat schon therapeutischen Nutzen, den Patienten seine Gedanken aussprechen zu lassen und mit ihm auch seine Todesvorstellungen zu besprechen und diese bei sehr regressiven Inhalten evtl. antiregressiv zu „diskutieren". *„Sie sehnen sich jetzt wohl stark nach Ruhe vor den Belastungen und einem harmonischen Gefühl. Sterben scheint Ihnen eine Möglichkeit zu sein, dies zu erreichen. Die Endgültigkeit des Todes haben Sie dabei gar nicht so vor Augen. Wir sollten gemeinsam Möglichkeiten erarbeiten, die Spannungen in Ihrem Leben abzubauen."* Vor allem ist es diagnostisch und prognostisch unumgänglich, sich ein Bild von den Phantasien des Patienten zu machen. Vor allem konkrete Suizidpläne deuten auf ein hohes Risiko hin. Weitere Risikofaktoren sind die Gewaltbereitschaft des Patienten, die er im Laufe seiner Lebensgeschichte an den Tag gelegt hat, und das Vorkommen von

Suiziden in der Familienanamnese (Bellak, 1992). Auch die Frage nach vorangegangenen Suizidversuchen oder Phasen von Suizidphantasien sowie die Exploration der auslösenden Situation auf der Suche nach Verlust- oder Kränkungserlebnissen erhellt das momentane Risiko. Besonders gefährdende soziologische Faktoren sind hohes Lebensalter, Vereinsamung, Arbeitslosigkeit (Kind, 1992).

Aufgrund dieser psychologischen, soziologischen und psychiatrischen Risikofaktoren schätzen wir die Behandlungsmöglichkeit im ambulanten Rahmen für den Patienten ein und besprechen mit ihm offen, ob eine ambulante Krisenintervention ausreichend sein kann. Wir müssen uns darüber im Klaren sein, dass wir im Falle einer ambulanten Behandlung dem Patienten ein außerordentliches Maß an Verfügbarkeit anbieten können müssen oder eng mit einer Klinik oder einem Notdienst, der dies leisten kann, zusammenarbeiten. Für die Risikoeinschätzung ist die Frage nach unserer Gegenübertragung bedeutsam. Insbesondere die stark gefährdeten Patienten, die sich innerlich aus den Beziehungen zu anderen Menschen weitgehend zurückgezogen haben und möglicherweise ganz unauffällig wirken, sind an unserer zu blanden, zu unengagierten, unbesorgten Gegenübertragung zu erkennen. Zumindest für die Anfangsphase der Behandlung bedürfen sie des Schutzes einer Klinik.

Der psychodynamische Hintergrund der Suizidalität kann sehr unterschiedlich sein und gestaltet entsprechend die Akzentsetzung unserer therapeutischen Technik:

Am bekanntesten ist das Verständnis von Suizidalität als regressive Phantasie von Verschmelzung mit einem guten Objekt, das Trost und Wärme spendet (Henseler, 2000). Die Suizidalität kann aber auch genau das Gegenteil ausdrücken, möglicherweise in einer anderen Phase der Konfliktbewältigung. Dann stellt sie nämlich die Angst vor einer zu starken Regression und Aufgabe der Selbstgrenzen dar und drückt den Wunsch nach Autonomie aus. Auch das Deponieren von Ohnmachtgefühlen im Therapeuten oder Angehörigen, der mit der Suizidalität konfrontiert wird, kann eine wichtige Funktion sein. Die Interaktion mit einem suizidalen Patienten kann aus dem Interaktionspartner ein besorgtes und verfügbares Objekt machen und somit der Angst vor Objektverlust im Patienten entgegenwirken. Auch Schuldzuweisung, das Bedürfnis, Reue zu erzeugen als Wiedergutmachung für narzisstische Kränkungen, ist als psychodynamischer Hintergrund der Suizidalität denkbar (vgl. Kind, 1992).

Unser therapeutisches Handeln im Umgang mit suizidalen Patienten sollte von einem Respekt gegenüber deren Autonomiewunsch gekennzeichnet sein, wie er sich möglicherweise in der Suizidphantasie ausdrückt. Dies ist insbesondere bei den entsprechenden Psychodynamiken explizit dem Patienten zu verdeutlichen. Andererseits arbeiten wir an der Bereitschaft des Patienten, seine Suizidalität auszuhalten, seine Impulse zu steuern und seine Entscheidung hinauszuzögern, was große Ähnlichkeit mit der therapeutischen Vorgehensweise bei agierenden impulsgesteuerten Patienten hat.

Ein Suizidpakt kann den therapeutischen Prozess fokussieren helfen. In diesem Fall wird mit dem Patienten eine Vereinbarung getroffen, wie er mit seinen Suizidgedanken und -impulsen umzugehen hat. Zum Beispiel kann vereinbart werden, dass er sich unmittelbar meldet oder unmittelbar eine andere Kontaktperson aufsucht. Der Suizidpakt ist eine spezifische Form des Arbeitsbündnisses (Kind, 1992) mit einer gewissen entlastenden Funktion für den Therapeuten, zu der er offen stehen sollte. Allerdings muss ein Suizidpakt die Suizidalität keineswegs beherrschen können. Sie wird lediglich deutlicher zum Thema der Therapie. Nichtsdestotrotz werden gravierende und schwer belastende Gegenübertragungsgefühle in Behandlungen Suizidaler unumgänglich sein, wie insbesondere Gefühle der Ohnmacht, Angst, Besorgnis, aber auch Wut und Hass und schwere Schuldgefühle. Diese Gegenübertragungsgefühle auszuhalten, die Menschen in extremen inneren Krisensituationen im Therapeuten auslösen werden, ist ein wesentlicher Teil der therapeutischen Haltung. Eine Krisenintervention stellt in der Regel nur den Einstieg in eine Langzeittherapie dar. Auch sollte sich ein Therapeut prinzipiell mit der Möglichkeit auseinander setzen, dass ein Suizid trotz aller therapeutischen Bemühungen stattfinden kann, und sich die Frage stellen, wie er sich in dieser denkbaren Situation selbst entlasten kann.

3.2.3 Fremd- und selbstschädigendes Verhalten (Agieren)

Impulsgesteuertes Verhalten, das aus (unbewussten) Konflikten gesteuert wird, ohne dass deren Einfluss reflektiert werden kann, bezeichnen wir als **Agieren**. Der Betreffende setzt damit eine unbewusste Thematik in Szene, die er nicht in Worte fassen kann. Dies kann z.B. eine spontane Trennung oder auch der spontane Abbruch einer laufenden Therapie sein. Auch der ungesteuerte Durchbruch von Impulsen wie Aggressivität oder riskantes Verhalten kann auf die Unfähigkeit, die Gefühle zu verbalisieren und auszuhalten, hinweisen. Das anfallsartige Überessen bei einer Bulimieerkrankten kann der Ausdruck eines nicht in Worte fassbaren Wunsches sein, versorgt und emotional fürsorglich ausgefüllt zu werden. Andererseits kann das Erbrechen ausdrücken, dass das Eindringen eines fremden Objektes die Grenze nicht gewahrt hat, die Selbstkontrolle überrannt wurde und Ekel entstand. Diese Psychodynamik bei Essstörungen ist bei sexuell missbrauchten Frauen häufig. Etwas anderes ist das selbstschädigende Verhalten im Rahmen einer traumabedingten Störung zu betrachten. Natürlich fragen wir uns, ob wir die Handlung als bildhaft symbolischen Ausdruck verstehen können oder ob sich ein nicht steuerbarer Affekt zum Durchbruch verhilft. Bei einer schwer traumatisierten Person kann die selbstschädigende Handlung aber eine wichtige Abwehrfunktion erfüllen und diese Person vor dem Andrängen dissoziierter unerträglicher Erinnerungen schützen. Eine Therapie kann nicht die kurzfristige Beseitigung des selbstschädigenden Verhaltens im Auge haben, obwohl im Extremfall natürlich schützend eingegriffen werden muss. Hier ist eine Behandlung der traumatischen Störung einzuleiten, die den Rahmen einer Krisenintervention übersteigt. Anders ist für akut traumatisierte Patienten die Gelegenheit, sich im Rahmen einer therapeutischen Beziehung mitteilen zu können, von großer Bedeutung. Wird diese unmittelbar nach dem erlittenen Trauma angeboten, kann sich eine Desintegration u. U. auch mit einer Krisenintervention verhindern lassen (Heuft, 2000).

Als **Notfälle** sehen wir Patienten mit plötzlich **starkem innerem Druck, zu agieren.** Da sie uns aufsuchen, können wir davon ausgehen, dass sie eine Ahnung von den Hintergründen haben und wir somit eine Basis für eine Arbeitsbeziehung vorfinden.

5

Diese Arbeitsbeziehung auszubauen ist bei agierenden Patienten im Grund schon die Therapie. Wir bemühen uns zunächst, den Pat. zu einem Aufschub seiner impulsiven Handlungen zu motivieren und in ihm die Bereitschaft und das Interesse an Reflektion zu erwecken. Durch diese Erarbeitung eines Distanz schaffenden Blickes wird die impulsive Handlung dem Betreffenden zunehmend ich-dystoner. Wir untersuchen gemeinsam die auslösende Situation, die sich bei impulsiven Handlungen häufig in Form einer narzisstischen Kränkung finden lässt. Dies gilt auch insbesondere für Patienten, die einen spontanen Therapieabbruch vornehmen. Sobald wir Zusammenhänge herstellen und der Patient Worte für sein Erleben findet, ist die meiste Arbeit der Krisenintervention getan. In manchen Fällen kommt der sozialen Umgebung eine so massive Rolle zu, dass der Therapeut eingreifen muss, um Abstand zur auslösenden Situation herzustellen, indem er den Patienten z.B. in eine Klinik einweist.

Angstzustände, Panik und Phobie
Berichtet ein Patient von extremer Angst, ist zunächst zu klären, ob die Angst diagnostisch einer anderen psychischen Erkrankung zuzuordnen ist und die Behandlungsüberlegungen von da ausgehen sollten. So sind Ängste im Rahmen einer Depression zu unterscheiden von Ängsten – meist multiplen – einer Borderline-Störung oder der Angst im Rahmen einer Schizophrenie oder einer anderen Psychose. Wir betrachten hier Angstzustände i.S. von Phobie, mit der auch hysterische Angstzustände eng verwandt sind, und von Panik.

Phobien können zu existenziellen Krisen führen, da das den Phobien eigene Vermeidungsverhalten Probleme der Lebensbewältigung nach sich ziehen kann. Wenn z.B. ein Manager, dessen Büro im 14. Stock eines Gebäudes liegt, eine ausgeprägte Fahrstuhlphobie entwickelt, liegen selbstverständlich eine Krise und Behandlungsdringlichkeit vor.
Zum Verständnis einer phobischen Symptomatik gehört die Erarbeitung einer Psychodynamik, in der die unbewusste Bedeutung der ängstigenden Szene vom Therapeuten verstanden werden sollte. Im Falle einer plötzlich auftretenden starken Phobie muss der aktuelle Auslöser eruiert werden. Im Beispiel der Fahrstuhlphobie könnte dies für das Gefühl der Beengung durch ein kontrollierendes, festhaltendes Objekt stehen, wobei die unbewusste Wut und der Impuls, sich von diesem Objekt zu befreien, die Angst auslösen. Aktuell könnte eine solchermaßen erlebte Beziehung, z.B. in einem beruflichen Abhängigkeitsverhältnis, eine vermehrte Bedeutung bekommen haben.

Genauso wichtig im Verständnis der Phobie ist aber auch die ich-strukturelle Problematik und zwar die möglicherweise berechtigte Angst, die noch unbewussten, aber andrängenden Impulse nicht steuern zu können.
Therapeutisch ist deshalb zweigleisig zu verfahren:
Zum einen klärt man ausgehend von der aktuellen auslösenden Situation die innerpsychische Dynamik. Gleichzeitig ermutigt man den Patienten, sich den gemiedenen Situationen zu stellen und die dann beobachteten Affekte und Phantasien in der nächsten Stunde zu berichten, was wiederum zur weiteren Erhellung der Psychodynamik beiträgt. Diese Exposition – die ja Kernstück einer verhaltenstherapeutischen Behandlung ist – liefert nicht nur Material und Einblick in die innerseelischen Prozesse. Sie

übt gleichzeitig die mangelhaft trainierte Ich-Funktion der Impulssteuerung, und dies in einer inneren Verbindung zum Therapeuten, mit dem die Erfahrung durchgearbeitet wird. Selbstverständlich begnügt sich die Krisenintervention mit der Bearbeitung der aktuellen Situation, eröffnet aber möglicherweise die Fähigkeit zu einer weiterführenden Behandlung, sofern eine chronische und komplexe Problematik vorliegt.

Panikzustände sind stärker und beunruhigender als Phobien, die ja durch Einschränkung wenn auch mit negativen sozialen und beruflichen Konsequenzen gemildert werden können. Oft ist Panik vom Patienten gar nicht als Angst oder als seelischer Zustand zu identifizieren, sondern wird als diffuse Bedrohung mit erheblicher körperlicher Symptomatik geschildert. Die psychodynamischen Hintergründe sind uneinheitlicher. Eine Panik kann der Vorbote einer **psychotischen Dekompensation** sein. Selbst wenn dies den gleichen psychodynamischen Hintergrund – häufig die Angst vor Kontrollverlust – hat wie eine nicht-psychotische Angstentwicklung, ist jedoch noch stärker die Gefahr der **Ich-Dekompensation** zu beachten und geeignete Unterstützung, sei es durch psychiatrische Behandlung und/oder stationäre Mitbehandlung zu erwägen.
Panik lässt auch an einen **Medikamenten- oder Drogen-induzierten Zustand** denken, der pharmakologisch mitbehandelt und kontrolliert werden muss.
Auch sind Panikzustände häufig im Rahmen einer traumatischen Erkrankung anzutreffen. Bei einer akuten Traumatisierung, die rasche Hilfe erforderlich macht, sollte in einer Krisenintervention sowohl ein beruhigender, Halt gebender, traumafreier Raum hergestellt werden, was den aktiven Aufbau einer zugewandten therapeutischen Beziehung mit umfasst, als auch die Gelegenheit gegeben werden, dass akut Erlebte mitzuteilen und die Belastung (etwas) zu teilen. Panik kann aber auch auf Flashbacks hinweisen, wie sie bei posttraumatischen Störungen lange nach dem Trauma auftreten können. Therapeutisch wäre an die Vermittlung einer spezifischen Traumabehandlung zu denken.

Die häufigste psychodynamische Grundlage einer Panik ist die Angst vor dem generellen Impulsdurchbruch meist aggressiver Natur. Dies verweist auf eine umfassendere Ich-Schwäche als bei der Phobie, wo die Impulse im Zuge einer unbewussten und konflikthaften Phantasie, Szene oder Beziehung gelockert wurden und bedrohlich wirken. Auch die beängstigenden Zustände von Depersonalisation und Derealisation, die auslösend für eine Panikattacke sein können, sind psychodynamisch ebenfalls als extremer Versuch meist aggressives Erleben abzuwehren, zu verstehen. Dass so massive Abwehrmaßnahmen getroffen werden, weist auf sehr archaische Impulse hin.

In der Behandlung tritt die erste Erleichterung ein, wenn es gelingt, einen Zusammenhang zu einer aktuellen auslösenden Situation herzustellen und so der völligen Unberechenbarkeit und Unverständlichkeit entgegenzutreten. Dabei ist gerade bei diesen oft schwerer gestörten Patienten das Bedürfnis nach Stabilisierung der Abwehr zu berücksichtigen. Hilfe bei der Steuerung der Impulse und strukturierende Regeln, wie eine Panikattacke besser auszuhalten ist, stellen in kritischen Momenten eine innere Beziehung zum Therapeuten her, mit dem sie erarbeitet

5

wurden. Meist sollte nach Abklingen der akuten Symptomatik eine Langzeittherapie erwogen werden, die den ich-strukturellen Aspekt der Störung ins Zentrum stellt.

4 Frequently Asked Questions (FAQ)

1. *Wann muss ich einen Notfallpatienten zur Krisenintervention stationär einweisen lassen?*

→ Wenn Sie sich kein Bild machen können, wie er sich bis zum nächsten Termin steuern kann; keine verlässliche Hilfe durch ein soziales Netz vorhanden ist; der Kontakt mit ihm so unbefriedigend war, dass Sie sich nicht sicher sind, ob er wiederkommt; wenn er psychotisch ist oder zu werden droht; wenn er andere ambulante Hilfe (Hausarzt, Ambulanz) ablehnt.

2. *Wann braucht ein Notfallpatient mehr Termine, wann weniger?*

→ Mehr, wenn bei vorgegebener Frequenz der Kontakt innerlich nicht gehalten werden kann, von Angeboten und Nottelefonaten kein Gebrauch gemacht würde (resigniert-depressive oder dissoziale Patienten). Weniger oder kürzere Termine, wenn er intensiven Kontakt als Bedrohung von Autonomie und Ich-Grenzen erleben würde (z.B. schizoide Patienten)

3. *Wie erkenne ich die Gefahr einer Psychose?*

→ Mangelnder Realitätsgehalt, Unlogik, auffällige Fahrigkeit und Sprünge im Bericht, selbstverständlich bei Halluzinationen oder Wahnvorstellungen.

4. *Kann ich einen psychotischen Patienten im Einzelfall auch alleine ambulant betreuen?*

→ In der Regel nein, nur erfahrene Therapeuten in enger Zusammenarbeit mit anderen Verantwortlichen wie Psychiater (medikamentöse Behandlung), stabilen Bezugspersonen o.a.

5. *Was tun, wenn mich ein Patient überfordert?*

→ Verantwortung verteilen, am besten im Beisein des Patienten. Die Überforderung nicht kaschieren wollen, Hausarzt oder ambulante Einrichtung zur Mitbetreuung kontaktieren.

6. *Was tun, wenn ich große Angst um mich oder um den Patienten habe?*

→ Nur noch am Arbeitsbündnis arbeiten, antiregressiv arbeiten, d.h. Reflexion und Distanzierungsfähigkeit fördern, Grenzen explizit setzen, notfalls vor einer stationären Einweisung nicht zurückschrecken.

7. *Wie sichere ich mich rechtlich ab bei einem gefährdeten Patienten?*

→ Dokumentationspflicht gewissenhaft erfüllen, Kontakt mit anderen Verantwortlichen schriftlich dokumentieren, notfalls Einweisung im Beisein des Patienten regeln, notfalls per Notarzt vornehmen lassen.

8. *Kann man eine Krisenintervention abbrechen oder den Patienten die Behandlung abbrechen oder ablehnen lassen?*

→ Nur bei gleichzeitiger ganz konkreter Vermittlung eines geeigneteren Therapieangebots; vergewissern, dass der Patient die Möglichkeit nutzt.

9. *Bei welchen Notfallpatienten sollte die stationäre Unterbringung besonders erwogen werden?*

→ Patienten mit Suizidimpulsen, prinzipiell impulsiven Patienten, sozial isolierten Patienten, Patienten in einem sozialen Umfeld, das die Krise verstärkt (z.B. Drogen, Gewalt, Reizüberflutung), Patienten, zu denen Sie innerlich keinen Kontakt bekommen.

10. *Was nützt ein Suizidpakt?*

→ Keine Garantie gegen Suizidgefahr, nicht in falscher Sicherheit wiegen, aber Zentrierung auf das Thema Suizidalität in der Behandlung möglich, auch durch schwer erträgliches Agieren kann es immerhin bearbeitet werden, intensiviert das Patient-Therapeuten-Verhältnis.

5 Prüfungsfragen

1. Unterscheidet sich eine akute neurotische Erkrankung von einer psychischen Krise? (Zuspitzung der Symptomatik, Gefährdung von sich und anderen bezüglich Leib und Leben, sozialer Integration oder Realitätsbewältigung.)

2. Welche Rahmenbedingungen für eine Therapie, vor allem im ambulanten Bereich, müssen Sie einem Notfallpatienten bieten können? (Baldiger Termin, Kontinuität in nächster Zeit, ggf. Erreichbarkeit und Nottermine, ggf. Zusammenarbeit mit anderen sozialtherapeutischen Einrichtungen.)

3. Wie stellen Sie die reale Suizidgefährdung eines Patienten fest? (Konkrete Suizidphantasien und Impulse eruieren und differenzieren, Steuerungsfähigkeit eruieren, Tragfähigkeit des sozialen Netzes erfragen, Gegenübertragung beachten.)

4. Welche Ich-Funktionen sind in einer psychischen Krise am häufigsten beeinträchtigt? (Impulssteuerung, Realitätswahrnehmung und -beurteilung, Reizschutz und Wahrung der Ich-Grenzen, Affektwahrnehmung, Affektdifferenzierung und Affekttoleranz.)

5. Welche Grundprinzipien gelten in der Krisenintervention bei der Handhabung der Regression? (Begrenzen, Entgegensteuern durch Strukturieren und Förderung der Ich-Funktion, Verankerung in der Realität.)

6 Literatur

- Bellak L: Handbook of Intensive Brief and Emergency Psychotherapy. 2. Aufl. New York: Larchmont, 1992

- Blanck R, Blanck G: Jenseits der Ich-Psychologie. Stuttgart: Klett-Cotta, 1989

- Daser E: Die Deutung aus der Gegenübertragung. Psychotherapeut 2000; 5:301-307

- Erikson EH: Identität und Lebenszyklus. Frankfurt/M.: Suhrkamp, 1974

- Friedrich H: Psychotherapie als soziale Institution und ihre gesellschaftliche Funktion. In: Strauß B, Geyer M (Hrsg.): Psychotherapie in Zeiten der Veränderung. Opladen: Westdeutscher Verlag, 2000

- Grawe K, Grawe-Gerber M: Ressourcenaktivierung. Ein primäres Wirkprinzip der Psychotherapie. Psychotherapeut 1999;2:63-73

- Henseler H: Narzißtische Krisen. Zur Psychodynamik des Selbstmordes. Opladen: Westdeutscher Verlag, 4. Aufl., 2000

- Heuft G: Notfälle – Psychoanalytische Behandlungsansätze. In: Senf W, Broda M (Hrsg.): Praxis der Psychotherapie. Stuttgart: Thieme, 2. Aufl., 2000

- Kernberg O: Borderline-Störungen und pathologischer Narzißmus. Frankfurt/M.: Suhrkamp, 1978
- Kind J: Suicidal. Göttingen: Vandenhoeck & Ruprecht, 1992
- Mentzos S: Depression und Manie. Göttingen: Vandenhoeck & Ruprecht, 1995
- Mertens W: Kompendium psychoanalytischer Grundbegriffe. Berlin: Quintessenz Verlag, 1992
- Simmich T, Reimer C: Psychotherapeutische Aspekte von Krisenintervention. Psychotherapeut 1998; 3:143-156

5

5.2 Tiefenpsychologische Kurztherapie

JOACHIM BISKUP

1 Einleitung

Beispiel:

Es kam eine Patientin mit massiven Angstzuständen zu mir, die besonders unter der Angst litt, am Morgen nicht mehr aufzuwachen, und der Angst, über weite Strecken Auto zu fahren. Vom Beschwerdebild und der Genese her wäre eine analytische Therapie indiziert gewesen, allerdings schien die Patientin, eine einfach strukturierte Frau, für eine analytische Arbeit nicht so geeignet zu sein. So wurde eine tiefenpsychologisch fundierte Therapie begonnen mit dem Ziel, in einem fokussierten Ansatz die durchaus vorhandenen Ressourcen zu mobilisieren, so dass sie lernen könnte, sich in ihren Beziehungen besser zu behaupten. Es wurde angenommen, dass dies möglich ist, auch ohne die lebensgeschichtlichen Belastungen vollständig in einer Übertragungsbeziehung zu bearbeiten. Es waren 50 Stunden geplant.

Es zeigte sich, dass schon die Vorgespräche entlastend und stabilisierend wirkten. Die Patientin fühlte sich wahrgenommen, ernst genommen, was ihr unmittelbar sehr viel Rückhalt gab, sich gegen ihren Mann zu behaupten. Sie konnte früher nie aussprechen, was ihr wichtig ist. Was sie zu sagen hatte, galt nicht viel. Der Mann war der Chef in der Beziehung. In der Therapie lernte sie, dass ihre Gedanken wichtig sind, dass sie die Themen bestimmen kann, was sie auch zunehmend in ihrer Beziehung umzusetzen versuchte.

In der zweiten Stunde spielte sich gegen Ende folgende Interaktion ab. Die Stunde lag in der Mittagszeit, und ich war an diesem Tag müde. Die Patientin bemerkte das und fühlte sich sehr unbehaglich. Sie sprach es an, fühlte sich schuldig, dass sie mich langweilte, wollte gehen, obwohl die Stunde noch nicht zu Ende war. Ich bestätigte meine Müdigkeit und konfrontierte sie mit ihrer Tendenz, die Schuld bei sich zu suchen, sich zurückzunehmen, um mich zu entlasten. Die Patientin war anfangs peinlich berührt, dann jedoch deutlich entlastet. In den folgenden Stunden konnte diese Situation immer wieder als Muster herangezogen werden, um ihr Verhalten gegenüber ihrem Mann, aber auch gegenüber ihrer Mutter zu reflektieren und zu verändern. Erstmals berichtet sie ihrer Mutter von den Übergriffen des Vaters. Auf ihre direktere Art reagierte der Mann sehr positiv, bemühte sich um sie, was ihr Selbstbewusstsein weiter stärkte. Da die Patientin mit der neuen Situation völlig zufrieden war, wurde das ursprüngliche Konzept aufgegeben und die Therapie nach 8 Stunden beendet.

Ich denke, in dieser Fallgeschichte werden wesentliche Aspekte der Kurztherapie deutlich, die im Folgenden herausgearbeitet werden sollen.

In den letzten Jahren sind nicht zuletzt infolge knapper werdender Ressourcen Kurzzeitkonzepte der Psychotherapie sehr gefragt. Trotz Psychotherapeutengesetz und der Integration psychologischer Psychotherapeuten in die Kassenversorgung ist das Zeitbudget für Psychotherapie weiterhin begrenzt. Auch im in den letzten Jahren wieder verstärkt geführten Schulenstreit werden Zeitfaktoren, teilweise polemisch, in die Diskussion gebracht. So raten Grawe et al. (1994) Therapeuten, die sich nicht in der Lage sehen, in 10 bis 20 Stunden zu helfen, „über die Bücher zu gehen", um sich mit modernen Konzepten vertraut zu machen. Watzlawik rät Patienten, den Therapeuten zu wechseln, wenn nach höchstens 25 Stunden Therapie noch kein wesentlicher Erfolg erreicht ist.

Man kann diese provozierenden Aussagen einfach beiseite tun, aber man kann sie auch als Anregung verstehen, das eigene Tun zu überdenken. Auch die Psychotherapierichtlinien verpflichten uns ja, das Geld der Solidargemeinschaft wirtschaftlich einzusetzen.

Nun kann man sicher nicht sagen, „kurz ist gut – lang ist schlecht". Ich bin der Meinung, Therapien brauchen **ihre Zeit,** d.h., ich finde es wichtig, sowohl Langzeit- als auch Kurzzeitkonzepte zur Verfügung zu haben und nicht dogmatisch zu sein.

2 Geschichtlicher Überblick

Geht man von heutigen Maßstäben aus, waren die ersten Therapien, die Freud gemacht hat, eigentlich Kurztherapien, sie dauerten nur wenige Monate. Manche Falldarstellungen beschreiben Behandlungen von nur wenigen Stunden. Seit Beginn des letzten Jahrhunderts wurden die Therapien jedoch immer länger, was schon Ferenczi und Rank 1924 dazu veranlasste, zu untersuchen, wie sich die analytische Behandlung abkürzen ließe. Sie fanden schon damals, dass nicht so sehr das Erinnern und die Bearbeitung der frühkindlichen Neurose für den Behandlungserfolg entscheidend ist, sondern eher das emotionale Erleben der eigenen Kindheitskonflikte, wie es sich im aktuellen Erleben in der Beziehung zum Therapeuten darstellt. Sie waren deshalb auch der Meinung, der Therapeut sollte eine aktivere Rolle einnehmen, damit sich die Grundkonflikte des Patienten besser im Hier und Jetzt darstellen könnten. Schon damals entstand der Gedanke, dass besonders in der Kurzzeittherapie diese Begegnung zwischen zwei Menschen, dem Therapeuten und dem Patienten, Wirkung entfaltet. Dies führte durchaus zu Kontroversen mit Freud, da befürchtet wurde, ein manipulatives Moment käme in die Analyse und der Patient könne sich nicht frei entwickeln. Nicht zuletzt diese Befürchtungen führten dazu, dass Ferenczi und Rank etwas ins Abseits gerieten und viele Jahre der Gedanke zur Konzentrierung des therapeutischen Prozesses in Vergessenheit geriet, wobei besonders Rank (z.B.1929) wiederholt Gedanken zur zeitlichen Begrenzung von Therapien entwickelt hat.

Erst Alexander und French (1946) griffen diesen Gedanken wieder auf und untersuchten, welche Prozesse für den therapeutischen Erfolg hilfreich sind. Auch sie waren der Meinung, dass therapeutische Veränderungen stattfinden, wenn ein Patient im Hier und Jetzt der therapeutischen Beziehung, d.h. in der Übertragung, seine Konflikte neu durchlebt. Allerdings ist es notwendig, dass der Therapeut sich von den erwarteten Rollenzuweisungen abhebt, damit der Patient eine **„korrigierende emotionale Erfahrung"** machen kann. Dies betrachteten sie als das wesentliche therapeutische Moment. Damit ein neurotischer Konflikt therapeutisch verändert werden könne, müsse er in der Gegenwart lebendig sein.

Erst in den siebziger Jahren des 20. Jahrhunderts entstand wieder eine experimentierfreudigere Atmosphäre, und es wurden verschiedene Konzepte zur Kurztherapie entwickelt. Es fällt jedoch auf, dass die Berücksichtigung der therapeutischen Beziehung über viele Jahre deutlich in den Hintergrund trat.

James Mann (1978) führte die **Zeit** als zentrales Moment in die Therapie ein. Er begrenzte die Therapie strikt auf 12 Sitzungen, wodurch ein typischer dreigeteilter Prozess entstand. Nach anfänglichen unbewussten Erwartungen nach unendlicher Zuwendung erlebten die Patienten Enttäuschung und Ambivalenz, wenn die unvermeidliche Trennung als Realität näher rückte. Es wiederholten sich in der 3. Phase die affektiven Reaktionen auf die frühesten Trennungen aus der Genese. Das Ziel dieses Ansatzes war das Erleben gesünderer Trennungserfahrungen. Es wird deutlich, dass hier ein Indikationsspektrum vorliegt, was traumatisierende frühe Trennungen als Ursprung neurotischer Entwicklung sieht.

Sifneos (1979) entwickelte die **Angst provozierende Psychotherapie,** in der in 12 bis 15 Sitzungen über Deutungen ödipaler Konfliktkonstellationen gearbeitet wurde. Sifneos machte sich viele Gedanken darüber, welche Patienten für ein solches Angebot geeignet sind. Er erwartete Aufgeschlossenheit gegenüber psychischen Fragen, Aufrichtigkeit, Neigung zur Selbstbeobachtung, die Bereitschaft zur aktiven Zusammenarbeit mit dem Therapeuten, die Bereitschaft zum Experimentieren mit günstigeren Verhaltensweisen und realistische Erwartungen. Bei diesem Ansatz ist die Indikation nicht so sehr durch die Symptomatik bzw. die Konfliktpathologie, sondern durch die Persönlichkeit des Patienten bestimmt.

Einer der heuristisch wertvollsten Ansätze stammt allerdings von Michael Balint, einem Analytiker, der aus der ungarischen Schule Ferenczis stammt und später an der Tavistock-Klinik in London wirkte. Er führte mit der **Fokaltherapie** (Balint et al., 1973) eine Therapieform ein, die sich auf den Konflikt des Patienten konzentriert, der die Symptome hervorruft.

Auf der Grundlage dieser Erfahrungen versuchte mit David Malan (1965) ein Mitarbeiter Balints, den fokussierenden Ansatz weiterzuentwickeln. Auch hier waren Voraussetzungen beim Patienten nötig. So wurde erwartet, dass sich ein **Fokalkonflikt** identifizieren lässt und der Patient bei Deutungen auf das Fokalthema positiv reagiert und nicht mit Widerstand. Sie beschreiben mehr die diagnostischen Schritte zur Festlegung des fokalen Konfliktthemas und um die Prognose abschätzen zu können als konkrete Handlungsanweisungen für das therapeutische Vorgehen. Vielleicht lag es daran, dass sich auch diese konkrete Umsetzung nicht nachhaltig durchsetzte.

In den neunziger Jahren des 20. Jahrhunderts gab es einen erneuten Boom kurztherapeutischer Ansätze, wahrscheinlich auch motiviert durch die Konkurrenz der verschiedenen Schulen. Besonders zu nennen sind hier die Montreal-Gruppe um Davanloo (1980), die Ansätze von Luborsky (1988) sowie Strupp und Binder (1991). Für sehr hilfreich für die praktische Anwendung der Fokaltherapie halte ich das Konzept von Lachauer (1992), der konkrete Hinweise gibt, wie ein Fokus entwickelt werden kann. Auf die zuletzt genannten Ansätze werde ich ausführlich eingehen, da sie für den aktuellen Diskurs zentral sind.

3 Richtlinien

Therapeutische Hilfsangebote lassen sich auf einem Kontinuum anordnen, und zwar bezüglich verschiedener Dimension. Etwa die zur Verfügung stehende Zeit, die Akutheit des Problems, die Tiefe der Störung, die Ressourcen des Patienten usw. Dieses Kontinuum reicht von Notfallpsychotherapie und Krisenintervention auf der einen Seite über Beratung, kurze bzw. mittelfristige fokussierte Therapie, längerfristige niederfrequente Therapie bis hin zur hochfrequenten Langzeitanalyse auf der anderen Seite. Dieses Spektrum ist in den Psychotherapierichtlinien (Faber et al., 1999) abgebildet, wo zwischen Kurzzeittherapie (bis 25 Stunden) und Langzeittherapie (mehr als 25 Stunden) unterschieden wird. Die Kurzzeittherapie soll danach die psychotherapeutische Intervention in einer akuten Krise ermöglichen, durch eine Kurz-, Fokal- oder dynamische Psychotherapie, wenn sie auf 25 Stunden begrenzt werden kann oder durch eine niederfrequente tiefenpsychologische Psychotherapie .

Das Ziel einer **Notfallpsychotherapie** ist es, möglichst schnell, meist schon in der ersten Stunde, dem Patienten Erleichterung zu verschaffen. Sie ist bei akuten emotionalen Dekompensationen indiziert und in Situationen, die mit unmittelbarer Lebensgefahr für den Patienten oder andere Personen einhergehen. Natürlich bleibt in der akuten Situation meist keine Zeit, die gesamten Hintergründe der Krise zu eruieren, aber eine psychodynamisch denkende Therapeutin sollte ihr therapeutisches Handeln immer an psychodynamischen Thesen über ein Hauptproblem ausrichten.

Das Gleiche gilt für **Kriseninterventionen**, wo das Hauptaugenmerk auf einer aktuellen belastenden Situation und deren Lösung liegt. Hier kann der Weg frei gemacht werden für die Wahrnehmung eines zentralen Konflikts und zur Einsicht in wichtige Zusammenhänge.

5

Bei der psychotherapeutischen **Beratung aus analytischer Sicht** steht die unbewusste Bedeutung, die eine aktuell schwierige Lebenssituation für den Ratsuchenden hat, die zugrunde liegenden Beziehungsprobleme, die zu Verhaltensproblemen geführt haben, im Vordergrund.

Für alle Kurzzeitkonzepte ist es notwendig, die therapeutische Situation zu **strukturieren**. Ein wesentlicher Ansatz dafür ist die Auswahl von Themen, die wichtig erscheinen, da dadurch die Therapie wesentlich konzentriert werden kann. Es ist also hilfreich, einen Behandlungsfokus zu finden. Dafür gibt es verschiedene Ansätze. Ein wichtiger Wegbereiter war schon in den siebziger Jahren Balint, der in der Tavistock-Klinik in London so genannte Fokalkonferenzen durchführte, um einen zentralen Konflikt der Patienten zu identifizieren. Zentral sind hier auch die Arbeiten von Klüwer (z.B. 1985) zur Fokaltherapie. Die **Fokaltherapie** ist also die klassische Form der analytischen Kurztherapie. Voraussetzung zur Anwendung einer Fokaltherapie ist die vom Patienten und Therapeuten zu erarbeitende und gemeinsam zu findende Definition des bewusstseinsfähigen Fokus, eines neurotischen Konfliktkerns, der erkannt und gedeutet werden muss, – so der Kommentar zu den Psychotherapierichtlinien.

4 Aktuelle Konzepte

Ich möchte drei verschiedene aktuelle Konzepte vorstellen, die sich mit der Zentrierung der Behandlung beschäftigen und in den letzten Jahren die Diskussion wesentlich beeinflusst haben. Alle drei Konzepte beschäftigen sich im Grunde mit der Erarbeitung eines Behandlungsfokus, auch wenn es nicht explizit gesagt wird.

Luborsky (1988) hat die Methode des **zentralen Beziehungskonflikt-Themas (ZBKT)** entwickelt, das aus einer Reihe von Erzählungen der Patienten über Situationen mit anderen Menschen, so genannten Beziehungsepisoden abgeleitet werden kann (Deutsches Manual, Luborsky et al., 1991). Es enthält drei thematische Komponenten:
1. Wünsche, Bedürfnisse, Absichten
2. Reaktionen anderer Menschen auf diese Wünsche
3. Die eigenen Reaktionen, z.B. Gefühle auf dieses Verhalten der anderen

Beispiel:
So kam eine Frau mit ihrem Mann zu mir in Paartherapie. Es wurde folgendes ZBKT abgeleitet: Sie hatte den Wunsch, sich zu verlieben. Häufig machte sie die Erfahrung, dass der andere sie zurückwies; dann verliebte sie sich gerade und war unglücklich. Wenn aber der andere auf sie einging, sie bewunderte, sich ebenfalls verliebte, fühlt sie sich erstickt und zog sich ihrerseits zurück.

Es ist, glaube ich, unmittelbar einsichtig, dass aus einem solchen Muster massive Beziehungsprobleme entstehen.

Ein anderes Konzept stammt von Strupp und Binder (1991). Sie gehen von so genannten **zwischenmenschlichen Transaktionsmustern** aus, die vier Strukturelemente enthalten, nämlich
1. Eigenhandlungen,
2. Erwartungen in Hinblick auf die Reaktionen anderer Menschen,
3. Handlungen anderer dem Selbst gegenüber,
4. Eigenhandlungen gegenüber dem Selbst.

Ich denke, das obige Beispiel kann auch hier angewandt werden. Beide Konzepte sind aus empirischen Untersuchungen von zwischenmenschlichen Interaktionen entstanden, so dass sie sich recht ähnlich sind, was nicht verwunderlich ist. Aus diesen Konzepten sind jeweils konkrete Handlungsanweisungen für therapeutische Interventionen abgeleitet worden, die in ausführlichen Manualen dargestellt sind (Luborsky, 1988; Strupp und Binder, 1991).
Eine Weiterentwicklung der von Luborsky allgemein formulierten Prinzipien analytischer Psychotherapie findet sich in der **supportiv expressiven Therapie (SET)**, die Luborsky 1984 darstellt. Besonders zu erwähnen ist hier das von Crits-Christoph et al. 1995 aus der SET herausspezialisierte Manual zur Behandlung der generalisierten Angststörung GAD, die in den letzten Jahren wegen ihres sehr häufigen Vorkommens gerade in Praxen von Allgemeinmedizinern sehr ins Blickfeld geraten ist.

Ich hatte ja schon darauf hingewiesen, dass ein zentraler Ansatz zur Strukturierung des therapeutischen Geschehens in der Kurztherapie die **Entwicklung eines Behandlungsfokus** ist. Ein meiner Ansicht nach gut anwendbares Konzept zur Erarbeitung eines Behandlungsfokus, stammt von Lachauer (1992), der sich in seinen Grundannahmen an Balint und später Klüwer orientiert. Ich sehe es als sehr hilfreich für die Anwendung gerade auch im Praxisalltag an und möchte es deshalb ausführlicher darstellen und an Beispielen demonstrieren.

5 Die Erarbeitung eines Behandlungsfokus nach Lachauer

Das Ergebnis der Erarbeitung eines Behandlungsfokus, eines zentralen Beziehungskonfliktthemas oder eines zwischenmenschlichen Transaktionsmusters sollte nach Lachauer ein **Fokalsatz** sein, der immer aus zwei Teilen besteht, die mit einem „weil" verbunden sind. Ein Fokalsatz könnte zum Beispiel lauten: *„Ich kann keinen richtigen Kontakt zu anderen finden, weil ich mich nur durch Verweigerung vor völliger Vereinnahmung schützen kann."*

Der erste Teil des Fokalsatzes beinhaltet eine Benennung oder Beschreibung des Problems und der zweite Teil eine psychodynamische Hypothese über die unbewussten Hintergründe dieses Problems. Ich habe jetzt ganz bewusst nicht von Symptom, sondern von Problem gesprochen, um deutlich zu machen, dass dieses Konzept sehr breit angewendet werden kann.

Im ersten Schritt geht es also darum, das aktuell wirksame Problem genau zu erfassen. Ich möchte hier ein Beispiel von Lachauer zitieren, das das Vorgehen klar macht.

269

Beispiel:

Ein männlicher Patient, etwa 45 Jahre alt, kam in stationäre psychotherapeutische Behandlung. Eine von den äußeren Rahmenbedingungen her typische Situation für eine Kurztherapie. Er war erschöpft, litt unter depressiven Verstimmungen ob seines Leistungsabfalls sowie unter diffusen und mannigfachen vegetativ bedingten Körpersymptomen.

In den ersten Gesprächen wurde deutlich, dass er in seinem bisherigen Leben sehr aktiv, engagiert und fleißig war, andererseits, sich aber auf Dauer damit überfordert hatte, in seinen eigenen Bedürfnissen eher zu kurz kam. Während der ersten Zeit in der Klinik wurde dann zusätzlich spürbar, dass er sich auch jetzt noch bemühte, anderen Patienten zu helfen, sie zu schützen, seine Bedürfnisse eher in den Hintergrund zu stellen (Lachauer, 1992, S. 37f.)

Üblicherweise würde man vielleicht die Diagnose „depressive Neurose" stellen. Aber für ein gezieltes Vorgehen hilft uns das überhaupt nicht weiter, es ist viel zu allgemein, beschreibt die konkrete Situation des Patienten viel zu wenig. Nach Lachauer würde man versuchen, aus den Beobachtungen als zentrales Problem des Patienten den gemeinsamen Nenner seines Verhaltens zu formulieren, das sowohl sein aktuelles Verhalten in der Klinik als auch den Hintergrund seiner Symptomatik betrifft und das auch der Patient selbst als wesentlichen Zug seines Lebens erkannte. Eine mögliche Formulierung des ersten Teils des gesuchten Fokalsatzes wäre: **„Ich muss immer Retter sein ..."**

Für einen Fokus, der eine Hilfe für den therapeutischen Prozess sein soll, fehlt aber noch der zweite Teil, die orientierende Leitlinie für den Deutungsprozess, die sich mit den Hintergründen auseinander setzt, die den Patienten zwangen, „immer der Retter zu sein". Hierfür muss aus den Informationen, die über die unbewussten Konflikte und die Vorgeschichte des Patienten vorhanden sind, eine Hypothese erarbeitet werden, ein **„weil"**, das eine möglichst gute Erklärung und einen Sinn für das aktuelle Hauptproblem im ersten Teil des Fokalsatzes bietet.

Dieser Patient war in seiner Kindheit im Krieg, den er als kleiner Junge miterleben musste, einer Fülle von traumatisierenden Erfahrungen ausgesetzt. Die Familie war in vielen Gefahren gewesen, sein um wenige Jahre jüngerer Bruder war uns Leben gekommen. In den Jahren nach dem Krieg wurde er für die Mutter – der Vater war im Krieg bzw. noch in Gefangenschaft – zu einer wichtigen Stütze beim täglichen Überleben geworden, in seiner kindlichen Phantasie wohl wirklich zum Retter. Dahinter lauerten aber andere Gefühle aus der Zeit davor, die nicht bewältigt waren, sondern massiv abgewehrt werden mussten – Angst- und Schuldgefühle. Angst, selbst zu Schaden oder ums Leben zu kommen wie der Bruder, Schuldgefühle dem Bruder gegenüber, der ja in den damaligen Jahren auch sein Rivale um die Gunst der Mutter gewesen war und den er überlebt hatte. Unbewusste Phantasien spielten sicher eine Rolle – Phantasien, seine Eifersucht und seine Geschwisterrivalität, die auch im Kontakt mit anderen Patienten deutlich wurde, könnten mit für den Tod des Bruders verantwortlich gewesen sein. Auch ist sehr wahrscheinlich, dass der Patient Phantasien über das ungewisse Schicksal des im Kriege weilenden Vaters, des ödipalen Rivalen, hatte und dass diese ebenfalls unverarbeitet blieben.

Auf dem Hintergrund dieser Beobachtungen, der biografischen Informationen und von theoretischen Überlegungen konnten die Autoren nun formulieren, warum der Patient „immer Retter" sein musste. Sie leiteten folgenden vollständigen Fokalsatz ab: **„Ich muss immer Retter sein, weil ich sonst Opfer oder Täter bin."**

Der Fokus im Rahmen einer psychoanalytischen Kurztherapie ist nach Lachauer also immer ein Satz, der in zwei Schritten erarbeitet wird und der ein aktuelles Hauptproblem mit einer Hypothese über dessen zentralen unbewussten Hintergrund verbindet.

Zur Illustration nenne ich noch einige Beispiele von möglichen Fokalsätzen:

Bei einer Fixierung auf körperliche Probleme könnte ein Fokalsatz lauten: *„Ich kann nur an eine körperliche Ursache glauben, weil ich sonst meine Rolle als toller Hecht aufgeben müsste"* oder bei einem starken Widerstand während der Behandlung: *„Ich habe Angst, über mich nachzudenken, weil ich fürchte, dann für alles verantwortlich gemacht zu werden."*

Ich möchte nun auf die einzelnen Schritte bei der Erarbeitung eines Fokalsatzes noch etwas detaillierter eingehen. Der erste Schritt, die erste Zentrierung, wie Lachauer es nennt, beschäftigt sich also mit dem aktuellen Hauptproblem. Die Biografie spielt bei dieser ersten Zentrierung in der Regel noch keine wesentliche Rolle. Das aktuelle Hauptproblem lässt sich am ehesten noch aus dem gemeinsamen Nenner der beiden folgenden Bereiche herausarbeiten:

1. der **Szene** zwischen Patient und Therapeutin einschließlich Übertragungs- und Gegenübertragungsreaktionen und
2. der **Symptomatik mit auslösender Situation.**

Im aktuellen Hauptproblem ist also ein **bewusster** oder **zumindest bewusstseinsnaher**, für die Erkrankung oder ein Problem in der therapeutischen Beziehung verantwortlicher Fokalkonflikt beschrieben. Es ist wichtig festzustellen, dass es nicht immer ein oder das Symptom ist, welches als aktuelles Hauptproblem für einen Fokalsatz definiert werden kann. Die Frage muss vielmehr lauten: Was ist jetzt das wichtigste, das aktuell zentrale Problem dieser Behandlung oder Beratung.

In einer Untersuchung an 100 zufällig ausgewählten Fokalsätzen wurde festgestellt, dass nur etwa bei 15% der Fälle das konkrete vom Patienten genannte Symptom als aktuelles Hauptproblem auftauchte (Lachauer, 1992, S. 71). Häufig besteht ein Problem mit der Motivation, dem Arbeitsbündnis oder der allgemeinen therapeutischen Beziehung. Dann sollte im Fokalsatz dieses Problem immer als aktuelles Hauptproblem auftauchen, da sonst die ganze weitere Therapie gefährdet ist oder auf einem hohlen Fundament stehen könnte. Wenn andererseits ein Symptom, sei es seelisch oder körperlich, nicht in einer direkten Hypothese verstehbar ist, dann muss man sich auf die Suche nach einem dahinter liegenden roten Faden im Verhalten, einem Fokalkonflikt des Patienten machen, der für die Entstehung des Symptoms verantwortlich ist und in einer Neudefinition des Problems dieses Verhalten des Patienten als Hauptproblem definiert.

Es gibt also 3 Möglichkeiten für die Formulierung des aktuellen Hauptproblems:
1. als Symptom oder als eines der Symptome,
2. als Problem mit der Motivation, dem Arbeitsbündnis oder allgemein der therapeutischen Beziehung,
3. als Neudefinition des Problems.

In dem genannten Beispiel ist der Teilsatz „Ich muss immer Retter sein" schon eine Neudefinition des Problems. Der Patient kam ja mit Erschöpfung, depressiven Verstimmungen und vegetativ bedingten Körpersymptomen.

Eine Neudefinition des Problems muss häufig bei Patienten mit psychosomatischen oder psychovegetativen Erkrankungen vorgenommen werden, weil das Symptom nicht als aktuelles Hauptproblem bestimmt werden kann.

Ich möchte hier einige Beispiele für aktuelle Hauptprobleme als eine Neudefinition des Problems nennen:

„Ich habe Angst, mich festzulegen, weil ..." bei einem Patienten mit funktionellen Herzbeschwerden, die aufgetreten waren, als er sich durch Heirat, Kinder, Hausbau festgelegt hatte und der sich auch in der therapeutischen Situation auf nichts festlegen lassen wollte.

„Ich kann mich nicht entscheiden, welchen Weg ich weitergehen soll, weil ..." bei einem Patienten, der Ängste wegen einer fortgeschrittenen koronaren Herzkrankheit hatte, oder *„Ich muss zurückkehren in meine Rolle als Kind, weil ..."* bei einer Patientin mit Anorexie und schwerer Schmerzsymptomatik.

Probleme mit der Motivation oder dem Arbeitsbündnis tauchen sehr häufig bei stationären Behandlungen auf, die verordnet wurden, oder auch bei geschickten Patienten, was besonders bei Kindertherapien häufig der Fall ist. Manchmal finden wir es auch in Paartherapien, wenn ein Partner der Index-Patient ist und der andere nur „mitkommt". Häufig stellt sich dann aber doch heraus, dass eine Paarproblematik vorliegt. Hier könnte das aktuelle Hauptproblem formuliert werden: *„Ich muss dabeibleiben, das Problem bei meiner Partnerin zu sehen, weil ..."*

Besonders gut trifft man häufig den Kern der Sache, wenn es gelingt, das Motivationsproblem in der ersten Zentrierung mit einer Aussage über das allgemeine Verhalten des Klienten zu verbinden, wie zum Beispiel: *„Ich habe den Anspruch, dass die anderen sich ändern oder mir die Verantwortung abnehmen, weil ..."* bei einer depressiven Frau, die sich in der Therapie, aber auch sonst in ihrem Leben dagegen sträubte, dass sie es sei, die sich ändern könne. Sie sträubte sich vor allem aus der Angst heraus, beim Scheitern ihrer eigenen Versuche Schuld auf sich zu laden.

Hypothesen sollten erstellt werden mit dem, was man hat, auch wenn es dürftig erscheint. Dann ist eben die Dürftigkeit das Problem statt einer Hypothese über das Fehlende. So bei einem Mangel an Material: *„Ich muss wesentliche Teile meines Lebens ausklammern, weil ..."*

Es ist, glaube ich, aus den Beispielsätzen deutlich geworden, dass es wichtig ist, immer die Sprache des Patienten und nicht eine Theoriesprache für die Formulierung des aktuellen Hauptproblems zu verwenden, wenn möglich sogar wörtliche Formulierungen des Patienten.

Lachauer schlägt für das konkrete **Vorgehen bei der ersten Zentrierung,** der Suche nach dem aktuellen Hauptproblem folgendes Schema vor:

Frage1: Liegt ein Problem in der therapeutischen Beziehung vor?

Wenn ja: Dieses Problem als Hauptproblem definieren, möglichst parallel zu allgemeinen Problemen und dem Verhalten des Patienten.

Wenn nein: weiter mit Frage 2

Frage 2: Lässt sich Symptomatik direkt verstehen und das aus einer unbewussten Dynamik ableiten?

Wenn ja: Symptomatik gleich Hauptproblem

Wenn nein: Neudefinition des Problems

Im Folgenden geht es um die Formulierung des zweiten Teils des Fokalsatzes, die **zweite Zentrierung,** wie Lachauer es nennt, um die Entwicklung von Hypothesen über die zentrale unbewusste Dynamik.

Diese lässt sich am ehesten aus dem gemeinsamen Nenner der beiden folgenden Bereiche herausarbeiten:
1. der **Szene** zwischen Patient und Therapeutin einschließlich Übertragungs- und Gegenübertragungsreaktionen und
2. den **biografischen Hintergründen**

Wichtig ist hier, nicht zu hohe Ansprüche zu haben. Es soll keine „Lebensformel" erarbeitet, sondern nur das aktuelle Hauptproblem in seinen wesentlichen unbewussten Determinanten erfasst und verstanden werden.

Ich komme noch einmal auf den erwähnten Patienten zurück. Dort hatte der zweite Teil des Fokalsatzes den Inhalt, „weil ich sonst Opfer oder Täter bin". Hier gehen das beobachtete Verhalten des Patienten im Umgang mit der Therapeutin oder mit Mitpatienten ein, das rivalisierende einerseits und das ängstliche andererseits, aber auch die abgewehrten Gefühle, Erlebnisse und Impulse aus der Vergangenheit des Patienten. Die eigene Todesangst als Kind und die mit Schuldgefühlen verbundenen und abgewehrten aggressiven Impulse gegenüber dem Vater oder dem Bruder.

6 Therapeutisches Vorgehen

Ich hatte schon darauf hingewiesen, dass alle psychodynamischen Konzepte davon ausgehen, dass Psychotherapie in der Beziehung zwischen Patient und Therapeut stattfindet, also auch die Kurztherapie. Ich möchte beispielhaft an der SET nach Luborsky illustrieren, welches Therapeutenverhalten in der Kurztherapie hilfreich ist. Man unterscheidet zwischen allgemeinem Therapeutenverhalten, supportiven und expressiven Elementen.

6.1 Allgemeines Therapeutenverhalten:

• Der Therapeut erleichtert (direkt oder durch fördernde Atmosphäre), dass der Patient sagen kann, was er denkt oder fühlt.
• Der Therapeut hört offen (akzeptierend, nicht kritisierend)zu.
• Die Antworten des Therapeuten sind einfach und relativ kurz.

5

• Der Therapeut ermutigt den Patienten, die persönliche Bedeutung des Berichteten zu explorieren.

6.2 Supportive Komponenten:

• Der Therapeut vermittelt dem Patienten ein Gefühl von Respekt, Verständnis und Akzeptanz.
• Der Therapeut vermittelt dem Patienten, dass er ihn mag.
• Therapeut und Patient arbeiten als Team zusammen, um dem Patienten zu helfen, sich selbst besser zu verstehen.
• Der Therapeut erkennt die Verbesserungen des Patienten im Hinblick auf das Erreichen der Therapieziele an.
• Der Therapeut vermittelt eine realistisch-hoffnungsvolle Haltung, dass die Behandlungsziele wahrscheinlich erreicht werden.
• Der Therapeut vermittelt ein Gefühl des Respekts für die wachsende Fähigkeit des Patienten, selbst zu tun, was der Therapeut während der Sitzung tut, und ermutigt ihn, dies zu tun.

6.3 Expressive Komponenten:

• Der Therapeut hilft dem Patienten, die verschiedenen Manifestationen seines Beziehungskonflikts über verschiedene Situationen zu erkennen.
• Der Therapeut richtet die Aufmerksamkeit des Patienten auf Ähnlichkeiten in den vergangenen und gegenwärtigen Beziehungen des Patienten.
• Der Therapeut hilft dem Patienten, sich klar darüber zu werden, wie die Beziehungsschwierigkeiten wiedererlebt werden im Hier und Jetzt der therapeutischen Beziehung.
• Der Therapeut bezieht sich auf die Hauptbeziehungsprobleme oder Konflikte oft genug, um dem Patienten ein Durcharbeiten zu ermöglichen.
• Der Therapeut bezieht die Verbesserungen des Patienten auf dessen zunehmendes Verständnis des Beziehungsthemas.

Ich denke, in diesen Beschreibungen ist die therapeutische Haltung deutlich geworden. Das SET bezieht sich ja auf den ZBKT. Man kann, um diese Therapeutenvariablen allgemeiner zu fassen, immer Fokus sagen, wenn hier von Beziehungskonflikt gesprochen wird.
In den Büchern von Luborsky, aber auch von Davanloo sind ausführliche Therapietranskripte abgedruckt, in denen deutlich wird, wie die beschriebenen Verhaltensvariablen sich konkret darstellen können. Hier hat natürlich jeder Therapeut seinen eigenen Stil, und das ist auch wichtig, da ein zentrales Moment die Authentizität des Therapeuten ist. Wichtig ist es auch, zu bedenken, dass Kurztherapie nicht „leichter" anzuwenden ist als Langzeittherapie. Es gehört eher viel Erfahrung dazu, den therapeutischen Prozess so zu strukturieren, dass er auch mit wenigen Sitzungen vom Patienten genutzt werden kann. Eine fundierte Ausbildung unter Supervision und mit Selbsterfahrung ist notwendig, um die verschiedenen Verfahren anwenden zu können.

7 Wann ist eine Kurztherapie angezeigt?

Zum Abschluss möchte ich noch einige allgemeine Überlegungen anstellen. Es gibt verschiedene Anlässe, sich über Kurzzeitkonzepte Gedanken zu machen. Es geht oft um die Frage, wie arbeite ich am effektivsten. Effektiv arbeiten heißt, eine günstige Relation finden zwischen Aufwand und Wirkung. In der Regel ist das Verhältnis zwischen Behandlungsaufwand und Effekt in einer Kurzzeitbehandlung am größten, aber in Langzeittherapien kann häufig mehr erreicht werden. In Kurzzeittherapien werden manchmal die Möglichkeiten nicht ausgeschöpft, wenn auch nicht pro Stunde, so doch insgesamt.
Wichtig ist es, **realistische Behandlungsziele** zu entwickeln.
Zu den Zielen und Erwartungen des Patienten ist zu sagen, dass sich die Pathologie des Patienten auch nach dem zeitlichen Angebot strukturiert. Es lässt sich immer wieder beobachten, dass eine zeitliche Begrenzung zur Konzentration des therapeutischen Prozesses führt. Wichtig ist allerdings die richtige Indikation. Ein Patient, der eine Langzeittherapie macht, ist wie ein Langstreckenläufer, der sich seine Kräfte einteilt, und nicht wie ein Sprinter von Anfang an so schnell wie möglich läuft. Er ist zwar später bei 100 oder 400 Metern, kommt aber insgesamt weiter. Es kommt auf die Ziele an, die der Patient hat, die auch mit der Lebenssituation zusammenhängen, es kommt auf die Störung an, die vorliegt. Ein Patient, der in einer akuten belastenden Situation dekompensierte, z.B. durch eine Trennung, den Verlust eines lieben Menschen oder durch körperliche Erkrankung, kann evtl. durch eine Kurztherapie oder Beratung die Krise überwinden. Bei einem anderen kann es dagegen nötig sein, die psychodynamischen Hintergründe intensiv durchzuarbeiten.

In diesem Zusammenhang erscheint das Konzept der **pathogenen Schwelle** interessant. Dieses Konzept besagt, dass Konflikte verschiedene Bedeutung für das Symptom haben. Die Konflikte wirken zusammen, vermutlich nicht additiv, sondern in einem komplexen Modus und bringen die Person, die diese Konflikte hat, über die Schwelle der Pathogenität. Manchmal genügt es dann, einen Konflikt zu bearbeiten, um Symptomfreiheit oder Symptombesserung zu erzielen, manchmal müssen es zwei oder mehr sein.

Beim therapeutischen Vorgehen ist die Einschätzung wichtig, wie direkt ein Konflikt zu bearbeiten ist. Geht man den zentralsten Konflikt als Erstes an, kann das den Widerstand gegen die Behandlung insgesamt so erhöhen, dass dann die Bearbeitung von Konflikten, die bewusstseinsnäher und damit weniger abgewehrt sind, nicht mehr möglich ist. Wichtig ist hier die Beachtung von Toleranzgrenzen. Ist schon der oberflächennächste Konflikt schwer zu bearbeiten, spricht das gegen eine Kurztherapie.

Es wird immer wieder die Frage gestellt, **welche Patienten** für eine Kurztherapie **geeignet** sind. Schaut man in die Literatur, stellt man fest, dass diese Frage sehr unterschiedlich beantwortet wird, das Spektrum der für therapierbar gehaltenen Patienten jedoch immer breiter geworden ist. Manche Autoren nennen ganz konkrete Merkmale, wie z.B. Suizidalität, Suchtverhalten oder chronische Zwangs- bzw. Angstsymptome, die gegen eine

Kurztherapie sprechen (z.B. Malan, 1976, siehe auch oben Sifneos). Andere sprechen eher allgemein von größeren Persönlichkeitsdefiziten (s.u.). Legt man den psychodynamischen Ansatz zugrunde, wie ich ihn in diesem Beitrag vertreten habe, helfen noch so konkrete Beschreibungen der Psychopathologie, der Symptome, der Eigenschaften etc. wenig weiter. Es kommt darauf an, wie sich die therapeutische Beziehung in den probatorischen Sitzungen gestaltet und ob der Patient erwarten lässt, von einer kurzen Beziehung zu profitieren. Dafür haben sich nach Strupp und Binder (1991, S. 89 f.) folgende Kriterien als hilfreich erwiesen:

1. emotionales Unbehagen und Leidensdruck
2. ein Grundvertrauen in die Wirkung einer therapeutischen Beziehung
3. die Bereitschaft, Konflikte als zwischenmenschliche Vorgänge zu betrachten
4. die Bereitschaft, Gefühle bei sich zu untersuchen
5. die Fähigkeit zu reifen Beziehungen
6. eine gute Motivation für die angebotene Therapie

Je stärker ein Konflikt in der Persönlichkeit verwurzelt ist, ich-synton ist, d.h. nicht als störend erlebt wird, desto schwieriger ist es und desto länger braucht es, ihn zu bearbeiten. Bei Persönlichkeitsstörungen ist deshalb mit ausreichenden Effekten erst nach längerer Therapie zu rechnen. So ist z.B. ein zwanghafter Mensch mit psychosomatischen Störungen, der äußerst penibel und ordentlich seine Dinge regelt und damit seine Familie nervt oder manchmal gar terrorisiert, selbst Recht und Ordnung aber sehr wichtig findet, kaum für eine Kurztherapie geeignet und nur schwer zu motivieren.

Wichtig für die Eignung eines Patienten für eine dynamische Kurztherapie (insbesondere im ambulanten Setting) ist auch ein gewisses Maß an **Ich-Stärke** und **Realitätsbezogenheit**. Er sollte in der Lage sein, sich kurzfristig auf intensives Erleben einzulassen, aber nach der Sitzung schnell wieder aufzutauchen, also fähig sein zu einer Regression im Dienste des Ich, wie wir Analytiker sagen.

Auch die Persönlichkeitsstruktur des Patienten spielt eine Rolle für seine Eignung zur Kurztherapie. So haben depressive Patienten in der Regel große Schwierigkeiten, sich auf eine zeitliche Begrenzung einzulassen, und sie haben oft die Tendenz, das angebotene Stundenkontingent auszuweiten. Hier ist die Therapeutin gut beraten, von Anfang an sehr genau auf die Einhaltung der Rahmenbedingungen zu achten.

Es lassen sich zusammenfassend **3 grundlegende Problemfelder** für die Kurztherapie definieren:
1. Die Patienten aussuchen, die geeignet erscheinen
   Hier spielen z.B. Persönlichkeitsmerkmale, Motivation, aktuelle Lebenssituation eine Rolle.
2. Realistische Therapieziele wählen und mit begrenzter Besserung zufrieden sein
   Hier hilft die Formulierung eines Fokus etwa mit Hilfe eines Fokalsatzes, des Beziehungskonfliktthemas oder interpersoneller Beziehungsmuster, die mit dem Patienten besprochen werden können, und ihm helfen realistische Ziele zu entwickeln.

3. Die Technik ist so auszusuchen, dass sich therapeutische Veränderungen rascher einstellen.
   Strukturierteres und aktiveres Verhalten des Therapeuten sind in der Regel notwendig.

Werden diese Bedingungen ausreichend berücksichtigt, kann man auch in relativ kurzer Zeit in einer psychodynamischen Kurztherapie viel erreichen. Treffend finde ich hier ein Bild von König (1997) zur Kurzzeittherapie, der sagt, dass eine kurze Therapie, die als Kurzzeittherapie ausgelegt ist, auch wenn sie manchmal nur wenige Stunden dauert, keine Bauruine darstellt. Sie kann ein vollständiges Haus sein, vielleicht etwas kleiner, aber mit allem, was nötig ist. Ein Haus, das den Bedürfnissen der Bewohner durchaus entspricht.

8 Frequently Asked Questions (FAQ)

1. *Ist Kurztherapie nicht nur eine Schmalspurbehandlung und enthält dem Patienten eine richtige Behandlung vor?*
→ Nein, wenn KZT richtig angewendet wird. Es gibt klare Indikationen für Kurztherapien, z. B. in einer akuten Krise bei umgrenzter Problematik, bei entsprechender Motivation des Patienten, wenn eine Behandlung eines Fokus den Konflikt unterschwellig macht und mehr nicht erwünscht oder nicht möglich ist.
2. *Ist angesichts schmaler Kassen eine Kurztherapie nicht immer die richtige Methode?*
→ Nein, manchmal ist es zwar anfangs aufwändiger, z. B. an der zugrunde liegenden Persönlichkeitsstörung zu arbeiten, aber auf lange Sicht billiger für die Solidargemeinschaft.
3. *Ist eine Kurztherapie möglich, wenn sich kein Fokus finden lässt?*
→ Wenn man das Konzept von Lachauer zugrunde legt, lässt sich immer ein Fokus finden, und sei es durch eine Neuformulierung des Problems.

9 Prüfungsfragen

1. Was ist eine korrigierende emotionale Erfahrung nach Alexander?
2. Was ist allen Kurzzeitkonzepten gemeinsam?
3. Woraus leitet man den ZBKT ab und aus welchen Komponenten besteht er?
4. Was versteht man unter dem Konzept der pathogenen Schwelle?
5. Warum ist es meist nicht günstig, den zentralsten Konflikt gleich zu Beginn direkt anzugehen?
6. Welche persönlichen Voraussetzungen auf Seiten des Patienten begünstigen eine Kurztherapie?
7. Was soll ein Fokalsatz nach Lachauer leisten?

5

10 Literatur

- Alexander F, French T: Psychoanalytic Therapy – Reprint 1980 by University of Nebraska Press, 1946
- Balint M, Ornstein PH, Balint E: Fokaltherapie. Frankfurt: Suhrkamp, 1973
- Crits-Christoph P, Crits-Christoph K, Wolf-Palacio D, Fitcher M, Rudick D: Brief Supportive-Expressive Psychodynamic Therapiy for Generalized Anxiety Disorder. In: Barber JP, Crits-Christoph P: Dynamic Therapies for Psychiatric Disorders. New York: Basic Books, 1995
- Davanloo H: Short term dynamic therapy. New York: Jason Aronson Verlag, 1980
- Faber FR, Dahm A, Kallinke D: Faber/Haarstrick: Kommentar Psychotherapierichtlinien. München: Urban & Fischer, 1999
- Ferenczi S, Rank O: Entwicklungsziele der Psychoanalyse. Leipzig, Wien, Zürich: Internationaler Psychoanalytischer Verlag, 1924
- Grawe K, Donati R, Bernauer F: Psychotherapie im Wandel. Von der Konfession zur Profession. Göttingen: Hogrefe, 1994
- Klüwer R: Versuch einer Standortbestimmung der Fokaltherapie als einer psychoanalytischen Kurztherapie. In: Leuzinger-Bohleber (Hrsg.): Psychoanalytische Kurztherapien. Opladen: Westdeutscher Verlag, 1985
- König K: Therapien in Gang bringen und konzentrieren. Göttingen: Vandenhoek & Ruprecht, 1997
- Lachauer R: Der Fokus in der Psychotherapie. München: Pfeiffer, 1992
- Luborsky L:Principles of psychoanalytic psychotherapy: A manual for supportiv-expressive treatment. New York: Basic books, 1984
- Luborsky L: Einführung in die analytische Psychotherapie. Berlin, Heidelberg: Springer, 1988
- Luborsky L, v. Albani C, Eckert R: Manual zur ZBKT Methode (deutsche Übersetzung). Universität Ulm, 1991
- Malan DH: Psychoanalytische Kurztherapie. Stuttgart: Klett, 1965
- Malan DH: The Frontier of Brief Psychotherapy. An Example of the Convergence of Research and Clinical Practice. New York: Plenum Press, 1976
- Mann J: Psychotherapie in 12 Stunden, Zeitbegrenzung als therapeutisches Instrument. Freiburg: Walter, 1978
- Rank O: Technik der Psychoanalyse Band II. Leipzig, Wien: Deuticke, 1929
- Sifneos P: Short-Term Dynamic Psychotherapy. New York: Plenum Press, 1979
- Strupp HH, Binder JL: Kurzpsychotherapie. Stuttgart: Klett Cotta, 1991

5

5.3 Einführung in die analytische und tiefen-psychologisch fundierte Psychotherapie bei Kindern und Jugendlichen

ANNETTE STREECK-FISCHER

Um Kinder- und Jugendlichenpsychotherapie durchführen zu können, bedarf es einer eigenen Qualifikation, die an besondere Zugangsvoraussetzungen gebunden und im Sozialgesetzbuch § 5 geregelt ist. Es sind hinreichende Kenntnisse und Erfahrungen auf dem Gebiet der Psychotherapie bei Kindern und Jugendlichen erforderlich, Kenntnisse und Erfahrungen in der Entwicklungspsychologie und Lernpsychologie, spezielle Neurosenlehre sowie Psychodiagnostik bei Kindern und Jugendlichen. Wenn eine Zusatzqualifikation neben der Ausbildung in Erwachsenenpsychotherapie angestrebt wird, müssen vier Fälle unter Supervision in analytischer bzw. tiefenpsychologisch fundierter Psychotherapie behandelt werden.

1 Einleitung

Die derzeit gültigen Psychotherapie-Richtlinien differenzieren nicht zwischen der tiefenpsychologisch fundierten und der analytischen Kinder- und Jugendlichen-Psychotherapie. Im Kommentar zu den Psychotherapie-Richtlinien (Faber und Haarstrick, 1999, S. 57) wird im Gegenteil darauf hingewiesen, dass eine klare Differenzierung zwischen den beiden Behandlungsformen nicht zu begründen sei. Folgerichtig wird auch beim Umfang der zu bewilligenden Behandlungsstunden nicht differenziert. Die von Faber und Haarstrick vertretene Auffassung ist auf die historische Entwicklung der Kinder- und Jugendpsychotherapie zurückzuführen, die in Deutschland zunächst deutlich pädagogisch orientiert war und das Berufsbild des Psychagogen begründet hat. Inzwischen sind die Ausbildungsanforderungen an den analytischen Kinder- und Jugendlichen-Psychotherapeuten weitgehend den Anforderungen angeglichen, die für die Ausbildung von analytischen Psychotherapeuten im Erwachsenenbereich gelten. Vor diesem Hintergrund entspricht die von Faber und Haarstrick vertretene Auffassung nicht mehr dem aktuellen Diskussionsstand.

Die Institute, in denen die Qualifikationen zur analytischen und tiefenpsychologischen Psychotherapie von Kindern und Jugendlichen erworben werden können, bemühen sich überwiegend darum, beide Ausbildungsgänge miteinander zu verklammern. Kinderpsychiater und klinische Psychologen, die in der ambulanten Praxis tätig sind, verzichten zumeist darauf, Qualifikationen zur analytischen Psychotherapie zu erwerben, sondern begnügen sich mit dem kürzeren Ausbildungsgang zur tiefenpsychologisch fundierten Psychotherapie. Auch die Übergangsregelungen zur Umsetzung des Psychotherapeutengesetzes haben dazu geführt, dass im Bereich der Kinder- und Jugendlichen-Psychotherapie die Zahl derer deutlich zugenommen hat, die ausschließlich tiefenpsychologisch fundierte Psychotherapie durchführen.

Psychotherapie bei Kindern und Jugendlichen wurde ursprünglich aus der Erwachsenenpsychotherapie abgeleitet. Der Fachkundenachweis im Gebiet der Kinder- und Jugendpsychotherapie berechtigt zur Behandlung von Patienten im Alter von 4–21 Jahren. Nach einer kurzen Übersicht über zentrale Annahmen der Kinder- und Jugendpsychotherapie im Vergleich zur Erwachsenenpsychotherapie folgen:

- eine Differenzierung zwischen analytischer und tiefenpsychologisch fundierter Psychotherapie im Kindes- und Jugendalter
- Besonderheiten der Diagnostik
- Behandlungsbedingungen in Abhängigkeit von den verschiedenen Lebensphasen
- Bedeutung des Spiels
- Elternarbeit

2 Zur Theorie und Technik der Kinderpsychotherapie

Anna Freud und Melanie Klein haben die Entwicklung der Kinderanalyse in Theorie und Praxis maßgeblich bestimmt. Ihre zentralen Annahmen sollen hier skizziert werden: **Anna Freud** (1971) war der Auffassung, dass Kinder weitaus schwieriger psychoanalytisch zu behandeln seien als Erwachsene. Kinder – so Anna Freud – könnten Unlust und Angst weniger tolerieren als Erwachsene und neigten eher dazu, ihre Erfahrungen in ihrem Handeln und Verhalten, statt in Worten auszudrücken. Frustrationen in der Beziehung zum Therapeuten (Übertragung) könnten sie nur schwer ertragen, und von Einsichtsfähigkeit, die der von Erwachsenen vergleichbar sei, könne bei Kindern nicht ausgegangen werden. Erschwerend komme hinzu, dass die Eltern der Kinder sich nahezu unvermeidlich in die Behandlung einmischten. Vor diesem Hintergrund sei es nicht leicht, eine therapeutische Technik zu entwickeln, die den Grundanforderungen der klassischen Psychoanalyse entspreche. Deshalb betonte Anna Freud nachdrücklich, wie wichtig sowohl in der Behandlung von Kindern als auch in der Behandlung von Jugendlichen die reale Beziehung zum Psychotherapeuten sei.

5

Der Therapeut müsse insbesondere in der **Einleitungsphase der Behandlung** das therapeutische Bündnis aktiv fördern, um dem jungen Patienten zu ermöglichen, seine neurotischen Konflikte und seinen eigenen pathologischen Anteil im Kontext einer positiven Beziehung zum Therapeuten erkennen zu können. Insbesondere der **Widerstand** müsse in der Behandlung von Kindern und Jugendlichen beachtet und von dem grundsätzlichen Widerwillen des Kindes unterschieden werden, sich auf einen analytischen Prozess einzulassen. Viele der Voraussetzungen, auf die sich die Behandlung von erwachsenen Patienten stützen könne, lägen bei Kindern und Jugendlichen somit nicht vor. Häufiger seien die jungen Patienten **geschickte Patienten,** weil die Umwelt, insbesondere die Familie, an ihnen kranke und deshalb erwarte, dass sie sich ändern sollten. So müssten Kommunikationsbereitschaft und Mitarbeit erst geweckt werden. Während in der Erwachsenenanalyse die Übertragung auf Erfahrungen des Patienten mit seinen Beziehungen zu Objekten seiner Kindheit zurückzuführen sei und sich in seinen gegenwärtigen Wahrnehmungen, Phantasien, Gefühlen, Vorstellungen und Verhaltensweisen in der Beziehung zum Analytiker zeigt, **können Übertragungen in der Behandlung von Kindern Aspekte gegenwärtiger Beziehungen zu realen, aktuell wichtigen Objekten widerspiegeln.** Anna Freud meinte, man sei in der Kindertherapie häufiger mit **Externalisierungen** von inneren Konflikten und Selbstanteilen des Kindes konfrontiert. Der Therapeut übernehme dann Aspekte des Über-Ichs (z. B. im Spiel als Polizist), von Introjekten oder Triebregungen.

> ! **Merke:** Bei Kindern und Jugendlichen bestimmen gegenwärtige Beziehungen, spezifische entwicklungsbezogene Konflikte und auch Wiederbelebungen vergangener Beziehungsmuster den therapeutischen Prozess.

Die Objekte des Kindes seien somit keine Objekte der Erinnerung oder der Phantasie. Vielmehr sei das Kind mit seiner Objektwelt, in der Regel mit seinen Eltern, noch in intensivem interaktivem Austausch verbunden. Deshalb müsse die reale Lebenssituation des Kindes in besonderer Weise berücksichtigt werden. Gleichwohl sei die Verwandlung unbewusster Erfahrungsinhalte in bewusste Vorstellungen ein ebenso wichtiges Element der Behandlung, wie in der Behandlung von erwachsenen Patienten, wobei die **Entwicklung der Sprachfähigkeit, des Denkens und andere altersabhängige Fähigkeiten und Fertigkeiten** des Kindes und Jugendlichen in Rechnung zu stellen sind.

Während sich Anna Freuds Auffassungen der Therapie von Kindern und Jugendlichen im Wesentlichen an ich-psychologischen Entwicklungskonzepten orientieren, geht **Melanie Klein** (1972) davon aus, dass Übertragungen nicht nur vom unbewussten Verdrängten ausgehen, sondern von einem kontinuierlichen Strom unbewusster Phantasien beeinflusst werden, die alle libidinösen und destruktiven Impulse begleiten und deren Objekt der Therapeut in der Behandlung ist. Melanie Klein zufolge produziere ein Kind, das sich im Spiel ausdrückt, Assoziationen, die denen der Erwachsenen durchaus vergleichbar seien. Das Kind übertrage und projiziere die unbewussten Bilder seiner verinnerlichten Eltern oder Aspekte seiner Elternbilder auf den Therapeuten und entwickele hierzu Regungen, Gefühle und Ängste,

die nicht nur in der ödipalen Phase, sondern bereits in den frühesten Perioden des Lebens auftreten. Ihrer Ansicht nach ist **analytische Therapie unabhängig vom Entwicklungsstand des Kindes, bereits im frühen Kindesalter** möglich. Dabei sollten im **gesamten Verhalten des Kindes unbewusste Elemente der Übertragung** gesehen werden. Der therapeutische Vertrag werde nach ihrer Ansicht am wirkungsvollsten gefördert, wenn das Kind die Überzeugung gewinne, dass es verstanden wird und dass selbst die feindlichsten Regungen in Worten fassbar sind. Erzieherische Methoden oder absichtliche Förderung einer positiven Erfahrung, wie Anna Freud diese vorschlug, lehnte sie ab.

Auf **Winnicott**, der die Weiterentwicklungen der Kinder- und Jugendlichen-Psychotherapie entscheidend beeinflusst hat, soll unter dem Abschnitt Spiel eingegangen werden.

3 Was ist analytische/tiefenpsychologisch fundierte Psychotherapie im Kindes- und Jugendalter?

Die verschiedenen therapeutisch-technischen Modifikationen in der Behandlung von Kindern, Jugendlichen und Erwachsenen bewegen sich in der Regel auf einem Kontinuum von analytischer Psychotherapie, zu tiefenpsychologisch fundierter Psychotherapie bis hin zu stützender entwicklungsfördernder Psychotherapie.

Beide Therapieverfahren – analytische und tiefenpsychologisch-fundierte Psychotherapie – setzen Fähigkeiten zur Einsicht voraus, die vom Alter und Entwicklungsstand abhängig und an eine durchschnittliche kognitive Ausstattung gebunden sind. Fähigkeiten zur Selbstbetrachtung, Selbstdistanzierung und Selbstreflexion, die ermöglichen, sich auch schmerzlichen und unangenehmen Gefühlen zu stellen, sind für eine analytische Psychotherapie unabdingbar. In einer tiefenpsychologisch fundierten Psychotherapie können sie ein Behandlungsziel sein.

Analytische Psychotherapie im Kindes- und Jugendalter richtet sich auf die neurotische Symptomatik, den neurotischen Konfliktstoff und die neurotische Struktur des Patienten. Das therapeutische Geschehen wird mit Hilfe von Übertragungs-, Gegenübertragungs- und Widerstandsanalyse unter Nutzung regressiver Prozesse in Gang gesetzt und gefördert. Der analytische Prozess wird von zentralen **Übertragungs-Gegenübertragungskonflikten** bestimmt, deren Bearbeitung zu strukturellen Veränderungen führt. Uneinigkeit besteht darin, ob die Fähigkeit des Kindes zu symbolischem Spiel ein entscheidendes Kriterium für eine analytische Psychotherapie ist. Wird diese Fähigkeit auf der einen Seite als entscheidende Voraussetzung angesehen, gilt auf der anderen Seite die Fähigkeit des Therapeuten, mit analytischen Techniken zu arbeiten, als bestimmendes Merkmal auch dann, wenn die Spielfähigkeit aufgrund früher Störungen in den Objektbeziehungen erst noch entwickelt werden muss. Da bei Kindern und Jugendlichen gegenwärtige Beziehungen, spezifische Entwicklungskonflikte und Wiederbelebungen vergangener Beziehungsmuster den therapeutischen Prozess bestimmen, kommt der aktuellen Beziehungsgestaltung besondere Bedeutung zu. Im analytischen Setting arbeitet der Therapeut **so**

weit wie möglich in der Beziehung – zwischen sich und dem Kind – auch in der Spielinteraktion und teilweise auch an der Beziehung:

- Die Arbeit in der Beziehung sieht beispielsweise so aus, dass die Therapeutin sagt: wenn du immer sagst „Ich weiß nicht", merke ich, wie ich ganz viel für dich übernehme. Und fühle mich dann so wie jemand, der alles für dich machen soll (mütterliche Übertragung?) und worum es vielleicht wirklich geht, dass kommt dann gar nicht zur Sprache (Widerstand der Verweigerung?)

- Die Arbeit an der Beziehung sieht beispielsweise so aus, dass die Therapeutin sagt: Du sagst immer zu mir „Ich weiß nicht", und ich habe mitbekommen, dass du das auch sonst so machst. Vielleicht gibt es ja einiges, was du mir und anderen von dir nicht zeigen magst.

In einem therapeutischen Prozess, der sich wie ein roter Faden durch die Behandlung zieht, wird die zentrale Thematik (s. Beispiel „Ich weiß nicht": „Meine Ausscheidungen können Mutter zerstören, darum muss ich sie für mich behalten"), in verschiedenen Facetten im Spiel und in der Interaktion bearbeitet. Regressive Prozesse können im Dienste der Entwicklung und in Abhängigkeit von der strukturellen Ausstattung des Kindes begrenzt werden. Wie sich die Dynamik der Interaktion zwischen Therapeutin und Kind gestalten kann, kommt in einem Beispiel aus einem Antrag auf analytische Psychotherapie schön zur Darstellung:

Beispiel:
Es handelt sich um 4-jährige Patientin mit ungesteuertem Essen, distanz- und grenzüberschreitendem Verhalten: S. kocht „Essen" und gibt es mir (TH) zu essen. Ich lasse mir viel geben und esse dann mit Heißhunger und Hingabe. Vor mir tauchen Bilder von großen Eisbechern, schönem Restaurant auf – Bedingungen, in denen man isst und essen darf. Es entwickelt sich ein Spiel: Wir essen wie wild, wir schlingen in uns hinein, S. lacht, das Geschirr scheppert und fliegt durch die Gegend. Dann sage ich: „Ich bin jetzt satt. Ich habe so einen Bauch (zeige es mit Händen)". Ich denke an Schwangerschaft. S.: „Nein, du zeigst es nur mit den Händen." Die Situation scheint ihr Angst zu machen. In der nächsten Sitzung möchte sie das „Räuberspiel" – wie sie es nennt – wiederholen. Sie ist wild, schreit einige Male laut und macht mit den Händen den dicken Bauch nach. Ich traue mir zu sagen: „So ein dicker Bauch, als ob da ein Baby drin wäre." Wir versichern uns beide, dass wir nur so tun, als ob.
Essen ist offenbar kein normaler, einem körperlichen Bedürfnis entsprechender Vorgang, sondern etwas Schlimmes, Bedrohliches geworden. S. isst nicht, sie räubert entgrenzt

Tiefenpsychologisch fundierte Psychotherapie ist eine Behandlung mit variabler Zeitdauer und Frequenz. Die unbewusste Dynamik aktuell wirksamer neurotischer Konflikte und die Einsicht in gegenwärtig wirksame zwischenmenschliche Konfliktkonstellationen sollten im Mittelpunkt der Bearbeitung stehen. **Ziel ist eine partielle Umstrukturierung mit Auf- und Ausbau von Ich-Fähigkeiten.** Die Therapie ist häufig auf Teilziele beschränkt. Übertragung wird hier zwar berücksichtigt, aber steht nicht im Zentrum der Therapie. Es wird überwiegend

an Beziehungen mit anderen, selten an der Beziehung zum Therapeuten und noch seltener in der Übertragungs-/Gegenübertragungsbeziehung gearbeitet. Im Vordergrund steht das Bemühen um eine positive therapeutische Beziehung. Eine Sonderform der tiefenpsychologisch fundierten Psychotherapie ist die stützende und bewältigungsorientierte Behandlung, die zu neuen Wegen im Umgang mit realen Alltagskonflikten verhelfen soll. Stützende Maßnahmen zielen insbesondere auf die Entwicklung und Stärkung des Ichs und die Entwicklung und Stärkung affektiv-kognitiver Fähigkeiten ab. Dabei kommt der Fähigkeit zur Realitätsprüfung, der Impulssteuerung und der Affektwahrnehmung besondere Bedeutung zu.

Beispiel:
Der 7-jährige P. will am Sandkasten spielen. Aus früheren Spielanlässen weiß die Th., wie ungesteuert er sich verhalten kann, z. B Sandkasten unter Wasser setzen, Matsch verspritzen usw. Sie bespricht mit ihm die Situation – dass Sandspielen in einem Therapiezimmer, das Einhalten von bestimmten Regeln voraussetzt – nicht mehr als zwei kleine Eimer Wasser, darauf achten, dass der Sand in der Sandkiste bleibt – ob er sich das vorstellen könne? (mangelnde Impulssteuerung) Denn aufzupassen, sei ja nicht immer seine Stärke? P. will alles einhalten und unbedingt mit Sand matschen. Gut, meint die Th., aber wenn' s nicht klappt, dann muss ich die Sandkiste abdecken (klare Grenzsetzung). Ich weiß ja, dass das ein Problem von dir ist, wenn du spielst oder sonst was tust, dich an Regeln zu halten, aber hier können wir ja auch mal gucken, ob es anders geht (Anregung zur besseren Impulssteuerung und Bewältigung) und wenn's nicht klappt, warum das so ist (unbewusste Konflikte?, mangelnde Wahrnehmung des anderen?).

> **!** **Merke:** Analytische Psychotherapie strebt vorwiegend Veränderungen durch Arbeit in der Beziehung an, während tiefenpsychologisch fundierte Therapie Veränderungen durch Arbeit an anderen Beziehungen erreicht.

Zur Kurzzeitpsychotherapie

Kurzzeitpsychotherapie (25 Sitzungen pro Patient/6 für die Eltern), die als Eingangsvoraussetzung für Psychotherapeuten gutachterpflichtig ist, wird mit unterschiedlichen Indikationen und Behandlungszielen durchgeführt. Sie dient der Krisenintervention bei akuten psychoreaktiven Krisen, als Möglichkeit der Überprüfung der Behandlungsindikation und -motivation auf Seiten des Kindes/Jugendlichen oder der Eltern oder als zeitlich befristete Behandlung mit einem vorgegeben Fokus. Bei Letzterem sind Techniken der KZT im engeren Sinne zu verwenden. Das heißt, z.B. einen Fokus zu benennen, der die aktuelle neurotische Symptomatik mit den aktuellen neurotischen Bewältigungen und der neurotischen Entwicklung in der lebensgeschichtlichen Perspektive verknüpft.

Beispiel:
Die 16-jährige B. hat bereits mehrere Arbeitsstellen verloren, Es stellen sich immer wieder Bedingungen her, in denen sie sich dumm anstellt und ihre Vorgesetzten zur Weißglut bringt,

5

die sie dann vor die Tür setzen. Gleichzeitig gibt ihr die Mutter die doppelte Botschaft: „Bleibe bei mir, wehe, du wirst nicht selbständig." In der Therapiestunde redet sie über lauter Banalitäten, so dass die Therapeutin spürt wie sie zunehmend ärgerlich wird. Sie sagt: „Ich glaube, wir sind jetzt an einem Punkt, den Sie schon öfters erlebt haben. Ich spüre etwas Ärger, weil Sie hier nicht wirklich arbeiten – und gleich könnte ich schimpfen, so wie Sie es bei Ihrer Arbeit erlebt haben. Vielleicht würde ja hier mitmachen bedeuten, sich zu weit von Mutter zu entfernen."

4 Zur genauen Diagnostik und Behandlungsindikation

Wird eine Indikation zu einer analytischen oder tiefenpsychologischen Psychotherapie gestellt, ist zu überprüfen, inwieweit eine typisch neurotische „Symptomatik" vorliegt, eine lärmende Symptomatik oder im ungünstigeren Fall die Symptomatik mit Ersatzbefriedigungen wie Klauen, Naschen, Weglaufen, Lügen, Sucht und Verwahrlosung einhergeht. Bei Kindern und Jugendlichen werden häufig erst die Folgeerscheinungen einer Problematik erkannt, anstelle der ursprünglichen Schwierigkeiten. Eltern werden erst alarmiert, wenn etwa der Schulbesuch infrage steht, die Versetzung gefährdet ist, eine Anzeige wegen Diebstahls erfolgt ist usw. Dahinter verbergen sich mitunter langjährige Probleme im Umgang mit Gleichaltrigen, Lern- und Leistungsstörungen, Geschichten von Misshandlung und Vernachlässigung. Insbesondere bei Lernbehinderungen oder anderen Entwicklungsbeeinträchtigungen ist es notwendig, im Rahmen einer genaueren Diagnostik zu überprüfen, in welchem Ausmaß welche Ausfälle vorliegen, die ggf. anderer gezielter oder zusätzlicher therapeutischer Maßnahmen bedürfen.

Anna Freud (1971) meinte, dass Kinderanalyse dort am eindeutigsten durchgeführt werden sollte, wo Ängste, Krisen, Kämpfe und Konflikte der **inneren Welt** entspringen. Demgegenüber sei ein solches Vorgehen ungünstig, wo Gefahr, Angreifer und Verführer wirkliche Menschen seien, etwa die Eltern.

Es sollte überprüft werden, wie das Kind, der Jugendliche mit seiner Symptomatik umgeht und wie lange die Symptomatik bereits andauert, wie akut, wie chronifiziert sie ist, wie ausgeprägt der sekundäre Krankheitsgewinn im Verhältnis Eltern/Kind ist. Da häufiger die Umgebung an den Problemen des Kindes leidet, das Kind seine Schwierigkeiten mitunter verheimlicht, daraus Privilegien bezieht, durch die Symptomatik eventuell besondere Beachtung findet, liegen Veränderungswünsche nur bedingt vor. Kinder sind häufig Austragungsort für die neurotischen Konflikte der Eltern. Darum ist es wichtig, die Problematik der Eltern genau zu erfassen. Auffällige Entwicklungen der Eltern, Verwahrlosung, Sucht, Kriminalität oder auch soziale Notstände führen zu einer ungünstigen Prognose für die Psychotherapie des Kindes. Therapieabbrüche stehen häufig in Verbindung mit den Eltern und sind dann oft Folge der mangelnden Fähigkeit der Eltern, an ihrer eigenen Problematik zu arbeiten. Dies zeigt sich etwa bei

anhaltenden Abhängigkeiten der Eltern von ihren eigenen Eltern, bei ideologischen Fixierungen oder bei verwahrlosten und korrupten Eltern. Besondere Probleme ergeben sich auch aus Teil- und Ersatzfamilien, bei persistierenden Trennungskonflikten geschiedener Eltern, z. B. bei Sorgerechts- und Verkehrsregelungen.

> **! Merke:** Kinder sind häufig Austragungsort für die neurotischen Konflikte der Eltern. Therapieabbrüche stehen häufig in Verbindung mit den Eltern

Die Symptomatik allein sagt aber noch nicht viel über das Krankheitsbild des Kindes oder des Jugendlichen und dessen Schweregrad aus. Dazu bedarf es eingehender Diagnostik, die die Entwicklungsniveaus, auf deren Hintergrund sich die jeweiligen Symptome abbilden, mit einschließt. Hierzu ist es hilfreich, die vier Psychologien (Pine, 1990; Streeck-Fischer, 1992) der Psychoanalyse zu verwenden: die Psychologie des Triebes, des Ichs, der Objektbeziehungen und des Selbst. Jede von ihnen entwickelt eine etwas andere Auffassung von der Arbeitsweise der menschlichen Psyche und hebt andere Erscheinungen hervor.

Die **Triebpsychologie** betrachtet den Menschen unter dem Gesichtspunkt von Bedürfnissen und Wünschen, die im Schmelztiegel der frühen körperlichen und familiären Erfahrungen geformt und in Handlungen sowie in bewussten und unbewussten Phantasien verkörpert werden. Weil viele dieser Wünsche unannehmbar und gefährlich erlebt werden, erscheinen die psychischen Prozesse um Konflikte und ihre Lösungen herum organisiert.
Überprüft werden neurotische Konflikte, die sich zwischen den Instanzen ICH, ES und ÜBER-ICH befinden:
Am Beispiel der Zwangshandlung: Händewaschen würde ein Kompromiss zwischen Es-Impulsen und rigiden Über-Ich-Forderungen sein, mit dem Versuch, durch Ordnung und Sauberkeit anale Triebwünsche/-durchbrüche zu kontrollieren.

Vom Standpunkt der **Ich-Psychologie** aus wird der Einzelne unter dem Gesichtspunkt der Fähigkeit von Anpassung, Realitätsprüfung und der Abwehrprozesse gesehen. Ein Entwicklungskonzept der Ich-Funktionen macht auch ein spezielles Konzept von Ich-Defekten notwendig. Alles, was sich entwickelt, kann sich in eingeschränkter oder abweichender Weise entwickeln.
Überprüft werden Störungen der Affekt-, Impuls- und Selbstregulation, der Realitätsprüfung, der Fähigkeit zur Objektkonstanz, der Triebsteuerung u. a.
Die Zwangshandlung Händewaschen erscheint als eine Ich-Leistung, die möglicherweise der Herstellung von Grenzen im Bereich des Selbst und der Objekte dient.

Die Psychologie der **Objektbeziehungen** sieht das Objekt unter dem Gesichtspunkt eines aus der frühen Kindheit herrührenden Beziehungsdramas, das bewusst oder unbewusst im Gedächtnis erhalten bleibt. Die Objektbeziehungen, wie sie vom Kind erlebt werden, sind das, was sich im bewussten und unbewussten Gedächtnis niederschlägt und was wiederholt wird.

5.3 Einführung in die analytische und tiefenpsychologisch fundierte Psychotherapie bei Kindern und Jugendlichen

Kinder und Jugendliche mit Zwängen können beispielsweise in unbewältigte neurotische oder traumatische Konflikte eingewoben sein, die von den Eltern in ihren Kindern kontrolliert werden – der eigene Unfall wird durch autonomieverhinderndes Verhalten der Mutter im Kind bearbeitet, indem sie das Kind noch im Alter von 10 Jahren einkleiden und zur Schule bringen muss.

Die **Psychologie des Selbst** und des Selbsterlebens betrachtet das anhaltend subjektive Befinden des Einzelnen, und zwar vor allem im Hinblick auf Grenzen, Kontinuität und Wertschätzung. Der Grad der Differenzierung des Selbst von anderen (Objekten) hat dabei eine zentrale Bedeutung. Darüber hinaus spielt der Grad von Ganzheit vs. Fragmentierung, Kontinuität vs. Diskontinuität und Wertschätzung des Selbst eine herausragende Rolle. *Der Zwang kann die Funktion der Kontrolle und Selbstbestimmung über sich haben, um Fragmentierungsängste abzuwehren, er kann aber auch mit Beschämungsängsten verknüpft sein, die die eigene Wertschätzung infrage stellen.*

Eine genaue psychoanalytische Diagnostik von neurotischen und psychosomatischen Störungen sowie Entwicklungsstörungen im Kindes- und Jugendalter setzt die Verwendung dieser verschiedenen Entwicklungs- und Verstehensmodelle voraus. Um fundierte Aussagen über die Indikation zur Behandlung, die hilfreiche therapeutische Technik und die Behandlungsprozesse treffen zu können, ist eine genaue Diagnostik, die verschiedene Entwicklungsniveaus einschließt, unabdingbar (vgl. auch Themenheft OPD KJ 1999).

! **Merke:** Zwangserkrankungen, Essstörungen, Einnässen, Einkoten und andere Störungsbilder kommen bei unterschiedlichem Schweregrad und Entwicklungsniveau vor. Es kann zwischen neurotischem, mäßig integriertem, niedrig integriertem und psychotischem oder desintegriertem Niveau unterschieden werden.

Je polysymptomatischer das Störungsbild, desto ausgeprägter sind die ich-strukturellen Störungen (z. B. mangelnde Impulskontrolle mit süchtigem und triebhaftem Agieren, mangelnde Spannungs- und Affekttoleranz, mangelnde Realitätsprüfung), je tief greifender die Beziehungsstörung, umso ungünstiger die Prognose für die Psychotherapie. Solche schweren Störungen erfordern ein spezielles therapeutisches Vorgehen, bei dem immer zu prüfen ist, ob die Kinder und Jugendlichen unter ambulanten Bedingungen ausreichend behandelbar sind. Darüber hinaus sind spezifische Bedingungen in der Elternarbeit zu berücksichtigen.

5 Behandlungsbedingungen in Abhängigkeit von verschiedenen Altersphasen

Aufgrund der in Entwicklung befindlichen Persönlichkeit des Kindes und des Jugendlichen sind spezifische Bedingungen in Bezug auf das therapeutische Setting und das Behandlungsvor-

gehen zu berücksichtigen. Da Kinder und oft auch Jugendliche, anders als Erwachsene, sich nicht „aus freien Stücken" von sich aus in Behandlung begeben, bei Behandlungsbeginn oft über keine Krankheitseinsicht verfügen und keinen Leidensdruck haben, sich eher weigern, spontan ihre Probleme und Konflikte mitzuteilen, brauchen sie ein „facilitating environment" (Winnicott 1971), das dem Entwicklungsstand und den Bedürfnissen des jungen Patienten entgegenkommt. **In dieser Einleitungsphase** können eine aktive Beziehungsaufnahme seitens des Therapeuten, attraktive Spielangebote in einem entsprechend hergerichteten Spielzimmer, Angebote für kreatives Gestalten, Entgegenkommen in der zeitlichen Planung von Stunden zunächst wichtig und notwendig sein. Die Spielangebote für Kinder und Jugendliche sollten auf die verschiedenen Altersgruppen abgestimmt sein.

Welche Spiele sollten in einem Spielzimmer sein?
Regelspiele, Material für kreatives Arbeiten (z. B. Knete, Malstifte, Wasserfarben)
Puppen, Playmobilfiguren, Pistole, Handschellen, Ritterburg, Bauernhof, Kasperpuppen, Sandkiste u.a.

Während bei **Kindern** das Spiel im Vordergrund steht, gewinnt das Gespräch mit zunehmenden Alter mehr und mehr an Bedeutung. Grundsätzlich ist immer darauf zu achten, dass man als Therapeut nicht zu einer Person wird, die sich von den Eltern nicht unterscheidet oder sich zu sehr auf die Seite des Kindes oder Jugendlichen schlägt und dann in Verstrickungen mit den Eltern gerät. Der Therapeut kann nur in einer oft noch herzustellenden Übereinkunft mit den Eltern bestimmte Werte und Normen vertreten. Die Persönlichkeit des Therapeuten und seine Fähigkeit, das Kind bei seinen Möglichkeiten abzuholen, gewinnt eine hervorgehobene Bedeutung.

Bei **Jugendlichen** steht das Gespräch im Vordergrund. Allerdings ist die symbolische Ebene der sprachlichen Kommunikation noch nicht selbstverständlich etabliert. Das heißt, dass Jugendliche sich häufig über ihre Handlungen mitteilen. Gelegentlich kann auch ein Coucharrangement sinnvoll sein. Dies ist jedoch nur dann indiziert, wenn überwiegend an verinnerlichten Konflikten gearbeitet wird. Es sind therapeutische Vorgehensweisen erforderlich, die verdeutlichen, dass man als Therapeut nicht den übertragenen Elternobjekten voll entspricht. Jugendliche können häufig nicht trennen zwischen ihren neurotischen Beziehungen und dem Angebot des Therapeuten, in der Behandlung diese neurotischen Mechanismen aufzuspüren. Sie erfahren u. U. den Therapeuten, genau wie die bemächtigende Mutter. Dies kann bedeuten, dass es notwendig ist, mit dem Jugendlichen Aktivitäten zu unternehmen, die deutlich machen, dass der Therapeut ein hilfreiches, wohlwollendes Objekt ist. Eissler (1966) hat solche vorübergehenden Änderungen des Settings als Parameter in die Therapie Jugendlicher eingeführt und z. B. mit ihnen gemeinsame Spaziergänge, Tischtennisspiel o. a. durchgeführt. Negative Übertragungen sollten immer unmittelbar aufgegriffen und bearbeitet werden. Die Arbeitsbeziehung, die auf das gemeinsame Verstehen abhebt, sollte immer wieder betont werden.

5

Paktabsprachen sind sowohl in der Kinder- als auch Jugendlichen-Psychotherapie von besonderer Bedeutung. Sie ähneln den Absprachen in der Erwachsenentherapie. Bei Kindern und Jugendlichen, die noch nicht über ein eigenes Einkommen verfügen, sind Vereinbarungen, etwa bei Stundenversäumnis die Sitzung aus eigener Tasche zu bezahlen, schwer einzuhalten. Hier sind, bezogen auf das einzelne Kind oder den Jugendlichen, Bedingungen auszuhandeln, die tragbar sind: z. B. zu vereinbaren, dass in einem solchen Fall ein kleinerer Geldbetrag vom Taschengeld abgezogen wird. Mit seinen Urlaubszeiten sollte sich der Therapeut in der Regel an den Schulferien orientieren. Wichtig in der Kindertherapie sind auch Paktabsprachen mit den Eltern, die häufig ich-syntone Konflikte über ihre Kinder austragen und eigene Beteiligungen nicht erkennen.

Entwicklungsspezifische Bedingungen, etwa die Ablösung und Identitätsfindung beim Jugendlichen sowie die Neigung, sich eher handelnd als sprachlich mitzuteilen, erfordern flexible therapeutisch-technische Einstellungen. In Absprachen hinsichtlich der Gestaltung ihres Tagesablaufes, ihrer schulischen und beruflichen Perspektiven, evtl. auch im Umgang mit Drogen und subkulturellen Interessen, ist zu überprüfen, inwieweit der Jugendliche diese Bereiche als Orte der Auseinandersetzung für sich verwenden kann oder anhaltend aus den Konflikten „aussteigt".

! **Merke:** Ziele der Psychotherapie bei Kindern und Jugendlichen sind neben der Behandlung der neurotischen Psychodynamik und des neurotischen Konfliktes immer auch die Aufarbeitung phasenspezifischer Fixierungen und die Bearbeitung von Entwicklungsdefiziten.

6 Zum Spiel in der Psychotherapie bei Kindern und Jugendlichen

Das Spiel gilt als Königsweg zum Unbewussten in der Behandlung von Kindern. Abhängig vom Alter und Entwicklungsstand werden unterschiedliche Spiele vorrangig gespielt. Die **Entwicklungsreihe des Spiels** gibt eine Orientierung über den Stand der Entwicklung des Kindes und ist hilfreich, wenn Kinder Spielfähigkeit nur rudimentär entwickelt haben. In der frühen Kindheit werden Spiele gespielt, die der Herstellung von Objektkonstanz dienen. Das Übergangsobjekt, Guck-Guck-Spiele, Versteckspiele haben alle zum Inhalt, Trennung spielerisch zu ertragen und zu bewältigen. Im Vorschulalter gewinnt das Symbolspiel an Bedeutung. Zentrale Themen sind ödipale Beziehungen, Liebesverlustängste, die mit vielfältigen Phantasien ausgestaltet werden. Ab dem Schulalter gewinnen Regelspiele eine hohe Bedeutung. An ihnen werden Formen des sicheren Umgangs im sozialen Umfeld erprobt. Plaut (1979) meint, dass auch in der Adoleszenz bestimmte Spiele vorherrschen, nämlichen Spiele mit und an den Grenzen.

Entsprechend den verschiedenen psychoanalytischen Psychologien hat das Spiel unterschiedliche Bedeutungen. So kann es als Austragungsort für Triebkonflikte gesehen werden oder als Ort des Handelns besonderer Art, als kindliches Ausdrucksmittel, je nach Entwicklungstand mit unterschiedlichen Spielformen oder als Kommunikationsmittel mit sich und anderen.

Winnicott (1978) hat eine umfassende Sichtweise des Spiels entwickelt. Für ihn ist Spiel nicht ausschließlich eine Aktivität der Kindheit und auch nicht nur ein zentrales Ausdrucksmittel in der Psychotherapie mit Kindern. Spiel ist für ihn ein imaginärer Ort, an dem sich zwei Personen – ob Kind oder Erwachsener – begegnen und miteinander in Beziehung treten. Entsprechend seinem Verständnis von Spiel ist Kommunikation nur im Spiel möglich. Aufgrund interaktiver Erfahrungen mit der Mutter erwirbt das Kind die Fähigkeit zum gemeinsamen Spielen innerhalb einer Vertrauensbeziehung. Winnicott unterscheidet zwischen einem selbstheilenden Spiel und dem psychotherapeutischen Spiel. Beim psychotherapeutischen Spiel hat der Therapeut die Aufgabe, durch seine Spielweise den Reifungsprozess zu unterstützen und Entwicklungshemmungen zu beseitigen (Winnicott 1978).

Merkmale der Entwicklung der Spielfähigkeit und des Spiels

Wesentliche Merkmale der Entwicklung der Spielfähigkeit und des Spiels sind die Phantasietätigkeit, die Fähigkeit zur Grenzziehung zwischen Realität und Phantasie, die Fähigkeit zur Impulssteuerung, die Fähigkeit, Narrative zu entwickeln und die Qualität der Objektbeziehungen (Streeck-Fischer 1997, 1999). Mithilfe der folgenden Beurteilungskriterien können zentrale Aussagen hinsichtlich des Entwicklungs- und Integrationsniveaus bei Kindern gemacht werden, die die üblichen Klassifikationen ergänzen:
1. Verhältnis Phantasie/Realität
2. Körperliche Handlung
3. Als-ob-Fähigkeit
4. Spieldauer/Sequenz, Spielinhalt, Spielqualität
5. Spiel-Entwicklungsalter

Charakterisierung der Dimensionen zur Beurteilung des Spiels

1. Verhältnis Phantasie/Realität
Das Verhältnis Phantasie/Realität ist eine zentrale Dimension der Spielfähigkeit. Verschiedene Störungen einer zusammengebrochenen Balance von Realität und Phantasie wurden von Ogden (1985) beschrieben. Dazu kommt es infolge von massiven Störungen in der Mutter-Kind-Interaktion:
- mit einer Ausweitung der Phantasietätigkeit. Die Grenzen zwischen Wahn und Wirklichkeit sind aufgelöst. Das Kind ist im Extremfall psychotisch;
- mit einer vorzeitigen Besetzung der äußeren Realität. Äußere Realität wird zur Abwehr gegen Phantasie eingesetzt. Das Spiel bleibt vordergründig an reale Erfahrungen gebunden und phantasielos. Das Kind entwickelt eine flache Persönlichkeit, wie das z.B. bei schweren Psychosomatosen der Fall ist;
- die Dialektik von Phantasie und Realität wird eingeengt und geht mit einer Spaltung des Ichs einher. Es entwickeln sich Compartmentalisierungen (Shengold, 1995).

5

2. Als-ob-Fähigkeit

Die Als-ob-Fähigkeit ist eine Funktion, die dem Kind ermöglicht, ein Spiel als real und als nicht real anzusehen, als ernst und nicht ernst. Sie ist eine Voraussetzung für die Symbolisierungsfähigkeit des Kindes und setzt einen sicher entwickelten Übergangsspielraum voraus.

3. Körperliche Handlung

Die körperliche Handlung verweist auf Fähigkeiten der Selbst-/Impulsregulation und die Fähigkeit, sich einen umgrenzten Raum zu Eigen zu machen. Das Spiel kann auf einer Makroebene als Handlung zwischen zwei Personen stattfinden oder auf einer Mikroebene, dabei werden Spielfiguren verwendet (vgl. Erikson, 1950)

4. Spieldauer, Spielinhalt und Qualität

Spieldauer, Spielinhalt und Qualität des Spiels lassen erkennen, inwieweit das Kind in der Lage ist, Narrative im Spiel zu entwickeln, die in sich einen geschlossenen Charakter, einen Anfang, eine Mitte und ein Ende haben. Die Dauer einer Spielsequenz ist entwicklungsabhängig. Art und Qualität der Objektbeziehungen werden erkennbar. Brüchige Spielszenen, Spielabrisse verweisen auf eine mangelnde Kohärenz, die mit einer Unfähigkeit zu spielen einhergeht.

Beispiel:

N. gibt der Therapeutin im Spiel die Rolle einer kleinen Person und stattet sie mit einem kleinen Messer aus. Er als Mächtiger bekämpft die Therapeutin frontal mit ungebremsten Hassgefühlen, so dass die Therapeutin im Spiel mehrfach innehalten muss, um ihn auf das „ so tun als ob" hinzuweisen. N. reguliert sich dann sofort wieder. Er durchsucht die Therapeutin nach Waffen. Diese soll leugnen. Zur Strafe für die Lüge wird ihr langsam quälend ein Finger nach dem anderen abgeschnitten. N. begibt sich in die Rolle des grandios Mächtigen. In N.s Spiel kommt es immer wieder zu massiven Impulsdurchbrüchen, mit denen er die Als-ob-Ebene verlässt. Sein Spiel wird dann zu einem realen Kampf. Sadistische Spielinhalte scheinen Befriedigungscharakter zu haben.

Im Spiel zeigt dieses Kind eine potenziell gute Phantasietätigkeit, die jedoch von innen oder außen durch Konflikte, Triebwünsche oder auch reale Ereignisse störbar ist und dann verflacht oder wahnhaft verfolgend dekompensiert. Die Als-ob-Ebene ist nicht sicher etabliert. Auf der Handlungsebene kommt es zeitweilig zu Impulsdurchbrüchen im oralen, aggressiven und sexuellen Bereich mit Ersatzbefriedigungscharakter. Die Spieldauer ist herabgemindert. Die Spielinhalte sind von grandiosen, oralen und symbiotischen Themen gekennzeichnet. Im Vordergrund stehen Objektverlustängste, und es wird nach sicheren symbiotischen Objekten gesucht. Das Spielentwicklungsalter wechselt zwischen der symbolischen Ebene und der Ebene von Entwicklungsspielen.

Die Spielregeln sind die bereits erwähnten Paktabsprachen. Die Assoziationsregel kann bei Kindern und Jugendlichen nur im begrenzten Umfang gelten. Während sich die Störungen des Spielens bei neurotischen Erkrankungen in der Regel im Umgang mit den Spielregeln zeigen, sind Kinder und Jugendliche mit strukturellen Störungen zumeist eingeschränkt fähig, überhaupt spielen zu können. Hier sind therapeutische Modifikationen notwendig, die Spielfähigkeit herstellen.

Unter der Voraussetzung eines **gesicherten Spielraumes** können Kinder im Spiel Erfahrungen machen, die ihnen helfen, Konflikte und schwierige Realitätsbedingungen zu bewältigen. Im heilsamen Spiel werden konflikthafte Situationen nicht einfach nur wiederholt, sondern neu und aktiv hergestellt. Der Arztbesuch beispielsweise, der für ein Kind mit einer erschreckenden Blutentnahme verknüpft war, wird im Arztspiel wiederholt und bewältigt. Die Wiederherstellung dieser Situation im Spiel dient dem Zweck, die schmerzliche Erfahrung zu kontrollieren und zu bewältigen – in wechselnden Positionen – der des leidtragenden, geängstigten Kindes und der des Arztes, der dem Kind Schmerz zufügt und Blut abnimmt. In der Arztrolle können durch diesen Mechanismus der Identifikation mit dem Angreifer (A. Freud, 1968) Wünsche nach Rache und Vergeltung befriedigt werden. Das Spiel hat die Funktion eines Protektors für das Selbst. Wichtige interaktive Erfahrungen werden im Spiel gleichsam durchgekaut, überprüft, ins Selbstbild integriert oder verworfen. Erikson (1937) spricht von Spielsättigung, wenn eine Thema natürlich beendet wird und zu einer vorläufigen oder auch definitiven Bewältigung gedient hat.

Bei strukturell gestörten Kindern liegt es am Therapeuten, das Kind bei seinen rudimentär gebliebenen Fähigkeiten zum Spielen abzuholen und mit ihm **Spielfähigkeit zu entwickeln.** Prototypen für Spiele der Entwicklung hat Freud (1920) beschrieben, wie das Guck-Guck-Spiel, das Wegwerf- und Ranholspiel, Weglauf- und Gefangen-werden-Spiele oder Versteck- und Gefunden-werden-Spiele. Mit diesen Spielen werden Trennung und Wiedersehen spielerisch bearbeitet und gemeistert. In ihnen wird die so wichtige Fähigkeit, Ungewissheit zu ertragen, entwickelt, die für alle neuen ungewissen Situationen von hoher Bedeutung ist. Bion hat sie die „negative capability" (Bion, 1962) genannt.

Strukturell gestörte Kinder verfügen häufig über keinen gesicherten Spielraum. Ihre Spiele drohen zu entgleisen, real zu werden und damit in ihrer destruktiven Kraft unmittelbar wirksam zu werden. Hier ist es besonders wichtig, auf die Begrenzungen des Spiels und des Rahmens zu achten.

7 Die psychotherapeutische Arbeit mit den Eltern

Säuglinge und noch sehr kleine Kinder werden zumeist in Anwesenheit der Mutter behandelt, um die frühen Interaktionsprobleme zwischen beiden unmittelbar aufzugreifen und zu bearbeiten. Cramer (1994) hat mit seinen Hinweisen, dass Mütter in der frühen Beziehung zu ihren Kindern eigene Elternbilder auf ihre Kinder übertragen, sehr wichtige und weiterführende Behandlungsmodalitäten im frühen Kindesalter geschaffen.
Bei der Behandlung von Vorschul- und Latenzkindern sowie Heranwachsenden bis zum Alter von 15 Jahren ist nach vier Sitzungen eine Sitzung mit den Eltern üblich, im seltenen Fall kann die

5

Relation des Sitzungsverhältnisses auch zugunsten der Eltern modifiziert werden. In der Regel führt derselbe Therapeut die Elterngespräche durch, in besonderen Fällen können diese Aufgaben auf zwei verschiedene Therapeuten verteilt werden. Es handelt sich um eine begleitende Elterntherapie, was bedeutet, dass im Mittelpunkt der Behandlung die Konflikte des Kindes stehen. Es geht um das Verstehen der problematischen Interaktionen mit dem erkrankten oder gestörten Kind und um veränderte Einstellungen. Hier kann es wichtig sein, sich die eigene Kindheit der Eltern zu vergegenwärtigen, um Ursprünge eigener Probleme zu erkennen. Solche therapeutischen Gespräche führen mitunter bei Eltern zu eigenen Behandlungswünschen, z.B. wenn das Kind als phobisches Objekt bei einer Angststörung der Mutter verwendet wird.

In besonderen Fällen, beispielsweise im Jugendlichenalter, sind familientherapeutische Sitzungen sinnvoll, die alle Familienmitglieder einbeziehen. Dies ist angebracht, wenn sich familiäre Konflikte in der Lebens- und Entwicklungsphase des Patienten ergeben, die alle Familienmitglieder betreffen.

Bei einer Behandlung jenseits des 15. Lebensjahres sollte mit dem Jugendlichen abgestimmt werden, ob und wie die Eltern einbezogen werden. Der Jugendliche mit seiner Problematik steht im Vordergrund und sollte darüber bestimmen. Jedoch ist immer auch zu bedenken, dass ein Jugendlicher, der die Eltern an eigenen Entwicklungen nicht teilnehmen lässt, möglicherweise innerlich an idealen Elternbildern festhält. Unter solchen Umständen sollte eine gelegentliche Einbeziehung von Eltern eingeplant werden.

Besondere Probleme ergeben sich bei Kindern in Scheidungsfamilien, bei sog. Patchwork-Familien und bei Kindern, die in Heimen untergebracht sind. Hier ist zu überprüfen, inwieweit der leibliche Vater oder die leibliche Mutter aktuelle und zukünftige Bedeutung für die neurotische Problematik und die reale Lebenssituation des Kindes hat. Mitunter ist die Einbeziehung von Eltern bzw. Müttern bei Heimkindern eher ungünstig, weil sie ihrem Kind erneute Traumatisierungen zufügen können. Bei Heimkindern ist es wichtig, den Bezugserzieher oder Betreuer einzubeziehen, um sich verfestigende Beziehungskonstellationen zu verdeutlichen und zu bearbeiten.

8 Frequently Asked Questions (FAQ)

1. *Warum ist die therapeutische Arbeit mit Kindern und Jugendlichen schwieriger als mit Erwachsenen?*
→ Es sind häufiger geschickte Patienten, die unangenehme Affekte, wie Unlust und Angst schlechter tolerieren können und sich eher im Handeln als der Sprache ausdrücken.
2. *Was sind die Unterschiede in den Auffassungen zur Kinder- und Jugendpsychotherapie zwischen Anna Freud und Melanie Klein?*
→ Anna Freud betont vor allem die entwicklungsbezogenen und ich-psychologischen Aspekte in der Arbeit mit den Kindern mit entsprechenden therapeutisch-technischen Modifikationen. Melanie Klein vertritt, dass das gesamte Verhalten des Kindes unbewusste Elemente der Übertragung

ausdrückt und entsprechend gedeutet werden sollte.
3. *In welcher Hinsicht unterscheidet sich die tiefenpsychologisch fundierte Psychotherapie von der psychoanalytischen Psychotherapie bei Kindern und Jugendlichen?*
→ Bei der tiefenpsychologisch fundierten Psychotherapie ist das Ziel eine partielle Umstrukturierung mit Auf- und Ausbau von Ich-Fähigkeiten. Demgegenüber steht bei der analytischen Psychotherapie die aktuelle Beziehungsgestaltung mit dem Therapeuten im Mittelpunkt. Zentrale Übertragungs-/Gegenübertragungskonflikte bestimmen die Arbeit, die sowohl im symbolischen Spiel als auch in den gemeinsamen Hervorbringungen zum Ausdruck kommen.
4. *Wie sind die Merkmale des Spiels und der Spielfähigkeit, die in der Diagnostik des Entwicklungs- und Integrationsniveaus bei Kindern bedeutsam sind?*
→ Verhältnis Fantasie/Realität, körperliche Handlungen, Als-ob-Fähigkeit, Spieldauer/Sequenz, Spielinhalt, Spielqualität und Spielentwicklungsalter

9 Prüfungsfragen

1. Was sind die Unterschiede zwischen Kinder-, Jugendlichen- und Erwachsenenpsychotherapie (analytisch/tiefenpsychologisch)?
2. Wie sollte der räumlich/zeitliche Rahmen beschaffen sein, in dem die Therapie stattfindet?
3. Wie unterscheiden sich M. Klein und A. Freud in ihren Ansätzen?
4. In welchem Verhältnis stehen die Probleme des Kindes zu den Eltern?
5. Welche Parameter können in der Behandlung von Jugendlichen eingeführt werden und warum sind sie notwendig?

10 Literatur

- Bion WR: Lernen durch Erfahrung. Frankfurt: Suhrkamp, 1962/1990
- Cramer B: Mutter-Kleinkindbeziehung. Prax Kinderpsychol 1994;43:345-349
- Eissler KR: Bemerkungen zur Technik der psychoanalytischen Behandlung Pubertierender nebst einigen Überlegungen zum Problem der Perversion. Psyche 1966;20:837-852
- Erikson EH: Configurations in play – clinical notes. Psychoanal Q 1937; 6:139-214
- Erikson EH: Kindheit und Gesellschaft. Stuttgart: Klett, 1950/1968
- Faber FR, Haarstrick R, Dahm A, Kallinke J: Kommentar zu den Richtlinien. München: Urban & Fischer, 1999
- Freud A: Das Ich und die Abwehrmechanismen. München: Kindler, 1968
- Freud A: Wege und Irrwege in der Kinderentwicklung. Stuttgart: Klett, 1971
- Freud S: Jenseits des Lustprinzips. GW Band 13 (1920-1924). Frankfurt: Fischer, 1969
- Klein M: Das Seelenleben des Kleinkindes. Reinbek: Rowohlt Taschenbuch, 1972
- Plaut EA: Play and Adaption. Psychoanal Stud Child 1979;42:3-9
- Pine R: Die vier Psychologien der Psychoanalyse und ihre Bedeutung für die Praxis. Forum Psychoanal 1990;6:232-249

- Ogden TH: On potential space. Int J Psychoanal 1985;66:129-141
- Shengold D: Soul Murder. Frankfurt: Brandes & Aspel, 1995
- Streeck-Fischer A: Analytisch orientierte Psychotherapie bei Kindern und Jugendlichen. Munch Med Wochenschr 1992;134:666-670
- Streeck-Fischer A: Verschiedene Formen des Spiels in der analytischen Psychotherapie. Forum Psychoanal. 1997;15: 19-37
- Streeck-Fischer A: Zur OPD-Diagnostik des kindlichen Spiels. Prax Kinderpsychol Psychiatr 1999;48:579-588
- Themenheft OPDKJ: Operationalisierte Psychodynamische Diagnostik bei Kindern und Jugendlichen 1999;48/8
- Winnicott DW: Reifungsprozesse und fördernde Umwelt. Frankfurt: Suhr-Kamp, 1971
- Winnicott DW: Vom Spiel zur Kreativität. Stuttgart: Klett-Cotta, 1978/1987

Übersicht: Unterschiede in den Verfahren

	Analytische Psychotherapie	Tiefenpsychologisch fundierte Psychotherapie	als KZT
Frequenz:	2-3	1-2 und weniger	1-2
Setting: **Kind (bis 14 Jahre)** **Jugendlicher**	Spielzimmer/ face to face	Spielgeräte/ face to face evtl. außerhalb des Zimmers	ggf. freie Gestaltung
Eltern:	einbezogen in einem Sitzungsverhältnis 1:4 bei Jugendlichen abhängig von Alter/Problemen entsprechend partiell	einbezogen, evtl. verändertes Sitzungsverhältnis	einbezogen
Behandlungsdauer:	Höchstgrenze 150 (Kind) 180 (Jugendlicher)	Höchstgrenze weniger als 150 weniger als 180 abhängig von der Arbeitsweise der Therapeutin	25
Ziele:	strukturelle Veränderungen	Erwerb von reiferen Bewältigungen, Ich-Reifung	abhängig vom Behandlungsziel

5

5.4 Paartherapie – psychoanalytische und systemische Ansätze

Reinhard Kreische

1 Einleitung

Paartherapie ist die psychotherapeutische Behandlung von Patientinnen und Patienten mit psychischen, psychosomatischen und somatopsychischen Erkrankungen in einem paartherapeutischen Setting. Sie unterscheidet sich von der Ehe-, Partner- und Lebensberatung, die vor allem der Verbesserung von Paarbeziehungen dient. Lebensberatung ist keine Krankenbehandlung und somit auch nicht Gegenstand der Psychotherapie, die zu Lasten der gesetzlichen oder privaten Krankenkassen durchgeführt werden kann.

„Seelische Krankheit" wird in den Psychotherapie-Richtlinien definiert als krankhafte Störung der Wahrnehmung, der Erlebnisverarbeitung, der sozialen Beziehungen und der Körperfunktionen. „Der Krankheitscharakter dieser Störungen kommt wesentlich darin zum Ausdruck, dass sie der willentlichen Steuerung durch den Patienten nicht mehr oder nur zum Teil zugänglich sind" (Faber et al., 1999, 9-10).

! Merke: „Beziehungsstörungen" können nur dann als seelische Krankheit gelten, wenn ihre psychische Ätiologie nachgewiesen wurde.

„Schicksalhafte Ereignisse, biographische Schwellensituationen, Fehlverhalten des sozialen Umfelds des Patienten, frühkindliche Traumatisierungen, Auseinandersetzungen am Arbeitsplatz, Belastungen durch Organminderwertigkeiten usw. – solche Faktoren im weiten Bedingungsfeld der Biographie eines Patienten bringen allein durch ihr Vorhandensein nicht schon den Nachweis der psychischen Ätiologie einer neurotischen Störung, deren Behandlung damit ausreichend begründet wäre" (Faber et al., 1999, 12). Sie können aber auslösende Faktoren einer psychischen Symptomatik sein, wenn sich bereits zuvor aufgrund ungünstiger Entwicklungsbedingungen eine Disposition zu einer seelischen Erkrankung ausgebildet hat.

In diesem Kapitel wird die Paartherapie aus psychoanalytischer Sicht beschrieben. Dennoch kann und soll es sich nicht nur um eine Darstellung der psychoanalytischen Paartherapie handeln. Die Psychoanalyse tat sich ja eher schwer auf dem mühsamen Weg von Freuds skeptischen Äußerungen von 1912, in denen er seine „völlige Ratlosigkeit", „was die Behandlung der Angehörigen betrifft", eingesteht und „auf deren individuelle Behandlung überhaupt wenig Zutrauen" setzt, bis zur Gegenwart, in der zum

Beispiel Fürstenau (1985) „die Wahl des veränderungsoptimalen Systembezugs" als eine „entscheidende strategische Operation des Psychoanalytikers" postuliert.

! Merke: Paartherapeutische Interventionen sind in vielen psychotherapeutischen Behandlungen indiziert, weil dysfunktionale Partnerbeziehungen sowohl psychische und psychosomatische Erkrankungen auslösen können als auch, wahrscheinlich noch häufiger, solche Erkrankungen stabilisieren können. Ausschließliche Behandlungen im paartherapeutischen Setting sind sehr viel seltener indiziert, weil sie bei ausgeprägteren seelischen Störungen eines oder beider Partner die der Erkrankung zugrunde liegenden intrapsychischen Konflikte nicht ausreichend erfassen und somit nicht den veränderungsoptimalen Systembezug herstellen.

Im Rahmen der psychotherapeutischen Ausbildung ist es notwendig, die Indikationen und Kontraindikationen für Paartherapie stellen zu lernen und die Praxis der wichtigsten paartherapeutischen Interventionsformen unter kompetenter Supervision zu üben und ihre theoretischen Hintergründe zu verstehen.

Eine spezielle Abrechnungsziffer für Paartherapie gibt es bislang (2003) weder in den Gebührenordnungen der Primär- und Ersatzkassen noch der Privatkrankenkassen. Es sind jedoch Absprachen zwischen familientherapeutischen Hochschullehrern und den Krankenkassen getroffen worden, die es erlauben, bei entsprechender Indikationsstellung paartherapeutisch zu arbeiten. Bei Doppelstunden wird dann eine Sitzung analog tiefenpsychologisch fundierter Einzeltherapie über den einen Partner und eine Sitzung über den anderen Partner abgerechnet, bei Einzelstunden wird alternierend eine Sitzung über den einen und die nächste Sitzung über den anderen Partner abgerechnet. Der höheren Komplexität der therapeutischen Leistung bei Paartherapie im Vergleich zur Einzeltherapie wird diese Lösung noch nicht gerecht. Immerhin ist sie ein erster Schritt aus der früheren therapeutisch-juristischen Grauzone heraus, wenn ein Psychotherapeut mit seinen Patienten paartherapeutisch arbeitet. Eine (Doppel-)Abrechnung einer paartherapeutischen Einzelsitzung über beide Partner ist nicht zulässig.

2 Theoretische Inhalte und Kenntnisse

2.1 Historische Entwicklung

Die Ursprünge der professionellen Ehe- und Familientherapie reichen in den USA und in Großbritannien bis ins 19. Jahrhundert zurück, wo Sozialarbeiter und Psychiater im Rahmen von karitativen Einrichtungen des „Social Work Movement" mit Familien arbeiteten. Einen Überblick findet man zum Beispiel bei Broderick und Schrader (1981). Oberndorf (1938) hat als einer der Ersten Ehepaare psychoanalytisch behandelt, allerdings in dem problematischen Setting der Einzeltherapie beider Partner beim selben Therapeuten (vgl. Kreische, 1986b). In diesem Setting entwickeln sich häufig paranoid getönte Befürchtungen bei den einzeltherapeutisch behandelten Partnern, die sich Gedanken darüber machen, was der Therapeut in der parallelen Therapie über sie bzw. ihn sagt und ob er Dinge, die sie bzw. er in der Therapie offenbaren, möglicherweise bewusst oder durch Unachtsamkeit in der Therapie des Partners gegen sie verwendet. Weil solche Therapeutenfehler wirklich vorkommen können und weil sich paranoide Übertragungen, selbst wenn sie durch kein problematisches Therapeutenverhalten ausgelöst wurden, oft nicht gut bearbeiten lassen, gibt es nur noch wenige Therapeuten, die in diesem Setting mit Paaren arbeiten.

Nach dem Zweiten Weltkrieg begann zunächst in den USA und in Großbritannien das Interesse von Psychotherapeuten an der Erforschung von Paarbeziehungen und Familien stark zuzunehmen. Zu den psychoanalytisch orientierten Pionieren in den Vereinigten Staaten zählen Ackerman (1958, 1959), Boszormenyi-Nagy und Spark (1973), Bowen (1976), Framo(1965), Lidz et al. (1957), Paul (1967), Sander (1979), Shapiro (1968) und Stierlin (1972a, 1972b), in England Objektbeziehungstheoretiker wie Bentovim et al. (1982), Dicks (1967) und Skynner (1976). Später arbeiteten auch Psychotherapeuten in anderen westlichen Ländern an der Erforschung und Behandlung von Paaren und Familien: in Italien Selvini Palazzoli et al. (1975), in Frankreich Anzieu (1975), Lemaire (1979) und Racamier (1980) und im deutschsprachigen Bereich Bauriedl (1980), Kaufmann (1975), Richter (1970), Sperling et al. (1982), wiederum Stierlin et al. (1977), Strotzka (1979) und Willi (1975, 1978). Einige dieser Autoren blieben Psychoanalytiker, andere haben sich später von der Psychoanalyse abgewandt.

Gleichzeitig entstanden paar- und familientherapeutische Arbeitsgruppen, die direkt von systemtheoretischen und kommunikationstheroretischen Ansätzen ausgingen, wie die Palo-Alto-Arbeitsgruppe in Kalifornien um Bateson, Jackson, Haley und Weakland (1956), die die krank machende „double-bind"-Kommunikation in Familien entdeckte, die sie zunächst für spezifisch hielt für Familien mit schizophrenen Mitgliedern, die inzwischen jedoch auch bei vielen anderen psychischen Störungen gefunden wurde (Bateson, 1969; Berger, 1978; Watzlawick, 1968).

> ! **Merke:** Bei der „double-bind"-Kommunikation werden auf verschiedenen „Sendekanälen" widersprüchliche oder entgegengesetzte Informationen vermittelt. Beispiel: Eine Mutter umarmt ihre Tochter mit einem „herzlichen" Lächeln, die Umarmung gerät ihr aber als steife Bewegung, mit der sie

die Tochter eher wegschiebt als an sich drückt, so als würde sie sich vor ihr ekeln. Eine solche Kommunikation ist „crazy-making", vor allem wenn sie habituell eingesetzt wird. Sie ist allerdings nicht spezifisch für Kommunikation in Familien mit schizophrenen Familienmitgliedern, sondern findet sich bei vielen Formen von ambivalentem Verhalten.

Watzlawick und Mitarbeiter (1967) führten an demselben Institut Untersuchungen zur Kommunikation und Interaktion in Familien durch. In Philadelphia entwarfen Minuchin und Mitarbeiter (1978) Strategien zur Behandlung von Familien mit psychosomatisch Kranken und anderen psychischen Störungen.

Immer mehr Paarbeziehungs- und Familienforscher und -therapeuten, auch psychoanalytischer Herkunft, nutzen die in den zwanziger und dreißiger Jahren von dem deutschen Biologen Ludwig von Bertalanffy (1968) formulierten Ansätze zu einer „allgemeinen Systemtheorie". Nachdem 1954 die „Gesellschaft für Allgemeine Systemforschung" innerhalb der Association for the Advancement of Science, der amerikanischen wissenschaftlichen Dachorganisation, gegründet worden war, wurde in Biologie, Medizin, Ökologie, Psychologie, Soziologie und Volkswirtschaftslehre der Nutzen des systemtheoretischen Ansatzes in kurzer Zeit erkannt und in diese Wissenschaften integriert. In der Paar- und Familienforschung führte die konsequente Anwendung kybernetischer Modelle manche Therapeuten, zum Teil auch psychoanalytischer Herkunft, zur Entwicklung direktiver Therapiemethoden, die auch durch den Hypnotherapeuten Erickson (et al. 1976) beeinflusst sind. Es kam zu gruppendynamisch wohl unvermeidlichen Abgrenzungsvorgängen zwischen „den Psychoanalytikern" und „den Systemikern", die bis in die Gegenwart andauern, wobei „den Systemikern" von psychoanalytischer Seite Manipulation unterstellt wurde, die die Patienten zum hilflosen Objekt therapeutischer Tricks mache, während umgekehrt Systemtherapeuten „den Psychoanalytikern" vorwarfen, dass sie einem rückständigen, mechanistischen, linearen Kausalitätsmodell anhingen und dass gerade sie durch ihre unnötig langen Therapien ihre Patienten in die Abhängigkeit vom Therapeuten führten.

Inzwischen lassen sich verhaltenstherapeutische, systemisch-strukturelle, wachstums- und erlebnisorientierte sowie psychodynamische Schulrichtungen unterscheiden (Cierpka, 1994). In den 80er Jahren gab es erste Ansätze zur schulenübergreifenden Integration verschiedener Sichtweisen, z.B. durch Fürstenau (1979, 1983, 1984), Ciompi (1981, 1982), Strotzka (1982), Buchholz (1982), Simon (1984) und Bauriedl (1985).

Für die psychoanalytische Beschäftigung mit Paarbeziehungen stellten die Untersuchungen der ehelichen Beziehung von Dicks (1967) und Willi (1975) und ihre Entwicklung des Kollusionskonzepts wichtige Grundlagenarbeiten dar. Beide Autoren haben das Angebot eines bestimmten Kollusionstyps als bestimmenden Faktor der Partnerwahl herausgestellt.

> ! **Merke:** Kollusionen (lat. colludere = zusammenspielen) sind Beziehungsformen zwischen zwei oder mehr Menschen, bei denen die Beziehungsbedürfnisse der Interaktionspartner zueinander passen wie Schlüssel und Schloss.

5

Das Konzept von Dicks ist objektbeziehungstheoretisch. Die Wahl des Partners („Objektwahl", vgl. Kreische, 2000b) ist hier wesentlich mitbestimmt durch das unbewusste Bedürfnis, Ähnlichkeiten mit früheren relevanten Objekten wiederzufinden oder unterdrückte Aspekte des eigenen Selbst im anderen zu bekämpfen und gleichzeitig an ihnen zu partizipieren. Willis Konzept akzentuiert stärker den triebdynamischen Aspekt. Die Objektwahl ist hier durch ähnliche Triebfixierungen der Partner (narzisstische, orale, anal-sadistische und phallische) determiniert. In der Beziehung nimmt ein Partner eine „progressive", der andere eine „regressive" Rolle ein, zum Beispiel in der oralen Kollusion in der Form, dass ein Partner pflegt und füttert und der andere sich pflegen und füttern lässt. In der Latenz ist bei beiden Rollen der komplementäre Wunsch zu finden.

K. König und Kreische (1994) ziehen es vor, statt von einer progressiven und regressiven Position von einer Eltern- und einer Kindrolle zu sprechen, um einen Bezug zur Objektbeziehungstheorie herzustellen. Sie weisen darauf hin, dass bei neurotischen Kollusionen der Partner in der Elternrolle meist auch regrediert ist wie der Partner in der Kindrolle und keine wirkliche Erwachsenenposition einnimmt. Er befindet sich vielmehr in der Position eines parentifizierten Kindes und übernimmt die Elternrolle wie in der eigenen Kindheit aus dieser Position heraus. In reifen Beziehungen ist keiner der Partner auf eine bestimmte Beziehungsform fixiert, beide können sowohl erwachsene Positionen einnehmen als auch regredieren.

In seinem Konzept von den „basalen und zentralen Beziehungswünschen" legt K. König (1988) ein Motivationsmodell der Objektwahl vor, das Triebtheorie, Ich-Psychologie und Objektbeziehungstheorie vereinigt und das mit dem verhaltensbiologischen Modell von Bischof (1985) kompatibel ist.

> **! Merke:** Der Wunsch nach Vertrautem (Familiarität) und der entgegengesetzte Wunsch nach Neuem (Erregung) sind basale Beziehungswünsche bei jedem Menschen, wobei die Stärke dieser beiden Motivationssysteme in den verschiedenen Lebensaltern variiert. Daneben finden sich zentrale Beziehungswünsche, die durch Fixierungen und deren charakterologische Weiterverarbeitung bestimmt werden. In der Objektwahl sind beide Motivationssysteme wirksam. Durch Phantasie und durch den interaktionellen Anteil der Übertragung macht der Wählende die Objekte, mit denen er umgeht, seinen inneren Objekten ähnlicher (vgl. Stichwort „projektive Identifizierung", S. 285). Wird die Ähnlichkeit zu groß, kommt es zu einer Hemmung der sexuellen Triebwünsche.

> **! Merke:** In der psychoanalytischen Objektbeziehungstheorie wird der Einfluss realer Beziehungen des Menschen zu wichtigen Beziehungspersonen („Beziehungsobjekten") auf die intrapsychisch repräsentierten, im Gedächtnis abgespeicherten Erinnerungsspuren von diesen Beziehungen (die „intrapsychischen Repräsentanzen" des Individuums) erforscht und umgekehrt der Einfluss dieser intrapsychischen Repräsentanzen auf die Wahrnehmungs-, Affekt- und Verhaltensdispositionen im Umgang mit anderen Menschen.

2.2 Aktueller Stand

Nach der stürmischen Entwicklung der Paar- und Familientherapie in den 70er und 80er Jahre des vorigen Jahrhunderts wurden neben den Möglichkeiten auch die Grenzen der neuen, systemischen Denkweise und therapeutischen „Techniken" deutlich. Stierlin weist darauf hin, dass es „Gründe für die Dämpfung unseres systemischen Optimismus und unserer Hybris" gibt, „dass Wandel in nicht wenigen Fällen notwendigerweise begrenzt oder unmöglich ist, dass er illusorisch sein kann, dass er nicht wünschenswert – weil zu bedrohlich, zu verwirrend – sein mag und dass er sich letztlich nicht als Wandel zum Besseren, sondern zum Schlechteren herausstellt" (Stierlin, 1988, 74).

Es bestehen jedoch auch unter Psychoanalytikern Hoffnungen, mit der Systemtheorie ein geeignetes Paradigma gefunden zu haben, um einen Teil der traditionellen metapsychologischen Konstrukte abzulösen.

> **! Merke:** Die Anwendung der Systemtheorie auf die Untersuchung und Behandlung von Individuen, Paaren und Gruppen ermöglicht es, traditionelle psychoanalytische Konstrukte wie zum Beispiel den Energie-Begriff, „entlehnt aus Modellvorstellungen der Neurophysiologie, der Hydrodynamik und der Mechanik, aber bar jeden Erklärungswertes" (W.H. König, 1983, 27), durch theoretisch nützlichere Konstrukte zu ersetzen. Die quantitative Größe „psychische Energie" kann in vielen Fällen durch den qualitativen Informationsbegriff abgelöst werden. Untersucht werden dann nicht mehr Energieflüsse in einem gedachten „psychischen Apparat", sondern „die Aufnahme, Verarbeitung und Speicherung von Informationen, bzw. die Formen ihres Austausches in der Kommunikation" (W.H. König, 1983, 27). Krauses (1997) Untersuchungen zu typischen Interaktionsformen bei neurotischen, psychosomatischen und psychotischen Erkrankungen sind ein Beispiel dafür, dass dieser Ansatz zu fruchtbaren und hochinteressanten neuen Erkenntnissen führt.

Von anderen Autoren wird besorgt auf „die Eindimensionalität" der zugrunde liegenden Systemtheorie hingewiesen, „die meint, die Wirkungen unbewusster Phantasien und gesellschaftlicher Bedingungen auf das familiale Leben ausklammern, sich ausschließlich auf das Hier und Jetzt konzentrieren zu können" (Lüders, 1983, 466).

Trotz solcher Einwände hat die Systemtheorie bei komplexen Fragestellungen in den Natur- und Sozialwissenschaften das lineare Kausaldenken der klassischen Physik (und auch weiter Bereiche der klassischen Psychoanalyse) abgelöst, das sich nach von Bertalanffy sowieso nur zur Untersuchung von Zusammenhängen eignet, wenn eine „unorganisierte Kompliziertheit" vorliegt. Die komplexe Struktur von Lebewesen und sozialen Systemen jedoch ist gekennzeichnet durch ihre „organisierte Kompliziertheit", die durch das systemische Denken besser verstanden werden kann.

Systemische Ansätze in der klassischen Psychoanalyse, wie wir sie zum Beispiel beim zweiten Strukturmodell mit der Homöosta-

5

se zwischen Ich, Es, Über-Ich und Umwelt finden, erleichtern die Integration systemischer Gedanken in die Psychoanalyse.

Zwar beschäftigt sich die Psychoanalyse, unter anderem in der Objektbeziehungstheorie, schwerpunktmäßig mit den intrapsychischen Repräsentanzen (Erinnerungsspuren) kindlicher Interaktionserfahrungen in der Herkunftsfamilie, mit deren innerseelischer Weiterverarbeitung und ihren späteren Auswirkungen, während die Paar- und Familientherapie auf die Bedeutung von früheren und **aktuellen** Familienbeziehungen für die psychosoziale Entwicklung des Individuums während des **ganzen** Lebens hinweist (Kaufmann, 1986). Da sich jedoch die intrapsychischen Repräsentanzen als Subsystem des Systems Individuum beschreiben lassen, das wiederum Bestandteil des Suprasystems Familie ist, das in dem umfassenden Suprasystem Gesellschaft lebt (Kreische, 1985), lässt sich die systemtheoretische Betrachtungsweise unschwer mit der psychoanalytischen verbinden. Hierbei richtet sich der Aufmerksamkeitsfokus der systemischen und informationstheoretischen Therapeuten auf die Wechselwirkungen zwischen System Individuum und Suprasystem Familie, während sich der des Psychoanalytikers auf das System Individuum und das Subsystem intrapsychische Repräsentanzen richtet. Eine Integration beider Ansätze führt zu einer komplexen Betrachtungsweise, in der die wechselseitigen Beeinflussungen von Umwelt (Gesellschaft), Herkunfts- und Gegenwartsfamilie, Individuum und intrapsychischen Repräsentanzen berücksichtigt werden können. Die Aufgabe des Psychotherapeuten bei der Indikationsstellung besteht dann in der Wahl des „veränderungsoptimalen Systembezugs" (Fürstenau, 1985), den er bei seiner Arbeit mit **diesem** Patienten **zu einem bestimmten Zeitpunkt der Behandlung** akzentuiert, während er bei einem **anderen** Patienten mit einer anderen Störung und **zu einem anderen Zeitpunkt der Therapie** einen anderen Ausschnitt des Systems stärker berücksichtigt (Fürstenau, 1994).

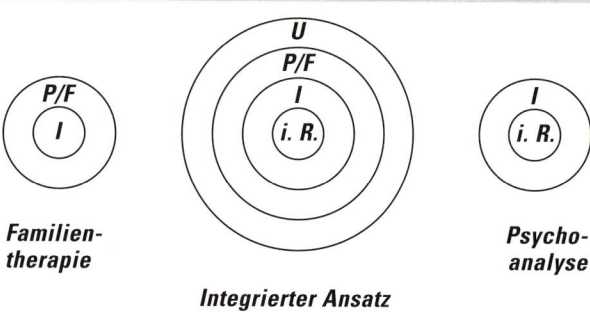

Abbildung 1: Aufmerksamkeitsfokus bei Paar- und Familientherapie, Psychoanalyse, und integriertem Ansatz

Familientherapie

Integrierter Ansatz

Psychoanalyse

Legende: U = Umwelt; P/F = Paar/Familie; I = Individuum; i.R. = intrapsychische Repräsentanzen

! **Merke:** Psychogene Erkrankungen gehen mit Wahrnehmungs-, Erlebens- und Verhaltensstörungen einher, die oft zu Beziehungsstörungen führen. Sie sind durch sich wieder-

holende dysfunktionale Verhaltensweisen und Interaktionen gekennzeichnet. Solche Beziehungsstörungen wirken sich in den Gegenwarts- und Herkunftsfamilien der Patienten, in denen meist die engsten und intensivsten sozialen Kontakte gelebt werden, besonders stark aus. Belastungen in der Paarbeziehung und der Familie wirken wiederum auf die psychischen Erkrankungen zurück und können diese verstärken oder stabilisieren.

Wahrscheinlich aus diesem Grunde leiden Paare mit neurotischen Partnerproblemen meist unter mittelgradigen bis starken psychischen oder psychosomatischen Symptomen (Kreische, 1992). Senf (1987) fand heraus, dass Partnerkonflikte die Prognose von Patienten mit psychischen Erkrankungen verschlechtern. Außerdem können neurotische Partnerkonflikte und die mit ihnen zusammenhängenden chronischen Spannungen in Familien zu Neuerkrankungen weiterer Mitglieder des familiären Systems, vor allem auch von bisher nicht erkrankten Kindern führen.

! **Merke:** Persönlichkeitsstörungen führen nicht direkt zu psychischen oder psychosomatischen Symptomen. Der Weg ist vielmehr ein indirekter. Die dysfunktionalen Verhaltensweisen bei einer Persönlichkeitsstörung führen zu Beziehungsstörungen, und die Belastung durch die Beziehungsstörungen führt zu Symptomen (Kreische, 1992).

Schwellensituationen des Lebens (z.B. Schwangerschaft, Geburt, berufliche Veränderungen, Umzüge, Krankheiten und Todesfälle in der familiären Umgebung) können bei allen Menschen zu Identitätskrisen und zu Irritationen in Partnerbeziehungen führen (Kreische, 1994). Im Allgemeinen kommt es in solchen Phasen bei einigen oder bei allen beteiligten Familienmitgliedern zu Regressionen im Dienste des Ichs, durch die adaptive Umstrukturierungsprozesse und die Progression in ein neues Entwicklungsstadium ermöglicht werden: sowohl bei den Individuen als auch in der Paarbeziehung und der Familie.

! **Merke:** Wenn beträchtliche Störungen in der bisherigen Persönlichkeitsentwicklung bereits vorliegen oder wenn aufgrund des Ausmaßes der aktuellen Belastung ein neuer Entwicklungsschritt nicht bewältigt werden kann, kommt es in Krisensituationen zu pathologischen Regressionen. In diesen Fällen sind adaptive Umstrukturierungen erschwert oder unmöglich. Stattdessen entwickeln die beteiligten Partner typische stereotype, dysfunktionale Erlebens- und Interaktionsmuster, die unbehandelt oft chronifizieren. Mit solchen Störungen von Krankheitswert setzen wir uns in der Paartherapie auseinander.

Bei den Persönlichkeitsstörungen werden die dysfunktionalen, stereotypen Erlebens- und Verhaltensmuster vom Individuum durch den Einsatz von individuellen Abwehrmechanismen stabil gehalten. In partnerschaftlichen und anderen zwischenmenschlichen Beziehungen kommt es darüber hinaus zu den Abwehrformen der psychosozialen Kompromissbildungen.

! Merke: Bei psychosozialen Kompromissbildungen führen mehrere Personen in einer Paarbeziehung, Familie oder Gruppe durch einen wechselseitigen Austausch von verbalen und nonverbalen Zeichen und Signalen eine Form des Umgangs miteinander herbei, die der Abwehr unlustvoller Zustände der einzelnen Mitglieder des familiären oder gruppalen Systems dient und die gleichzeitig den Zusammenhalt des Systems gewährleistet (Heigl-Evers, 1967; Brocher, 1967; Mentzos, 1988). Kollusionen in Paarbeziehungen sind besonders stabile psychosoziale Kompromissbildungen, weil die Interaktionspartner sie oft in einem jahrelangen Prozess miteinander entwickelt haben.

In den von Willi (1975) beschriebenen Kollusionen befinden sich beide Partner auf einem ähnlichen Triebfixierungsniveau („**direkte Kollusionen**"). Die Schlüssel-Schloss-Relation findet sich in diesen Kollusionen aufgrund der Übernahme einer „**progressiven**" **Position** durch den einen und einer „**regressiven**" **Position** durch den anderen Partner. Kreische (1994) untersuchte die **phobische Kollusion,** die sich in vielen Partnerbeziehungen von Angstpatienten findet. Der phobische Patient ist durch ein ängstlich-vermeidendes Verhalten charakterisiert („regressive" Position) und wählt häufig einen Partner mit zwanghaften oder narzisstischen Persönlichkeitszügen und kontraphobischem Verhalten, mit dem der Partner eigene Ängste abwehrt. Der kontraphobische Partner dominiert den phobischen Partner und unterstützt und stabilisiert sein vermeidendes Verhalten, indem er ihm weniger zutraut, als dieser in Wirklichkeit könnte, und ihm viel abnimmt („progressive" Position). Angsterkrankungen gehören zu den Krankheitsbildern, bei denen paartherapeutische Interventionen fast immer indiziert sind, um diese dysfunktionalen Verhaltensmuster in der Paarbeziehung zu unterbrechen.

! Merke: Bei „direkten Kollusionen" befinden sich die beteiligten Interaktionspartner auf dem gleichen oder einem ähnlichen Triebfixierungsniveau, z.B. dem narzisstischen, depressiven, zwanghaften, hysterischen oder auch phobischen Niveau. Ein Partner befindet sich meist in einer „regressiven", der andere in einer „progressiven" Position.

Häufiger als die von Willi beschriebenen „direkten Kollusionen" sind in der therapeutischen Praxis Kollusionen zu finden, die von K. König und Kreische (1985a, 1985b, 1994) als „gekreuzte Kollusionen" beschrieben wurden.

! Merke: Bei „gekreuzten Kollusionen" ist das Triebfixierungsniveau der Interaktionspartner verschieden, wie z.B. bei der Kollusion zwischen einer hysterischen Frau mit einer zwanghaften Latenz und einem zwanghaften Mann mit einer hysterischen Latenz. Hier sind Wünsche und Impulse, die für einen Partner so ängstigend sind, dass sie abgewehrt und unbewusst gehalten werden müssen, beim anderen Partner bewusst und somit an der psychischen Oberfläche, so dass sie von ihm gelebt werden können. Beim anderen Partner ist es umgekehrt. Auf diese Weise kann jeder im anderen das Abgewehrte gleichzeitig bekämpfen und an ihm partizipieren.

Psychoanalytische Paartherapeuten arbeiten unter anderem an den Abwehrformationen der psychosozialen Kompromissbildungen in den partnerschaftlichen Kollusionen. Auch systemische Therapeuten, die sich darum bemühen, in einer Paarbeziehung die systemimmanenten Regeln zu verändern, um das Symptom, das durch diese Regeln stabilisiert wird, zum Verschwinden zu bringen, arbeiten an solchen psychosozialen Kompromissbildungen. Das Konzept der psychosozialen Kompromissbildungen geht insofern über die systemische Sicht hinaus, als es intrapsychische Repräsentanzen bei der Wahrnehmung und Beschreibung der untersuchten interpersonellen Phänomene berücksichtigt. Systemische Therapeuten richten dagegen ihre Aufmerksamkeit auf manifeste Interaktionsphänomene. Die Sichtweise systemischer Therapeuten ähnelt damit der phänomenologisch-deskriptiven psychiatrischen Sichtweise. Das psychoanalytische Konzept der psychosozialen Kompromissbildung steht zu dieser Betrachtungsweise nicht im Widerspruch, sondern es erweitert sie um die intrapsychische Dimension.

3 Umsetzung in der klinischen Praxis

In der Praxis finden wir unter den Paar- und Familientherapeuten viele Eklektiker. So betonen z.B. Sperling et al. (1982, 13) in ihrem Buch über die Mehrgenerationen-Familientherapie: „Wir glauben nicht an die Wahrheit einer Theorie, sondern benutzen verschiedene, wo wir sie gebrauchen können." Der Hypnotherapeut Erickson, der niemals eine explizite Theorie entworfen hat und der es Systematikern deshalb schwer macht, ihn einzuordnen, wendet sich temperamentvoll gegen die „Gläubigen" und Schulen-Anhänger unter den Psychotherapeuten. „Ich habe schon viele Leiden behandelt und dabei jedes Mal eine neue Behandlungsweise erfunden", erzählt er den Teilnehmern eines seiner berühmten Lehrseminare (Zeig, 1980, S. 133). Und am anderen Ende des therapeutischen Spektrums kritisiert die Psychoanalytikerin Bauriedl (1980) jegliche therapeutische „Technik" als manipulativ und postuliert stattdessen eine dialektisch-therapeutische „Einstellung" für den Paar- und Familienanalytiker.

Die verhaltenstherapeutische Paartherapie wird in diesem Band nicht abgehandelt (vgl. hierzu Band Verhaltenstherapie). Wenn der psychoanalytische Paartherapeut auch mehr aus der Rolle eines teilnehmenden Beobachters des Systems Paarbeziehung heraus diagnostiziert und interveniert und wenn er auch weniger direktiv vorgeht als die meisten Verhaltenstherapeuten und systemischen Therapeuten, sondern sich mehr darum bemüht, psychosoziale Wachstumsprozesse in den beiden Partnern und im System Paarbeziehung anzuregen und zu fördern, so muss er bei der Bearbeitung chronifizierter psychosozialer Kompromisse doch häufig aktiver und manchmal auch direktiver vorgehen als in anderen therapeutischen Settings. Die Unterschiede zwischen den verschiedenen Schulen sind in der paartherapeutischen Arbeit insgesamt deutlich geringer als in anderen Therapieformen. Die Verhaltensanalyse des Systems Paarbeziehung (z.B. Umgang mit Problemen, Identifikation von Stärken und Schwächen der Partner) gehört nicht nur zum Repertoire verhaltenstherapeutischer Paartherapeuten, sondern auch zu dem

5

der Psychoanalytiker und Systemtherapeuten. Psychoedukation, Training kommunikativer Fähigkeiten, Problemlösetraining und die Vermittlung spezifischer Verhaltenskompetenzen (Bornstein und Bornstein, 1993; Falloon, 1989, 1993) sind Techniken, die aus der Verhaltenstherapie stammen, die aber zumindest von den Eklektikern unter den psychoanalytischen und systemischen Paar- und Familientherapeuten hin und wieder auch eingesetzt werden, wenn sie sie „gebrauchen können" (Sperling et al. 1982). Die Wahrnehmungseinstellung der Psychoanalytiker ist jedoch auch bei der Arbeit in Mehr-Personen-Settings (Paar-, Familien- und Gruppentherapie) nicht nur auf die manifesten Verhaltensweisen, sondern auch auf die diesen Verhaltensweisen zugrunde liegenden intrapsychischen Prozesse und Konflikte ausgerichtet, die nach der psychoanalytischen Auffassung zum Teil unbewusst sind.

Im Folgenden werden einige wichtige Konzepte und Behandlungstechniken der Paartherapie aus psychoanalytischer und systemtheoretischer Sicht dargestellt. Systemtheoretische Konzepte finden sich in allen paartherapeutischen Behandlungstechniken. Eine auch nur annähernd vollständige Übersicht ist hier allerdings nicht möglich. Die zitierte Literatur mag dem interessierten Leser weiterhelfen.

3.1 Konzepte und Behandlungstechniken systemtheoretischer Herkunft

Die Einstellung des systemischen Paartherapeuten ist im Gegensatz zum psychoanalytischen dadurch gekennzeichnet, dass er versucht, sich nicht in das System, mit dem er arbeitet, einbeziehen zu lassen. Er bemüht sich um „Neutralität", worunter „weniger eine innere Haltung" als ein „technischer Schachzug" (Simon und Stierlin, 1984, 256) des Therapeuten verstanden wird, „der es diesem ermöglicht, allen Familienmitgliedern gegenüber gleich bleibend als Autorität aufzutreten". Im Mailänder Team von Selvini Palazzoli wurde diese Form der Neutralität in den Anfangsjahren dadurch unterstützt, dass ein Teil des Teams mit dem Paar oder der Familie arbeitete und ein anderer Teil die Sitzung hinter der Einwegscheibe verfolgte, wodurch das Beobachterteam sich vor dem interaktionellen Einfluss des familiären Systems zu schützen versuchte. In psychoanalytischer Terminologie würden wir sagen, dass ein Supervisor oder auch ein Beobachter hinter der Einwegscheibe Gegenübertragungsreaktionen weniger ausgesetzt ist als der Therapeut, wenn wir auch bezweifeln, dass er „neutral" im Sinne von „ohne Gegenübertragung" bleiben kann.

Diese Form von Neutralität meint jedoch das Mailänder Team auch nicht. Selvini Palazzoli und ihre Mitarbeiter definieren „Neutralität" ausdrücklich nicht als die innerpsychische Verfassung des Therapeuten, sondern als „eine spezifische pragmatische Wirkung, die seine Gesamthaltung während der Sitzung auf die Familie ausübt" (Selvini Palazzoli et al., 1980, 137).

! **Merke:** Auch in der Psychoanalyse versteht man unter Neutralität keine innerpsychische Verfassung, sondern ein Verhalten des Therapeuten.

Das Gegenübertragungskonzept betont gerade, dass innerpsychische Neutralität eine Fiktion ist. Gegenübertragung ist nicht neutral.

In der systemischen Paartherapie wird Neutralität des Therapeutenverhaltens durch die Anwendung des Prinzips der alternierenden Parteinahme zu erreichen versucht. Solange der Therapeut mit einem Partner spricht und ihn auffordert, sich über den anderen zu äußern, scheint er stets mit diesem Partner verbündet zu sein. Sobald er sich aber dem anderen Partner zuwendet und diesen um seine Meinung bittet, hört das Bündnis mit dem ersten auf, und es entsteht ein neues Bündnis mit dem anderen. „Das Endresultat dieser sukzessiven Bündnisse ist, dass der Therapeut gleichzeitig mit jedem und keinem verbündet ist" (Selvini Palazzoli et al., 1980, 137).

! **Merke:** Der systemische Therapeut bemüht sich um Neutralität im Sinne einer alternierenden Parteinahme.

Das therapeutische Team stellt immer wieder Hypothesen über die zirkulären Interaktionsvorgänge im Paar- bzw. Familiensystem auf, die die Therapeuten mit Hilfe der in Mailand entwickelten Methode des „zirkulären Fragens" verifizieren oder falsifizieren (Selvini Palazzoli et al., 1980). Auch bei der Arbeit im paartherapeutischen Setting werden nicht anwesende weitere Familienmitglieder mit berücksichtigt.

Beispiel 1:
Ein Paar lebt seit 5 Jahren zusammen. Die Frau wünscht sich ein Kind, der Mann will keine Kinder, „zumindest jetzt noch nicht". Das Paar trennt sich aber auch nicht. Die Frau leidet an depressiven Verstimmungen, der Mann an Dyspareunie (genitale Schmerzen beim Geschlechtsverkehr).

Ther. (zum Mann): Was, glauben Sie, vermutet Ihre Frau, wann Sie auch den Wunsch nach einem Kind entwickeln werden?
Mann: Ich glaube, sie hält das gar nicht mehr für möglich.
Ther. (zur Frau): Was, glauben Sie, denkt Ihr Mann darüber, wie Sie reagieren werden, wenn Sie bemerken, dass sich an seiner Einstellung zum Kinderwunsch nichts ändert?
Frau: Er denkt, ich werde trotzdem bei ihm bleiben.
Ther. (zum Mann): Was, denken Sie, würde Ihre Mutter sagen, wenn Sie Vater würden?
Mann: Sie würde aus allen Wolken fallen. Sie weiß doch gar nichts von unserer Beziehung.
Ther.: Nach fünf Jahren? Sie weiß gar nichts davon?
Frau: Seine Mutter ist krank. Depressionen. Sein Vater hat sich von ihr getrennt. Seitdem sagt sie, dass Ehen nur Unglück bringen können.

! **Merke:** Mithilfe der Technik des zirkulären Fragens werden vom Therapeuten „kreisförmige" Denkprozesse in der Paarbeziehung oder Familie in Gang gesetzt, die dazu führen, dass Beziehungsphantasien ausgesprochen werden, die auch zuvor schon das Erleben und Verhalten der Partner mitgeprägt haben, über die jedoch keine Auseinandersetzung stattfinden konnte, weil diese Phantasien nicht ausge-

5

sprochen wurden. Psychoanalytisch gesprochen, werden hier vorbewusste Gedanken bewusst gemacht.

Vor Beendigung der Therapiesitzung kommt es zu einer Konferenz des gesamten therapeutischen und Beobachterteams, in der eine abschließende Hypothese über die familiäre Interaktion entwickelt wird, die zu einer „Verschreibung" führt. Hierunter verstehen die strukturellen und systemischen Therapeuten eine Intervention, mit deren Hilfe dem Paar eine „Hausaufgabe" verordnet wird, die bis zur nächsten Sitzung zu erledigen ist. Diese Verordnung schließt im Allgemeinen Erläuterungen des Therapeuten über den Zweck dieser Verordnung ein, die eine Umdeutung bestimmter Verhaltensmuster in der Familie bewirken sollen. Eine besondere Form dieser Verschreibung ist die **„Symptomverschreibung"**, mit deren Hilfe der Familie oder einem Familienmitglied verordnet wird, gerade das zu tun, was von der Familie als „symptomatisch" oder „krank" angesehen wird. Das Symptom wird durch diese Intervention in einen anderen Kontext gestellt und erhält hierdurch eine andere Bedeutung.

> **! Merke:** Die Symptomverschreibung ist eine Form der „paradoxen Intervention", die den Widerstand des Patienten gegen die Therapie in Rechnung zieht und ihn in die Situation bringt, dass er Widerstand gegen die Therapie nur dadurch leisten kann, dass er sein Symptom aufgibt und dass er das Symptom nur behalten kann, wenn er seinen Widerstand aufgibt.

Beispiel 2:

Ein Beispiel hierfür ist Wynnes Intervention in der Ehepaartherapie mit einer erwachsenen anorektischen Frau, die große Mengen an Nahrungsmitteln, die sie zu sich nahm, wieder erbrach, was von ihrem Mann und ihrem Vater als „Verschwendung" betrachtet wurde. Die Frau hatte starke Schuldgefühle gegenüber ihrem Mann und ihrer Tochter durch den Schaden, den sie ihnen mit dieser „Verschwendung" zufügte. Der Therapeut gab folgende paradoxe Intervention: „Ich möchte nicht, dass Sie an der Verschwendung der Nahrungsmittel irgendetwas verändern. Stattdessen möchte ich sehr langsam einige geringfügigere Änderungen vornehmen. Ich möchte, dass Sie weiterhin genau die gleiche Menge an Nahrungsmitteln wie vorher zubereiten." Wynne berichtet weiter: „Ich ließ mir eine Liste der Gerichte geben, die sie am Vortag zubereitet hatte. An diesem Tag hatte sie Nahrungsmittel im Wert von etwa 30 Dollar zu sich genommen und wieder erbrochen. Ich trug der Frau auf, ganz genau die gleiche Menge an Speisen zuzubereiten, sie aber jetzt direkt in die Toilette zu schütten und nicht erst nach dem Umweg über ihren Mund und ihren Magen. – Erstaunlicherweise zeigten sich weder sie selbst noch ihr Mann besonders überrascht von diesem Vorschlag, ihr einziger Einwand war, dass das die Toilette verstopfen würde. Deshalb arbeiteten wir detaillierte Verhaltensregeln aus: Sie sollte das Essen am Tisch in kleine Stücke zerschneiden, damit es leichter hinuntergespült werden könnte. Ihrem Mann aber war bei der ganzen Sache etwas unbehaglich zumute, weil so genau dieselbe Menge an Nahrungsmitteln ver-

schwendet werden sollte wie vorher. Ich entgegnete ihm: „Es tut mir leid, aber wir müssen für den Augenblick mit diesem Problem leben, später werden wir dann sehen, ob daran etwas geändert werden kann. Im Augenblick müssen wir erst einmal so vorgehen, dass dieselbe Menge Essen wie vorher verschwendet wird." Dann arbeiteten wir einen Plan aus, wonach der Mann, der in das Problem seiner Frau bereits stark verstrickt war, dafür sorgen sollte, dass sie weiterhin dieselbe Menge Speisen wie vorher zubereitete. Am Vortag waren das z.B. 7 Portionen Hähnchen gewesen, über 2,5 Liter Kartoffelbrei, ein ganzer Apfelkuchen und ein viertel Liter Eis als Nachspeise. Das alles hatte sie innerhalb von etwa zwanzig Minuten wieder erbrochen. Der Mann sollte seine Frau auch dabei beaufsichtigen, wie sie das Essen in die Toilette schüttete. Zusammen sollten sie eine genaue Aufstellung aller in die Toilette geschütteten Nahrungsmitteln mit Preisangabe erstellen. Nebenbei ließ ich die Bemerkung fallen, dass die Frau, wenn sie diesen Zyklus von Fressanfall/ Erbrechen nicht durchspielte, eine kleine Menge von Speisen ihrer Wahl zu sich nehmen dürfe. Damit endete die erste Sitzung." Das Ergebnis war, dass die Frau, die dreizehn Jahre lang dreimal täglich erbrochen hat, es in den zehn Tagen bis zur nächsten Sitzung kein einziges Mal mehr getan hatte. Es sei die „erschütterndste Erfahrung ihres Lebens gewesen, ihr seien die Augen aufgegangen wie noch nie" und „dieses Erlebnis (stünde) im krassen Gegensatz zu der Wirkung ..., die die Interpretationen ihres Analytikers jemals auf sie gehabt hätten. Sie habe ihre „Einsichten" über diese Interpretationen regelmäßig wieder verdrängt, so dass sie nie wirklich ihr Verhalten beeinflusst hätten. Als sie jedoch das ganze Essen in die Toilette wandern sah, Essen, das sie bewusst und absichtlich da hineingeschüttet hatte und nicht hatte erbrechen „müssen", sei ihr zum ersten Mal klar geworden, was sie die ganze Zeit getan hatte. Der Autor resümiert: „Es bedurfte überhaupt keiner Interpretationen von meiner Seite; die gab sie sich alle selbst" (Wynne, 1980, 53).

Der Begriff der Verschreibung wird inzwischen von manchen Paar- und Familientherapeuten so sehr ausgeweitet, dass er an Klarheit verliert. Selbst eine Interpretation kann jetzt einem Paar (oder der Familie) „verschrieben" werden, nämlich im Sinne einer positiven Symptombewertung, mit deren Hilfe die stabilitätserhaltende Funktion des Symptoms für die ganze Familie deutlich gemacht wird (Simon und Stierlin, 1984).

Metapsychologisch liegt diesen therapeutischen Strategien durchgehend die kybernetische Theorie vom „Wandel erster bzw. zweiter Ordnung" (Ashby, 1952, 1956) zugrunde.

> **! Merke:** Bei einem „Wandel erster Ordnung" verändern sich einzelne Parameter eines Systems mit dem Ziel, einen homöostatischen Zustand stabil aufrechtzuerhalten. Beim „Wandel zweiter Ordnung" kommt es zu qualitativen Strukturveränderungen des Systems, wodurch sich derartige Systeme an Umweltveränderungen anpassen können. Der Wandel erster Ordnung wird überwiegend durch negative Regelkreise bewirkt, die Abweichungen von einem Sollwert ausgleichen. Neue Information wird vom System nicht aufgenommen. Lernen findet nicht statt. Wandel zweiter Ordnung wird bewirkt durch positive Regelkreise, die Abweichungen ver-

5

stärken und somit zur Entwicklung neuer Strukturen führen, meist Strukturen höherer Komplexität. Information wird aufgenommen, Lernen findet statt.

Watzlawick et al. (1974) erklären die große Wirksamkeit gezielter Interventionen in systemischen Paar- und Familientherapien mit wenigen Sitzungen dadurch, dass hier durch die therapeutischen Interventionen im familiären System ein Wandel zweiter Ordnung in Gang gesetzt wird, der zu familiären Umstrukturierungsvorgängen führt, die im Wesentlichen in den mehrwöchigen Pausen zwischen den Therapiesitzungen stattfinden.

> **! Merke:** Ein Wandel zweiter Ordnung findet bei allen erfolgreichen Therapien und nicht etwa nur in der Paar- und Familientherapie statt.

Psychoanalytiker arbeiten mehr, wenn auch nicht ausschließlich, am intrapsychischen Konflikt und wirken somit dem primären Krankheitsgewinn entgegen. Systemtherapeuten arbeiten mehr am interpersonellen Konflikt und am sekundären Krankheitsgewinn, um einen Wandel zweiter Ordnung zu ermöglichen. Dieser Wandel kann in einer Kurztherapie dann stattfinden, wenn das System aufgrund seiner Dysfunktionalität schon stark destabilisiert ist und wenn es dann durch eine „Störung" von außen, zum Beispiel durch eine therapeutische Intervention, noch mehr destabilisiert wird. Ob eine derartige Intervention zu einer stabilen Neustrukturierung oder zum „runaway", d.h. zum „Durchdrehen" des Systems aufgrund fortgesetzter positiver Rückkopplungsmechanismen, führt, hängt von der Stärke und der Qualität der Intervention und von Ausmaß und Art der stabilisierenden Kräfte im System ab.

> **! Merke:** In „chaotischen" Paarbeziehungen und Familien sind paradoxe Interventionen kontraindiziert. Chaotische Paarbeziehungen und Familien sind aufgrund von persönlichkeitsstrukturellen Schwächen ihrer Mitglieder oder von extremen äußeren Belastungen stark destabilisiert, was sich im Auftreten von Abwehrmechanismen auf niedrigem strukturellem Niveau und daraus resultierenden massiven Kommunikationsstörungen zeigt. Abwehrmechanismen auf niedrigem strukturellem Niveau sind: projektive Identifizierung, Spaltung, autistische Phantasien, Agieren und Rückzug, psychotische Leugnung und Verzerrung, wahnhafte Projektion (Krause, 1998, 220; Perry und Cooper, 1986).

Bemerkenswerterweise ist die paartherapeutische Hypnotherapie von Erickson und Rossi (1979), deren Analyse durch die Palo-Alto-Gruppe um Bateson die Kommunikations- und systemtheoretische Paar- und Familienforschung wesentlich angeregt hat, eher weniger direktiv als die bislang beschriebenen Techniken. Nach der Induktion eines Trancezustandes bringt der Therapeut einen Suchprozess bei seinen Patienten in Gang, ohne direkten Einfluss auf den Inhalt der Problemlösung zu nehmen. Der Hypnotherapeut bemüht sich, die positiven Ressourcen im behandelten System zu mobilisieren, indem er bei den beteiligten Individuen einen inneren Dialog anregt zwischen gesunden und kranken Ich-Anteilen, wie ein Psychoanalytiker sagen würde.

Beispiel 3:

Erickson: „Sie werden sehr überrascht sein über die neuen und angenehmen Einsichten, zu denen Sie gelangt sind" (Erickson, 1979).

Ericksons Interventionen zeigen ein außerordentlich empathisches und scharfsinniges Verständnis für die psychodynamische Bedeutung von Symptomen. Er „deutet" diese Symptome jedoch nicht, sondern destabilisiert durch Konfusionstechniken das neurotische intrapsychische und/oder interaktionelle System, wodurch das Individuum oder das Paar veranlasst wird, eine neue Ordnung in das Durcheinander zu bringen, die häufig weniger dysfunktional ist als die neurotische Ordnung zuvor. Erickson nutzt die Tatsache, dass Symptome in der Regel suboptimale Lösungen mit anachronistischem Charakter darstellen. Sie haben in einem bestimmten Lebensabschnitt zum Überleben beigetragen, erweisen sich in späteren Lebenssituationen jedoch als dysfunktional, weil sie die kreativen Ressourcen des Individuums und des Paares lähmen. Gelingt es, diese Ressourcen zu mobilisieren, wird das Symptom überflüssig und kann aufgegeben werden.

Erickson arbeitet, wie übrigens auch die „strategischen Therapeuten" (vgl. Watzlawick und Coyne, 1979) nicht nur mit Paaren oder Familien, sondern auch mit Individuen, aber immer unter Berücksichtigung system- und kommunikationstheoretischer Aspekte („Familientherapie ohne Familie").

3.2 Konzepte und Behandlungstechniken psychoanalytischer Herkunft

In der psychoanalytischen Paartherapie berücksichtigt der Therapeut in seiner Arbeit, dass die pathologischen Prozesse, die er bei den Partnern und in der Paarbeziehung erkennt, nicht nur durch bewusste, sondern auch durch unbewusste Vorgänge determiniert sein können. Seine Wahrnehmungen, Schlussfolgerungen und Interventionen sind durch die psychoanalytischen Konzepte von Widerstand, Übertragung und Gegenübertragung beeinflusst (Kreische, 2000a).

Der psychoanalytische Paartherapeut ist ein teilnehmender Beobachter. Er bemüht sich weniger darum, einen Standort außerhalb des Systems der beiden Partner einzunehmen, als vielmehr Übertragungs- und Gegenübertragungsprozesse bei den Partnern und in sich selbst entstehen zu lassen, um sie dann aus einer Metaposition heraus zu diagnostizieren und in therapeutische Interventionen umzusetzen.

Beispiel 4:

Zu einer Krisenintervention wurden Herr und Frau B. einbestellt, nachdem der Therapeut am Telefon erfahren hatte, dass Frau B. einen Termin für einen Schwangerschaftsabbruch bereits ausgemacht hatte, dass sie und ihr Mann diese Entscheidung aber gerne noch einmal besprechen wollten. In diesem Gespräch, das der Therapeut gleich am kommenden Tag einrichtete, berichteten beide Partner darüber, dass der Termin für eine Interruptio eigentlich feststehe. Ein Jahr zuvor hatten sie bereits einmal einen Schwangerschaftsabbruch herbeigeführt, nach dem die Frau längere Zeit in eine depressive Krise geraten war. Diese Erfahrung war einer der Gründe dafür, dass das Paar zur Beratung kam. Die Partner wollten den Schwangerschaftsabbruch dieses Mal besser vorbereiten, um einer solchen depressiven Entwicklung vorzubeugen.

Die ersten Zweifel im Therapeuten entstanden bereits während des Telefonats: Warum wünschten die beiden eine Beratung, wenn sie so sicher waren? Was heißt, der Termin für den Abbruch steht „eigentlich" fest? – Im Therapiegespräch wirkten beide Partner dann in besonders starkem Maße aufeinander bezogen und abhängig voneinander. Im Therapeuten entstand die Frage: Was wünscht jeder der beiden Partner eigentlich selbst? – Diese Frage setzte er in eine Intervention um, indem er Herrn und Frau B. bat, sich still zu überlegen, wie sie sich wohl entscheiden würden, wenn sie die Entscheidung ganz allein zu treffen hätten. Als beide zu verstehen gaben, dass sie sich entschieden hätten, bat er sie, diese Entscheidung auszusprechen. Zur Verblüffung beider Partner stellte sich heraus, dass keiner von ihnen den Schwangerschaftsabbruch wünschte.

Im weiteren Verlauf wurde deutlich, dass beide Partner der festen Überzeugung gewesen waren, der andere wolle den Schwangerschaftsabbruch, und dass sie es in dieser Situation für selbstverständlich gehalten hatten, den eigenen Wunsch zurückzustellen. Sie wollten ein Kind nur dann bekommen, wenn beide Partner dies wollten. (K. König und Kreische, 1994).

In der psychoanalytischen Paartherapie geht es mehr darum, das Gespräch zwischen den Partnern über zwar Bewusstes, aber bisher Verschwiegenes anzuregen als Unbewusstes bewusst zu machen. So z.B. in der „kontextuellen Therapie" nach Boszormenyi-Nagy (Boszormenyi-Nagy und Ulrich, 1981), in der Loyalitäten und Loyalitätsverletzungen in der Ehe und der Familie thematisiert werden, die zu unfairen Überbeanspruchungen einzelner Familienmitglieder führen können, so dass andere ihnen gegenüber auf den innerseelischen „Verdienstkonten" in die roten Zahlen geraten. Hier handelt es sich um eine Über-Ich-zentrierte Therapie, die theoretisch und praktisch der Psychoanalyse nahe steht. Boszormenyi-Nagy arbeitet typischerweise in familientherapeutischen Sitzungen mit mehreren Generationen, sein Konzept ist jedoch auch für die Arbeit im paartherapeutischen Setting geeignet.

Beispiel 5:

„Bei einer Ehetherapie gestand der junge Ehemann ein, er fühle sich durch uneinlösbare Dankesschuld fortdauernd an seine Eltern gebunden. Der Grund hierfür sei nicht nur darin zu suchen, dass die Eltern versucht hatten, ihm die beste Erziehung angedeihen zu lassen etc., sondern auch darin, dass er ein rückfälliger Tunichtgut war, dem sein Vater mehrmals vor Gericht, bei der Polizei, in der Schule hatte aus der Patsche helfen müssen. Darauf reagierte die junge Frau: „Glaubst du, dass uns unsere Kinder auch so viel zu danken haben werden?" Es

sei erwähnt, dass es sich bei dem Problem dieses Paares um eine Art von Loyalitätskonflikt handelte, wie ihn andere Paare nur allmählich erkennen lassen: Der Mann war hin und her gerissen zwischen den Verpflichtungen gegenüber den Eltern und denen gegenüber der eigenen Frau. Zudem gab es zwischen den beiden Herkunftsfamilien offene, akute Reibereien. Der Loyalitätskonflikt der Frau äußerte sich auf eine etwas komplexere Weise: Sie schien erpicht, mit den Schwiegereltern Krieg zu führen, gestand aber auch, dass sie Frustrationsgefühle habe wegen der Kontaktarmut in ihrer eigenen Herkunftsfamilie" (Boszormenyi-Nagy, 1973).

Deutlicher noch wird die Bedeutung unbewusster innerseelischer Prozesse für die Paardynamik im Konzept der projektiven Identifizierung. Projektive Identifizierung ist nach M. Klein (1946) ein Abwehrmechanismus, mit dessen Hilfe das Subjekt in seiner Phantasie sein Selbst in das Innere des Beziehungsobjekts einführt, um ihm zu schaden, es zu besitzen oder zu kontrollieren. In der Weiterverarbeitung dieses Konzeptes durch Ogden (1979), Sandler (1976) und K. König (1982a, 1982b, 1991) wird ein interaktioneller Anteil der projektiven Identifizierung herausgestellt.

> **! Merke:** Bei der projektiven Identifizierung bringt ein Mensch einen Interaktionspartner mithilfe „unbewusster Manipulation" (K. König, 1984) dazu, den Beziehungserwartungen, die an ihn herangetragen werden, wirklich ähnlich zu werden. Im Gegensatz zur Projektion findet hier nicht nur eine Wahrnehmungsverzerrung statt, sondern es wird durch das eigene Verhalten dazu beigetragen, das erwartete Verhalten im anderen hervorzurufen.

Projektive Identifizierung ist durch den Wunsch nach Konfliktentlastung motiviert oder durch den Wunsch, im Partner Vertrautes wiederzufinden.

Individuelle Konfliktentlastung entsteht zum Beispiel, wenn ein Partner mit einem chronischen intrapsychischen Spannungszustand aufgrund von Willkürtendenzen einerseits und einem rigiden und archaischen Über-Ich andererseits den anderen Partner dazu bringt, auf das eigene Willkürverhalten mit immer zwanghafteren Ordnungs- und Regelungsbemühungen zu reagieren. Dann wird das Über-Ich externalisiert, so dass es im anderen Partner bekämpft und gleichzeitig partizipierend „genossen" werden kann. Intrapsychisch führt das beim ersten Partner zu einer Spannungsreduktion.

> **! Merke:** Interpersonelle Spannungen sind meist weniger belastend als intrapsychische Spannungen aufgrund von nicht zu bewältigenden intrapsychischen Konflikten.

Der Wunsch, im Partner Vertrautes wiederzufinden, zeigt sich bei der projektiven Identifizierung vom Übertragungstyp. Hierbei wird der Partner aus einem Bedürfnis nach „Familiarität" (K. König, 1982a) heraus unbewusst so beeinflusst, dass er einer vertrauten Beziehungsperson aus der eigenen Primärsozialisation ähnlich wird. In der primären Sozialisation haben wir bestimmte Affekt- und Verhaltensdispositionen entwickelt, mit denen wir uns auskennen, die jedoch begrenzt sind und am besten in Interaktionen mit Personen passen, die den frühkindlichen Sozialisationsobjekten ähnlich sind. Da dies aber nicht auf alle Personen, mit denen wir es später zu tun bekommen, zutrifft, beeinflussen wir diese, und zwar überwiegend unbewusst, in einer Art und Weise, die diese Ähnlichkeit vergrößert.

Beispiel 6:

Ein junger Mann behandelte seine aufgeschlossene und tolerante Partnerin über viele Monate mit einer derartigen Willkür im Hinblick auf nicht eingehaltene Verabredungen, nicht eingelöste Versprechungen und Ähnliches, dass sie immer stärker kontrollierende und feindselige Züge hervorkehrte, die ihrer eigenen Natur eigentlich zuwider waren, so dass sie „sich selbst nicht mehr kannte". Er war zu diesem Zeitpunkt fest davon überzeugt, dass er einen Fehler gemacht und eine Frau gewählt habe, die seiner Mutter ähnlicher sei, als ihm lieb war.

In den psychoanalytischen Konzepten von der projektiven Identifizierung und der Übertragung wird davon ausgegangen, dass bei neurotischen Entwicklungen und ich-strukturellen Störungen die Fähigkeit zur Anpassung an veränderte Umwelteinflüsse beeinträchtigt ist, so dass der Abwehrmechanismus der projektiven Identifizierung dazu verhelfen kann, die Umwelt für dieses eingeschränkte Verhaltensrepertoire passend zu machen. Dies dient der inneren Ökonomie des Individuums, führt jedoch zu Konflikten und Störungen in zwischenmenschlichen Beziehungen (K. König, 1991). Sowohl die projektive Identifizierung als auch die Übertragung enthalten einen „interaktionellen Anteil", ein beobachtbares Verhalten, das im Interaktionspartner die gewünschten Reaktionen hervorzurufen vermag. Dieser interaktionelle Anteil ist bei Patienten mit entwicklungsbedingt struktureller Ich-Störung ausgeprägter als bei solchen mit reiferen Neurosen. Bei Menschen mit Borderline-Störungen zum Beispiel können wir sehr deutlich beobachten, wie sie mit ihrem Verhalten dazu beitragen, dass andere, auf die sie ein „böses Objekt" übertragen, durch fortgesetzte Provokation wirklich böse werden. Das Bedürfnis nach Familiarität, hier der Wunsch nach dem vertrauten bösen Objekt, ist in diesen Interaktionen stärker als der Wunsch, mit weniger „bösen" Menschen umgeben zu sein als in der Vorgeschichte. Beim Borderline-Syndrom wird dies dadurch verstärkt, dass die Patienten „gute" und „böse" Seiten im selben Menschen nebeneinander nicht erkennen oder nicht tolerieren können.

Der interaktionelle Anteil der Übertragung kommt in den engsten Beziehungen, die wir kennen, in Paar- und Familienbeziehungen, besonders ausgeprägt vor. Und ein Gutteil der therapeutischen Arbeit analytischer Paartherapeuten besteht im Diagnostizieren und Bearbeiten dieses Phänomens. Hierbei bedient sich der Therapeut sowohl der Analyse von Übertragung und Gegenübertragung, also auch von eigenen Gefühlsantworten auf die Partner, mit denen er arbeitet. Er klarifiziert und konfrontiert mit den beobachteten interaktionellen Phänomenen, und er deutet die erschlossenen Zusammenhänge. (Zu den Techniken der Konfrontation, Klarifizierung und Deutung siehe Kapitel xxx in diesem Band.)

Das Verständnis derartiger Zusammenhänge zwischen intrapsychischen und interaktionellen Vorgängen ist ein Vorzug der psychoanalytischen Sichtweise.

3.3 Paartherapeutische Settings

Paartherapie wird bei direkten Kollusionen am häufigsten in Form der gleichzeitigen Behandlung des Paares durch einen Therapeuten oder eine Therapeutin durchgeführt. Die Behandlung durch ein Therapeutenpaar findet sich überwiegend in Institutionen. In manchen Fällen ist es auch möglich, dass ein Therapeut oder ein Therapeutenpaar mit einer Gruppe von 4 oder 5 Paaren gruppentherapeutisch zusammenarbeitet.

Bei gekreuzten Kollusionen ist die Arbeit im traditionellen paartherapeutischen Setting meist nicht ausreichend erfolgversprechend. Hier ergibt sich die Schwierigkeit, dass der Therapeut, der bei einem der beiden Partner an bewusstseinsnahen Konflikten zu arbeiten beginnt, damit gleichzeitig die stärker ängstigenden und demzufolge stärker abgewehrten Konflikte des anderen anspricht und umgekehrt. Der stärker beunruhigte Partner setzt dann Abwehrmechanismen in Gang, nicht selten paarspezifische psychosoziale Abwehrformen, wie z.B. habituelle unfruchtbare Streitigkeiten über wohlbekannte Themen, so dass der therapeutische Prozess schnell ins Stocken gerät.

Therapeuten, die über eine gute gruppentherapeutische Kompetenz verfügen und die mindestens zwei therapeutische Gruppen nebeneinander betreuen, können mit viel Aussicht auf einen produktiven therapeutischen Prozess solche Patienten nach einigen diagnostischen Sitzungen im paartherapeutischen Setting anschließend in zwei parallelen analytischen oder psychoanalytisch orientierten Gruppen (Kreische, 1986a, 1990) weiterbehandeln. Die bei einer Einzeltherapie beider Partner beim selben Therapeuten oft auftretenden paranoiden Übertragungen finden sich in diesem Setting nicht, wahrscheinlich weil hier die Themen quasi öffentlich, in Gegenwart anderer, angesprochen werden und jedes Gruppenmitglied die Erfahrung machen kann, dass sich der Therapeut nicht in unfairer Weise über die Partner aus der parallelen Gruppe äußert, so dass er es wahrscheinlich dort auch nicht tut. Bei diesem Setting wirkt sich oft schon die Indikationsstellung therapeutisch förderlich aus, weil sie es beiden Partnern erlaubt, dass jeder etwas für sich tut, was die persönliche Weiterentwicklung fördert. Die vorangegangenen Paargespräche wirken sich fokusierend aus, so dass in solchen Gruppen besonders viel über Partnerbeziehungen gesprochen wird. Außerdem lassen sich projektive Identifizierungen und psychosoziale Kompromissbildungen in den Gruppen in der Beziehung zu Fremden in statu nascendi bearbeiten, wodurch jeder Partner besser als im paartherapeutischen Setting erkennen kann, was er selbst zum Entstehen dysfunktionaler Beziehungsmuster beiträgt.

Beispiel 7:

Frau und Herr E. waren zur Behandlung gekommen, weil Frau E. immer wieder in schwere depressive Krisen geraten war, durch die Herr E. sich zunehmend überfordert fühlte. In der Gruppe bemerkte Herr E., dass er sich sehr bald in die Rolle des Helfers gegenüber fast allen anderen Gruppenmitgliedern begeben hatte, die zu der Überzeugung gelangt waren, dass er keine eigenen Probleme habe. Er war verunsichert und überrascht, als er erfuhr, dass er auf andere nicht nur überlegen, sondern auch kühl und distanziert wirkte. – Frau E. hingegen hatte sich nicht nur in der Ehe, sondern bald auch in ihrer Therapiegruppe in eine infantil-regressive Position begeben, was dazu führte, dass die anderen Gruppenteilnehmer ihr nichts zutrauten und sie stattdessen schonten. Der Therapeut war der Erste, der ihr etwas zutraute und demzufolge auch zumutete, gefolgt dann allerdings von immer mehr Männern und Frauen in der Gruppe. Jetzt bemerkten alle, auch Frau E. selbst, dass sie mehr leisten konnte, als sie selbst glaubte, wenn ihr mehr zugetraut wurde. – So änderte sich nach und nach das Erleben und Verhalten der beiden Partner, zunächst in ihren jeweiligen Gruppen, dann auch außerhalb der Gruppen in Beziehungen zu anderen Menschen, schließlich und zuletzt auch in der ehelichen Beziehung (K. König und Kreische, 1994).

Wenn keine Möglichkeit zur parallelen Therapie beider Partner in Gruppen besteht, ist es bei gekreuzten Kollusionen oft indiziert, einen oder beide Partner nach einer kleinen Anzahl paartherapeutischer Sitzungen in Einzeltherapie bei anderen Therapeuten zu überführen, in denen dann ebenfalls an der persönlichen Weiterentwicklung gearbeitet wird. Hierdurch erweitert sich das Erlebens- und Verhaltensspektrum der behandelten Individuen, was sich in zwischenmenschlichen Beziehungen förderlich auswirkt.

Selbstverständlich kann Paartherapie in jeglichem Setting, vor allem bei schwer gestörten partnerschaftlichen Beziehungen, auch zu dem Ergebnis einer Trennung beider Partner führen. Eine solche Scheidungstherapie bietet die Chance, den Trennungsprozess in weniger destruktiver Weise zu bewältigen, als es nach jahrelangen destruktiven ehelichen Auseinandersetzungen ohne therapeutische Hilfe meist möglich ist. Vor allem wenn Kinder aus einer solchen Ehe stammen, können paartherapeutische Interventionen bei Trennungen dazu beitragen, dass die dysfunktionalen Beziehungsmuster nicht nach der Scheidung über die Kinder und zum Teil auf deren Rücken weiter ausgetragen werden, was zu psychischen Erkrankungen der Kinder oder zur Verstärkung oder Chronifizierung von psychischen Erkrankungen der Eltern führen kann.

! **Merke:** Direkte Kollusionen lassen sich meist im paartherapeutischen Setting mit einem (oder zwei) Therapeuten und einem Patientenpaar wirkungsvoll behandeln. Bei gekreuzten Kollusionen muss die Therapie nach einigen diagnostischen Sitzungen im paartherapeutischen Setting oft in Gruppen- oder Einzeltherapie für beide Partner überführt werden. Gut bewährt hat sich bei gekreuzten Kollusionen die sukzessive Therapie der Partner zunächst in Paartherapie und anschließend in paralleler analytischer oder tiefenpsychologisch fundierter Gruppentherapie für beide Partner beim selben Therapeuten.

3.4 Indikation und Kontraindikation zur Paartherapie

! **Merke:** Paartherapie ist in den Fällen indiziert, in denen ausgeprägte psychosoziale Abwehrmechanismen in Form der oben beschriebenen Kollusionen die Einzeltherapie eines Partners wenig erfolgreich erscheinen lassen. Ein diagnostisches Paargespräch im Rahmen der Anamnese kann hier Klarheit verschaffen. Paartherapie ist aber auch in manchen Fällen indiziert, in denen der Index-Patient ein Kind ist, nämlich dann, wenn dem Paar deutlich wird, dass ein elterlicher Konflikt maßgeblich an der Erkrankung des Kindes beteiligt ist. Ich verfüge über zahlreiche Beispiele, in denen die ausschließliche Behandlung des Elternpaares, das „symptomfrei" war, aber an einer Persönlichkeitsstörung erkrankt war, die mit dysfunktionalem Verhalten einherging, zur Gesundung des Symptomträgers Kind geführt hat.
Entsprechend groß ist die prophylaktische Bedeutung von Paartherapie, weil sie verhindern kann, dass die Gesundung eines Familienmitglieds im Rahmen einer Einzeltherapie zur Neuerkrankung anderer Familienmitglieder führt.

Beispiel 8:

In einer Familie erkrankte zuerst die sechsjährige Tochter an einer schweren depressiven Symptomatik. Sie wurde erfolgreich kindertherapeutisch behandelt. Dann erkrankte der Sohn an einem endogenen Ekzem und einer Depression und wurde ebenfalls erfolgreich kindertherapeutisch behandelt. Daraufhin entwickelte der Vater eine schwere Depression, worauf sich das Elternpaar auf Anraten eines Kindertherapeuten in Paartherapie begab, was die Eltern etwas hilflos machte, weil sie in einer „absolut harmonischen Ehe" zusammenlebten, in der es keinerlei Konflikte gab. In der Paartherapie wurde dann schließlich auch die Frau depressiv, bis es nach der Bearbeitung massiver, bislang erfolgreich abgewehrter partnerschaftlicher Konflikte endlich zur Gesundung aller Familienmitglieder kam, die jetzt zwar nicht mehr völlig harmonisch miteinander umgingen, dafür aber aktiver und initiativefreudiger wurden und sich wohler fühlten als vorher (K. König und Kreische, 1994).

! **Merke:** Nicht indiziert, weil weniger wirksam ist Paartherapie bei chronifizierten neurotischen Erkrankungen. Hier sind pathologische Lösungen von früheren interpersonellen Konflikten, meist in der Herkunftsfamilie, bei einem oder bei beiden Partnern bereits internalisiert worden. Wenn solche Erkrankungen nicht nur zu individuellen Symptomen führen, sondern sich auch in der Paarbeziehung auswirken, suchen Paare manchmal als Erstes einen Paartherapeuten auf. Paartherapie kann dann oft über eine Verringerung des sekundären Krankheitsgewinns zur vorübergehenden Symptombesserung führen. Diese ist aber meist nicht ausreichend stabil. In solchen Fällen empfiehlt es sich, einen oder beide Partner im Anschluss an die Paartherapie oder die paartherapeutische Diagnostik in Einzeltherapie oder Gruppentherapie zu überweisen.

5

! Merke: Kontraindiziert ist Paartherapie, wenn befürchtet werden muss, dass ein Partner oder ein weiteres Familienmitglied durch Veränderung geschädigt werden kann, zum Beispiel wenn das soziale Umfeld realistischerweise nicht ausreichend verändert werden kann, so dass die Struktur der Paarbeziehung und der Familie unter Berücksichtigung des sozialen Kontextes bereits den relativ günstigsten Kompromiss darstellt. Hier ist es besser, den Symptomträger zu stabilisieren und ihm dabei behilflich zu sein, in einer belastenden Umgebung besser leben zu können, als vielleicht noch mehr Familienmitglieder zur Dekompensation zu bringen. Ein Beispiel hierfür sind Paare, die sich ihr Leben im Haus von persönlichkeitsgestörten Eltern oder Schwiegereltern in einer Art und Weise eingerichtet haben oder haben einrichten lassen, in der finanzielle und psychische wechselseitige Abhängigkeiten in einem solchen Ausmaß vorhanden sind, dass jegliche Veränderung an einer Stelle des Systems zu schweren Störungen an einer anderen Stelle führen.

4 Frequently Asked Questions (FAQ)

1. *Was kann ich tun, wenn ich in einer Einzeltherapie eine paartherapeutische Intervention für indiziert halte, meine Patientin/mein Patient mir aber mitteilt, dass ihr Partner/ seine Partnerin sich weigert, mitzukommen?*

→ Denken Sie an die Möglichkeit, dass Ihr Patient vielleicht Angst vor einem Paargespräch hat, z.B. weil er in Ihnen einen Verbündeten gefunden zu haben glaubt oder weil er Sie nicht teilen will oder aus einem anderen Grund. Als Erstes sollten Sie sich in einem solchen Fall fragen, ob Ihr Patient vielleicht Recht hat und ob es vielleicht wirklich schädlich wäre für die therapeutische Beziehung, wenn Sie einen Setting-Wechsel herbeiführen. (Es ist eigentlich immer empfehlenswert, in Erwägung zu ziehen, dass ein Patient vielleicht gute Gründe für sein Verhalten hat, wenn er nicht macht, was Sie wollen.) Manchmal kommen Sie bei allem Respekt vor dem Patienten zu dem Schluss, dass er sich nicht vor einem Paargespräch drücken sollte. Dann müssten Sie seinen Widerstand gegen die Paartherapie bearbeiten, statt sich mit dem Patienten zusammen über den Widerstand des Partners zu ärgern. Wenn Sie das Paargespräch für unumgänglich halten, können Sie z.B. fragen, in welcher Art oder mit welchen Worten er versucht hat, den Partner zu motivieren und wie die Reaktion darauf war. Sie dürfen, wenn es wirklich um Widerstandsbearbeitung geht, hier darauf insistieren, dass möglichst genau berichtet wird, wie sich die Motivationsarbeit zu Hause abgespielt hat. Gegebenenfalls können Sie dann darauf hinweisen, dass diese Art der Anfrage eher wie ein Abschreckungsversuch als wie eine Werbeaktion klingt, um danach auf die wahrscheinliche Angst der Patientin/des Patienten selbst vor dem Paargespräch zu sprechen zu kommen. – Wenn sich jedoch herausstellt, dass es wahrscheinlich wirklich der Partner zu Hause ist, der nicht kommen will, dann wird Ihr Patient wahrscheinlich enttäuscht oder gekränkt sein wegen der Reaktion des Partners zu Hause, und dann bleibt Ihnen nichts anderes übrig, als daran mit ihm zu arbeiten.

2. *Kann man Paartherapie wirklich als einzelner Therapeut durchführen? Ist es nicht immer besser, wenn ein Therapeutenpaar mit einem Patientenpaar arbeitet? Können nicht eigentlich nur Frauen Frauen wirklich verstehen und Männer Männer?*

→ Die Auffassung, dass nur Frauen Frauen verstehen können und nur Männer Männer, ist selbst ein behandlungsbedürftiges Problem, das oft zu Schwierigkeiten in (heterosexuellen) Paarbeziehungen führt. Es gibt nur sehr wenige Dinge, vor allem in einem körpernahen Bereich, bei denen es absolute Grenzen des Einfühlungsvermögens in einen Menschen des anderen Geschlechtes gibt. Zum Beispiel kann ein Mann sich nicht vollständig vorstellen, wie sich ein weiblicher Orgasmus anfühlt und umgekehrt. In den meisten Fällen ist es aber bei einer einigermaßen gut ausgeprägten Empathiefähigkeit möglich, sich in einen anderen Menschen in sehr vielen Bereichen einzufühlen und die Dinge aus seiner Perspektive zu betrachten, wenn man sich nur darum bemüht. Ich muss auch nicht selbst arbeitslos sein, um mir vorstellen zu können, wie es einem Arbeitslosen gehen kann. Nicht wenige Patientinnen und Patienten mit neurotischen Partnerproblemen äußern die Vorstellung, dass eigentlich Frauen nur Frauen und Männer nur Männer richtig verstehen können. Ursächlich liegen dieser Befürchtung häufig narzisstische Störungen oder eine nicht ausreichend integrierte homosexuelle Latenz zugrunde. – Im Übrigen sind Paartherapien mit einem Therapeutenpaar nur dann gut, wenn die beiden Therapeuten ausgesprochen gut miteinander arbeiten können. Sie müssen es verkraften können, dass manche Patienten per projektiver Identifizierung ihre Konflikte in das Therapeutenpaar transferieren, müssen aus dem dadurch entstehenden Konflikt der Therapeuten diagnostische Schlussfolgerungen ziehen und diese in produktive therapeutische Interventionen umsetzen können. Da Paartherapie nicht doppelt abgerechnet werden kann, ist es außerdem in der Praxis eines niedergelassenen Therapeuten finanziell sehr unlukrativ, so zu arbeiten. Auch deshalb wird Paartherapie mit einem Therapeutenpaar überwiegend in Institutionen durchgeführt.

3. *Warum sind Paartherapien oft viel anstrengender als Einzeltherapien, Familientherapien oder Gruppentherapien?*

→ Es stimmt. Paartherapien gehören oft zu den besonders anstrengenden Therapieformen. Manchmal liegt das daran, dass die psychosozialen Kompromisse von Paaren mit chronifizierten Konflikten so zähe und schwer zu bearbeitende Widerstände sind. Im Vergleich zur Familientherapie fehlen uns in der Paartherapie die wichtigsten Helfer: nämlich die Kinder, die oft besonders stark motiviert sind, dass sich in der Familie etwas ändert, und die deshalb den therapeutischen Prozess meist stark mit anschieben. Manchmal werden sie von Familientherapeuten in dieser Co-Therapeutenrolle allerdings auch überfordert und zu parentifizierten Problemlösern gemacht. Das häufigste Problem bei überanstrengten Paartherapeuten ist allerdings ein eigenes neurotisches Problem. Überdurchschnittlich viele Psychotherapeuten waren in ihren Herkunftsfamilien selbst parentifizierte Kinder, die die Probleme ihrer Eltern zu lösen hatten. Das war mit Überforderungsgefühlen verbunden, hatte aber hinsichtlich Macht und Geltung auch seine attraktiven Seiten in der Kindheit. Ein Teilmotiv bei der Wahl des Therapeutenberufs besteht nicht selten darin, dass ich in diesem Beruf das, was ich schon in der Kindheit so gut gelernt habe, weitermachen kann: nämlich die Probleme anderer zu lösen. Dieser neurotische Teil der Motivation zum Beruf wird in den Lehranalysen, wenn sie sorgfältig durchgeführt werden und nicht allzu kurz sind, mehr oder weniger gut bearbeitet. Dennoch ist ein Paar ein besonders markanter Übertragungsauslöser, nämlich für eine Elternübertragung. Und so kann es auch einem Therapeuten mit viel Selbsterfahrung passieren, dass er, wenn er einem Paar gegenübersitzt, nämlich in der Paartherapie, selbst wieder in die Rolle eines parentifizierten Kindes regrediert, das die Aufgabe hat, die Probleme seiner Eltern zu lösen. Damit verliert er aber seine professionelle Haltung und spürt wieder das Überanstrengungsgefühl des Kindes. In der Supervision lässt sich bei ausreichender Selbsterfahrung in der Ausbildungsphase dieses Problem meist relativ rasch bearbeiten. Der Therapeut vermag dann wieder die therapeutische, professionelle Haltung einzunehmen, in der nicht sein eigenes Wohlergehen und Überleben davon abhängt, ob es ihm gelingt, die Probleme des Paares zu lösen. Aus dieser Position heraus kann er einem Paar auch besser vermitteln, dass er gar nicht dazu da ist, deren Probleme zu lösen, sondern ihnen dabei behilflich zu sein, ihre Probleme selbst zu lösen.

5 Prüfungsfragen

1. Wann können Beziehungsstörungen als seelische Krankheiten gelten?
2. Was versteht man unter „double-bind"?
3. Womit beschäftigt sich die psychoanalytische Objektbeziehungstheorie?
4. Definieren Sie „Kollusion". Welche direkten Kollusionen kennen Sie? Was sind gekreuzte Kollusionen?
5. Wie können Persönlichkeitsstörungen zu psychischen oder psychosomatischen Symptomen führen?
6. In Krisensituationen kommt es bei den meisten Menschen zu Regressionen. Unter welchen Bedingungen können diese Regressionen pathologisch sein?
7. Was ist eine Symptomverschreibung und wozu dient sie?
8. Was charakterisiert die psychoanalytische Paartherapie?
9. Was ist projektive Identifizierung?
10. Nennen Sie Indikationen und Kontraindikationen für Paartherapie.

6 Literatur

- Ackerman N: The psychodynamics of family life. New York: Basic Books, 1958
- Ackerman N: The psychoanalytic approach to the family. In: Bloch D, Simon R (eds.): The strength of family therapy. Selected papers of Nathan Ackerman. New York: Brunner/Mazel, 1959
- Anzieu D: Le groupe et l'inconscient. Paris: Dunod, 1975
- Ashby WR: Design for a brain. London: Chapman & Hall, 1952
- Ashby WR: Einführung in die Kybernetik. Frankfurt: Suhrkamp, 1956/1974
- Bateson G: Double bind. In: Bateson G. (Hrsg.): Ökologie des Geistes. Frankfurt/M: Suhrkamp, 1969/1972, 353-361
- Bateson G, Jackson DD, Haley J, Weakland JH: Toward a theory of schizophrenia. Behav Sci 1956;1:251-264
- Bauriedl T: Beziehungsanalyse. Frankfurt/M: Suhrkamp, 1980
- Bauriedl T: Das systemische Verständnis der Familiendynamik in der Psychoanalyse. In: Ermann M, Seifert Th (Hrsg.): Die Familie in der Psychotherapie. Berlin, Heidelberg, New York, Tokyo: Springer, 1985
- Bentovim A, Barnes G, Cooklin A (Hrsg.): Family therapy: Complementary frameworks of theory and practice. 2 Bd. New York, London: Academic Press, 1982
- Berger M (Hrsg.): Beyond the double bind. New York: Brunner/Mazel, 1978
- Bertalanffy L von: General system theory. New York: Braziller, 1968
- Bischof N: Das Rätsel Ödipus. München: Piper, 1985
- Bornstein PH, Bornstein MT: Psychotherapie mit Ehepaaren. Bern: Huber, 1993
- Boszormenyi-Nagy I, Spark GM: Invisible loyalties. New York: Harper & Row, 1973
- Boszormenyi-Nagy I, Ulrich D: Contextual family therapy. In: Gurman AS, Kniskern DP (eds.): Handbook of family therapy. New York: Brunner/Mazel, 1981, 159-186
- Bowen M: Family therapy and family group therapy. In: Olson DH (ed.): Treating relationships. Lake Mills, Iowa: Graphic Publ. Co., 1976
- Brocher T: Gruppendynamik und Erwachsenenbildung. Braunschweig: Westermann, 1967
- Broderick CB, Schrader SS: The history of professional marriage and family therapy. In: Gurman AS, Kniskern DP (eds.): Handbook of family therapy. New York: Brunner/Mazel, 1981
- Buchholz M: Psychoanalytische Methode und Familientherapie. Frankfurt/M: Verlag der psychologischen Fachbuchhandlung, 1982
- Cierpka M: Familientherapie. In: Ahrens S (Hrsg.): Lehrbuch der psychotherapeutischen Medizin. Psychoanalytisch orientierte Psychotherapie. Stuttgart, New York: Schattauer, 1994
- Ciompi L: Psychoanalyse und Systemtheorie – ein Widerspruch? Ein Ansatz zu einer „Psychoanalytischen Systemtheorie". Psyche 1981;35:66-86
- Ciompi L: Affektlogik. Über die Struktur der Psyche und ihre Entwicklung. Ein Beitrag zur Schizophrenieforschung. Stuttgart: Klett-Cotta, 1982
- Dicks HV: Marital tensions. London: Routledge & Kegan Paul, 1967
- Erickson M, Rossi E: Hypnotherapie. Aufbau – Beispiele – Forschungen. 3. Aufl. München: Pfeiffer, 1979/1993
- Erickson M, Rossi E, Rossi S: Hypnose. Induktion – Psychotherapeutische Anwendung – Beispiele. München: Pfeiffer, 1976/1978
- Faber FR, Dahm A, Kallinke D: Faber/Haarstrick: Kommentar Psychotherapie-Richtlinien. 5. Aufl. München, Jena: Urban & Fischer, 1999
- Falloon IRH: Verhaltenstherapeutisch orientierte Familientherapie bei Schizophrenie. In: Hand I, Wittchen H-U (Hrsg.): Verhaltenstherapie in der Medizin. Berlin: Springer, 1989, 97-105
- Falloon IRH: Behavioral family therapy for schizophrenic and affective disorders. In: Bellack AS, Hersen M (eds.): Handbook of behavior therapy in the psychiatric setting. New York: Plenum Press, 1993, 595-611
- Framo JL: Beweggründe und Techniken der intensiven Familientherapie. In: Boszormenyi-Nagy I, Framo JL (Hrsg.): Familientherapie I. Reinbek: Rowohlt, 1975, 169-243
- Freud S: Ratschläge für den Arzt bei der psychoanalytischen Behandlung. Gesammelte Werke. Bd. VIII. Frankfurt: Fischer, 1912/1973

5

- Fürstenau P: Zur Theorie psychoanalytischer Praxis. Stuttgart: Klett, 1979
- Fürstenau P: Paradigmawechsel in der Psychoanalyse (angesichts der strukturellen Ich-Störungen). In: Studt H (Hrsg.): Psychosomatik in Forschung und Praxis. München: Urban & Schwarzenberg, 1983
- Fürstenau P: Der Psychoanalytiker als systematisch arbeitender Therapeut. Familiendynamik 1984;9:166-176
- Fürstenau P: Konsequenzen der systemtheoretischen Orientierung für die psychoanalytische Gruppentherapie. In: Kutter P (Hrsg.): Methoden und Theorien der Gruppenpsychotherapie. Stuttgart-Bad Cannstatt: Frommann-Holzboog, 1985, 237 – 244
- Fürstenau P: Chancen der Professionalisierung durch den „Facharzt für psychotherapeutische Medizin". In: Gröninger S, Fürstenau P (Hrsg.): Weiterbildungsführer Psychotherapeutische Medizin. München: Pfeiffer, 1994, 39-53
- Gurman AS, Kniskern DP: Family therapy outcome research: knowns and unknowns. In: Gurman AS, Kniskern DP (eds.): Handbook of family therapy. New York: Brunner/Mazel, 1981
- Heigl-Evers A: Zur Behandlungstechnik in der analytischen Gruppenpsychotherapie. Z Psychosom Med 1967;13:266-276
- Kaufmann L: Familientherapie. In: Kisker KP, Meyer J-E, Müller C, Strömgren E (Hrsg.): Psychiatrie der Gegenwart. Bd. III. Berlin: Springer, 1975, 669-710
- Kaufmann L: Familientherapie. In: Müller C (Hrsg.): Lexikon der Psychiatrie. Berlin: Springer, 1986, 288-291
- Klein M: Notes on some schizoid mechanisms. Int J Psychoanal 1946; 27:99-110
- König K: Der interaktionelle Anteil der Übertragung in Einzelanalyse und analytischer Gruppenpsychotherapie. Gruppenpsychother Gruppendyn 1982a;18:76-83
- König K: Interaktioneller Anteil der Übertragung und phobische Persönlichkeitsstruktur. Prax Psychother Psychosom 1982b;27:25-32
- König K: Unbewußte Manipulation in der Psychotherapie und im Alltag. Georgia Augusta 1984;40:10-16
- König K: Basale und zentrale Beziehungswünsche. Forum Psychoanal 1988;4:177-185
- König K: Praxis der psychoanalytischen Therapie. Göttingen: Vandenhoeck & Ruprecht, 1991
- König K, Kreische R: Partnerwahl und Übertragung. Familiendynamik 1985a;10:341-352
- König K, Kreische R: Zum Verständnis von Paarbeziehungen aus psychoanalytischer Sicht. Forum Psychoanal 1985b;1:239-249
- König K, Kreische R: Psychotherapeuten und Paare. Was Psychotherapeuten über Paarbeziehungen wissen sollten. 1. Aufl. 1991. Göttingen: Vandenhoeck & Ruprecht, 1994
- König WH: Psychoanalyse und Systemtheorie. In: Mertens W (Hrsg.): Psychoanalyse. Ein Handbuch in Schlüsselbegriffen. München: Urban & Schwarzenberg, 1983, 26-33
- Krause R: Allgemeine Psychoanalytische Krankheitslehre. Band 1: Grundlagen. Stuttgart: Kohlhammer, 1997
- Krause R: Allgemeine Psychoanalytische Krankheitslehre. Band 2: Modelle. Stuttgart: Kohlhammer, 1998
- Kreische R: Familie als Mittlerin zwischen Individuum und Gesellschaft. In: Leber A, Trescher H-G, Büttner C (Hrsg.): Die Bedeutung der Gruppe für die Sozialisation. Teil I: Kindheit und Familie. Göttingen: Verlag für Medizinische Psychologie im Verlag Vandenhoeck & Ruprecht, 1985, 39-51
- Kreische R: Die Behandlung von neurotischen Paarkonflikten mit paralleler analytischer Gruppentherapie für beide Partner. Gruppenpsychother Gruppendyn 1986a;21:337-349
- Kreische R: Zu den Auswirkungen von Charakterstruktur, Übertragung und Gegenübertragung bei der Behandlung neurotischer Paarkonflikte. Gruppenpsychother Gruppendyn 1986b;22:22-35
- Kreische R: Die besseren Hälften. Paartherapie in zwei Systemen: die Kombination von Paar- und Gruppentherapie. In: Massing A (Hrsg.): Psychoanalytische Wege der Familientherapie. Berlin, Heidelberg: Springer, 1990
- Kreische R: Gestörte Paarbeziehungen bei neurotischen Erkrankungen und ihre psychotherapeutische Behandlung mit Paar- und Gruppentherapie. Ein Vergleich zwischen Frauen und Männern. Habilitationsschrift. Göttingen, 1992
- Kreische R: Paare in Krisen. Reinbek: Rowohlt, 1994
- Kreische R: Psychoanalytische Paartherapie. In: Kaiser P (Hrsg.): Partnerschaft und Paartherapie. Göttingen, Bern, Toronto, Seattle: Hogrefe, 2000a
- Kreische R: Objektwahl. In: Mertens W, Waldvogel B (Hrsg.): Handbuch psychoanalytischer Grundbegriffe. Stuttgart : Kohlhammer, 2000b
- Lemaire JG: Le couple: sa vie, sa mort. La structuration du couple humain. Paris: Payot, 1979. Dt.: Leben als Paar. Olten, Freiburg/Br.: Walter, 1980
- Lidz T, Cornelison A, Fleck S, Terry D: The intrafamilial environment of schizophrenic patients: II marital schism and marital skew. Am J Psychiatry 1957;114:241-248
- Lüders W: Psychoanalyse versus Familientherapie. Psyche 1983;37:462-469
- Massing A (Hrsg.): Psychoanalytische Wege der Familientherapie. Berlin, Heidelberg: Springer, 1990
- Mentzos S: Interpersonale und institutionalisierte Abwehr. Frankfurt/M: Suhrkamp, 1988
- Minuchin S, Rosman BL, Baker L: Psychosomatische Krankheiten in der Familie. Stuttgart: Klett, 1978/1981
- Oberndorf C P: Psychoanalysis of married couples. Psychanal Rev 1938;25:453-475
- Ogden TH: On projective identification. Int J Psychoanal 1979;60:357-373
- Paul N: The role of mourning and empathy in conjoint marital therapy. In: Zuk H, Boszormenyi-Nagy I (Hrsg.): Family therapy and disturbed families. Palo Alto: Science and Behavior Books, 1967, 186-205
- Perry JCh, Cooper SH: An empirical study of defense mechanisms. Arch Gen Psychiatry 1986;46:444-452
- Racamier PC: Die Schizophrenen. Eine psychoanalytische Interpretation. Berlin: Springer, 1980
- Richter H-E: Patient Familie. Reinbek: Rowohlt, 1970/1972
- Sander F: Individual and family therapy. Toward an integration. New York: Aronson, 1979
- Sandler J: Countertransference and role responsiveness. Int Rev Psychoanal 1976 ;3 :43-47
- Selvini Palazzoli M, Boscolo L, Cecchin G, Prata G: Paradosso e contro-paradosso. Mailand: Feltrinelli, 1975)
- Selvini Palazzoli M, Boscolo L, Cecchin G, Prata G: Hypothetisieren – Zirkularität – Neutralität: drei Richtlinien für den Leiter der Sitzung. Familiendynamik 1981;6:123-139
- Senf W: Behandlungsergebnisse bei stationärer Psychotherapie. Eine empirische Nachuntersuchung von 116 Patienten zur differentiellen Wirksamkeit stationär-ambulanter Psychotherapie. Habilitationsschrift. Heidelberg, 1987
- Shapiro R: Action and family interaction in adolescence. In: Marmor J (ed.): Modern Psychoanalysis. New York: Basic Books, 1968
- Simon FB: Der Prozeß der Individuation. Über den Zusammenhang von Vernunft und Gefühlen. Göttingen: Vandenhoeck & Ruprecht, 1984
- Simon FB, Stierlin H: Die Sprache der Familientherapie. Ein Vokabular. Stuttgart: Klett, 1984

5

- Skynner R: Die Familie – Schicksal und Chance. Handbuch der Familientherapie. Olten: Walter, 1976/1978
- Sperling E, Massing A, Reich G, Georgi H, Wöbbe-Mönks E: Die Mehrgenerationen-Familientherapie. Göttingen: Verlag für Medizinische Psychologie im Verlag Vandenhoeck & Ruprecht, 1982
- Stierlin H: Family dynamics and separation patterns of potential schizophrenics. In: Proceedings of the 4th Int. Symposium on Psychotherapy of Schizophrenia. Amsterdam: Excerpta Medica, 1972a, 156-166
- Stierlin H: A family perspective on adolescent runaways. Arch Gen Psychiatry 1972b;29:56-62
- Stierlin H: Systemischer Optimismus – systemischer Pessimismus. Familiendynamik 1988;13:69-75
- Stierlin H, Rücker-Embden I, Wetzel N, Wirsching M: Das erste Familiengespräch. Stuttgart: Klett, 1977
- Strotzka H: Ist Familientherapie auf psychoanalytischer Basis möglich? In: Strotzka H (Hrsg.): Theorie und Praxis der Psychoanalyse. Fellbach: Bonz, 1979
- Strotzka H: Tiefenpsychologie und Psychotherapie. Wien: Springer, 1982/1984
- Watzlawick P: A review of the double bind. In: Jackson DD (ed.): Communication, family, and marriage. Palo Alto: Science and Behavior Books, 1968, 63-86
- Watzlawick P, Beavin JH, Jackson DD: Menschliche Kommunikation. 4. Aufl. Bern: Huber, 1974
- Watzlawick P, Coyne J: Problemzentrierte Kurzbehandlung einer Depression. Familiendynamik 1979;4:148-157
- Watzlawick P, Weakland JH, Fisch R: Lösungen – Zur Theorie und Praxis menschlichen Wandels. Bern: Huber, 1974
- Willi J: Die Zweierbeziehung. Reinbek: Rowohlt, 1975/1978
- Willi J: Therapie der Zweierbeziehung. Reinbek: Rowohlt, 1978
- Wynne LC: Paradoxe Interventionen: eine Technik zur therapeutischen Veränderung von individuellen und familiären Systemen. Familiendynamik 1980;5:42-56
- Zeig JK (Hrsg.): Meine Stimme begleitet Sie überallhin. Stuttgart: Klett, 1980/1986

5

5.5 Psychodynamische Familientherapie

Günter Reich

1 Definition und Abgrenzung

Psychodynamische Familientherapie ist eine **Anwendungsform der Psychoanalyse**. In ihrem Zentrum steht die **Bearbeitung der unbewussten und vorbewussten interpersonellen Konflikte und Transaktionsmuster** in familiären Beziehungen. Hierbei wird davon ausgegangen, dass diese zur Entstehung seelischer Erkrankungen und deren Aufrechterhaltung beitragen und dass deren Veränderungen die Besserung dieser Störungen fördern.

Die psychodynamische Familientherapie bezieht sich neben der psychoanalytischen **Theorie des unbewussten Konfliktes** sowie Aspekten der **Selbst- und Objektbeziehungspsychologie** und der **Bindungstheorie** auf die **systemtheoretische Perspektive**, insbesondere die der „Kybernetik zweiter Ordnung". In dieser wird auf die Beschreibung von Struktur- und Entwicklungsprinzipien biologischer Systeme, z. B. das Konzept der „Autopoiese", und auf die Bedeutung der Vorstellungswelt von Familien rekurriert (vgl. hierzu Reich, 1990). Zudem wird die **zeitgeschichtlich-soziologische Dimension familiären Lebens** und Erlebens in den Verstehens- und Behandlungsansatz einbezogen (vgl. Reich, 2003a).

Auf der Basis dieser Perspektive werden die aktuell wirksamen unbewussten und vorbewussten Konflikte und die **Übertragungen innerhalb der Familie** (Stierlin, 1977), d.h. die Aktualisierungen der früheren, internalisierten Objektbeziehungen, bearbeitet. Diese werden in der **Übertragungs-Gegenübertragungsdynamik** sowie szenisch im therapeutischen Raum erfahrbar.

Ziel ist es, die familiären Konflikte und unbewussten Beziehungsmuster so zu bearbeiten, dass für die einzelnen Familienmitglieder, insbesondere für die unter Symptomen leidenden Patienten, mehr Freiheitsgrade für die individuelle Entwicklung geschaffen werden, damit seelische Erkrankungen als Mittel der Konfliktlösung nicht mehr nötig sind.

Von anderen Ansätzen der Familien- und Paartherapie, etwa den systemischen und behavioralen Methoden, unterscheidet sich der psychodynamische Ansatz durch das **Konzept des Unbewussten**, durch die im Folgenden näher zu skizzierende **familien- und sozialhistorische Perspektive**, zudem durch die systematische Arbeit in der Patient-Therapeut-Beziehung, die sich hier entwickelnde **Übertragungs- und Gegenübertragungsdynamik** und die Berücksichtigung der eigenen Übertragungsbereitschaften von Therapeuten, die aufgrund ihrer Familiengeschichte im familien- und paartherapeutischen Setting in besonderem Maße aktiviert werden können (Reich, 1984; Reich und Cierpka, 2003). Als Interventionsformen werden **die Klärung, die Konfrontation und die Deutung** genutzt, wobei Klärung und Konfrontation häufig im Vordergrund stehen. Gegenüber analytischer und tiefenpsychologischer Einzeltherapie erfordert psychodynamische Familien- und Paartherapie in der Regel ein höheres Maß an aktiver Beziehungsgestaltung und Lenkung des therapeutischen Prozesses durch die Strukturierung des Settings der jeweiligen Sitzung und die Gesprächsführung selbst (Massing et al., 1999; Reich, 1990, 2003a).

2 Historische Entwicklung

Bereits in der frühen Entwicklung der Psychoanalyse wurde die Bedeutung familiärer Konflikte für die Entstehung seelischer Störungen erkannt. Gleichzeitig wurden die Angehörigen der Patienten eher als Störenfriede des therapeutischen Prozesses angesehen und nicht als Personen, die zu einer Verbesserung der Behandlungsmöglichkeiten in die Therapie einbezogen werden sollten. Freud und mit ihm die meisten Psychoanalytiker seiner und der folgenden Generationen bemühten sich dementsprechend darum, die Angehörigen aus der Behandlung herauszuhalten. Eine Ausnahme war die Therapie des „Kleinen Hans", die Freud wesentlich über den Vater durchführte.

Vor diesem Hintergrund entwickelte sich die psychoanalytisch orientierte Familientherapie bis in die 50er Jahre hinein erst allmählich. 1921 legte Flugel seine Arbeit „The Psychoanalytic Study of the Family" vor, in der er die Ergebnisse bisheriger psychoanalytischer Forschung über die Lebensentwicklung und das Familienleben darstellte. In der therapeutischen Praxis wurden psychodynamisches Verstehen und psychodynamische Behandlung von Mehrpersonen-Systemen ab den 20er Jahren, verstärkt ab den 40er Jahren des letzten Jahrhunderts in folgenden Bereichen entwickelt (vgl. hierzu Massing et al., 1999):

- in der Kindertherapie, in die die Eltern einbezogen und auch parallele Behandlungen von Mutter und Kind durchgeführt wurden,
- in der Behandlung von Paaren, die ebenfalls zunächst in parallelen psychoanalytischen Therapien einzeln, später in gemeinsamen Sitzungen behandelt wurden,
- in der Behandlung schwer gestörter Patientinnen und Patienten, z. B. Anorektikerinnen oder schizophrener Jugendlicher.

In all diesen Bereichen wurde deutlich, wie sehr die Krankheit einzelner Patienten und das familiäre bzw. Paarbeziehungssystem sich gegenseitig aufrechterhielten und therapeutische Ver-

5

änderungen verhinderten bzw. erschwerten (vgl. Reich, 2003a). Ein Meilenstein der Entwicklung ist die 1948 von Richardson publizierte Studie mit dem schlichten, dennoch programmatischen Titel „Patients have families", in der er die neu gewonnenen Erkenntnisse der Kybernetik und Systemtheorie auf das Verständnis psychosomatischer und somatischer Erkrankungen anzuwenden versuchte und hiermit Entwicklungen der Familienforschung um mehr als ein Jahrzehnt vorwegnahm. „Die Familie ist die Einheit der Erkrankung, weil sie die Einheit des Lebens ist" (a.a.O., S. 76). Krankheit findet in der Familie statt, entwickelt sich in ihr und formt sie.

In der 50er und 60er Jahren des letzten Jahrhunderts kam es dann zu bedeutenden Konzeptualisierungen der klinischen Beobachtungen in paar- und familientherapeutischen Settings. In England formulierte der objektbeziehungstheoretisch orientierte Psychoanalytiker Henry Dicks das Konzept der Kollusion, das später im deutschen Sprachraum von Willi weiter ausgebaut und popularisiert wurde. In den USA formulierten James Framo und Ivan Boszormenyi-Nagy, ebenfalls auf objektbeziehungstheoretischer Grundlage, Theorien der Individuation in der Familie, wobei die unbewussten Beziehungen über mehrere Generationen berücksichtigt wurden. Mendell und Fisher beschrieben Ähnlichkeiten in den Grundkonflikten und Verhaltensweisen in einer Familie mit depressiver Indexpatientin über drei Generationen. Murray Bowen (vgl. Reich, 2002) entwickelte eine Theorie des mehrgenerationalen emotionalen Prozesses systematisiert. In seiner Arbeitsgruppe wurde das mittlerweile als Standardinstrument verwendete Genogramm am elaboriertesten entwickelt (vgl. hierzu Massing et al., 1999; Reich et al., 2003).

In Deutschland veröffentlichte Horst-Eberhard Richter 1963 sein Buch „Eltern, Kind und Neurose", in dem er Modi der unbewussten Rollenzuschreibungen in Familien beschrieb. Eckhard Sperling behandelte und beschrieb Familien magersüchtiger Patientinnen, in denen ein asketisches Ideal über drei Generationen weitergegeben wurde. Mit seiner Arbeitsgruppe erweiterte er den von ihm vertretenen alters- und bezugsgruppenspezifischen Therapieansatz zur Mehrgenerationen-Therapie (Massing et al., 1999, Reich, 2002).

Helm Stierlin beschrieb in dem Konzept der Delegation, wie wesentliche Aspekte aus den Beziehungen zwischen Eltern und Großeltern auf Kinder übertragen werden können und wie sich eine generationsübergreifende Dynamik von Bindungs- und Ausstoßungsprozessen entwickeln kann (vgl. Reich, 2003a; Reich et al., 2003).

3 Grundkonzepte

3.1 Die Mehrgenerationen-Perspektive

Die Mehrgenerationen-Perspektive beruht auf der klinischen Beobachtung, dass sich bei schweren seelischen Erkrankungen häufig **nicht nur Störungen der Eltern-Kind-Beziehungen, sondern auch der Beziehungen in den Ursprungsfamilien der Eltern finden lassen.** Dort unverarbeitete Konflikte und Traumatisierungen sowie stagnierende Beziehungsmuster wirken in der Gegenwart fort. Störungen und Konflikte der jeweiligen Kinder-

generation ergeben sich regelmäßig aus Konflikten zwischen Eltern und Großeltern bzw. den Partnern und ihren Eltern. „Dies geschieht durch vielfache intrafamiliäre Übertragungsprozesse. Des weiteren nehmen wir an, dass sich in Familien über die Generationen im wesentlichen immer wieder dieselben Konflikte abspielen, dass also ein ‚**intrafamiliärer Wiederholungszwang**' besteht" (Massing et al., 1999, S.21).

Diese Wiederholungstendenz kann durch neue Beziehungserfahrungen unterbrochen werden. Häufig gelingt es aber gerade in sehr konfliktbelasteten familiären Systemen nicht, neue Entwicklungsmöglichkeiten zu nutzen, da diese immer wieder unbewusst im Sinne der vorgängigen Erlebensweisen, Phantasien und Interpretationsschemata verarbeitet werden. Familie wird somit als horizontales gegenwärtiges und als vertikales historisches System angesehen, das sich spiralförmig entwickelt. Diese Perspektive verbindet die Gegenwart mit der Vergangenheit und der Zukunft der Beziehungen.

3.2 Empirische Befunde zur Mehrgenerationen-Perspektive

Zahlreiche Studien belegen inzwischen auch quantitativ die Existenz und Wirksamkeit generationsübergreifender Kontinuitäten. Wiederholungen von Beziehungsmustern über mehrere Generationen und deren Reinszenierung in der aktuellen Partner- und Eltern-Kind-Interaktion zeigen sich in den Bindungsstilen (Benoit und Parker, 1994; Mikulincer und Florian, 1999), in der Entwicklung von Erziehungseinstellungen (Schneewind, 1999), in der Tradierung von Scheidungen (Pope und Mueller, 1976), in Prozessen destruktiver Parentifizierung (Jurkovic, 1998), Gewalterfahrungen (Cierpka, 1999; Rosen, 1998) und bei allein Erziehenden (Cierpka et al., 1992). Diese empirischen Forschungsansätze und Ergebnisse geben zugleich Hinweise darauf, wie die generationsübergreifenden Kontinuitäten unterbrochen werden können. Dies geschieht in der Regel durch emotional stabilisierende Einflüsse, z. B. durch Großeltern, Nachbarn, Lehrer, Freundinnen und Freunde sowie Partner und Schwiegerfamilien. Meistens ist eine dritte Beziehung für die Unterbrechung schädigender Kontinuitäten verantwortlich (Ricks, 1985; Tress, 1986; Sroufe und Fleeson, 1985)

3.3 Die Bedeutung sozialhistorischer Einflüsse

In der psychodynamischen Familientherapie werden Familien stärker in ihrem **Bezug zu** ihrer **sozialen Situation, zu historischen Einflüssen** sowie **zu sich verändernden Beziehungsformen und Wertvorstellungen** gesehen, als dies in anderen Richtungen der Paar- und Familientherapie der Fall ist. Entsprechend werden diese Faktoren in den Gesprächen stärker thematisiert. Nachhaltig wirkende Themen in Familien sind häufig der Zusammenbruch der DDR und die noch nicht verarbeiteten Folgen der Wende in der Lebensorientierung und dem Lebensgefühl der Betroffenen, Folgen von Migration, Migrationsdruck, Vertreibung und Flucht, die immer noch wirkenden Einflüsse des Nationalsozialismus, Tod von Angehörigen oder Veränderungen des sozialen Milieus, z. B. in noch landwirtschaftlich geprägten Familien, die veränderte Stellung der Frau sowie die Veränderung der

Familie durch neue Arbeitsbereiche und Arbeitsformen und durch die (neuen) Medien (vgl. Reich, 2003a; Reich et al., 2003).

3.4 Die lebenszyklische Perspektive

Diese Perspektive beschreibt, welche **unterschiedlichen Entwicklungsaufgaben** Familien und ihre einzelnen Mitglieder **in unterschiedlichen Lebensphasen** zu bewältigen haben. Störungen und Symptombildungen ergeben sich oft, wenn diese Aufgaben nicht bewältigt und notwendige Veränderungsschritte aufgrund ungelöster Konflikte nicht gemacht werden können. Dabei sind die Veränderungen in den Rollen und Aufgaben durch die heute gegebene Pluralität der Lebensformen ebenso zu berücksichtigen wie Veränderungen in den Beziehungen zwischen den Generationen (Kraul et al., 2003). So erleben aufgrund der erhöhten Lebenserwartung Großeltern wesentliche Lebensjahre ihrer Enkel mit und können mit diesen direkt in Kontakt treten. Die Angehörigen der verschiedenen Generationen repräsentieren unterschiedliche Lebensalter, damit unterschiedliche Zeitpunkte der Entwicklung im Lebenszyklus und unterschiedliche „Familienzeiten" (Frevert et al., 2003). Dadurch, dass sie es gleichzeitig tun, sind sie auch Repräsentanten unterschiedlicher historischer Zeiten und unterschiedlicher Lebenszeiten und damit von Sozialisationserfahrungen und Wertvorstellungen. Großeltern und Enkel können dadurch heute eine Beziehung ohne die Belastung durch Sozialisationsaufgaben und berufliche Anforderungen erleben, wenn sie es möchten (Massing et al., 1999).

Die Einbeziehung mehrerer Generationen und der real erlebten geschichtlichen Dimension ermöglicht es, die Relativität der historisch gewachsenen, von den jeweiligen Zeit- und gesellschaftlichen Umständen abhängigen affektiven Bezüge, Werte und Ideale zu thematisieren. Die Angehörigen der verschiedenen Generationen können so zu einer **Multiperspektivität** in der Sichtweise der Beziehungen und der sozialen und lebenszyklischen Veränderungen gelangen (Massing et al., 1999). In dieser Perspektive erscheinen die Familienmitglieder als stärker in die Wechselwirkung von makro- und mikrosozialen Prozessen eingebunden, als dies in anderen familientherapeutischen Ansätzen der Fall ist. Diese Prozesse „konstruieren" die jeweilige Realität der Familie häufig stärker, als die Familienmitglieder dies können.

3.5 Die Bedeutung von Traumatisierungen

Schwere seelische Störungen und die ihnen zugrunde liegenden Familienkonflikte werden als Folge von **Traumatisierungen der Familie** oder in der Familie gesehen, die oft schon in der **Vorgeneration** stattfanden, ohne verarbeitet worden zu sein. Diese Traumatisierungen, z. B. durch schwere Erkrankungen, Gewalterfahrungen, sexuellen Missbrauch, plötzliche und/oder häufige Todesfälle, Vertreibung, Verlust der kulturellen Orientierung, der sozialen Wertigkeit, des Eigentums oder des Arbeitsplatzes, sind häufig schwerwiegender, als die Betroffenen es wahrhaben wollen oder nach außen zeigen. Angst, Scham- und Schuldgefühle sowie Loyalitätsbindungen sind die wesentlichen Motive, die Erinnerung an Traumatisierungen oder belastende Ereignisse der Familiengeschichte abzuwehren bzw. sie gegenüber der Außenwelt zu verschweigen. Familien können sich schämen, in schwierigen Umständen, etwa der Arbeitslosigkeit der Eltern, leben zu müssen. Kinder können ihre Eltern aus Loyalität in Schutz nehmen, wenn diese von Außenstehenden kritisiert werden (Reich et al., 2003).

3.6 Familiäre Abwehrprozesse und die „Rückkehr des Verdrängten"

Durch unerträglich erscheinende Ereignisse und Erfahrungen werden **kollektive psychosoziale Abwehrprozesse** in Gang gesetzt, durch die ganze Segmente der Familiengeschichte oder ganze Erlebensbereiche, z. B. die Auseinandersetzung mit Verlust und Trauer, aus der Wahrnehmung ausgeblendet, bagatellisiert, verleugnet („Das hat es bei uns nie gegeben") oder verdrängt werden. An ihre Stelle treten Entwicklungsstagnation und rigide, ritualisierte Interaktionsmuster, die wiederum in Symptombildungen münden.

Weitere häufig zu findende Abwehrprozesse sind Isolierung („Das hat doch nichts miteinander zu tun"), Verschiebung (ein kleines Problem wird z. B. gegenüber einem eigentlich bedeutenderen hochgespielt) und Externalisierung bzw. Projektion („Die Schwierigkeiten kommen von der Schule, aus den Medien etc."), Reaktionsbildung (z. B. betont harmonischer Umgang bei heftigen Konflikten) und Ideologisierung bzw. Rationalisierung. Die **Abwehr in Familiensystemen ist interaktionell organisiert**. Familienmitglieder unterstützen sich oft gegenseitig in der Verleugnung bzw. Rationalisierung. Auch Verschiebungsprozesse werden in der Interaktion sichtbar, z. B. durch plötzliche Themenwechsel oder Streitigkeiten zwischen Kindern, die eigentlich Spannungen zwischen den Eltern ausdrücken. Die Beschäftigung mit brisanten oder schmerzlichen Affekten, Angst, Trauer oder Hilflosigkeit kann zudem durch kollektive Heiterkeit und Lockerheit, das Anbieten von vielen verschiedenen Themen, plötzliches lautes Spielen der Kinder oder Nicht-Resonanz bei Gefühlsäußerungen oder emotionaler Bewegtheit von Familienmitgliedern vermieden oder verschoben werden (Massing et al., 1999). Diese familiären Abwehrprozesse fördern die Symptombildung und tragen zu einer „Rückkehr des Verdrängten" bzw. des Verleugneten bei, die oft erst in der nächsten oder übernächsten Generation stattfindet.

3.4 Die Tradierung von Beziehungsmustern durch Identifikationsprozesse

Die Weitergabe von unverarbeiteten Erlebnissen und Konflikten sowie von entwicklungshemmenden Beziehungsmustern geschieht in der Regel auf zweierlei Weise. Eltern übertragen die inneren Bilder ihrer Beziehungen zu ihren Eltern auf ihre Kinder durch offene oder subtile Zuschreibungsprozesse und ‚Projektionen'. Oder aber die Kinder erleben die Beziehung zwischen Eltern und Großeltern direkt und werden auch von diesen in Interaktionen mit Zuschreibungen und ‚Projektionen' einbezogen. Beide Prozesse können natürlich auch zusammen wirksam werden. Wesentlich ist, dass sich die Kinder mit diesen Mustern identifizieren. Durch diese **Identifikationsprozesse** werden

5

familiäre Wertvorstellungen und Idealbildungen sowie grundlegende Muster des familiären Lebensstils, ihre emotionale Grundstimmung und ihre atmosphärischen Eigenarten, z. B. Gerüche und Temperatur, Geschmacksvorlieben, Rhythmen von Tagen, Wochen und Jahresverlauf internalisiert. Diese sind unbewusst oft in hohem Maße libidinös besetzt und mit starken Loyalitäts- und Zugehörigkeitsgefühlen verbunden. Ebenso tragen Familienmythen zu Identifikationsprozessen und Verinnerlichungen von kollektiven Phantasien, Idealen und Werten bei. Durch die skizzierten Identifikationsprozesse entstehen **Gefühle historischer Kontinuität und Kohärenz,** die für die seelische Gesundheit von Individuen außerordentlich wichtig sind, die aber auch übermäßig bindend, einengend und zutiefst belastend sein können. Diese Identifikationsprozesse tragen zudem wesentlich zur Herausbildung eines **Familiengefühls,** einer generationsübergreifenden Familienidentität bei, in dem multiple Beziehungsmuster zu einem inneren Bild der Familie als Ganzem zusammengefügt werden (Cierpka, 1992). Diese „Familienselbstbilder" (Sperling, 1988), die aktiv angeeignet werden, fördern die Bindungsfähigkeit in anderen sozialen Kontexten sowie einen generationsübergreifenden Zukunftsbezug, indem Kinder einen diesbezüglichen Entwurf in Gestalt ihrer Eltern und Großeltern in sich repräsentiert haben, der in der Adoleszenz umgeformt und erweitert werden kann.

Nicht selten ist die **Gegen-Identifizierung** ein Versuch, sich aus engen familiären Bindungen zu individuieren. Das betreffende Individuum sucht oder schafft sich, oft sehr bewusst, Werte, Ideale und einen Lebensstil, der antithetisch zu den familiär vorherrschenden ist. Dies zeigt sich besonders in der Adoleszenz und im frühen Erwachsenenalter, ist aber auch schon früher beobachtbar. Wenn Kinder z. B. bemerken, dass von den Eltern positiv bewertete Bereiche schon durch Geschwister „besetzt" sind, dann suchen sie sich andere, oft (scheinbar) entgegengesetzte Bereiche. Ältere Geschwister übernehmen z. B. häufiger die Werte der Familie als nachgeborene, während sich diese oft einen anderen Weg suchen müssen. Die jeweils entwickelten **„Geschwisterstrategien"** können die Persönlichkeit in entscheidendem Maße prägen (Sulloway, 1997). Auch Partnerwahlen können antithetisch zu den Mustern der eigenen Familie erfolgen. In einer ganzen Reihe von Familien ist wie in den größeren sozialen Systemen ein „Ausschlagen des Pendels" in den Identifikationen über die Generationen zu beobachten (vgl. Reich et al., 2002, 2003).

3.5 Die Dynamik von Verdienst, Vermächtnis und Loyalität

Diese von Boszormenyi-Nagy und Mitarbeiterinnen (1981, 1986) eingeführte Perspektive ist von nicht zu unterschätzender Bedeutung für das Verständnis familiendynamischer Prozesse. Hier wird davon ausgegangen, dass in familiären Systemen eine Art **Buchführung über die „Verdienste" und „Schulden"** der einzelnen Mitglieder den anderen gegenüber und der Gesamtgruppe existiert. Die **Balance von Geben und Nehmen** muss immer wieder entsprechend den sich wandelnden Normen und Lebensumständen hergestellt werden. Das **Bedürfnis nach interpersoneller Gerechtigkeit,** und damit verbunden das nach Loyalität, wird als eine menschliche Basismotivation angesehen,

ähnlich wie die Triebe in der klassischen Psychoanalyse verstanden werden. Dauernde Imbalance in den wechselseitigen Verpflichtungen führt zu **interpersoneller Ausbeutung** und einer „Korruption der Beziehungen", z. B. im narzisstischen oder sexuellen Missbrauch, bei Vernachlässigungen oder Misshandlungen sowie hiermit verbundenen doppelbödigen Botschaften und Verleugnungen. Das Erleben der „Korruption von Beziehungen" führt wiederum zu einem Gefühl, zu destruktiven und autodestruktiven Handlungen berechtigt zu sein, zu narzisstischen oder antisozialen Erlebens- und Verhaltensweisen. Unbewusste Loyalität und hiermit verbunden unbewusstes Ressentiment erweisen sich bei schweren Störungen oft als stärker als die Tendenzen zur Individuation und zu Verbesserung der Lebensumstände. Therapeutisch folgt hieraus, dass in Behandlungen zunächst das Loyalitätssystem herausgearbeitet und verstanden sein muss, bevor Veränderungen stattfinden können, und dass therapeutische Bemühungen oft wenig fruchtbar sind, wenn sie das System der familiären Loyalitäten nicht zureichend berücksichtigen oder sich dagegenrichten. Dies kann z. B. geschehen, wenn die Ablösung von der Familie zu sehr forciert wird (Reich, 2003a; Reich et al., 2003).

3.6 Bezogene Individuation

„Das Konzept der bezogenen Individuation (Stierlin et al., 1985) beschreibt die Fähigkeit von Familien und Paaren, die **Selbstdifferenzierung und Selbstabgrenzung** der Mitglieder zuzulassen, ohne dass das Familiengefühl (Cierpka, 1992) und das Selbstbild der Gruppe (Sperling, 1988) gefährdet wird. Individuation steht in einem dialektischen Gegensatz zur Loyalität und muss ständig in einer Balance mit dieser gehalten werden. In gestörten Familiensystemen **gelingt dies in der Regel nicht"** (Reich, 2003a, S. 114). **Bezogene Individuation kann in übermäßige** Bindung oder in **Ausstoßungsprozesse** entgleiten. Zu starke Bindung hält Kinder und Erwachsene innerlich und oft auch äußerlich übermäßig stark im Familienverband. Trennung wird als Gefährdung des Systems angesehen, ist z. B. mit Schuldgefühlen verbunden („Trennungsschuld"). Stierlin (1978) beschreibt Bindungen auf der Ebene des affektiven Erlebens und der Triebbefriedigung (Es-Ebene) z. B. durch regressive Verwöhnung, Überstimulierung mit sexuellen und aggressiven Reizen, auf der Ebene der kognitiven und perzeptiven Funktionen (Realitätsprüfung, Abwehrmechanismen) usw., also der Ich-Ebene, und durch Verpflichtungen, Ideal- und Gewissensforderungen, z. B. Schuld- und Schamgefühle, also auf der Über-Ich-Ebene. Wird der Bindungsmodus betont, ist die emotionale Beziehung „überbesetzt". Im Ausstoßungsmodus ist sie „unterbesetzt", das Kind ist unwichtig, emotional unterversorgt. Das fehlende Gefühl, für andere wichtig zu sein, kann dazu führen, dass die betreffenden Individuen sich treiben lassen, im Leben ziellos erscheinen, Bindungen zwar ersehnen, aber ängstlich-misstrauisch vor ihnen zurückweichen oder vorzeitig und überbetont autonom sind und andere ebenfalls vernachlässigend behandeln.

5

3.7 Rollenzuschreibungen, Delegationen und Parentifizierungen

„Mit **Rollenzuschreibung** (Richter, 1963), **Delegation** (Stierlin, 1978) und **Parentifizierung** (Boszormenyi-Nagy und Spark, 1981) werden Prozesse beschrieben, durch die Kinder von ihren Eltern mit „Aufträgen" versehen werden" (Reich, 2003a, S. 115).

Richter (1963) beschreibt diese Prozesse entlang der Selbst-Objekt-Achse. Werden **Objektrepräsentanzen** auf das Kind übertragen, so wird es zum Substitut für einen anderen Beziehungspartner, z. B. eine Elternfigur. Dies geschieht z. B., indem sich Eltern dem Kind gegenüber „kindlich" verhalten, es als „Liebesquelle" für sich selbst ansehen oder sich von früh an den Forderungen des Kindes unterwerfen. Wird das Kind zum Gattensubstitut gemacht, verweist dies in der Regel auf ungelöste Partnerschafts- und Sexualkonflikte der Eltern oder auf nicht ausreichend betrauerte Verluste von Partnern. Die unerfüllten Liebeswünsche werden auf das Kind verschoben. Auch ungelöste Rivalitätsprobleme in den Geschwisterbeziehungen der Eltern können auf Kinder übertragen werden.

Werden **Selbstrepräsentanzen** auf die Kinder übertragen, so spricht man von „narzisstischen Projektionen" (Freud, 1914; Richter, 1963). Tatsächliche, vermeintliche oder erwünschte eigene Eigenschaften werden in das Kind „hineingesehen", das Kind bekommt folgende Positionen zugewiesen:

- es kann zum Abbild, zur Fortsetzung der eigenen Person der Eltern bzw. von Elternteilen schlechthin werden;
- es kann zum Substitut des idealen Selbst werden. Hier wird das Kind so gesehen, wie der betreffende Elternteil aufgrund seiner Ich-Ideal-Anforderungen gern geworden wäre;
- es kann zum Substitut des „negativen Selbst", der „negativen Identität" der Eltern und somit zum Sündenbock gemacht werden.

Schließlich kann das Kind zum **umstrittenen Bundesgenossen** werden. Zerstrittene Eltern versuchen hier, das Kind auf ihre Seite zu ziehen, z. B. in Scheidungsauseinandersetzungen.

Der von Stierlin entwickelte Begriff der **Delegation** beschreibt, wie die einzelnen Familienmitglieder durch „Aufträge" in eine generationsübergreifende Entwicklung einbezogen werden. Diese Aufträge können bewusst, vorbewusst oder unbewusst durch **Attribuierungsprozesse** weitergegeben werden. Sie können auf jede Ebene der seelischen Struktur, auf das Es, das Ich und das Über-Ich, bezogen sein. In der Familiengeschichte unerledigte Aufgaben können an die nächstfolgende Generation delegiert werden, die diese Aufträge dann entweder in enger Bindung an die Ursprungsfamilie oder in der Situation von „Ausgestoßenen" erfüllen. Bereits vor oder bei der Zeugung können Phantasien der Eltern über „ihr Kind" wirksam werden. Auch Großeltern können sich Enkelkinder mit bestimmten Eigenschaften und Fähigkeiten wünschen und entsprechende Phantasien entwickeln, bevor an deren Zeugung überhaupt gedacht werden kann. Mit der Schwangerschaft und der Suche nach Namen werden ebenfalls Wunschphantasien verbunden, die eventuell mit der beginnenden Interaktion nach der Geburt „inszeniert" werden. Delegationen können „entgleisen", wenn die Fähigkeiten des Kindes überfordert oder verzerrt wahrgenommen werden, wenn Aufträge nicht relativiert werden können und wenn widersprüchliche oder gar unvereinbare Aufträge bestehen. Wenn z. B. zerstrittene Eltern vom Kind verlangen, dass es an ihrer Seite steht, sie unterstützt, oder wenn sie entgegensetzte Vorstellungen über dessen berufliche Entwicklung haben. Diese Konflikte können sich auch über drei Generationen entfalten, wenn die Erwartungen eines oder beider Elternteile an das Kind die Erwartungen der Großeltern konterkarieren und umgekehrt (vgl. Reich et al., 2003). **Delegationskonflikte** ergeben sich auch, wenn die familiäre Subkultur anderen Regeln folgt als die Umgebungsgesellschaft, wie es z. B. in Migranten-Familien, aber nicht nur dort, zu beobachten ist. In all diesen Fällen kann es zu Loyalitätsspaltungen kommen, da sich Kinder nicht nur den Eltern oder gar einzelnen Elternteilen, sondern auch dem weiteren familiären Kontext und der sozialen Umgebung zugehörig fühlen wollen.

Eine besondere Form der Delegation ist die **Parentifizierung** (Boszormenyi-Nagy und Spark, 1981), eine Rollenumkehr, in der Kinder Eltern- oder Partnerfunktion für ihre Eltern übernehmen. Auch dieser Prozess ist bis zu einem gewissen Grad normal und sinnstiftend, entspricht dem sozialen Bedürfnis von Kindern und dem dialektischen Gegensatz abwechselnder Subjekt- und Objektrollen. Boszormenyi-Nagy und Spark (1981) beschreiben folgende Formen der Parentifizierung:

- **Sorgerrollen**, in denen z. B. Kindern die Funktion zukommt, die Ehe ihrer Eltern zusammenzuhalten, oder von ihnen die früher vermisste elterliche Zuwendung, der Ausgleich von Defiziten der Ursprungsfamilie erwartet wird,
- **Opferrollen**, in denen Menschen ihre eigene Entwicklung, ihre Gesundheit oder ihr Leben für andere aufgeben,
- **neutrale Rollen**, z. B. die des „gesunden Geschwisters", in der das eigene Leiden abgewehrt oder bewusst verborgen wird, um weitere Belastungen der Familie zu vermeiden.

Die bewussten und unbewussten Wertsysteme und die Loyalitätseinbindungen der Kernfamilie im Beziehungsnetz ihrer Ursprungsfamilien bestimmen die Art der Parentifizierung. Sind die Subjekt- und Objektrollen sehr einseitig verteilt oder entsprechen nicht der Entwicklung der Betreffenden, so erwachsen dem Parentifizierten Ansprüche in der Beziehung und damit eine – oft unterschwellige – Macht, die subtil ausgeübt werden kann (vgl. Reich et al., 2003).

3.8 Abgewehrte Trauerprozesse, Familienmythen und Familiengeheimnisse

Die **Abwehr von Trauer** trägt häufig zu der Herausbildung dysfunktionaler Beziehungsmuster und zur Entwicklungsstagnation in Familien bei, indem die Fähigkeit und Bereitschaft zum Eingehen neuer Beziehungen und zur Aufnahme und Herausbildung neuer Erfahrungen eingeschränkt wird. Psychodynamisch arbeitende Familientherapeuten bemühen sich darum, die Abwehr von Traueraffekten zu bearbeiten, damit Trauerprozesse im therapeutischen Raum nachgeholt werden können.

„**Familienmythen** sind Geschichten, die Familien über sich selbst, über Untergruppen oder einzelne Mitglieder erzählen. Über diese Mythen werden die Selbstbilder der Familie (Sperling, 1988), die Ideale und Wertvorstellungen und das gemeinsame Identitätsgefühl vermittelt. Mythen stabilisieren Familien. Sie dienen zudem der Abwehr unangenehmer Wahrnehmungen und Ereignisse, etwa, indem Versagen von Familienmitgliedern äußeren Umständen zugeschoben oder aber einzelne Familien-

5

mitglieder zum Sündenbock für durch andere verursachte Fehl-entwicklungen gemacht werden (Reich, 2001)" (Reich, 2003a, S. 115).

Familiengeheimnisse beeinflussen die interpersonellen Beziehungen und das familiäre Klima oft nachhaltig und tragen nicht selten erheblich zur Herausbildung von Störungen bei, ohne dass die Quelle dieses Einflusses bemerkt wird. Familiengeheimnisse entwickeln sich um Handlungen von Familienmitgliedern oder Ereignisse der Familiengeschichte, die vor anderen oder vor der Außenwelt verborgen werden. „Sie haben einen großen **Einfluss auf die interpersonellen Grenzen, die Machtstrukturen sowie die Loyalitätsdynamik** in Familien. Der Ausschluss von Geheimnissen kann Gefühle der Scham und der Demütigung hervorrufen. Ein Familiengeheimnis muss von der Privatsphäre, etwa der Intimität zwischen den Eltern, unterschieden werden. Wie diese Unterscheidung gemacht wird, ist in der Regel kontextabhängig. Im klinischen Kontext begegnen wir häufig Familien, die in wesentlichen Teilbereichen des Zusammenlebens zuwenig Privatheit zulassen, bei schweren Störungen ist dies andererseits oft gekoppelt mit destruktiv wirkenden Familiengeheimnissen (Reich, 2001)" (Reich, 2003a, S. 115).

3.9 Paare im Familiensystem

Die Paarbeziehung erscheint vor diesem Hintergrund nicht nur als Begegnung zweier Individuen, sondern auch als **Begegnung zweier Familiensysteme** mit ihren spezifischen Familienstilen, Bindungen und Aufträgen. Sie steht somit ebenfalls im Spannungsfeld zwischen der Loyalität der Partner zu ihrer Ursprungsfamilie und deren Individuationstendenzen. In der Regel wird mit der Paarbeziehung eine Unterstützung der Individuationstendenzen angestrebt. Diese soll eine andere und für das Subjekt bessere Form des Zusammenlebens ermöglichen, als dies in der Ursprungsfamilie der Fall war. Entsprechende Wünsche können auch auf die Familie des Partners übertragen werden. Gleichzeitig, oft eher unbemerkt oder unbewusst, gibt es aber auch Tendenzen, die Beziehungsmuster der Ursprungsfamilie und von dort resultierende Konflikte in der Paarbeziehung zu wiederholen. Diese Konflikte können dazu führen, dass Wünsche an den Partner, die Verdienstkonten der eigenen Ursprungsfamilie auszugleichen, relativiert werden und das Paar eine **neue, abgegrenzte Familieneinheit mit einem eigenen Loyalitätssystem** bildet, das für beide Partner bedeutsamer wird als das Loyalitätssystem ihrer Ursprungsfamilien. Gelingt dieser Loyalitätstransfer von der Ursprungsfamilie auf den Partner und die eigenen Kinder nicht und werden aus den Ursprungfamilien stammende ungelöste Konflikte weiterhin auf die Paarbeziehung verschoben und dort reinszeniert, so sind Beziehungskrisen oder Trennungen und Scheidungen unvermeidlich. Von daher schließt auch Paartherapie in der Mehrgenerationen-Perspektive die Arbeit an den Beziehungen zur Ursprungsfamilie ein, oft unter deren direkter Einbeziehung (Massing und Reich, 2000; Reich, 1993, 2002).

4 Formen psychodynamischer Familientherapie

Psychodynamische Familientherapie wird hauptsächlich als Kurzpsychotherapie und als tiefenpsychologisch fundierte Langzeittherapie durchgeführt.

Sie kann als durchgängige Therapieform, als Auftaktverfahren, das in eine längere Einzelpsychotherapie des Patienten mündet, oder während einer Einzelpsychotherapie intermittierend durchgeführt werden. Weiterhin sind familien- und paartherapeutische Gespräche oft bei stationären Psychotherapien indiziert (vgl. Reich und Rüger, 1994).

Als **Kurzzeittherapie** dient Familientherapie vor allem der Kriseninterventiion, etwa bei eskalierenden familiären Auseinandersetzungen, bei akuten Trennungsschritten oder bei Suizidversuchen oder anderen gravierenden Symptomentwicklungen, z. B. bei einer rapiden Gewichtsabnahme bei einer Magersucht. Sie kann zudem bei der Bewältigung aktueller Krisen, die bei lebenszyklischen Übergängen auftreten, hilfreich sein.

Als **tiefenpsychologisch fundierte Langzeittherapie** ist psychodynamische Familientherapie zur tiefer gehenden Bearbeitung aktuell wirksamer unbewusster interpersoneller Konflikte, Beziehungsphantasien und Abwehrstrukturen in einem aktiven, die Regression begrenzenden konfliktzentrierten Vorgehen geeignet. „Die hier stattfinden therapeutische Prozesse erstrecken sich in der Regel über einen Zeitraum von ein bis zwei Jahren und sollen ein Durcharbeiten der unbewussten Konflikte ermöglichen. In der Kurzzeittherapie und in der tiefenpsychologisch fundierten Familien- und Paartherapie werden die Gespräche häufig in Doppelstunden durchgeführt" (Reich, 2003a, S. 116). Eine höherfrequente **analytische Langzeittherapie** wird **in der Regel nur mit Paaren** durchgeführt, wenn z. B. einer oder beide Partner schwerere neurotische Störungen haben. Hier werden zum Verstehen und Durcharbeiten der Konflikte intensivere regressive Prozesse angestrebt.

5 Techniken

Die in der psychodynamischen Familientherapie verwendeten therapeutischen Techniken sind vor allem Klärung, Konfrontation und Deutung.

Mit **Klärung (Klarifizierung)** ist die genaue Exploration von Erlebens- und Verhaltensweisen von Familienmitgliedern und Partnern im Umgang miteinander in der therapeutischen Situation sowie im Alltag gemeint. Klärung fragt hierbei nach dem „Wie". Durch Klärung werden für die Beteiligten bedeutsame Interaktions- und Erlebens-Sequenzen in ihrer äußeren Abfolge sowie in der inneren Bedeutung für die Beteiligten herausgearbeitet.

Klärung fördert das Verständnis von Familienmitgliedern/Partnern für eigene Verhaltensweisen und deren Wirkung auf andere sowie wechselseitig für das eigene Erleben, die eigenen Motive und die der anderen. Hierdurch wirkt es oft bereits konfliktentlastend und lösungsfördernd. Es bereitet zudem ein tieferes Verstehen familiendynamischer Prozesse vor.

Durch **Konfrontation** werden Familienmitglieder und Partner auf abgewehrte, verleugnete Verhaltens- und Erlebensweisen so-

5

wie deren Wirkung auf andere aufmerksam gemacht. Auch dies kann sowohl auf die therapeutische Situation als auch auf Alltagssituationen bezogen sein. Wie die Klärung dient auch die Konfrontation der Verdeutlichung familiärer Transaktionsmuster. Oft stellt das familientherapeutische Setting selbst eine Konfrontation mit bisher verleugneten interpersonellen Konflikten dar. „Die Konfrontation wurde von Boszormenyi-Nagy zur wesentlichen Technik in der psychodynamisch orientierten Familientherapie erhoben.

Deutungen zeigen den unbewussten Zusammenhang der Erlebens- bzw. Verhaltensmuster zwischen Familienmitgliedern auf. Sie beziehen dies zudem auf abgewehrte vergangene Erfahrungen, z. B. der Eltern oder der Partner in ihren Ursprungsfamilien. Sie werden nur bei einer spürbaren emotionalen Beteiligung der Familienmitglieder/Partner am therapeutischen Prozess wirksam.

Deutungen werden durch Klärung und Konfrontation so vorbereitet, dass die Familien mit ihnen arbeiten können. Nicht selten werden dann wesentliche Schritte der Deutung von Familienmitgliedern oder Partnern selbst gemacht.

In einer Reihe von Fällen sind die skizzierten Techniken mit Beratung oder Ich stützenden Maßnahmen zu kombinieren. Sie können bei entsprechenden Indikationen auch mit Techniken aus der systemischen oder strukturalistischen Familientherapie verbunden werden (vgl. Massing et al., 1999; Reich, 1990)" (Reich, 2003a, S. 117).

6 Co-Therapie

Familienbehandlungen werden oft in Co-Therapie durchgeführt. Dies hat den Vorteil, dass die Therapeuten sich in unterschiedlicher Weise mit den Familienmitgliedern identifizieren können, insbesondere heterosexuelle Co-Therapeuten-Paare mit den unterschiedlichen Geschlechterperspektiven, Co-Therapeuten aus verschiedenen Generationen mit den unterschiedlichen Generationen einer Familie. „So bietet Co-Therapie die Chance, dass in den Gegenübertragungsreaktionen, den Hypothesen und Interventionen der Therapeuten mehr Perspektiven berücksichtigt werden, als wenn ein Therapeut die Gespräche allein führt. Auch einseitige Verwicklungen und Parteinahmen können so eher erkannt und vermieden werden. Auf der anderen Seite kann Co-Therapie eine Bremse im therapeutischen Prozess sein, wenn sich die Therapeuten nicht aufeinander einstimmen können, sehr unterschiedliche Einstellungen haben oder miteinander in einem Konkurrenzverhältnis stehen. Zudem kann es in schwierigen Therapiephasen zu einem Problem werden, die Übertragungen beider Therapeuten auf die Familie und aufeinander zu entwirren, wenn sie aus unverarbeiteten eigenen Konflikten heraus heftig reagieren" (Reich, 2003a, S. 117).

7 Verlauf von Behandlungen

7.1 Kontaktaufnahme und Erstgespräch

Die Kontaktaufnahme mit Familien unterscheidet sich von der zu Einzelpatienten. Häufig ist nicht der Patient, also der Symptomträger, der Anmeldende, sondern ein Elternteil. Dies ist oft dadurch bedingt, dass sich die Angehörigen durch die Symptomatik beeinträchtigt fühlen, etwa bei einer Bulimie, oder besorgt sind, etwa bei einer Anorexie, oder von dritter Seite, etwa der Schule wegen Verhaltensauffälligkeiten eines Kindes, therapeutische Schritte empfohlen wurden. „Um einen sinnvollen Vorschlag für das Setting im Erstgespräch machen zu können, müssen daher z. B. **Informationen über alle Familienmitglieder,** aber auch über eventuell mit im Hause lebende Großeltern oder andere Verwandte eingeholt werden. Zudem ist es sinnvoll, bereits an dieser Stelle den **Überweisungskontext** zu erfassen, z. B. um die Motivation der Familienmitglieder einschätzen zu können. Bereits hier sind Widerstände und Ängste und der Familie gegenüber einem gemeinsamen psychotherapeutischen Prozess zu erspüren und die Anmeldenden im Vorkontakt zu ermutigen, die anderen Familienmitglieder zum Erstgespräch mitzubringen.

Auch wenn heute nicht mehr darauf bestanden wird, dass alle Familienmitglieder zum Erstgespräch kommen, wie es in der Anfangsphase der Familientherapie der Fall war, erleichtert dies oft doch den Einstieg in die Behandlung. Dies hat mehrere Gründe. Wenn alle Familienmitglieder anwesend sind, erhält der Therapeut durch die Berichte der Familienmitglieder und seine Gegenübertragungsgefühle und -phantasien schneller einen Gesamteindruck der wechselseitigen Beziehungen und der familiären Atmosphäre, als wenn nur Teile der Familie kommen. Oft ist zudem gerade die Perspektive der Geschwister des Patienten hilfreich zum Verständnis der Problematik. Es ist zudem therapeutisch oft leichter, mit Subgruppen der Familie zu arbeiten, wenn man vorher alle Familienmitglieder kennen gelernt hat und diese sich mit der therapeutischen Situation und den Therapeuten vertraut machen konnten. Auch gibt es in der Anfangssituation dann keine Informations- und Beziehungsvorsprünge einzelner Familienmitglieder, was die Unsicherheit bei den anderen noch erhöhen kann. Das Arbeitsbündnis wird so insgesamt gestärkt" (Reich, 2003a, S. 117/118).

Die Erstgesprächssituation und die Anfangsphase der Familientherapie ist häufig mit starken Ängsten und Vorbehalten der Beteiligten verbunden. Da die Motivationslage der einzelnen Familienmitglieder zudem oft recht unterschiedlich ist, muss sich der Therapeut sehr **aktiv um ein Arbeitsbündnis mit allen Beteiligten bemühen.** „In der anfänglichen Motivationsphase sollten daher alle Familienmitglieder das Gefühl haben, dass der Therapeut sie und ihre Position ernst nimmt und eine ‚viel gerichtete Parteilichkeit' (Boszormenyi-Nagy und Krasner, 1986) entwickelt. Eine sehr distanzierte neutrale Haltung der Familie gegenüber führt häufig dazu, dass keine Behandlung zustande kommt. Durch sie können auch nicht die Stärken und positiven Seiten der Beziehungen, die sog. Ressourcen, ins Gespräch kommen und für den therapeutischen Prozess genutzt werden. Da Familien oft durch Anregungen, Empfehlungen oder gar Druck von dritter Seite in Behandlung kommen und nicht selten bereits Helfer oder Therapeuten in den Behandlungsprozess

5

involviert sind, steht, ebenfalls mehr als in anderen Formen psychoanalytisch fundierter Psychotherapie, die Klärung des **Behandlungskontextes** im Erstgespräch und in der Anfangsphase im Vordergrund" (Reich, 2003a, S. 118).

In der Anfangsphase sind darüber hinaus der „Auftrag" für weitere Gespräche und die Formulierungen möglicher Therapieziele abzuklären. Häufig hat dies vorläufigen Charakter, da im Rahmen weiterer Gespräche neue, für die Erkrankung wesentliche dynamische Zusammenhänge deutlich werden. Diese wiederum können auch Veränderungen des Settings nötig machen.

7.2 Übertragungen und Widerstände in der Anfangsphase

Familientherapien werden manchmal in der Anfangsphase abgebrochen. Dies liegt in der Regel an spezifischen Übertragungsmustern auf die therapeutische Situation und entsprechenden Widerständen dieser gegenüber. Diese Muster müssen daher besonders beachtet werden (Reich, 1990; Reich und Cierpka, 2003).

Familientherapeutische Gespräche können **abgewehrte Trennungskonflikte und -phantasien** mobilisieren. Dies ist vor allem in Familien mit engen, fusionierten Beziehungen der Fall, in denen Differenzen oder aggressive Konflikte stark abgewehrt werden.

Familientherapie kann bereits durch das Setting eine **familiäre Schuldproblematik** virulent machen. Insbesondere die Eltern fragen sich oft, ob sie schuld am Symptom eines Kindes seien. Sie fühlen sich eventuell indirekt angeklagt oder äußern offen die Furcht, auf die Anklagebank zu kommen. Der Therapeut kann hier zur verurteilenden Instanz, zum Detektiv, Staatsanwalt, Richter oder Priester, der Therapieraum zum Beichtstuhl, zum Gerichtssaal, zum Verhörraum werden.

Die familientherapeutische Situation kann zudem heftige **Schamaffekte** hervorrufen. Familien haben häufig das Gefühl, in den Gesprächen Außenstehenden Zutritt in ihre Privatsphäre, ihr Wohnzimmer, ihre Küche, das Bad und die Schlafzimmer zu gewähren bzw. gewähren zu müssen. Sie fürchten, dass nun der „Makel", das „Fehlerhafte", der „Defekt", also alles, was nicht dem sozialen und/oder dem eigenen Ideal entspricht, bloßgelegt werden muss, und prüfen die Äußerungen der Therapeuten auf Bloßstellungen oder Abwertungen hin.

Familientherapie kann zudem als **Verführungssituation** erlebt werden. Hier erscheinen die Therapeuten als im ödipalen Sinne mächtiger und potenter, als das bessere, attraktivere Paar oder als ideale Elternfiguren, um die die Eltern werben und von denen sie umworben werden möchten. Im adoleszenten Sinne können die Therapeuten als Vertreter des „Zeitgeistes" gesehen werden, die die Jugend den Eltern oder den familiären Moralvorstellungen entfremden wollen.

Daneben – und mit den genannten typischen Mustern verbunden – spielt die **Übertragung von Abwehrmustern**, wie sie oben beschrieben wurden, und von **idealisierenden Rettungsphantasien** durch einzelne Familienmitglieder oder die gesamte Familie eine zentrale Rolle (vgl. Reich und Cierpka, 2003).

Die besondere Anforderung an die Therapeuten besteht gerade in der Anfangsphase darin, diese Widerstände zu umgehen oder so zu bearbeiten, dass möglichst alle Familienmitglieder moti-viert werden, weiterhin am therapeutischen Prozess teilzunehmen. Wegen ihrer existenziellen Verbundenheit miteinander und der starken Involviertheit der Familienmitglieder in ihre wechselseitigen Beziehungen kann dies immer wieder schwierig werden. Insbesondere ist es oft ein Problem, das Gespräch so zu lenken, dass eine „therapeutische Ich-Spaltung" aufrechterhalten wird, dass also nicht nur das erlebende, sondern auch das beobachtende Ich der Familienmitglieder angesprochen bzw. aktiviert wird. Vor allem kommt es sehr darauf an, die Balance im Gespräch so zu halten, dass emotionale Bewegungen stattfinden können, diese aber nicht zum Abbruch der Therapie führen. Familientherapien können zudem nicht nur **starke Gegenübertragungsreaktionen**, sondern auch **heftige, aus der Familiengeschichte der Therapeuten stammende, Übertragungsreaktionen** hervorrufen. In der Anfangsphase oder im weiteren Prozess kommt es durch die Identifizierungen und Gegenidentifizierungen sowie durch mobilisierte Beziehungswünsche und deren Abwehr nahezu immer zu heftigen Gefühlsbewegungen im Therapeuten, zwischen den Co-Therapeuten oder im therapeutischen Team (Bauriedl, 1994; Reich, 1984). Die Chancen des Familiensettings sind auch hier eng mit ihren Schwierigkeiten verknüpft. Da die familiäre Abwehr sehr stark interaktionell organisiert und die Familie ein „eingespieltes Team" ist, geraten Therapeuten hier wesentlich stärker in einen **„transaktionalen Sog"** als in Einzeltherapien. Hierdurch und durch die multiplen Übertragungsauslöser besteht in Familientherapien viel stärker die Gefahr der „Wiederansteckung" (Whitacker et al., 1965) als in Einzelbehandlungen oder auch Gruppen, die ja keine existenziellen Einheiten sind. Für Therapeuten entwickeln Familien oft einen magnetischen Zwang, diese nach den Phantasien von der eigenen Familie umzugestalten, die eigenen Familienkämpfe zu rekonstruieren, um sie hier durchzuarbeiten und zu meistern (Framo, 1992), wobei vielfältige Motive zum Tragen kommen können, Wiedergutmachungs- und Rachewünsche ebenso wie ödipale Rivalität oder der Wunsch nach einem vereinten Elternpaar, das man idealisieren kann (Reich, 1984). Gemeinsam mit dem von der Familie ausgehenden **„intreraktiven Druck"** kann die eigene „Bereitschaft zur Rollenübernahme" (Sandler, 1976) dazu führen, dass Therapeuten durch Überengagement oder – in Reaktionsbildung – durch zu starken Abstand die „optimale Distanz" zum familiären Prozess (Reich, 1990), die „viel gerichtete Parteilichkeit" (Boszormenyi-Nagy und Spark, 1981) aufgeben.

7.3 Gegenübertragungsanalyse

Aufgrund des Gesagten gilt für Familientherapien insbesondere, dass die **Beschäftigung mit den Mustern und Konflikten der eigenen Ursprungsfamilie** daher nicht nur für die Ausbildungssituation, sondern auch für die gesamte Tätigkeit unabdingbar ist, in verschiedenen Phasen des eigenen Lebenszyklus, der beruflichen Entwicklung und in schwierigen Gesprächssituationen immer wieder neu geschehen muss und über die Selbsterfahrung auf der Couch weit hinausgeht (Framo, 1992; Massing et al., 1999; Sperling et al., 1980; Reich, 1984). Diese Art der „Beziehungsanalyse" der sich „überlagernden Szenen" (Bauriedl, 1980, 1994) wird dann zu einer Chance für ein besseres Verständnis der eigenen Person, der eigenen Familienentwicklung sowie der Patientenfamilie und des therapeutischen Prozesses.

Dieser kann über die Analyse der kollusiven Wiederholungen zu einem Neubeginn werden, weil sich die Befürchtungen der Familienmitglieder nicht bestätigen und die Abwehrstrukturen modifiziert werden können.

7.4 Die Verdichtung von Beziehungsmustern in der Familienszene

Augenfälliger noch als in Einzelbehandlungen gestalten sich Familiengespräche zur Szene. Sie sind von vornherein ein interaktives Mehrpersonen-Stück, in dem der unbewusste Konflikt verbal, nonverbal und paraverbal inszeniert wird. Auch in der „Szene" sind die Therapeuten aktive Teilnehmer mit eigenen Beiträgen, der schweigende, passive Therapeut ebenso wie der aktive, handelnde.

Buchholz (1983) unterscheidet drei Typen von Familien-Szenen:
- Familien inszenieren einen bedeutsamen Vorfall aus der Familiengeschichte
- Familien bringen eine unbewusste Phantasie szenisch zum Ausdruck
- Familien „verraten" in der Initialszene ein Geheimnis

7.5 Das Genogramm

Ein mittlerweile unverzichtbares Instrument zur Exploration des Familiensystems ist das Genogramm. Als grafische Darstellung wesentlicher Daten und Beziehungen in Familien über drei Generationen erlaubt es Therapeuten, sich rasch einen **Überblick über die Familie,** ihre Entwicklung und deren mögliche wesentliche Knotenpunkte und potenzielle Probleme zu verschaffen.

Das Genogramm kann auf zwei verschiedene Arten erhoben werden:

1. Die Therapeuten fertigen es selbst an aufgrund von Informationen, die sie von der Familie durch Fragebögen oder in den Gesprächen erhalten, und vervollständigen oder korrigieren es aufgrund neuer Informationen.
2. Die Familie fertigt das Genogramm gemeinsam mit den Therapeuten in der Regel in der Anfangsphase der Behandlung an. Dies ist in einer Reihe von Familien zunächst eine gute Möglichkeit zur Einleitung der Zusammenarbeit. Die Familienmitglieder werden hierdurch aktiv an der Exploration des Systems und seiner Strukturen beteiligt. Zudem liefert diese Art der Genogramm-Erhebung wichtige **szenische Informationen:** Wer beginnt zuerst? Wer gibt welche Informationen? Welche Ursprungsfamilie nimmt auf dem Blatt mehr Raum ein? Wer wird vergessen? Welche Ereignisse werden früh genannt, welche später, welche zunächst gar nicht?

Durch das Genogramm können für die Therapeuten und für die Familie zunächst die **Vernetzungen und Rückkoppelungen der Kernfamilie mit dem weiteren gegenwärtigen Familiensystem** und damit aktuelle Familienkonflikte und Ressourcen deutlich werden.

Durch die **Erfassung der vertikalen historischen Perspektive** über mindestens drei Generationen werden die gegenwärtigen Strukturen und Konflikte in ihrer Entwicklung erfasst. Die sich unbewusst und oft zwanghaft „hinter dem Rücken der Beteilig-

ten" wiederholenden Muster werden deutlich, wenn die Probleme der Gegenwart zu den Entwicklungen der Vergangenheit, den belastenden Ereignissen und emotional besetzten Problemen in Beziehung gesetzt und so Fixierungen und Stagnationen der familiären Entwicklung sichtbar werden. Durch die Daten des Genogramms spricht oft „der Kalender": Hierdurch können bisher unbekannte Zusammenhänge von affektiv sehr besetzten Ereignissen und Beziehungen für die Familienmitglieder plötzlich deutlich sichtbar werden (vgl. McGoldrick und Gerson, 1995). Wichtige Ereignisse der Familiengeschichte treten oft an bestimmten „Knotenpunkten" gehäuft auf, da das gesamte System hier unter einer Spannung steht, z. B. in der Adoleszenz der Kinder, in der sich die Eltern gerade in der Lebensmitte befinden und die alternden Großeltern von den ersten gravierenden körperlichen Erkrankungen beeinträchtigt werden (vgl. Massing et al., 1999).

Das Erstellen des Genogramms erfolgt in drei Schritten (vgl. Reich et al., 2003).

Das „Skelett" ist die **grafische Erfassung der Familienmitglieder und ihrer biologischen und rechtlichen Beziehungen zueinander.** Hierbei geht man von einer Generation zur nächsten, in der Regel von den Kindern oder dem Paar der Kernfamilie zu den Großeltern, den Geschwistern der Eltern und deren Familien sowie dann zu den Geschwistern der Großeltern. Anschließend stehen die folgenden drei Bereiche an:

1. **Demografische Informationen:** Alter, Geburts- und Sterbedaten, Wohnorte, Berufstätigkeiten und Bildungsniveau
2. **Informationen über Funktionalität und Dysfunktionalität:** körperliche und seelische Erkrankungen, Substanzmissbrauch, Verhaltensauffälligkeiten, Behinderungen, Klinikaufenthalte, Arbeitsunfähigkeit, kriminelle Delikte
3. **Kritische Ereignisse in der Entwicklung der Familie:** Heiraten, Trennungen, Scheidungen, Umzüge, Verluste, besondere Erfolge. Einige dieser Ereignisse wie Geburt, Tod oder Krankheit sind bereits unter den anderen beiden Kategorien erfasst

Die dritte Ebene ist die der **Beziehungen**. Hier werden die Einschätzungen der Therapeuten über die Beziehungen der Familienmitglieder untereinander aufgrund der Informationen der Familienmitglieder und der Gegenübertragungseindrücke festgehalten.

Die Erstellung des Genogramms ist ein **dynamischer Prozess,** der im Verlaufe von Behandlungen immer wieder aufgenommen wird. Die Genogrammarbeit eröffnet den Blick auf zeitgeschichtliche Umstände und Entwicklungen. Durch die Einbeziehung der Kinder und der Großelterngeneration werden die Vergangenheit und die Zukunft des familiären Systems, das Eingebundensein in ein historisches Vermächtnis und die Offenheit der Entwicklung repräsentiert, durch die Elterngeneration die Gegenwart mit ihren Anforderungen und Möglichkeiten.

7.6 Die mittlere Phase: Konfliktklärungen – Konfliktlösungen

Durch die Anfangsphase der Familientherapie wird in der Regel schon die Konfliktklärungsphase eingeleitet. Dies geschieht dadurch, dass relevante Stationen der familiären Entwicklung, in der Regel ausgehend vom Symptom und dessen Entwicklung,

5

erarbeitet werden, z. B. mit Hilfe des Genogramms. Hier zeigt sich zudem, welche **Settings** für den weiteren therapeutischen Prozess sinnvoll sind. Stellt sich beispielsweise heraus, dass die Konflikte, die die Störung verursachen, hauptsächlich zwischen den Ehepartnern liegen, dann geht Familientherapie in der Regel für eine längere Strecke oder insgesamt in eine **Paartherapie** über. Bestehen die Konflikte hauptsächlich zwischen einem Elternteil und einem Kind, so kann es sinnvoll sein, auf die Biografie dieses Elternteiles zu fokussieren. Hierdurch können dessen Übertragungen ungelöster Konflikte auf die nächste Generation besser verstehbar werden. Dies kann im **Familiensetting** geschehen. Diese Art der **Fokussierung auf ein einzelnes Familienmitglied** im Beisein der anderen hat sich häufig als nützlich erwiesen; denn hierdurch werden oft gegenseitige Verstehens- und Verständigungsprozesse angeregt und die Beziehung zwischen dem Symptomträger und dem jeweiligen Elternteil kann so entlastet werden. Die Gegenwart der anderen Familienmitglieder verhilft hier zu einer **Multiperspektivität**, die die Auflösung eingefahrener Interaktions- und Abwehrmuster erleichtert. Wenn aber die Widerstände hiergegen hoch sind, z. B. durch Schamaffekte oder rechthaberische Auseinandersetzungen, oder sehr intime, z. B. sexuelle Erlebensdetails oder Phantasien, angesprochen sind, ist es günstiger, dies im Einzelsetting zu klären. Anschließend werden dann die Familiengespräche fortgeführt. Dabei muss in der Gesamtgruppe deutlich gemacht werden, weshalb jetzt ein **Settingwechsel** stattfindet. Die Arbeit mit gleichgeschlechtlichen **Subgruppen**, z. B. Vätern und Söhnen oder Müttern und Töchtern, kann dabei helfen, Ähnlichkeiten und Unterschiede in den Erfahrungen in bestimmten Lebensbereichen (z. B. Schule, Studium, Freundschaften) herauszuarbeiten. Hierdurch können Identifizierungen und Übertragungen, die zu Schwierigkeiten führen, besser verstanden werden. Die Arbeit mit dem Geschwistersubsystem oder den Geschwistersubsystemen, z. B. den Brüdern oder Schwestern, kann zu einem besseren Verstehen z. B. von Ablösungsschwierigkeiten, von partnerschaftlichen oder sexuellen Problemen führen oder die Bearbeitung von Rivalitätskonflikten erleichtern. Durch die skizzierte Arbeit mit Subgruppen können die Ressourcen familiärer Beziehungen oft sehr konstruktiv für den therapeutischen Prozess genutzt werden. Geschwisterbeziehungen können hier ein besonderes Hilfspotenzial darstellen (Cierpka, 2001; Reich et al., 2002).

Die **Einbeziehung der Großeltern** im Sinne der Mehrgenerationen-Therapie (Sperling und Sperling, 1976; Reich, 2002) erscheint immer dann sinnvoll, wenn die Kernfamilie eng mit einer der Ursprungsfamilien zusammenlebt und diese in den Prozess der Krankheitsentstehung und -aufrechterhaltung involviert oder von der Erkrankung eines oder mehrerer Enkelkinder betroffen ist. In Familien mit seelisch erkrankten Mitgliedern finden sich häufig generationsübergreifende Koalitionen und Loyalitätsbindungen bzw. Loyalitätskonflikte. Es ist auch dann günstig, die Großeltern oder Mitglieder der Ursprungsfamilien der Eltern in den therapeutischen Prozess einzubeziehen, wenn Übertragungen von Eltern auf Kinder unverständlich bleiben oder wenn der therapeutische Prozess stagniert, weil Konflikte zwischen Elternteilen und Großeltern unbearbeitet geblieben sind (Reich, 2002).

7.7 Abschluss der Behandlungen

Auch Familientherapien werden in der Regel dann beendet, wenn die in die Behandlung führende Problematik oder Symptomatik geheilt oder gebessert ist. Patientinnen, Patienten, Eltern und Geschwister sowie deren Beziehungen miteinander verändern sich auch in erfolgreichen Behandlungen zumeist in Teilbereichen. Besonders stark ist dies in der Regel in den Beziehungen zwischen den anderen Familienmitgliedern und der Patientin bzw. dem Patienten. Wenn diese Veränderungen neurotische Kompromissbildungen und entsprechende Symptombildungen deutlich vermindern sowie damit zusammenhängend die Lebensperspektiven der Patientinnen erweitern, ist die therapeutische Aufgabe in der Regel erfüllt. Manchmal können Familientherapien dazu verhelfen, den Weg für eine Einzelbehandlung freizumachen. Manchmal ergeben sich aus Familientherapien Paarbehandlungen für die Eltern oder Einzelbehandlungen für andere Mitglieder als den ursprünglichen Patienten.

8 Indikationen und Kontraindikationen

Wie bei vielen Psychotherapieverfahren ist die Entscheidung, ob eine Indikation für Familientherapie oder eine Kontraindikation vorliegt, eine relative. Es müssen mehrere Parameter berücksichtigt werden. Die Indikationsstellung ist zudem bei schweren Störungen ein dynamischer Prozess, bei dem an verschiedenen Abschnitten der Behandlung neue Entscheidungen über den weiteren Weg zu treffen sind.

Familientherapie erscheint in folgenden Situationen und Konstellationen **indiziert**:

- wenn die Symptome von Patientinnen und Patienten durch **ungelöste interpersonelle Konflikte in der Familie** bedingt sind,
- wenn **starke äußere Bindungen** an die Ursprungsfamilien bestehen, z. B. bei Kindern, Jugendlichen und jungen Erwachsenen, bzw. wenn die Familien stark in die Problematik oder Symptomatik der Patientinnen einbezogen sind, z. B. bei chronischen körperlichen Erkrankungen von Kindern und Jugendlichen,
- wenn bei räumlicher Trennung **starke Loyalitätsbindungen** an die Ursprungsfamilien durch Delegationen bestehen und
- wenn bei mehreren Familienmitgliedern psychische Störungen vorliegen (**„Multiproblemfamilien"**). Hier ist der interaktionelle Anteil dieser Störungen in ihrer Entstehung, ihrer Aufrechterhaltung und in ihren Folgen abzuklären, bevor eventuell einzeltherapeutische Maßnahmen ergriffen werden. Werden bereits Einzelpsychotherapien durchgeführt, sollten in familientherapeutischen Gesprächen die interaktionellen Zusammenhänge und Auswirkungen der Symptome, Probleme und der jeweiligen Behandlungen geklärt werden. Hierdurch kann oft ein Gegeneinanderarbeiten der involvierten Helfersysteme vermieden werden.

In all diesen Fällen sollte Familientherapie das Hauptverfahren sein.

Als **Zusatzverfahren** sollten familientherapeutische Gespräche stattfinden,

- wenn es durch Einzelpsychotherapie zu einer starken **Labili-**

5

sierung des **Familiensystems** kommt. Diese kann sich in psychischen und körperlichen Symptomen bei Eltern, Kindern und anderen Angehörigen, aber auch in Beziehungsschwierigkeiten zwischen diesen zeigen;

- wenn Familien bei einer Einzelpsychotherapie „gegensteuern" und so Fortschritte eingeschränkt oder unmöglich gemacht werden;
- wenn für Einzelpsychotherapien **wichtige Informationen zum Verständnis von Konflikten** fehlen. Dies kann bei Familiengeheimnissen oder bei Ereignissen, die das Familienklima vor der Geburt oder in frühester Kindheit der Patienten bestimmten, der Fall sein,
- wenn Patientinnen und Patienten in Einzelbehandlungen mit ihren Familien **offene Fragen klären** oder wenn die Angehörigen dies wollen, z. B. bei stationären Therapien,
- wenn **Abbrüche von Einzelbehandlungen** drohen. Hier ist es oft sinnvoll, in Familiengesprächen zu klären, inwieweit diese durch Loyalitätskonflikte bedingt sind.

Natürlich sind die in den letzten Punkten genannten Entscheidungen in starkem Maße von der Klärung der Übertragungs-Gegenübertragungs-Dynamik in den jeweiligen Einzelbehandlungen abhängig (Cierpka, 2003; Massing, 1994; Reich und Rüger, 1994).

Nicht indiziert ist Familientherapie als Behandlung der Wahl, wenn die Symptome des Patienten **überwiegend** durch **intrapsychische Konflikte** bedingt und die **Patienten von der Familie abgelöst sind.** Familien- oder Paartherapie ist zudem dann nicht indiziert, wenn der Patient oder die Angehörigen **gemeinsame Gespräche ablehnen.** Hierbei ist natürlich so weit wie möglich zu klären, inwiefern es sich um ein Vermeiden einer notwendigen Auseinandersetzung handelt oder inwiefern durch eine Behandlung der gesamten Familie lediglich destruktive Prozesse und damit eine Verschlechterung eines mühsam aufrechterhaltenen Status quo zu erwarten sind.

Unproduktiv sind Paar- oder Familiengespräche in der Regel dann, wenn sie lediglich als **Anklagetribunal** genutzt werden oder wenn hauptsächlich Bloßstellungen entweder der Angehörigen oder der Patienten durch Abwertung, Verachtung, Angriffe oder Missachtung der Intimitätsgrenzen zu erwarten sind. Zudem sind Familientherapien oft unfruchtbar, wenn sie vorwiegend durch **passive Erwartungen** motiviert sind („Wenn meine Familie sich ändert, ist alles in Ordnung"). In den zuletzt genannten Konstellationen sollte die Motivation zur Familientherapie sorgfältig geprüft werden. Ob und inwieweit diese vorliegt und ob destruktive Prozesse therapeutisch handhabbar sind, zeigen allerdings oft erst familiendiagnostische Gespräche.

Weiterhin ist Familientherapie nicht indiziert

- bei einer möglichen **Überlastung der Familie** durch die Therapie, z. B. bei schweren körperlichen Erkrankungen oder schwierigen sozialen und Arbeitsbedingungen der Familienangehörigen,
- bei **sexuellem Missbrauch und Gewalttätigkeit,** wenn diese durch die Täter und andere Familienmitglieder verleugnet oder bagatellisiert werden. In solchen Situationen kommt es oft zu einer Re-Traumatisierung der Opfer.
- wenn der **Therapeut** sich hierdurch **überfordert** sieht; denn mit der Einbeziehung der Familienangehörige in die Behandlung übernimmt er auch Verantwortung für diese. Bei Krisen,

die hier durch Konfrontation mit eigenen ungelösten Konflikten entstehen, z. B. bei Suizidalität von Elternteilen oder Geschwistern, müssen ausreichende Behandlungsmöglichkeiten für diese bereitgestellt werden können.

Gegenüber anderen Formen der Familientherapie ist in der **Differenzialindikation** insbesondere abzuwägen, ob nicht eher eine behaviorale Therapie angezeigt ist. Dies kann Fall sein, wenn Familien eine starke Handlungsorientierung in der therapeutischen Arbeit erwarten. Zudem ist abzuwägen, ob die Familie eventuell durch eine niederfrequente, stark an den Ressourcen orientierte systemische Therapie schon rein äußerlich weniger belastet wird als durch ein konfliktorientiertes Verfahren. Gerade Familientherapie erlaubt hier allerdings ein flexibles Vorgehen, das sich den Gegebenheiten und Veränderungen der Familie anpasst. So kann manchmal am Anfang eine eher verhaltens- oder ressourcenorientiertes Vorgehen, später ein konfliktzentriertes im Vordergrund stehen. Bei verschiedenen Störungen scheint sich zudem die Kombination von familientherapeutischen und einzeltherapeutischen Maßnahmen, die behaviorale Elemente enthalten, zu bewähren, z. B. bei Essstörungen (vgl. Reich, 2003b)

9 Frequently Asked Questions (FAQ)

1. *Kann psychodynamische Familientherapie im Rahmen der Richtlinienpsychotherapie durchgeführt werden?*
→ Familientherapie ist keine in der vertragspsychotherapeutischen Versorgung vorgesehene Behandlungsmethode mit eigener Abrechnungsziffer. Dennoch können sowohl in der tiefenpsychologisch fundierten Psychotherapie für Kinder und Jugendliche als auch für Erwachsene Bezugspersonen intensiv und über längere Strecken einbezogen werden. Dabei können auch Doppelstunden durchgeführt werden. Im Rahmen der Richtlinien-Psychotherapie kann also, bezogen auf einen Patienten, für den wie üblich ein Antrag gestellt werden muss, bei Darlegung einer entsprechenden interpersonellen Dynamik und Behandlungsplanung familientherapeutisch gearbeitet werden.

2. *In welcher Frequenz werden psychodynamische Familientherapien in der Regel durchgeführt?*
→ Hier hat sich in der Anfangsphase ein 14-täglicher, später ein weiter gespannter, z. B. 4-wöchentlicher Rhythmus bewährt. Familientherapie ist für alle Beteiligten mit einem relativ hohen Aufwand verbunden. Von daher ist eine wöchentliche Frequenz in der Regel nur als Krisenintervention indiziert und durchführbar oder bei analytischen Paartherapien. Die meisten familientherapeutischen Gespräche werden als Doppelstunden durchgeführt. Dies ermöglicht die notwendige intensive Beteiligung aller Anwesenden an dem Gespräch.

3. *Was sollte man beachten, wenn man Familiengespräche während einer laufenden Einzelbehandlung durchführen möchte?*
→ Hier ist vor allem die Übertragung-Gegenübertragungs-Konstellation zu analysieren. Manchmal werden negative Übertragungsaspekte aus Einzelbehandlungen herausgehalten.

5

Diese werden auf die Familie verschoben. Ebenso kann eine Behandlungsstagnation aufgrund von negativer Übertragung der Partnerschaft oder dem Familiensystem angelastet werden. Hier müssen mögliche Einflüsse der familiären Loyalitätsdynamik sorgfältig abgeklärt werden. Zudem sollte hier wenn möglich ein zweiter Therapeut hinzugezogen werden, der dann die Familiengespräche hauptsächlich führt. Bei tiefenpsychologisch fundierten Einzelbehandlungen, auch im stationären Setting, hat sich diese Konstellation bewährt. In analytischen Langzeittherapien bedarf dies wegen der zentralen Stellung der Übertragungsarbeit noch intensiverer Überprüfung.

4. *Führt die Einbeziehung der Familien bei Behandlungen von Jugendlichen und jungen Erwachsenen nicht zu neuen Abhängigkeiten, wo doch gerade auf eine Ablösung hingearbeitet werden sollte?*

→ Diese Gefahr ist bei einer lege artis durchgeführten Familientherapie als gering zu erachten. In Familientherapien sollen interpersonelle Konflikte geklärt werden, die eine Verselbständigung behindern. Hierzu gehört die Förderung des offenen Aussprechens von Konflikten. Hierzu gehört ebenso die Förderung von angemessenen Grenzziehungen. Gerade Letzteres ist ja häufig konflikthaft. Bezogenheit und Abgrenzung sollen in eine neue Balance gebracht werden. Von daher entstehen hier in der Regel keine neuen Abhängigkeiten. Im Gegenteil, durch eine eventuelle Bearbeitung der lebensgeschichtlichen und Paar-Konflikte der Eltern wird auch deren Abgrenzung von Jugendlichen und jungen Erwachsenen häufig leichter möglich. Für diese wiederum ist Ablösung leichter möglich, wenn die entsprechenden Schritte nicht mit einem Bruch der Loyalität verbunden sind.

5. *Ist Familientherapie auch sinnvoll, wenn sich Eltern oder Elternteile nicht verändern wollen?*

→ Auch in Familientherapien kommt es darauf an, dass sich jeder selbst verändert. Familientherapie hilft beim Erkennen und der Klärung von Konflikten. Bereits das Aussprechen von lange aufgeschobenen Konflikten kann eine die Beziehung verbessernde Wirkung haben, da Angst und Vermeiden bearbeitet werden. Auch wenn sich das Gegenüber nicht ändert, kann es ein Gewinn sein, wenn die Patientin oder der Patient die Erfahrung macht, dass sie/er die eigene Position klar beziehen und auch gegen Kritik verteidigen kann.

6. *Kann man familientherapeutische Methoden auch in der Einzeltherapie verwenden?*

→ Das Genogramm lässt sich sehr gut in der tiefenpsychologisch fundierten Einzelbehandlung verwenden, insbesondere wenn es um das Aufspüren familiärer Zusammenhänge von tabuisierten Themen oder von Familiengeheimnissen geht. Einige Familientherapeuten verstehen sich vor diesem Hintergrund sogar als Coach für Einzelpatienten, um diesen im Umgang mit der eigenen Familie zu helfen und sie bei Veränderungsschritten zu beraten. Solche Veränderungsschritte können darin bestehen, dass mit Eltern oder Elternteilen offener gesprochen wird, bisher vermiedener Kontakt zu Geschwistern wieder aufgenommen wird oder noch lebende Verwandte über die verstorbenen Eltern befragt werden. All dies verändert die realen Beziehungen und fördert das Verständnis der eigenen Entwicklung, damit ein Gefühl von Selbstkohärenz.

7. *Sind Schuldgefühle der Eltern gegenüber ihren Kindern für den therapeutischen Prozess nicht sehr hinderlich? Wie kann man mit ihnen umgehen?*

→ Beschuldigungen und Schuldgefühle sind oft ein heikler Punkt in der Dynamik von Familien und in Familiengesprächen. Das Aufwerfen der Schuldfrage sollte ernst genommen und klärend aufgegriffen werden. Zum Beispiel kann gemeinsam exploriert werden, was die Betreffenden falsch gemacht zu haben *meinen*. Die Patientinnen oder Patienten können dann dazu Stellung nehmen, ob und inwieweit sie sich durch die angesprochenen Verhaltensweisen der Eltern tatsächlich beeinträchtigt oder geschädigt fühlen. Mit den Eltern können dann ihre Sicht- und ihre Beweggründe herausgearbeitet werden. Mit Selbstbeschuldigungen kann in ähnlicher Weise umgegangen werden. Oft wird betont, dass es in Familientherapien nicht um Schuld gehe. Das ist zwar von den Behandlern gut gemeint, wird aber von den Eltern häufig nicht geglaubt. Zudem sind Schuld und Schuldgefühle existenzielle Dimensionen menschlichen Daseins, die man nicht einfach „wegerklären" oder vordergründig beruhigen sollte. Eine Exploration im obigen Sinne ist hier in der Regel eher klärend.

8. *Sind Techniken aus der systemischen oder strukturellen Familientherapie mit einem psychodynamischen Vorgehen vereinbar?*

→ Dies ist im Einzelfall und in der Einzelsituation zu prüfen. Zum Beispiel können zirkuläre Fragen der Klarinfizierung und der Konfrontation dienen. Aufgabenstellungen können der Überprüfung der Behandlungsmotivation und dem Erproben neuer Verhaltensweisen dienen. Auch Widerstände und Abwehrmuster können hierdurch manchmal klarer werden und besser zu bearbeiten sein. Die Grundfrage ist, ob der Einsatz dieser Techniken in ein Konflikte klärendes Konzept eingebettet ist (vgl. Massing et al., 1999; Reich, 1990).

10 Prüfungsfragen

1. Auf welche Aspekte familiärer Beziehungen zielt die psychodynamische Familientherapie?
2. Was unterscheidet psychodynamische Familientherapie von anderen familientherapeutischen Ansätzen?
3. Aus welchen Bereichen gibt es empirische Belege für die Mehrgenerationen-Perspektive?
4. Welche Faktoren spielen in der Loyalitätsdynamik von Familien eine bedeutende Rolle?
5. Was beschreibt das Konzept der „bezogenen Individuation"?
6. Was versteht man unter dem Begriff „Parentifizierung"?
7. Welche Rollenzuschreibungen an Kinder kann man unterscheiden?
8. Was sind Beispiele für Delegationskonflikte?
9. Auf welche Aspekte familiärer Beziehungen können sich Familiengeheimnisse auswirken?
10. Welche Formen psychodynamischer Familientherapie lassen sich unterscheiden?
11. Welche Behandlungstechniken werden in der psychodynamischen Familientherapie angewendet?

12. Was versteht man unter „viel gerichteter Parteilichkeit"?
13. Welche initialen Übertragungsmuster lassen sich in der psychodynamischen Familientherapie beschreiben?
14. Welche typischen Indikationen für psychodynamische Familientherapie gibt es?
15. Welche möglichen Kontraindikationen können Sie nennen?

11 Literatur

- Bauriedl Th: Beziehungsanalyse. Das dialektisch-emanzipatorische Prinzip der Psychoanalyse und seine Konsequenzen für die psychoanalytische Familientherapie. Frankfurt/M.: Suhrkamp, 1980
- Bauriedl Th: Auch ohne Couch. Psychoanalyse als Beziehungstheorie und ihre Anwendungen. Stuttgart: Verlag Internationale Psychoanalyse, 1994
- Benoit D, Parker KCH: Stability and transmission of attachment across three generations. Child Dev 1994;65:1444-1456
- Boszormenyi-Nagy I, Krasner BR : Between Give&Take. A Clinical Guide to Contextual Therapy. New York: Brunner/Mazel, 1986
- Boszormenyi-Nagy I, Spark G: Unsichtbare Bindungen. Stuttgart: Klett-Cotta, 1981
- Buchholz MB: Psychoanalytische Familientherapie. In: Schneider K (Hrsg.): Familientherapie in der Sicht psychotherapeutischer Schulen. Paderborn: Junfermann, 1983
- Cierpka M: Zur Entwicklung des Familiengefühls. Forum der Psychoanalyse 1992;8:32-46
- Cierpka M (Hrsg.): Kinder mit aggressivem Verhalten. Göttingen: Hogrefe, 1999
- Cierpka M: Geschwisterbeziehungen aus familientherapeutischer Perspektive – Unterstützung, Bindung, Rivalität und Neid. Prax Kinderpsychol Kinderpsychiatr 2001;8:563-579
- Cierpka M: Ziele und Indikationsüberlegungen der Therapeuten. In: Cierpka M (Hrsg.): Handbuch der Familiendiagnostik. 2. Aufl. Berlin, Heidelberg: Springer, 2003
- Cierpka A, Frevert G, Cierpka M: „Männer schmutzen nur!" – eine empirische Untersuchung über alleinerziehende Mütter. Prax Kinderpsychother Kinderpsychiatr 1992;41:168-175
- Dicks HV: Marital Tensions. London: Routledge and Kegan Paul, 1967
- Flugel JC: The psychoanalytic study of the family. 10. Aufl. London: The Hogarth Press, 1921
- Framo JL: Family-of-Origin-Therapy. An Intergenerational Approach. New York: Brunner/Mazel Publishers, 1992
- Freud S: Zur Einführung des Narzißmus. GW Bd. 10 Frankfurt a.M: Fischer, 1914
- Frevert G, Cierpka M. Joraschky P: Familiäre Lebenszyklen. In: Cierpka M (Hrsg.): Handbuch der Familiendiagnostik. 2. Aufl. Berlin, Heidelberg: Springer, 2003, 193-224
- Jurkovic GJ: Destructive parentification in families. In: L'Abate L (ed.): Family psychopathology. The relational roots of dysfunctional behavior. New York, London: The Guilford Press, 1998, 237-255
- Kraul A, Ratzke K, Reich G, Cierpka M: Familiäre Lebenswelten. In: Cierpka M (Hrsg.): Handbuch der Familiendiagnostik. 2. Aufl. Springer, Berlin, Heidelberg, 2003, 225-250
- Massing A: Die unbequemen Angehörigen. Veränderungen der unbehandelten Dritten während der Psychotherapie. Die Psychotherapeutin 1994;1:37-55
- Massing A, Reich G: Psychoanalytische Paartherapie nach dem Mehrgenerationen-Ansatz. Psychotherapie im Dialog 2000;1:8-14
- Massing A, Reich G, Sperling E: Die Mehrgenerationen- Familientherapie. 4. Aufl. Göttingen: Vandenhoeck & Ruprecht, 1999
- McGoldrick M, Gerson R: Genogramme in der Familienberatung. Bern, Göttingen, Toronto, Seattle: Huber, 1995
- Mendell D, Fischer S: An approach to neuric behaviour in terms of a three generational family model. J Nerv Ment Dis 1956 ;123:171-180
- Mendell D, Fischer S: A Multi-Generational Approach of Treatment of Psychopathology. J Nerv Ment Dis 1958 ;126:523-529
- Mikulincer M, Florian V: The association between parental reports of attachment style and family dynamics, and offspring's report of adult attachment style. Fam Proc 1999;38:243-257
- Pope H, Mueller ChW: The Intergenerational Transmission of Marital Instability: Comparisons by Race and Sex. J Soc Issues 1976;32:49-66
- Reich G: Der Einfluß der Herkunftsfamilie auf die Tätigkeit von Therapeuten und Beratern. Prax Kinderpsychol Kinderpsychiatr 1984;33: 61-69
- Reich G: Psychoanalytische und systemische Familientherapie – Integrative Aspekte und Differenzen in Theorie und Praxis. In: Massing A (Hrsg.): Psychoanalytische Wege der Familientherapie. Berlin, Heidelberg, New York: Springer, 1990, 97-144
- Reich G: Partnerwahl und Ehekrisen: 4. Aufl. Heidelberg und Kröning: Asanger, 1993
- Reich G: „Das hat es bei uns nie gegeben!" Familiengeheimnisse und Familienmythen. Kontext 2001;32:5-19
- Reich G: Mehrgenerationen-Familientherapie. In: Wirsching M, Scheib P (Hrsg.): Lehrbuch der Paar- und Familientherapie. Berlin, Heidelberg: Springer, 2002, 247-262
- Reich G: Psychodynamische Familien- und Paartherapie. In: Reimer C, Rüger U (Hrsg.): Psychodynamische Therapien. 2. Aufl. Berlin, Heidelberg, New York: Springer, 2003a, 112-125
- Reich G: Familientherapie der Essstörungen. Göttingen, Bern, Toronto, Seattle: Hogrefe, 2003b
- Reich G, Cierpka M: Der psychodynamische Befund. In: Cierpka M (Hrsg.): Handbuch der Familiendiagnostik. 2. Aufl. Berlin, Heidelberg: Springer, 2003, 393-420
- Reich G, Rüger U: Die Einbeziehung der Familie in die stationäre Psychotherapie. Nervenarzt 1994;65:313-322
- Reich G, Killius U, Yamini A: Geschwisterbeziehungen als eigenständiger Erfahrungsraum im familiären Kontext. Kontext 2002;33:99-109
- Reich G, Massing A, Cierpka M: Die Mehrgenerationenperspektive und das Genogramm. In: Cierpka M (Hrsg.): Handbuch der Familiendiagnostik. 2. Aufl. Berlin, Heidelberg: Springer, 289-324
- Richardson HB: Patients have families. New York: The Commonwealth Fund, 1948
- Richter H-E: Eltern, Kind und Neurose. Reinbek: Rowohlt, 1963
- Ricks MH: The social transmission of parental behavior. Attachment across generations. In: Bretherton I, Waters B (eds.): Growing points in attachment theory and research. Child Dev 1985;50:223-278
- Rosen KH: The family roots of aggression and violence: A life span persepctive. In: L'Abate L (ed.): Family psychopathology. The relational roots of dysfunctional behavior. New York, London: The Guilford Press, 1998, 333-357
- Sandler J: Gegenübertragung und die Bereitschaft zur Rollenübernahme. Psyche 30:297-305, 1976
- Schneewind KA: Familienpsychologie. 2. Aufl. Stuttgart: Kohlhammer, 1999
- Sperling E: Familienselbstbilder. Prax Kinderpsychol Kinderpsychiatr 1988;37:226-231
- Sperling E, Sperling U: Die Einbeziehung der Großeltern in die Familientherapie. In: Richter HE, Strotzka H, Willi J (Hrsg.): Familie und seelische Krankheit. Reinbek: Rowohlt, 1976, 196-215

5

- Sperling E, Klemann M, Reich G: Familienselbsterfahrung. Familiendynamik 1980;5:140-152
- Sroufe LA, Fleeson J: Attachment and the construction of relationships. In: Hartrup W, Rubin Z (eds.): The nature and development of relationships. Hillsdale, NJ: Erlbaum, 1985
- Stierlin H: Familientherapeutische Aspekte der Übertragung und Gegenübertragung. Familiendynamik 1977;3:182-197
- Stierlin H: Delegation und Familie. Frankfurt/M.: Suhrkamp, 1978
- Stierlin H, Rücker-Embden I, Wetzel N, Wirsching M: Das erste Familiengespräch. 3. Aufl. Stuttgart: Klett-Cotta, 1985
- Sulloway FJ: Der Rebell der Familie. Geschwisterrivalität, kreatives Denken und Geschichte. Berlin: Siedler, 1997
- Tress W: Das Rätsel der seelischen Gesundheit. Traumatische Kindheit und früher Schutz gegen psychogene Störungen. Vandenhoeck & Ruprecht, Göttingen, 1986
- Whitacker CA, Felder RE, Wurkentin J: Gegenübertragung bei der Familienbehandlung der Schizophrenie. In: Boszormenyi-Nagy I, Frano JL (Hrsg.): Familientherapie – Theorie und Praxis. Bd. 2. Reinbek: Rowohlt, 1965, 90-109.
- Willi J: Die Zweierbeziehung. Hamburg: Rowohlt, 1975

5

5.6 Gruppenpsychotherapeutische Verfahren

VOLKER TSCHUSCHKE

1 Einleitung

In diesem Kapitel werden die **analytischen** bzw. **psychodynamisch orientierten** gruppenpsychotherapeutischen Konzepte und Verfahren vorgestellt werden, die *im engeren Sinne „analytisch"* sind, weil sie nicht nur vom konzeptuellen Denkgebäude der Psychoanalyse hergeleitet sind – wie dies im Prinzip auch für z.B. die Gruppenpsychotherapie-Ansätze der Transaktionsanalyse Bernes, der Katathym-Imaginativen Therapie, der Gestalttherapie oder der Interpersonalen Gruppenpsychotherapie Yaloms der Fall ist (vgl. hierzu in Band I) –, sondern weil sie im Kern **psychoanalytische Prinzipien und Konzepte** unmittelbar im Gruppenprozess umsetzen wollen.

1.1 Inhalte des Kapitels

Die bundesdeutsche Situation in der Psychoanalyse hat eine Differenzierung in gruppentherapeutischen Konzepten, die international nicht zu finden ist. Man unterscheidet hier zu Lande die
• **analytische Gruppenpsychotherapie** (eher klassisch-analytische Auffassung und Technik für Patienten, bei denen eine Regression als förderlich für die therapeutische Arbeit angesehen wird und die auf längere Behandlungsdauer ausgerichtet ist)

von der

• **tiefenpsychologisch fundierten Psychotherapie** (einer modifizierten Technik, die regressionsvermeidend bei solchen Patienten Anwendung finden soll, die ein klassisch-analytisches Setting nicht ertragen bzw. nicht für sich nützen könnten). Diese Form psychodynamischer Gruppenbehandlung ist eher fokaler Natur und eher auf begrenzte Dauer angelegt.

Beide Ansätze werden in diesem Kapitel eingehend dargestellt werden, weil sie Richtlinien-Verfahren in der Kassenversorgung sind und bei uns häufig praktiziert werden, ambulant wie stationär.

1.2 Stellenwert der Verfahren für die Psychotherapie(ausbildung)

Ausbildung in gruppenpsychotherapeutischen Verfahren stellt eine Zusatzqualifikation dar, die derzeit noch im Anschluss oder gegen Ende einer Einzeltherapie-Ausbildung vorgenommen werden kann. Die analytischen und psychodynamisch-orientierten Gruppenverfahren sind die ersten und theoretisch ausdifferenziertesten Gruppenbehandlungskonzepte überhaupt. Sie stellen eine **zentrale Säule in der stationären psychiatrischen, psychosomatisch-psychotherapeutischen und rehabilitativen Versorgung** hier zu Lande dar. Psychotherapeutische Arbeit in Gruppen bereichert über die Arbeit in einzeltherapeutischen Settings hinaus sehr die psychotherapeutische Tätigkeit. Gruppen bieten psychotherapeutische „Hebel" und Wirkfaktoren, über die Einzeltherapien nicht verfügen (Tschuschke, 2001a) und sind so in der Lage, spezifischen Problemen psychotherapeutisch gerecht zu werden und Menschen helfen zu können, denen in Einzelbehandlungen nicht oder so nicht hätte geholfen werden können.

1.3 Didaktische Ziele dieses Kapitels

Dieses Kapitel wird
a) die grundlegenden Konzepte vorstellen, aus denen dann
b) die konzeptuellen Ausdifferenzierungen, Entwicklungen und Modifikationen ersichtlich werden können, sowie
c) ihre Anwendungsbereiche, Techniken und klinischen Umsetzungen, schließlich
d) ihre bisherige wissenschaftliche Substanziierung.

2 Theoretische Inhalte und Kenntnisse

2.1 Entwicklungslinien von Konzepten

Die analytische Gruppenbewegung nahm ihre ursprüngliche Entwicklung von der klassischen Psychoanalyse Freuds herkommend. Freuds frühe Beschäftigung mit den Auswirkungen größerer Gruppen und Massen auf das Individuum fand schließlich ihren Niederschlag in der Arbeit über **„Massenpsychologie und Ich-Analyse"** (1921). **Freud** selbst blieb sehr skeptisch gegenüber Gruppenphänomenen. Er sah die Attraktivität der sozialen Gruppe für das Individuum darin, dass das Individuum stets von Gruppen angezogen sei, dass es dort allerdings seine individuelle Identität aufgeben müsse. Gruppenkräfte bewirkten beim Individuum eine Regression rationaler Kompetenzen und einen Verlust individueller Identität, indem die archaisch-emotionalen Seiten der Gruppenphänomene geteilt würden. Die Kompetenz

5

würde abgetreten an den als omnipotent phantasierten Gruppenleiter, der zum Ideal stilisiert würde.

Dennoch gab es ganz frühe Ansätze psychoanalytischer Therapieformen in Gruppen (in den 20er Jahren des vergangenen Jahrhunderts), die noch recht undifferenziert psychoanalytische Prinzipien in der Gruppe umsetzen wollten (Heigl-Evers, 1978). Ausgefeiltere Konzepte reiften allmählich in den 40er Jahren praktisch parallel zueinander, an verschiedenen Orten von unterschiedlichen Persönlichkeiten in Praxisfeldern erprobt, heran. Bedingt durch die zunehmende Akzeptanz und Etablierung der Psychoanalyse einerseits und die Ereignisse des Zweiten Weltkriegs mit seinen Auswirkungen andererseits, gab es in den USA und Großbritannien zwischen den frühen Nachkriegsjahren und dem Beginn der 60er Jahre einen regelrechten Schub für die Umsetzung von psychoanalytischen Konzepten in therapeutische Gruppen.

In den **USA** war **Sam Slavson (1950)** der Pionier der analytischen Gruppenpsychotherapie. Er kam von der Kinderbehandlung her und war von den dynamischen Wirkungen kleiner sozialer Gruppen auf die Kinder beeindruckt. Die kathartischen Wirkungen von Gruppen, die Bedeutung von Beziehung und Verbundenheit waren so prägend, dass er diese Faktoren als wesentliche therapeutische Wirkmechanismen postulierte. Sein Ansatz sah ebenso die **individuelle analytische Behandlung des Individuums in der Gruppe** vor wie der von **Alexander Wolf,** dessen erste Umsetzungen psychoanalytischer Prinzipien sich 1949 im später ausgereifteren Konzept gemeinsam mit **Emmanuel Schwartz (1962)** niederschlugen. Die Grundüberzeugung der psychoanalytischen Puristen jener Zeit war die, dass es nicht möglich sei, eine Gruppe analytisch zu behandeln, sondern nur Individuen. Man war noch um eine möglichst direkte Umsetzung psychoanalytischer Prinzipien der klassischen Psychoanalyse in die Situation der Gruppe bemüht.

Eine zweite Entwicklungsschiene der analytischen Gruppenpsychotherapie in den USA jedoch intendierte gleich von Beginn an eine **Integration von psychoanalytischen und gruppendynamischen Konzepten.** Ausgehend von Frenchs Arbeit in 1952 und Aspekten gruppendynamischer Theorie wurde ein erster Entwurf des Konzepts von Whitman und Stock (1958) vorgelegt und schließlich im Ansatz von **Stock-Whitaker und Lieberman (1964)** differenziert elaboriert. Demnach können alle Aktionen von Individuen in Gruppen verstanden werden als der Versuch, einen Gruppenkonflikt zu lösen. Hier werden Wechselwirkungen zwischen individuellem Empfinden und Verhalten und gruppalen Kräften konzeptuell berücksichtigt.

Zur selben Zeit nahm in **Großbritannien** ein eigener Zweig der Entwicklung psychoanalytischer Behandlungskonzepte in Gruppen seinen Anfang, der sich wiederum in zwei Untergruppierungen aufteilte. Hier waren die Ereignisse in Deutschland und die Folgen des Zweiten Weltkriegs Ausgangspunkte dieser Entwicklungen. **Sigmund Heinrich Foulkes** als emigrierter Jude aus Nazi-Deutschland entwickelte in Großbritannien die so genannte **psychoanalytische Gruppenpsychotherapie** (1948; 1957) und gründete später die *Group Analytic Society* und das *Institute of Group Analysis* in London im Jahr 1971. Foulkes war gezwungen, seine innovativen Ideen und Konzepte in die Praxis umzusetzen, da viele Kriegsveteranen psychiatrische Auffälligkeiten aufgrund der im Krieg erlebten Greueltaten aufwiesen. Er fasste sie notgedrungen in Gruppen zusammen, um möglichst vielen schnell helfen zu können (im *Northfield Army Hospital*, was dann später als ‚Northfield experiment' bekannt werden sollte).

Wilfred Bion (1961) konstituierte die zweite britische Entwicklungslinie als ein **Vertreter der Objektbeziehungstheorie.** Wie Foulkes sammelte er frühzeitig Erfahrungen als Armeepsychiater nach dem Krieg, hatte aber bereits seit den 40er Jahren sein Gruppenkonzept theoretisch entwickelt. Ein Schüler von Bion, wie er gleichfalls in der Tavistock-Klinik in London beschäftigt, **Henry Ezriel (1950a, b),** war ebenfalls ein Vertreter der Objektbeziehungstheorie und der Konzepte Melanie Kleins. Während Foulkes das Individuum in der Gruppe und seinen Einfluss auf die Gruppe stets im Wechsel mit dem gesamten **Netzwerk der Gruppe** therapeutisch konzipiert, sahen Bion wie Ezriel operational nur die **Gruppe-als-Ganzes.**

In Deutschland hat **Argelander (1962/1963)** die auf das Individuum einwirkenden Gruppenkräfte und in Extemporierung des Ansatzes von Bion als Beleg für die Annahme genommen, dass die Existenz eines „Wir-" bzw. „Gruppen-Gefühls" (Heigl-Evers, 1978) dazu berechtige, die Gruppe quasi als Individuum therapeutisch zu behandeln. Die Gruppe wird wie eine „Person" konzipiert, entsprechend spricht Argelander auch vom **Gruppen-Ich** und **Gruppen-Über-Ich**, von den Abwehrbewegungen der Gruppe, als ob das Gruppen-Ich quasi Abwehrmechanismen zur Wirkung kommen ließe wie das Ich eines Individuums. Die Analyse dieses „Individuums Gruppe" gestaltet sich demnach höchst analog zur Psychoanalyse des Individuums, multiple Bewegungen von Individuen in der Gruppe werden umgewandelt in bipersonale, es gibt konsequenterweise die Entität Gruppe nicht, sondern „... *einen* Patienten, als Gruppen-Ich mit Gruppen-Über-Ich, mit Es und Selbst" (Heigl-Evers, 1978, S. 56).

Das in Deutschland heute verbreitetste analytische Gruppenkonzept – neben dem von Foulkes – allerdings ist das so genannte **Göttinger Modell von Heigl-Evers und Heigl (1973)** sowie die daraus hergeleitete und für bestimmte Störungsbilder spezifizierte **psychoanalytisch-interaktionelle Methode von Heigl-Evers und Ott (1995).**

Das Göttinger Modell fußt auf vielerlei Einflüssen psychoanalytischer Konzeptentwicklungen sowie auf sozialen Theorien menschlichen Verhaltens. Im Einzelnen gehen mit ein
• die Gesetze menschlichen Verhaltens in kleinen Gruppen (Homans),
• basale psychoanalytische Prinzipien wie Übertragung, Beachtung der Gegenübertragung,
• gleichschwebende Aufmerksamkeit für unbewusste Prozesse,
• technische Beeinflussung des Prozesses mittels Deutungen,
• Anwendbarkeit des topischen Schichtenmodells auf die Gruppe.

Abbildung 1 verdeutlicht die verschiedenen Entwicklungsstränge analytischer Gruppenkonzepte, ihre deutlichen Auffassungsunterschiede und distinkten Entwicklungslinien sowie ihre kon-

5

Abbildung 1: Entwicklungslinien von analytischen Gruppenkonzepten

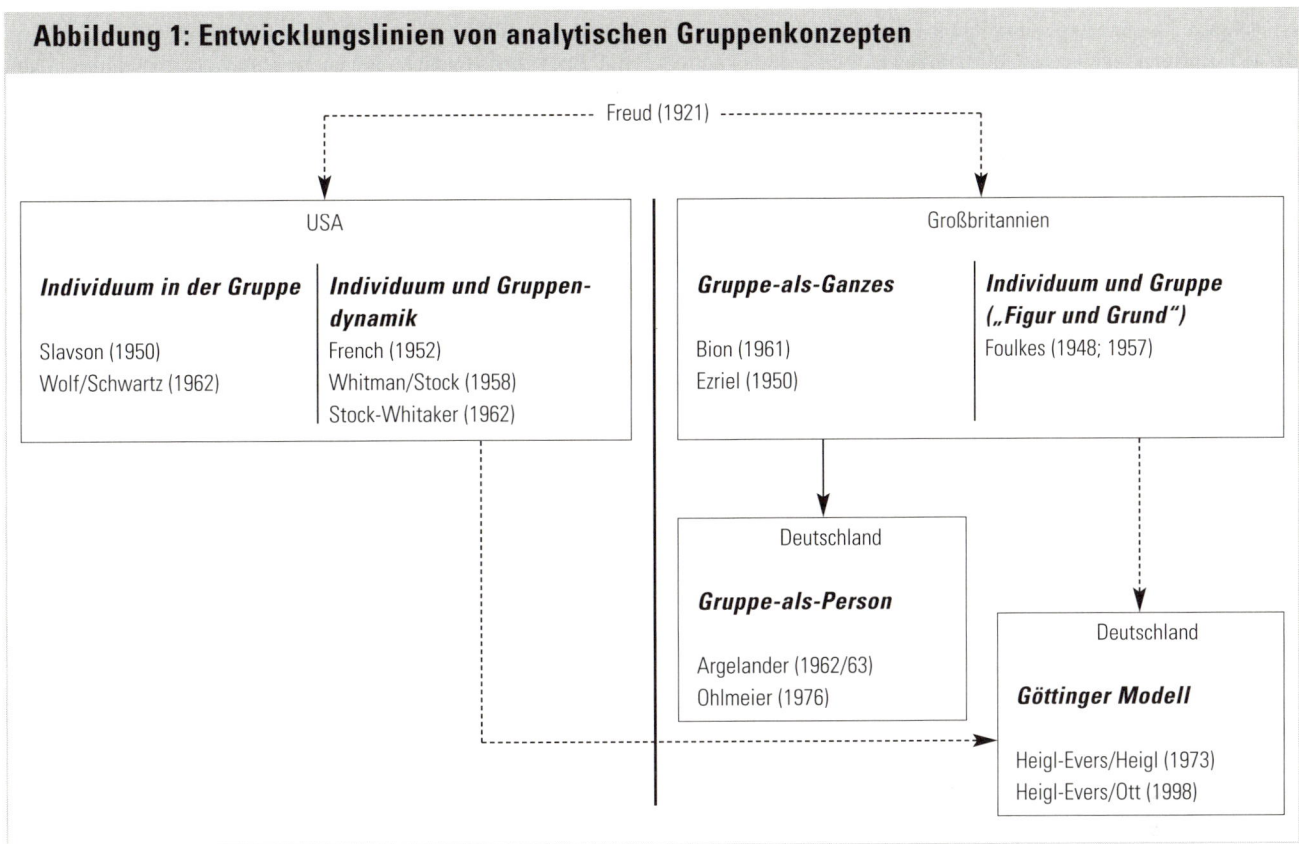

zeptuellen Ähnlichkeiten, teilweise auch die Einflüsse einzelner Konzepte auf nachfolgende Entwicklungen (besonders die konzeptuelle Entwicklung in Deutschland) und ihre zeitliche Einordnung.

Man kann heute aufgrund von Forschungsergebnissen davon ausgehen, dass es elaboriertere Konzepte gibt, die sich in der Praxis mehrheitlich durchgesetzt haben, und eher unpraktikable Konzepte, die in der technischen Umsetzbarkeit unergiebige bzw. sogar eher schädliche Auswirkungen haben können (s. weiter unten).

2.2 Grundprinzipien analytischer Gruppenkonzepte

Die nachfolgenden Informationen bezüglich der bereits kurz angesprochenen Konzepte geben einen Überblick über
• theoretische Grundannahmen,
• die basale Perspektive des Ansatzes (Gruppe, Individuum, Dynamik der Gruppe),
• die grundlegende therapeutische Technik des Therapeuten,
• Stärken und Schwächen des Ansatzes.

Sie sind z.T. von Heigl-Evers (1978) übernommen.

A. Psychoanalyse des Individuums in der Gruppe
Sowohl Slavson (1950) wie auch Wolf und Schwartz (1962) übertragen mit ihren Modellen psychoanalytisches Denken der therapeutischen Dyade auf die Gruppe. Es findet eine **Analyse des**

Individuums in der Gruppe statt. Die technischen Interventionen entsprechen konsequent denen in der Einzelanalyse: Trauminterpretationen, Widerstandsanalyse, Durcharbeiten, Übertragungs- und Gegenübertragungskonzeptualisierungen usw. Die Funktion des Gruppenleiters ist es, seine Patienten zu besserem Bewusstsein und besserer sozialer Integration anzuleiten.

Diese Ansätze **vernachlässigen vollständig die Dynamik der Gruppe,** d.h., „die Pluralität der Gruppe als Determinante für das Verhalten der Einzelnen wird nicht in Betracht gezogen" (Heigl-Evers, 1978, S. 86). Damit wird eine mittlerweile nachweislich wirksame Komponente gruppentherapeutischer Möglichkeiten vollständig ausgeblendet. Die Vernachlässigung dieser Komponente von Gruppenpsychotherapie muss aus der heutigen Perspektive sogar als „Kunstfehler" bezeichnet werden und wäre nicht lege artis.

B. Gruppe-als-Ganzes-Ansatz
Die konzeptuellen Ansätze von Bion (1961) und von Ezriel (1950a, b) stammen von der britischen Objektbeziehungstheorie her und operationalisieren die **Gruppe-als-Ganzes.**

Bei Bion haben **gruppendynamische Phänomene** Eingang in das Konzept gefunden. Er postuliert eine **Arbeitsgruppe (work group)** als den aufgabenbezogenen, rationalen Teil der Gruppenarbeit, daneben drei so genannte **Grundeinstellungen (basic assumptions): Abhängigkeit (vom Leiter) (dependent group), Kampf – Flucht-Gruppe (fight – flight), Paarbildungs-Gruppe (pairing).** Die drei letztgenannten Gruppenmodalitäten stellen eher Abwehrmaßnahmen der Gruppe gegen Arbeit dar

5

und können sich im Verlauf der Entwicklung der Gruppe fortentwickeln von abhängigen zu eher paarbildenden „Grundeinstellungen".

Bion hat hier zweifellos soziale Gruppenphänomene heuristisch gut beschrieben, die mehr oder weniger in kleinen sozialen Gruppen vom Therapeuten beachtet werden sollten. Technisch gesehen **verkürzt Bion allerdings die individuellen Aspekte menschlicher Persönlichkeit,** so dass eine technisch rigorose Ausrichtung der Interventionstechnik (niemals an einem Individuum in der Gruppe orientiert und strikte Hier-und-jetzt-Interventionen) an einem fiktiven „Gruppenwesen" unzureichend ist und sogar zu Verschlechterungen bei den Gruppenmitgliedern führen können (Malan et al., 1976).

Ezriel legt seinem Ansatz ein **Konzept unbewusster Objektbeziehungen beim Individuum** zugrunde. Das Individuum vermeide die Bewusstmachung unangenehmer und angstauslösender Phantasien, zur Unterdrückung derselben benötige es die Entwicklung von Objektbeziehungen (required relationships), die helfen würden, die Bewusstmachung befürchteter Phantasien weiterhin abzuwehren (avoided relationship), was dann zur verhängnisvollen Beziehung führe (calamitous relationship).

In der therapeutischen Gruppe liegt diesem Konzept folgend jeder Äußerung und Aktion ein **gemeinsames Gruppenproblem** zugrunde (die so genannte **Gruppenspannung**), derer sich die Gruppe nicht bewusst sei.

Auch bei Ezriel erfolgt die **Deutung** durch den **Therapeuten nur auf Gruppenebene (Gruppe-als-Ganzes) und ausschließlich im Hier und Jetzt.** Eine Peer-Übertragung wird als fehlgeleitete Übertragung aufgefasst, die eigentlich dem Gruppenleiter gelte.

Das deutsche Konzept nach **Argelander (1962/1963)** – und in seinen weiteren Modifikationen, jeweils in Anlehnung an die britischen Objektbeziehungstheoretiker – muss heute als entwicklungsbedingter Zwischenschritt zur Entwicklung eines eigenständigen gruppenanalytischen Behandlungsansatzes aufgefasst werden, der in der heutigen Praxis unbedeutend geworden ist und auch nicht mehr dem derzeitigen Erkenntnisstand entspricht.

C. Integrationsversuche psychoanalytischer und gruppendynamischer Grundannahmen

Stock-Whitaker und Lieberman (1964) und der Ansatz von **Foulkes (1957)** können als die elaboriertesten Ansätze zur Integration genuin psychoanalytischer Grundlagen und gruppendynamischer Erkenntnisse angesehen werden. Im deutschsprachigen Bereich ist der Ansatz **Göttinger Modell von Heigl-Evers und Heigl (1973)** ein häufig praktiziertes Modell, das ebenfalls einen Integrationsversuch sozialer, gruppendynamischer Elemente mit genuin psycho-analytischen darstellt. Die Modelle von Foulkes und von Heigl-Evers und Heigl werden ausführlicher dargestellt (s. weiter unten), weil sie in Deutschland die meiste Verbreitung gefunden haben.

Stock-Whitaker und Lieberman postulieren eine Art von Reinszenierung individueller Wünsche im Rahmen der Gruppe aufgrund gruppaler Phänomene, die gleichwohl nicht direkt ausgedrückt und dargelegt werden können, sondern als **Kompromissbildung** ihren Ausdruck finden. D.h. **Fokalkonflikte** aus dem früheren Leben der Individuen werden im interpersonalen Rahmen der Gruppe reinszeniert, die Gleichgewichtsbestrebungen der Gruppe führen dann in der Reaktion dazu, diese Konflikte kompromisshaft zu lösen, was die Gruppe mehrere Sitzungen lang beschäftigen und schließlich zu gesunden Lösungen führen, aber auch zu weiteren Konflikten führen kann. Diese Verzahnung von individuellen Konflikten und sich in der Gruppe auswirkenden neuen Konflikten führt zur therapeutischen Nutzung. Gruppenleiter können als distanzierte Beobachter restriktive Gruppenlösungen interpretieren – mit dem Ziel, das störende Motiv (den abgewehrten Wunsch), das reaktive Motiv (die Gruppenkompromisslösung = die Angst) zu deuten und eine eventuell günstige, reife Lösung zu kommentieren.

Das Modell von Stock-Whitaker und Lieberman stellt insgesamt gesehen ein recht ausgereiftes Konzept dar, das psychoanalytische und gruppendynamische Konzepte weitgehend integriert. Das Individuum wird als solches mit seiner eigenen Lebensgeschichte gesehen, die unbewusste Reinszenierung seiner Konflikte in der Gruppe wird im Modell berücksichtigt. Zugleich wird die Gruppe als potenzieller Resonanzboden dieser individuellen Konflikte aufgefasst, d.h., man kann die (Re)Aktionen der Gruppe als durch individuelle und gruppendynamische Motivlagen bestimmt technisch operationalisieren. Damit kommt dieser Ansatz dem von Foulkes sehr nahe (s. unten).

Zwischen-Fazit zu Modell-Konzeptionen

- Individualpsychoanalyse in der Gruppe ist ein völlig unzureichen-der Modellansatz, der die dynamischen Kräfte innerhalb einer Gruppe leugnet und damit wesentliche Gruppenprozesse nicht verstehen kann.
- Analyse der Gruppe als Ganzes ist ein ebenfalls klinisch völlig inadäquater therapeutischer Ansatz, der die Individualität der Gruppenmitglieder leugnet und bei rigoroser technischer Operationalisierung sogar zu individuellen Verschlechterungen führen kann (der einzige Wert liegt in der hilfreichen Heuristik gruppaler Phänomene auf den Prozess und die Individuen in der Gruppe).
- Mischmodelle aus Berücksichtigung der Individuen in der Gruppe im Wechsel mit gruppendynamischen Bewegungen und Prozessen des Systems Gruppe stellen den besten Zugang zur Nutzung der Wirkfaktoren einer therapeutischen Gruppe dar.

2.3 Das Gruppenmatrix-Modell von Foulkes

Die von Sigmund H. Foulkes seit den 40er Jahren des letzten Jahrhunderts ausgearbeitete Gruppenanalyse oder gruppenanalytische Psychotherapie stellt eine **Synthese von Elementen** dar, die **aus der Psychoanalyse, der Sozialpsychologie, der Gestaltpsychologie und der allgemeinen Systemtheorie** stammen (Foulkes, 1948; 1957; 1992). Das Foulkes'sche **„Netzwerk-** bzw. **Matrix-Modell"** kann als eines der ausgereiftesten Konzepte analytischer Gruppenpsychotherapie angesehen werden, das in Deutschland neben dem **Göttinger Modell** (s. unten) weiteste Verbreitung gefunden hat.

Die folgenden Ausführungen sind in geraffter Form weitgehend aus Heigl-Evers und Ott (2001) entnommen und um Original-Material von Foulkes erweitert.

Foulkes umreißt sein Grundkonzept in folgender Weise: Psychische Störungen wurzeln in der Regel in einer **Störung der Kommunikation des Individuums mit anderen,** in seiner Entfremdung von der Gemeinschaft. Zum Beispiel werden die inneren Anlagebedingungen des Kindes in der Familie oft nicht erkannt, weil möglicherweise andere Anlagen als die der Eltern vorliegen. Eltern sind oft durch die Anlagebedingungen ihrer Kinder überfordert, vor allem dann, wenn sie weder ihre eigenen noch die des Kindes zu reflektieren versuchen bzw. ihnen dazu die Mittel fehlen. Die auftretende Kommunikationsstörung entspricht dem Niederschlag internalisierter frühkindlicher Konflikte mit den Eltern oder anderen Erziehungspersonen und indirekt gewissen Tabus der Gesellschaft. Solche zu psychischer Krankheit führenden Störungen der zwischenmenschlichen Beziehungen betreffen in erster Linie die zu den nächststehenden Personen. In diese Störungen ist ein ganzes Netzwerk von Interaktionsmustern einbezogen; nach Foulkes ist die **individuelle Störung Ausdruck einer Beeinträchtigung des Gleichgewichts im Gesamtfeld aller Interaktionen,** die die als krank definierte Person betreffen. Der Neurosekranke ist im Vergleich zum Gesunden einerseits stärker isoliert von der Gesellschaft, andererseits stärker auf die Gruppe, seine primäre Gruppe, die Familie, fixiert. Daher ist die Gruppensituation sozusagen der natürliche Ort für Therapie: Die emotionalen Schwierigkeiten des Einzelnen werden immer im Störungsmuster der zwischenmenschlichen Beziehungen deutlich, im Kommunikationsnetz und in der Matrix der Gruppensituation (Heigl-Evers und Ott, 2001).

Foulkes vertritt die Ansicht, dass jedes Ereignis in der (therapeutischen) Gruppe auch vor dem Hintergrund des Netzwerks der gesamten Kommunikationen und Interaktionen, in dem eine Person sich befindet, zu verstehen sei; er verwendet neben dem mehr soziologisch gedachten Begriff **Netzwerk** den Begriff der **Matrix der Gruppe.** Die Gruppe sieht Foulkes als ein dynamisches Netzwerk von Beziehungen, dessen Knotenpunkte die einzelnen Mitglieder darstellen. Die zentralen Konstrukte *Matrix* und *Netzwerk* kennzeichnen die Entstehung eines Beziehungsgeflechts von internalisierten und aktuellen Objektbeziehungen im Kontext der Gruppe.

Gruppenmatrix meint die operationale Basis aller Beziehungen und Kommunikationen und stellt ein Gewebe intrapsychischer, interpersonaler und transpersonaler Beziehungen dar, in denen der Einzelne als Knotenpunkt erscheint. Unter dem Aspekt der persönlichen oder **individuellen Matrix** versucht jeder Teilnehmer, seine Früherfahrungen und die Resonanz darauf in der Gruppe neu zu beleben. Auf der Ebene der **dynamischen Matrix** geraten die unterschiedlichen familiären und kollektiven Modelle in Widerspruch zueinander, müssen diskutiert, ausgetauscht und überprüft werden; der gemeinsame sichernde Rahmen ist die **Grundmatrix,** die gemeinsame Sprache, die gemeinsame Herkunft und Interpretationsbasis.

Die analytische Gruppenpsychotherapie hat nach Foulkes die Aufgabe, die gestörte Kommunikation zu verändern und Partizipation und Zugehörigkeit (*belongingness* nach Lewin) zu den anderen wiederherzustellen. Die Gruppe muss sich dabei von einem symbolisch-primitiven Ausdrucksniveau zu bewusst artikulierter Sprache vorarbeiten; der Weg vom „Symptom zum Konflikt" bleibt eines der konstanten Ziele der analytischen Gruppe. Durch den Prozess einer fortschreitenden Kommunikation eröffnet sich die Möglichkeit zur **Translation,** d.h. zur Umformung von Symptomen, Träumen und anderen Manifestationen in sinnvolle Sprache. Er bewirkt, dass jeder sich seiner selbst und der anderen wie auch der Objektwelt besser bewusst wird und fördert so die Fähigkeit zur analytischen Einsicht und zur psychischen Integration des Einzelnen (Heigl-Evers und Ott, 2001).

Die Kommunikationen spielen sich nicht nur auf der quasi horizontalen Ebene der Interaktionen im Sinne des kommunikativen Netzwerks und der Gruppenmatrix ab, sondern auch in einem quasi vertikalen Bezugssystem, dem des Bewussten und dem des Unbewussten.

Bei den **Aufgaben des Gruppenleiters** unterscheidet Foulkes zwischen *dynamisch-administrativen* und *therapeutischen* Funktionen:

1. Mit **dynamisch-administrativer Funktion** sind alle Aktivitäten des Gruppenleiters gemeint, die sich mit den Rahmenbedingungen und der optimalen Zusammensetzung der Gruppe beschäftigen. Als Wächter des Settings muss er die äußeren Grenzen der Gruppensituation beachten und definieren, denn hier sind immer starke Kräfte im Spiel, deren Druck sowohl unterstützend als auch zerstörend wirken kann. An diesen Grenzen manifestieren sich die entscheidenden Konflikte. Er hat die Aufgabe, die konstruktiven Kräfte zu stärken und die destruktiven zu verringern. Da die Gruppenanalyse über nur ein Modell der analytischen Gruppenpsychotherapie verfügt, wird die Zusammensetzung der Gruppe sehr wichtig, um den jeweiligen Bedürfnissen der Teilnehmer gerecht zu werden. Wenn man beispielsweise ein neues Gruppenmitglied aufnehmen möchte, untersucht man das primäre familiäre Netzwerk, das pathologisierend wirkte. Andere zukünftige Gruppenmitglieder oder die schon vorhandenen sollten dann in ihren Strukturanteilen den wesentlichen frühen Bezugspersonen nahe kommen, so dass es möglich wird, dass krank machende Bedingungen aus der Kindheit wieder auftauchen und bearbeitet werden können, weil inzwischen ein besseres Handlungsrepertoire entweder schon vorhanden ist oder erarbeitet werden kann. So können verschiedenste Diagnosegruppen, verschiedene Grade der Störung und vielfältigste Hintergründe in der Gruppe bearbeitet werden. Die Gruppenteilnehmer finden durch geeignete Zusammensetzung ihr ursprüngliches pathologisierendes Netzwerk wieder, so dass Wiederholung, Konfrontation und Durcharbeiten möglich werden.

5

2. Im Sinne der **therapeutischen Funktion** erleichtert und stimuliert der Gruppenleiter in erster Linie die Kommunikationsprozesse innerhalb der Gruppe, was bedeutet, dass der Prozess des „Analysierens" Vorrang hat vor dem des „Interpretierens". Der Leiter bemüht sich, die Ausdrucksfähigkeit aller Mitglieder zu erhöhen und zu erweitern, und steigert gleichzeitig ihr Verständnis für tiefere, unbewusste Ebenen. Er betont das Hier und Jetzt der Gruppensituation ebenso wie Toleranz und Wertschätzung gegenüber individuellen Unterschieden.

Für Foulkes ist die Interpretation ein Akt der Wahrnehmung und der Kreativität, der aus der rezeptiv-passiven Haltung des Therapeuten entsteht. Das **Figur-Grund-Prinzip** ist die **operative Basis für die Interventionen.** Die Interpretationen richten sich sowohl an den Einzelnen, betreffen aber vor allem Konfigurationen oder Beziehungen innerhalb der Gruppe oder zwischen der Gruppe und dem Leiter.

Foulkes unterscheidet drei Arten von Interpretationen:
a) Interpretationen, die unbewusste Prozesse bewusster machen,
b) Interpretationen von Widerstand und Abwehr
c) sowie von Übertragungsreaktionen.

Der Gruppenleiter befindet sich symbolisch „an der Grenze der Gruppe", was bedeutet, dass alles, was von der Gruppe nach außen und von außen in die Gruppe wirkt, quasi durch und über den Leiter gehen soll (Foulkes, 1992, S. 86). Er ist somit in Abgrenzung zu anderen Methoden wesentlich nicht im Zentrum der Übertragung oder gänzlich außerhalb wie ein Beobachter, sondern sowohl Teilnehmer als auch Leiter, Teilnehmer mit der spezifischen Aufgabe der Gruppenleitung. Von dieser Grenzposition aus kann er dann je nach Lage der Gruppe zu den jeweils anderen Positionen **pendeln,** wenn und falls es notwendig erscheint.

Fazit zum Modell von Foulkes

- Krankheitsverständnis wurzelt in gestörter Kommunikation mit unmittelbarer Umwelt.
- Neurotische Störung bzw. Erkrankung als Resultante eines Ungleichgewichts im Gesamtfeld aller Interaktionen → daher ist die therapeutische Gruppe als natürlicher Ort der Behandlung dieser Probleme anzusehen.
- Netzwerk der Interaktionen bzw. Gruppenmatrix als Vehikel für Arbeit an und Veränderung maladaptiver internalisierter Objektbeziehungsstrukturen.
- Kommunikationsmöglichkeiten auf horizontaler (Individuums- Gruppenmatrix) wie auf vertikaler Ebene (bewusst – unbewusst) möglich → Prozess der Bewusstmachung.
- Technische Haltung des Gruppenleiters umfasst
  a) dynamisch-administrative Funktionen (Gatekeeper, Systemerhaltung und -optimierung) und
  b) in der therapeutischen Funktion die Verbindungsherstellung zwischen unbewussten und Hier-und-jetzt-Aspekten.

2.4 Das Göttinger Modell

Im deutschsprachigen Raum haben sich im psychoanalytischen Bereich das so genannte **Göttinger Modell** von **Heigl-Evers und Heigl (1973)** sowie seine weiteren Modifikationen (vgl. Heigl-Evers und Ott, 1998, 2001) durchgesetzt.

Das Göttinger Modell macht sich in seiner weiteren Ausdifferenzierung eine bundesdeutsche Spezifität innerhalb der psychoanalytischen Landschaft zunutze, die international nichts Vergleichbares hat. Es handelt sich dabei um die Erkenntnis, dass das Verfahren „Psychoanalyse" nicht auf alle Patienten anwendbar ist, und zwar aus verschiedenen Gründen, die unten dargelegt werden sollen (im Wesentlichen aus Heigl-Evers und Ott [2001] entnommen).

Zur **klassischen psychoanalytischen bzw. analytischen Behandlung** ist die **tiefenpsychologisch fundierte Behandlung** hinzugetreten.

Die Definition der Psychotherapie-Richtlinien des Bundesausschusses für Ärzte und Krankenkassen von 1998 fasst unter der *tiefenpsychologisch fundierten Psychotherapie* Folgendes zusammen:
„Die tiefenpsychologisch fundierte Psychotherapie umfasst ätiologisch orientierte Therapieformen, mit welchen die unbewusste Psychodynamik aktuell wirksamer neurotischer Konflikte unter Beachtung von Übertragung, Gegenübertragung und Widerstand behandelt werden" (Psychotherapie-Richtlinien 1998, B. I.1.1.1.1, zit. n. Wöller und Kruse, 2001, S. 7).

Wöller und Kruse erweitern diese Konzeption insofern, als sie in der tiefenpsychologisch fundierten Psychotherapie (TFP) das Rational ausgedrückt sehen, dass die psychotherapeutische Alltagsrealität ausweise, dass auf diese Weise ein wesentlich breiteres Spektrum an Problembereichen und Störungsbildern – sprich Patienten – nach tiefenpsychologischen Prinzipien behandelt werden könne: „... Patienten mit schweren Persönlichkeitsstörungen, Patienten mit psychosomatischen Störungsbildern, körperlich kranke Patienten, Patienten mit Suchterkrankungen sowie andere ich-strukturell gestörte Patienten" (Wöller und Kruse, 2001, S. 7).

Das Göttinger Modell entwickelte sich anfänglich aus den Eindrücken dynamischer Gruppenprozesse, die eindrücklich die Unterschiede zur „normalen" dyadischen Situation der Psychoanalyse vor Augen führten.

Zum Ende der 50er und in den 60er Jahren wurde in der Fachklinik für psychogene und psychosomatische Erkrankungen, dem Niedersächsischen Landeskrankenhaus Tiefenbrunn bei Göttingen, dieses an der Psychoanalyse orientierte Modell der Gruppenpsychotherapie erprobt, entwickelt und in zunehmendem Umfang eingesetzt. Die frühen Versuche wurden damals mit zwei erfahrenen Gruppenpsychotherapeuten diskutiert, mit Walter Schindler und Raoul Schindler (zu diesbezügl. Literatur-Referenzen sei auf Heigl-Evers [1978] u. Heigl-Evers und Ott [2001] verwiesen).

5

Unter dem Eindruck eigener klinischer Beobachtungen – und durch den Einfluss der beiden genannten Autoren wie auch anderer – entstand zunächst ein Modell, das als „aktionszentrierte Gruppe mit soziodynamischer Funktionsverteilung" bezeichnet wurde. Dieses Modell war im Übrigen auch stark durch die Soziologie der Kleingruppe bestimmt, wie sie von Homans aufgrund von Feldstudien (Orientierung an Lewins Gestaltansatz) dargestellt worden war. Demnach ist die Kleingruppe als eine begrenzte Pluralität durch eine gemeinsame Bewandtnis, eine verbindende Aktion, bestimmt; über eine solche Verbundenheit wird die Gruppe im Sinne eines dynamischen Prozesses gegen das Umfeld, d.h. auch gegen andere Gruppen, abgegrenzt und verteidigt. Das geschieht über eine gemeinsame Aktivität, eben die Aktion, die sich über Teilaktivitäten der Gruppenteilnehmer realisiert. Diese Realisierung erfolgt über die Einnahme von Positionen, die **Übernahme von Rollen** und die **Ausübung von Funktionen.** Für die klinische Handhabung dieser Begriffe wurden die Positionen der Schindler'schen Rangdynamik der Gruppe mit den Positionen Alpha, Beta, Gamma und Omega in Form der **soziodynamischen Funktions- bzw. Rangverteilung** übernommen und in weitere Subpositionen aufgegliedert.

In der Folgezeit wurden die Krankheitslehre der Psychoanalyse sowie deren neuere Entwicklungen der Ich-, der Selbst- und der Objektbeziehungspsychologie in das Verständnis der psychologischen und therapeutischen Prozesse und deren Gestaltung mit einbezogen.

Als Ergebnis dieser Entwicklung wurden von Heigl-Evers und Heigl drei Gruppenmethoden beschrieben und als **Göttinger Modell** zusammengefasst (Heigl-Evers und Heigl, 1973).

Es ging – und geht – dabei um die
- **psychoanalytisch-interaktionelle Gruppenpsychotherapie** für die Behandlung von strukturell gestörten Patienten, bei der sich die diagnostischen und therapeutischen Bemühungen auf das manifeste Verhalten der Teilnehmer richten (Heigl-Evers und Ott, 1998);
- ferner um die **tiefenpsychologisch-fundierte bzw. analytisch orientierte Gruppenpsychotherapie** für bestimmte konfliktbedingte Störungen; es wurde zentriert auf die gruppenspezifischen Verarbeitungen von Beziehungskonflikten (psychosoziale Kompromissbildungen), die der Sicherung der interpersonellen Beziehungen bei solchen Konflikten dienen.
- Schließlich ging und geht es um die **analytische Gruppenpsychotherapie.** Sie erfordert ein Vordringen zu den ödipalen Kernkonflikten und zu den damit verbundenen basalen, archaischen Triebimpulsen und Affekten. Um bis zu diesen Erlebensbereichen vorzudringen, bedarf es einmal einer Vertiefung der Regression und gleichzeitig einer Entwicklung der dazugehörigen Phantasien und deswegen des Einsatzes der freien Assoziation. Dabei kommt es in der Gruppe zur Entwicklung ichmodifizierter unbewusster Phantasien.

Von Anfang an wurden drei Organisationsebenen in Gruppenprozessen beschrieben, und für diese Organisationsebenen wurden Indikationen formuliert. Die heutige Differenzialdiagnostik ist orientiert an den auf Triangularität (auf der Fähigkeit zu triangulären Beziehungen und zur Bildung von und Auseinandersetzung mit Konflikten) beruhenden psychogenen Störungen und Erkrankungen einerseits und an solchen Störungen, die sich in der Beziehung zu den Objekten entweder monadisch oder pseudodyadisch ausgeformt haben, andererseits. Zu den monadischen ebenso wie zu den pseudodyadischen Strukturen gehört es, dass den Betreffenden eine Triangularisierung von Beziehungen nicht oder nicht ausreichend möglich ist. Diese nicht oder nur mangelhaft ausgebildete Beziehungstriangulierung hängt mit einem Fehlen oder mit einer nicht ausreichenden Integration eines dritten Objekts zusammen, das zum einen ermöglicht, dass Objekte in ihrer Dreidimensionalität wahrgenommen werden, plastisch, von verschiedenen Seiten zu betrachten, gleichsam zu umgehen sind, und zum anderen die Voraussetzung für konflikthaftes Erleben ist, und damit für die Bildung von neurotischen Störungen. Mit anderen Worten: Es geht darum, ob bei einem psychogen Kranken überwiegend Ganzobjekte (Neurosen) oder überwiegend Teilobjekte (strukturelle Störungen) entstanden sind.

Der monadisch erlebende Mensch verzichtet auf das Objekt, er nimmt es stattdessen in sein Selbst auf, er zieht es gleichsam in sich hinein. Für den pseudodyadisch strukturierten Menschen ist ein bestimmtes Objekt von größter Bedeutung; es muss für ihn immer erreichbar sein, immer verfügbar, immer quasi einzuverleiben sein. Entsprechend groß sind die Ängste vor Objektverlust, und entsprechend ausgeprägt sind dann depressive Reaktionen.

Eine Veränderung der Menschen mit derartigen Objektbeziehungsstörungen wird demnach möglich durch die Konfrontation mit dem „Dritten", die Auseinandersetzung mit Alterität, erlebt im Therapeuten und den anderen in der Gruppe.

Eine spezielle Indikation stellt sich auch bei jenen Patienten, die eine besonders stark angstgetönte ödipale Problematik zu verarbeiten haben. Da es sich dabei um Urphantasien und damit verbundene besonders archaische Ängste und auch Schuldgefühle handelt, wird dagegen in der Regel eine heftige oder anhaltende, sehr wirksame Abwehr entwickelt. Um diese Abwehrformationen zu lockern, bedarf es einer Technik, die gegenüber den Konfliktneurosen mittlerer Schwere und gegenüber den strukturell Gestörten nicht angezeigt ist, es geht um die Freisetzung, Freilegung von Phantasien archaischen Inhalts. Hier geht es darum – auch im Sinne der traditionellen Psychoanalyse – Assoziationen zu lockern, den Einstieg in die dunklen Gründe der eigenen Erlebenswelt zu riskieren. Dazu ist auch ein stärkerer Schutz notwendig, wie er durch eine ausreichend vertrauensvolle Übertragung auf den Therapeuten oder auch auf die Gruppe gewährleistet werden kann.

Die **technische Haltung** des Gruppenleiters basiert auf folgenden Prinzipien in allen drei Varianten des Göttinger Modells:
Grundprinzipien
- Freie Interaktion
- Gruppenleiter: wache Präsenz, Respekt, Akzeptanz
- Abstinenz, Neutralität
- Deutungen und Vorformen (demonstrieren, klarifizieren, konfrontieren)

5

Ausschließlich in der Variante der **analytischen Gruppenpsychotherapie** kommt das „Prinzip Deutung" zur Anwendung, da es sich hier um regressionsfähige, strukturiertere Patienten und Gruppen handelt.

Dagegen treten ausschließlich in der Variante der **interaktionellen Gruppenpsychotherapie** – mit strukturell defizitären Patienten – folgende Leiterhaltungen auf:
• Diagnostische Wahrnehmung ist auf manifest vorherrschende Beziehungsmuster in der Gruppe gerichtet
• Authentische Antwort („Prinzip Antwort")
• Übernahme von Hilfs-Ich-Funktionen

Durch eine **antwortende Intervention** soll den Betreffenden gezeigt werden, wie dieses Verhalten bei anderen ankommt. Indem der Therapeut seine affektive Reaktion mitteilt und alternative Möglichkeiten des Verhaltens aufzeigt, also **Hilfs-Ich-Funktion** übernimmt, regt er zum Verstehen und zur Veränderung des in Frage stehenden Verhaltens an. Hierbei geht es vor allem um die Ich-Funktionen der Realitätsprüfung, der Differenzierung von Selbst und Objekt, auch um die Fähigkeit, heftige Affekte und Triebimpulse zu ertragen und zu steuern wie auch die Wirkungen des eigenen Verhaltens auf Andere vorauszusehen.

**Fazit zum Göttinger Modell
von Heigl-Evers u. Heigl bzw. Heigl-Evers u. Ott**

• Krankheitsverständnis basiert auf psychoanalytischen Annahmen der Selbst- und Objektbeziehungstheorie.
• Das Modell offeriert drei unterschiedliche Sub-Konzepte, die den jeweiligen Störungsgrad von Patienten bzw. zeitliche Behandlungslimitierungen berücksichtigen und damit eine Erweiterung des Behandlungsspektrums mit psychodynamisch-analytischer Gruppenpsychotherapie erlauben.
• Soziodynamische, gruppale Phänomene werden insofern beachtet, als sie in Richtung unbewusst ablaufender individueller und gruppaler Prozesse gehandhabt und ggf. gedeutet (Deutungs-Prinzip) bzw. direkt angesprochen werden (Antwort-Prinzip).
• Das Konzept realisiert wesentlich weniger Wechselwirkungen von Figur-Grund-Relationen als der Foulkes'sche Ansatz.

---

3 Umsetzung in die klinische Praxis

Dem Katalog der Richtlinienverfahren in der kassenpsychotherapeutischen Versorgung entsprechend können also verhaltenstherapeutische und psychoanalytische bzw. tiefenpsychologisch fundierte Behandlungsverfahren zum Einsatz kommen. Welche *spezifischen Modellvorstellungen* (Operationalisierung der gruppenanalytischen Arbeit) Gruppenpsychotherapeuten konkret in ihrer Praxis umsetzen, bleibt grundsätzlich ihnen überlassen: ob es sich nun eher um einen Gruppe-als-Ganzes-Ansatz (Bion, Ezriel, Argelander), einen individuums-zentrierten Ansatz (Wolf und Schwartz, Slavson) oder eher um integrative Modelle (Stock-Whitaker und Lieberman) wie das von Foulkes bzw. das Göttinger Modell handelt.

Hier ergeben sich Spielräume für den Praktiker, die allerdings wesentlich durch das Tätigkeitsfeld eingeschränkt werden. Kliniker werden ihre Gruppenkonzepte und die entsprechende Technik an der jeweils gegebenen Patienten-Klientel ausrichten müssen. In **ambulanten Praxen** können weitgehend strukturierte Patienten mit neurotischen Konflikten naturgemäß **in analytischen Langzeitgruppen** mit größerem Regressionspotenzial behandelt werden, während Therapeuten **in stationären Settings** in aller Regel mit **Kurzzeitgruppen** arbeiten, die mit Sicherheit eher **tiefenpsychologisch fundiert** zu führen wären. Im letztgenannten Setting kommt noch das Ausmaß der Störung hinzu, das es eventuell erforderlich macht, z.B. eine **psychoanalytisch-interaktionelle Haltung** technisch zu realisieren.

3.1 Spezifische Aspekte zur Durchführung analytischer Gruppenpsychotherapien

3.1.1 Gruppenvorbereitung
Wesentliche therapeutische Potenzen werden verschenkt, weil sorgfältigen **Vorbereitungen von therapeutischen Gruppen** zu wenig Aufmerksamkeit geschenkt wird. Der Erfolg einer Gruppe bestimmt sich ganz wesentlich – wenn nicht gar vollständig – aus den Aufgaben, die der Gruppenleiter bereits vor der ersten Gruppensitzung zu erledigen hat (alle folgenden Aspekte sind in unterschiedlichen Kapiteln von spezialisierten Verfassern detailliert behandelt in Tschuschke, 2001b). Ein geflügeltes Wort von Irvin D. Yalom lautet, „dass sich das Schicksal einer Gruppe vor der ersten Sitzung entscheidet", und zwar aufgrund der Aufgaben, die der Therapeut im Vorfeld der Gruppenarbeit zu erledigen hat.

Angefangen mit sorgfältigen Einschätzungen des für die Behandlung in Frage kommenden Individuums hinsichtlich der **Indikation zur Gruppenbehandlung** überhaupt, dann zu der in einer **analytischen Gruppe** und zur **Prognostik der Behandlung in einer analytischen Gruppe,** ergeben sich weitere zu berücksichtigende Punkte wie **Zusammensetzung der Gruppe,** die wiederum auch darauf basiert, ob es sich um eine **Langzeitgruppe,** eine **Kurzzeitgruppe,** evtl. daraus resultierender Entscheidung, ob die Gruppe **offen** oder **geschlossen** durchzuführen sein wird, sowie zum Schluss der **Gruppenvorbereitung** und sinnvollerweise einer **Kontraktschließung.**

Schaubild 2 verdeutlicht die zeitliche Abfolge der Entscheidungsprozesse vor der ersten Gruppensitzung.

Es sind also <u>mindestens</u> sechs (eher 7 oder 8) Schritte zu klären bzw. vorzunehmen, bevor die erste Gruppensitzung stattfinden kann.

Der Gruppenleiter muss entscheiden, ob für die jeweilige Person
1. überhaupt eine **Indikation für eine Gruppenbehandlung** gegeben ist und die Prognose dafür ausreichend günstig ist (ist es wahrscheinlich, dass der Patient eher interpersonale Probleme hat, motiviert ist, in eine Gruppe zu gehen und darüber hinaus auch Gruppenfähigkeit mit sich bringt?),
2. ob eine **analytische bzw. tiefenpsychologisch fundierte Gruppe indiziert** ist (handelt es sich eher um ein akutes Pro-

blem bzw. nicht die Bereitschaft/Fähigkeit beim Patienten, „tiefer" bzw. grundsätzlicher an seinen Strukturen und seiner Person zu arbeiten, z.B. Regressionsängste = tiefenpsychologisch fundiert; ist dies nicht der Fall = analytische Gruppe),

3. ob das Störungsausmaß es nahe legt, dass eine **stationäre** Behandlung erforderlich ist oder ob eine **ambulante Gruppenbehandlung** angezielt werden kann (Schweregrad der Störung bzw. Dekompensations-Ausmaß ist ausschlaggebend für eine stationäre Maßnahme; Fähigkeit zur weiteren Realisierung der Arbeitstätigkeit bzw. Kontraindikation gegen Herausnahme aus stabilisierenden sozialen Bezügen = ambulante Gruppe),

4. ob eine **Langzeit- oder Kurzzeitgruppe** indiziert ist (Regressionsbereitschaft und –fähigkeit sind gut und eine grundsätzliche Motivation, eine gründliche Aufarbeitung innerer Probleme bzw. Defizite vorzunehmen, ist gegeben = Langzeitgruppe; im anderen Falle eher Kurzzeitgruppe),

5. ob die Gruppe **geschlossen** oder **offen** durchgeführt werden soll (Langzeitgruppen können sinnvollerweise in beiden Formaten geführt werden, Kurzzeitgruppen sollten eigentlich stets im geschlossenen Format durchgeführt werden!),

6. ob die Gruppenzusammensetzung nach **Homogenitäts-** oder **Heterogenitätskriterien** erfolgen soll (für bestimmte Störungsbilder empfiehlt sich eher eine homogene Gruppenzusammensetzung, z.B. Essstörungen, Suchtprobleme usw.),

bis dann feststeht, welche Patienten (störungshomogen bzw. -heterogen) gemeinsam in welcher Art Gruppe (geschlossen, offen, Langzeit- oder Kurzzeitgruppe?) mit welcher Technik (regressionsfördernd oder strukturierend) in welchem Zeitraum behandelt werden sollen.

Aus den genannten Schritten lässt sich dann stringent die therapeutische Haltung ableiten.

Abbildung 2: Flussdiagramm für Entscheidungen des Gruppenleiters vor Gruppenbeginn (gestrichelte Pfeile: wenig empfehlenswert)

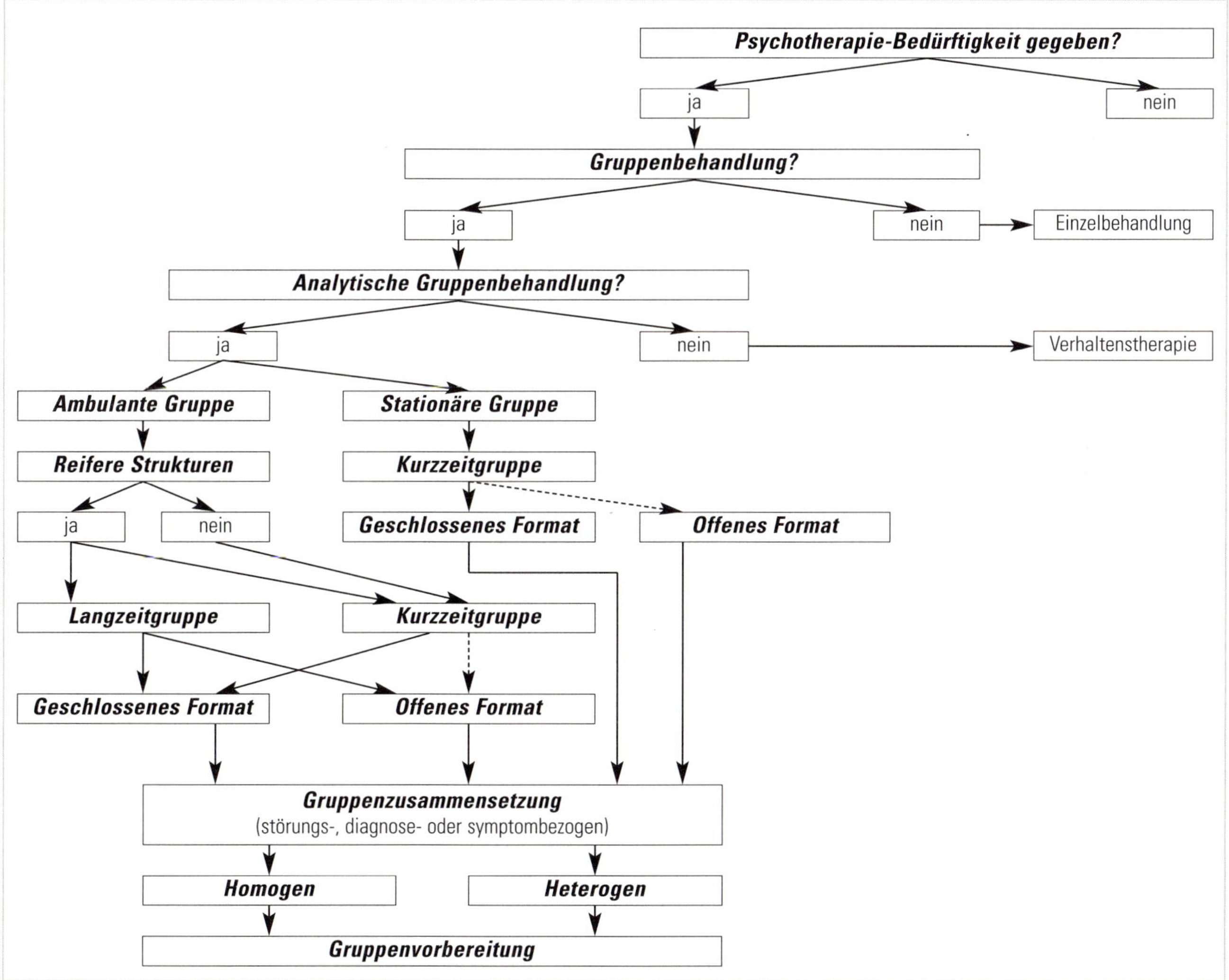

3.1.2 Gruppenzusammensetzung

Heterogen zusammengesetzte Langzeitgruppen könnten sich z.B. aus strukturell reiferen Patienten zusammensetzen, bei denen eine regressionsfördernde Leiterhaltung (Abstinenz!) realisiert werden könnte (Prinzip Deutung nach dem Göttinger Modell z.B.). Es wäre aber auch möglich, hier so genannte frühe strukturelle Störungen zu behandeln, dann allerdings über weite Strecken der Gruppenarbeit mit einer eher strukturierenden und aktiv-stützenden Leiterhaltung (Prinzip Antwort nach dem Göttinger Modell) unter Vermeidung von starken Regressionen.

Homogen zusammengesetzte Gruppen wären auch eher strukturierend, tiefenpsychologisch fundiert und psychoanalytisch-interaktionell zu konzipieren, weil es sich in aller Regel eher um präödipale Störungsbilder handeln würde (Essstörungen, Borderline-Gruppen, narzisstische Störungsbilder, somatische Krankheitsbilder etc.).

Kurzzeitgruppenpsychotherapien finden in der Regel noch hauptsächlich im stationären Bereich statt. Dann handelt es sich auch zumeist um schwerere strukturelle Defizite, die eine strukturierend-stützende Arbeit des Gruppenleiters erforderlich machen. In diesem Fall wäre es sehr zu empfehlen, dass diese Gruppen im geschlossenen Format durchgeführt werden, da so das soziale System Gruppe in kurzer Zeit bessere therapeutische Potenzen entwickeln kann (Tschuschke, 2003).

Im ambulanten Setting wird das Instrument Kurzzeitgruppe derzeit noch zu wenig genutzt. Hier wären geschlossene Gruppen mit homogener Zusammensetzung für eine Zeit zwischen 15 und 25 Sitzungen sehr empfehlenswert für Patientengruppierungen, die derzeit kaum adäquat psychotherapeutisch versorgt werden: Patienten mit posttraumatischen Belastungsstörungen insbesondere, mit somatoformen Störungsbildern oder mit lebensbedrohlichen Erkrankungen wie einer Krebsdiagnose zum Beispiel. Mit speziell auf bestimmte Belastungen zugeschnittenen analytischen Gruppenkonzepten können in homogen zusammengesetzten, geschlossenen Gruppen ausgezeichnete Effekte in vergleichsweise kurzer Zeit erzielt werden (Piper et al., 1992).

3.1.3 Leiterhaltung

Völlig unabhängig vom Sitzungsumfang und der Dauer der durchzuführenden Gruppe sollten **Gruppenleiter** analytischer Therapiegruppen allerdings zu Beginn der Gruppe relativ **aktiv** sein. Ganz im Gegensatz zu hergebrachten Auffassungen von analytischer Gruppenleiterhaltung (Abstinenz, Regressionsförderung) ist speziell die Anfangsphase in Gruppen sehr kritisch.

Der Leiter muss die Gruppenarbeit ins Laufen bringen. Hierzu müssen alle Gruppenmitglieder im Auge behalten und schweigsame Gruppenmitglieder zu Beginn in die Interaktion aktiv mit einbezogen werden, sonst drohen sie zu Randfiguren (Mitläufern) zu werden, die potenzielle Aussteiger sein könnten. Gruppen haben speziell in den Frühstadien der Gruppenentwicklung relativ hohe Abbruchraten (bis zu einem Drittel der Mitglieder), weil die Bindungsaufnahme misslingt, naturgemäß trifft dies für so genannte Frühstörungen noch eher zu.

Das soziale System Gruppe braucht Beachtung. Es werden unbewusst Rollen ausgehandelt und festgelegt, der Gruppenleiter hat die wichtige Aufgabe eines Rollenmodells, das der Gruppe helfen kann, Anleitungen für interpersonales Verhalten (Interaktionsanleitung, Feedback, Einfühlung bei anderen usw.) geben kann. Ein zurückgenommene Haltung ist in diesem Gruppenabschnitt völlig kontraindiziert. Mit zunehmender Kohäsion in der Gruppe und anlaufender Arbeit kann sich der Gruppenleiter langsam aus der aktiven Haltung zurückziehen und mehr den Gruppenmitgliedern die Arbeit überlassen.

Auf der anderen Seite muss der Gruppenleiter sehr früh besonders auf sich im Übermaß öffnende Gruppenmitglieder achten. Eine zu frühe und überfallartige, *ausufernde*, die anderen Gruppenmitglieder **überfordernde Selbstöffnung einzelner Gruppenmitglieder** ist zuweilen zu beobachten. Dies ist sozial naiv und führt zu Befremdungserscheinungen bei den anderen in der Gruppe, was einer Außenseiterrolle zuarbeiten und die Wahrscheinlichkeit eines vorzeitigen Gruppenabbruchs provozieren würde. Der Gruppenleiter ist hier gefordert, schnell und einfühlsam zu intervenieren und diese überfordernde Selbstöffnung eines einzelnen Gruppenmitglieds zu beschneiden, vielleicht mit dem Hinweis darauf, wie belastend dies für die jeweilige Person wohl sein müsse, aber dass diese vorgebrachten bzw. angedeuteten Probleme und Schwierigkeiten nicht jetzt in dieser Breite und Ausführlichkeit dargelegt werden sollten, sondern jetzt auch nach ähnlichen Problemen anderer in der Gruppe gefragt werden sollte (dies könnte zu Entlastungen der sich öffnenden Person führen, nicht allein mit solchen Problemen zu stehen, und würde gleichzeitig einer Überforderung der anderen mit zu vielen Details und einer abweisende Reaktion durch die anderen entgegenarbeiten).

Selbstöffnungen von Gruppenmitgliedern sind sehr willkommen und stellen einen unverzichtbar notwendige Voraussetzung für schließlich korrigierendes Feedback durch andere in der Gruppe dar, sie sollten lediglich nicht zu früh im Übermaß erfolgen. Die Förderung kontinuierlich erfolgender Selbstöffnungen durch einzelne Gruppenmitglieder sollte vom Gruppenleiter gefördert werden.

Die geringe **Transparenz** des Gruppenleiters ist ein weiteres mystifiziertes Relikt aus althergebrachten Auffassungen. Die Gruppentherapieforschung zeigt – wie die Einzeltherapieforschung auch –, dass ein zu abstinenter Therapeut negative Wirkungen in den Behandlungen hervorruft. Psychotherapie und Gruppenpsychotherapie sind Unterfangen, die nur über eine optimierte Zwischenmenschlichkeit funktionieren können. Der psychotherapeutische Trägerprozess hat an seiner Basis eine günstige, menschliche Beziehung, erst dann treten Technik und Wissen des Therapeuten hinzu.

Dies heißt in therapeutischen Gruppen, dass der Gruppenleiter – zwar nicht gleich zu Beginn der Gruppe, aber an geeigneter Stelle – eine **eigene Selbstöffnung** einbringen kann. Es geht dabei nicht um eine „Verbrüderung" mit den anderen Gruppenmitgliedern, sondern um ein Bild des Gruppenleiters, das durch menschliche Reaktionen und Konturen menschliche Züge gewinnt und nicht als Person völlig abgeschirmt bleibt (zur För-

5

derung von Projektionen und Übertragungen, wie dies früher postuliert wurde). Erfahrungen zeigen, dass wenigstens ein Minimum an menschlichen, individuellen Konturen erforderlich ist, damit Patienten sich in der Gruppe sicher und verstanden fühlen. Sie benötigen ein Gefühl, ein Bild vom Gruppenleiter, das durch Kompetenz und Menschlichkeit ausgefüllt wird, was die Glaubwürdigkeit des Leiters erhöht und damit die Hoffnung und den Glauben bei den Gruppenmitgliedern auf Hilfe durch die vom Gruppenleiter geführte Gruppe nährt.

3.1.4 Hier-und-jetzt- versus Dort-und-dann-Deutungen

Grundsätzlich sind Hier-und-jetzt-Deutungen jederzeit vorzuziehen. Es geht um die Korrektur von Erleben und Verhalten durch das therapeutische Medium Gruppe. Hierzu sind die aktuellen Interaktionen in der Gruppe zu nutzen, in denen sich maladaptive soziale Muster abbilden, die zur Arbeit herangezogen werden sollten. Die direkte Bewusstmachung gerade ablaufender Muster ist hoch therapeutisch. Es lässt sich speziell in der Anfangsphase einer Gruppe nicht vermeiden, dass „dort und dann" eine größere Rolle spielt. Aber dies sollte in einer Kurzzeitgruppe schnell und permanent begrenzt werden.

3.1.5 Gruppe-als-Ganzes- versus Individuum-in-der-Gruppe-Deutungen

Sinnvollerweise sollte es ein Changieren des Gruppenleiters zwischen Gruppe-als-Ganzes-Perspektive (Beachtung der dynamischen Situation des Systems Gruppe) und Anliegen und Probleme/Möglichkeiten des Individuums in der Gruppe geben. Die kleine therapeutische Gruppe dient als Hilfe zur therapeutischen Veränderung von *Individuen*, nicht zur Behandlung einer imaginären „Person Gruppe", die es nicht geben kann. Gruppenleiter sind gut beraten, wenn sie individuelle Motive und Anliegen vor dem Hintergrund der Phase der Gruppenentwicklung sehen, d.h. sowohl das Anliegen der gesamten Gruppe im Auge haben (für die das einzelne Mitglied vielleicht gerade etwas ausdrückt!?) wie auch das des jeweiligen Individuums (ein Aspekt des Netzwerk-Matrix-Ansatzes von Foulkes).

4 Fragen zur Ausbildung zum analytischen Gruppenpsychotherapeuten

Aus- und Weiterbildungen in Gruppenpsychotherapie gibt es deren zahlreiche. Die Bedingungen und Anforderungen sind sehr unterschiedlich und müssen bei den einzelnen Ausbildungsinstituten nachgefragt werden (*Göttingen-Tiefenbrunn, Heidelberg, Gruppenanalytisches Seminar/GRAS, Münster, Altaussee,* um nur einige zu nennen; Adressen können beim *Berufsverband approbierter Gruppenpsychotherapeuten/BAG* oder bei den *Sektionen Analytische Gruppenpsychotherapie* oder *Klinik und Praxis des DAGG* erfragt werden (s. unten)).

Die Erfordernisse für eine Anerkennung als analytische/r Gruppenpsychotherapeut/in werden durch die Psychotherapie-Richtlinien geregelt. Diese sind bei den Berufsverbänden *Deutsche Gesellschaft für Tiefenpsychologie (DGPT)* (Internet: www.dgpt.de , E-Mail-Adresse: psa@dgpt.de) erhältlich. Der

Dachverband der Gruppenpsychotherapeuten, der *Deutsche Arbeitskreis für Gruppenpsychotherapie und Gruppendynamik (DAGG)* (Internet: www.dagg.de ; E-mail-Adresse: dagg.ks@t-online.de) (sowie der 1999 gegründete *Berufsverband Approbierter Gruppenpsychotherapeuten (BAG)* (Internet: home.t-online.de/home/BAG.de ; E-Mail-Adresse: BAG.de@t-online.de) informieren gern und senden auf Anfrage Informationen und Adressen von anerkannten Ausbildungsinstituten zu.

Nur **Ärzte oder Psychologen** können heute approbierte Psychotherapeuten werden. Das heißt, dass zunächst ein vollständiges und erfolgreich absolviertes Studium in Humanmedizin bzw. in Psychologie vorgewiesen werden muss. In der Regel achten die meisten Weiterbildungs-Institute auch darauf, dass nach dem Studium erst einige Zeit Praxiserfahrung im Grundberuf nachgewiesen wird, bevor eine Aufnahme der Weiterbildung in Psychotherapie erfolgen kann. Es wird in der Regel noch eine Ausbildung in Einzelpsychotherapie vorausgesetzt (erkundigen!). Die Ausbildung in Psychoanalyse muss entweder bereits abgeschlossen oder so weit fortgeschritten sein, dass eine Gruppenweiterbildung begonnen werden kann. Dies regeln die einzelnen Weiterbildungsinstitute intern. D.h., dass die Weiterbildungszeit in Gruppenpsychotherapie zeitlich nicht mehr so sehr ins Gewicht fallen muss wie die Einzelausbildung.

Analytische Gruppenpsychotherapie erfordert 80 Stunden Theorieausbildung, 80 Doppelstunden Selbsterfahrung in Gruppen sowie 80 Sitzungen Gruppenleitung bei 345 Sitzungen Supervision. Dies ist die etwas strengere Empfehlung, die die *Sektion Analytische Gruppenpsychotherapie im DAGG* aufgestellt hat (Stand: Ende 2000).

Die Ausbildung in Gruppenpsychotherapie eröffnet Psychotherapeuten ein **weit größeres Behandlungsspektrum.** Nicht jeder Patient profitiert von Psychotherapie, es muss leider noch mit einer statistischen Misserfolgsrate von bis zu 15% gerechnet werden. Diese Quote dürfte zu einem großen Teil auf Fehl-Indikationen zurückzuführen sein. Einigen Patienten könnte speziell mit einer Gruppenbehandlung, anderen dagegen eher oder zunächst mit einer Einzelbehandlung geholfen werden.

Gelegentlich wird die **Angst** von Psychotherapeuten **vor der Gruppe** als ein Motiv für die alleinige Konzentration auf die einzeltherapeutische Praxis genannt. Es stimmt, dass eine Gruppe eine ganz andere Dynamik entfalten kann als eine therapeutische Dyade. Dies ist ja zum großen Teil auch therapeutisch gewünscht. Eine gute theoretische und praktische Vorbereitung auf die Gruppenleitung eröffnet jedoch die Möglichkeit, mit praktisch jeder Situation technisch richtig umgehen zu können bzw. sich nicht persönlich betroffen zu fühlen (z.B. wenn der Gruppenleiter von der Gruppe attackiert wird). Gruppen benötigen im Laufe ihrer Entwicklung auch die Phase der „Revolte" (Fight-Flight-Phase nach Bion) gegen die Autorität, ohne dass dies notwendigerweise mit der individuellen Person des Gruppenleiters zu tun haben muss. Im Gegenteil erschließen gerade therapeutische Gruppen die potenzielle Möglichkeit intensiven und tief gehenden Gefühlserlebens für die Gruppe – und damit auch für den Gruppenleiter –, wie dies in der Einzelbehandlung kaum der Fall wird sein können. Die Erweiterung des Spektrums psycho-

5

therapeutischen Handelns durch die Gruppenausbildung führt damit zu einer Abwechslung in der Praxis des/r niedergelassenen Psychotherapeuten/in, und damit auch zu einer persönlichen Bereicherung.

5 Frequently Asked Questions (FAQ)

1. *Wie gehe ich mit der irgendwann kommenden Forderung der Gruppe nach mehr Leiteraktivität um?*
→ Eine passiv-infantile Abhängigkeits-Haltung, typisch für frühe Gruppenstadien. Lenkung der Aufmerksamkeit, warum sie (Gruppe, einzelne Mitglieder) passiv-abhängig sind und nicht den Freiraum der Gruppe zu wechselseitiger Interaktion und Arbeit nutzt (bzw. nutzen)?
2. *Wie begegne ich der Frage danach, wie sich denn nun die therapeutische Veränderung hier in der Gruppenarbeit ergeben kann?*
→ An die Wichtigkeit wechselseitiger Interaktion erinnern. Evtl. Deutung des Widerstands, nicht arbeiten zu wollen.
3. *Wie reagiert man als Leiter/in zu Sitzungsbeginn auf fehlende Gruppenmitglieder?*
→ Die Nicht-Thematisierung des Fehlens Einzelner durch die restlichen Gruppenmitglieder beobachten und nach einer Weile ansprechen, etwa: „Ich wundere mich, warum die Gruppe das nicht beschäftigt, warum heute einer fehlt?" Dies kann die Bearbeitung von Verlustängsten anregen bzw. eigene Widerstände thematisieren helfen.
4. *Wie reagiere ich als Gruppenleiter auf die Forderung einzelner Gruppenmitglieder oder der Gruppe nach Ratschlägen (bezüglich dessen, was sie tun sollten)?*
→ Hier wird Widerstand ausagiert. Man sollte die Gruppe auf den Pfad bringen, warum sie (passiv, oral-infantil im Kern) Ratschläge von vermutlich kompetenten Autoritäten sucht und nicht *selbst* aktiv und selbstständig nach Lösungen sucht. Wo gibt es hierzu Parallelen im realen Leben?

6 Prüfungsfragen

1. Welche Leiterhaltung ist kontraproduktiv für das System Gruppe?
2. Sollten Gruppenleiter analytischer Gruppen aktiv oder passiv sein oder je nach Gruppenphase mehr oder weniger aktiv/passiv?
3. Handelt es sich bei der Gruppenpsychotherapie um die Therapie Einzelner in der Gruppe?
4. Ist der Gruppenleiter Teil der Gruppe?
5. Wie ist die Dort-und-dann-Haltung zu bewerten?
6. Wann sollten nach Möglichkeit geschlossene Gruppen durchgeführt werden?
7. Ist jeder Patient gruppenfähig?
8. Wie steht es mit der Transparenz des Gruppenleiters in analytischen Gruppen?
9. Ist eine Selbstöffnung von Gruppenmitgliedern immer vorteilhaft?
10. Sind Gruppe-als-Ganzes-Deutungen vorzuziehen?

7 Literatur

a) zitierte Literatur

- Argelander H: Die Analyse psychischer Prozesse in der Gruppe. Psyche 1963;17:450-479 u. 481-515
- Bion WR: Experiences in Groups and Other Papers. London: Tavistock Publications, 1961
- Ezriel H: A psychoanalytic approach to group treatment. Br J Med Psychol 1950a;23:59-74
- Ezriel H : A psychoanalytic approach to the treatment of patients in Groups. J Ment Sci 1950b ;XCII:774-779
- Foulkes SH: Introduction to Group-Analytic Psychotherapy. London: Heinemann, 1948
- Foulkes SH: Group analytic dynamics with specific reference to psychoanalytic concepts. Int J Group Psychother 1957;7:40-52
- Foulkes SH: Praxis der gruppenanalytischen Psychotherapie. München: Pfeiffer, 1992
- Freud S: Massenpsychologie und Ich-Analyse. GW Bd. XIII. Frankfurt/M.: S. Fischer, 1921, 71-161
- Heigl-Evers A: Konzepte analytischer Gruppenpsychotherapie. 2. Aufl. Göttingen: Vandenhoeck & Ruprecht, 1978
- Heigl-Evers A, Heigl FS: Gruppentherapie: interaktionell-tiefenpsychologisch fundiert (analytisch orientiert) – psychoanalytisch. Gruppenpsychotherapie und Gruppendynamik 1973;7:132-157
- Heigl-Evers A, Ott J: Die psychoanalytisch-interaktionelle Methode. Göttingen: Vandenhoeck & Ruprecht, 1995
- Heigl-Evers A, Ott J: Entwicklung und Konzepte der analytischen Gruppenpsychotherapie. In: Tschuschke V. (Hrsg.): Praxis der Gruppenpsychotherapie. Stuttgart: Thieme, 2001, 328-334
- Malan DH, Balfour FHG, Hood VG, Shooter AMN: Group psychotherapy: A long-term follow-up study. Arch Gen Psychiatry 1976;33:1303-1315
- Slavson SR: Analytic Group Psychotherapy. New York: Columbia University Press, 1950
- Stock-Whitaker D, Lieberman MA: Psychotherapy Through the Group Process. New York: Atherton Press, 1964
- Tschuschke V: Gruppenpsychotherapie –Vergleich mit der Einzelpsychotherapie. In: Tschuschke V (Hrsg.): Praxis der Gruppenpsychotherapie. Stuttgart: Thieme, 2001a, 8-11
- Tschuschke V (Hrsg.): Praxis der Gruppenpsychotheraie. Stuttgart: Thieme, 2001b
- Tschuschke V: Kurzgruppenpsychotherapie – Theorie und Praxis. Wien: Springer, 2003
- Wolf A, Schwartz EK: Psychoanalysis in Groups. New York: Grune & Stratton, 1962
- Wöller W, Kruse J (Hrsg.): Tiefenpsychologisch fundierte Psychotherapie. Stuttgart: Schattauer, 2001

b) weiterführende Literatur

- Foulkes SH: Praxis der gruppenanalytischen Psychotherapie. München: Pfeiffer, 1992
- Heigl-Evers A: Konzepte der analytischen Gruppenpsychotherapie. 2. Aufl. Göttingen: Vandenhoeck & Ruprecht, 1978
- Heigl-Evers A, Ott J (Hrsg.): Die psychoanalytisch-interaktionelle Methode. 3. Aufl. Göttingen: Vandenhoeck & Ruprecht, 1998
- König K, Lindner W-V: Psychoanalytische Gruppentherapie. Göttingen: Vandenhoeck & Ruprecht, 1991
- Piper WE, McCallum M, Azim HFA: Adaptation To Loss Through Short-Term Group Psychotherapy. New York: Guilford Press, 1992
- Rutan JS, Stone WN: Psychodynamic Group Psychotherapy. 2nd ed. New

York: Guilford Press, 1993
- Sandner D: Gruppenanalyse. Theorie, Praxis und Forschung. Berlin: Springer, 1986
- Tschuschke V (Hrsg.): Praxis der Gruppenpsychotherapie. Stuttgart: Thieme, 2001
- Tschuschke V: Gruppenpsychotherapie – Entwicklungslinien, Diversifikation, Praxis und Möglichkeiten. Psychotherapie im Dialog 2001;2:3-15
- Tschuschke V: Kurzgruppenpsychotherapie – Theorie und Praxis. Wien: Springer, 2003

5

Anhang

6.1 Autorenverzeichnis

PRIV.-DOZ. DR. MED. MARKUS BASSLER
Arzt für Psychotherapeutische Medizin, Psychoanalytiker, Ärztlicher Direktor der Klinik Schömberg, Psychosomatische Medizin und Psychotherapie
Dr.-Schröder-Weg 12, 75328 Schömberg
e-mail: m.bassler@klinik-schoemberg.de

DIPL.-PSYCH. DR. DISC. POL. JOACHIM BISKUP
Psychologischer Psychotherapeut, Psychoanalytiker in eigener Praxis
Drei-Eichen-Weg 16a, 37181 Hardegsen
e-mail: jbiskup@t-online.de

JOSEF BLAUFUß
Sozialarbeiter, Suchtkrankentherapeut, Teamleiter der Soteria Klinik Leipzig
Morawitzstraße 4, 04289 Leipzig
e-mail: gf@soteria-klinik-leipzig.de

DIPL.-PSYCH. DR. DISC. POL. EVA DIEBEL-BRAUNE
Psychologische Psychotherapeutin, Psychoanalytikerin in eigener Praxis
Merkelstr. 13a, 37085 Göttingen,
e-mail: e.diebel-braune@gmx.de

UNIV.-PROF. DR. MED. STEPHAN DOERING
Facharzt für Psychiatrie und Neurologie, Psychoanalytiker. Geschäftsführender Oberarzt der Univ.-Klinik für Medizinische Psychologie und Psychotherapie, Leopold-Franzens-Universität Innsbruck
Sonnenburgstraße 9, A-6020 Innsbruck, Österreich
e-mail: stephan.doering@uibk.ac.at

DR. MED. MICHAEL DÜMPELMANN
Nervenarzt, Facharzt für Psychotherapeutische Medizin, Psychoanalytiker. Leiter des Funktionsbereichs „Klinische Psycho- und Soziotherapie" der Klinik Tiefenbrunn (Krankenhaus für Psychotherapie, Psychiatrie und psychosomatische Medizin des Landes Niedersachsen)
Krankenhaus Tiefenbrunn, 37124 Rosdorf
e-mail: michael.duempelmann@nlkh-tiefenbrunn.niedersachsen.de

PROF. DIPL.-PSYCH. DR. PHIL. GOTTFRIED FISCHER
Psychologischer Psychotherapeut, Psychoanalytiker. Direktor des Instituts für Klinische Psychologie und Psychotherapie der Universität zu Köln, wissenschaftlicher Leiter des Deutschen Instituts für Psychotraumatologie, Köln
Hönninger Weg 115, 50969 Köln
e-mail: profi03@psychotraumatologie.de

PROF. DIPL.-SOZ. DR. RER. SOC. HANNES FRIEDRICH
Psychologischer Psychotherapeut, Psychoanalytiker. Leiter der Abteilung für Medizinische Soziologie der Georg-August-Universität Göttingen
Waldweg 37, 37073 Göttingen
e-mail: medsoz@gwdg.de

DR. MED. JOACHIM GREFE
Nervenarzt, Facharzt für Psychotherapeutische Medizin, Psychoanalytiker in eigener Praxis
Goernestr. 32, 20249 Hamburg
e-mail: dr.j.grefe@t-online.de

DR. MED. NORBERT J. HARTKAMP
Facharzt für Psychotherapeutische Medizin, Oberarzt der Klinik für Psychosomatische Medizin und Psychotherapie der Heinrich-Heine-Universität Düsseldorf
Bergische Landstr. 2, 40629 Düsseldorf
e-mail: hartkamp@uni-duesseldorf.de

DIPL.-PSYCH. ANGELA JACOB
Psychologische Psychotherapeutin in eigener Praxis
Mottelerstraße 30, 04155 Leipzig

STEFFI KANNENBERG
Sozialpädagogin, Suchtkrankentherapeutin, Teamleiterin der Soteria Klinik Leipzig
Morawitzstraße 4, 04289 Leipzig
e-mail: gf@soteria-klinik-leipzig.de

DR. MED. HARTMUT M. KANWISCHER
Facharzt für Psychotherapeutische Medizin, Facharzt für Innere Medizin/Kardiologie, Chefarzt der Psychosomatischen Abteilung der Klinik Tiefenbrunn (Krankenhaus für Psychotherapie, Psychiatrie und psychosomatische Medizin des Landes Niedersachsen)
Krankenhaus Tiefenbrunn, 37124 Rosdorf bei Göttingen
e-mail: hartmut.kanwischer@nlkh-tiefenbrunn.niedersachsen.de

PROF. DR. MED. KARL KÖNIG
Facharzt für Psychotherapeutische Medizin, Facharzt für Innere Medizin, Psychoanalytiker
Hermann-Föge-Weg 6, 37073 Göttingen

DIPL.-PSYCH. DIPL.-SOZ. DR. PHIL. KORNELIA KOEPSELL
Diplomsoziologin, Psychoanalytikerin (DGPT) in niedergelassener Praxis. Wissenschaftliche Schwerpunkte: Persönlichkeitsstörungen, Zwangerkrankung, frühkindliche Entwicklung, sexuelle Identitätsstörungen
Am Reele 18, 97204 Höchberg

PRIV.-DOZ. DR. MED. REINHARD KREISCHE
Facharzt für Psychosomatische Medizin und Psychotherapie, Psychoanalytiker, Vorsitzender des Lou Andreas-Salomé-Instituts für Psychoanalyse und Psychotherapie e.V. Göttingen
Wilhelm-Weber-Str. 24, 37073 Göttingen
e-mail: krei.goe@t-online.de

PROF. DR. MED DR. PHIL. HERMANN LANG
Facharzt für Psychiatrie, Facharzt für Psychotherapeutische Medizin, Psychoanalytiker, Vorstand des Instituts für Psychotherapie und Medizinische Psychologie an der Universität Würzburg
Klinikstr. 3, 97070 Würzburg
e-mail: psychotherapie@mail.uni-wuerzburg.de

PRIV.-DOZ. DIPL.-PSYCH. DR. PHIL. GÜNTER REICH
Psychologischer Psychotherapeut, Psychoanalytiker, Leiter der Ambulanz für Familientherapie und für Ess-Störungen der Abteilung für Psychosomatik und Psychotherapie der Universität Göttingen
Humboldtallee 38, 37073 Göttingen
e-mail: greich@gwdg.de

PROF. DR. PHIL. HERTHA RICHTER-APPELT
Psychologische Psychotherapeutin, Psychoanalytikerin, Institut für Sexualforschung und Forensische Psychiatrie, Klinik für Psychiatrie und Psychotherapie, Universitätsklinikum Hamburg-Eppendorf
D-20246 Hamburg
e-mail: hrichter@uke.uni-hamburg.de

PROF. DR. MED. HENNING SCHAUENBURG
Arzt für Psychosomatische Medizin, Nervenarzt, Psychoanalytiker, leitender Oberarzt der Klinik für Psychosomatik und Psychotherapie der Universität Göttingen
Von-Siebold-Str. 5, 37075 Göttingen
e-mail: hschaue@gwdg.de

UNIV.-PROF. DR. MED. GERHARD SCHÜßLER
Arzt für Psychiatrie und Neurologie, Psychoanalytiker. Vorstand der Universitäts-Klinik für Medizinische Psychologie und Psychotherapie, Leopold-Franzens-Universität Innsbruck
Sonnenburgstraße 9, A-6020 Innsbruck, Österreich
e-mail: gerhard.schuessler@uibk.ac.at

PROF. DR. MED., M.A. ULRICH STREECK
Arzt für Psychiatrie und Psychotherapie, Arzt für Psychotherapeutische Medizin, Psychoanalytiker. Ärztlicher Direktor der Klinik Tiefenbrunn (Krankenhaus für Psychotherapie, Psychiatrie und psychosomatische Medizin des Landes Niedersachsen)
Krankenhaus Tiefenbrunn, 37124 Rosdorf bei Göttingen
e-mail: ulrich.streeck@nlkh-tiefenbrunn.niedersachsen.de

DR. MED. ANNETTE STREECK-FISCHER
Arztin für Psychotherapeutische Medizin, Psychoanalytikerin. Chefärztin der Abteilung „Klinische Psychotherapie von Kindern und Jugendlichen" Klinik Tiefenbrunn (Krankenhaus für Psychotherapie, Psychiatrie und psychosomatische Medizin des Landes Niedersachsen)
Krankenhaus Tiefenbrunn, 37124 Rosdorf bei Göttingen
e-mail: annette.streeck-fischer@nlkh-tiefenbrunn.niedersachsen.de

PROF. DIPL.-PSYCH. DR. RER. BIOL. HUM. VOLKER TSCHUSCHKE
Psychologischer Psychotherapeut, Psychoanalytiker, Leiter des Schwerpunkts Medizinische Psychologie, Universitätsklinikum Köln
Joseph-Stelzmann-Str. 9, 50924 Köln
e-mail: volker.tschuschke@medizin.uni-koeln.de

DR. MED. MARIO WERNADO
Facharzt für Psychiatrie, Psychotherapie, Sozialmedizin, Rehabilitationswesen, Ärztlicher Direktor der Soteria Klinik Leipzig
Morawitzstraße 4, 04289 Leipzig
e-mail: ca@soteria-klinik-leipzig.de

6.2 Sachverzeichnis

H

I

6.2 Sachverzeichnis

Z

6.3 Verzeichnis der zitierten Autoren

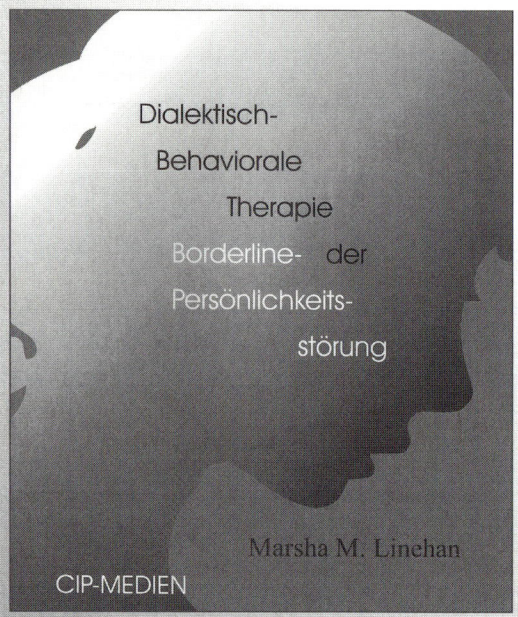
Dialektisch-Behaviorale Therapie der Borderline-Persönlichkeitsstörung

Marsha Linehan

Das wichtigste Therapiebuch für Borderline-Störungen, das umfassendste Verständnis der Psyche dieser Menschen, die exzellenteste Beziehungsarbeit, die wirksamsten Therapiestrategien, das Ergebnis 20-jähriger Entwicklung des dialektischen Therapieansatzes, mit wissenschaftlichen Nachweisen der therapeutischen Wirksamkeit.

€ 74,– • Bibl. Nr. 10998

Trainingsmanual zur Dialektisch-Behavioralen Therapie der Borderline-Persönlichkeitsstörung

Marsha Linehan

Trainingsmanual zur Dialektisch-Behavioralen Therapie der Borderline-Persönlichkeitsstörung

Neben der Interaktions- und Beziehungsarbeit im Einzelgespräch ist das Training psychosozialer Fertigkeiten Hauptbestandteil der DBT. Statt eines trockenen Kochbuches finden wir hier eine lebendige Darstellung der schwierigsten Situationen mit Borderline-PatientInnen.

€ 44,– • Bibl. Nr. 10999

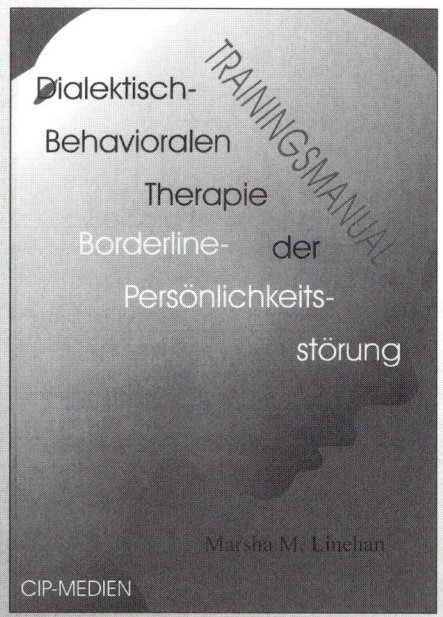

Ratgeber Borderline-Syndrom
Ingrid Sender

Betroffene und Angehörige finden hier eine Beschreibung aller Symptome und Beschwerden, die zum Krankheitsbild gehören. Dem therapeutischen Ansatz liegt die Dialektisch-Behaviorale Therapie von Linehan zugrunde, der es gelang, Einfühlungsvermögen und Zielstrebigkeit in der Therapie zu vereinen.

€ 14,– • Bibl. Nr. 13177

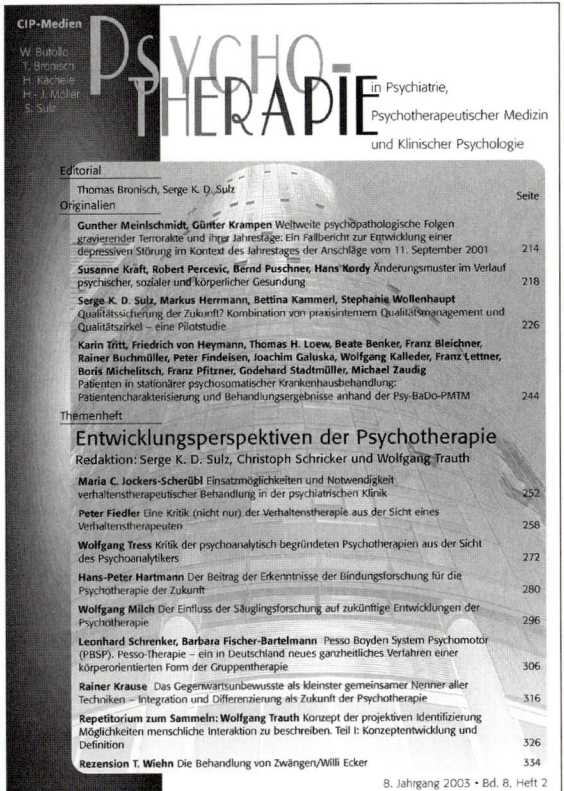

Zeitschrift Psychotherapie in Psychiatrie, Psychotherapeutischer Medizin und Klinischer Psychologie

Herausgeber: W. Butollo, T. Bronisch, H. Kächele, H.-J. Möller, S. Sulz

Themenhefte bisher:
Borderline-Persönlichkeitsstörung*
Posttraumatische Belastungsstörung*
Somatoforme Störungen
Psychosomatik des Brustkrebses*
Zwangsstörungen
Schizophrenie, Suizidalität
Depression
Sexualstörungen
Dissoziative Störungen
Adoleszenz und ihre Krisen
Hirnforschung
Angst
Entwicklungsperspektiven der Psychotherapie   (*vergriffen)

2004: Sucht

Erscheint zweimal jährlich zu jeweils aktuellen Themen
Abonnement: € 30,– jährlich; Einzelheft € 20,–

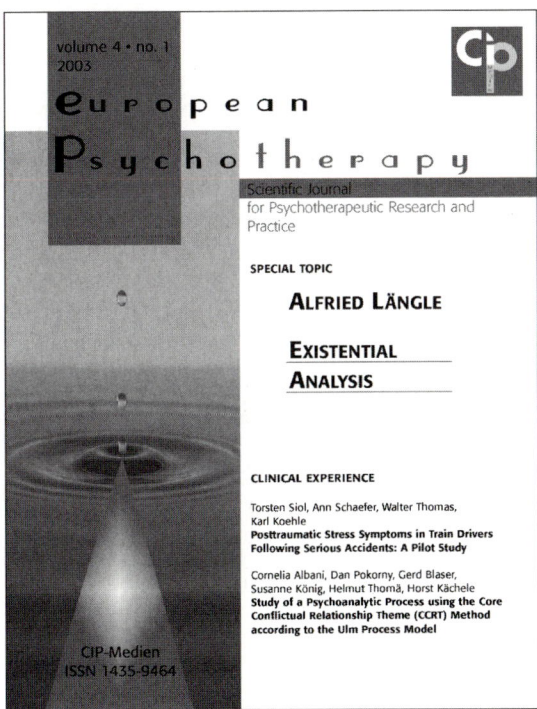

European Psychotherapy
Scientific journal for Europe

Editors: Rainer Krause, Serge Sulz

Die erste wissenschaftliche Internet-Zeitschrift für Psychotherapie in Europa. Wie geht das? Autoren reichen ihre Manuskripte ein, sofort nach erfolgreichem Abschluss des Review-Verfahrens ist der komplette Artikel im Internet weltweit verfügbar und ist neben dem direkten Öffnen der Zeitschrift über Suchmaschinen aufzufinden. Publikationsdatum ist der Monat der Internetpublikation. Die Artikel können heruntergeladen werden. Am Ende des Jahres erscheint jeweils eine Druckversion für die wissenschaftlichen Bibliotheken und Abonnenten. Kosten 15,– € pro Jahr.

Kostenloses Probelesen nach Anmeldung beim Verlag unter e-mail: cip-medien@aol.com.
Stichwort: Probelesen European Psychotherapy

Last Subject 2001: Davanloo's Intensive Short-Term Dynamic Psychotherapy in Practice
Main Subject 2002: Posttraumatic Stress Disorder
Main Subject 2003: Existential Analysis

Erscheint laufend mit wissenschaftlichen Beiträgen im Internet unter www.Cip-Medien.com/Europsych.htm

Direktbestellung bei CIP-Medien: Nymphenburger Str. 185, 80634 München
Tel. 089-130793-21, Fax 089-132133, e-mail: cipmedien@aol.com
Ausführliche Infos www.cip-medien.com

Die Interpersonelle Diagnose und Behandlung von Persönlichkeitsstörungen

Lorna Smith Benjamin

Dieses einflussreiche Werk verhilft der Kunst der Psychotherapie zu intellektueller Stringenz und Disziplin und betritt Neuland, indem es eine einheitliche Theorie der Persönlichkeitsstörungen von noch nie da gewesener klinischer Relevanz vorlegt.

Es beschreibt wahrscheinliche Übertragungsprobleme und bietet konkrete und nachvollziehbare Vorschläge für Behandlungsinterventionen an. Das Buch beginnt mit einer Einführung in den interpersonellen Ansatz und die von Lorna Smith Benjamin entwickelte Strukturale Analyse Sozialen Verhaltens (SASB). Im Folgenden wird dann jede Persönlichkeitsstörung dargestellt und einfühlsam beschrieben, wobei der interpersonelle Ansatz und die therapeutische Erfahrung Lorna Smith Benjamins die Schilderungen noch plastischer machen.

Das gesamte Buch ist reichhaltig mit Fallbeispielen versehen.

2001 • 606 S. • € 95,– • Bibl. Nr. 16006

SASB

Die Strukturale Analyse Sozialen Verhaltens

Wolfgang Tress (Hrsg.) unter Mitwirkung v. N. Hartkamp

Ein Arbeitsbuch für Forschung, Praxis und Weiterbildung in der Psychotherapie. Neudruck des erstmals 1993 erschienenen Buches unter Hinzufügung dreier weiterer Kapitel. Die Praxis dieser höchst wissenschaftlichen interpersonellen Analyse des Menschen ist gleichermaßen klinisch relevant und bedeutsam für die Konzeption von Psychotherapien. Das von Tress herausgegebene Arbeitsbuch gibt neben einer Darstellung des theoretischen Hintergrunds einen Einblick in die Anwendung in Praxis und Forschung.

Die ideale Ergänzung zum Standardwerk von Benjamin

2001, 288 Seiten • € 34,– • Bibl.-Nr. 16005

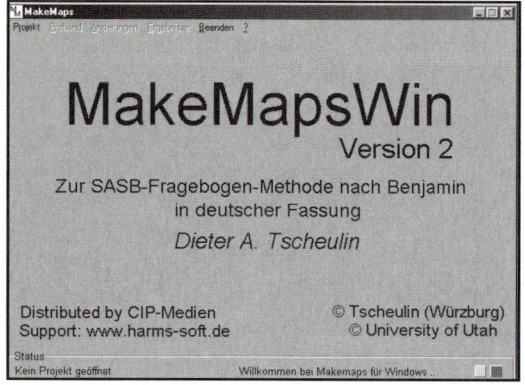

MakeMapsWin Software zur strukturalen

Analyse Sozialen Verhaltens Copyright University of Utah

Tscheulin und Harms haben für den deutschen Sprachraum eine Möglichkeit geschaffen, das exzellente SASB-System Lorna Smith Benjamins in der psychotherapeutischen Praxis, Klinik und Forschung einzusetzen. Der Mensch wird durch die Strukturale Analyse Sozialen Verhaltens in seinen typischen Interaktions- und Beziehungsmustern absolut treffend wahrgenommen und beschrieben.

 *€ 249,– • Bibl.-Nr. 16002*